陝西師範大學中國語言文學『世界一流學科建設』成果
國家古籍整理出版專項經費資助出版

四庫全書初次進呈存目校證

〔清〕四庫館臣 編撰
趙望秦 李月辰 李雲飛
孫師師 馬君毅 王璐 校證

陝西師範大學出版總社

圖書代號：ZH16N1637

圖書在版編目(CIP)數據

四庫全書初次進呈存目校證 / (清)四庫館臣編撰；趙望秦等校證. —西安：陝西師範大學出版總社有限公司，2018.9

ISBN 978-7-5613-9107-5

Ⅰ.①四… Ⅱ.①四… ②趙… Ⅲ.①《四庫全書》—圖書目録 Ⅳ.①Z833

中國版本圖書館 CIP 數據核字(2017)第 102115 號

四庫全書初次進呈存目校證

SIKUQUANSHU CHUCI JINCHENG CUNMU JIAOZHENG

〔清〕四庫館臣　編撰

趙望秦　李月辰　李雲飛　孫師師　馬君毅　王　璐　校證

出版統籌 / 雷永利　馮新宏
責任編輯 / 楊　珂　謝勇蝶　張旭升　梁　菲
責任校對 / 楊　珂　鄭若萍　張旭升　華翔鳳
裝幀設計 / 蔣宏工作室
出版發行 / 陝西師範大學出版總社
(西安市長安南路 199 號　郵編 710062)
網　　址 / http://www.snupg.com
經　　銷 / 新華書店
印　　刷 / 西安日報社印務中心
開　　本 / 787mm×1092mm　1/16
印　　張 / 72
插　　頁 / 4
字　　數 / 958 千
版　　次 / 2018 年 9 月第 1 版
印　　次 / 2018 年 9 月第 1 次印刷
書　　號 / ISBN 978-7-5613-9107-5
定　　價 / 388.00 圓

《四庫全書初次進呈存目》文獻價值探微（代前言）

在近數十年的中國傳統文化研究的學術領域裏，先後出現了集中研究而處於熱門狀態的幾種所謂『顯學』，『四庫學』即爲其一。『四庫學』之所以成爲熱門研究課題，從而能夠向前不斷地發展，關鍵的因素之一就是在學人的不懈努力下，有關的文獻材料相繼被發現、整理并出版，提供了足以推動這一研究的有利條件和堅實基礎。近時，又有一錦上添花的重大發現，即現藏臺北『國家圖書館』而於二〇一二年爲臺北商務印書館所影印出版的《四庫全書初次進呈存目》稿本。這一塵封了兩個多世紀的『四庫學』文獻的重見天日，勢必要引起學人的矚目，也無疑會成爲促使『四庫學』的研究水準極大提升的新動力。

在現代出版業中，影印技術的應用，可使古籍的孤本化身萬千，嘉惠學林。而《四庫全書初次進呈存目》影印本就是這種良好效用的最佳驗證，使得學人不致對此珍密稿本遥望不及而長聲羨嘆！

不過，可惜的是這個影印本存在着美中不足，即儘管印製十分精美，可售價也十分昂貴，自然會極大地限製讀者閱覽的廣泛性。對此問題，我們在這裏借用可作爲旁證的日本學者井上泰山先生的一段話來加以説明。上海古籍出版社於二〇〇九年再版了由他整理的明嘉靖二十七年葉逢春刊本《三國志通俗演義史傳》，精裝上下兩册，定價一百三十八圓人民幣。其《中國大陸版序》涉及這個排印本與另一影印本之間的性價比問題：『雖然「葉逢春本」的確已經在中國大陸影印出版，但據前述《三國志演義古版叢刊續輯》底頁（第十四册）的介紹，其發行數量不過僅有八十套而已，而且一套價值高達人民幣六千圓。這樣的價格和發行數量，看來中國一般的讀者是不容易拿到手的。很明顯，這是爲少數的研究者發行的，在中國，不僅一般的讀者不知道，甚至專業的研究人員知道這本書的人好像也不多。所以可以説，這次上海古籍出版社再版「葉逢春本」的意義極大，爲該書的普及作出了貢獻』。①此其一。由於稿本在二百多年前謄寫得不精，又在其後二百多年間保存得不善，文字上的訛脱衍倒及漫漶殘缺，比比皆是，而且十分嚴重。影印本雖能照樣複製，保持底本原貌，却難以解決此等錯誤問題，自然會極大地影響研究者引用的正確性。此其二。這樣兩點認識，就成爲我們以影印本《四庫全書初次進呈存目》爲底本而再做整理的初衷，進行了文句標點、文字校勘、文獻互證，形成了更易化身萬千而呈現給廣大讀者的新式排印本《四庫全書初次進呈存目校證》。

有關《四庫全書初次進呈存目》（整理者案，以下簡稱《存目》）稿本和影印本的文本形態、目録分類、條目數量、匯編時間、收藏流傳、提要内容、文獻價值，以及與清武英殿、浙江刻本《四庫全書總目》（整理者案，以下簡稱殿本或浙本《總目》）和今存文淵閣、文溯閣、文津閣《四庫全書》中的書前《提要》（整理者案，以下簡稱某閣或諸閣書前《提要》）之間的關係，并在《四庫全書》和《總目》的編纂流程和研究史上所佔據的地位等相關問題，臺灣學者夏長樸先生在《〈四庫全書初次進呈存目〉初探》一文、影印本序文及劉浦江先生《〈四庫全書初次進呈存目〉再探》一文，已有詳略不同的介紹及研究，② 讀者自可取閱，兹不再贅。但二文對《存目》文獻價值的一些細節問題尚少涉及，故本文僅就此方面略陳管見。

《四庫全書》的編纂完成，前後歷時十年之久，而在此基礎上撰成的《總目》，從四庫館臣的分纂稿到總纂的修潤稿，再從乾隆皇帝的欽定稿到武英殿刻印本的問世，則歷時更久，竟長達二十四年左右，可謂是古代文化建設上的一項系統工程了。從目前所掌握的「四庫學」相關材料看，《存目》正處在出於衆手的分纂稿與出於一人的修改稿之間，屬於一種過渡性的書目文字，而更接近於分纂稿。將《存目》與閣本書前《提要》和《總目》做一比較，可以發現有幾點明顯的不同之處。其中最顯目的一點是前者爲體例不一的作品，後者爲體例劃一的作品。閣本書前《提要》和《總目》的撰寫體例十分嚴謹，高度統一，每書的每條提要都是以作者生平、版本流傳、主要内容及價值評判爲序，層次分明，極少紊亂。如果一位作者有數部書被收録或著録，則其生平簡介只在被最先收録或著録的一條提要中出現，其他則以互見法來指示見於某處，而不再做重複介紹。同一作者如有兩部以上而又屬於同部同類的書，則其書的提要會前後連在一起，不被分置幾處。《存目》則與此大相徑庭。有的先寫書的作者，再寫書的版本，再寫書的内容，最後寫書的價值，如史部地理類「《元和郡縣志》四十卷」條：

唐李吉甫撰。吉甫字宏（弘）憲，趙郡人。官中書侍郎，同中書門下平章事。此書自序云：「起京兆府，盡隴右道，凡四十七鎮。每鎮皆圖在篇首，冠於序事之前。並目録二卷，共成四十二卷。」馬端臨《經籍考》止載四十卷，目録、地圖已佚。今本又缺第十九卷、二十卷、二十三卷、二十四卷、二十六卷、三十六卷，其十八卷佚其半，二十五卷亦缺二頁，又非宋時之舊矣。《唐書》載是書爲五十四卷，証之原序不合。按吉甫撰有《唐十道圖》十卷、《元和百司舉要》一卷，或合三者成五十四卷也。其書體例先列建置，次列疆域，以下詳列屬邑，而山川、古迹、土貢附之。後來地志均本於斯，惟樂史《太平寰宇記》增以人物，始稍變其例焉。

有的先寫書的版本，再寫書的内容，再寫書的價值，最後寫書的作者，如經部書類「《書説》三十五卷」條：

宋吕祖謙撰，其門人時瀾增修。《通考》云十卷，趙希弁《讀書附志》云六卷，悉與此不合，蓋彼乃祖謙原書，未經時瀾所補者，其時尚未成編，傳鈔者隨意分卷，故二家亦互異耳。祖謙原書始《洛誥》，終《秦誓》，其《召誥》以前，《堯典》以後，則門人雜記之語録，頗多俚俗。瀾始删潤其文，成二十二卷，又編定原書爲十三卷，合成是編。王應麟云：『林少穎《書説》至《洛誥》而終，吕成公《書説》自《洛誥》而始』。蓋之奇受學於吕居仁，祖謙又受學於之奇，本以終始其師説爲一家之學，而瀾之所續則又終始祖謙一人之説也。瀾，婺之清江人。厲鶚《宋詩紀事》收其詩一篇，而不能舉其仕履。考周必大祭瀾文，稱『從政郎差充西外睦宗院宗學教授』，而瀾自序則稱『以西邸文學入三山監丞』，蓋作是書時爲監丞，其後則以教授終也。吴師道曰：『清江時(原闕)

有的先寫書的内容，再寫書的價值，最後寫書的作者，如史部金石類『《紹興内府古器評》二卷』條：

宋張掄撰。上卷凡九十八事，下卷凡九十七事，所評皆漢以前物，漢以後者，惟梁中大同博山鑪一器而已。考證款式甚詳，而往往不免於附會。如『商木觚』條引王安石説，以木爲仁類，燕享主於仁，故銘以『木』之一字，迂謬難通。其他牽合名字，亦大抵與《博古圖》相等。然所記形製名目，則後來賞鑒家之所據也。掄字林甫，高宗時，嘗與曾覿、吴琚以填詞供奉禁庭云。

有的先寫書的内容，再寫書的價值，再寫書的作者，最后寫書的版本，如史部别史類『《隆平集》二十卷』條：

舊題宋曾鞏撰。紀太祖至英宗五朝之事，凡分目二十有六，體似會要，又立傳二百八十四，各以其官爲類，前有紹興十二年趙伯衛序。其記載簡略瑣碎，頗不合史法。晁公武摘其記《太平御覽》之訛，疑其非鞏所作。今考鞏本傳，不載此集。曾肇作《鞏行狀》，及韓維撰《神道碑》，臚述所著書甚詳，亦並無此集之名。據《玉海》，元豐四年七月，鞏充史館修撰。書實非鞏作也。向有明萬歷(曆)間刻本，久而漫漶。康熙四十年，南豐彭期重刊行之，亦多脱佚。

如此等等，可謂五花八門。

有的作者在其不同幾部書的提要中被重複介紹生平事迹，如子部小説家類『《湖海搜奇》二卷、《揮麈新談》二卷、《白醉璅言》二卷、《説圃識餘》二卷、《漱石閒談》二卷』條云：『皆明王兆雲撰。兆雲字元楨，麻城人。』而在子部小説家類『《烏衣佳話》四卷』條中又云：『明王兆雲撰。兆雲字元楨，麻城人。』甚至同一作者的不同幾部書被收在同一類目中，而在先出現的提要中不介紹生平，却在後出現的提要中介紹生平。有前一種情況的如經部總經解類『《授經圖》二十卷』條：

明朱睦㮮撰。按《崇文總目》有《授經圖》，叙《易》《詩》《書》《禮》《春秋》三家之學，其書不傳。睦㮮萬卷堂藏書最富，乃本宋章俊卿《考索圖》而增定之。首叙授經世系，次諸儒列傳，次諸儒著述、歷代經解名目卷數。每經四卷。舊無刊本，國朝黄虞稷、朱彝尊始同校定付刻，彝尊因之以撰《經義考》，於經學授受源流，燦然備具矣。前有睦㮮自序及子勤羹跋，又有彝尊、虞稷二序，龔翔麟、高士奇二跋。

又如子部考證類『《正楊》四卷』條：

明陳耀文撰。凡一百五十條，皆糾楊慎之訛者。書成於隆慶己巳，前有李蓘序及耀文自叙。慎於正德、嘉靖之間以博稱，而亦好矜名以求勝，往往偽托古書以自伸其説。又晚謫永昌，無書可檢，惟憑記憶，未免多疏。耀文考証其非，不使轉滋疑誤，於學者不爲無功。然釁起争名，語多攻訐，醜詞惡謔，無所不加，雖古人挾怨搆争如吴縝之糾《新唐書》者，亦不至是，殊乖著作之體。又書成之後，王世貞頗有違言，耀文復增益其書，反唇辨難，喧同詬詈，憤若寇讎。數十年後，《正正楊》亦續出焉。豈非露才揚己，有以激之哉！觀其書者取其精博，亦不可不戒其浮囂也。

有後一種情況的如經部總經解類『《五經稽疑》五卷』條：

明朱睦㮮撰。睦㮮字灌甫，號西亭，周定王橚六世孫。襲封鎮國中尉，萬歷(曆)初，舉宗正。是編于五經疑義，參考異同，斷以己意。中如『郭京《易舉正》』之類，亦未免誤採偽書。如《春秋》『邾義父爲邾命卿』之類，亦未免太涉臆斷。而大致平允，詞簡而明，亦説經家當考之書也。惟《禮記》之末附以明代典禮八條，則殊乖説經之體。

又如子部考證類『《正楊集》四卷』條：

明陳耀文撰。取成都楊慎所著述，剔爲徵引，以正其疏謬，共百五十條，前有文彰序。慎記誦既博，著作亦富，貪多鶩廣，心力難周，不免有疏舛之處。又喜偽引古書以伸己説，子虚烏有，往往而然。耀文是集雖涉於有意求瑕，不必盡當，而抉剔訛謬，所得亦多，未可全以爲輕詆也。耀文字晦伯，確山人，嘉靖庚戌進士，累官太僕寺卿。

也有根本不寫作者事迹的，如史部地理類『《延壽寺紀略》一卷』條：

明釋圓復撰。延壽寺在浙江鄞縣南三里，舊號『保恩院』，宋祥符間改爲延壽寺。是書詳述知禮禪師本末，及宋相曾公亮置買莊田者事，他無所載。蓋自備古刹之典故而已。

這些現象，都足以說明《存目》的底稿屬於草創，是各個館臣皆以各自的認識和習慣進行撰寫的，匯編爲《存目》時，也未做統一體例的處理。同時由這種撰寫時各行其是的現象，也能說明最初并没有爲提要稿擬訂像樣的體例，提出規範的要求。

另一顯著的不同之點，即《存目》中的書凡被收入《四庫全書》而著錄於《總目》，二者的提要文字多表現出較大的差異，凡未被收入《四庫全書》而僅存目於《總目》，二者的提要文字則較少差異，甚至有毫無差别者。茲各舉二者中的數例，即可略窺一斑。先舉著錄之例，後舉存目之例。

《存目》經部易類『《周易習（集）解》十八卷』條：

唐李鼎祚撰。鼎祚，資州人。官至秘閣學士。《唐書·藝文志》有李鼎祚《集註周易》十七卷，蓋即是書，世所傳卷數並同。然考鼎祚自序有云：『王氏《略例》，得失相參，採葑採菲，無以下體，仍附《經》末，式廣未聞，凡成一十八卷。』然則《經》末應別附《略例》爲一卷，以還其舊。漢儒說《易》，惟費直與古文同，其後馬融、鄭衆、鄭康成、荀爽、虞翻皆宗費學。晉永嘉之後，亡失師傳，惟康成、王弼所注行於世。江左中興，《易》置王氏博士，太常荀崧奏請置《鄭易》博士，值王敦之亂，不果。齊專立鄭，梁、陳則鄭、王並立。至隋及唐，孔穎達據王注作《正義》，鄭學遂微。鼎祚意欲存古，故序稱集虞翻、荀爽三十餘家，刊輔嗣之野文，補康成之逸象。漢代經師之學，猶得傳之至今，皆是書之力也。

《總目》卷一經部一易類著錄『《周易集解》十七卷』條：

唐李鼎祚撰。鼎祚，《唐書》無傳，始末未詳。惟據序末結銜，知其官爲秘書省著作郎。據袁桷《清容居士集》載『資州有鼎祚《讀書臺》，知爲資州人耳。朱睦㮮序稱爲秘閣學士，不知何據也。其時代亦不可考。《舊唐書·經籍志》稱『錄開元盛時四部諸書』，而不載是編，知爲天寶以後人矣。其書，《新唐書·藝文志》作十七卷，晁公武《讀書志》曰：『今所有止十卷而始末皆全，無所亡失。』豈後人併之耶？《經義考》引李燾之言，則曰『鼎祚自序止云十卷，無亡失也』。朱睦㮮序作於嘉靖丁巳，亦云自序稱十卷，與燾說同。今所行毛晉汲古閣本乃作一十七卷，序中亦稱王氏《略例》附於卷末，凡成一十八卷。與諸家所說截然不同，殊滋疑竇。今考序中稱『至如卦爻彖象，理涉重元（玄），經注《文言》，書之不盡，别撰《索隱》，錯綜根萌，音義兩存，詳之明矣』云云，則《集解》本十卷，附《略例》一卷爲十一卷，尚別有《索隱》六卷，共成十七卷。《唐志》所載蓋併《索隱》《略例》數之，實非舛誤。至宋而《索隱》散佚，刊本又削去《略例》，僅存《集解》十卷，故與《唐志》不符。至毛氏刊本，始析十卷爲十七卷，以合《唐志》之文。又改序中一十卷爲一十八卷，以合附録《略例》一卷之數，故又與朱睦㮮序不符。蓋自宋以來，均未究序中『别撰《索隱》』一語，故疑者誤疑，改者誤改。即辨其本止十卷者，亦不能解《唐志》稱十七卷之故，致愈説愈訛耳。今詳爲考正，以袪將來之疑。至十卷之本，今既未見，則姑仍以毛本著録。蓋篇帙分合，無關宏旨，固不必一一追改也。其書仍用王弼本，惟以《序卦傳》散綴六十四卦之首，蓋用《毛詩》分冠《小序》之例。所採凡子夏、孟喜、焦贛、京房、馬融、荀爽、鄭元(玄)、劉表、何晏、宋衷、虞翻、陸績、干寶、王肅、王弼、姚信、王廙、張璠、向秀、王凱沖、侯果、蜀才、翟元、韓康伯、劉巘、何妥、崔憬、沈驎士、盧氏案盧氏《周易注》《隋志》已佚其名、崔覲、伏曼容、孔穎達案以上三十二家，朱睦㮮序所考、姚規、朱仰之、蔡景君案以上三家，朱彝尊《經義考》所補考等三十五家之説。自序謂『刊輔嗣之野文，補康成之逸象』，蓋王學既盛，漢《易》遂亡，千百年後學者，得考見畫卦之本旨者，惟賴此書之存耳。是真可寶之古笈也。

《存目》史部地理類著録『《明一統志》九十卷』條：

明吏部尚書李賢等撰。明成祖時，令儒臣撰《一統志》，至天順中乃成。始自京畿、中都，次十三布政使司，爲府一百六十，州二百三十四，縣一千一百　十六。其書考証沿革，分畫地形，皆爲疏略，遠不及《元和郡縣》《太平寰宇》《元豐九域》諸書。

《總目》卷六八史部地理類『《明一統志》九十卷』條：

明吏部尚書兼翰林院學士李賢等奉敕撰。案沈文《聖君初政志》，稱洪武三年命儒臣魏俊等六人編類天下郡縣地理形勢，爲《大明志》，今其書不傳。後成祖採天下郡縣圖經，命儒臣纂輯爲一書，亦未及成而中輟。至英宗復辟後，乃命賢等重編。天順五年四月，書成奏進，賜名《大明一統志》。御製序文冠其首，鋟版頒行。考輿志之書出自官撰者，自唐《元和郡縣志》、宋《元豐九域志》外，惟元岳璘等所修《大元一統志》最稱繁博，《國史經籍志》載其目，共爲一十卷，今已散佚無傳。雖《永樂大典》各韻中頗見其文，而割裂叢碎，又多漏脱，不復能排比成帙。惟浙江汪氏所獻書内，尚存原刊本二卷，頗可以考見其體製。知明代修是書時，其義例一仍《元志》之舊，故書名亦沿用之。其時纂修諸臣，既不出一手，舛訛牴牾，疏謬尤甚。如以唐臨洺爲漢縣；　遼無章宗，而以爲陵在三河；　金宣宗葬大梁，而以爲陵在房山；　以漢濟北王興居爲東漢名宦；　以箕子所封之朝鮮爲在永平境内。俱乖迕不合，極爲顧炎武《日知録》所譏。至所摘王安石《處州學記》『地最曠大山長谷荒』之語，則併句讀而不通矣。此本内多及嘉靖、隆慶時所建置，蓋後人已有所續入，亦不盡出天順之舊。我國家辨方定位，首重輿圖，《大清一統志》近復奉詔重修，起例發凡，彌臻盡善。此書之舛略，本無可採，特是職方圖籍爲有國之常經，歷朝俱有成編，不容至明而獨闕，故仍録存，以備一代之掌故焉。

觀以上所列舉之提要，文字之繁簡，判然自見。《存目》子部雜家類『《居家必用事類全集》十卷』條：

不載撰人名氏。載歷代名賢格訓及居家日用事宜，以十干分集，體例頗爲簡潔。辛集中有大德五年吴郡徐元瑞《吏學指南序》，『聖朝』字俱跳行。又《永樂大典》屢引用之，其爲元人書無疑。黄虞稷《千頃堂書目》云『或謂熊宗立撰』，恐未必然也。

《總目》卷一三〇子部雜家類存目『《居家必用事類全集》十卷』條：

不著撰人名氏。載歷代名賢格訓及居家日用事宜。以十干分集，體例頗爲簡潔。辛集中有大德五年吴郡徐元瑞《吏學指南序》，『聖朝』字俱跳行。又《永樂大典》屢引用之。其爲元人書無疑。黄虞稷《千頃堂書目》云『或謂熊宗立撰』。恐未必然也。

《存目》集部別集類『《禹門集》四卷』條：

國朝郭振遐撰。振遐字中洲，汾陽人，寄居揚州。詩皆淺率，至以大禹、顔回自比，尤爲狂易矣。

《總目》卷一八五集部別集類存目『《禹門集》四卷』條：

國朝郭振遐撰。振遐字中洲，汾陽人，寄居揚州。詩頗率易，至以大禹、顔回自比，尤爲狂縱矣。

觀以上所列舉之提要，文字之類同，顯然自明。足見總纂官紀昀等人在修訂潤色各書提要時，把主要精力投在閣本書前《提要》和《總目》中的著録書提要上，故文字改動很大，而於《總目》中的存目書提要則不大用力，故文字改動很小，除過按統一體例調整叙寫次序外，内容上基本是承襲底稿。

還有一不同之處令人矚目，即《存目》中一些書目提要，不僅《四庫全書》未收其書，而且《總目》也無著録或存目。據《四庫全書》進書表：『披文計數，寧止於萬七千篇；按月程功，各得夫四十五日。』③案此蓋謂校閲一書及撰寫叙録一篇，平均用時四十五天，統共撰得一萬七千餘條提要之文。又案《總目》著録之書有三千四百六十一種，存目之書有六千七百九十三種。④合計之，當爲一萬零二百五十四篇提要，⑤此距當日曾撰成的一萬七千餘篇提要之數尚差六千七百餘篇。這個數據，就是後人一直詬病的乾隆皇帝下令纂修《四庫全書》之舉，乃爲達到『寓徵於禁』之目的而產生的。也就是説，借着這次修書而展開的徵集圖書活動，乘機銷燬、禁燬、撤燬了六千多種書籍。自然而然，曾爲這些圖書所撰寫的提要，也就不得存留了。但在《存目》中，却還存在着一小部分這樣的提要，共計有三十九篇。由此可見，《四庫全書》編纂之始，就傳統的經、史、子、集一類的書而言，大概還没有明確地準備燬掉那些書，而是在漫長的編修過程中才逐漸地做出取捨的，如撤燬的一部分書就是明顯的例證。儘管在當日要被銷燬、禁燬、撤燬的典籍圖書，未必都按乾隆皇帝的意圖而如願以償，其中許多書仍流傳下來了。如清初被譽爲古文大家的『寧都三魏』，其中魏禧、魏禮的文集在《存目》集部别集類俱有著録：『《魏叔子集》三十三卷』、『《魏季子文集》十六卷』。但在《總目》中，既不著録，亦無存目。還不止此，連魏氏家族其他人的文集如魏世傚《耕廡文稿》十卷、魏世傑《魏興士文集》六卷等，亦遭遇相同的命運：《存目》有，《總目》無。又如在晚明詩壇上創性靈説的『公安三袁』，其中袁宗道、袁中道的著作在《存目》集部别集類中有『《白蘇齋類集》二十二卷』、『《珂雪齋集》二十四卷』，却既未鈔録於《四庫全書》，亦不存目於《總目》。凡此等等，通過《存目》中的此類提要都可了解四庫館臣最初對其書的認識和評價，以及了解提要分纂稿作者和提要修改稿作者對其書的不同態度，還是有文獻價值的。

清乾隆時，爲編纂《四庫全書》，曾展開過文獻輯佚的專項活動，這就是從《永樂大典》中輯録那些在館臣看來有價值的佚書，共輯得數百部。今覽《總目》，凡書名、卷次下所標注爲『大典本』者即是。而在《存目》的提要中，也每每提及《永樂大典》，共計有三十三次，除去那些在同一篇提要中重複出現的外，則有二十七次。或謂某書由《永樂大典》中輯出，如經部易類『《周易集説》四十卷』條云：『宋俞琰撰。……琰又有《讀易舉要》《讀易須知》《易圖纂要》《易經考證》《易傳考證》《六十四卦圖》《古占法》《卦爻象占分類》《易圖合璧連珠》《易外傳》諸書。今惟《易外傳》有本别行，《讀易舉要》《易圖纂要》見《永樂大典》，餘皆不傳。』又子部雜家類『《書齋夜話》四卷』條云：『元俞琰撰。琰在宋即以詞賦稱，入元後隱居不出，潛心《易》理，其刊入《通志堂經解》曰《大易集説》，今從《永樂大典》哀輯者《學易舉要》，俱精切可傳，别著録經部中。』⑥或謂某書在《永樂大典》中有録，如史部别史類『《季漢書》六十卷』條云：『明謝陛撰。……著書以改陳壽之《志》者，陛之前，宋有蕭常，元有郝經。據沈德符《敝帚軒剩語》，常之先又有吴尚儉。吴氏書久佚，郝氏書今僅散見《永樂大典》中。』又如史部故事類『《太平治迹統類》不分卷』條云：『宋彭百川撰。……久無傳本，僅散見《永樂大典》中。』或謂某書有殘缺，據《永樂大典》補足，如子部雜藝類『《營造法式》三十四卷』條云：『宋通直郎試將作少監李誡撰。……此本前有誠所奏劄子及進書序各一篇，其第三十一卷當爲《木作制度圖樣》上篇，原本已缺，而以《看詳》一卷錯入其中。檢《永樂大典》内亦載有此書，其所缺二十餘圖並在，今據以補足」。或謂某書與《永樂大典》所載同一書有何異同，如子部小説家類『《風俗通義》十卷』條：「是書至宋，惟存十卷。陳振孫謂其餘略見廖仲容《子鈔》，今《子鈔》亦佚，惟《永樂大典》尚載其姓氏一篇，云出馬總《意林》，然今本《意林》無此篇。」其中有二十九條在《總目》的同一書提要中也談到了，另有四條在《總目》的同一書提要中不再提及了。由此可見，在修《四庫全書》的初期，利用《永樂大典》中的材料，和從《永樂大典》中輯出的佚書，數量上顯然是超出了今所見《四庫全書》及《總目》。而《永樂大典》早已散失殆盡，無法覆核，唯有依靠這些提要來了解其書的大致内容和存佚情況。這無疑對進一步研究《永樂大典》和古籍輯佚學是具有重要參考價值的。

一般而言，《存目》各提要文字上的訛脱衍倒現象遠比《總目》嚴重得多。故此次在整理點校《存目》時，即以《總目》爲參考而進行校正工作。但是，這并不等於説《存目》就毫無校勘價值，也有可以勘正《總目》錯誤之處。如《存目》史部别史類『《庚申外史》二卷』條謂『是書紀元順帝即位後三十六年治亂大綱』，而《總目》卷五二同條則云：『所紀皆元順帝即位以後二十八年治亂大綱。』案殿本《總目》、諸閣本書前《提要》俱同。據《元史》卷三八至卷四七《順帝紀》，元順帝自即位至退出大都，統治中原期間的紀元年號共有三個：一爲元統，共二年；一爲至元，共六年；一爲至正，共二十八年。總計三十六年，與《存目》正合，可知《總目》作『二十八年』誤矣。又如《存目》史部傳記類『《元朝名臣事略》十五卷』條謂蘇天爵的官職『終江浙行省參知政事』。案殿本《總目》、諸閣本書前《提要》俱同。據《元史》卷六二《地理志》，地方行政區設置有『江浙等處行中書省』，又據卷一八三《蘇天爵傳》，至正七年，『拜江浙行省參知政事』，『十二年，妖寇自淮右蔓延及江東，詔仍江浙行省參知政事……卒於軍中』。皆爲『江浙行省』，與《存目》正合，可知《總目》作『浙江行省』誤矣。又如史部史評類『《涉史隨筆》一卷』條謂葛洪『謚端獻』，而《總目》卷八八同條則云：『卒謚端簡』。案殿本《總目》、諸閣本書前《提要》俱同，惟文津閣書前《提要》作『端獻』。據《宋史》卷四一五《葛洪傳》：『謚端獻』。與《存目》正合，可知《總目》作『端簡』誤矣。如此等等，其例尚多，兹不贅舉。

底本上有一些標示校勘的符號：在抄錯了的字和衍文上點一較大的墨點（、）或劃一墨圈（○），以示要删去的；在抄倒了的字右旁標上近乎今日使用的前后單引號（‘）（’），以示要調换位置的；在已用墨點標示準備删去某字或某幾字的右旁，又劃上三角號（△），以示仍然保留其字。如此等等，不一而足。這些符號，從校勘技術層面來講，對於校勘學史研究是有資料參考價值的。

另外，執清初詩壇牛耳的王士禛之名，因避雍正皇帝「胤禛」名諱，先被改爲「王士正」，後又遵乾隆皇帝的旨意改爲「王士禎」。在《存目》中，「王士正」出現五十三次，「王士禎」出現二十六次，這對於《存目》的繕寫時間及其底稿即分纂稿的草創時期進行推測探究，也應該是有參考價值的。

《存目》還有值得談論的一個問題，即在古籍版本學上具有一定的文獻參考價值。《四庫全書》及《總目》的編纂成書，工程浩大，工期漫長，因此要涉及的圖書數量非常龐雜繁多。所以，把天下圖書搜羅出來，徵集起來，不是在短時間内就能一次性完成的，瀏覽當時各地初次進上、二次進上、三次進上等分批送呈圖書到北京的那些書目，就是明證之一。即使這樣，仍有遺漏的圖書，如後來阮元所進呈的《四庫未收書》一百七十四種，就是明證之一。而且，在古籍中，一種書有多種版本是普遍現象，這就引出了同一書有版本善的好的與劣的差的等問題。於是在整理編纂過程中，有些先被整理録入《四庫全書》并撰寫提要的書，後來發現了同一書的更好版本，從而對此書版本做出了調换，并重新對此書提要的版本論述部分進行了相應的修改。這種情况，在「四庫學」研究領域早已達成了共識，而《存目》正可大量地爲此共識再提供更真實、更直接的佐證。如《存目》經部易類「《淙山讀周易記》八卷」條云：「宋方實孫撰。……此書舊本但題曰《讀周易》，案朱彝尊《經義考》作《淙山讀周易記》，蓋此本傳寫脱訛。《經義考》又引曹溶之言，曰《宋志》八卷，《澮生堂目》作十卷，《聚樂堂目》作十六卷，今本不分卷，不知孰合之。此本仍作八卷，則猶從宋刻録出也。」《總目》卷三經部易類「《淙山讀周易記》二十一卷」條云：「宋方實孫撰。……此書舊本但題曰《讀周易》。案朱彝尊《經義考》作《淙山讀周易記》，蓋此本傳寫脱訛。《經義考》又引曹溶之言，曰《宋志》八卷，《澮生堂目》作十卷，《聚樂堂目》作十六卷，今世所行凡二本，一本不分卷，不知孰合之。此本凡《上經》八卷，《下經》八卷，《繫辭》二卷，《序卦》《説卦》《雜卦》各一卷，又不知誰所分也。」比較兩條提要所言，《淙山讀周易記》一書的内容和文字雖俱不變，而卷帙分合多寡的差異却較大，從而形成多種版本，有不分卷本，有八卷本，有十卷本，有十六卷本，有二十一卷本。又如《存目》集部别集類「《竹友集》四卷」條云：「宋謝邁撰。……王士禎（禛）《居易録》載《竹友集》十卷：詩七卷，雜文三卷。此本乃止詩四卷，則又佚其六卷矣。」《總目》卷一五五集部别集類「《竹友集》十卷」條云：「宋謝邁撰。……《宋史·藝文志》、陳振孫《書録解題》載邁《竹友集》俱作十卷。而世所行本止四卷，又有詩無文。蓋流傳僅存，已多闕佚。此本乃明謝肇淛從内府鈔出，凡古詩四卷，律詩三卷，雜文三卷。與宋時卷數相合，蓋猶舊本。」[7]由此可知，最初撰寫提要時所據者，乃有詩無文之四卷殘本，而後來則改换爲有詩有文之十卷足本。其例尚多，兹不贅舉。即此二例，已足可從《存目》到《總目》的改换版本而了解到一些古書版本的種類、善劣及流傳遞嬗的基本信息。將這些信息綜合利用，其在古籍版本學研究上的參考價值，則不言自諭。

趙望秦

二〇一四年十月於陝西師範大學文淵樓

注釋

①羅貫中編次、[日]井上泰山編《三國志通俗演義史傳》，上海古籍出版社，二〇〇九年版，第二頁。案此書的正文是每頁分上下兩欄，上欄爲影印，下欄爲排印，但無斷句標點。

②[臺灣]夏長樸《〈四庫全書初次進呈存目〉初探——編纂時間與文獻價值》，見《漢學研究》三〇卷第二期，二〇一二年六月；臺北商務印書館影印《四庫全書初次進呈存目》第一册《序》，二〇一二年十二月版；劉浦江《〈四庫全書初次進呈存目〉再探——兼談〈四庫全書總目〉的早期編纂史》，見《中華文史論叢》總第一一五期，二〇一四年。

③[清]永瑢等《欽定四庫全書卷首》，《四庫全書總目》卷首第一〇頁，中華書局影印本，一九六五年版。

④案此據中華書局影印本《四庫全書總目·出版説明》，而郭伯恭《四庫全書纂修考》所統計的數據與此略異。

⑤案中華書局排印本《欽定四庫全書總目·序》謂：『凡《四庫總目》所録，凡一萬零伍佰八十五種』。

⑥案此謂《讀易舉要》一書已『著録經部中』，而檢《四庫全書初次進呈存目》經部并無此條，可證《存目》散逸已甚。

⑦案《竹友集》調换版本之後，四庫館臣仍沿用那篇依據舊版本撰寫的提要，即《四庫全書初次進呈存目》集部别集類中的《竹友集》提要，從而出現與《四庫全書》所收已經調换了版本的《竹友集》實際情況不相符的問題。如果不是今日能有幸看到《四庫全書初次進呈存目》殘存部分中的《竹友集》提要，則不易發現這個問題，即使發現了，也很難搞清楚四庫館臣何以會有如此失誤的原因。由此可見，《四庫全書初次進呈存目》雖爲殘稿，但其在文獻學上的價值，不可小覷。關於這個問題的詳情，我們撰有專文論證，且已發表公世，讀者可參閲本書末所附此文。

叙例

一　今藏臺北『國家圖書館』的《四庫全書初次進呈存目》稿本，於二〇一二年由臺北商務印書館影印出版，精裝九册。本書即據影印本重新進行整理，包括標點、校勘、互證及編製書前總目、書後索引等工作。

二　由於《四庫全書初次進呈存目》爲稿本，自無對校本可言。然又因抄手衆多，繕寫不精，訛脱衍倒，比比皆是。其中有一些錯誤之處，以致不能句讀通讀，故主要參考中華書局影印浙江杭州刊本《四庫全書總目》而予以校訂勘正，補脱删衍，且出校加以説明。

三　凡底本文字被改動者，必以《總目》同一條目中語句的表述相同或相似者作爲依據。若有必要，則同時也補充使用他校、本校之法，外證、内證并舉。凡底本文字疑似有誤，而在《總目》同一條目中并無相同或相似的語句或表述，則不改動底本，僅在［校記］中表明疑誤之意。稿本書頁的倒置錯裝現象嚴重，影印本在做了相應的調整後，均以『編按』的形式予以説明。而對於缺頁的情況也有『編按』。爲使讀者能够了解稿本的原貌，亦將『編按』之語録入［校記］中。

四　《存目》稿本在未裝訂之前爲散頁，因保存不善，致使散佚較甚，或缺某一篇提要的前半部分，或缺某一篇提要的中間部分，或缺某一篇提要的後半部分。今日閱讀此等提要，往往有不甚了了之感。故在這次整理時，凡遇提要之殘缺者，即將《總目》同條提要之文録入［校記］中，以資比較對讀，以助全面了解。實乃姑用此法，聊補此憾而已。

五　《四庫全書初次進呈存目》是一部由單篇零散的分纂稿演化爲體例劃一的完整定稿的初次匯編稿本，它在《四庫全書》及《總目》纂修程序上的過渡性正是其價值所在。故這次整理時，以成稿或成書的時間先後爲序，將《存目》中的每條提要與《四庫提要分纂稿》《四庫全書薈要總目提要》、文淵閣《四庫全書》書前提要、《文溯閣四庫全書提要》《文津閣四庫全書提要匯編》《四庫全書簡明目録》《四庫全書總目》中的同一條目一一比照，在［今案］中列出其所處之部類、卷次、頁碼，以方便讀者及研究者按圖索驥，檢索求證。這些典籍的版本依次開列如下：［清］翁方綱等著，吴格、樂怡標校《四庫提要分纂稿》，上海書店出版社，二〇〇六年版；［清］四庫館臣撰，江慶伯等整理《四庫全書薈要總目提要》，人民文學出版社，二〇〇九年版；［清］四庫館臣編纂文淵閣《四庫全書》，上海古籍出版社，一九八九年版；［清］四庫館臣撰，金毓黻等編《文溯閣四庫全書提要》，中華書局，二〇一四年版；［清］

四庫館臣撰，四庫全書出版工作委員會編《文津閣四庫全書提要匯編》，商務印書館，二〇〇六年版；［清］永瑢等著《四庫全書簡明目録》，上海古籍出版社，一九八五年版；［清］永瑢等撰《四庫全書總目》，中華書局，一九六五年版。

六　底本多有爲清帝避諱之字，或以同義互訓之法，用同義字替代，或以爲字不成之法，缺寫字末一筆。又清世宗雍正四年，朝廷下令爲孔子避名諱，凡遇『丘』字，均加一右『阝』旁，改寫爲『邱』字。此次整理，凡遇缺筆字，徑直補足其筆劃，凡遇替代字，則仍保持不動，而在其字之後寫出清帝及孔子之原名，括上圓括號。

七　原稿在撰寫及謄抄時，似乎没有要求或規定使用規範字以統一字體，撰者及抄手們遂以各人的寫字習慣來書寫，於是出現了許多的古今字、通假字、異體字、俗體字、簡體字。此次整理，僅將敘述句中的一些不致引起文義歧解的異體字、俗體字、簡體字改爲通行的規範字，其他凡出現在專門名詞術語中而可能會引起文義歧解的字則一律不改。

八　稿本不標卷次，經、史、子部在每册書的封面題簽中只有部名，而集部在每册書的封面題簽中只有類名，在稿本正文每頁的版心上有類名，而影印本的中縫則一仍其舊，只是册數有所變易。此次整理，既爲保持底本原貌，即保留底本的題簽，又爲可以在卷首顯示部類之名，即權且當作卷次，故略爲之變通，將類名由底本中縫移至題簽中的部名之下，而將集部題簽中的類名改爲部名，以使與經、史、子部一致。

九　稿本原無總目，影印本則以部類爲條目而製作總目冠於全書之首，又以書名及卷數條目而製作分册目録冠於每册書之首。此次整理，則以正文内已校正之書名爲條目而重新製作總目冠於全書之首，并編製索引附於全書之末，以便通覽尋檢。

目録

經部一　易類

《周易習解》十八卷……三
《周易舉正》三卷……三
《誠齋易傳》二十卷……四
《周易口義》十二卷……五
《了翁易説》一卷……六
《易璇璣》三卷……六
《紫岩易傳》十卷……七
《易小傳》六卷……七
《周易義海撮要》十二卷……八
《周易玩辭》十六卷……八
《童溪易解》三十卷……九
《易裨傳》二卷……一〇
《丙子學易編》一卷……一〇
《復齋易説》六卷……一一
《周易輯聞》六卷、《易雅》一卷、《筮宗》一卷……一二
《水村易鏡》一卷……一二
《朱文公易説》二十三卷……一三
《漢上易集傳》十一卷、《卦圖》三卷、《叢説》一卷……一四
《易學啓蒙小傳》一卷……一五
《周易傳義附録》十四卷……一五
《三易備遺》十卷……一六
《周易集説》四十卷……一七
《易通》六卷……一八
《淙山讀周易記》八卷……一八
《周易本義集成》十二卷……一九
《讀易考原》一卷……二〇
《大易輯説》十卷……二〇
《易本義附録纂疏》十五卷……二一
《易學啓蒙翼傳》四卷……二二
《周易本義通釋》十二卷……二三
《易纂言》十卷……二三
《周易參義》十二卷……二三
《周易文詮》四卷……二四

《易圖通變》五卷、《易筮通變》三卷……二四
《學易記》九卷……二五
《易學濫觴》一卷……二五
《周易集傳》八卷……二六
《易修墨守》一卷……二六
《淮海易譚》四卷……二七
《周易冥冥篇》四卷……二七
《周易全書》二十一卷……二七
《古易考原》三卷……二八
《易十三傳》十三卷……二八
《周易大全》二十四卷……二八
《周易古本》一卷……二九
《古易彙編》十七卷……二九
《易經滄窩因指》八卷……三〇
《周易正解》二十卷……三〇
《易筌》六卷、《附論》一卷……三一
《易學飲河》八卷……三一
《易經勺解》三卷……三二
《易象鈎解》四卷……三二

經部二 易類書類

《四易通義》六卷……三七
《像象管見》九卷……三七
《圖書紀愚》一卷……三八
《學易舉隅》六卷……三八
《周易旁注前圖》二卷……三八
《三易洞璣》十六卷……三九
《胡子易演》十八卷……三九
《易窺》無卷數……三九
《易象大旨》八卷……四〇
《易義古象通》八卷……四〇
《古易世學》十七卷……四〇
《周易贊義》七卷……四一
《易林疑説》無卷數……四一
《易學古經正義》十二卷……四二
《玩易意見》二卷……四二
《周易獨坐談》五卷……四二
《周易象義》十卷……四二
《周易古文鈔》二卷……四三
《易測》十卷……四三
《像抄》六卷……四四
《四聖一心録》六卷……四四
《易就》六卷……四四

《易經頌》十二卷……四五
《易發》八卷……四五
《大易衍説》無卷數……四五
《洗心齋讀易述》十七卷……四五
《周易訂疑》十五卷、《序例》一卷、《易學啓蒙訂疑》四卷、
《周易本義原本》十二卷……四六
《易説》一卷……四六
《心易》一卷……四六
《空山易解》四卷……四七
《周易説略》四卷……四七
《圖書辨惑》一卷……四七
《易傳》四卷……四八
《關氏易傳》一卷……四九
《周易麈談》無卷數……五〇
《易象與知編》一卷、《圖書合解》一卷……五〇
《易互體例》一卷……五〇
《尚書詳解》五十卷……五一
《書説》三十五卷……五一
《尚書説》七卷……五二
《書説》一卷……五三
《讀書叢説》六卷……五三
《書纂言》四卷……五四
《尚書通考》十卷……五四
《書傳纂疏》六卷……五五
《書蔡傳旁通》六卷……五六
《讀書管見》二卷……五六
《尚書纂傳》四十六卷……五七
《尚書疏衍》四卷……五七
《古書世學》六卷……五八
《書經直解》十三卷……五八
《尚書揆一》六卷……五九
《書帷別記》四卷……五九
《禹貢山川郡邑考》四卷……五九
《古文尚書疏證》八卷……五九

經部三 詩類禮類

《韓詩外傳》十卷……六三
《詩考》一卷……六四
《詩地理考》六卷……六四
《詩總聞》二十卷……六五
《毛詩集解》二十五卷……六五
《詩集傳》二十卷……六六
《詩緝》三十六卷……六七

《毛詩集解》四十二卷……六八
《詩傳通釋》二十卷……六八
《詩疑問》七卷……六九
《詩經疏義》二十卷……六九
《詩集傳名物鈔》八卷……七〇
《待軒詩記》無卷數……七一
《詩經圖史合考》二十卷……七一
《毛詩多識編》七卷……七一
《詩經世本古義》二十八卷……七二
《詩說解頤》四十卷……七二
《詩解頤》四卷……七三
《毛詩草木鳥獸蟲魚疏廣要》四卷……七三
《魯詩世學》三十二卷……七四
《毛詩鳥獸草木》二十卷……七四
《毛詩微言》二十卷……七五
《詩傳》一卷……七五
《詩說》一卷……七六
《詩意》無卷數……七六
《詩補傳》三十卷……七六
《毛朱詩說》一卷……七七
《詩經叶音辨訛》八卷……七七
《詩經通義》十二卷……七八
《詩經傳說取裁》十二卷……七八
《讀詩質疑》四十七卷……七八
《太平經國之書》十一卷……七九
《周禮訂義》八十卷……七九
《禮記集說》一百六十卷……八〇
《禮經會元》四卷……八〇
《内外服制通釋》七卷……八一
《禮書》一百五十卷……八一
《周禮集說》十一卷……八二
《儀禮集說》十七卷……八二
《禮記纂言》三十六卷……八三
《三禮考註》六十四卷……八三
《周禮翼傳》二卷……八四
《三禮編繹》二十六卷……八五
《周禮說》十四卷……八五
《古周禮》六卷……八五
《禮樂合編》三十卷……八六
《四禮輯宜》一卷……八六
《周禮傳》十卷……八六
《禮記輯覽》八卷……八七

《周禮註疏删翼》三十卷……八七
《周禮注疏合解》十八卷……八八
《讀禮疑圖》六卷……八八
《周禮因論》一卷……八八
《三禮纂注》四十九卷……八九
《就正録禮記會要》六卷……八九
《周禮圖説》二卷……九〇
《廣祀典議》一卷……九〇
《讀禮問》一卷……九一
《周禮述注》二十四卷……九一
《半農禮説》十四卷……九一
《儀禮鄭注句讀》十七卷附《監本正誤》、《石經正誤》二篇……九二
《戴記緒言》四卷……九二
《檀弓疑問》一卷……九三

經部四　春秋類

《春秋左氏傳説》二十卷……九七
《春秋通説》十三卷……九七
《春秋王霸列國世紀編》三卷……九八
《春秋集註》十一卷、《綱領》一卷……九八
《春秋傳》二十卷……九九
《春秋集解》三十卷……一〇〇
《春秋本例》二十卷……一〇〇
《春秋意林》二卷……一〇一
《春秋權衡》十七卷……一〇一
《皇綱論》五卷……一〇二
《春秋列國諸臣傳》三十卷……一〇二
《左氏君子例》一卷……一〇三
《春秋集解》十二卷……一〇三
《春秋後傳》十二卷……一〇四
《春秋經筌》十六卷……一〇五
《春秋詳説》三十卷……一〇六
《春秋或問》二十卷、《春秋五論》一卷……一〇六
《春秋五禮例宗》十卷……一〇七
《春秋尊王發微》十二卷……一〇七
《春秋分記》九十卷……一〇八
《左氏詩如例》一卷……一一〇
《春秋纂言》十二卷……一一〇
《春秋本義》三十卷……一一〇
《春秋或問》十卷……一一一
《春秋集傳釋義大成》十二卷……一一一
《讀春秋編》十二卷……一一二

《春秋闕疑》四十五卷……一一二
《春秋讞義》九卷……一一三
《春秋集傳》十五卷……一一四
《春秋師説》三卷……一一四
《春秋屬辭》十五卷……一一五
《春秋左氏傳補注》十卷……一一五
《春秋左傳句解》三十五卷……一一六
《春秋名臣傳》十三卷……一一六
《春秋貫玉》四卷……一一六

經部五　春秋類

《豐坊春秋世學》三十二卷……一一九
《春秋説志》五卷……一一九
《春秋續義發微》十二卷……一一九
《春秋以俟録》一卷……一一九
《春秋四傳私考》十三卷……一二〇
《春王正月考》二卷……一二〇
《春秋明志録》十二卷……一二一
《春秋事義全考》十六卷……一二一
《春秋孔義》十二卷……一二一
《春秋辨義》三十九卷……一二二
《春秋讀意》一卷……一二二
《春秋國華》十七卷……一二二
《春秋私考》三十六卷……一二三
《春秋輯傳》十三卷、《春秋凡例》二卷……一二三
《春秋五傳平文》四十一卷……一二三
《春秋列傳》五卷……一二四
《左略》一卷……一二四
《春秋左翼》四十三卷……一二五
《春秋麟寶》六十三卷……一二五
《春秋直解》十五卷……一二五
《春秋録疑》十六卷……一二五
《春秋闡義》十二卷……一二六
《春秋衡庫》三十卷……一二六
《左觿》一卷……一二六
《豐川春秋原經》四卷……一二六
《春秋地名考略》十四卷……一二七
《春秋程傳補》二十卷……一二七
《空山堂春秋傳》十二卷……一二八
《春秋三傳纂凡表》四卷……一二八
《春秋集解》十二卷、《緒餘》一卷、《提要補遺》一卷……一二八
《春秋三傳同異考》一卷……一二九

《春秋指掌》三十卷、《前事》一卷、《後事》一卷……一二九
《杜解補正》三卷……一二九
《左傳補註》六卷……一三〇
《左傳事緯》二十卷……一三〇
《春秋傳註》三十六卷……一三一
《春秋地理考實》四卷……一三一
《春秋提綱》十卷……一三二
《春秋傳議》四卷……一三二

經部六　孝經類總經解類四書類

《古文孝經指解》一卷……一三五
《孝經刊誤》一卷……一三五
《孝經大義》一卷……一三六
《經典釋文》三十卷……一三六
《七經小傳》三卷……一三七
《六經正誤》六卷……一三七
《刊正九經三傳沿革例》一卷……一三八
《六經圖》六卷……一三八
《五經説》七卷……一三九
《石渠意見》四卷、《拾遺》二卷、《補闕》一卷……一三九
《授經圖》二十卷……一四〇
《五經繹》十五卷……一四〇
《五經稽疑》五卷……一四一
《五經蠡測》六卷……一四一
《六經奥論》六卷……一四一
《十三經解詁》五十六卷……一四二
《程氏經説》七卷……一四二
《十一經問答》五卷……一四三
《六經圖》十六卷……一四三
《石經考》一卷……一四四
《九經誤字》一卷……一四四
《論語意原》二卷……一四五
《中庸指歸》一卷、《中庸分章》一卷、《大學發微》一卷、
《大學本旨》一卷……一四五
《論語全解》十卷……一四六
《論孟精義》三十六卷……一四六
《論孟或問》三十四卷……一四七
《中庸輯略》二卷……一四七
《南軒論語解》十卷……一四八
《論語集説》十卷……一四八
《四書集編》二十六卷……一四九
《四書纂疏》二十六卷……一四九
《孟子集疏》十四卷……一五〇

《論語孟子考異》二卷……一五〇
《四書通》二十六卷……一五〇
《四書通證》六卷……一五一
《學庸啓蒙》二卷……一五一
《四書辨疑》十五卷……一五二
《四書集義精要》二十八卷……一五二
《中庸衍義》十七卷……一五三
《大學千慮》一卷……一五三
《引經釋》五卷……一五三
《大學衍義通略》三十一卷……一五四
《四書通義》二十卷……一五四

經部七 樂類小學類

《皇祐新樂圖記》三卷……一五七
《律吕正聲》六十卷……一五七
《雅樂發微》八卷……一五八
《樂經元義》八卷……一五八
《樂律纂要》一卷……一五八
《古樂經傳》三卷……一五九
《律吕古義》三卷……一五九
《律吕正聲》六十卷……一五九
《樂書》十卷……一六〇
《雅樂考》二十卷……一六〇
《八音摘要》二卷……一六一
《大樂律吕元聲》六卷、附《律吕考注》四卷……一六一
《律吕纂要》二卷……一六一
《樂經内編》二十卷……一六一
《古樂書》二十四篇……一六二
《急就篇》四卷……一六二
《釋名》四卷……一六三
《小爾雅》一卷……一六三
《廣雅》十卷……一六四
《重修玉篇》三十卷……一六五
[《韻補》五卷]……一六六
[《干禄字書》一]卷……一六八
《九經字樣》一卷……一六九
《五經文字》三卷……一七一
《説文解字篆韻譜》五卷……一七一

經部八 小學類

[《説文解字》三十卷]……一七五
《重修廣韻》五卷……一七六
《爾雅注》三卷……一七七
《爾雅翼》三十二卷……一七八

《埤雅》二十卷……一七八
《集韻》十卷……一七九
《附釋文互註禮部韻略》五卷、附《貢舉條式》一卷……一八〇
《佩觿》三卷……一八一
《類篇》四十五卷……一八一
《字通》一卷……一八二
《漢隸字源》六卷……一八三
《五音集韻》十五卷……一八三
[《廣韻》五卷]……一八四
《四聲篇海》十五卷……一八五
《龍龕手鑑》四卷……一八六
《六書故》三十三卷……一八七
《書學正韻》三十六卷……一八八
《字鑑》五卷……一八八
《六書故》三十三卷……一八九
《漢隸分韻》七卷……一八九
《古今韻會舉要》三十卷……一九〇
《元韻譜》五十四卷……一九〇
《彙雅》二十卷……一九一
《韻略易通》二卷……一九五
《青郊雜著》一卷、《文韻考衷六聲會編》十二卷……一九五
《奇字韻》五卷……一九六
《六書精蘊》六卷、《音釋》一卷……一九六
《童蒙習句》一卷……一九六
《古音臘要》五卷……一九七
《俗書刊誤》十二卷……一九七
《古叶讀》五卷……一九八
《正韻彙編》四卷……一九八
《字韻合璧》二十卷……一九八
《六書本義》十二卷……一九九
《集古隸韻》五卷……一九九
《六書索隱》五卷……二〇〇
《六書賦音義》三卷……二〇〇
《音韻日月燈》七十卷……二〇〇
《字孿》二卷……二〇一
《古今通韻》十二卷……二〇一
《篆字彙》十二卷……二〇三
《六書準》四卷……二〇三
《聲韻叢説》一卷、《韻問》一卷……二〇三
《韻補正》一卷……二〇三

《類音》八卷……二〇四
《劉凝韻原表》一卷……二〇四
《韻雅》五卷……二〇五
《古韻通》八卷……二〇五
《正字通》十二卷……二〇六
《隸辨》八卷……二〇六
《連文釋義》一卷……二〇六

史部一　正史類編年類别史類

《補後漢書年表》十卷……二〇九
《兩漢刊誤補遺》十卷……二〇九
《三國志辨誤》一卷……二一〇
《南北史合註》一百五卷……二一〇
《漢紀》三十卷……二一一
《元經》十卷……二一二
《後漢紀》三十卷……二一三
《唐鑑》二十四卷……二一三
《宋九朝編年備要》三十卷……二一四
《三朝北盟會編》二百五十卷……二一四
《少微通鑑節要》五十卷……二一五
《增節音註資治通鑑》一百二十卷……二一五
《宋史全文續資治通鑑長編》三十六卷……二一五
《續宋編年資治通鑑》十五卷……二一六
《皇王大紀》八十卷……二一六
《宋季三朝政要》六卷……二一七
《大政記》三十六卷……二一八
《鳳洲綱鑑》二十四卷……二一八
《宋元通鑑》一百五十七卷……二一九
《後梁春秋》二卷……二一九
《人代紀要》三十卷……二二〇
《憲章録》四十七卷……二二〇
《明遺事》三卷……二二〇
《秘閣元龜政要》十六卷……二二一
《綱鑑正史約》三十六卷……二二一
《十六國春秋》一百卷……二二一
《貞觀政要》十卷……二二二
《建康實録》二十卷……二二三
《三楚新録》三卷……二二三
《五國故事》二卷……二二三

史部二　别史類雜史類

《隆平集》二十卷……二二七
《蜀漢本末》三卷……二二七
《宋史紀事本末》二十八卷……二二八

《庚申外史》二卷 …………………………………… 二二八
《革朝志》十卷 …………………………………… 二二九
《建文朝野彙編》二十卷 ……………………………… 二二九
《遜國君記抄》一卷、《臣事抄》六卷 ……………… 二三〇
《忠節録》六卷 …………………………………… 二三〇
《季漢書》六十卷 ………………………………… 二三一
《合訂南唐書》二十五卷 …………………………… 二三一
《十國春秋》一百十四卷 …………………………… 二三一
《皇元聖武親征録》一卷 …………………………… 二三二
《逸周書》十卷 …………………………………… 二三二
《左傳紀事本末》五十三卷 ………………………… 二三四
《大唐新語》十三卷 ……………………………… 二三五
《四朝聞見録》五卷 ……………………………… 二三五
《却掃編》三卷 …………………………………… 二三六
《燕雲録》一卷 …………………………………… 二三七
《涑水紀聞》十卷 ………………………………… 二三七
《甲申雜記》一卷、《聞見近録》一卷、《隨手雜録》一卷
…………………………………………………… 二三七
《儒林公議》一卷 ………………………………… 二三八
《桯史》十五卷 …………………………………… 二三九
《揮麈前録》四卷、《後録》十一卷、《第三録》三卷、
《餘話》二卷 …………………………………… 二三九
《南渡録》二卷、《竊憤録》一卷 …………………… 二四〇
《己酉航海記》一卷 ……………………………… 二四〇
《默記》三卷 …………………………………… 二四一
《東京夢華録》十卷 ……………………………… 二四一
《松漠紀聞》二卷 ………………………………… 二四二

史部三 雜史類

《夢粱録》二十卷 ………………………………… 二四五
《吴越備史》四卷 ………………………………… 二四五
《江南野史》十卷 ………………………………… 二四六
《焚椒録》一卷 …………………………………… 二四七
《建炎復辟記》一卷 ……………………………… 二四七
《維揚巡幸記》一卷 ……………………………… 二四七
《靖炎兩朝見聞録》二卷 …………………………… 二四八
《西使記》一卷 …………………………………… 二四八
《夥壞封疆録》一卷 ……………………………… 二四九
《東林點將録》一卷 ……………………………… 二四九
《閹黨逆案》一卷 ………………………………… 二四九
《挺擊始末》一卷 ………………………………… 二五〇
《保越録》一卷 …………………………………… 二五〇
《聖駕南巡日録》一卷、《大駕北還録》一卷 ………… 二五〇

《嘉靖倭亂備鈔》二卷……二五一
《貽清堂日抄》不分卷……二五一
《倭患考原》二卷……二五一
《倭情考略》一卷……二五二
《野記》四卷……二五二
《韓氏事迹》一卷、《方氏事迹》一卷……二五二
《漢唐秘史》二卷……二五三
《寓圃雜記》十卷……二五三
《貂璫史鑑》四卷……二五三
《平番始末》一卷……二五四
《小史摘抄》二卷……二五四
《邇訓》二十卷……二五四
《虐政集》一卷、《邪氛集》一卷、《倒戈集》一卷……二五四
《三朝要典》二十四卷……二五五
《政監》三十二卷……二五五
《紹興正人論》一卷……二五五
《錢塘遺事》十卷……二五六
《天鑒録》一卷……二五七
《東林朋黨録》一卷……二五七
《東林同志録》一卷……二五七
《東林籍貫》一卷……二五七

史部四 詔令類傳記類

《唐大詔令集》一百三十卷……二六一
《二梅公年譜》二卷……二六一
《廉吏傳》二卷……二六一
《名臣碑傳琬琰之集》上二十七卷、中五十五卷、
下二十五卷……二六二
《涪陵紀善録》一卷……二六二
《魏鄭公諫録》五卷……二六三
《僞豫傳》一卷……二六三
《宋名臣言行録》七十五卷……二六三
《伊雒淵源録》十四卷……二六四
《己酉避亂録》一卷……二六五
《乙巳泗州録》一卷……二六五
《韓魏公家傳》二卷……二六五
《韓魏公别録》三卷……二六六
《韓忠獻遺事》一卷……二六六
《鄱陽遺事録》一卷……二六六
《范文正年譜》一卷、《補遺》一卷……二六六
《孔子編年》五卷……二六七
《元朝名臣事略》十五卷……二六七
《米芾志林》十三卷……二六八

《淮郡文獻志》二十六卷、《補遺》一卷……二六八
《諸葛書》十卷……二六八
《琬琰録》二十四卷、《續録》十三卷……二六九
《忠義録》十四卷……二七〇
《伊洛淵源續録》六卷……二七〇
《國寶新編》一卷……二七〇
《東祀録》一卷……二七一
《陋巷志》八卷……二七一
《尊聖集》四卷……二七一
《闕里書》八卷……二七二
《仲志》五卷……二七二
《濂溪志》九卷……二七二
《濂溪志》十三卷……二七二
《程朱闕里志》八卷……二七三
《孔孟事迹圖譜》四卷……二七三
《宫省賢聲録》四卷……二七三
《胡宗憲行實》不分卷……二七三

史部五　傳記類

《姑蘇名賢小記》二卷……二七七
《宋四家外紀》四十九卷……二七七
《古今貞烈維風什》四卷……二七七
《宋遺民録》十五卷……二七八
《七人聯句詩記》一卷……二七八
《蘇米志林》三卷……二七九
《漢雜事秘辛》一卷……二七九
《逸民史》二十二卷……二七九
《榕陰新檢》八卷……二七九
《毘陵人品記》十卷……二八〇
《東越文苑》六卷……二八〇
《黄粱遺迹志》一卷……二八〇
《夷齊録》五卷……二八一
《夷齊志》六卷……二八一
《夷齊考疑》四卷……二八一
《靈衛廟志》一卷……二八一
《賀監紀略》四卷……二八二
《羅江東外紀》三卷……二八二
《明璫彰癉録》一卷……二八二
《海珠小志》五卷……二八三
《淮封日記》一卷……二八三
《南遷日記》一卷……二八三
《聖學宗傳》十八卷……二八四
《聖學嫡派》四卷……二八四

《歷代守令傳》二十四卷……二八四
《壺天玉露》四卷……二八四
《留溪外傳》十八卷……二八五
《東林列傳》二十四卷……二八五
《嘉禾徵獻録》四十六卷……二八六
《劉豫事迹》一卷……二八六
《謝皋羽年譜》一卷……二八六
《希賢録》五卷……二八七
《明儒林録》十九卷……二八七
《益智録》二十卷……二八七
《季漢五志》十二卷……二八八
《范文正遺迹》一卷……二八八
《言行拾遺事録》四卷……二八八
《褒賢集》五卷……二八八
《草莽私乘》一卷……二八九

史部六　史抄類時令類法令類

《史記鈔》六十五卷……二九三
《諸史品節》三十九卷……二九三
《古史談苑》三十六卷……二九三
《春秋別典》十五卷……二九三
《君鑒》五十卷……二九四
《善行録》八卷……二九四
《帝鑑圖説》不分卷……二九四
《史異編》十七卷……二九五
《省括編》二十三卷……二九五
《閲史約書》五卷……二九五
《元史節要》十四卷……二九六
《詳注史略補遺大成》十卷……二九六
《史説萱蘇》一卷……二九六
《平巢事迹考》一卷……二九七
《事編内篇》八卷……二九七
《經世環應編》八卷……二九七
《爲臣不易編》不分卷……二九八
《漢唐宋名臣録》五卷……二九八
《歷代内侍考》十卷……二九八
《讀史快編》四十四卷……二九八
《史纘》二十五卷……二九九
《臣鑒》三十七卷……二九九
《古今宗藩懿行考》十卷……二九九
《鹽梅志》二十卷……二九九
《讀史蒙拾》一卷……三〇〇
《史緯》三百三十卷……三〇〇

《歷代循良録》一卷 …… 三〇〇
《春秋紀傳》五十一卷 …… 三〇〇
《兩晋南北奇談》六卷 …… 三〇一
《養餘月令》二十九卷 …… 三〇一
《四時氣候集解》四卷 …… 三〇一
《月令廣義》二十四卷 …… 三〇一
《月令通考》十六卷 …… 三〇二
《節宣輯》四卷 …… 三〇二
《月令廣義》二十五卷 …… 三〇二
《時令彙紀》十六卷、《餘日事文》四卷 …… 三〇三
《疑獄集》四卷、《補疑獄集》六卷 …… 三〇三
《科場條貫》一卷 …… 三〇四

史部七 地理類

《山海經》十八卷 …… 三〇七
《洛陽伽藍記》五卷 …… 三〇七
《北户録》三卷 …… 三〇八
《桂林風土記》一卷 …… 三〇八
《元和郡縣志》四十卷 …… 三〇九
《景定嚴州續志》十卷 …… 三〇九
《佛國記》一卷 …… 三一〇
《萬歷(曆)四川總志》三十四卷 …… 三一一
《紀古滇説》一卷 …… 三一一
《華陽宫記事》一卷 …… 三一二
《東南防守利便》三卷 …… 三一二
《洛陽名園記》一卷 …… 三一二
《遊城南記》一卷 …… 三一三
《嘉定赤城志》四十卷 …… 三一三
《景定建康志》五十卷 …… 三一三
《長安志》二十卷 …… 三一四
《中吴紀聞》六卷 …… 三一四
《方輿勝覽》七十卷 …… 三一五
《咸淳臨安志》一百卷 …… 三一五
《會稽志》二十卷、《會稽續志》八卷 …… 三一六
《通鑑地理通釋》十四卷 …… 三一六
《益部方物略記》一卷 …… 三一七
《太平寰宇記》一百九十三卷 …… 三一七
《乾道臨安志》三卷 …… 三一八
《仙都志》二卷 …… 三一九
《大滌洞天記》三卷 …… 三一九
《至元嘉禾志》三十二卷 …… 三一九
《安南志略》十九卷 …… 三二〇
《長安志圖》三卷 …… 三二一

《閣皁山志》二卷 …… 三二一
《華嶽全集》十三卷 …… 三二一
《萬歷(曆)嚴州府志》二十四卷 …… 三二二
《增補武林舊事》八卷 …… 三二二
《九華山志》八卷 …… 三二二
《橫谿録》八卷 …… 三二三
《湖州府志》十四卷 …… 三二三
《定遠縣志》十卷 …… 三二三
《南康府志》十二卷 …… 三二四
《順天府志》六卷 …… 三二四
《南詔事略》一卷 …… 三二四
《西事珥》八卷 …… 三二五
《嘉興府志》三十二卷 …… 三二五

史部八 地理類

《徽州府志》十二卷 …… 三二九
《成化杭州府志》六十三卷 …… 三二九
《毘陵志》四十卷 …… 三二九
《山東通志》四十卷 …… 三二九
《明一統志》九十卷 …… 三三〇
《越嶠書》二十卷 …… 三三〇
《吳中水利書》二十八卷 …… 三三一
《故宮遺録》一卷 …… 三三一
《南夷書》一卷 …… 三三一
《使交録》十八卷 …… 三三二
《建陽縣志》四卷、《雜誌》三卷、《續志》一卷 …… 三三二
《金華府志》三十卷 …… 三三二
《三原縣志》十六卷 …… 三三三
《洞庭君山集》三卷 …… 三三三
《萬歷(曆)廣東通志》七十二卷 …… 三三三
《名山注》不分卷 …… 三三三
《破山興福寺志》四卷 …… 三三四
《峴山志》六卷 …… 三三四
《延壽寺紀略》一卷 …… 三三四
《師子林紀勝》二卷 …… 三三五
《上天竺山誌》十五卷 …… 三三五
《關中陵墓志》二卷 …… 三三五
《普陀山志》六卷 …… 三三六
《天台縣志》二十卷 …… 三三六
《太岳太和山志》十七卷 …… 三三六
《長溪瑣語》一卷 …… 三三七
《汝南遺事》二卷 …… 三三七
《恒岳志》二卷 …… 三三七

《徑山集》三卷 …… 三三八
《天童寺集》二卷 …… 三三八
《太白樓集》十卷 …… 三三八
《興地名勝志》一百九十三卷 …… 三三八
《爛柯山志》二卷 …… 三三九
《九華山志》八卷 …… 三三九
《日本考》五卷 …… 三三九
《治河通考》十卷 …… 三四〇
《海語》三卷 …… 三四〇
《慧山記》三卷 …… 三四一
《汴京遺迹志》二十四卷 …… 三四一
《滇程記》一卷 …… 三四一
《滇載記》一卷 …… 三四二
《全蜀藝文志》六十四卷 …… 三四二
《蜀中廣記》一百八卷 …… 三四二
《吴興備志》三十二卷 …… 三四三
《益部談資》三卷 …… 三四三
《赤雅》一卷 …… 三四四
《江漢叢談》二卷 …… 三四四

史部九　地理類

《石鼓書院志》二卷 …… 三四七
《阿育王山志》十卷 …… 三四七
《萬歷(曆)開封府志》三十四卷 …… 三四七
《豐潤縣志》十三卷 …… 三四七
《山海經釋義》十八卷、《圖》二卷 …… 三四八
《通州志》八卷 …… 三四八
《清江縣志》八卷 …… 三四八
《滕王閣續集》十九卷 …… 三四八
《歷代山陵考》一卷 …… 三四八
《昌平山水記》二卷 …… 三四九
《天府廣記》四十四卷 …… 三四九
《顔山雜記》四卷 …… 三五〇
《職方外紀》五卷 …… 三五〇
《普陀山志》十五卷 …… 三五〇
《海外紀事》六卷 …… 三五一
《石柱記箋釋》五卷 …… 三五一
《湘山志》八卷 …… 三五二
《西湖覽勝志》十四卷 …… 三五二
《羅浮山志》十二卷 …… 三五二
《黄山志》七卷 …… 三五二
《廬山通志》十二卷 …… 三五三
《乍浦九山補志》十二卷 …… 三五三

《滇行日記》二卷……三五三
《師宗州志》二卷……三五三
《遼載前集》二卷……三五四
《河紀》二卷……三五四
《增訂廣輿記》二十四卷……三五四
《江南星野辨》一卷……三五四
《塞程別紀》一卷……三五五
《青原志略》十三卷……三五五
《嶺海見聞》四卷……三五五
《長河志籍考》十卷……三五六
《通元(玄)觀志》二卷……三五六
《封長白山記》一卷……三五六
《中山傳信録》六卷……三五六
《丹霞洞天志》十七卷……三五七
《譎觚》一卷……三五七
《羅浮山志會編》二十二卷……三五七
《北河續紀》八卷……三五八
《浙西水利書》一卷……三五八
《南中志》一卷……三五八
《天台山志》一卷……三五九
《武夷山詩集》一卷……三五九

史部十　職官類目録類金石類史評類

《翰苑群書》二卷……三六三
《百官箴》六卷……三六四
《三事忠告》不分卷……三六四
《唐六典》三十卷……三六五
《秘書志》十一卷……三六六
《列卿年表》一百三十九卷……三六七
《符司紀》六卷……三六八
《南京工部志》十八卷……三六八
《留臺雜記》八卷……三六八
《吏部職掌》無卷數……三六九
《土官底簿》二卷……三六九
《遂初堂書目》一卷……三六九
《經序録》五卷……三七〇
《嘯堂集古録》二卷……三七一
《紹興内府古器評》二卷……三七一
《隸續》二十卷……三七二
《寶刻叢編》二十卷……三七二
《金石録》三十卷……三七三
《天下金石志》不分卷……三七四
《石鼓文正誤》二卷……三七四

《金陵古金石考》一卷……三七四
《宣和集古印史》八卷……三七五
《金石文字記》六卷……三七五
《古林金石表》三卷……三七五
《求古録》一卷……三七六
《昭陵六駿贊辨》一卷……三七六
《瘞鶴銘辨》一卷……三七七
《來齋金石刻考略》無卷數……三七七
《漢甘泉宮瓦記》一卷……三七七
《焦山古鼎考》一卷……三七八
《史通會要》三卷……三七八
《六朝通鑑博議》十卷……三七八
《唐史論斷》三卷……三七九
《通鑑問疑》一卷……三七九
《涉史隨筆》一卷……三八〇
《史評》十卷……三八〇
《雪航膚見》十卷……三八〇
《史懷》十七卷……三八一
《讀史漫録》十四卷……三八一
《元羽外編》四十六卷……三八一
《宋紀受終考》三卷……三八二
《涉覽屬比》四卷……三八二
《元史闡幽》一卷……三八二
《學史》十三卷……三八二
《史詮》五卷……三八三
《青油史漫》二卷……三八三
《史通通釋》二十卷……三八三
《史記疑問》一卷……三八四
《帝皇龜鑑》三十四卷……三八四
[《史通》二十卷]……三八五

史部十一　故事類譜牒類起居注類

《大唐開元禮》一百五十卷……三八九
《政和五禮新儀》二百二十卷……三八九
《太平治迹統類》不分卷……三九〇
《玉堂雜紀》二卷……三九一
《聞見前録》二十卷……三九一
《紹熙州縣釋奠儀圖》一卷……三九二
《補漢兵志》一卷……三九二
《漢制考》四卷……三九三
《唐會要》一百卷……三九四
《通祀輯略》三卷……三九四
《回鑾事實》一卷……三九四

《建炎以來朝野雜記》四十卷……三九五
《朝野類要》五卷……三九五
《大金集禮》四十卷……三九六
《元典章前集》六十卷、《新集》未分卷……三九六
《飲膳正要》三卷……三九七
《孔廟禮樂考》六卷……三九七
《七國考》十四卷……三九八
《漕書》一卷……三九八
《洲課條例》一卷……三九八
《古今鹺略》九卷、《鹺略補》九卷……三九九
《太常總覽》無卷數……三九九
《絲綸捷要便覽》一卷……三九九
《海運新考》三卷……四〇〇
《北新鈔關志》十六卷……四〇〇
《淮關志》八卷……四〇一
《饘堂考故》一卷……四〇一
《頖宮禮樂全書》十六卷……四〇一
《國朝謚法考》一卷……四〇二
《安南使事紀要》四卷……四〇二
《人瑞録》一卷……四〇三
《宋紹興十八年同年小録》一卷……四〇三
《吴越順存集》三卷、《外集》一卷……四〇三
《顧氏譜系考》一卷……四〇四
《希姓補》五卷……四〇四
《穆天子傳》六卷……四〇四
《大唐創業起居注》三卷……四〇五

子部一　儒家類

《荀子楊倞註》二十卷……四〇九
《黄氏日抄》九十五卷……四〇九
《潛夫論》十卷……四一〇
《申鑒》五卷……四一一
《新序》十卷……四一一
《法言》十卷……四一二
《新書》十卷……四一二
《説苑》二十卷……四一三
《中論》二卷……四一三
《素履子》三卷……四一四
《延平答問》一卷、《附録》一卷……四一四
《近思録》十四卷……四一四
《忠經》一卷……四一五
《女孝經》一卷……四一五
《雜學辨》一卷、《記疑》一卷……四一五

《上蔡語録》三卷……四一六
《儒志編》一卷……四一六
《帝學》八卷……四一七
《二程外書》十二卷……四一七
《伊川粹言》二卷……四一七
《宋先賢讀書法》一卷……四一八
《心經附注》四卷……四一八
《同異録》二卷……四一八
《學蔀通辨》十二卷……四一九
《居業録》八卷……四一九
《夜行燭》不分卷……四一九
《庸齋日記》八卷……四二〇
《諸儒要語》九卷……四二〇
《西田語略》二十三卷、《續集》二十九卷……四二〇
《理學類編》八卷……四二〇
《東溪日談録》十八卷……四二一
《疊庵雜述》二卷……四二一
《程書》五十一卷……四二一
《下學堂劄紀》三卷……四二二
《儒宗理要》二十九卷……四二二
《知非録》一卷……四二二
《理學宗傳傳心纂要》八卷……四二二
《大呼集》八卷……四二三
《讀朱隨筆》四卷……四二三
《讀書日記》六卷……四二三
《二程遺書》二十八卷……四二四
《五倫懿範》八卷……四二四
《麗澤論説》十卷……四二五
《孔叢子》三卷……四二五

子部二　兵家類縱横家類法家類農家類醫家類

《將苑》一卷……四二九
《風后握奇經》一卷……四二九
《太公兵法》一卷……四二九
《武經總要》四十卷……四三〇
《將鑑論斷》十卷……四三〇
《百將傳》一百卷……四三一
《陰符經注》一卷……四三一
《陰符經考異》一卷……四三二
《海防纂要》十三卷……四三二
《籌海重編》十卷……四三二
《將將紀》二十四卷……四三三
《武備志略》五卷……四三三

《戰國策談㮣》十卷　四三三
《韓子迂評》二十卷　四三四
《商子》五卷　四三四
《詮叙管子成書》十五卷　四三四
《齊民要術》十卷　四三五
《樹畜部》四卷、《燕閒部》二卷、《種植部》十卷　四三六
《糖霜譜》一卷　四三六
《汝南圃史》十二卷　四三七
《花史》十卷　四三七
《瓊花譜》一卷　四三七
《花史左編》二十七卷　四三七
《筍梅譜》二卷　四三八
《香雪林集》二十六卷　四三八
《竹譜》一卷　四三八
《荔支通譜》十六卷　四三八
《箋卉》一卷　四三九
《耒耜經》一卷　四三九
《明堂灸經》八卷　四三九
《千金要方》九十三卷　四四〇
《杜天師了證歌》一卷　四四〇
《銀海精微》二卷　四四〇
《黄帝素問》二十四卷　四四一
《仁齋直指》二十卷　四四二
《壽親養老新書》四卷　四四二
《太平惠民和劑局方》十卷　四四二
《類證普濟本方》十卷　四四三
《傳信適用方》二卷　四四三
《銅人針灸經》七卷　四四四
《醫説》十卷　四四四
《針灸資生經》七卷　四四五
《素問病機氣宜保命集》三卷　四四五
《難經本義》二卷　四四六
《脉訣刊誤》二卷、《附録》二卷　四四六
《素問運氣圖括定局立成》一卷　四四七

子部三　醫家類術數家類

《攝生眾妙方》十一卷　四五一
《普濟方》一百六十八卷　四五一
《醫方選要》十卷　四五一
《志齋醫論》二卷　四五二
《針灸聚英》四卷　四五二
《急救良方》二卷　四五二
《魯府秘方》四卷　四五三

《折肱漫録》六卷……四五三
《養生類要》二卷……四五三
《醫開》七卷……四五三
《醫學正傳》八卷……四五四
《衛生集》四卷……四五四
《圖註脉訣》四卷、《附方》一卷……四五四
《袖珍小兒方》十卷……四五五
《素問鈔補正》十二卷……四五五
《經驗良方》十一卷……四五五
《針灸節要》三卷……四五五
《丹溪心法附餘》二十四卷……四五六
《針灸大成》十卷……四五六
《針灸問對》三卷……四五六
《圖註難經》八卷……四五七
《玉機微義》五十卷……四五七
《醫史》十卷……四五七
《類經》三十二卷……四五八
《醫津筏》一卷……四五八
《千金要方》九十三卷……四五八
《易林》十六卷……四五九
《京氏易傳》三卷……四六〇
《元包》五卷、《元包數總義》二卷……四六一
《夢占類考》十二卷……四六一
《九圜史圖》一卷、附《六匌曼》一卷……四六二
《羅經頂門針》二卷……四六二
《算法統宗》十七卷……四六二
《同文筭指前編》二卷、《通編》六卷、《圜容較義》一卷
……四六三
《易占經緯》四卷……四六三
《曉庵新法》六卷……四六三
《幾何論約》七卷……四六四
《天經或問前集》不分卷……四六四
《天文大成管窺輯要》八十卷……四六五
《勾股引蒙》不分卷……四六五
《元(玄)珠密語》十七卷……四六五
《太素脉法》一卷……四六七
《回回歷(曆)》四卷……四六七
《青羅歷(曆)》不分卷……四六七
《正易心法》一卷……四六八
《星經》二卷……四六八
《元(玄)女經》一卷……四六八
《葬經》一卷……四六九

《宅經》二卷 …… 四六九

子部四 雜藝類

《古畫品録》一卷 …… 四七三
《續畫品》一卷 …… 四七三
《歷代名畫記》十卷 …… 四七四
《法書要録》十卷 …… 四七四
《畫史》一卷 …… 四七五
《宣和畫譜》二十卷 …… 四七五
《書録》三卷 …… 四七五
《圖畫見聞志》六卷 …… 四七六
《廣川書跋》十卷 …… 四七六
《宣和書譜》二十卷 …… 四七七
《海岳名言》一卷 …… 四七七
《畫繼》十卷 …… 四七八
《蘭亭考》十二卷 …… 四七八
《碧雞漫志》一卷 …… 四七九
《書苑菁華》二十卷 …… 四七九
《洞天清録》一卷 …… 四七九
《圖繪寶鑑》五卷、《圖繪寶鑑續編》一卷 …… 四八〇
《鐵網珊瑚》十六卷 …… 四八〇
《珊瑚木難》八卷 …… 四八一
《奇器圖説》三卷、《諸器圖説》一卷 …… 四八一
《墨經》一卷 …… 四八二
《庚子銷夏記》二卷 …… 四八二
《繪事備考》八卷 …… 四八三
《書畫彙考》六十卷 …… 四八三
《北堂書鈔》一百六十卷 …… 四八三
《藝文類聚》一百卷 …… 四八四
《龍筋鳳髓判》四卷 …… 四八五
《歲華紀麗》四卷 …… 四八五
《文房四譜》五卷 …… 四八五
《事物紀原》十卷 …… 四八六
《源流至論前集》十卷、《後集》十卷、《續集》十卷、《別集》十卷 …… 四八六
《歷代制度詳説》十二卷 …… 四八七
《小學紺珠》十卷 …… 四八七
《小字録》一卷、《補録》六卷 …… 四八八
《書叙指南》二十卷 …… 四八八
《歷代不知姓名録》十卷 …… 四八九

子部五 雜藝類

《後畫録》一卷 …… 四九三
《五木經》一卷 …… 四九三

《營造法式》三十四卷……四九三
《蘭亭續考》二卷……四九四
《廣川畫跋》六卷……四九五
《五代名畫補遺》一卷……四九五
《負暄野録》二卷……四九六
《學古編》一卷……四九七
《金壺記》三卷……四九七
《丸經》二卷……四九七
《書法鉤元(玄)》四卷……四九八
《多能鄙事》十二卷……四九八
《野航雜著》一卷……四九八
《續畫品録》一卷……四九九
《書輯》二卷……四九九
《弈史》一卷……四九九
《司牧馬經痊驥通元(玄)論》六卷……五〇〇
《法帖釋文考異》十卷……五〇〇
《印人傳》三卷……五〇一
《閒者軒帖考》一卷……五〇一
《江邨銷夏録》三卷……五〇一
《書畫記》六卷……五〇二
《歙硯志》三卷……五〇二
《壺史》三卷……五〇三
《書畫題跋記》十六卷……五〇三
《寓意編》一卷……五〇三
《墨林快事》十二卷……五〇四
《壺譜》一卷……五〇四
《操縵録》十卷……五〇四
《溪山琴況》一卷……五〇四
《歷代畫家姓氏韻編》七卷……五〇四
《秋仙遺譜》十二卷……五〇五

子部六　考證類

《兼明書》五卷……五〇九
《猗覺寮雜記》二卷……五〇九
《能改齋漫録》十五卷……五一〇
《肯綮録》一卷……五一〇
《東觀餘論》二卷……五一一
《西溪叢語》三卷……五一一
《唐昌玉蕊》……五一二
《芥隱筆記》一卷……五一二
《雲麓漫鈔》十五卷……五一三
《示兒編》二十三卷……五一三
《蘆浦筆記》十卷……五一四

《藏一話腴》四卷……五一四
《離騷草木疏》四卷……五一五
《野客䕺書》十二卷……五一六
《困學紀聞》二十卷……五一六
《容齋隨筆》十六卷、《續筆》十六卷、《三筆》十六卷、
《四筆》十六卷、《五筆》十卷……五一七
《珩璜新論》一卷……五一八
《學林》四卷……五一八
《正楊》四卷……五一九
《名義考》十二卷……五二〇
《讕言長語》一卷……五二〇
《南園漫録》十卷……五二〇
《正楊集》四卷……五二一
《卮林》十一卷……五二一
《讀書一得》四卷……五二二
《菰中隨筆》三卷……五二二
《義門讀書記》五十八卷……五二三

子部七　墨家類名家類雜家類

《晏子春秋》六卷……五二七
《人物志》三卷……五二七
《顔氏家訓》二卷……五二八
《劉子》十卷……五二九
《墨客揮犀》十卷……五二九
《師友談記》一卷……五三〇
《嬾真子》五卷……五三〇
《避暑録話》二卷……五三一
《北窗炙輠録》二卷……五三一
《寓簡》十卷……五三二
《老學庵筆記》十卷、《續筆記》二卷……五三三
《獨醒雜志》十卷……五三三
《耆舊續聞》十卷……五三四
《聞見後録》三十卷……五三四
《賓退録》十卷……五三五
《鷄肋編》無卷數……五三五
《清波雜志》十二卷、《别志》二卷……五三六
《脚氣集》一卷……五三六
《癸辛雜識前集》一卷、《後集》一卷、《續集》二卷、
《别集》二卷……五三七
《齊東野語》二十卷……五三八
《仇池筆記》二卷……五三八
《佩韋齋輯聞》四卷……五三九
《巖下放言》三卷……五三九

《義莊規矩》一卷……五四〇
《梁谿漫志》十卷……五四〇
《曲洧舊聞》十卷……五四一
《識遺》十卷……五四一
《楊公筆録》一卷……五四二
《仕學規範》四十卷……五四二
《几上語》一卷、《枕上語》一卷……五四三
《吹劍録》一卷……五四三
《捫蝨新話》十五卷……五四三
《志雅堂雜鈔》一卷……五四四
《蕉窗雜録》一卷……五四四
《書齋夜話》四卷……五四五
《困學齋雜録》一卷……五四五
《湛淵静語》二卷……五四六
《千古功名鏡》十二卷、《拾遺》一卷……五四六
《雪履齋筆記》一卷……五四七
《博物要覽》十六卷……五四七
《寰有詮》六卷……五四八
《搗堅録》二十四卷……五四八
《澹齋内言》一卷、《外言》一卷……五四八
《春寒間記》一卷……五四九

子部八　雜家類

《楊氏塾訓》六卷……五五三
《青溪暇筆》三卷……五五三
《黄氏書弈》十二卷……五五三
《趙氏連城》十八卷……五五四
《寒夜録》二卷……五五四
《迪吉録》九卷……五五四
《客途偶記》一卷……五五四
《太平清話》四卷……五五五
《避暑漫筆》二卷……五五五
《頤庵心言》一卷……五五五
《金臺紀聞》二卷……五五五
《玉堂漫筆》三卷……五五五
《晝禪室隨筆》四卷……五五六
《停驂録》一卷、《續録》三卷……五五六
《露書》十四卷……五五六
《偶得紺珠》一卷……五五七
《山樵暇語》十卷……五五七
《蘧説》十卷……五五七
《五雜組》十六卷……五五七
《檢蠹隨筆》三十卷……五五八

子部九　類書類

《聲律發蒙》五卷 …… 五八二
《雜組》十卷 …… 五八二
《註釋啓蒙對偶續編》四卷 …… 五八二
《駢雅》七卷 …… 五八一
《荆川稗編》一百二十卷 …… 五八〇
《韻學事類》十二卷 …… 五八〇
《蠡天志》十卷 …… 五八〇
《均藻》四卷 …… 五八〇
《啓雋類函》一百九卷 …… 五七九
《唐類函》二百卷 …… 五七九
《劉氏類山》十卷 …… 五七九
《博學彙書》十二卷 …… 五七八
《考古詞宗》二十卷 …… 五七八
《古今名賢說海》二十二卷 …… 五七八
《喻林》一百二十卷 …… 五七七
《青蓮舫琴雅》四卷 …… 五七七
《廣博物志》五十卷 …… 五七七
《哲匠金桴》五卷 …… 五七六
《詩宗集韻》二十卷 …… 五七六
《韻府群玉》二十卷 …… 五七五
《類編古今事林群書一覽》十卷 …… 五七五
《唐國史補》三卷 …… 五九四
《述異記》二卷 …… 五九四
《異苑》十卷 …… 五九三
《搜神後記》十卷 …… 五九三
《搜神記》二十卷 …… 五九二
《西京雜記》六卷 …… 五九一
《漢武洞冥記》四卷 …… 五九一

子部十　小說家類

《聖賢群輔録》二卷 …… 五八六
《古今疏》十五卷 …… 五八六
《三才藻異》三十三卷 …… 五八六
《同人傳》四卷 …… 五八六
《大政管窺》四卷 …… 五八五
《輿識隨筆》一卷 …… 五八五
《秘笈新書》十三卷、《別集》三卷 …… 五八五
《古雋考略》六卷 …… 五八四
《兩漢博聞》十二卷 …… 五八四
《原始秘書》十卷 …… 五八三
《群書纂類》十二卷 …… 五八三
《群書集事淵海》四十七卷 …… 五八三
《修辭指南》二十卷 …… 五八二

《雲溪友議》三卷……五九五
《杜陽雜編》三卷……五九五
《劇談録》三卷……五九六
《西陽雜俎》二十卷、《續集》十卷……五九六
《殘本唐語林》二卷……五九七
《春渚記聞》十卷……五九八
《唐闕史》二卷……五九八
《甘澤謡》一卷……五九九
《五色線》二卷……六〇〇
《稽神録》六卷……六〇〇
《北夢瑣言》二十卷……六〇〇
《太平廣記》五百卷……六〇一
《南部新書》十卷……六〇二
《青瑣高議前集》十卷、《後集》十卷……六〇二
《貴耳集》一卷、《二集》一卷、《三集》一卷……六〇三
《茆亭客話》十卷……六〇三
《誠齋雜記》二卷……六〇四
《瑯嬛記》三卷……六〇四
《澄懷録》二卷……六〇五

子部十一　小説家類

《文章善戲》一卷……六〇九
《續夷堅志》二卷……六〇九
《至正直記》四卷……六〇九
《埤雅廣要》二十卷……六一〇
《談纂》二卷……六一〇
《輟耕録》三十卷……六一〇
《風俗通義》十卷……六一一
《何氏語林》三十卷……六一一
《夢溪筆談》二十六卷、《續筆談》二卷、《補筆談》一卷……六一二
《祐山雜説》一卷……六一二
《筆記》一卷……六一三
《敝帚軒剩語》三卷、《補遺》一卷……六一三
《文府滑稽》十二卷……六一四
《剪桐載筆》一卷……六一四
《筆史》二卷……六一四
《堯山堂外紀》一百卷……六一五
《幽怪録》一卷、《續幽怪録》一卷……六一五
《録異記》八卷……六一六
《括異志》十卷……六一六
《譚概》三十六卷……六一六
《西樵野記》四卷……六一六

《耳新》十卷……六一七
《無事編》二卷……六一七
《蘭畹居清言》十卷……六一七
《煙霞小説》二十二卷……六一八
《逸史搜尋》不分卷……六一八
《湖海搜奇》二卷、《揮麈新談》二卷、《白醉璅言》二卷、《説圃識餘》二卷、《漱石閒談》二卷……六一八
《烏衣佳話》四卷……六一九
《古今藝苑談概上集》六卷、《下集》六卷……六一九

子部十二 道家類釋家類

《抱朴子内外篇》八卷……六二三
《道德指歸論》六卷……六二四
《淮南子》二十一卷……六二四
《冥通記》四卷……六二五
《列子》八卷……六二六
《仙苑編珠》三卷……六二六
《道教靈驗記》十五卷……六二七
《神仙感遇傳》五卷……六二七
《墉城集仙録》六卷……六二七
《洞天福地嶽瀆名山記》一卷……六二七
《洞仙傳》一卷……六二八
《周易參同契考異》一卷……六二八
《翊聖保德傳》三卷……六二八
《道德經解》二卷……六二九
《雲笈七籤》一百二十二卷……六二九
《悟真篇》五卷……六三〇
《南華真經義海纂微》一百六卷……六三一
《南華真經新傳》二十卷……六三一
《周易參同契發揮》九卷、《釋疑》三卷……六三二
《三洞群仙録》二十卷……六三三
《終南山祖庭仙真内傳》三卷、附《終南山説經臺歷代仙真碑記》一卷……六三三
《三元參贊延壽書》五卷……六三三
《甘水仙源録》十卷……六三三
《廣胎息經》二十二卷……六三四
《元(玄)品録》五卷……六三四
《修真捷徑》九卷……六三五
《神仙通鑑》六十卷……六三五
《參同契集解》二卷……六三五
《胎息經》一卷……六三六
《真靈位業圖》一卷……六三六
《龍門子凝道記》二卷……六三六

《西山群仙會真記》五卷 …… 六三七
《解莊》十二卷 …… 六三七
《武林西湖高僧事略》一卷 …… 六三七
《佛祖通載》二十二卷 …… 六三八
《林子分内集》十卷 …… 六三八
《廣仁品二集》不分卷 …… 六三八
《山谷禪喜集》二卷 …… 六三九
《大藏一覽》十卷 …… 六三九
《南宋元明僧寶傳》十五卷 …… 六三九

集部 別集類一

《楚辭集注》八卷、《後語》六卷、《辨証》二卷 …… 六四三
《蔡中郎集》六卷 …… 六四三
《陸士龍集》十卷 …… 六四四
《孟東野集》十卷 …… 六四四
《會昌一品集》二十卷、《別集》十卷、《外集》四卷 …… 六四五
《盈川集》十卷 …… 六四五
《劉賓客文集》三十卷、《外集》十卷 …… 六四六
《曲江集》二十卷 …… 六四七
《麟角集》二卷 …… 六四七
《河東集》四十三卷、《別集》二卷、《外集》二卷 …… 六四八
《白蓮集》十卷 …… 六四八
《權文公文集》十卷 …… 六五〇
《駱丞集》四卷 …… 六五〇
《禪月集》二十五卷、《補遺》一卷 …… 六五一
《陳拾遺集》十卷 …… 六五二
《樊川文集》二十卷 …… 六五三
《王子安集》十六卷 …… 六五四
《司空表聖文集》十卷 …… 六五四
《呂温集》十卷 …… 六五五
《蘇詩摘律》六卷 …… 六五六
《集千家注杜詩》二十卷 …… 六五六
《次山集》十二卷 …… 六五七
《皮子文藪》十卷 …… 六五八
《杼山集》十卷 …… 六五八
《陶淵明集》八卷 …… 六五九
《鴻慶居士集》四十二卷 …… 六五九
《忠宣文集》二十卷、《奏議》二卷、《遺文》一卷、《附録》一卷、《補編》一卷 …… 六六一
《東萊詩集》二十卷 …… 六六一
《竹洲集》二十卷 …… 六六二
《景迂生集》二十卷 …… 六六三

《河南集》二十七卷……六六三
《默堂集》二十二卷……六六四
《渭南文集》五十卷、《劍南詩》八十五卷、《逸稿》二卷……六六五
《少陽集》五卷、《附録》五卷……六六六

集部　別集類二

《竹齋詩集》四卷……六七一
《楊誠齋集》一百二十卷……六七一
《秋堂集》三卷……六七二
《可齋雜稿》三十四卷、《續稿》八卷、《續稿後》十二卷……六七三
《文溪存稿》二十卷……六七三
《雪窗集》二卷、《附録》一卷……六七四
《矩山存稿》五卷……六七四
《范文正公尺牘》三卷……六七五
《長興集》十卷……六七五
《後村集》五十卷……六七六
《東野農歌集》一卷……六七六
《江湖長翁文集》四十卷……六七七
《倚松老人集》二卷……六七七
《梅山續稿》十七卷……六七八
《四六標準》四十卷……六七八
《止齋文集》五十一卷……六七九
《梁谿集》一百八十卷、《附録》六卷……六七九
《高峰文集》十二卷……六八〇
《佩韋齋集》二十卷……六八〇
《吾汶稿》十卷、《吾汶稿摘抄》二卷……六八一
《晞髪集》十卷、《晞髪遺集》二卷、《遺集補》一卷……六八一
《咸平集》三十卷……六八二
《小畜集》三十卷……六八二
《武溪集》二十卷……六八三
《徂徠集》二十卷……六八四
《和靖詩集》四卷……六八四
《文正集》二十卷、《別集》四卷、《補編》五卷……六八五
《居士集》五十卷……六八六
《剡源集》三十卷……六八六
《義豐集》一卷……六八八
《河東集》十六卷……六八八
《丹淵集》四十卷……六八九
《元豐類稿》十五卷……六八九
《清獻集》十卷……六九〇

《鄱陽集》十二卷……六九一
《公是集》六卷……六九一
《潞公集》四十卷……六九二
《宛陵集》六十卷……六九二
《蔡忠惠集》四十卷……六九三
《擊壤集》二十卷……六九四
《龍洲集》十四卷……六九四
《野谷詩稿》六卷……六九四
《澹庵文集》六卷……六九五
《道鄉集》四十卷……六九六
《著作集》八卷……六九七
《西塘集》十卷……六九七
《太倉稊米集》七十卷……六九八
《王荆公詩注》五十卷……六九八
《演山集》六十卷……六九九

集部　别集類三

《西巖集》一卷……七〇三
《雪磯叢稿》五卷……七〇三
《宗忠簡集》八卷……七〇三
《文定集》十二卷……七〇四
《石門文字禪》三十卷……七〇四
《無爲集》十五卷……七〇五
《慶湖遺老集》九卷……七〇五
《筠溪集》二十四卷……七〇六
《雪溪集》五卷……七〇六
《節孝集》三十二卷……七〇七
《陵陽集》四卷……七〇七
《劉給事集》五卷……七〇八
《眉山集》二十二卷……七〇九
《龜溪集》十二卷……七〇九
《華陽集》四十卷……七一〇
《文山集》二十一卷……七一〇
《陵陽集》二十四卷……七一一
《玉楮集》八卷……七一一
《分類補注李太白集》三十卷……七一二
《漫塘文集》三十六卷……七一三
《網山集》八卷……七一三
《巽齋四六》一卷……七一三
《本堂集》九十四卷……七一四
《鐵庵集》三十六卷……七一四
《樂軒集》八卷……七一四
《梁谿遺稿》一卷……七一五

《紹陶録》二卷……七一五
《止齋論祖》五卷……七一六
《方是閒居士小稿》二卷……七一六
《橘山四六》二十卷……七一六
《南塘四六》一卷……七一七
《格齋四六》一卷……七一七
《松垣集》十一卷……七一七
《臞軒四六》二卷……七一八
《蛟峰集》七卷……七一八
《歸愚集》十卷……七一九
《忠肅集》三卷……七一九

集部 別集類四

《傅與礪詩文集》二十卷……七二三
《北郭集》六卷……七二三
《雲陽集》十卷……七二四
《傲軒吟稿》一卷……七二四
《蘭雪集》一卷……七二五
《黄楊集》三卷、《補遺》一卷……七二五
《書林外集》七卷……七二五
《漢泉集》十卷……七二六
《清江碧嶂集》一卷……七二六
《佩玉齋類稿》十二卷……七二七
《襄陽遺集》一卷……七二七
《存復齋集》十卷……七二七
《松鄉文集》十卷……七二八
《淮陽集》一卷、附録詩餘一卷……七二八
《藏春集》四卷……七二九
《江月松風集》十二卷……七二九
《山林清氣集》一卷、《續集》一卷……七二九
《南湖集》七卷……七三〇
《唳鶴集》一卷……七三〇
《論範》二卷……七三〇
《范文忠公集》十二卷……七三一
《對山集》十九卷……七三一
《占星堂集》十五卷……七三二
《甫田集》三十五卷、《附録》一卷……七三二
《松韻堂集》十二卷……七三二
《始豐稿》六卷……七三二
《朱邦憲集》十五卷……七三三
《整庵存稿》二十卷……七三三
《于忠肅集》十二卷……七三四
《西村集》八卷……七三四

《楊文敏集》二十五卷 …… 七三五
《東里文集》二十五卷 …… 七三五
《劉彥昺集》九卷 …… 七三六
《震澤集》三十卷 …… 七三六
《蘇門集》八卷 …… 七三七
《容春堂前集》二十卷、《後集》十四卷、《續集》十八卷、
《別集》九卷 …… 七三七
《希澹園詩》三卷 …… 七三八
《黃忠宣集》八卷 …… 七三八
《芝園定集》五十一卷 …… 七三八
《副墨》五卷 …… 七三九
《袁中郎集》四十卷 …… 七三九
《龍谿全集》二十卷 …… 七三九

集部　別集類五

《趙仲穆遺稿》一卷 …… 七四三
《廬陵集》二卷 …… 七四三
《青陽集》四卷 …… 七四四
《玉山璞稿》一卷 …… 七四四
《默庵集》五卷 …… 七四五
《玉井樵唱》三卷 …… 七四五
《鶴年集》一卷 …… 七四五
《燕石集》十五卷 …… 七四六
《龜巢集》十七卷 …… 七四七
《僑吴集》十二卷 …… 七四七
《栲栳山人集》二卷 …… 七四八
《青村遺稿》一卷 …… 七四九
《山窗餘稿》一卷 …… 七四九
《玩齋集》十卷、《拾遺》一卷 …… 七四九
《待清遺稿》二卷 …… 七五〇
《寶峰集》二卷 …… 七五〇
《水鏡集》一卷 …… 七五〇
《林屋山人集》一卷 …… 七五一
《雪樓集》三十卷 …… 七五一
《定宇集》十六卷、《別集》一卷 …… 七五二
《白雲集》四卷 …… 七五二
《仁山集》四卷 …… 七五二
《静修集》三十卷 …… 七五三
《芳谷集》二卷 …… 七五三
《巴西文集》一卷 …… 七五四
《雲林集》六卷 …… 七五五
《石田集》十五卷 …… 七五五
《樵雲獨唱》六卷 …… 七五六

《南陽集》三十卷、《附録》一卷……七六八
《四如集》五卷……七七〇
《和靖集》八卷……七七〇
《平齋文集》三十二卷……七七一
《樂圃餘稿》十卷……七七一
《騎省集》三十卷……七七二
《支離子集》一卷……七七二
《壺山四六》一卷……七七三
《儲光羲詩》五卷……七七三
《楊大年全集》二十卷……七七四
《象山文集》六卷……七七四
《雲巢集》三卷……七七五
《攻媿集》一百二十卷……七七六
《浪語集》三十五卷……七七六
《簡齋集》十五卷……七七七
《宛邱(丘)集》七十六卷……七七七
《注山谷詩集》三十七卷……七七八
《周元公集》十卷……七七八
《龍川文集》三十卷……七七九
《鬳齋續集》三十卷……七七九
《屏山集》二十卷……七八〇
《知非堂稿》六卷……七五六
《檜亭集》九卷……七五七
《楊仲宏(弘)集》八卷……七五七
《黄文獻集》十卷……七五七
《淵穎集》十二卷……七五八
《滋溪文稿》三十卷……七五八
《禮部集》二十卷……七五九
《雲峰集》十卷……七五九
《湛然居士集》十四卷……七六〇
《安雅堂集》十三卷……七六〇
《桂隱文集》四卷……七六一
《夷白齋稿》三十五卷、《外集》一卷……七六一
《梧溪集》七卷……七六一
《靜春堂集》四卷……七六二
《養蒙集》十卷……七六二
《秋澗集》一百卷……七六三
《待制集》二十卷……七六三

集部　別集類六

《蕊閣集》一卷……七六七
《廣陵集》三十卷……七六七
《淮海集》四十卷、《後集》六卷、《長短句》三卷……七六八

《宛陵集》六十卷、《附録》一卷……七八〇
《竹友集》四卷……七八二
《艾軒集》九卷、《附録》一卷……七八二
《東萊集》四十卷……七八三
《鄂州小集》六卷……七八三
《清獻集》二十卷……七八四
《西山文集》五十五卷……七八四
《南軒集》四十四卷……七八五
《石屏集》二卷……七八五
《雙溪集》二十七卷……七八六
《慈湖遺書》十八卷、《續集》二卷……七八六
《洺水集》三十卷……七八七
《蠹齋鉛刀編》三十二卷……七八八
《山谷刀筆》二十卷……七八八
《盱江集》三十七卷、《年譜》一卷、《附録》三卷……七八八
《瓜廬詩》一卷……七八九
《玉瀾集》一卷……七九〇
《二妙集》八卷……七九〇
《滹南遺老集》四十五卷……七九一
《莊靖集》十卷……七九一
《滏水集》二十卷……七九二
《遺山集》四十卷……七九二
《不繫舟漁集》九卷……七九三
《麟原文集》二十四卷……七九三
《一山文集》九卷……七九四
《純白齋類稿》二十卷、《附録》二卷……七九四

集部　别集類七

《半軒集》十四卷……七九七
《胡仲子集》十卷……七九七
《荊川集》十二卷……七九七
《備忘集》十卷……七九八
《白蘇齋類集》二十二卷……七九九
《水天閣集》十三卷……七九九
《篁墩集》九十三卷……七九九
《空同集》六十六卷……八〇〇
《文肅集》二十三卷……八〇〇
《被褐先生稿》十七卷……八〇一
《魯望集》十二卷……八〇一
《容臺文集》九卷、《詩集》四卷、《别集》四卷……八〇一
《解弢集》一卷……八〇一
《莊肅公集》八卷……八〇二
《青箱堂集》三十三卷……八〇二

《端肅公集》十卷……八〇二
《世經堂集》二十六卷……八〇三
《翠屏集》四卷……八〇三
《鳴盛集》四卷……八〇三
《類稿》十卷……八〇四
《鳥鼠山人集》二十九卷……八〇四
《椒邱(丘)文集》四十四卷……八〇四
《未齋集》二十六卷……八〇五
《何燕泉詩》四卷……八〇五
《祝氏集略》三十卷……八〇五
《王氏家藏集》六十八卷……八〇六
《矯亭存稿》十八卷、《續稿》八卷……八〇六
《海釣遺風集》四卷……八〇六
《呆齋集》四十五卷……八〇七
《桃谷遺稿》一卷……八〇七
《文起堂集》十卷……八〇七
《少石集》十三卷……八〇八
《楚辭集解》八卷、《蒙引》二卷、《考異》一卷……八〇八
《搶榆館集》六卷……八〇八
《海桑集》十卷……八〇八
《練中丞集》二卷……八〇九
《杜詩分類》五卷……八〇九
《老泉文鈔》無卷數……八一〇
《楊忠愍集》三卷、《附録》一卷……八一〇
《青城山人集》八卷……八一一

集部 别集類八

《玉茗堂集》二十九卷……八一五
《妙遠堂集》四十卷……八一五
《龍湖集》十四卷……八一五
《退庵遺稿》七卷……八一六
《坦齋文集》三卷……八一六
《金蘭集》三卷、《附録》一卷……八一六
《光庵集》二卷……八一七
《槎翁集》八卷……八一七
《雙桂集》六卷……八一八
《節庵集》八卷、《續稿》一卷……八一八
《黄給諫遺稿》一卷……八一八
《竹居集》一卷……八一九
《野莊集》六卷……八一九
《逃虚子集》十一卷、《類稿補遺》八卷……八一九
《文穆集》六卷……八二〇
《高閑雲集》六卷……八二〇

《高子遺書》十二卷、《附録》一卷……八二〇
《方麓集》十六卷……八二一
《文遠集》二十八卷、《補遺》一卷，《秋旻集》十卷、
《秋旻二刻》一卷、《秋旻續刻》一卷……八二一
《王忠文公集》二十四卷……八二二
《龐眉生集》十六卷……八二二
《草閣集》六卷、《拾遺》一卷、附《筠谷詩》一卷……八二三
《方洲集》二十六卷、附《讀史録》四卷……八二三
《王襄敏集》四卷……八二四
《雙溪集》八卷……八二四
《西山類稿》五卷……八二四
《緱山集》二十七卷……八二五
《誠意伯文集》二十卷……八二五
《宋學士全集》三十六卷……八二五
《覆瓿集》七卷、《附録》一卷……八二六
《毅齋詩文集》八卷、《附録》一卷……八二六
《子威集》三十二卷……八二七
《迪功集》六卷、附《談藝録》一卷……八二七
《宗子相集》十五卷……八二八
《滄溟集》三十卷、《附録》一卷……八二八
《桂洲集》十八卷……八二九
《泰泉集》十卷……八三〇

集部　別集類九

《陶學士集》二十卷……八三三
《説學齋稿》無卷數……八三三
《莊渠遺書》十二卷……八三四
《家藏集》七十卷……八三四
《滄螺集》六卷……八三五
《馬文莊集選》十五卷……八三五
《九芝集選》十二卷……八三五
《瞿文懿集》二十卷……八三六
《檀雪齋集》四十卷……八三六
《宗伯文集》十六卷……八三六
《益齋存稿》一卷……八三六
《天啓宮中詞》一卷……八三七
《漉籬集》二十四卷……八三七
《雲鴻洞續稿》四卷……八三七
《何長人集》八卷……八三七
《半江集》十五卷……八三八
《大復集》三十八卷……八三八
《東田漫稿》六卷……八三八
《考功集》十卷……八三九

《涇野集》三十六卷……八三九
《白沙集》九卷……八三九
《梅雪軒詩稿》四卷……八四〇
《賜餘堂集》十四卷……八四〇
《竹齋集》三卷、《續集》一卷、《附録》一卷……八四〇
《周恭肅集》十六卷……八四一
《東海文集》五卷……八四一
《白陽集》不分卷……八四二
《陶詩析義》四卷……八四二
《抑庵集》十三卷、《後集》三十七卷……八四二
《甘泉集》三十二卷……八四三
《望雲集》五卷……八四三
《王右丞詩集類箋》十卷、《文集》四卷……八四四
《鐘台集》十二卷……八四四

集部　別集類十

《汶濱集》十卷、《附録》二卷……八四七
《東里全集》九十七卷、《別集》四卷……八四七
《省中稿》二卷、《二臺稿》二卷、《歸田稿》十卷……八四七
《雲邨文集》十四卷……八四八
《集古梅花詩》四卷……八四八
《王校書全集》四十二卷……八四八
《楓山集》四卷……八四九
《琴溪集》八卷……八四九
《陳文岡集》二十卷……八五〇
《宏(弘)藝録》三十二卷……八五〇
《雅宜集》十卷……八五〇
《費文通集選要》六卷……八五一
《赤城集》二十三卷……八五一
《春雨齋文集》十卷……八五一
《獨醉亭集》一卷……八五二
《小泉集》三十一卷……八五二
《一齋集》十六卷……八五二
《澹軒集》八卷……八五三
《石語齋集》二十六卷……八五三
《楊忠烈集》三卷……八五四
《王文肅集》十二卷……八五四
《古廉集》十一卷、《附録》一卷……八五四
《嘯臺集》二十卷、《木天清氣集》十四卷……八五五
《畏庵集》十卷……八五五
《耕石齋石田集》九卷……八五五
《鳴秋集》二卷……八五六
《費文憲集選要》七卷……八五六

《念初堂稿》四卷、《續集》二卷……八五六
《珂雪齋集》二十四卷……八五六
《梅巖小稿》三十卷……八五七
《寓林集》三十八卷……八五七
《陽明全集》二十卷、《傳習録》一卷、《語録》一卷……八五七

集部　別集類十一

《甘白集》六卷……八六一
《二須堂詩集》十二卷、《文集》二卷……八六一
《佳山堂集》十卷……八六一
《雙溪草堂詩集》十卷、附《游西山詩》一卷……八六二
《嬾齋別集》十四卷……八六二
《赤嵌集》四卷……八六二
《笠山詩選》五卷……八六二
《貽清堂集》十三卷、《補遺》四卷……八六三
《杜詩會粹》二十四卷……八六三
《杜詩詳注》二十五卷、《附編》二卷……八六三
《禹門集》四卷……八六四
《孜堂文集》二卷……八六四
《時一吟詩》四卷……八六四
《魏叔子集》三十三卷……八六四
《西堂全集》五十六卷……八六五
《敲空遺響》十二卷……八六五
《柳村詩集》十二卷……八六五
《百尺梧桐閣集》二十六卷……八六五
《精華録》十卷……八六六
《寒香閣詩集》四卷……八六六
《耕廡文稿》十卷……八六六
《據梧詩集》十五卷……八六六
《憺園集》三十八卷……八六七
《孝穆集》六卷……八六七
《薪齋集》八卷……八六八
《問山詩集》十卷、《文集》八卷、《紫雲詞》一卷……八六八
《鶴侶齋集》三卷……八六八
《湯子遺書》十卷……八六九
《擬故宫詞》一卷……八六九
《蕭亭詩選》六卷……八六九
《灌研齋集》四卷……八七〇
《卧象山房集》三卷……八七〇
《芝壇集》二卷……八七〇
《杏村詩集》七卷……八七一
《東山草堂文集》二十卷、《詩集》八卷、《續集》一卷

《庚開府集箋注》十卷……八七一
《古處齋集》十三卷……八七一
《讀史亭詩集》十六卷、《文集》二十二卷……八七二

集部　別集類十二

《志壑堂集》二十四卷……八七五
《十笏草堂詩選》九卷……八七五
《止泉文集》八卷……八七五
《笑門詩集》二十五卷……八七六
《魏興士文集》六卷……八七六
《魏季子文集》十六卷……八七六
《欣然堂集》十卷……八七六
《過江集》四卷……八七七
《飴山詩集》二十卷……八七七
《湖海集》十三卷……八七七
《古懽堂集》三十六卷……八七八
《遇集》五卷、《蒞楚學記》一卷、《奏疏》四卷……八七八
《天門詩集》六卷、《文集》六卷……八七九
《彙書》六卷……八七九
《有懷堂詩文集》一卷……八七九
《馮舍人遺詩》六卷……八七九
《有懷堂詩文稿》二十八卷……八八〇
《臨野堂文集》十卷……八八〇
《竹垞文類》二十六卷……八八〇
《樂圃詩集》七卷……八八一
《葛莊詩鈔》十三卷……八八一
《寒松堂集》九十二卷……八八一
《蕉林詩集》……八八二
《香域内外集》十二卷……八八二
《栖雲閣詩》十六卷、《拾遺》三卷……八八二
《叢碧山房集》五十八卷……八八三
《夢吟集》一卷、《續集》一卷……八八三
《安雅堂集》十卷……八八三
《堯峰文鈔》五十卷……八八四
《在陸草堂集》六卷……八八四
《萬青閣全集》八卷……八八四
《澹餘軒集》八卷……八八五
《北溪集》五十卷、《外集》一卷……八八五
《居竹軒集》四卷……八八五

集部　奏議類總集類上

《六臣注文選》六十卷……八八九
《歷代名臣奏議》三百五十卷……八八九

《李忠定奏議》六十九卷、《附録》九卷……八九〇
《左史諫草》一卷……八九〇
《包孝肅奏議》十卷……八九〇
《文選纂註》十二卷……八九一
《文選章句》二十八卷……八九一
《文選瀹注》三十卷……八九二
《選詩約註》十二卷……八九二
《文襄公奏疏》十五卷……八九二
《河防疏略》二十卷……八九二
《督漕疏草》二十二卷……八九三
《華野疏稿》五卷……八九三
《古文苑》二十一卷……八九三
《國秀集》三卷……八九四
《篋中集》一卷……八九四
《唐御覽詩》一卷……八九五
《河嶽英靈集》三卷……八九五
《中興間氣集》二卷……八九六
《極元(玄)集》二卷……八九六
《詩準》三卷、《附録》一卷、《詩翼》四卷……八九七
《歷代吟譜》五卷……八九七
《文苑英華辨証》十卷……八九八
《續文章正宗》二十卷……八九九
《崇古文訣》三十五卷……八九九
《吴都文粹》九卷……九〇〇
《古文關鍵》二卷……九〇〇
《衆妙集》一卷……九〇一
《樂府詩集》一百卷……九〇一
《宋文鑑》一百五十卷……九〇二
《江湖小集》九十五卷……九〇三
《論學繩尺》十卷……九〇四
《赤城集》十八卷……九〇四
《萬首唐人絶句詩》九十一卷……九〇五
《唐百家詩選》二十卷……九〇六

集部　總集類中

《唐文粹》一百卷……九〇九
《五百家播芳大全文粹》一百十卷……九〇九
《政府奏議》二卷……九一〇
《宋文選》三十二卷……九一〇
《唐三體詩》六卷、《續集》八卷……九一一
《兩宋名賢小集》無卷數……九一一
《聲畫集》八卷……九一二
《古賦辨體》十卷……九一二

《文選補遺》四十卷……九一三
《忠義集》七卷……九一四
《唐音》十五卷……九一四
《庚辛唱和詩》一卷……九一五
《古樂府》十卷……九一六
《唐詩説》二十一卷……九一六
《瀛奎律髓》四十九卷……九一七
《谷音》二卷……九一八
《天下同文集》五十卷……九一八
《元風雅》二十四卷……九一九
《草堂雅集》十二卷……九一九
《元文類》七十卷……九二〇
《文壇列俎》十卷……九二〇
《秦漢文尤》十二卷……九二一
《春秋詞命》三卷……九二一
《翰苑瓊琚》八卷……九二一
《三蘇文範》十八卷……九二一
《尺牘清裁》六十卷、《補遺》一卷……九二二
《文章正論》十五卷、《緒論》五卷……九二二
《金華文統》十三卷……九二二
《文苑春秋》四卷……九二三
《六藝流別》二十卷……九二三
《漢魏詩乘》二十卷……九二三
《唐詩選》七卷……九二四
《唐詩類苑》二百卷……九二四
《唐雅》二十六卷……九二五
《唐詩紀》一百七十卷……九二五
《雅音會編》十二卷……九二五
《詩學正宗》十六卷……九二六
《詩歸》五十一卷……九二六
《南華合璧集》五卷……九二六

集部 總集類下

《百子金丹》十卷……九二九
《詩女史》十四卷、《拾遺》二卷……九二九
《皇華集》十三卷……九二九
《書記洞詮》一百十六卷……九三〇
《菊坡叢話》二十六卷……九三〇
《周氏遺芳集》五卷……九三〇
《古文彙編》二百三十六卷……九三一
《新安文獻志》一百卷……九三一
《吴都文粹續集》五十六卷、《補遺》一卷……九三一
《詩紀》一百五十六卷……九三二

《漢魏六朝一百三家集》……九三二
《文篆清娱》四十八卷……九三三
《漢魏名文乘》不分卷……九三三
《文致》不分卷……九三四
《元詩體要》十四卷……九三四
《宋十五家詩》十六卷……九三四
《唐詩叩彈集》十二卷、《續集》三卷……九三五
《唐宫閨詩》二卷……九三五
《漢詩説》十卷……九三五
《説唐詩》二十二卷……九三五
《古詩選》三十二卷……九三六
《宋詩鈔》原本不分卷……九三七
《宋文鈔》無卷數……九三七
《皇清詩選》三十卷……九三七
《玉臺新咏箋註》十卷……九三八
《宋詩删》二十五卷……九三八
《臨川文獻》八卷……九三八
《唐詩掞藻》八卷……九三九
《詩觀》十四卷、《别集》二卷……九三九
《才調集》十卷……九三九
《元音》十二卷……九四〇
《元音遺響》十卷……九四一
《諸儒文要》八卷……九四一
《滄海遺珠》卷……九四二
《諸儒性理文錦》八卷……九四二
《宋遺民録》一卷……九四三
《搜玉小集》一卷……九四三
《宋名臣獻壽集》十二卷……九四四

集部　詩文評類詞曲類

《詩品》三卷……九四七
《文心雕龍》十卷……九四七
《本事詩》一卷……九四八
《詩品》一卷……九四八
《詩人玉屑》二十卷……九四九
《懷麓堂詩話》一卷……九四九
《談龍録》一卷……九五〇
《聲調譜》一卷……九五〇
《珆溪詩話》十卷……九五一
《優古堂詩話》一卷……九五一
《六一詩話》一卷……九五二
《續詩話》一卷……九五二
《中山詩話》一卷……九五三

《後山詩話》一卷……九五三
《庚溪詩話》二卷……九五四
《彦周詩話》一卷……九五四
《竹坡詩話》一卷……九五五
《冷齋夜話》十卷……九五五
《紫薇詩話》一卷……九五六
《二老堂詩話》一卷……九五六
《石林詩話》一卷……九五七
《滄浪詩話》一卷……九五七
《唐詩紀事》八十一卷……九五八
《娱書堂詩話》一卷……九五八
《鳴鶴餘音》八卷……九五九
《尊前集》二卷……九五九
《花庵詞選》十卷……九五九
《群賢梅苑》十卷……九六〇
《蜕巖詞》二卷……九六〇
《花間集》十卷……九六一
《蕉窗蒽隱詞》一卷……九六一
《詩餘圖譜》三卷、《附録》二卷……九六一
《詞林萬選》四卷……九六二
《詞學全書》十四卷……九六二
《粤風續九》四卷……九六二
《南曲入聲客問》一卷……九六三
《選聲集》三卷、附《詞韻簡》一卷……九六三

附録

《四庫全書》版本調换問題的新例證……九六四

書名與作者名索引

書名筆畫索引……1
書名拼音索引……39
作者名筆畫索引……83
作者名拼音索引……115

經部一　易類

《周易習解》十八卷[一]

唐李鼎祚撰。鼎祚，資州人。官至秘閣學士。《唐書·藝文志》有李鼎祚《集註周易》十七卷，蓋即是書，世所傳卷數並同。然考鼎祚自序有云：『王氏《略例》，得失相參，採葑採菲，無以下體，仍附《經》末，式廣未聞，凡成一十八卷。』然則《經》末應别附《略例》爲一卷，以還其舊。漢儒説《易》，惟費直與古文同，其後馬融、鄭衆、鄭康成、荀爽、虞翻皆宗費學。晉永嘉之後，亡失師傳，惟康成、王弼所注行於世。江左中興，《易》置王氏博士，太常荀崧奏請置《鄭易》博士，值王敦之亂，不果。齊專立鄭，梁、陳則鄭、王並立。至隋及唐，孔穎達據王注作《正義》，鄭學遂微。鼎祚意欲存古，故序稱集虞翻、荀爽三十餘家，刊輔嗣之野文，補康成之逸象。漢代經師之學，猶得傳之至今，皆是書之力也。

【校記】

［一］周易習解十八卷　案《四庫全書總目》卷一同條作『《周易集解》十七卷』。又案底本此條提要的右上方邊框外有『初次進／呈鈔録／經部』三行文字。

【今案】影印文淵閣《四庫全書》第七册第六〇三頁書前提要。《文溯閣四庫全書提要》卷一經部一易類一，第四七頁。《文津閣四庫全書提要匯編》經部一易類，第七頁。《四庫全書簡明目録》卷一經部一易類，第三頁。《四庫全書總目》卷一經部一易類一，第三頁下。

《周易舉正》三卷

唐郭京撰。京嘗爲蘇州司户參軍。據其自序，首言『御注《孝經》，删定《月令》』，則當爲開元以後人。序稱曾得王輔嗣、韓康伯手寫真本，比校今世流行本及國鄉貢學人等本，舉正其謬，凡所改定，以朱、墨書别之。《崇文總目》《中興書目》俱列其書。洪邁、李燾並以爲信。晁公武則謂以繇象相正，有闕漏處，可推而知托言得王、韓手札及石經。趙汝楳亦詆其挾王、韓之名以更古文。王應麟又援《後漢書·左雄傳》『職斯禄薄』句，證其改《旅卦》『斯』字爲『㪇』之非。今考是書，《唐志》不載，李燾以爲京開元後人，故所爲書不得著録。然但可以解《舊書·經籍志》耳，若《新書·藝文志》則唐末之書無不具列，豈因開元以後而遺之？疑其書出於依托，非惟王、韓手札不可信，併唐郭京之名亦在有無疑似間也。顧其説，推究文義，往往近理。故晁公武雖知其托名，而所進《易解》，乃多引用。即朱子《本義》於《坤・象傳》之『履霜堅冰』、《賁・象傳》之『剛柔交錯』、《震・象傳》之『不喪匕鬯』，亦頗從其説，則亦未嘗無可取矣。宋《中興書目》載京原序[一]，稱所改止者一百三十五處[二]，二百七十三字。而洪邁《容齋隨筆》、趙汝楳《易序叢書》皆作一百三處。今本所載原序亦稱差謬處一百三節。則《中興書目》所云，殆爲疏舛。又原本稱別以朱、墨，蓋用《經典釋文》之例。今所行本已全以墨書[三]，蓋非其舊。以非宏旨之所在，故仍從近本焉。

【校記】

[一]中興書目　底本原脱一『目』字，兹據本書本條下文及《文溯閣四庫全書提要》卷一同條改。

[二]改　底本原作『政』，誤，兹據《四庫全書總目》卷一同條改。

[三]所　底本原作『以』，誤，兹據《四庫全書總目》卷一同條改。

【今案】影印文淵閣《四庫全書》第八册第一〇五頁書前提要。《文溯閣四庫全書提要》卷一經部一易類一，第五一頁。《文津閣四庫全書提要匯編》經部一易類，第　〇頁。《四庫全書簡明目録》卷一經部一易類，第三頁。《四庫全書總目》卷一經部一易類一，第四頁中。

《誠齋易傳》二十卷[一]

宋楊萬里撰。萬里字廷秀，自號誠齋，吉水人。官至寶謨閣學士，致仕。韓侂胄召之不起。開禧間，聞北伐啓釁，憂憤不食，卒。後謚文節。是書大旨本程氏，而多引史傳以證之。初名《易外傳》，後乃改定今名。宋代書肆，曾與程《傳》並刊以行，謂之《程楊易傳》。新安陳櫟極非之，以爲足以聳文士之觀瞻，而不足以服窮經士之心。吴澄作跋，亦有微詞。然聖人作《易》，本以吉凶悔吝示人事之所從，舍人事而談天道，正後儒説《易》之病，未可以引史説經病萬里也。理宗嘉熙元年，嘗給札寫藏秘閣。其子長孺進狀，稱自草創至脱稿，閲十有七年而後成，亦可謂盡平生之精力矣。元胡一桂作《易本義附録纂疏》，博採諸家，乃獨不録此書一字，蓋以其文士輕之。然萬里文章氣節自足千古，此書亦不可磨滅，至今猶在人間，區區門户之見，亦何足爲萬里輕重哉！

【校記】

[一]誠齋易傳二十卷　案底本此條提要的右上方邊框外有『次進／史子』二行文字，而『次進』與『史子』各占一行，相隔較遠，不成語句，似損去其他文字，不知稿本即此，抑爲影印本所致。

【今案】影印文淵閣《四庫全書》第一四册第五一三頁書前提要。《文溯閣四庫全書提要》卷三經部三易類三，第九二頁。《文津閣四庫全書提要匯編》經部一易類，第三九頁。《四庫全書簡明目録》卷一經部一易類，第一〇頁。《四庫全書總目》卷三經部三易類三，第一四頁上。

《周易口義》十二卷

宋倪天隱述其師胡瑗之説。瑗字翼之，泰州如皋人。以布衣用范仲淹薦，拜校書郎，歷太常博士，致仕歸。事迹具《宋史》。其説《易》以義理爲宗。邵伯温《聞見前録》記程子《與謝金父書》[一]，言讀《易》當先觀王弼、胡瑗、王安石三家。《朱子語類》亦稱『胡定安《易》分曉正當』。《宋志》載瑗《解》十卷，《周易口義》十卷。朱彝尊《經義考》引李振裕之説，云：『瑗講授之餘，欲著述而未逮，其門人倪天隱述之。以非其師手著，故名曰《口義》。後世或稱《口義》，或稱《解》，實無二書也。』其説雖古無明文，今考宋人多稱安定《易》學，而不云其有兩書。晁公武《讀書志》亦云胡安定《易傳》：『蓋門人倪天隱所纂，非其自序，故序首稱「先生曰」。』其説與《口義》合。而例於《易傳》條下，亦不另出《口義》一條。然則《易解》《口義》爲一書明矣，《宋志》蓋誤分爲二也。

【校記】

[一]邵伯温　底本倒爲『伯邵温』，兹據本書經部易類『《了翁易説》一卷』條、史部故事類『《聞見前録》二十卷』條及《四庫全書總目》卷二同條乙正。

【今案】《四庫全書薈要總目提要》第一〇二頁。影印文淵閣《四庫全書》第八册第一六九頁書前提要。《文溯閣四庫全書提要》卷二經部二易類二，第五六頁。《文津閣四庫全書提要匯編》經部一易類，第一一頁。《四庫全書簡明目録》卷一經部易類，第三頁。《四庫全書總目》卷二經部二易類二，第五頁中。

《了翁易説》一卷

宋陳瓘撰。瓘字瑩中，延平人。元豐二年進士甲科，建中靖國初爲右司諫。嘗移書責曾布及言蔡京、蔡卞之奸，章數十上，除名編隸合浦以死。了翁其自號也。此本爲紹興中其孫正同所刊。馮椅謂嘗從其孫大應見了翁有《易全解》，不止一卷，多本卦變，與朱子發之説相類。胡一桂則謂尚見其初刊本，題云《了翁易説》，並未分卷。此本蓋即一桂所見也。造語頗詰屈，故陳振孫謂其詞旨深晦。然邵伯温《聞見録》稱瓘晚得康節之學，晁公武《讀書志》謂其以《易》數言天下治忽多驗，則瓘於《易》固實有所得者，未可遽以難讀廢矣。

【今案】《四庫提要分纂稿》第四頁。影印文淵閣《四庫全書》第九册第四一三頁書前提要。《文溯四庫全書提要》卷二經部二易類二，第六四頁。《文津閣四庫全書提要匯編》經部一易類，第一七頁。《四庫全書簡明目録》卷一經部一易類，第五頁。《四庫全書總目》卷二經部二易類二，第七頁上。

《易璇璣》三卷

宋吴沆撰。沆字德遠，臨川人。紹興十六年，與其弟澥詣行在獻書。澥所獻曰《宇内辨》，曰《歷代疆域志》。沆所獻曰《易璇璣》，曰《三墳訓義》。澥書皆不傳，沆《三墳訓義》爲太學博士王之望所駁，亦不傳，惟此書僅存。凡爲論二十有七：曰《法天》，曰《通六子》，曰《貴中》，曰《初上定位》，曰《六九定名》，曰《天地變卦》，曰《論變有四》，曰《有象》，曰《求象》，曰《明位》，曰《明君道》，曰《明君子》，曰《論養》，曰《論刑》，曰《論伐》，曰《辨聖》，曰《辨内外》，曰《辨吉凶》，曰《通卦》，曰《通象》，曰《通爻》，曰《通詞》，曰《通證》，曰《釋卦》，曰《釋繫》，曰《存互體》，曰《廣演》。每九篇爲一卷。自序謂「上卷明天理之自然，中卷講人事之修，下卷備傳疏之失。」其大旨主於觀《象》，因《象》而求之卦，求之象，求之爻。其曰「璇璣」者，取王弼《易略例·明象篇》「處璇璣以觀大運」語。曰胡一桂稱沆尚有《易禮圖説》[一]，有《或問》六條，《圖説》十二軸。今未見其書，殆亦散佚。惟其《環溪詩話》爲門人所記者，尚載《永樂大典》中，今别著録於集部云。

【校記】

[一]尚有　底本倒爲「有尚」，兹據《四庫全書總目》卷三同條乙正。

【今案】《四庫全書薈要總目提要》第一〇三頁。影印文淵閣《四庫全書》第一一册第五九七頁書前提要。《文淵閣四庫全書提要》卷三經部三易類三，第七五頁。《文津閣四庫全書提要匯編》經部一易類，第二七頁。《四庫全書簡明目録》卷一經部一易類，第六頁。《四庫全書總目》卷三經部三易類三，第九頁下。

《紫岩易傳》十卷

宋張浚撰。紫岩者，浚自號也。其曾孫獻之跋云：『忠獻公潛心於《易》，嘗爲之傳，前後兩著稿。親題第二稿云：「此本改正處極多。紹興戊寅四月六日，某書始爲定本矣。」獻之嘗繕録之，附以《讀易雜説》，通爲十卷，藏之於家。』據此，則今書十卷，似獻之就其稿本所定。然考獻之是跋，在嘉定庚辰，而朱子作《浚行狀》已稱有《易解》及《雜説》，共十卷，則編次者非獻之也。其書立言醇粹，凡説陰陽動静皆適於義理之正。末一卷即所謂《雜説》。胡一桂議其專主劉牧，今觀所論《河圖》，信然。朱子不取牧説，而作《浚行狀》，但稱尤深於《易》《春秋》《論》《孟》，不言其《易》出於牧，殆諱之歟。

【今案】《四庫全書薈要總目提要》第一〇四頁。影印文淵閣《四庫全書》第一〇册第一頁書前提要。《文淵閣四庫全書提要》卷二經部二易類二，第六八頁。《文津閣四庫全書提要匯編》經部一易類，第一九頁。《四庫全書簡明目録》卷一經部一易類，第五頁。《四庫全書總目》卷二經部二易類二，第八頁上。

《易小傳》六卷

宋沈該撰。該字守約，一作元約，未詳孰是。吴興人。登嘉王榜進士，紹興中官至左僕射，兼修國史，故宋人稱是書爲《沈丞相易傳》。嘗劄進於朝，高宗降敕褒諭，尤稱其每卦後之論。其書以正體發明爻象之旨，以變體擬議變動之意，以求合於觀象玩詞、觀變玩占之義。其占則全用《春秋左傳》所載筮例，如蔡墨所謂『在《乾》之《姤》曰「潛龍勿用」，《同人》曰「見龍在田」』之類。林至作《易裨傳》，頗以該説爲拘攣。蓋南渡以後，道學方興，言《易》者，不主程氏之理，即主邵氏之數，而該獨考究遺經，談三代以來之占法，違時尚異，其見擯於至固宜。然《左氏》去古未遠，所記筮多在孔子之前。孔子贊《易》，未聞一斥其謬，毋乃太卜所掌周公以來之舊，或在此不在彼乎？陳振孫《書録解題》稱該又有《繫詞補註》十餘則，附於卷末。今本無之，蓋已久佚矣。

【今案】《四庫全書薈要總目提要》第一〇六頁。影印文淵閣《四庫全書》第一〇册第四五九頁書前提要。《文溯閣四庫全書提要》卷二經部二易類二，第七〇頁。《文津閣四庫全書提要匯編》經部一易類，第二二頁。《四庫全書簡明目録》卷一經部一易類，第六頁。《四庫全書總目》卷二經部二易類二，第八頁下。

《周易義海撮要》十二卷

宋李衡撰。衡字彦平，江都人。乾道中，官秘閣修撰，尋除御史，改起居郎。先是熙寧間，蜀人房審權病談《易》諸家，或泥陰陽，或拘象數，乃斥去雜學異説，摘取專明人事者百家，上起鄭元（玄），下迄王安石，編爲一集，仍以孔穎達《正義》冠之。其有異同疑似，則各加評議，附之篇末，名曰《周易義海》，共一百卷。衡因其義重復，文詞冗瑣，删削釐定，以爲此書，故名曰《撮要》。其程頤、蘇軾、朱震三家之説，則原本未收，衡所續入。第十二卷《雜論》，亦衡所補綴。故婺州教授周汝能、樓鶚跋稱：『卷計一百，今十有一』，蓋專指所删房本也。《書録解題》作十卷，又傳寫之誤矣。是書成於紹興三十年，至乾道六年，衡以御史守婺州，始鋟於木。自唐以來，唯李鼎祚《周易解集》一書合漢後三十五家之説，略稱賅備，繼之者審權《義海》而已。然考《宋史・藝文志》，但有衡書，而無審權書。陳振孫《書録解題》亦惟載殘本四卷。豈卷帙重大，當時即已散佚，抑衡書出而審權書遂廢歟？然則採擷精華[一]，使古書不没於後世，衡亦可謂有功矣。

【校記】

[一]精　底本原作『青』，誤，兹據《四庫全書總目》卷三同條改。

【今案】《四庫全書薈要總目提要》第一〇六頁。影印文淵閣《四庫全書》第一三册第二七五頁書前提要。《文溯閣四庫全書提要》卷三經部三易類三，第八五頁。《文津閣四庫全書提要匯編》經部一易類，第三三頁。《四庫全書簡明目録》卷一經部一易類，第八頁。《四庫全書總目》卷三經部三易類三，第一二頁中。

《周易玩辭》十六卷

宋項安世撰。安世字平甫，江陵人。淳熙二年進士，官秘書郎，通判池州。陳振孫《書録解題》稱安世當慶元時則居江陵，杜門不出，諸經皆有論説，而《易》爲全書。其自序謂：『《易》之道四，其實則二，象與辭是也。變則象之進退也，占則辭之吉凶也。不識其象，何以知其變？不通其辭，何以決其占？』又《自述》曰：『安世之所學，蓋伊川程子之書也。今以其所得於《易傳》者述，而其文無與《易傳》合者。合則無用述此書矣。』蓋伊川《易禅》惟闡義理，安世則兼象數而求之，其意欲於程《傳》之外，補所不及，所謂各明一義者也[二]。馬端臨、虞集作序，皆盛相推挹。而近時王懋竑曰《田草堂集》中有是書跋，獨攎斥甚力，至謂端臨等未觀其書。其殆安世《自述》中所謂『以《易傳》之文觀我者』歟？安世又有《項氏家説》，其第一卷亦解《易》，董真卿嘗稱之。世無傳本，今始以《永樂大典》所載合成編，別著於録。合觀兩書，安世之經學深矣，何可輕詆也。

【校記】

[一]謂各明一義者也　底本此處殘損無文，兹據《四庫全書總目》卷三同條補。

【今案】《四庫全書薈要總目提要》第一〇七頁。影印文淵閣《四庫全書》第一四册第二一五頁書前提要。《文溯閣四庫全書提要》卷三經部三易類三，第八九頁。《文津閣四庫全書提要匯編》經部一易類，第三七頁。《四庫全書簡明目録》卷一經部一易類，第九頁。《四庫全書總目》卷三經部三易類三，第一三頁中。

《童溪易解》三十卷[一]

宋王宗傳撰。宗傳字景孟，寧德人。淳熙八年進士，官韶州教授。董真卿以爲臨安人。朱彝尊《經義考》謂是書前有寧德林焞序，稱與宗傳生同方，學同學，同及辛丑第[二]，則云臨安人者，誤矣。宗傳之説，大概祧梁、孟而宗王弼[三]，故其書惟憑心悟，力斥象數之弊，至譬於誤注《本草》之殺人。焞序述宗傳之論性，有『性本無説，聖人本無言』之語，不免涉於異學。蓋弼《易》祖尚元（玄）虚，以闡發義理，漢學至是而始變。宋儒掃除古法，實從是萌芽。然胡、程祖其義理，而歸諸人事，故似近而醇。宗傳祖其元（玄）虚而索諸性道，故似高而幻。以説《易》本有此一家，故過而存之，以備經學之流則焉。

【校記】

[一]童溪易解　案《四庫全書總目》卷三同條作『《童溪易傳》』。

[二]辛　底本原作『卒』，誤，兹據《四庫全書總目》卷三同條改。

[三]宗　底本原作「宋」，誤，茲據《四庫全書總目》卷三同條改。

【今案】《四庫全書薈要總目提要》第一一〇頁。影印文淵閣《四庫全書》第一七册第一頁書前提要。《文溯閣四庫全書提要》卷三經部三易類三，第一〇〇頁。《文津閣四庫全書提要匯編》經部一易類，第四五頁。《四庫全書簡明目録》卷一經部一易類，第一一頁。《四庫全書總目》卷三經部三易類三，第一五頁下。

《易裨傳》二卷

宋林至撰。《宋史·藝文志》作一卷，《文獻通考》於二卷之外，又有《外篇》一卷。是本爲元至正間陳泰所刊，總爲二卷，蓋泰所併也[一]。至字德久，松江人。淳熙中進士，官至秘書郎。受《易》朱子之門。書凡三篇，曰《法象》，曰《極數》，曰《觀變》。自序稱：「法象本之太極，極數本之天地之數，觀變本之卦揲，十有八變，皆據《易大傳》之文[二]。凡論太極者，惑於四象之説，而失卦畫之本；論天地之數者，惑於圖書之文，而失參兩之宗；論揲蓍者，惑於卦扐之間，而失陰陽之變。各釐而正之。」其《外篇》則論反對、相生、世應、互體、納甲、變爻、動爻、卦氣八事。自序稱「謂其非《易》之道則不可，謂《易》畫在於是則非。」今觀其書，雖未免有主持稍過之處，而所論多中説《易》之弊。其謂談象數者，牽合附會，似若可聽，然甚巧愈甚，其久彌遠。又謂「易道變化不窮，得其一端，皆足以爲説」，尤至論也。

【校記】

[一]泰　底本原作「太」，誤，茲據本書本條上文及《四庫全書總目》卷三同條改。

[二]易大傳　底本原作「易大太傳」，衍一「大」字，茲據《四庫全書總目》卷三同條删。

【今案】《四庫全書薈要總目提要》第一一一頁。影印文淵閣《四庫全書》第一五册第八五一頁書前提要。《文溯閣四庫全書提要》卷三經部三易類三，第九七頁。《文津閣四庫全書提要匯編》經部一易類，第四一頁。《四庫全書簡明目録》卷一經部一易類，第一一頁。《四庫全書總目》卷三經部三易類三，第一五頁上。

《丙子學易編》一卷

宋李心傳撰。心傳字微之，隆州人。寶慶二年，以布衣召，補從政郎，差充秘閣校勘，歷官至工部侍郎兼秘書監。平生邃於史學，有《建炎以來繫年要録》《建炎以來朝野雜記》二書，爲史家所重，而經术亦極深淳[一]。是書成於嘉定九年，歲在丙子，於一年之内竭二百八十日之力，排纂蔵業，故以『丙子』爲名。所取惟王弼、張子、程子、郭永、朱子五家之説，而以其父舜臣《易本傳》之説證之[二]，亦間附以己意。原書十五卷，其門人高斯得跋而刻之，今已散佚。此本爲元初俞琰所抄[三]，後有琰跋，曰：『此書係借聞德坊周家書肆所鬻者，天寒日短，老眼昏花，併日而鈔其可取者』云云[四]，蓋所存不及十之一矣[五]。然琰邃於《易》學，凡所採摭，皆其英華，則大旨猶可概見也。心傳自序陳：『採王氏、張子、程子與朱文公四家之傳，而間以周子、邵子及先君子之説補之。自唐以上諸儒之義之異者，亦附見焉。』而琰跋所列則周子、邵子，而有郭子和。子和，郭雍之字，即著《郭氏傳家易説》者也。心傳原書不存，未詳孰是。考邵子、周子《通書》《皇極經世》，雖皆闡《易》理，而實於《易》外别自爲説，可以引爲義疏者少。而郭雍則具有成書，或心傳之序傳寫有誤歟？

【校記】

[一] 术亦　底本原作『述迹』，誤，兹據《四庫全書總目》卷三同條改。

[二] 證　底本原作『登』，誤，兹據《四庫全書總目》卷三同條改。

[三] 琰　案本書木條凡『琰』字，《四庫全書總目》卷三同條均作『琬』，此蓋爲皇太子愛新覺羅·顒琰即後來的嘉慶皇帝避諱而改。

[四] 鈔　底本原作『炒』，誤，兹據《四庫全書總目》卷三同條改。

[五] 之　底本原作『三』，誤，兹據《四庫全書總目》卷三同條改。

【今案】《四庫全書薈要總目提要》第一一五頁。影印文淵閣《四庫全書》第一七册第七七五頁書前提要。《文溯閣四庫全書提要》卷三經部三易類三，第一〇三頁。《文津閣四庫全書提要匯編》經部一易類，第四八頁。《四庫全書簡明目録》卷一經部一易類，第一二頁。《四庫全書總目》卷三經部三易類三，第一六頁中。

《復齋易説》六卷

宋宗室趙彦肅撰。彦肅字子欽，復齋其號也。嘗舉進士，掌寧國軍書記，調秀州推官，移華亭縣丞，攝縣事。以内艱歸。趙汝愚奏爲寧海軍節度推官，旋病卒。蓋朱子薦之汝愚也。彦肅所著有《廣雜學辨》《士冠禮》《婚禮》《饋食圖》，皆爲朱子所稱。惟論《易》與朱子不合，故《朱子語録》謂其『爲説太精，取義太密，或傷簡易之趣』。然彥肅説《易》，在即象數以求義理，以六畫爲主，故其言曰：『先聖作《易》，有畫而已，後聖繫之一言一字，皆自畫中來。譬如畫師傳神，非畫烟雲草木比也。』然則彥肅冥思力索，固皆研搜爻義，務求其所以然耳。其沉潛於《易》中，猶勝支離於《易》外矣。

【今案】《四庫全書薈要總目提要》第一〇八頁。影印文淵閣《四庫全書》第一三册第六八一頁書前提要。《文溯閣四庫全書提要》卷三經部三易類三，第八七頁。《文津閣四庫全書提要匯編》經部一易類，第三五頁。《四庫全書簡明目録》卷一經部一易類，第九頁。《四庫全書總目》卷三經部三易類三，第一三頁上。

《周易輯聞》六卷、《易雅》一卷、《筮宗》一卷[一]

宋宗室趙汝楳撰。汝楳官至户部侍郎。其父善湘亦精於《易》，汝楳述其家學以成此書。其中不盡用程、朱之説，而亦不顯背之。《筮宗》一卷，參考詳至，具得要領，宋人言《易》諸家中，卓然可觀者也[二]。自序稱善湘自始至末於《易》凡六稿，日進日益，末稿題曰《補過》。今考善湘之書，見於《宋史》本傳者，有《約説》《或問》《續問》《指要》《補過》五種，於六稿之數不合。蓋史家遺漏，應以汝楳之言爲據也[三]。惜善湘之書，今不可見矣。

【校記】

[一] 一卷　底本原作『三卷』，誤，兹據本書本條正文及《四庫全書總目》卷三同條改。

[二] 卓　底本原作『桌』，誤，兹據《文溯閣四庫全書提要》卷三同條及《文津閣四庫全書提要匯編》經部一易類同條改。

[三] 楳　底本原作『煤』，誤，兹據本書本條上文及《四庫全書總目》卷三同條改。

【今案】《四庫全書薈要總目提要》第一一〇頁。影印文淵閣《四庫全書》第一九册第二六頁書前提要。《文溯閣四庫全書提要》卷三經部三易類三，第一一〇頁。《文津閣四庫全書提要匯編》經部一易類，第五四頁。《四庫全書簡明目録》卷一經部一易類，第一四頁。《四庫全書總目》卷三經部三易類三，第一八頁下。

《水村易鏡》一卷

宋林光世撰。光世字逢聖，蒲田人。《館閣續録》載其淳祐十一年以《易》學召赴闕，充秘書省檢校文字。十二年教授常州，文字職事如舊。寶祐二年補迪功郎，添差江西提舉司幹辦公事[一]。《閩書》則謂：『淮東漕臣黄漢章上所著《易鏡》，由布衣召爲史館檢閱，遷校勘，改京秩，自將作丞知潮州[二]。開慶元年，召爲都官郎中，入爲少農少卿兼史館官階[三]。』頗有異同，未詳孰是。《閩書》又稱光世『景定二年賜進士出身』，則在爲都官郎中後二年矣，殆特奏名歟？是書序稱『丙午』[四]，蓋成於理宗淳祐六年。大旨據《繫詞》『包犧氏仰則觀象於天，俯則觀法於地，觀鳥獸之文與地之宜，近取諸身，遠取諸物，於是始作八卦』之語[五]，謂諸儒詁《易》，獨遺仰觀俯察之義。因居海上測驗天文，悟天、澤、火、雷、風、水、山、地八宫之星，皆自然六十四卦，遂以星配卦。先取《繫詞》所列，自《離》至《夬》十三卦，推闡其旨，以發大凡，蓋説《易》之入於讖緯者也。《易》道廣大，姑存以備一家可矣。

【校記】

[一]辦　底本原作『辨』，誤，兹據《四庫全書總目》卷七同條改。

[二]丞　案《四庫全書總目》卷七同條作『出』。

[三]館　底本原作『餘』，誤，兹據本書本條上文及《四庫全書總目》卷七同條改。

[四]書序　底本倒爲『序書』，兹據《四庫全書總目》卷七同條乙正。

[五]始作　底本倒爲『作始』，兹據《周易正義》卷八《繫詞下》乙正。

【今案】《四庫全書總目》卷七經部七易類存目一，第四九頁中。

《朱文公易説》二十三卷

宋朱鑑編。鑑字子明，朱子孫也。以廕補迪功郎，官湖廣總領。朱子注《易》之書，爲目有五：曰《易傳》十一卷，曰《易本義》十二卷，曰《易學啓蒙》三卷，曰《古易音訓》二卷，曰《蓍卦考誤》一卷，皆有成秩。其朋友論難與及門之辨説，則散見《語録》中。鑑彙而輯之，以成是編。昔鄭元(玄)箋注諸經，其孫魏侍中小同復裒其門人問答之詞，爲《鄭志》十一卷。鑑之編輯諸言，亦猶此例也。考朱子初作《易傳》，用王弼本；後作《易本義》，始用吕大防本。《易傳》，《宋志》著録，今已散佚。當理宗以後，朱子之學大行，剩語殘編，無不奉爲球璧，不應手成巨帙，反至無傳。豈非未定之説，自削其稿，故不復流布歟？鑑是書全採《語録》之文，以補《本義》之闕。其中或門人記述，未必盡合師説，或偶然問答，未必勒爲確論，安知無如《易傳》之類，爲朱子所欲刊除者。然收拾放佚，以備考證，亦可云能世其家學矣。

【今案】《四庫全書薈要總目提要》第一〇九頁。影印文淵閣《四庫全書》第一八册第四一五頁書前提要。《文溯閣四庫全書提要》卷三經部三易類三，第一〇九頁。《文津閣四庫全書提要匯編》經部一易類，第五二頁。《四庫全書簡明目録》卷一經部一易類，第一三頁。《四庫全書總目》卷三經部三易類三，第一八頁上。

《漢上易集傳》十一卷、《卦圖》三卷、《叢説》一卷

宋朱震撰。震字子發。荆門軍人，政和中登進士第。南渡後，趙鼎薦爲祠部員外郎[一]，官翰林院學士。事迹具《宋史》。是書題曰「漢上」，蓋因所居以爲名。前有震進書表，稱「起政和丙申，終紹興甲寅，凡十八年而成」。其説以象數爲宗，推本原源[二]，包括異同，以救莊老虚無之説。晁公武以爲多採先儒之説，然頗舛謬。馮椅述毛伯玉之言，亦譏其卦變、互體、伏卦、反卦之説。然朱子曰：「王弼破互體，朱子發用互體。互體自《左氏》已言，亦有道理，只是今推不合處多。」魏了翁曰：「《漢上易》太煩，却不可廢。」胡一桂亦曰：「『變、互、伏、反，納甲之屬，皆不可廢，豈可盡以爲失而詆之？觀其取象亦甚有好處，但牽合處多，且文詞繁雜，使讀者茫然。看來只是不善作文爾。』」是先儒已有公論矣。惟所叙圖書授受，謂：「陳摶以《先天圖》傳种放，更三傳而至邵雍。放以《河圖》《洛書》傳李溉，更三傳而至劉牧。穆修以《太極圖》傳周敦頤，再傳至程顥、程頤。厥後，雍得之以著《皇極經世》，牧得之以著《象數鈎隱圖》，敦頤得之以著《太極圖説》《通書》，頤得之以述《易傳》。」其説頗爲後人所疑。又宋世皆以《易》九數爲《洛書》，十數爲《河圖》，獨劉牧以十數爲《洛書》，九數爲《河圖》。震此書亦用其説，更不免於好異，蓋瑕瑜不揜之書也。

【校記】

[一]祠　底本原作「相」，誤，兹據《四庫全書總目》卷二同條改。

[二]原源　案《四庫全書總目》卷二同條作「源流」。

【今案】《四庫全書薈要總目提要》第一〇五頁。影印文淵閣《四庫全書》第一一册第一頁書前提要。《文溯閣四庫全書提要》卷二經部二易類二，第七一頁。《文津閣四庫全書提要匯編》經部一易類，第二三頁。《四庫全書簡明目録》卷一經部一易類，第六頁。《四庫全書總目》卷二經部二易類二，第八頁下。

《易學啓蒙小傳》一卷[一]

宋税與權撰。與權始末未詳[二]。據其自序，知爲魏了翁門人，及書末史子翬跋[三]，知其字曰巽甫爾。初，朱子作《易學啓蒙》，多發邵氏《先天圖》義，至與袁樞論《後天易》，則謂『嘗以卦畫縱横，反覆求之，竟不得文王所以安排之意，是以畏懼不敢妄爲』之説。與權從魏了翁講明邵氏諸事，於《觀物篇》得《後天易上下經序卦圖》，證以《雜卦》反對及揚雄『文王重《易》，六爻互用，兩卦十二爻』，孔穎達『六十四卦，二二相偶，非覆即變』之説，知《乾》《坤》《坎》《離》《頤》《中孚》《大過》《小過》不易之八卦，爲上、下兩篇之幹；其互易之五十六卦，爲上、下兩篇之用。即其圖反覆觀之，《上》《下經》皆爲十八卦，始終不出九數，以明羲、文之《易》，似異而同。蓋闡邵子之説，以補《啓蒙》之未備，所謂持之有故而執之成理者也。史子翬跋稱：『因是書悟《乾》《坤》《納甲》之義。《乾》自甲而壬，《坤》自乙而癸，其數皆九，而疑其《乾》九能兼《坤》六，《坤》陰不能包《乾》陽之説[四]。謂六之中有一、三、五，則九數固藏於六，欲更與與權商之。』蓋天下之數不出奇偶，任舉一義皆有説可通，愈推愈支，亦愈推而愈各有理，此類是矣。

【校記】

[一]易學啓蒙小傳一卷　案《四庫全書總目》卷三同條作『《易學啓蒙小傳》一卷、附《古經傳》一卷』。

[二]未　底本原脱此字，兹據《四庫全書總目》卷一同條補。

[三]翬　底本原作『翟』，誤，兹據本書本條下文及《四庫全書總目》卷一同條改。

[四]包　底本原脱此字，兹據《四庫全書總目》卷一同條補。

【今案】影印文淵閣《四庫全書》第一九册第一頁書前提要。《文溯閣四庫全書提要》卷三經部三易類三，第一〇九頁。《文津閣四庫全書提要匯編》經部一易類，第五三頁。《四庫全書簡明目録》卷一經部一易類，第一四頁。《四庫全書總目》卷三經部三易類三，第一八頁中。

《周易傳義附録》十四卷

宋董楷撰。合程子之《傳》、朱子《本義》爲一書，而採二子之説附録其下，意在理數兼通。又引程、朱之説以羽翼程、朱[一]，亦愈於逞臆鑿空，務求奇於舊説之外者。惟程子《傳》用王弼本，而朱子《本義》則古本，楷以程子在前，遂割裂朱子之書[二]，散附程《傳》之後。沿及明永樂中，胡廣等纂《易大全》，亦仍其誤。以至成矩專刻《本義》，亦用程《傳》之次序。鄉塾之士，遂不復知有古經，則楷肇其端也。然楷本以《經》文平書，而《十翼》之文則下一格書之，其《本義》無所附麗者，則仿諸經疏文某句至某句之例，朱書其目以明之，猶爲有别。今本《經》《傳》一例平書，而《本義》亦意爲之割綴，則愈失愈遠，又非楷所及料矣。楷字正叔，臺州臨海人，寶祐四年進士，官至吏部郎中。其學出於陳器之。器之，朱子門人也。故楷於言《易》獨以洛閩爲宗焉。

【校記】

[一]翼　底本原作「異」，誤，兹據《四庫全書總目》卷三同條改。

[二]朱　底本原作「諸」，誤，兹據《四庫全書總目》卷三同條改。

【今案】《四庫全書薈要總目提要》第一一四頁。影印文淵閣《四庫全書》第二〇册第一頁書前提要。《文溯閣四庫全書提要》卷三經部三易類三，第一一三頁。《文津閣四庫全書提要匯編》經部一易類，第五六頁。《四庫全書簡明目録》卷一經部一易類，第一五頁。《四庫全書總目》卷三經部三易類三，第一九頁下。

《三易備遺》十卷

宋朱元昇撰。而其子士立補葺以成之者也。元昇字日華，里貫未詳。惟卷首載咸淳八年兩浙提刑家鉉翁進書狀稱「承節郎差處州龍泉、遂昌、慶元及建寧、松溪、政和巡檢朱元昇」。卷末士立跋「稱咸淳庚午備選成帙[一]，則堂家先生用聞於朝，三載先子没」云云，疑其即終於是官。「庚午」爲咸淳六年，而狀署「八年」，殆傳寫誤「六」爲「八」歟？其書本《河圖》《洛書》一卷，《連山》三卷，《歸藏》三卷，《周易》三卷。元昇自序亦兼言《三易》，而鉉翁進狀但稱其著《中天歸藏書》數萬言，未詳其故。豈以先天、後天皆儒者所傳述，而中天之説元昇創之，故特揭以爲言耶？元昇學本邵子，其言《河圖》《洛書》，則祖劉牧[二]；其言《連山》，以卦位配夏時之氣候；其言《歸藏》，以干支之納音配卦爻；其言《周易》，則闡反對、互體之旨。雖未必真合《周官》太卜之舊，而冥心孤詣，言之鑿鑿，亦可謂好學深思者。過而存之，或亦足備説《易》者之參考耳。

【校記】

[一]士立 底本倒爲『立士』，茲據本書本條上文及《四庫全書總目》卷三同條乙正。 稱咸 底本倒爲『咸稱』，茲據《四庫全書總目》卷三同條乙正。

[二]祖 底本原作『租』，誤，茲據《四庫全書總目》卷三同條改。

【今案】《四庫全書薈要總目提要》第一一六頁。 影印文淵閣《四庫全書》第二〇册第七四一頁書前提要。《文溯閣四庫全書提要》卷三經部三易類三，第一一六頁。《文津閣四庫全書提要匯編》經部一易類，第五八頁。《四庫全書簡明目録》卷一經部一易類，第一五頁。《四庫全書總目》卷三經部三易類三，第二〇頁中。

《周易集説》四十卷

宋俞琰撰[一]。 琰字玉吾，吴縣人。 生宋寶祐初，入元不仕，至延祐初始卒。 生平邃於《易》學，初裒諸家之説，爲《大易會要》一百三十卷，後乃掇其精華以著是編。 始於至元甲申至至大辛亥，凡四易稿始成。 其初主程朱之説，後乃於程朱之外自出新義。 琰嘗與孟淳講《坤》之六二，謂『六二既中且正，是以其德直方，惟從乾陽之大，不習坤陰之小，故無不利』。 如此之類，其説頗異。 至謂『《尚書·顧命》天球、河圖在東序，河圖與天球並列，則河圖亦是玉名』。 如此之類，則太奇矣。 然其覃精研思，積三四十年，實有冥心獨造，發前人所未發者，不可廢也。 琰又有《讀易舉要》《讀易須知》《易圖纂要》《易經考證》《易傳考證》《六十四卦圖》《古占法》《卦爻象占分類》《易圖合璧連珠》《易外傳》諸書。 今惟《易外傳》有本别行，《讀易舉要》《易圖纂要》見《永樂大典》，餘皆不傳。 然其自爲後序稱『諸編皆舊所作，將毁之，而兒輩以爲可惜，又略加改竄而存於後』。 則舊刻本附此數書，今佚之也。

【校記】

[一]琰 案本書本條凡『琰』字，《四庫全書總目》均作『琬』，此蓋爲皇太子愛新覺羅·顒琰即後來的嘉慶皇帝避諱而改。

【今案】《四庫全書薈要總目提要》第一一七頁。 影印文淵閣《四庫全書》第二一册第一頁書前提要。《文溯閣四庫全書提要》卷三經部三易類三，第一一七頁。《文津閣四庫全書提要匯編》經部一易類，第五九頁。《四庫全書簡明目録》卷一經部一易類，第一五頁。《四庫全書總目》卷三經部三易類三，第二〇頁下。

《易通》六卷

宋趙以夫撰[一]。以夫字用父，宗室子，居於長樂。嘉定十年進士，歷官資政殿學士。《閩書》稱『以夫著作《易通》，莆田黃績相與上下其論』。則是書實績所參定。以夫自序皆自稱臣，末有『不敢自秘，將以進於上，庶幾仰裨聖學緝熙之萬一』，則擬進之本也。胡一桂云：『《易通》六卷，《或問類例圖象》四卷。』此本朱彝尊《經義考》曰：『《宋志》十卷。』又注曰：『《聚樂堂書目》作六卷。』蓋《宋志》連《或問類例圖象》言之[二]，《聚樂堂》本則惟有《易通》。此本亦止六卷，而無《或問類例圖象》[三]。其自聚樂堂傳寫歟[四]？其書大旨在以不易、變通二義明人事動靜之準。故其説曰：『奇偶七八也，交重九六也。卦畫七八，不易也；爻畫九六[五]，變易也。卦雖不易，而中有變易，是謂之亨。爻雖變易，而中有不易，是謂之貞。《洪範》占用三貞悔，貞即靜也，悔即動也。故靜吉動凶則勿用，動吉靜凶則不處，動靜皆吉則隨遇而皆可，動靜皆凶則無所逃於天地之間。』於聖人作《易》之旨，可謂深切著明矣。

【校記】

[一]夫　底本原作『扶』，誤，兹據本書本條下文及《四庫全書總目》卷三同條改。

[二]類　底本原作『例』，誤，兹據本書本條上文及《四庫全書總目》卷三同條改。

[三]類　底本原作『數』，誤，兹據本書本條上文及《四庫全書總目》卷三同條改。

[四]聚　底本原作『静』，誤，兹據本書本條上文及《四庫全書總目》卷三同條改。

[五]畫　底本原作『書』，誤，兹據《四庫全書總目》卷三同條改。

【今案】影印文淵閣《四庫全書》第一七册第七九七頁書前提要。《文溯閣四庫全書提要》卷三經部三易類三，第一〇四頁。《文津閣四庫全書提要匯編》經部一易類，第四八頁。《四庫全書簡明目録》卷一經部一易類，第一二頁。《四庫全書總目》卷三經部三易類三，第一六頁下。

《淙山讀周易記》八卷[一]

宋方實孫撰。實孫爵里無可考。此書舊本但題曰《讀周易》，案朱彝尊《經義考》作《淙山讀周易記》，蓋此本傳寫脱訛。《經義考》

又引曹溶之言曰：『《宋志》八卷，《澹生堂目》作十卷，《聚樂堂目》作十六卷。今本不分卷，不知孰合之。』此本仍作八卷，則猶從宋刻録出也。其書取朱子《卦變圖》別爲《易卦變合圖》[二]，以補《易學啓蒙》所未備。其説多主於爻象，不空談元(玄)妙。自序有曰：『易者，道也，象數也，言道則象數在其中矣。道果有耶？《繫詞》曰「《易》無體」。道果無耶？《繫詞》曰「易有太極」。是道自無而有也。』可以識其宗旨矣。其據《隨》上九爻『王用亨於西山』，《升》六四爻『王用亨於岐山』，《明夷·象》『文王以之』，《革·象》『湯武以之』，證爻象非文王作，自爲確義。其據《大有》六三爻『公用亨於天子』，《解》上六爻『公用射隼於高墉之上』，《小過》六五爻『公弋取彼在穴』，證爻詞非周公作，則必不然。説《易》者本不云『公，周公也』，然其大旨則較諸家爲淳實矣。

【校記】

[一]八卷　案《四庫全書總目》卷三同條作『二十一卷』。

[二]朱　底本此字殘損，茲據《四庫全書總目》卷三同條補。

【今案】影印文淵閣《四庫全書》第一九册第五七三頁書前提要。《文溯閣四庫全書提要》卷三經部三易類三，第一一二頁。《文津閣四庫全書提要匯編》經部一易類，第五五頁。《四庫全書簡明目録》卷一經部一易類，第一四頁。《四庫全書總目》卷三經部三易類三，第一九頁中。

《周易本義集成》十二卷

元熊良輔撰。良輔，字任重，號梅邊，南昌人。延祐四年嘗領鄉薦，其仕履未詳。嘗作是書，前有良輔自序，稱『丁巳以《易》貢，同志信其僭越，閔其久勤，出工費鋟梓』。丁巳即延祐四年。元舉鄉試始於延祐甲寅，是科其第二舉也。考《元史·選舉志》，是時條制，漢人、南人試經疑二道、經義一道，《易》用程氏、朱氏，而亦兼用古注疏。不似明代之制，初限以程朱，後併祧程而兼尊朱。故其書大旨雖主於羽翼《本義》[一]，而與《本義》異者亦頗多也。黄虞稷《千頃堂書目》稱良輔是書外有《易傳集疏》[二]，不傳。考《易傳集疏》，元熊凱撰。《江西通志》載：『凱字堯天，南昌人[三]，以明經開塾四十年，時稱「遥谿先生」，同邑熊良輔受業焉。』良輔序中亦稱『受《易》於遥谿熊氏』[四]，與《通志》合，截然兩人、兩書。虞稷以同姓、同里、同時，遂誤合爲一耳。

【校記】

［一］翼 底本原作「異」，誤，茲據《四庫全書總目》卷四同條改。

［二］目 底本原作「自」，誤，茲據《四庫全書總目》卷四同條改。

［三］人 底本原作「天」，誤，茲據《四庫全書總目》卷四同條改。

［四］谿 底本原作「峰」，誤，茲據本書本條上文及《四庫全書總目》卷四同條改。

【今案】《四庫全書薈要總目提要》第一二二頁。影印文淵閣《四庫全書》第二四册第五七七頁書前提要。《文溯閣四庫全書提要》卷四經部四易類四，第一三四頁。《文津閣四庫全書提要匯編》經部一易類，第七三頁。《四庫全書簡明目録》卷一經部一易類，第一九頁。《四庫全書總目》卷四經部四易類四，第二四頁下。

《讀易考原》一卷

元蕭漢中撰。漢中字景元，泰和人。此書成於泰定中，凡三篇，一論分卦，一論合卦，一論卦序，不敢顯攻《序卦傳》，而亦不用《序卦》之説。大旨以圓圖「乾」、「坤」、「坎」、「離」居四正，爲《上經》之卦主；「兑」、「艮」、「巽」、「震」居四隅，爲《下經》之主卦。復按圖列説，申明《上經》三十卦、《下經》三十四卦，多寡分合之不可易。及「乾」、「坤」之後受以「屯」、「蒙」，「屯」、「蒙」之後受以「需」、「訟」，次序之不可紊。其説具有條理。昔程子以陽盛陰盛之説，逐卦求合，難於辨析，朱子不取其説，亦未明言其義。漢中此書可謂發前人所未發矣。卷後論三十六宫陰陽消長之機，蓋於邵子之學亦嘗究心者也。

【今案】影印文淵閣《四庫全書》第二五册第五〇九頁書前提要。《文溯閣四庫全書提要》卷四經部四易類四，第一三八頁。《文津閣四庫全書提要匯編》經部一易類，第七五頁。《四庫全書簡明目録》卷一經部一易類，第二〇頁。《四庫全書總目》卷四經部四易類四，第二五頁下。

《大易輯説》十卷［一］

元王申子撰。申子字巽卿，蜀人。隱居慈利州天門山，垂三十年始成此書。反覆設問，取十數爲《河圖》，分緯之以畫先天；九數爲《洛書》，錯綜之以位後天。同時吴澂、李琳諸人咸稱其殫思之精。程子有云：「《説卦》所説卦位，亦不能使人曉然。」朱子云：「文王八卦不可曉處極多。」蓋皆闕所疑也。至河出圖，洛出書，其文見於《易大傳》，而相傳五位九宫，則朱震序其授受源流，謂陳摶以《先天圖》傳种放，放傳穆修，修傳李之才，之才傳邵雍。放以《河圖》《洛書》傳李溉，溉傳許堅，堅傳范諤昌，諤昌傳劉牧。據此則劉牧之《河圖》《洛書》與邵之《先天圖》同本諸希夷。然范諤昌以五位九宫之圖爲伏羲所造，劉牧以九爲圖，十爲書，及乎蔡元定乃反易之。朱子引《大戴禮記·明堂》鄭注云：「法龜文證，元定之説爲確。」王應麟據《北史》證《大戴禮記》實宇文周時盧辯注，非康成。今考康成注《易》，於五位相得，而各有合顯，陳一、六等數相配之方。其注《乾鑿度》，言八卦、九宫亦甚詳，而不以爲《圖》《書》，惟關朗《易傳》與元定符合[二]。然關朗《易傳》，朱子嘗斥爲僞書，項安世亦云阮逸所作。逸，皇祐間人，則又在之才、諤昌後矣。蓋千有餘年莫知所謂《圖》《書》即五位、九宫之數，迨陳希夷出，始指以實之宜，後人辯論紛紛也。是書旁通互貫，足以自達其所見一家之説，固亦有未可廢耳。

【校記】

[一]大易輯説　案《四庫全書總目》卷四同條作「《大易緝説》」。

[二]朗　案「朗」字，底本有兩處均誤作「郎」，兹據本書經部易類「《關氏易傳》一卷」條、《文溯閣四庫全書提要》卷四同條及《文津閣四庫全書提要匯編》經部一易類同條改。

【今案】《四庫全書薈要總目提要》第一二一頁。影印文淵閣《四庫全書》第二四册第一七頁書前提要。《文溯閣四庫全書提要》卷四經部四易類四，第一三二頁。《文津閣四庫全書提要匯編》經部一易類，第七一頁。《四庫全書簡明目録》卷一經部一易類，第一八頁。《四庫全書總目》卷四經部四易類四，第二四頁上。

《易本義附録纂疏》十五卷

元胡一桂撰。一桂字庭芳，號雙湖，婺源人。景定甲子領鄉薦，試禮部不第，教授鄉里以終。《元史》有傳。初，一桂父方平受學於董夢桂，夢桂受學於黄幹。幹，朱子婿也。故方平秉其師説，一以朱子爲宗，嘗作《啓蒙通釋》，以闡明緒論。一桂是編，復取朱子《文集》《語録》之及於《易》者附之，謂之《附録》；取諸儒《易》説之合於《本義》者纂之，謂之《纂疏》[一]，以闡明《本義》爲主。《元史》獨稱其《易》學出於朱子，蓋以此也。陳櫟稱一桂此書，於楊萬里《易傳》無半字及之。今檢其全書，櫟説信然。蓋宋末元初講學者，門户最嚴，而新安諸儒於授受源流，辨别尤甚。萬里《易傳》雖遠宗程子，而早工吟詠，與范成大、陸游齊名，不甚以講學爲事。雖嘗薦朱子，拒韓侂胄，而慶元黨禁獨不列名。一桂蓋以詞人擯之，未必盡以其書也。

【校記】

［一］疏 底本原作『務』，誤，兹據本書本條題目及《四庫全書總目》卷四同條改。

【今案】《四庫全書薈要總目提要》第一二〇頁。影印文淵閣《四庫全書》第二二册第九頁書前提要。《文溯閣四庫全書提要》卷四經部四易類四，第一二四頁。《文津閣四庫全書提要匯編》經部一易類，第六三頁。《四庫全書簡明目録》卷一經部一易類，第一七頁。《四庫全書總目》卷四經部四易類四，第二二頁上。

《易學啓蒙翼傳》四卷

元胡一桂撰。其書專發明圖書、卦畫之旨。自序稱『去朱子纔百餘年而承學漸失，如圖書已釐正矣，復仍劉牧之謬者有之；卜筮之數灼如丹青矣，復祖尚元（玄）旨者又有之』。因於《本義附録纂疏》外，復輯爲是書。凡爲《内篇》者三：一曰《舉要》，以發詞變象占之義；二曰《明筮》，以考史傳卜筮卦占之法；三曰《辨疑》，以辨《河圖》《洛書》之同異。皆發明朱子之説者也。爲《外篇》者一，則《易緯候》諸書以及京房《飛候》、焦贛《易林》、揚雄《太元（玄）》、司馬光《潛虚》以至邵子《皇極經世》諸法［一］，亦附録其概。以其皆《易》之支流，故别之曰『外』焉。

【校記】

［一］馬 底本原脱此字，兹據《四庫全書總目》卷四同條補。

【今案】《四庫全書薈要總目提要》第一二〇頁。影印文淵閣《四庫全書》第二二册第一九九頁書前提要。《文溯閣四庫全書提要》卷四經部四易類四，第一二四頁。《文津閣四庫全書提要匯編》經部一易類，第六四頁。《四庫全書簡明目録》卷一經部一易類，第一七頁。《四庫全書總目》卷四經部四易類四，第二二頁中。

《周易本義通釋》十二卷

元胡炳文撰。炳文字仲虎，婺源人。嘗爲信州道一書院山長，再調蘭谿州學正，不赴，卒。程敏政《新安文獻志》以爲「篤志朱子之學」者也。其言《易》，兼通理數者，有《太極賦》《二爻反對論》《二體相易論》《二十四氣論》等篇，以闡發朱子之旨。復取朱子《本義》，折衷是正，旁採諸家《易》解，互相發明，以成是書。序題延祐丙辰，蓋仁宗之三年。初名《精義》，後病其繁冗，刪而約之，改名《通釋》。前有明潘旦序，稱「書經兵燹，多至亡逸，其九世孫珙及弟玠募遺書，得《上》《下經》而闕《十翼》，乃復彙蒐諸集中以補之」。然則今本《十翼》乃珙、玠所裒録，非炳文之舊矣。

【今案】影印文淵閣《四庫全書》第二四册第三〇五頁書前提要。《文溯閣四庫全書提要》卷四經部四易類四，第一三三頁。《文津閣四庫全書提要匯編》經部一易類，第七二頁。《四庫全書簡明目録》卷一經部一易類，第一九頁。《四庫全書總目》卷四經部四易類四，第二四頁中。

《易纂言》十卷

元吴澄撰。澄字幼清，崇仁人。官至翰林學士。《元史》有傳。其書從古本分《經》《傳》，經每卦、每爻俱詳著其變動，分其象占；每傳各分其章數，釋其義於句下，而註其字數音釋，考正於末。大抵詞簡而義明，所謂少引聖籍多發天然者，殆於近之。獨刪改經文，不足爲訓。而《繫辭》中十有八卦之釋，指爲錯簡，移之《文言》傳末，尤不免勇於師心矣。

【今案】《四庫全書薈要總目提要》第一一八頁。影印文淵閣《四庫全書》第二二册第三九九頁書前提要。《文溯閣四庫全書提要》卷四經部四易類四，第一二五頁。《文津閣四庫全書提要匯編》經部一易類，第六五頁。《四庫全書簡明目録》卷一經部一易類，第一七頁。《四庫全書總目》卷四經部四易類四，第二二頁中。

《周易參義》十二卷

元梁寅撰。寅字孟敬，新喻人。嘗辟集慶路儒學訓導，以親老辭。明初，徵修禮局，書成，將授以官，以老病辭歸，猶楊維楨賦《老客婦》意也。所著有《周易參義》《詩書演義》《周禮考注》《春秋考義》，學者稱曰『梁五經』。是書成於至元六年，大旨以理數合，然後可言《易》，程子論天人以明《易》之理，朱子推象占以究《易》之用，非故爲異，其詳略相因，精粗相貫，固待乎學者之自得。故融會二家合以爲一，《陸游集》有《朱氏易傳跋》，謂『元晦尊程氏至矣，而其說亦已大異』。是二家各明一義，前人已言之。寅獨旁採諸說，附以己意，參酌而去取之，其於宋儒可謂不激不隨矣。

【今案】影印文淵閣《四庫全書》第二七册第一九五頁書前提要。《文淵閣四庫全書提要》卷四經部四易類四，第一四六頁。《文津閣四庫全書提要匯編》經部一易類，第八〇頁。《四庫全書簡明目録》卷一經部一易類，第二一頁。《四庫全書總目》卷四經部四易類四，第二七頁中。

《周易文詮》四卷

元趙汸撰。汸字子常，休寧人。師事黄澤，受《易象》《春秋》之學。隱居著述東山精舍以奉母。洪武二年召修《元史》，不願仕，還，未幾卒。此書略數言理，多暢發宋儒之旨，然其門人金居敬稱其『契先天内外之旨，且悟後天卦序之義』，則亦未嘗置數也。《經義考》載八卷，此本舊鈔止四卷，然首尾完具，疑後人合併也。書之上方，節節標題細字，詳其詞意，不類汸筆，或後來讀者所題記，不可考矣。

【今案】影印文淵閣《四庫全書》第二七册第四二三頁書前提要。《文淵閣四庫全書提要》卷四經部四易類四，第一四七頁。《文津閣四庫全書提要匯編》經部一易類，第八一頁。《四庫全書簡明目録》卷一經部一易類，第二一頁。《四庫全書總目》卷四經部四易類四，第二七頁下。

《易圖通變》五卷、《易筮通變》三卷

元臨川道士雷思齊撰。思齊字齊賢，别號空山，宋遺民之不仕者也。雖爲元人，托迹老氏，而一時士大夫皆與之遊，吴澄尤重其學，曾贈之以詩。二書自序謂：『《河圖》之本數四十以當八卦，而五十爲用以會通於中。筮法則前儒所傳，亦多乖誤。因皆作《通變》傳，以明先聖之指歸。』所述《河圖洛書參天兩地倚數》之圖、《錯綜會變》等圖、《河圖遺論》皆前人所未發。大旨以天一爲『坎』，地

二爲『坤』，天三爲『震』，地四爲『巽』，天七爲『兑』，地六爲『乾』，天九爲『離』，地八爲『艮』，而五、十則爲虚數。其説雖與先儒不同，而參伍錯綜，左右逢源，且按以『出震齊巽』之義，一一吻合。則於聖人繫《易》之旨，固不可謂無所見也。

【今案】《四庫全書薈要總目提要》第一二六頁。影印文淵閣《四庫全書》第二一册第七八九頁書前提要。《文溯閣四庫全書提要》卷三經部三易類三，第一二一頁。《文津閣四庫全書提要匯編》經部 一易類，第六二頁。《四庫全書簡明目録》卷一經部 一易類，第一六頁。《四庫全書總目》卷三經部三易類三，第二一頁中。

《學易記》九卷

元李簡撰。簡，里貫未詳。其『己未歲承乏倅泰安』，己未爲延祐六年，蓋仁宗時也。其書所採自子夏《易傳》以逮張特立、劉肅之説，凡六十四家，一一各標姓氏。其集數人之説爲一條者，亦註曰兼採某某，其不註者，則簡之新義矣。大抵仿李鼎祚《集解》、房審權《義海》之例。自序稱：『在東平時，與張中庸、劉佚庵、王仲徽聚諸家《易》解節取之。張與王意在省文，劉之設心務歸一説，僕之所取，寧失之多，以俟後來觀者去取。』又稱：『己未歲，取向所集，重加去取。』則始博終約，蓋非苟作，故所言多淳實不支。其六十四家遺書亦多散佚[一]，因簡所輯，猶有什一之傳，則其功亦不在鼎祚、審權下也。

【校記】

[一]佚 底本原作『秩』，誤，兹據《四庫全書總目》卷四同條改。

【今案】《四庫全書薈要總目提要》第一一八頁。影印文淵閣《四庫全書》第二五册第九七頁書前提要。《文溯閣四庫全書提要》卷四經部四易類四，第一三六頁。《文津閣四庫全書提要匯編》經部 一易類，第七三頁。《四庫全書簡明目録》卷一經部 一易類，第一九頁。《四庫全書總目》卷四經部四易類四，第二五頁中。

《易學濫觴》一卷

元黄澤撰。澤於《易》以明象爲先，而以復古爲本，中歷陳《易》之名義、重卦之義、逆順之義、卦名之義、卦變之法、卦名易數之原、《易》之詞義、《易》之占詞、蓍法、占法、序卦、脱文、疑字，不能復古者十三條。大旨皆爲宋儒而發，持論平允，無説《易》家支離破碎之習，粹然儒者之言也。澤字楚望，資州人，家於九江。大德中，兩爲景星東湖書院山長，年逾八十，著書十餘通。趙汸《易》與《春秋》之學，皆自澤受之。蓋澤垂老之時，欲注《易》《春秋》二經，恐不能成，故以此書及《春秋指要》發其例。觀卷首吴澄所題，二書蓋合爲一帙者，惜其《春秋指要》今佚矣。

【今案】影印文淵閣《四庫全書》第二四册第一頁書前提要。《文溯閣四庫全書提要》卷四經部四易類四，第一三一頁。《文津閣四庫全書提要匯編》經部一易類，第六九頁。《四庫全書簡明目録》卷一經部一易類，第一八頁。《四庫全書總目》卷四經部四易類四，第二四頁上。

《周易集傳》八卷

元龍仁夫撰。仁夫字觀復，廬陵人。官湖廣儒學提舉。此書舊有至治辛酉自序一篇，而今抄本失之。《元史》稱其發前人之所未發。《吉安府志》云[一]：『仁夫《周易集傳》十八卷，立説主朱子《本義》，每卦爻下各分變象、辭占。』今觀所集程、朱之義爲多，意在即象詁義。其於卦象、爻象、互觀、析觀，無不分疏，非僅於每爻各分變象、辭占也。原十八卷，今僅存八卷，然其《上》《下經》《彖》《象》及《傳》皆已全具矣。

【校記】

［一］吉　底本原作『志』，誤，兹據《四庫全書總目》卷四同條改。

【今案】《四庫提要分纂稿》第一〇頁。影印文淵閣《四庫全書》第二五册第四一七頁書前提要。《文溯閣四庫全書提要》卷四經部四易類四，第一三七頁。《文津閣四庫全書提要匯編》經部一易類，第七四頁。《四庫全書簡明目録》卷一經部一易類，第二〇頁。《四庫全書總目》卷四經部四易類四，第二五頁中。

《易修墨守》一卷

明唐樞撰。樞字惟鎮，歸安人。嘉靖五年進士，授刑部主事。以言李福達事，斥爲民。隆慶初復官，加秩致仕。其書專論《易經》大旨，以《連山》爲文王《八卦圖》，《歸藏》爲伏羲《方圖》，於義頗疏。前有萬歷（曆）甲戌王思宗序。

【今案】《四庫全書總目》卷七經部七易類存目一，第五四頁中。

《淮海易譚》四卷

明孫應鰲撰。鰲字山甫，貴州清平籍，揚州如皋人。嘉靖癸丑進士，累官南京工部尚書，謚文恭。是書謂天地萬物，在在皆有《易》理，在乎人心之能明。故其説雖以離數談理爲非，又以程子不取卦變爲未是，而實則借《易》以講學，縱横曼衍，於《易》義若離若合，務主於自暢其説而止，非若諸儒之傳惟主於釋《經》者也。自《説卦》『乾坤六子』以下即置而不言，蓋以八卦取象之類無可假借發揮耳，其宗旨可知矣。

【今案】《四庫全書總目》卷七經部七易類存目一，第五五頁下。

《周易冥冥篇》四卷

明蘇濬撰。濬字君禹，號紫溪，晉江人。萬歷（曆）丁丑進士，歷官貴州按察使。此書存《上》《下經》《繫詞》《説卦》刪《序卦》《離卦》。大旨主王弼虚無之説，一切歸之於心體，非惟廢卜筮之説，乃併宋儒言理而偶及數者，亦以爲執泥牽拘。訓『潛龍勿用』爲心之寂然不動，訓『大明終始』爲心之靈明不昧。而於《繫詞》之末，以《易》主忘言爲歸宿。然《易》不用以卜筮，則《周官》不列於太卜，而孔子亦不述其蓍策矣。濬之所言，不過晉人之餘慧，溷羲、文、周、孔於老、莊者也。

【今案】《四庫全書總目》卷八經部八易類存目二，第五九頁中。

《周易全書》二十一卷[二]

明楊時喬著。時喬，上饒人。嘉靖乙丑進士，萬歷（曆）中官吏部侍郎。此書自序謂隆慶庚午假居山中，所著《論例》二卷、《古文》二卷、《今文》九卷、《易學啓蒙》五卷、《傳易考》二卷附《龜卜考》一卷。兼採自漢至明諸家之説，大旨宗程、朱而闢當時心學。所謂《古文易》從吕祖謙、朱子本，而獨《文言》列有二篇，如《繫辭》傳『鳴鶴在陰』諸章，皆入之《文言》，而依《上》《下經》分之。書用古籀篆、鐘鼎、雜體，自以爲復古文。其《今文》九卷，乃依王弼本，而録以真書，亦可謂行怪者矣。

【校記】

［一］周易全書　案《四庫全書總目》卷七同條作『《周易古今文全書》』。

【今案】《四庫提要分纂稿》第二二頁。《四庫全書總目》卷七經部七易類存目一，第五六頁上。

《古易考原》三卷

明嘉靖中梅鷟撰。謂伏羲之《易》已有文字畫卦在前，《河圖》後出，伏羲但則之以揲蓍。大衍之數，當爲九十有九，以五十數爲體，以四十九爲用，無以中五乘十，置一不用之理，皆創論也。鷟，旌德人，正德癸酉舉人，仕至監課司提舉。

【今案】《四庫提要分纂稿》第一九頁。《四庫全書總目》卷七經部七易類存目一，第五二頁中。

《易十三傳》十三卷

無撰人姓氏。朱彝尊《經義考》亦云未詳誰作，第知爲嘉靖間人。其説以《乾》上九爻爲一傳，次以《姤》及《大過》十二爻，每爻爲一傳，合十三爻，共成十三傳，各證以歷代紀年。蓋倣邵氏《經世》書，而於六十四卦相生圖，則又不主邵氏之説。邵博《聞見後録》記有邱(丘)濬者以易數推元豐元年當《豊》卦，意其學即此術也。論多穿鑿，其於歷代事迹亦皆附會。

【今案】《四庫全書總目》卷一一〇子部一一〇數術類存目一，第九三四頁上。

《周易大全》二十四卷

明胡廣等奉敕撰。《明成祖實録》永樂十二年十一月甲寅[二]，命行在翰林院學士胡廣、侍講楊雄、金幼孜修《五經四書大全》。十三年九月告成，成祖親製序，弁之卷首，命禮部刊賜天下。賜纂修官胡廣等鈔幣有差，仍賜宴於禮部。此六種之一也。朱彝尊《經義考》謂廣等『就前儒成編，雜爲抄録，而去其姓名。《易》則取諸天台、鄱陽二董氏，雙湖、雲峰二胡氏，於諸書外未寓目者至今多勘驗前書，良非苛論』。前有凡例、姓氏及程子《傳序》上、下篇、《義易五贊筮儀》、朱子《圖説》。後附王應麟《考異》一卷，亦全録《困學紀聞》，一字無所增損焉。

【校記】

［一］明成 底本倒爲『成明』，誤，兹據《四庫全書總目》卷五同條乙正。

【今案】影印文淵閣《四庫全書》第二八册第一頁書前提要。《文淵閣四庫全書提要》卷五經部五易類五，第一四九頁。《文津閣四庫全書提要匯編》經部一易類，第八二頁。《四庫全書簡明目録》卷一經部一易類，第二五頁。《四庫全書總目》卷五經部五易類五，第二八頁中。

《周易古本》一卷

明無錫華兆登編。分文王《卦辭》上、下，周公《爻辭》上、下，爲四篇。以孔子《彖傳》《象傳》《爻傳》《文言》《繫辭》《説卦》《序卦》《雜卦》爲八篇，以合十二篇之數。其所謂《象傳》即今《大象》，《爻傳》即今《小象》也。末附《古本辨》一篇、《記疑》六條，皆自述更定編次之意。按《周易》十二篇見於《漢·藝文志》，其十二編之次第不可知。顔師古曰：『《上》《下經》及《十翼》，故十二篇。』孔穎達曰：『《十翼》謂《上彖》《下彖》《上象》《下象》《上繫》《下繫》《文言》《説卦》《雜卦》《序卦》。』自宋以來，復古《易》者甚多，皆各有更定，彼此互異，然未有以卦辭、爻辭分篇者。兆登據馬融、陸績之説，以爲爻辭周公作，故應與文王異卷，究爲單詞孤證，《經》《傳》别無明文。且孔子明言二篇之策，今以《上》《下經》爲四篇，亦無證據。至六爻有爻畫，見於吴仁傑之《費氏古易》，朱子已譏其重復。今用爻畫而删初九、初六之文，則孔子《傳》内稱九六者，何所自昉，『《彖》曰』、『《象》曰』［一］，後儒所加，去之可也。去『《彖》曰』、『《象》曰』，而并去初九、初六，亦殊未安。名爲復古，實則多逞臆説耳。

【校記】

［一］彖曰象曰 底本自『彖曰』以下爲一頁，原案曰：『編按：此葉原在古易彙編之後，今校改。』

【今案】《四庫全書總目》卷八經部八易類存目二，第六四頁中。

《古易彙編》十七卷

明李本固撰。本固字維寧，臨清州人。萬歷（曆）壬辰進士，官至太僕少卿。按《易》自費直以《十翼》解《經》，而鄭康成以《彖傳》

連《經》文，於是十二篇之序始紊，如今《乾》卦是也。至王弼，又自《坤》卦以下每卦每爻取《傳》辭連綴《經》文之下，并取《文言》入《乾》卦、《坤》卦之中，即今注疏本是也。後王洙、吕大防、周燔、吴仁傑輩遞有考核[一]，而晁説之、吕祖謙所定爲善，故朱子《本義》參用二家。至吴澄又謂《繫辭》内『居室』七條、『祐助』一條、『何思』十一條，實《文言》之文，由王弼既取《乾》《坤·文言》入《乾》《坤》卦，其無可附者，後人并入《繫辭》内，而孔《疏》復曲爲之説。復古《易》者，但取《乾》《坤·文言》别爲一卷，而散入《繫辭》者，未之改也。故其作《易纂言》，取此諸條入《文言》。是書篇第悉依朱子本，而《文言》則用澄本，故曰《古易》。分爲三集，一曰《意辭》，二曰《象數》，三曰《變占》。《意辭》之目凡八：曰《古意》，附見書前；曰《辭會》[二]，即《經》《傳》十二卷。自第十三卷以下另爲一編，有胡國鑑序；曰明意；曰釋名；曰詳易；曰玩辭；曰誤異；曰易派。《象數》之目亦八：曰圖書象，曰圖書數，曰總論，曰畫象，曰三易，曰廣象，曰觀象，曰衍數。《變占》之目凡十：曰蓍變，曰之變，曰反對，曰變例，曰辨成，曰觀變，曰不卜，曰玩，曰卜筮，曰斷法。皆參稽象説，折以義理[三]，前有高出、李維楨二序。

【校記】

[一]大　底本原作『六』，誤，兹據《四庫全書總目》卷八同條改。

[二]曰辭會　底本自『會』以下爲一頁，原案曰：『編按：此葉原書在周易古本之後，今校改。』

[三]折　似爲『析』之形訛。

【今案】《四庫全書總目》卷八經部八易類存目二，第六〇頁中。

《易經濬窩因指》八卷

明張汝霖撰。汝霖字明若。萬歷（曆）乙未進士，歷官江西布政司參議，其書隨文訓釋，專爲科舉制藝而作，殊無足取。

【今案】《四庫全書總目》卷八經部八易類存目二，第六一頁下。

《周易正解》二十卷[一]

明郝敬撰。敬字仲輿，京山人。萬歷（曆）己丑進士，知縉雲、永嘉二縣，歷禮、户兩科給事中，謫宜興丞，移知江陰縣。此其所著

《九經解》之一也。凡《上》《下經》十七卷,《繫辭》以下三卷,用註疏本。以説理爲主,而兼及於象。其有不可解者,亦不免於附會,如釋《蠱》卦爲武王之事,而以先甲、後甲爲取象甲子昧爽。其他亦多實以文、武之事。蓋本『作《易》者其有憂患』一語而演之,而不自知其失之鑿。惟其以《十翼》解《經》,務以夫子之説印正卦爻,而於先儒言象處取其簡易,而删其牽强,其用意亦有可取者。敬所著,尚有《易領》四卷、《問易補》七卷、《學易枝言》二卷。蓋其於《九經》雖皆有解,而平日用力於《易》爲尤深云。

【校記】

[一]二十卷 案底本原脱一『十』字,兹據《四庫全書總目》卷八同條及本條正文所記卷數補。

【今案】《四庫全書總目》卷八經部八易類存目二,第六〇頁上。

《易筌》六卷、《附論》一卷

明焦竑撰。竑字弱侯[一],應天上元人。萬歷(曆)十七年舉進士第一,除翰林院修撰,尋遷東宫講讀官,謫福寧州知州。其書大旨欲以二氏通於《易》,每雜引《列子》《黄庭内景經》《抱樸子》諸書以釋《經》。蓋習與李贄游,故學術亦與俱化耳。

【校記】

[一]侯 底本原作『侯』,誤,兹據《四庫全書總目》卷八同條改。

【今案】《四庫全書總目》卷八經部八易類存目二,第六〇頁上。

《易學飲河》八卷

明張納陛撰。納陛字以登,宜興人。萬歷(曆)己丑進士,官禮部主事,以争並封去官,乃閉門註《易》。其書惟註《上》《下經》,每卦皆註互體而不甚發互體之義。如解『亢龍有悔』,謂『處亢之時,不得不亢,不得不悔,何病乎亢龍』。解『龍戰於野』,謂『戰者,懼也,栗也。非與陽争戰,乃疑於陽而自爲戰懼也』。如斯之類,皆頗立異説。其删除《上》《下經》之名,以《咸》《恒》二卦割附《坎》《離》二卦之末。又六十四卦惟《否》與《未濟》二卦,置而不註,均未詳其義。前有錢一本序,其詞頗譎,大抵不得志而著書之意,則是書不必盡以《經》義核也。

【今案】《四庫全書總目》卷八經部八易類存目二，第六〇頁中。

《易經勺解》三卷

明林欲楫撰。其説專主人事，論義理而不及象數。書刻於國朝康熙己卯，乃其子華昌所録。欲楫字平庵。萬歷（曆）丁未進士，歷官禮部尚書，掌詹事府詹事。

【今案】《四庫全書總目》卷八經部八易類存目二，第六二頁中。

《易象鉤解》四卷[一]

明陳士元撰。士元字心叔，應城人。嘉靖甲辰進士。是編專闡《經》文取象之義，前有士元自序稱：「朱晦菴、張南軒善談《易》者，皆謂互體、五行、納甲、飛伏之類，俱不可廢。蓋文、周象、爻，雖非後世緯數瑣碎，而道則無不冒焉。傳註者惟以虚元（玄）之旨例之，有遺論矣。」《履卦》註又曰：「京房之學授受有自，今之學士、大夫擯斥不取。使聖人不因卜筮而作《易》，惟欲立言垂訓，則畫卦揲蓍何爲哉？朱子曰：『《易》之取象，固必有所自來，而其爲説必已具於太卜之官，今不可復考，亦不可謂象爲假設。』然則京氏之學，安知非太卜所藏者耶？」所言不爲無見，故其論雖或不免穿鑿，而犁然有當者爲多。蓋主理之説，言其當然，主象之説，則言其所以然，各明一義，不妨並存也。又是書每卷標目之下，皆題《歸雲别集》，卷數自五十八至六十一，其序又稱往爲《彙解》二卷括其[二]

【校記】

[一]易象鉤解四卷　底本原案曰：「編按：此篇原置小學類，今據中縫校改。」

[二]案此條顯然有缺文缺頁。凡遇此類情況，底本的整理者均以「編按」形式出校説明，且補以白葉，若依此體例衡之，則此條當爲失校。《四庫全書總目》卷五「《易象鉤解》四卷」條：「明陳士元撰。士元字心叔，應城人。嘉靖甲辰進士。官至灤州知州。是編專闡《經》文取象之義。前有士元自序，稱：『朱晦菴、張南軒善談《易》者，皆謂互體、五行、納甲、飛伏之類俱不可廢。蓋文、周象、爻，雖非後世緯數瑣碎，而道則無不冒焉。傳注者惟以虚元（玄）《易》之旨例之，有遺論矣。』其《履卦》注又曰『京房之學授受有自，今之學士大夫擯斥不取。使聖人不因卜筮而作《易》，惟欲立言垂訓，則畫卦揲蓍何

爲哉？朱子曰：『《易》之取象，固必有所自來，而其爲説必已具於太卜之官，今不可復考，亦不可謂象爲假設。』然則京氏之學安知非太卜所藏者耶」云云。案太卜之法雖不可考，然《左傳》所載變爻、互體諸占，猶可以見其崖略。漢《易》自田何以下無異説。孟喜六日七分之學，云出田王孫，而田王孫之徒以爲非。焦贛直日用事之例，云出孟喜，而孟喜之徒又以爲非。劉向校書，亦云「惟京氏爲異黨」。《漢書·儒林傳》源委秩然，可以覆案。京氏書雖多散佚，而《易傳》三卷猶存，其占法亦大概可考，與《左傳》所載迥殊。士元以京氏《易》當太卜所藏，殊爲無據。且京氏之法絶不主象，引以爲明象之證，亦失其真。然其謂《易》以卜筮爲用，卜筮以象爲宗，則深有合於作《易》之本旨。故其論雖或穿鑿，而犂然有當者爲多，要勝於虚談名理、荒蔑古義者矣。是書每卷標目之下皆題《歸雲别集》，卷數自五十八至六十一。蓋當時編入全集，如李石《方舟集》收《易互體》之例。其序又稱往爲《彙解》二卷，括其大凡。考《明史·藝文志》，載士元《易象鉤解》四卷，《易象彙解》二卷，則《彙解》亦發明象學者。今以未見其書，故不著録焉。」

【今案】 影印文淵閣《四庫全書》第三一册第六五一頁書前提要。《文溯閣四庫全書提要》卷五經部五易類五，第一五七頁。《文津閣四庫全書提要匯編》經部一易類，第八八頁。《四庫全書簡明目録》卷一經部一易類，第二四頁。《四庫全書總目》卷五經部五易類五，第三〇頁上。

經部二 易類 書類

《四易通義》六卷

明程觀生撰。其意以説《易》者多以我解《易》，而不能以《易》解《易》，故其義轉爲傳、疏所淆，因作是編以闡四聖相發明之旨。首列《横圖方圖圓圖合參要旨》，次《卦象爻定詞微旨》，而於每卦、每爻下各系錯綜互變所在以貫通之，其大旨主於明人事。自序謂時當大亂，非藉四聖之力不足以救。故每發一義，必舉今之非，而折衷於《易》理之是，類多隱切明季時勢立言，蓋亦楊萬里《易傳》之類。而釋《晋》之上九，乃極稱封建爲良法，且言天地一日不改，此法終不可易，則立論未免迂僻矣。觀生字仲孚，徽州人，流寓嘉興。朱彝尊《詩話》中載其事實頗詳。

【今案】《四庫全書總目》卷八經部八易類存目二，第六八頁上。

《像象管見》九卷

明錢一本撰。一本字國瑞，武進人。萬歷（曆）十一年進士，除廬陵知縣，徵授御史，上論相、建儲二疏，以剛直罷歸。研究六經，尤邃於《易》。是書不取京、焦、管、郭之説，亦不取陳摶、李之才之義[一]，惟即卦爻以求象，即象以明人事，故曰《像象》。象者，天道，像其象者，盡人合天之道也。大旨謂由辭得象而後無虚懸説理之病，知像爲像而後有神明默成之學，而深闢言象遺理，言理遺象，彷彿其象而仍不知所以爲象之弊。雖間有支蔓，而篤實近理者爲多。

【校記】

［一］摶　底本原作『摶』，誤，兹據本書『《漢上易集傳》十一卷、《封圖》三卷、《叢説》十卷』條、『《大易輯説》十卷』條及《四庫全書總目》卷五同條改。

【今案】影印文淵閣《四庫全書》第三三册第五五九頁書前提要。《文溯閣四庫全書提要》卷五經部五易類五，第一六二頁。《文津閣四庫全書提要匯編》經部一易類，第九二頁。《四庫全書簡明目録》卷一經部一易類，第二五頁。《四庫全書總目》卷五經部五易類五，第三一頁中。

《圖書紀愚》一卷

明莆田阮琳撰。琳字廷佩，號晶山，成、弘間諸生。是編首載《太極》《河》《洛》諸圖，次及六十四卦、《横方圖》，終之以五行生克，大率因前人已有之説。

【今案】《四庫全書總目》卷七經部七易類存目一，第五二頁上。

《學易舉隅》六卷

明戴廷槐撰。廷槐，長泰人。隆慶中貢士。其説謂《易》自商瞿而後，斯道遂晦，至宋三子而後大明，而概目漢魏以下至唐諸儒爲不知《易》，未免失之太偏。且其謂日月爲《易》，亦本緯書，而《六十四卦圓圖》即《參同契六十卦》。周張布爲輿之説，採用其言而復加輕詆，真數典而忘其祖矣。

【今案】《四庫全書總目》卷七經部七易類存目一，第五〇頁上。

《周易旁注前圖》二卷[一]

明朱允升撰。允升，休寧人。明太祖時，官翰林侍講學士。於諸經皆有旁注，前人稱其於《易》最祥[二]。其書本十卷，冠以《前圖》上、下二篇。上篇自《河圖》《洛書》合一圖説，至三十六宫圖説，凡八圖。下篇則全録元蕭漢中《讀易考原》之文、萬歷（曆）中姚文蔚《易》。其旁注列於經文之下，已非其舊，此本又盡佚其注，獨存《前圖》上、下二篇。允升記云：『漢中字景元，泰和人。書成於泰定年間。』其人别無可考，惟附允升書以傳。今允升本書殘缺而漢中書反完，其解《易》卦序實多精義，允升盛推之，非妄也。

【校記】

［一］周易旁注前圖　案《四庫全書總目》卷七同條作『《周易旁注圖説》』。

［二］祥　當爲『詳』之形訛。

【今案】《四庫全書總目》卷七經部七易類存目一，第五〇頁中。

《三易洞璣》十六卷

明黄道周撰。道周事迹具《明史》。其書以《易》卦配星象，星始箕終尾，《易》起《復》訖《坤》，星度三百六十五度四分度之一，散布三百八十四爻中，歷（曆）法、律法皆衷於此。推《易》與《詩》《春秋》相表裏，自三代迄宋、元，脩短休咎所自來，與夫大地、山河、人身、經脉，無一不與卦爻相準，蓋純以數言《易》者也。首載《略例》，後《宓圖》《文圖》《孔圖》《經緯》各三卷，《雜圖》《餘圖》《貞圖》《經緯》共七卷。

【今案】影印文淵閣《四庫全書》第八〇六册第四三五頁書前提要。《文溯閣四庫全書提要》卷六〇子部一二術數類一，第一九一五頁。《文津閣四庫全書提要匯編》子部七數術類二，第二七六頁。《四庫全書簡明目録》卷一一子部七術數類，第四一九頁。《四庫全書總目》卷一〇八子部一八數術類一，第九一九頁上。

《胡子易演》十八卷

明胡經撰。經號前岡，廬陵人。嘉靖己丑進士。《明史·藝文志》載胡經《易演義》十八卷，此本但稱《易演》，疑史衍文也。其書用注疏本，移《乾·象傳》『大明終始』三句於『乃利貞』之下，謂是《周易》古本得之於師者。《蒙》卦六爻皆主君臣。凡若此類，大約喜爲新説，張雲章謂其説好與朱子異，是也。然以尋章摘句之學，於《易》理非有所深解，而故與先儒牴牾，亦徒見其乖剌矣。

【今案】《四庫全書總目》卷七經部七易類存目一，第五四頁下。

《易窺》無卷數

明程玉潤撰。玉潤字鉉吉，常熟人。萬歷（曆）癸丑進士，官郎中。朱彝尊《經義考》載程玉潤《周易演旨》六十五卷，與《明史·藝文志》合，而無《易窺》之名。林增志曰：『玉潤，正叔夫子裔也。』倪長玗曰：『程鉉吉潛心《易》學，取正叔先生《傳》而增益之。』今是書止《上》《下經》，與程子《易傳》同。玉潤意在申暢程旨，故專主義理，發明人事。而訓詁則兼用後儒。其中圓融程、朱異同處甚多。卷首無標題，惟中縫有『易窺』二字，疑即《周易演旨》，但此本止十册，而《演旨》有六十五卷，又似爲二書耳。

【今案】《四庫全書總目》卷八經部八易類存目二，第六三頁中。

《易象大旨》八卷

明薛甲著。甲字應登，江陰人。嘉靖己丑進士，官至江西按察司副使。其書經文之外，惟《象傳》全文分列六爻之前，《象傳》則删《大象》而存《小象》，分綴六爻之下，《文言》《繫辭》《説卦》《序卦》《雜卦》則全删焉。大旨主於因象以明理，如解《訟》卦「元吉中正」，解《升》卦「亨於岐山」之類，頗出新意。然如解《乾》卦「潛龍勿用」爲「泯思慮，忘知識」，解《坤》卦「括囊無咎」爲「將迎意必之私，一無所容於中」之類，則闌入元（玄）妙之説矣。

【今案】《四庫全書總目》卷七經部七易類存目一，第五四頁中。

《易義古象通》八卷

明魏濬撰。濬字蒼水，松谿人。萬歷（曆）甲辰進士，官至湖廣巡撫。其書大旨專主乎象，欲以象攝理數之全，首有《明象總論》八篇。

【今案】《四庫提要分纂稿》第十三頁。影印文淵閣《四庫全書》第三四册第一七一頁書前提要。《文溯閣四庫全書提要》卷五經部五易類五，第一六四頁。《文津閣四庫全書提要匯編》經部一易類，第九四頁。《四庫全書簡明目録》卷一經部一易類，第二五頁。《四庫全書總目》卷五經部五易類五，第三一頁下。

《古易世學》十七卷

明豐坊撰。坊字存禮，鄞縣人[一]。嘉靖二年進士，除禮部主事。免官家居，坐法竄吴中，改名道生。其才頗高，又善篆、隸，因僞作諸經古文，别爲訓詁以欺世，此其一也。書中《正音》《略説》《傳義》托之於遠祖稷、曾祖慶、父熙而已，自爲考補。其實皆坊一手所作，穿鑿附會，識者皆知其非真，亦可謂作僞心勞者已。

【校記】

［一］鄭 底本原作「覲」，誤，兹據《四庫全書總目》卷七同條改。

【今案】《四庫全書總目》卷七經部七易類存目一，第五四頁上。

《周易贊義》七卷

明馬理撰。理字伯循，三原人[一]。正德甲戌進士，仕至南京光禄寺卿，謝病歸。著述甚富[二]，四方請業者踵接於門，稱爲「溪田先生」。其書雖參用鄭元(玄)、王弼及程、朱二家之説，然大旨主於多引人事以明之。朱睦㮮序稱此書「發凡舉例，闡微摘隱，博求諸儒異同，得十餘萬言」。原書十有七卷，其門人涇陽龐俊繕録藏於家，河南左參政蒲田鄭絅爲付梓。今本止七卷，《繫辭》上傳以下佚，朱彝尊《經義考》亦云已闕。

【校記】

［一］原 底本原作「元」，誤，兹據《明史》卷二八二《馬理傳》及《四庫全書總目》卷七同條改。

［二］著述甚富 底本原作「著甚述富」，誤，雖無倒文符號，然據文意，顯然爲「著述甚富」之倒誤，兹改。

【今案】《四庫全書總目》卷七經部七易類存目一，第五二頁下。

《易林疑説》無卷數

明楊瞿崍撰。瞿崍字稚實，晋江人。萬歷(曆)丁未進士，歷官提學副使。先是，瞿崍父著《易經蒙筌》，未就而卒。瞿崍承家學，考索諸家，有疑即爲之説。其論横圖、圓圖、逆數、順數、八卦、序次、五行、生尅，大旨多宗邵子之學。朱彝尊《經義考》《明史·藝文志》俱作十卷，今此本止三册，不分卷，蓋後人所合併也。

【今案】《四庫全書總目》卷八經部八易類存目二，第六二頁中。

《易學古經正義》十二卷

明天門鄒元芝撰。蓋欲復古經篇次，經自爲經，傳自爲傳，亦朱子《本義》之意。其訓《易》以理爲主，如訓《井》之「渫，由三得九而始清」，訓《未濟》「曳，其輪」，謂《乾》爲「下體之主，不徒而乘」，亦爲有見。然不免因仍舊説太多耳。

【今案】《四庫全書總目》卷八經部八易類存目二，第六九頁中。

《玩易意見》二卷

明王恕撰。恕字宗貫，三原人。正統戊辰進士，官至吏部尚書，謚端毅。「玩易」者，恕所構軒名也。其書以《上經》爲一卷，《下經》合《繫辭》爲一卷，取程《傳》朱《義》之未洽於心者，自出意見論之，故所解非全經。恕亦主義理之學，於文義有不可通者，輒疑經文有訛。張雲章謂其意在匡弼程、朱，而不免師心立説者是也。卷前自序在正德丙寅，恕時年已八十有一，其用心則可謂勤矣。

【今案】《四庫全書總目》卷七經部七易類存目一，第五一頁下。

《周易獨坐談》五卷

明新都洪化昭撰。昭自號日北居士，故亦名《日北居獨坐談》。《明史·藝文志》載之，然無卷數。今本五卷，不知何人所分也。其説以《説卦》《序卦》《雜卦》三傳皆爲漢儒所增入，故置而不言，惟説《上》《下經》《繫辭》。然雜引古事，語皆粗鄙。如周公作歌招夷、齊，夷、齊答歌之類，雜以俳諧，殊乖説經之體。至謂文王八卦退《乾》於西北者，乃因岐在西北，意在以天自處，尤爲無理。

【今案】《四庫全書總目》卷八經部八易類存目二，第六五頁下。

《周易象義》十卷

明章潢撰。潢字本清，南昌人。搆此洗堂聯同志講學，著作甚富，嘗主白鹿書院，學者稱「斗津先生」。被薦遥授順天訓導。其書主於言象，故引張行成説以駁晁公武主理之論。大抵以《漢上易傳》爲椎輪，雜引虞翻、荀爽九家《易》及李鼎祚、鄭東卿、林栗、項安節、馮儀之、徐大爲、吕樸卿諸家，而參以己意。其取象之例雖多，然大旨不出本體、互體、伏體三者。張雲章謂其視熊過、來知德諸家較爲近理云。

【今案】《四庫全書總目》卷八經部八易類存目二，第六二頁上。

《周易古文鈔》二卷

明劉宗周撰。宗周與漳浦黄道周明末俱以善《易》名，道周長於數，宗周長於理。其學多由心得，故不盡墨守傳義。其删《説卦》《序卦》《雜卦》三傳，猶先儒之説，至於經文次序，每每以意移置，另分章句，雖有説可通，亦勇於竄易聖經矣。宗周字起東，山陰人[一]。萬曆二十九年進士，崇禎中官至左都御史。南都亡，絶粒死。事迹具《明史》。

【校記】

［一］山陰人　底本倒爲「山人陰」，兹據《明史》卷二五六《劉宗周傳》及《四庫全書總目》卷八同條乙正。

【今案】《四庫全書總目》卷八經部八易類存目二，第六一頁下。

《易測》十卷

明曾朝節撰。朝節字植齋，衡州臨武人。萬歷（曆）丁丑進士，官至禮部尚書。是編取註疏、程《傳》、朱子《本義》及楊氏《易傳》之説，參伍其旨，惟解《上》《下經》《彖》《象》《文言》《繫辭》，去《説卦》《序卦》《雜卦》[二]，而倣王弼《略例》之意，自以《説凡》一卷附於末。大旨主於觀辭玩占，一切卦圖、卦變之説，悉所不取，其立言頗爲簡明。至謂周公《彖傳》自爲一書，與《爻辭》或合或不合，不可比而通之，則朝節之創解也。

【校記】

［二］雜卦　底本原作「雜卜」，誤，兹據《四庫全書總目》卷八同條改。

【今案】《四庫全書總目》卷八經部八易類存目二，第五九頁上。

《像抄》六卷

明錢一本撰。一曰《啓新齋易象抄》，一曰《易象抄》。凡《卦圖》二卷，附録《書札》及《雜吟》二卷，《上》《下經解》二卷。一本講《易》，以象爲主，先撰《像象管見續成》。是書就朱子《本義》所列九圖衍爲三十二圖，圖各有説，縱横比對，自謂言象而理在其中。然孔子所謂象者，像也，即指卦爻。朱子所列九圖，後儒已不免異同，一本又從而衍之，雖《易》包萬象，推之皆有理可通，然究非聖人設教本旨也。

【今案】《四庫全書總目》卷八經部八易類存目二，第五九頁下。

《四聖一心録》六卷

明錢一本撰。亦其説《易》之書。其大旨舍數而言理，其言理舍天而言人，其言人又舍事而言心，推闡之以至於性命。體例近乎語録，其論亦多支離[一]，如謂許由讓王爲能知《河》《洛》之道，又謂《序卦傳》爲格物之學，大抵皆無根之高論也。

【校記】

[一] 多支 底本倒爲「支多」，兹據《四庫全書總目》卷八同條乙正。

【今案】《四庫全書總目》卷八經部八易類存目二，第五九頁下。

《易就》六卷

明徐世淳著。世淳字中明，嘉興人。萬歷(曆)中舉人，官隨州知州。書有張溥序，比之王弼、胡瑗、王安石三家，而語多微詞，頗寓不滿之意。光時亨序則稱《易》當從己自性徹入，不可依傍先儒。蓋世淳命意如此，故其書似儒家之語録，又似禪家之機鋒，非説經正軌也。

【今案】《四庫全書總目》卷八經部八易類存目二，第六四頁上。

《易經頌》十二卷

明陳仁錫撰。仁錫字明卿，長洲人。天啓壬戌進士第三人，歷官國子監祭酒。是書多剖析字句，以發揮其文意，亦間與《本義》異同。大抵據文意斷之處多，而研究古訓之處少。蓋仁錫文士，於經學本非專門也。

【今案】《四庫全書總目》卷八經部八易類存目二，第六四頁下。

《易發》八卷

明董説撰。説字雨若，湖州人。嘗師事黄道周，後爲沙門，名南潛，往來蜀中。其論《易》專主漢學，因京氏納甲之法而變通。其間卦氣則本於《易緯》《卦氣圖》《天易》《地易》，以及按卦分度則本於《三易洞璣》，復爲圖二百四，推明之以盡其變，參伍錯綜，極爲詳備。其生平用力甚深，然如《飛龍訓》一篇，歷引堯、禹、周、孔，謂皆以飛龍治萬世，而復舉《圓覺》《道德》二經，以爲釋迦、老子亦然，未免援儒入墨。又《黄鸝河洛徵》謂黄鸝一聲即《河》《洛》之全機大用，《杏葉飛龍表》謂黄鍾之律爲杏葉之正位，其説皆近於怪誕。蓋辨博則有之，非説《易》之正軌也。

【今案】《四庫全書總目》卷八經部八易類存目二，第六八頁上。

《大易衍説》無卷數

明人《大易衍説》原本不分卷，亦未著撰人姓氏。隨文敷衍，乃鄉塾之講義，無所發明。

【今案】《四庫全書總目》卷八經部八易類存目二，第六九頁下。

《洗心齋讀易述》十七卷

明潘士藻撰。士藻，字去華，號雪松，婺源人。萬歷（曆）癸未進士，官至尚寶司少卿。其書《上》《下經》十卷，《繫辭》至《雜卦》七卷。每條皆先發己意，而採綴諸儒之説於後。前有焦竑序，稱主理莫備於房審權，於李鼎祚，士藻哀而擇之。則所據舊説，惟採《周易義海》《周易集解》二書。然大旨多主於義理，故取《義海》者較其集者所載如虞翻、干寶諸家涉於象數者[一]，率置不録。蓋以房書爲主，而李書輔之也。案《義海》一百卷久佚，今所存者乃李衡《撮要》十五卷，非其舊本。竑序云云，豈萬歷(曆)中舊本猶存耶？然《宋志》已不著録，陳振孫《書録解題》亦云惟見四卷。其一百卷者未見。士藻安得而見之，竑殆夸飾之詞歟？

【校記】

[一] 翻　底本原作「翔」，誤，兹據《四庫全書總目》卷五同條改。

【今案】影印文淵閣《四庫全書》第三三册第二頁書前提要。《文溯閣四庫全書提要》卷五經部五易類五，第一六一頁。《文津閣四庫全書提要匯編》經部一易類，第九二頁。《四庫全書簡明目録》卷一經部一易類，第二四頁。《四庫全書總目》卷五經部五易類五，第三一頁上。

《周易訂疑》十五卷、《序例》一卷、《易學啓蒙訂疑》四卷、《周易本義原本》十二卷

國朝董養性撰。其説皆朱子爲宗，自謂用力三十餘年乃成此數編。然其所訂正者，皆村塾講義之説也。養性字邁公，樂陵人。

【今案】《四庫全書總目》卷七經部七易類存目一，第五〇頁上。

《易説》一卷

國朝吴汝惺撰。所論十五事皆闡發宋儒舊説。自序中謂漢儒所傳《三禮》不可盡信，而致疑邵子之説，蓋亦不主圖、書之學者。汝惺字匪席，德州人。

【今案】《四庫全書總目》卷一〇經部一〇易類存目四，第八二頁下。

《心易》一卷

國朝戴天恩撰。自太極至八卦變、六十四卦爲圖十五，而各爲説於其後。卷末爲《象説》《字義》《統義》三編[一]。其所圖所説，皆前人所有，而《統義》亦無所發明[二]。前有康熙癸巳自序。天恩字福承，蕭山人。

【校記】

［一］編　底本此字原僅殘存左邊的『糹』，已缺右旁，以上下文意揆之，當爲『編』字，而《四庫全書總目》卷一〇同條作『篇』。

［二］而統義　案此三字，《四庫全書總目》卷一〇同條作『所附三論』。

【今案】《四庫全書總目》卷九經部九易類存目三，第七八頁下。

《空山易解》四卷

國朝牛運震撰。運震字階平，號真谷，滋陽人。雍正癸丑進士，官陜西平番縣知縣。其學博涉群書，於金石考據爲最深，經義亦頗研究。是編務在通漢、晉、唐、宋爲一，然大旨主理不主數，故於卦氣、直日及虞翻半象、兩象等説皆排抑之。是仍一家之學，不能疏通衆説也。

【今案】《四庫全書總目》卷一〇經部一〇易類存目四，第八二頁上。

《周易説略》四卷

國朝張爾岐撰。爾岐字稷若，濟陽人。篤守朱子之學，病俗師謬誤，因作此書以發明《本義》之旨。内惟第四卷分爲二，故亦作五卷。李焕章作《爾岐傳》云『八卷』者，誤也。

【今案】《四庫全書總目》卷九經部九易類存目三，第七一頁下。

《圖書辨惑》一卷[一]

國朝黄宗炎撰。宗炎字晦木，餘姚布衣。其説以《易》之圖學非古，自唐以前註疏諸家未嘗一言，故作此書以辨之。至謂陳希夷所云《河圖》《洛書》，乃養生馭氣之術，與《易》之道截然無關。周子之《太極圖》《説圖》則雜以仙真説，則冒以《易》道。其學全得於老莊、朱子，從而分析之，則更流於釋，有激而言掊擊，未免過當。然《河圖》《洛書》，歐陽修疑之於前，薛季宣辨之於後，宋人已多有異同，宗炎之説，亦未爲無稽之談也。

【校記】

［一］圖書辨惑一卷 案《四庫全書總目》卷六同條作『《周易象辭》二十一卷、《附尋門餘論》二卷、《圖書辨惑》一卷』。

【今案】影印文淵閣《四庫全書》第四〇册第七三四頁書前提要。《文淵閣四庫全書提要》卷六經部六易類六，第一八一頁。《文津閣四庫全書提要匯編》經部一易類，第一〇七頁。《四庫全書簡明目録》卷一經部一易類，第三〇頁。《四庫全書總目》卷六經部六易類六，第三六頁下。

《易傳》四卷

伊川程子撰。卷首有元符二年自序。考程子以紹聖四年編管涪州，元符三年遷峽州，則當成於編管涪州之後。王偁《東都事略》載是書作六卷，《宋史·藝文志》作九卷，《二程全書》通作四卷。考楊時跋語，稱『伊川先生著《易傳》，未及成書，將啓手足，以其書授門人張繹[一]。未幾，繹卒，故其書散亡，學者所傳無善本[二]。謝顯道得其書於京師，以示余，錯亂重復，幾不可讀[三]。東歸待次毘陵，乃始校正[四]，去其重復，逾年而始完』云云。則當時本無定本，故所傳各異耳。其書但解《上》《下經》及《彖》《象》《文言》，用王弼註本。以《序卦》分置諸卦之首，用李鼎祚《周易集解》之例。惟《繫詞傳》《雜卦傳》無註，董真卿云亦從王弼。今考程子《與謝金夫書》，謂『《易》當先讀王弼、胡瑗、王安石三家』。謂程子有取於弼，不爲無據，謂不註《繫辭》《雜卦》以擬王弼[五]，則似未盡然[六]。當以楊時草具未成之説爲是也[七]。邵子以數言《易》，而程子此《傳》則言理，一闡天道，一切人事。蓋古人著書，務抒所見而止，不妨各明一義。其徒更相排詆，後儒亦互有抑揚，皆門户之見也。

【校記】

［一］張 底本此字殘損無文，兹據《文淵閣四庫全書提要》卷二、《文津閣四庫全書提要匯編》經部一易類及《四庫全書總目》卷二同條補。

［二］傳無 底本此二字殘損無文，兹據《文溯閣四庫全書提要》卷二、《文津閣四庫全書提要匯編》經部一易類及《四庫全書總目》卷二同條補。

［三］亂重復幾 底本此四字殘損無文，兹據《文溯閣四庫全書提要》卷二、《文津閣四庫全書提要匯編》經部一易類及《四庫全書

總目》卷二同條補。

［四］始校　底本此二字殘損無文，兹據《文溯閣四庫全書提要》卷二、《文津閣四庫全書提要匯編》經部一易類及《四庫全書總目》卷二同條補。

［五］辭　底本此字殘損無文，兹據《文溯閣四庫全書提要》卷二、《文津閣四庫全書提要匯編》經部一易類及《四庫全書總目》卷二同條補。

［六］盡　底本原作『書』，誤，兹據《文溯閣四庫全書提要》卷二、《文津閣四庫全書提要匯編》經部一易類及《四庫全書總目》卷二同條改。

［七］爲　底本此字殘損無文，兹據《文溯閣四庫全書提要》卷二、《文津閣四庫全書提要匯編》經部一易類及《四庫全書總目》卷二同條補。

【今案】影印文淵閣《四庫全書》第九册第一五六頁書前提要。《文溯閣四庫全書提要》卷二經部二易類二，第六一頁。《文津閣四庫全書提要匯編》經部一易類，第一五頁。《四庫全書總目》卷二經部二易類二，第六頁下。

《關氏易傳》一卷[一]

題云天水趙蕤注。關朗字子明，北魏河唐人。蕤，唐梓州鹽亭人，即撰《長短經》者，李白嘗師事之。是書《隋》《唐志》不録，宋《中興書目》始有之，云『阮逸詮次刊正』。項安世曰：『唐李鼎祚《易集解》盡備前世諸儒之説，獨所無謂關子明者[二]，蓋阮逸僞書也。』何薳《春渚紀聞》及邵博《聞見後録》皆云逸嘗以僞撰之稿示蘇洵，則安世之言審矣。

【校記】

［一］關氏易傳一卷　案底本此條提要的右上方邊框外有『初次進／呈存目／經部』三行文字，而其中的『初』字、『呈』字已殘半，不知稿本即已如此，抑爲影印本所致。

［二］所無謂　案此三字當爲『無所謂』之倒文。

【今案】《四庫全書總目》卷七經部七易類存目一，第四八頁中。

《周易麈談》無卷數[一]

原本不分卷，亦不著撰人姓氏。朱彝尊《經義考》載孫應龍有《周易麈談》十二卷，疑此本是也。應龍字海門，餘杭人，順治丁亥進士，官隰州知州。其書多引先儒語録，排比成文，或標曰「傳」，或標曰「注」，或標曰「解」，每章之中三名疊見，義例叢脞，亦莫得而詳焉。

【校記】

［一］麈　底本題目及正文均誤「麈」爲「塵」，兹據《四庫全書總目》卷九同條改。

【今案】《四庫全書總目》卷九經部九易類存目三，第七一頁下。

《易象與知編》一卷、《圖書合解》一卷

題曰天山道人撰[一]，不知何許人也。其書專論《河圖》《洛書》、八卦、方圓、圖位及對待流行之義、五六生成之理，大抵剿集舊説，鈔合成帙。

【校記】

［一］山　底本原作「散」，誤，兹據《四庫全書總目》卷八同條改。

【今案】《四庫全書總目》卷九經部九易類存目三，第七〇頁上。

《易互體例》一卷[一]

題曰「方舟先生《易》學，門人劉伯熊編」。不著姓名。明焦竑《經籍志》有李石《方舟集》五十卷，蓋石所撰也。此書原在集中，其集已佚，故《易》學及《左氏》諸例俱單行於世。今石遺文尚散見《永樂大典》中，其於《易互體例》亦題曰「李石《方舟集》」[二]，其爲石所撰，益無疑矣。其書前有自序，以爲「八卦相資爲用，以三而五，而五行互體；以六而八，而八卦互體。若非互體，則《易》之變化内外、上下不相應，數有所窮，數窮則生成之理或熄」。因取説卦、占象與卦爻相通者爲互體，以應天地五行之數。卷後復附以《象統》

《明閏》二篇，蓋主於象數之學者。

【校記】

［一］易互體例一卷　案《四庫全書總目》卷七同條作『《方舟易學》二卷』。

［二］易　底本原脱此字，兹據本書本條題目及《四庫全書總目》卷七同條補。

【今案】《四庫提要分纂稿》第一四頁。《四庫全書總目》卷七經部七易類存目一，第四八頁中。

《尚書詳解》五十卷　庶吉士汪如藻家藏本

宋陳經撰。經字顯之，《姓譜》云『字正甫』，安福人。慶元中進士，官奉議郎，泉州泊幹。南宋之末，蔡《傳》已行，而此書多取古疏，間出新意，與蔡《傳》頗異，唯以後世之事證古經，雖本程氏説《易》之例，然如解『説築傅巖』條引伊川訪董五經事，似覺非體；又論『舜放四凶』，云『欲安其居止，俾無所憂愁』，則於聖人懲惡之義，亦有未協。前有自序，曰『今日語諸友以讀此書之法，當以求人之心求古人之心，吾心與是書相契而無間，然後知典、謨、訓、誥、誓、命皆吾心中之所有，亦吾日用之所能行』云云，尤近於陸九淵『六經註我』之意，其爲金谿之學者歟。然其字梳句櫛，疏證詳明，於經義要不爲無補也。

【今案】影印文淵閣《四庫全書》第五九册第二頁書前提要。《文溯閣四庫全書提要》卷七經部七書類一，第二四八頁。《文津閣四庫全書提要匯編》經部二書類，第一五八頁。《四庫全書簡明目録》卷二經部二書類，第四七頁。《四庫全書總目》卷一一經部一一書類一，第九四頁中。

《書説》三十五卷

宋吕祖謙撰，其門人時瀾增修。《通考》云『十卷』，趙希弁《讀書附志》云『六卷』，悉與此不合，蓋彼乃祖謙原書，未經時瀾所補者，其時尚未成編，傳鈔者隨意分卷，故二家亦互異耳。祖謙原書始《洛誥》，終《秦誓》，其《召誥》以前，《堯典》以後，則門人雜記之語録，頗多俚俗。瀾始删潤其文，成二十二卷，又編定原書爲十三卷，合成是編。王應麟云：『林少穎《書説》至《洛誥》而終，吕成公《書説》自《洛誥》而始』。蓋之奇受學於吕居仁，祖謙又受學於之奇，本以終始其師説爲一家之學，而瀾之所續則又終始祖謙一人之説也。瀾，婺之清江人。厲鶚《宋詩紀事》收其詩一篇，而不能舉其仕履。考周必大祭瀾文，稱『從政郎差充西外睦宗院宗學教授』，而瀾自序則稱『以西邸文學人三山監丞』，蓋作是書時爲監丞，其後則以教授終也。吳師道曰：『清江時[一]

【校記】

[一]案本條顯然有缺文缺頁。凡遇此類情況，底本的整理者均以『編按』形式出校說明，且補以白葉。若依此例衡之，則此條當爲失校。《四庫全書總目》卷一一『《書說》三十五卷』條：『宋呂祖謙撰。祖謙有《古周易》，已著錄。是編《文獻通考》作「十卷」，趙希弁《讀書附志》作「六卷」，悉與此本不合。蓋彼乃祖謙原書，未經編次，傳鈔者隨意分卷，故二家互異。此本則其門人時瀾所增修也。原書始《洛誥》，終《秦誓》。其《召誥》以前，《堯典》以後，則門人雜記之語錄，頗多俚俗。瀾始刪潤其文，成二十一卷。又編定原書爲十三卷，合成是編。王應麟《玉海》云：「林少穎《書說》至《洛誥》而終，呂成公《書說》自《洛誥》而始。」蓋之奇受學於呂居仁，祖謙又受學於之奇，本以終始其師說爲一家之學，而瀾之所續則又終始祖謙一人之說也。瀾，婺州清江人。厲鶚《宋詩紀事》收其詩一篇，而不能舉其仕履。考周必大《平園集》有祭瀾文，稱「從政郎差充西外睦宗院宗學教授」，而瀾自序則稱「以西邸文學人三山監丞」，蓋作是書時爲監丞，其後則以教授終也。吳師道曰：「清江時鑄字壽卿，呂成公同年進士，與弟鋐率群從子弟十餘人悉從公遊。若澐、若瀾、若沄，尤時氏之秀。成公輯《書說》，瀾以平昔所聞纂成之，今所行《書傳》是也。」然則是書一名爲《書傳》矣。又朱彝尊《經義考》，是書三十五卷之外，又別出時瀾增修《書說》三十卷，並注曰「存」。今三十卷者未見，不知所據何本也。』

【今案】《四庫提要分纂稿》第三九〇頁。《四庫全書薈要總目提要》第一三四頁。影印文淵閣《四庫全書》第五七册第一二七頁書前提要。《文溯閣四庫全書提要》卷七經部七書類一，第二四一頁。《文津閣四庫全書提要匯編》經部二書類，第一五三頁。《四庫全書簡明目錄》卷二經部二書類，第四五頁。《四庫全書總目》卷一一經部一一書類一，第九二頁中。

《尚書說》七卷

宋黃度撰。度字文叔，號遂初，新昌人。登紹興進士。寧宗時爲御史。嘗劾韓侂胄誤國[一]，又劾內侍楊舜卿、陳源，又奏吳曦必反，以正直稱。累官禮部尚書、龍圖閣學士。謚宣獻。陳振孫《書錄解題》稱其篤學窮經，老而不倦，晚年制閫江淮，著述不輟。時得新意，往往晨夜叩書塾，爲友朋道之。其勤摯如此。所註有《書説》《詩説》《周禮説》。《詩》《周説》今佚，惟《書説》僅存。此本乃明吕光洵與唐順之所校，前有光洵序，述度始末甚詳。當度之時，吴棫《書裨傳》始出，未爲世所深信，尚不知孔安國《傳》出於梅賾托名。故度作是編，其訓詁一以孔《傳》爲主。然梅賾當東晉之初，去古未遠，先儒舊義，往往而存，註《尚書》者，要於諸家爲最古。度依據其文，究勝後來之臆解。至於推論三代興衰治亂之由，與夫人心、道心、精一、執中、安止、惟幾、綏猷、協一、建中、建極諸義，亦皆深切著明。以義理談經者，固有取焉。

【校記】

［一］劾　底本原作『刻』，誤，兹據本書本條下文及《四庫全書總目》卷一一同條改。

【今案】《四庫全書薈要總目提要》第一三四頁。影印文淵閣《四庫全書》第五七册第四六七頁書前提要。《文溯閣四庫全書提要》卷七經部七書類一，第二四三頁。《文津閣四庫全書提要匯編》經部二書類，第一五四頁。《四庫全書簡明目録》卷二經部二書類，第四六頁。《四庫全書總目》卷一一經部一一書類一，第九二頁下。

《書説》一卷[一]

宋鄭伯熊撰。僅二十九條，其書多抒己議，不依文解詁。陳亮《龍川集》載有是書之序，稱與從事科舉者誦之，則亦當時程試之書。此本不載亮序，而有嘉定癸未雲谷明胡氏一序，稱『伯熊遠紹伊洛』，而是書能『探聖賢之心，識孔子之意』，未免溢美之詞矣。伯熊字景望，永嘉人，紹興十五年登第，歷官吏部郎兼太子侍讀、宗正少卿，以直龍圖閣知寧國府，卒謚文肅。

【校記】

［一］書説　案《四庫全書總目》卷一一同條作『《鄭敷文書説》』。又案此書在《四庫全書簡明目録》《四庫全書總目》中俱有著録，然而檢閲影印文淵閣《四庫全書》、文津閣《四庫全書》均未收録，未詳其故。

【今案】《四庫全書簡明目録》卷二經部二書類，第四四頁。《四庫全書總目》卷一一經部一一書類一，第九〇頁下。

《讀書叢説》六卷

元許謙撰。謙字益之，號白雲，其先京兆人，由平江徙金華。受學於金履祥，屢徵不就，後賜謚文懿。是書大致似黄鎮《尚書通考》，而於名物度數之外，兼銓義理。其論七政與蔡《傳》異，論律呂相生根柢《史記》《漢書》，兼採註疏，亦不盡與蔡《傳》同。前有謙自序及張樞序。刻本久佚，外間輾轉傳抄，第二卷脱四頁，第三卷脱二頁，第五卷脱四頁，第六卷脱四頁，無從補正，今亦仍之。

【今案】影印文淵閣《四庫全書》第六一册第四四九頁書前提要。《文溯閣四庫全書提要》卷八經部八書類二，第二五八頁。《文津閣四庫全書提要匯編》經部二書類，第一六四頁。《四庫全書簡明目録》卷二經部二書類，第四九頁。《四庫全書總目》卷一二經部一二書類二，第九六頁下。

《書纂言》四卷

元吳澄撰。《古文尚書》自貞觀敕作《正義》以後，終唐世無異説。宋吳棫及朱子始稍稍疑之，然言性、言心、言學之語，宋人據以立教者，其端皆發於古文，定以爲僞，則頗礙道學之源流，故亦無肯輕議者。其欲分編今文、古文，則自趙孟頫始；其毅然專釋今文，則自澄始。澄自序雖謂『晉世晚出之《書》，别見於後』，而此四卷以外，實未釋古文一篇。朱彝尊以作《詩疑》舉歷代相傳之古經肆意刊削者比[一]。惟其顛倒錯簡，皆以意自爲，且不明言所以改竄之故，若經文舊本本如是者然，是則沿宋人改經之習，而變本加厲耳。

【校記】

[一]朱彝尊以作詩疑舉歷代相傳之古經肆意刊削者比　此處語義不通貫，似有脱文。《四庫全書總目》卷一二同條作『朱彝尊《經義考》以爲權詞，其説是也。考漢代治《尚書》者伏生今文，傳爲大小夏侯、歐陽三家；孔安國古文，别傳都尉朝、庸生、胡常，自爲一派，是今文、古文本各爲師説。澄專釋今文，尚爲有合於古義，非王柏《詩疑》舉歷代相傳之古經肆意刊削者比』。

【今案】《四庫全書薈要總目提要》第一三七頁。影印文淵閣《四庫全書》第六一册第一頁書前提要。《文溯閣四庫全書提要》卷八經部八書類二，第二五七頁。《文津閣四庫全書提要匯編》經部二書類，第一六五頁。《四庫全書簡明目録》卷二經部二書類，第四八頁。《四庫全書總目》卷一一經部一一書類一，第九六頁中。

《尚書通考》十卷

元黄鎮成撰。鎮成字元鎮，邵武人。以薦授江南儒學提舉，未上而卒。其書徵引舊説，以考四代之名物、典章，而間附以論斷，頗爲詳備。其中如論閏月而牽及後代司天之書，論律而旁引京房之法，論樂而臚陳自漢至宋之樂名，皆與經義無關，失之泛濫。其他四仲、五品、五教、九疇、六府、三事之類，皆經有明文，而復登圖譜，别無發明，亦爲冗瑣。又全書皆數典之文，而『曰若稽古』一條，獨參訓詁，尤爲例不純。似乎隨筆記録之稿，未經刊潤成書者。然朱子嘗言欲作《書説》，如制度之類，祇以疏文爲本。是書雖涉煩蕪，固即朱子之志，於考證未爲無補也。

【今案】影印文淵閣《四庫全書》第六二册第四頁書前提要。《文溯閣四庫全書提要》卷八經部八書類二，第二六一頁。《文津閣四庫全書提要匯編》經部二書類，第一六七頁。《四庫全書簡明目録》卷二經部二書類，第四九頁。《四庫全書總目》卷一二經部一二書類二，第九七頁中。

《書傳纂疏》六卷[一]

元陳櫟撰。櫟字壽翁，號定宇，新安人。宋亡之後，隱居三十八年，迨延祐甲寅，年六十三復出應試，中浙江鄉試陳潤祖榜第十六名，以病不及會試。越二年，上書干執政，不報，遂終於家，年八十有三。事迹具《元史·儒學傳》[二]。《四書大全》中所稱『新安陳氏』，即其人也。是編以疏通蔡《傳》之意，故命曰《疏》；以纂輯諸家之説，故命曰《纂》。又以蔡《傳》本出朱子指授，故第一卷特標朱子訂正之目，每條之下必以朱子之説冠於諸家之前，間附己意，則題曰『愚謂』以别之。考櫟别有《書説折衷》成於此書之前，今已散佚，惟其序尚載集中，稱『朱子説《書》，謂通其可通，毋强通其所難通。而蔡氏於難通罕闕焉，宗師説者固多，異之者亦不少。予因訓子，遂掇朱子大旨及諸家之得經本義者，句釋於下，異同之説，低一字折衷之』云云。則櫟之説《書》，亦未嘗株守蔡《傳》。而是書之作，乃於蔡《傳》有所增補，無所駁正，與其舊説迥殊。自序稱『聖朝科舉興行，諸經、《四書》一是以朱子爲宗，《書》宗蔡《傳》，固亦宜然』云云。蓋延祐設科以後，功令如斯，故不敢有所出入也。

【校記】

［一］書傳纂疏　案《四庫全書總目》卷一二同條作『《尚書集傳纂疏》』。

［二］儒學傳　底本原作『儒林傳』，誤，兹據《元史》卷一八九及《四庫全書總目》卷一二同條改。

【今案】《四庫全書薈要總目提要》第一三七頁。影印文淵閣《四庫全書》第六一册第二〇一頁書前提要。《文溯閣四庫全書提要》卷八經部八書類二，第二五八頁。《文津閣四庫全書提要匯編》經部二書類，第一六六頁。《四庫全書簡明目録》卷二經部二書類，第四八頁。《四庫全書總目》卷一二經部一二書類二，第九六頁中。

《書蔡傳旁通》六卷

元陳師凱撰。師凱家彭蠡，故自題曰『東匯澤』，其始末則不可得詳。此書成於至治辛酉，以鄱陽董鼎《尚書輯録纂注》本以羽翼蔡《傳》，然多採先儒問答，斷以己意，大抵辨論義理，而於天文、地理、律歷（曆）、禮樂、兵刑、龜策、《河圖》、《洛書》、道德、性命、官職、封建之屬，皆在所略。遇《傳》文片言之賾，隻字之隱，讀者不免囁嚅齟齬，因作是編，於名物度數，蔡《傳》所稱『引而未詳者』，一一博引繁稱，析其端委，其蔡《傳》歧誤之處，則不復糾正。蓋如孔穎達諸經《正義》，主於發揮註文，不主於攻駁註文也。於窮經考古之學固爲未逮，但以蔡《傳》言之，則固亦初學之津梁矣。

【今案】影印文淵閣《四庫全書》第六二册第二〇九頁書前提要。《文溯閣四庫全書提要》卷八經部八書類二，第二六二頁。《文津閣四庫全書提要匯編》經部二書類，第一六八頁。《四庫全書簡明目録》卷二經部二書類，第五〇頁。《四庫全書總目》卷一二經部一二書類二，第九七頁下。

《讀書管見》二卷

元王充耘撰。充耘字耕野，吉水人。元統甲戌進士，授承務郎、同知永新州事。後棄官養母，著書授徒，因成是編。所説與蔡氏多異同，其中如謂『《堯典》乃《舜典》之緣起，本爲一篇，故曰《虞書》』；謂『九族既睦』，『既』當訓『盡』；謂『象以典刑』爲各象其罪而加之，非垂象之意；謂『逆河』，以海潮逆入而得名，皆非故爲異説者。至於《洪範》錯簡之説，《伊訓》改正不改月之辨，尚未能糾正，所附『周不改月，惟魯史改月』一條尤爲强詞。大醇小疵，要當别白觀之耳。又《禹貢》篇『嶧陽孤桐』一條，語不可解。梅鷟跋稱『此書得之西皋王氏，寫者草草，其末尤甚』，此條疑亦當時所訛脱也。

【今案】影印文淵閣《四庫全書》第六二册第四四四頁書前提要。《文溯閣四庫全書提要》卷八經部八書類二，第二六三頁。《文津閣四庫全書提要匯編》經部二書類，第一六九頁。《四庫全書簡明目録》卷二經部二書類，第五〇頁。《四庫全書總目》卷一二經部

《尚書纂傳》四十六卷

元王天與撰。天與字立大，梅浦人。大德二年，以薦授臨江路儒學教授。蓋天與爲贛州路先賢書院山長時，憲使臧夢解以是書申臺省，得聞於朝，故有是命也。是書雖以孔安國《傳》、孔穎達《疏》居先，而附以諸家之解。其大旨則以朱子爲宗，而以真德秀説爲羽翼。蓋朱子考論群經，以《書》屬蔡沈[一]，故天與以蔡氏《傳》爲據，德秀則《書説精義》以外復有《大學衍義》一書，所言與虞、夏、商、周之大經大法，多相出入，故天與亦備採之。其進退諸家，亦以二人之爲斷，自序所謂「期與二先生合而已，不敢以私意去取」，蓋道其實也。所説於名物訓詁多有闕略，而闡發義理，頗爲醇備，固不失爲謹守繩墨之書也。

【校記】

[一]沈 底本原作「沉」，誤，兹據《四庫全書總目》卷一一同條及卷一一「《書集傳》六卷」條改。

【今案】《四庫全書薈要總目提要》第一三九頁。影印文淵閣《四庫全書》第六二册第五八八頁書前提要。《文溯閣四庫全書提要》卷八經部八書類二，第二六四頁。《文津閣四庫全書提要匯編》經部二書類，第一七〇頁。《四庫全書簡明目録》卷二經部二書類，第五〇頁。《四庫全書總目》卷一二經部一二書類二，第九八頁上。

《尚書疏衍》四卷

明陳第撰。第字季立，連江人。以諸生從軍，官至薊鎮遊擊。第見聞博洽，著作甚夥，焦竑極推重之。是編於《尚書》訓詁義理，多所發明。其論《舜典》「五瑞五玉五器」一條，謂不得以《周禮》釋虞禮，斥註疏家牽合之非，其理確不可移。論《武成》無錯簡，《洪範》非龜文，亦各有特見，足以破宋元以來轇轕附會之習。惟篤信孔安國古文，以吴棫及朱子疑之爲非，而於梅鷟《尚書考異》《尚書譜》二書，斥之尤力。是則沿襲舊聞，未之詳考。蓋今文、古文之分，至閻若璩《尚書古文疏證》出[一]，乃援據分明，更無疑義。自第以前，萌於吴棫《書禆傳》[二]，著於陳振孫《書説》，而顯別於吴澄《書纂言》。然皆泛論於文體難易之間，未足以關辨者之口。梅鷟稍能考證，亦未精詳。第之斷斷而争，固亦其所耳。

【校記】

［一］璩　底本原作「詩」，誤，兹據本書同部同類同作者「《古文尚書疏證》八卷」條及《四庫全書總目》卷一二經部書類二「《古文尚書疏證》八卷」條改。

［二］禆　底本原作「埤」，誤，兹據《文溯閣四庫全書提要》卷八同條及《文津閣四庫全書提要匯編》經部二書類同條改。

【今案】影印文淵閣《四庫全書》第六四册第七二九頁書前提要。《文溯閣四庫全書提要》卷八經部八書類二，第二七三頁。《文津閣四庫全書提要匯編》經部二書類，第一七七頁。《四庫全書簡明目録》卷二經部二書類，第五二頁。《四庫全書總目》卷一二經部一二書類二，第一〇〇頁中。

《古書世學》六卷[一]

明豐坊撰。其書亦僞爲古文而箋釋之，所謂遠祖稷之《正音》，曾祖慶之《續音》，父熙之《集説》，及門生姚漁之《續考》，皆坊一人所假托也。又稱正統六年，慶官京師，朝鮮使臣嫣文卿、日本使臣徐睿入貢[二]，乞得一《典》、二《謨》及《禹貢》《盤庚》《泰誓》《武成》諸篇古本。考《英宗實録》，並無此二使臣名，則其説之妄誕可知矣。

【校記】

［一］古書世學六卷　案底本原案曰：「編按：此篇乃尚書之文，中縫誤作易類，今校改入書類。」

［二］嫣　底本原作「僞」，誤，兹據《四庫全書總目》卷一三同條改。

【今案】《四庫全書總目》卷一三經部一三書類存目一，第一〇九頁下。

《書經直解》十三卷

明張居正撰。居正事迹見《明史》。是書爲萬歷（曆）初進講所作。時神宗幼冲，故譯以常言，取其易解，於經義無所發明。

【今案】《四庫全書總目》卷一三經部一三書類存目一，第一一〇頁中。

《尚書揆一》六卷

明鄒期楨撰。其説專主蔡《傳》，而雜引諸儒之説以發明之，蓋爲科舉而作。書成於萬歷（曆）丙辰，前有高攀龍序，又有《讀尚書六要》，其孫陞所述。國朝康熙庚戌，其門人顧宸序而併列之。期楨字公寧，無錫人。

【今案】《四庫全書總目》卷一四經部一四書類存目二，第一一二頁中。

《書帷别記》四卷

明王樵撰。樵嘗著《尚書日記》十六卷，説者稱其該洽。此書專爲科舉而作，曰《别記》者，所以别於《日記》也。書前舊有萬歷（曆）甲申自序，見朱彝尊《經義考》。此本不載，蓋偶佚之。

【今案】《四庫全書總目》卷一四經部一四書類存目二，第一一一頁中。

《禹貢山川郡邑考》四卷

明王鑑撰。鑑字汝明，無錫人。嘉靖乙丑進士，歷官太僕寺卿。其書以《禹貢》水道爲主，每條用水名標目，而歷引諸書所載源流分合於下。其名爲經文所無，而見於蔡氏《傳》者，並附釋之。山名亦同此例。郡邑名則專取蔡《傳》所有者釋之。然地名僅載其沿革至到，山名引書亦頗略，惟水道稍詳備[二]。而每條略加辨論，考據未臻該博，特大致尚爲簡明。按是書，朱彝尊《經義考》失載其目，《無錫志》列鑑名於《文苑傳》，亦不言其著有此書，疑爲未經訂定之稿本也。

【校記】

[一]詳 底本原作「祥」，誤，兹據《四庫全書總目》卷一三同條改。

【今案】《四庫全書總目》卷一三經部一三書類存目一，第一一〇頁下。

《古文尚書疏證》八卷[一]

國朝閻若璩撰。若璩字百詩，山陽人，自署「太原」，從郡望也。《古文尚書》自魏、晉以來絶無師説，故《左氏》所引，杜預皆註曰

《逸書》。東晋之初[二]，其書始出。孔安國《序》，蕭統雖録於《文選》，論道經邦之語，明見《周官》，而劉勰作《文心雕龍》，乃謂「《經》無論字」。是齊梁時，猶未盛行也。自陸德明據以作《釋文》，孔穎達據以作《正義》，遂與伏生所記二十八篇混合爲一。雖疑經惑古如劉知幾之流，亦以《尚書》一家列之《史通》，未信古文之僞。自吴棫始有異義，朱子亦稍稍疑之，吴澄諸人本朱子之説，相繼抉摘，其僞益彰，然未能條分縷析，以抉其罅漏。至若璩乃引經據古，一一陳其矛盾之故，而究其依托之根，古文之僞乃大定。雖流傳既久，未可遽議變更，而若璩所列二十八條，言言有據。毛奇齡作《古文尚書冤詞》八卷，百計舞文，務求相軋，而遁詞終至於窮，則亦莫得而廢者矣。其書初成四卷，餘姚黄宗羲序之[三]。其後四卷，又所次第續成。若璩没後，傳寫佚其三卷，其二卷第二十八條、二十九條、三十條，七卷第一百二條、一百八條、一百九條、一百十條，八卷第一百二十二條至一百二十七條，皆有録無書。編次後先，亦未歸條理，蓋猶草創之本。然反復釐剔，俾作僞者幾無遁情，亦足祛千古之疑矣。若璩貫串諸經，其釋《禹貢地理》，多正傳註之誤，引淹中遺禮，可廣吴澄《逸經》所未備。所著《四書釋地》尤精核絶倫。國朝考證之學，遠逾前代，實若璩與顧炎武、朱彝尊諸人爲之嚆矢云。

【校記】

[一]古文尚書疏證　案本書同部同類「《尚書疏衍》四卷」條正文作「《尚書古文疏證》」。

[二]初　底本原作「書」，誤，兹據《四庫全書總目》卷一二同條改。

[三]宗　底本原脱此字，兹據《四庫全書總目》卷一二同條補。

【今案】影印文淵閣《四庫全書》第六六册第一二七頁書前提要。《文溯閣四庫全書提要》卷八經部八書類二，第二七八頁。《文津閣四庫全書提要匯編》經部二書類，第一八一頁。《四庫全書簡明目録》卷二經部二書類，第五四頁。《四庫全書總目》卷一二經部一二書類二，第一〇一頁下。

經部三　詩類禮類

《韓詩外傳》十卷

漢韓嬰撰。嬰，燕人。文帝時爲博士，景帝時至常山太傅[一]。《漢書・藝文志》有《韓故》三十六卷、《韓内傳》四卷、《韓外傳》六卷、《韓説》四十一卷，世遠散佚。《隋志》《唐志》惟載《外傳》十卷，即今本也。其書雜引古事古語，證以《詩》詞與經義，不相比附，故曰《外傳》。所採多與周秦諸子相出入，而《家語》及《晏子春秋》爲多。班固稱其取《春秋》，採雜説，咸非本義，與不得已[二]，蓋譏之也。中間如『阿谷處女』一事，洪邁《隨筆》已議之。他如稱『彭祖名並堯禹』，稱『長生久視』[三]，稱『天變不足畏』，稱『《韶》用干戚，舜兼二女爲非』，稱『荆蒯芮僕，不恒其德』，語皆有疵。謂『柳下惠殺身以成信』，謂『孔子稱御説恤民』，謂『舜生於鳴條』一章爲孔子語，謂『輪扁對楚成王』，謂『冉有稱吴、楚、燕、代伐秦王』，皆非事實。『顔淵、子貢、子路言志』事與『申鳴死白公之難』事皆一條而先後重見[四]，亦失簡汰。然其中引繭絲卵雛之喻，董仲舒取之爲《繁露》；君群王往之訓，班固取之爲《白虎通》。精理名言，往往而有，不必盡以訓詁繩也。是書之例，每條必引《詩》詞，而未引《詩》二十八條，又『吾語汝』一條，起無所因，均疑有脱文。李善注《文選》引其『漢皋二女』事，韓鄂《歲華紀麗》引其『草木之花五出』語，今本亦皆無之，蓋併有脱簡矣。

【校記】

[一]至常山　案底本此三字殘損，兹據《文溯閣四庫全書提要》卷一〇同條、《文津閣四庫全書提要匯編》卷一六經部詩類同條及《四庫全書總目》卷一六同條補。

[二]不得　案底本此二字殘損無文，兹據《文溯閣四庫全書提要》卷一〇同條及《文津閣四庫全書提要匯編》經部三詩類同條補。

[三]生　案底本原作『主』，誤，兹據《四庫全書總目》卷一六同條改。

[四]皆　案底本原脱此字，兹據《四庫全書總目》卷一六同條補。

【今案】影印文淵閣《四庫全書》第八九册第七七五頁書前提要。《文溯閣四庫全書提要》卷一〇經部一〇詩類二，第三六二頁。《文津閣四庫全書提要匯編》經部三詩類，第二四九頁。《四庫全書簡明目録》卷二經部三詩類，第七三頁。《四庫全書總目》卷一六經部一六詩類二，第一三六頁中。

《詩考》一卷

宋王應麟撰。《隋書・經籍志》云：「《齊詩》魏代已亡，《魯詩》亡於西晉，《韓詩》雖存，無傳之者。」今三家《詩》，惟《韓詩外傳》僅存，所謂《韓故》《韓内傳》《韓説》者亦並佚矣。應麟檢諸書所引，集以成帙，曰《韓詩》，曰《魯詩》，曰《齊詩》，以存三家逸文。又旁搜廣討，曰《詩異字異義》，曰《逸詩》，以附綴其後，每條各著其所出。所引《韓詩》較夥，《齊》《魯》二家僅寥寥數條。蓋《韓》最後亡，唐以來註書之家引其説者多也。卷末别爲《補遺》，以掇拾所缺，其蒐輯頗爲勤摯。明董斯張嘗摘其遺漏十九條，其中《子華子》「清風婉兮」一條，本北宋僞書，不得謂之疏略。近時會稽范家相因應麟之書，撰《三家詩拾遺》十卷，其所採録，又多斯張之所未蒐，併摘應麟所録《逸詩》，如《楚詞》之《駕辨》，夏侯元（玄）《辨樂論》之《網罟》《豐年》，《穆天子傳》之《黄竹》，《吕氏春秋》之《燕燕》《破斧》《葛天》《八闋》，《尚書大傳》之《晳陽》《南陽》《初慮》《朱工》《苓落》《歸來》《縵縵》，皆子書雜説，且不當録及殷以前所言，亦不爲無理。然古書散佚，蒐採爲難，後人踵事增修，較創始易於爲力，篳路襤褸，終當以應麟爲首庸也。

【今案】影印文淵閣《四庫全書》第七五册第五九七頁書前提要。《文溯閣四庫全書提要》卷九經部九詩類一，第三一七頁。《文津閣四庫全書提要匯編》經部三詩類，第二一三頁。《四庫全書簡明目録》卷二經部三詩類，第六三頁。《四庫全書總目》卷一五經部一五詩類一，第一二五頁下。

《詩地理考》六卷

宋王應麟撰。凡國邑地名見於詩辭與毛、鄭説者，悉表目以釋之。經、傳相間，各隨文先後解之。其《序》則别爲一卷。考《小序》，本自别行，毛萇始析置三百十一篇之首。朱子作《詩集傳》，乃又合之附於書末，而爲之辨。此本以《序》居後，蓋從朱子本也。

【今案】《四庫全書薈要總目提要》第一五一頁。影印文淵閣《四庫全書》第七五册第六三三頁書前提要。《文溯閣四庫全書提要》卷九經部九詩類一，第三一八頁。《文津閣四庫全書提要匯編》經部三詩類，第二一四頁。《四庫全書簡明目録》卷二經部三詩類，第六三頁。《四庫全書總目》卷一五經部一五詩類一，第一二六頁上。

《詩總聞》二十卷

宋王質撰。質字景文，興國人。博通經史，善屬文。紹興三十年進士，官至樞密院編修，出通判荆南府，改吉州，皆不行。此書取《詩》三百篇，每章説其大義，復有聞音、聞訓、聞章、聞句、聞字、聞物、聞用、聞迹、聞事、聞人，凡十門。每篇爲《總聞》，又有聞風、聞雅、聞頌冠於《四始》之首。自漢以來，説《詩》者多依《小序》。蘇轍《詩傳》始去取相半，其廢《序》言《詩》，則鄭樵唱而質和之也。質自謂覃精研思，幾三十年，始成是書。吴興陳日强序而鋟之富川，稱其『以意逆志，自成一家』，雖間涉穿鑿，亦可謂苦心立言者矣。

【今案】《四庫全書薈要總目提要》第一四五頁。影印文淵閣《四庫全書》第七二册第四三三頁書前提要。《文溯閣四庫全書提要》卷九經部九詩類一，第二〇五頁。《文津閣四庫全書提要匯編》經部三詩類，第二〇四頁。《四庫全書簡明目録》卷二經部三詩類，第六〇頁。《四庫全書總目》卷一五經部一五詩類一，第一二二頁下。

《毛詩集解》二十五卷

宋段昌武撰。昌武字子武，廬陵人。始末無考，惟書首載其從子維清請給據狀，稱『先叔朝奉昌武以《詩經》而兩魁秋貢，以累舉而擢第春官』而已。其書首載《學詩總説》，分《作詩之理》《寓詩之樂》《讀詩之法》三則。次載《論詩總説》，分《詩之世》《詩之次》《詩之序》《詩之體》《詩之派》五則。餘皆依章疏解，大致仿吕祖謙《讀詩記》[一]，而詞義較爲淺顯。原書本三十卷，陸元輔謂明時朱睦㮮嘗得宋刻，後没於汴梁之水。此本爲孫承澤家所鈔，僅存二十五卷。其《周頌・清廟之什》以下，並已脱佚，不可復補矣。舊本題《叢桂毛詩集解》，蓋以所居之堂名之。至昌武之名，焦竑《經籍志》作『文昌』，朱睦㮮《授經圖》作『武昌』，蓋皆傳寫之訛，不足據也。朱彝尊《經義考》載是書三十卷，註曰『闕』。又别載《讀詩總説》一卷[二]，註曰『存』。《讀詩總説》今未見傳本，而卷首《學詩總説》《論詩總説》實在原目三十。反或注音某[三]，元度時避言『反』字，無同音字可注者，則云某平某上，就四聲之轉以表其音，是又二書義例之異云爾。

【校記】

[一]詩 底本原作『書』，誤，兹據本書經部詩類『《詩緝》三十六卷』條及《四庫全書總目》卷一五同條改。

［二］讀詩總説　底本原作「讀書總説」，誤，兹據本書本條下文及《四庫全書總目》卷一五同條及《經義考》卷一〇九「《讀詩總説》一卷」條改。

［三］反或注音某　底本自「反」以下爲一頁，原案曰：「編按：此葉疑爲誤裝，待查。」案「反」以下四十四個字，實爲本書經部七「《九經字樣》一卷」條中的提要文字，稿本原誤裝於此處。參其條目［校記］所録《四庫全書總目》卷四一「《九經字樣》一卷」條提要。

【今案】影印文淵閣《四庫全書》第七四册第四二二頁書前提要。《文淵閣四庫全書提要》卷九經部九詩類一，第三一四頁。《文津閣四庫全書提要匯編》經部三詩類，第二一一頁。《四庫全書簡明目録》卷二經部三詩類，第六二頁。《四庫全書總目》卷一五經部一五詩類一，第一二五頁上。

《詩集傳》二十卷

宋蘇轍撰。其説以《詩》之《小序》反復繁重，類非一人之詞，疑爲毛氏之學，衛宏之所集録，因惟存其發端一言，而以下餘文悉從删汰。案《詩》之《小序》，舊説多稱子夏，程子以《大序》出孔子，《小序》出國史，王得臣作《麈史》［一］，併以《小序》第一句爲出孔子。考王應麟《韓詩考》所載，如「《關雎》刺時也」，「《芣苢》傷夫有惡疾也」，「《江廣》悦人也」，「《汝墳》辭家也」，「《蝃蝀》刺奔女也」，「《黍離》伯封作也」，「《雨無極》正大夫，刺幽王也」，「《賓之初筵》衛武公飲酒悔過也」，其體例與今《小序》同，是《韓詩》有《韓詩》之序。又蔡邕書石經，悉本《魯詩》，邕作《獨斷》所載《周頌》三十一章，其序之體例與今《小序》亦同，是《魯詩》有《魯詩》之《序》。轍斷《小序》爲毛氏之學，不爲無見。史傳言《詩序》者，以《後漢書》爲近古，而《儒林傳》稱謝曼卿善《毛詩》，乃爲其訓。衛宏從曼卿受學，因作《毛詩序》。轍謂衛宏所集録，亦不爲無徵。唐成伯璵作《毛詩指説》［二］，雖亦以《小序》爲出子夏，然其言曰：「衆篇之《小序》，子夏惟裁初句耳。「《葛覃》，後妃之本也」、「《鴻雁》，美宣王也」，如此之類是也。其下皆大毛公自以《詩》中之意而繫其詞」云云。然則惟取《序》首一句，伯璵已先言之［三］，不自轍矣。厥後王得臣、程大昌、李樗皆以轍説爲祖，有由也。轍自序又曰：「獨採其可者，見於今傳。其尤不可者，皆明著其失。」則轍於毛氏之學，蓋亦不激不隨，務持其平者。而朱翌《倚覺寮雜記》乃曰：「蘇子由解《詩》不用《詩序》」，亦未識轍之本志矣。

【校記】

［一］麈　底本原作「塵」，誤，兹據《文溯閣四庫全書提要》卷九同條及《文津閣四庫全書提要匯編》經部三詩類同條改。

［二］成伯璵　底本原作「成瑜」，誤，兹據《文溯閣四庫全書提要》卷九、《文津閣四庫全書提要匯編》經部三詩類及《四庫全書總目》卷一五同條改。

［三］伯璵　底本原作「伯瑜」，誤，校改同上條。

【今案】影印文淵閣《四庫全書》第七〇册第三一一頁書前提要。《文溯閣四庫全書提要》卷九經部九詩類一，第三〇一頁。《文津閣四庫全書提要匯編》經部三詩類，第二〇一頁。《四庫全書簡明目録》卷二經部三詩類，第五九頁。《四庫全書總目》卷一五經部一五詩類一，第一二一頁下。

《詩緝》三十六卷

宋嚴粲撰。粲字坦叔，邵武人。官清湘令。是書以吕祖謙《讀詩記》爲主，而雜採諸説以明之。舊説有未安者，則斷以己意。如論《大》《小雅》之别，特以其體不同，較《詩序》「政有大小」之説，於理爲近。又如《邶》之《柏舟》，舊以爲賢人自比，粲則以「柏舟」爲喻國，以「泛」爲喻無維持之人。《干旄》之「良馬四之」、「良馬五之」［一］，舊以爲良馬之數，粲則以爲乘良馬者四五輩，見好善者之多。《中谷有蓷》，舊以「蓷」之「暵乾」喻夫婦相棄，粲則以歲旱草枯，由此而致離散。凡若此類，皆深得詩人本意。至於音訓疑似，名物異同，考證尤爲精核，非空談解經者可比。

【校記】

［一］良馬　底本原脱此二字，兹據《四庫全書總目》卷一五同條補。

【今案】《四庫全書薈要總目提要》第一四八頁。影印文淵閣《四庫全書》第七五册第一頁書前提要。《文溯閣四庫全書提要》卷九經部九詩類一，第三一五頁。《文津閣四庫全書提要匯編》經部三詩類，第二一二頁。《四庫全書簡明目録》卷二經部三詩類，第六二頁。《四庫全書總目》卷一五經部一五詩類一，第一二五頁中。

《毛詩集解》四十二卷

宋李樗、黄櫄二家講義也。樗字若林，著《毛詩詳解》三十六卷。櫄字實夫，著《詩解》二十一卷。二人皆閩之名儒，故後人合而訂之，而李泳所校吕祖謙《釋音》亦附録焉。陳振孫稱《詩解》博採諸家訓釋、名物、文義，末用己意爲論斷。今觀二家之例略同，櫄則尤於樗，解未安處，互爲引駁。如論《詩序》，樗取蘇氏之説，櫄則兼用王、程。論《相鼠》，樗取歐陽之説，櫄則别伸新意。其中雖不無過於偏駁之病，而疏証明白，考據家實可取資焉。櫄，淳熙中以舍選入對，升進士丙科[一]，官南劍教授。櫄自號迂仲，吕本中之弟子，常領鄉貢，學者稱爲「迂齋先生」。泳字深卿，亦閩人。

【校記】

[一]丙科《四庫全書總目》卷一五同條作「兩科」，誤。案「兩科」爲明清科考術語，意指由舉人直接考中進士，而「丙科」則爲宋代科考等級評定中的第三等。《文溯閣四庫全書提要》卷九、《文津閣四庫全書提要匯編》經部三詩類同條俱作「丙科」。

【今案】《四庫全書薈要總目提要》第一四五頁。影印文淵閣《四庫全書》第七一册第一頁書前提要。《文溯閣四庫全書提要》卷九經部九詩類一，第三〇四頁。《文津閣四庫全書提要匯編》經部三詩類，第二〇三頁。《四庫全書簡明目録》卷二經部三詩類，第五九頁。《四庫全書總目》卷一五經部一五詩類一，第一二二頁上。

《詩傳通釋》二十卷

元劉瑾撰。瑾字公瑾，安福人。是書以朱子《集傳》爲宗，兼採諸儒之義，而亦間有所獨得。如於《周南》詩《序》，疑《公羊》陜東、西之説[一]，及《何彼襛矣》之詩，疑齊侯或爲僖公。諸説俱能與《集傳》相發明。又考正諸國世次，作者時世，並辨析各章音韻，亦於《集傳》有補。明胡廣等爲《詩經大全》，皆襲瑾及朱公遷。《詩經大全》行[二]，而二書遂微。然其剽綴之迹，説經者猶能勘驗也。

【校記】

[一]陜　底本原作「陝」，誤，兹據《春秋公羊傳注疏》隱公五年改。

[二]詩經大全 底本原作『書大全』，誤一字脱一字，兹據本書本條上文補改。

【今案】影印文淵閣《四庫全書》第七六册第二六三頁書前提要。《文溯閣四庫全書提要》卷一〇經部一〇詩類二，第三二二頁。《文津閣四庫全書提要匯編》經部三詩類，第二一六頁。《四庫全書簡明目録》卷二經部三詩類，第六三頁。《四庫全書總目》卷一六經部一六詩類二，第一二六頁下。

《詩疑問》七卷[一]

元朱倬撰。倬字孟章，建昌新城人。至正二年進士。明初，歙人汪叡作《七哀辭》，稱『倬爲遂安縣尹。壬辰秋，寇至，吏卒逃散，倬獨坐公所以待盡。及焚廨舍，乃赴水死』。蓋亦忠節之士，而《元史》失載者。其書略舉《詩》篇大指發問，而以其説條列於下，亦有發問之下，闕而不注者，蓋疑而未得，存以有待也。末有趙悳《詩辨説》一卷。悳，宋宗室，舉進士，入元，隱居豫章東湖。倬之《疑問》，蓋師其意而廣之。斯卷殆倬所録以附入己書者，與倬書共爲八卷，朱睦㮮《授經圖》、焦竑《經籍志》皆作六卷，與此本不同，疑有誤。

【校記】

[一]詩疑問七卷 案《四庫全書總目》卷一六同條作『《詩疑問》七卷、附《詩辨説》一卷』。

【今案】《四庫全書薈要總目提要》第一四九頁。影印文淵閣《四庫全書》第七七册第五三一頁書前提要。《文溯閣四庫全書提要》卷一〇經部一〇詩類二，第三二五頁。《文津閣四庫全書提要匯編》經部三詩類，第二一九頁。《四庫全書簡明目録》卷二經部三詩類，第六四頁。《四庫全書總目》卷一六經部一六詩類二，第一二七頁下。

《詩經疏義》二十卷

浙江范懋柱天一閣藏本

元朱公遷撰。《江西通志》：『公遷字克升，樂平人。至正間爲處州學正。』何英後序則稱：『先生以特恩授校官，得正金華郡庠。』二説互異。考《樂平縣志》，載公遷『以至正辛巳領浙江鄉試，教婺州，改處州』。然則英序舉其始，《通志》要其終耳。是書爲發明朱子《集傳》而作，如註有疏，故曰《疏義》。其後同里王逢及逢之門人何英，又採衆説以補之。逢所補題曰《輯録》[二]，英所補題曰《增釋》，雖遞相附益，其宗旨一也。其説墨守朱子，不逾尺寸，而亦間有所辨證。如《卷耳》篇内，朱子誤用毛《傳》舊説，以崔嵬爲土山戴石，《疏義》則引《爾雅》《説文》，明其當爲石戴土。又如《七月》之詩，朱子本《月令》，以流火在六月，而《疏義》推驗歲差，謂《公劉》時當在五六月之交，皆足以補《集傳》之闕。又《集傳》所典，一一詳其出處，所引舊説，如《衛風》之趙子注爲趙伯循，《小雅・斯干》篇之或曰註爲曾氏之類，亦足以資考訂。書成於至正丁亥，未經付梓，至正統甲子，英始取逢所授遺稿，重加增訂，題作《詩傳義》，詳釋發明，以授書林葉氏刊行之。而板心又標《詩傳會通》，未喻其故。今仍從公遷舊名爲定云。

【校記】

［一］逢 底本原作『逄』，誤，兹據本書本條上文及《四庫全書總目》卷一六同條改。

【今案】影印文淵閣《四庫全書》第七七册第一頁書前提要。《文溯閣四庫全書提要》卷一〇經部一〇詩類二，第三二四頁。《文津閣四庫全書提要匯編》經部三詩類，第二一八頁。《四庫全書簡明目録》卷二經部三詩類，第六四頁。《四庫全書總目》卷一六經部一六詩類二，第一二七頁中。

《詩集傳名物鈔》八卷

元許謙撰。謙字益之，金華人。延祐初，居東陽金華山，學者翕然從之，世所稱爲『白雲先生』者也。謙學有本原，故所考音釋名物，頗爲詳博。然王柏好師心自用，作《二南相配圖》，移《甘棠》《何彼襛矣》於《王風》，而去《野有死麕》，使《召南》亦十有一篇，適如《周南》之數，頗爲後儒所議。而謙篤守師説，列之卷中，實未離門户之見。至柏所删三十五篇，謙疑而未敢遽從，則猶有先儒詳慎之意。吴師道序乃反謂已放之鄭聲，何爲尚存而不削？謬矣。各卷末譜作詩時世，蓋例則本之康成，而説則改從《集傳》，尊所聞也。其書多採用陸德明《釋文》及孔穎達《正義》之文，不皆己説，故名曰《鈔》。

【今案】《四庫全書薈要總目提要》第一五三頁。影印文淵閣《四庫全書》第七六册第一頁書前提要。《文溯閣四庫全書提要》卷一〇經部一〇詩類二，第三二一頁。《文津閣四庫全書提要匯編》經部三詩類，第二一五頁。《四庫全書簡明目録》卷二經部三詩類，第六三頁。《四庫全書總目》卷一六經部一六詩類二，第一二六頁下。

《待軒詩記》無卷數[一]

明張次仲撰。次仲字元岵，海寧人。天啓辛酉舉人。其書不分卷，惟《風》以一國爲一篇，《雅》以一什爲一篇，《頌》以周、魯、商爲三篇。大旨祖蘇轍之説，以《小序》第一句爲本文，其下餘文爲續序，而雜採諸家以發明之。然所取多測度之説，不能盡有考據也。

【校記】

［一］無卷數　案《四庫全書總目》卷一六同條作「八卷」。

【今案】影印文淵閣《四庫全書》第八二册第一頁書前提要。《文溯閣四庫全書提要》卷一〇經部一〇詩類二，第三三五頁。《文津閣四庫全書提要匯編》經部三詩類，第二二七頁。《四庫全書簡明目録》卷二經部三詩類，第六七頁。《四庫全書總目》卷一六經部一六詩類二，第一三〇頁上。

《詩經圖史合考》二十卷

明鍾惺撰。取《詩經》中名物訓詁之見於諸書者，依次編類，各繫以圖，取便省覽。其中地理則備志廣輪，禽魚則必詳醜族，名同箋疏，體實類書。蓋專爲初學者摭拾之資，於詩義殊無當也。惺字伯敬，景陵人，萬歷（曆）庚戌進士，歷官福建提學僉事。

【今案】《四庫全書總目》卷一七經部一七詩類存目一，第一四一頁中。

《毛詩多識編》七卷

明林兆珂撰。兆珂字孟鳴，莆田人。萬歷（曆）甲戌進士，歷官刑部郎中，廉州、衡州、安慶三府知府。是編本陸璣《疏》而衍之，凡《草部》二卷，《木部》《鳥部》《獸部》《蟲部》《鱗介部》各一卷。多引鄭樵、陸佃、羅願之説，又兼取豐坊之僞子貢《傳》、僞申培《説》，貪多務博，蔓衍支離。其《凡例》稱：「鳥獸、昆蟲、草木非《三百篇》所有不載。」然如「龍旂」之「龍」非真龍，「鸞鑣」之「鸞」非真鸞，而徵引故實，累牘連篇。此自類書，何關經義？又如因《爾雅》「荇，接余」之文，遂謂漢之婕好取義於荇菜，其穿鑿抑又甚焉。據其《凡例》，尚有《外編》《雜編》二書，此本無之，未知其爲未刻，抑爲偶佚也。

【今案】《四庫全書總目》卷一七經部一七詩類存目一，第一四〇頁中。

《詩經世本古義》二十八卷

明何楷撰。楷字元子，晉江人。官至工科給事中。《明史》有傳。其論詩專主孟子『知人論世』之指，依時代爲次，故名曰《世本古義》。始於夏少康之世，以《公劉》《七月》《大田》《甫田》諸篇爲首，終於周敬王之世，《曹風·下泉》之詩，計三代有詩之世，凡二十八王，各爲序目於前。又仿《序卦》例，作《屬引》一篇，用韻語排比成文，以著其所以論列之意。凡《小序》、朱《傳》以及僞子貢《傳》、僞申培《説》，皆所採用。不主一家，亦多有無□依傍[一]，而自爲考據論定者。如以《大田》爲豳雅，《豐年》《良耜》爲豳頌，而即屬之於公劉之世。又如《陳風·月出》篇，據『舒窈糾兮，舒懮受兮』之文，便以斥斥夏徵舒之名而盡反舊説[二]，不免杜撰。又如以《草蟲》爲《南陔》，以《菁菁者莪》爲《由儀》，《緡蠻》爲《崇邱(丘)》，其説皆鑿空無據，亦爲失之臆斷。且更易篇策，使風、雅、頌混而不分，尤爲有識者所非。然其名物訓詁考據詳明，引証精確，實有一長之可取。略其義理之穿鑿，而取其註釋之該洽，分别觀之，瑕瑜不掩可也。

【校記】

[一]□ 案底本此字殘損無文，而《文淵閣四庫全書提要》卷一〇、《文津閣四庫全書提要匯編》經部三詩類及《四庫全書總目》卷一六同條亦無類似語句可供校補。

[二]斥斥 似衍一『斥』字。

【今案】影印文淵閣《四庫全書》第八一册第一頁書前提要。《文淵閣四庫全書提要》卷一〇經部一〇詩類二，第三三四頁。《文津閣四庫全書提要匯編》經部三詩類，第二二六頁。《四庫全書簡明目録》卷二經部三詩類，第六六頁。《四庫全書總目》卷一六經部一六詩類二，第一二九頁下。

《詩説解頤》四十卷

明季本撰。本字明德，號彭山，會稽人。弘治丁丑進士，官至長沙府知府。本師事王守仁，著書數百萬言，皆發其師未竟之緒。是書爲《總論》二卷，《止釋》三十卷，《字義》八卷，不沿舊説，一以經文爲主，徵引該洽。其與舊説不合者，必反覆著其所以然，如以《南山》篇之『必告父母』句爲魯桓告父母之廟；《九罭》篇之『公歸不復』句，謂以鴻北向，則不復爲興；《下泉》篇之『郇伯』爲指郇之繼封者而言；『皇父卿士』章，謂以寵任爲先後，故崇卑不嫌雜陳；《頍弁》篇之『無幾相見』句爲兄弟甥舅自相謂。如斯之類，皆足補《集傳》所未及，而異於穿鑿以矜奇者。昔宋范處義、明朱善説《詩》[二]，皆以《解頤》爲名，此編立名亦同，而推陳出新，則較二家爲多心得焉。

【校記】

[一]善　底本原作『義』，誤，兹據本書經部詩類『《詩解頤》四卷』條、《文淵閣四庫全書提要》卷一〇及《文津閣四庫全書提要匯編》經部三詩類同條改。

【今案】影印文淵閣《四庫全書》第七九册第一頁書前提要。《文淵閣四庫全書提要》卷一〇經部一〇詩類二，第三三〇頁。《文津閣四庫全書提要匯編》經部三詩類，第二二二頁。《四庫全書簡明目録》卷二經部三詩類，第六五頁。《四庫全書總目》卷一六經部一六詩類二，第一二八頁下。

《詩解頤》四卷

明洪武中文淵閣大學士朱善撰。善字備萬，豐城人。其書不載經文，但以《詩》之篇題或章次標目，衍朱子《集傳》大意而爲説，亦有間而下説者，則併篇目闕之。明人口義講章，其體式蓋仿於此。卷末有其門人丁隆跋，稱其每授諸弟子，於發明肯綮處輒録之，不數年成集。今觀其書，辭意條達而簡要不煩，雖考證發問不及古人，然去纖巧支離者遠矣。

【今案】《四庫全書薈要總目提要》第一五〇頁。影印文淵閣《四庫全書》第七八册第一九一頁書前提要。《文淵閣四庫全書提要》卷一〇經部一〇詩類二，第三二八頁。《文津閣四庫全書提要匯編》經部三詩類，第二二一頁。《四庫全書簡明目録》卷二經部三詩類，第六五頁。《四庫全書總目》卷一六經部一六詩類二，第一二八頁中。

《毛詩草木鳥獸蟲魚疏廣要》四卷[一]

明毛晋撰。考《隋書·經籍志》《毛詩草木鳥獸蟲魚疏》二卷，注云：『烏程令吴郡陸機撰。』而陸德明《經典釋文》序録陸璣《毛詩草木鳥獸蟲魚疏》二卷，注云：「字元恪，吳郡人，吳太子中庶子、烏程令。」《唐書·藝文志》亦作「陸璣」。然則，《隋志》作「機」字之誤也。是書久佚，後人於孔穎達《五經正義》内採掇其詞，輯爲二卷。明毛晋因而註之，每卷又分爲上、下。其跋疑此本非原書，其説良是。至援陳氏之説，謂其書引《爾雅》郭璞注，則當在郭後，未必吳人，因而題曰「唐陸璣」，則考證殊屬疏舛。書中於《爾雅》注僅及漢犍爲文學樊光，實無一字涉郭璞，不知陳氏何以云然也。今從《釋文》，改題「吳陸璣撰」。晋之《廣要》，捃拾頗勤，亦俾附驥以傳。而所編條目，有與經文篇第錯亂者，並加改訂，以從經次焉。

【校記】

［一］毛詩草木鳥獸蟲魚疏廣要四卷 案《四庫全書總目》卷一五作「《毛詩陸疏廣要》二卷」。

【今案】《四庫全書薈要總目提要》第一五三頁。影印文淵閣《四庫全書》第七〇册第二三頁書前提要。《文淵閣四庫全書提要》卷九經部九詩類一，第二九八頁。《文津閣四庫全書提要匯編》經部三詩類，第一九九頁。《四庫全書簡明目録》卷二經部三詩類，第五八頁。《四庫全書總目》卷一五經部一五詩類一，第一二〇頁中。

《魯詩世學》三十二卷

明豐坊撰。首列僞子貢《詩傳》，詭云「石本」，次列《詩序》，而以《正音》托之宋豐稷，以《續音》托之豐慶，以《補音》托之豐耘，以《正説》托之豐熙，以《考補》爲坊所自撰。譎稱祖父所傳，故曰《世學》。又附以門人何昆之《續考》，爲一書，實則坊一人所撰也。其書變亂經文，詆排舊説［一］，極爲妄誕，朱彝尊《經義考》辨之詳矣。

【校記】

［一］詆 底本原作「抵」，誤，兹據《四庫全書總目》卷一七同條改。

【今案】《四庫全書總目》卷一七經部一七詩類存目一，第一三九頁中。

《毛詩鳥獸草木》二十卷［一］

明吳雨撰，徐㘽編次之。凡《鳥考》三卷，《獸考》三卷，《蟲考》二卷，《鱗考》一卷，《草考》四卷，《穀考》一卷，《木考》三卷，《天文考》二卷終焉。惟不考地理，疑無以加於王應麟書，故置之也。曹學佺序稱其體本吴仁傑《離騷草木疏》。然如雞本家禽，而繁文旁衍；鼠原常物，而異種橫增。駢拇枝指，可已不已，以云多識，未見其然。

【校記】

［一］毛詩鳥獸草木 案《四庫全書總目》卷一七同條作『《毛詩鳥獸草木考》』。

【今案】《四庫全書總目》卷一七經部一七詩類存目一，第一四二頁上。

《毛詩微言》二十卷［一］

明張以誠撰。其書雜採舊説，無所發明，如豐坊僞子貢《傳》之類，皆不辨而濫入之，其識可知矣。以誠字君一，松江人。

【校記】

［一］毛詩微言 底本倒爲『毛言微詩』，兹據《四庫全書總目》卷一七同條乙正。又案底本的整理者凡遇書名有誤則出校説明，由此體例以衡之，此條當屬失校者。

【今案】《四庫全書總目》卷一七經部一七詩類存目一，第一四〇頁下。

《詩傳》一卷

舊本題曰『子貢撰』，實明豐坊僞作也。其説升《魯》於《邶》《鄘》之前，降《鄭》於《鄶》《曹》之後，《大雅》《小雅》，各分爲三，曰續，曰傳，皆與所作申培《説》同。二書皆以篆文刻之。不知漢代傳經，悉用隸書，故孔壁蝌蚪，世不能辨，謂之古文。安得獨此二書參用籀體［一］？明郭相奎、李維楨皆爲傳刻釋文，何鏜收入《漢魏叢書》，毛晉收入《津逮秘書》，併以爲曾見宋搨［二］，皆謬妄也。

【校記】

［一］用 底本原脱此字，兹據《四庫全書總目》卷一七同條補。

［二］搨 底本原作『榻』，誤，兹據《四庫全書總目》卷一七同條改。

【今案】《四庫全書總目》卷一七經部一七詩類存目一，第一三九頁中。

《詩説》一卷

舊本題曰申培撰，亦明豐坊僞作也。何楷《詩世本古義》、黄俞邰《千頃堂書目》皆力斥之。今考《漢書·杜欽傳》，稱『佩玉晏鳴，《關雎》嘆之』；《後漢書·楊賜傳》，稱『康王一朝晏起，《關雎》見幾而作』，註皆稱《魯詩》，而此《傳》仍訓爲太姒思淑女。又《坊記》註引『先君之思，以畜寡人』，爲衛定姜之作，《釋文》曰此『是《魯詩》』，而此僞爲莊姜送戴嬀。培傳《魯詩》，乃用毛《傳》乎？其僞妄不待問矣。

【今案】《四庫全書總目》卷一七經部一七詩類存目一，第一三九頁下。

《詩意》無卷數

原本不分卷，明武進劉敬純撰。大旨宗朱子《集傳》[一]，亦間採諸家發明之。蓋爲科舉而設，非説經之書也。

【校記】

[一]宗　底本原作『宋』，誤，兹據《四庫全書總目》卷一七同條改。

【今案】《四庫全書總目》卷一七經部一七詩類存目一，第一四四頁上。

《詩補傳》三十卷

舊本題曰逸齋撰，不著名氏。朱彝尊《經義考》云：『《宋史·藝文志》有范處義《詩補傳》三十卷，卷數與逸齋本相符，明朱睦㮮《聚樂堂書目》直書處義名，當有證據：「處義，金華人，紹興中登張孝祥榜進士」云云。則此書爲處義所作，「逸齋」蓋其自號也。大旨病近世諸儒廢《序》以就己説，故自序稱：「以《詩序》爲據，兼採諸家之長，揆之性情，參之物理，以平易求古詩人之意。」又稱「文義有闕，補以《六經》、史傳[二]；詁訓有闕，補以《説文》《篇》《韻》」云云。自歐陽修作《詩本義》，蘇轍作《詩傳》，漸開廢《序》之漸，漢以來相傳舊學，始稍稍放失。迨鄭樵《詩辨妄》、王質《詩總聞》出，儒者益各以新意説《詩》，其間剔抉疏通，亦未嘗無所闡發。而末流所極，至於王柏《詩疑》，乃併舉《二南》而删之，儼然欲自居孔子上。儒者不肯信傳，其弊至於誣經，其究乃至於非聖，亦云傎矣。處義篤信先儒，務求實證，可不謂古之學者歟！然《詩序》本毛氏之學，而處義謂孔子所筆削，則尊之太過。其引《孔叢子》所記孔子之言，以證《二南》《柏舟》之序，亦失於不考。《孔叢》晚出僞書，未可據爲證佐也。

【校記】

［一］傳　底本原作「經」，誤，兹據《四庫全書總目》卷一五同條改。

【今案】《四庫全書薈要總目提要》第一四六頁。影印文淵閣《四庫全書》第七二册第一頁書前提要。《文溯閣四庫全書提要》卷九經部九詩類一，第三〇四頁。《文津閣四庫全書提要匯編》經部三詩類，第二〇四頁。《四庫全書簡明目録》卷二經部三詩類，第六〇頁。《四庫全書總目》卷一五經部一五詩類一，第一二二頁中。

《毛朱詩説》一卷

國朝閻若璩撰。其論以《小序》爲不可盡信，而朱子以《詩》説《詩》［一］，矯枉過正，皆泛論兩家得失，非章句訓詁也。所引《尚書》《左傳》以爲《詩》之本《序》，誠爲確鑿。其餘則多懸揣臆斷之詞，不類若璩他著作，未喻其故［二］。

【校記】

［一］詩説詩　底本原作「詩統詩説」，先以墨點將「統」字、「説」字删去，又在此二字右旁劃「△」號以示保留，二者皆有誤，兹據《四庫全書總目》卷一八同條删衍文，正倒文。

［二］其　底本原脱此字，兹據《四庫全書總目》卷一八同條補。

【今案】《四庫全書總目》卷一八經部一八詩類存目二，第一四六頁下。

《詩經叶音辨訛》八卷

國朝劉惟謙撰［一］。其書本顧炎武之説，糾駁俗音之謬，然亦時有疏舛。如《還》篇「牡之叶好」，《蕩》篇「終之叶諶」，與古音不合。又於入聲，不知分合之原，而獨拘守四聲。故於《板》篇「蹶泄輯洽」，分作兩韻，《行葦》篇「席酢炙臄咢御」，分爲兩諧。所載雙聲疊韻，亦遺漏甚多，不足爲據。惟謙字讓宗，松江人。

【校記】

[一]惟謙 案本書本條内凡『惟謙』二字,《四庫全書總目》卷四四同條俱作『維謙』。

【今案】《四庫全書總目》卷四四經部四四小學類存目二,第三九三頁上。

《詩經通義》十二卷

國朝朱鶴齡撰。鶴齡字長孺,吴江人。其説專主《小序》,而力駁不信《小序》之非。所採諸家,於漢用毛、鄭,唐用孔穎達,宋用歐陽修、蘇轍、吕祖謙、嚴粲,國朝用陳啓源。其言音,明用陳第,國朝用顧炎武。其他引證浩博,故往往稍傷蕪雜。前有自序及其門人張尚瑗序,又有《凡例》九條及考定鄭氏《詩譜》,皆具有條理。

【今案】影印文淵閣《四庫全書》第八五册第一頁書前提要。《文淵閣四庫全書提要》卷一〇經部一〇詩類二,第三四一頁。《文津閣四庫全書提要匯編》經部三詩類,第二三三頁。《四庫全書簡明目録》卷二經部三詩類,第六八頁。《四庫全書總目》卷一六經部一六詩類二,第一三一頁下。

《詩經傳説取裁》十二卷

國朝張能鱗撰。能鱗字西山,順天人。官四川按察司副使。其書以子貢《詩傳》爲主,而旁採申培《詩説》及《詩帖六測》以發明之。《明史·豐坊傳》云:『坊爲《十三經》訓詁,類多穿鑿,世所傳子貢《詩傳》,即坊僞纂也。』坊又有《魯詩世學》,即載僞子貢《傳》於前,以盡反子夏之《序》,朱彝尊嘗譏之。能鱗不辨真僞,誤從其説,宗旨先謬,其餘不足觀矣。

【今案】《四庫全書總目》卷一八經部一八詩類存目二,第一四四頁中。

《讀詩質疑》四十七卷[一]

國朝常熟嚴虞惇撰。虞惇字寶成。康熙丁丑進士第二人。官至太僕寺少卿。是書以學《詩》者墨守《集傳》,古義漸湮,乃旁採博徵,以成是註。大旨以《小序》爲宗,而參考先儒,衷以己意,於《集傳》不爲苟同,亦不爲苟異,説《詩》家之有根據者。其弁首十五卷,援引繁富而義例簡明。其主陳第《毛詩古音考》及顧炎武《音學五書》以定古音,亦足糾吴棫諸人之謬。

【校記】

[一]讀詩質疑四十七卷　案《四庫全書總目》卷一六同條作『《讀詩質疑》三十一卷、《附録》十五卷』。

【今案】影印文淵閣《四庫全書》第八七册第四九頁書前提要。《文溯閣四庫全書提要》卷一〇經部一〇詩類二，第三五三頁。《文津閣四庫全書提要匯編》經部三詩類，第二四二頁。《四庫全書簡明目録》卷二經部三詩類，第七一頁。《四庫全書總目》卷一六經部一六詩類二，第一三四頁上。

《太平經國之書》十一卷

宋鄭伯謙撰。伯謙字節卿，永嘉人。其書專解《周禮》，兼舉後代官制，互相比勘，於三代紀綱法度，皆能櫽括大要。爲目三十，爲論説三十有二篇，各設問答，以釋其疑。蓋以《漢書·藝文志》列《周官經》六篇，不曰《周禮》，凡禮典皆因官所職掌及之。故伯謙是書，惟推本於設官分職之本意，以爲治世經法，與諸儒之專事訓詁者稍有不同。然自俞庭椿以後，倡爲《冬官》不亡，變亂《周禮》者十餘家，伯謙獨一一發某官屬某不可遷易之故，可以杜紛更者之口。即以解經而論，亦爲有功矣。

【今案】《四庫全書薈要總目提要》第一七八頁。影印文淵閣《四庫全書》第九二册第一八五頁書前提要。《文溯閣四庫全書提要》卷一一經部一一禮類一，第三七一頁。《文津閣四庫全書提要匯編》經部四禮類，第二五五頁。《四庫全書簡明目録》卷二經部四禮類，第七四頁。《四庫全書總目》卷一九經部一九禮類一，第一五一頁中。

《周禮訂義》八十卷

宋紹定中，樂清王與之次點撰。其書纂輯漢、唐注疏及宋儒劉敞以下四十五家之説，斷以己見，真德秀爲之序。淳祐初，直焕章閣趙汝騰奏上之，敕付秘書省。始淳熙間，俞庭椿作《復古編》，謂《冬官》不亡，特散見《五官》之中，乃割裂綴合以足其數，古經於是乎始亂。與之是書亦以爲《冬官》不亡，尚不出俞氏之錮見。又五篇之中官屬官職，舊本分序，是書乃引而合之，亦爲竄改古經，不可以訓。特搜羅頗廣，有資採擇，而諸家注本不傳於今者，亦頗賴是書以存云。

【今案】《四庫提要分纂稿》第四四頁。《四庫全書薈要總目提要》第一七六頁。影印文淵閣《四庫全書》第九三册第一頁書前提要。

《文溯閣四庫全書提要》卷一一經部一一禮類一，第三七四頁。《文津閣四庫全書提要匯編》經部四禮類，第二五七頁。《四庫全書簡明目録》卷二經部四禮類，第七五頁。《四庫全書總目》卷一九經部一九禮類一，第一五二頁中。

《禮記集説》一百六十卷

宋衛湜撰。湜字正叔，崑山人。其書始作於開禧、嘉定間，自言日編月削，幾二十餘載而後成。寶慶初，爲武進令，始表上之，由是得直秘閣。紹定辛卯，趙善湘曾爲鋟版。後越九年，湜復加核訂，定爲此本。蓋首尾已閲三十餘載，故採摭群言，最爲詳博。自鄭《注》而下，所取凡一百四十四家。其他書之涉於《禮記》者，亦悉採録，不在此數焉。湜自作後序有云：『他人著書，惟恐不出於己。予之此編，惟恐不出於人。後有達者，毋襲此編所已言，没前人之善也。』其後慈谿黄震《讀禮記日抄》、新安陳櫟《禮記集義詳解》，皆取湜書删節，附以己見。黄氏融匯諸家，猶出姓氏於下方。陳氏則不復標出，亦可見用心之厚薄矣。

【今案】《四庫全書薈要總目提要》第一八二頁。影印文淵閣《四庫全書》第一一七册第一頁書前提要。《文溯閣四庫全書提要》卷一三經部一三禮類三，第四二五頁。《文津閣四庫全書提要匯編》經部四禮類，第二九七頁。《四庫全書簡明目録》卷二經部四禮類，第八五頁。《四庫全書總目》卷二一經部二一禮類三，第一六九頁中。

《禮經會元》四卷

宋葉時撰。時字秀發，錢塘人。理宗朝進龍圖閣學士，光禄大夫致仕，卒謚文康。是書舉《周禮》中大指，爲目凡百，因著論百篇，旁推交通，以暢其説，不章註字釋，蓋自成一家言者。時與朱子友善，深詆王安石新法。其言《冬官》不必補，而訾河間獻王取《考工記》附《周禮》，適以啓武帝之忽略是經，甚且以爲壞《周禮》自鄭康成始，皆過於非議古人，未免自立門户之習。其他臆斷處亦所時有，然其立論深切，亦頗有可施於實用者焉。

【今案】《四庫全書薈要總目提要》第一七七頁。影印文淵閣《四庫全書》第九二册第一頁書前提要。《文溯閣四庫全書提要》卷一一經部一一禮類一，第三七〇頁。《文津閣四庫全書提要匯編》經部四禮類，第二五五頁。《四庫全書簡明目録》卷二經部四禮類，第七四頁。《四庫全書總目》卷一九經部一九禮類一，第一五一頁上。

《内外服制通釋》七卷

宋車垓著。垓字經臣，天台人。與從兄若水講學，以著書立言爲務，學者稱『雙峰先生』。咸淳中，以特科授迪功郎、浦城縣尉，不赴。德祐二年，卒。是書一仿文公《家禮》而補其所未備，有圖，有説，有名義，有提要。凡正服、義服、加服、降服，皆明簡易行，亦士庶家所不可廢者。原書九卷，今本第八卷及九卷所附《深衣疑義》，皆有録無書，蓋久佚矣。其甥婿馬良驥所作行狀，稱深衣之續衽，先儒未有定論，垓則用註疏改正續衽爲裳之上衣之旁，而後深衣之制始得其宜。尚可考其一班云[一]。

【校記】

［一］班 似爲『斑』之形誤。

【今案】影印文淵閣《四庫全書》第一一一册第七〇九頁書前提要。《文淵閣四庫全書提要》卷一二經部一二禮類二，第四一九頁。《文津閣四庫全書提要匯編》經部四禮類，第二九四頁。《四庫全書簡明目録》卷二經部四禮類，第八四頁。《四庫全書總目》卷二〇經部二〇禮類二，第一六七頁下。

《禮書》一百五十卷

宋陳祥道撰。《宋史·陳暘傳》載暘兄祥道所著《禮書》，元祐中，朝廷給筆札畫工，録其書以付太常，則所作甚爲當時所重。今觀其書，貫通經傳，鴻纖悉具，前説後圖，猶見三代遺榘，洵有功於禮。其中掊擊鄭《箋》處甚多，如論廟制，引《周官》《家語》《荀卿》《穀梁》，謂天子皆七廟，與康成天子五廟之説異；論禘祫，謂圜丘自圜丘，禘自禘，力破康成禘即圜丘之説；論禘大於祫，並祭及親廟，攻康成禘小祫大、祭不及親廟之説；辨上帝及五帝，引掌次文，闢康成上帝即五帝之説。□□□肯苟同者[一]。雖其中精駁互見，要亦深心稽古之士，未可以依附王安石父子，遂廢其考禮之功也。

【校記】

［一］□□□ 案底本此三字殘損無文，而《四庫全書總目》卷二二同條亦無類似語句可供校補。

【今案】影印文淵閣《四庫全書》第一三〇册第一頁書前提要。《文淵閣四庫全書提要》卷一四經部一四禮類四，第四六〇頁。《文津閣四庫全書提要匯編》經部四禮類，第三二三頁。《四庫全書簡明目録》卷二經部四禮類，第九二頁。《四庫全書總目》卷二二經部二二禮類四，第一七八頁下。

《周禮集説》十一卷[一]

不著撰人姓氏。元初，陳友仁得其本於沈則正，因附益以諸家論説，梓而傳之。序題「丙子後九歲」，丙子爲宋亡之歲，不題至元年號而上溯丙子以係年，友仁蓋宋之遺老也。卷首有《總綱領》《官制總論》各一篇。其《凡例》一篇，分條闡説，極爲賅洽。每官之前，又各爲《總論》一篇，所引注、疏及諸儒之説，俱能擷其精粹，而於王安石《新經義》採摘尤多。《考工記》後附以俞庭椿《周禮復古編》一卷，不肯變易古經而兼存其説，以待後人論定，亦深得闕疑之意，非奮臆改竄者可比。原缺《地官》二卷，其《春官總論》亦佚。朱彝尊《經義考》云關中劉儲秀嘗補注以行，今未之見。友仁字君復，湖州人。

【校記】

[一]十一卷　案《四庫全書總目》卷一九同條作「十卷」。

【今案】影印文淵閣《四庫全書》第九五册第二五一頁書前提要。《文溯閣四庫全書提要》卷一一經部一一禮類一，第三七七頁。《文津閣四庫全書提要匯編》經部四禮類，第二六一頁。《四庫全書簡明目録》卷二經部四禮類，第七六頁。《四庫全書總目》卷一九經部一九禮類一，第一五三頁上。

《儀禮集説》十七卷

元大德中，長樂敖繼公撰。繼公字君善，《姓譜》又曰字長壽，莫之詳也。寓居吴興，趙孟頫嘗師之。其書多立新意，蓋亦好爲深湛之思者。其自序云：「鄭康成《注》，疵多而醇少。删其不合於經者，意義有未足，則取疏、記或先儒之説以補之。又未足，則附之以一得之見。」其言輕詆漢儒，甚至謂子夏《喪服》傳違悖經義，皆未免已甚。然條分縷析，抉摘異同，頗亦能發前人所未發。至鄭《注》簡約，間多古語，後來難以驟詳。唐人義疏尚未剖析無遺，繼公能逐字研求，務暢厥旨，經文注義得以引伸，其功亦未可没也。

【今案】《四庫全書薈要總目提要》第一八〇頁。影印文淵閣《四庫全書》第一〇五册第三三頁書前提要。《文溯閣四庫全書提要》卷一二經部一二禮類二，第四〇三頁。《文津閣四庫全書提要匯編》經部四禮類，第二七九頁。《四庫全書簡明目録》卷二經部四禮類，第八一頁。《四庫全書總目》卷二〇經部二〇禮類二，第一六一頁中。

《禮記纂言》三十六卷

元吴澄撰。每一卷爲一篇。其説以經文龐雜，疑多錯簡。每一篇中，分類相從，俾上下文義聯屬，而標其章旨於左。三十六篇次第，亦各以類相從，有《通禮》《喪禮》《祭禮》《通論》之分。如《通禮》首《曲禮》，則以《少儀》《玉藻》等篇附之，非復《小戴》之舊矣。他如《大學》《中庸》依程、朱別行，《投壺》《奔喪》歸於《儀禮》，《冠義》六篇別輯爲《儀禮傳》，亦皆與古不同。澄頗自稱其精審，然竄改經文，論者終有異同也。

【今案】影印文淵閣《四庫全書》第一二一册第一頁書前提要。《文淵閣四庫全書提要》卷一三經部一三禮類三，第四二六頁。《文津閣四庫全書提要匯編》經部四禮類，第二九八頁。《四庫全書簡明目録》卷二經部四禮類，第八六頁。《四庫全書總目》卷二一經部二一禮類三，第一六九頁下。

《三禮考註》六十四卷[一]

舊題元吴澄撰。其書據《尚書·周官》篇以改《周禮》六官之屬，分《大司徒》之半以補《冬官》，而《考工記》別爲一卷。《儀禮》十七篇爲正經，於《大》《小戴記》中取六篇爲《儀禮逸經》，取十五篇爲《儀禮傳》[二]。別有《曲禮》八篇。然澄作《尚書纂言》，不信古文，何乃據《周官》以定《周禮》。即以澄《三禮叙録》及《禮記纂言》考之，所列篇目亦不合。其經義混淆、先後矛盾者，不一而足。虞集作《澄墓誌》，宋濂《元史》澄本傳，皆不言澄有此書。相傳初藏廬陵康震家，後爲郡人晏璧所得，遂掩爲己作，經楊士奇等抄傳改正。然士奇序及成化中羅倫校刻所序，皆疑其爲璧所作，則當時固有異論矣。士奇又言：『聞諸長老，澄晚年於此書不及考訂，授意於其孫當，當嘗爲之而未就。』朱彝尊曾購得當所補《周官禮》[三]，以驗今書多不合。則其爲僞托，益明矣。

【校記】

[一]三禮考註六十四卷　案底本原案曰：『編按：　本書屬禮類，中縫誤作春秋類，今校改入禮類。』

［二］五　案《四庫全書總目》卷二五同條作『六』。

［三］補　底本原作『所』，誤，兹據《四庫全書總目》卷二五同條改。

【今案】《四庫全書總目》卷二五經部二五禮類存目三，第二〇〇頁上。

《周禮翼傳》二卷［一］

明王應電傳。凡七篇，上卷曰《冬官補義》，曰《天王會通》，曰《學周禮法》，曰《治地事宜》；下卷曰《握奇經傳》，曰《非周禮辨》，曰《經傳正訛》。其《冬官補義》證以天文，參以古籍，擬補土司空、工師、梓人、器府、四瀆、匠人、壘壁氏、巡方、考工、準人、嗇夫、柱下史、左史、右史、水泉、魚政、鹽法、豕人十八官，未免意爲揣測。其《天王會通》，以《天官書》所列諸星分配諸官，以爲王者憲天而出治，亦多涉附會。其讀《周禮法》，論《周禮》有必不可復者，及凶人假仿之妄，舊註解釋之謬，改聲改字之非，與細務爲自古相傳之遺官，事有兼涉不擾之法，皆爲有見。餘則多録舊文。其《治地事宜》，真欲復井田之制，不知其勢不可行，殊失之迂。其《握奇經傳》［二］，雜參以後世之法，不知其書不可信，亦失之駁。其《非周禮辨》，駁正諸家，尚爲明析。其《經傳正訛》［三］，則所論於《周禮》以外，兼涉群經。非惟以篆改隸，併欲以籀改篆，則拾其師魏校《六書精藴》之説，而不知其流於隱怪者也。大抵二卷之中，醇疵互見，以有與其傳相發明者，姑並存之耳。

【校記】

［一］周禮翼傳二卷　案《四庫全書總目》卷一九同條作『《周禮》十卷、《圖説》二卷、《翼傳》二卷』。又案本書同部同類同作者分別有『《周禮傳》十卷』、『《周禮圖説》二卷』等條目。

［二］經　底本原脱此字，兹據本書本條上文及《四庫全書總目》卷一九同條補。

［三］正訛　底本原作『訛字』，誤，兹據本書本條上文及《四庫全書總目》卷一九同條改。

【今案】影印文淵閣《四庫全書》第九六册第一頁書前提要。《文淵閣四庫全書提要》卷一一經部一一禮類一，第三八〇頁。《文津閣四庫全書提要匯編》經部四禮類，第二六二頁。《四庫全書簡明目録》卷二經部四禮類，第七六頁。《四庫全書總目》卷一九經部一九禮類一，第一五四頁上。

《三禮編繹》二十六卷

明鄧元錫撰。元錫字汝極，南城人。嘉靖乙卯舉人。從鄒守益、劉邦采等講學，逾三十年。萬歷（曆）中，以翰林待詔徵，未至而卒。是篇以『三禮』爲名，而實非歷代相傳之《三禮》。一曰《曲禮》，以《禮經》所載雜儀細曲者爲經，以《表記》《坊記》《緇衣》爲記。二曰《儀禮》，以十七篇爲經，以《射義》諸篇爲記。三曰《周禮》，以《周官》爲經，而《考工記》《大戴禮》《家語》及《禮記》諸篇不可分入《曲禮》者，皆彙列於後爲記。句下夾註，音訓頗簡，蓋非所重。其自爲發明者，則大書而附經文下，所謂『繹』也。昔俞庭椿首亂《周禮》，儒者所譏。朱子作《儀禮經傳通解》，雖列附《禮記》，而仍以《儀禮》爲主，不過引經釋經。至吴澄《禮記纂言》，始删削其文，顛倒其次。貢汝成因而更定《三禮》，彌爲變亂紛紜。然而篇目雖移，章句如故。元錫此書，則非惟亂其部帙，併割裂經文，移甲入乙，别爲標目分屬之，甚至採掇他書竄入[一]，古經於是乎蕩盡。非聖人而删定六經，明人之好爲妄作，於是極矣。

【校記】

［一］甚至採掇他書竄入　底本自『竄入』以下爲一頁，原案曰：『編按：此葉原置儀禮鄭注句讀之後，今校改。』

【今案】《四庫全書總目》卷二五經部二五禮類存目三，第二〇一頁下。

《周禮説》十四卷

明徐即登撰。即登字獻和，豐城人。其書前十三卷解《五官》，不載《考工記》。末一卷爲《冬官闕疑》，蓋猶取俞庭椿之説，但不敢訟言改經耳。然明言某官移易爲最允[一]，某官移易爲未協，已毅然斷爲當改矣，何『闕疑』之云乎？

【校記】

［一］某官　底本原作『某官某官』，衍『某官』二字，兹據《四庫全書總目》卷二三同條删。

【今案】《四庫全書總目》卷二三經部二三禮類存目一，第一八三頁下。

《古周禮》六卷

明郎兆玉撰。謂之《古周禮》者，自别於俞庭椿諸人之改本也。其注抄撮舊文，罕逢新義。然媛媛姝姝守一先生之言[一]，視他家之變亂古經，與其妄也，寧陋矣。兆玉字完白，仁和人，萬歷（曆）癸丑進士。

【校記】

［一］媛媛《四庫全書總目》卷二三同條作『暖暖』。

【今案】《四庫全書總目》卷二三經部二三禮類存目一，第一八四頁上。

《禮樂合編》三十卷

明無錫黄廣撰。有崇禎癸酉自跋。其書以經典古訓與説部小史雜採成文。且每事不詳其源流本末，但舉其一語，又有並非禮樂而闌入者，殊鮮條理。所立門目，分《本紀》《統紀》諸名，亦皆迂謬。前有鄭鄤等九人序，皆明末人標榜之詞，不足據也。

【今案】《四庫全書總目》卷二五經部二五禮類存目三，第二〇五頁中。

《四禮輯宜》一卷[一]

明馬從聘撰。從聘字起莘。其書無序跋及作書年月，分冠、婚、喪、祭四類，多述朱子《家禮》之法，而酌其可行於今者。然其中亦多以意爲之。考《儀禮・士冠禮》賈《疏》，古者，天子、諸侯皆十二而冠，士、庶人二十而冠，故《曲禮》稱二十曰弱冠。《後漢書・馬防傳》：年十六，仍自稱未冠。此書《冠禮・目録》謂男子年十五至二十皆可冠。如此之類，皆於古義未協，未可據爲確論也。

【校記】

［一］四禮輯宜　案《四庫全書總目》卷二五同條作『《四禮輯》』。

【今案】《四庫提要分纂稿》第五一頁。《四庫全書總目》卷二五經部二五禮類存目三，第二〇八頁上。

《周禮傳》十卷[一]

明王應電撰。應電字昭明，崑山人。師事魏校，嘉靖中倭亂，避居江西，遂卒於泰和。其著書稱『師云』者，謂魏校也。應電於《周禮》學之數十年，所論實多精密可採。陸德明謂干寶《周禮》分序官於各職之前，應電乃以同職相統者，區分部居，各以類從，而後載其職，蓋又少變干寶例矣。其《冬官》不録《考工記》，而亦不用俞庭椿、吴澄、舒芬紛紜移補之説，差勝於變亂古經者。然《考工記》自漢以來補《冬官》久矣，毅然删之，毋亦少橫乎[二]？其傳略於考證，而詳於義理，持論醇正，於聖人制作之意多所發明，則猶明儒之篤實者焉。

【校記】

[一]周禮傳十卷　案《四庫全書總目》卷一九同條作「《周禮傳》十卷、《圖説》二卷、《翼傳》二卷」。又案同部同類同作者分別有「《周禮圖説》二卷」、「《周禮翼傳》二卷」等條目。

[二]毋　當爲「毋」之形訛。

【今案】《四庫提要分纂稿》第四四頁。影印文淵閣《四庫全書》第九六册第一頁書前提要。《文溯閣四庫全書提要》卷一一經部一一禮類一，第三八〇頁。《文津閣四庫全書提要匯編》經部四禮類，第二六二頁。《四庫全書簡明目録》卷二經部四禮類，七六頁。《四庫全書總目》卷一九經部一九禮類一，第一五四頁上。

《禮記輯覽》八卷

明睢陽徐養相撰。其書不載經文，惟以某節某節標目，而循文訓釋之。蓋科舉之學，非傳經之作也。

【今案】《四庫全書總目》卷二四經部二四禮類存目二，第一九三頁下。

《周禮註疏删翼》三十卷

明王志長撰。志長字平仲，崑山人。是書删節諸疏之繁，而雜引諸家以翼之。大抵推闡義理者多，而考核訓詁者少[一]，註釋文句，取便初學而已。

【校記】

[一]詁　底本原作「故」，誤，兹據《四庫全書總目》卷一九同條改。

【今案】影印文淵閣《四庫全書》第九七册第一頁書前提要。《文溯閣四庫全書提要》卷一一經部一一禮類一，第三八二頁。《文津閣四庫全書提要匯編》經部四禮類，第二六四頁。《四庫全書簡明目録》卷二經部四禮類，第七七頁。《四庫全書總目》卷一九經部一九禮類一，第一五五頁上。

《周禮注疏合解》十八卷

明張采撰。采字受先，太倉人。崇禎戊辰進士，官臨川縣知縣，福王時爲禮部員外郎。采少與張溥齊名，爲復社領袖，天下翕然推之。然此書於經義頗爲疏淺，豈其托名於采耶？

【今案】《四庫全書總目》卷二三經部二三禮類存目一，第一八四頁中。

《讀禮疑圖》六卷

明季本撰。是書辨論《周禮》賦役諸法，祖何休、林孝存之説，以爲戰國策士之所述。前三卷以其疑《周禮》者爲圖辨之，後三卷依據《孟子》立斷，因及後代徭役、軍屯之法，論其得失。大旨主於輕徭薄賦，其意未始不善，其説亦辨而可聽。然古今時勢各殊，制度亦異，有不得盡以後世情形推論前代者。至其牽合《魯頌》「公車千乘，公徒三萬」，則欲改《小司徒》「四井爲邑，四邑爲邱(丘)，四甸爲縣，四縣爲都」之文，謂「四」當作「五」，又增「四都爲同」一語，則更輾轉竄亂矣。蓋本傳姚江之學，故高明之過，其流至於如斯也。

【今案】《四庫全書總目》卷二三經部二三禮類存目一，第一八三頁上。

《周禮因論》一卷

明唐樞撰。其論以民極爲《周禮》本原，頗得經意。又以「邦汋」爲「邦盜」之誤，於理亦通。然其文如語録，寥寥數條，未爲詳備。有隆慶六年陸□宅跋[一]。

【校記】

[一]□　案底本此字殘損無文，而《四庫全書總目》卷二三同條亦無類似語句可供校補。

【今案】《四庫全書總目》卷二三經部二三禮類存目一，第一八三頁中。

《三禮纂注》四十九卷

明貢汝成撰。汝成字玉甫，宣城人。嘉靖中，官翰林院待詔。其書《周禮》六卷，主俞庭椿《冬官》不亡、散在《五官》之説[一]，而變本加厲，不惟移其次第，且點竄其字句，塗改其名目，甚至於別造經文。後附《周禮餘》二卷，則《禮記·王制》《月令》兩篇也。《儀禮》十六卷，以《禮記·冠義》附《士冠禮》，《昏義》附《士昏禮》，《鄉飲酒義》附《鄉飲酒禮》，《射義》附《鄉射禮》，《燕義》附《燕禮》，《聘義》附《聘禮》，《服問》《三年問》《喪服四制》《喪服小記》四篇附《士喪服》，《問喪》《間傳》二篇附《士喪禮》，《喪大記》附《既夕禮》，《雜記》上下、《曾子問》三篇附《士虞禮》，《祭義》《祭統》《祭法》三篇附《有司徹》。後附《儀禮逸經》四卷，則《投壺》《奔喪》《文王世子》《明堂位》四篇也。《儀禮餘》八卷，則《曲禮》上下、《内則》、《少儀》、《玉藻》、《深衣》、《大傳》、《郊特牲》、《檀弓》上下十篇也。其《禮記》十二卷，所存者《禮運》《禮器》《經解》《哀公問》《仲尼燕居》《孔子閑居》《坊記》《表記》《緇衣》《儒行》《學記》《樂記》十二篇，而《大學》《中庸》不與焉。大抵亦剽朱子及吴澄諸説。其《周禮序》自稱：「如有用我，執此以往」，可謂言之不怍。前有萬歷（曆）九年應天巡撫宋儀望序，詆賈、鄭諸人用力愈勤，大義愈晦，而稱汝成是書，周公復起不能易。尤美惡倒置，不足論矣。

【校記】

[一]庭　底本原作「廷」，誤，兹據本書同部同類「《太平經國之書》十一卷」、「《周禮訂義》八十卷」、「《周禮集説》十一卷」等條正文及《四庫全書總目》卷三五同條改。

【今案】《四庫全書總目》卷二五經部二五禮類存目三，第二〇一頁中。

《就正録禮記會要》六卷

明宗周撰。周字維翰，興化人。嘉靖辛卯舉人，官至四川馬湖府知府。是編於先王之制、先聖之言，多以意爲揣測斷制，臆定是非。而其義皆不考於古，其體亦近語録，蓋鄉塾膚淺之書也。

【今案】《四庫全書總目》卷二四經部二四禮類存目二，第一九三頁上。

《周禮圖説》二卷[一]　浙江范懋柱家天一閣藏本

明王應電撰。是書有圖説兼備者，亦有如《職方氏》九州之類有圖無説者，又有如女宫、女奚、女奴諸辨有説無圖者。上卷《明堂表》一篇，有録無書，蓋原本所闕。下卷《井邑》《邱(丘)甸》諸圖，則已見《翼傳》，故不復出。其説間有舛誤，如謂『社即地祇，夏日至於方澤，乃祭大社』。今考《春官·司服》文絺冕以祀社稷，五祀序於毳冕，以祀四望山川之下，故鄭康成《酒正》註，列社稷於小祭。今應電剿襲前儒謬論，以之當地祇大祭，殊於經義有乖。至謂明堂即王之六寢，宗祀文王以配上帝，不得於王之寢地，當在南郊，與郊天同。迎尸則於明堂。又謂郊天迎尸，亦當於明堂。考《通典》載：『南郊去國五十里，明堂在國三里之外、七里之内。』則相距凡四十餘里，安有祭時迎尸，乃遠在四十里外者？《周禮·掌次》：『凡祭祀，張尸次。』蓋尸幄切近壝宫，迎尸即於此幄。應電未核註、疏，故立論如此，亦爲舛迕。他如圖南郊於朝日之前，從其序也，而圖祈穀於迎暑之後，前後失次，自亂其例，又爲小疵矣。然其自序謂舊《周禮圖》冕服則類爲男女之形而章服仍不明，井邑則類爲大方隔而溝洫仍不分，亦頗有所訂正。姑與所註《周禮》並録而存之云。

【校記】

[一]周禮圖説二卷　案《四庫全書總目》卷一九同條作『《周禮傳》十卷、《圖説》二卷、《翼傳》二卷』，又案同部同類同作者分别有『《周禮傳》十卷』、『《周禮翼傳》二卷』等條目。

【今案】影印文淵閣《四庫全書》第九六册第二八四頁書前提要。《文溯閣四庫全書提要》卷一一經部一一禮類一，第三八〇頁。《文津閣四庫全書提要匯編》經部四禮類，第二六二頁。《四庫全書簡明目録》卷二經部四禮類，第七六頁。《四庫全書總目》卷一九經部一九禮類一，第一五四頁上。

《廣祀典議》一卷

國朝吴肅公撰。力闢二氏及諸淫祀，持議甚正。然皆儒者之常談，可以無庸復述。

【今案】《四庫全書總目》卷九七子部七儒家類存目三，第八二四頁上。

《讀禮問》一卷

國朝吴肅公撰。其書取禮家喪服之制意所未喻者辨之，又雜論俗禮之不合於古者，共六十五條。間有可採，而師心之處爲多[一]。肅公字雨若，宣城人。

【校記】

[一]爲 底本原作「而」，誤，兹據《四庫全書總目》卷二三同條改。

【今案】《四庫全書總目》卷二三經部二三禮類存目一，第一九一頁下。

《周禮述注》二十四卷

國朝李光坡撰。光坡字耜卿，號茂夫，安溪人。其書節取注、疏，旁採他説，間亦用己意，雖未典博，而頗爲簡要。

【今案】影印文淵閣《四庫全書》第一〇〇册第一頁書前提要。《文溯閣四庫全書提要》卷一一經部一一禮類一，第三八四頁。《文津閣四庫全書提要匯編》經部四禮類，第二六六頁。《四庫全書簡明目録》卷二經部四禮類，第七七頁。《四庫全書總目》卷一九經部一九禮類一，第一五五頁下。

《半農禮説》十四卷[一]

國朝惠士奇撰。士奇字仲孺，吴縣人。康熙己丑進士[二]。官至翰林院侍讀。研窮經學，尤長於禮。是書摘取《周官》疑義及漢、唐諸儒之説所未安者，旁引曲證，互爲發明，實爲博辨。

【校記】

[一]半農禮説 案《四庫全書總目》卷一九同條作「《禮説》」。

[二]康熙己丑進士 底本原作「康己丑進進士」，又在「丑」字、上一「進」字右旁以小字書寫「已」、「丑」，却未改「已」爲「熙」，仍既有脱文，又有衍文。兹據《四庫全書總目》卷六經部易類「《易説》六卷」條改。然據《清史稿》卷四八一《惠士奇傳》云：

『康熙五十年進士。』案康熙五十年爲『辛卯』，四十六年爲『己丑』，未知孰是，待考。

【今案】影印文淵閣《四庫全書》第一〇一册第三八七頁書前提要。《文淵閣四庫全書提要》卷一一經部一一禮類一，第三八七頁。《文津閣四庫全書提要匯編》經部四禮類，第二六八頁。《四庫全書簡明目録》卷二經部四禮類，第七八頁。《四庫全書總目》卷一九經部一九禮類一，第一五六頁下。

《儀禮鄭注句讀》十七卷附《監本正誤》、《石經正誤》二篇[一]

國朝張爾岐撰。是書全録鄭康成《注》，摘取賈公彦《疏》，而略以己意斷之。因其文古奥難通，故併爲之句讀。宋馬廷鸞稱其家有景德中官本《儀禮》正經，《注》語皆標起止，而《疏》文列其下，因以監本附益之，手自點校，並取朱子《禮書》與其門人高弟黄氏、楊氏續補之編，分章條析，題要其上。今廷鸞之書不傳。爾岐是編，體例略與相近，所校除監本外，則有唐開成石刻本、元吴澄本及陸德明《音義》、朱子與黄幹所次《經傳通解》諸家。其謬誤脱落、衍羨顛倒，經注混淆之處，皆參考得實。又明西安王堯典所刊《石經補字》，最爲舛錯，亦一一駁正。蓋《儀禮》一經，自韓愈已苦難讀，故習者愈少，傳刻之訛愈甚。爾岐兹作，於學者可謂有功矣。顧炎武《與汪琬書》極推重之，至於録其本以去，有以也。爾岐《蒿庵集》中有自序一篇，稱尚有《吴氏儀禮考註訂誤》一卷，今不在此編中[二]。

【校記】

[一]二篇　案《四庫全書總目》卷二〇同條作『二卷』。

[二]今不在此編中　底本自『在此』以下爲一頁，原案曰：『編按：此葉原置三禮編譯之後，今校改。』案『譯』爲『繹』之誤。

【今案】《四庫全書薈要總目提要》第一八一頁。影印文淵閣《四庫全書》第一〇八册第一頁書前提要。《文淵閣四庫全書提要》卷一二經部一二禮類二，第四〇六頁。《文津閣四庫全書提要匯編》經部四禮類，第二八二頁。《四庫全書簡明目録》卷二經部四禮類，第八一頁。《四庫全書總目》卷二〇經部二〇禮類二，第一六二頁中。

《戴記緒言》四卷

國朝陸奎勳撰。奎勳字聚緱，平湖人。康熙辛丑進士，官翰林院檢討。是書大旨以《禮記》多出漢儒，不免有附會古義之處，而鄭康成以下諸家，又往往牽合穿鑿以就其説，乃參考諸經，旁採衆説以正之。每篇各以小序爲綱，而逐字逐句條辨於後，或採舊文，或出新義，於漢儒宋儒無所偏主。雖其間有自信太勇，過於疑經、疑傳者，而考據精博，究非空談無根與株守一家者比也。

【今案】《四庫全書總目》卷二四經部二四禮類存目二，第一九八頁上。

《檀弓疑問》一卷

國朝邵泰衢撰。泰衢字鶴亭，錢塘人。官欽天監左監副。其書以《禮記》出自漢儒，《檀弓》尤多附會，乃摘其可疑者辨之。所言多中理解，非王柏諸人以臆疑經者可比。惟乘邱(丘)之戰一條，疑魯莊公敗績之誤。不知古人軍潰曰敗績，車覆亦曰敗績，《左傳》所謂敗績覆壓是也。未免疏於考據，然不害其大旨也。

【今案】影印文淵閣《四庫全書》第一二八册第二七三頁書前提要。《文溯閣四庫全書提要》卷一三經部一三禮類三，第四四四頁。《文津閣四庫全書提要匯編》經部四禮類，第三一一頁。《四庫全書簡明目録》卷二經部四禮類，第八九頁。《四庫全書總目》卷二一經部二一禮類三，第一七四頁上。

經部四 春秋類

《春秋左氏傳説》二十卷

宋吕祖謙撰。祖謙有《左傳類編》《博議》二書。《類編》以十九類分别《左氏》之文,《博議》則隨事立義,以評得失。是編持論與《博議》略同,而更詳盡。陳振孫以爲多所發明而不爲文,似一時講説; 朱子以爲極爲詳博,然遺詞命意,亦頗傷巧合。二家之論觀之,瑜瑕定矣。《通考》載是書爲三十卷,明張萱所見内閣藏本爲《傳説》四册,《續説》四册,而不分卷。以《通考》之言核之,疑三十卷者,實有《續説》在内。今僅存前書,故衹有此二十卷耳。

【今案】《四庫全書薈要總目提要》第一五五頁。影印文淵閣《四庫全書》第一五二册第一頁書前提要。《文溯閣四庫全書提要》卷一六經部一六春秋類二,第五一二頁。《文津閣四庫全書提要匯編》經部五春秋類,第三六四頁。《四庫全書簡明目録》卷三經部五春秋類,第一〇二頁。《四庫全書總目》卷二七經部二七春秋類二,第二二〇頁下。

《春秋通説》十三卷

宋黄仲炎撰[一]。端平初,尚書李鳴復進其書於朝。仲炎字若晦,温州布衣。其書大意謂《春秋》有教有戒,其教存乎書法,其戒存乎事實,而無褒貶,蓋一掃言例之拘,而毅然直攄胸臆者。其中如論「子同生」一條,謂《左氏》因記太子生之禮并問名等語,故起此事,恐非經文,録經者誤以傳文加之。又如「宋伯姬卒」一條,謂書卿送葬,故書卒,與上書宋災爲兩節。此類非一,皆不免於好爲異説。至於以後代史事評斷得失,亦非釋經正體。然其文辭條暢,議論嚴正不苟,亦有足取者。

【校記】

[一]黄 底本原作「張」,誤,兹據《四庫全書總目》卷二七同條改。

【今案】《四庫全書薈要總目提要》第一六五頁。影印文淵閣《四庫全書》第一五六册第二九〇頁書前提要。《文溯閣四庫全書提要》卷一六經部一六春秋類二,第五二二頁。《文津閣四庫全書提要匯編》經部五春秋類,第三七四頁。《四庫全書簡明目録》卷三經部五春秋類,第一〇四頁。《四庫全書總目》卷二七經部二七春秋類二,第二二三頁中。

《春秋王霸列國世紀編》三卷

宋李琪撰。琪字開伯，吴郡人。官國子司業。其書成於嘉定辛未，以諸國爲綱，而以其國之事見於《春秋》者類編爲目。前有序，後有論斷。第一卷爲王朝及霸國，霸國之中黜秦穆、楚莊，而存宋襄，又於晉文以下列自襄至定十君，而特附以魯。二卷爲周同姓之國，而特附以三恪。三卷皆周異姓之國，而列秦、楚、吴、越於諸小國後。至於譏晉文借秦抗楚，晉悼結吴困楚[一]，則爲徽宗之通金滅遼而言；譏紀侯鄰於讐敵而不能自强，則爲高宗之和議而發；稱魯於已滅之後，至秦、漢猶爲禮義之國，則又自解南渡之弱。蓋借《春秋》以發議，非必於經義一一吻合，然亦能自成一家之言者也。

【校記】

［一］困 底本原作『因』，誤，兹據《四庫全書總目》卷二七同條改。

【今案】《四庫全書薈要總目提要》第一七四頁。影印文淵閣《四庫全書》第一五六册第一八〇頁書前提要。《文溯閣四庫全書提要》卷一六經部一六春秋類二，第五二一頁。《文津閣四庫全書提要匯編》經部五春秋類，第三七二頁。《四庫全書簡明目録》卷三經部五春秋類，第一〇四頁。《四庫全書總目》卷二七經部二七春秋類二，第二二三頁上。

《春秋集註》十一卷、《綱領》一卷

宋張洽撰。洽字元德，清江人。嘉定初進士，官至著作佐郎。端平元年，朝廷知洽家居著書，宣命臨江軍守臣以禮延訪，齎紙札謄寫以進。書既上，除洽知實章閣，會洽卒，謚之曰文憲，以其書付秘閣。書首有洽進書狀，自言『於漢、唐以來諸儒之議論，莫不考核研究，取其足以發明聖人之意者，附於每事之左，名曰《春秋集傳》』。既又因此書之粗備，『復仿先師、文公《語》《孟》之書，會其精意，詮次其説，以爲《集註》』云云。考《朱子語録》深駁胡安國夏時冠周月之説，洽此書以春爲建子之月，與《左傳》『五周正月』義合，足破支離轇轕之陋。書首《綱領》一卷，體例亦頗詳明。明洪武中，以此書與胡氏《傳》同頒學官。迨永樂間，襲汪克寬《纂疏》爲《大全》，其説專主胡《傳》，洽書遂廢不行。今《集註》遺本僅存，而所爲《集傳》與《春秋歷代郡縣地里沿表》並久佚矣。

【今案】《四庫全書薈要總目提要》第一六五頁。影印文淵閣《四庫全書》第一五六册第一頁書前提要。《文溯閣四庫全書提要》卷一六經部一六春秋類二，第五二〇頁。《文津閣四庫全書提要匯編》經部五春秋類，第三七一頁。《四庫全書簡明目録》卷三經部五春秋類，第一〇四頁。《四庫全書總目》卷二七經部二七春秋類二，第二二二頁下。

《春秋傳》二十卷

宋葉夢得撰。夢得字少藴，號石林，吴縣人。紹聖四年進士，南渡後，官至崇信軍節度使。其書以孫復《春秋尊王發微》主於廢傳以從經，蘇轍《春秋集解》主於從《左氏》而廢《公羊》《穀梁》，皆不免有弊。故其書參考三傳以求經，不得於事，則考於義，不得於義，則考於事，更相發明，頗爲精核。開禧中，其孫筠刊於南劍州，真德秀跋之，稱其「闢邪説，黜異端，有補世教不淺」。《宋史・藝文志》又載夢得别有《春秋考》三十卷，《讞》三十卷，《指要總例》二卷，《石林春秋》八卷。今惟《讞》《考》二書散見《永樂大典》中，尚可得其大概，餘皆散佚，惟此傳猶爲完書。《南窗紀談》載「夢得爲《春秋》書，其别有四：解釋音義曰《傳》，訂正事實曰《考》，掊擊三傳曰《讞》，編列《凡例》[一]。嘗語徐惇濟曰：『吾之爲此名，前古所未有也。』」「吴程秉著書三萬餘言，曰《周易摘》《尚書駁》《論語弼》，得無近是乎」」云云。案此《傳》不專釋音義[二]，其説已非。至於以一字名書，古人多有。即以《春秋》而論，傳爲通名，不必言矣。如《漢志》所載鐸氏、張氏皆有《春秋微》，《公羊傳疏》有閔因《春秋叙》《後漢書》有鄭眾《春秋删》，《隋志》有何休《春秋議》[三]、崔靈恩《春秋序》[四]，孫炎併先有《春秋例》。夢得博洽，安得不見！乃以爲古無此名，必非事實。且考之《宋志》，夢得有《春秋指要總例》十卷，亦不名曰《春秋例》。殆小説附會之詞，不足據也。

【校記】

[一]列　底本原作「例」，誤，兹據《四庫全書總目》卷二七同條改。

[二]案此傳不專釋音義　底本自「釋音義」以下爲一頁，原案曰：「編按：此葉原置於春秋列國諸臣傳之後，今校改。」

[三]隋志　底本原作「隨志」，《四庫全書總目》卷二七同條作「隋志」，二者俱不誤。然今世通行本均題作「隋志」，故從衆而改。

[四]靈　底本原作「需王」，誤，兹據《四庫全書總目》卷二七同條改。

【今案】《四庫全書薈要總目提要》第一六〇頁。影印文淵閣《四庫全書》第一四九册第一頁書前提要。《文淵閣四庫全書提要》卷一六經部一六春秋類二，第五〇三頁。《文津閣四庫全書提要匯編》經部五春秋類，第三五七頁。《四庫全書簡明目録》卷三經部五春秋類，第一〇〇頁。《四庫全書總目》卷二七經部二七春秋類二，第二一八頁中。

《春秋集解》三十卷

宋吕本中撰。舊刻題曰『吕祖謙』，誤也。本中字居仁，好問之子。《宋史》載其紹興六年賜進士，擢起居舍人。八年，遷中書舍人兼侍講，權直學士院。學者稱爲『東萊先生』，故趙希弁《讀書附志》稱是書爲東萊先生撰。後人因祖謙與朱子遊，其名最著，亦稱曰『東萊先生』。而本中以詩擅名，詩家多稱吕紫微，『東萊』之號稍隱，遂移是書於祖謙。不知陳振孫《書録解題》載是書，固明云本中撰也。朱彝尊《經義》嘗辨正之，惟以《宋志》作十二卷爲疑。然卷帙分合，古今每異，不獨此書爲然。况振孫言是書：『自三傳而下，集諸儒之説，不過陸氏、兩孫氏、兩劉氏、蘇氏、程氏、許氏、胡氏數家，而採擇頗精，全無自己議論。』以此本考之亦合，知舊刻誤題審矣。惟《宋志》此書之外，别出祖謙《春秋集解》三十卷，稍爲牴牾，疑宋末刻本已析其原卷，改題祖謙，故相沿訛異，史亦因之重出耳[一]。《祖謙年譜》備載所著諸書，具有年月，而《春秋集解》獨不載，固其確證，不必更以他説疑也。本中嘗撰《江西宗派圖》，又有《紫微詩話》，皆盛行於世，世多以文士目之，而經學深邃乃如此。林之奇從之受業，復以其學授祖謙，其淵源蓋有由云。

【校記】

［一］史亦因之重出耳　底本自『重出耳』以下爲一頁，原案曰：『此葉原置葉夢得春秋傳之後，今校改。』

【今案】《四庫全書薈要總目提要》第一六二頁。影印文淵閣《四庫全書》第一五〇册第二頁書前提要。《文溯閣四庫全書提要》卷一六經部一六春秋類二，第五〇六頁。《文津閣四庫全書提要匯編》經部五春秋類，第三六〇頁。《四庫全書簡明目録》卷三經部五春秋類，第一〇一頁。《四庫全書總目》卷二七經部二七春秋類二，第二一九頁中。

《春秋本例》二十卷

宋崔子方撰。子方字彦直，涪陵人。爲人介而有守，黄庭堅極稱其賢。紹聖中，罷《春秋》取士，子方三上書乞復之，不報。其爲是書也，以爲聖人之書，編年以爲體，舉時以爲名，著日月以爲例，而日月之例又其本，乃列一十六門，皆以日、月、時例之，而分《著例》《變例》二則焉。《春秋》公、穀二家，專以例言，固有穿鑿破碎之病，而自啖、趙廢例言經，舉漢、晋以來相傳師説，一概斥之，亦不免於憑臆自用。是書，陳振孫頗譏其墨守《公羊》，未始不中其失。然於舉世廢例之時，獨硜硜守先儒之舊説，雖所言不必盡合，究愈於無所師承而放言高論者。宋以後説《春秋》有此一書，亦補偏救弊之道也。

【今案】《四庫全書薈要總目提要》第一六一頁。影印文淵閣《四庫全書》第一四八册第三四五頁書前提要。《文溯閣四庫全書提要》卷一六經部一六春秋類二，第四九七頁。《文津閣四庫全書提要匯編》經部五春秋類，第三五三頁。《四庫全書簡明目録》卷三經部五春秋類，第九九頁。《四庫全書總目》卷二七經部二七春秋類二，第二一七頁下。

《春秋意林》二卷

宋劉敞撰。敞嘗作《權衡》，論三傳之失，此書則自叙解經之旨，二書更相發明，以盡其意。元吴萊曰：「《左氏》言孔子作經，從諸國赴告，故又博採他事以附經，敞乃據閔因聖人徵百二十國寶書之説。」其言非是。蓋敞是書雖欲準是非，平得失，而議論多失當，頗與墨、道相近。百二十國之事出於《墨子》，宜敞信而用之。然其剖析精當，亦有卓然不磨者，未可盡斥也。是書，《玉海》作五卷，今本二卷。敞又別有《説》一卷，《文權》五卷，今俱佚不傳。

【今案】影印文淵閣《四庫全書》第一四七册第四八五頁書前提要。《文溯閣四庫全書提要》卷一五經部一五春秋類一，第四八八頁。《文津閣四庫全書提要匯編》經部五春秋類，第三四八頁。《四庫全書簡明目録》卷三經部五春秋類，第九八頁。《四庫全書總目》卷二六經部二六春秋類一，第二一五頁下。

《春秋權衡》十七卷

宋劉敞撰。北宋以來，出新意説《春秋》者，自孫復與敞始，復沿啖、趙之學，幾於盡廢三傳。敞則不盡從傳，亦不盡廢傳，是書以《權衡》爲名，蓋爲裁定三傳而作。陳振孫《書録解題》曰原父『始爲《權衡》，以評三家之得失。然後集衆説，斷以己意而爲之《傳》，《傳》所不盡者，見之《意林》。』然則《傳》之作在《意林》前，此書又在《傳》前。敞《春秋》之學，此其根柢矣。自序謂『《權衡》始出，未有能讀者』。又謂『非達學通人，則亦必不能觀之』。其自命甚高。葉夢得作《石林春秋傳》，於諸家義疏多所排斥，尤詆孫復《尊王發微》，謂其不深於禮學，故其言多自牴牾，有甚害於經者。雖概以禮論當時之過，而不能盡禮之制，尤爲膚淺，而於敞則推其淵源之正。

蓋敞邃於禮，故是書進退諸説，往往依經立義，不似復之意爲斷制。此亦説貴徵實之一驗也。

【今案】《四庫全書薈要總目提要》第一五八頁。影印文淵閣《四庫全書》第一四七册第一七一頁書前提要。《文溯閣四庫全書提要》卷一五經部一五春秋類一，第四八六頁。《文津閣四庫全書提要匯編》經部五春秋類，第三四六頁。《四庫全書簡明目録》卷三經部五春秋類，第九八頁。《四庫全書總目》卷二六經部二六春秋類一，第二一五頁中。

《皇綱論》五卷[一]

宋王晳撰。晳生平行事無可考，諸書但言其官爲太常博士。然考龔鼎臣《東原録》，載真宗天禧中，錢惟演奏留曹利用丁謂事，稱：『晏殊以語翰林學士王晳』，則不止太常博士矣。王應麟《玉海》云：『至和中，晳撰《春秋通義》十二卷，據三傳、註、疏及啖、趙之學，其説通者附經文之下，闕者用己意釋之。又《異義》十二卷、《皇綱論》五卷。』今《通義》《異義》皆不傳，惟是書尚存。凡爲論二十有二，皆言夫子修《春秋》之旨，大抵總括三傳以後及百家論例而成，立説頗卓犖可觀。但謂自仲尼殁後千餘年，至李唐始有啖助、趙匡，其尊之亦至矣。乃復言其探聖人之意或未精，斥三傳之謬或未察，是其高自位置，又居於二家之上。此則宋儒好爲矜詡之習也。

【校記】

[一]皇綱論 案《四庫全書總目》卷二六同條作『《春秋皇綱論》』。

【今案】影印文淵閣《四庫全書》第一四七册第一二七頁書前提要。《文溯閣四庫全書提要》卷一五經部一五春秋類一，第四八五頁。《文津閣四庫全書提要匯編》經部五春秋類，第三四五頁。《四庫全書簡明目録》卷三經部五春秋類，第九七頁。《四庫全書總目》卷二六經部二六春秋類一，第二一四頁下。

《春秋列國諸臣傳》三十卷

宋王當撰。當字子思，眉山人。好學博覽，舉進士不第。元祐中，蘇轍以賢良方正薦，廷對策入四等，調龍遊縣尉。蔡京知成都，舉爲學官，不就。及京爲相，遂不仕。《玉海》載其撰《春秋釋》十二卷，今佚不傳。此書所傳凡一百九十一人，各以贊附於後。陳振孫稱爲『議論純正，文詞簡古，於經義多所發明』。陳造稱爲『多出新見，可與經傳參贊』。然持論亦不免有踳駁，如謂魯哀公如討陳恒，即諸侯可得之類，殊非聖人本意也。至其編次時世前後，證引《國語》《史記》等書，補《左傳》闕略，該備無遺，於經傳實有補焉。《宋史·藝文志》載是書作五十一卷，與此本不合，然於《當列傳》亦云三十卷，蓋《志》誤也。《玉海》又載當同時有長樂鄭昂字尚明者，亦作《春秋臣傳》三十卷，以人類事，凡二百十五人，附而名者又三十九人。《宋志》亦著於録，與此書同名，但無『列國』字耳。後人傳録此書[一]，或省文亦題《春秋臣傳》，溷昂書矣。今仍以舊名標題，俾有別焉。

【校記】

[一]後人傳録此書　底本自『傳録』以下爲一頁，原案曰：『編按：此葉原置於陳傅良春秋後傳後，今校改。』

【今案】《四庫全書薈要總目提要》一六一頁。影印文淵閣《四庫全書》第四四八册第一二三頁書前提要。《文溯閣四庫全書提要》卷三四史部八傳記類一，第一一八頁。《文津閣四庫全書提要匯編》史部七傳記類，第一九九頁。《四庫全書簡明目録》卷六史部七傳記類，第二三六頁。《四庫全書總目》卷五七史部一三傳記類一，第五一八頁下。

《左氏君子例》一卷[一]

宋李石撰。以《左氏傳》有所謂『君子曰』者，又有稱『仲尼孔子曰』者，皆示後學以褒貶大法，聖人作經之意，因録爲例。凡君子七十三條，而聖語三十二條附之[二]。又有《詩補遺》三十六事，皆《左氏》所採筮詞、童謡之類，亦附其後。

【校記】

[一]左氏君子例一卷　案《四庫全書總目》卷三〇同條作『《左氏君子例》一卷、《詩如例》一卷、《詩補遺》一卷』。

[二]聖　底本原作『聖聖』，衍一『聖』字，兹據《四庫全書總目》卷三〇同條删。

【今案】《四庫全書總目》卷三〇經部三〇春秋類存目一，第二四五頁上。

《春秋集解》十二卷

宋蘇轍撰。先是劉敞作《春秋意林》，孫復作《春秋尊王發微》，皆舍傳以求經，古説漸廢。後王安石與孫覺爭名，至廢棄《春秋》，不列於學宫。轍以其時經、傳並荒，乃作此書以矯之。其説以《左氏》爲主，《左氏》之説不可通，乃取《公》《穀》、啖、趙諸家以足之。蓋以《左氏》有國史之可據，而《公》《穀》以下則皆意測者也。自序稱『自熙寧間謫居高安，爲是書，暇輒改之[一]。至元符元年卜居龍川，凡所改定，覽之自謂無憾』。蓋積十餘年而書始成，其用心勤懇，愈於奮臆遽談者遠矣。朱彝尊《經義考》載陳宏（弘）緒跋，曰：『《左氏》紀事，粲然具備，而亦間有悖於道者。《公》《穀》雖以臆度解經，然亦得失互見。如「戎伐凡伯於楚邱（丘）」，《穀梁》以「戎」爲「衛」；「齊仲孫來」，《公》《穀》皆以爲「魯慶父」；「魯滅項」，又皆以爲「齊實滅之」。顯然與經謬戾，其失固不待言。至如「隱四年，秋，翬率師會宋公、陳侯、蔡人、衛人伐鄭」，「桓十有四年，秋，八月壬申，御廪災。乙亥，嘗」，「莊二十有四年，夏，公如齊逆女」，諸如此類，似《公》《穀》之説，妙合聖人精微，而潁濱一概以深文詆之[二]，未免因噎廢食。讀者捨其短而取其長可也。』其論是書頗允此本。

【校記】

[一]輒　底本原作『轍』，誤，兹據《四庫全書總目》卷二六同條改。

[二]潁　底本原作『頴』，誤，兹據《四庫全書總目》卷二六同條改。

【今案】《四庫全書薈要總目提要》第一五九頁。影印文淵閣《四庫全書》第一四八册第一頁書前提要。《文淵閣四庫全書提要》卷一五經部一五春秋類一，第四九二頁。《文津閣四庫全書提要匯編》經部五春秋類，第三五一頁。《四庫全書簡明目録》卷三經部五春秋類，第九九頁。《四庫全書總目》卷二六經部二六春秋類一，第二一六頁下。

《春秋後傳》十二卷

宋陳傅良撰。傅良字君舉，號止齋[一]，温州瑞安人。乾道八年進士。官至寶謨閣待制。事迹具《宋史》。是編有其門人周勉跋，稱傅良爲此書『將脱稿而病，學者欲速得其書，俾傭書傳寫。其已削者，或留其帖於編，增入是正者，或揭去弗存』。是今所傳，已非傅良完本矣。趙汸《春秋集傳》自序於宋人説《春秋》者最推傅良，稱其『《公》《穀》之説參之《左氏》，以其所不書實其所書，以其所書推見其所不書，得學《春秋》之要。在三傳後，卓然名家。而惜其誤以《左氏》所録爲魯史舊文[二]，而不知策書有體，夫子所據以加筆削者，《左氏》亦未之見。《左氏》書首所載「不書」之例，皆史法也，非筆削之旨。《公羊》《穀梁》每難疑，以「不書」發義，實與《左氏》異師。陳氏合而求之，殊失其本。故於《左氏》所録而經不書者，皆以爲夫子所筆削，則其不合於聖人者亦多』云云。考《孟子》，稱『其文則史』，史即策書[三]，如汸所説，則夫子筆削者及魯史策書之外，别有所謂《春秋》，似非事實。況『不修春秋』二條，《公羊傳》尚有傳聞，不應左氏反不見，恐均不足爲傳良病。惟以《公》《穀》合《左氏》，爲切中其失耳。自王弼廢象數而談《易》者日增，自啖助廢三傳而談《春秋》者日盛，故解五經者，惟《易》與《春秋》二家著録獨多。空言易騁，兹亦明效大驗矣。傳良於臆説蜂起之日，獨能根據舊文，研求聖人之上旨。樓鑰序稱其『於諸生中，擇能熟誦三傳者三人，曰蔡幼學、曰胡宗、曰周勉，遊宦必以一人自隨，遇有所問，其應如響』。其考究可謂至詳。又其書雖多出新意，而每傳之下，必註曰：『此據某説』、『此據某文』，其徵引亦爲至博。以是立制，世之枵腹而談褒貶者，庶有豸乎！傳良别有《左氏章指》三十卷，樓鑰所序，蓋兼二書言之。朱彝尊《經義考》註曰『未見』。今蒐採遺書，遍於海内，而是編亦闕焉，殆竟佚亡歟？惜矣！

【校記】

[一]齋　底本原作『齊』，誤，兹據《四庫全書總目》卷二七同條改。

[二]爲魯史　底本原作『所魯史』，誤，兹據《四庫全書總目》卷二七同條改。

[三]史即策書　底本自『策書』以下爲一頁，原案曰：『此葉原置於張洽春秋集註之後，今校改。』

【今案】《四庫全書薈要總目提要》第一六四頁。影印文淵閣《四庫全書》第一五一册第五九三頁書前提要。《文溯閣四庫全書提要》卷一六經部一六春秋類二，第五一一頁。《文津閣四庫全書提要匯編》經部五春秋類，第三六三頁。《四庫全書簡明目録》卷三經部五春秋類，第一〇一頁。《四庫全書總目》卷二七經部二七春秋類二，第二二〇頁中。

《春秋經筌》十六卷

宋趙鵬飛撰。鵬飛綿州人，學者稱『木訥先生』。其意以説經者拘泥三傳，各護師説，多失聖人本旨，故爲此書。主於據經解經。其自序曰：『學者當以無傳明《春秋》，不可以有傳求《春秋》。無傳以前，其旨安在？當默與心會矣。』又曰：『三傳固不足據，然公吾心而評之，亦時有得聖意者。』夫三傳去古未遠，學有所受，其間經師衍説，漸失本意者，固亦有之。然必一舉而刊除，則《春秋》所書之人，無以核其事，所書之事，無以核其人。譬之聽訟者，名姓不知，證佐不具，獄詞不詳，而據理以臆斷是非，恐未必遽明允也。自啖、趙以來，已開此弊，至孫復而孤行己意，舊説刊落無遺矣。鵬飛此書，亦復之流亞，而復好持苛論，鵬飛則頗欲原情，其平允之處亦不可廢，寸有所長，存備一家可也。

【今案】《四庫全書薈要總目提要》第一六六頁。影印文淵閣《四庫全書》第一五七册第一頁書前提要。《文溯閣四庫全書提要》卷一六經部一六春秋類二，第五二五頁。《文津閣四庫全書提要匯編》經部五春秋類，第三七五頁。《四庫全書簡明目録》卷三經部五春秋類，第一〇四頁。《四庫全書總目》卷二七經部二七春秋類二，第二二四頁上。

《春秋詳説》三十卷

宋家鉉翁撰。鉉翁號則堂，官至端明殿學士、簽書樞密院事。龔璛跋曰：「至元丙子，宋亡，以則堂先生歸置諸瀛者，十年成此書。自瀛寄宣，托於其友潘公從大藏之。」今考《宋史》本傳，元兵次近郊，鉉翁方爲祈請使留館中，聞宋亡，不食飲者數日。改館河間，以《春秋》教授弟子。則是書信爲北遷後所作矣。其説以《春秋》主乎垂法，不主乎記事，其或詳或略、或書或不書，大率皆予奪抑揚之所繫，要當探得聖人心法所寓，然後參稽衆説，而求其是。故其論平正通達，非孫復諸人所能及。而立身本末，尤足自重其言也。

【今案】《四庫全書薈要總目提要》第一六七頁。影印文淵閣《四庫全書》第一五八册第三頁書前提要。《文溯閣四庫全書提要》卷一六經部一六春秋類二，第五二七頁。《文津閣四庫全書提要匯編》經部五春秋類，第三七六頁。《四庫全書簡明目録》卷三經部五春秋類，第一〇五頁。《四庫全書總目》卷二七經部二七春秋類二，第二二四頁下。

《春秋或問》二十卷、《春秋五論》一卷

宋吕大圭撰。大圭字圭叔，號樸鄉，南安人。淳祐七年進士，官至朝散大夫，行尚書吏部員外郎，兼國子編修、實録檢討官、崇政殿説書，出知興化軍。嘗撰《春秋集傳》，今已散佚。此《或問》二十卷，皆反覆申明《集傳》之意。大旨於三傳之中，多主《左氏》《穀梁》，而深排《公羊》，於何休《解詁》斥之尤力。又著《五論》，一曰「論夫子作《春秋》」，二曰「辨日月褒貶之例」，三曰「特筆」，四曰「論三傳所長所短」，五曰「世變」。程端學嘗稱其《五論》「明白正大，而所引《春秋》事，時與經意不合」。今考《或問》之中，不合經意者亦多，大概長於持論而短於考實。然大圭後於德祐初由興化遷知漳州，未行而元兵至，沿海都制置蒲壽庚舉城降，大圭抗節遇害。其立身本末，皎然千古，可謂深知《春秋》之義。其書所謂明分義、正名實、著幾微爲聖人之特筆者，侃侃推論，大義凜然，足以維綱常而衛名，又

不能以章句之學錮銖繩之矣。

【今案】《四庫全書薈要總目提要》第一六六頁。影印文淵閣《四庫全書》第一五七册第四七七頁書前提要。《文溯閣四庫全書提要》卷一六經部一六春秋類二，第五二六頁。《文津閣四庫全書提要匯編》經部五春秋類，第三七五頁。《四庫全書簡明目録》卷三經部五春秋類，第一〇五頁。《四庫全書總目》卷二七經部二七春秋類二，第二二四頁中。

《春秋五禮例宗》十卷[一]

宋湖州張大亨撰。大亨字嘉父。登元豐乙丑乙科。何薳《春渚紀聞》、王明清《玉照新志》並載其嘗官司勳員外郎，以王國侍讀、侍講官名與朝廷相紊，奏請改正事。陳振孫《書録解題》載大亨《春秋通訓》及此書，則稱爲『直秘閣吴興張大亨』，蓋其所終之官也。考《左傳發凡》，杜預謂『皆周公禮典』，韓起見《易象春秋》亦謂『周禮在魯』。孫復作《春秋尊王發微》，葉夢得譏其『不深於禮學，故其言多自牴牾』。蓋禮與《春秋》本相表裏。大亨是編，以杜預《釋例》與經踳駁，兼不能賅盡，陸淳所集啖、趙《春秋纂例》，亦支離失真，因取《春秋》事迹，分吉、凶、軍、賓、嘉五禮，依類别記，各爲總論。義例賅貫，而無諸家拘例之失，陳振孫稱爲『考究詳洽』，殆非溢美。元吴澄作《春秋纂言》，分列五禮，多與此書相出入，殆未見傳本歟？朱彝尊《經義考》載此書十卷具存，而諸家寫本皆佚其軍禮三卷，已非彝尊之所見。然《永樂大典》作於明初，凡引此書皆吉、凶、賓、嘉四禮之文，軍禮絶無一字，則此三卷之佚久矣，彝尊偶未核檢耳。

【校記】

[一]十卷 案《四庫全書總目》卷二七同條作『七卷』。

【今案】影印文淵閣《四庫全書》第一四八册第四五九頁書前提要。《文溯閣四庫全書提要》卷一六經部一六春秋類二，第五〇〇頁。《文津閣四庫全書提要匯編》經部五春秋類，第三五五頁。《四庫全書簡明目録》卷三經部五春秋類，第一〇〇頁。《四庫全書總目》卷二七經部二七春秋類二，第二一八頁上。

《春秋尊王發微》十二卷

宋孫復撰。案李燾《續通鑑長編》曰：『中丞、國子監直講孫復治《春秋》，不惑傳註，其言簡易，得經之本義。既被疾，樞密使韓琦言於上，選書吏給紙札，命其門人祖無擇即復家録之，得書十五卷，藏秘閣。』蓋此書十二卷，《中興書目》別有《春秋總論》三卷，合之正得十五卷。今《總論》已佚，惟此書尚存。復之論上祖陸淳，而下開胡安國，謂《春秋》有貶無褒大旨，以深刻爲主。晁公武《讀書志》載常秩之言曰：『明復爲《春秋》，猶商鞅之法，棄灰於道者有刑，步過六尺者有誅。』蓋篤論也。然春秋之時，僭亂多而善行少，復所抉摘於賊子亂臣、暴君秕政亦往往能推見至隱，足爲炯戒，故見長之處爲多。蓋屈經從傳之弊，至復始盡破；而奮臆談經之弊，亦自復而始成。其於《春秋》，固在功罪之間矣。程端學稱其《尊王發微》《總論》二書外，又有《三傳辨失解》，其書史不著録，今亦未見。考《宋史·藝文志》及《中興書目》[一]，均有王日休所撰《春秋孫復解三傳辨失》四卷，殆端學誤以爲復作歟？其書已佚，不可復考矣。

【校記】

[一]宋 底本原作『樂』，誤，茲據《四庫全書總目》卷二六同條改。

【今案】《四庫全書薈要總目提要》第一五七頁。影印文淵閣《四庫全書》第一四七册第一頁書前提要。《文溯閣四庫全書提要》卷一五經部一五春秋類一，第四八四頁。《文津閣四庫全書提要匯編》經部五春秋類，第三四四頁。《四庫全書簡明目録》卷三經部五春秋類，第九七頁。《四庫全書總目》卷二六經部二六春秋類一，第二一四頁中。

《春秋分記》九十卷[一]

宋程公説撰。公説字伯剛[二]，號克齋，丹棱人，居於宣化。年二十五登第，官邛州教授。吴曦之亂，棄官携所著《春秋》諸書匿安固山中修之，甫成而卒，年僅三十七。是書前有開禧乙丑自序。淳祐三年，其弟公許刊於宜春。凡《年表》九卷、《世譜》七卷、《名譜》二卷、《書》二十六卷、《周天王事》二卷、《魯事》六卷、《大國世本》二十六卷、《次國》二卷、《小國》七卷、《附録》三卷。其《年表》則冠以周及列國，而后、夫人以下與執政之卿，皆各爲一篇。其《世譜》則王族、公族以及諸臣，每國爲一篇，魯則增以婦人名、仲尼弟子，而燕則有録無書，蓋原闕也。《名譜》則凡名見於《春秋》者，分五類列焉。《書》則歷法、天文、五行、疆理、禮樂、征伐、職官七門。其周、魯及列國《世本》以及《次國》《小國》《附録》則各以經、傳所載分隸之，條理分明，叙述典贍。所採諸儒之説，與公説所附序論，亦皆醇正，誠讀《春秋》者之總[三]

【校記】

［一］春秋分記 案《四庫全書總目》卷二七同條作「《春秋分紀》」。

［二］公説 底本原脱「公」字，兹據本書提要著録體例及《四庫全書總目》卷二七同條補。

［三］底本原案曰：「編按：此提要未完待查，今補白葉。」《四庫全書總目》卷二七「《春秋分紀》九十卷」條：「宋程公説撰。公説字伯剛，號克齋，丹棱人，居於宣化。年二十五登第，官邛州教授。吴曦之亂，棄官攜所著《春秋》諸書匿安固山中修之，甫成而卒，年僅三十七。是書前有開禧乙丑自序。淳祐三年，其弟公許刊於宜春。凡《年表》九卷、《世譜》七卷、《名譜》二卷、《書》二十六卷、《周天王事》二卷、《魯事》六卷、《大國世本》二十六卷、《次國》二卷、《小國》七卷、《附録》三卷。其《年表》則冠以周及列國，而后、夫人以下與執事之卿，皆各爲一篇。其《世譜》則王族、公族以及諸臣，每國爲一篇，魯則增以婦人名、仲尼弟子，而燕則有録無書，蓋原闕也。《名譜》則凡名著於《春秋》者，分五類列焉。《書》則曆法、天文、五行、疆理、禮樂、征伐、職官七門。其周、魯及列國《世本》以及《次國》《小國》《附録》則各以經、傳所載分隸之，條理分明，叙述典贍。所採諸儒之説，與公説所附序論，亦皆醇正，誠讀《春秋》者之總匯也。明以來其書罕傳，故朱彝尊《經義考》注曰『未見』。顧棟高作《春秋大事表》，體例多與公説相同，棟高非剽竊著書之人，知其亦未見也。此本出自揚州馬曰璐家，與《通考》所載卷數相合，内宋諱猶皆闕筆，蓋從宋刻影鈔者。劉光祖作《公説墓誌》，稱其所作尚有《左氏始終》三十六卷、《通例》二十卷、《比事》十卷。是殆刻意於《左氏》之學者。宋自孫復以後，人人以臆見説《春秋》，惡舊説之害己也，則舉三傳義例而廢之。又惡《左氏》所載證據分明，不能縱横顛倒，惟所欲言也，則並舉《左傳》事蹟而廢之。譬諸治獄，務毁案牘之文，滅證佐之口，則是非曲直乃可惟所斷而莫之争也。公説當異説坌興之日，獨能考核舊文，使本末源流犁然具見，以杜虚辨之口舌，於《春秋》可謂有功矣。」

【今案】影印文淵閣《四庫全書》第一五四册第二頁書前提要。《文淵閣四庫全書提要》卷一六經部一六春秋類二，第五一七頁。《文津閣四庫全書提要匯編》經部五春秋類，第三六八頁。《四庫全書簡明目録》卷三經部五春秋類，第一〇三頁。《四庫全書總目》卷二七經部二七春秋類二，第二二二頁上。

《左氏詩如例》一卷[一]

宋李石撰。蓋其《方舟集》中之一種也。大旨以《左氏傳》引《詩》不皆與今說《詩》者同，因取所載一篇一句，悉裒集而闡論之，以蘄合於斷章取義之旨。凡一百六十八條。

【校記】

［一］左氏詩如例一卷　案《四庫全書總目》卷三〇同條作『《左氏君子例》一卷、《詩如例》一卷、《詩補遺》一卷』。

【今案】《四庫全書總目》卷三〇經部三〇春秋類存目一，第二四五頁上。

《春秋纂言》十二卷[一]

元吳澄撰。採摭諸家傳註，而間以己意論斷之。又於十二公前先分七例，其天道、人紀二例，澄所創作，餘吉、凶、軍、賓、嘉五例，則與宋張大亨《春秋五禮例宗》互相出入，疑澄未見大亨書也。然大亨之書，今佚《軍禮》一卷，而此本五禮皆完具，固不能以彼廢此矣。至於經文行款多所割裂，而經之闕文亦皆補以方空，體例亦爲未協。蓋澄雖邃於經學，而亦勇於變古，所注諸經皆然，不但《春秋》也。讀是書者，取所長而置其所短可矣。

【校記】

［一］春秋纂言十二卷　案《四庫全書總目》卷二八同條作『《春秋纂言》十二卷、《總例》一卷』。

【今案】影印文淵閣《四庫全書》第一五九册第三三五頁書前提要。《文溯閣四庫全書提要》卷一七經部一七春秋類三，第五三二頁。《文津閣四庫全書提要匯編》經部五春秋類，第三七八頁。《四庫全書簡明目録》卷三經部五春秋類，第一〇六頁。《四庫全書總目》卷二八經部二八春秋類三，第二二五頁下。

《春秋本義》三十卷

元程端學撰。端學字時叔，號積齋，慶元人。至治元年舉進士第二[二]。官國子助教，遷翰林國史院編修，出爲筠州幕，有循良稱。

在國學時，以《春秋》未有歸一之説，乃取前代百三十家，折衷同異，以作此書。又作《辨疑》以訂三傳之舛戾，作《或問》以明諸説之去取，又有《綱領》一卷，揭著書大意，凡二十餘年而成。至元中，下有司鋟板集慶路。端學與兄端禮同師四明史蒙卿，傳朱子之學，嘗發明朱子讀書法，作《讀書二程》，國子監取之以式學者。其淵源甚正，故立説具有本末。今《辨疑》已缺，惟《或問》及此書存。

【校記】

［一］元　底本原作『六』，誤，兹據《四庫全書總目》卷二六同條改。

【今案】《四庫全書薈要總目提要》第一六八頁。影印文淵閣《四庫全書》第一六〇册第三頁書前提要。《文溯閣四庫全書提要》卷一七經部一七春秋類二，第五三四頁。《文津閣四庫全書提要匯編》經部五春秋類，第三八一頁。《四庫全書簡明目録》卷三經部五春秋類，第一〇六頁。《四庫全書總目》卷二八經部二八春秋類三，第二二六頁中。

《春秋或問》十卷

元程端學撰。端學既輯《春秋本義》，復歷舉諸説得失，以明去取之意，因成此書。蓋與《本義》相輔而行者也。其指擊諸説，多否少可，於張洽傳攻之尤力。然如論《春秋》不當以一字爲褒貶，又謂《春秋》多筆削以後之闕文，又謂《春秋》不書祥瑞，又災異不當强舉其事，應皆具有卓識，其他持論亦正大。惟謂《左氏》事實多出僞撰，又堅主夏時之説，力詆《左氏》周正之傳。雖至於春書無冰，亦以爲建寅之月，而穿鑿《周禮》《豳詩》以解之，殆未免於矯枉過正矣。

【今案】影印文淵閣《四庫全書》第一六〇册第五二〇頁書前提要。《文溯閣四庫全書提要》卷一七經部一七春秋類三，第五三五頁。《文津閣四庫全書提要匯編》經部五春秋類，第三八二頁。《四庫全書簡明目録》卷三經部五春秋類，第一〇七頁。《四庫全書總目》卷二八經部二八春秋類三，第二二六頁中。

《春秋集傳釋義大成》十二卷

元俞皋撰。皋字心遠，新安人。初，其鄉人趙良鈞，宋末進士及第，授修職郎、廣德軍教授，宋亡不仕，以《春秋》教授鄉里。皋從良鈞受學，因以所傳著是書，經文之下備列三傳，其胡安國《傳》亦與同列。吴澄序謂兼列胡氏以從時尚。『四傳』之名，亦權輿於澄序，胡《傳》日尊，此其漸也。然皐雖以『四傳』並列，而於胡《傳》之過偏過激者，實多所匡正。澄序所謂『玩經下之釋，則「四傳」之是非，不待辨而自明』，可謂專門而通者，固亦持平之論矣。觀皐自序，稱所定十六例，又引程子所謂『微詞隱義』、『時措時宜』，悉以程子《傳》爲宗。於義不同而詞同，事同而詞不同者，反復申明不可例拘之意。又稱學者宜熟玩程《傳》，均無一字及安國。蓋其師之學，本出於程子，特以程《傳》未有成書，而胡《傳》方爲當代所傳習，故取與三傳並論之。統核全書，其大旨固可概見耳。

【今案】《四庫全書薈要總目提要》第一七〇頁。影印文淵閣《四庫全書》第一五九册第一頁書前提要。《文溯閣四庫全書提要》卷一七經部一七春秋類三，第五三一頁。《文津閣四庫全書提要匯編》經部五春秋類，第三七八頁。《四庫全書簡明目録》卷三經部五春秋類，第一〇六頁。《四庫全書總目》卷二八經部二八春秋類三，第二二五頁中。

《讀春秋編》十二卷

元陳深撰[一]。深字子微，吴人。自以宋之遺民，終身不仕。天歷（曆）間，奎章閣臣以能書薦，匿不肯出。是書標題，以清全齋冠之，著其志也。其説大抵以胡氏爲宗，而兼採《左氏》事。實蓋《左氏》身爲魯史，言必有據，非《公羊》《穀梁》傳聞疑似者比。自宋人喜以空言説《春秋》，遂併其事實而疑之，幾於束之高閣。是書雖無新異之説，而獨能考據事實，不爲虚憍恃氣之高論，可謂篤實君子，固未可以平近忽之也。

【校記】

［一］元 案《四庫全書總目》卷二七同條作『宋』。

【今案】影印文淵閣《四庫全書》第一五八册第五〇九頁書前提要。《文溯閣四庫全書提要》卷一六經部一六春秋類二，第五二八頁。《文津閣四庫全書提要匯編》經部五春秋類，第三七七頁。《四庫全書簡明目録》卷三經部五春秋類，第一〇五頁。《四庫全書總目》卷二七經部二七春秋類二，第二二五頁上。

《春秋闕疑》四十五卷[一]

元鄭玉撰。其書採《左氏傳》列於前，《公》《穀》二家以下合於理者取之，其或經有脱誤，無從質證，則缺之，間附己論。如開卷夏正、周正，其事易明，存而不論，慎之至也。其序謂：『《春秋》有魯史之舊文，聖人之特筆，不可字求其義，亦不可謂全無其義。』持論至爲平允。至於朱子《綱目》體例，本仿《春秋》經傳而作，序乃謂：『以經爲綱，以傳爲目，仿朱子之體例。』則所言不免倒置耳。玉字子美，歙縣人，元末除翰林待制，以疾辭。明兵入徽州，守將要致之，玉不屈死，與宋吕大圭及同時李廉均可謂能明大義，不愧於治《春秋》矣。

【校記】

[一]春秋闕疑　案《四庫全書總目》卷二八同條作『《春秋經傳闕疑》』。

【今案】《四庫全書薈要總目提要》第一七一頁。影印文淵閣《四庫全書》第一六三册第一頁書前提要。《文淵閣四庫全書提要》卷一七經部一七春秋類三，第五三九頁。《文津閣四庫全書提要匯編》經部五春秋類，第三八五頁。《四庫全書簡明目録》卷三經部五春秋類，第一〇八頁。《四庫全書總目》卷二八經部二八春秋類三，第二二七頁下。

《春秋讞義》九卷

元王元杰撰。元杰字子英，吴江人。至正間領薦，兵興不仕，教授於其鄉。昔程子作《春秋傳》未成，朱子之於《春秋》亦無專書，元杰乃輯其緒言，分綴經文之下，復删掇胡安國《傳》以盡其意。安國之書在朱子前，而其説皆列朱子後，欲别所尊，故不以時代拘也。其間如隱公四年『州吁』條下，備録朱子《邶風・擊鼓》篇傳，於《春秋》書法無關，亦意所推崇，一字不欲芟削耳。三家之末，元杰以己意推闡，别標曰『讞』。如桓公四年『紀侯大去』條下，程子以『大』爲紀侯之名，意主責紀不責齊。元杰之『讞』，則委曲恕紀，不從程子之説。而全書之内，於朱子無一異詞，其宗旨概可見矣。昔葉夢得作《春秋讞》，多得經意，元杰蓋未見其書，故名與相復。其所論斷，亦不及夢得之精。而守一先生之言不逾尺寸，所見雖淺，所學猶爲篤實，差勝明代諸儒無師瞽説，以至洸漾自恣者。原書十二卷，久無刊板，今諸家傳寫之本，並闕後三卷，既無從校補，姑仍舊本繕録焉。

【今案】影印文淵閣《四庫全書》第一六二册第二頁書前提要。《文溯閣四庫全書提要》卷一七經部一七春秋類三，第五三七頁。《文津閣四庫全書提要匯編》經部五春秋類，第三八三頁。《四庫全書簡明目録》卷三經部五春秋類，第一〇七頁。《四庫全書總目》卷二八經部二八春秋類三，第二二七頁上。

《春秋集傳》十五卷

元趙汸撰。有汸自序及其門人倪尚誼後序。尚誼稱是書『初稿始於至正戊子，一再刪削，迄丁酉成編。既而復著《屬詞》，義精例密。乃知《集傳》初稿更須討論，而序文中所列史法經義，猶有未至。歲在戊寅，重著是《傳》。草創至昭公二十八年，乃疾疢難危，閣筆未續。至洪武己酉，遂卒』。自昭公二十八年以下，尚誼據《屬詞》義例續之。序中所謂策書之例十有五、筆削之義八者，亦尚誼更定，而原本有訛誤疏遺者亦補正焉。則此書實成於思誼之手，然義例一本於汸，猶汸書也。汸自序曰：『學者必知策書之例，然後筆削之義可求。筆削之義既明，則凡以虛詞説經者，皆不攻而自破。』可謂得説之要領矣。

【今案】《四庫全書薈要總目提要》第一七二頁。影印文淵閣《四庫全書》第一六四册第一頁書前提要。《文溯閣四庫全書提要》卷一七經部一七春秋類三，第五四〇頁。《文津閣四庫全書提要匯編》經部五春秋類，第三八六頁。《四庫全書簡明目録》卷三經部五春秋類，第一〇八頁。《四庫全書總目》卷二八經部二八春秋類三，第二二八頁上。

《春秋師説》三卷

元趙汸撰。汸常師九江黄澤，其初，一再登門，得六經疑義千餘條以歸。已，復往留二載，得口授六十四卦大義與學《春秋》之要，故題曰《師説》，明不忘所自也。汸作《左傳補註序》曰：『黄先生論《春秋》學，以左邱(丘)明、杜元凱爲主。』又作《澤行狀》，述澤之言曰：『説《春秋》，須先識聖人之氣象，則一切刻削煩碎之説，自然退聽。』又稱：『嘗考古今禮俗之不同，爲文十餘通，以見虛詞説經之無益。』蓋其學有原本，而其論則持以和平，多深得聖人之旨。汸本其意，類爲十一篇。其門人金居敬又集澤《思古十吟》，與吴徵二序及《行狀》附録於後。《行狀》載澤説《春秋》之書，有《元年春王正月辨》《筆削本旨》《諸侯取女立子通考》《魯隱不書即位義》《殷周諸侯禘祫考》《周廟太廟單祭合食説》《作邱(丘)甲辨》《春秋指要》，朱彝尊《經義考》又載有《三傳義例考》，今皆不傳。惟賴汸此書，尚可識黄氏之宗旨，是亦讀孫覺之書，得見胡瑗之義者矣。

【今案】影印文淵閣《四庫全書》第一六四册第二五三頁書前提要。《文溯閣四庫全書提要》卷一七經部一七春秋類三，第五四一頁。《文津閣四庫全書提要匯編》經部五春秋類，第三八六頁。《四庫全書簡明目録》卷三經部五春秋類，第一〇八頁。《四庫全書總目》卷二八經部二八春秋類三，第二二八頁上。

《春秋屬辭》十五卷

元趙汸撰。汸於《春秋》用力至深。至正丁酉，既定《集傳》初稿，又因《禮記經解》之語，悟《春秋》之義在於比事屬詞，因復推筆削之旨，定著此書。其爲例凡八：一曰『存策書之大體』，二曰『假筆削以行權』，三曰『變文以示義』，四曰『辨名實之際』，五曰『謹内外之辨』，六曰『特筆以正名』，七曰『因日月以明類』，八曰『詞從主人』。其説以杜預《釋例》、陳傳良《後傳》爲本，而亦多所補正。夫史家義例有定，褒貶乃明，聖人則因事立文，如化工肖物，有義而無例。後人推經生例，因以例繩經，譬之以賢者之守經，測聖人之達權，彌近似而彌相遠。自漢以來，惟《公》《穀》兩家爲甚，汸删除繁瑣，區以八門，較諸家爲有緒。然目多者失之糾紛，目少者失之强配，其病亦略相等。而日月一例，不出《公》《穀》之窠臼，尤嫌繳繞，宜爲卓爾康所譏[一]。顧其書淹通貫串，據傳求經，多由考證得之，終不似他家之臆説。故附會穿鑿，不能盡免，而宏綱大旨，則可取者爲多。前有宋濂序，所論《春秋》五變，均切中枵腹游談之病。今併録之，俾憑臆説經者，知情狀不可揜焉。

【校記】

[一]康　案底本原脱此字，兹據本書經部春秋類『《春秋明志録》十二卷』條、『《春秋辨義》三十九卷』條及《四庫全書總目》卷二八同條補。

【今案】《四庫全書薈要總目提要》第一七二頁。影印文淵閣《四庫全書》第一六四册第四四一頁書前提要。《文溯閣四庫全書提要》卷一七經部一七春秋類三，第五四二頁。《文津閣四庫全書提要匯編》經部五春秋類，第三八八頁。《四庫全書簡明目録》卷三經部五春秋類，第一〇八頁。《四庫全書總目》卷二八經部二八春秋類三，第二二八頁中。

《春秋左氏傳補注》十卷

元趙汸撰。汸尊黄澤之説《春秋》，以《左氏傳》爲主，注則宗杜預。《左》所不及者，以《公羊》《穀梁》二傳通之；杜所不及者，以陳傅良《左傳章指》通之。是書即採傅良之説，以補《左傳集解》所未及。其意以杜偏於《左》，傅良偏於《公》《穀》，若用陳之長以補杜之短，用《公》《穀》之是以救《左傳》之非，則兩者兼得。筆削義例，觸類貫通，傳注得失，辨釋悉當。不獨有補於杜解，爲功於《左傳》，即聖人不言之旨，亦灼然可見，蓋亦《春秋》家持平之論也。至杜預《釋例》，自孔穎達散入《疏》文，久無單行之本，《永樂大典》僅存一卷，亦非完善。陳傅良之《章旨》，世尤未睹，汸所採録，略存梗概，是固考古者所亟取矣。

【今案】影印文淵閣《四庫全書》第一六四册第三二七頁書前提要。《文溯閣四庫全書提要》卷一七經部一七春秋類三，第五四三頁。《文津閣四庫全書提要匯編》經部五春秋類，第三八七頁。《四庫全書簡明目録》卷三經部五春秋類，第一〇九頁。《四庫全書總目》卷二八經部二八春秋類三，第二二八頁下。

《春秋左傳句解》三十五卷

元朱申撰。是書惟解《左傳》，不參以經文，蓋猶用杜預以前之本。其一事而始末别見者，各附注本文之下，端委亦詳。惟傳文頗有删節，是其所短。如隱公之首删『惠公元妃孟子』一節，則隱、桓兄弟之故，何自而明哉？

【今案】《四庫全書總目》卷三〇經部三〇春秋類存目一，第二四五頁中。

《春秋名臣傳》十三卷

明姚咨撰。咨字舜咨，無錫人。初，其邑人邵寶爲是書未竟，咨續成之。始於周之辛伯，迄於虞之宫之奇，凡一百四十八人，傳末各附以小讚。大指與宋王當《春秋列國臣傳》相出入，而其義例乃譏當書用魯史編年之非。然既標以《春秋》，則自應用《春秋》之年月，若各從列國，轉致錯互難明，以是議當，未爲允也。

【今案】《四庫全書總目》卷六二史部一八傳記類存目四，第五五七頁下。

《春秋貫玉》四卷

明顔鯨撰。鯨字應雷，慈溪人。嘉靖丙辰進士，累官湖廣副使。是書以《左氏傳》博記錯陳，因取江夏進士劉用熙《左傳類解》互相參校，别周、魯與列國之事，各以類次，爲之標目而排比聯綴之。因取《周禮·弁師》注繅採貫玉之義，以名其書。體殊繁碎，所列世系以周冠列國，而以孔子冠周，欲尊聖而不知所以尊，謬妄殊甚。

【今案】《四庫全書總目》無此條。

經部五 春秋類

《豐坊春秋世學》三十二卷[一]

明豐坊撰。自稱即其先世宋御史中丞稷之《案斷》而爲之釋義，故曰《世學》。然《案斷》之名，宋人書目及《宋・藝文志》皆不載，向來説《春秋》者亦所未聞，忽出坊家，蓋即坊所僞托也。

【校記】

［一］豐坊春秋世學　案《四庫全書總目》卷三〇同條作「《春秋世學》」。

【今案】《四庫全書總目》卷三〇經部三〇春秋類存目一，第二四七頁上。

《春秋説志》五卷

明吕柟撰。其書務爲新説苛論，凡所譏刺，皆假他事以發之，而所書之本事反置不論，如「以盟蔑」、「祭伯來」、「盟唐」、「鄭人伐衛」、「衛人殺州吁」，皆爲平王之罪。又如「叔孫豹卒」，謂經不書餓死，乃爲賢者諱，謂「郯子來朝」，以其知禮録之。大抵褒貶迂刻，不近情理。至謂書「季孫意如之卒」，爲見天道之左，則聖人併怨天矣，其失不止於穿鑿也。

【今案】《四庫全書總目》卷三〇經部三〇春秋類存目一，第二四六頁中。

《春秋續義發微》十二卷

明鄭良弼撰。良弼字子宗，號肖巖，淳安人。此編取胡安國《傳》所未及者，拾遺補闕，續明其義，一步一趨，皆由安國之義而推之，故其得失亦與安國相等。朱彝尊《經義考》載良弼有《春秋或問》十四卷、《存疑》一卷，並《續義》三卷，俱云「未見」。今此書分十二卷，與所記卷數不符，殆彝尊未見而誤載也。

【今案】《四庫全書總目》卷三〇經部三〇春秋類存目一，第二四八頁下。

《春秋以俟録》一卷

明瞿九思撰。九思字睿夫，黄梅人。萬歷(曆)癸酉舉人，薦授翰林待詔，不受詔，有司歲廩給之，終其身。是書穿鑿附會，如十二公配十二月，一百四十年配二十四氣之類，皆迂謬不情，與洪化昭《易獨坐談》皆明儒之行怪者也。

【今案】《四庫全書總目》卷三〇經部三〇春秋類存目一，第二四七頁下。

《春秋四傳私考》十三卷

明徐浦撰。浦字伯源，浦城人。官監察御史。是書舉《左氏》、《公》、《穀》、胡《傳》之異同，衷以己意。於胡《傳》之深刻者，多所駁正，持論頗平允。然每就事論事，不相貫串。如『宋公和卒』，謂不書薨以示褒，不知外諸侯，經皆書卒也。又凡浦無所論斷之條，皆不存經之原文，似乎刪節聖經，亦非體例。

【今案】《四庫全書總目》卷三〇經部三〇春秋類存目一，第二四七頁中。

《春王正月考》二卷

明張以寧撰。以寧，晋安人。元泰定丁卯進士，官至翰林侍講學士。入明，仍故官。洪武二年，奉使册封，卒於安南。是書即在安南所作也。三正疊更，時月並改，經書正月繫之於王，則爲周正不待辨。正月、正歲二名載於《周禮》，兩正互用，足以滋疑。左氏發《傳》，特曰『王周正月』，則正月建子，亦無疑。自程子泥於『行夏之時』一言，而衆説紛紜，遂輾轉辨難而不解。以寧獨徵引五經，參以《史》《漢》，著爲一書，决數百載之疑案，可謂卓識。至於當時帝王之後，許用先代正朔，故宋用商正，見於長葛之《傳》。諸侯之國，亦或用夏正，故《傳》載晋事，與經皆有兩月之差。古書所紀，時有參差，後儒執爲論端者，蓋由於此，以寧尚未及抉其本。又《伊訓》《秦誓》諸篇皆出古文，本不足據，以寧尚未及窮其僞。而《周禮》正歲、正月之兼用，僅載鄭《註》數語，亦未分析暢言，以祛疑似，於持論皆爲少疏。然大綱既正，此固不足爲之病也。

【今案】《四庫全書薈要總目提要》第一七五頁。影印文淵閣《四庫全書》第一六五册第七五四頁書前提要。《文溯閣四庫全書提要》卷一七經部一七春秋類三，第五四六頁。《文津閣四庫全書提要匯編》經部五春秋類，第三九一頁。《四庫全書簡明目録》卷三經部五春秋類，第一〇九頁。《四庫全書總目》卷二八經部二八春秋類三，第二二九頁中。

《春秋明志録》十二卷

明熊過撰。過字叔仁，富順人。嘉靖八年進士。累官祠祭司郎中。過注《周易》，主於明象論者，與來知德並稱，蓋不主先儒舊説者。此書，卓爾康亦稱其頗出新裁，時多微中，亦《春秋》之警策。惟惜其牴牾《左氏》，實有未安。今核其書，雖不免用思少過，而大旨尚持平允，視所作《易》注，近實多矣。

【今案】影印文淵閣《四庫全書》第一六八册第一頁書前提要。《文淵閣四庫全書提要》卷一七經部一七春秋類三，第五五三頁。《文津閣四庫全書提要匯編》經部五春秋類，第三九七頁。《四庫全書簡明目録》卷三經部五春秋類，第一一一頁。《四庫全書總目》卷二八經部二八春秋類三，第二三一頁中。

《春秋事義全考》十六卷

明姜寶撰。寶字廷善，號鳳阿，丹陽人。嘉靖癸丑進士，官至南京禮部尚書。朱彝尊《經義考》載是書云二十卷，而此少四卷。考其篇帙，未見有缺，疑《經義考》誤也。其大旨以胡《傳》爲本，間出己意。襄公、昭公以下，胡《傳》多闕，亦胥爲補葺。中間地名，以今證古，間有考訂，皆無以甚異於諸家。惟謂孔子於周王、魯侯事有非者，直著其非，後人説經，用『惡』字、『罪』字、『譏貶』字，皆非聖人之意。其言明白正大，爲後來説《春秋》者所未及，可謂闡筆削之微旨，立名教之大防矣。

【今案】影印文淵閣《四庫全書》第一六九册第八三頁書前提要。《文淵閣四庫全書提要》卷一七經部一七春秋類三，第五五七頁。《文津閣四庫全書提要匯編》經部五春秋類，第四〇〇頁。《四庫全書簡明目録》卷三經部五春秋類，第一一二頁。《四庫全書總目》卷二八經部二八春秋類三，第二三二頁上。

《春秋孔義》十二卷

明高攀龍撰。攀龍字存之，無錫人。萬歷（曆）十七年進士。官至左都御史。事迹具《明史》。是書斟酌於《左氏》、《公羊》、《穀梁》、胡安國四家之傳，無所考證，亦無所穿鑿，意主於以經解經。凡經無傳有者不敢信，傳無經有不敢疑，故名曰《孔義》，明爲孔子之義，而非諸儒之臆説。雖持論稍拘，較之破碎繳繞，横生異議者，猶説經之謹嚴者矣。朱彝尊《經義考》：「此書之外，别有李攀龍《春秋孔義》十二卷。」註曰「未見」。書名卷數並同，而攀龍之名又相同，不應如是之巧合。考李攀龍以詩名當世，不以經術聞，其墓誌、本傳亦不云嘗有是書。豈諸家書目或有以攀龍名同，誤「高」爲「李」者，因而未及考核，誤分爲二歟？

【今案】影印文淵閣《四庫全書》第一七〇册第一頁書前提要。《文淵閣四庫全書提要》卷一七經部一七春秋類三，第五六二頁。《文津閣四庫全書提要匯編》經部五春秋類，第四〇四頁。《四庫全書簡明目録》卷三經部五春秋類，第一一三頁。《四庫全書總目》卷二八經部二八春秋類三，第二三三頁上。

《春秋辨義》三十九卷

明卓爾康撰。其説經分六義：曰「經義」、曰「傳義」、曰「書義」、曰「不書義」、曰「時義」、曰「地義」。其論皆平正。凡總論九卷，經注三十卷。爾康，杭州人，嘗爲浚儀縣教官。

【今案】影印文淵閣《四庫全書》第一七〇册第一五五頁書前提要。《文淵閣四庫全書提要》卷一七經部一七春秋類三，第五六三頁。《文津閣四庫全書提要匯編》經部五春秋類，第四〇五頁。《四庫全書簡明目録》卷三經部五春秋類，第一一三頁。《四庫全書總目》卷二八經部二八春秋類三，第二三三頁中。

《春秋讀意》一卷

明唐樞撰。其論《春秋》，以爲不當以褒貶看聖人，衹備録是非，使人自見。説頗平通，然大致甚簡略。前有隆慶庚午潘季馴序。

【今案】《四庫全書總目》卷三〇經部三〇春秋類存目一，第二四七頁上。

《春秋國華》十七卷

明嚴訥撰。訥字敏卿，常熟人。嘉靖辛丑進士。官至武英殿大學士。是書以《春秋》所書周及列國之事分隸其國，而仍以魯十二公之年編之，雜採三傳附於經下，亦間及《國語》《史記》諸書。前有其甥陳瓚序，稱訥請沐三月而成是書。故但抄録舊文，無所發明考證。

【今案】《四庫全書總目》卷三〇經部三〇春秋類存目一，第二四七頁中。

《春秋私考》三十六卷

明季本撰。本不信三傳，故釋經處謬戾不可勝舉。如言：「惠公仲子非桓公之母」，「盜殺鄭三卿，乃晋人使刺客殺之」，「季孫行父爲奸深刻忌之人，結晋仇」，「齊以專魯之政」，「晋文公歸國，非秦伯納之」，諸如此類，皆無稽之甚。其以「尹氏卒，爲主鍾巫之尹氏」之類，則牽合頗巧，然愈巧愈非解經之正矣。

【今案】《四庫全書總目》卷三〇經部三〇春秋類存目一，第二四六頁下。

《春秋輯傳》十三卷、《春秋凡例》二卷[一]

明王樵撰。樵字明遠，金壇人。嘉靖二十六年進士，官至右都御史。是編，朱彝尊《經義考》作十五卷，又别出《凡例》二卷，註曰「未見」。此本凡《輯傳》十三卷，前有《宗旨》三篇、《附論》一篇，共爲一卷，與十五卷之數不符。蓋彝尊偶誤。又《凡例》二卷，今實附刻書中，彝尊亦偶未檢也。其《輯傳》以朱子爲宗，博採諸家，附以論斷，未免或失之冗，然大旨猶爲醇正。其《凡例》則比類推求，不涉穿鑿，較他家特明簡焉。

【校記】

［一］春秋輯傳十三卷春秋凡例二卷　案《四庫全書總目》卷二八同條作「《春秋輯傳》十三卷、《宗旨》一卷、《春秋凡例》二卷」。

【今案】影印文淵閣《四庫全書》第一六八册第三三五頁書前提要。《文溯閣四庫全書提要》卷一七經部一七春秋類三，第五五五頁。《文津閣四庫全書提要匯編》經部五春秋類，第三九九頁。《四庫全書簡明目録》卷三經部五春秋類，第一一一頁。《四庫全書總目》卷二八經部二八春秋類三，第二三一頁下。

《春秋五傳平文》四十一卷

明張岐然編。岐然字秀初，錢塘人。其書採《左傳》、《公羊傳》、《穀梁傳》、胡安國《傳》而益以《國語》。《國語》亦稱《春秋外傳》，故謂之『五傳』[一]。曰『平文』者，取平心之義也。其自序曰：『嘗與虞子仲皜泛覽《春秋》七十二家之旨，蓋鮮有不亂者。及觀近時經生家之説，殆不可復謂之《春秋》。究其弊，率起於不平心以參諸家，而過尊胡氏。久之，惟知有胡氏《傳》，更不知有他氏。又久之，惟從胡《傳》中牽合穿鑿，併不知有經。此所謂亂之極也。』考胡安國當高宗之時，以《春秋》進講，皆準南渡時勢以立言。所謂『喪欲速貧，死欲速朽』，爲南宫敬叔、桓魋言之者也。元延祐設科，以其源出程子，遂用以取士。迨明修《五經大全》，胡廣等拙於纂修，又竊襲汪克寬、胡《傳》纂疏，苟且應詔。三百年來，遂爲不刊之典，實則安國作《傳》之時所不及料。岐然指陳流弊，深切著明，可謂切中明代治經之病。故其書雖以《五傳》爲名[二]，實則以『四傳』救胡《傳》之失。雖去取未必盡當，其識要不可及矣。

【校記】

[一] 故 底本原作『放』，誤，兹據《四庫全書總目》卷三〇同條改。

[二] 故其書雖以五傳爲名 底本自『故其書』以下爲一頁，原案曰：『編按：此葉原置春秋程傳補之後，今校改。』

【今案】《四庫全書總目》卷三〇經部三〇春秋類存目一，第二五一頁中。

《春秋列傳》五卷

明劉節撰。節字介夫，大庾人。取《春秋内外傳》所載列國諸臣，類次行事，各爲之傳，始祭公謀父，終蔡朝吴，凡二百有二人。全本舊文，無所參益，鄒縣潘榛爲之訓釋，簡陋尤甚。

【今案】《四庫全書總目》卷六一史部一七傳記類存目三，第五五一頁上。

《左略》一卷

明曾益撰。益字予謙，會稽人。即註《昌谷詩集》者也。其書專摘《左傳》所言兵事，凡五十六條，每條標以名目。明人輯《左傳》論兵爲書者，始王世德之《左氏兵法》、陳禹謨之《左氏兵略》，率皆援引他書，疏通證解。此但摘録傳文，殊無可採。

【今案】《四庫全書總目》卷一〇〇子部一〇兵家類存目，第八四五頁下。

《春秋左翼》四十三卷

明王震撰。震字子省，烏程人。其書繫傳於經文之下，凡先經起義、後經終事者，悉撮爲一；《左傳》中稱號不一者，皆改從經文稱名；有經無傳者，採他書補之。前後編次，亦間有改易。案朱彝尊《經義考》有王氏《春秋左翼》，不著撰人名字，亦不載卷數，而所録焦竑序，與此卷首序合，當即此書。

【今案】《四庫全書總目》卷三〇經部三〇春秋類存目一，第二四九頁上。

《春秋麟寶》六十三卷

明余敷中輯。全録《左》《國》《公》《穀》之文於經文之下。《左》《國》則録其全，《公》《穀》則除其復。《國語》事有在《春秋》前者，別爲首卷於前，然無所訓釋，亦無所論斷。前有萬歷（曆）乙卯自序，言夫子獲百二十國寶書作《春秋》，而絶筆於獲麟，故名其書曰《麟寶》。其取義亦可謂迂謬矣。

【今案】《四庫全書總目》卷三〇經部三〇春秋類存目一，第二四八頁下。

《春秋直解》十五卷

明郝敬撰。前有《讀春秋》五十餘條。其言曰：『今讀《春秋》，勿主諸《傳》先入一字。但平心觀理，聖人之情自見。』蓋即孫復等廢傳之學而又加甚焉。末二卷題曰《非左》，凡三百三十餘條，皆摘傳文之紕繆，穿鑿附會，殊乖謹嚴之旨。

【今案】《四庫全書總目》卷三〇經部三〇春秋類存目一，第二四八頁上。

《春秋録疑》十六卷

明趙恒撰。恒字志貞，晉江人。嘉靖戊戌進士。官至姚安府知府。是書本胡氏《傳》而敷衍其意，專爲科舉而設。故經文可爲試題者，每條各於講義之末總括二語，如制藝之破題。其合題亦附於後，標所以互勘對舉之意。

【今案】《四庫全書總目》卷三〇經部三〇春秋類存目一,第二四七頁上。

《春秋闡義》十二卷

明曹學佺撰。學佺字能始,侯官人。萬歷(曆)乙未進士,官至陝西按察司副使。其書,朱彝尊《經義考》注曰『未見』,蓋不甚傳。大抵捃摭舊文,非能真有所闡發,徒以其人重耳。

【今案】《四庫全書總目》卷三〇經部三〇春秋類存目一,第二四八頁中。

《春秋衡庫》三十卷

明馮夢龍撰。夢龍字猶龍,蘇州人。其書爲科舉而作,故惟以胡《傳》爲主,雜引諸説發明之。所列《春秋前事》《後事》,欲於經所未書、《傳》所未盡者,原其始末,亦殊沓雜。

【今案】《四庫全書總目》卷三〇經部三〇春秋類存目一,第二四九頁上。

《左觿》一卷

明邵寶撰。記其讀《左傳》所得者,雜論書法及註解,然寥寥無多。蓋隨意標於《左傳》文上者,亦其《簡端録》之類。其數條解説之善者,顧炎武《左傳補註》已採之。

【今案】《四庫全書總目》卷三〇經部三〇春秋類存目一,第二四六頁中。

《豐川春秋原經》四卷[一]

國朝王心敬撰。其説以爲因讀《孟子》而悟《春秋》之由作,故題曰《原經》。且謂孔子删盡事迹,只提綱示戒,而《左氏傳》摭拾影響,不探删去事迹之旨,《公》《穀》依《左氏》而加例,胡氏又因三傳而加鑿。其於漢、唐以來諸儒之論,無不排詆,所主惟明唐順之、郝敬數家,然於唐、郝亦有所譏。蓋自古至今,無一人當其意者,其亦近於妄矣。

【校記】

［一］豐川春秋原經四卷　案《四庫全書總目》卷三一同條作『《春秋原經》二卷』。

【今案】《四庫全書總目》卷三一經部三一春秋類存目二，第二六〇頁上。

《春秋地名考略》十四卷

國朝高士奇撰。康熙乙丑，士奇以詹事府少詹士奉敕撰《春秋講義》，因考訂地理，併成是書奏進。其書以《春秋》經、傳地名分國編次，皆先列國都，次及諸邑。每地名之下，皆先列經文、傳文及杜預《註》，而復博引諸書，考究其異同，砭正其疏舛，頗爲精核。惟時有貪多炫博，轉致瑣屑者。如魯莊公築臺臨黨氏，遂立『黨氏臺』一條，殊於地理無關。又如晉以先茅之縣賞胥臣，遂立『先茅之縣』一條，不能指爲何地，但稱猶云蘇忿生之田，則亦安貴於考耶？是亦過求詳備之失也。

【今案】影印文淵閣《四庫全書》第一七六册第四七九頁書前提要。《文溯閣四庫全書提要》卷一八經部一八春秋類四，第五八一頁。《文津閣四庫全書提要匯編》經部五春秋類，第四一八頁。《四庫全書簡明目録》卷三經部五春秋類，第一一七頁。《四庫全書總目》卷二九經部二九春秋類四，第二三八頁中。

《春秋程傳補》二十卷

國朝孫承澤撰。以程子《春秋傳》非完書，集諸儒之説以補之。其詞義高簡者重爲申明，缺略者詳爲補綴。書成於康熙九年。按伊川《春秋傳》，《宋志》一卷，陳亮《龍川集》有跋云：『伊川先生之序此書也，蓋年七十有一矣，四年而先生没。今其書之可見者纔二十年。』陳振孫《書録解題》云：『略舉大義，不盡爲説。襄、昭後尤略。』考程子《春秋傳序》作於崇寧二年，書未定而黨論興，至桓公九年止，門人間取《經説》續其後，此陳亮所謂可見者二十年也。是書桓公九年以前全載程《傳》，十年以後以《經説》補之，《經説》所無者，採諸家之説補之。皆大書分注，中取諸新安汪克寬《纂疏》者居多，《纂疏》即明《大全》所本也。宋胡安國《春秋傳》本於程《傳》，而義例不能盡合。今此本採取雖博，而所補之傳皆不出姓氏，於原文又多所芟改。其桓公九年以前，有程子無傳者亦爲補之，則是自爲一書矣［一］。陳亮又云：『先生於是二十年之間，其義甚精，其類例甚博。學者苟優柔饜飫，自得於意言之表，不必惜其缺也。』觀此，則程《傳》正不必補耳。

【校記】

［一］則是自爲一書矣　底本自『則是』以下爲一頁，原案曰：『編按：此葉原在春秋分記後，今校改。』

【今案】《四庫全書總目》卷三一經部三一春秋類存目二，第二五二頁上。

《空山堂春秋傳》十二卷

國朝牛運震撰。運震所居名『空山堂』，故所作《易傳》及是編，皆以是名冠之。其説經不信三傳，動相駁難，蓋宋劉敞、孫復之流。由其記誦淹通，足以濟其博辨，故異論往往而生也。

【今案】《四庫全書總目》卷三一經部三一春秋類存目二，第二五九頁中。

《春秋三傳纂凡表》四卷

國朝盧軒撰。軒字六以，海寧人。其書以三傳所言書法之例，彙而爲表。經文直書爲經，傳文横書爲緯。凡分三格，以《左氏》居上格，《公羊》居中格，《穀梁》居下格。皆但列舊文，而於其同異是非不加考證。蓋軒欲作《三傳擇善》一書，故先纂此表，以便檢閲，尚未有所發明也。

【今案】《四庫全書總目》卷三一經部三一春秋類存目二，第二五七頁中。

《春秋集解》十二卷、《緒餘》一卷、《提要補遺》一卷［二］

國朝應撝謙撰。撝謙字嗣寅。錢塘諸生，康熙戊午舉博學宏詞。於六經多所著述。是書節録四傳原本，援引諸家之説，而以己意折衷之。前有自序，末附《校補春秋集解緒餘》一卷，則其門人錢塘凌嘉邵所補輯也。凡撝謙之説，稱曰『應氏』，而嘉邵之説，則退一格以别之，皆摘論經中疑義。又附《春秋提要補遺》一卷，如軍賦、祭祀等事，分門類紀。不書撝謙姓氏，當亦嘉邵所著耳。

【校記】

［一］春秋集解十二卷緒餘一卷提要補遺一卷 案《四庫全書總目》卷三一同條作「《春秋集解》十二卷、附《校補春秋集解緒餘》一卷、《春秋提要補遺》一卷」。

【今案】《四庫全書總目》卷三一經部三一春秋類存目三，第二五五頁上。

《春秋三傳同異考》一卷

國朝吴陳琰撰［一］。其書取三傳人名、地名相異及事之不同者，各著於篇。又辨别三傳義例得失，而斷以己意。琰字寶崖，錢塘人。

【校記】

［一］琰 案本書本條凡「琰」字，《四庫全書總目》卷三一同條均作「琬」，此蓋爲皇太子愛新覺羅・顒琰即後來的嘉慶皇帝避諱而改。

【今案】《四庫全書總目》卷三一經部三一春秋類存目二，第二五八頁下。

《春秋指掌》三十卷、《前事》一卷、《後事》一卷

國朝儲欣、蔣景祁同撰。於《左氏》《穀梁》《公羊》《胡氏》四傳之外，多取馮夢龍《春秋指月》《春秋衡庫》二書之説，蓋科舉之學，非窮經之作也。末附《春秋前事》一卷，皆《國語》之文；《後事》一卷，備録《左傳》「小邾射來奔」以下諸事，亦用馮氏之例。欣字同人，康熙庚午舉人；景祁字京少，皆宜興人。

【今案】《四庫全書總目》卷三一經部三一春秋類存目三，第二五六頁中。

《杜解補正》三卷［一］

國朝顧炎武撰。炎武以杜預《左傳集解》時有闕失，而賈逵、服虔之《注》、樂遜之《春秋序義》今又不傳，於是博稽載籍，作爲此書。

雖邵寶《左觿》等書，苟有合者，亦皆採輯。若「室如懸磬」，取諸《國語》；「肉謂之羹」，取諸《爾雅》；「車之有輔」，取諸《吕覽》；「田禄其子」，取諸《楚詞》；「千畝原之在晋州」，取諸鄭康成；「祏爲廟主」，取諸《説文》；「石四爲鼓」，取諸王肅《家語》注；「祝其之爲萊蕪」，取之《水經注》。凡如此之類，皆有根據。昔隋劉炫作《杜解規過》，其書不傳，惟散見孔穎達《正義》之中。然孔《疏》之例，務主一家，故凡炫所規，皆遭排斥，未協至公。炎武此書，可謂掃除門户，能持是非之平矣。

【校記】

［一］杜解補正　案《四庫全書總目》卷二九同條作「《左傳杜解補正》」。

【今案】影印文淵閣《四庫全書》第一七四册第二八七頁書前提要。《文溯閣四庫全書提要》卷一八經部一八春秋類四，第五七〇頁。《文津閣四庫全書提要匯編》經部五春秋類，第四一〇頁。《四庫全書簡明目録》卷三經部五春秋類，第一一五頁。《四庫全書總目》卷二九經部二九春秋類四，第二三五頁中。

《左傳補註》六卷

國朝惠棟撰。其書以杜預《左傳集解》間有違異，而樂遜《序義》、劉炫《規過》諸書又已久佚，乃述其家世舊聞，博採古書，爲之補註。引據精詳，較顧炎武《杜解補正》更爲詳賅，其排杜預短喪之説，允於風教有裨。惟其中多稱《世本》，而《世本》久已亡佚，今所引用皆自他書摘録，乃不著所出，仍署本名，頗覺無徵不信。如斯之類，未免體例少疏耳。

【今案】影印文淵閣《四庫全書》第一八一册第一一九頁書前提要。《文溯閣四庫全書提要》卷一八經部一八春秋類四，第五九四頁。《文津閣四庫全書提要匯編》經部五春秋類，第四二八頁。《四庫全書簡明目録》卷三經部五春秋類，第一二〇頁。《四庫全書總目》卷二九經部二九春秋類四，第二四一頁中。

《左傳事緯》二十卷［一］

國朝馬驌撰。取《左傳》中事，類分爲百有八篇，篇加論斷，凡十二卷。首載晋杜預、唐孔穎達序論及自作《邱（丘）明小傳》一卷、《辨例》三卷、《圖表》一卷、《覽左隨筆》一卷、《名氏譜》一卷、《左傳字寄》一卷，合《事緯》爲二十卷。内《地輿》有説無圖，蓋未成也。

驌伸《左氏》於《公》《穀》之上，所陳義例，未敢必其悉合經旨，要之條分縷析，自抒所見，時有可觀。至其圖表之類，考訂詳密，亦可謂深於《左氏》者。驌字宛斯，鄒平人。順治己亥進士，官靈璧知縣[二]。

【校記】

[一]左傳事緯二十卷　案《四庫全書總目》卷二九同條作『《左傳事緯》十二卷、《附録》八卷』。

[二]璧　底本原作『壁』，誤，兹據《四庫全書總目》卷二九同條改。

【今案】影印文淵閣《四庫全書》第一七五册第二六三頁書前提要。《文溯閣四庫全書提要》卷一八經部一八春秋類四，第五七七頁。《文津閣四庫全書提要匯編》經部五春秋類，第四一四頁。《四庫全書簡明目録》卷三經部五春秋類，第一一六頁。《四庫全書總目》卷二九經部二九春秋類四，第二三七頁上。

《春秋傳註》三十六卷

國朝嚴啓隆撰。啓隆字爾泰，烏程人。其説謂孔子欲討陳恒而不得[一]，故作《春秋》以戒三家；不始惠公而始隱公者，以隱有鍾巫之難，特托以發凡；不終於陳恒、簡公之事而終以獲麟者，欲以諱而不書，陰愧三家之心。又謂《春秋》治大夫，非治諸侯，以三十六君之事爲經，而其餘爲緯；以文公以前爲賓，而以後爲主；經之義當明，緯之義可以不問；主之義當明，賓之義可以不問。又謂《春秋》一字一句皆史舊文，聖人並無筆削。其意蓋深厭説《春秋》者之穿鑿，欲一掃而空之，而不知矯枉過直，反自流於偏駁也。

【校記】

[一]恒　底本原作『桓』，誤，兹據本書本條下文及《四庫全書總目》卷三一同條改。

【今案】《四庫全書總目》卷三一經部三一春秋類存目二，第二五二頁中。

《春秋地理考實》四卷

國朝江永撰。所採不甚博，而能確指今爲何地，辨證乃多精確。前有自序，云：『中間或遺或誤，知所不免，然考求經傳，不厭加詳。』固可與徐善、高士奇之書參考並行也。

【今案】影印文淵閣《四庫全書》第一八一册第二四七頁書前提要。《文溯閣四庫全書提要》卷一八經部一八春秋類四，第五九六頁。《文津閣四庫全書提要匯編》經部五春秋類，第四三〇頁。《四庫全書簡明目録》卷三經部五春秋類，第一二〇頁。《四庫全書總目》卷二九經部二九春秋類四，第二四二頁下。

《春秋提綱》十卷

舊本題鐵山先生陳則通撰，不著爵里，亦無時代，其始末未詳。朱彝尊《經義考》列之劉莊、孫復、王申子前，然則元人也[一]。其書分門凡四：曰『征伐』，曰『朝聘』，曰『盟會』，曰『雜例』。每門中又區分其事，以類相從，而題之曰例。然大抵參校其事之始終，而考究其成敗得失之由，雖名曰例，實非如他家之説《春秋》以書法爲例者。故其言閎肆縱横，純爲史論之體，蓋説經家之别成一體者也。其『雜例』門中論《春秋》爲用夏正，不免拘於舊解。至其『災異例』中深排事應之説，則賢於董仲舒、劉向遠矣。

【校記】

[一]元　底本原脱此字，兹據《四庫全書總目》卷二八同條補。

【今案】《四庫全書薈要總目提要》第一六四頁。影印文淵閣《四庫全書》第一五九册第七五三頁書前提要。《文溯閣四庫全書提要》卷一七經部一七春秋類三，第五三一頁。《文津閣四庫全書提要匯編》經部五春秋類，第三七九頁。《四庫全書簡明目録》卷三經部五春秋類，第一〇五頁。《四庫全書總目》卷二八經部二八春秋類三，第二二五頁中。

《春秋傳議》四卷

本朝處士張爾岐撰。是書意在折衷三傳，歸於至當，然發明胡《傳》之處居多。同時有李焕章者，爲爾岐作傳云：『著《春秋傳議》，未輟而卒。』今此本缺略甚多，殆未成之稿與。

【今案】《四庫全書總目》卷三一經部三一春秋類存目二，第二五三頁上。

經部六 孝經類 總經解類 四書類

《古文孝經指解》一卷

宋司馬光撰，而附以范祖禹説。真德秀曰：「自唐明皇《御注孝經》出，世不復知有古文，先正司馬公作《指解》，太史范公爲之説，學者始得見此經舊文。」據其所説，二書蓋相因而作，故合編也。光書至和元年所進，祖禹書元祐中所進。雖皆本明皇所註，而文字增減，仍用古文。如「仲尼閑居，曾子侍坐」，明皇本無「閑」、「坐」二字；「子曰：參，先王有至德要道」，明皇本無「參」字；「夫孝者，德之本，教之所由生」，明皇本二句俱有「也」字。其章次，則「曾子曰敢問聖人之德」、「子曰父子之道天性」、「子曰不愛其親而愛他人者」三章，與明皇本去二「子曰」而合爲一章者亦異。至於「閨門」一章，則又明皇本無所也[一]。蓋唐代刊定之時，司馬貞恐觸忌諱，欲削「閨門」一章，故不得不以古文爲僞，不知「閨門」章，漢初長孫氏傳今文即有之，劉向以顔本考定，雖云去其繁惑，然謂經文大較相似，則「閨門」章未嘗削矣，豈得謂後人依托耶？光增入而訓註之，説者謂古文得著，光之力也。

【校記】

[一] 無所　似爲「所無」之倒文。

【今案】影印文淵閣《四庫全書》第一八二册第八五頁書前提要。《文淵閣四庫全書提要》卷一九經部一九孝經類，第六〇五頁。《文津閣四庫全書提要匯編》經部六孝經類，第四三八頁。《四庫全書簡明目録》卷三經部六孝經類，第一二二頁。《四庫全書總目》卷三二經部三二孝經類，第二六四頁上。

《孝經刊誤》一卷

朱子撰。《孝經》自漢以來，儒者奉爲孔子所作，朱子疑爲曾子門人所記。其後儒者復取諸書之語，增益其間，是以精粗相雜，而以文義論之，亦時有離析隔礙之病，故刊定其誤。以相傳既久，不敢删削，但以所疑之字加圍於外記之，而詳論於其下，蓋其慎也。書成於孝宗淳熙十三年丙午，是時朱子主管華州云臺觀，年五十七矣。末有朱子自記，謂其説略「因於衡山胡侍郎及汪端明侍郎」。蓋謂胡寅，高宗時爲禮部侍郎，老居衡州，故稱衡山。汪端明者，玉山汪應辰也，孝宗時爲端明殿學士。

【今案】影印文淵閣《四庫全書》第一八二册第一〇三頁書前提要。《文淵閣四庫全書提要》卷一九經部一九孝經類，第六〇六頁。《文津閣四庫全書提要匯編》經部六孝經類，第四四〇頁。《四庫全書總目》卷三二經部三二孝經類，第二六四頁下。

《孝經大義》一卷

元董鼎撰。鼎字季亨，鄱陽人，黄幹之弟子也。其書因朱子所定《孝經刊誤》之本，更爲訂正，删去二百餘字，區分經、傳，使秩然成文。又作爲註解以發明之，蓋爲初學而設，故詞皆顯易，明白，頗便誦習。熊禾爲之序。

【今案】影印文淵閣《四庫全書》第一八二册第一一三頁書前提要。《文津閣四庫全書提要匯編》經部六孝經類，第四四一頁。《文溯閣四庫全書提要》卷一九經部一九孝經類，第六〇七頁。《四庫全書簡明目録》卷三經部六孝經類，第一二三頁。《四庫全書總目》卷三二經部三二孝經類，第二六五頁上。

《經典釋文》三十卷

唐陸元朗撰。元朗，吴人，字德明，以字行。《唐書》言其論撰甚多，今皆不傳，僅此書尚存。前有自序，云：『癸卯之歲，承乏上庠，因撰集《五典》《孝經》《論語》及《老》《莊》《爾雅》等音，古今並録，經注畢詳，訓義兼辯，示傳一家之學。』考癸卯爲陳後主至德元年，豈德明年甫弱冠即能如是淹博？或積久成書之後，追紀其草創之始也。其例於諸經皆摘字爲音，惟《孝經》《老子》録全句。凡漢、魏六朝以來爲音訓者二百三十餘家，皆採摭菁華，使後人於舊籍散佚之餘，尚得見其梗概，厥功甚偉。惟《孟子》無音，而乃有《老》《莊》二子，蓋自唐以前，《孟子》不列於經，而《老》《莊》則自西晋以來，爲士大夫所推尚。德明狃當時之習，不足怪也。書中《易》《書》《詩》《三禮》《春秋三傳》《論語》《爾雅》等音義，宋以來刻註疏者已散入各經下，然分裂改竄多非原文，且或溷於註中，不能分别。惟此本尚仍德明原文之舊云。

【今案】《四庫全書薈要總目提要》第二〇四頁。影印文淵閣《四庫全書》第一八二册第三五五頁書前提要。《文溯閣四庫全書提要》卷二〇經部二〇五經總義類，第六一八頁。《文津閣四庫全書提要匯編》經部七五經總義類，第四四九頁。《四庫全書簡明目録》卷三經部七五經總義類，第一二五頁。《四庫全書總目》卷三三經部三三五經總義類，第二七〇頁上。

《七經小傳》三卷

宋劉敞撰。吴曾《能改齋漫録》曰：「慶歷（曆）以前，學者多守章句、注疏之學，至原甫爲《七經小傳》[一]，始異諸儒之説。王荆公修《新義》實本於此。」曾蓋以此病敞，然此書朱子嘗極稱之。今觀其説，如釋《詩》「以雅以南」，謂「南」即《左傳》「《象箾》《南籥》」；釋《論語》「宰予晝寢」，謂即《禮記》「君子不晝居於内」之義，皆卓然有補於經傳，非有心立異者比也。

【校記】

[一]原甫　案《四庫全書總目》卷三三同條亦作「原甫」，而本書集部別集類「《公是集》六卷」條及《四庫全書總目》卷一六「《春秋權衡》十七卷」條俱作「原父」。

【今案】影印文淵閣《四庫全書》第一八三册第一頁書前提要。《文溯閣四庫全書提要》卷二〇經部二〇五經總義類，第六二〇頁。《文津閣四庫全書提要匯編》經部七五經總義類，第四五一頁。《四庫全書簡明目録》卷三經部七五經總義類，第一二五頁。《四庫全書總目》卷三三經部三三五經總義類，第二七〇頁中。

《六經正誤》六卷

宋毛居正撰。居正字誼父，衢州人，晃之子也。晃嘗著《增韻》及《禹貢指南》諸書，居正承其世業。嘉定中，嘗承命刊正經籍，因編是書。校勘異同，訂正訛謬，殊有補於六經。雖其中辨論既多，不免疏舛。如「勑」，古文作「敕」，隸變作「勑」，居正乃因高宗御書石經誤寫作「勑」[二]，遂謂「來」字，中從兩「入」，不從兩「人」。「享」字，古文作「亯」，隸變作「享」，或省作「亨」，居正乃謂「享」字訓祭，「亨」字訓通，兩不相溷。「坤」，古從土從申，隸別爲「巛」，居正乃謂「巛」是古字，乾、離、坎等俱有古文，如卦畫之形。「遲」、「遟」，古本一字，《説文》以爲「遲，籀文作遟」者是也，居正乃謂兩字是非相半，不敢擅改。「賴」字[三]，古從「貝」從「剌」，俗誤書作「頼」，居正乃謂「賴」從「束」從「負」[三]。其於六書皆未確。又《禮・大行人》「立當前疾」，「疾」乃「侯」字之誤，「侯」在車轅前，鄭康成所謂車轅前胡下垂拄地者是也，居正乃以爲應作「軓」[四]，「軓」前揜板[五]，實與「侯」不涉。如此類者，於經義亦不合。然許氏《説文解字》、陸德明《經典釋文》亦不免小有出入，爲後人所摭拾，在居正又烏能求備焉？要其考核審定之功，自不可没也。

【校記】

［一］勑　底本原作『㔜』，誤，兹據《四庫全書總目》卷三三同條改。

［二］賴　底本原作『頼』，誤，兹據《四庫全書總目》卷三三同條改。

［三］賴　校同上條。

［四］軓　案《四庫全書總目》卷三三同條作『軓』。

［五］軓　校同上條。

【今案】《四庫全書薈要總目提要》第二〇八頁。影印文淵閣《四庫全書》第一八三册第四五五頁書前提要。《文溯閣四庫全書提要》卷二〇經部二〇五經總義類，第六二三頁。《文津閣四庫全書提要匯編》經部七五經總義類，第四五三頁。《四庫全書簡明目録》卷三經部七五經總義類，第一二六頁。《四庫全書總目》卷三三經部三三五經總義類，第二七一頁中。

《刊正九經三傳沿革例》一卷

宋岳珂撰。初，廖剛刊正《九經》，當時稱爲善本，其沿革所由，具見於《總例》。珂又取廖本《九經》，增以《公》《穀》二傳，校刊於相臺書塾。並爲述其總例，補所未備，一曰『書本』，二曰『字畫』，三曰『註文』，四曰『音釋』，五曰『句讀』，六曰『脱簡』，七曰『考異』，辨證精博，有功經學。其論『字畫』一條，酌古準今，尤爲通人之論也。

【今案】影印文淵閣《四庫全書》第一八三册第五五九頁書前提要。《文溯閣四庫全書提要》卷二〇經部二〇五經總義類，第六二四頁。《文津閣四庫全書提要匯編》經部七五經總義類，第四五四頁。《四庫全書簡明目録》卷三經部七五經總義類，第一二六頁。《四庫全書總目》卷三三經部三三五經總義類，第二七一頁下。

《六經圖》六卷

宋楊甲撰。《中興書目》曰：『甲，紹興中布衣。其書每經别爲一卷，乾道中，毛邦翰復增補之，《易》七十，《書》五十有五，《詩》四十有七，《周禮》六十有五，《禮記》四十有三，《春秋》二十有九，合爲《圖》三百有九。』今考此本，止《易》《書》二經《圖》與《中興書目》數相合，《詩》則四十有五，《禮記》四十有一，皆較原數少二；《周禮》六十有八，較原數多三；《春秋》四十有三，較原數多十四。陸元輔所序篇次亦同，惟《詩圖》稱四十五，而標題仍曰四十七，則疑字誤也。其增損原本之故，序未明言，不知出誰氏手矣。

【今案】影印文淵閣《四庫全書》第一八三册第一三七頁書前提要。《文淵閣四庫全書提要》卷二〇經部二〇五經總義類，第六二一頁。《文津閣四庫全書提要匯編》經部七五經總義類，第四五二頁。《四庫全書簡明目録》卷三經部七五經總義類，第一二六頁。《四庫全書總目》卷三三經部三三五經總義類，第二七一頁上。

《五經説》七卷

元熊朋來著。朋來字與可，登宋咸淳甲戌進士，仕元爲福清縣判官。《元史》有傳。其學恪守宋儒，故《易》亦言《先天》《後天》《河圖》《洛書》，《書》亦言《洪範》錯簡。蓋當時老師宿儒，相傳之説如是也。其書言禮之處爲多，疏證明白，秩然不紊，足爲一家之言。昔人謂朋來於《三禮》最深，故當世言禮者皆宗之，諒矣。至所論古音及六書，則往往語多出入，瑕瑜互見，亦各不相掩爾。

【今案】《四庫全書薈要總目提要》第二〇九頁。影印文淵閣《四庫全書》第一八四册第二四五頁書前提要。《文溯閣四庫全書提要》卷二〇經部二〇五經總義類，第六二九頁。《文津閣四庫全書提要匯編》經部七五經總義類，第四五八頁。《四庫全書簡明目録》卷三經部七五經總義類，第一二七頁。《四庫全書總目》卷三三經部三三五經總義類，第二七三頁上。

《石渠意見》四卷、《拾遺》二卷、《補闕》一卷[一]

明王恕撰。恕字宗貫，三原人。正統中進士，官至吏部尚書，贈太師，謚端毅。《明史》有傳。恕初致仕在成化二十二年，孝宗立，復召用。後與邱(丘)濬不合，求去，以弘治六年閏五月復致仕，自是家居凡十五年。此本首篇自題云『己未季秋』，據《七卿表》，當在弘治十二年，則是書作於第二次致仕時。故自序稱作《意見》時八十四，作《拾遺》時八十六，作《補闕》時八十八，可謂髦而好學矣。其書大意以《五經》《四書》傳、註列在學官者，於理或有未安，故以己意詮解而筆記之。間有發明可取者，而語無考證，純以臆測武斷之處亦多。至謂《左傳》爲子貢等所作，尤爲遊談無稽也。

【校記】

［一］補闕一卷　案《四庫全書總目》卷三四同條作「《補闕》二卷」。

【今案】《四庫全書總目》卷三四經部三四五經總義類存目，第二八二頁上。

《授經圖》二十卷

明朱睦㮮撰。按《崇文總目》有《授經圖》，叙《易》《詩》《書》《禮》《春秋》三家之學，其書不傳。睦㮮萬卷堂藏書最富，乃本宋章俊卿《考索圖》而增定之。首叙授經世系，次諸儒列傳，次諸儒著述、歷代經解名目卷數。每經四卷。舊無刊本，國朝黄虞稷、朱彝尊始同校定付刻，彝尊因之以撰《經義考》，於經學授受源流，燦然備具矣。前有睦㮮自序及子勤羹跋，又有彝尊、虞稷二序，龔翔麟、高士奇二跋。

【今案】影印文淵閣《四庫全書》第六七五册第二三一頁書前提要。《文溯閣四庫全書提要》卷四六史部二〇目録類一，第一四八六頁。《文津閣四庫全書提要匯編》史部一四目録類，第四八六頁。《四庫全書簡明目録》卷八史部一四目録類，第三二一頁。《四庫全書總目》卷八五史部四一目録類一，第七三一頁中。

《五經繹》十五卷

明鄧元錫撰。凡《易》五卷、《書》二卷、《詩》三卷、《三禮》四卷、《春秋》一卷。元錫先有《三禮編繹》二十卷，别行，故此編惟摘録其中自作發明之語，而删其經文及註語。《書》《詩》《春秋》亦不載經文，惟存篇目。其所詮釋，多支蔓之空談。《易》則雖經文而頗更其次第，如《乾卦》「元亨利貞」句下繼以「大哉乾元」至「萬國咸寧」五十七字，又繼以「元者善之長也」至「故曰乾元亨利貞」六十四字，又繼以「乾元者」至「天下平也」五十七字，又繼以「天行健」十字，乃繼以六爻及《小象》。《小象》以後，復繼以《文言》「初九曰」以下之文，皆元錫以意更定。其《繫辭》《説卦》《序卦》《雜卦》則全删傳文，而自撰《天圖原》等三卷以代之。其憑意妄作，亦與《三禮編繹》等耳。

【今案】《四庫全書總目》卷三四經部三四五經總義類存目，第二八二頁中。

《五經稽疑》五卷[一]

明朱睦㮮撰。睦㮮字灌甫，號西亭，周定王橚六世孫。襲封鎮國中尉，萬歷（曆）初，舉宗正。是編於五經疑義，參考異同，斷以己意。中如『郭京《易舉正》』之類，亦未免誤採僞書。如《春秋》『邾義父爲邾命卿』之類，亦未免太涉臆斷。而大致平允，詞簡而明，亦説經家當考之書也。惟《禮記》之末附以明代典禮八條，則殊乖説經之體。

【校記】

［一］五卷　案《四庫全書總目》卷三三同條作『六卷』。

【今案】影印文淵閣《四庫全書》第一八四册第六七九頁書前提要。《文溯閣四庫全書提要》卷二〇經部二〇五經總義類，第六三二頁。《文津閣四庫全書提要匯編》經部七五經總義類，第四六一頁。《四庫全書簡明目録》卷三經部七五經總義類，第一二八頁。《四庫全書總目》卷三三經部三三五經總義類，第二七四頁中。

《五經蠡測》六卷

明蔣悌生撰。悌生字仁叔，福寧州人。洪武初，舉明經，任本州訓導。嘗以先儒訓釋經傳有未洽於心之處，因推究本旨，旁通諸説，以證明之。其中雖不能盡無瑕疵，然詞必稽古，語必自得，不爲支離附和之説，亦可謂能卓然自立者也。

【今案】《四庫全書薈要總目提要》第二一〇頁。影印文淵閣《四庫全書》第一八四册第四三三頁書前提要。《文溯閣四庫全書提要》卷二〇經部二〇五經總義類，第六三〇頁。《文津閣四庫全書提要匯編》經部七五經總義類，第四五九頁。《四庫全書簡明目録》卷三經部七五經總義類，第一二八頁。《四庫全書總目》卷三三經部三三五經總義類，第二七三頁下。

《六經奥論》六卷

明黎温序以爲宋鄭樵撰。朱彝尊《經義考》曰：『其書議論，與《通志略》不合。樵嘗上書自述其著作，臚列名目甚晰，而是書曾未之及，則非樵所著審矣。』今檢其六卷《天文辨》中引及樵説，稱鄭夾漈先生，其非樵書，益爲明證。或原本佚其名字，後人以其辨論諸經，好高立異，近於夾漈之學，故附會於樵。抑是書前代無聞，至明乃出於盱江危邦輔家，或即邦輔所托名，未可定也。第相傳既久，所論亦頗有可採者，録而存之，而闕其所疑焉可耳。

【今案】《四庫提要分纂稿》第五七頁。《四庫全書薈要總目提要》第二〇七頁。影印文淵閣《四庫全書》第一八四册第一頁書前提要。《文溯閣四庫全書提要》卷二〇經部二〇五經總義類，第六二七頁。《文津閣四庫全書提要匯編》經部七五經總義類，第四五六頁。《四庫全書簡明目録》卷三經部七五經總義類，第一二七頁。《四庫全書總目》卷三三經部三三五經總義類，第二七二頁中。

《十三經解詁》五十六卷[一]

明陳深撰。深字子淵，長興人。是書凡《易》三卷、《書》三卷、《詩》四卷、《周禮》六卷、《儀禮》四卷、《禮記》十卷、《左傳》十四卷、《公羊傳》三卷、《穀梁傳》二卷、《論語》一卷、《孝經》一卷、《爾雅》三卷、《孟子》二卷。其《易》惟取程《傳》及《本義》，各標其名。《書》惟取孔《傳》、蔡《傳》，不復分別。《詩》取《小序》及朱子《傳》，而僞子貢《詩傳》，尤所深信。《周禮》分序官於各職之前，使長屬相統，用王應電本，稱曰『古本』。《禮記》增入《夏小正》一篇，置於《曾子問》前。《左傳》力主夏正之説，謂用周正爲誣。《論語》《孝經》《孟子》俱無註，惟《孟子》加以評點，用世所稱蘇洵本。餘亦皆鈔録舊註，無所發明，蓋鄉塾至陋之本也。

【校記】

[一]五十六卷　底本原作『四十七卷』，誤，兹據本書本條正文所記卷數及《四庫全書總目》卷三四同條改。

【今案】《四庫全書總目》卷三四經部三四五經總義類存目，第二八二頁上。

《程氏經説》七卷

不知何人所輯。案《通考》載此書，凡《易繫辭説》一卷、《書解》及《改正武成》一卷、《詩解》二卷、《春秋傳》一卷、《論語説》一卷，皆伊川所著，又明道、伊川改定《大學》二本合一卷，統爲七卷，與此本合。其中若《詩》《書解》《論語説》，本出一時雜論，異於專著。若《春秋傳》則欲爲專著而未成之書，觀所爲崇寧二年自序可見。至《繫辭説》一卷，或因所著《易傳》不及《繫辭》，將以之補其闕歟？然説止於此，則亦未成也。明徐必達編《二程全書》，併《詩解》二卷爲一卷，而别增《孟子解》一卷、《中庸解》一卷，共八卷。然《經義考》引康紹宗之言，謂《孟子解》乃後人纂集遺書、外書而成，非程子手著。至《中庸解》之出吕大臨，朱子辨證甚明，不得仍於《程氏經説》增此一種。故今所録，仍用宋本之舊焉。

【今案】影印文淵閣《四庫全書》第一八三册第四五頁書前提要。《文溯閣四庫全書提要》卷二〇經部二〇五經總義類，第六二〇頁。《文津閣四庫全書提要匯編》經部七五經總義類，第四五一頁。《四庫全書簡明目録》卷三經部七五經總義類，第一二六頁。《四庫全書總目》卷三三經部三三五經總義類，第二七〇頁下。

《十一經問答》五卷[一]

題曰何異孫撰，不詳何代人。明楊士奇嘗稱之，意其人在元、明間也。其書皆設爲論難以相答問，其編次以《論語》《孝經》爲首，次以《孟子》，又次以《大學》、《中庸》、《書》、《詩》、《周禮》、《儀禮》、《春秋》三傳、《禮記》，而不及《周易》。其解雖或與朱、程、蔡、陳諸家相出入，而《大學》分經、傳，綱領條目則一以朱子爲準，蓋亦傳新安之學者也。黄俞邰以爲科塲發問對策之書。然宋人程試所習，如利鎏孫《春秋透天關》等，大抵淺鄙不足觀。獨此於經義時有發明，視他書爲較善。

【校記】

［一］十一經問答　案《四庫全書總目》卷三三同條作「《十一經問對》」。

【今案】《四庫全書薈要總目提要》第二一〇頁。影印文淵閣《四庫全書》第一八四册第三四三頁書前提要。《文溯閣四庫全書提要》卷二〇經部二〇五經總義類，第六三〇頁。《文津閣四庫全書提要匯編》經部七五經總義類，第四五九頁。《四庫全書簡明目録》卷三經部七五經總義類，第一二八頁。《四庫全書總目》卷三三經部三三五經總義類，第二七三頁中。

《六經圖》十六卷

國朝江爲龍等編輯。附以《增定四書圖》。皆於先儒經書諸圖中摘抄成書，並無新義。爲龍，江南桐城人，康熙三十九年進士，官吏部主事。

【今案】《四庫全書總目》卷三四經部三四五經總義類存目，第二八五頁下。

《石經考》一卷

國朝顧炎武撰。考石經七種，裴頠所書者無傳，開元以下所刻亦無異議，惟漢、魏二種，以《後漢書・儒林傳》之訛，遂使一字、三字爭如聚訟。歐陽修作《集古録》，疑不能明。趙明誠作《金石録》，洪适作《隸釋》，始詳爲核定，以一字爲漢，三字爲魏。然考證雖精，而引據未廣，論者尚有所疑。炎武此書，博列衆説，互相參校。其中如據衛恒《書勢》以爲《三字石經》非邯鄲淳所書，又據《周書・宣帝紀》《隋書・劉焯傳》以正《經籍志》自鄴載入長安之誤，尤爲發前人所未發。至於洪适《隸續》尚有《漢儀禮》一碑，《魏三體石經》數碑，又《開封石經》雖已汩於河水，然世傳拓本，尚有二碑，炎武偶然未考，竟置不言，是亦千慮一失耳。

【今案】影印文淵閣《四庫全書》第六八三册第八三三頁書前提要。《文淵閣四庫全書提要》卷四七史部二一目録類二，第一五二三頁。《文津閣四庫全書提要匯編》史部一四目録類，第一五四四頁。《四庫全書簡明目録》卷八史部一四目録類，第三二九頁。《四庫全書總目》卷八六史部四二目録類二，第七四一頁中。

《九經誤字》一卷

國朝顧炎武撰。炎武以明國子監所刊諸經字多訛脱，而坊刻之誤又甚於監本，乃考石經及諸舊刻作爲此書。其中所摘監本、坊本之誤，諸經尚不過一二字，惟《儀禮》脱誤比諸經尤甚。如《士昏禮》「視諸衿鞶」下脱「婿之綏。姆辭曰：未教，不足與爲禮也」十四字；《鄉射禮》「各以其物獲」下脱「士鹿中翿旌以獲」七字；《燕禮》「享於門外東方」下脱「其牲狗也」四字；《特牲饋食禮》「長皆答拜」下脱「舉觶者祭，卒觶，拜，長皆答拜」十一字；「振之三」下脱「以授尸，坐。取簞，與」七字。其一兩字之脱，尚十九處。皆賴炎武此書校明，今本得以補正，則於典籍不爲無功矣。惟所引石經「子朝奔郊」四字，字體與唐不類，考《左傳》昭公二十二年：「王師軍於京楚，辛丑伐京」，《注》云「京楚，子朝所在」。又昭公二十三年：「王子朝入於尹」，《注》云「自京入尹氏之邑」。則子朝無奔郊之事，此四字爲王堯惠等妄加，明矣。炎武亦復採之，未免泥古之過，然不以一眚掩也。

【今案】影印文淵閣《四庫全書》第一九一册第一頁書前提要。《文溯閣四庫全書提要》卷二〇經部二〇五經總義類，第六三七頁。《文津閣四庫全書提要匯編》經部七五經總義類，第四六六頁。《四庫全書簡明目録》卷三經部七五經總義類，第一二九頁。《四庫全書總目》卷三三經部三三五經總義類，第二七六頁中。

《論語意原》二卷

宋鄭汝諧撰。汝諧以二程、張子、楊時、謝良佐之説，尚未足以盡《論語》之藴，乃作此書。雖與朱子同時，而不及見《集註》，故多有不合。如以「攻乎異端」，謂攻之反足爲害；以「使民戰栗」，爲哀公之語；以「君子懷德」，爲歎亂世；以「君子居之」爲指箕子；以「三嗅而作」，爲三歎；以「靈公問陳」，爲非不可對，乃有托而行以見善；如「不及」一節，連下齊景公、伯夷、叔齊爲一章，殊有未安。而精密之處實多，故真德秀極稱之。《朱子語録》曰：「鄭舜舉侍郎《論語》解，亦有好處。」然則朱子亦不以異己廢之矣。舜舉，汝諧字也。汝諧，紹興中登進士，仕至徽猷閣待制。又《宋史・藝文志》別有《論語意原》一卷，陳振孫《書録解題》云未詳撰人。其名偶同，非一書也。

【今案】影印文淵閣《四庫全書》第一九九册第一一一頁書前提要。《文溯閣四庫全書提要》卷二一經部二一四書類一，第六七四頁。《文津閣四庫全書提要匯編》經部八四書類，第四九三頁。《四庫全書簡明目録》卷四經部八四書類，第一三九頁。《四庫全書總目》卷三五經部三五四書類一，第二九五頁上。

《中庸指歸》一卷、《中庸分章》一卷、《大學發微》一卷、《大學本旨》一卷

宋黎立武撰。立武字以常，新喻人。咸淳中舉進士第三，仕至軍器少監、國子司業。宋亡不仕，閑居三十年以終。官撫州時，校文舉吴澄充貢士，故澄誌其墓，自稱曰門人。又稱立武官秘省時，閲官書，愛二郭氏《中庸》。郭游程門，新喻謝尚書仕夷陵，嘗傳其學。游將由謝溯程以嗣其傳，故言《大學》《中庸》等書，間與世所崇尚者異義。蓋《中庸》之學傳自程子，後諸弟子各述師説，門徑遂岐。游酢、楊時之説爲朱子所取，而郭忠孝《中庸説》以中爲性、以庸爲道，亦云程子晚年之定論。立武《中庸指歸》，皆闡此旨。至其《中庸分章》，則以「天命之謂性」以下爲一章，「仲尼曰」以下爲二章，「君子之道費而隱」以下爲三章，「道不遠人」以下爲四章，「君子素其位而行」以下爲五章，「君子之道辟如行遠」以下爲六章，「鬼神之爲德」以下爲七章，「哀公問政」以下爲八章，「誠者天之道也」以下爲九

章，『惟天下至誠』以下爲十章，『誠者自成也』以下爲十一章，『大哉聖人之道』以下爲十二章，『仲尼祖述堯舜』以下爲十三章，『惟天下至聖』以下爲十四章，『《詩》曰衣錦尚絅』以下爲十五章。皆發明郭氏之旨，所言亦具有條理。其《大學》則《發微》一卷，謂曾子傳道在一貫，悟道在忠恕，造道在《易》之《艮》。大旨以止至善爲歸，而以誠意爲要。《本旨》一卷，仍用古本，皆以爲曾子之書，不分經、傳，而以所稱曾子爲曾皙之言。要其歸宿，與程、朱亦未相牴牾，異乎王守仁等借古本以伸己説者也。惟其謂《中庸》《大學》皆通於《易》，列圖立説，絲連繩貫而排之，則未免務爲高論耳。此四書本合編，前有大德八年趙秉政序，其先《中庸》後《大學》，蓋亦從《禮記》原次。别本從今本《四書》之序，移《大學》於《中庸》前，而以秉政之序介於四書之間，失其舊第矣。

【今案】《四庫提要分纂稿》第三九二頁。影印文淵閣《四庫全書》第二〇〇册第七一三頁書前提要。《文溯閣四庫全書提要》卷二一經部二一四書類一，第六八二頁。《文津閣四庫全書提要匯編》經部八四書類，第四九八頁。《四庫全書簡明目録》卷四經部八四書類，第一四〇頁。《四庫全書總目》卷三五經部三五四書類一，第二九七頁中。

《論語全解》十卷

宋陳祥道撰。祥道字用之，李廌《師友談》記載其本末甚詳。晁公武《讀書志》云：王介甫《論語注》『子雱《口義》，其徒陳用之《解》，紹聖後皆行於場屋。』爲當時所重。又引或人言，謂用之書乃鄒浩所著，托之用之。考《宋史·藝文志》，有鄒浩《論語解義》十卷，而祥道此書不著於録，則其言亦非無因也。此本有祥道自序，首題『門人章粹校勘』，卷卷皆題曰『入經論語解』，未詳其義，殆傳抄之訛，抑爾時嘗以是爲經義通用之書，故云然耶？

【今案】影印文淵閣《四庫全書》第一九六册第六三頁書前提要。《文溯閣四庫全書提要》卷二一經部二一四書類一，第六六四頁。《文津閣四庫全書提要匯編》經部八四書類，第四八五頁。《四庫全書簡明目録》卷四經部八四書類，第一三七頁。《四庫全書總目》卷三五經部三五四書類一，第二九二頁下。

《論孟精義》三十六卷[二]

朱子撰。集程、張諸儒之説，凡十一家，《論語》二十卷，《孟子》十四卷，又各有綱領一卷。書成於乾道八年壬辰，時朱子四十三歲。是書初名《要義》，作序時名《精義》，最後改名《集義》，今刊本仍稱《精義》，因序名也。

【校記】

［一］三十六卷　案《四庫全書總目》卷三五同條作『三十四卷』。

【今案】影印文淵閣《四庫全書》第一九八册第一頁書前提要。《文溯閣四庫全書提要》卷二一經部二一四書類一，第六七一頁。《文津閣四庫全書提要匯編》經部八四書類，第四九〇頁。《四庫全書簡明目録》卷四經部八四書類，第一三八頁。《四庫全書總目》卷三五經部三五四書類一，第二九四頁中。

《論孟或問》三十四卷

朱子撰。朱子於淳熙四年丁酉成《論語》《孟子集註》。又疏其去取諸説之意，設爲問答以明之，凡《論語》二十卷，《孟子》十四卷。其年，朱子四十八歲，主管武夷沖祐觀時也。其後《集註》屢有改修，至老未已，而《或問》則無暇重編。故《集註》《或問》間有異同，後人或執《或問》疑《集註》，則昧其著書之先後矣。

【今案】《四庫全書總目》無此條。

《中庸輯略》二卷

朱子撰。初，新昌石𡼖採二程子及其門人之説，作《中庸集解》，朱子序之，謂其謹密詳審。事在淳熙十年癸卯，朱子五十四歲，主管台州崇道觀時。後六年己酉，《中庸章句》成，乃删定其書，改名《輯略》，首猶存《集解》舊序，著功之始於𡼖也。𡼖字子重，由太常寺主簿奉祠，除知南康軍，未及赴，其没也。朱子爲誌其墓。

【今案】《四庫提要分纂稿》第三九一頁。影印文淵閣《四庫全書》第一九八册第五五五頁書前提要。《文溯閣四庫全書提要》卷二一經部二一四書類一，第六七三頁。《文津閣四庫全書提要匯編》經部八四書類，第四九一頁。《四庫全書簡明目録》卷四經部八四書類，第一三八頁。《四庫全書總目》卷三五經部三五四書類一，第二九四頁下。

《南軒論語解》十卷[一]

宋張栻撰。其書成於乾道九年，朱子所謂癸巳《論語解》者也。栻因程子餘論推廣，以著是編。朱子爲之抉摘瑕疵，集中所載，多至一百一十八條，又訂其誤字二條。今所行本，僅改正二十三條，似乎斷斷不合者。然『父在觀其志』一章，朱子謂舊有兩説，當從前説爲順，反覆辨論，至於二百餘言。而今本《集註》，乃竟用何晏所引孔安國義，與栻説同。蓋古人朋友切磋，苟一義未安，不憚極言辨難，斷不敢苟且雷同，及久而是非論定，乃不復回護其前説。此大儒至公之心所由，異於門户之見也。然則此一百一十八條者，特講習商權之言，未可以是爲栻病。且二十三條之外，栻不復改，朱子亦不復争，更不必以朱子之説相難矣。

【校記】

［一］南軒論語解　案《四庫全書總目》卷三五同條作『《癸巳論語解》』。

【今案】《四庫全書薈要總目提要》第一九二頁。影印文淵閣《四庫全書》第一九九册第一九〇頁書前提要。《文溯閣四庫全書提要》卷二一經部二一四書類一，第六七五頁。《文津閣四庫全書提要匯編》經部八四書類，第四九四頁。《四庫全書簡明目録》卷四經部八四書類，第一三九頁。《四庫全書總目》卷三五經部三五四書類一，第二九五頁中。

《論語集説》十卷

宋蔡節撰。淳祐五年，嘗表進於朝，姜文龍爲刊於湖頖。其書博採前人諸説，而附以己意，大旨本之於程、朱，亦間有與《集註》不合者。如訓『賢賢易色』，則謂『賢人之賢而爲之改容更貌』；訓『吾猶及史之闕文』，則謂『「有馬者借人乘之」句即史闕文』。後人往往述之，然終非確論也。至其編輯諸説，辭旨詳明，深得傳注之體。節，永嘉人，官至太府卿，兼樞密副承[一]。

【校記】

［一］副承　案《四庫全書總目》卷三五同條作『副都承旨』。

【今案】《四庫全書薈要總目提要》第一九三頁。影印文淵閣《四庫全書》第二〇〇册第五五七頁書前提要。《文溯閣四庫全書提要》卷二一經部二一四書類一，第六八一頁。《文津閣四庫全書提要匯編》經部八四書類，第四九七頁。《四庫全書簡明目録》卷四經部八四書類，第一四〇頁。《四庫全書總目》卷三五經部三五四書類一，第二九七頁上。

《四書集編》二十六卷

宋真德秀撰。中惟《大學》一卷、《中庸》一卷爲德秀所手定。其《論語》十卷、《孟子》十四卷，則德秀之子志道因其點校之本，而雜採其《讀書記》及《文集》《衍義》諸書，以續成之者也。朱子《四書章句集註》以畢生之力爲之，至精至密，一字一句，儒者皆奉爲指歸。然《章句》多出新意，《集註》則鎔鑄成書。其所以去取衆說之意，散見《或問》《輯略》《語類》《文集》中，不能一一載也。而《或問》《語類》《文集》又多一時未定之說，與門人記録失真之處，故先後異同重復，讀者往往病焉。是編博採朱子之説以相發明，復間附己見以折衷訛異。德秀自稱有銓擇刊潤之功，非虚語也。後祝宗道有《四書附録》，蔡模有《四書集疏》，吴真子有《四書集成》，大旨與是編相出入，然所學不及德秀，故精審亦遜之。

【今案】《四庫全書薈要總目提要》第一九八頁。影印文淵閣《四庫全書》第二〇〇册第一頁書前提要。《文溯閣四庫全書提要》卷二一經部二一四書類一，第六七九頁。《文津閣四庫全書提要匯編》經部八四書類，第四九六頁。《四庫全書簡明目録》卷四經部八四書類，第一四〇頁。《四庫全書總目》卷三五經部三五四書類一，第二九六頁中。

《四書纂疏》二十六卷

宋趙順孫撰。順孫字格庵，括蒼人。其父雷嘗師事朱子門人滕璘，故順孫之學一本朱子。是書備引朱子之説，以暢《章句集註》之旨。所旁引者黄榦、輔廣、陳淳、陳孔碩、蔡淵、蔡沈、葉味道、胡泳、陳埴、潘柄、黄士毅、真德秀、蔡模，凡一十三家，皆爲朱子之學者也。論此書者，頗以冗濫爲病。然經師著述，體例各殊，註者辭尚簡明，疏者義存曲證。順孫書以『疏』爲名，而自序云『陪潁達、公彦後』，則固疏體矣。繁而不殺，於理亦宜，略其蕪雜，取其宗旨之正，可矣。

【今案】《四庫全書薈要總目提要》第一九九頁。影印文淵閣《四庫全書》第二〇一册第一頁書前提要。《文溯閣四庫全書提要》卷二一經部二一四書類一，第六八三頁。《文津閣四庫全書提要匯編》經部八四書類，第四九九頁。《四庫全書簡明目録》卷四經部八四書類，第一四一頁。《四庫全書總目》卷三五經部三五四書類一，第二九七頁下。

《孟子集疏》十四卷

宋蔡模撰。先是，朱子《集注》於先儒舊説，多所改定，論者或有異同。蔡氏三世皆傳朱子之學，至模，信之益篤。此書蓋本其父沈之志而成，沈嘗謂模云：『學《論》《孟》者，求諸《集注》而已足。但《集注》氣象涵蓄，語言精密，尤未易讀。當取《集義》《或問》及張、吕諸賢門人高弟往復問答之語，蒐輯疏證，乃可嶄於語脉分明，宗旨端的。』模承其訓，因與弟杭互相商榷以成是書，杭爲之序。

【今案】《四庫全書薈要總目提要》第一九五頁。影印文淵閣《四庫全書》第二〇〇册第三八三頁書前提要。《文淵閣四庫全書提要》卷二一經部二一四書類一，第六八〇頁。《文津閣四庫全書提要匯編》經部八四書類，第四九七頁。《四庫全書簡明目録》卷四經部八四書類，第一四〇頁。《四庫全書總目》卷三五經部三五四書類一，第二九六頁下。

《論語孟子考異》二卷

宋王應麟撰。凡註疏諸儒之説，與《集註》互異者，各爲考訂。應麟字伯厚，慶元人，淳祐元年進士，官至尚書。應麟著作傳世者多，而此書諸家無言及者，疑莫能明也。然其説頗有可採者。

【今案】《四庫全書總目》卷三七經部三七四書類存目，第三〇八頁下。

《四書通》二十六卷

元新安胡炳文撰。先是蔡模有《四書纂疏》、吴真子有《四書集成》，皆闡朱子之學，炳文謂其尚有與朱子相戾者，因重爲刊削，附以己説，以成此書。所取於《纂疏》《集成》者凡十四家，增於二書又四十五家。自述云：『會其同而辨其異，會之不失其宗，辨之不惑於似，已盡著作之意矣。』觀其《凡例》，於一字之筆誤，刊本先後之差别，悉加考正，則用心亦勤且密也。又朱子《章句集註》所引凡五十四家，今多不知爲誰，是書尚一一載其名字，亦足資考證云。

【今案】《四庫全書薈要總目提要》第一九九頁。影印文淵閣《四庫全書》第二〇三册第一頁書前提要。《文淵閣四庫全書提要》卷二二經部二二四書類二，第六九〇頁。《文津閣四庫全書提要匯編》經部八四書類，第五〇三頁。《四庫全書簡明目録》卷四經部八四書類，第一四二頁。《四庫全書總目》卷三六經部三六四書類二，第二九九頁下。

《四書通證》六卷

元張存中撰。存中字德庸，新安人。初，胡炳文作《四書通釋》，詳義理而略名物。存中因排纂舊説，成此書以附其後，故名曰《四書通證》。炳文爲之序，稱北方杜緱山有《語孟旁通》，平水薛壽之有《四書引證》，皆失之太繁，存中能删冗從簡，去非取是。又曰：『學者於余之《通》，知《四書》用意之深；於《通證》，知《四書》用事之審。』推之甚至。今核其書，引經數典，字字必著所出。而『夏曰瑚，商曰璉』，承包氏之誤者，乃置此一條，不引《禮記》以證之，蓋不免有所回護。不知朱子之學在明聖道之正傳，區區訓詁之間，固不必爲之諱也。又如『三讓』，引《吴越春秋》，泛及雜説。而歷代史事乃置正史，而引《通鑑》，亦非根本之學。然大概徵引詳明，於人人習讀不察者，一一具標出處，可省檢閲之煩，於學者不爲無補也。

【今案】《四庫全書薈要總目提要》第二〇〇頁。影印文淵閣《四庫全書》第二〇三册第六三七頁書前提要。《文津閣四庫全書提要匯編》經部八四書類，第五〇四頁。《四庫全書簡明目録》卷四經部八四書類，第一四二頁。《四庫全書總目》卷三六經部三六四書類二，第二九九頁下。

《學庸啓蒙》二卷[一]

元景星撰。星，餘姚人，號訥庵。其書矩矱朱子而兼採群言以發明之，條分縷析，示人易曉，故題曰《啓蒙》。其於《大學》傳之五章，附識矩堂董氏之説；《中庸》首章，并引雙峰饒氏之論，與《章句》之旨間有不同，亦能掃除門户之見者。《大學》先刊行，《中庸》則明人夏時得蔣驥寫本，始爲補刻。驥，錢塘人，曾受業於星者也。

【校記】

[一]學庸啓蒙　案《四庫全書總目》卷三六同條作『《大學中庸集説啓蒙》』。

【今案】影印文淵閣《四庫全書》第二〇四册第九六一頁書前提要。《文溯閣四庫全書提要》卷二二經部二二四書類二，第六九六頁。《文津閣四庫全書提要匯編》經部八四書類，第五〇九頁。《四庫全書簡明目録》卷四經部八四書類，第一四四頁。《四庫全書總目》卷三六經部三六四書類二，第三〇一頁中。

《四書辨疑》十五卷

舊本不著作者、時代、姓氏。書中稱『自宋氏播遷江表，南北分隔纔百五六十年，經書文字已有不同』，則元初人所撰矣。蘇天爵《安熙行狀》云：『國初有傳朱子《四書集注》至北方者，滹南王公雅以辨博自負，爲說非之。趙郡陳氏獨喜其說，增多至若干言。』是書多引王若虚說，殆寧晋陳天祥書也。朱彝尊《經義考》曰：『《四書辨疑》，元人凡有四家：雲峰胡氏、偃師陳氏、黄巖陳成甫氏、孟長文氏。成甫、長文並浙人，雲峰一宗朱子，其爲偃師陳氏之書無疑。』所說當矣。其曰偃師者，《元史》稱天祥因兄祐仕河南，自寧晋徙家洛陽，嘗居偃師南山故也。天爵又謂安熙爲書以辨之，其後天祥深悔而焚其書。今此本具存，或天爵欲張大其師學，所言未足據也。其書大意主於闕疑而不貴穿鑿，故所列三十餘條，皆平心剖析，實非有意立異，規規爲門户之争者。各尊所聞，各行所知，朱子亦嘗言之，是編固不妨與《集註》並存耳。

【今案】《四庫全書薈要總目提要》第二〇二頁。影印文淵閣《四庫全書》第二〇二册第三三一頁書前提要。《文溯閣四庫全書提要》卷二二經部二二四書類二，第六八八頁。《文津閣四庫全書提要匯編》經部八四書類，第五〇二頁。《四庫全書簡明目録》卷四經部八四書類，第一四一頁。《四庫全書總目》卷三六經部三六四書類二，第二九九頁上。

《四書集義精要》二十八卷

元劉因撰。因字夢吉，容城人，學者稱『静修先生』。世祖至元十九年，徵拜承德郎、右贊善大夫。未幾，辭歸。再以集賢學士徵，不起。自朱子爲《四書集注》，後人又取朱子《或問》《語類》《文集》所說，萃爲《集義》，文頗繁冗。是書删其復雜，最得要領。原本三十卷，今存二十八卷，止於《孟子·滕文公上》篇，其後二卷，蓋佚之久矣。

【今案】《四庫提要分纂稿》第三九三頁。影印文淵閣《四庫全書》第二〇二册第一四九頁書前提要。《文溯閣四庫全書提要》卷二二經部二二四書類二，第六八七頁。《文津閣四庫全書提要匯編》經部八四書類，第五〇一頁。《四庫全書簡明目録》卷四經部八四書類，第一四一頁。《四庫全書總目》卷三六經部三六四書類二，第二九九頁上。

《中庸衍義》十七卷

明夏良勝撰。良勝字於中[一]，南城人。事迹具《明史》。自宋真德秀作《大學衍義》，明孝宗初，邱（丘）濬進《大學衍義補》，而未及《中庸》。良勝是書，成於嘉靖間謫戍遼海之時，自性、道、教、達道、達德、九經、三重之屬，推廣演繹，一仿真德秀《大學衍義》之體，而多引邱（丘）濬之説。至於崇神仙，好符瑞，改祖制，抑善類數端之弊，尤惓惓言之。蓋皆爲世宗時事發也。良勝於正德、嘉靖間，兩以直言杖謫，其爲人世所重。是編宗旨醇正，亦不愧儒者之言。

【校記】

［一］於中　案《文溯閣四庫全書提要》卷五一及《文津閣四庫全書提要匯編》子部一儒家類同條亦作『於中』，而《四庫全書總目》卷九三同條作『于中』。

【今案】影印文淵閣《四庫全書》第七一五册第二八一頁書前提要。《文溯閣四庫全書提要》卷五一子部三儒家類三，第一六五七頁。《文津閣四庫全書提要匯編》子部一儒家類，第七五頁。《四庫全書簡明目録》卷九子部一儒家類，第三六一頁。《四庫全書總目》卷九三子部三儒家類三，第七九三頁中。

《大學千慮》一卷

明穆孔暉撰。孔暉字元庵，堂邑人。弘治十八年進士。官至太常寺卿。謚文簡。是書就《章句》《或問》引伸其説，中引佛遺教經，以爲儒、釋一本，可謂小言破道，不足窺正學之津梁者矣。

【今案】《四庫全書總目》卷三七經部三七四書類存目，第三一〇頁上。

《引經釋》五卷[一]

明陳禹謨撰。以《四書》中所引諸經爲綱，而雜引諸家訓詁列其後，既非釋《四書》，又非釋經，徒費簡編，無所取義，所徵引亦殊寡陋。

【校記】

［一］引經釋五卷　案《四庫全書總目》卷三七同條作『《經籍異同》三卷』。

【今案】《四庫全書總目》卷三七經部三七四書類存目，第三一一頁上。

《大學衍義通略》三十一卷

明王諍輯。其書取楊廉《大學衍義節略》、邱（丘）濬《大學衍義補》合爲一編，凡《節略》十卷，《補略》二十一卷，間亦釋字証義，取便檢閲，無所發明。諍號竹巖，永嘉人，嘉靖二十九年進士，官御史。

【今案】《四庫全書總目》卷九五子部五儒家類存目一，第八〇六頁上。

《四書通義》二十卷

明劉剡撰。初元倪士毅以吴真子《四書集成》泛濫無當，乃取陳櫟所著《發明》，參以胡炳文《四書通》，訂其訛舛名曰《輯釋》，至正辛巳刊於建陽。後士毅慮有未盡，復爲重訂，稿成而卒。明正統間，其邑人金德玹於黟縣汪士濂家得舊本，傳之於剡。剡更益以金履祥《疏義》《指義》，朱公遷《通旨》《約説》，程復心《章圖》，史伯璿《管窺》，王善《通考》及當時諸儒著述，參互考正，定爲是編。士毅字仲宏（弘），剡字用章，並休寧人。

【今案】《四庫全書總目》卷三七經部三七四書類存目，第三〇九頁上。

經部七 樂類小學類

《皇祐新樂圖記》三卷

宋阮逸、胡瑗奉敕撰。仁宗景祐三年二月，以李照樂穿鑿，特詔較定鐘律，依《周禮》及歷代史志立議範金，至皇祐五年，樂成奏上，此其《圖記》也。舊本從明文淵閣録出，後有宋陳振孫嘉定己亥跋，云『借虎邱（丘）寺本録』。蓋當時所賜藏之名山者。又有元天歷（曆）二年吳壽民跋、明萬歷（曆）三十九年趙開美跋，叙是書源委頗詳。瑗等定樂一事，衆説紛紜，殆成聚訟。《宋史·樂志》僅撮其綱，此書叙述詳明，猶備見家之學[一]。

【校記】

[一]猶備見家之學　案此句似有脱文。

【今案】影印文淵閣《四庫全書》第二一一册第一頁書前提要。《文溯閣四庫全書提要》卷二三經部二三樂類，第七二三頁。《文津閣四庫全書提要匯編》經部九樂類，第五三〇頁。《四庫全書簡明目録》卷四經部九樂類，第一五〇頁。《四庫全書總目》卷三八經部三八樂類，第三二〇頁下。

《律吕正聲》六十卷[一]

明王邦直撰。邦直字子魚，即墨人。李維楨序以爲曾官鹽山縣縣丞，林增志序則以爲鉛山縣縣丞。二序同時，自相矛盾。考《明世宗實録》，實作鹽山，則增志序誤也。其書以卦氣定律吕，推步準之《太元（玄）經》，分寸準之《吕覽》，故大旨主李文利黄鐘三寸九分之説，而獨糾其誤，以左律爲右律。又以三分損益、隔八相生截然兩法，而力辨古來牽合爲一之非。援引浩繁，其説甚辨。自漢司馬遷至明韓邦奇諸家，皆有節取，而無一家當其意。蓋邦直當嘉靖間上書論時政，坐是閑廢，閉户二十年乃成此書，其用心良篤。然維楨序述其欲比孔子自衛反魯，使《雅》《頌》得所，邦直自序亦稱千載之謬可革，往聖之絶學不患於無繼，亦未免僭且妄矣。

【校記】

[一]案本條又見於本書此後同類中，似爲重出，然文字詳略頗大，又似出兩人之手。

【今案】《四庫全書總目》卷三九經部三九樂類存目，第三三四頁中。

《雅樂發微》八卷

明張敔撰。敔字叔成，鄱陽人。以舉人官禮部主事，署員外郎致仕。是書自元聲正半律諸法，以逮樂器、樂歌、懸圖、舞表，分門畢具。後又作《雅義》三卷附之，六十律、八十四調、十六鐘以及累黍生尺之法，無不悉究。其序謂論琴律本之朱子，論笛制本之杜夔，論旋宫本之《周禮》，論鐘鎛本之《國語》，於樂制頗有考訂。然如論蕤賓生大吕，主《吕覽》《淮南子》上生之説，不知律吕相生定法，上生與下生相間，故左旋與右旋相乘。今應鐘既上生蕤賓，而蕤賓又上生大吕，與上下相生之序極爲錯迕。敔此書乃取先儒已廢之論，殊不足據。其他議論，尚多守古，與詆斥經傳、妄立新説者有間也。

【今案】《四庫提要分纂稿》第六四頁。《四庫全書總目》卷三九經部三九樂類存目，第三三〇頁下。

《樂經元義》八卷

明劉濂撰。第一卷曰《律吕篇》，二卷曰《八音篇》，三卷曰《萬舞篇》，四卷至七卷曰《古詩音調篇》，八卷曰《微言篇》。其論律吕也，專駁《樂記》與《周禮·大司樂》。其論音調也，謂《三百篇》之中宫、商近雅，徵、羽近淫，每篇每章，分出某宫某律，又於其中分列，有和有亂。其論《頌》，又極駁圜鐘、函鐘[一]。大都自任臆見，無所師承。前有嘉靖二十九年自序，稱上下數千年，閱歷聖哲不知凡幾，皆見不及此，亦妄且悖矣。

【校記】

[一]函　底本原作「亟」，誤，兹據《四庫全書總目》卷三九同條改。

【今案】《四庫提要分纂稿》第六五頁。《四庫全書總目》卷三九經部三九樂類存目，第三三二頁上。

《樂律纂要》一卷

明季本撰。凡十三篇。觀其自序，蓋亦無所師承，以意考究而得之。其論聲氣之源，欲舍古尺而治以耳，亦不甚取候氣之法。其論律管圍徑，頗以祖冲之密率疑胡瑗三分四釐六毫有奇之説。其論黄鐘生十一律，以蕤賓生大吕非本法。其論十二律寸法，以六變律補《鐘律解》之闕。其論正變倍半，駁但用四清聲之非。其論五聲相生，不取沈括《筆談》。論二變聲，不取杜佑《通典》。後附趙彦肅所傳《開元詩譜》十二章，其説簡明，猶論樂家之切實者。

【今案】《四庫全書總目》卷三九經部三九樂類存目，第三三一頁下。

《古樂經傳》三卷

明湛若水撰。其《補經》一篇，若水所擬；《古樂正傳》十篇，則録其門人吕懷之書；《古樂本傳》一篇，即《樂記》原文；《别傳》一篇，皆《周禮》所言樂事；《雜傳》一篇，《律傳》一篇，則雜採《孟子》以下及歷代論樂語也。是書以論度數爲主，以論義理爲後，故以己所作者，反謂之經，而《樂記》以下古經，反謂之傳。然古之度數，其密率已不可知，非聖人聲律身度者，何由於百世之下闇與古合，而實可以播金石管弦之器？若水遽定爲書，未免自信之過矣。

【今案】《四庫全書總目》卷三九經部三九樂類存目，第三三一頁下。

《律吕古義》三卷

明吕懷撰。懷，廣信永豐人，湛若水之弟子。官至南京太僕寺少卿。此編前載總序，後列七圖，分律本、律變、候氣、納音等門，並載《雜説》内、外篇及《答問》數條。其中心統之説，頗近釋氏。所論亦時多附會，未能得律吕之本也。

【今案】《四庫全書總目》卷三九經部三九樂類存目，第三三三頁上。

《律吕正聲》六十卷[一]

明王邦直撰。邦直字子魚，即墨人。明嘉靖中，爲鹽山縣丞。《史記》《漢書》皆言黄鍾長九寸，獨《吕氏春秋》言黄鍾長三寸九分，邦直據以爲説，蓋與李文利之書互相表裏。然文利説迄不能行，明人已著論以排之。李光地《古樂經傳》直謂《吕覽》亦當作九寸三分，與《史記》《漢書》同，特『九三』二字，傳本互舛，文利等不及辨也。是書之末，復仿《太元(玄)》元(玄)虚之體爲稽疑測辭，是併蹈僭經之戒矣。

【校記】

［一］案本條已見於前，似爲重出，但文字内容既較略，又頗異。

【今案】《四庫全書總目》卷三九經部三九樂類存目，第三三四頁中。

《樂書》十卷［一］

明李文察撰。文察初官遼州同知。嘉靖十七年，表進所著《樂書》四種。以羲文卦畫及禹疇箕範爲樂理之原，作《四聖圖解》二卷。以《樂記》陳澔《集説》未能詳盡，作《補説》二卷。以蔡元定《律吕新書》配以河洛理數，作《補注》一卷。以古樂可復，作《興樂要論》三卷。當時禮官稱其論樂理樂原多前人所未發，又欲按人聲以考定五音，爲制律候氣之本，與宋人楊傑之義合，乃授太常典簿。後又上《青宫樂調》一卷，《古樂筌蹄》一卷，凡樂器、樂舞、樂容，悉爲考定。先是莆人李文利著《律吕元聲》，獨以黄鍾爲極清，管長三寸九分，説與古悖，文察力糾其繆而祈論按人聲以定五音之説。《明史·樂志》亦謂其終不能行。蓋二人論樂旨，以意據理而談，非有所授受於古也。

【校記】

［一］樂書十卷 案《四庫全書總目》卷三九同條作「《李氏樂書》十九卷」。

【今案】《四庫全書總目》卷三九經部三九樂類存目，第三三三頁中。

《雅樂考》二十卷

明韋焕撰。焕，常熟人。嘉靖間，官福建仙游縣教諭。是書雜引前代論樂之事，抄撮成編。前三卷題曰《經書》，皆引《六經》言樂之文，《論語》《孟子》一字及樂者亦詳載，而《左傳》惟引「初獻六羽」、「季札來聘」二條，《儀禮》則不録一字。四卷題曰《諸子》，自《太公六韜》以至《莊子》《列子》，皆取一二條。五卷爲《五聲》，六卷、七卷爲《六律》，八卷、九卷爲《律制》，十卷至十二卷爲《八音》，十三卷至十六卷爲《樂制》，皆剽剟習見之言。十七卷至末皆明之樂章，併教坊曲令亦載焉。全書毫無發明，惟「六羽」條下稱祀孔子當增武舞耳，俚儒之陋者也。

【今案】《四庫全書總目》卷三九經部三九樂類存目，第三三四頁上。

《八音摘要》二卷

明瓊州諸生汪浩然撰。浩然能協琴瑟之聲爲八音，嘗譜大成樂奏之廣州學宮，湛若水爲作記。是書凡二十五目。上卷自《歷代樂議》《旋相爲宮議》以下爲十五目，下卷分列八音及舞圖、歌譜爲十目。大抵亦摭拾邱（丘）濬、黄佐之緒餘，未見有特識也。

【今案】《四庫全書總目》卷三九經部三九樂類存目，第三三二頁下。

《大樂律吕元聲》六卷、附《律吕考注》四卷

明李文利撰。文利字乾遂，號兩山，莆田人。官思南府教授。其書本劉恕《通鑑外紀》、長孫無忌《隋志》，並《吕氏春秋》諸説，以駁司馬遷黄鍾九寸之誤，其詞甚辨。然《明史·藝文志》載黄積慶《樂律管見》二卷，註云正李文利之非，則當時已有異議矣。

【今案】《四庫全書總目》卷三九經部三九樂類存目，第三三〇頁下。

《律吕纂要》二卷

無撰人名氏、時代，亦無序目。分上、下二篇，每篇各十有三説。大意以律吕之要在審其聲音之高下、長短。上篇則發明高下之節，下篇則發明長短之度，於律吕度數，頗足以資稽考。

【今案】《四庫提要分纂稿》第六六頁。《四庫全書總目》卷三九經部三九樂類存目，第三三八頁中。

《樂經内編》二十卷

國朝張宣猷撰。雜採諸經書言樂之文，排纂成書，無所考正。自序又稱採諸史者謂之《外編》。今《外編》未見，非完書也。

【今案】《四庫全書總目》卷三九經部三九樂類存目，第三三六頁下。

《古樂書》二十四篇[一]

國朝應撝謙撰。撝謙字嗣寅，錢塘人。其書不分卷，凡二十四篇。其論十二律圍徑皆同，則據鄭康成《月令註》，其論五聲二變，主《漢志》及《國語》註，而孔《疏》異同處，亦參取之。其論倍律，則主《通典》正律較半律爲倍之説，力斥李之藻説之非。議論多平正可取。

【校記】

［一］二十四篇　案《四庫全書總目》卷三八同條作「二卷」。

【今案】影印文淵閣《四庫全書》第二二〇册第九七頁書前提要。《文淵閣四庫全書提要》卷二三經部二三樂類，第七四五頁。《文津閣四庫全書提要匯編》經部九樂類，第五四三頁。《四庫全書簡明目録》卷四經部九樂類，第一五四頁。《四庫全書總目》卷三八經部三八樂類，第三二七頁中。

《急就篇》四卷[一]

漢黄門令史游撰。《漢志》作《急就》一篇，《隋志》作《急就章》一卷，《唐》《宋志》與《隋志》同。舊有曹壽、崔浩、劉芳、顔之推註，今皆不傳。惟顔師古《注》一卷存，王應麟又補註之，釐爲四卷。師古本比《皇象碑》多六十三字，而少「齊國」「山陽」兩章，止三十二章。應麟《藝文志考證》標「真定常山」至「高邑」句，以爲此二章起於東漢，最爲精確。其註亦考證典核，足補師古之闕。是書，皇象、師古二本外，又有黄應堅本、李壽本、朱子越中本。應麟所補字句，多從顔本云。

【校記】

［一］急就篇　案《四庫全書總目》卷四一同條作「《急救章》」。

【今案】影印文淵閣《四庫全書》第二二三册第一頁書前提要。《文溯閣四庫全書提要》卷二五經部二五小學類二，第七七三頁。《文津閣四庫全書提要匯編》經部九小學類，第五六六頁。《四庫全書簡明目録》卷四經部一〇小學類，第一五九頁。《四庫全書總目》卷四一經部四一小學類二，第三四四頁中。

《釋名》四卷[一]

漢劉熙撰。熙字成國，北海人。其書二十篇。以音聲髣髴，推論稱名辨物之意，中間頗傷於穿鑿。然去古未遠，所釋器物，有可因以推求古人制度之遺者。如《楚辭・九歌》：「薜荔拍兮蕙綢」，王逸云「拍，搏辟也」，今併「搏辟」二字亦莫名其物，觀是書《釋床帳篇》，乃知「搏辟」爲以席搏著壁。孔穎達《禮記義疏》以深衣十二幅皆交裁謂之衽，是書《釋衣服篇》云：「衽，襜也，在旁襜襜然也」，則與《玉藻》言「衽當旁」合。《釋兵篇》云：「刀室曰削，室口之飾曰琫，下末之飾曰琕」，又足正《毛詩詁訓傳》之訛。其有資考證，非一也。別本或題曰《逸雅》。蓋明郎奎金取是書與《爾雅》《小爾雅》《廣雅》《埤雅》合刻，名曰《五雅》，以四書皆有「雅」名，遂改題《逸雅》以從類。非其本目，今不從之。

【校記】

[一]四卷　案《四庫全書總目》卷四〇同條作「八卷」。

【今案】《四庫全書薈要總目提要》第二一二頁。影印文淵閣《四庫全書》第二二一册第三八三頁書前提要。《文溯閣四庫全書提要》卷二四經部二四小學類一，第七六〇頁。《文津閣四庫全書提要匯編》經部九小學類，第五五七頁。《四庫全書簡明目録》卷四經部一〇小學類，第一五七頁。《四庫全書總目》卷四〇經部四〇小學類一，第三四〇頁下。

《小爾雅》一卷

《漢・藝文志》有《小爾雅》一篇，無撰人名氏。《唐書・藝文志》載李軌注《小爾雅》一卷，今亦佚。今所傳《小爾雅》，則《孔叢子》第十一篇抄出別行者也。分《廣詁》《廣言》《廣訓》《廣義》《廣名》《廣服》《廣器》《廣物》《廣鳥》《廣獸》十章，而益以《度》《量》《衡》爲十三章，頗可以資考據，然亦時有舛迕。如《廣量》云「豆四謂之區，區四謂之釜」，本諸《春秋傳》「四升爲豆，各自其四，以登於釜」之文。下云「釜二有半謂之藪」，與《儀禮》「十六斗曰藪」合。而其下云「藪二有半謂之缶，缶二謂之鍾」，則實八斛，《春秋傳》所謂陳氏新量，非齊舊量六斛四斗之鍾。是豆、釜、區用舊量，鍾則用新量也。《廣衡》云「兩有半曰捷，倍捷曰舉，倍舉曰鋝」，即漢賈逵所稱俗儒以鋝重六兩者是也。若出於古小學遺書，逵必不以俗儒目之。他如謂「鵠中者謂之正」，則併正鵠之名不辨。謂「四尺謂之仞」，則

《考工》「澮深二仞」，與「洫深八尺」無異[一]。

【校記】

[一]底本原案曰：「編按：此提要未完，今補白葉。」《四庫全書總目》卷四三「《小爾雅》一卷」條：「案《漢書・藝文志》有《小爾雅》一篇，無撰人名氏。《隋書・經籍志》《唐書・藝文志》並載李軌注《小爾雅》一卷，其書久佚。今所傳本，則《孔叢子》第十一篇鈔出别行者也。分《廣詁》《廣言》《廣訓》《廣義》《廣名》《廣服》《廣器》《廣物》《廣鳥》《廣獸》十章，而益以《度》《量》《衡》爲十三章，頗可以資考據，然亦時有舛迕。如《廣量》云：「豆四謂之區，區四謂之釜。」本諸《春秋傳》「四升爲豆，各自其四，以登於釜」之文。下云「釜二有半謂之藪」，與《儀禮》「十六斗曰藪」合。其下又云「藪二有半謂之缶，缶二謂之鍾」，則實八斛，乃《春秋傳》所謂陳氏新量，非齊舊量六斛四斗之鍾。是豆、釜、區用舊量，鍾則用新量也。《廣衡》曰「兩有半曰捷，倍捷曰舉，倍舉曰鋝」，《公羊傳疏》引賈逵稱俗儒以鋝重六兩者，蓋即指此。使漢代小學遺書果有此語，逵必不以俗儒目之矣。他如謂「鵠中者謂之正」，則並正鵠之名不辨。謂「四尺謂之仞」，則《考工記》「澮深二仞」，與「洫深八尺」無異矣。漢儒説經，皆不援及，迨杜預注《左傳》，始稍見徵引。明是書漢末晚出，至晉始行，非《漢志》所稱之舊本。晁公武《讀書志》以爲孔子古文，殆循名而失之。相傳已久，姑存其目。若其文則已見《孔叢子》，不復録焉。」

【今案】《四庫全書總目》卷四三經部四三小學類存目一，第三七〇頁中。

《廣雅》十卷

魏博士張揖撰。其書因《爾雅》舊目，博採漢儒箋註及《三蒼》《説文》諸書以增廣之，於楊雄《方言》亦備載無遺[一]。隋曹憲爲之音，避煬帝諱，改名《博雅》。據揖《上廣雅表》云：「凡萬八千一百五十文，分爲上、中、下。」《隋書・經籍志》亦作三卷，與《表》所言合。《唐書》乃作四卷。《館閣書目》又云：「今逸，但存《音》三卷。」憲所註《博雅》，《唐志》作十卷，《隋志》作《廣雅音》四卷，諸書所載，參錯不同。以意考推，揖書本三卷。其或作四卷者，殆以曹憲之《音》，别爲一卷附後，故統爲四。憲註，蓋一本音與書分，即《隋志》所言一本，散音於句下，析爲十卷，一本又嫌十卷煩碎，併爲三卷。如今刊陸德明《經典釋文》，司馬貞《史記索隱》、朱子《韓文考異》皆一本註文別行，一本散註入句下，是其例也。然則《館閣書目》所謂逸者，乃逸其無註之本，所謂存《音》三卷者，即存散註句下之本。捐原文實附註以存，未嘗逸，亦未嘗闕。惟今本十卷與三卷之説不合，則又後人復析之，以合《唐志》耳。考唐元（玄）度《九經字樣序》，稱音字改『反』爲『切』，實元（玄）度創始。憲雖自隋入唐，至貞觀時尚在，然遠在元（玄）度之前，今本乃往往云某字某切，頗爲疑竇。殆傳刻臆改，又非憲本之舊與。

【校記】

［一］楊　案《四庫全書總目》卷四〇同條作『揚』。

【今案】《四庫全書薈要總目提要》第二一三頁。影印文淵閣《四庫全書》第二二一册第四二五頁書前提要。《文溯閣四庫全書提要》卷二四經部二四小學類一，第七六一頁。《文津閣四庫全書提要匯編》經部一〇小學類，第五五七頁。《四庫全書簡明目録》卷四經部一〇小學類，第一五七頁。《四庫全書總目》卷四〇經部四〇小學類一，第三四一頁上。

《重修玉篇》三十卷

梁大同九年黄門侍郎兼太學博士顧野王撰，唐上元元年富春孫强增加字，宋大中祥符六年陳彭年、吴鋭、邱（丘）雍等重修。凡五百四十部。今世所行凡二本。一爲張士俊所刊，前有野王序一篇，啓一篇，後有神珙《反紐圖》及《分毫字樣》，朱彝尊序之，稱上元本。一爲曹寅所刊，與張本一字無異，惟前多大中祥符敕牒一道，稱重修本。一爲明内府所刊，字數與二本同，而每部之中，次序不同，註文稍略，亦稱大中祥符重修本。按《文獻通考》載《玉篇》三十卷，引晁公武《讀書志》曰：『梁顧野王撰，唐孫强又嘗增字，釋神珙《反紐圖》附於後。』又載《重修玉篇》三十卷，引《崇文總目》曰：『翰林學士陳彭年與史館校刊吴鋭、直集賢院邱（丘）雍等重加刊定。』是宋時《玉篇》原有二本。彭年等進書稱：『肅奉詔條，俾從詳閲，訛謬者悉加刊定，敷淺者仍事討論。』其《敕牒》後所列字數稱［二］：『舊一十五萬八千六百四十一言［三］，新五萬一千一百二十九言，新、舊總二十萬九千七百七十言，註四十萬七千五百有三十字。』是彭年等大有增删，已非復孫强之舊，故明内府本及曹本均稱重修。張本既與曹本同，則亦重修本，乃删去重修之牒，詭稱上元本。而大中祥符所改《大廣益會》之名，及卷首所列字數，仍未及削改，可謂拙於作僞。彝尊乃謂『勝於今行《大廣益》本』，殆亦未見所刊，而以意漫書歟？考《永樂大典》每字之下皆引顧野王《玉篇》云云，又引宋《重修玉篇》云云，二書並列，是明初上元本猶在，而其『篇』字韻中所載

《玉篇》全部，乃仍收《大廣益會》本，而不收野王書舊本，遂不可考。殆以重修本註文較繁，故以多爲貴也。當時編纂之無識，此亦一端矣。

【校記】

[一]所列字數稱　底本自「數稱」以下爲一頁，原案曰：「編按：此葉原置重修廣韻後，今校改。」

[二]八千　底本原脱此二字，兹據《四庫全書總目》卷四一同條補。

【今案】《四庫全書薈要總目提要》第二一五頁。影印文淵閣《四庫全書》第二二四册第一頁書前提要。《文溯閣四庫全書提要》卷二五經部二五小學類二，第七八一頁。《文津閣四庫全書提要匯編》經部一〇小學類，第五七三頁。《四庫全書簡明目録》卷四經部一〇小學類，第一六一頁。《四庫全書總目》卷四一經部四一小學類二，第三四七頁上。

[《韻補》五卷][一]

類，爲此書所無者，不可殫舉。《兔罝》篇「仇」音「渠之反」，以與「逵」叶[二]。此書乃據《韓詩》「逵」作「馗」，音「渠尤反」，以與「仇」叶。顯相背者亦不一。又《朱子語録》稱棫音「務」爲「蒙」，音「嚴」爲「莊」。此書有「務」而無「嚴」。周密《齊東野語》稱朱子用棫之説，以「艱」音「巾」，「替」音「天」。此書有「艱」而無「替」，則朱子所據，非此書明甚。蓋棫音《詩》、音《楚詞》[三]，皆據其本文，推求古讀，尚能互相比較，得其本音，故朱子有取焉。此書則泛取旁搜，無所持擇，所引書五十種中，下逮歐陽修、蘇軾、蘇轍諸作，與商英之僞《三略》及《黄庭經》、道藏諸歌，與《吴子》《淮南子》《白虎通》《釋名》等之似韻非韻者，故參錯冗雜，漫無體例，迥非所音《詩》《騷》之比。至於韻部之下「上平」註「文」、「殷」、「元」、「魂」、「痕」通「真」，「寒」、「桓」、「删」、「山」通「先」。「下平」忽註「侵」通「真」，「覃」、「談」、「咸」、「銜」通「先」，「鹽」、「沾」、「嚴」、「凡」通「删」。「上聲」又註「梗」、「耿」、「静」、「迥」、「拯」等六韻通「軫」，「寑」亦通「軫」。「感」、「敢」、「琰」、「忝」、「賺」、「檻」、「儼」、「范」通「銑」。「去聲」又註「問」、「焮」通「震」，而「願」、「慁」、「恨」自爲一部。「諫」、「襇」通「霰」[四]，而「翰」、「換」自爲一部。「勘」、「闞」通「翰」，「豔」、「栝」、「斂」通「霰」，「陷」、「覽」、「梵」通「諫」，割爲三部。「入聲」又註「勿」、「迄」、「職」、「德」、「緝」通「質」，爲一部。「曷」、「末」、「黠」、「戛」、「屑」、「薛」、「葉」、「帖」、「業」、「乏」通「月」，爲一部。顛倒錯亂，皆亘古所無之臆説。世儒不察，乃執此書以誣朱子，値亦甚矣。

【校記】

[一][韻補五卷] 底本原案曰：『編按：此葉乃吴棫韻補之提要，唯缺前半，今補白葉。』案底本原缺方括號内之書名及卷數，茲據底本『第二册目次』及《四庫全書總目》卷四二、《文溯閣四庫全書提要》卷二六、《文津閣四庫全書提要匯編》經部一○小學類同條補。《四庫全書總目》卷四二『《韻補》五卷』條：『宋吴棫撰。棫字才老。武夷徐蕆爲是書序，稱與蕆本同里，而其祖後家同安。王明清《揮麈三録》則以爲舒州人，疑明清誤也。宣和六年第進士，召試館職，不就。紹興中，爲太常丞，以爲孟仁仲草表忤秦檜，出爲泉州通判以終。蕆序稱所著有《書裨傳》《詩補音》《論語指掌考異續解》《楚辭釋音》《韻補》凡五種。陳振孫《書録解題》詩類載棫《毛詩補音》十卷，註曰：「棫又别有《韻補》一書，不專爲《詩》作。」小學類載棫《韻補》五卷，註曰：「棫又有《毛詩補音》一書，别見詩類。」今《補音》已亡，惟此書存。自振孫謂朱子註《詩》用棫之説，朱彝尊作《經義考》，未究此書僅五卷，於《補音》十卷條下誤註「存」字，世遂謂朱子所據即此書，莫敢異議。考《詩集傳》，如《行露》篇二「家」字，一音「谷」，一音「各空反」；《騶虞》篇二「虞」字，一音「牙」，一音「五紅反」；《漢廣》篇「廣」音「古曠反」，「泳」音「于誑反」；《緑衣》篇「風」音「孚愔反」之類，爲此書所無者，不可殫舉。《兔罝》篇「仇」音「渠之反」，以與「逵」叶。此書乃據《韓詩》「逵」作「馗」，音「渠尤反」，以與「仇」叶。顯相背者亦不一。又《朱子語録》稱棫音「務」爲「蒙」，音「嚴」爲「莊」。此書有「務」而無「嚴」。周密《齊東野語》稱朱子用棫之説，以「艱」音「巾」，「替」音「天」。此書有「艱」而無「替」，則朱子所據，非此書明甚。蓋棫音《詩》、音《楚辭》，皆據其本文，推求古讀，尚能互相比較，粗得大凡，故朱子有取焉。此書則泛取旁搜，無所持擇，所引書五十種中，下逮歐陽修、蘇軾、蘇轍諸作，與張商英之僞《三墳》，旁及《黄庭經》、道藏諸歌，故參錯冗雜，漫無體例。至於韻部之「上平」註「文」、「殷」、「元」、「魂」、「痕」通「真」，「寒」、「桓」、「删」、「山」通「先」。「下平」忽註「侵」通「真」，「覃」、「談」、「咸」、「銜」通「删」，「鹽」、「沾」、「嚴」、「凡」通「先」。「上聲」又註「梗」、「耿」、「静」、「迥」、「拯」等六韻通「軫」。「寢」亦通「軫」。「感」、「敢」、「琰」、「忝」、「豏」、「檻」、「儼」、「范」通「銑」。「去聲」又註「問」、「焮」通「震」，而「願」、「慁」、「恨」自爲一部。「諫」、「襉」通「霰」，而「翰」、「换」自爲一部。「勘」、「闞」通「翰」，「豔」、「㮇」、「斂」通「霰」，「陷」、「覽」、「梵」通「諫」，割爲三部。「入聲」又註「勿」、「迄」、「職」、「德」、「緝」通「質」，爲一部。「曷」、「末」、「黠」、「戛」、「屑」、「薛」、「葉」、「帖」、「業」、「乏」通「月」，爲一

部。顛倒錯亂，皆亘古所無之臆説。世儒不察，乃執此書以誣朱子，其傎殊甚。然自宋以來，著一書以明古音者，實自棫始，而程迥之《音式》繼之。迥書以三聲通用，雙聲互轉爲説，所見較棫差的，今已不傳。棫書雖牴牾百端，而後來言古音者皆從此而推闡加密，故辟其謬而仍存之，以不没篳路藍縷之功焉。」

[二]達　底本原作「逵」，誤，兹據《四庫全書總目》卷四二同條改。

[三]楚詞　案《四庫全書總目》卷四二同條作「楚辭」。

[四]諫襇通霰　底本自「霰」以下爲一頁，原案曰：「編按：此葉原置經部九古韻通之後，今校改。」

【今案】影印文淵閣《四庫全書》第二三七册第五五頁書前提要。《文溯閣四庫全書提要》卷二六經部二六小學類三，第八二四頁。《文津閣四庫全書提要匯編》經部一〇小學類，第六〇六頁。《四庫全書簡明目録》卷四經部一〇小學類，第一七〇頁。《四庫全書總目》卷四二經部四二小學類三，第三六〇頁上。

《干禄字書》一卷[一]

唐顔元孫撰。元孫，杲卿之父，真卿之諸父也。官至滁、沂、濠三州刺史，贈秘書監。大歷（曆）九年，真卿官湖州時，嘗手書是編勒石。宋紹興壬戌，勾詠復摹刻於蜀中。今湖本已泐缺，蜀本僅存。此本爲宋寶祐丁巳衡陽陳蘭孫以湖本鋟木，而國朝揚州馬曰璐翻雕者，然證以蜀本，率多謬誤。如卷首序文，本元孫作，所謂「伯祖故秘書監」乃師古也，蘭孫以元孫亦贈秘書監，遂誤以爲真卿稱元孫，而以序中「元孫」二字改爲「真卿」以就之，曰璐亦承其訛，殊爲失考。其他缺誤，亦處處有之。今以蜀本互校，補缺文八十五字，改訛體十六字，删衍文二字，始稍還顔氏之舊。是書爲章表、書判而作，故曰《干禄》。其例以四聲隸字，又以二百六部排比字之後先，每字分俗、通、正三體，頗爲詳核。其中如「虫蟲、啚圖、商商、凍涷」，截然兩字，而以爲上俗下正。又如「皃」[二]，古「貌」字，而云「貌」正「皃」通。「氐」之作「互」，「韭」之作「韮」，「芻」之作「蒭」，「蒭」直是俗字，而以爲通用。雖皆不免千慮之失，然其書酌古準今，實可行用，非詭稱復古，非篆非隸，以奇怪釣名者比。元孫序曰：「自改篆行隸，漸失本真，若總據《説文》，便下筆多礙，當去泰去甚，使輕重合宜。」其言本諸《顔氏家訓》，可謂通方之論，非一隅之見矣。

【校記】

[一]「干禄字書一」卷 底本原案曰：「編按：干禄字書一卷，原書名破損。」案底本原缺方括號内之書名及「一」字，兹據底本「第二册目次」及《四庫全書總目》卷四一、《文溯閣四庫全書提要》卷二五、《文津閣四庫全書提要匯編》經部一〇小學類同條補。《四庫全書總目》卷四一「《干禄字書》一卷」條：「唐顏元孫撰。元孫，杲卿之父，真卿之諸父也。官至滁、沂、濠三州刺史，贈秘書監。大歷（曆）九年，真卿官湖州時，嘗書是編勒石。開成四年，楊漢公復摹刻於蜀中。今湖本已泐闕，蜀本僅存。宋寶祐丁巳，衡陽陳蘭孫始以湖本鋟木，國朝揚州馬曰璐得宋槧翻刻之，即此本也。然證以蜀本，率多謬誤。如卷首序文本元孫作，所謂「伯祖故秘書監」乃師古也，蘭孫以元孫亦贈秘書監，遂誤以爲真卿稱元孫，而以序中「元孫」二字改爲「真卿」以就之，曰璐亦承其訛，殊爲失考。其他闕誤，亦處處有之。今以蜀本互校，補闕文八十五字，改訛體十六字，删衍文二字，始稍還顏氏之舊。是書爲章表、書判而作，故曰《干禄》。其例以四聲隸字，又以二百六部排比字之後先，每字分俗、通、正三體，頗爲詳核。其中如「虫蟲」、「啚圖」、「商商」、「凍涷」，截然兩字，而以爲上俗下正。又如「皃」，古「貌」字，而云「貌」正「皃」通。「韭」之作「韮」，「芻」之作「茤」，「菑」直是俗字，而以爲通用。雖皆不免千慮之失，然其書酌古準今，實可行用，非詭稱復古，以奇怪釣名。言字體者，當以是爲酌中焉。至二百六部之次序，與《廣韻》間有不同，或元孫所用乃陸法言之舊第，而《廣韻》次序乃宋人所改歟？」

[二]又如皃 底本自「如皃」以下爲一頁，原案曰：「此葉原置龍龕手鑑後，今校改。」

【今案】影印文淵閣《四庫全書》第二二四册第二四三頁書前提要。《文溯閣四庫全書提要》卷二五經部二五小學類二，第七八二頁。《文津閣四庫全書提要匯編》經部一〇小學類，第五七四頁。《四庫全書簡明目録》卷四經部一〇小學類，第一六一頁。《四庫全書總目》卷四一經部四一小學類二，第三四七頁中。

《九經字樣》一卷[一]

唐開成中翰林待詔唐元（玄）度撰。考《唐會要》稱：「太和七年二月，敕唐元（玄）度覆定石經字體。十二月，敕於國子監講論堂兩廊創立石《九經》。」元（玄）度《字樣》，蓋作於是時。凡四百二十一字，依仿《五經文字》爲七十六部。開成二年八月牒云：「準太和七年十二月敕覆《九經》字體者，今所詳覆，多依司業張參《五經文字》爲準。諸經之中，別有疑闕，古今體異，隸變不同，如總據《説文》，則古體驚俗，若依近代文字，或傳寫乖訛。今與校勘官同商較是非，取其適中，纂録《新加九經字樣》一卷，請附於《五經字樣》之末。』蓋二書相輔而行，當時即列石壁《九經》之後。明嘉靖乙卯地震，二書同石經並損缺。馬曰璐得宋拓本而刊之，猶屬完善。其間傳寫失真及校者意改，往往不免。今更依石刻殘碑，詳加覆訂，各以案語附之下方。《五經文字》音訓，多本陸德明《經典釋文》，或注某[二]

【校記】

[一]九經字樣　底本倒爲『九字經樣』。原案曰：『編按：九經字樣一卷，原書名倒誤。』兹據《四庫全書總目》卷四一同條乙正。

[二]案本條顯然有缺文缺頁。凡遇此類情况，底本的整理者均以『編按』形式出校説明，且補以白葉。若依此體例衡之，則此條當爲失校。《四庫全書總目》卷四一『《九經字樣》一卷』條：『唐唐元(玄)度撰。元(玄)度里籍未詳。惟據此書，知其開成中官翰林待詔。考《唐會要》稱：「大和七年二月，敕唐元(玄)度覆定石經字體。十二月，敕於國子監講論堂兩廊創立石《九經》。」元(玄)度《字樣》，蓋作於是時，凡四百二十一字，依仿《五經文字》爲七十六部。前載開成二年八月牒云：「準大和七年十二月敕覆《九經》字體者，今所詳覆，多依司業張參《五經文字》爲準。諸經之中，別有疑闕，古今體異，隸變不同。如總據《説文》，即古體驚俗，若依近代文字，或傳寫乖訛。今與校勘官同商較是非，取其適中。纂録《新加九經字樣》一卷，請附於《五經文字》之末。」蓋二書相輔而行。當時即列石壁《九經》之後。明嘉靖乙卯地震，二書同石經並損闕焉。近時馬曰璐得宋拓本而刊之，猶屬完善。其間傳寫失真及校者意改，往往不免。今更依石刻殘碑，詳加覆訂，各以案語附之下方。《五經文字》音訓，多本陸德明《經典釋文》，或注某反，或注音某。元(玄)度時避言「反」字，無同音字可注者，則云某平某上，就四聲之轉以表其音。是又二書義例之異云爾。』案本書經部三『《毛詩集解》二十五卷』條提要自『反或注音某』以下四十四個字，實屬本條提要中的脱簡文字，稿本原錯裝於彼處。

【今案】《四庫全書薈要總目提要》第二〇五頁。影印文淵閣《四庫全書》第二二四册第二九五頁書前提要。《文溯閣四庫全書提要》卷二五經部二五小學類二，第七八五頁。《文津閣四庫全書提要匯編》經部一〇小學類，第五七六頁。《四庫全書簡明目録》卷四經部一〇小學類，第一六一頁。《四庫全書總目》卷四一經部四一小學類二，第三四八頁上。

《五經文字》三卷

唐張參撰。考《後漢書》，熹平四年春三月，詔諸儒正《五經》文字，刻石立於太學門外。參書立名，蓋取諸此。凡三千二百三十五字，依偏旁爲百六十部。劉禹錫《國學新修五經壁記》云：「大歷（曆）中名儒張參爲國子司業，始詳定《五經》，書於講論堂東、西廂之壁[一]。積六十載，祭酒皥、博士公肅再新壁書，乃析堅木負墉而比之。其製如版牘而高廣，背施陰關，使衆如一。」觀此言，可以知《五經文字》初書於屋壁，其後易以木版，至開成間又易以石刻。朱彝尊跋云：「《五經文字》獨無雕本，爲一闕事。」考《册府元龜》，稱周顯德二年尚書左丞兼判國子監事田敏獻印版書《五經文字》，奏稱「臣等自長興三年校勘雕印《九經》書籍」，然則此書雕本，在印版書甫創之初已有之，特其本不傳耳。今馬曰璐《新刊版本跋》云：「舊購宋拓石經中有此，因依樣繕寫，雕版於家塾。」然曰璐雖稱摹宋拓本，今以石刻校之，有字畫尚存而其本改易者。又下卷「幸部」脱去「睪」字註十有九字，「盩」字併註凡八字。今悉依石刻補正，俾不失其真焉。

【校記】

[一] 講 底本原脱此字，兹據《文溯閣四庫全書提要》卷二五、《文津閣四庫全書提要匯編》經部一〇小學類及《四庫全書總目》卷四一同條補。

【今案】《四庫全書薈要總目提要》第二〇四頁。影印文淵閣《四庫全書》第二二四册第二五一頁書前提要。《文溯閣四庫全書提要》卷二五經部二五小學類二，第七八三頁。《文津閣四庫全書提要匯編》經部一〇小學類，第五七五頁。《四庫全書簡明目録》卷四經部一〇小學類，第一六一頁。《四庫全書總目》卷四一經部四一小學類二，第三四七頁下。

《説文解字篆韻譜》五卷

南唐徐鍇撰。其書取許慎《説文解字》，以四聲部分，編次成書。凡小篆皆有音訓，凡其無音訓者，皆慎書所附之重文。註「史」字者籀書，註「古」字者古文也。鍇别有《説文繫傳》四卷，疏通六書之義，此特取便檢尋，故註文殊略。前後有其兄鉉序二篇，後序稱：

『《韻補》既成，廣求餘本，孜孜讐校，頗有刊正，今承詔較定《説文》，更與諸儒精加研核。又得李舟所著《切韻》，殊有補益。其間有《説文》不載而見於序例、注義者，必知脱漏，並從編録。疑者則以李氏《切韻》爲正。』是此書鉉又更定，不僅出鍇一手也。下平聲比諸韻多『三宣』一部，意其亦從李舟韻歟。自分隸遞興，字體屢變，執《説文》以改行楷，勢必不能，好名者設議紛更，適成隱怪。至於小篆一家，則許氏之書纖毫不可以出入，於體乃純。鉉兄弟重爲編次，使下筆之時，循聲而覓，可不病五百四十部之繁，於學者深爲有功[一]。後來李燾所作，取慎書及新附之字，一例顛倒混淆之，則非徐氏之指矣。

【校記】

［一］於學者深爲有功　底本自『者』以下爲一頁，原案曰：『此葉原置九經字樣之後，今校改。』

【今案】《四庫提要分纂稿》第六七頁。影印文淵閣《四庫全書》第二二三册第八五〇頁書前提要。《文溯閣四庫全書提要》卷二五經部二五小學類二，第七七九頁。《文津閣四庫全書提要匯編》經部一〇小學類，第五七二頁。《四庫全書簡明目録》卷四經部一〇小學類，第一六〇頁。《四庫全書總目》卷四一經部四一小學類二，第三四六頁中。

經部八　小學類

〔《説文解字》三十卷〕[一]

中兼收籀古，李燾已疑爲吕忱所加。至於隸書、章草，則各爲一體，孳生轉變，時有異同，不能悉以小篆相律。顏之推《家訓》所論最得其平，戴侗等乃以篆入楷，詭激取名，亦非慎本意。又所引五經文字，與今本多不相同，如『江有汜』復作『江有洍』之類，亦時時自相違異。蓋漢人師説，本不一家，各尊所聞，不爲慎累。好奇者或據之以改經，則謬戾甚矣。

【校記】

[一]〔説文解字三十卷〕底本原案曰：『此葉乃説文解字之提要，唯缺前半，今補白葉。』又底本原缺方括號内之書名及卷數，兹據底本『第二册目次』及《四庫全書總目》卷四一、《文溯閣四庫全書提要》卷二五、《文津閣四庫全書提要匯編》經部一〇小學類同條補。《四庫全書總目》卷四一『《説文解字》三十卷』條：『漢許慎撰。慎字叔重，汝南人。官至太尉南閣祭酒。是書成於和帝永元十二年。凡十四篇，合《目録》一篇爲十五篇。分五百四十部，爲文九千三百五十三，重文一千一百六十三，註十三萬三千四百四十字。推究六書之義，分部類從，至爲精密。而訓詁簡質，猝不易通，又音韻改移，古今異讀，諧聲諸字，亦每難明，故傳本往往訛異。宋雍熙三年，詔徐鉉、葛湍、王惟恭、句中正等重加刊定，凡字爲《説文》註義、序例所載，而諸部不見者，悉爲補録；又有經典相承，時俗要用，而《説文》不載者，亦皆增加，别題之曰「新附字」；其本有正體，而俗書訛變者，則辨於註中；其違戾六書者，則别列卷末；或註義未備，更爲補釋，亦題「臣鉉等案」以别之。音切則一以孫愐《唐韻》爲定。以篇帙繁重，每卷各分上、下，即今所行毛晉刊本是也。明萬歷(曆)中，宫氏刻李燾《説文五音韻譜》，陳大科序之，誤以爲即鉉校本。陳啓源作《毛詩稽古編》，顧炎武作《日知録》，並沿其謬。豈毛氏所刊，國初猶未盛行歟？書中古文、籀文，李燾據唐林罕之説，以爲晉崍令吕忱所增。考慎自序云「今序篆文，合以古、籀」，其語甚明。所記重文之數，亦復相應。又《法書要録》載後魏江式《論書表》曰：「晉世義陽王典祠令任城吕忱表上《字林》六卷。尋其況趣，附托許慎《説文》，而按偶章句，隱别古籀奇惑之字，文得正隸，不差篆意。」則忱書並不用古籀，亦有顯證。如罕之所云「吕忱《字林》多補許慎遺闕者，特廣《説文》未收字耳」。其書今雖不傳，然如《廣韻》一東部「炯」字、「䆗」字，四江部「噥」字之類，云出《字林》者，皆《説文》所無，亦大略可見。燾以《説文》古籀爲忱所增，誤之甚矣。自魏晉以來言

小學者，皆祖慎，至李陽冰始曲相排斥，未協至公。然慎書以小篆爲宗，至於隸書、行書、草書則各爲一體，孳生轉變，時有異同，不悉以小篆相律。故顏元孫《干禄字書》曰：「自改篆行隸，漸失其真。若總據《説文》，便下筆多礙。當去泰去甚，使輕重合宜。」徐鉉《進説文表》亦曰：「高文大册，則宜以篆籀著之金石，至於常行簡牘，則草隸足矣。」二人皆精通小學，而持論如是。明黄諫作《從古正文》，一切以篆改隸，豈識六書之旨哉？至其所引五經文字，與今本多不相同，或往往自相違異。顧炎武《日知録》嘗摭其「汜」下作「江有汜」，「洍」下又作「江有洍」，「巹」下作「赤舄己己」，「掔」下又作「赤舄掔掔」。是所云《詩》用毛氏者，亦與今本不同。蓋雖一家之學，而支派既别，亦各不相合。好奇者或據之以改經，則謬戾殊甚。能通其意而又能不泥其迹，庶乎爲善讀《説文》矣。」

【今案】《四庫全書薈要總目提要》第二一四頁。影印文淵閣《四庫全書》第二二三册第六三頁書前提要。《文溯閣四庫全書提要》卷二五經部二五小學類二，第七七四頁。《文津閣四庫全書提要匯編》經部一〇小學類，第五六七頁。《四庫全書簡明目録》卷四經部一〇小學類，第一五九頁。《四庫全書總目》卷四一經部四一小學類二，第三四四頁下。

《重修廣韻》五卷

宋陳彭年、邱(丘)雍等奉敕撰。初，隋陸法言以吕静等六家韻書各有乖互[一]，因與劉臻、顏之推、魏淵、盧思道、李若、蕭該、辛德源、薛道衡八人撰爲《切韻》五卷，書成於仁壽元年。唐儀鳳二年，長孫訥言爲之註。後郭知元(玄)、關亮、薛峋、王仁煦、祝尚邱(丘)遞有增加。天寶十載，陳州司法孫愐重爲刊定，改名《唐韻》。後嚴寶文、裴務齊、陳道固又各有添字。宋景德四年，以舊本偏旁差訛，傳寫漏落，又注解未備，乃命重修。大中祥符四年書成，賜名《大宋重修廣韻》，即是書也。舊本不題撰人，以丁度《集韻》考之，知爲彭年、雍等爾。其書二百六韻，仍陸氏之舊，所收凡二萬六千一百九十四字。考唐封演《聞見記》[二]，載陸法言《韻》凡一萬二千一百五十八字，則所增凡一萬四千三十六字矣。此本爲蘇州張士俊從宋槧翻雕，中間已缺欽宗諱，蓋建炎以後重刊。朱彝尊序之，力斥劉淵韻合「殷」於「文」、合「隱」於「吻」、合「焮」於「問」之非[三]。然此本實合「殷」、「隱」、「焮」於「文」、「吻」、「問」，彝尊未及檢也。註文凡一十九萬一千六百九十二字，較舊本爲詳，而冗漫頗甚。如「公」字之下載姓氏至千餘言，殊乏剪裁，「東」字之下稱東宫得臣爲齊大夫，亦多紕繆。考孫愐《唐韻序》，稱異聞、奇怪、傳説、姓氏、原由、土地、物産、山河、草木、鳥獸、蟲魚備載其間，已極蔓引，彭年等又從而益之。丁度譏其『一字之左，兼載他切，既不該盡，徒釀細文』。又『姓望之出，廣陳名系，既乖字訓，復類譜牒』。其説當矣。潘耒序乃以註文繁復爲可貴，是將以韻書爲類書也。著書各有體例，豈可以便利於剽剟，遂推爲善本哉？流傳既久，存以備韻書之源流可矣。

【校記】

［一］以　底本原脱此字，兹據《四庫全書總目》卷四二同條補。

［二］演　底本原作『寅』，誤，兹據本書小學類『《集韻》十卷』條及《四庫全書總目》卷四二同條改。

［三］力斥劉淵　底本自『斥』以下爲一頁，原案曰：『編按：此葉原置四聲篇海後，今校改。』

【今案】《四庫全書薈要總目提要》第二一九頁。影印文淵閣《四庫全書》第二三六册第二二三頁書前提要。《文溯閣四庫全書提要》卷二六經部二六小學類三，第八一八頁。《文津閣四庫全書提要匯編》經部一〇小學類，第六〇二頁。《四庫全書簡明目録》卷四經部一〇小學類，第一六九頁。《四庫全書總目》卷四二經部四二小學類三，第三五八頁下。

《爾雅注》三卷

宋鄭樵撰。樵以説經者拘牽文義，多失本旨，乃掃除箋釋，以經解經，可通者説之，不可通者則闕之。故其書，文似簡略，而無穿鑿附會之失，於説《爾雅》家爲善本。中亦間有駁正，如後序中所列『饘餬』、『訊言』、『襺袍』、『袞黼』四條，『峨峨』、『丁丁』、『嚶嚶』三條［一］，《註》中所列《釋詁》『臺、朕、陽之予爲我，賚、畀、卜之予爲與』一條，『閲閲』、『嗺嗺』當入《釋訓》一條，《釋親》據《左傳》辨正『娣姒』一條，《釋天》謂『景風』句上脱文一條，星名脱『實沈』、『鶉首』、『鶉尾』三次一條，《釋水》『天子造舟』一條，《釋魚》『鯉鱣』一條，《釋蟲》『食根蟊』一條，『蝮虺首大如臂』一條，皆極精確。惟『魚謂之丁』一條，務牽引假借，以就其《六書略》之説。據『涷雨』一字，謂《爾雅》作於《離騷》後，又堅執作《爾雅》者江南人，凡郭璞所云蜀語、河中語者，悉駁辨之，是則偏執之過爾。

【校記】

［一］三　底本原作『二』，誤，兹據《四庫全書總目》卷四〇同條改。

【今案】影印文淵閣《四庫全書》第二二一册第二三七頁書前提要。《文溯閣四庫全書提要》卷二四經部二四小學類一，第七五六頁。

《文津閣四庫全書提要匯編》經部一〇小學類，第五五三頁。《四庫全書簡明目録》卷四經部一〇小學類，第一五六頁。《四庫全書總目》卷四〇經部四〇小學類一，第三三九頁中。

《爾雅翼》三十二卷

宋羅願撰，元洪焱祖音釋。願字端良，歙縣人。孝宗時爲鄂州守。焱祖字潛夫，亦歙縣人。官休寧縣尹。是書卷端有願自序、王應麟序，後有方回及焱祖跋語。應麟序謂以淳熙庚午刻之郡齋，而其所爲《玉海・藝文志》内乃失載，蓋偶疏也。焱祖後跋稱《釋草》八卷，凡一百二十名；《釋木》四卷，凡六十名；《釋鳥》五卷，凡五十八名；《釋獸》六卷，凡七十四名；《釋蟲》四卷，凡四十名；《釋魚》五卷，凡五十五名。今按之全書，名數皆合。惟謂《釋獸》七十四名，今書乃有八十五，疑原跋字畫有誤，或後人有所附益，非復焱祖舊本矣。其書考據精博，在陸佃《埤雅》之上。應麟序稱其即物精思，體用相涵，本末靡遺，非溢美也。

【今案】《四庫全書薈要總目提要》第二一一頁。影印文淵閣《四庫全書》第二二二册第二四四頁書前提要。《文溯閣四庫全書提要》卷二四經部二四小學類一，第七六七頁。《文津閣四庫全書提要匯編》經部一〇小學類，第五六二頁。《四庫全書簡明目録》卷四經部一〇小學類，第一五八頁。《四庫全書總目》卷四〇經部四〇小學類一，第三四二頁中。

《埤雅》二十卷

宋陸佃撰。佃字農師，越州山陰人。少從學於王安石。熙寧三年擢甲科，授蔡州推官，選爲鄆州教授。召補國子監直講，歷轉至左丞。未幾，罷爲中大夫，出知亳州。卒於官。史稱其精於禮家名數之學，著書二百四十二卷，如《埤雅》《禮象》《春秋後傳》皆傳於世。王應麟《玉海》記其修《説文解字》，子宰作《埤雅序》，又稱其有《詩講義》《爾雅注》。今惟《爾雅新義》及是書傳。其書《釋魚》二卷、《釋獸》三卷、《釋鳥》四卷、《釋蟲》二卷、《釋馬》一卷、《釋木》二卷、《釋草》四卷、《釋天》二卷。刊本《釋天》之末注「後缺」字，然則原書不止此矣。陸宰記佃神宗時預修《説文》，進書召對，言及物性，因進《説魚》《説木》二篇。後乃益加筆削，初名《物生門類》，後註《爾雅》畢，更修此書，易名《埤雅》，言爲《爾雅》之輔也。其説諸物，大抵略於形狀而詳於名義，尋究偏旁，比附形聲，務求其得名之所以然。而蔓衍縱横，旁推其理以申之，多引王安石《字説》。蓋佃以不附新法，故復入元祐黨籍。其學問則未嘗異安石。晁公武謂其不專主王氏，亦似特立。是誤以論其人者，論其書也。

【今案】《四庫全書薈要總目提要》第二一三頁。影印文淵閣《四庫全書》第二二二册第五九頁書前提要。《文溯閣四庫全書提要》卷二四經部二四小學類一，第七六五頁。《文津閣四庫全書提要匯編》經部一〇小學類，第五六一頁。《四庫全書簡明目録》卷四經部一〇小學類，第一五八頁。《四庫全書總目》卷四〇經部四〇小學類一，第三四二頁上。

《集韻》十卷

宋丁度等奉敕撰。凡「平聲」四卷，「上聲」、「去聲」、「入聲」各二卷，前有度等《韻例》，末有景祐元年宋祁等奏疏殘文，其書因陳彭年等《廣韻》重修。熊忠《韻會舉要》稱：「舊韻但作平聲一、二、三、四，《集韻》乃改爲上、下平。」今考是書，忠言殊誤。惟《廣韻》所注通用、獨用，封演《見聞記》稱爲唐許敬宗定者，改併舊部，則實自度始。考范鎮《東齋紀事》，稱「景祐初，以崇政殿説書賈昌言，詔度等改定韻窄者十三處[一]，許令附近通用」。今以《廣韻》互校，平聲併「殷」於「文」，併「嚴」於「鹽」、「添」，併「凡」於「咸」、「銜」，上聲併「隱」於「吻」，去聲併「廢」於「隊」、「代」，併「焮」於「問」，入聲併「迄」於「物」，併「業」於「葉」、「帖」。凡得九韻，不足十三。然《廣韻》平聲「鹽」、「添」、「咸」、「銜」、「嚴」、「凡」，與入聲「葉」、「帖」、「洽」、「狎」、「業」、「乏」皆本書部分相應，與《集韻》異。而上聲併「儼」於「琰」、「忝」，併「范」於「豏」、「檻」，去聲併「釅」於「豔」、「㮇」，併「梵」於「陷」、「鑑」，皆與本書不應，而乃與《集韻》相同。知此四韻亦《集韻》所併，而重刊《廣韻》者，誤以《集韻》移其第也。其駁《廣韻》注，繁省失當，及多引姓氏，有類譜牒，誠爲允協。惟删其字下之互註，則音義俱別，與義同音異之字難以遽明，亦爲省所不當省；而韻主審音，不主辨體，乃重文復見，有類字書，是亦繁所不當繁，則與彭年亦互有得失耳。

【校記】

[一] 窄 底本原作「穿」，誤，兹據《四庫全書總目》卷四二同條改。

【今案】《四庫全書薈要總目提要》第二一九頁。影印文淵閣《四庫全書》第二三六册第四三三頁書前提要。《文溯閣四庫全書提要》卷二六經部二六小學類三，第八二〇頁。《文津閣四庫全書提要匯編》經部一〇小學類，第六〇三頁。《四庫全書簡明目録》卷四經部一〇小學類，第一六九頁。《四庫全書總目》卷四二經部四二小學類三，第三五九頁上。

《附釋文互註禮部韻略》五卷、附《貢舉條式》一卷　侍讀紀昀家藏本

《禮部韻略》舊本不題撰人。晁公武《讀書志》云「丁度撰」。今考所併舊韻十三部，與度所作《集韻》合，當出度手。其「上平聲」三十六「桓」作「歡」，則南宋重刊所改。觀卷首載郭守正《重修條例》，稱紹興本尚作「桓」，是其證也。此書爲宋代官韻，行之最久，然收字頗狹，如「歡」韻漏「判」字、「添」韻漏「尖」字之類，嘗爲俞文豹《吹劍録》所議。故紹興中朝散大夫黄積厚、福州進士黄啓宗，淳熙中吴縣主簿張貴謨，嘉定中嘉興府教授吴杜皆屢請增收，而楊伯嵒亦作《九經補韻》以拾其遺。然每有陳奏，必下國子監看詳，再三審定，而後附刊韻末，故較他韻書特爲謹嚴。然當時官本已不可見，其傳於今者題曰《附釋文互註禮部韻略》，每字之下皆列官註於前，其所附互註則題一「釋」字別之。凡有二本。一本爲康熙丙戌曹寅所刻，冠以余文焴所作歐陽德隆《押韻釋疑序》一篇、郭守正《重修序》一篇、《重修條例》十則、《淳熙文書式》一道。考守正所重修者名《紫雲韻》，今尚有傳本，已別著録。則此本非守正書。又守正《條例》稱德隆註「痀僂」、「其搦」之辨[二]，似失之拘。今此本無此註，則亦非德隆書。觀守正序稱書肆板行，漫者凡幾，一漫則一新，必增數註釋，易一標題。然則當日《韻略》非一本，此不知誰氏所刊，而仍冠以舊序及《條例》。其《條例》與書不相應，而《淳熙文書式》中乃有理宗御名，是則移掇添補之明證也。一本爲常熟錢孫保家影鈔宋刻，前五卷與曹本同，但首無序文、《條例》，而末附《貢舉條式》一卷，凡五十三頁。所載上起元祐五年[二]，下至紹熙五年，凡一切增刪韻字、廟諱、祧諱、書寫試卷格式以及考校章程，無不備載，多史志之所未備，猶可考見一代典制，視曹本特爲精善。惟每卷之末，各以當時避諱不收之字附録一頁，據跋乃孫保所加，非原書所有，今削去不載，以存其舊。至曹寅所刻不完之本，則附見於此，不別著録焉。

【校記】

[一]守　底本原作「定」，誤，兹據本書本條上下文及《四庫全書總目》卷四二同條改。

[二]祐　底本原作「元」，誤，兹據《四庫全書總目》卷四二同條改。

【今案】影印文淵閣《四庫全書》第二三七册第一三三頁書前提要。《文溯閣四庫全書提要》卷二六經部二六小學類三，第八二五頁。《文津閣四庫全書提要匯編》經部一〇小學類，第六〇七頁。《四庫全書簡明目録》卷四經部一〇小學類，第一七〇頁。《四庫全書總目》卷四二經部四二小學類三，第三六〇頁下。

《佩觿》三卷

宋郭忠恕撰。恕字恕先，河南洛陽人。周廣順初，召爲宗正，兼國子書學博士。宋建隆初，貶乾州司户參軍。太宗初，召授國子監主簿，令刊定歷代字書[一]。蘇軾爲作小傳，載其始末甚詳。此書上卷列『造字』、『四聲』、『傳寫』三科，中、下以四聲分十條，曰『平聲自相對』，曰『平聲、上聲相對』，曰『平聲、去聲相對』，曰『平聲、入聲相對』，曰『上聲自相對』，曰『上聲、去聲相對』，曰『上聲、入聲相對』，曰『去聲自相對』，曰『去聲、入聲相對』，曰『入聲自相對』，俱取字體之小異者兩兩剖別。又有與《篇》《韻》音義異者十五字，及所辨證舛誤者一百十九字，均載卷後。蓋忠恕洞解六書，故所言具中條理。其辨『逄』姓之『逄』[二]，音『皮江反』，不得讀如『逢遇』本字，證之《漢隸字源》『逢』字下引《逢盛碑》通作『逄』[三]，則姓氏之『逄』[四]，雖通作『逢』，亦仍作『皮江反』也。又若辨『甪里』本作『角里』，與『角亢』字無異，證之《漢四老神位神祚幾》石刻[五]，『甪里』本作『角里』。則知忠恕所據，實爲精確矣。

【校記】

[一]令　底本原作『今』，誤，兹據《文溯閣四庫全書提要》卷二五及《文津閣四庫全書提要匯編》經部一〇小學類同條改。

[二]逄　底本原作『逢』，誤，兹據《四庫全書總目》卷四一同條改。

[三]逄　校同上條。

[四]逄　校同上條。

[五]祚　案《四庫全書總目》卷四一同條作『胙』。

【今案】影印文淵閣《四庫全書》第二二四册第三七八頁書前提要。《文溯閣四庫全書提要》卷二五經部二五小學類二，第七八七頁。《文津閣四庫全書提要匯編》經部一〇小學類，第五七八頁。《四庫全書簡明目録》卷四經部一〇小學類，第一六二頁。《四庫全書總目》卷四一經部四一小學類二，第三四八頁下。

《類篇》四十五卷

舊本題司馬光撰。然書後有《附記》，曰：『寶元二年十一月，翰林學士丁度等奏，今修《集韻》，添字既多，與顧野王《玉篇》不相參協。欲乞委修韻官將新韻添入，別爲《類篇》，與《集韻》相副施行。時修韻官獨有史館檢討王洙在職，詔洙修纂。久之，洙卒。嘉祐二年九月，以翰林學士胡宿代之。三年四月，宿奏乞光禄卿直秘閣掌禹錫、大理寺丞張次立同加校正。六年九月，宿遷樞密副使，又以翰林學士范鎮代之。治平三年二月，范鎮出知陳州，又以龍圖閣直學士司馬光代之。時已成書，繕寫未畢。至四年十二月上之。』然則光於是書監繕寫經奏進而已，傳爲光修，非其實也。書凡十五卷，每卷各分上、下，故稱四十五卷。末一卷爲目録，用《説文解字》例也。凡分部五百四十三，爲文三萬一千三百一十九，重音二萬一千八百四十六。其編纂之例有九：一曰『同音而異形者皆兩見』，二曰『同意而異聲者皆一見』，三曰『古意之不可知者皆從其故』，四曰『變古而有異義者皆從今』，五曰『變古而失真者皆從古』，六曰『字之後出而無據者皆不特見』，七曰『字之失故而遂然者皆明其由』，八曰『《集韻》之所遺者皆載』，九曰『字之無部分者皆以類相聚』。

【今案】影印文淵閣《四庫全書》第二二五册第一頁書前提要。《文溯閣四庫全書提要》卷二五經部二五小學類二，第七八九頁。《文津閣四庫全書提要匯編》經部一〇小學類，第五八〇頁。《四庫全書簡明目録》卷四經部一〇小學類，第一六二頁。《四庫全書總目》卷四一經部四一小學類二，第三四九頁下。

《字通》一卷

宋李從周撰。其書以點畫偏傍分類爲目，而質以古文，蓋欲以古文正今文也。自秦、漢以來，籀、篆分隸、行、草，遞相轉變，各有體裁，繩以一格，勢不可行。故熊忠《韻會舉要·凡例》稱舊本純用《説文》，施用頗駭[一]。然存以考六書之義，固未可盡廢也。前有魏了翁序，亦頗稱之。

【校記】

[一] 駭　疑爲『賅』之形訛。

【今案】影印文淵閣《四庫全書》第二二六册第六一九頁書前提要。《文溯閣四庫全書提要》卷二五經部二五小學類二，第七九五頁。《文津閣四庫全書提要匯編》經部一〇小學類，第五八五頁。《四庫全書簡明目録》卷四經部一〇小學類，第一六四頁。《四庫全書總目》卷四一經部四一小學類二，第三五一頁上。

《漢隸字源》六卷

宋檇李婁機彦發撰。前有洪邁序。其書前列綱目，分「考碑」、「分韻」、「辨字」三例。次《碑目》一卷，凡漢碑三百有九，魏、晉三十有一，既紀其年月地里、書人姓名，而即以其次第之數爲碑字注，以省繁文。次以《禮部韻略》二百六部，分爲五卷，按部配字，皆以真書標目，而以隸文同異排比於下。其有異同需考證者，亦隨字附註。五卷之末，韻不能載者，十有四字終焉。雖屢經傳寫，未必盡肖其真形，而點畫偏旁，終存大概。越今四五百年，舊刻多不可見，得機是編，猶窺彷彿，誠考古者之所必資。近人續作《隸辨》，頗摘其訛，然白璧微瑕，不足爲機病也。

【今案】影印文淵閣《四庫全書》第二二五册第七九一頁書前提要。《文淵閣四庫全書提要》卷二五經部二五小學類二，第七九三頁。《文津閣四庫全書提要匯編》經部一〇小學類，第五八三頁。《四庫全書簡明目録》卷四經部一〇小學類，第一六三頁。《四庫全書總目》卷四一經部四一小學類二，第三五〇頁下。

《五音集韻》十五卷

金韓道昭撰。道昭字伯暉，真定松水人。世稱以等韻顛倒字紐，始於元黄公紹《韻會》，然是書以三十六母各分四等排比諸字之先後，已在其前。所收之字，大抵以《廣韻》爲藍本。考《廣韻》卷首，云「凡二萬六千一百九十四言」，是書云「凡五萬三千五百二十五言」，新增二萬七千三百三十言，合較其數，僅少一字，殆傳寫偶脱。《廣韻》註「十九萬一千六百九十二字」，是書云「註三十三萬五千八百四十言」，新增十四萬四千一百四十八言，其增多之數，則適相符合。是其依據《廣韻》，足爲明證。又《廣韻》註獨用、同用，實仍唐人之舊，封演《聞見記》言許敬宗奏定者是也。終唐之世，下迄宋景祐四年，功令之所遵用，未嘗或改。及《禮部韻略》頒行，始因賈昌朝請改併韻窄有十有三處。今《廣韻》各本，「儼」移「豏」、「檻」之前，「釅」移「陷」、「鑑」之前。獨用、同用之註，如通「殷」於「文」，通「隱」於「吻」[二]，皆因《韻略》頒行後竄改致舛。是書改二百六韻爲百六十，而併「忝」於「琰」，併「檻」於「豏」，併「儼」於「范」，併「㮇」於「艷」，併「鑑」於「陷」，併「釅」於「梵」。足證《廣韻》上、去聲末六韻之通爲二，與平聲、入聲不殊。其餘如「廢」不與「隊」、「代」通，「殷」、「隱」、「焮」、「迄」不與「文」、「吻」、「問」、「物」通，尚仍《唐韻》之舊，未嘗與《韻略》錯互。故十三處見其書，而但以其名剿説也。朱彝尊《重刊廣韵序》云：「近有嶺外妄男子僞撰沈約之書，信而不疑者有焉。」考王士禎（禛）《居易録》，記康熙庚午廣東香山縣監生楊錫震自言得沈約《四聲譜》古本於廬山僧，今帑因合吴棫《韻補》，詳考音義，博徵載籍，爲古今詩韻註，凡二百六十一卷，赴通政司疏上之，奉旨付内閣，與毛奇齡所進《古今通韻》，訂其同異。彝尊所指，當即是人。今内府書目，但有奇齡之書，而錫震之書不著録，未知其門目何如。疑其所據，即正域此本也。

【校記】

［一］通隱於吻　底本自「於吻」以下爲一頁，原案曰：「編按：此葉原置干禄字書後，今校改。」

【今案】影印文淵閣《四庫全書》第二三八册第一頁書前提要。《文淵閣四庫全書提要》卷二六經部二六小學類三，第八三〇頁。《文津閣四庫全書提要匯編》經部一〇小學類，第六一一頁。《四庫全書簡明目録》卷四經部一〇小學類，第一七一頁。《四庫全書總目》卷四二經部四二小學類三，第三六二頁上。

［《廣韻》五卷］［一］

字作「於身切」，「欣」字作「許巾切」，亦借「真」韻中字取音，並無一字通「文」。此本注「殷」，獨用重修本，始注「欣」與「文」通，尤確非宋韻之一徵。考《唐志》《宋志》，皆載陸法言《廣韻》五卷，而陸德明《莊子釋文》亦引《廣韻》，則《廣韻》之名，實在《唐韻》之前。又孫愐以後，陳彭年等以前修《廣韻》者，尚有嚴寶文、裴務齊、陳道固三家，重修本中皆顯列其名氏。此本當即三家之一。故彭年等之本不曰「新修」，而曰「重修」，明先有此本也。彝尊精於考證，乃以原書爲在後，不免千慮之一失矣。

【校記】

［一］［廣韻五卷］　底本原案曰：「編按：此葉乃廣韻提要，唯缺前半，今補白葉。」又案底本原缺方括號内之書名及卷數，兹據底本「第二册目次」及《四庫全書總目》卷四二、《文溯閣四庫全書提要》卷二六、《文津閣四庫全書提要匯編》經部一〇小學類同條補。《四庫全書總目》卷四二「《廣韻》五卷」條：「不著撰人名氏。考世行《廣韻》凡二本，一爲宋陳彭年、邱（丘）雍等所重修，一爲此本。前有孫愐《唐韻序》，註文比重修本頗簡。朱彝尊作重修本序，謂明代内府刊版，中涓欲均其字數，取而删之。然《永樂大典》引此本，皆曰陸法言《廣韻》；引重修本，皆曰《宋重修廣韻》。世尚有麻沙小字一本，與

明内府版同題曰「乙未歲明德堂刊」，内「匡」字紐下十三字皆闕一筆，避太祖諱，其他宋諱則不避。邵長衡《古今韻略》指爲宋槧，雖未必然，而平聲「東」字註中引「東不訾事」，重修本作「舜七友」，此本訛作「舜之後」，熊忠《韻會舉要》已引此本，則當爲元刻矣，非明中涓所刪也。又宋人諱「殷」，故重修本改「二十一殷」爲「欣」，此尚作「殷」，知非作於宋代。且唐人諸集，以「殷」韻字少，難於成詩，間或附入真、諄、臻韻。如杜甫《東山草堂》詩、李商隱《五松驛》詩，不一而足。《說文》所載《唐韻》翻切，「殷」字作「於身切」，「欣」字作「許巾切」，亦借「真」韻中字取音，並無一字通「文」。此本註「殷」，獨用重修本，始註「欣」與「文」通，尤確非宋韻之一徵。考《唐志》《宋志》，皆載陸法言《廣韻》五卷，則法言《切韻》亦兼《唐韻》之名。又孫愐以後，陳彭年等以前修《廣韻》者，尚有嚴寶文、裴務齊、陳道固三家，重修本中皆列其名氏。郭忠恕《佩觿》上篇尚引裴務齊《切韻序》，辨其「老」、「考」二字左回右轉之訛。知三家之書，宋初尚存。此本蓋即三家之一。故彭年等所定之本不曰「新修」，而曰「重修」，明先有此《廣韻》。又景德四年敕牒稱舊本註解未備，明先有此注文簡約之《廣韻》也。彝尊精於考證，乃以此本爲在後，不免千慮之一失矣。惟新、舊《廣韻》皆在《集韻》之前，而上、去二聲乃皆用《集韻》移並之部分，平、入二聲又不從《集韻》移並。疑賈昌朝奏並十三部以後，校刻《廣韻》者以「鹻」、「檻」、「儼」、「陷」、「鑒」、「釅」六部字數太窄，改從《集韻》以便用；「咸」、「銜」、「嚴」、「洽」、「狎」、「業」六部字數稍寬，則仍其舊而未改。觀徐鍇《說文韻譜》，上聲以「湛」、「檻」、「儼」相次，去聲以「陷」、「鑒」、「釅」相次，則唐人舊第可知也。此於四聲次序，前後乖違，殊非體例。以宋槧如是，今姑仍舊本録之，而訂其誤如右。』

【今案】影印文淵閣《四庫全書》第二三六册第一頁書前提要。《文淵閣四庫全書提要》卷二六經部二六小學類三，第八一七頁。《文津閣四庫全書提要匯編》經部一〇小學類，第六〇一頁。《四庫全書簡明目録》卷四經部一〇小學類，一六九頁。《四庫全書總目》卷四二經部四二小學類三，第三五八頁中。

《四聲篇海》十五卷

金韓孝彦撰。孝彦字允中，真定松水人。以《玉篇》五百四十二部依三十六字母次之，更取《類篇》及《龍龕手鑑》等書增雜部三十有七，共五百七十九部。凡同母之部，又辨其四聲爲先後，以便於檢尋其部。每部之内，則計其字畫之多寡爲先後，以便於檢尋。其字書成於明昌、承安間，迨泰和戊辰，孝彦之子道昭改併爲四百四十四部，韓道昇爲之序。殊體僻字，靡不悉載。然舛謬實多，徒增繁碎。道昇序稱「泰和八年歲在强圉單閼」，考「泰和八年」乃戊辰，而曰「强圉單閼」，則丁卯矣。刻是書者又記其後，云：「崇慶己丑，新集雜部。至今成化辛卯，删補重編。」考崇慶元年壬申，明年即改元至寧，曰己丑者亦誤。道昭又因《廣韻》改其編次爲《五音集韻》十五卷，明成化丁亥僧文儒等校刊二書，合稱《篇韻類聚》。《篇》謂孝彦所編，以《玉篇》爲本。《韻》謂道昭所編，以《廣韻》爲本[一]。二書共三十卷，較之他本，多《五音類聚徑指目録》，餘無所增損云。

【校記】

[一]以廣韻爲本 底本自「韻」以下爲一頁，原案曰：「編按：此葉原置易象鈎解後，今校改。」

【今案】《四庫全書總目》卷四三經部四三小學類存目一，第三七一頁下。

《龍龕手鑑》四卷

遼僧行均撰。行均字廣濟，俗姓于氏。晁氏《讀書志》謂此書卷首僧智光序，題云「統和十五年丁酉」。按《紀年通譜》，遼主隆緒嘗改元統和，丁酉，宋至道三年也。沈括言「熙寧中，有人自契丹得此書，入傅欽之家，蒲傳正取以刻版。其末舊題云『重熙二年序，蒲公削去之』」。今按此本爲影抄遼刻，智光原序尚存，卷首其標年實爲統和，非重熙，與晁志相合，知括誤記。又《通考》載此書三卷，而智光序明云四卷，則《通考》亦誤。蓋皆由罕得其書，但據傳聞紀載也。其書卷次以平、上、去、入爲序，各部復用四聲列之。每字之下，必詳列正、俗、今、古及或作諸體，計二萬六千四百三十餘字，注一十六萬三千一百七十餘字，併注總一十八萬九千六百一十餘字。於《説文》《玉篇》之外，多所搜輯。雖行均尊其本教，每引《中阿含經》《賢愚經》諸釋典[一]，以補文字所未備，又間有[二]

【校記】

[一]舍 底本原作「舍」，誤，兹據《四庫全書總目》卷四一同條改。

[二]底本原案曰：「編按：此書提要未完待查，今補白葉。」《四庫全書總目》卷四一「《龍龕手鑑》四卷」條：「遼僧行均撰。行均字廣濟，俗姓于氏。晁公武《讀書志》謂此書卷首僧智光序，題云『統和十五年丁酉七月一日』。沈括《夢溪筆談》乃謂『熙寧中，有人自契丹得此書，入傅欽之家，蒲傳正取以刻版。其序末舊云重熙二年五月序，蒲公削去之』云云。今案此

本爲影鈔遼刻，卷首智光原序尚存，其紀年實作統和，不作重熙，與晁公武所説相合，知沈括誤記。又《文獻通考》載此書三卷，而此本實作四卷，智光原序亦稱四卷，則《通考》所載顯然誤「四」爲「三」。殆皆隔越封疆，傳聞紀載，故不免失實歟。其書凡部首之字以平、上、去、入爲序，各部之字復用四聲列之。每字之下必詳列正、俗、今、古及或作諸體，則又行均因唐顔元孫《干禄字書》之例而小變之者也。所録凡二萬六千四百三十餘字，註一十六萬三千一百七十餘字，並註總一十八萬九千六百一十餘字。於《説文》《玉篇》之外，多所搜輯。雖行均尊其本教，每引《中阿含經》《賢愚經》中諸字，以補六書所未備，然不專以釋典爲主。沈括謂其集佛書中字爲《切韻》訓詁，殊屬不然，不知括何以云爾也。括又謂契丹書禁至嚴，傳入別國者法皆死。故有遼一代之遺編，諸家著録者頗罕。此書雖頗參俗體，亦間有舛訛，然吉光片羽，幸而得存，固小學家所宜寶貴也。」

【今案】影印文淵閣《四庫全書》第二二六册第六四七頁書前提要。《文溯閣四庫全書提要》卷二五經部二五小學類二，第七九七頁。《文津閣四庫全書提要匯編》經部一〇小學類，第五八六頁。《四庫全書簡明目録》卷四經部一〇小學類，第一六四頁。《四庫全書總目》卷四一經部四一小學類二，第三五一頁下。

《六書故》三十三卷[一]

元戴侗撰。侗，永嘉人。其説謂字義明則貫通群籍，理無不明。故是書專以六書明字義，分爲九部：一曰「數」，二曰「天文」，三曰「地理」，四曰「人」，五曰「動物」，六曰「植物」，七曰「工事」，八曰「雜」，九曰「疑」。全變《説文》之部分，實自侗始。吾邱（丘）衍詆其依附俗字，僞造籀文，頗中其病。其註皆以篆入楷，不古不今，冀以駭俗釣名，尤爲詭激。然其中援據該洽，於字義多所發明，惡知其美亦可存以備一解焉。

【校記】

[一]案本條又於此後同類中著録，似爲重出，然文字頗略於彼。

【今案】影印文淵閣《四庫全書》第二二六册第一頁書前提要。《文溯閣四庫全書提要》卷二五經部二五小學類二，第七九六頁。《文津閣四庫全書提要匯編》經部一〇小學類，第五八四頁。《四庫全書簡明目録》卷四經部一〇小學類，第一六四頁。《四庫全書總目》卷四一經部四一小學類二，第三五一頁中。

《書學正韻》三十六卷

元楊桓撰。古韻二百六部，桓併「臻」於「真」，爲二百五部。每部以所收之字分隸字母，兼考正篆隸省訛之體。其字下註釋，簡略殊甚，蓋意在形聲，不在訓詁也。桓字武子，兖州人，中統四年，以郡諸生補濟州教授，歷太史院校書、監察御史、國子司業。博覽群籍，著《六書統》《六書溯源》及此書行於世，大抵皆祖述許慎之説，而參以己見云。

【今案】《四庫全書總目》卷四四經部四四小學類存目二，第三八三頁上。

《字鑑》五卷

元長洲李文仲撰。自題稱吴郡學生。文仲從父世英以六書惟假借難明[一]，輯《類韻》三十卷。而韻内字畫尚有未正者，文仲續成其志，以《説文》箴增韻之誤，以六書明諸家之失，依二百六部韻編之。辨正點畫，刊除俗謬，深爲詳核。久無傳本，秀水朱彝尊鈔自古林曹氏，以付吴門張士俊刊行之，前有顔堯焕、干文傳、張楧、唐泳涯四人原序[二]。

【校記】

[一]從父世英 底本原作「世父伯英」，誤，兹據《四庫全書總目》卷四一、《文溯閣四庫全書提要》卷二五及《文津閣四庫全書提要匯編》經部一〇小學類同條改。

[二]干 底本原作「千」，誤，兹據《元史》卷一八五《干文傳傳》及《四庫全書總目》卷一六七集部別集類「《雁門集》三卷」條改。

【今案】影印文淵閣《四庫全書》第二二八册第十七頁書前提要。《文溯閣四庫全書提要》卷二五經部二五小學類二，第八〇一頁。《文津閣四庫全書提要匯編》經部一〇小學類，第五八八頁。《四庫全書簡明目録》卷四經部一〇小學類，第一六五頁。《四庫全書總目》卷四一經部四一小學類二，第三五二頁下。

《六書故》三十三卷[一]

元永嘉戴侗撰。其説主於以六書明字義，字義明則貫通群籍，理無不明。分爲九部：一曰「數」，二曰「天文」，三曰「地理」，四曰「人」，五曰「動物」，六曰「植物」，七曰「工事」，八曰「雜」，九曰「疑」。盡變《説文》之部分，實自侗始。其論假借之義，謂前人以「令」、「長」爲假借，不知二字皆從本義而生，非由外假。若「韋」本爲「韋背」，借爲「韋革」之「韋」，「豆」本爲「俎豆」，借爲「豆麥」之「豆」，凡義無所因，特借其聲者，然後謂之假借，説亦頗辨。惟其文皆從鐘鼎，鐘鼎所無，則採小篆以足之，已爲雜糅。而其註既用今文，又皆改從篆體，非今非古，頗礙施行。元吾邱（丘）衍作《學古編》，力詆是書，不爲無見。然其苦心考據，亦有不可盡泯者。略其怪僻而取其精華，於六書不無一得也。

【校記】

[一]案本條已於前著録，而本條似爲重出，惟提要文字略詳於前條。

【今案】影印文淵閣《四庫全書》第二二六册第一頁書前提要。《文淵閣四庫全書提要》卷二五經部二五小學類二，第七九六頁。《文津閣四庫全書提要匯編》經部一〇小學類，第五八四頁。《四庫全書簡明目録》卷四經部小學類，第一六四頁。《四庫全書總目》卷四一經部四一小學類二，第三五一頁中。

《漢隷分韻》七卷

無撰人姓氏，亦無時代。考其分韻，以「一東」、「二冬」、「三江」等標目，是元韻，非宋韻矣。其書取洪适等所集漢隷，依次編纂。又以各碑書法異同，縷列辨析，可以備隷書之考證。近人顧藹吉作《隷辨》八卷，體例略與此同，蓋由未見此本耳。

【今案】影印文淵閣《四庫全書》第二二八册第一八三頁書前提要。《文淵閣四庫全書提要》卷二五經部二五小學類二，第八〇三頁。《文津閣四庫全書提要匯編》經部一〇小學類，第五九〇頁。《四庫全書簡明目録》卷四經部一〇小學類，第一六五頁。《四庫全書總目》卷四一經部四一小學類二，第三五三頁中。

《古今韻會舉要》三十卷

元熊忠撰。楊慎《丹鉛録》謂蜀孟昶有《書林韻會》，元黄公紹舉其大要而成書，故以爲名。然此書以《禮部韻略》爲主，而佐以毛晃、劉淵所增併，與孟昶書實不相關。舊本《凡例》首題『黄公紹編輯，熊忠舉要』。而第一條即云『今以《韻會》補收闕遺，增添註釋』，是《韻會》别爲一書，熊忠用之，明矣。其前載劉辰翁《韻會序》，正如《廣韻》之首載陸法言、孫愐序耳，亦不得指《舉要》爲公紹也。其書雖本《韻略》，而一遵壬子新刊，不存丁度之舊部。其排比字紐，一以七音四等三十六母爲序，而顛倒唐、宋舊譜之次。蓋景祐變獨用、通用而未更其部，《平水》併部而未移其字，至是書而古韻始變。其《字母通考》之首，力排江左吴音，《洪武正韻》之鹵莽，此已胚其兆矣。又其中今韻、古韻漫無分别，如『東』韻收『窗』字、『先』韻收『西』字之類，雖舊典有徵，而施行頗駭。子註文繁例雜，亦病榛蕪。惟其援引浩博，足資考證。而一字一句，必舉所本，無臆斷僞撰之處，較後來明人韻譜，尚有典型耳。公紹字直翁[一]，熊忠字子忠，皆昭武人。

【校記】

[一]翁 底本原脱此字，兹據《四庫全書總目》卷一六五集部别集類『《在軒集》一卷』條補。

【今案】《四庫全書薈要總目提要》第二二〇頁。影印文淵閣《四庫全書》第二三八册第三五七頁書前提要。《文溯閣四庫全書提要》卷二六經部二六小學類三，第八三一頁。《文津閣四庫全書提要匯編》經部一〇小學類，第六一二頁。《四庫全書簡明目録》卷四經部一〇小學類，第一七一頁。《四庫全書總目》卷四二經部四二小學類三，第三六二頁中。

《元韻譜》五十四卷

明喬中和撰。中和字還一，中邱（丘）人。是書以上平爲陽，下平爲陰，上聲爲陰，去聲爲陽，入聲爲陰極而陽生[二]。删三十六母爲十有九，四重之爲七十六。去『蒙』音四，得七十有二。而七十二母之中，又析之爲柔律、柔吕、剛律、剛吕。又據律法十二宫分十有二佸，以佸統母，以母統各韻之字。凡始『英』終『縠』，五十有四韻，條分縷析，似乎窮極要眇，而實則純用俗音。沈、陸以來之舊法，蕩然俱盡。如以『東』、『冬』併入『英』韻，『岑』、『林』併入『寅』韻之類，雖《洪武正韻》之乖謬，尚未至是也。可謂不知而作者矣。

【校記】

[一]爲　案《四庫全書總目》卷四四同條作『則』。

【今案】《四庫全書總目》卷四四經部四四小學類存目二，第三八七頁中。

《彙雅》二十卷[一]

明張萱撰。萱字孟奇，廣東博羅人。萬歷(曆)壬午舉人。官中書舍人，歷户部郎中。萱學術通博，熟於典故，著書頗多。此書每篇皆列《爾雅》，次以《小爾雅》《廣雅》《方言》之屬，下載注疏，附以萱所自釋，亦頗有發明。其中間有詳略失宜者，若《釋詁》：『肅、延、誘、薦、餤、晋、寅、藎，進也。』郭《注》：『寅，未詳。』萱於他注，義未詳者無所證據，而『晋』之爲『進』，疇人易解，萱反詳之，殊失體要。又若《釋詁》：『祪，祖也。』萱釋之曰：『祪，遠祖也。親在高、曾之上，危矣。』此義尤爲未安。蓋明人不尚確據，而好出新意，其流弊率至於此。

【校記】

[一]彙雅二十卷　案《四庫全書總目》卷四三同條作『《彙雅》二十卷、《續編》二十八卷』。

【今案】《四庫提要分纂稿》第七一頁。《四庫全書總目》卷四三經部四三小學類存目一，第三七〇頁下。

經部九　小學類

《韻略易通》二卷

明蘭廷秀撰。廷秀字止庵，正統中人，爵里未詳。其書併平聲爲二十部，三聲隨而隸之。以『東洪』、『江陽』、『真文』、『山寒』、『端桓』、『先全』、『庚晴』、『侵尋』、『緘咸』、『廉纖』有入聲者十部爲上卷，以『支辭』、『西微』、『居魚』、『呼模』、『皆來』、『蕭豪』、『戈何』、『家麻』、『遮蛇』、『幽樓』無入聲者十韻爲下卷。又併字母爲二十攝，以『東風破早梅，向暖一枝開，冰雪無人見，春從天上來』二十字括之，盡變古法，以就方音。其《凡例》稱：『惟以應用便俗字樣收入，讀經史者當取正於本文音釋，不可泥此。』則亦自知其陋矣。

【今案】《四庫全書總目》卷四四經部四四小學類存目二，第三八四頁中。

《青郊雜著》一卷、《文韻考衷六聲會編》十二卷

明桑紹良撰。紹良字遂父，永州人[一]。前列《青郊雜著》一卷，發凡起例。舊韻爲『東』、『江』、『侵』、『覃』、『庚』、『陽』、『真』、『元』、『歌』、『麻』、『遮』、『皆』、『灰』、『支』、『模』、『魚』、『尤』、『蕭』十八部，又以重、次重、輕、次輕分爲四科，以喉、舌、齶、齒、脣分爲五位，以啓、承、進、止、衍分爲五品，以浮平、沉平、上仄、去仄、淺入、深入分爲六聲，以『國開王向德，天乃賚禎昌，仁壽增千歲，苞盤民弗忘』分爲二十母，又衍爲三十母、七十二母之説，皆支離破碎，憑臆而談。尊蘭廷秀《韻略易通》而詆徐鉉兄弟、韓道昭父子爲蟊賊，其詞甚悖。觀其稱《集韻》爲司馬光作，又稱《廣韻》每聲分五十餘部，《唐韻》爲三十，蓋不學妄作之人也。

【校記】

[一]永州人 底本『永』字原已殘損。案《四庫全書總目》卷四四同條作『零陵人』。又案《明史》卷四四《地理志》，明代的零陵爲永州府所轄一縣，二附縣又同治一城。則《總目》所謂『零陵人』，當亦可稱爲『永州人』。茲即據以補『永』字。

【今案】《四庫全書總目》卷四四經部四四小學類存目二，第三八八頁上。

《奇字韻》五卷

明楊慎撰。其書分韻編載别體之字，或從篆籀，或雜訛文，大抵捃拾《説文》《廣韻》《集韻》所列重文，亦有並非奇字而闌入，如「冬」韻之「襛」，「江」韻之「窗」，「魚」韻之「歟」，「元」韻之「邨」者，不一而足，尤爲無謂。入聲一卷，自一「屋」至五「物」皆闕，檢刊板所列頁數，蓋原本已然。然龐雜飣餖之書，雖損失亦不足惜也。

【今案】影印文淵閣《四庫全書》第二二八册第三七五頁書前提要。《文溯閣四庫全書提要》卷二五經部二五小學類二，第八〇五頁。《文津閣四庫全書提要匯編》經部一〇小學類，第五九二頁。《四庫全書簡明目録》卷四經部一〇小學類，第一六六頁。《四庫全書總目》卷四一經部四一小學類二，第三五三頁下。

《六書精藴》六卷、《音釋》一卷

明魏校撰。校字子才，崑山人，自號莊渠。弘治十八年進士。官至太常寺卿。卒謚恭簡。事迹具《明史·儒林傳》。是書自序謂「因古文正小篆之訛，擇小篆補古文之缺」，又謂「惟祖頡而參諸籀斯篆，可者取之，其不可者釐正之」。然古來文字，輾轉滋生，雖六義相因，而諸體各别，大同小異，原不一端。元以來好異之流，以篆入隸，如熊忠《韻會舉要》所譏者，已爲駭俗。校更層累而高，求出其上，以籀改小篆之文，而所用籀書都無依據，名曰復古，實則師心，其説恐不可訓也。末附《音釋》一卷，乃其門人徐官所作，以釋註中奇字者。書有難解，假註以明，而其註先需重譯，則乖僻可矣[一]。

【校記】

[一]則乖僻可矣　案《四庫全書總目》卷四三同條作「則乖僻無用可知矣」。

【今案】《四庫全書總目》卷四三經部四三小學類存目一，第三七三頁上。

《童蒙習句》一卷

明趙撝謙撰。是書凡列一字，必載篆、隸、真、草四體。然小篆及真書各有定格，而隸、草變體至多，不能賅備，姑見崖略而已。撝謙本以小學名，此則鄉塾訓課之作，非其精義所在也。

【今案】《四庫全書總目》卷四三經部四三小學類存目一，第三七三頁上。

《古音臘要》五卷[一]

明楊慎撰。其書以今韻之部分配入古音，謂之叶讀。今韻部中之字，在古人又爲別音，是齊本而未齊其末。又《三百篇》以至漢魏，音隨時易，亦各不同，一概謂之古音，互相牽混，是齊末而未齊其本。自吴棫以來，率多昧此。慎此書亦沿其失，至於兼收奇字，絶無關於古音，體例益雜矣。

【校記】

[一]古音臘要五卷　案《四庫全書總目》卷四二同條作「《古音叢目》五卷、《古音臘要》五卷、《古音餘》五卷、《古音附録》一卷」。

【今案】《文溯閣四庫全書提要》卷二六經部二六小學類三，第八三六頁。《四庫全書簡明目録》卷四經部一〇小學類，第一七二頁。《四庫全書總目》卷四二經部四二小學類三，第三六四頁上。

《俗書刊誤》十二卷

明焦竑撰。竑字弱侯。萬歷(曆)乙未進士第一人。官翰林修撰。其書第一卷至第四卷，類分四聲，刊正訛字。若「芈」之非「丯」[二]，「容」不從「谷」是也。第五卷記字義，若「赤」之通「尺」，「鼬」之同「猶」是也。第六卷略記駢字，若「句婁」之不當作「岣嶁」、「辟歷」之不當作「霹靂」是也。第七卷略記字始，若「對」之改「口」從「士」本於漢文，「疊」之改「晶」從「畾」本於新莽是也。第八、第九卷音同字異，若「庖犧」之爲「炮羲」、「神農」之爲「神由」是也。第十卷字同音異，若「敦」有九音，「苴」凡兩讀是也。第十一卷俗用雜字，若山岐曰「岔」，水岐曰「汊」是也。第十二卷論字易訛[三]，若「禾」之與「禾」、「支」之與「攴」是也。其辨最詳，而又非不可施用之僻論，愈於拘泥篆文、不分字體者多矣。

【校記】

[二]芈　底本原作「丯」，誤，兹據《四庫全書總目》卷四一同條改。

［二］論字易訛　案《四庫全書總目》卷四一同條作「考字形疑似」。

【今案】影印文淵閣《四庫全書》第二二八册第五四〇頁書前提要。《文溯閣四庫全書提要》卷二五經部二五小學類二，第八〇八頁。《文津閣四庫全書提要匯編》經部一〇小學類，第五九三頁。《四庫全書簡明目録》卷四經部一〇小學類，第一六六頁。《四庫全書總目》卷四一經部四一小學類二，第三五四頁下。

《古叶讀》五卷

明龔黄撰。自屈原《離騷》及漢、晋以後詞賦，皆徵引參證，大抵以吴棫《韻補》爲指歸。陸德明《經典釋文》謂古人韻緩，不煩改字，顔師古註《漢書》始有協音之説，協即叶也。末代沿流，漸失本旨，惟宋鄭庠明、陳第尚能知古音之本原。吴棫書輾轉牽合，皆臆説也。黄此書奉爲圭臬，失之遠矣。

【今案】《四庫全書總目》卷四四經部四四小學類存目二，第三八八頁上。

《正韻彙編》四卷

明周嘉棟編。棟字隆之，黄州人。官御史。其書取《洪武正韻》以偏旁分八十部，所分之部與部中所列之字，皆以字畫多少爲序。每字之下，仍各註曰某韻。特因韻書之本文編爲字書，以便檢尋，無所損益。其分部亦多乖忤，至於「乃」字、「丹」字之類，以爲無偏旁之可歸，編爲「雜部」附於末，尤爲固陋。

【今案】《四庫全書總目》卷四三經部四三小學類存目一，第三七五頁下。

《字韻合璧》二十卷

不著撰人姓氏。明鄱東朱孔陽訂正刊行。編中分上、下二層，上辨音韻，下别偏旁［一］，而謬悠舛誤，不可枚舉，如「天」音「添」，則以兩韻爲一聲，「吳」作「吴」［二］，則以俗字爲正體。分韻則從《洪武》併合之本，分部則紊許慎《説文》之例。蓋於六書之義，茫乎未窺者也。

【校記】

［一］偏旁 底本原作「傍傍」，誤，兹據《四庫全書總目》卷四三同條改。

［二］吴 底本原作「吳」，誤，兹據《四庫全書總目》卷四三同條改。

【今案】《四庫全書總目》卷四三經部四三小學類存目一，第三七八頁下。

《六書本義》十二卷

明餘姚趙撝謙著。撝謙原名古則。仕至瓊山縣教諭。是編《六書論》及《六書相生》諸圖，大抵祖述鄭樵之説。其《凡例》有曰：「《説文》元作五百四十部，今定爲三百六十部，不能生者附各類後。」今以其説考之，若《説文》「畕」字爲一部，以「畺」字爲子，而《本義》則併入「田部」；《説文》「包」字爲一部，以「胞、匏」字爲子，而《本義》并入「勹」部；《説文》「丝」字爲一部，以「幾、幽」字爲子，而《本義》并入「幺」部。凡若此類，以母生子，雖不過二三，而未嘗無所生之子，與《凡例》所云不能生者不同，乃概并之，似未當也。又若《説文》「兒」部，「兒」讀若「人」，「充」、「兑」諸字從之，與「人」字異體，而《本義》則并入「人」部。《説文》「本」部，「皋」字從「夲」從「白」，而《本義》誤以從「白」爲從「自」，附入「自」部，則於字體尤舛。第是書於各部之下辨别六書之體，頗爲詳晰，其苦心研索之功，亦不可没焉。

【今案】影印文淵閣《四庫全書》第二二八册第二八五頁書前提要。《文溯閣四庫全書提要》卷二五經部二五小學類二，第八〇四頁。《文津閣四庫全書提要匯編》經部一〇小學類，第五九一頁。《四庫全書簡明目録》卷四經部一〇小學類，第一六六頁。《四庫全書總目》卷四一經部四一小學類二，第三五三頁下。

《集古隸韻》五卷

明方仕撰。仕字伯行，寧波人。其書以漢碑隸分書四聲編次，全襲宋婁机《漢隸字源》，而變其一、二、三、四等目，以《千字文》「天地元（玄）黄」諸字編之，體例甚陋。又摹刻拙謬，多失本形。前有嘉靖丙戌市舶太監賴恩序，蓋仕爲恩題射廳榜，恩因爲捐貲刻之。又有浙江進士章滔序，亦頌恩之功。

【今案】《四庫全書總目》卷四三經部四三小學類存目一，第三七三頁中。

《六書索隱》五卷

明楊慎撰。自序謂「取《説文》所遺，彙萃成編。以古文、籀書爲主，若小篆則舊籍已著，予得而略」云。蓋專於爲古篆之學者。然其中所載古文、籀書，實多略而未備。如首卷「東」韻「工」字，考之鐘鼎文字，若乙酉父丁彝、穆公鼎、尨敦、九工鑑之類，各體不同，而是書均未載及。又如「共」字，止載汾陰鼎，而好畤鼎、上林鼎、綏和鼎之類亦均不取。且古文罕見者，必著所自來，乃可傳信，而是書不註所出者十之四五，使考古者將何所據依乎？

【今案】《四庫全書總目》卷四三經部四三小學類存目一，第三七三頁下。

《六書賦音義》三卷

明張士佩撰。士佩號濾濵，韓城人。萬歷（曆）辛丑進士。官至右都御史。是書取《洪武正韻》所收諸字，依字書偏旁分爲八十五部。每部之字皆仿周興嗣《千字文》體，以四言韻語聯貫之，文義或屬或不屬，取便誦讀而已。每字皆粗具訓詁，疏明大義。凡字有數體者，惟載一體，而各體皆附於後。有數音者亦然。蓋專爲初學而設。然其所分諸部，不遵《説文》《玉篇》之舊。如「月」字入「肉」部，「户」字入「尸」部，「支」字入「攴」部之類，皆與六書不合。又如「源」字音「於權切」，「江」字音「居良切」，「沂」字音「延知切」之類，亦皆沿《正韻》之誤，於聲韻多乖。其注釋亦多訛誤，無足觀者。

【今案】《四庫全書總目》卷四三經部四三小學類存目一，第三七四頁下。

《音韻日月燈》七十卷

明吕維祺撰。維祺字介孺，一字豫石，新安人。萬歷（曆）癸丑進士。官至南京兵部尚書。謚忠節。事迹具《明史》。是書凡《韻母》五卷、《同文鐸》三十卷、《韻鑰》三十五卷。其説訊沈約知「縱」有四聲而不知「衡」有七音，司馬光知「衡」有七音而不知「縱」有四等，故作此三書以正其謬，總名《音韻日月燈》，象三光也。亦名《正韻通》，以遵用《洪武正韻》及續刊《洪武通韻》二書也。其韻母以一百六韻爲經，以三十六母四等爲緯，而以開口、合口標於部上，獨音、衆音註於字旁。其《同文鐸》舉一百六部之字，以三十六母易其先後。大致本之《韻會》，而註則稍減，蓋《通韻》即孫吾與《韻會定正》之改名也。所註古韻通轉，則吴棫《韻補》之緒餘耳。其《韻鑰》則仍以《同文鐸》所收之字，删其細註，但互註其字共幾音幾叶，似便檢尋，故名曰『鑰』。自序稱《同文鐸》如編年，此如紀傳是也。維祺於等韻之學頗有所見[二]，而今韻、古韻之源流則茫乎不知，觀其稱古韻二百六部，沈約併爲一百六部，則其他不足與辨矣。

【校記】

[一]頗有所見　底本自『頗有』以下爲一頁，原案曰：『編按：此葉原置於重修玉篇後，今校改。』

【今案】《四庫全書總目》卷四四經部四四小學類存目二，第三八六頁上。

《字學》二卷[一]

明葉秉敬撰。秉敬字敬君，號寅陽，衢州西安人。萬歷(曆)辛丑進士。歷官參政。留心六書之學，以楷法日趨簡易，偏旁溷淆，因作是編。以《説文》爲主，取字形相似、義實懸殊者，一一詳列而論辨之。剖析毫芒，抉摘訛謬，括以四言韻語，簡約詳明，於小學深有裨助。名曰《字學》，蓋以孿生之子貌相類而實不同，故以爲喻云。

【校記】

[一]二卷　案《四庫全書總目》卷四一同條作『四卷』。

【今案】影印文淵閣《四庫全書》第二二八册第五八七頁書前提要。《文溯閣四庫全書提要》卷二五經部二五小學類二，第八〇八頁。《文津閣四庫全書提要匯編》經部一〇小學類，第五九四頁。《四庫全書簡明目録》卷四經部一〇小學類，第一六六頁。《四庫全書總目》卷四一經部四一小學類二，第三五五頁上。

《古今通韻》十二卷

國朝毛奇齡撰。其書爲排斥顧炎武《音學五書》而作。創爲五部、三聲、兩界、兩合之説。五部者，『東』、『冬』、『江』、『陽』、『庚』、『青』、『蒸』爲一部；『支』、『微』、『齊』、『佳』、『灰』爲一部；『魚』、『虞』、『歌』、『麻』、『蕭』、『肴』、『豪』、『尤』爲一部；『真』、

「文」、「元」、「寒」、「删」、「先」爲一部；「侵」、「覃」、「鹽」、「咸」爲一部。三聲者，平、上、去三聲相通，而不與入通，其與入通者謂之叶。兩界者，以有入聲之「東」、「冬」、「江」、「陽」、「庚」、「青」、「真」、「蒸」、「文」、「元」、「寒」、「删」、「先」、「侵」、「覃」、「鹽」、「咸」十七韻爲一部，無入聲之「支」、「微」、「齊」、「佳」、「灰」、「魚」、「虞」、「歌」、「麻」、「蕭」、「肴」、「豪」、「尤」十三韻爲一部[一]，兩不相通，其相通者謂之叶。兩合者，以無入十三韻之去聲與有入十七韻之入聲通用，而不與平、上通，其與平、上通者謂之叶。按奇齡論例，既云所列五部，分配五音，雖欲增一減一而有所不可。乃又分爲兩界，則五音之例亂矣。既分兩界，又以無入十三韻之去聲與有十七韻之入聲同用，則兩界之例又亂矣。至三聲之例，本云平、上、去[二]

【校記】

[一]韻　底本原作「部」，誤，兹據《四庫全書總目》卷四二同條改。

[二]底本原案曰：「編按：此葉提要未完，今補白葉。」《四庫全書總目》卷四二《古今通韻》十二卷條：「國朝毛奇齡撰。奇齡有《仲氏易》，已著録。是書爲排斥顧炎武《音學五書》而作。創爲五部、三聲、兩界、兩合之説。五部者，「東」、「冬」、「江」、「陽」、「庚」、「青」、「蒸」爲一部；「支」、「微」、「齊」、「佳」、「灰」爲一部；「魚」、「虞」、「歌」、「麻」、「蕭」、「肴」、「豪」、「尤」爲一部；「真」、「文」、「元」、「寒」、「删」、「先」爲一部；「侵」、「覃」、「鹽」、「咸」爲一部。三聲者，平、上、去三聲相通，而不與入通，其與入通者謂之叶。兩界者，以有入聲之「東」、「冬」、「江」、「陽」、「庚」、「青」、「蒸」、「真」、「文」、「元」、「寒」、「删」、「先」、「侵」、「覃」、「鹽」、「咸」十七韻爲一部，無入聲之「支」、「微」、「齊」、「佳」、「灰」、「魚」、「虞」、「歌」、「麻」、「蕭」、「肴」、「豪」、「尤」十三韻爲一部，兩不相通，其相通者謂之叶。兩合者，以無入十三韻之去聲與有入十七韻之入聲通用，而不與平、上通，其與平、上通者謂之叶。案奇齡論例，既云所列五部，分配五音，雖欲增一減一而有所不可。乃又分爲兩界，則五音之例亂矣。既分兩界，又以無入十三韻之去聲與有入十七韻之入聲同用，則兩界之例又亂矣。至三聲之例，本云平、上、去通而不與入通，而兩合之例，又云去入通而不與平、上通，則三聲、兩合不又自相亂乎？蓋其病在不以古音求古音，而執今韻部分以求古音。又不知古人之音亦隨世變，而一概比而合之。故徵引愈博，異同愈出，不得不多設條例以該之。迨至條例彌多，矛盾彌甚，遂不得不遁辭自解，而叶之一説生矣。皆逞博好勝之念，牽率以至於是也。然其援據浩博，頗有足資考證者，存備一家之學，亦無不可，故已黜而終存之焉。」

【今案】影印文淵閣《四庫全書》第二四二册第一頁書前提要。《文津閣四庫全書提要》卷二六經部二六小學類三，第八五一頁。《文津閣四庫全書提要匯編》經部一〇小學類，第六二八頁。《四庫全書簡明目録》卷四經部一〇小學類，第一七六頁。《四庫全書總目》卷四二經部四二小學類三，第三六八頁中。

《篆字彙》十二卷

國朝佟世男編。其書本梅膺祚《字彙》，各繫以篆文。篆文所無之字，則以意爲之，其依楷造篆，頗似戴侗《六書故》。然侗書訓詁考証，尚多精確，其所僞撰，不過吾邱(丘)衍所譏十許字。此則摭拾成編，真贋錯雜，於六書之旨，蓋百無一當矣。

【今案】《四庫提要分纂稿》第七九頁。《四庫全書總目》卷四三經部四三小學類存目一，第三八〇頁中。

《六書準》四卷

國朝馮調鼎撰。調鼎字雪鷗，華亭人。其書分象形、指事、會意、諧聲四類，每類分平、上、去、入，而假借、轉注即見於四類之中。然其書雖力闡古義，而於六書本旨多所未明。如『社』之一字，《説文繫傳》雙示，土聲，此是不見《繫傳》，乃以『社』爲會意字。又如『風』之一字，《説文》从虫，凡聲，此是不知『風』之古音，而以爲从蟲，省聲。則其他概可知矣。

【今案】《四庫全書總目》卷四三經部四三小學類存目一，第三七九頁上。

《聲韻叢説》一卷、《韻問》一卷

國朝毛先舒撰。雜論《三百篇》及古詩歌并有韻之文，凡四十條，所見略與柴紹炳《古韻通》同。其《韻問》一卷，則設爲問答以自暢其説也。先舒字稚黄，錢塘人。

【今案】《四庫全書總目》卷四四經部四四小學類存目二，第三八九頁上。

《韻補正》一卷

國朝顧炎武撰。案《宋志》，吴棫有《毛詩叶韻補音》十卷，又《韻補》五卷。陳振孫《書録解題》亦同。其《叶韻補音》惟釋《詩》三百篇，《韻補》則泛濫無律，所採凡五十家，下至歐陽修、蘇轍所用，亦據爲古音，殊不足取。後人不察，泛稱朱子作《詩集傳》，尊用其説，遂不敢稍議棫書。不知朱子所據者，乃十卷之《叶韻》，非五卷之《韻補》，又不知《朱子語録》有『吴才老《補音》甚詳，然亦有推不去者』之説也。炎武精别古音，故獨摘其謬。然亦不辨棫有二書，世人以此冒彼，致誣朱子之誤，則尚偶未檢耳。

【今案】影印文淵閣《四庫全書》第二四一册第五三五頁書前提要。《文淵閣四庫全書提要》卷二六經部二六小學類三，第八五〇頁。《文津閣四庫全書提要匯編》經部一〇小學類，第六二七頁。《四庫全書簡明目録》卷四經部一〇小學類，第一七六頁。《四庫全書總目》卷四二經部四二小學類三，第三六八頁中。

《類音》八卷

國朝潘耒撰。耒字次耕，號稼堂，吴江人。康熙己未舉博學鴻詞，授檢討。耒受業於顧炎武，炎武韻學，欲復古人之遺，耒之韻學，則務窮後世之變。其法增三十六母爲五十母，每母之字，横播爲開口、齊齒、合口、撮口四呼。四呼之字，各縱轉爲平、上、去、入四聲。四聲之中，各以四呼分之。惟入聲十類，餘三聲皆二十四類。凡有字之類二十二，有聲無字之類二。以有字者排爲韻譜，平聲得四十九部，上聲得三十四部，去聲得三十八部，入聲得二十六部，共爲一百四十七部。蓋以等韻之法推求，以至於微密，於古不必合，於今不必可施用，而剖析分刌，諸聲之變畢該，亦獨成一家之言者也。

【今案】《四庫全書總目》卷四四經部四四小學類存目二，第三九〇頁下。

《劉凝韻原表》一卷[一]

國朝劉凝撰。凝字二至，南豐人。初作《文字韻原》一編，謂《説文》以形相次，《韻原》以聲相從。又以《韻原》限於篇幅，其層次排列，未免間斷，而生生之序不見，乃倣史遷諸《表》之例，從各字偏旁，序其世系，分其支派，以濟《韻原》之窮。然篆、隸屢更，變化不定，必一一謂某生於某，固未免失之於穿鑿也。

【校記】

［一］劉凝韻原表　案《四庫全書總目》卷四三同條作『《韻原表》』。

【今案】《四庫全書總目》卷四三經部四三小學類存目一，第三七九頁上。

《韻雅》五卷

國朝施何牧撰。何牧，蘇州人。其書仍用劉淵之部分以收字，必從經典，故以「雅」爲名。所載古通，不甚謬誤，而引據皆非其根柢。其「雜論」十則，語多影響，至謂元之取士，不以詩而以曲，謬戾殊甚。又末附「識餘」數十條，每韻下雜採故事，挂一漏萬。似乎欲爲韻府而不成者，益無體例矣。

【今案】《四庫全書總目》卷四四經部四四小學類存目二，第三九一頁上。

《古韻通》八卷

國朝柴紹炳撰。紹炳字虎臣，仁和人。其書大旨即今韻部分立三法以求古韻之通。一曰全通，「東」、「冬」、「江」之類是也。二曰半通，「元」入「寒」、「删」、「先」，「魂」、「痕」入「真」、「文」之類是也。三曰旁通，則俗所謂叶韻是也。分平、上、去爲十一部，分入聲爲七部。其引據甚繁，其考證亦甚辨。然今韻以今韻讀之，則一部之内字字相諧。如以古音讀之，則字字各歸本音，難復齊以今部。如「支」部之「儀」字，古實音「俄」，「齊」部之「西」字，古實音「先」，概曰「支」與「齊」通，實已使「俄」與「先」叶。則紹炳所謂全通、半通者，與古韻皆大相剌謬。又今韻固與古殊，古韻亦自與古别。如「東」、「冬」、「江」自爲部，至漢而「東」已通「陽」，「魚」、「虞」、「尤」自爲部，至魏、晋而「虞」兼通「灰」。輾轉漸移，各隨時代。紹炳乃上薄《風》《雅》，下迄晋、宋，凡未定四聲以前，總名之曰「古韻」，餖飣掇拾，雜然附編，此讀甫諧，彼音已礙，紛紜轇轕，條例滋繁。所謂「旁通」者[一]，淆亂古音尤甚。至於以許敬宗之所定指爲沈約[二]，以陳彭年之所音指爲孫愐，又不足深論矣。

【校記】

[一]所謂旁通者　底本自「通者」以下爲一頁，原案曰：「編按：此葉原置古今通韻後，今校改。」

[二]沈　底本此字原脱，兹據《四庫全書總目》卷四四同條補。

【今案】《四庫全書總目》卷四四經部四四小學類存目二，第三八八頁中。

《正字通》十二卷

舊本或題明張自烈撰，或題國朝廖文英撰，或題自烈、文英同撰，未詳孰是。以意推之，大抵自烈之草創，而文英稍潤飾之。其前列國書十二字母，自烈之時未見也。其書視梅膺祚《字彙》，考據稍博，然徵引繁蕪，論多泛濫，又喜排斥許慎《説文》，尤不免穿鑿附會。自烈字爾公，南昌人。文英字百子，連州人，康熙中官南康府知府。

【今案】《四庫全書總目》卷四三經部四三小學類存目一，第三七八頁中。

《隸辨》八卷

國朝長洲顧藹吉撰。初宋婁機輯《漢隸字源》，與洪适《隸釋》《隸續》實相表裏。藹吉謂其『舩船冄再，體或不分，血皿朋多，形常莫别』，乃重加考核，正譌補闕，定爲是編。前五卷分四聲，附以疑字，又《偏旁》一卷、《碑考》二卷，以隸、八分考及筆法綴於末。其碑字皆出手摹，修短肥瘠，不失本真，亦録本中之最善者。

【今案】影印文淵閣《四庫全書》第二三五册第四三一頁書前提要。《文溯閣四庫全書提要》卷二五經部二五小學類二，第八一五頁。《文津閣四庫全書提要匯編》經部一〇小學類，第五九八頁。《四庫全書簡明目録》卷四經部一〇小學類，第一六八頁。《四庫全書總目》卷四一經部四一小學類二，第三五七頁上。

《連文釋義》一卷

國朝王言撰。言字慎旃，仁和人。凡二字連文，及一名而兼兩義，與兩字各爲一義者，各爲分别訓釋，分爲十門。詞頗淺近，蓋爲課蒙而作，視方以智《通雅》所載，相去不啻倍蓰矣。

【今案】《四庫全書總目》卷四三經部四三小學類存目一，第三七一頁中。

史部一　正史類編年類別史類

《補後漢書年表》十卷[一]

宋迪功郎、權灃州司户參軍熊方撰。初，范蔚宗作《東漢史》，僅畢紀傳，以十志付謝儼搜撰。蔚宗敗後，儼悉蠟以覆車，遂無傳本。宋乾興初，孫奭判國子監，始建議以劉昭所注司馬彪《志》補之，其表仍闕。至方乃補作之。其篇目概曰《同姓》《異姓諸侯表》，而各書其狀於始封之下，則以功以親，明於指掌。至百官之制，雖多因西漢，而輕重廢置不一，班《史》各以所屬，約爲十四等表之，今取劉昭之《志》，自太傅至河南尹，凡二十有三等[二]，以繫於年，而除拜薨免之實自見，郡縣蕃夷之官不與焉。蓋義例精審，實足以補范、劉所未備，而資益於史學者多矣。

【校記】

[一]案底本右方書眉上有『初次進／呈鈔録／史部』三行文字。

[二]等 底本原作『以』，誤，兹據《四庫全書總目》卷四五同條改。

【今案】影印文淵閣《四庫全書》第二五三册第七三五頁書前提要。《文溯閣四庫全書提要》卷二七史部一正史類一，第八七四頁。《文津閣四庫全書提要匯編》史部一正史類，第一二頁。《四庫全書簡明目録》卷五史部正史類，第一八一頁。《四庫全書總目》卷四五史部一正史類一，第四〇二頁中。

《兩漢刊誤補遺》十卷[一]

宋吴仁傑撰。仁傑字斗南，一字南英，别號蠹隱居士，崑山人。其稱河南者，舉郡望也。登淳熙進士，歷官國子學録。宋時，著《漢書》刊誤者數家，張泌、余靖而外，劉攽因仁宗讀《後漢書》『墾田』字皆作『懇』[二]，命國子監刊正。攽爲學官，遂撰《刊誤》二卷。又嘗與兄敞及姪奉世撰《漢書標注》六卷。仁傑此書，搜所未備，故名《補遺》。凡姓氏、邑里及字畫、音訓、句讀、指意之有乖，皆爲辨明。即援據偶誤，亦詳加釐定。朱彝尊謂其補劉氏之遺，而文多於劉，足徵博洽。前載曾絳序，後載林瀛跋。當時周必大亦稱之。馬端臨《經籍考》中載原書十七卷，今止十卷，疑後來傳寫合併也。

【校記】

[一]底本原案曰："『編按：本書爲正史類，中縫誤書爲正詩類。』"

[二]懇　底本原作『墾』，誤，兹據《郡齋讀書志》卷七史評類『《東漢刊誤》一卷』及《直齋書録解題》卷四正史類『《三劉漢書標注》六卷』條改。

【今案】影印文淵閣《四庫全書》第二五三册第八二五頁書前提要。《文溯閣四庫全書提要》卷二七史部一正史類一，第八七六頁。《文津閣四庫全書提要匯編》史部一正史類，第一三頁。《四庫全書簡明目録》卷五史部正史類，第一八二頁。《四庫全書總目》卷四五史部一正史類一，第四〇三頁上。

《三國志辨誤》一卷[一]

不詳撰人姓名。辨晋陳壽《三國志》及裴松之《註》之誤，凡五十四條[二]。如論《王肅傳評》末附劉寔語，當是裴《注》所引混入，又駁裴《注》以妖賊張修爲張衡之非，皆極審核。書中於『是』字皆缺筆，則不知何所諱也。

【校記】

[一]一卷　案《四庫全書總目》卷四五同條作『三卷』。

[二]五十四條　案《四庫全書總目》卷四五同條作『《魏志》二十八條、《蜀志》八條、《吴志》二十一條』。

【今案】影印文淵閣《四庫全書》第二五四册第九三七頁書前提要。《文溯閣四庫全書提要》卷二七史部一正史類一，第八七九頁。《文津閣四庫全書提要匯編》史部一正史類，第一五頁。《四庫全書簡明目録》卷五史部正史類，第一八二頁。《四庫全書總目》卷四五史部一正史類一，第四〇四頁上。

《南北史合註》一百五卷[一]

明李清撰。清字心水，號映碧，先世由句容徙居興化。崇禎辛未進士。官至給事中。清以南北朝諸史並存，冗雜特甚，李延壽雖併爲一書，而衆説並行，仍多矛盾。嘗與張溥議，欲仿裴松之《三國志注》例，合《宋》《齊》《梁》《陳》四史於《南史》[二]，《魏》《齊》《周》

《隋》四史於《北史》[三]，未就而溥殁。後清簡閲《佛藏》，見《三寶記》載有北魏文帝大統中遺事，《感通録》載有齊文宣、隋文帝遺事，《高僧傳》載有宋孝武、梁武帝遺事，因思卒前業，乃博搜諸書以成此《注》。考訂異同，辨析極審，而原書之失當者，亦略爲改定其文。如高歡、宇文泰未篡，而前史書之爲帝者，皆改稱名； 後梁之附《北史》者，改附《南史》； 宋武帝害零陵王，直書爲弑； 魏馮、胡二后以弑君故，編作逆后，與逆臣同書。又二史多讖緯、佛門事，以非史體，悉改入注。此皆清之特識。又止注紀、傳而不注志，凡志所載者，皆採其精要散入本紀、列傳中。義例詳明而徵引與博[四]，誠潛心史學之作也。

【校記】

[一]南北史合註一百五卷 案《四庫全書總目》附録《四庫撤燬書提要》同條作『《南北史合注》一百九十一卷』。

[二]南史 底本原作『南』，脱一『史』字，兹據《四庫全書總目》附録《四庫撤燬書提要》同條補。

[三]北史 底本原作『北』，脱一『史』字，兹據《四庫全書總目》附録《四庫撤燬書提要》同條補。

[四]與 疑誤。

【今案】《四庫全書總目》附録《四庫撤燬書提要》，第一八三九頁上。

《漢紀》三十卷

漢潁川荀悦撰。《後漢書·荀淑傳》曰：『孫悦，字仲豫，獻帝時官秘書監，帝以班固《漢書》文繁難省，乃令悦依《左氏傳》體爲《漢紀》三十卷，文約事詳。』唐劉知幾《史通·六家篇》以悦書爲《左傳》家之首，其《二體篇》又稱其歷代寶之，有逾本傳。班、荀二體，角力争先，其推之甚至。故唐人試士，以悦《紀》與《史》《漢》爲一科。宋李燾跋曰：悦爲此《紀》，固不出班《書》，亦時有所删潤，而諫大夫王仁、侍中王閎諫疏，班《書》皆無之。又稱司馬光編集《資治通鑑》，書太上皇事及五鳳郊泰畤之月，皆舍班而從荀。蓋以悦修《紀》時，固《書》猶未舛訛。而『君蘭』、『君簡』，『端』、『瑞』，『與』、『譽』，『寬』、『竟』皆兩存之，是宋人亦甚重其書也。其中所附諸論，亦皆純正。他若壺關三老茂，《漢書》無姓，悦書云姓令狐。朱雲請尚方劍[一]，《漢書》作『斬馬』，悦書乃作『斷馬』，證以唐詩，知《漢書》字誤。資考証者，亦不一而足。顧炎武作《日知録》始排詆之[二]，亦好高之過矣。是書，考李燾跋，自天聖中已無善本。此本爲明黄姬水所刊，亦間有舛訛。

【校記】

［一］請　底本原作『諸』，誤，兹據《四庫全書總目》卷四七同條改。

［二］顧炎武作日知録始排詆之　案底本自『始排詆之』以下爲一頁。原案曰：『編按：此葉原置《宋季三朝政要》後，今校改。』

【今案】《四庫全書薈要總目提要》第二四二頁。影印文淵閣《四庫全書》第三〇三册第二〇三頁書前提要。《文溯閣四庫全書提要》卷二九史部三編年類，第九一七頁。《文津閣四庫全書提要匯編》史部二編年類，第四四頁。《四庫全書簡明目録》卷五史部編年類，第一九〇頁。《四庫全書總目》卷四七史部三編年類，第四一九頁上。

《元經》十卷

舊本題隋王通撰，唐薛收傳，宋阮逸注。其書自晋太熙元年，終隋開皇九年，凡九卷，稱爲通之原書，末一卷自隋開皇十年，迄唐武德元年，稱收所續。《唐·藝文志》及《崇文總目》俱不著録，故晁公武、陳振孫疑即爲阮逸所托。陳振孫謂唐人諱『淵』，故《晋書》稱戴淵字，《元經》作於隋世，何爲書曰『戴若思』？或以是書［一］，晋成帝咸和八年書張公庭爲鎮西大將軍，康帝建元元年書石虎侵張駿，公庭即駿之字，謂其書名書字，原可互通。然如寧康三年書『神虎門』爲『神獸門』，則顯襲《晋書》，更何所置辨乎？且於周大定元年直書楊堅輔政，通生隋世，義必不然。何薳《春渚紀聞》、邵博《聞見後録》並稱逸作是書，嘗以稿本示蘇洵，諒不誣矣。逸字天隱，《宋史·胡瑗傳》，景祐初，更定雅樂，與鎮東軍節度推官阮逸同校鐘律者，即其人。《文獻通考》載是書本十五卷，今止十卷，自魏太和以後，往往數十年不書一事，蓋又非阮逸僞本之全矣。

【校記】

［一］或以是書　案《四庫全書總目》卷四七同條作『今考是書』。

【今案】《四庫提要分纂稿》第三九五頁。影印文淵閣《四庫全書》第三〇三册第八二九頁書前提要。《文溯閣四庫全書提要》卷二九史部三編年類，第九一九頁。《文津閣四庫全書提要匯編》史部二編年類，第四六頁。《四庫全書簡明目録》卷五史部編年類，第一九一頁。《四庫全書總目》卷四七史部三編年類，第四一九頁下。

《後漢紀》三十卷

晋袁宏撰。宏字彦伯。事迹具《晋書・文苑傳》。劉知幾《史通・正史篇》曰：先是晋東陽太守袁宏抄撮漢氏後書，依荀悦體著《後漢紀》三十篇。世言漢中興史者，惟袁、范二家。宏自序稱見張璠所撰書，言後漢事差詳，故復探而益之。考《隋書・經籍志》載璠《後漢紀》三十卷，《史通・六家篇》列璠書於《左傳》家，次於荀悦書後，是宏此紀，非惟體例因璠，即卷帙亦因璠也。其書之作，實在范蔚宗以前，以體用編年，故范書獨列於正史。觀宏自序，稱史傳之興，所以通古今而篤名教，其論勝蔚宗多矣。晁公武亦謂比他家爲精密也。

【今案】《四庫全書薈要總目提要》第二四二頁。影印文淵閣《四庫全書》第三〇三册第四九一頁書前提要。《文溯閣四庫全書提要》卷二九史部三編年類，第九一八頁。《文津閣四庫全書提要匯編》史部二編年類，第四五頁。《四庫全書簡明目録》卷五史部編年類，第一九一頁。《四庫全書總目》卷四七史部三編年類，第四一九頁中。

《唐鑑》二十四卷

宋范祖禹撰。祖禹字純甫，華陽人。嘉祐八年進士。歷官龍圖閣學士，出知陜州。治平中，司馬光奉詔編輯《通鑑》，祖禹爲編修官，分掌唐史。以其所自得者，著成此書。上自高祖，下迄昭、宣，撮取大綱，繫以論斷，爲卷十二。元祐初，爲著作佐郎，表上之。後吕祖謙註之，分爲二十四卷。是書極爲伊川程子所稱，謂三代以後無此議論。朱子則謂其議論弱，又有不相應處。然其取武后臨朝二十一年，繫之中宗，自謂比《春秋》公在乾侯之義，且曰雖得罪君子，亦所不辭，蓋指司馬光《通鑑》言之。朱子作《綱目》，書帝在房州，實仍其例。又如論白馬之禍，謂裴樞本附朱全忠以爲相，非忠於唐室者，不主歐陽修『樞等不死，必不以國與人』之論，朱子亦以爲非。歐公所及，則朱子非不取之也。其他持議，類皆探本尋源，以明治亂之由。雖或闊於事情，而大旨嚴正，固可與孫甫《唐史論斷》並傳焉。

【今案】《四庫全書薈要總目提要》第二七〇頁。影印文淵閣《四庫全書》第六八五册第四六九頁書前提要。《文溯閣四庫全書提要》卷四八史部二二史評類，第一五三七頁。《文津閣四庫全書提要匯編》史部一五史評類，第五二五頁。《四庫全書簡明目録》卷八史部史評類，第三三三頁。《四庫全書總目》卷八八史部四四史評類，第七五一頁下。

《宋九朝編年備要》三十卷

宋陳均撰。均字平甫，號雲巖，莆田人。是書取當時日歷（曆）、實録及李燾《續通鑑長編》，删繁撮要，勒成一編，兼採司馬光、徐度、趙汝愚等十數家之書，博考互訂。始太祖，至欽宗，凡九朝事實。欲其篇帙省約，便於尋閲，故非安危所係，則略而不書。端平初，有言其書於朝者，敕下福州宣取，賜均官迪功郎，均辭不受。馬端臨《文獻通考》中載均著有《編年舉要》三十卷，《備要》三十卷。是書前有紹定二年真德秀、林岊、鄭性之三序，及均自序。德秀序稱《皇朝編年舉要》與《備要》合若干卷，則當時二書固合爲一部，不知何時分而爲二。今則《舉要》亡，而獨存《備要》矣。林岊謂取司馬氏之綱，而時有修飾；取李氏之目，而頗加節文。然其大要則宗朱子《綱目》之法，特據事直書，不加褒貶耳。觀均自序，可以見矣。《通考》載均又有《中興舉要》十四卷，《備要》十四卷，今亦佚。

【今案】影印文淵閣《四庫全書》第三二八册第一頁書前提要。《文溯閣四庫全書提要》卷二九史部三編年類，第九四四頁。《文津閣四庫全書提要匯編》史部二編年類，第六四頁。《四庫全書簡明目録》卷五史部編年類，第一九六頁。《四庫全書總目》卷四七史部三編年類，第四二六頁中。

《三朝北盟會編》二百五十卷

宋直秘閣清江徐夢莘撰。分上、中、下三帙，上爲宣、政二十五卷，中爲靖康七十五卷，下爲炎、興百五十卷。所引書一百二種，雜考私書八十四種，金國諸録十種。凡事涉北盟者，悉爲詮次，並無去取，亦無所論斷。蓋是非並見，同異互存，以備後來之史材，故曰《會編》，非自著一書者比也。夢莘後又以前載不盡者五家，續編次於中、下二帙，以補其闕。靖康、炎、興各爲二十五卷，名曰《北盟集補》。此本無之，意當時或二本各行耶。

【今案】影印文淵閣《四庫全書》第三五〇册第一頁書前提要。《文溯閣四庫全書提要》卷三〇史部四紀事本末類，第九六九頁。《文津閣四庫全書提要匯編》史部三紀事本末類，第八二頁。《四庫全書簡明目録》卷五史部紀事本末類，第二〇一頁。《四庫全書總目》卷四九史部五紀事本末類，第四三八頁上。

《少微通鑑節要》五十卷

宋江贄删本。贄字叔直，崇安人。政和中，太史奏少微星見，朝命舉遺逸之士[一]，徵聘不起，賜號少微先生。是本爲明正德中所刊，前有武宗御製序。考《羅願集》末載王瓚《月山録跋》，結銜稱「《通鑑節要》纂修官」，疑正德時又重修歟。

【校記】

［一］朝命舉遺逸之士　案原文此下似有脱文，據《四庫全書總目》卷四八同條，尚有「有司以贄應詔」之語。

【今案】《四庫全書總目》卷四八史部四編年類存目，第四三二頁中。

《增節音註資治通鑑》一百二十卷

宋陸唐老删本。以《通鑑》文繁，故節其綱要，以爲科舉之資。唐老，會稽人，淳熙中進士第一，故稱《陸狀元通鑑》。其内間有音註，然寥寥不詳，語並淺近。首有《總例》，云：「學者未能遍曉出處，則於詞賦一場，未敢引用。」足以見其大旨矣。

【今案】《四庫全書總目》卷四八史部四編年類存目，第四三二頁下。

《宋史全文續資治通鑑長編》三十六卷[一]

不著撰人名氏，世别本或稱爲李燾書。商邱(丘)宋犖跋云：「宋李燾有《通鑑長編》百六十八卷，《續長編集要》六十八卷，《續宋編年》十八卷，今世藏書家往往求之甚渴。此三十六卷，是元人所刻，卷首割去著書人姓氏，卷末割去「大元」字，其爲元胡宏《續通鑑長編》無疑。」今觀是書，前有李燾進表，在宋孝宗乾道四年，而編中所載乃至宋末，其非燾作，本無疑義。然原刻未著宏名，犖之所云，亦未有確証。《永樂大典》於李燾《長編》、李心傳《繫年要録》多附引之，皆但稱《宋史全文》，不著作者，疑以傳疑闕，所不知可矣。

【校記】

［一］宋史全文續資治通鑑長編　案《四庫全書總目》卷四七同條作「《宋史全文》」。

【今案】《四庫提要分纂稿》第八七頁。影印文淵閣《四庫全書》第三三〇册第一頁書前提要。《文溯閣四庫全書提要》卷二九史部三編年類，第九五一頁。《文津閣四庫全書提要匯編》史部二編年類，第七〇頁。《四庫全書簡明目録》卷五史部編年類，第一九七頁。《四庫全書總目》卷四七史部三編年類，第四二八頁上。

《續宋編年資治通鑑》十五卷

宋國史院編修劉時舉撰。始高宗建炎元年，迄寧宗嘉定十七年。紀載簡約，條理燦然，間有論斷。如張浚之不附和議，而特著其黨汪、黄攻李綱，引秦檜之罪，辨李綱之被謗遠謫，而不諱其庇翁彦國陷宋齊愈之失，褒貶至公，非偏執臆見者比也。前有朱彝尊跋，稱其過於王宗沐、薛應旂所撰云。

【今案】《四庫提要分纂稿》第三九六頁。影印文淵閣《四庫全書》第三二八册第八七三頁書前提要。《文溯閣四庫全書提要》卷二九史部三編年類，第九四五頁。《文津閣四庫全書提要匯編》史部二編年類，第六五頁。《四庫全書簡明目録》卷五史部編年類，第一九六頁。《四庫全書總目》卷四七史部三編年類，第四二六頁中。

《皇王大紀》八十卷

宋胡宏撰。宏字仁仲，號五峰，崇安人，安國之季子也。幼事楊時、侯仲良[一]，而卒傳其父之學。紹興中，嘗上書數千言，忤秦檜意，以蔭補承務郎，久不調。檜死，始召用，辭疾不赴。是書成於紹興辛酉，紹定間嘗宣取入秘閣。所述上起盤古，下迄周末。前二卷皆粗存名號事迹，帝堯以後，始用《皇極經世》編年，博採經傳，而附以論斷。陳振孫《書録解題》譏其誤取《莊子》寓言，及叙邃古之初，無徵不信。然古帝王名號可考，統系斯存，典籍相傳，豈得遽爲芟削。至其採摭浩繁，雖不免小有出入，較之羅泌《路史》，則切實多矣。故陳亮極重是書，而朱子亦取之，未可以一眚掩也。朱彝尊《曝書亭集》有是書跋，稱近時鄒平馬驌撰《繹史》，體例頗相似，疑其未見是書，正可並存不廢。今考驌書多引《路史》，而不及《皇王大紀》一字，彝尊以爲未見，理或有然。至於此書體用[二]

【校記】

[一]侯　底本原作『候』，誤，兹據《宋史》卷一九四《儒林傳·胡宏》改。

[二]底本原案曰：『編按：　此提要未完，今補白葉。』《四庫全書總目》卷四七『《皇王大紀》八十卷』條：『宋胡宏撰。宏字

仁仲，號五峰，崇安人。安國之季子也。以蔭補承務郎。紹興中嘗上書忤秦檜，久不調。檜死，始召用，辭疾不赴。事迹附載《宋史·儒林傳·胡安國傳》中。是書成於紹興辛酉，紹定間嘗宣取入祕閣。所述上起盤古，下迄周末。前二卷皆粗存名號事迹。帝堯以後，始用《皇極經世》編年，博採經傳，而附以論斷。陳振孫《書録解題》嘗譏其誤取《莊子》寓言，及叙邃古之初，無徵不信。然古帝王名號可考，統系斯存，典籍相傳，豈得遽爲删削。至其採摭浩繁，雖不免小有出入，較之羅泌《路史》，則切實多矣，未可以一眚掩也。朱彝尊《曝書亭集》有是書跋，稱近時鄒平馬驌撰《繹史》，體例頗相似。疑其未見是書，正可竝存不廢。今考驌書多引《路史》，而不及《皇王大紀》一字。彝尊以爲未見，理或有然。至於此書體用編年，《繹史》則每事標題，而雜引古書之文排比倫次，略如袁樞記事本末之法，體例固截然不同。不知彝尊何以謂其相似，殆偶未詳檢驌書歟。」

【今案】《四庫提要分纂稿》第八五頁。影印文淵閣《四庫全書》第三一三册第六頁書前提要。《文溯閣四庫全書提要》卷二九史部三編年類，第九三一頁。《文津閣四庫全書提要匯編》史部二編年類，第五四頁。《四庫全書簡明目録》卷五史部編年類，第一九四頁。《四庫全書總目》卷四七史部三編年類，第四二三頁上。

《宋季三朝政要》六卷

不著撰人名氏。卷首《題詞》稱理宗國史爲元載入北都，無復可考，故纂集理、度二朝及幼主本末，附以廣、益二王事。其體亦編年之流，蓋宋之遺老所爲也。然理宗以後國史，修《宋史》者實見之，故本紀所載反詳於是書。又是書得於傳聞，不無舛誤。其最甚者，謂寶慶元年，趙葵、趙范、全子才建守河據關之議，遣楊誼、張迪據洛陽與北軍戰，潰歸。按寶慶元年，葵、范名位猶微，其後五年，范始爲安撫副使，葵始爲淮東提刑，討李全，子才乃爲參議官。至端平元年，滅金，子才乃爲關陝制置使、知河南府、西京留守，有洛陽潰敗之事。上距寶慶元年九年矣，所紀非實也。其餘叙次，亦乏體要。然宋末軼事頗詳，多有史所不載者，存之亦可備參考。卷末論宋之亡，謂君無失德，歸咎權相，其論頗正。而忽推演命數，兼陳因果，轉置人事爲固然，殊乖勸戒之[一]

【校記】

[一]底本原案曰："『編按：此提要未完，今補白葉。』《四庫全書總目》卷四七『《宋季三朝政要》六卷』條：『不著撰人名氏，

卷首《題詞》稱理宗國史爲元載入北都，無復可考，故纂集理、度二朝及幼主本末，附以廣、益二王事。其體亦編年之流，蓋宋之遺老所爲也。然理宗以後國史，修《宋史》者實見之，故本紀所載反詳於是書。又是書得於傳聞，不無舛誤。其最甚者，謂寶慶元年趙葵、趙范、全子才建守河據關之議，遣楊誼、張迪據洛陽，與北軍戰，潰歸。案寶慶元年葵、范名位猶微，其後五年，范始爲安撫副使，葵始爲淮東提刑。討李全，子才乃爲參議官。至端平元年滅金，子才乃爲關陝制置使、知河南府、西京留守，有洛陽潰敗之事。上距寶慶元年九年矣，所紀非實也。其餘叙次，亦乏體要。然宋末軼事頗詳，多有史所不載者，存之亦可備參考也。其以理宗、度宗、瀛國公稱爲三朝，而廣、益二王則從附録，體例頗公。卷末論宋之亡，謂君無失德，歸咎權相，持論亦頗正。而忽推演命數，兼陳因果，轉置人事爲固然，殊乖勸戒之旨。殆欲附徐鉉作《李煜墓誌》之義而失之者歟。」

【今案】《四庫提要分纂稿》第三九六頁。影印文淵閣《四庫全書》第三二九册第九六二頁書前提要。《文溯閣四庫全書提要》卷二九史部三編年類，第九五〇頁。《文津閣四庫全書提要匯編》史部二編年類，第六九頁。《四庫全書簡明目録》卷五史部編年類，第一九七頁。《四庫全書總目》卷四七史部三編年類，第四二七頁下。

《大政記》三十六卷

明朱國禎撰[一]。國禎字文寧，烏程人。萬歷(曆)十七年進士。官至文淵閣大學士，卒贈太傅，謚文肅。是書始洪武元年戊申，終隆慶六年壬申，編年記載，繁簡多有未當。

【校記】

［一］禎　案《四庫全書總目》卷四八同條此處及下文均作「楨」。

【今案】《四庫提要分纂稿》第八八頁。《四庫全書總目》卷四八史部四編年類存目，第四三五頁下。

《鳳洲綱鑑》二十四卷

舊本題明王世貞撰，閩人陳呂忠、浙人張濬卿重加纂輯。又採陳仁錫《通鑑評》綴於其上。前列輿圖沿革，而世系次第、官制異同附焉，以易於檢閱，故世多傳之。然紀載簡略，不爲善本。且《綱目》《通鑑》體例迥殊，合以稱名，尤爲乖舛，疑書肆所爲，托名於世貞也。

【今案】《四庫全書總目》無此條。

《宋元通鑑》一百五十七卷[一]

明薛應旂撰。以續司馬光之書，起宋太祖建隆元年，迄元順帝之末，所載凡四百六十九年之事。光作《通鑑》，以畢生精力爲之，又得劉攽諸人爲之輔翼，其詳博精密，固非應旂所可幾。況《宋史》冗雜，《元史》潦草，又不及唐前諸史叙述精詳，應旂復删撮成書，宜其多形疏漏。然應旂識趨頗正[二]，於史家勸戒之旨未嘗有失。又自宋以來爲《通鑑》者，如李燾之《長編》未免太繁，而劉時舉《中興通鑑》之類或嫌太略，固不若是編所載差爲適中，宋元故事端緒尚易尋覽也。應旂字仲常，武進人，嘉靖乙未進士，官至陝西按察副使[三]。

【校記】

[一]宋元通鑑　案《四庫全書總目》卷四八同條作「《宋元資治通鑑》」。

[二]趨頗　疑此二字倒誤。

[三]陝　底本原作「陜」，誤，兹據《四庫全書總目》卷三七經部四書類存目「《四書人物考》四十卷、《補考》八卷」條改。

【今案】《四庫全書總目》卷四八史部四編年類存目，第四三四頁中。

《後梁春秋》二卷

明國子生海鹽姚士粦叔祥撰。士粦以後梁主詧爲武帝家孫，宜嗣梁祚，武帝奪嫡而立簡文，卒致覆滅，而詧附魏立國，凡歷三主三十三年而亡，能保其祀，《北史》及《周》《隋》二史記載頗略，故爲此書，欲以詧續梁正統。用編年之法，採取史傳，旁摭文集，因時表事，因事附人，排比頗詳。中間如詧通魏後，即用北魏紀年，而不書太清之號，以絶元帝於梁，又於陳諸帝皆直書其名，此其命意所在也。然詧爲昭明第三子，原非必應得國之人，其時弟兄搆釁，同氣相屠，湘東固已不仁，岳陽亦爲太忍，幸而借魏朝兵力，獲奉宗祧，而區區守江陵三百里之地，身爲附庸，北面事人，固無可稱道者。士粦此書，以比《南唐書》《江表志》，爲史家之别乘，猶足以備參考，若必於進退予奪問求之，則失之遠矣。士粦又嘗爲《西魏春秋》若干卷，蓋亦以補魏收書之缺，今佚不傳。

【今案】《四庫全書總目》卷六六史部二二載記類存目，第五九一頁中。

《人代紀要》三十卷

明顧應祥撰。應祥字惟賢，長興人。弘治乙丑進士，累官南京刑部尚書，贈太子少保。是書體例，編年紀事，雖無事，必書其年，蓋合《甲子會紀》《大事記》而一之。然繁簡失倫，多未盡當。其中無年可編者，亦往往隨意科配，如荀悦著《漢紀》《申鑒》，皆强係之獻帝乙酉年，恐必不然也。

【今案】《四庫全書總目》卷四八史部四編年類存目，第四三三頁下。

《憲章録》四十七卷[一]

明薛應旂撰。其書起洪武，迄正德，用編年之體，蓋以續所作《宋元通鑑》[二]。然所載事頗蕪雜，惠帝遜國，前人以爲傳疑，應旂乃於正統五年十二月書思恩州土知州岑瑛送建文帝入京，號爲老佛，豈史氏闕文之義耶？

【校記】

［一］憲章録　底本原作『憲意録』。原案曰：『編按：書名乃憲章録之訛。』兹據《四庫全書總目》卷四八同條改。

［二］蓋　底本原作『意』，誤，兹據《四庫全書總目》卷四八同條改。

【今案】《四庫全書總目》卷四八史部四編年類存目，第四三五頁上。

《明遺事》三卷

不載撰人姓氏。專記明太祖初起之事。始壬辰六月，蓋當元順帝之至正十二年，於時徐壽輝僭稱帝二年矣。是書止於洪武元年四月壬戌，至正之二十八年也。所載皆未定元都時事，編年紀月，亦頗詳悉，而多録小説瑣事，如以酒飯蛇之類，皆荒誕不足信，非史體也。

【今案】《四庫全書總目》卷一四三子部五三小説家類存目一，第一二二四頁中。

《秘閣元龜政要》十六卷

不著撰人姓名。書中已稱『成祖』，則嘉靖以後人作也。所紀皆明太祖事。然起於元順帝至正十六年張士德取常熟，終於洪武二十八年，首尾皆不完具，疑前後各佚一册。今本卷第，又傳寫者所改題也。大致與《太祖實録》相出入，別無異聞。

【今案】《四庫全書總目》卷四八史部四編年類存目，第四三五頁中。

《綱鑑正史約》三十六卷

明顧錫疇撰。錫疇字九疇，崑山人。萬歷（曆）四十七年進士，官至禮部尚書。是書編年紀載，於歷代故實粗存梗概[一]，蓋鄉塾訓蒙之書。『綱』者，謂朱子《綱目》。『鑑』者，謂司馬光《資治通鑑》。兩書各割一字爲名，冠於『正史』之上，亦未脱書肆陋習。

【校記】

[一]梗 底本原作『粳』，誤，兹據《四庫全書總目》卷四八同條改。

【今案】《四庫全書總目》卷四八史部四編年類存目，第四三六頁上。

《十六國春秋》一百卷

舊本題魏崔鴻撰，實則明嘉興屠喬孫、項琳之僞本也。鴻作《十六國春秋》一百二卷，見《魏書》本傳，《隋志》《唐志》皆載之，宋初李昉等作《太平御覽》獨引之，《宋・藝文志》始不著録[二]，南宋諸家書目亦不載，是亡於北宋也。明何鏜《漢魏叢書》載鴻書十六篇，國各一録，卷帙寥寥，與舊史所記不合，世疑其僞。萬歷（曆）以後，此本乃出，莫知其所自來。證以《藝文類聚》諸書所引，一一相同，遂行於世。論者或疑鴻身仕北朝，而仍用晉、宋年號。今考劉知幾《史通・探頤篇》，曰：『鴻書之紀綱，皆以晉爲主，亦猶班《書》之載吴、項必繫漢年，陳《志》之述孫、劉，皆宗魏世。』喬孫等正巧附斯義，以售其欺，所摘者未中其疾。惟《魏書》載鴻子子元奏稱刊著越、燕、秦、夏、梁、蜀遺載，爲之贊序。而此本無贊序。《史通・表歷（曆）篇》稱：『晋氏播遷，南據揚、越，魏宗勃起，北雄燕、代，其間諸僞，十有六家，不附正朔，自相君長，崔鴻著表，頗有甄明。』而此本無表，是則檢閲偶疏，失於彌縫耳。然其文皆聯綴古書，非由杜撰，考十六國之事者，固宜以是編爲總匯焉。

【校記】

［一］宋藝文志始不著録　案《四庫全書總目》卷六六同條作『《崇文總目》始佚其名』。

【今案】《四庫全書薈要總目提要》第二六二頁。影印文淵閣《四庫全書》第四六三册第三一五頁書前提要。《文溯閣四庫全書提要》卷三七史部一一載記類，第一一八二頁。《文津閣四庫全書提要匯編》史部九載記類，第二四九頁。《四庫全書簡明目録》卷六史部載記類，第二五〇頁。《四庫全書總目》卷六六史部二二載記類，第五八四頁中。

《貞觀政要》十卷

唐吴兢撰。兢，汴州浚儀人。開元中累官太子左庶子。《中興書目》曰：『兢於《太宗實録》外，採其與群臣問對之語，用備觀戒，總四十篇。歷代實傳，至今無闕。』我皇上御製《樂善堂集》，開卷首篇，即邀褒詠，千年舊籍，榮荷表章，倍徵是書之可重矣。兢表上是書，未著年月，其序所稱侍中、安陽公者乃源乾曜，中書令、河東公者乃張嘉貞[一]。考《元（玄）宗本紀》，乾曜爲侍中，嘉貞爲中書令，皆在開元八年，則兢上此書在開元八年後矣。元至順四年，戈直始爲作注，又採唐柳芳、晋劉昫、宋宋祁、孫甫、歐陽修、曾鞏、司馬光、孫洙、范祖禹、馬存、朱黼、張九成、胡寅、吕祖謙、唐仲友、葉適、林之奇、真德秀[二]、陳惇修、尹起莘、程祁及吕氏《通鑑精義》二十二家之説附之[三]，名曰《集論》。吴澄、郭思貞皆爲之序。直字伯敬，臨川人，澄之門人也。

【校記】

［一］嘉　底本原作『家』，誤，兹據本書本條下文及《四庫全書總目》卷五一同條改。

［二］真　底本原作『直』，誤，兹據《四庫全書總目》卷五一同條改。

［三］祁　案《四庫全書總目》卷五一同條作『奇』。

【今案】《四庫全書薈要總目提要》第二六四頁。影印文淵閣《四庫全書》第四〇七册第三三七頁書前提要。《文溯閣四庫全書提要》卷三二史部六雜史類，第一〇三五頁。《文津閣四庫全書提要匯編》史部五雜史類，第一三三頁。《四庫全書簡明目録》卷五史部雜史類，第二一五頁。《四庫全書總目》卷五一史部七雜史類，第四六三頁上。

《建康實録》二十卷

唐高陽許嵩撰[一]。記六朝事迹，起漢興平元年，終陳禎明三年[二]，凡二十卷。南朝六代四百年君臣行事，略備於是。

【校記】

[一]唐 底本原作『宋』，誤，兹據《四庫全書總目》卷五〇同條改。

[二]起漢興平元年終陳禎明三年 案《四庫全書總目》卷五〇同條作『起吴大帝迄陳後主』。

【今案】影印文淵閣《四庫全書》第三七〇册第二二六頁書前提要。《文溯閣四庫全書提要》卷三一史部五别史類，第一〇〇〇頁。《文津閣四庫全書提要匯編》史部四别史類，第一〇九頁。《四庫全書簡明目録》卷五史部别史類，第二〇七頁。《四庫全書總目》卷五〇史部六别史類，第四四七頁中。

《三楚新録》三卷

宋修仁令周羽翀編。三楚者，長沙馬殷、武陵周行逢、江陵高季興據楚地稱王者三家也。一國爲一卷。歐陽修《五代史記》亦撮其大綱。

【今案】影印文淵閣《四庫全書》第四六四册第一六三頁書前提要。《文溯閣四庫全書提要》卷三七史部一一載記類，第一一九一頁。《文津閣四庫全書提要匯編》史部載記類，第二五六頁。《四庫全書簡明目録》卷六史部九載記類，第二五二頁。《四庫全書總目》卷六六史部二二載記類，第五八六頁中。

《五國故事》二卷

不著撰人名氏。五國謂吴楊行密、南唐李昪、蜀王建、孟知祥、漢劉龑、閩王審知也。鄭樵《通志略》列之『霸史』類中[一]。余寅作序，頗譏之，以爲歐陽修之棄餘。蓋小説家流，非史體也。中於南漢稱彭城，於留從效姓稱婁，錢塘厲鶚跋以爲吴越後人入宋所作，避武肅王諱。然此書體例叢雜，本無一定，《閩·王延翰傳》内稱其妻爲博陵氏，未聞吴越諱崔也，蓋不可考矣。

【校記】

［一］略　底本原脱此字，兹據《通志二十略》藝文略第三史類及《四庫全書總目》卷六六同條補。

【今案】影印文淵閣《四庫全書》第四六四册第二〇三頁書前提要。《文溯閣四庫全書提要》卷三七史部一一載記類，第一一九三頁。《文津閣四庫全書提要匯編》史部九載記類，第二五八頁。《四庫全書簡明目録》卷六史部載記類，第二五二頁。《四庫全書總目》卷六六史部二二載記類，第五八七頁上。

史部二 別史類 雜史類

《隆平集》二十卷

舊題宋曾鞏撰。紀太祖至英宗五朝之事，凡分目二十有六，體似會要，又立傳二百八十四，各以其官爲類，前有紹興十二年趙伯衛序。其記載簡略瑣碎，頗不合史法。晁公武摘其記《太平御覽》之訛，疑其非鞏所作。今考鞏本傳，不載此集。曾肇作《鞏行狀》，及韓維撰《神道碑》，臚述所著書甚詳，亦並無此集之名。據《玉海》，元豐四年七月，鞏充史館修撰。書實非鞏作也。向有明萬歷（曆）間刻本，久而漫漶。康熙四十年，南豐彭期重刊行之，亦多脱佚。

【今案】影印文淵閣《四庫全書》第三七一册第一頁書前提要。《文淵閣四庫全書提要》卷三一史部五別史類，第一〇〇一頁。《文津閣四庫全書提要匯編》史部四別史類，第一一一頁。《四庫全書簡明目録》卷五史部別史類，第二〇八頁。《四庫全書總目》卷五〇史部六別史類，第四四七頁下。

《蜀漢本末》三卷

元趙居信撰。居信字季明，許州人。至治三年，以丞相拜扎薦徵，拜翰林學士承旨。是書宗《資治通鑑綱目》之説，以蜀爲正統，起桓帝延熹四年昭烈之生，終晉太始七年後主之亡。末有總論一篇[一]，稱至元九年戊子所作，其成書則至元十二年辛卯也。前序一篇，不知誰作，稱朱子出而筆削《綱目》，有以合乎天道，而當乎人心，信都趙氏復因之，廣其未備之文，參其至當之論。然是書所取議論，不出胡宏、尹起莘諸人之内[二]。至於事迹則載於《三國志》者，所取尚十不及五。特於《資治通鑑綱目》中斷取數卷，略爲點竄字句耳，不足當著書之目也。

【校記】

［一］末 底本原作『未』，誤，兹據《四庫全書總目》卷五〇同條改。

［二］宏 案《四庫全書總目》卷五〇同條作『寅』。

【今案】《四庫提要分纂稿》第九一頁。《四庫全書總目》卷五〇史部六別史類存目，第四五四頁上。

《宋史紀事本末》二十八卷[一]

明陳邦瞻撰。先是臨朐馮琦仿宋袁樞《通鑑紀事》例，取《宋史》而論次之，凡例粗具，未有成書，邦瞻得其遺稿，重爲增輯。始自陳橋，訖於厓山，凡一百九門，綜核三百餘年行事，詞簡事核，頗爲詳備。邦瞻字德遠，高安人，萬歷（曆）戊戌進士，累官兵部左侍郎[二]。

【校記】

［一］二十八卷 案《四庫全書總目》卷四九同條作『二十六卷』。

［二］兵 底本原作『吏』，誤，兹據《明史》卷二四二《陳邦瞻傳》及《四庫全書總目》卷四九同條改。

【今案】《四庫全書薈要總目提要》第二六六頁。影印文淵閣《四庫全書》第三五三册第一頁書前提要。《文溯閣四庫全書提要》卷三〇史部四紀事本末類，第九七三頁。《文津閣四庫全書提要匯編》史部紀事本末類，第八六頁。《四庫全書簡明目録》卷五史部紀事本末類，第二〇二頁。《四庫全書總目》卷四九史部五紀事本末類，第四三九頁上。

《庚申外史》二卷

明權衡撰。衡字以制，號葛溪，吉安人。元末隱彰德黄華山，不求仕進。明初，歸江西，寓居臨江。是書紀元順帝即位後三十六年治亂大綱[一]，以順帝庚申年生，故稱庚申帝，蓋在明祖未加謚以前也。所言與《元史》多相合，而如順帝誅博囉，與秀才徐思奋謀之，博囉誅，思奋不受賞逃去，及危素爲權臣草詔等事，間亦有史所不載，可補佚遺。特文章蕪蔓，不合史法。後有宋濂跋。陳繼儒曾刊入《秘笈》中。書前别附一序，稱洪武二年迪簡受命訪庚申帝史事云云，詳其文所序，乃《庚申帝大事記》，非此書。後人誤編卷中，而原書已亡，亦不知迪簡爲何姓矣。

【校記】

［一］元順帝即位後三十六年 案《四庫全書總目》卷五二同條作『元順帝即位以後二十八年』，似誤。據《元史·順帝紀》，元順帝自即位至退出大都，統治中原期間有三個年號： 元統（二年）、至元（六年）、至正（二十八年），合計三十六年。

【今案】《四庫全書總目》卷五二史部八雜史類存目一，第四七四頁下。

《革朝志》十卷

明許相卿撰。相卿字伯台[一]，海寧人。正德丁丑進士，歷官兵科給事中[二]。是編記建文一朝君臣始末，仍用紀傳之體，而以門目分褒貶，一曰『君紀』；二曰『閫宮傳』，記后妃、諸王；三曰『死難列傳』，記方孝孺等四十八人；四曰『死事列傳』，記鐵鉉等四十人；五曰『死志列傳』，記黃鉞等八人；六曰『死遁列傳』，記彭與明等十六人；七曰『死終列傳』，記王度等三人；八曰『傳疑列傳』，記王璡等十二人；九曰『列傳』，記沐春等六人；十曰『外傳』，記李景隆等二十五人。其說仍主出亡爲僧，故有『死遁』一傳。其持論非不正，而革除年號，當時朝廷之上格於祖宗，不敢遽復，相卿爲明臣[三]，而私復之，亦異乎《春秋》內魯之意矣。

【校記】

[一]伯台　案《明史》卷三〇八《許相卿傳》亦作『伯台』，然本書集部別集類『《雲邨文集》十四卷』條及《四庫全書總目》卷四六史部正史類存目『《史漢方駕》三十五卷』條均作『台仲』。

[二]兵　底本原作『禮』，誤，兹據《明史》卷二〇八《許相卿傳》及《四庫全書總目》卷四六史部正史類存目『《史漢方駕》三十五卷』條改。

[三]相卿　底本原作『相』，脱一『卿』字，兹據本書本條上文及《四庫全書總目》卷五三同條補。

【今案】《四庫全書總目》卷五三史部九雜史類存目二，第四八〇頁中。

《建文朝野彙編》二十卷

明屠叔方撰。叔方，秀水人。萬歷（曆）丁丑進士，官至監察御史。其書分遜國編年、報國列傳、建文傳紀、建文定論等目[一]，蓋雜採野史傳聞之説，以成是編。遜國之事，《御批通鑑輯覽》備斥其妄，是書沿襲訛傳，蓋不足道。至摭《從信録》之謬説，謂宣宗爲惠帝之子，尤無忌憚矣。

【校記】

［一］紀　底本原作『終』，誤，兹據《四庫全書總目》卷五四同條改。

【今案】《四庫全書總目》卷五四史部一〇雜史類存目三，第四八五頁中。

《遜國君記抄》一卷、《臣事抄》六卷

《君記抄》記建文君及太后、皇后、儲貳、諸王等。《臣事抄》分爲十類：曰首事并諫死，曰謀國死，曰戰守死，曰守義死，曰事後圖報死，曰出隱死，曰論逮死，曰事後自盡死，曰隱避傳，曰外傳。題曰『鹽官淡泉翁編，勾吴潜庵子訂』。『淡泉』，鄭曉之别號。其書多與《吾學編》相出入，蓋因曉之書而增改者。觀其中載隆慶六年詔書，則潜庵子爲明季人，但不知名氏爲誰耳。其辨湯宗曾事文皇，終於宣德之世，足正《吾學編》表忠記之誤。而於建文紀事，載皇子育宫中一事，則隱取《兩朝從信録》宣宗爲建文帝子之説，殊妄誕不足取矣。

【今案】《四庫全書總目》卷五四史部一〇雜史類存目三，第四八七頁中。

《忠節録》六卷

明南京鴻臚寺卿海州張朝瑞撰。以宋端儀《革除録》至郎瑛《萃忠集》，記遜國諸臣事者凡十七家，互有舛漏，因輯此書。載當時昭雪之旨於卷首，明非私撰。自第一卷至五卷，記徐輝祖以下凡一百六十三人，附録十六人，以官階爲叙，不分差等。第六卷曰《考誤》，如辨建文於天順中由滇至京，唯太監吴誠識之［一］，當時『三楊』皆其舊臣，不應僅一吴誠能識舊主，而建文時年六十四，亦不得有九十餘歲。蓋於建文出亡一事，兩存其説，亦闕疑之義也。所列諸書之外，尚有高璧之《幽光録》、陸時中之《逸史》、姜清之《秘史》、王會之《野史》、袁褧之《奉天刑賞録》等書，朝瑞未及蒐考，然大旨備於此矣。又江西張芹所著《備遺録》，世或亦稱《忠節録》，與此書所記同，其名亦同，然實非一書。

【校記】

［一］吴誠　案本書本條此處及下文凡作『吴誠』者，《四庫全書總目》卷六二同條均作『吴亮』。

【今案】《四庫全書總目》卷六二史部一八傳記類存目四，第五五七頁上。

《季漢書》六十卷[一]

明謝陛撰。黜魏帝蜀之説，始於習鑿齒《漢晋春秋》，而定於朱子《通鑑綱目》。其著書以改陳壽之《志》者，陛之前，宋有蕭常，元有郝經，據沈德符《敝帚軒剩語》[二]，常之先又有吴尚儉。吴氏書久佚，郝氏書今僅散見《永樂大典》中，蕭氏書尚有寫本，而傳布頗稀，故陛復有此作。凡蜀本紀、内傳二十卷，魏、吴世家、外傳三十六卷，袁紹、吕布等載記、雜傳四卷。陛字少連，歙縣人。

【校記】

[一]六十卷 案《四庫全書總目》卷五〇同條作『五十六卷』。

[二]德 底本原作『穎』，誤，兹據本書子部小説家類『《敝帚軒剩語》三卷、《補遺》一卷』條及《四庫全書總目》卷五〇同條改。

【今案】《四庫全書總目》卷五〇史部六别史類存目，第四五六頁下。

《合訂南唐書》二十五卷[一]

明李清撰。以陸游《書》爲主，而以馬令《書》及群史附之。雖欲取南唐紹長安正統，立説殊偏，而祖述陸《書》，非其自作。其立《契丹列傳》，亦涉泛濫，而以樊若水等入之《叛臣》中，實深合《春秋》斧鉞之義。至於文獻闕遺，多所考證，勝《江南野録》《江表志》諸書遠矣。

【校記】

[一]合訂南唐書 案《四庫全書總目》附録《四庫撤燬書提要》同條作『《南唐書合訂》』。

【今案】《四庫全書總目》附録《四庫撤燬書提要》，第一八四〇頁上。

《十國春秋》一百十四卷

國朝吴任臣撰。任臣以歐陽修作《五代史》，於霸國仿《晋書》例爲載記[一]，每略而不詳，乃採諸霸史、雜史以及小説家言，並證以正史，彙成是書。凡《吴》紀、傳十四卷，《南唐》二十卷，《前蜀》十三卷，《後蜀》十卷，《南漢》九卷，《楚》十卷，《吴越》十三卷，《閩》十卷，《荆南》四卷，《北漢》五卷，《十國紀元》《世系表》各一卷，《地理志》二卷，《藩鎮表》一卷，《百官表》一卷。又仿裴松之《三國志注》例，於本文之下自爲之注，載别史之可存者，或有虚誣，亦爲辨証。如田頵擒孫儒，年月則從《吴録》，而不從《薛史》；吕師周奔湖南，年月則從《通鑑》，而不從《九國志》；南唐烈祖家世則從劉恕《十國紀年》及《歐史》，而不從《江南野史》《吴越備史》。皆確有所見，他類是者甚多。五表考訂尤精，可稱淹貫。特無傳之人，僅記名字，亦列諸卷之末，則史無此例，未免作古耳。任臣字志伊，仁和人，康熙己未舉博學鴻詞[二]，官翰林院檢討。

【校記】

[一] 霸國　案《四庫全書總目》卷六六同條作「十國」。

[二] 詞　底本原作「嗣」，誤，兹據《四庫全書總目》卷六六同條改。

【今案】《四庫全書薈要總目提要》第二六三頁。影印文淵閣《四庫全書》第四六五册第一頁書前提要。《文溯閣四庫全書提要》卷三七史部一一載記類，第一二〇〇頁。《文津閣四庫全書提要匯編》史部九載記類，第二六四頁。《四庫全書簡明目録》卷六史部載記類，第二五四頁。《四庫全書總目》卷六六史部二二載記類，第五八八頁下。

《皇元聖武親征録》一卷

不著撰人名氏。載元太祖初起，及太宗時事，自金章宗泰和三年壬戌始紀甲子，迄於辛丑，凡四十年。史載元世祖中統四年，參知政事、修國史王鶚請延訪太祖事迹付史館，此卷疑即當時人所撰上者。其書序述無法，詞頗蹇拙，又譯語訛異，往往失真，遂有不可盡解者。然以《元史》較之，所紀元初諸事實，大概本此書也。史言太祖滅國四十，而其名不具，是書亦不能悉載，知太祖時事，世祖時已不能詳，非盡宋濂、王禕之掛漏矣。

【今案】《四庫提要分纂稿》第三九七頁。《四庫全書總目》卷五二史部八雜史類存目一，第四七四頁上。

《逸周書》十卷

舊本題曰《汲冢周書》。考《隋·經籍志》《唐·藝文志》，俱稱此書以晋太康二年得於魏安釐王冢中，則汲冢之説，其來已久。然

《晉書・武帝紀》及《荀勗》《束皙傳》載汲郡人不準所得竹書七十五篇，具有篇名，無所謂《周書》，杜預《春秋集解後序》載汲冢諸書，亦不列《周書》之目，是《周書》不出汲冢也。故《漢書・藝文志》先有《周書》七十一篇，今本比班固所紀惟少一篇。陳振孫《書録解題》稱凡七十篇，《叙》一篇在其末。京口刊本，始以《序》散入諸篇，則篇數仍七十有一，與《漢志》合。司馬遷紀武王克商事，亦與此書相應。許慎作《説文》，引《周書》「大翰蓋翬雉」[一]，又引《周書》「豲有爪而不敢以撅」；馬融註《論語》，引《周書・月令》；鄭元（玄）註《周禮》，引《周書・王會》，又引《周書・以門》[二]，皆在汲冢前，知爲漢代相傳之舊。李善《文選註》所引，皆稱《逸周書》，知唐初舊本尚不題「汲冢」。其相沿稱爲「汲冢」者，殆以梁[三]《德》《月令》十一篇，餘亦文多佚脱。洪邁《容齋隨筆》謂《漢書》所引「天予不取，反受其咎」，及「毋爲權首[四]，將受其咎」，以爲《逸周書》之文者，今本無之，蓋即逸篇之文。觀李燾所跋，已有「脱爛難讀」之語，則其來亦久矣。

【校記】

[一]蓋　案《四庫全書總目》卷五〇同條作「若」。

[二]又引周書以門　案《四庫全書總目》卷五〇同條作「註儀禮引周書北唐以閭」。

[三]底本原案曰：「編按：此提要缺第二葉，今補白葉。」《四庫全書總目》卷五〇「《逸周書》十卷」條：「舊本題曰《汲冢周書》。考《隋・經籍志》《唐・藝文志》，俱稱此書以晋太康二年得於魏安釐王冢中。則汲冢之説，其來已久。然《晉書・武帝紀》及《荀勗》《束皙傳》載汲郡人不準所得《竹書》七十五篇，具有篇名，無所謂《周書》，杜預《春秋集解後序》載汲冢諸書，亦不列《周書》之目，是《周書》不出汲冢也。考《漢書・藝文志》先有《周書》七十一篇，今本比班固所紀惟少一篇。陳振孫《書録解題》稱凡七十篇，《叙》一篇在其末。京口刊本，始以《序》散入諸篇，則篇數仍七十有一，與《漢志》合。司馬遷紀武王克商事，亦與此書相應。許慎作《説文》，引《周書》「大翰若翬雉」，又引《周書》「豲有爪而不敢以撅」；馬融註《論語》，引《周書・月令》；鄭元（玄）註《周禮》，引《周書・王會》，註《儀禮》，引《周書・北唐以閭》，皆在汲冢前，知爲漢代相傳之舊。郭璞註《爾雅》，稱《逸周書》。李善《文選註》所引，亦稱《逸周書》，知晋至唐初舊本尚不題「汲冢」。其相沿稱汲冢者，殆以梁任昉得《竹簡漆書》，不能辨識，以示劉顯，顯識爲孔子删書之餘。其時《南史》未出，流傳不審，遂誤合《汲冢》《竹簡》爲一事，而修《隋志》者誤採之耶。鄭元祐作《大戴禮後序》，稱「《文王官人篇》與《汲冢周書・官人解》

相出入，《汲冢書》出於晉太康中，未審何由相似」云云。殊失之不考。《文獻通考》所引李燾跋及劉克莊《後村詩話》，皆以爲漢時本有此書，其後稍隱，賴汲冢竹簡出，乃得復顯。是又心知其非而巧爲調停之説。惟舊本載嘉定十五年丁黼跋，反覆考證，確以爲不出汲冢。斯定論矣。其書載有太子晉事，則當成於靈王以後。所云文王受命稱王，武王、周公私計東伐，俘馘殷遺，暴殄原獸，輦括寶玉，動至億萬，三發下車，懸紂首太白，又用之南郊，皆古人必無之事，陳振孫以爲戰國後人所爲，似非無見。然《左傳》引《周志》「勇則害上，不登於明堂」，又引《書》「慎始而敬終，終乃不困」，又引《書》「居安思危」，又稱「周作九刑」。其文皆在今《書》中，則春秋時已有之。特戰國以後又輾轉附益，故其言駁雜耳。究厥本始，終爲三代之遺文，不可廢也。近代所行之本，皆闕《程寤》《秦陰》《九政》《九開》《劉法》《文開》《保開》《八繁》《箕子》《耆德》《月令》十一篇，餘亦文多佚脱。今考《史記·楚世家》引《周書》「欲起無先」，《主父偃傳》引《周書》「安危在出令，存亡在所用」，《貨殖傳》引《周書》「農不出則乏其食，工不出則乏其事，商不出則三寶絶，虞不出則財匱少」；《漢書》引《周書》「無爲創首，將受其咎」，又引《周書》「天子不取，反受其咎」；《唐六典》引《周書》「湯放桀，大會諸侯，取天子之璽，置天子之座」，今本皆無之，蓋皆所佚十一篇之文也。觀李燾所跋，已有「脱爛難讀」之語，則宋本已然矣。

［四］毋爲權首 《四庫全書總目》卷五〇同條作「無爲創首」。

【今案】影印文淵閣《四庫全書》第三七〇册第一頁書前提要。《文溯閣四庫全書提要》卷三一史部五别史類，第九九五頁。《文津閣四庫全書提要匯編》史部四别史類，第一〇五頁。《四庫全書簡明目録》卷五史部别史類，第二〇七頁。《四庫全書總目》卷五〇史部六别史類，第四四五頁下。

《左傳紀事本末》五十三卷

國朝高士奇撰。士奇，嘉興人。仕至詹事府詹事。此書列目五十有三，附載各類又五十餘條，倣宋袁樞《通鑑紀事本末》之體，凡春秋大事悉綜指始末，彙從其類，列國分紀，不復編年。其間旁採《公》《穀》《國語》諸書，與《左氏》相表裡者，補其闕逸，核其同異，辯其謬誤，兼載前人訂正之説，謂之考証。間亦附以己見，謂之發明，每卷之末，又各有總論，用力可謂勤矣。然比事乃其宗旨，屬詞不過餘文，此史氏之附庸，非經學之本業也。

【今案】影印文淵閣《四庫全書》第三六九册第五頁書前提要。《文淵閣四庫全書提要》卷三〇史部四紀事本末類，第九九二頁。《文津閣四庫全書提要匯編》史部三紀事本末類，第一〇一頁。《四庫全書簡明目録》卷五史部紀事本末類，第二〇六頁。《四庫全書總目》卷四九史部五紀事本末類，第四四四頁中。

《大唐新語》十三卷

唐元和中登仕郎、守江州潯陽縣主簿劉肅撰。所紀起武德之初，迄大歷（曆）之末，凡分三十門，皆取軼文舊事有裨勸戒者。前有自序，後有總論一篇，稱昔荀爽紀漢事可爲鑒戒者，以爲《漢語》，今之所記，庶嗣前修。蓋雜史之流，非若《世説新語》諸書，徒爲談助者比。惟其中「諧謔」一門，體雜小説，未免自亂其例耳。是書本名《新語》，《新》《舊唐書》藝文志並同。明馮夢禎、俞安期等因與李垕《續世説》合刻，遂改題曰《唐世説》，殊爲臆撰。商濬刻入《稗海》，併於肅自序中增入「世説」二字，益僞妄矣。卷末總論一篇，《稗海》佚之，又佚其《政能》第八之標題，皆爲疏舛。今以諸本參校，定爲書三十篇，總論一篇，而復名爲《大唐新語》，以存其舊焉。

【今案】影印文淵閣《四庫全書》第一〇三五册第二八七頁書前提要。《文淵閣四庫全書提要》卷七四子部二六小説家類一，第二四〇〇頁。《文津閣四庫全書提要匯編》子部一二小説家類一，第六五二頁。《四庫全書簡明目録》卷一四子部小説家類，第五三一頁。《四庫全書總目》卷一四〇子部五〇小説家類一，第一一八三頁中。

《四朝聞見録》五卷

宋葉紹翁撰。紹翁自署龍泉人，又載程公許與論真德秀謚議手柬，字之曰「靖逸」，而厲鶚《宋詩紀事》稱其字「嗣宗」，建安人，與自述互異。考書中又載高宗航海一條，自稱本生祖曰李穎士，建之浦城人，則建安其祖籍歟。所録分甲、乙、丙、丁、戊五集，凡二百有七條。甲、乙、丙、戊四集雜叙高、孝、光、寧四朝軼事，各有標題，不以時代爲先後，惟丁集所記僅寧宗受禪、慶元黨禁二事始末，不及其他。紹翁與真德秀游，故其學一以朱子爲宗，持論頗正。又留心掌故，多識耆舊，故朝廷大政，往往能訂俗説之訛，考諸説之異。南渡以後，諸野史足補史傳之闕者，惟王明清之《揮麈録》、李心傳之《建炎以來朝野雜記》，號爲精核，餘惟紹翁是書可相伯仲。王士禎（禛）《居易録》謂其頗涉煩碎，不及李心傳書。是誠有之，然不可以是廢也。紹翁仕履無考，觀所記庚辰京城災周朝端諷其論事一條[一]，及與真德秀私校殿試卷一條[二]，則似亦嘗爲朝官矣。

【校記】

[一]觀所記庚辰京城災周朝端諷其論事一條　案底本自『周朝』以下爲一頁，原案曰：『編按：此葉原置却掃編後，今校改。』

[二]真德秀　底本原作『真秀』，脱一『德』字，兹據本書本條上文及《四庫全書總目》卷一四一同條補。

【今案】影印文淵閣《四庫全書》第一〇三九册第六三七頁書前提要。《文溯閣四庫全書提要》卷七五子部二七小説家類二，第二四七三頁。《文津閣四庫全書提要匯編》子部一二小説家類一，第七一三頁。《四庫全書簡明目録》卷一四子部小説家類，第五四七頁。《四庫全書總目》卷一四一子部五一小説家類二，第一二〇一頁上。

《却掃編》三卷

宋徐度撰。度字敦立，穀熟人。父處仁，靖康時宰相，書中稱『先公』者，皆處仁也。度南渡後，官至吏部侍郎。此編所紀，皆國家典章、前賢故事，言頗詳核，説部中之有裨史學者。陸游《渭南集》有是書跋，曰『此書之作，敦立猶少年，故大抵無紹興以後事』。蓋其書成於高宗初年也。王明清《揮麈後録》載，明清訪度於霅川，度與考定創置右府，與揆路議政，分合因革，筆於是書。又載其論《哲宗實録》及論秦檜刊削建炎航海以後日歷(曆)、起居、時政記諸書二事，則度之究心史學，可以概見。至度謂《新唐書》載事倍於《舊書》，皆取小説，因欲史官博採異聞，則未免失之泛濫。此書上卷載葉夢得所記俚語一條，中卷載王鼎嘲謔一條，下卷載翟巽詼諧一條，爲例不純，自穢其書，是亦嗜博之證矣。然大致纂述舊聞，足資掌故，與《揮麈》諸録、《石林燕語》可以鼎立，而文簡於王[一]，事核於葉，則似爲勝之云。

【校記】

[一]而文簡於王　案底本自『簡』以下爲一頁，原案曰：『編按：此葉原置四朝聞見録後，今校改。』

【今案】影印文淵閣《四庫全書》第八六三册第七四七頁書前提要。《文溯閣四庫全書提要》卷六九子部二一雜家類五，第二二三〇頁。《文津閣四庫全書提要匯編》子部一〇雜家類三，第五二一頁。《四庫全書簡明目録》卷一三子部雜家類，第四九一頁。《四庫全書總目》卷一二一子部三一雜家類五，第一〇四一頁下。

《燕雲録》一卷

宋趙子砥撰。子砥本宋宗室，官鴻臚寺丞。靖康丁未，隨徽、欽北行。建炎戊申遁還，持徽宗御札，謁高宗於揚州，仍前官。子砥在金，嘗密刺其國事，備知情狀，又與續歸之楊之翰互相參証。然所述金事，一曰『陷没宗室從官』，二曰『陷没百姓』，三曰『金人族帳所出與設官之實』，四曰『政事之紀』，五曰『虚實之情』，六曰『南北離潰之情』，皆非機密。惟其末稱『金人必不可和』，則其後驗如操券，可謂真得情狀矣。

【今案】《四庫全書總目》卷五二史部八雜史類存目一，第四七〇頁下。

《涑水紀聞》十卷[一]

宋司馬光撰。光嘗與劉恕議取實録、正史，旁採異聞，作《資治通鑑後紀》，此編蓋以備《後紀》之用也。其中，間載流俗傳聞之説，朝士詼諧之語，不必盡關史事者。疑當日隨筆劄記，尚未及一一刊削也。後其曾孫侍郎伋以所書吕夷簡事，欲燬其板，而陳振孫《書録解題》又深以伋之燬板爲非，聚訟紛紜，迄無定論。要其可據者多，未可以一二小節廢也。此書世有二本，一本不分卷，一本作十卷，與《通考》合。

【校記】

[一] 涑水紀聞十卷　案《四庫全書總目》卷一四〇同條作『《涑水記聞》十六卷』。

【今案】影印文淵閣《四庫全書》第一〇三六册第三一六頁書前提要。《文溯閣四庫全書提要》卷七四子部二六小説家類一，第二四二五頁。《文津閣四庫全書提要匯編》子部一二小説家類一，第六七四頁。《四庫全書簡明目録》卷一四子部小説家類，第五三七頁。《四庫全書總目》卷一四〇子部五〇小説家類一，第一一八九頁下。

《甲申雜記》一卷、《聞見近録》一卷、《隨手雜録》一卷

俱宋王鞏撰。鞏字定國，莘縣人，同平章事旦之孫，工部尚書素之子。嘗倅揚州，坐與蘇軾遊，謫監筠州鹽税。罷還，官至宗正丞。

自號清虚先生。所著雜事三篇,紀東都舊聞,言多有據。乾道間,其從曾孫王從復得《聞見》《甲申》二録别本[一],校所闕者二十六事,附於《隨手雜録》之末。從字正夫,嘗知信州,所著有《三近齋餘録》。

【校記】

[一]聞見 底本倒爲「見聞」,兹據本書本條題目及《四庫全書總目》卷一四〇同條乙正。

【今案】影印文淵閣《四庫全書》第一〇三七册第一七九頁書前提要。《文溯閣四庫全書提要》卷七四子部二六小説家類一,第二四三九頁。《文津閣四庫全書提要匯編》子部一二小説家類一,第六八六頁。《四庫全書簡明目録》卷一四子部小説家類,第五三九頁。《四庫全書總目》卷一四〇子部五〇小説家類一,第一一九二頁下。

《儒林公議》一卷[一]

宋田况撰。况字元均。當慶歷(曆)初,以言兵進。自陝西經略判官遷右正言[二],管勾國子監,權修起居注,遂知制誥。後官至樞密使。此書記建隆以迄慶歷(曆)士大夫行事得失甚詳,褒貶尚爲平允。况曾爲夏竦幕僚,好水川之役,况嘗上疏極論之,竦不出師,蓋用况之策。卷中不肯自言,但云竦不甚主,嫌於自譽也。卷末有嘉靖庚戌陽里子柄一跋,不知何許人,論此書頗詳。商濬《稗海》以爲宋無名氏所撰[三],誤也。

【校記】

[一]一卷 案《四庫全書總目》卷一四〇同條作「二卷」。

[二]陝 底本原作「陜」,誤,兹據《四庫全書總目》卷一四〇同條改。

[三]商濬 底本原作「商維濬」,衍一「維」字,兹據《四庫全書總目》卷一四〇同條及本書史部雜史類「《大唐新語》十三卷」條、《中國古籍善本書目》叢部彙編叢書「《稗海》四十六種二百八十五卷」條删。

【今案】影印文淵閣《四庫全書》第一〇三六册第二七五頁書前提要。《文溯閣四庫全書提要》卷七四子部二六小説家類一,第二四二四頁。《文津閣四庫全書提要匯編》子部一二小説家類一,第六七四頁。《四庫全書簡明目録》卷一四子部小説家類,第五三六頁。《四庫全書總目》卷一四〇子部五〇小説家類一,第一一八九頁中。

《桯史》十五卷

宋岳珂撰。珂，武穆王飛之孫，敷文閣待制霖之子。歷官至户部尚書、淮東總領制置使。是書命名頗僻，案《考工記》，車蓋之杠謂之『桯』，豈以久典外郡，成書於道途間耶？其於朝政得失、人才出處以及俳優詼諧之辭無不載，考其時，當成於寧、理二宗之間，故所記皆嘉定以前事也。

【今案】影印文淵閣《四庫全書》第一〇三九册第四〇八頁書前提要。《文溯閣四庫全書提要》卷七五子部二七小説家類二，第二四七〇頁。《文津閣四庫全書提要匯編》子部一二小説家類一，第七一〇頁。《四庫全書簡明目録》卷一四子部小説家類，第五四六頁。《四庫全書總目》卷一四一子部五一小説家類二，第一二〇〇頁上。

《揮麈前録》四卷、《後録》十一卷、《第三録》三卷、《餘話》二卷

宋朝請大夫汝陰王明清撰。《前録》爲乾道丙戌奉親會稽時所紀，多國史中未見事，自跋謂記憶殘缺，以補册府之遺是也。末附沙隨程迥、臨汝郭九德二跋，李垕一簡，及慶元元年實録院移取《揮麈録》牒文二道。《後録》爲紹熙甲寅武林官舍中所紀，有海陵王禹錫跋。《第三録》爲慶元初請外時所紀，於高宗東狩事獨詳。《餘話》兼及詩文碑銘，補《前》《後》所未備，有浚儀趙不譾跋。晁公武《讀書志》云總二十三卷，今止二十卷。《文獻通考》云《前録》三卷，今四卷。《後録》自跋云釐爲六卷，今多五卷。蓋久經後人分併，故卷帙不齊如此。明清，銍之子，曾紆之外孫，紆爲曾布第十子，故是録於布多溢美之詞。其記王安石歿，有神人幢蓋來迎，而於米芾極醜詆，似亦軒輊之詞云。

【今案】影印文淵閣《四庫全書》第一〇三八册第三六三頁書前提要。《文溯閣四庫全書提要》卷七五子部二七小説家類二，第二四五九頁。《文津閣四庫全書提要匯編》子部一二小説家類一，第七〇二頁。《四庫全書簡明目録》卷一四子部小説家類，第五四四頁。《四庫全書總目》卷一四一子部五一小説家類二，第一一九七頁下。

《南渡録》二卷、《竊憤録》一卷

此二書所載，語並相似，舊本或題無名氏，或並題爲辛棄疾撰。蓋本出一時之手所僞托，所載之事乃全無事實。按金太宗年號天會[一]，十三年崩，熙宗襲舊號兩年乃改元，故天會止於十五年。今此録乃謂爲金太宗年號天輔，天輔乃金太祖年號，止於七年，是時宋汴京無恙也。此録既不知天會之號，又妄謂天輔十七年改元天眷，其謬甚矣。金太宗生日在十月，名『天清節』，金熙宗生日在正月，名『萬壽節』，此録記天輔十一年徽、欽二帝在雲州，正月值金主生日作宴，是徒聞金主生日有在正月者，而不知年事之不合也。金太宗天會五年三月，以宋二帝至燕。十月，徙之中京。六年七月，徙之上京。八月，以見太祖廟，封徽宗爲昏德公[二]、欽宗爲重昏侯。十月，徙之韓州。熙宗天會十四年，昏德公薨。皇統元年，改昏德公爲天水郡王、重昏侯爲天水郡公。事並見《金本紀》。是天水之封，乃在徽宗殂後。此録乃云靖康二年五月，至燕京，見金主，封太上爲天水郡公、帝爲天水郡侯；後徙安肅軍；又徙雲州；天輔十一年三月，徙西漢州；十四年，徙五國城，率與史不合。此蓋閭閻小人所爲，故無所考稽而語皆謬妄。宋徽、欽不能死社稷，固已辱矣，然何至如二録所言之甚耶！此必南宋時有怨於高宗者僞造此書，肆爲醜詆，悖逆虚誣，不合傳録。而明時文士乃不能辨，或於詩文引用，是可嗤也。

【校記】

［一］年　案《四庫全書總目》卷五二同條作『建』。

［二］爲　底本原脱此字，兹據本書本條下文及《四庫全書總目》卷五二同條補。

【今案】《四庫全書總目》卷五二史部八雜史類存目一，第四七一頁上。

《己酉航海記》一卷

宋李正民撰。亦曰《乘桴記》。正民字方叔。高宗時，中書舍人。建炎三年己酉七月，高宗在金陵，聞金兵深入，遂趨平江，歷越州、明州。十二月，乘舟航海，避兵台、温之間。正民時以中書舍人從行，按日記駐蹕之所，蓋起居注體也。正民尋奉使通問隆祐宫，故所記止於四年正月二十一日，蓋非完稿。《北盟會編》一百三十四卷、王明清《揮麈三録》第一卷皆全載其文。明清記尤袤謂高宗東狩四明，數月之間，排日不可稽考，後於茂苑得此書，所記頗備。蓋當日國史，實藉此書考定矣。

【今案】《四庫全書總目》卷五二史部八雜史類存目一，第四七〇頁中。

《默記》三卷

宋王銍撰。銍字性之，汝陰人，自稱『汝陰老民』。紹興初，以薦詔，視秩史官給札奏御，爲樞密院編修官。嘗著有《雪溪集》。此編多載汴都朝野雜事，末一條乃考正陳思王《感甄賦》事。所記皆有依據，可信者多。惟王朴引周世宗見火輪小兒，及宋太祖以周世宗子賜潘美二事，似出附會。又李清嘗以銍所引《江南野史》李後主、小周後事，參校本書，無此文，蓋亦徵引之誤。

【今案】影印文淵閣《四庫全書》第一〇三八册第三二五頁書前提要。《文淵閣四庫全書提要》卷七五子部二小説家類二，第二四五八頁。《文津閣四庫全書提要匯編》子部一二小説家類一，第七〇一頁。《四庫全書簡明目録》卷一四子部小説家類，第五四四頁。《四庫全書總目》卷一四一子部五一小説家類二，第一一九七頁中。

《東京夢華録》十卷

宋孟元老撰。《通考》謂元老不知何許人。此書自都城、坊市、節序、風俗及當時典禮、儀衛，靡不核載。所紀與《宋志》頗有異同。如《宋志》南郊儀注，郊前三日，但云齋於大慶殿、太廟及青城齋宫，而是書載車駕宿大慶殿儀，駕宿太廟奉神主出室儀，駕詣青城齋宫儀，委曲詳盡。又如郊畢解嚴，《宋志》但云御宣德門肆赦，而是書載下赦儀，亦極周至。惟行禮儀注，《宋志》有皇帝初登壇上香奠玉幣儀，既降，盥洗再登壇，然後初獻，而是書奏請駕登壇即初獻，無上香獻玉帛儀。又太祝讀册，《宋志》列在初獻時，是書初獻之後再登壇，始稱讀祝，則不及《宋志》之密。然參互考核，不可謂無裨史學也。

【今案】影印文淵閣《四庫全書》第五八九册第一二五頁書前提要。《文溯閣四庫全書提要》卷四一史部一五地理類三，第一三三五頁。《文津閣四庫全書提要匯編》史部一一地理類，第三六四頁。《四庫全書簡明目録》卷七史部地理類，第二八七頁。《四庫全書總目》卷七〇史部二六地理類三，第六二四頁中。

《松漠紀聞》二卷[一]

宋洪皓撰。皓字光弼，番陽人。政和五年進士。建炎中，以徽猷閣待制使於金，留十五年歸。時屢忤秦檜，謫死南徼。尋復贈官，謚曰忠宣。是書乃皓留金時，隨筆纂録，及歸，懼爲金人搜獲，悉付諸火。既被謫譴[二]，乃始追述一二，名曰《松漠紀聞》。尋有私史之禁，亦秘不傳。紹興末，其長子适始校刊爲正、續二卷。乾道中，仲子遵又增補所遺十一事。

【校記】

[一]松漠紀聞二卷　案《四庫全書總目》同條作『《松漠紀聞》一卷續一卷』。

[二]譴　底本原作『遣』，誤，兹據《四庫全書總目》卷五一同條改。

【今案】影印文淵閣《四庫全書》第四〇七册第六八六頁書前提要。《文溯閣四庫全書提要》卷三二史部六雜史類，第一〇四二頁。《文津閣四庫全書提要匯編》史部五雜史類，第一三九頁。《四庫全書簡明目録》卷五史部雜史類，第二一六頁。《四庫全書總目》卷五一史部七雜史類，第四六四頁下。

史部三 雜史類

《夢粱録》二十卷[一]

宋錢塘吴自牧撰。全用《東京夢華録》之體，以紀南宋郊廟宫殿，下至百工雜戲之事。周密《武林舊事》序云，欲如孟元老《夢華》而近雅，固謂《夢華録》不足於雅馴矣。而自牧是書之俚俗，殆有甚於《夢華録》者。然其言自質實，與《武林舊事》詳略互見，可資以稽考故事。首有自序，云緬懷往事，殆猶夢也，故名《夢粱録》。末署『甲戌歲中秋日書』，考甲戌爲宋度宗咸淳十年[二]，其時宋未亡也，意『甲戌』字傳寫舛誤歟？新城王士正（禛）集載是書跋，云《夢粱録》二十卷，不著名氏。蓋士正（禛）所見抄本，又脱此序，故不知爲自牧耳。今檢《永樂大典》所引，題『自牧』字也。

【校記】

[一]粱 底本題目及正文均作『梁』，誤，兹據《四庫全書總目》卷七〇同條改。

[二]宋 底本原作『度』，誤，兹據《四庫全書總目》卷七〇同條改。

【今案】《四庫提要分纂稿》第一四〇頁。影印文淵閣《四庫全書》第五九〇册第一三頁書前提要。《文溯閣四庫全書提要》卷四一史部一五地理類三，第一三四二頁。《文津閣四庫全書提要匯編》史部一一地理類，第三七一頁。《四庫全書簡明目録》卷七史部地理類，第二八八頁。《四庫全書總目》卷七〇史部二六地理類三，第六二五頁下。

《吴越備史》四卷[一]

舊本題宋武勝軍節度使掌書記范坰、巡官林禹撰[二]。載錢鏐以下累世事迹，依年紀事，可補《五代史·吴越世家》之缺。卷首列《年號世系圖》《諸王子弟官爵封謚表》《十三州考》等目，今惟存《十三州考》，餘俱闕。後附《補遺》一卷，不詳作者姓氏。前四卷訖太祖戊辰，《補遺》訖太宗丁亥，與《中興書目》所載前十二卷盡開寶元年、後增三卷盡雍熙四年者正合，特卷帙繁簡不同耳。陳振孫謂今書止石晉開運，前缺三卷，《文獻通考》亦引其説，則是書在宋季已無完本矣。錢曾《敏求記》云今本爲鏐十七世孫德洪嘉靖間刊本，序稱《補遺》爲其門人馬藎臣所續，序次紊亂，如衣錦城建金籙醮及迎釋迦等事皆失載，今是書咸備無缺，則非德洪重刊本也。至以《補遺》爲馬藎臣所續，别無證據。藎臣曾撰《吴越世家疑辨》，自序謂曾作《備史·圖表》，豈既補其闕，又續其後耶？又考陳振孫《書録解題》，錢俶之弟儼著《吴越遺事》，有開寶五年序，謂《備史》亦儼所作，托名林、范。今是書四卷之末，有嘉祐元年四代孫錢中孚[三]、紹興二年七代孫林涣題跋[四]。按子孫録先世纂輯之書，輒以世數冠於名上，則以《備史》爲儼撰，似得其實。又《補遺》序云不知作自何人，蓋用本傳及家王故事爲之。繹其語氣，當即中孚等所題，則謂藎臣所續者非也。

【校記】

[一]吴越備史四卷　案《四庫全書總目》卷六六同條作『《吴越備史》四卷、《補遺》一卷』。

[二]軍　底本原作『節』，誤，兹據《四庫全書總目》卷六六同條改。

[三]祐　底本原作『靖』，誤，兹據《四庫全書總目》卷六六同條改。

[四]林　案《四庫全書總目》卷六六同條作『休』。

【今案】影印文淵閣《四庫全書》第四六四册第四九七頁書前提要。《文溯閣四庫全書提要》卷三七史部一一載記類，第一一九八頁。《文津閣四庫全書提要匯編》史部九載記類，第二六二頁。《四庫全書簡明目録》卷六史部載記類，第二五三頁。《四庫全書總目》卷六六史部二二載記類，第五八八頁上。

《江南野史》十卷

宋龍衮撰。其書皆紀南唐事，用紀傳之體，而不立紀傳之名。第一卷爲先主昪，第二卷爲嗣主璟，第三卷爲後主煜而附以宜春王從謙及小周后，第四卷以下載宋齊邱（丘）以下僅三十人，陳陶、孟賓于諸人有傳，而查文徽、韓熙載諸人[一]，乃悉不載。考鄭樵《通志略》載此書原二十卷，此本僅十卷，殆佚其半歟？叙次冗雜，頗乖史體。然其中如孫晟、林文肇諸傳，與《五代史》頗有異同，可資考証。馬令作《南唐書》，亦多採之。流傳既久，固亦未可廢焉。

【校記】

[一]韓熙載諸人　底本原作『韓熙諸人人』，雖『諸人』二字已用墨點點去，仍有訛脱，而《四庫全書總目》卷六六同條作『韓熙載諸人』，據此當補『載』字，不當删『諸』字。

【今案】《四庫提要分纂稿》第一三五頁。影印文淵閣《四庫全書》第四六四册第六九頁書前提要。《文溯閣四庫全書提要》卷三七史部一一載記類，第一一八七頁。《文津閣四庫全書提要匯編》史部九載記類，第二五三頁。《四庫全書簡明目録》卷六史部載記類，第二五一頁。《四庫全書總目》卷六六史部二二載記類，第五八五頁中。

《焚椒録》一卷

遼觀書殿學士王鼎撰。紀道宗懿德皇后蕭氏爲宫婢單登搆陷事。前有大安五年自序，稱待罪可敦城，蓋謫居鎮州時也。明姚士粦跋云：「鼎本傳，清寧五年，擢進士第。乃本紀八年[一]，放進士王鼎等。則五年爲誤。不然，豈有兩王鼎耶？」

【校記】

[一]乃 疑爲「而」之誤。

【今案】《四庫全書總目》卷五二史部八雜史類存目一，第四七三頁中。

《建炎復辟記》一卷

《通考》註曰無名氏。叙苗傅、劉正彦事始末，文頗繁冗。末叙世忠戰功特詳，疑即韓氏之客所爲。世又有《建炎紀事》一書，題李心傳撰者，與此書一字不異，蓋妄人僞托，改其名以炫俗也。

【今案】《四庫全書總目》卷五二史部八雜史類存目一，第四七〇頁下。

《維揚巡幸記》一卷

記建炎三年金兵至大長，高宗自揚州奔杭州事，起正月十三日，盡二月十五日。大意罪汪伯彦、黄潛善之苟且晏安，變生倉卒，而不知也。此本，《北盟會編》一百二十三卷全載之，亦後人録出別行者。

【今案】《四庫全書總目》卷五二史部八雜史類存目一，第四七〇頁中。

《靖炎兩朝見聞録》二卷

舊本題曰陳東撰。記徽、欽北遷、高宗改元時事特詳[一]，末及紹興以後事，亦足資考據。然東以建炎元年八月見殺，何由得記紹興後事？蓋傳本闕撰人，而後人不考，誤題爲東也。

【校記】

[一]記徽欽北遷　案《四庫全書總目》卷五二同條作「記徽宗北遷」，似有不妥。一則與書名《靖炎兩朝見聞録》不合，所謂「靖炎」，即欽宗年號「靖康」與高宗年號「建炎」；二則與史實不符，事實是金人擄徽宗、欽宗二帝一併北遷，并非僅擄徽宗北遷。由此二點，可見《總目》僅謂「徽宗北遷」，略欠準確。

【今案】《四庫全書總目》卷五二史部八雜史類存目一，第四七〇頁上。

《西使記》一卷

元真定劉郁撰。記常德西使皇弟錫里庫軍中往返道途之所見。考《元史·憲宗紀》，二年壬子秋，遣錫喇往西域蘇丹諸國，是歲錫喇薨。三年癸丑夏六月，命諸王錫里庫及烏蘭哈達帥師征西域法勒噶、巴哈台等國。八年戊午，錫里庫討回回法勒噶平之，擒其王，遣使來獻捷。考《世系表》，睿宗十一子，次六曰錫里庫，而諸王中别無錫喇。《郭侃傳》：侃壬子從錫里庫西征，與此記所云壬子歲，皇弟錫喇統諸軍奉詔西征，凡六年，拓境幾萬里者相合。然則錫喇即錫里庫。因《元史》爲明代所修，故譯音訛舛，一以爲錫喇，一以爲錫里庫，誤分二人。而《憲宗紀》二年書錫喇薨，三年重書錫里庫西征，遂相承誤載也。此記言常德西使在己未正月，蓋錫里庫獻捷之明年所記，雖但據見聞，不能考証古迹，然亦時有異聞。《郭侃傳》所載，與此略同，惟譯語時有訛異耳。我皇上神武奮揚，勘定西域，崑崙月窟，盡入版圖。計常德所經，今皆在屯田列障之内，業已《欽定西域圖志》昭示億齡，郁所記録，本不足道。然據其所述，亦足參稽道里，考証古今之異同，故仍録而存之焉。

【今案】《四庫提要分纂稿》第四〇一頁。影印文淵閣《四庫全書》第四六〇册第九二三頁書前提要。《文溯閣四庫全書提要》卷三五史部九傳記類二，第一一六四頁。《文津閣四庫全書提要匯編》史部七傳記類，第二三五頁。《四庫全書簡明目録》卷六史部傳記類，第二四六頁。《四庫全書總目》卷五八史部一四傳記類二，第五三〇頁上。

《夥壞封疆録》一卷

明興化魏應嘉撰。前有應嘉自序，稱取劉方壺所臚列未盡者，具名於左。其詞甚狂謬。所列執政一人、司禮大璫一人、部堂五人、卿寺三人、翰林七人、臺諫十六人、部署二人。書後有跋，詆應嘉爲京、卞、惇、確，不知何人所作。

【今案】《四庫全書總目》卷六二史部一八傳記類存目四，第五五九頁中。

《東林點將録》一卷

明王紹徽撰。紹徽，陝西咸寧人[一]。萬歷(曆)戊戌進士，官至吏部尚書。黨於魏忠賢，崇禎初，列於逆案。其書以《水滸傳》晁盖及宋江等一百八人天罡、地煞之名，分配當時縉紳。今本闕所配孔明、樊瑞、宋萬三人，蓋後人傳寫佚之。卷末有跋，稱甲子、乙丑於毘陵見此録，傳爲鄒之麟作。所列尚有沈應奎、繆希雍二人，與此本不同。蓋其時門户蔓延，各以恩怨爲增損，不足爲怪。又稱許其孝、陳保泰、楊春茂、郭鞏四人，後列逆案，不知何以厠名。或作此書時，四人尚未附忠賢耶。

【校記】

[一]陝 底本原作「陜」，誤，兹據《四庫全書總目》卷六二同條改。

【今案】《四庫全書總目》卷六二史部一八傳記類存目四，第五五九頁下。

《閹黨逆案》一卷

明崇禎二年正月，大學士韓爌等所定。分別首從，擬爲等次。每名之下，各著罪狀，皆當日之爰書。其夾註科分籍貫，則似乎後人附益也。

【今案】《四庫全書總目》卷五四史部一〇雜史類存目三，第四八七頁下。

《挺擊始末》一卷[一]

明陸夢龍撰。記張差事始末，明末「三案」之一也。夢龍字君啓，會稽人。《明史》有傳。時爲刑部員外郎，所叙一時諸人牽就彌縫情狀甚詳。顧史稱王之寀首發其姦，持之甚力，而夢龍自叙則此案實所力持，緣此外遷廣西僉事，於之寀轉多微詞。蓋明末縉紳喜談名節，即同類之内，亦多相軋以争名。雖所録大概得實，而詞氣抑揚，則所不免也。

【校記】

［一］挺擊始末　案《四庫全書總目》卷五四同條作「《梃擊始末》」。又「挺擊」，《明史》卷二二《熹宗紀》亦作「梃擊」。

【今案】《四庫全書總目》卷五四史部一〇雜史類存目三，第四八七頁中。

《保越録》一卷

不著撰人名氏。載元順帝至正十九年明師攻紹興事。是時明將爲胡大海，禦之者張士誠將吕珍也。凡攻三月，卒不能下，乃還。是録稱士誠兵曰『我軍』，稱珍曰『公』，殆士誠未亡時，紹興人所紀。其中稱明爲『大軍』，及『太祖高皇帝』字，則疑士誠亡後，明人傳鈔所改耳。紹興自是以後，猶保守八年，及至正二十六年，方歸於明。珍亦至是年湖州之敗，乃降於徐達。雖初事非主，晚節不終，而在紹興則不爲無功矣。大海攻紹興挫衄，及其縱兵淫掠，發宋陵墓諸惡迹，《明史》皆不載。所録張正蒙妻韓氏、女池奴、馮道二妻抗節事，《明史》亦皆不書，尤足補史傳之遺也。

【今案】影印文淵閣《四庫全書》第四六〇册第九二九頁書前提要。《文溯閣四庫全書提要》卷三五史部九傳記類二，第一一六六頁。《文津閣四庫全書提要匯編》史部七傳記類，第二三六頁。《四庫全書簡明目録》卷六史部傳記類，第二四七頁。《四庫全書總目》卷五八史部一四傳記類二，第五三〇頁中。

《聖駕南巡日録》一卷、《大駕北還録》一卷[一]

明陸深撰。明世宗嘉靖十八年，南幸承天，相度顯陵。深時官學士，命掌行在翰林院印扈行。是編乃紀其往返程頓，自二月癸丑至四月壬子，凡六十日之事。《南巡日録》中載有《永樂後内閣諸老歷官年月》一篇[二]，乃得之於孫元者。深最留心史學，故隨所見而録之。

【校記】

[一]聖駕南巡日録一卷大駕北還録一卷 案《四庫全書總目》卷五三同條作「《南巡日録》一卷、《北還録》一卷」。

[二]日 底本原脱此字，兹據本書本篇提要題目及《四庫全書總目》卷五三同條補。

【今案】《四庫全書總目》卷五三史部九雜史類存目二，第四八〇頁上。

《嘉靖倭亂備鈔》二卷

不著撰人名氏。始嘉靖二十三年日本入貢，終於四十五年閏十月。凡倭之搆亂，以及平戢始末皆載之。叙事之中，間以論斷。大抵謂倭亂始於謝氏之通海，成於嚴嵩之任用非人，功罪顛倒，所言比正史爲詳。蓋著全史者撮綱要，記一事者備曲折，史家體例，各有所當也。

【今案】《四庫全書總目》卷五三史部九雜史類存目二，第四八四頁中。

《貽清堂日抄》不分卷

明錢養廉撰。原本不分卷。養廉字國維，仁和人。舉萬歷（曆）己丑進士，官至吏部考功司郎中。所記萬歷（曆）時縉紳門户甚詳。考養廉以争范謙贈䕃，忤大學士張位削籍，故是書之首，即列戊戌落職一條，蓋亦所謂發憤著書者。於諸事往往醜詆，當不免有恩怨之詞矣。

【今案】《四庫全書總目》卷一四三子部五三小説家類存目一，第一二二三頁上。

《倭患考原》二卷

明黄俣卿撰。自題曰閩人，不知爵里。嘉、隆間，福建瀕海郡縣嘗被倭患，故爲是書，以推其致禍之由。上溯洪武初年遣使通倭，下終萬歷（曆）初廣賊林鳳之亂。下卷恤援朝鮮，則紀宋應昌、楊鎬東征事也。又《倭俗考》亦附於後。其中所載閩事居多。草野傳聞，殊爲簡略。

【今案】《四庫全書總目》卷五四史部一〇雜史類存目三，第四八五頁下。

《倭情考略》一卷

明揚州知府武昌郭光復撰。嘉靖中，東南屢中倭患，而揚州當江海之衝，被害尤甚。光復以爲必得其情，始可籌備禦之術，因考次所聞爲此編。首總論，次事略，次倭患，次倭術，次倭語，次倭好，次倭船，次倭刀，載其情狀頗詳。蓋亦知己知彼之意，而得諸傳聞，未必一一確實也。前有揚州推官徐鑾序，稱『合倭患考策倭議并梓之』。

【今案】《四庫全書總目》卷一〇〇子部一〇兵家類存目，第八四四頁中。

《野記》四卷

明祝允明撰。允明字希哲，長洲人。壬子舉人，除興寧知縣，遷應天府通判。是書所記多委巷之談，如記張太后遺詔復建文年號一事，張朝瑞《忠節記》已辨之。至謂《永樂大典》修輯未成而罷，則他事失實可知。朱孟震《河上楮談》亦稱允明所撰志怪及此書，可信者百中無一。

【今案】《四庫全書總目》卷一四三子部五三小説家類存目一，第一二一九頁下。

《韓氏事迹》一卷、《方氏事迹》一卷

明劉文進編輯。不知其爵里。所記乃韓林兒、方國珍二家事迹，分年編載，略如紀事本末體例，而引吴朴、張時泰、邵相、周德恭諸人論斷，系之各條之下。凡詔檄奏疏之文，皆跳行另書，如坊間所行演義之式，蓋明人陋習如此。又以明太祖奉韓林兒年號，比之事殷之德，取喻不倫，亦爲無識。

【今案】《四庫全書總目》卷六六史部二二載記類存目，第五九一頁下。

《漢唐秘史》二卷

明寧王權撰。自序云洪武二十九年，奉命纂輯，成於辛巳六月。考是年爲建文三年，權已爲燕軍所劫，故不書建文年號。而其弟安王楹跋，亦第書歲在壬午。蓋正當革除時也。是書以劉三吾等洪武間進講漢唐事實，編次成書，故詞多通俗。其諸帝論贊，皆太祖御撰。唐末繫司馬光論，亦奉敕載入，故特題曰『欽取』。大旨以後世之亂亡，皆推本於貽謀之不善，所論不爲無理。而擇焉弗精，多取委巷之談，如高帝斬蛇，蛇後轉生王莽之類，皆僞妄不足辨也。

【今案】《四庫全書總目》卷五二史部八雜史類存目一，第四七五頁下。

《寓圃雜記》十卷

明王錡撰。錡字元禹，别號夢蘇道人，長洲人。書載明洪武迄正統間朝野事迹，於吴中故實尤詳。其大者多已見正史，餘皆瑣屑細故，捃拾成編，無關考據。

【今案】《四庫全書總目》卷一四三子部五三小説家類存目一，第一二一九頁中。

《貂璫史鑑》四卷

明四川安許兵備道張世則撰。萬歷（曆）二十年進呈，得旨禮部知道，禮部覆疏附焉。書凡六條：一曰『主君』，首載明太祖禁抑内臣不得干預外事，然後叙歷代寵閹之弊；二曰『弼臣』，載歷朝相臣與宦寺離合之迹；三曰『妍範』，載閹之賢者；四曰『媸戒』，載閹之惡者；五曰『國祚』，載秦漢以來寺人之尤能亂國者；六曰『沿革』，則閹宦職官志也。宦寺賢者，萬中不得一二，世則方指陳炯戒，將以啓迪君心。而所列『妍範』一條，如勃鞮之斬袪，繆賢之薦士，裴寂之宫人私侍，高力士之贊立太子，皆目爲佳事，殊多謬戾。又列及明代寺人，而以阮安預其間[一]，益不可訓矣。

【校記】

[一]阮 底本原作『院』，誤，兹據《四庫全書總目》卷六二同條改。

【今案】《四庫全書總目》卷六二史部一八傳記類存目四，第五五八頁中。

《平番始末》一卷

明許進撰。始，弘治七年，土魯番阿黑麻攻陷哈密，執忠順王陜巴去。進爲甘肅巡撫，潛師襲復其城。致仕後，因檢閲奏稿案牘，編爲此書。嘉靖九年，子誥爲太常卿，具疏進之，詔付史館。其述用兵始末及西番情事頗詳。今《明史·土魯番》《哈密》諸傳，大略本之於此。前有霍韜序，後有胡世寧跋。進字秀升，靈寶人，成化二年進士，官至兵部尚書，謚襄毅。誥字廷綸，進次子，弘治十二年進士，官至南京户部尚書。

【今案】《四庫全書總目》卷五三史部九雜史類存目二，第四七九頁下。

《小史摘抄》二卷

不載撰人名氏。《明史·藝文志》亦未著録。蓋洪、永間人所編，專載明太祖瑣事，末附建文遺事八條。大抵多委巷之説，如李文忠納款於張士誠、劉基死後焚屍揚灰，皆必無之事。其謬妄固不待辨也。

【今案】《四庫全書總目》卷五二史部八雜史類存目一，第四七六頁中。

《邇訓》二十卷

明方學漸撰。學漸字達卿，桐城人。是書專載其鄉人物行誼，及其先世事之可爲法者，以近在桑梓，故名《邇訓》。凡分四十一類，門目繁碎，隸事亦不詳所出。

【今案】《四庫全書總目》卷一四三子部五三小説家類存目一，第一二二一頁下。

《虐政集》一卷、《邪氛集》一卷、《倒戈集》一卷

不著撰人姓名。皆載天啓中閹禍始末，各以年月編次。《虐政集》則專記東林黨人先後被難之事。《邪氛集》則專記閹黨諸人進

擢柄用之事。《倒戈集》則以閹黨既盛，其徒自相攻擊，旋有被逐而去者，因併記之。每條有綱有目，備載當時所行詔旨，而間爲評論。如『知縣唐紹堯逮治』一條，稱實刑曹姚誠立下手，而猶翱翔藩臬。又『御史方大任』一條，稱大任如此受苦而竟忘之。此必在崇禎初韓爌等既定逆案之後，被禍者皆得牽復，而斥逐起用，猶有所未盡，故爲是言以譏之。然明季門户喧呶，黨同伐異之習，實有牢不可破者。固未可據一人好惡之口，而概以爲定論也。

【今案】《四庫全書總目》卷五四史部一〇雜史類存目三，第四八七頁下。

《三朝要典》二十四卷

明天啓六年所定，首有熹宗御製序。《明史》載魏忠賢用霍維華、楊所修言，修《三朝要典》，以顧秉謙、黄立極、馮銓爲總裁。凡挺擊、紅丸、移宫三案諭旨章奏[一]，彙輯成編，加以評斷。其書顛倒是非，變亂黑白，又穢史之不若。然光、熹之間，名臣章奏或有散佚，轉賴此書彙載，作史者得有所考，殆亦如元祐黨籍，賴蔡京之碑以存也。

【校記】

[一]挺擊　案《明史》卷二二《熹宗紀》作『梃擊』。

【今案】《四庫全書總目》無此條。

《政監》三十二卷

明夏寅撰。寅字正夫，華亭人。正統戊辰進士，官山東右布政使。是書首列經傳《尚書》《春秋》，次及自漢迄元史事，分條件繫，各加評斷。皆前人緒言，無大闡發，間亦不免偏僻。

【今案】《四庫全書總目》卷八九史部四五史評類存目一，第七五九頁下。

《紹興正人論》一卷[一]

題云湘山樵夫撰，未詳其名。叙列張浚、趙鼎、胡銓、胡寅、連南夫、張戒、常同、吕本中、張致遠、魏矼、張絢、曾開、李彌遜、晏敦夫、王庶、毛叔度、范如圭、汪應辰、許忻、方廷實、韓訓、陳鼎、許時行、李光、洪皓、沈長卿、張燾、陳康伯、陳括、陳剛中三十人[二]，皆以不附和議而貶謫者。每人之下，略具事實，少者一二語，多亦不過三四行。按《通考》載《紹興正論》二卷，註曰：『序稱瀟湘野人，不著名氏，録文武官不附和議及忤秦檜得罪者。』又載《紹興正論小傳》二十卷，則樓昉以《正論》中姓名，仿《元祐黨傳》爲之者。所謂二卷者，當即此書，而書名、撰人名皆大同小異，卷數亦不相符。

【校記】

[一]紹興正人論　案《四庫全書總目》卷六一同條作『《紹興正論》』。

[二]沈長卿　案《四庫全書總目》卷六一同條作『沈正卿』。案《宋史》卷三一《高宗紀》、卷三八四《葉義問傳》、卷四七三《奸臣傳·秦檜》俱有『沈長卿』其人，所記其事與此篇提要所述正合，則《總目》作『沈正卿』誤矣。

【今案】《四庫全書總目》卷六一史部一七傳記類存目三，第五四七頁下。

《錢塘遺事》十卷

元杭州劉一清撰。其書雖以『錢塘』爲名，而實記南宋一代事。高、孝、光、寧四朝所載頗略，理、度而後叙録最詳。凡軍國大政，以及奸賢進退，條分縷晰，多有正史所不及者。蓋宋之遺民目擊僨敗之故，追述而成，故刺賈似道者居多[一]。第九卷全録嚴光大所紀德祐丙子祈請使行程。第十卷全載南宋科目條格故事，而是書終焉，亦借以寓刺士大夫也。孔齊《至正直記》列元朝典文可爲史館之用者[二]，一清是書居其一，蓋當時已甚重之矣。是書前後無序跋，惟卷端有題識數行：『惜南宋不都建康而都於杭，士大夫湖山歌舞，視天下事如度外，卒至納土賣國。』不署名氏，殆亦宋之遺民歟。

【校記】

[一]刺　底本原作『剌』，誤，兹據《四庫全書總目》卷五一同條改，而下文所誤者，亦據此改正。

[二]至　底本原作『王』，誤，兹據《四庫全書總目》卷五一同條改。

【今案】影印文淵閣《四庫全書》第四〇八册第九六〇頁書前提要。《文溯閣四庫全書提要》卷三二史部六雜史類，第一〇四八頁。《文津閣四庫全書提要匯編》史部五雜史類，第一四四頁。《四庫全書簡明目録》卷五史部雜史類，第二一七頁。《四庫全書總目》

卷五一史部七雜史類，第四六六頁上。

《天鑒録》一卷

不著撰人名氏。題下註曰：真心爲國，不附東林，横被排斥，久抑林野及冷局外轉者，凡一百三人。皆魏忠賢之黨也。

【今案】《四庫全書總目》卷六二史部一八傳記類存目四，第五六〇頁上。

《東林朋黨録》一卷

不知撰人名氏。前載趙南星等九十四人，後列東林脅從顧秉謙等五十三人，各繫以科分、籍貫、座主姓名，而註以『已處』、『未處』及『在籍』、『現任』字，蓋魏忠賢之黨所爲。其中如顧秉謙依附忠賢以取相位，又錢謙益、惠世揚、周延儒等皆身敗名裂，爲世僇笑，而亦廁迹於清流，則亦賢奸雜糅矣。不必以名列是録，即一概目曰正人也。

【今案】《四庫全書總目》卷六二史部一八傳記類存目四，第五六〇頁上。

《東林同志録》一卷

不知撰人名氏。題下註曰：『續《點將録》。』所列政府韓爌以下六人，詞林孫慎行以下十九人，部院李三才以下五十七人，卿寺顧憲成以下七十三人，臺省魏大中以下七十六人，部曹王象春以下四十一人，藩臬郡邑顧大章以下二十六人，貲郎武弁山人吴養春以下二十一人。

【今案】《四庫全書總目》卷六二史部一八傳記類存目四，第五六〇頁上。

《東林籍貫》一卷

不知撰人名氏。所列北直八人，南直四十一人，浙江十一人，江西十六人，湖廣二十人，河南七人，福建五人，山東十三人，山西十五人，陝西十八人[一]，四川五人，廣東、雲南、貴州各一人。其北直郭鞏、陝西薛貞[二]，後皆名麗逆案，則亦不盡正人。

【校記】

［一］陝　底本原作「陜」，誤，兹據《四庫全書總目》卷六二同條改，而下文所誤者，亦據此改正。

［二］貞　底本原作「員」，誤，兹據《四庫全書總目》卷六二同條改。

【今案】《四庫全書總目》卷六二史部一八傳記類存目四，第五五九頁下。

史部四　詔令類　傳記類

《唐大詔令集》一百三十卷

宋宋敏求撰。敏求字次道，綬之子。官至龍圖閣學士。嘗預修《唐書》，又私撰唐武宗以下《實録》一百四十八卷，於唐代史事最熟。此集則本其父綬手輯之書，重加緒正，爲三十類，一代號令文章，粲然具備，洵稽掌故者所必資也。内闕卷第十四至二十四、八十七至九十八，凡二十三卷，參校諸本並同，其脱佚蓋已久矣。

【今案】影印文淵閣《四庫全書》第四二六册第一頁書前提要。《文淵閣四庫全書提要》卷三三史部七詔令奏議類，第一〇六一頁。《文津閣四庫全書提要匯編》史部六詔令奏議類，第一五五頁。《四庫全書簡明目録》卷六史部詔令奏議類，第二二三頁。《四庫全書總目》卷五五史部一一詔令奏議類，第四九五頁上。

《二梅公年譜》二卷

宋宣城梅詢字昌言，其從子堯臣字聖俞，當真宗、仁宗時，皆有名當代。淳熙中，有陳天麟爲詢作《年譜》一卷。元至元中，張師曾又續編《堯臣年譜》一卷。二人皆其同邑人也。明萬歷（曆）中，梅一科合而刊之，又於《詢譜》後載《詩略》一卷、《附録》一卷，《堯臣譜》後載《文集拾遺》一卷、《附録》一卷。

【今案】《四庫全書總目》卷五九史部一五傳記類存目一，第五三七頁上。

《廉吏傳》二卷

宋費樞撰。樞字伯樞，成都人。以藝學中高第。是書，《文獻通考》作十卷，今本祇分上、下卷。斷自列國，訖於隋唐，凡百十有四人，各係之以評論。卷首有東萊辛次膺序，末有宣和中知彭州軍事何邦基題跋。但編内如華歆、褚淵，皆極爲揚榷，褒貶殊失謹嚴。惟載公孫宏（弘）並著其忌賢之謀，載牛僧孺亦書其朋黨之罪，斯爲議論去取不諛不隱者矣。

【今案】影印文淵閣《四庫全書》第四四八册第二八三頁書前提要。《文淵閣四庫全書提要》卷三四史部八傳記類一，第一一一九頁。《文津閣四庫全書提要匯編》史部七傳記類，第二〇〇頁。《四庫全書簡明目録》卷六史部傳記類，第二三七頁。《四庫全書總目》卷五七史部一三傳記類一，第五一九頁上。

《名臣碑傳琬琰之集》上二十七卷、中五十五卷、下二十五卷[一]

宋杜大珪撰。大珪，眉州人。南渡後舉進士，歷官無可考。其書起自建隆、乾德，迄於建炎、紹興，搜輯甚廣。三集目次雖不分體製，而大都上集神道碑，中集誌銘、行狀，下集傳爲多。所採皆本命人文集[二]，亦間及於實録、國史。中間如丁謂、王欽若、吕惠卿、章惇、曾布等，皆世所稱奸邪小人，而並得與名臣之列，去取未能悉當。然其於一代事迹特詳可據，以補史之缺遺而正其舛誤，於史學正不爲無助也。

【校記】

[一] 名臣碑傳琬琰之集上二十七卷中五十五卷下二十五卷　案《四庫全書總目》卷五七同條作『《名臣碑傳琬炎集》一百七卷』。案『炎』，乃爲皇太子愛新覺羅・顒琰即後來的嘉慶皇帝避諱而改。

[二] 所採皆本命人文集　案《四庫全書總目》卷五七同條作『多採諸家别集』。又案『命』字似爲衍文。

【今案】影印文淵閣《四庫全書》第四五〇册第一頁書前提要。《文溯閣四庫全書提要》卷三四史部八傳記類一，第一一二三頁。《文津閣四庫全書提要匯編》史部七傳記類，第二〇三頁。《四庫全書簡明目録》卷六史部傳記類，第二三八頁。《四庫全書總目》卷五七史部一三傳記類一，第五二〇頁上。

《涪陵紀善録》一卷

宋馮忠恕録其師和靖處士尹焞言行而作也。忠恕，臨汝人。紹興初，官黔州節度判官。其父理，師事伊川程子，與焞爲同門友。忠恕又師事焞。焞自金人圍洛，脱身奔蜀。紹興四年，止於涪。時忠恕官峽中，及還黔州，往來必過涪，得聞伊川之學於和靖。紹興六年，焞被召赴都。明年，忠恕以鞫獄來涪，抽繹舊聞，輯而録之。忠恕之侍焞多在涪，涪又程子舊止之地，而是書成編又適在涪，故以《涪陵紀善録》爲名。前有忠恕自叙，頗詳。《宋史・尹焞傳》稱，焞言行見於《涪陵記善録》爲詳，則是書固先儒言行之所係，有以補史傳之末備矣。

【今案】《四庫全書總目》卷五九史部一五傳記類存目一，第五三六頁下。

《魏鄭公諫録》五卷

唐王方慶撰。方慶名綝，以字行。考《唐書·宰相世系表》，萬歲通天元年，并州長史王方慶爲鸞臺侍郎、同鳳閣鸞臺平章事。而此云『尚書吏部郎中』，蓋在高宗時也。此書《藝文志》以爲《魏徵諫事》，司馬光《通鑑書目》以爲《魏元(玄)成故事》，標題互異，實本一書。元至順中，翟思忠又作《續録》二卷，世罕流傳。故明蘇州彭年採《通鑑》《唐書》補爲一卷。今思忠所續，已於《永樂大典》鈔出刊行，則年書寥寥數條，殊爲贅設。今删年所補，仍以思忠原本附綴並行焉。

【今案】影印文淵閣《四庫全書》第四四六册第一六一頁書前提要。《文淵閣四庫全書提要》卷三四史部八傳記類一，第一一〇一頁。《文津閣四庫全書提要匯編》史部七傳記類，第一八六頁。《四庫全書簡明目録》卷六史部傳記類，第二三三頁。《四庫全書總目》卷五七史部一三傳記類一，第五一四頁中。

《偽豫傳》一卷

宋從政郎楊克弼撰。述劉豫降金僭號始末。其序以豫逆臣，不當稱偽齊，故削其國號而名稱之，以示貶也。《傳》中載豫阜昌八年，遣宣義郎楊克弼乞師大金，克弼他辭，乃改差韓元美。是克弼亦嘗仕豫，豫廢後乃復歸宋者。陳振孫《書録解題》作《逆臣劉豫傳》，楊堯弼、楊載等撰，與此本不同。『克』、『堯』字形相近，未知孰是也。

【今案】《四庫全書總目》卷六四史部二〇傳記類存目六，第五七七頁上。

《宋名臣言行録》七十五卷[一]

朱子所輯八朝諸臣事迹，分前、後二集，凡二十四卷。其後《續集》八卷、《别集》二十六卷，又録道學諸人爲《外集》十七卷，則廬陵李幼武所補編，合之凡七十五卷。趙希弁《讀書附志》作七十二卷[二]，誤也。朱子自序謂：讀近代文集及紀傳之書，多有裨於世教，於是掇取其要，聚爲此書。乃編中所録如趙普之陰險，王安石之堅僻，與韓、范諸臣並列，不免後人之疑。明楊以任謂是書各臚其實，亦《春秋》勸懲之旨，非必專以取法。又解『名臣』之義，以爲名以藏僞，有敗有不敗者。皆曲爲之説耳。然是書所採其人，雖未必盡無可訾，而其中足爲士大夫坊表者，不可悉數。凡修身繕性之方，致君理國之具，無不備載，則不容以一端之失概之也。幼武字士英，《宋史》無傳，以《續集序》，知其爲理宗時人。

【校記】

［一］宋名臣言行録七十五卷　案《四庫全書總目》卷五七同條作『《名臣言行録前集》十卷、《後集》十四卷、《續集》八卷、《别集》二十六卷、《外集》十七卷』。

［二］趙希弁　底本原作『晁公武』，誤，兹據《昭德先生讀書志》卷第五上《附志》及《四庫全書總目》卷五七同條改。

【今案】影印文淵閣《四庫全書》第四四九册第一頁書前提要。《文淵閣四庫全書提要》卷三四史部八傳記類一，第一一二二頁。《文津閣四庫全書提要匯編》史部七傳記類，第二〇三頁。《四庫全書簡明目録》卷六史部傳記類一，第二三七頁。《四庫全書總目》卷五七史部一三傳記類一，第五一九頁下。

《伊雒淵源録》十四卷

朱子撰。記周子以下及程子交遊門弟子言行。其身列程門而言行無所表見，甚若邢恕之反相擠害者［一］，亦具録其名氏，以備考。其後《宋史·道學》《儒林》諸傳多據此爲之。蓋宋人談道學宗派，自此書始，而宋人分道學門户，亦自此書始。厥後聲氣攀援，轉相依附，其君子各執意見，或釀爲水火之争，其小人假借因緣，或無所不至。葉紹翁《四朝聞見録》曰：程源爲伊川嫡孫，無聊殊甚，嘗鬻米於臨安新門之草橋。後有教之以於當路者著爲《道學正統圖》，自考亭以下，剿入當事姓名，遂特授初品，因除二令。又以輪對改合入官，遷寺監丞。是直以伊洛爲市矣。然朱子著書之意，則固以前言往行矜式後人，未嘗逆料及是。或因是併議此書，是又以噎而廢食也。

【校記】

［一］擠　底本原作『濟』，誤，兹據《四庫全書總目》卷五七同條改。

【今案】影印文淵閣《四庫全書》第四四八册第四一一頁書前提要。《文溯閣四庫全書提要》卷三四史部八傳記類一，第一一二一頁。

《文津閣四庫全書提要匯編》史部七傳記類，第二〇二頁。《四庫全書簡明目録》卷六史部傳記類，第二三七頁。《四庫全書總目》卷五七史部一三傳記類一，第五一九頁中。

《己酉避亂録》一卷

亦宋胡舜申撰。建炎己酉，金兵攻平江，宣撫周望出走。舜申之兄舜陟時爲參謀，舉家避難，舜申次爲此録。其言頗詆韓世忠，末復載世忠携妓一事，似有宿憾之言，未必實録也。此書與《乙巳泗州録》、王明清《玉照新志》皆全載其文[一]。

【校記】

[一]案此條提要與下一書提要所論者爲同一人所著之書，兩書所叙史事在時間上前後相接，而又從此條提要行文語氣以觀之，此條當在下條之後，或稿本原已倒置，或爲底本影印時所倒置。而《四庫全書總目》卷六四史部傳記類存目六即置《乙巳泗州録》於前，置《己酉避亂録》於後。

【今案】《四庫全書總目》卷六四史部二〇傳記類存目六，第五七一頁上。

《乙巳泗州録》一卷

宋胡舜申撰。舜申，新安人，舜陟之兄。宣和乙巳，舜申在泗州，親見朱勔父子往來及徽宗幸泗州事，爲此録。語殊寥寥，無可採擇。

【今案】《四庫全書總目》卷六四史部二〇傳記類存目六，第五七一頁上。

《韓魏公家傳》一二卷

記宋韓琦平生行事，不著撰人姓名。陳振孫以爲是其家所傳，而晁公武直以爲其子忠彦所撰録也。隨年排次，文筆頗爲繁冗。陳瓘嘗謂魏公名德在人耳目，如此，豈假門生子姪區區自列。蓋緣飾張大之詞，爲家乘者皆所不免。然琦之勳德，固不必以是爲重輕耳。

【今案】《四庫全書總目》卷五九史部一五傳記類存目一，第五三五頁中。

《韓魏公别録》三卷

宋涇州觀察判官王巖叟撰。巖叟嘗在韓琦幕府，每與琦語，輒退而書之。琦殁後，乃次爲《别録》三篇。其上篇皆琦在朝廷奏對之語，中篇乃琦平日緒言，下篇則雜記其所聞見也。

【今案】《四庫提要分纂稿》第一一七頁，第四九三頁。《四庫全書總目》卷五九史部一五傳記類存目一，第五三五頁下。

《韓忠獻遺事》一卷

宋群牧判官、尚書職方員外郎强至撰。至字幾聖，錢塘人。刻苦工詩。韓琦嘗禮之爲上客，故此編所紀琦佚事頗詳。世所傳琦《重陽》詩『且看寒花晚節香』之語[一]，亦至所表出也。

【校記】

[一]寒　案《四庫全書總目》卷五九同條作『黄』。

【今案】《四庫全書總目》卷五九史部一五傳記類存目一，第五三五頁下。

《鄱陽遺事録》一卷

宋天台陳貽範撰。范仲淹嘗守鄱陽，有善政，饒人爲之立祠。紹聖乙亥，貽範爲通判，因取仲淹在饒日所修創堂亭遺迹及其游賞吟咏之地，採而輯之，以志遺愛。自《慶朔堂》至《長沙王廟記》，凡十有三目，前有貽範自序。

【今案】《四庫全書總目》卷五九史部一五傳記類存目一，第五三七頁中。

《范文正年譜》一卷、《補遺》一卷[一]

宋四明樓鑰撰。取參知政事范仲淹事迹，編年分繫。其《補遺》，不知何人所作。前有自識一條，謂取舊《譜》所未載者，見之各年之下。所摭前《譜》闕遺頗多，足以互相考証。元天歷（曆）三年，仲淹八世孫國儁與《文正奏議》同刊行之[二]。

【校記】

［一］范文正年譜一卷補遺一卷　案《四庫全書總目》卷五九同條作『《范文正年譜》一卷、《補遺》一卷、附《義莊規矩》一卷』。

［二］正　底本原作『集』，誤，兹據《四庫全書總目》卷五九同條改。

【今案】《四庫全書總目》卷五九史部一五傳記類存目一，第五三六頁中。

《孔子編年》五卷

宋胡仔撰。仔字元任，號苕谿漁隱，績溪人。其書本《史記·孔子世家》，參考諸書，以《論語》斷其同異，頗爲簡核。舊本以前有其父舜陟序，遂題曰『舜陟撰』。今考序中所言，實舜陟命仔爲之，非所自作，舊題誤矣。

【今案】影印文淵閣《四庫全書》第四四六册第一頁書前提要。《文淵閣四庫全書提要》卷三四史部八傳記類一，第一〇九七頁。《文津閣四庫全書提要匯編》史部七傳記類，第一八三頁。《四庫全書簡明目録》卷六史部傳記類，第二三二頁。《四庫全書總目》卷五七史部一三傳記類一，第五一三頁中。

《元朝名臣事略》十五卷

元蘇天爵撰。天爵字伯修，真定人。由國子學生試第一，釋褐授從仕郎、蘇州判官，終江浙行省參知政事[一]。天爵爲學博而知要，長於紀載，所著有《滋溪集》《元文類》《遼金紀年》等書。此則專記其本朝名臣事實，始穆呼里，終劉因，凡四十七人。各據名人文集、百家行狀、碑誌、傳贊、敘述及他文可徵信者，一一註其所出，蓋即倣《名臣言行録》，而小變其體例，信足補史家所未備，非意爲筆削者可比。元蘇霖作《有官龜鑑》，於當代事迹皆採是書，可見其爲世所重也。

【校記】

［一］江浙　案《四庫全書總目》卷五八同條作『浙江』。而據《元史》卷一八三《蘇天爵傳》所云『江浙行省』，則知《總目》誤矣。

【今案】影印文淵閣《四庫全書》第四五一册第四九七頁書前提要。《文淵閣四庫全書提要》卷三五史部九傳記類二，第一一三六頁。《文津閣四庫全書提要匯編》史部七傳記類，第二一三頁。《四庫全書簡明目録》卷六史部傳記類，第二四〇頁。《四庫全書總目》卷五八史部一四傳記類二，第五二三頁中。

《米芾志林》十三卷[一]

元嘉興范明泰撰[二]。以米芾逸事編爲世系，恩遇、顛絶、潔癖、嗜好、書學、畫學、塵談、譽羨、書評、畫評、雜記、考據十三門，採摭亦頗賅備，蓋好事者流標榜以明宗尚，無所關於紀載也。後附刻《襄陽遺集》一卷，則明泰所輯。《海岳名言》《寶章待訪録》《研史》各一卷，則芾之遺書，而明泰合刊之，皆非所著。今析出分隸子部、集部，從其本類焉。

【校記】

[一]十三卷　案《四庫全書總目》卷六〇同條作「十六卷」。

[二]元　案本書史部五傳記類「《宋四家外紀》四十九卷」條亦作「元」，而《四庫全書總目》卷六〇同條則作「明」。

【今案】《四庫全書總目》卷六〇史部一六傳記類存目二，第五四二頁下。

《淮郡文獻志》二十六卷、《補遺》一卷

明山陽潘塤撰。自序謂自春秋以來，至明正德，上下數千年德業文章，會於一書。今考其書捃撦陳編，未見決擇。其最謬者，至收入宋龔開所作宋江等三十六人之《贊》，此何關於文獻而録之耶？不經甚矣。

【今案】《四庫提要分纂稿》第一二四頁。《四庫全書總目》卷六一史部一七傳記類存目三，第五五三頁中。

《諸葛書》十卷[一]

明楊時偉編。初，太倉王士騏撰《武侯全書》十六卷[二]。時偉病其蕪累，更撰是書，存其《連吴》《南征》《北伐》《調御》《法檢》《遺事》六卷，而增《年譜》《傳略》《紹漢》《雜述》四卷，共十卷。昔陳壽所進《諸葛亮集》二十四篇，其文久佚，惟其目尚見《亮傳》末。世别傳朱璘所編《亮集》四卷，文多依托。時偉考正其訛，如《梁父吟》《黄陵廟記》之類，皆駁辨精審，所叙遺文軼事，亦皆詳贍有條理，足正流俗之失。是書本名《忠武靖節二公合編》。此書之後又有《陶靖節集》，以北齊僕射陽休之所編者，較蕭統所編多兩卷，乃併其卷帙，

易其次第，自序謂雖非昭明八卷之舊，而符其數。又別編蕭統所作傳及集序、顔延之所作誄、吴仁傑所作年譜爲一卷，蘇軾《和陶詩》爲二卷，附録於後。與今本無大異同，特以兩人合編，寓意言進則當爲亮，退則當爲潛耳。二書備載亮、潛始末，皆爲其人而作，不爲其文而作，故從其本志，附之傳記類，而《潛集》仍别著録焉。

【校記】

［一］諸葛書　案《四庫全書總目》卷五七同條作『《諸葛忠武書》』。

［二］騏　案《四庫全書總目》卷五七同條作『驥』。

【今案】影印文淵閣《四庫全書》第四四七册第一二九頁書前提要。《文溯閣四庫全書提要》卷三四史部八傳記類一，第一一一一頁。《文津閣四庫全書提要匯編》史部七傳記類，第一九四頁。《四庫全書簡明目録》卷六史部傳記類，第二三五頁。《四庫全書總目》卷五七史部一三傳記類一，第五一六頁下。

《琬琰録》二十四卷、《續録》十三卷[一]

明徐朝文彙輯洪武迄弘治九朝諸君臣事迹，凡碑、銘、誌、傳、言行録之屬皆採録之。先列作者姓名爵里，次其書其文，蓋仿宋杜大珪《碑傳琬琰集》之例[二]。雖諸臣事迹已具史傳，而論世考獻，亦有可取。前有弘治乙丑張詡序。

【校記】

［一］琬琰録二十四卷續録十三卷　案《四庫全書總目》卷五八同條作『《明名臣琬炎録》二十四卷、《續録》二十二卷』。案『炎』，乃爲皇太子愛新覺羅・顒琰即後來的嘉慶皇帝避諱而改。

［二］碑傳琬琰集　案《四庫全書總目》卷五八同條作『名臣碑傳琬琰集』。

【今案】《四庫提要分纂稿》第一一五頁。影印文淵閣《四庫全書》第四五三册第一頁書前提要。《文溯閣四庫全書提要》卷三五史部九傳記類二，第一一四一頁。《文津閣四庫全書提要匯編》史部七傳記類，第二一六頁。《四庫全書簡明目録》卷六史部傳記類，第二四一頁。《四庫全書總目》卷五八史部一四傳記類二，第五二四頁中。

《忠義録》十四卷

明王寘撰。寘字時禎，江西金谿人。正統辛未進士[一]，歷官浙江按察使。是書纂史傳忠義事之分類編輯，以伯夷以下五百九十七人爲上，張良以下五百七人次之，各節録事實。有祠墓可考者，並詳其地。孟達等八十七人，或失節於前，或死不足贖；解文卿以下十人，或事非其主，或言非其時，皆不以忠義予之，持論頗正。其王兗以下一百四人，始終一姓，忠義皎然，乃私意區分，曲爲排抑，則悖謬甚矣。又自謂此書旁搜諸子百家，庶幾全備，而唐宋間如成三朗、蘇安恒、韓通、張旦輩[二]，俱未及載，則亦未能無遺漏也。

【校記】

[一]正統　案《四庫全書總目》卷六一同條作『景泰』。

[二]唐宋間　底本原作『唐宋志間』，衍一『志』字，兹據《四庫全書總目》卷六一同條删。

【今案】《四庫全書總目》卷六一史部一七傳記類存目三，第五四九頁中。

《伊洛淵源續録》六卷

明謝鐸撰。鐸字鳴治，台州太平人。天順甲申進士，歷官禮部右侍郎。是書蓋繼朱子《伊洛淵源録》而作，以朱子爲宗主。始於羅從彦、李侗[一]，朱子之學所自來也。佐以張栻、吕祖謙，朱子友也。自黄幹而下，終於何基、王柏，皆傳朱子之學者也。然所載言行甚略，未見授受之精微。

【校記】

[一]羅從彦　底本原作『羅從彦産』，衍一『産』字，兹據《四庫全書總目》卷六一同條删。

【今案】《四庫全書總目》卷六一史部一七傳記類存目三，第五四九頁中。

《國寶新編》一卷

明顧璘撰。璘字華玉，吴縣人。弘治丙辰進士，知廣平縣，終刑部尚書。是書凡録李夢陽、何景明、祝允明、徐禎卿、朱應登、趙鶴、鄭善夫、都穆、景旸、王韋、唐寅、孫一元、王寵十三人[一]，人爲之傳，傳爲之贊。蓋感於知交凋謝而作，略綴數語以存其人，亦柳宗元《先友記》類也。

【校記】

［一］三　底本原作「二」，誤，兹據本條上文所列人數及《四庫全書總目》卷六一同條改。

【今案】《四庫全書總目》卷六一史部一七傳記類存目三，第五五一頁上。

《東祀録》一卷

明李東陽著。東陽字賓之，茶陵人，以戍籍居京師。天順八年進士，歷官華蓋殿大學士，謚文正。《明史》有傳。此録乃弘治十七年重建闕里廟成，奉使往祭時，道途經行所作記、序、銘文、奏疏、詩章等篇，自爲編次，而冠以敕文祝詞，又以《記行志》附於後。已載《懷麓堂集》中。此其别行之本也。

【今案】《四庫全書總目》卷六四史部二〇傳記類存目六，第五七二頁上。

《陋巷志》八卷

明正德中提學副使陳鎬、萬歷（曆）中御史楊光訓先後編輯，而海鹽吕兆祥重爲訂定者也。顏子陋巷在曲阜孔子廟東北六百武，所載皆歷代崇祀典禮，而冠以《退省》《從行》諸圖，近於鄙褻，非作志之體。

【今案】《四庫全書總目》卷五九史部一五傳記類存目一，第五三三頁下。

《尊聖集》四卷

明大埔教諭陳堯道編。分圖像、世家、事迹、遺澤、制敕、撰述、封事七門，亦闕里志之類。刊於嘉靖三十七年，廣東提學僉事李逖爲之序。

【今案】《四庫全書總目》卷五九史部一五傳記類存目一，第五三二頁中。

《闕里書》八卷

明江寧沈朝陽編輯，海鹽陳之伸增定。雜採聖賢事迹，湊合成篇。每篇各繫以贊，詞意膚淺，考訂甚疏。如《越絶書》所載子貢事之類，皆無所辨正。

【今案】《四庫全書總目》卷五九史部一五傳記類存目一，第五三三頁中。

《仲志》五卷

明嘉靖中總河都御史劉天和撰。以濟寧仲家淺有先賢仲子祠，故志其建置之由，而并及其生平行事大略，名之曰《令名志》。崇禎間，有仲子裔孫于陛等復校舊本增刊，易以今名。繪象列圖，置之卷首，殊猥雜不足觀。

【今案】《四庫全書總目》卷五九史部一五傳記類存目一，第五三二頁下。

《濂溪志》九卷

明李楨撰。專紀周子敦頤事，首載《太極圖説》《通書》，次墓誌及諸儒議論、歷代褒崇之典，次古今紀述，次古今題詠並祭謁文。楨字維卿，安化人，隆慶五年進士，官至刑部尚書。

【今案】《四庫全書總目》卷六〇史部一六傳記類存目二，第五四一頁下。

《濂溪志》十三卷

明李嵊慈撰。嵊慈字元穎，龍城人。官道州知州。濂溪舊有李楨所作《志》[一]，嵊慈訂補之，爲是書。

【校記】

[一]楨　底本原作「禎」，誤，兹據本書同類所著録「《濂溪志》九卷」條及《四庫全書總目》卷六〇同條改。

【今案】《四庫全書總目》卷六〇史部一六傳記類存目二，第五四二頁上。

《程朱闕里志》八卷

明歙人趙滂編輯。謂朱子系出新安，二程祖墓亦在焉，故合志之，分爲七門。『闕里』乃孔子里名，非推尊之號。宋咸淳五年，詔婺源祠所稱文公闕里，已爲失實，今程子亦稱闕里，則尤承訛踵謬，習焉而不察者也。

【今案】《四庫全書總目》卷六〇史部一六傳記類存目二，第五四三頁上。

《孔孟事迹圖譜》四卷

明季本撰。是書前説後譜，於孔孟事實頗有考核，如云孔子未嘗至楚見昭王，孟子先至齊而後梁，此一二條皆有所見。然其餘大抵習聞者多。

【今案】《四庫全書總目》卷五九史部一五傳記類存目一，第五三二頁上。

《宫省賢聲録》四卷

明楚府右長史澄海高曰化撰。以楚府承奉嵫陽郭倫事楚王華奎佐理有功，因紀其前後乞休挽留之事，凡啓請文牒及明人稱頌之作，並録之。華奎以非楚恭王子，爲宗人所告訐，郭正域力主其事，内外交訌者數年始定，其真僞迄不能明。是書體例既猥雜，而所言倫之功，亦未可盡信也。

【今案】《四庫全書總目》卷六四史部二〇傳記類存目六，第五七四頁中。

《胡宗憲行實》不分卷[一]

宗憲子桂奇所编。宗憲字汝貞，號梅林，績溪人。嘉靖十七年進士，歷官浙江巡撫加掺江都御史，晋兵部尚書。坐嚴嵩黨逮問，瘐死。宗憲平倭之功，載在史册，不容湮没。至其貪詐寅緣，比附嚴、趙，公論亦不可掩。此書出其後人之手，殆難徵信。

【校記】

[一]胡宗憲行實不分卷　案《四庫全書總目》卷六〇同條作「《胡梅林行實》無卷數」。

【今案】《四庫全書總目》卷六〇史部一六傳記類存目二，第五四一頁中。

史部五　傳記類

【校記】底本原案曰：『編按：原書史部五之封面，誤裝於經部七，此史部六實爲史部第五册。』

《姑蘇名賢小記》二卷

明文震孟撰。震孟字文起，長洲人。天啓二年進士第一人，歷官東閣大學士，追謚文肅。震孟立朝以剛介稱。是書大意，以當世目吳人爲輕柔浮靡，而不知清修苦節之士[一]，可爲矜式者不少，故擇長洲、吳二縣人物卓絶者各爲之傳，而系以贊。首高啓，終王敬臣，凡五十人，既以表前賢，又以勵後進也。震孟以天啓二年及第，而是書成於萬歷（曆）甲寅，蓋其未遇時命意已如此。順治壬辰，其孫然重校刊之。

【校記】

［一］不　底本原作『而』，誤，兹據《四庫全書總目》卷六二同條改。

【今案】《四庫提要分纂稿》第一二七頁。《四庫全書總目》卷六二史部一八傳記類存目四，第五六二頁下。

《宋四家外紀》四十九卷

宋四家者，蔡襄、蘇軾、黄庭堅、米芾也。襄、軾、庭堅各有本集，芾亦略具《宋史》本傳，明人復拾其逸事瑣言，分類編纂，題爲外紀。《蔡紀》成於徐𤊹，《蘇紀》成於王世貞，《黄紀》成於陳之伸，《米紀》成於范明泰。明泰，元人，本名米襄陽。志林各自爲書，明人摭而合之也。

【今案】《四庫全書總目》卷六〇史部一六傳記類存目二，第五四四頁下。

《古今貞烈維風什》四卷

明許有穀撰。有穀字子仁，宜興人。其書大旨爲表揚貞烈而作[一]，按輿志區分，各以人繫其地。由古迄明，每地分列傳標題、列名不標題二類[二]。其標題者各題七言絶句，不標題者粗舉事迹而已。凡例稱詞雖淺俚，意取勸揚，是書長短，有穀已自道之矣。

【校記】

［一］揚　底本原作『楊』，誤，兹據本條下文及《四庫全書總目》卷六二同條改。

［二］分列 底本倒爲『列分』，兹據《四庫全書總目》卷六二同條乙正。

【今案】《四庫全書總目》卷六二史部一八傳記類存目四，第五六二頁中。

《宋遺民録》十五卷

明程敏政撰。敏政字克勤，休寧人。十歲舉神童，成化二年進士及第，官至禮部右侍郎。此書前列王炎午、謝翺、唐珏三人事迹，以及其遺文，而後人詩文之爲三人作者，並類列焉，未免失之泛濫。七卷以後，則附録張宏毅、方鳳、吴思齊［一］、龔開、汪元量、梁棟、鄭思肖、林德暘等八人［二］。第十五卷紀元順帝爲宋瀛國公子，引余應之詩、袁忠徹之記實之。至謂虞集私侍文宗之妃，説甚妄誕支離，所引亦自相矛盾。蓋文宗時嘗下詔書，以順帝非明宗之子，斥居静江，好事者因造爲此言，其荒唐本不待辨。敏政亦從而信言，然識甚矣［三］。

【校記】

［一］思 底本原作『世』，誤，兹據《四庫全書總目》卷六一同條改。

［二］暘 底本原作『賜』，誤，兹據《四庫全書總目》卷六一同條改。

［三］然識甚矣 案《四庫全書總目》卷六一同條作『乖謬甚矣』。

【今案】《四庫全書總目》卷六一史部一七傳記類存目三，第五四九頁下。

《七人聯句詩記》一卷

明楊循吉撰。循吉字君謙，成化甲辰進士，官禮部主事。是編乃循吉與王仁甫、徐寬、陳章、王弼、侯直、趙寬六人會飲聯句，因成是記。後列六人小傳，而以己所自撰小傳附其後。復以會中盛事系之卷末。蓋偶然寄興作也。所載勝事，以六官一隱者爲一大奇，亦未能免俗矣。

【今案】《四庫提要分纂稿》第二一一頁。《四庫全書總目》卷六四史部二〇傳記類存目六，第五七二頁上。

《蘇米志林》三卷

明毛晋撰。掇蘇軾瑣言、碎事集中所遺者，編爲二卷。又以米芾《寶晋齋集》不傳於世，搜其軼事爲一卷，以資談助而已。二人初不假是爲重輕。

【今案】《四庫全書總目》卷六〇史部一六傳記類存目二，第五四三頁中。

《漢雜事秘辛》一卷

不著撰人名氏。楊慎序稱得於安寧土知州萬氏。沈德符《敝帚軒剩語》曰即慎所僞作也。叙漢桓帝懿德皇后被選及册立之事。其與史舛謬之處，明胡震亨、姚士粦辨之甚詳。其文淫豔，亦類傳奇。

【今案】《四庫全書總目》卷一四三子部五三小説家類存目一，第一二一五頁下。

《逸民史》二十二卷

明陳繼儒編。自周至元，雜採史傳郡志隱逸之士爲是書。其末二卷以《元史·逸隱》不詳，搜取誌銘之類輯爲《元史隱逸補》。然是書所載，如張良、兩龔之類，皆策名登朝，未嘗隱處者；若吾邱(丘)衍、王冕之類，皆淹蹇不遇，並非高逸者，皆濫入之，未免擇之不精也。

【今案】《四庫提要分纂稿》第一二六頁。《四庫全書總目》卷六二史部一八傳記類存目四，第五六二頁下。

《榕陰新檢》八卷

明徐㶿撰。㶿初字惟起，更字興公，閩縣人。聚書至數萬卷，朱彝尊嘗稱其考據精核。兹編採摭古事，分孝行、忠義、貞烈、仁厚、高隱、方技、名儒、神仙八門。所載多閩中事[二]，大旨在表章其鄉人也。

【校記】

［一］多　底本原作『名』，誤，兹據《四庫全書總目》卷六二同條改。

【今案】《四庫全書總目》卷六二史部一八傳記類存目四，第五六一頁下。

《毘陵人品記》十卷

明吴亮即毛憲所輯舊本而增修之。自商周迄明，悉摭頗富，然十卷之中，歷代居六而明乃居其四，雖曰時近易詳，亦少乖謹嚴之旨矣。至於泰伯、仲雍未免借材，梁武子孫亦殊泛載，皆未免地志之舊習也［一］。

【校記】

［一］志之　底本倒爲『之志』，兹據《四庫全書總目》卷六二同條乙正。

【今案】《四庫全書總目》卷六二史部一八傳記類存目四，第五六一頁上。

《東越文苑》六卷

明陳鳴鶴撰。紀閩中文人行實，起唐神龍，迄明萬歷(曆)［一］，爲傳四百一十一篇。唐、五代五十人，宋、元三百八十五人，明百有六人。鳴鶴字汝翔，侯官人。

【校記】

［一］明萬　底本倒爲『萬明』，誤，兹據《四庫全書總目》卷六二同條乙正。

【今案】《四庫全書總目》卷六二史部一八傳記類存目四，第五六二頁下。

《黄粱遺迹志》一卷［一］

明巡按直隸御史開封楊四知撰。黄粱遺迹已詳唐沈既濟《枕中記》，四知復增以明人序記數篇，元明詩若干首，次成是書，殊爲寥簡。

【校記】

［一］梁　底本題目及正文均作『梁』，誤，兹據《四庫全書總目》卷六四同條改。

【今案】《四庫全書總目》卷六四史部二〇傳記類存目六，第五七三頁下。

《夷齊録》五卷

明張玭撰。玭字席玉，山西人。嘉靖十四年進士，官至順天巡撫。永平府城西十八里孤竹故城有清德廟，以祀夷、齊。玭守永平時，因蒐輯歷代祀典、諸家藝文，編爲一帙，其圖則傳抄佚之矣。

【今案】《四庫全書總目》卷五九史部一五傳記類存目一，第五三二頁中。

《夷齊志》六卷

明白瑜撰。瑜字紹明，永平人。萬歷(曆)二十三年進士，官至兵科給事中。此書乃因張玭《夷齊録》損益而成，所載視舊《録》加詳。

【今案】《四庫全書總目》卷五九史部一五傳記類存目一，第五三二頁下。

《夷齊考疑》四卷

明胡其久撰。謂好事者詳載夷、齊世系，名字皆據《韓詩外傳》《吕氏春秋》而附會之，並以扣馬、恥粟等事亦多不實，各爲之辨，而以先賢論定之語及傳記詩文附其後。其議論亦有特識。然傳聞既久，往事無徵，疑以傳疑可矣，不必盡以臆斷也。

【今案】《四庫全書總目》卷五九史部一五傳記類存目一，第五三二頁下。

《靈衛廟志》一卷

明夏賓撰。宋建炎三年，金兵攻臨安，守臣康允之棄城走。錢塘令朱蹕偕縣尉金勝、祝威率民兵力戰死之。杭人賴其捍禦，得乘隙以逃，爲立祠於死所。是書以建廟、封侯本末，並祀典、碑記彙爲一編。見有功必報之禮，亦風起忠烈之志也。

【今案】《四庫全書總目》卷六〇史部一六傳記類存目二，第五四四頁中。

《賀監紀略》四卷

明聞性善暨弟性道所編[一]。性善字與同，性道字天迺，寧波人。其書備摭賀知章遺文軼事及唱酬題詠之詞，類彙爲一編，採擷頗富。然如唐明皇帝送知章詩有二本，方回《瀛奎律髓》具載朱子之説[二]。又韋縠《才調集》所載《楊柳枝詞》，誤以劉采春女所唱題知章之名，皆未考定，則亦多疏舛矣。徵引古書，每事必造一標題，尤有小説習氣。

【校記】

［一］明　案《四庫全書總目》卷六〇同條作「國朝」。

［二］髓　底本原作「體」，誤，兹據《四庫全書總目》卷六〇同條改。

【今案】《四庫全書總目》卷六〇史部一六傳記類存目二，第五四四頁下。

《羅江東外紀》三卷

明烏程閔元衢撰[一]。元衢自以終身不第，有似羅隱，故作此書，蓋一時自寓之作。前有元衢自序，稱以此書與謝翱《晞髮集》合刻。玩其詞意，似以隱寓不遇，以翱寓不仕也。

【校記】

［一］明　案《四庫全書總目》卷六〇同條作「國朝」。

【今案】《四庫全書總目》卷六〇史部一六傳記類存目二，第五四四頁下。

《明璫彰癉録》一卷[一]

明淮安顧爾邁撰。採撮《實録》《憲章録》《中官考》諸書，而自加評斷。所記止成化中汪直擅政之事，似非完本。

【校記】

［一］瘴　案《四庫全書總目》卷六一同條作「瘴」。

【今案】《四庫全書總目》卷六一史部一七傳記類存目三，第五五一頁下。

《海珠小志》五卷

明李韡撰。廣州城外珠江有海珠石，屹立水中。宋學士李昴英嘗讀書其地［一］，捐資創寺曰慈度，後人即寺祠焉。明萬歷（曆）中，昴英裔孫武定守韡輯爲《小志》四卷。國朝康熙，其後人文焰重加校刻，增以近人諸作，凡五卷。一卷載圖像、諸記、行實、祭文，後四卷則遊覽謁祠詩詞也。

【校記】

［一］昴　底本原作「昂」，誤，兹據《四庫全書總目》卷六〇同條改。案本條下文凡誤爲「昂」者，亦據此改正。

【今案】《四庫全書總目》卷六〇史部一六傳記類存目二，第五四三頁上。

《淮封日記》一卷

明陸深撰。深於正德七年以編修充册封淮府副使，隨日排誌爲是書。其紀程至蘇州而止，不言所封者爲何人。據深子楫所爲《年譜》，乃封淮王於饒州。而《明史·諸王世表》淮定王祐棨，弘治十八年已襲封，至嘉靖三年卒，不應正德中始行册禮，與《譜》不同，莫能詳也。記中録馬中錫撫賊事，較史所載尤備，可資參考。

【今案】《四庫全書總目》卷六四史部二〇傳記類存目六，第五七二頁中。

《南遷日記》一卷

明陸深撰。嘉靖中，深以祭酒侍經筵，因爭閣臣改竄講章獲罪，謫延平府同知。紀其南行所經歷，以舟中日讀《漢書》，故評史之語亦雜載其間，蓋仿歐陽修《于役志》而作。

【今案】《四庫全書總目》卷六四史部二〇傳記類存目六，第五七二頁中。

《聖學宗傳》十八卷

明周汝登編。汝登，紹興人。是書大旨以王守仁爲宗，故首載《黄卷正系圖》，其序自伏羲傳至伊川程子，下分二支，一支朱子之下不系一人，一支則陸九淵之下系以王守仁。並稱卷是圖信陽明篤，叙統系明，與《聖學宗傳》足相發明云[一]。

【校記】

［一］發　底本原作「登」，誤，兹據《四庫全書總目》卷六二同條改。

【今案】《四庫提要分纂稿》第一二八頁。《四庫全書總目》卷六二史部一八傳記類存目四，第五五八頁中。

《聖學嫡派》四卷

明過庭訓撰。庭訓字成山，平湖人。萬歷（曆）甲辰進士，官至福建按察使，擢應天府丞，未及上而卒。其書自漢董仲舒至明羅洪先，所取纔三十六人，各略録其言行，皆昭昭耳目，無煩復爲表章者。

【今案】《四庫全書總目》卷六二史部一八傳記類存目四，第五六〇頁下。

《歷代守令傳》二十四卷

明魏顯國撰。自宓不齊、仲由至劉秉直，爲《歷代循吏》二十一卷，又自郅都至敬羽，爲《歷代酷吏》三卷。皆載史傳原文，間有增人，亦多蕪雜。顯國字汝忠，南昌人，嘗輯《歷代相傳》刻之，見鄧以誥所作序。

【今案】《四庫提要分纂稿》第一二六頁。《四庫全書總目》卷六二史部一八傳記類存目四，第五五六頁下。

《壺天玉露》四卷

明錢陞撰。陞字元履，海鹽人。其書亦費樞《廉吏傳》之流，而兼收隱逸，爲例小殊。所載始於春秋，終於明之萬歷（曆），所録凡二百九十六人，去取踳駁，毫無義例。如解揚、申包胥、尉遲敬德當以忠論，莊周、列禦寇當以隱論，田基當以節論，江上丈人、侯嬴當以俠論，趙括母當以識論，西門豹當以術論，概以廉稱，未當其實。又公孫宏（弘）之詐儉，楊雄之失節，華歆之佐逆[一]，濫與斯列，亦殊混淆。至舟之僑、介之推合爲一事，則誤從《説苑》；嚴君平、嚴遵分爲二人，則不考《後漢書》，尤疏舛之顯然者也。是書以《壺天玉露》爲名，而序文題爲《壺天玉露廉鑑》。每卷之首亦各别標『廉鑑』字，豈《壺天玉露》乃其著書之總名，《廉鑑》乃其一種歟。末又附《清士》一卷，自齧缺而下六十餘人，各爲小傳，而繫以詩。卷端亦題『壺天玉露』字，殆其中之又一種也。

【校記】

［一］楊　案《四庫全書總目》卷六二同條作『揚』。

【今案】《四庫全書總目》卷六二史部一八傳記類存目四，第五六一頁中。

《留溪外傳》十八卷

國朝陳鼎撰。鼎字定九，江陰人。就其見聞所及，自明季至國初，凡忠孝廉節之士各爲分類立傳，蓋亦表微闡幽之意。然其中有爲浮名所惑，不加詳核，輒事揄揚者，未足盡據爲徵信也。

【今案】《四庫全書總目》卷六三史部一九傳記類存目五，第五六七頁中。

《東林列傳》二十四卷

國朝陳鼎撰。明萬歷（曆）間，無錫顧憲成與高攀龍重修宋楊時東林書院，講學其中，聲氣蔓延，趨附者幾遍天下。互相標榜，自立門户，而憲成等遂爲黨魁。天啓中，閹禍既興，一時誅斥殆盡，籍其名頒示天下。崇禎初，始大加收録，而閹黨、東林搆郄日甚，水火報復，迄明亡而未已。此編所載一百八十餘人，蓋即本於《東林黨人榜》，及沈漼、温體仁等《雷平》《蠅蚋》諸録。以仗節死難者，彙集於前，餘亦分傳並列，臚載事迹頗詳。其中醇品卓行，固所不乏，而附和既衆，實難免於雜厠薰蕕，卒致黨論糾紛，是非蜂起，賢奸並盡，而國亦隨之。讀者論世而知其人，固可以爲永鑒也。

【今案】影印文淵閣《四庫全書》第四五八册第一七四頁書前提要。《文溯閣四庫全書提要》卷三五史部九傳記類二，第一一五四頁。

《文津閣四庫全書提要匯編》史部七傳記類，第二二七頁。《四庫全書簡明目録》卷六史部傳記類，第二四四頁。《四庫全書總目》卷五八史部一四傳記類二，第五二七頁下。

《嘉禾徵獻録》四十六卷

國朝秀水盛楓撰。所紀皆明代嘉興人物，冠以《妃主》一卷，後皆以職官分紀，凡《京朝官》二十二卷，《外吏》十八卷，《世職及死事諸將》三卷，附以《儒學》一卷、《文苑》一卷。其子孫不能自爲傳，則以史例附其祖父下，叙述頗詳賅。其人非善類者，則有名而闕傳，亦頗見予奪。惟録名徵獻，而冠以《妃主》，殊乖體例。

【今案】《四庫全書總目》卷六三史部一九傳記類存目五，第五六九頁上。

《劉豫事迹》一卷

國朝曹溶撰。本楊克弼《僞豫傳》，又採雜他書附益之[一]，視原傳所述較詳。

【校記】

[一]附　底本原作「附」，以圈圈去而改爲「付」，誤，兹據《四庫全書總目》卷六四同條改。

【今案】《四庫全書總目》卷六四史部二〇傳記類存目六，第五七七頁中。

《謝皋羽年譜》一卷

國朝徐沁撰。沁字野公，會稽人。嘗刊謝翱《晞髮集》，因搜復採遺事爲作是譜。中間如楊輦真加發宋陵事[一]，以《元世祖本紀》參核，當在至元戊寅[二]，不當在乙酉。沁則據周密《癸辛雜識》，定爲乙酉。黄宗羲爲作序，頗疑其非。又姜夔《乞正雅樂》在寧宗慶元間，而《譜》以爲理宗時，亦沁之誤。然徵據明晰，其表章之志亦可尚也。

【校記】

[一]楊輦真加　案《四庫全書總目》卷六〇同條作「扎木楊喇勒智」。

[二]在 底本原作『左』，誤，兹據《四庫全書總目》卷六〇同條改。

【今案】《四庫全書總目》卷六〇史部一六傳記類存目二，第五四五頁上。

《希賢録》五卷

國朝朱顯祖撰。顯祖字雪鴻，江都人。其書載自周至明儒者言行，而繫以論斷。其意蓋欲仿《伊洛淵源録》，然去取寡識，進退無據。抑邵子、司馬光於朱子後，升張栻、吕祖謙於范仲淹前，未免妄示予奪[一]。其列明儒以薛、曹、邱(丘)、胡爲冠，配宋之周、程、張、朱。邱(丘)者，邱(丘)濬也。斯亦不足與辯者矣。

【校記】

[一]未免妄示予奪 案《四庫全書總目》卷六三同條作『未免輕於予奪』。

【今案】《四庫全書總目》卷六三史部一九傳記類存目五，第五六六頁中。

《明儒林録》十九卷

國朝張恒撰。恒字北山，松江人。是集紀明代兩浙諸儒言行，所載未爲詳備。而附採語録之類，亦過於繁冗。

【今案】《四庫全書總目》卷六三史部一九傳記類存目五，第五六七頁下。

《益智録》二十卷

國朝孫承澤撰。起周迄明，凡聖賢名人言行可録者，銓次爲二十卷。而載明人事居三之一，間有叙事之後附以論斷者。承澤，崇禎庚午鄉試出姚希孟之門，辛未會試出何如寵之門，故其附東林也甚力。是書爲萬歷(曆)、天啓間諸人傳尤詳。然其中容有愛憎之言，未必盡實也。

【今案】《四庫全書總目》卷六三史部一九傳記類存目五，第五六五頁下。

《季漢五志》十二卷

國朝王復禮撰。復禮字需人，錢塘人。以陳壽《三國志》昭烈止於作傳，諸葛、關、張、趙雲等傳亦失之簡略，他如王隱《蜀記》諸書，荒謬尤多。乃援據正史，參考群籍，而成是編。首《昭烈本紀》，次《諸葛》以下四傳，前冠以《總記》，中附雜事雜文，將以補陳《志》之闕。獨是《三國演義》乃坊肆不經之書，何煩置辯，而諄復不休，適傷大雅，亦可已而不已矣。

【今案】《四庫全書總目》卷五〇史部六別史類存目，第四五九頁下。

《范文正遺迹》一卷

不著撰人姓名。范仲淹本出吴中，而長於山東，如洛陽、陝西、睦、池、饒、潤等地皆其宦迹所至，後人多有建亭立祠以識不忘者，因輯其名目爲一編，間附以前人題咏碑刻。至於西夏堡寨，亦并載之。中有《文正書院》等六圖，爲裔孫安崧所繪，蓋此書亦其後人所編也。

【今案】《四庫全書總目》卷五九史部一五傳記類存目一，第五三七頁中。

《言行拾遺事録》四卷

不題撰人姓氏。記范仲淹言行事迹爲行狀、墓誌所未載者，故曰《拾遺》。大抵取諸《實録》《長編》《東都事略》《九朝通略》諸書，而説部之可采者亦附列焉。其第四卷所録，則仲淹子純佑、純仁、純禮、純粹四人遺事也。

【今案】《四庫全書總目》卷五九史部一五傳記類存目一，第五三七頁中。

《褒賢集》五卷

不題撰人姓名。取宋、元人著作之有關范仲淹事及朝廷所降文牒等類，合爲一書，蓋亦本文集附録之例而别行者。其一卷爲傳、碑銘、祭文，二卷爲優崇典禮，三、四卷爲碑記，五卷爲諸賢贊頌、論疏。中間載及元順帝至正間，疑明初人所編也。

【今案】《四庫全書總目》卷六〇史部一六傳記類存目二，第五三八頁下。

《草莽私乘》一卷

舊本題明陶宗儀輯。凡録胡長孺、王惲、許有壬、虞集、劉因、李孝光、金炯、楊維楨、林清源、龔開、周仔肩、揭傒斯、貢師泰、汪澤民十四人雜文二十首，皆紀當時忠孝節義之作。《王世貞集》有此書跋語，云係宗儀手抄。然孫作《滄螺集》載有宗儀小傳，紀所作書目有《説郛》一百卷、《書史會要》九卷、《四書備遺》二卷、《輟耕録》三十卷，無此書之名，疑好事者依托也。

【今案】《四庫全書總目》卷六一史部一七傳記類存目三，第五四八頁下。

史部六　史抄類　時令類　法令類

【校記】底本原案曰：『編按：此封面所署史部七，原書實爲史部第六册。』

《史記鈔》六十五卷

明茅坤編。坤字順甫，號鹿門，歸安人。嘉靖戊戌進士，官至大名兵備副使[一]。是編删削《史記》之文，而略施評點。坤雖能講古文，恐未必能刊正司馬遷也。

【校記】

[一]名 底本原作『明』，誤，兹據《明史》卷二八七《文苑傳・茅坤》及《四庫全書總目》卷六四史部二〇傳記類存目『《徐海本末》一卷』條改。

【今案】《四庫全書總目》卷六五史部二一史鈔類存目，第五八〇頁中。

《諸史品節》三十九卷

明陳深編。深字子淵，湖州人。所採自《國語》以及《後漢》，隨意雜鈔，漫無體例。

【今案】《四庫全書總目》卷六五史部二一史鈔類存目，第五八〇頁上。

《古史談苑》三十六卷

明常熟錢世揚撰。其書雜採古事，分門編録，多入於神怪因果之説，非儒者立言垂教之義。

【今案】《四庫全書總目》無此條。

《春秋別典》十五卷

明薛虞畿編輯。題作粤人，爵里未詳。虞畿爲此書未脱稿而殁，其弟虞賓續成之。録春秋軼事，起『隱』至『哀』，凡左氏《内》《外傳》[二]，及《公》《穀》所書，概不登載，别取子史百家之言，彙爲一編。採輯極博，惟各條下不疏明引用書名，未免簡略。朱彝尊題識，頗譏其失。然抄撮詳明，可與『三傳』相表裏。前有虞畿自序，後有虞賓跋。

【校記】

［一］左　底本原作「在」，誤，茲據《四庫全書總目》卷五〇同條改。

【今案】影印文淵閣《四庫全書》第三八六册第五八九頁書前提要。《文溯閣四庫全書提要》卷三一史部五别史類，第一〇一五頁。《文津閣四庫全書提要匯編》史部四别史類，第一二一頁。《四庫全書簡明目録》卷五史部别史類，第二一一頁。《四庫全書總目》卷五〇史部六别史類，第四五一頁下。

《君鑒》五十卷

明景帝御撰。景泰四年成書，有御製序。亦分善可爲法、惡可爲戒二類，與宣宗《臣鑒》體同。而自二十九卷及三十五卷，皆紀明祖宗之事，不免溢美。

【今案】《四庫全書總目》卷一三一子部四一雜家類存目八，第一一一八頁上。

《善行録》八卷[一]

明張時徹撰。採輯史傳所載善行，共二百九十人，大旨教人輕財利而篤仁義。時徹字唯静[二]，鄞縣人，嘉靖癸未進士，歷官兵部尚書。

【校記】

［一］善行録八卷　案《四庫全書總目》卷六一同條作「《善行録》八卷、《續録》二卷」。

［二］唯　案《四庫全書總目》卷六一同條作「維」。

【今案】《四庫全書總目》卷六一史部一七傳記類存目三，第五五四頁中。

《帝鑑圖説》不分卷

明大學士張居正、吕調陽進御之書也。取堯、舜以來善可爲法者八十一事，惡可爲戒者三十六事，每事前繪一圖，後録傳記本文，而爲之直解。華亭陸樹聲作序，前有隆慶六年十二月進疏一篇，蓋當神宗諒闇時也。疏云：『善爲陽爲吉，故數用九二[一]；惡爲陰爲凶，故數用六二[二]。』取唐太宗『以古爲鑑』之語名之。書中所載皆史册所有，神宗方冲齡，語取易曉，故不免於俚俗。

【校記】

[一]九二 案《四庫全書總目》卷九〇同條作『九九』。

[二]六二 案《四庫全書總目》卷九〇同條作『六六』。

【今案】《四庫全書總目》卷九〇史部四六史評類存目二，第七六一頁下。

《史異編》十七卷

明晉江俞文龍撰。其書以諸史所載灾祥神怪彙爲一編，既非占驗之書，又無與學問之事，徒見其好怪而已。

【今案】《四庫全書總目》卷六五史部二一史鈔類存目，第五八二頁上。

《省括編》二十三卷

明姚文蔚撰。所採自春秋迄於元季，凡史傳中先機應變之迹，彙爲一編，分言、事、兵爲三類。以『省括』名編，蓋取太甲若虞機張往，省括於度則釋之義。然兵亦事也，分類未允。間有論評，未見卓識，特書生好談作用者耳。文蔚字元素，錢塘人，官給事中，《明史》有傳。

【今案】《四庫全書總目》卷一三二子部四二雜家類存目九，第一一二三頁下。

《閱史約書》五卷

明王光魯撰。專爲讀史者考訂之用。《地圖》一卷，皆朱書今地名，而墨書古地名，以著古今沿革之異。《地理直音》二卷[一]，圖所不能具者，又詳於此。《歷代事變官制圖譜》一卷，則世表、年表、百官表之類。《古語訓略》一卷。《元史備忘録》一卷[二]，以元代同名人最多，易相混淆，故紀録重名，以便區別。自序稱商評人物者易，語名物制度者難。頗自矜其用力之勤。然其書祇便於初學尋檢，未爲精深，又不無舛誤。至《訓略》一篇，用《釋名》《廣雅》體以訓釋史文，既不能賅備，則徒然支贅而已。

【校記】

［一］卷 底本原作「眷」，誤，兹據《四庫全書總目》卷五〇同條改。

［二］忘 底本原作「志」，誤，兹據《四庫全書總目》卷五〇同條改。

【今案】《四庫全書總目》卷五〇史部六别史類存目，第四五七頁中。

《元史節要》十四卷

明張九韶撰。九韶以洪武中爲國史院編修官，因當時所修《元史》板藏内府，人間多不得見，於是倣曾克之《十八史略》例，節其要爲一書。其編年繫事，則仍用《通鑑》之體。前有洪武甲子自序一篇。然紀載多不具首尾，未爲該備。且此書成於洪武間，而《順帝紀》内多有稱「明太祖高皇帝」者，疑亦經後人所改竄也。

【今案】《四庫全書總目》卷六五史部二一史鈔類存目，第五七九頁下。

《詳注史略補遺大成》十卷［一］

明李紀編。初，元進士曾克之嘗删節諸史，撮其大略爲一書，以授初學，名《十八史略》。明初，有梁孟寅者益以《元史》，號《十九史略》。紀復爲增益，稍加訓釋，而成是編。以上下數千年事僅括以十卷之書，而遽以「大成」自題，其亦陋且妄矣。克之字子野，廬陵人。孟寅，臨川人。

【校記】

［一］詳注史略補遺大成 案《四庫全書總目》卷五〇同條作「《史略詳註補遺大成》」。

【今案】《四庫全書總目》卷五〇史部六别史類存目，第四五五頁上。

《史説萱蘇》一卷

明黄以陞撰。以陞字孝義，龍溪人。是書取史事之相類者，隨筆記載，間加評騭。自序謂皋蘇釋勞，萱草忘憂，故以萱蘇爲名。大旨與方氏《古事比》相似，而所採多闕漏。前有常熟魏浣初序。

【今案】《四庫全書總目》卷一三八子部四八類書類存目二，第一一七三頁中。

《平巢事迹考》一卷

明茅元儀撰，元儀字止生，歸安人。崇禎初，以薦授翰林院待詔，參孫承宗軍務，改副總兵，以兵譁謫戍。元儀見明季流賊猖獗，官兵不能禦，建策欲用宣大降丁剿之。因謂唐黄巢發難時，沙陀五百即能殲其衆，而唐人疑不肯用，迄至亡國。故叙録其事，冀世之鑒其禍而用己之説。其大旨見自序中，蓋亦一偏之見。而所載事迹，則全本正史抄撮而成，别無考據也。

【今案】《四庫全書總目》卷五四史部一〇雜史類存目三，第四八八頁下。

《事編内篇》八卷[一]

明孫慎行撰。採史傳中名臣事迹，自公孫僑至王守仁，凡十八人。隱逸六人，以隱寓行藏之旨。附以張瑋、薛寀評語，亦儒生恒論。慎行自序云尚有《外篇》《雜篇》，然檢其子士元所作《凡例》，則但刊《内篇》，其《外篇》《雜篇》未刊也。慎行字聞斯，武進人，萬歷(曆)乙未賜進士第二人，歷官禮部尚書，謚文介。

【校記】

[一]八卷　案《四庫全書總目》卷六二同條作「六卷」。

【今案】《四庫全書總目》卷六二史部一八傳記類存目四，第五六〇頁中。

《經世環應編》八卷

明錢繼登撰。所採皆史籍權變之術。繼登字爾先，又字龍門，嘉善人。萬歷(曆)丙辰進士，官至僉都御史。

【今案】《四庫全書總目》卷一三二子部四二雜家類存目九，第一一二五頁下。

《爲臣不易編》不分卷

明黄廷鵠撰。取古來名臣自臯陶至文天祥，凡百人，各爲之傳，不分卷帙。前有序，後有贊。廷鵠事迹不著。首載周延儒序，稱與廷鵠定交，是編即夙昔所共討論云。

【今案】《四庫全書總目》卷六二史部一八傳記類存目四，第五六一頁下。

《漢唐宋名臣録》五卷

明李廷機撰。廷機字爾張，晋江人。萬歷(曆)十一年進士，仕至禮部尚書、東閣大學士。是書自漢文翁至宋杜衍，止録六十人。黄吉士序謂其録取嚴而用意微，蓋借以諷當時廷臣，有爲而發，故不求全備云。

【今案】《四庫全書總目》卷六二史部一八傳記類存目四，第五五八頁下。

《歷代内侍考》十卷

明毛一公撰。一公字震卿，遂安人。萬歷(曆)十七年進士，官至給事中。其書取古來閹寺事迹緝爲一編。自春秋迄宋，以時代次之，各序其善惡而加以論斷，大旨褒少而貶多。一公，一鷺之兄也。一鷺黨魏忠賢，事具《明史》。其兄此書，儻亦有爲而作乎。

【今案】《四庫全書總目》卷六二史部一八傳記類存目四，第五五九頁上。

《讀史快編》四十四卷

明趙維寰撰。就前史删截割裂，擇其新異可喜者録之，始於《史記》，迄《新唐書》，去取之間，初無義意[一]。維寰字無聲，平湖人，萬歷(曆)二十八年舉人。

【校記】

[一]去取之間初無義意　案《四庫全書總目》卷六五同條作「割裂剪裁，漫無義例」。

【今案】《四庫全書總目》卷六五史部二一史鈔類存目，第五八一頁中。

《史孌》二十五卷

明余文龍編。文龍字起潛，古田人。萬歷(曆)二十九年進士，官南京工部主事。其書雜録舊史，絶無義例，飣飣割裂，殊不足觀，與《讀史快編》正同。但《快編》止於《唐》，此則抄至《金》《元》耳。

【今案】《四庫全書總目》卷六五史部二一史鈔類存目，第五八一頁中。

《臣鑒》三十七卷

明宣宗御撰，有宣德元年四月御製序。取春秋迄金、元人臣事迹，分善可爲法、惡可爲戒二類。而宋之張俊、劉光世俱在善可爲法類，品第似未盡允也。

【今案】《四庫全書總目》卷一三一子部四一雜家類存目八，第一一一八頁上。

《古今宗藩懿行考》十卷

題曰潞王編輯，不著其名。按《明史·諸王年表》，穆宗隆慶五年，封嫡四子翊鏐爲潞王。萬歷(曆)四十六年，翊鏐庶子常淓襲封。此書成於崇正(禎)九年，則當爲常淓所輯也。所採皆歷代宗臣之賢者，自周迄明，凡百餘人，各著事迹梗概，加以評論。中間如劉歆附王莽爲國師公，傾覆宗邦，而得與其數，殊乖衮鉞之公。又曹彰、司馬孚等雖非無可節取，而儼然與周、召並列，亦擬不於倫矣。

【今案】《四庫全書總目》卷六二史部一八傳記類存目四，第五六三頁下。

《鹽梅志》二十卷

明李茂春輯。茂春字蔚元，河南人。採取歷代賢相嘉言善行，録成一編。始於皋陶，終於范純仁，凡六十六人。

【今案】《四庫全書總目》卷六二史部一八傳記類存目四，第五五八頁下。

《讀史蒙拾》一卷

國朝王士禄輯。凡史志所載新穎之語，隨所披閲標數字爲題，而録本文於後[一]。書止一卷，聊以寓意而已。曰『蒙拾』者，取劉勰『童蒙者拾其香草』句也。士禄字子底，號西樵，新城人，順治十二年進士，官吏部考功司員外郎。

【校記】

［一］録 底本原作『禄』，誤，兹據《四庫全書總目》卷六五同條改。

【今案】《四庫全書總目》卷六五史部二一史鈔類存目，第五八二頁上。

《史緯》三百三十卷

國朝陳允錫撰。允錫字亹齋，晋江人。浙江平湖知縣。是書蓋倣吕祖謙《十七史詳節》爲之。自三皇訖元末，删茸諸史，彙爲一編，卷帙浩繁，而義例未爲精要。

【今案】《四庫全書總目》卷六五史部二一史鈔類存目，第五八二頁上。

《歷代循良録》一卷

國朝孫蕙撰。採歷代循良事迹，彙成此集。載縣令而不及他官，其意謂令與民最近也。自秦漢以迄近代，僅盈一卷，去取可謂謹嚴。然掛漏亦所不免。蕙字樹百，號泰岩，又號笠山，淄川人，順治辛丑進士，官至給事中。

【今案】《四庫全書總目》卷六三史部一九傳記類存目五，第五六五頁中。

《春秋紀傳》五十一卷

國朝李鳳雛撰。變編年之體，從史遷之例，以周爲本記，列國及孔子爲世家，卿大夫爲列傳。又爲周、魯《列國世系圖》。其徵引以《左傳》《國語》爲主，輔之以《公》《穀》《檀弓》《國策》《家語》等書，蒐羅考核，頗爲詳備。惟採摭繁富，而皆不著其出典，是其所短耳。

鳳雛字梧岡，東陽人，康熙中，由拔貢生官曲江知縣。

【今案】《四庫全書總目》卷五〇史部六別史類存目，第四五九頁中。

《兩晉南北奇談》六卷

江南本題曰宋王涣撰。考王涣與富弼同時，爲『睢陽五老』之一，僅傳詩一首，不聞其著此書。《明史》：『王涣，弘治中進士，象山人。』《明·藝文志》有涣所著『《墨池手録》三卷』。此本自稱『墨池王涣』，與『墨池』號合，則此書爲明王涣所撰無疑。其稱太原，蓋舉郡望也。書中雜採兩晉以下雜事，皆史册所有，無可採録。

【今案】《四庫全書總目》卷六五史部二一史鈔類存目，第五七九頁下。

《養餘月令》二十九卷

明戴羲撰。羲字馭長，崇禎中，嘗官光禄寺簿。其書分紀歲序，而附以蠶、魚、竹、牡丹、芍藥、蘭、菊諸譜。抄撮舊籍，無所發明。

【今案】《四庫全書總目》卷六七史部二三時令類存目，第五九三頁下。

《四時氣候集解》四卷

明李泰輯。以《月令》諸書紀載時物，僅得其大略，前人訓釋，又互有異同，因蒐採群籍，以爲考證。然篇幅太隘，未能詳覈。前有洪熙元年自序，鏤板頗工。泰字淑通，鹿邑人，洪武丁丑進士。

【今案】《四庫全書總目》卷六七史部二三時令類存目，第五九三頁中。

《月令廣義》二十四卷[一]

明馮應京撰，其門人戴任爲之增釋。首『圖説』，次『歲令』，次『月令』，次『晝夜令』[二]，次『時令』，各分細目。蒐採不爲不博，而體裁叢雜，且多鄙誕，如諸神誕辰之類，分日臚載，尤爲委巷之談。應京字可大，盱眙人，萬歷(曆)壬辰進士，歷官湖廣按察使僉事。

【校記】

[一]月令廣義二十四卷　案本書史部時令類有『《月令廣義》二十五卷』，與本條提要内容相近，似爲重出。又提要内容與《四庫全書總目》卷六七史部時令類存目『《月令廣義》二十五卷』條提要内容亦近似。但本條較之二者，提要内容較簡。

[二]畫　底本原作『畫』，誤，兹據《四庫全書總目》卷六七同條改。

【今案】《四庫全書總目》卷六七史部二三時令類存目，第五九三頁中。

《月令通考》十六卷

明盧翰撰。翰字子羽，潁州人[一]。此書萬歷（曆）時所作，分十二月，每月雜採故事，兼及流俗舊聞。每月首記『天道』，次『治法』，次『地利』，次『民用』，次『攝生』，次『涓吉』，次『占候』，次『迹往』，次『考言』，次『擴聞』，謂之十例，龐雜猥陋之説，無所不録。其自序云：因見《家塾事親》一書，而廣之爲此。

【校記】

[一]潁　底本原作『穎』，誤，兹據《四庫全書總目》卷七經部易類存目一『《易經中説》四十四卷』條改。

【今案】《四庫全書總目》卷六七史部二三時令類存目，第五九三頁中。

《節宣輯》四卷

明上洛王朝嗑撰。朝嗑，周定王橚七世孫。成化三年，橚曾孫同鉌始分封上洛。萬歷（曆）三十二年，朝嗑襲封。其書專記時令，多襲舊文。

【今案】《四庫全書總目》卷六七史部二三時令類存目，第五九三頁下。

《月令廣義》二十五卷[一]

明馮應京撰，戴任續成之。卷端有任《叙由》一篇，稱應京初爲《士民月令》一卷，凡十有二令，今益以閏月而增《五紀篇》，冠以圖，統之以《歲總》。約十二月文義之同者，括爲《每月令》，領於春令之前。復概每月三十日所同者，立《晝夜令》，而一十二時區爲時令，係諸篇中。共爲卷二十有五。則應京原書祇一卷，此本皆任所增加。而卷首馮霑《紀略》乃稱應京在鎮撫司作此書二十四卷，應京自序又稱任僅增三之二。人抵二人先後成之，而彼此均欲據以爲功，故其説矛盾也。其書較盧氏《月令通考》差詳備，而亦多猥雜。如諸神誕辰之類，雖本道書，要非可筆之儒籍者也。應京字可大，號慕崗，盱眙人，萬歷(曆)壬辰進士，官至湖廣按察司僉事，事迹具《明史》。任不知其始末，卷端刊其二私印，一曰『肩吾父』，一曰『新安布衣』。

【校記】

[一]月令廣義二十五卷 案本書史部時令類有『《月令廣義》二十四卷』，與本條提要内容相近，似爲重出。又提要内容與《四庫全書總目》卷六七史部時令類存目『《月令廣義》二十五卷』條提要内容基本一致。但二者較之，『《月令廣義》二十五卷』條提要内容較詳。

【今案】《四庫全書總目》卷六七史部二三時令類存目，第五九三頁中。

《時令彙紀》十六卷、《餘日事文》四卷

國朝朱濂編。所採皆四時十二月事實、詩賦，全用《藝文類聚》之體。復以是書但分節候而無日次，故更作《餘日事文》四卷，每月三十日，皆摭拾事實、詩賦以補之。然所引神仙降誕飛昇之期，既爲荒誕，又多以古人行記如范成大《吴船録》之類所載某日至某處者，皆取爲其日之故實，亦多假借。以是例之，將古來編年日歷(曆)諸事，何者不可配人乎？

【今案】《四庫全書總目》卷六七史部二三時令類存目，第五九四頁上。

《疑獄集》四卷、《補疑獄集》六卷

《疑獄集》，五代時宰相和凝與其子中允㠓撰。前有㠓序，及至元十六年杜震序[二]。其後集乃明張景所續增，共一百二十八條[三]。景字光啓，號西墅，汝陽人。嘉靖二年官監察御史。書中間有按語，稱『訥曰』者。又『包拯杖吏』一條，後稱『桂氏取以載入篇中，愚特取以終篇』。所云訥及桂氏，不知何人。疑亦先有撰補之本，景特因而續成耳。

【校記】

［一］至元　案《四庫全書總目》卷一〇一同條作「至正」。

［二］一百二十八　案《四庫全書總目》卷一〇一同條及影印文淵閣《四庫全書》書前提要均作「一百八十二」，但詳細統計其書中的條目實爲「一百二十八」之數，《總目》及庫書提要皆誤。

【今案】影印文淵閣《四庫全書》第七二九册第七九五頁書前提要。《文溯閣四庫全書提要》卷五四子部六法家類，第一七一三頁。《文津閣四庫全書提要匯編》子部三法家類，第一一七頁。《四庫全書簡明目録》卷一〇子部法家類，第三七四頁。《四庫全書總目》卷一〇一子部一一法家類，第八四八頁下。

《科場條貫》一卷

明陸深撰。紀洪武至嘉靖間科舉條式，於前後損益之制，臚識頗詳。

【今案】《四庫全書總目》卷八三史部三九政書類存目一，第七一六頁上。

史部七　地理類

【校記】底本原案曰：『編按：此封面所署史部八，原書實爲史部第七册。』

《山海經》十八卷

晉郭璞註。《山海經》之名始見《史記·大宛傳》，司馬遷但云：『所言怪物，余不敢道』。而未言爲何人作。《列子》稱『大禹行而見之，伯益知而名之，夷堅聞而志之』。似乎即指是書，而不言其名《山海經》。《隋書·經籍志》云[一]：蕭何得秦圖書，後又得《山海經》，相傳夏禹所記。而劉秀校上《山海經》奏，直斷以爲伯益作。趙曄《吴越春秋》所説亦同[二]。疑皆因《列子》附會也。書中明載夏後啓、周文王及秦、漢長沙、象郡、餘暨、下嶲諸地名，斷不作於三代以上。朱子謂出於《楚詞》之後，所記乃附會《楚詞》，非《楚詞》用《山海經》，得其實矣。隋、唐二《志》皆云郭璞註《山海經》二十三卷，今本乃少五卷，疑後人併其卷帙，以就劉秀奏中一十八篇之數，非闕佚也。《隋》《唐志》又有郭璞《山海經圖讚》二卷，今其《讚》猶載璞集中[三]，其圖則《宋志》已不著録，知久佚矣。舊本前列劉秀奏所言一十八篇，與《漢志》稱十三篇不合。《七略》即歆所定，不應自相牴牾，疑其贋托。然璞序已引其文，相傳既久，今仍併録焉。

【校記】

[一]隋書 底本原作『隨書』，《四庫全書總目》卷一四二同條作『隋書』，二者俱不誤。然今世通行本均題作『隋書』，故從衆而改。

[二]趙曄《四庫全書總目》卷一四二同條作『趙煜』。案『煜』乃爲避康熙皇帝愛新覺羅·玄燁名諱而改。

[三]讚 底本原作『贊』，誤，兹據本條上文及《四庫全書總目》卷一四二同條改。

【今案】《四庫提要分纂稿》第四一四頁。《四庫全書薈要總目提要》第二五〇頁。影印文淵閣《四庫全書》第一〇四二册第一頁書前提要。《文淵閣四庫全書提要》卷七六子部二八小説家類三，第二四九一頁。《文津閣四庫全書提要匯編》子部一二小説家類二，第七二五頁。《四庫全書簡明目録》卷一四子部小説家類，第五五一頁。《四庫全書總目》卷一四二子部五二小説家類三，第一二〇五頁上。

《洛陽伽藍記》五卷

後魏楊衒之撰。别本『楊』或作『羊』，《魏書》無傳，莫之詳也。衒之仕魏，官撫軍司馬。太和十七年，魏作都洛陽，一時篤崇佛法，刹廟甲於天下。及永熙之亂，城郭邱（丘）墟。武定五年，衒之行役洛陽，感念廢興，因捃拾舊聞，追叙故迹。其書以城内及四門之外分叙五篇。叙文之後先，以東面三門、南面三門、北面三門各署其新舊之名，以提綱領，體例絶爲明晰。其文穠麗秀逸，煩而不厭，可與酈道元《水經注》肩隨。其兼叙爾朱榮等變亂之事，委曲詳盡，與史傳相發明。其他古迹藝文，及外國土風道里，採摭繁富，皆廣異聞。『趙逸論符生』一條，劉知幾《史通》云：『秦人不死，知符生之厚誣；蜀老猶存，知葛亮之多枉。』蜀老事見《魏書·毛修之傳》，秦人事即用此書趙逸一條也。他如考解魏文之《苗茨碑》，糾戴延之之《西征記》，考據亦皆精審。惟以高陽王雍之樓爲即古詩所謂『西北有高樓，上與浮雲齊』者，則未免固於説詩，爲是書之瑕，顯矣。又《史通·補註篇》稱是書有衒之自註，今本無之，不知佚於何時。

【今案】影印文淵閣《四庫全書》第五八七册第一頁書前提要。《文溯閣四庫全書提要》卷四一史部一五地理類三，第一三一二頁。《文津閣四庫全書提要匯編》史部一一地理類，第三四六頁。《四庫全書簡明目録》卷七史部地理類，第二八一頁。《四庫全書總目》卷七〇史部二六地理類三，第六一九頁上。

《北户録》三卷

唐萬年縣尉段公路撰。公路，臨淄人，同平章事，文昌之孫也。少即强學能文，後南至五嶺，採其民風土俗異於中原者，纖悉畢誌，而載物産爲尤詳。其註稱登仕郎前參軍龜圖撰，不署姓氏。考據訓釋具有條理，雖體例似乎小説，實則輿地之書也。

【今案】影印文淵閣《四庫全書》第五八九册第二九頁書前提要。《文溯閣四庫全書提要》卷四一史部一五地理類三，第一三二九頁。《文津閣四庫全書提要匯編》史部一一地理類，第三六〇頁。《四庫全書簡明目録》卷七史部地理類，第二八五頁。《四庫全書總目》卷七〇史部二六地理類三，第六二三頁上。

《桂林風土記》一卷

唐莫休符撰。桂林自秦始置郡，歷漢至唐。昭宗光化二年，休符以檢校散騎常侍守融州刺史，撰爲此記。《新唐書·藝文志》作三卷，今存者一卷。卷中目録四十六條，今缺『火山』、『採木』二條，蓋非完書矣。朱彝尊《曝書亭集》有此書跋，云閩謝在杭小草齋所録，舊藏徐惟起家。跋稱獲自錢塘沈氏，是洪武十五年抄傳。此本小草亭題識及洪武年月，與彝尊所言合，蓋即所見也。又言中載張固、盧順之、張叢、元晦、路單、韋瓘、歐陽膺、李渤諸人詩，向未著於録，亟當發其幽光。今觀諸詩外，尚有楊尚書、陸宏（弘）休二首，亦唐代軼篇，均可採録也。

【今案】《四庫提要分纂稿》第一三九頁。影印文淵閣《四庫全書》第五八九册第六四頁書前提要。《文溯閣四庫全書提要》卷四一史部一五地理類三，第一三三〇頁。《文津閣四庫全書提要匯編》史部一一地理類，第三六一頁。《四庫全書簡明目録》卷七史部二六地理類，第二八六頁。《四庫全書總目》卷七〇史部二六地理類三，第六二三頁上。

《元和郡縣志》四十卷

唐李吉甫撰。吉甫字宏（弘）憲，趙郡人。官中書侍郎、同中書門下平章事。此書自序云：『起京兆府，盡隴右道，凡四十七鎮。每鎮皆圖在篇首，冠於序事之前。並目録二卷，共成四十二卷。』馬端臨《經籍考》止載四十卷，目録、地圖已佚。今本又缺第十九卷、二十卷、二十三卷、二十四卷、二十六卷、三十六卷，其十八卷佚其半，二十五卷亦缺二頁，又非宋時之舊矣。《唐書》載是書爲五十四卷，證之原序不合。按吉甫撰有《唐十道圖》十卷、《元和百司舉要》二卷，或合三者成五十四卷也。其書體例先列建置，次列疆域，以下詳列屬邑，而山川、古迹、土貢附之。後來地志均本於斯，惟樂史《太平寰宇記》增以人物，始稍變其例焉。

【今案】影印文淵閣《四庫全書》第四六八册第一三一頁書前提要。《文溯閣四庫全書提要》卷三九史部一三地理類一，第一二〇九頁。《文津閣四庫全書提要匯編》史部一一地理類，第二七〇頁。《四庫全書簡明目録》卷七史部地理類，第二五八頁。《四庫全書總目》卷六八史部二四地理類一，第五九五頁中。

《景定嚴州續志》十卷

宋嚴州教授鄭瑶、學録方仁榮仝撰。郡人方逢辰爲之序。所紀始於淳熙，訖於咸淳。標題惟曰《新定續志》，不著地名，蓋刊附紹興舊志之後，而舊志今佚也[一]。嚴州於宋爲遂安軍，度宗嘗領節度使，即位之後，升爲建德府。故卷首載立太子詔及升府省劄，體裁視他志稍殊。惟『物產』之外，别增『瑞產』一門，但紀景定『麥秀四岐』一條。『鄉飲』之外，别增『鄉會』一門，但紀『楊王主會』一條。則皆乖義例耳。然叙述簡潔，猶輿記中之有古法者。其『户口』門中載寧宗楊皇后爲嚴人，而『鄉會』門中亦載主集者爲新安郡王、永寧郡王。新安者楊谷，永寧者楊石，皆后兄楊次山之子也。而《宋史》乃云后會稽人，當必有誤。此尤可訂史傳之訛矣。

【校記】

[一]佚　底本原作「帙」，誤，兹據《四庫全書總目》卷六八同條改。

【今案】《四庫提要分纂稿》第四〇三頁。影印文淵閣《四庫全書》第四八七册第五二三頁書前提要。《文溯閣四庫全書提要》卷三九史部一三地理類一，第一二三一頁。《文津閣四庫全書提要匯編》史部一一地理類，第二八六頁。《四庫全書簡明目録》卷七史部地理類，第二六三頁。《四庫全書總目》卷六八史部二四地理類一，第六〇〇頁中。

《佛國記》一卷

宋釋法顯撰。杜佑《通典》引之作法明《佛國記》，則中宗諱「顯」，唐人以「明」字代之也。《文獻通考》載：「義熙中，有沙門法顯自長安遊天竺，經三十餘國，還到京，與天竺禪師參互辨定。」蓋即此書。《隋志》地理類中載《佛國記》一卷，雜傳類中又載《法顯傳》二卷，《法顯行傳》一卷[一]。此本末有宋僧跋語，爲當名《佛國記》；明胡震亨跋語，則以爲當名《法顯傳》。今考此書所云「於此順嶺西南行十五日」以下八十九字，又「恒水上流有一國王」以下二百七十六字，皆與《水經注》所引字句全同，則酈道元所據當即此本，而皆稱曰《法顯傳》，則震亨之説爲有據。然《隋志》有《佛國記》名，則兼稱亦未爲無本也。其書以天竺爲中國，以中國爲邊地。蓋釋氏自尊其教，其誕謬不足與争。至所載道里山川則頗可資考證，而叙述古雅亦足尚焉。書中稱宏（弘）始三年[二]，歲在己亥，案《晉書》姚萇宏（弘）始二年，爲晉隆安四年，當稱庚子，所紀較前差一年。然《晉書》本紀載趙石虎建武六年，當咸康五年[三]，歲在己亥。而《金石録》載《趙横山李君神碑》及《西門豹祠殿基記》，乃均作建武六年庚子，復後差一年。蓋其時諸國紛争，或逾年改元，或不逾年改元，漫無定制。又南北隔絶，而傳聞異詞，未可斷史之必是，此之必非。今仍其舊文，以從闕疑之義云。

【校記】

[一]法顯傳二卷法顯行傳一卷　底本原作「《法顯傳》一卷、《法顯行傳》二卷」，誤，兹據《隋書》卷三三《經籍志》史部雜傳類著録「《法顯傳》二卷」、「《法顯行傳》一卷」及《四庫全書總目》卷七一同條改。

[二]始　底本原作「治」，誤，兹據《四庫全書總目》卷七一同條改。

[三]咸康五年　底本原作『隆安三年』，誤，兹據《晉書》卷七《成帝、康帝紀》及《四庫全書總目》七一同條改。

【今案】影印文淵閣《四庫全書》第五九三册第六一一頁書前提要。《文溯閣四庫全書提要》卷四二史部一六地理類四，第一三六三頁。《文津閣四庫全書提要匯編》史部一一地理類，第三八五頁。《四庫全書簡明目録》卷七史部地理類，第二九二頁。《四庫全書總目》卷七一史部二七地理類四，第六三〇頁上。

《萬歷(曆)四川總志》三十四卷

明叙州府同知魏楧如、成都府推官游楧、諸生童良等同撰，提學副使南海郭棐裁正之。凡《省志》四卷，《郡縣志》十四卷，《經略志》附以《雜記》共十四卷，《文》八卷，《詩》四卷。其書於尹吉甫、商瞿、董永、楊時之類舊志誤收者，頗有駁正；於趙戒、張商英之類舊志溢美者，亦頗有簡汰。惟《職官》不載守令，未免疏略。而以先代《帝紀》列於前，亦非輿記之體[一]。

【校記】

[一]非　底本原脱此字，兹據《四庫全書總目》卷七四同條補。輿　底本原作『與』，誤，兹據《四庫全書總目》卷七四同條改。

【今案】《四庫全書總目》卷七四史部三〇地理類存目三，第六四四頁下。

《紀古滇説》一卷[一]

宋張道宗撰。道宗，雲南人。其書録滇地遺事，上起唐虞，迄宋咸淳。歷記方域、年運、謡俗、服叛，紀載頗詳，往往與《史記》《前》《後漢·西南夷傳》詳略互異。卷首題曰『宋張道宗撰』，而前有明都督僉事沐朝弼序，稱爲『元張道宗』。然卷末題曰『宋咸淳元年春正月八日』，爲宋度宗年號，自當爲宋人也。

【校記】

[一]紀古滇説　案《四庫全書總目》卷七八同條作『《記古滇説》』。

【今案】《四庫全書總目》卷七八史部三四地理類存目七，第六七八頁中。

《華陽宮記事》一卷[一]

宋僧祖秀撰。祖秀，蜀人。靖康元年閏十一月汴城陷時，隨都人避兵艮岳，因紀其邱（丘）壑池館之勝，叙述極詳。末歸其過於朱勔、梁師成，而推原禍本於蔡京。

【校記】

［一］華陽宫記事　案《四庫全書總目》卷七八同條作『《華陽宫紀事》』。

【今案】《四庫全書總目》卷七二史部二八地理類存目一，第六三五頁下。

《東南防守利便》三卷

宋陳克、吴若同撰。考《宋史·吕祉傳》，祉知建康，與吴若等共議，作此書上行在。大略謂立國東南，當聯絡淮甸、荆、蜀之勢，蓋專爲東南立言者也。此本刊於明崇禎間，前有祉《進書繳狀》一篇，稱吴若爲本府通判，蓋其幕屬云。

【今案】《四庫全書總目》卷七五史部三一地理類存目四，第六五六頁上。

《洛陽名園記》一卷

宋李格非撰。格非字文叔，濟南人。元祐末，爲國子博士。紹聖初，進禮部郎，提點京東刑獄，以黨籍罷。是書記洛中園圃，自富弼以下十九所。格非自跋云：『天下之治亂，候於洛陽之盛衰；洛陽之盛衰，候於園囿之興廢。』蓋追思當時賢佐名卿勳業盛隆，能享其樂，非徒誇臺榭池館之美也。《書録解題》《郡齋讀書志》俱載李格非撰。惟《津逮秘書》題曰華州李廌。考邵博《聞見後録》第十七卷，全載此書，不遺一字，題標『格非』之名。同時之人，不應有誤。知毛晋之誤題，審矣。

【今案】影印文淵閣《四庫全書》第五八七册第二三九頁書前提要。《文溯閣四庫全書提要》卷四一史部一五地理類三，第一三一六頁。《文津閣四庫全書提要匯編》史部一一地理類，第三四九頁。《四庫全書簡明目録》卷七史部地理類，第二八二頁。《四庫全書總目》卷七〇史部二六地理類三，第六二〇頁上。

《遊城南記》一卷

宋張禮撰。禮字茂中，浙江人。元祐元年，與其友陳微明遊長安城南，訪唐舊迹，因作此記，而自爲之注。凡門坊、寺觀、園囿、村墟及前賢舊址見於載籍者，叙録甚備，考據亦頗典核。又有續注者，不知何人所作，蓋以補前注之遺，中稱金代年號，則元初人也。

【今案】《四庫提要分纂稿》第四九五頁。影印文淵閣《四庫全書》第五九三册第一頁書前提要。《文溯閣四庫全書提要》卷四二史部一六地理類四，第一三五九頁。《文津閣四庫全書提要匯編》史部一一地理類，第三八三頁。《四庫全書簡明目録》卷七史部地理類，第二九一頁。《四庫全書總目》卷七一史部二七地理類四，第六二九頁中。

《嘉定赤城志》四十卷

宋陳耆卿撰。台州本梁赤城郡，轄臨海、黄巖、天台、仙居、寧海五縣。嘉定中，耆卿創修此志，分十五門，爲四十卷。據馬端臨《通考》，志前爲圖十有三。今未之見也。《通考》又載『吴子良《續志》八卷，林表民《三志》四卷』。今亦不傳。耆卿字壽老，號篔窗，臨海人，以進士官國子司業，文學爲葉適所推云。

【今案】影印文淵閣《四庫全書》第四八六册第五六七頁書前提要。《文溯閣四庫全書提要》卷三九史部一三地理類一，第一二二六頁。《文津閣四庫全書提要匯編》史部一一地理類，第二八三頁。《四庫全書簡明目録》卷七史部地理類，第二六二頁。《四庫全書總目》卷六八史部二四地理類一，第五九九頁中。

《景定建康志》五十卷

宋馬光祖幕客周應合撰。建炎二年，改江寧府爲建康府，高宗嘗駐蹕焉。兹編首載《留都録》四卷，次分圖、表、志、傳四十五卷，末附《拾遺》一卷。以乾道、慶元二《志》合而爲一，補闕正訛，復增入慶元以後之事，援據詳核，條理井然。自來傳本絶少，朱彝尊訪之三十年，晚乃從曹寅家借抄得之[二]。應合，武寧人，淳祐間舉進士，嘗爲實録院修撰官，光祖序稱爲『博物洽聞，學力充贍』，不誣也。

【校記】

［一］寅 底本原作『溶』，誤，兹據《四庫全書總目》卷六八同條改。

【今案】影印文淵閣《四庫全書》第四八八册第一頁書前提要。《文溯閣四庫全書提要》卷三九史部一三地理類一，第一二三〇頁。《文津閣四庫全書提要匯編》史部一一地理類，第二八七頁。《四庫全書簡明目録》卷七史部地理類，第二六二頁。《四庫全書總目》卷六八史部二四地理類一，第六〇〇頁中。

《長安志》二十卷

宋龍圖閣學士宋敏求次道撰。敏求以三輔多漢、唐遺迹，而唐韋述《西京記》疏略不備，因博採群籍而成。凡城郭、官府、山水、津梁、郵駟、橋道［一］，以至風俗、物産、宫室、寺院，纖悉畢具。其坊市曲折，及唐盛時士大夫第宅所在，皆一一能舉其處，粲然如指諸掌。司馬光嘗以爲考之韋《記》，其詳不啻十倍。今韋氏之書雖不傳，而要其精博宏贍，實非他地志所能及，洵可稱典核之最者矣。晁公武謂此書前有趙若彦序，今抄本無之。

【校記】

［一］郵駟 案《四庫全書總目》卷七〇同條作『郵驛』。

【今案】影印文淵閣《四庫全書》第五八七册第七三頁書前提要。《文溯閣四庫全書提要》卷四一史部一五地理類三，第一三一五頁。《文津閣四庫全書提要匯編》史部一一地理類，第三四八頁。《四庫全書簡明目録》卷七史部地理類，第二八二頁。《四庫全書總目》卷七〇史部二六地理類三，第六一九頁下。

《中吴紀聞》六卷

宋龔明之撰。明之字希仲，號五休居士，崑山人。紹興間，以鄉貢廷試，授高州文學。淳熙初，舉經明行修，授宣教郎，致仕。是書採吴中故老嘉言懿行及其風土人文爲新、舊圖經、范成大《吴郡志》所不載者，仿范純仁《東齋紀事》、蘇軾《志林》之體，編次成帙。本末該貫，足裨風教。書成於淳熙九年，明之年已九十有二，亦可謂耄而好學者矣。宋末，書已罕傳。元至正間，武寧、盧熊修《蘇州志》，訪求而校定之。明末常熟毛晉始授諸梓，亦多舛謬。其子扆後得葉盛菉竹堂藏本相校，第六卷多『翟超』一條，其餘頗有異同。何焯假以勘定，極爲精審。然盧熊跋稱其子昱所撰《行實》附後，今兩本皆無之，則葉本亦不免於脱佚也。

【今案】影印文淵閣《四庫全書》第五八九册第二八九頁書前提要。《文溯閣四庫全書提要》卷四一史部一五地理類三，第一三三八頁。《文津閣四庫全書提要匯編》史部一一地理類，第三六七頁。《四庫全書簡明目録》卷七史部地理類，第二八七頁。《四庫全書總目》卷七〇史部二六地理類三，第六二四頁下。

《方輿勝覽》七十卷

宋迪功郎建陽祝穆和甫撰。前有嘉熙己亥新安吕午序。其書分十七路，各係所屬府、州、軍於下，而以行在所臨安府爲首。維時中原不入職方，所述者惟南渡州郡而已。所載藝文爲獨多，蓋爲詞翰而設，不爲考據而設也。午序稱穆本新安人，朱子母黨。《建寧府志》稱穆父康國從朱子居崇安。穆少名丙，與弟癸同受業朱子。宰執程元鳳、蔡杭録所著書以進，除迪功郎，爲興化軍涵江書院山長。景定中，知軍徐直諒復上其學，行於朝，穆不樂仕進，竟謝歸。

【今案】影印文淵閣《四庫全書》第四七一册第五四一頁書前提要。《文溯閣四庫全書提要》卷三九史部一三地理類一，第一二一五頁。《文津閣四庫全書提要匯編》史部一一地理類，第二七四頁。《四庫全書簡明目録》卷七史部地理類，第二五九頁。《四庫全書總目》卷六八史部二四地理類一，第五九六頁下。

《咸淳臨安志》一百卷[一]

宋潛説友撰[二]。説友字君高，處州人。官中奉大夫，權户部尚書，知臨安軍府事，封縉雲縣開國男。其書前十五卷爲行在所録，記宫禁曹司之事，自十六卷以下，乃爲府志。體例井然，可爲都城紀載之法。其宋代詔令編於前代之後，則用徐陵《玉臺新詠》置梁武於第七卷例也。朱彝尊謂宋人地志幸存者，若宋次道之志《長安》，梁叔子之志《三山》，范致能之志《吴郡》，施武子之志《會稽》，羅端良之志《新安》，陳壽老之志《赤城》，每患其太簡，惟潛氏此《志》獨詳。然此書舊無完帙，彝尊從海鹽胡氏、常熟毛氏先後得宋槧本八十卷，又借抄一十三卷，其七卷終闕，今亦姑仍其舊焉。

【校記】

［一］一百卷　案《四庫全書總目》卷六八同條作『九十三卷』。

［二］宋　案《四庫全書總目》卷六八同條作『元』。

【今案】影印文淵閣《四庫全書》第四九〇册第一頁書前提要。《文溯閣四庫全書提要》卷三九史部一三地理類一，第一二三二頁。《文津閣四庫全書提要匯編》史部一一地理類，第二八八頁。《四庫全書簡明目録》卷七史部地理類，第二六三頁。《四庫全書總目》卷六八史部二四地理類一，第六〇〇頁下。

《會稽志》二十卷、《會稽續志》八卷［一］

宋通判紹興府事吴興施宿、郡人馮景中、陸子虡、朱鼐、王度等同撰。前《志》成於嘉泰辛酉，陸游爲之序，稱其書雖本圖經，圖經出於先朝，非藩郡所可附益，故用長安、相臺、河南、成都爲比，名《會稽志》。書中不分大小類，共爲細目一百十有七，如『求遺書』等事皆别標爲一條，叙次有法，頗稱詳贍。《續志》八卷，則寶慶元年梁國張淏所撰。淏自序稱世本中原，僑寓是邦，因記嘉泰辛酉後事，爲之正訛廣略，復增『進士題名』，以補前《志》之遺。明時，鏤板已亡，正德庚午，郡人王綖復訪求舊本校刊之。今亦久矣。

【校記】

［一］會稽志二十卷會稽續志八卷　案《四庫全書總目》卷六八同條作『《嘉泰會稽志》二十卷、《寶慶續志》八卷』。

【今案】影印文淵閣《四庫全書》第四八六册第一頁書前提要。《文溯閣四庫全書提要》卷三九史部一三地理類一，第一二二五頁。《文津閣四庫全書提要匯編》史部一一地理類，第二八二頁。《四庫全書簡明目録》卷七史部地理類，第二六一頁。《四庫全書總目》卷六八史部二四地理類一，第五九九頁上。

《通鑑地理通釋》十四卷

宋禮部尚書浚儀王應麟撰。首州域，次都邑，次十道山川，次歷代形勢，而終以石晋十六州。考證最爲明確，叙列朝分據戰攻，尤一一得其要領，於史學最爲有功。原書無序，後人以書後應麟自跋移冠於前，所云『上章執徐橘壯之月』，乃元世祖至元十六年庚辰之八月，是時宋亡已三年，蓋用陶潛但書甲子之義。書内稱『梓慎』爲『梓謹』，亦猶爲宋諱云。

【今案】影印文淵閣《四庫全書》第三一二册第二頁書前提要。《文溯閣四庫全書提要》卷二九史部三編年類，第九二六頁。《文津閣四庫全書提要匯編》史部二編年類，第五〇頁。《四庫全書簡明目録》卷五史部編年類，第一九二頁。《四庫全書總目》卷四七史部三編年類，第四二一頁下。

《益部方物略記》一卷

宋宋祁撰。祁字子京，安陸人[一]，以文學稱於時。嘉祐二年，由端明殿學士、吏部侍郎知益州。因東陽沈邱（丘）所撰《劍南方物》二十八種，補其闕遺，共得六十五種，刊而圖之，各繫以贊，而附記其形狀於題下。贊居前，題列後，古書體例，往往如斯，今本《爾雅》猶此式也。其圖已佚，贊皆古雅，蓋力摹郭璞《山海經圖贊》云。

【校記】

[一]安陸　案《四庫全書總目》卷七〇同條作『雍邱』。

【今案】影印文淵閣《四庫全書》第五八九册第九九頁書前提要。《文溯閣四庫全書提要》卷四一史部一五地理類三，第一三三三頁。《文津閣四庫全書提要匯編》史部一一地理類，第三六三頁。《四庫全書簡明目録》卷七史部地理類，第二八六頁。《四庫全書總目》卷七〇史部二六地理類三，第六二三頁下。

《太平寰宇記》一百九十三卷

宋太常博士直史館樂史撰。史事迹具《宋史·文苑傳》。宋太宗時，始平閩、越并晉。史上此書，始於東京，迄於四裔。然是時幽、嬀、營、檀州縣並未入輿圖，史第因賈耽《十道志》、李吉甫《元和郡縣志》之舊，概列入之，不謂其於時事不合也。史進書叙譏賈耽、李吉甫爲漏缺，故其書專尚採摭繁富，備登人物，至於古迹、名人題詠，若張祜《金山》詩之類皆載焉[二]。後來地志必列人物、藝文者，其體皆始於史。是書原二百卷，舊多殘闕，惟浙江汪啓淑本，所闕自一百十三卷至一百十九卷，僅闕七卷。又每卷末，間附校正一頁，不知何人所作，辨晰頗詳。此最爲善本，今據用之。馬端臨《通考》作《太平寰宇志》，今本作《太平寰宇記》，史進書序亦作『記』字，疑馬氏誤也。

【校記】

[一]祐　底本原作『祐』，《四庫全書總目》卷六八同條亦作『祐』，俱誤，兹據《文溯閣四庫全書提要》卷三九及《文津閣四庫全書提要匯編》史部地理類同條改。

【今案】影印文淵閣《四庫全書》第四六九册第一頁書前提要。《文溯閣四庫全書提要》卷三九史部一三地理類一，第一二一一頁。《文津閣四庫全書提要匯編》史部一一地理類，第二七二頁。《四庫全書簡明目録》卷七史部地理類，第二五八頁。《四庫全書總目》卷六八史部二四地理類一，第五九五頁下。

《乾道臨安志》三卷

宋右文殿修撰知臨安府周淙撰。臨安自南渡後建爲行都，淙於乾道五年再任杭帥，始創爲之《志》，凡十五卷，見於《宋史·藝文志》。其後淳祐間施愕、咸淳間潛説友[一]，歷事編纘，皆有成書。今惟潛《志》尚存抄帙，周、施二《志》世已無傳。此本爲杭州孫仰曾家所藏宋槧本，卷首但題作《臨安志》，而中間稱高宗爲『光堯太上皇帝』，孝宗爲『今上』，紀牧守至淙而止，其爲《乾道志》無疑。惜其自第四卷以下俱已缺佚。所存者僅什之二也。第一卷紀宫闕官署[二]，題作《行在所》，以别於郡志，體例最善。後潛《志》實遵用之。二卷分沿革、星野、風俗、州境、城社、户口、廨舍、學校、科舉、軍營、坊市、界分、橋梁、物産、土貢、稅賦、倉場、館驛等諸子目，而以亭堂、樓觀、閣軒附其後，叙録簡括，深有體要。三卷紀自三國吴至宋乾道中諸牧守，詳略皆極得宜。淙字彦廣，湖州人。其尹京時，撩湖浚渠，頗著政績，故所著述，亦具有條理。今其書雖殘缺不完，而於南宋地志中爲最古之本，考武林掌故者，要必以是書稱首焉。

【校記】

[一]咸淳　底本原作『淳淳』，雖前一『淳』字已用墨點點去，仍有訛誤，《四庫全書總目》卷六八同條作『咸淳』，據此補『咸』字。

[二]闕　底本原作『缺』，誤，兹據《四庫全書總目》卷六八同條改。

【今案】影印文淵閣《四庫全書》第四八四册第五四頁書前提要。《文溯閣四庫全書提要》卷三九史部一三地理類一，第一二二〇頁。《文津閣四庫全書提要匯編》史部一一地理類，第二七八頁。《四庫全書簡明目録》卷七史部地理類，第二六〇頁。《四庫全書總目》卷六八史部二四地理類一，第五九七頁下。

《仙都志》二卷

元道士陳定性撰。仙都山，古名縉雲山，唐天寶中敕改今名。志分六門，曰『山川』，曰『祠宇』，曰『神仙』，曰『高士』，曰『草木』，曰『碑碣題咏』。前序題至正戊子，不署姓名，以序及《志》中『祠宇』門考之，蓋元延祐中給道士趙嗣祺五品印，提點是山玉虚宫，羽流榮之，因撰是《志》也。

【今案】《四庫全書總目》卷七六史部三二地理類存目五，第六五八頁中。

《大滌洞天記》三卷

元錢塘鄧牧編輯。大滌洞天在杭州[一]，其天柱峰下有洞霄宫，晉、唐以來修真者多居之。宋熙寧初，設有提舉。南渡後，宫观益盛，其祠事例以宰執之罷官者領之。先是政和間唐子霞有《真鏡録》，端平中亦嘗輯志，後俱不傳。元大德九年，道士沈多福屬牧別與道士孟宗寶蒐討舊聞，輯爲此書。上卷叙宫观，中卷叙山水，下卷皆前人碑碣叙記之作。多福序稱訂作《洞霄圖志》，則原本尚應有圖，今已佚矣。

【校記】

［一］滌 底本原作『絛』，誤，兹據本條題目及《四庫全書總目》卷七七同條改。

【今案】《四庫全書總目》卷七七史部三三地理類存目六，第六六八頁上。

《至元嘉禾志》三十二卷

元徐碩撰。宋淳熙中，秀州守張元成延聞人伯紀始修《嘉禾志》。後岳珂守郡，復延郡人關栻續修[二]。珂改調，遂中輟，僅存五卷。至元中，碩爲嘉興路教授經歷單慶延之纂輯，因踵栻舊本增成之。而郭晦、唐天麟爲之序，劉傑、翟汝弼爲之刊刻。舊分二十五門，中分江海、湖泖、浦溆、溪潭、陂塘、河港、涇溝、堰牐爲八類，眉列掌具，體例甚當。又分樓閣、堂館、亭宇爲三類，則强析名目，未免瑣碎。而考證精詳，所採碑碣題詠，皆近代耳目所罕見，固徵文獻者所不廢也。《志》兼及松江、華亭，蓋元時本隸嘉興路，明初始析置云。

【校記】

［一］栻　底本原作『棫』，誤，兹據下文及《四庫全書總目》卷六八同條改。

【今案】影印文淵閣《四庫全書》第四九一册第一頁書前提要。《文淵閣四庫全書提要》卷三九史部一三地理類一，第一二三三頁。《文津閣四庫全書提要匯編》史部一一地理類，第二八九頁。《四庫全書簡明目録》卷七史部地理類，第二六三頁。《四庫全書總目》卷六八史部二四地理類一，第六〇一頁上。

《安南志略》十九卷

元黎崱撰。崱字景高，號東山，安南國人，東晋交州刺史阮敷之後，世居愛州。幼與黎琫爲子，九歲試童科，仕其國至侍郎，遷佐靜海軍節度使陳鍵幕。至元中，世祖伐安南，鍵率崱等出降。其國邀擊之，鍵殁於軍。崱入朝［一］，授奉議大夫，居於漢陽。以鍵志不伸而名泯，乃撰此《志》以致其意。元明善、許有壬、歐陽元(玄)皆爲之序。所紀安南事實，與《元史》列傳多有異同［二］，明誠侯而非義國侯，皆可証史氏之訛。又史於至元二十三年詔書内數安南罪［三］，有『戕害遺愛』語，而不著其事。今《志》載至元十九年，授柴椿都元帥，以兵千人送遺愛就國，至永平界，安南勿納。遺愛懼，夜先逃歸，世子廢遺愛爲庶人，更足明史有脱漏。其他如山川人物，叙述亦皆詳贍，洵可爲參稽互考之助云。

【校記】

［一］朝　底本原作『廟』，誤，兹據《四庫全書總目》卷六六同條改。

［二］有異同　底本原脱此三字，兹據《四庫全書總目》卷六六同條補。

［三］二十三年　底本原作『一十三年』，誤，兹據《元史》卷二〇九《安南傳》及《四庫全書總目》卷六六同條改。

【今案】影印文淵閣《四庫全書》第四六四册第五九一頁書前提要。《文淵閣四庫全書提要》卷三七史部一一載記類，第一一九九頁。《文津閣四庫全書提要匯編》史部九載記類，第二六三頁。《四庫全書簡明目録》卷六史部載記類，第二五四頁。《四庫全書總目》卷六六史部二二載記類，第五八八頁中。

《長安志圖》三卷

元陝西行臺御史李好文撰。此書作於至正初。自序稱《圖》舊有碑刻，元豐三年吕大防爲之跋，謂之《長安故圖》。蓋即陳振孫所稱《長安圖記》，大防知永興軍時所訂者也。好文本此書，芟其訛駁，更爲補訂。又以漢之三輔及元奉元所屬者附入。凡漢、唐宫闕陵寢及渠涇沿革制度皆在焉，總爲圖二十有二。渠涇圖説，詳備明晰，尤有裨於民事。有西臺御史號樵隱者爲之序，蓋即好文之同僚也。是本明西安守李經所録，列於宋敏求《長安志》之首，合而一之。不知好文是書，本不因敏求而作，强合爲一，世次紊越，殊乖編録之體。今仍分二書，各還其舊焉。

【今案】影印文淵閣《四庫全書》第五八七册第四六九頁書前提要。《文溯閣四庫全書提要》卷四一史部一五地理類三，第一三一九頁。《文津閣四庫全書提要匯編》史部一一地理類，第三五二頁。《四庫全書簡明目録》卷七史部地理類，第二八三頁。《四庫全書總目》卷七〇史部二六地理類三，第六二〇頁下。

《閣皁山志》二卷

明俞策撰。閣皁山在江西新淦縣，相傳爲張道陵、葛孝先、丁令威修煉之所。兹編上卷紀載形勝，下卷編列藝文，策自載其詩數首，亦非佳作。

【今案】《四庫全書總目》卷七六史部三二地理類存目五，第六六三頁上。

《華嶽全集》十三卷

明華陰令貴陽馬明卿撰。萬歷(曆)丙申，陝西兵備副使張維新因嘉靖中李時芳所輯《華山志》闕略[一]，令明卿重加編次。前載圖説、形勝、物産、靈異、封號，後紀碑、紀銘頌、詩賦等作。後壬寅歲，河間馮嘉會爲令，復輯遺文數篇補之。

【校記】

［一］陝　底本原作『陜』，誤，兹據《四庫全書總目》卷六二史部傳記類存目四『《東林籍貫》一卷』條改。

【今案】《四庫全書總目》卷七六史部三二地理類存目五，第六六一頁上。

《萬歷（曆）嚴州府志》二十四卷

是書爲萬歷（曆）甲寅所修。首頁題名叢雜，或曰『主修』，或曰『同修』，或曰『纂修』，或曰『續修』，或曰『彙集』，莫知主名爲誰。前載舊《志》凡例，頗見體裁，是《志》乃不肯遵用之，多所更張，務求諧俗，則其書可知矣。

【今案】《四庫全書總目》卷七四史部三〇地理類存目三，第六四七頁上。

《增補武林舊事》八卷

明朱廷焕輯。廷焕字白中，單縣人。崇禎甲戌進士，官至工部主事。是書因元周密《武林舊事》，少爲增益，未載災異［一］，則原書所無之例也。

【校記】

［一］未　案似爲『末』之形訛。

【今案】影印文淵閣《四庫全書》第五九〇册第三〇三頁書前提要。《文淵閣四庫全書提要》卷四一史部一五地理類三，第一三五〇頁。《文津閣四庫全書提要匯編》史部一一地理類，第三七八頁。《四庫全書簡明目録》卷七史部地理類，第二九〇頁。《四庫全書總目》卷七七史部三三地理類存目六，第六七二頁下。

《九華山志》八卷［一］

明顧元鏡撰。元鏡，浙江歸安人。萬歷（曆）四十七年進士，官池州府知府。是書所載大半皆當代詩文。内有王守仁贈周金和尚偈，其語甚陋，蓋山僧僞托之，元鏡不能辨也。

【校記】

［一］案本條與本書後面同類著録『《九華山志》八卷』條似爲重出，但此篇提要文字略簡。

【今案】《四庫全書總目》卷七六史部三二地理類存目五，第六六二頁下。

《横谿録》八卷

明徐時鳴撰。時鳴字君和，吴縣人。横谿鎮，一曰横塘，在蘇州府城西南十三里，水自城中來，西南横流過鎮而入太湖，故名。是志分十九門，體例略如郡縣志。然如《古迹》類中多列先賢舊宅，又云其址無考。夫使遺墟猶在，自應深憑吊之思，否則既生是鄉，自必人人有宅，安能一一虚列乎？宜其一鄉之志，蔓衍至於八卷也。

【今案】《四庫全書總目》卷七六史部三二地理類存目五，第六六三頁上。

《湖州府志》十四卷

明嘉靖間歸安唐樞撰［一］。其書分土地、人民、政事三門，每門各綴以條目，與他志小異。然如《沿革》之中，參述祥異，體例亦未能精當也。

【校記】

［一］歸安　底本原作『郡水』，誤，兹據《明史》卷二〇六《唐樞傳》及《四庫全書總目》卷七經部七易類存目一『《易脩墨守》一卷』條改。

【今案】《四庫全書總目》卷七四史部三〇地理類存目三，第六四二頁中。

《定遠縣志》十卷

明嘉靖乙未知縣山陰高鶴撰。自序稱『杜門三日而成』，世無此理，殆夸飾也。其書簡略，而體例乃頗冗雜。列《疆域道路》於《建置沿革》之前，是未出縣名，先臚縣境，所謂四界八至，不知爲何地而言，端緒殊覺倒置。至於『屯田』一門僅四行，『惠政』一門僅三行，又『職官題名』之下各書其人之字號，如書肆宦籍之式，亦皆非體。

【今案】《四庫全書總目》卷七四史部三〇地理類存目三，第六四四頁上。

《南康府志》十二卷[一]

明萬歷(曆)癸巳知府延平田琯撰。門目雖繁，而條貫有序，猶輿記中之有體例者。

【校記】

[一]南康府志　案《四庫全書總目》卷七四同條作『《南康志》』。

【今案】《四庫全書總目》卷七四史部三〇地理類存目三，第六四六頁中。

《順天府志》六卷

明萬歷(曆)癸巳府尹謝杰撰，沈應文續成之。簡陋殊甚，所立《金門圖》《京兆圖》諸名，尤粉飾傷雅。

【今案】《四庫全書總目》卷七四史部三〇地理類存目三，第六四六頁中。

《南詔事略》一卷

明顧應祥撰。應祥字惟賢，長興人。弘治乙丑進士[一]，官至南京刑部尚書。是書爲應祥巡撫雲南時所撰，大約摭拾各史《蠻夷傳》及滇中舊志，參訂而成。其諸書與史互異者，皆别作按語考証之，詮註叙次，頗爲簡潔。至所載鄭氏世次及一切事實，皆《五代史》及《五代會要》《通考》諸書所未載，亦足裨史氏之闕也。惟六詔創置，載於各史及《三通》諸事者，名號俱符，著滇中志乘者，悉引爲依據。兹書以『越析詔』作『治麽些』[二]，『邆賧詔』作『鄧賧』，并炎閣子『盛羅皮』之作『晟羅皮』，與史傳悉異，而未著所據之書，未免少爲疏漏耳。

【校記】

[一]乙丑　底本原作『已丑』，誤，兹據《四庫全書總目》卷四八史部四編年類存目『《人代紀要》三十卷』條改。

[二]析 底本原作『折』，誤，兹據《新唐書》卷二二二《南蠻傳》及《四庫全書總目》卷六六同條改。

【今案】《四庫全書總目》卷六六史部二二載記類存目，第五九〇頁中。

《西事珥》八卷

明魏濬撰[一]。是書蓋其官遊粤西時作，專記嶺外故事，兼及土風、物産。第猶信遜國之説，以程濟之事爲真，蓋明代傳聞相沿已久故也。

【校記】

[一]濬 底本原作『璿』，誤，兹據《明史》卷九七《藝文志》『魏濬《西事珥》八卷』條及《四庫全書總目》卷七七同條改。

【今案】《四庫全書總目》卷七七史部三三地理類存目六，第六七二頁上。

《嘉興府志》三十二卷

明弘治五年知府儀真柳琰撰[一]。以府與所屬七縣各爲一志，其例皆分二十一門。詳略參差，未見體要。

【校記】

[一]柳琰 案《四庫全書總目》卷七三同條作『柳琬』。案『琬』，乃爲皇太子愛新覺羅・顒琰即後來的嘉慶皇帝避諱而改。

【今案】《四庫全書總目》卷七三史部二九地理類存目二，第六三八頁下。

史部八　地理類

【校記】底本原案曰：『編按：此封面所署史部九，原書實爲史部第八册。』

《徽州府志》十二卷

明弘治壬戌郡人汪舜民撰。其書分目過多，如『沿革』之外又出『郡名』一門，『人物』至分爲十四類，皆傷煩碎。又『風俗』、『形勝』二門，皆標題夾註，有似類書，亦乖體例。

【今案】《四庫全書總目》卷七三史部二九地理類存目二，第六三九頁上。

《成化杭州府志》六十三卷

此本殘缺特甚，撰人名氏及原書卷帙皆不可考，然五十九卷以下，皆題爲《紀遺》，而《紀遺》終於明人，則是書首尾尚完，特秩其序目耳。所收頗冗濫，如載淩雲翰《嘲兄弟析產》小詞之類，皆非地志之體。其凡例完者尚半葉，稱所引用諸書多係簡節全文，或因而足以己意，故皆不著所出，其大概可知矣。

【今案】《四庫全書總目》卷七三史部二九地理類存目二，第六三八頁上。

《毘陵志》四十卷

明成化庚寅郡人翰林學士王㒜撰。體例頗爲詳整。惟齊高、梁武雖從斯郡發祥，然奄有江東，各存國史，修郡志者但可載其軼聞舊迹，以備考徵，乃於人物之首冠以二帝，附以諸王，揆以斷限之法，於義爲濫。蓋輿記務侈土風，而不知著書各有體例也。

【今案】《四庫全書總目》卷七三史部二九地理類存目二，第六三八頁中。

《山東通志》四十卷

明陸釴撰。釴字鼎儀，號舉人，崑山人。天順八年進士，廷試第二人，官至太常寺少卿兼侍讀。釴少與太倉張泰、陸容齊名，號婁東三鳳[一]。是編在地志之中，號爲佳本，體例不務新奇，而中間頗詳核有法[二]。惟《海事常變圖》稍嫌枝蔓，變現無定之形，豈繪畫所可該括也？

【校記】

［一］鈂字鼎儀號舉人崑山人天順八年進士廷試第二人官至太常寺少卿兼侍讀鈂少與太倉張泰陸容齊名號婁東三鳳　案《四庫全書總目》卷七三同條作「案明有兩陸鈂。其一崑山人，見《明史·文苑傳》。此陸鈂字舉之，號少石子，鄞縣人。正德辛巳進士，官至山東提學副使。與其兄銓并附見《明史·王慎中傳》。」齊　底本原作「齋」，誤，兹據《明史》卷二八六《文苑傳·張泰》改。

［二］詳　底本原作「多」，誤，兹據《四庫全書總目》卷七三同條改。

【今案】《四庫全書總目》卷七三史部二九地理類存目二，第六四一頁中。

《明一統志》九十卷

明吏部尚書李賢等撰。明成祖時，令儒臣撰《一統志》，至天順中乃成。始自京畿、中都，次十三布政使司，爲府一百六十，州二百三十四，縣一千一百一十六。其書考証沿革，分畫地形，皆爲疏略，遠不及《元和郡縣》《太平寰宇》《元豐九域》諸書。

【今案】影印文淵閣《四庫全書》第四七二册第一頁書前提要。《文溯閣四庫全書提要》卷三九史部一三地理類一，第一二一六頁。《文津閣四庫全書提要匯編》史部一一地理類，第二七五頁。《四庫全書簡明目録》卷七史部地理類，第二五九頁。《四庫全書總目》卷六八史部二四地理類一，第五九六頁下。

《越嶠書》二十卷

明李文鳳撰。文鳳字廷儀，宜山人。嘉靖壬辰進士，官至雲南按察司僉事。其書大概取元黎崱《安南志略》爲本，而益以洪武至嘉靖事迹。朱彝尊嘗稱爲有倫有要，於彼國山川、郡邑、風俗、制度、物産，以及書詔、制敕、移文、表奏之屬，無不備載。而建置興廢之故，亦皆編次詳明。

【今案】《四庫全書總目》卷六六史部二二載記類存目，第五九一頁上。

《吴中水利書》二十八卷

明張國維撰。國維字九一，《明史》作東陽人。天啓壬戌進士，福王時官至吏部尚書。是書先列東南七府水利總圖，凡五十二幅。次標水源、水脉、水名等目，又輯詔敕、章奏，下逮論議、敘記、祝歌謡。所記雖止明代事，然指陳詳切，頗爲有用之言。凡例謂崇明、靖江二邑浮江海之中[二]，地脉不相聯貫，自昔不混東南水政之内。今按二邑形勢，所説不誣，足以見其明確矣。

【校記】

［一］謂　底本原作『爲』，誤，兹據《四庫全書總目》卷六九同條改。

【今案】《四庫提要分纂稿》第一三八頁。影印文淵閣《四庫全書》第五七八册第二一頁書前提要。《文溯閣四庫全書提要》卷四〇史部一四地理類二，第一二八八頁。《文津閣四庫全書提要匯編》史部一一地理類，第三二九頁。《四庫全書簡明目録》卷七史部地理類，第二七六頁。《四庫全書總目》卷六九史部二五地理類二，第六一三頁中。

《故宫遺録》一卷

明蕭洵撰。洵，廬陵人。洪武初，爲工部郎中。奉命毁元故宫，因記其制度。洵後爲湖州長興令，欲刊未果，其本歸於吕山高氏家。洪武丙子，松陵吴節從高氏鈔傳。萬歷（曆）中，武進趙琦美得之，以張浙門家鈔本互校，因行於世。其書次序典核，朱彝尊《日下舊聞》全採之，故今不重録焉。

【今案】《四庫全書總目》卷七二史部二八地理類存目一，第六三五頁下。

《南夷書》一卷

明張洪撰。考明永樂四年緬甸宣慰使那羅塔刦殺孟養宣慰使刀查及思欒發而據其地，洪時爲行人，齎敕往諭，因撰是書。所載皆洪武初至永樂四年平雲南各土司事，略而不詳。其於雲南郡建置始末，亦未能叙述明晰。如南詔爲蒙氏改鄯闡府，歷鄭、趙、楊三姓，始至大理段氏。孟養、麓川，各有土司，書中皆遺之。唯元梁王拒守，及楊苴乘隙諸事，史所未載。『瀾滄』之作『蘭滄』，『思欒發』之作『思鸞發』，與史互異，亦足資考証之一二也。洪字宗海，常熟人，洪熙初召入翰林，官修撰。

【今案】《四庫提要分纂稿》第五一七頁。《四庫全書總目》卷七八史部三四地理類存目七，第六七八頁下。

《使交録》十八卷

明錢溥撰。溥字原溥，華亭人。正統四年進士，官至南京吏部尚書，謚文通。是書乃其天順六年爲翰林院侍讀學士時出使安南所作。其書多載贈答詩文，而其山川形勢、土俗人情，乃略而不詳。

【今案】《四庫全書總目》卷六四史部二〇傳記類存目六，第五七二頁上。

《建陽縣志》四卷、《雜誌》三卷、《續志》一卷

明景泰元年縣人黄璿撰。卷首於輿圖之外增以先賢畫像十二，傳刻失真，殆可不必。《雜誌》三卷亦璿所作[一]，而題曰『知非子黄景衡集』。景衡即璿之字，見前志劉童目録序中[二]。蓋其書乃修志之餘，摭拾佚事，自同於小説家流，故署其字也[三]。《續志》一卷，乃弘治甲子邑人袁銛所撰，名繼前志，實則體例各殊。

【校記】

［一］誌 底本原作『記』，誤，兹據本條題目及《四庫全書總目》卷七三同條改。

［二］劉童 案《四庫全書總目》卷七三同條作『劉章』。

［三］字 案《四庫全書總目》卷七三同條作『號』。

【今案】《四庫全書總目》卷七三史部二九地理類存目二，第六三八頁上。

《金華府志》三十卷

不著撰人名字。前列成化庚子商輅序，稱爲知府周宗智撰。而志中乃載及隆、萬時事，豈後來又因宗智之本稍益以近事耶[一]？

【校記】

［一］近 底本原作『進』，誤，兹據《四庫全書總目》卷七三同條改。

【今案】《四庫全書總目》卷七三史部二九地理類存目二，第六三八頁中。

《三原縣志》十六卷

明成化辛丑常州朱昱撰。其書分類太繁，例多叢脞，如户口列之『食貨』門，參雜不倫；縣治、官志俱列之『公署』門，亦綱目倒置；人物分十七類，甲科、鄉貢、封贈、蔭叙悉隸焉，而獨以顯達一類别爲一卷冠於前，其識趣可知矣。

【今案】《四庫全書總目》卷七三史部二九地理類存目二，第六三九頁上。

《洞庭君山集》三卷

明胥文相撰。文相，巴陵人。官柳州知府。纂輯屈原而後歷代題詠湖山及岳陽樓者，以成此書。自載所作二詩，淺陋殊甚，蓋特好事者流也。

【今案】《四庫全書總目》卷一九二集部四五總集類存目二，第一七四四頁中。

《萬歷（曆）廣東通志》七十二卷

明光録寺卿郭棐、光録寺丞王學曾、參議袁昌祚同撰。爲《藩省志》十三卷，《郡縣志》四十九卷，《藝文志》三卷，《外志》七卷。其《藩省志》輿圖之後，即列《事紀》五卷，茫無端緒。惟仙釋、寺觀列之《外志》，較他志體例爲協。又增罪放、貪酷二門，以示譏貶，則仿佛《嘉靖江西志》例云。

【今案】《四庫全書總目》卷七四史部三〇地理類存目三，第六四四頁中。

《名山注》不分卷

明潘之恒撰。之恒字景升，歙人。少倜儻好遊，晚而僑寓金陵，嘗師事王世貞。是編首《江上山志》，次《蜀山志》，次《淮上雜志》，次《新安山水志》，次《越中山水志》，次《三吴雜志》。或載前人行紀、志傳、題詠，或自爲傳紀。其他名勝，漏略尚多，疑就其所遊歷者述之。其書不分卷帙，前後亦無序跋，而『名山注』三字僅題於簽，恐非完本。

【今案】《四庫全書總目》卷七八史部三四地理類存目七，第六七六頁中。

《破山興福寺志》四卷

明程嘉燧撰。常熟縣西北十里有破山，其麓有寺曰『興福』，乃齊梁間所建。是書一卷、二卷記山中古迹，而詩文附焉；三卷志建置；四卷志禪宗。序次雅潔，爲山志中差善之本[一]。嘉燧字孟陽，休寧人，僑居嘉定。《明史》稱其工詩善畫，與婁堅、唐時升並稱曰『練川三老』。

【校記】

[一]差善 底本原作『義善』，雖已圈掉『義』字，仍有訛誤，《四庫全書總目》卷七七同條作『差善』，據此補『差』字。

【今案】《四庫全書總目》卷七七史部三三地理類存目六，第六六九頁中。

《峴山志》六卷

明張睿卿撰。山在烏程縣境。是書猥雜頗甚，如山川非城邑郡縣之比，而首曰『建置』，名實已不相副；次曰『勝概』，而多與『建置』互見，不過雜載詩文；三曰『遺愛』，叙古名賢王右軍以下數人，終於王鳳洲，皆湖州大吏[一]，與山不甚相涉；四曰『社會』；五曰『放生』；六曰『藝文』，而『藝文』又先散載各門，蓋漫不知著書體例者也。睿卿字稚通，湖州人。

【校記】

[一]州 底本原作『之』，誤，茲據《四庫全書總目》卷七六同條改。

【今案】《四庫全書總目》卷七六史部三二地理類存目五，第六六二頁中。

《延壽寺紀略》一卷

明釋圓復撰。延壽寺在浙江鄞縣南三里[一]，舊號『保恩院』，宋祥符間改爲延壽寺。是書詳述知禮禪師本末，及宋相曾公亮置買莊田舊事，他無所載。蓋自備古刹之典故而已。

【校記】

［一］寺在　底本倒爲『在寺』，誤，兹據《四庫全書總目》卷七七同條乙正。

【今案】《四庫全書總目》卷七七史部三三地理類存目六，第六六九頁上。

《師子林紀勝》二卷

明釋道恂撰。師子林在蘇州府城中。元至正間，天如禪師隱居寺中，倪瓚爲之疊石成山，地址逼仄，而起伏曲折，有若穹谷深巖，遂爲勝地，頂一石狀若狻猊，故名曰『師子林』。勝流來往，題詠至多。道恂裒而編之，以成是集。自翠華南幸，繪圖題句，奎藻輝煌，一邱（丘）一壑，藉以千古，回視斯編，又不啻爝火之光矣。

【今案】《四庫全書總目》卷一九三集部四六總集類存目三，第一七六二頁中。

《上天竺山誌》十五卷

明釋廣賓撰。天竺爲東南巨刹，舊有李金庭《誌》，廣賓以其附會舛訛，甚至僞撰明太祖《竺隱説》一篇以炫俗，乃删補而成此書。曰『普門示現品』，曰『尊宿住持品』，曰『器界莊嚴品』，曰『帝王檀越品』，曰『宰官外護品』，曰『風範隆污品』，曰『詩文紀述品』，凡七門。其『風範隆污』一品，於寺僧污行，備書不隱，較他志獨存直筆。據總目尚有卷首一卷，此本已佚不存。

【今案】《四庫全書總目》卷七六史部三二地理類存目五，第六六二頁下。

《關中陵墓志》一卷

明祁光宗撰。光宗督學陝西［一］，於歷代陵墓詳加考證，各爲之圖，而係之以説。其距諸州縣城之方隅道里，皆備志之。亦《皇覽·聖賢冢墓記》之流也。

【校記】

［一］陝　底本原作『陜』，誤，兹據《四庫全書總目》卷七七同條改。

【今案】《四庫全書總目》卷七七史部三三地理類存目六，第六六八頁下。

《普陀山志》六卷

明吏部侍郎周應賓撰。應賓，寧波人。普陀山在浙江之定海[一]。是編因舊志重輯，始於敕諭宸翰，訖於詩類，凡六卷，十五門。而應賓序自稱五卷，十七門。勘驗卷帙，並無闕佚，未審何以矛盾也。

【校記】

[一]江　底本原脱此字，兹據《四庫全書總目》卷七六同條補。

【今案】《四庫全書總目》卷七六史部三二地理類存目五，第六六〇頁中。

《天台縣志》二十卷

明萬歷（曆）乙卯全州胡來聘爲天台令，因前令靈壁張宏代所纂舊本增修。前十三卷，隨事立類，爲大目十一，小目五十有八。詩文别爲七卷，附於後。

【今案】《四庫全書總目》卷七四史部三〇地理類存目三，第六四七頁上。

《太岳太和山志》十七卷

明太監田玉輯。太和山即湖廣均州之武當山，相傳爲北極元（玄）武修真地。明成祖靖難時，自謂得神祐，因尊爲太岳，敕建宫觀，常遣内臣司其香火。嘉靖中，提督太監王佐始創爲志，太監吕評續增之。萬歷（曆）癸未，玉復增廣爲此本。前載修建廟宇始末事實，並仙迹、徵應、物産，後紀唐、宋、元、明序記詩賦等作[一]。

【校記】

[一]宋　底本原作『宗』，誤，兹據《四庫全書總目》卷七六同條改。

【今案】《四庫全書總目》卷七六史部三二地理類存目五，第六六〇頁中。

《長溪瑣語》一卷

明謝肇淛輯。肇淛字在杭，長樂人。萬歷（曆）壬辰進士，官至廣西右布政使。長溪，今之福寧府。是書雜載山川名勝及人物故事，間及神怪，蓋亦志乘之流也。

【今案】《四庫全書總目》卷七七史部三三地理類存目六，第六七二頁上。

《汝南遺事》二卷

明李本固撰。本固字叔茂[一]，汝寧人。萬歷（曆）中居臺省，以言事罷歸。郡守黄鄰初屬修《汝南志》。《志》成，其削草未經收録者，復輯爲是書。蓋當時志乘裁斷，或不能盡出己意，故已以此續之，以示不忍割棄之意。然多引小説仙鬼事，其論次同時人，亦多溢美。

【校記】

［一］本固　案底本原脱此二字，兹據本書提要撰寫體例及《四庫全書總目》卷一四三同條補。

【今案】《四庫全書總目》卷一四三子部五三小説家類存目一，第一二二三頁中。

《恒岳志》二卷

明汜水趙之韓撰。恒山在大同之渾源州，《水經》謂之元嶽。萬歷（曆）壬子，之韓知州事，與山陰舉人王濬初撰成此志。分上、下卷，其目十一，曰外紀、星紀、山紀、廟紀、祀紀、事紀、物紀、游紀、仙紀、文紀、詩紀，搜考頗稱詳核。又以自宋以來皆祠北岳於上曲陽，故復取曲陽嶽廟詩附於卷末。後五年，知州衡陽張述齡爲刻而行之。其『文紀』有目無書，已非完本。

【今案】《四庫全書總目》卷七六史部三二地理類存目五，第六六一頁下。

《徑山集》三卷

明釋宗淨撰。上卷記寺之建置；中卷記寺之禪宗[一]，自開山至明正德己卯，凡八十代；下卷則唐以來藝文，以張祜詩爲首[二]。前有萬歷（曆）四年僧方一序，稱其魯魚亥豕屢出，爲白璧蠅玷云。徑山在杭州臨安境天目山東北，唐代宗時，爲僧法欽建寺。

【校記】

［一］中卷 底本原作『中宗』，誤，兹據《四庫全書總目》卷七七同條改。

［二］祜 底本原作『祐』，誤，兹據《新唐書》卷六〇《藝文志》集部别集類著録『《張祜詩》一卷』條改。

【今案】《四庫全書總目》卷七七史部三三地理類存目六，第六六八頁中。

《天童寺集》二卷

明楊明撰。寺在浙江鄞縣東六十里。晉永康間，義興禪師居此山，有童子來供薪水，久之辭去，自稱太白星。因是山名太白，寺名天童。兹編前紀形勝，次編藝文。前序無姓名，疑即明所自作。中稱撰爲七卷，今止兩卷，似尚非完帙也。

【今案】《四庫全書總目》卷七七史部三三地理類存目六，第六六九頁中。

《太白樓集》十卷

明蔡鍊編次。鍊字懋成，餘姚人。官工部主事。樓在濟寧城東南，濟寧即唐任城，賀知章爲令時，太白嘗從之游，故遺迹尚存。鍊輯後人題咏爲是集，篇什甚少，又同時之作居多。

【今案】《四庫全書總目》卷一九二集部四五總集類存目二，第一七四三頁中。

《輿地名勝志》一百九十三卷

明曹學佺撰。學佺字能始，侯官人。學佺以博洽聞，著述甚富。是書則由雜採而成，頗無倫次，時亦舛訛。又多不著出典，未爲善本。

【今案】《四庫全書總目》卷七二史部二八地理類存目一，第六三六頁下。

《爛柯山志》二卷

明徐日炅撰。山在浙江衢州府城南三十里，因晉樵者王質遇仙於此，觀棋柯爛，因以爲名。日炅，衢州人，居與山近，因纂輯晉、唐迄明詩賦雜文，以成是編。

【今案】《四庫全書總目》卷七六史部三二地理類存目五，第六六二頁下。

《九華山志》八卷[一]

明崇禎己巳池州府知府顧元鏡撰。前列『全圖』及『十八景圖』，次列『山水』、『建置』、『物産』、『人物』、『文翰』五門[二]，門復各立子部。意主誇多，故山分爲六，水分爲八，寺院、庵觀區爲二名[三]，樓閣、亭館别爲兩類，標目頗爲煩碎。又杜荀鶴之污僞命、宋齊邱(丘)之逞姦謀[四]，列之『流寓』，以爲山水之光，殊乏簡擇。又王守仁游踪僅至，亦列『寓公』，併僞撰其贈周金和尚一偈，斯尤地志之積習矣。

【校記】

[一]案本條與本書前面同類著録『《九華山志》八卷』條似爲重出，但此篇提要稍詳。

[二]人物 底本原脱此二字，兹據《四庫全書總目》卷七六同條補。

[三]觀 底本原脱此字，兹據《四庫全書總目》卷七六同條補。

[四]逞 底本原作『運』，誤，兹據《四庫全書總目》卷七六同條改。

【今案】《四庫全書總目》卷七六史部三二地理類存目五，第六六二頁下。

《日本考》五卷

明臨淮侯李言恭撰。言恭字惟寅，岐陽武靖王文忠之裔孫，以萬歷(曆)二年襲封。工詩好文，折節寒素。歷典環衛，守備南京。

是書乃其督京營戎政時，與右都御史都杰同輯。專記日本國山川地理及其世次土風，而於字書譯語，臚載尤詳。其時倭患頗劇，故言恭摭所聞録之。後倭陷朝鮮，封貢議起，杰以力争不合，徙南京而言恭子宗城卒爲石星所薦，充正使往封。至釜山而倭情中變，易服逃歸，被劾論戍。蓋徒恃紙上空言，宜其不能悉知情僞也。杰字彦輔，蔚州人，嘉靖三十五年進士，官至南京兵部尚書。

【今案】《四庫全書總目》卷七八史部三四地理類存目七，第六八〇頁中。

《治河通考》十卷

明河南巡撫吴山撰。大旨謂河雖經數省，而自龍門下趨，則梁地當其衝，故河患爲甚。前有自序，云『近日所刻《治河總考》，疏漏混復，乃重加校輯[一]，彙分序次』。一卷曰《河源考》，二卷曰《河決考》，三卷至九卷曰《議河治河考》，末卷曰《理河職官考》。上溯夏、周，下迄明代，總爲十卷。前有崇禎戊寅其曾孫士顧序略[二]，蓋重刊所作也。

【校記】

［一］輯　底本原作『較』，誤，兹據《四庫全書總目》卷七五同條改。

［二］顧　案《四庫全書總目》卷七五同條作『顔』。

【今案】《四庫提要分纂稿》第一四三頁。《四庫全書總目》卷七五史部三一地理類存目四，第六五一頁中。

《海語》三卷

明黄衷著。衷字子和，南海人。正德間進士[一]，官至兵部侍郎。晚年致政家居，近海，海外之國暹羅、滿剌加賈舶常通，熟聞其山川風土，乃叙而録之。分四類：曰風俗，曰物産，曰畏途，曰物怪。筆致高簡，時寓勸戒，足廣異聞。

【校記】

［一］正德間　案《四庫全書總目》卷七一同條作『弘治丙辰』。

【今案】《四庫提要分纂稿》第一四一頁。影印文淵閣《四庫全書》第五九四册第一一七頁書前提要。《文溯閣四庫全書提要》卷四二史部一六地理類四，第一三七一頁。《文津閣四庫全書提要匯編》史部一一地理類，第三九二頁。《四庫全書簡明目録》卷七史部地理類，第二九四頁。《四庫全書總目》卷七一史部二七地理類四，第六三二頁中。

《慧山記》三卷

明邵寶撰。寶所居近慧山，今山中多其遺迹。是編亦名《九龍山記》，考証精審，體例簡潔，頗爲典雅。蓋寶學有原本，故所作不苟如此。

【今案】《四庫全書總目》卷七六史部三二地理類存目五，第六五九頁上。

《汴京遺迹志》二十四卷

明李濂輯。濂字川父，祥符人。舉正德八年鄉試第一，明年成進士，官至山西僉事。少負俊才，嘗作《理情賦》，李夢陽大爲嗟賞。罷官，益肆力於學，遂以古文名於時。濂以歷代都會皆有專志，獨汴無之，又宋孟元老《東京夢華録》蕪穢猥瑣無足觀，遂摭拾舊聞，編次成書。徵引典核，皆見根據，體例亦釐然有法。宋敏求《東京記》今已不傳，得此書而大梁遺事乃略備矣。

【今案】影印文淵閣《四庫全書》第五八七册第五一五頁書前提要。《文溯閣四庫全書提要》卷四一史部一五地理類三，第一三二一頁。《文津閣四庫全書提要匯編》史部一一地理類，第三五三頁。《四庫全書簡明目録》卷七史部地理類，第二八三頁。《四庫全書總目》卷七〇史部二六地理類三，第六二一頁上。

《滇程記》一卷

明楊慎著。慎以議大禮謫戍永昌，此其紀程之書。其中若記《崇寧寺僧滿空遺像》一節，可備掌故。若記《段思平遺迹》及《叫狗山故事》可徵異聞，而《辨晃州之非夜郎》尤見考證。其餘誌山川，表里俗，採風謡，均足補梁、益圖經之所未及。末有《附録》一篇，則又慎得之於醫士張姓者，又可以補此書所未及云。

【今案】《四庫全書總目》卷六四史部二〇傳記類存目六，第五七三頁上。

《滇載記》一卷

明楊慎著。是書統紀滇域原始，及各部域種類[一]，可與唐樊綽《蠻書》、元李京《雲南志》略參互考核，足備滇地掌故。

【校記】

[一]域　案《四庫全書總目》卷六六同條作「姓」。

【今案】《四庫全書總目》卷六六史部二二載記類存目，第五九〇頁下。

《全蜀藝文志》六十四卷

明周復俊撰。復俊嘉靖時爲四川按察司副使，博採漢、魏以降詩文之有關於蜀者彙爲此書，包括網羅，極爲賅備，所載如王象之《輿地紀勝碑目》、羅泌《姓氏譜》、元費著《古器譜》，其書多不傳於今。又如李商隱《重陽亭銘》，今本集亦失載，皆可以備考核。諸篇之後，復俊亦間附辨證，如漢初平五年《周公禮殿記》，載洪适《隸釋》，並載史子堅《隸格》，詳略異同，彼此互見，非同他地志之泛泛採摭。若曹丕《告益州文》與魏人《檄蜀文》，僞詞虚煽，顛倒是非，於理可以不録。然此志蒐羅故實，例主全收，非同編録總集，有所去取，善惡並載，亦未足爲復俊病。惟篇末不著貶駁之詞，以申公義，是則誠疏耳。

【今案】影印文淵閣《四庫全書》第一三八一册第一頁書前提要。《文溯閣四庫全書提要》卷一〇九集部三一總集類四，第三八三頁。《文津閣四庫全書提要匯編》集部八總集類，第九四四頁。《四庫全書簡明目録》卷一九集部總集類，第八五四頁。《四庫全書總目》卷一八九集部四二總集類四，第一七一七頁上。

《蜀中廣記》一百八卷

明曹學佺撰。學佺字能始，侯官人。萬歷（曆）二十三年進士，官終禮部尚書，殉國難。學佺嘗爲四川右參政、按察使，是書當成於是時。目凡十二，曰名勝，曰邊防，曰通釋，曰人物，曰方物，曰仙，曰釋，曰游宦，曰風俗，曰著作，曰詩話，曰畫苑。蒐輯宏博，考證精核，蜀中輿記之特出者也。其中間有與史異者，如叙州府之高州，《明・地理志》云：洪武五年由州改縣，正德十三年復爲州，珙及筠、連二縣隸焉；此書仍稱高州爲縣，二縣亦不爲之屬。又成都府之資陽縣，《明・地理志》屬簡州，此書不屬簡州，而列於仁壽、井研二縣後，皆未詳其何故。然全體之精博，則不以是相掩也。

【今案】影印文淵閣《四庫全書》第五九一册第一頁書前提要。《文淵閣四庫全書提要》卷四一史部一五地理類三，第一三四九頁。《文津閣四庫全書提要匯編》史部一一地理類，第三七六頁。《四庫全書簡明目録》卷七史部地理類，第二九〇頁。《四庫全書總目》卷七〇史部二六地理類三，第六二七頁中。

《吴興備志》三十二卷

明董斯張著。分二十六徵，曰帝胄，曰宫闈，曰封爵，曰官師，曰人物，曰笄褘[一]，曰寓公，曰象緯，曰建置，曰巖澤，曰田賦，曰水利，曰選舉，曰戰守，曰賑恤，曰祥孽，曰經籍，曰遺書，曰金石，曰書畫，曰清閟，曰方物，曰璅，曰詭，曰匡籍。採摭極博，於吴興掌故略備。每門皆徵引古書，載其原文，有所考正則附著於下。後來朱彝尊《日下舊聞》，蓋用其體例也。

【校記】

[一]褘　底本原作「禕」，誤，兹據《四庫全書總目》卷六八同條改。

【今案】影印文淵閣《四庫全書》第四九四册第二五一頁書前提要。《文淵閣四庫全書提要》卷三九史部一三地理類一，第一二四四頁。《文津閣四庫全書提要匯編》史部一一地理類，第二九八頁。《四庫全書簡明目録》卷七史部地理類，第二六六頁。《四庫全書總目》卷六八史部二四地理類一，第六〇三頁中。

《益部談資》三卷

明夔州通判何宇度撰。所紀皆西蜀山川物産及古今軼聞。分上、中、下三卷，序次雅潔，頗資採擇。後有李維楨跋，推爲善本。以體例不似圖經，故署曰「談資」，蓋自居於説部也。

【今案】影印文淵閣《四庫全書》第五九二册第七三五頁書前提要。《文淵閣四庫全書提要》卷四一史部一五地理類三，第一三四八頁。《文津閣四庫全書提要匯編》史部一一地理類，第三七七頁。《四庫全書簡明目録》卷七史部地理類，第二九〇頁。《四庫全書總目》卷七〇史部二六地理類三，第六二七頁中。

《赤雅》一卷[一]

明鄺露撰。露字湛若，南海人。嘗遊廣西，遍歷岑、藍、胡、侯、槃五姓土司，爲猺女執兵符者雲亸孃掌書記，歸著是書。記其山川物產，詞藻簡雅，序次典核，可稱佳本。惟中間叙岑氏猺女被服名目，溪峒中必無此綺麗，露蓋摭古事以文飾之。又叙猩猩一段，太不近情，亦不免類於小説，是則文士之積習也。鈕琇《觚賸》載露爲諸生，應歲試，題爲『文行忠信』，乃四比立格，以真、草、隸、篆四體書之，坐是被斥，蓋亦放誕之士。及國朝順治初，王師入粤，露義不改節，竟抱所寶古琴，不食而死。王士禎（禛）詩所謂『南海畸人死抱琴』者，即爲露作也。其見重於世，蓋不獨以才藻云。

【校記】

［一］一卷　案《四庫全書總目》卷七一同條作『三卷』。

【今案】影印文淵閣《四庫全書》第五九四册第三三七頁書前提要。《文溯閣四庫全書提要》卷四二史部一六地理類四，第一三七五頁。《文津閣四庫全書提要匯編》史部一一地理類，第三九五頁。《四庫全書簡明目録》卷七史部地理類，第二九五頁。《四庫全書總目》卷七一史部二七地理類四，第六三三頁上。

《江漢叢談》二卷

不著撰人姓氏，題曰環中迂叟。《説郛》稱陳士元著是書於楚地，故實設爲問答，加以考證。若童士疇《沔志》，以楚之風城非伏羲後，是書則引《路史》伏羲之後封國者十有九，而風國居其首，不得謂伏羲之後無風國。又疑《山海經》爲伯益所作，長沙、零陵乃秦、漢郡名，知其爲後人附益。又辨槃瓠非犬種，皆甚精確。惟『隋侯得珠』，『孟宗得笋』之類，輒轉徵引以實之，未免失之固耳。

【今案】影印文淵閣《四庫全書》第五九〇册第四七一頁書前提要。《文溯閣四庫全書提要》卷四一史部一五地理類三，第一三四六頁。《文津閣四庫全書提要匯編》史部一一地理類，第三七四頁。《四庫全書簡明目録》卷七史部地理類，第二八九頁。《四庫全書總目》卷七〇史部二六地理類三，第六二六頁下。

史部九 地理類

【校記】底本原案曰：『編按：此封面所署史部十，原書實爲史部第九册。』

《石鼓書院志》二卷

明李安仁撰。書院在衡州石鼓山，宋景祐間賜額爲四大書院之一。安仁爲衡州守，因舊志重修，分上、下部，上部紀地理、室宇、人物、名宦，下部載唐、宋、元、明詩歌、序記等作，採據頗詳。安仁字裕居，遷安人。

【今案】《四庫全書總目》卷七七史部三三地理類存目六，第六六八頁下。

《阿育王山志》十卷

明兵部尚書泰和郭子章輯。阿育王山在浙江寧波府，去府治四十里。山有阿育王寺舍利塔，相傳爲地中湧出。志凡十類，多盛傳釋氏之顯應。不主於考証地輿也。

【今案】《四庫全書總目》卷七六史部三二地理類存目五，第六六〇頁上。

《萬歷（曆）開封府志》三十四卷

明兵部右侍郎曹金撰。體例略同別志，惟以「仙釋」居前，「宦迹」居後[一]，而「仙釋」、「宦迹」之間又介以「藝文」，編次殊爲無法。

【校記】

[一]宦迹　底本原作「官迹」，誤，兹據明萬曆十三年刻《開封府志》目録及《四庫全書總目》卷七四同條改。而下文所誤同此者，亦據以改正。

【今案】《四庫全書總目》卷七四史部三〇地理類存目三，第六四三頁下。

《豐潤縣志》十三卷

明隆慶庚午縣人石邦政撰。其書門目冗雜，絕無義例。且於歷代帝王妄爲區別，以行款高下，示其予奪，尤爲無理。

【今案】《四庫全書總目》卷七四史部三〇地理類存目三，第六四五頁上。

《山海經釋義》十八卷、《圖》二卷

明王崇慶著。崇慶字德徵[一]，大名人。其書全載郭璞注，崇慶間有論説，詞皆膚淺。其《圖》亦書肆俗工所臆作，不爲典據。

【校記】

[一]徵 案《四庫全書總目》卷一四三同條作『徵』。

【今案】《四庫全書總目》卷一四四子部五四小説家類存目二，第一二二七頁上。

《通州志》八卷

明南直隸、北直隸皆有通州。此編南《通州志》也，萬歷(曆)丁丑寧波沈明臣撰。其秩官、科第諸門，皆括之以表，於例頗善。

【今案】《四庫全書總目》卷七四史部三〇地理類存目三，第六四五頁下。

《清江縣志》八卷

明無錫秦鏞撰。清江向無志，崇禎壬午，鏞爲令，始創修之。每卷爲大目一，凡八目，視他志稍簡明。

【今案】《四庫全書總目》卷七四史部三〇地理類存目三，第六四七頁中。

《滕王閣續集》十九卷

明李嗣京撰。嗣京，崇禎中官南昌推官。巡撫解學龍屬其取明中葉以後閣中賦咏諸作，編成此集，以續正德間董遵所輯之本。

【今案】《四庫全書總目》卷一九三集部四六總集類存目三，第一七六三頁下。

《歷代山陵考》一卷

明王在晋撰。在晋字明初[二]，太倉人[三]。是書僅從《廣輿記》《一統志》諸書抄出，無所考證。况既名山陵，而趙宣子、孟嘗君輩遺塚亦與其内，殊非體也。

【校記】

［一］在晋 底本原脱此二字，兹據本書提要撰寫體例及《四庫全書總目》卷七七同條補。

［二］太倉 底本原作『黎陽』，誤，兹據《明史》卷二五七《王在晋傳》及《四庫全書總目》卷七七同條改。

【今案】《四庫全書總目》卷七七史部三三地理類存目六，第六六八頁下。

《昌平山水記》二卷

國朝顧炎武撰。炎武博極群書，足迹幾徧天下，故最明於地理之學。是書雖第舉一隅，然辨證皆多精確。惟長城以外爲炎武目所未經［一］，所叙時多舛誤。如稱塞外有鳳州，不知蘇轍詩所云『興州東谷鳳州西』者，乃回憶鄉關之語。《唐書》《遼志》，均無鳳州之名。又如古北口楊業祠，炎武據《宋史》辨其僞，然劉敞、蘇轍皆有《過業祠》詩，在托克托修史之前幾二百載，必執後代傳聞以駁當年之目見，亦過泥史傳之失也。

【校記】

［一］所未 底本倒爲『未所』，誤，兹據《四庫全書總目》卷七六同條乙正。

【今案】《四庫全書總目》卷七六史部三二地理類存目五，第六六三頁中。

《天府廣記》四十四卷

國朝孫承澤撰。承澤嘗著《春明夢餘録》一書，專載都城故事，可資考據。是編大旨與相出入。凡建置、形勝以及宫殿、壇廟、官署、川渠、名迹互相有詳略。惟『人物』一門及前人詩賦諸作，《春明夢餘録》均置不録，而此獨臚載無遺。蓋二書義例稍殊，而彼此檢核，於考證俱有裨益，固相輔而行，不可偏廢者也。

【今案】《四庫全書總目》卷七七史部三三地理類存目六，第六七三頁中。

《顏山雜記》四卷

國朝孫廷銓撰。廷銓字伯度，又字枚先，號沚亭，益都人。明崇禎庚辰進士，國朝官至秘書院大學士。益都有顏神鎮，山水特秀，廷銓於家居時記其鄉之山川、城市、人物、風土及其友朋題贈之作爲此書。王士正（禛）稱其記山蠶、琉璃、窑器、煤井、鐵冶等，文筆奇峭，蓋酷摹《考工記》而神似者。

【今案】影印文淵閣《四庫全書》第五九二册第七五九頁書前提要。《文溯閣四庫全書提要》卷四一史部一五地理類三，第一三五一頁。《文津閣四庫全書提要匯編》史部一一地理類，第三七八頁。《四庫全書簡明目録》卷七史部地理類，第二九〇頁。《四庫全書總目》卷七〇史部二六地理類三，第六二七頁下。

《職方外紀》五卷

國朝西洋艾儒略撰[一]。據其自叙，稱利氏齋進《萬國圖誌》[二]，龐氏奉命翻繹，儒略更爲增補以成之。雖其立意亦在於尊天主，而所載海外諸國山川、風俗、人物、畜産之類，頗爲詳悉，亦足以廣異聞焉。

【校記】

［一］國朝　案《四庫全書總目》卷七一同條作『明』。

［二］齋　底本原作『齋』，誤，兹據《職方外紀》書前自序及《四庫全書總目》卷七一同條改。

【今案】影印文淵閣《四庫全書》第五九四册第二七九頁書前提要。《文溯閣四庫全書提要》卷四二史部一六地理類四，第一三七四頁。《文津閣四庫全書提要匯編》史部一一地理類，第三九四頁。《四庫全書簡明目録》卷七史部地理類，第二九四頁。《四庫全書總目》卷七一史部二七地理類四，第六三二頁下。

《普陀山志》十五卷

國朝朱謹、陳璿因舊志而增損之。普陀山在定海縣東海中[一]，佛經稱爲觀音大士道場。自梁迄明，代有興建。志中所述，本末頗具，而叙事庸沓無法。

【校記】

[一]普 底本原作「補」，誤，兹據《四庫全書總目》卷七六同條改。

【今案】《四庫全書總目》卷七六史部三二地理類存目五，第六六六頁上。

《海外紀事》六卷

國朝釋大汕著。大汕，廣東長壽寺僧。康熙乙亥春，大越國王阮福週聘往説法，越歲而歸。因記其國之風土以及大洋往來所見聞。大越國者，其先世乃安南贅壻，分藩割據，遂稱大越。卷前有阮福週序，題「丙子蒲月」，蓋康熙三十五年也。

【今案】《四庫全書總目》卷七八史部三四地理類存目七，第六八一頁中。

《石柱記箋釋》五卷

國朝鄭元慶撰。元慶字芷畦，湖州人。初，湖州有《石柱記》，述其山川、陵墓、古迹、古器之目[一]。孫覺守湖州時，貯之墨妙亭中。其記不署年月、姓名，歐陽修《集古録跋尾》以字畫奇偉，定爲顔真卿書。然《唐志》載湖州領縣五，而《記》僅載烏程、長城、安吉三縣，國朝朱彝尊更摭德清、武康二縣事迹補之，元慶並爲之註，考證頗爲詳核。

【校記】

[一]述其山川 底本原作「述其山川川」，又以墨點將「山」字、上一「川」字删去。案删「川」是，删「山」非，兹據《四庫全書總目》卷七〇同條補「山」字。

【今案】影印文淵閣《四庫全書》第五八八册第四三三頁書前提要。《文溯閣四庫全書提要》卷四一史部一五地理類三，第一三二五頁。《文津閣四庫全書提要匯編》史部一一地理類，第三五七頁。《四庫全書簡明目録》卷七史部地理類，第二八四頁。《四庫全書總目》卷七〇史部二六地理類三，第六二二頁上。

《湘山志》八卷

國朝徐泌撰。泌字鶴汀，衢州人。康熙中，爲全州知州。以州有湘山寺，祀無量壽佛，率郡人謝允復等考佛出身本末，並山水、古迹、藝文，輯爲是書。

【今案】《四庫全書總目》卷七六史部三二地理類存目五，第六六六頁上。

《西湖覽勝志》十四卷

國朝夏基因明嘉靖中田藝蘅本重修[一]。凡八卷，附《題詠》六卷。基字樂只，杭州人。

【校記】

［一］田藝蘅　案《四庫全書總目》卷七六同條作「田汝成」。

【今案】《四庫全書總目》卷七六史部三二地理類存目五，第六六七頁下。

《羅浮山志》十二卷

羅浮山在廣東博羅縣，舊有黎惟敬所作《志》。國朝康熙間，知縣江寧陶敬益以僧塵異之《名峰圖説》重爲補輯。然首有《圖經》矣，又有《名峰圖》，又有《嚴洞志》，殊繁復無義例也。

【今案】《四庫全書總目》卷七六史部三二地理類存目五，第六六六頁中。

《黃山志》七卷

國朝閔麟嗣撰。麟嗣字賓連，歙縣人。其書首列「山圖」，次「形勝」，次「建置」，次「山產」，次「人物」，次「靈異」，次「藝文」，次「詩賦」，蒐輯頗博。

【今案】《四庫全書總目》卷七六史部三二地理類存目五，第六六三頁中。

《廬山通志》十二卷

國朝釋定暠撰。明嘉靖間，桑喬因廬山舊《志》重加纂輯，名曰《廬山紀事》。定暠此編，即以喬本增損之，無大發明考正也[一]。

【校記】

[一]正　案《四庫全書總目》卷七六同條作『證』。

【今案】《四庫全書總目》卷七六史部三二地理類存目五，第六六四頁下。

《乍浦九山補志》十二卷

國朝李確撰。確字潛初，平湖人，自號龍湫山人。乍浦在嘉興府東南，屬平湖縣境。九山者，雅山、苦竹山、湯山、觀山、龍湫山、暈頂山、高公山、蓋山、獨山也。平湖舊有九峰之名，而不得其地。確始考而定之，因著是編。凡分十二門，曰圖譜、山水、古迹、寺觀、邱(丘)墓、土産、碑碣、烽寨、石塘、變怪、人物、題詠。

【今案】《四庫全書總目》卷七六史部三二地理類存目五，第六六三頁中。

《滇行日記》二卷

國朝李澄中撰。澄中於康熙庚午典試雲南，道中隨筆所記，凡八十有四日。於山川風土、古迹故實，無不詳載。

【今案】《四庫全書總目》卷六四史部二〇傳記類存目六，第五七六頁上。

《師宗州志》二卷

國朝康熙丁酉知州武進管棆撰，分九圖，五紀略，九考，四傳。師宗舊無志，是書草創簡略，粗具大綱。附藝文於各門中，用宋人舊例。惟多録己作，殆成紀遊之集。

【今案】《四庫全書總目》卷七四史部三〇地理類存目三，第六四八頁下。

《遼載前集》二卷

國朝林本裕撰。本裕字益長，奉天人。是編備載盛京故事，自序云：「折衷於《盛京志》。《前集》則仿龍門志乘，《後集》則仿涑水編年。」今《後集》未見，此其《前集》也。首「總論」，次「圖考」，餘分二十一門，亦頗勤於蒐採。然留都記載，而地名仍題前代之稱，於體例終爲乖忤，是亦不檢之過也。

【今案】《四庫全書總目》卷七四史部三〇地理類存目三，第六四八頁下。

《河紀》二卷

國朝孫承澤撰。其書紀黄河遷徙始末，兼及畿輔水利，大旨爲籌畫漕運而作也。

【今案】《四庫全書總目》卷七五史部三一地理類存目四，第六五三頁下。

《增訂廣輿記》二十四卷

明陸應陽有《廣輿記》，國朝蔡方炳稍删補之，抄撮成書，大抵本《明一統志》，無所考正。自列其父於「人物」中，亦乖體例。方炳字九霞，崑山人，蔡懋德之子也。

【今案】《四庫提要分纂稿》第一四二頁。《四庫全書總目》卷七二史部二八地理類存目一，第六三七頁上。

《江南星野辨》一卷

國朝葉燮撰。燮字星期，吴江人。其書歷引《周禮》《爾雅》及星經、史志所載揚州吴越分野，獨推劉基《清類天文分野》之書爲得郡邑分度之詳。案星土之説，雖本《周禮·保章氏》，亦見於《左傳》諸占，然先儒已不得其傳，解多附會。術家用以推驗，偶應者十之一，不應者十之九。况疆域既已非古，而猶執二十八宿尺尺寸寸而拓之，其乖迕殆不可辨。輿圖所列，大抵具文，博引繁稱，徒爲枝贅而已。

【今案】《四庫全書總目》卷七七史部三三地理類存目六，第六七四頁下。

《塞程别紀》一卷

國朝余寀撰。寀字同野，山陰人。其書記自京出古北口至喀爾倫一千五百餘里。其時，道路初開，未能有所考證，僅述風土、氣候、山川、草木之屬而已。

【今案】《四庫全書總目》卷六四史部二〇傳記類存目六，第五七六頁上。

《青原志略》十三卷

國朝釋大然撰[一]，宣城施閏章補輯。青原爲吉州名勝，自唐行思禪師開山説法以後，遂爲巨刹。至明王守仁、羅洪先、歐陽德諸人於此講學，故第三卷特立『書院』一門，略記當時問對之語。而其所採録，皆理之近於禪宗者，則緇流援儒入墨，借以自張其教也。

【校記】

［一］釋　案《四庫全書總目》卷七七同條作『僧』。

【今案】《四庫全書總目》卷七七史部三三地理類存目六，第六七〇頁上。

《嶺海見聞》四卷

國朝錢以塏撰。以塏字蔗山，嘉善人。康熙中，歷任茂名、東莞二縣知縣。凡居廣東者八年，記録聞見，以成此書，梁佩蘭爲之序。其書欲仿《水經注》《伽藍記》之體，而才不逮古，又採録冗雜，無所限斷。記陸賈使粤，乃泛及作《新語》事；記南漢事甚略，乃闌載劉鋹入宋後事，皆與嶺海無關。其他雜採小説，不核真僞，如《述異記》《開元天寶遺事》之類，與聞見亦無涉。至於『荔枝』、『銅鼓』，前後各出二條，尤無體例矣。

【今案】《四庫全書總目》卷七七史部三三地理類存目六，第六七五頁下。

《長河志籍考》十卷[一]

國朝田雯撰。漢廣川郡，隋煬帝的避諱改曰長河，今德州、景州、枣强皆其地，故雯作德州地志以『長河』爲名。其書多記古迹、雜事，所辨九河故道在州東南二十餘里，執董仲舒爲德州人，皆茫無確証。其文體奇詭，則仍其結習云。

【校記】

［一］長河志籍考十卷 案《四庫全書總目》卷一七三同條作『《古歡堂集》三十六卷、附《黔書》二卷、《長河志籍考》十卷』。

【今案】影印文淵閣《四庫全書》第一三二四册第一頁書前提要。《文溯閣四庫全書提要》卷一〇五集部二七別集類二六，第三六九四頁。《文津閣四庫全書提要匯編》集部七別集類六，第八三三頁。《四庫全書簡明目録》卷一八集部別集類，第八二三頁。《四庫全書總目》卷一七三集部二六別集類二六，第一五二六頁下。

《通元（玄）觀志》二卷

國朝吴陳琰等撰。觀在浙江錢塘縣，宋紹興中，劉鹿泉請於高宗，建爲修真之所。嘉靖中，姜南始志之。陳琰等以姜《志》未備，更爲此書。陳琰字寶厓，錢塘人。

【今案】《四庫全書總目》卷七七史部三三地理類存目六，第六七〇頁中。

《封長白山記》一卷

國朝方象瑛撰。記康熙十六年封長白山事。象瑛字渭仁，遂安人，康熙丁未進士，己未博學鴻詞，官翰林院編修。

【今案】《四庫全書總目》卷五四史部一〇雜史類存目三，第四九一頁上。

《中山傳信録》六卷

國朝徐葆光撰。康熙五十七年，奉詔册封琉球國世子尚貞爲國王，以葆光爲副使，歸奏上是書。繪圖列説，紀述頗詳。葆光字澄齋，吴江人，康熙壬辰一甲三名進士，官翰林院編修。

【今案】《四庫全書總目》卷七八史部三四地理類存目七，第六八一頁中。

《丹霞洞天志》十七卷

國朝蕭韻撰。丹霞洞天即麻姑山，在建昌府南城縣，唐顔真卿爲作《麻姑仙壇記》者是也。明萬歷（曆）中，知府鄔齊雲嘗屬郡人太常少卿左宗郢爲之《志》，久而板毁。康熙中，湖東道羅森復令韻增補成之。首系以圖，次列考、表、志、記諸目，而於題咏詞賦爲尤詳。韻字明彝，南城舉人。

【今案】《四庫全書總目》卷七七史部三三地理類存目六，第六七〇頁下。

《譎觚》一卷

國朝顧炎武撰。時有樂安李煥章，僞稱與炎武書，駁正地理十事，故炎武作是書以辨之。其論孟嘗君之封於薛及臨淄之非營邱（丘）諸條，皆與地理之學有所補正。

【今案】《四庫全書總目》卷七七史部三三地理類存目六，第六七三頁中。

《羅浮山志會編》二十二卷

國朝宋廣業撰。廣業字澄溪，長洲人。官山東濟東道。後因其子志益爲端州守[一]，就養官署，以羅浮爲嶺南勝地，而舊志簡略未備，遂重爲考訂，網羅缺逸，增於舊者十之五。陳元龍序謂其搜材博，起例精，備而不煩，詳而有體云。

【校記】

[一]端　案《四庫全書總目》卷七六同條作『瑞』。

【今案】《四庫全書總目》卷七六史部三二地理類存目五，第六六六頁中。

《北河續紀》八卷[一]

國朝閻廷謨撰。廷謨，孟津人。順治丙戌進士，以工部主事督理河工。因謝在杭舊志而修之，分爲八卷，又附録『古迹』、『藝文』於其後。廷謨自序謂：『删其不宜於今者，增其正行於今者』。所紀形勢頗詳，亦足備河防之考訂。

【校記】

［一］紀　案《四庫全書總目》卷七五同條作『記』。

【今案】《四庫全書總目》卷七五史部三一地理類存目四，第六五三頁下。

《浙西水利書》一卷

不題編次人姓名。録前代治水文字，凡奏記、書狀、疏論、或問之類並列焉。計宋文十九首，元文十五首，明文十二首，而宋以前不採，疑爲未成之書。其明文載至弘治間而止，則當在正德時所撰集也。

【今案】《四庫全書總目》卷七五史部三一地理類存目四，第六五一頁上。

《南中志》一卷

舊本題曰晋常璩撰。前有顧應祥序，云：『此書附在《華陽國志》，近世無傳。升庵楊太史謫居於滇，以其舊所藏本，手録見示』云云。考隋以來經籍、藝文諸志，並無此書。漢王恢攻南越在建元六年，張騫使大夏在元狩元年，此云騫以白帝東越攻南越，大行王恢救之，年分之先後既殊[一]，事迹亦不知何據。又晋泰始七年分益州置寧州，而此誤云六年。牂牁郡下元鼎六年，亦誤作二年。考訂不精，引用無據，或慎所偽撰，未可知也。

【校記】

［一］分　案《四庫全書總目》卷七八同條作『月』。

【今案】《四庫全書總目》卷七八史部三四地理類存目七，第六七八頁上。

《天台山志》一卷

不著撰人名氏。末稱世祖皇帝封道士王中立爲仁靖純素真人，知爲元人作。又稱前至元間，知爲順帝時矣。其書頗典雅可觀，惟「七十二福地」一條，不引杜光庭書而引《記纂淵海》，則未免稗販之學耳。

【今案】《四庫全書總目》卷七六史部三二地理類存目五，第六五八頁下。

《武夷山詩集》一卷[一]

不著撰人名氏。前《總録》一篇，述山之得名及歷代興建封號之事。後雜録詩二卷，皆游人題詠之什。唐惟李商隱一首，餘宋、元人作也。前有後至元三年薩都拉序，云「萬年宫提舉張一村携示」。似即一村所纂輯，其人無可考矣。

【校記】

[一]一卷　案《四庫全書總目》卷一九一同條作「二卷」。

【今案】《四庫全書總目》卷一九一集部四四總集類存目一，第一七三七頁中。

史部十　職官類　目録類　金石類　史評類

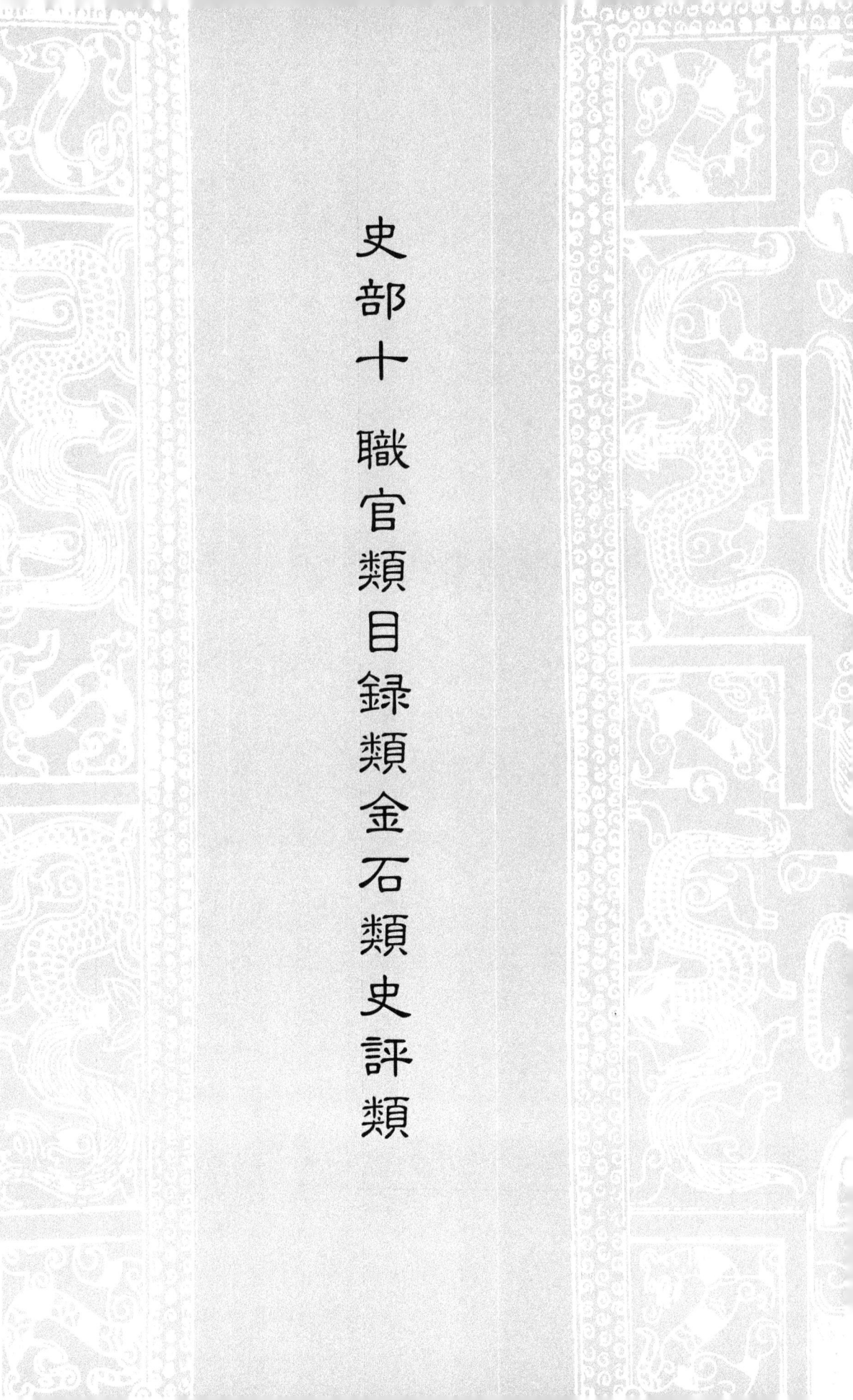

【校記】底本原案曰：『編按：此封面所署史部十一，原書實爲史部第十册。』

《翰苑群書》二卷

宋學士承旨洪遵輯。後有乾道九年遵題記，曰：「翰苑秩清地近，沿唐及今，爲薦紳榮。遵世蒙國恩，父子兄弟接武而進，爲千載幸遇。曩嘗萃《遺事》一編，竭來建業，以家舊藏李肇、元稹、韋處厚、韋執誼、楊鉅、丁居晦，洎我宋數公，凡有紀於此，併刊之木，仍以《國朝年表》《中興題名》附。」陳振孫《書録解題》曰：「自李肇而下十一家，及《年表》《中興後題名》共爲一書。」此本上卷爲李肇《翰林志》、元稹《承旨學士院記》、韋處厚《翰林學士記》、韋執誼《翰林院故事》、楊鉅《翰林學士院舊規》、丁居晦《重修承旨學士壁記》、李昉《禁林宴會集》凡七家。下卷爲蘇易簡《續翰林志》□[一]、蘇耆《次翰林志》[二]《學士年表》《翰苑題名》《翰苑遺事》□□□種[三]。其《遺事》爲遵所續[四]，不在其數，實止四家。然則《年表》《題名》之外，所收不過九家，與振孫所記不合。又是書本三卷，此本止上、下二卷。按《文獻通考》所載，尚有唐張著《翰林盛事》一卷[五]，宋李宗諤《翰苑雜記》一卷，若合此二家，正足十一家。豈原本有之，而今佚其一卷耶？

【校記】

[一] 林 底本原脱此字，兹據《四庫全書總目》卷七九同條補。

[二] 次翰林志 案《四庫全書總目》卷七九同條作「《次續翰林志》」。

[三] □□□ 案《四庫全書總目》卷七九同條作「凡五」。

[四] 事 底本原作「書」，誤，兹據《四庫全書總目》卷七九同條改。

[五] 唐張 底本倒爲「張唐」，且又誤以墨點點去，兹據《文獻通考》卷二〇二《經籍考》著録「《翰林盛事》一卷」條及《四庫全書總目》卷七九同條乙正。

【今案】影印文淵閣《四庫全書》第五九五册第三四三頁書前提要。《文溯閣四庫全書提要》卷四三史部一七職官類，第一三八七頁。《文津閣四庫全書提要匯編》史部一二職官類，第四〇四頁。《四庫全書簡明目録》卷八史部職官類，第二九八頁。《四庫全書總目》卷七九史部三五職官類，第六八三頁中。

《百官箴》六卷

宋許月卿著。月卿字太空，後更字宋士，婺源人。始以軍功補校尉，後換文資就舉，以《易》魁江東，廷對賜進士及第，官至浙西運幹[一]。是書仿揚雄《官箴》而爲之，分曹列職，各申規戒。考《宋史·百官志》，經筵乃言路兼官，二府掾乃樞密、中書屬吏，參知政事以門下、中書侍郎爲之，登聞院隸諫議，進奏院隸給事中[二]，俱轄於門下省，軍器監、文思院俱轄於工部。是書既有諫臣，復有經筵；既有後省，復有參知政事；既有工部，復有文思院等官。蓋以殊事區分，非復出也。前有進表，稱《百官箴》并發凡言例，共七帙。而今止六卷，校以次第，實無遺漏，蓋傳録者合併之耳。

【校記】

［一］浙　底本原作『淅』，誤，兹據《四庫全書總目》卷七九同條改。

［二］隸　底本原作『頴』，誤，兹據《四庫全書總目》卷七九同條改。

【今案】影印文淵閣《四庫全書》第六〇二册第六五七頁書前提要。《文溯閣四庫全書提要》卷四三史部一七職官類，第一四〇三頁。《文津閣四庫全書提要匯編》史部一二職官類，第四一七頁。《四庫全書簡明目録》卷八史部職官類，第三〇一頁。《四庫全書總目》卷七九史部三五職官類，第六八七頁上。

《三事忠告》不分卷[一]

元張養浩撰。養浩字希孟，號雲莊，濟南人。官至禮部尚書、參議中書省事。天歷（曆）中，拜陝西行臺中丞。養浩爲縣令時，著《牧民忠告》；爲御史時，著《風憲忠告》；入中書時，著《廟堂忠告》。本各爲一書，洪武間，黄士宏合三編爲一，而題曰《三事忠告》。所論頗切於實用。

【校記】

［一］不分卷　案《四庫全書總目》卷七九同條作『四卷』。

【今案】影印文淵閣《四庫全書》第六〇二册第七二九頁書前提要。《文溯閣四庫全書提要》卷四三史部一七職官類，第一四〇五頁。

《文津閣四庫全書提要匯編》史部一二職官類，第四一九頁。《四庫全書簡明目録》卷八史部職官類，第三〇二頁。《四庫全書總目》卷七九史部三五職官類，第六八七頁下。

《唐六典》三十卷

舊本題開元御撰，李林甫奉敕注。其書以三師、三公、三省、九寺、五監、十二衛，列其職司官佐，叙其品秩，以擬《周禮》。《書録解題》引韋述《集賢記注》曰：『開元十年，起居舍人陸堅被旨修是書。帝手寫白麻紙六條，曰理、教、禮、政、刑、事，令以類相從，撰録以進。張説以其事委徐堅，思之經歲莫能定。又委毋煚[一]、余欽[二]、韋述，始以令式入六司，其沿革並入注中。後張九齡又委苑咸，二十六年奏草上。迄今在書院[三]，亦不行用。』范祖禹《唐鑑》亦曰：『既有太尉、司徒、司空，又有尚書省，是政出於二也。既有尚書省，又有九寺，是政出於三也。蓋自唐虞至周，有六官而無寺監。自秦迄陳，有寺監而無六官。獨此書兼之，故官多重復。』今考是書，如林甫注中以諸州祥瑞預立條格，以待奏報之類，誠爲可嗤。然一代典章，釐然具備。觀王溥《會要》所載請事者[四]，往往援據韋述謂不[五]

【校記】

[一]煚　底本原作『㷡』，誤，兹據《新唐書》卷五八《藝文志》著録『《六典》三十卷』條及《四庫全書總目》卷七九同條改。

[二]余欽　案《四庫全書總目》卷七九同條作『徐欽』。據《新唐書》卷五八《藝文志》著録『《六典》三十卷』條、《直齋書録解題》卷六史部職官類著録『《唐六典》三十卷』條，俱作『余欽』，則《總目》誤矣。

[三]書　案《四庫全書總目》卷七九同條作『直』。

[四]請　案疑爲『諸』之形訛。

[五]底本原案曰：『編按：此提要缺第二葉，今補白葉。』《四庫全書總目》卷七九『《唐六典》三十卷』條：『唐元(玄)宗明皇帝御撰，李林甫奉敕註。其書以三師、三公、三省、九寺、五監、十二衛，列其職司官佐，叙其品秩，以擬《周禮》。《書録解題》引韋述《集賢記註》曰：「開元十年，起居舍人陸堅被旨修是書。帝手寫白麻紙六條，曰理、教、禮、政、刑、事，令以類相從，撰録以進。張説以其事委徐堅，思之經歲莫能定。又委毋煚、徐欽、韋述，始以令式入六司，其沿革竝入註中。後張九齡又委苑咸，二十六年奏草上。迄今在直院，亦不行用。」程大昌《雍録》則曰：「唐世制度，凡最皆在《六典》。」或曰：

書成未嘗頒用。今案《會要》，則牛僧孺奏升諫議爲三品，用《六典》也。貞元二年定著朝班次序，每班以尚書省官爲首，用《六典》也。又其年竇參論祠祭當以監察涖之，亦援《六典》也。此類殆不勝述。草制之官，每入院，必首索《六典》，則時制盡在故也。」二説截然不同。考《吕温集》有《代陳相公請删定施行六典開元禮狀》一篇，稱「宣示中外，星紀六周。未有明詔施行，遂使喪祭冠昏家，猶疑禮之等威名分，國靡成規。請於常參官内選學藝優敏者三五人，就集賢院各盡異同，量加删定。然後特降德音，明下有司」云云。與韋述之言相合。唐人所説，當無訛誤。大昌所引諸事，疑當時討論典章，亦相引據。而公私科律，則未嘗事事遵用，如明代之《會典》云爾。范祖禹《唐鑑》，論其既有太尉、司徒、司空，又有尚書省，是政出於二也。既有尚書省，又有九寺，是政出於三也。蓋自唐虞至周，有六官而無寺監。自秦迄陳，有寺監而無六官。獨此書兼之，故官多重複。今考是書，如林甫註中以諸州祥瑞預立條格，以待奏報之類，誠爲可嗤。然一代典章，釐然具備。祖禹之所論，或以元豐官制全祖是書，有所激而云然歟？又《唐會要》載開元二十三年九齡等撰是書，而《唐書》載九齡以開元二十四年罷知政事，則書成時九齡猶在位。後至二十七年，林甫乃註成獨上之。宋陳騤《館閣録》，載書局有「經修經進」、「經修不經進」、「經進不經修」三格。説與九齡皆所謂「經修不經進」者。卷首獨著林甫，蓋即此例。今亦姑仍舊本書之，不復追改焉。』

【今案】影印文淵閣《四庫全書》第五九五册第一頁書前提要。《文淵閣四庫全書提要》卷四三史部一七職官類，第一三八三頁。《文津閣四庫全書提要匯編》史部一二職官類，第四〇一頁。《四庫全書簡明目録》卷八史部職官類，第二九七頁。《四庫全書總目》卷七九史部三五職官類，第六八二頁上。

《秘書志》十一卷[一]

元著作郎王士點、著作佐郎商企翁仝撰。士點字繼志，東平人。企翁字繼伯，曹州人。其書成於順帝至正中，凡至元以來建置沿革、典章故事無不具載[二]。司天監亦附録焉，蓋元制司天監隸秘書省也。後列職官、題名以及直長、令史，皆纖悉詳録[三]，尤可以資考核。朱彝尊嘗據以辨吴鄹即張應珍[四]，以大德九年改名，歷仕秘書少監[五]，非宋遺民，證《吉安府志》之誤，則有裨史學亦多矣。固可《宋館閣録》並傳也[六]。

【校記】

［一］秘書志　案《四庫全書總目》卷七九同條作「《祕書監志》」。

［二］建置沿革　底本「置」字原寫錯，已用墨點點去，但未補字，仍有脱文，兹據《四庫全書總目》卷七九同條改。

［三］織　底本原作「識」，誤，兹據《四庫全書總目》卷七九同條改。

［四］彝尊　底本倒爲「尊彝」，誤，兹據《四庫全書總目》卷七九同條乙正。

［五］仕　底本原作「任」，雖已用墨點點去，仍誤，兹據《四庫全書總目》卷七九同條改。

［六］固可　底本原作「固可以」，雖然「以」字已用墨點點去，仍似訛誤，疑脱一「與」字。宋館閣録　案《四庫全書總目》卷七九同條作「《南宋館閣録》」。

【今案】影印文淵閣《四庫全書》第五九六册第七五三頁書前提要。《文溯閣四庫全書提要》卷四三史部一七職官類，第一三九三頁。《文津閣四庫全書提要匯編》史部一二職官類，第四〇八頁。《四庫全書簡明目録》卷八史部職官類，第二九九頁。《四庫全書總目》卷七九史部三五職官類，第六八四頁中。

《列卿年表》一百三十九卷[一]

明雷禮撰。禮字必進，豐城人。嘉靖壬辰進士，官至工部尚書。其書臚列明代職官姓名，起自洪武初，終於嘉靖四十五年。凡内而内閣、部院以至府、司、寺、監長官，外而總督、巡撫，共爲目一百三十有九，皆以拜罷年月爲次，上標人名，而各著其出身、里籍於下。每篇各冠以小序，俱稱行實見事記，勳德爲列傳，似當别有此二書。而今僅存《年表》，蓋欲爲私史而未成者。其撰次之體，頗仿志乘，題名雖稱爲表，實不用諸史旁行斜上例也。

【校記】

［一］列卿年表一百三十九卷　案《四庫全書總目》卷六一同條作「《列卿紀》一百六十五卷」。

【今案】《四庫全書總目》卷六一史部一七傳記類存目三，第五五四頁中。

《符司紀》六卷

明尚寶司卿劉日升所輯。尚寶司志也，具載典璽事規，及各官牙牌，各府衛金牌、令牌之制。後有附録一卷，則尚寶司丞秦嘉楨所續輯者。日升，廬陵人。嘉楨，德清人。

【今案】《四庫全書總目》卷八〇史部三六職官類存目，第六九一頁上。

《南京工部志》十八卷

明天啓初編輯。時修《兩朝實録》，博採志乘，諸部寺舊無志者，咸創爲之。南京工部則尚書何熊祥總其事[一]，使南監生上海朱長芳屬草焉。熊祥字元谷，新會人，萬歷(曆)二十年進士。

【校記】

[一]京 底本原脱此字，兹據《四庫全書總目》卷八〇同條補。

【今案】《四庫全書總目》卷八〇史部三六職官類存目，第六九一頁下。

《留臺雜記》八卷

明符驗撰。驗字大克[一]，號松巖，黄巖人。嘉靖戊戌進士，廣西按察司僉事。是編乃其爲巡按南直隸御史時所作，專記南京御史臺故事。因以上溯列朝設官命職之由，分爲十類，曰天文，曰院址，曰院臺，曰官制，曰職守，曰俸秩，曰廨宇，曰職官表，曰宸翰，曰碑記。驗自爲序，叙其凡例。然輿地之書，動陳星野，已屬影響之談；一官一署而首志天文，其亦迂而鮮要矣。

【校記】

[一]克 案《四庫全書總目》卷五三史部雜史類存目二『《革除遺事》十六卷』條作『充』。

【今案】《四庫全書總目》卷八〇史部三六職官類存目，第六九〇頁上。

《史部職掌》無卷數

原本不分卷。其書爲明嘉、隆間考功郎黄養蒙、方九功、文選郎王篆先後編輯。詳於各司庶務，累朝沿革，自萬歷（曆）以後缺如，蓋猶今之則例也[一]。尚書張瀚爲之序。

【校記】

［一］則例　案《四庫全書總目》卷八〇同條此二字前有「六部」二字。

【今案】《四庫全書總目》卷八〇史部三六職官類存目，第六九〇頁中。

《土官底簿》二卷

朱彝尊跋但云抄之鄭氏，不載撰人姓氏。明正德以前，雲貴諸省土司爵氏因襲皆載焉。觀其命名與繕寫之式，疑當時案牘之文，好事者録存之也。所載雲南百五十一家，廣西百六十七家，四川二十四家[一]，貴州一十五家，湖廣五家，廣東一家，共三百六十三家[二]。其官雖世及，而請襲之時，必以並無世襲之文上請；所奉進止，亦必以姑準任事，仍不世襲爲詞。蓋欲以是示駕馭之權也。中有相承自元者，亦有謹守邊界，流傳以逮今日者。文雖俚淺，而建置源委，一一可徵，存之亦足資考証焉。

【校記】

［一］二十四　案《四庫全書總目》卷七九同條作「二十」。

［二］六十三　案《四庫全書總目》卷七九同條作「五十九」。

【今案】影印文淵閣《四庫全書》第五九九册第三三一頁書前提要。《文溯閣四庫全書提要》卷四三史部一七職官類，第一三九六頁。《文津閣四庫全書提要匯編》史部一二職官類，第四一一頁。《四庫全書簡明目録》卷八史部職官類，第三〇〇頁。《四庫全書總目》卷七九史部三五職官類，第六八五頁上。

《遂初堂書目》一卷

宋尤袤撰。袤字延之，無錫人。紹興十八年進士，仕至禮部尚書，謚文簡。陳振孫稱其遂初堂藏書爲近世冠。《楊萬里集》有爲袤作《益齋書目序》，其名與此不同。然《通考》引萬里序，列《遂初堂書目》條下，知即一書。今此本無此序，而有太末毛幵平仲一序[一]，魏了翁、陸友仁二跋。其書分經爲九類：曰經總類、周易類、尚書類、詩類、禮類、樂類、春秋類、論語孝經孟子類、小學類。分史爲十八類：曰正史類、編年類、雜史類、故事類、雜傳類、偽史類、國史類、本朝雜史類、本朝故事類、本朝雜傳類、實録類、職官類、儀注類、刑法類、姓氏類、史學類、目録類、地理類。子分爲十二類：曰儒家類、雜家類、道家類、釋家類、農家類、兵家類、數術家類、小説類、雜藝類、譜録類、類書類、醫書類[二]。集分爲五類：曰別集類、章奏類、總集類、文史類、樂曲類[三]。其例略與史志同。惟一書而兼載數本，以資互考，則與史志小異耳。諸書皆不載卷數及撰人，疑傳寫者所删削，非其原書。其子部別立「譜録」一門，以收香譜、石譜、蟹録之類無類可附者，爲例最善。間有分隸未安者，如《元經》本史，而入「儒家」；《錦帶》本類書，而入「農家」；《琵琶録》本「雜藝」，而入「樂」之類。亦有一書偶然復見者，如《大歷浙東聯句》一入「別集」，一入「總集」之類。又有姓名訛異，如《玉瀾集》本「朱槔」作，而稱「朱喬年」之類。然宋人目録存於今者，《崇文總目》已無完書，惟此與晁公武《志》爲最古，固考証家之所必資矣。

【校記】

[一]太末　案《四庫全書總目》卷八五同條無此二字。

[二]雜家類道家類釋家類農家類兵家類　底本原脱此十五字，兹據《四庫全書總目》卷八五同條補。

[三]曲　案《四庫全書總目》卷八五同條作「典」。

【今案】影印文淵閣《四庫全書》第六七四册第四三五頁書前提要。《文溯閣四庫全書提要》卷四六史部二〇目録類一，第一四七九頁。《文津閣四庫全書提要匯編》史部一四目録類，第四八一頁。《四庫全書簡明目録》卷八史部目録類，第三二〇頁。《四庫全書總目》卷八五史部四一目録類一，第七二九頁下。

《經序録》五卷

明朱睦㮮撰。睦㮮既作《授經圖》，又取諸家説經之書，各採篇首一序[一]，編爲一集，以誌其概。頗嫌挂漏。其中如《春秋繁露》實非箋釋訓詁之書，故諸志列之於「儒家」，兹沿馬氏《通考》之誤，以名列之於「春秋」，亦未免失倫。

【校記】

[一]採 底本原作「来」，誤，兹據《四庫全書總目》卷八七同條改。

【今案】《四庫全書總目》卷八七史部四三目録類存目，第七四四頁下。

《嘯堂集古録》二卷

宋王俅撰。俅字子弁[一]，一作球，字夔玉，米芾《畫史》又作『夔石』，未詳孰是。陳振孫《書録解題》謂李邴序祇稱故人長孺之子，未詳其爲何王氏。考邴序稱與長孺同鄉閈，邴籍濟州任城[二]，則俅爲齊人可知。是編録古尊彝敦卣之屬，自商迄漢，凡數百種，摹其款識，各以今文釋之。中有古印章數十，其一曰『夏禹』。元吾邱（丘）衍謂係漢巫厭水災法印，世俗傳有渡水佩『禹』字法，此印乃漢篆，故知之。衍精於鑒古，當得其實。又以《滕公墓銘》『鬱鬱』作兩字書，與古法叠字止作二小畫者不同，因斷其僞。則是書固真贋雜糅，而以資考鑒，尚可與《博古圖》等並存也。

【校記】

[一]俅 底本原脱此字，兹據本書提要撰寫體例及《四庫全書總目》卷一一五同條補。

[二]籍 底本原作『藉』，誤，兹據《四庫全書總目》卷二五同條改。

【今案】影印文淵閣《四庫全書》第八四〇册第一五頁書前提要。《文淵閣四庫全書提要》卷六四子部一六譜録類，第二〇五一頁。《文津閣四庫全書提要匯編》子部九譜録類一，第三八二頁。《四庫全書簡明目録》卷一二子部譜録類，第四五〇頁。《四庫全書總目》卷一一五子部二五譜録類，第九八二頁下。

《紹興内府古器評》二卷

宋張掄撰。上卷凡九十八事，下卷凡九十七事，所評皆漢以前物，漢以後者，惟梁中大同博山鑪一器而已。考證款式甚詳，而往往不免於附會。如『商木觚』條引王安石説，以木爲仁類，燕享主於仁，故銘以『木』之一字，迂謬難通。其他牽合名字，亦大抵與《博古圖》相等。然所記形製名目，則後來賞鑒家之所據也。掄字林甫[一]，高宗時，嘗與曾覿、吴琚以填詞供奉禁庭云。

【校記】

［一］林　案《四庫全書總目》卷一一六同條作「材」。

【今案】《四庫全書總目》卷一一六子部二六譜録類存目，第九九六頁中。

《隸續》二十卷［一］

宋洪适撰。适初名造，後更今名，字景伯，皓之長子。紹興十二年，中博學宏詞科。孝宗朝，歷尚書右僕射、中書門下同平章事兼樞密使。謚文惠。嘗取古今石刻之存於世者，以今文爲之釋，名曰《隸釋》。此篇蓋補《隸釋》之所備者［二］，其物象、圖式、碑形、字體無不悉具。魏初近古者亦附焉。地里、年月、姓氏、朝代，考核頗詳，且篆、隸體勢，悉倣古字，較婁機之《漢隸字源》爲精善。惜九卷、十卷已散佚，非完書矣。

【校記】

［一］二十卷　案《四庫全書總目》卷八六同條作「二十一卷」。

［二］此篇蓋補隸釋之所備者　案「所」下疑脱一「未」字。

【今案】影印文淵閣《四庫全書》第六八一册第七五九頁書前提要。《文溯閣四庫全書提要》卷四七史部二一目録類二，第一五〇一頁。《文津閣四庫全書提要匯編》史部一四目録類，第四九八頁。《四庫全書簡明目録》卷八史部目録類，第三二四頁。《四庫全書總目》卷八六史部四二目録類二，第七三五頁中。

《寶刻叢編》二十卷

宋陳思撰。思，臨安書賈，以諸家集古書録，用《九域志》京府州縣繫其名物，而昔人辨証審定之語，具著其下。其刻石地里之可考者［一］，按各路編纂，未詳所在者，附於卷末。宋敏求有《寶刻叢章》三十卷，亦聚古人詩歌石刻，凡一千一百三十篇，今其書不傳。思生南宋之季，雖中原古迹多出傳聞，然亦可謂典核矣。抄本流傳第四卷「京東北路」，第九卷「京兆府下」，十一卷「秦鳳路河東路」［二］，十二卷「淮南東路西路」，十六卷「荆湖南路北路」，十七卷「成都路」，並佚。十五卷「江南東路」饒州以下至「江南西路」，亦佚其半。十八卷『梓州利州路』，惟有渠、巴、文三州，而錯入『京東西路』、『京西北路』、『淮南路』諸碑。其餘亦多錯簡。今訛者釐正之，而缺者則仍其故焉。

【校記】

［一］里　案《四庫全書總目》卷八六同條作『理』。

［二］秦　底本原作『廉』，誤，兹據《四庫全書總目》卷八六同條改。

【今案】影印文淵閣《四庫全書》第六八二册第一八一頁書前提要。《文溯閣四庫全書提要》卷四七史部二一目録類二，第一五〇七頁。《文津閣四庫全書提要匯編》史部一四目録類，第五〇二頁。《四庫全書簡明目録》卷八史部目録類，第三二六頁。《四庫全書總目》卷八六史部四二目録類二，第七三七頁上。

《金石録》三十卷

宋趙明誠撰。明誠字德父，諸城人，趙挺之之子。宋自歐陽修集金石文一千卷作《集古録》，後惟明誠此書最稱該博。是録前十卷，其所得金石文之目録也。後二十卷，明誠所自爲跋尾也。首有明誠自序，後有劉跂後序，及其妻李清照跋。明誠集金石文二千卷，而録中有跋尾者，止五百二卷，或以爲未成之書。觀李清照跋中云：『二千卷中有題跋者，五百二卷耳。』蓋當時原非卷卷有題跋也。又考洪邁《容齋四筆》云：『《金石録》，龍舒郡庫刻其書而清照序不見取，比獲見元稿於王順伯，因爲撮述大概，識於是書。』據此，是宋時刊本，原無清照之跋。今所傳者，乃與《容齋四筆》所載不同[一]。蓋後人即取邁所删潤而附入之，非其原本矣。

【校記】

［一］不　底本原作『文』，誤，兹據《四庫全書總目》卷八六同條改。

【今案】《四庫提要分纂稿》第一六三頁。影印文淵閣《四庫全書》第六八一册第一四七頁書前提要。《文溯閣四庫全書提要》卷四七史部二一目録類二，第一四九四頁。《文津閣四庫全書提要匯編》史部一四目録類，第四九二頁。《四庫全書簡明目録》卷八史部目録類，第三二三頁。《四庫全書總目》卷八六史部四二目録類二，第七三三頁下。

《天下金石志》不分卷

明于奕正撰。奕正字司直，宛平諸生。是書凡二册，不分卷帙、類别，各省具載金石之所在，搜剔頗勤。其中舉元以前碑刻，一一詳其所在，而略註撰書人姓名，間及年月，蓋陳思《寶刻叢編》之流也。其中間有可議者，如《衡方碑》在山東，而以爲在陝西[一]；唐《顔氏家廟碑》今在西安府儒學，而以爲在曲阜。又杭州府學有宋高祖御書石經，而此志皆遺之，未免太疏。然辨正處，亦多可採。奕正初以手稿授楊補，補後付奕正子刻之。前有金鉉序，又有劉侗略述六則，詞頗儇佻，蓋染竟陵、公安之習者。獨其稱孫雪居誤以李翕《郙閣頌》在冀郡，《潁川荀淑碑》在潁上，周少魯不載董仲舒《漢贊》於真定、天寧寺《隋碑》於宛平，均爲舛謬。奕正此書，正孫本者十四，正周本者十七，則尚爲公論云。

【校記】

［一］陝 底本原作「陜」，誤，兹據《四庫全書總目》卷八七同條改。

【今案】《四庫全書總目》卷八七史部四三目録類存目，第七四八頁上。

《石鼓文正誤》二卷

明陶滋撰。滋字時雨，絳州人。以薛尚功、鄭樵、施宿等石鼓訓釋，不免舛訛，因躬詣石鼓旁，詳加考定，用力甚勤。惟其後序踵楊慎之説，謂曾見蘇軾摹本六百一十一字，不知其本乃慎僞造，詭云得之李東陽，實則東陽集中，固云未見全本也。滋乃據而用之，失考甚矣。

【今案】《四庫全書總目》卷四三經部四三小學類存目一，第三七四頁上。

《金陵古金石考》一卷

明顧起元撰。起元字太初，江寧人。萬歷（曆）戊戌進士第三。官至吏部侍郎，兼翰林院侍讀學士。謚文莊。其書於金陵所有古金石，以年代排纂，各紀所在，及撰人、書人姓名，殊鮮考証發明之處。

【今案】《四庫全書總目》卷八七史部四三目録類存目，第七四七頁中。

《宣和集古印史》八卷

明來行學刊。行學字顔叔，杭州人。自序稱耕於石箐山畔，桐棺裂，得朱筒一函，内蜀錦重封《宣和印史》一卷，素絲玉軸，硃印墨書，蓋南渡以來，好事家所寶以自殉者。考輯録古印，今所見者始於王球《嘯堂集古録》[一]，其時講金石者未重焉。至元吾邱（丘）衍等，乃盛談篆刻製塗之法。未聞所謂《宣和印史》者，况桐棺易朽，何以南宋至明猶存？其爲依托，顯然明白。末二行附題所製印色之價，某種若干，尤爲猥鄙。屠隆作序極稱之，亦可異矣。

【校記】

［一］今所見者始於王球嘯堂集古録　案《四庫全書總目》卷一一四同條作『始於宋晁克一之集古印格』。球　案本書史部金石類《嘯堂集古録》二卷』條及《四庫全書總目》卷二五子部譜録類『《嘯堂集古録》二卷』條均作『俅』。

【今案】《四庫全書總目》卷一一四子部二四藝術類存目，第九七九頁中。

《金石文字記》六卷

國朝顧炎武撰。其書採摭賅備，多出歐陽修、趙明誠二家之外，所正二家訛誤亦皆精審。於唐代石經尤辨别詳悉，勝《金薤琳琅》《石墨鐫華》諸書。

【今案】影印文淵閣《四庫全書》第六八三册第七〇一頁書前提要。《文溯閣四庫全書提要》卷四七史部二一目録類二，第一五二一頁。《文津閣四庫全書提要匯編》史部一四目録類，第五一三頁。《四庫全書簡明目録》卷八史部目録類，第三二九頁。《四庫全書總目》卷八六史部四二目録類二，第七四〇頁下。

《古林金石表》三卷[一]

國朝曹溶撰。載古碑存於今者八百餘種。自序云：『經以碑，緯以撰者、書者之姓名，及所立之地與世與年，合而成表。』較他家志金石者，特簡要而有條理。

【校記】

［一］古林金石表三卷　案《四庫全書總目》卷八七同條作『《金石表》一卷』。

【今案】《四庫全書總目》卷八七史部四三目録類存目，第七四八頁上。

《求古録》一卷

國朝顧炎武撰。炎武周游天下［一］，搜金石之文，手自抄纂。凡已見方志者不録，現有拓本者不録，近代文集尚存者不録。上自漢《曹全碑》，下至明建文《霍山碑》，共五十五事，每刻必載全文，蓋用洪适《隸釋》之例。仍皆誌其地里［二］，考其建立之由，古文篆、隸，一一註釋。其中官職、年月，多可與正史相參，如『荼』、『茶』、『准』、『準』、『張』、『弡』等字，亦可以補正字書之訛。炎武集中别有《金石文字記》，不若此編之詳明也。惟《曹全碑》題中平二年十月丙辰［三］，干支與《後漢書》不合，炎武未及考論，亦千慮之一失耳。

【校記】

［一］游　底本原作『流』，誤，兹據《四庫全書總目》卷八六、《文溯閣四庫全書提要》卷四七及《文津閣四庫全書提要匯編》史部目録類同條改。

［二］里　案《四庫全書總目》卷八六同條作『理』。

［三］題　底本原脱此字，兹據《四庫全書總目》卷八六同條補。

【今案】影印文淵閣《四庫全書》第六八三册第六五九頁書前提要。《文溯閣四庫全書提要》卷四七史部二一目録類二，第一五二一頁。《文津閣四庫全書提要匯編》史部一四目録類，第五一二頁。《四庫全書簡明目録》卷八史部目録類，第三二九頁。《四庫全書總目》卷八六史部四二目録類二，第七四〇頁下。

《昭陵六駿贊辨》一卷

國朝張弨撰。弨字力臣，山陽人。以《昭陵六馬圖贊》或以爲歐陽詢書，或以爲殷仲容書，趙崡諸家輾轉訛異，因親至其側勘驗，以趙明誠《金石録》爲據，著爲此編，以訂其誤。

【今案】《四庫全書總目》卷八七史部四三目録類存目，第七四八頁下。

《瘞鶴銘辨》一卷

國朝張弨撰。弨嘗親至焦山搨原銘，較宋黄長睿、董逌所載者多得八字，其文載汪士鋐所作《瘞鶴銘考》中。

【今案】《四庫全書總目》卷八七史部四三目録類存目，第七四八頁下。

《來齋金石刻考略》無卷數[一]

國朝侯官林侗於野撰。朱書爲之序。大率與顧炎武《金石文字記》規橅略近，特就其所見，著之於書。漢刻如《西峽》等頌，皆未及收也。篇首以《岣嶁碑》爲真，亦信古太過矣。

【校記】

[一]來齋金石刻考略無卷數　案《四庫全書總目》卷八六同條作『《來齋金石考》三卷』。

【今案】影印文淵閣《四庫全書》第六八四册第一頁書前提要。《文淵閣四庫全書提要》卷四七史部二一目録類二，第一五二四頁。《文津閣四庫全書提要匯編》史部一四目録類，第五一五頁。《四庫全書簡明目録》卷八史部目録類，第三三〇頁。《四庫全書總目》卷八六史部四二目録類二，第七四一頁下。

《漢甘泉宫瓦記》一卷

國朝侯官林佶撰。瓦之文曰『長生未央』四字，今拓本具存。而王士正（禛）詩注及此卷末張潮跋，均以爲『長生甘泉』四字，誤也。瓦爲佶兄侗得於陝西石門山中者。

【今案】《四庫全書總目》卷一一六子部二六譜録類存目，第一〇〇〇頁上。

《焦山古鼎考》一卷

題云王士禄圖釋，林佶增益。實則張潮所輯也。鼎在鎮江焦山。士禄所據者，程邃之本，佶所據者，徐㘭之本，二本互有得失。潮則又就寺中重刻石本爲之，益失真矣。

【今案】《四庫全書總目》卷一一六子部二六譜録類存目，第九九七頁上。

《史通會要》三卷

明陸深撰。深嘗以唐劉知幾《史通》本多訛誤，爲校定之，凡補殘刓謬若干言。又以其《因習》上篇缺佚，乃訂正《曲筆》《鑒識》二篇錯簡，類爲一篇以還之。復採其中精粹者，别纂爲《會要》三卷，而附以後人論史之語，時亦以己見參之。深集中别載《史通》二跋，大略言知幾是非任情，往往捃摭賢聖，是其所短。至於評騭文體，亦可謂當。又言知幾嘗謂國史叙事以簡爲主，而其書之冗長乃不少。其議論如此，亦可以見其去取之微旨也。

【今案】《四庫全書總目》卷八九史部四五史評類存目一，第七五七頁上。

《六朝通鑑博議》十卷

宋李燾撰。其書詳載三國六朝勝負攻守之迹，而繫以論斷，亦《江東十鑑》之類[一]，專爲南宋立言者。然《十鑑》徒侈地形、張虚詞，以厲戰氣。此則得失兼陳，法戒具備，主於修人事以自强，較李心傳所論切實多矣。

【校記】

[一]東　底本原作『夏』，誤，兹據《四庫全書總目》卷八八同條改。

【今案】影印文淵閣《四庫全書》第六八六册第九五頁書前提要。《文津閣四庫全書提要匯編》史部一五史評類，第五三〇頁。《四庫全書簡明目録》卷八史部史評類，第三三四頁。《四庫全書總目》卷八八史部四四史評類，第七五三頁中。

《唐史論斷》三卷

宋孫甫撰。甫字之翰，陽翟人。舉進士。歷右正言，遷天章閣待制、河北轉運使兼侍讀。甫以劉昫《唐書》猥雜失體，改用編年法，著《唐記》七十五卷[一]。其間善惡分明，可爲龜鑑者，復著論以明焉。甫没後，《唐記》宣取留禁中，世遂不得見，惟《論斷》獨傳於今。紹興二十七年，嘗鋟板於南劍州。端平間，蜀板不存，復刻於東陽郡。甫生平自重此書，至於盥手啓笥。卷末載曾鞏、歐陽修所作墓誌、行狀及司馬光題跋、蘇軾《答李廌書》，皆推重之。朱子亦稱其議論勝《唐鑑》也。

【校記】

[一]唐記　案《四庫全書總目》卷八八同條此處及下文均作『唐紀』。

【今案】影印文淵閣《四庫全書》第六八五册第六三九頁書前提要。《文淵閣四庫全書提要》卷四八史部二二史評類，第一五三八頁。《文津閣四庫全書提要匯編》史部一五史評類，第五二六頁。《四庫全書簡明目録》卷八史部史評類，第三三三頁。《四庫全書總目》卷八八史部四四史評類，第七五一頁下。

《通鑑問疑》一卷

宋劉羲仲記其父恕與司馬光荅問之語[一]。光修《資治通鑑》時，自請恕爲局僚，遇史事紛錯難治者，輒以委恕。其後《通鑑》成，恕已先没，羲仲恐後人不知當日往來論説之詳[二]，故作此書。後又附羲仲與范祖禹問難《通鑑》八條，然不載祖禹荅辭。豈羲仲之意，猶以爲未然耶？觀其所記，云道原在書局止類事迹，是非予奪之際一出君實，不備知凡例。蓋隱謂其父所論之例與光不合。然恕所著《通鑑外紀》多採上古久遠難信之事，恕之學誠博矣，其識終不逮光也。

【校記】

[一]劉羲仲　底本原作『劉義仲』。原案曰：『編按：劉義仲乃劉羲仲之訛。』茲據《四庫全書總目》卷八八同條改。

[二]羲　底本原作『義』，誤，茲據《四庫全書總目》卷八八同條改，而下文所誤同此者，亦據以改正。

【今案】《四庫提要分纂稿》第四〇五頁。影印文淵閣《四庫全書》第六八六册第一頁書前提要。《文淵閣四庫全書提要》卷四八史部二二史評類，第一五四〇頁。《文津閣四庫全書提要匯編》史部一五史評類，第五二七頁。《四庫全書簡明目録》卷八史部史評類，第三三四頁。《四庫全書總目》卷八八史部四四史評類，第七五二頁中。

《涉史隨筆》一卷

宋葛洪撰。洪字容父，自號蟠室老人，婺州東陽人。從吕祖謙學。登淳熙十一年進士第。歷官至資政殿學士，提舉洞霄宫，進大學士。謚端獻[一]。《宋史》本傳載其[二]。杜範稱其「侃侃守政，有大臣風」。是編自序稱於諸史中擇其有裨廟論者，作爲二十六篇。蓋各爲時事而發，亦胡寅《讀史管見》之類。其中論「田歆」一條，謂歆果介然自立，人自不敢干之以私，貴戚請托，仍歆之罪；論「韋澳」一條，謂是非雖當順乎人情，亦當斷以己見，皆具有卓識，不可謂之深文。餘則儒者之常談也。

【校記】

［一］端獻　案《四庫全書總目》卷八八同條作「端簡」。而據《宋史》卷四一五《葛洪傳》所云「謚端獻」，則知《總目》誤矣。

［二］宋史本傳載其　似有脱文，案《四庫全書總目》卷八八同條作「事迹具《宋史》本傳」。

【今案】影印文淵閣《四庫全書》第六八六册第七五頁書前提要。《文溯閣四庫全書提要》卷四八史部二二史評類，第一五四三頁。《文津閣四庫全書提要匯編》史部一五史評類，第五二九頁。《四庫全書簡明目録》卷八史部史評類，第三三四頁。《四庫全書總目》卷八八史部四四史評類，第七五三頁上。

《史評》十卷

明范光宙撰。光宙字霽陽，石門人。自春秋迄南宋，人各爲評，多襲前人緒論，罕所發明。

【今案】《四庫全書總目》卷八九史部四五史評類存目一，第七六〇頁下。

《雪航膚見》十卷

明趙弼撰。弼字輔之，南平人，雪航乃其號也。是書成於正統、景泰間。雜論史事，上自羲農，下及有宋，論多迂闊。卷首有胡肅、陳華、余鐸、陳儀四序，亦均村塾陋語也。

【今案】《四庫全書總目》卷八九史部四五史評類存目一，第七六〇頁上。

《史懷》十七卷

明鍾惺撰。其書上自《左傳》《國語》，下及《三國志》，隨事摘録，斷以己見。雖間有創獲，而偏駁者多。

【今案】《四庫全書總目》卷九〇史部四六史評類存目二，第七六三頁下。

《讀史漫録》十四卷

明于慎行撰。其書評論歷代史事，起伏羲氏至遼、金、元，所論無甚乖舛，亦無所闡發。前有萬歷（曆）甲寅黄體仁序，目録後有門人郭應寵題識，稱是書先梓於閩，未經讐校，後其子君圖與《筆塵》同鋟以行。應寵又於慎行遺稿中搜得讀史五十通補入云。

【今案】《四庫提要分纂稿》第一七〇頁。《四庫全書總目》卷九〇史部四六史評類存目二，第七六二頁下。

《元羽外編》四十六卷

明眉州張大齡著。集中《史論》四卷，首正統論，次雜論延陵季子、晏平仲等二十餘人。又《説史雋言》十八卷，分『禎應』至『雅譚』爲二十四類，雜採史文，斷以己説。又《晉五胡指掌》六卷，《唐藩鎮指掌》六卷，皆抄撮《晉書·載記》《唐書·藩鎮傳》而成。《隨筆》八卷，《支離漫語》四卷，俱評騭史事，大都穿鑿附會，無所發明。其論正統，欲以漢配夏，以唐配商，以明配周，而盡黜晉與宋[一]，尤爲紕繆。

【校記】

［一］宋 案《四庫全書總目》卷九〇同條作『宋元』。

【今案】《四庫全書總目》卷九〇史部四六史評類存目二，第七六四頁上。

《宋紀受終考》三卷

明程敏政撰。敏政《篁墩集》中有《宋太祖太宗授受辨》一篇，專辨僧文瑩《湘山野録》誣太宗燭影斧聲之事[一]。末自注云：『猶恐考核未精，故别成是書。』然觀《野録》所言，並非確指，徒以太宗即位以後，凡所作爲皆足以啓他人之附會，故雖李燾《長編》亦因文瑩之言，遂成疑案。宋濂、黄溍始首辨其誣。敏政是書，又博採諸書同異，一一辨証以明之，實可以不必也。

【今案】《四庫全書總目》卷八九史部四五史評類存目一，第七六〇頁中。

【校記】

［一］斧聲　底本原作『劃斧』，誤，兹據《四庫全書總目》卷八九同條改。

《涉覽屬比》四卷

明朱文撰。文，睢州人。末有自跋，稱書成於正德乙巳，然正德紀年無乙巳，或己巳，誤也。是書每條以古人二事相似者合而論之，事皆習見，議論亦膚淺。自跋謂『事之同異，未得以類而論，時之先後，弗克以次而序，以是爲歉』。蓋欲爲類書而未成云。

【今案】《四庫全書總目》卷一三七子部四七類書類存目一，第一一六六頁中。

《元史闡幽》一卷

明許浩撰。浩字復齋，餘姚人。以貢生官桐城教諭。前有弘治十七年錢如京序，大抵皆取《續綱目》所書而論斷之，凡五十二條。持論雖正，不免迂僻，蓋亦張時泰《周禮》之流也。

【今案】《四庫全書總目》卷八九史部四五史評類存目一，第七六〇頁中。

《學史》十三卷

明邵寶撰。其書乃寶提學江西時所作，自周迄元，凡讀史所得則記之。寶自名『日格子』，取程子『日格一物』之義。論皆平正，不失爲儒者之言。

【今案】影印文淵閣《四庫全書》第六八八册第三三七頁書前提要。《文溯閣四庫全書提要》卷四八史部二二史評類，第一五五一頁。《文津閣四庫全書提要匯編》史部一五史評類，第五三六頁。《四庫全書簡明目録》卷八史部史評類，第三三六頁。《四庫全書總目》卷八八史部四四史評類，第七五五頁上。

《史詮》五卷

明程一枝撰。一枝字巢父，休寧人。是編專釋《史記》字句，校考諸本，頗有發明。惟參雜時人評語，頗近鄉塾陋本。體例亦有過於膠固者，如欲據《荀子·樂記》删改《禮書》《樂書》之類，皆不可據爲定論也。

【今案】《四庫全書總目》卷四六史部二正史類存目，第四一六頁下。

《青油史漫》二卷

明茅元儀撰。其書雜論史事，多爲明季而發。如稱漢高祖令史敬高爵，則爲當時輕武而言。詆魏徵抑法以沽直，太宗矯情以聽諫，則爲當時科道横議而言。論西漢亡於元帝，東漢亡於章帝，則爲神宗而言。亦胡寅《讀史管見》借事抒議之類。而矯枉過正，故其詞多失之偏僻。

【今案】《四庫全書總目》卷九〇史部四六史評類存目二，第七六四頁下。

《史通通釋》二十卷

國朝浦起龍撰。起龍字二田，無錫人。《史通》註本，舊有郭延年、王維儉、黄叔琳三家[一]，遞相增損，互有短長。起龍是註，較三家爲晚出。雖亦仍有疏漏，如『秦人不死』事，不知出《洛陽伽藍記》；『蜀老猶存』事，不知出《魏書·毛修之傳》；『闌單失力』字，不知出《清異録》之類。然大致引據詳明，足稱該洽。惟輕於改竄古書，往往失其本旨。如《六家篇》内《尚書》條中『語無可述』四字之下，『若此』二字之上，乃有脱句，而改『此』字爲『止』，又爲增一『有』字。又如《列傳篇》内『項王立傳而以本紀爲名』句，『立』字不誤，而乃臆改爲『宜』。此類至多，皆失詳慎。又句解章評，參差夾註，如選刻制藝之例，於註書之體亦乖。惜其不一評、一註釐爲二書，使離之雙美也。

【校記】

［一］王維儉　案本書史部史評類『《史通》二十卷』條及《文津閣四庫全書提要匯編》史部史評類『《史通》二十卷』條均作『王惟儉』。

【今案】影印文淵閣《四庫全書》第六八五册第一五七頁書前提要。《文淵閣四庫全書提要》卷四八史部二二史評類，第一五三六頁。《文津閣四庫全書提要匯編》史部一五史評類，第五二四頁。《四庫全書簡明目録》卷八史部史評類，第三三三頁。《四庫全書總目》卷八八史部四四史評類，第七五一頁中。

《史記疑問》一卷

國朝邵泰衢撰。《史記》採衆説以成書，援引浩博，不免牴牾。班固嘗議其宗旨之乖，劉知幾頗摘其體例之謬。至其叙述之罅漏，先儒雖往往疑之，而未有專著一書抉其疏舛者。泰衢獨旁引異同而一一斷之以理，足袪讀史之惑，不但如吴縝之糾《新唐書》，祇求之字句間也。是書本與所作《檀弓疑問》合爲一編，今以《檀弓疑問》入經部，而是書析入史部，俾各從其類焉。

【今案】影印文淵閣《四庫全書》第二四八册第六七三頁書前提要。《文淵閣四庫全書提要》卷二七史部一正史類一，第八七〇頁。《文津閣四庫全書提要匯編》史部一正史類，第九頁。《四庫全書簡明目録》卷五史部正史類，第一八〇頁。《四庫全書總目》卷四五史部一正史類一，第四〇〇頁下。

《帝皇龜鑑》三十四卷

舊本題宋王欽若撰。前有欽若自序，考宋以來史志書目皆不著録，詳檢其文，即《册府元龜》中《帝王》一部[二]，其序即欽若等總論也。僞妄剽竊之書，本不足辨，而既有傳本，恐滋疑誤，是以存而論之。

【校記】

［一］册 底本原作『策』，誤，兹據《宋史》卷二八三《王欽若傳》及《四庫全書總目》卷一三一同條、卷一三五子部類書類『《册府元龜》一千卷』條改。

【今案】《四庫全書總目》卷一三一子部四一雜家類存目八，第一一一六頁上。

［《史通》二十卷］［一］

孔實爲狂談，雖瑕瑜不掩，未可以此遽廢其書，亦不必執浦起龍之説，一一曲爲之詞也。此書初行郭延年本，後行王惟儉本［二］，後行黄叔琳本，近多行浦起龍本。雖訛字闕文各有校正，而竄亂者亦復不少，浦本改字尤甚。此本爲内府所藏舊刻，未有注文，視諸家猶爲近古。其中《點煩》一篇，諸本並佚其朱點，此本亦同，無可校補，姑仍之焉。

【校記】

［一］底本原案曰：『編按：本文無標題，乃唐劉知幾史通一書提要之結尾也，其前尚缺二葉，今補白葉。』《四庫全書總目》卷八八『《史通》二十卷』條：『唐劉子元（玄）撰。子元（玄）本名知幾，避明皇嫌名，以字行。彭城人。弱冠擢進士第，調獲嘉尉，遷鳳閣舍人，兼修國史。中宗時擢太子率更令，累遷祕書監，太子左庶子，崇文館學士，開元初官至左散騎常侍。後坐事貶安州別駕，卒於官。事蹟具《唐書》本傳。此書成於景龍四年。凡内篇十卷，三十九篇；外篇十卷，十三篇。蓋其官祕書監時與蕭至忠、宗楚客等争論史事不合，故發憤而著書者也。其内篇《體統》《紕繆》《弛張》三篇，有録無書。考本傳已稱著《史通》四十九篇，則三篇之亡，在修《唐書》以前矣。内篇皆論史家體例，辨别是非。外篇則述史籍源流，及雜評古人得失。文或與内篇重出，又或牴牾。觀開卷《六家篇》，首稱自古帝王文籍，外篇言之備矣。是先有外篇，乃擷其精華以成内篇，故删除有所未盡也。子元（玄）於史學最深，又領史職幾三十年，更歷書局亦最久。其貫穿今古，洞悉利病，實非後人之所及。而性本過剛，詞復有激，詆訶太甚，或悍然不顧其安。《疑古》《惑經》諸篇，世所共詬，不待言矣。即如《六家篇》譏《尚書》爲例不純。《載言篇》譏左氏不遵古法。《人物篇》譏《尚書》不載八元、八愷、寒浞、飛廉、惡來、閎夭、散宜生。譏《春秋》不載由余、百里奚、范蠡、文種、曹沫、公儀休、寧戚、穰苴，亦殊謬妄。至於史家書法，在褒貶不在名號。

昏暴如幽、厲，不能削其王號也。而《稱謂篇》謂晋康、穆以下諸帝，皆當削其廟號。朱雲之折檻，張綱之埋輪，直節凜然。而《言語篇》斥爲小辨，史不當書。蘧瑗位列大夫，未嘗棲隱。而《品藻篇》謂《高士傳》漏載其名。孔子門人欲尊有若，事出《孟子》，定不虚誣。而《鑒識篇》以《史記》載此一事，其鄙陋甚於褚少孫。皆任意抑揚，偏駁殊甚。其他如《雜説篇》指趙盾魚飧，不爲菲食，議《公羊》之誣。並州竹馬，非其土産，議《東觀漢記》之謬，亦多瑣屑支離。且《周禮》太史掌國之六典，小史掌邦國之志，則史官兼司掌故，古之制也。子元（玄）之意，惟以襃貶爲宗，餘事皆視爲枝贅。故《表歷（曆）》《書志》兩篇，於班、馬以來之舊例，一一排斥，多欲删除，尤乖古法。餘如譏《後漢書》之採雜説，而自據《竹書紀年》《山海經》，譏《漢書・五行志》之舛誤，而自以元暉之《科録》爲魏濟陰王暉業作，以《後漢書・劉虞傳》爲在《三國志》中。小小疏漏，更所不免。然其縷析條分，如别黑白。一經抉摘，雖馬遷、班固幾無詞以自解免。亦可云載筆之法家，著書之監史矣。自明以來，註本凡三四家，而訛脱竄亂，均如一轍。此本爲内府所藏舊刻，未有注文，視諸家猶爲近古。其中《點煩》一篇，諸本竝佚其朱點，此本亦同。無可校補，姑仍之焉。」

［二］王維儉　案本書史部史評類『《史通通釋》二十卷』條、《四庫全書總目》卷八八史部史評類『《史通通釋》二十卷』條及《文溯閣四庫全書提要》卷四八同條均作『王惟儉』。

【今案】影印文淵閣《四庫全書》第六八五册第一頁書前提要。《文溯閣四庫全書提要》卷四八史部二二史評類，第一五三五頁。《文津閣四庫全書提要匯編》史部一五史評類，第五二三頁。《四庫全書簡明目録》卷八史部史評類，第三三二頁。《四庫全書總目》卷八八史部四四史評類，第七五〇頁下。

史部十一　故事類　譜牒類　起居注類

【校記】底本原案曰：『編按：此史部十二，原書實爲史部第十一册。』

《大唐開元禮》一百五十卷

唐太子太師同中書門下三品兼中書令蕭嵩等奉敕撰。杜佑《通典》及新、舊《唐書・禮志》稱：「唐初，禮司無定制，遇有大事，輒制一儀，臨時專定。開元中，通事舍人王巖上疏，請删削《禮記》舊文，益以今事。集賢學士張説奏：「《禮記》不刊之書，難以改易，請取貞觀、顯慶禮書，折衷異同，以爲唐禮。」乃詔右散騎常侍徐堅、左拾遺李鋭、太常博士施敬本撰述，歷年未就。至蕭嵩爲學士，復奏起居舍人王仲邱（丘）等撰次成書。由是唐之五禮始備。」即此本也。其書卷一至卷三爲「序例」，卷四至七十八爲「吉禮」，卷七十九、八十爲「賓禮」，卷八十一至九十爲「軍禮」，卷九十一至一百三十爲「嘉禮」，卷一百三十一至一百五十爲「凶禮」。凶禮古居第二，而退居第五者，用貞觀、顯慶之舊制也。貞元中，詔以其書設科取士，習者先授太常官，以備講討，則唐時已列之學官矣。新、舊《唐書・禮志》皆取材是書，而所存僅十之三四。杜佑撰《禮典》，别載《開元禮纂類》三十五卷，比《唐志》差詳，而節目亦多未備。獨此書討論古今，斟酌損益，粲然一代典章。故周必大序稱：「朝廷有大疑，稽是書而可定；國家有盛舉，即是書而可行［一］。」誠考禮者所必資矣。又《新唐書・藝文志》載修「開元禮」者尚有張烜、陸善經、洪孝昌諸人名，而《通典・纂類》中所載五嶽四瀆名號，及「衣服」一門，間有與此書相出入者，亦並足以備參考云。

【校記】

［一］行　底本原作「定」，誤，兹據《四庫全書總目》卷八二同條改。

【今案】影印文淵閣《四庫全書》第六四六册第一九頁書前提要。《文溯閣四庫全書提要》卷四五史部一九政書類二，第一四三六頁。《文津閣四庫全書提要匯編》史部一三政書類，第四四三頁。《四庫全書簡明目録》卷八史部政書類，第三〇八頁。《四庫全書總目》卷八二史部三八政書類二，第七〇一頁下。

《政和五禮新儀》二百二十卷

宋徽宗時議禮局官知樞密院鄭居中等撰。前有徽宗御製序，題「政和新元三月一日」，蓋政和改元之年。錢曾《讀書敏求記》誤以「新元」爲「心元」，遂以爲不知何解，謬也。前列局官隨時酌議科條［二］，及逐事御筆指揮，商榷損益，如凡例然。次列御製冠禮，蓋當時頒此十卷爲格式，故以冠諸篇。次爲目録六卷。次爲序例二十四卷，禮之綱也。次爲吉禮一百一十一卷。次爲賓禮二十一卷。次爲軍禮八卷。次爲嘉禮四十二卷，升婚儀於冠儀前，徽宗所定也。次爲凶禮十四卷，惟官民之制特詳焉。是書頗爲朱子所不取。自《中興禮書》既出，遂格不行，故流傳絶少。今本第七十四卷、第八十八卷至九十卷、第一百八卷至一百十二卷、第一百二十八卷至一百三十七卷、第二百卷皆已佚。第七十五卷、九十一卷、九十二卷亦佚其半。然北宋一代典章，如開寶禮、太常因革禮、禮閣新儀，今俱不傳，惟是書僅存，亦考掌故所必資也。

【校記】

［一］前 底本原作『次』，誤，兹據《四庫全書總目》卷八二同條改。

【今案】影印文淵閣《四庫全書》第六四七册第一頁書前提要。《文溯閣四庫全書提要》卷四五史部一九政書類二，第一四三九頁。《文津閣四庫全書提要匯編》史部一三政書類，第四四五頁。《四庫全書簡明目録》卷八史部政書類，第三〇九頁。《四庫全書總目》卷八二史部三八政書類二，第七〇二頁中。

《太平治迹統類》不分卷［一］

宋彭百川撰。百川字叔融，眉山人。是書凡八十八門，皆宋代典故。《通考》載《前集》四十卷，又《後集》三十三卷，載中興以後事。此本乃朱彝尊自焦竑家抄傳，但有《前集》，不分卷數，又中間訛不勝乙。彝尊跋謂焦氏本卷帙次第爲裝訂者所亂，傭書人不知勘正，别用格紙，以致接處文理不屬也。初，紹興中，江少虞作《皇朝事實類苑》，□□中□□又作《皇朝事實》［二］，與百川此書，皆分門隸事［三］。少虞書採摭雖富，而俳諧瑣事，一一兼載，體例頗近小説。□□書於典制特詳［四］，記事頗略，且久無傳本，僅散見《永樂大典》中。惟此書於朝廷大政及諸臣事迹，叙述特詳，多可與史傳相參考。雖傳寫久訛，而規模終具，闕其斷爛之處，而取其可以考見端委者，固與李心傳《建炎以來朝野雜記》均一代記載之林也。

【校記】

［一］太平治迹統類不分卷 案《四庫全書總目》卷五一同條作『《太平治迹統類前集》三十卷』。

［二］□□中□□ 案《四庫全書總目》卷五一同條作『李攸』。

[三]門　底本原作『明』，誤，兹據《四庫全書總目》卷五一同條改。

[四]□□　案《四庫全書總目》卷五一同條作『攸』。

【今案】影印文淵閣《四庫全書》第四〇八册第一頁書前提要。《文淵閣四庫全書提要》卷三二史部六雜史類，第一〇四四頁。《文津閣四庫全書提要匯編》史部五雜史類，第一四一頁。《四庫全書簡明目録》卷五史部雜史類，第二一七頁。《四庫全書總目》卷五一史部七雜史類，第四六五頁上。

《玉堂雜紀》二卷[一]

宋周必大撰。自序稱兩入翰苑，首尾十年，自權直院至學士承旨，皆遍爲之，故於一朝掌故言之最詳。舊編入《平園集》中，然觀紹熙中丁朝佐、蘇森二跋，則當日亦自别行也。

【校記】

[一]二卷　案《四庫全書總目》卷七九同條作『三卷』。

【今案】影印文淵閣《四庫全書》第五九五册第五四九頁書前提要。《文溯閣四庫全書提要》卷四三史部一七職官類，第一三八九頁。《文津閣四庫全書提要匯編》史部一二職官類，第四〇六頁。《四庫全書簡明目録》卷八史部職官類，第二九八頁。《四庫全書總目》卷七九史部三五職官類，第六八三頁下。

《聞見前録》二十卷

宋邵伯温撰。伯温字子文，邵子之子。猶及見元祐諸耆舊，故於當時朝政，具悉端委。是書成於紹興二年。前十六卷記太祖以來故事，而於王安石新法始末，及一時同異之論，載之尤詳。其論洛、蜀、朔三黨相攻，惜其各立門户，授小人以間，又引程子之言，以爲變法由於激成，皆平心之論。其記燈籠錦事出文彦博之妻，於事理較近。其記韓、富之隙，由撤簾不由定策，亦足以訂强至家傳之訛。周必大跋《吕獻可墓誌》，謂伯温是書頗多荒唐，凡所書人及其歲月，鮮不差誤。殆好惡已甚之詞，不盡然也。十七卷多記雜事，其洛陽、永樂諸條，多寓麥秀黍離之感。十八卷至二十卷皆記邵子之言行，而殤女轉生，黑猿感孕，意欲神奇其父，轉涉妖誣。又記邵子之言，謂老子得《易》之體，孟子得《易》之用，文中子以佛爲西方聖人，亦不以爲非，似乎附會。至投壺一事，益猥瑣不足紀。蓋亦擇焉不精者，取其大旨可爾。

【今案】影印文淵閣《四庫全書》第一〇三八册第七一五頁書前提要。《文淵閣四庫全書提要》卷七五子部二七小説家類二，第二四六三頁。《文津閣四庫全書提要匯編》子部二〇小説家類一，第七〇五頁。《四庫全書簡明目録》卷一四子部小説家類，第五四五頁。《四庫全書總目》卷一四一子部五一小説家類二，第一一九八頁中。

《紹熙州縣釋奠儀圖》一卷

宋淳熙中，朱子守南康，申請頒下《州縣釋奠儀式》。嗣以其書多牴牾，復於臨漳條奏，長沙删定，牒學施行，在紹熙五年，即此編也。前載二項指揮一段，後從祀列周子以下至吕祖謙。載咸淳三年改定位次，則又後人因原書而續編者，其出自誰手，無可考矣。

【今案】影印文淵閣《四庫全書》第六四八册第一頁書前提要。《文淵閣四庫全書提要》卷四五史部一九政書類二，第一四四〇頁。《文津閣四庫全書提要匯編》史部一三政書類，第四四六頁。《四庫全書簡明目録》卷八史部政書類，第三〇九頁。《四庫全書總目》卷八二史部三八政書類二，第七〇二頁下。

《補漢兵志》一卷

宋錢文子撰。文子字文季，樂清人。紹興三年，由上舍釋褐出身，由吏部員外郎兼國史院編修官，歷宗正少卿。後退居白石山下，自號白石山人。宋初，懲五代之弊，收天下甲兵，悉萃京師，謂之禁軍。輾轉增益，至於八十餘萬，而虚名冒濫，實無可用之兵。南渡以後，倉皇補苴，招聚彌多，而冗費亦彌甚。文子以漢承三代之後，去古未遠，猶有寓兵於農之意，而班《史》無志，因摭其本紀、列傳及諸志之中載及兵制者[二]，裒而編之，附考證論斷，以成此書。卷首有其門人陳元粹序，述其作書之意甚詳。蓋爲宋事立議，非爲《漢書》補亡也。朱彝尊跋稱：『其言近而旨遠，詞約而議該，非低頭拱手，高談性命之學者所能』。然兵農既分以後，其勢不可復合。必欲强復古制，不約以軍律則兵不足恃，必約以軍律則兵未練而農先擾。故三代以下，但可以屯種之法寓農於兵，不能以井田之制寓兵於農。文子所論，所謂言之則成理，而試之則不可行者。即以宋事而論，數十萬之衆，久已仰食於官，如一旦汰之歸農，勢不能靖；如以漸而損之，則兵未能遽化爲農，農不能遽化爲兵。倉卒有事，何以禦之？此又明知其弊而不能驟革者也。以所論切中宋制之弊，而又可補《漢志》之闕，故仍録之，以備參考焉。

【校記】

［一］制 底本原作『書』，誤，兹據《四庫全書總目》卷八二同條改。

【今案】影印文淵閣《四庫全書》第六六三册第四八一頁書前提要。《文溯閣四庫全書提要》卷四五史部一九政書類二，第一四六六頁。《文津閣四庫全書提要匯編》史部一三政書類，第四六九頁。《四庫全書簡明目録》卷八史部政書類，第三一六頁。《四庫全書總目》卷八二史部三八政書類二，第七一〇頁下。

《漢制考》四卷

宋禮部尚書王應麟撰。以漢人經注、吴韋昭《國語注》及《説文》所載漢制，摘出編次，以補兩《漢書》之遺。漢人説經，多以當代之事証明古典。唐時爲疏義者，時異事殊，方言迥異，往往不得其詳。如《周禮疏》不知『步繇』、『假紒』及『五夜』，《儀禮疏》不知『偃領』之類，不一而足。應麟爲旁引證明，其説甚善。又《周禮・太史職》注云：『太史抱式。』疏謂：『占文謂之式。』應麟則别引《藝文志》『羨門式法』以解之。考式者，候時之儀器。《史記・日者傳》『旋式正棋』，《漢書・王莽傳》『天文郎按拭於前［二］，日時加某』，皆指此器。應麟所引，其義爲長。惟《士師職》注云［二］：『三公出城，郡督郵盜賊道。』蓋漢時郡掾分部屬縣爲督郵，其分治各曹者亦名督郵，故《朱博傳》云『爲督郵書掾』。此『督郵盜賊』，蓋掾主捕盜賊者。其不加『掾』字，猶《巴郡太守張納碑陰》書『督盜賊枳李街』也。此職又主爲三公導行，疏乃謂『使舊爲盜賊之人，督察郵行往來』，於義爲誤。應麟亦用其説，則偶未考證爾。

【校記】

［一］拭 案《四庫全書總目》卷八一同條作『式』。

［二］惟士師職注云 案《四庫全書總目》卷八一同條作『如鄉士鄭註』。

【今案】《四庫提要分纂稿》第四〇四頁。影印文淵閣《四庫全書》第六〇九册第七七九頁書前提要。《文溯閣四庫全書提要》卷四四史部一八政書類一，第一四一八頁。《文津閣四庫全書提要匯編》史部一三政書類，第四二九頁。《四庫全書簡明目録》卷八史部政書類，第三〇四頁。《四庫全書總目》卷八一史部三七政書類一，第六九六頁上。

《唐會要》一百卷

宋司空同平章事監修國史王溥等撰。初，唐蘇冕嘗次高祖至德宗九朝之事爲《會要》四十卷。宣宗大中七年，又詔楊紹復等次德宗以來事爲《續會要》四十卷，以崔鉉監修。而宣宗以後尚闕，溥因復採宣宗至唐末事續之，爲新編《唐會要》一百卷。建隆二年正月奏御，詔藏史館。書凡分條目五百十有四，於唐代沿革損益之制，極其詳核。官號内有『識量』、『忠諫』、『舉賢』、『委任』、『崇奬』諸條，亦頗載事迹。其細項典故之不能概以定目者，則别爲《雜録》，附於各條之後。又間載蘇冕駁議。義例該備，有裨考証。今僅傳抄本，脱誤頗多。八卷目爲『郊儀』，而所載乃南唐事，九卷目爲『雜郊儀』，而所載乃唐初奏疏，皆與目不相應。七卷、十卷亦多錯入他文。此必原本已缺，而後人妄行竄入者也。

【今案】影印文淵閣《四庫全書》第六〇六册第一頁書前提要。《文溯閣四庫全書提要》卷四四史部一八政書類一，第一四〇九頁。《文津閣四庫全書提要匯編》史部一三政書類，第四二三頁。《四庫全書簡明目録》卷八史部政書類，第三〇三頁。《四庫全書總目》卷八一史部三七政書類一，第六九四頁中。

《通祀輯略》三卷

不知何人所編。載歷代尊事孔子一切禮儀，起魯哀公，迄宋咸淳三年，凡三卷。上卷分謚號、廟祀、殿額、坐像、冕服、封爵、位序、配享八門；中卷分從祀、鄉賢二門；下卷分釋奠樂章、曲阜廟幸學、謁廟、告遷、奉安五門。

【今案】《四庫全書總目》卷八三史部三九政書類存目一，第七一五頁上。

《回鑾事實》一卷

宋万俟卨撰。紹興十二年，宣和太后至自金，卨新爲參知政事，紀事獻頌，稱爲千載一時之榮遇。蓋貢諛之詞，非其事實也。

【今案】《四庫提要分纂稿》第九五頁。《四庫全書總目》卷五二史部八雜史類存目一，第四七一頁上。

《建炎以來朝野雜記》四十卷

宋工部侍郎李心傳撰。其書有甲、乙二集，各二十卷，分上德[一]、典禮、制作、朝事、時事、故事、雜事、官制、取士、財賦、兵馬、邊防十二門[二]。雖以『雜記』爲名，實『會要』體也。心傳所作《建炎以來繫年要録》記載最詳，此更補《要録》所未及，多有馬端臨《文獻通考》、章俊卿《山堂考索》及《宋史》所遺者，亦一朝掌故之書也。故《通考》稱爲『南渡以來野史之最詳者』。又張端義《貴耳三集序》稱心傳告以《朝野雜記》丁、戊二集將成，則是書尚不止於二集，今不可見矣。

【校記】

[一]上德　案《四庫全書總目》卷八一同條此二字下有『郊廟』二字。

[二]二　案《四庫全書總目》卷八一同條作『三』。

【今案】影印文淵閣《四庫全書》第六〇八册第二三九頁書前提要。《文溯閣四庫全書提要》卷四四史部一八政書類一，第一四一四頁。《文津閣四庫全書提要匯編》史部一三政書類，第四二六頁。《四庫全書簡明目録》卷八史部政書類，第三〇四頁。《四庫全書總目》卷八一史部三七政書類一，第六九五頁中。

《朝野類要》五卷

宋趙昇撰。昇字文昌，爵里無考。觀其書三稱《慶元條格》，則寧宗以後人也。其書徵引朝廷故事，以類相從。一班朝，二典禮，三故事，四稱謂，五舉業，六醫卜，七入仕，八職任，九法令，十政事，十一帥幕，十二降免，十三憂難，十四餘紀，逐事又各標小目，而一一詳詮其説，體例近蔡邕《獨斷》。宋至今五六百年，其一時吏牘之文，與縉紳沿習之語，多與今殊。是書逐條解釋，開卷釐然，亦有功於考證者也。

【今案】影印文淵閣《四庫全書》第八五四册第一〇一頁書前提要。《文溯閣四庫全書提要》卷六六子部一八雜家類二，第二一六八頁。《文津閣四庫全書提要匯編》子部一〇雜家類二，第四七三頁。《四庫全書簡明目録》卷一三子部雜家類，第四七八頁。《四庫全書總目》卷一一八子部二八雜家類二，第一〇二四頁上。

《大金集禮》四十卷

是書無編輯年月、姓氏。考金世宗時，嘗命官參校唐、宋故典、沿革，彙次上之。至章宗明昌初書成，凡四百餘卷，名曰《金纂修雜録》。今其書不傳，此書則又在明昌之前，惟見於《金史·張行簡傳》。而纂輯之詳弗著，以其時核之，當是大定末年所編次也。自尊號、册謚以及祠祀、朝會、燕饗諸儀節，燦然悉備。《金史》諸志全本於此，而賴是書補闕者尚多。若祭方邱（丘）儀，是書有前祭二日太尉告廟之儀，而《金史》則未之載。又《金史》云：『設饌幕於内壝東門之外，道北南向。』考之此書，則陳設饌幕乃有東門、西門二處。蓋壇上及神州東方、南方之饌，陳於東門外；西方、北方之饌，陳於西門外。《金史》獨載設於東門外者，於禮爲舛，未若此本之完善也。惟第十卷載夏至日祭方邱（丘）儀，而『圜邱（丘）郊天儀』獨闕。考金自天德以後，並祀南、北郊，大定、明昌，其制漸備。編書者既載北郊儀注，不應反遺南郊，當爲脱佚無疑耳。

【今案】《四庫提要分纂稿》第一五五頁。影印文淵閣《四庫全書》第六四八册第三二頁書前提要。《文溯閣四庫全書提要》卷四五史部一九政書類二，第一四四一頁。《文津閣四庫全書提要匯編》史部一三政書類，第四四七頁。《四庫全書簡明目録》卷八史部政書類，第三〇九頁。《四庫全書總目》卷八二史部三八政書類二，第七〇三頁上。

《元典章前集》六十卷、《新集》未分卷[一]

元英宗時官撰。前集載世祖即位至延祐七年英宗初政，其綱凡十，曰詔令，曰聖政，曰朝綱，曰臺綱，曰吏部，曰户部，曰禮部，曰兵部，曰刑部，曰工部。其目凡三百七十有三，每目之中又各分條格。新集體例略倣前集，皆續載英宗至治元、二年事。此書始末，《元史》不載，惟載至治二年金帶御史李端言：『世祖以來所定制度[二]，宜著爲令，使吏不得爲奸，治獄有所遵守。』英宗從之。書成，名曰《大元通制》，頒行天下，凡二千五百三十九條。計其時代，正與此書相同。而二千五百三十九條之數，則與此書不相應，卷首所載中書省劄，亦不相合，蓋各爲一編，非《通制》也。所載皆案牘之文，兼雜方言俗語。觀省劄中有『置簿編寫』之語，知此書乃吏胥鈔記之條格，冗雜特甚，蓋有由矣。

【校記】

［一］新集未分卷 案《四庫全書總目》卷八三同條作『附《新集》無卷數』。

［二］所 底本原作『以』，誤，兹據《四庫全書總目》卷八三同條改。

【今案】《四庫提要分纂稿》第四〇四頁。《四庫全書總目》卷八三史部三九政書類存目一，第七一三頁下。

《飲膳正要》三卷

元飲膳太醫哈斯罕撰[一]。前有天歷（曆）三年哈斯罕進書奏，稱世祖設掌飲膳太醫四人[二]，於《本草》内選無毒，無相反，可久食[三]，補益藥味，與飲食相宜，調和五味[四]，及以每日所造珍品御膳，所職何人，所用何物，標注於歷（曆），以驗後效。哈斯罕自延祐間選充是職[五]，因以進用奇珍異饌，湯膏煎造，及諸家本草名醫方術，並日所必用穀肉果菜，取其性味補益者，集成一書。虞集奉敕爲之序。所言皆當時之制，其中如『鄒店井水』之類，頗足以資考証。惟『神仙服食』一門，詞多荒誕。

【校記】

［一］哈斯罕 案本條提要凡作『哈斯罕』者，《四庫全書總目》卷一一六同條均作『和斯輝』。

［二］祖 底本原作『補』，誤，兹據《四庫全書總目》卷一一六同條改。

［三］可 底本原脱此字，兹據《四庫全書總目》卷一一六同條補。

［四］調和五味 底本原作『調和五味味』，衍一『味』字，兹據《四庫全書總目》卷一一六同條删。

［五］是職 底本倒爲『職是』，兹據《四庫全書總目》卷一一六同條乙正。

【今案】《四庫全書總目》卷一一六子部二六譜録類存目，第一〇〇一頁下。

《孔廟禮樂考》六卷

明瞿九思撰。九思字睿夫，黄梅人。事迹具《明史》本傳。是書於孔廟禮樂沿革同異，考證頗詳，勝他家抄撮舊文、有同簿籍者。惟二卷以從祀諸弟子編爲歌括，殊乖體例。

【今案】《四庫全書總目》卷八三史部三九政書類存目一，第七一七頁中。

《七國考》十四卷

明董説撰。載秦、齊、楚、趙、韓、魏、燕七國事迹，分職官、食貨、都邑、宫室、國名、群禮、音樂、器服、雜記、喪制、兵制、刑法。載記事迹者較多，記其典故者殊少。是書以會要之體，彙其制度，洵能留心考據者。説所著書最多，大都博而未純，惟此可稱盡善。

【今案】影印文淵閣《四庫全書》第六一八册第七六六頁書前提要。《文淵閣四庫全書提要》卷四四史部一八政書類一，第一四二一頁。《文津閣四庫全書提要匯編》史部一三政書類，第四三二頁。《四庫全書簡明目録》卷八史部政書類，第三〇五頁。《四庫全書總目》卷八一史部三七政書類一，第六九七頁下。

《漕書》一卷

明張鳴鳳撰。鳴鳳字羽王，豐城人。官至府通判。即嘗撰《桂勝》及《西遷注》者。是書專論漕運利弊，分爲八篇，曰漕政、漕司、漕軍、漕河、漕海、漕船、漕倉、漕刑。力主海運之利。又以漕船工料不堅，入水易破，欲採木川湖，大治萬餘艘，斥餘材以支數十年用。又以丹陽、京口并出於江，水淺船多，欲別開運道，由孟瀆趨白塔河至揚州。其説類多難行[一]。

【校記】

［一］類　案《四庫全書總目》卷八四同條作「頗」。

【今案】《四庫全書總目》卷八四史部四〇政書類存目二，第七二二頁下。

《洲課條例》一卷

明南京工部營繕司員外郎王侹撰，主事莊朝賓爲之序。明代自鎮江至九江，沿江洲課皆隸南工部。後以其有影射吞占之弊，復設官以董之。《明史・食貨志》未詳其法，蓋以其併入地糧内也。是編乃嘉靖中侹爲督理時所輯，首載敕諭及課銀數目、取用條例，次載奏準事例八條，部司酌議事宜九條。可以考見一時之制。

【今案】《四庫全書總目》卷八四史部四〇政書類存目二，第七二二頁下。

《古今鹺略》九卷、《鹺略補》九卷

明汪砢玉撰[一]。砢玉字玉水，新安人，僑居嘉興。崇禎中，官山東鹽運使判官。是書前、後兩編，卷首皆有自序。《鹺略》九卷，凡分生息、供用、職掌、會計、政令、利幣、法律、徵異、雜考九門，名曰「九府」。《鹺略補》亦按九門分類拾遺。砢玉當明季匱乏之時，欲復漢牢盆之制，而用宋轉般之法，其意雖善而於勢恐不可行。其所徵引，務爲浩博，多蒐古典，未必切於後來。旁及遐荒，亦無關於中國。儒生之論，以爲談助可矣。

【校記】

[一]砢　案本書本條凡作「砢」者，《四庫全書總目》卷八四同條均作「砢」。玉　底本原作「王」，誤，兹據本書本條下文及《四庫全書總目》卷八四同條改。

【今案】《四庫全書總目》卷八四史部四〇政書類存目二，第七二四頁下。

《太常總覽》無卷數

明金贇仁編。原本不分卷，凡爲四册。贇仁，本道流，嘉靖初爲太常寺少卿。以當時所行祀禮，分别圖註上之。書雖詳明，然大抵其時黷祀也。

【今案】《四庫全書總目》卷八三史部三九政書類存目一，第七一六頁下。

《絲綸捷要便覽》一卷

不知何人編輯。乃明萬歷（曆）、天啓中内閣票旨成式，以曹司爲次，分類標載，蓋兩房中書舍人所抄撮而成者。末載秋審題本，亦一時案牘之文。然觀其所措施，可以知其政矣。

【今案】《四庫全書總目》卷五六史部一二詔令奏議類存目，第五〇四頁上。

《海運新考》三卷

明梁夢龍撰。夢龍字乾吉，真定人。嘉靖癸丑進士。歷官吏部尚書。謚貞敏[一]。隆慶末，夢龍巡撫山東，適徐、邳間漕河淤塞，廷議請復海運，下夢龍任其事，檄青州道潘允端等履勘試行之[二]。南自淮安至膠州[三]，北自海倉口至天津，三千三百餘里，運米二千石，舟行無礙，因爲條具以奏。既而運道報復，夢龍亦遷秩去，其議遂寢。因取前後疏議、奏記、考説輯成是書。其論海道曲折，頗爲詳備。自邱（丘）濬爲《大學衍義》，極言海運之利，明人多主其説，而迄無成效，亦可見一時權宜之法，未可恃爲永計也。

【校記】

［一］敏　底本原作『毅』，誤，兹據《明史》卷二二五《梁夢龍傳》及《四庫全書總目》卷六五史部史鈔類存目『《史要編》十卷』條改。

［二］端　底本原脱此字，兹據《四庫全書總目》卷八四同條補。

［三］自淮安　底本原作『自自安瑞』，案下一『自』字、『瑞』字均爲衍文，又脱一『淮』字，兹據《四庫全書總目》卷八四同條删補。

【今案】《四庫全書總目》卷八四史部四〇政書類存目二，第七二三頁上。

《北新鈔關志》十六卷

明萬歷（曆）己未丹陽荆之琦撰。分十六門。其建置、命遣、禁令、經制、則例、課額、責委、鈐轄、區行、利弊、因革、宦迹、公署、人役十四門[一]，皆關政之所當考。其藝文一門，亦沿《淮關志》之例。

【校記】

［一］四　底本原作『五』，誤，兹據《四庫全書總目》卷八四同條改。

【今案】《四庫全書總目》卷八四史部四〇政書類存目二，第七二四頁中。

《淮關志》八卷

明嘉靖丁未南京户部員外郎馬麟撰。凡分八門。其『建置』不叙淮關之始末，而泛引歷代征商典故，綴爲一卷，殊爲汗漫。又《地理志》列『藝文』一門[一]，原爲風土而設，此《志》不過徵榷之條格[二]，一關之外，皆非所屬[三]，而亦濫載藝文，尤無體例矣。

【校記】

［一］理　案《四庫全書總目》卷八四同條無此字。

［二］格　底本原脱此字，兹據《四庫全書總目》卷八四同條補。

［三］皆非所屬　底本原作『皆格非所屬』，案衍一『格』字，兹據《四庫全書總目》卷八四同條删。

【今案】《四庫全書總目》卷八四史部四〇政書類存目二，第七二二頁中。

《饘堂考故》一卷[一]

明張鼐撰[二]。鼐字世調[三]，華亭人。萬歷（曆）甲辰進士。官至南京吏部侍郎，掌詹事府事。此其爲司業時所述明代國學典故，兼及軼事，大旨主於端師範，抑倖進，其言多切要中理。惟所載『國學官陳言國事』一條，於義未允。師儒之官，掌教化而已，必以與聞朝政爲美談，是未見宋季三學之弊也。

【校記】

［一］饘　案《四庫全書總目》卷八三同條作『饍』。

［二］張鼐　底本原作『張鼐字』，案衍一『字』字，兹據《四庫全書總目》卷八三同條删。

［三］鼐　底本原脱此字，兹據本書提要撰寫體例及《四庫全書總目》卷五四史部雜史類存目三『《吴淞甲乙倭變志》二卷』條補。

【今案】《四庫全書總目》卷八三史部三九政書類存目一，第七一八頁上。

《頖宮禮樂全書》十六卷

國朝張安茂撰。安茂字蓼匪，松江人。順治間，爲浙江提學僉事。其書分學校、褒崇、廟制、釋奠、從祀、祀禮、釋詁、祀樂、樂律、樂譜、樂舞、釋菜、啓聖祠、名宦鄉賢祠十四門。大抵祖李之藻《頖宫禮樂疏》、王焕如《文廟禮樂書》[二]，少增損之。其凡例稱：『李博而富，其失也滯；王簡而通，其失也弱。』然覌其所作，亦無以遠勝二書也。

【校記】

［一］疏　底本原作『數』，誤，兹據《四庫全書總目》卷八三同條改。

【今案】《四庫全書總目》卷八三史部三九政書類存目一，第七一九頁上。

《國朝謚法考》一卷

國朝王士正（禛）撰。始於國初，下迄康熙三十四年，大臣之賜謚者咸録焉。凡親王十八人，郡王十五人，貝勒十二人，貝子十二人，鎮國公十一人，輔國公十六人，鎮國將軍五人，輔國將軍七人，妃三人，公主二人，額駙二人，藩王七人，民公九人，侯伯十四人，大學士二十七人，學士四人，詹事一人，尚書二十七人，侍郎九人，都御史三人，八旂大臣一百六人，總督十七人，巡撫十七人，殉難監司三人，提督十一人，總兵官八人，前代君臣二十六人，外藩一人。皆已具載五朝國史中。

【今案】《四庫全書總目》卷八三史部三九政書類存目一，第七一九頁上。

《安南使事紀要》四卷[一]

國朝李仙根撰。康熙七年，仙根以内秘書院侍讀偕兵部職方司主事楊兆傑使安南，還，備載宣諭事實爲其書。其詞多質樸少文[二]，蓋隨筆紀録，未及删潤也。仙根字南津，遂寧人，順治辛丑進士第二，官至户部侍郎。

【校記】

［一］安南使事紀要四卷　案《四庫全書總目》卷五四同條作『《安南使事記》一卷』。

［二］其　底本原作『多』，誤，兹據《四庫全書總目》卷五四同條改。

【今案】《四庫全書總目》卷五四史部一〇雜史類存目三，第四九〇頁中。

《人瑞録》一卷

國朝孔尚任撰。記康熙二十七年天下奏報壽民自七十歲至百歲以上者，統三十七萬有奇，以著太平生息之盛。尚任字東塘，曲阜人，官户部郎中。

【今案】《四庫全書總目》卷六三史部一九傳記類存目五，第五六九頁中。

《宋紹興十八年同年小録》一卷[一]

是編，明弘治中，會稽王鑑之得句容江氏本，重校刻於紫陽書院者。後有鑑之跋，稱『晦庵先生《同年録》』，以明是録因朱子存也。考宋時廷試，放榜唱名後，謁先聖先師，赴聞喜宴，列叙名氏、鄉貫、三代之類具書之，謂之《同年小録》。高宗南渡後，自建炎二年李易榜至是，七設科矣。是科凡三百三十人，又特奏名四百五十七人，其四百五十六人缺録，内僅存一人。首載前一年御筆手詔。三年一科取進士，既爲定制，而猶必以手詔先之，此蓋宋制也。次載策問及執事官名。又次則進士榜名。末乃載諸進士字號、鄉貫、三代。後又有附録，記董德以下三十二人之事始末。而狀元王佐等三人對策之語，亦載其略，皆附會和議甚力，不知何人所記。疑宋、元間相續而成，非出一人之手也。

【校記】

[一]宋紹興十八年同年小録　案《四庫全書總目》同條作『《紹興十八年同年小録》』。

【今案】《四庫提要分纂稿》第一一三頁。影印文淵閣《四庫全書》第四四八册第三四五頁書前提要。《文溯閣四庫全書提要》卷三四史部八傳記類一，第一一一九頁。《文津閣四庫全書提要匯編》史部七傳記類，第二〇一頁。《四庫全書簡明目録》卷六史部傳記類，第二三七頁。《四庫全書總目》卷五七史部一三傳記類一，第五一九頁上。

《吴越順存集》三卷、《外集》一卷

國朝吴允嘉撰。其書輯吴越錢氏詩文、誥册、逸事，併詳考其子孫之以文學仕宦顯者，薈萃成書。允嘉字志上，錢塘人。

【今案】《四庫全書總目》卷六三史部一九傳記類存目五，第五六八頁上。

《顧氏譜系考》一卷

國朝顧炎武撰。是書考據雖詳，然姓氏之書，最爲叢雜。自唐以後，譜學失傳，掇拾殘文，未必源流盡合，姑存其説可也。

【今案】《四庫全書總目》卷六三史部一九傳記類存目五，第五六五頁下。

《希姓補》五卷

國朝單隆周撰。初，明楊慎撰《希姓》二卷，隆周以其尚有缺誤，撰此補之。亦仍以四聲編次，每韻先列原編，次列補人補姓，以及訂誤。自唐以後，譜學失傳，訛異日增，紀載難遍。隆周之書，亦但就所見録之，未必遂無舛錯漏也。隆周字昌其，蕭山人。

【今案】《四庫全書總目》卷一三九子部四九類書類存目三，第一一七七頁下。

《穆天子傳》六卷

晉郭璞注。前有荀勗序[二]。按《束晳傳》云：『太康二年，汲郡人不準盗發魏襄王墓，得竹書《穆天子傳》五篇，又《雜書》十九篇，《周食田法》《周書論楚事》《周穆王美人盛姬事》。』按今『盛姬事』載《穆天子傳》第六卷，蓋即《束晳傳》所謂《雜書》之一篇也。尋其文法，應歸此《傳》，《束晳傳》别出之，非也。此書紀事有月日而無年，又文多斷缺。今以《紀年》較之：《紀年》載『十二年冬，王北巡狩，遂征犬戎』，事在《傳》之第一卷；『十四年夏，王畋於軍邱（丘），五月作范宫，作虎牢』，事在《傳》之第五卷；『十五年，作重璧臺，冬，王觀於鹽澤』，事在《傳》之第六卷；『十七年，王西征崑崙邱（丘），見西王母』，事在《傳》之第二卷、第三卷、第四卷。以《紀年》之序論之，當移五卷、六卷於二卷之前，蓋竹書零散，編者不能得其次也。是書所紀雖多夸言寡實，然所謂『西王母』者，不過西方一國君；所謂『縣圃』者，不過飛鳥百獸之所飲食，尋常圃澤之名，非有神仙怪異之説。是此《傳》較《山海經》《淮南子》猶爲近實，而註家不悟，反取二書以解此《傳》，失其旨矣。《列子・周穆王篇》所載與此《傳》相出入，未知《列子》與此《傳》孰前後。要其文辭之古，必出周人，非後世所能僞也。

【校記】

［一］勗　底本原作『最』，誤，兹據《晋書》卷三九《荀勗傳》及《四庫全書總目》卷一四二同條改。

【今案】《四庫提要分纂稿》第四一五頁。影印文淵閣《四庫全書》第一〇四二册第二四五頁書前提要。《文淵閣四庫全書提要》卷七六子部二八小説家類三，第二四九三頁。《文津閣四庫全書提要匯編》子部一二小説家類二，第七二七頁。《四庫全書簡明目録》卷一四子部小説家類，第五五一頁。《四庫全書總目》卷一四二子部五二小説家類三，第一二〇五頁中。

《大唐創業起居注》三卷

唐温大雅撰。大雅字彦寵，并州祁人。官禮部尚書，封黎國公。唐、宋《志》作三卷，《通考》作五卷。此三卷與唐、宋《志》合。本傳稱高祖兵興，引大雅爲記室參軍，主文檄。則此書記三百五十七日之事，所得於見聞，當獨真［二］。今取是書與《高祖本紀》相較：若劉仁恭爲突厥所敗，煬帝驛繫高祖，此書稱高祖謂秦王曰：『今遭羑里之厄，爾昆季須會盟津之師。』是興師由高祖，而《本紀》則謂舉事由秦王。又此書載隋少帝以夏四月詔曰：『今遵故事，遜於舊邸。』而《本紀》則繫之五月戊午。凡此之類，皆疑此書爲得，實未可與尋常稗史一概而論也。

【校記】

［二］當獨真　案《四庫全書總目》卷四七同條作『記録當真』。

【今案】影印文淵閣《四庫全書》第三〇三册第九五五頁書前提要。《文淵閣四庫全書提要》卷二九史部三編年類，第九二一頁。《文津閣四庫全書提要匯編》史部二編年類，第四七頁。《四庫全書簡明目録》卷五史部編年類，第一九一頁。《四庫全書總目》卷四七史部三編年類，第四二〇頁中。

子部一　儒家類

《荀子楊倞註》二十卷[一]

趙人荀况撰。亦曰荀卿，漢人或稱曰孫卿，宣帝諱『洵』，以同音避也。《漢志》儒家載《荀卿》三十三篇，王應麟考證謂當作三十二篇。劉向《校書序録》稱《孫卿書》凡三百三十三篇，以相校，除重復二百九十篇，定著三十二篇，爲十二卷，題曰《新書》。唐楊倞分易舊第，編爲二十卷，復爲之註，更名《荀子》，即今本也。考劉向《序録》，卿以齊宣王時來游稷下，後仕楚，春申君死而卿廢。然《史記·六國年表》載春申君死，上距宣王之末凡八十七年。《史記》稱卿年五十始游齊，則春申君死之年，卿年當一百三十七矣，於理不近。晁公武《讀書志》謂《史記》所云『年五十』爲『年十五』之訛，意或然也。宋濂《荀子書後》又以爲襄王時游稷下，亦未詳所本。况之著書，主於明周孔之教，崇禮而勸學。惟其恐人恃質不學，遂創爲性惡之説，又疾諸儒之横議，故《非十二子》一篇，併子思、孟子而排之，遂爲後人口實，實則不悖於聖人，未可盡非也。韓愈謂其大醇而小疵，其論當矣。楊倞爲註，亦多詳洽。《唐·藝文志》以倞爲楊汝士子[二]，而《宰相世系表》則楊汝士三子：一名知温，一名知遠，一名知至，無名倞者，何以互異也？

【校記】

［一］荀子楊倞註　案《四庫全書總目》卷九一同條作『《荀子》』。

［二］唐藝文志以倞爲楊汝士子　底本原作『見《唐·藝文志》以倞爲楊汝士子』，案衍一『見』字，兹據《四庫全書總目》卷九一同條删。

【今案】《四庫全書薈要總目提要》第二七九頁。影印文淵閣《四庫全書》第六九五册第一一五頁書前提要。《文溯閣四庫全書提要》卷四九子部一儒家類一，第一五六〇頁。《文津閣四庫全書提要匯編》子部一儒家類，第二頁。《四庫全書簡明目録》卷九子部一儒家類，第三三九頁。《四庫全書總目》卷九一子部一儒家類一，第七七〇頁上。

《黄氏日抄》九十五卷

宋黄震撰。震字東發，慈溪人。官至浙東提舉[一]。其書本九十七卷：凡讀經者三十卷，讀三傳及孔氏書者各一卷，讀諸儒書者十三卷，讀史者五卷，讀雜史、讀諸子者各四卷，讀文集者十卷，計六十八卷，皆論古人；其六十九卷以下，凡奏劄、申明、公移、講義、策問、書、記、序、跋、啓、祝文、祭文、行狀、墓誌著録者計二十九卷，皆所自作之文。其中八十一卷、八十九卷原本併缺，其存者實九十五卷也。震與楊簡同鄉里，簡爲陸氏學，震則自爲朱氏學，不相附和。是編以所讀諸書隨筆劄記，而斷以己意。有僅摘切要數語者，有不摘一語而但存標目者，併有不存標目而採録一兩字者。大旨於學問排佛老，由陸九淵、張九成以上溯楊時、謝良佐，皆議其雜禪。雖朱子校正《陰符經》《參同契》，亦不能無疑。於治術排功利，詆王安石甚力。雖朱子謂《周禮》可致太平，亦不敢遽信。其他解説經義，或引諸家以翼朱子，或舍朱子而取諸家，亦不堅持門户之見。蓋震之學朱，一如朱之學程，反覆發明，務求其是，非中無所得而徒假借聲價者也。

【校記】

［一］浙 底本原作「淅」，誤，兹據《四庫全書總目》卷五〇「《古今紀要》十九卷」條改。

【今案】《四庫提要分纂稿》第九〇頁。影印文淵閣《四庫全書》第七〇七册第一頁書前提要。《文溯閣四庫全書提要》卷五〇子部二儒家類二，第一六二八頁。《文津閣四庫全書提要匯編》子部一儒家類，第五二頁。《四庫全書簡明目録》卷九子部一儒家類，第三五四頁。《四庫全書總目》卷九二子部二儒家類二，第七八六頁下。

《潛夫論》十卷

漢王符撰。符字節信，安定臨涇人，好學耿介，不仕以終。史稱符隱居，著書三十六篇，以譏當時得失，不欲彰顯其名，故號曰《潛夫論》。然其末有姓氏一篇，寥寥僅數十條，則未詳其何所取義。史又稱其《貴忠》《浮侈》《寔貢》《愛日》《述赦》等五篇，足以觀見當時風政，因録入本傳，以今校之，其文互有異同，晁公武謂范氏實潤益之，理或然也。

【今案】《四庫全書薈要總目提要》第三二八頁。影印文淵閣《四庫全書》第六九六册第三五五頁書前提要。《文溯閣四庫全書提要》卷四九子部一儒家類一，第一五七〇頁。《文津閣四庫全書提要匯編》子部一儒家類，第一〇頁。《四庫全書簡明目録》卷九子部一儒家類，第三四一頁。《四庫全書總目》卷九一子部一儒家類一，第七七二頁下。

《申鑒》五卷

漢荀悦撰。悦字仲豫，潁川人[一]。仕獻帝朝，爲黄門侍郎，侍講禁中。悦雖爲曹操所辟，然未嘗以一言效於操。以是時政柄下移，悦乃申漢故事，以爲帝鑒，一曰政體，二曰時事，三曰俗嫌，四曰雜言上，五曰雜言下，引據詳明，皆有關於治化。明正德間，黄省曾爲之註，王鏊作序，稱其博洽精密，多得悦旨。省曾字勉之，吴縣舉人。

【校記】

[一]潁 底本原作「潁」，誤，兹據《後漢書》卷六二《荀淑傳》附《荀悦傳》、本書史部編年類「《漢紀》三十卷」條及《四庫全書總目》卷四七史部編年類「《漢紀》三十卷」條改。

【今案】影印文淵閣《四庫全書》第六九六册第四三三頁書前提要。《文溯閣四庫全書提要》卷四九子部一儒家類一，第一五七一頁。《文津閣四庫全書提要匯編》子部一儒家類，第一一頁。《四庫全書簡明目録》卷九子部一儒家類，第三四二頁。《四庫全書總目》卷九一子部一儒家類一，第七七三頁上。

《新序》十卷

漢劉向撰。班固《藝文志》稱向所序六十七篇，《新序》《説苑》《世説》《列女傳頌圖》也。《隋志》：《新序》三十卷，録一卷。《唐志》亦同。而曾鞏校書序乃云今可見者十篇。鞏與歐陽修同時，所言卷帙何以懸殊，豈修等襲《隋志》之舊未及改定耶？今本存《雜事》五卷，《刺奢》一卷，《節士》二卷，《善謀》二卷，蓋猶曾鞏校定之舊。《崇文總目》云所載皆戰國、秦、漢間事。以今考之，春秋時事尤多，漢事不過數條也。

【今案】《四庫全書薈要總目提要》第二八三頁。影印文淵閣《四庫全書》第六九六册第一八七頁書前提要。《文溯閣四庫全書提要》卷四九子部一儒家類一，第一五六七頁。《文津閣四庫全書提要匯編》子部一儒家類，第八頁。《四庫全書簡明目録》卷九子部一儒家類，第三四一頁。《四庫全書總目》卷九一子部一儒家類一，第七七二頁上。

《法言》十卷[一]

漢楊雄撰[二]，晉李軌，唐柳宗元，宋宋咸、吴祕、司馬光五家註，凡十三篇。按《隋志》，楊子《法言》十五卷，解一卷，李軌註，又十三卷，宋衷注。《唐志》：宋註十卷，李註三卷，又别有楊子《法言》六卷。今本多作十卷，而篇仍十三，不知起於何時。陳振孫云十三篇，篇各有序，本在卷末，如班固《叙傳》，其分冠篇首，自宋咸始。今流傳之本皆如此。宋衷之註，温公以不及見，因集四家之註附以己意，自言李軌註本及音義最詳，宋、吴亦據之，而文多異同，又參之《漢書》，取其通者以爲定本，其用心可謂勤矣。

【校記】

［一］法言　案《四庫全書總目》卷九一同條作『《法言集註》』。

［二］楊　案《四庫全書總目》卷九一同條作『揚』。又下文均同此。

【今案】《四庫全書薈要總目提要》第二八四頁。影印文淵閣《四庫全書》第六九六册第二六九頁書前提要。《文溯閣四庫全書提要》卷四九子部一儒家類一，第一五六九頁。《文津閣四庫全書提要匯編》子部一儒家類，第九頁。《四庫全書簡明目録》卷九子部一儒家類，第三四一頁。《四庫全書總目》卷九一子部一儒家類一，第七七二頁中。

《新書》十卷

漢長沙王太傅賈誼撰[一]。凡五十六篇。宋《崇文總目》云本七十二篇，劉向删定爲五十八篇，《隋》《唐志》皆九卷，别本或爲十卷。考今《隋》《唐志》皆作十卷，則九卷之説必誤，而五十八篇不知何時又佚其二也。陳振孫云今書首載《過秦論》，末爲《弔湘賦》，且略節誼本傳於第十一卷中，必非誼本書。今本無十一卷，亦不載《弔湘賦》，惟附録誼本傳於卷末，蓋傳刻又小異矣。其書與《誼傳》所載諸篇文相出入，而割裂其章段，顛倒其次序，疑後人裒集殘稿爲之，未必誼所手定也。

【校記】

［一］傅　底本原作『傳』，兹據《史記》卷八四《屈原賈生列傳》改。

【今案】影印文淵閣《四庫全書》第六九五册第三八七頁書前提要。《文溯閣四庫全書提要》卷四九子部一儒家類一，第一五六四頁。

《文津閣四庫全書提要匯編》子部一儒家類，第五頁。《四庫全書簡明目録》卷九子部一儒家類，第三四〇頁。《四庫全書總目》卷九一子部一儒家類一，第七七一頁中。

《説苑》二十卷

漢中壘校尉劉向撰。成帝時，向典秘書，因採傳記百家之言可爲法戒者，以類相從，凡二十篇。《隋》《唐志》皆同。《崇文總目》云今存者五篇，餘皆亡。曾鞏校書序云：得十五篇於士大夫家，與舊爲二十篇。晁公武《讀書志》云：劉向《説苑》以君道、臣術、建本、立節、貴德、復恩、政理、尊賢、正諫、法誡、善説、奉使、權謀、至公、指武、談叢、雜言、辨物、修文爲目，陽嘉四年上之，闕第二十卷，曾子固所得之二十篇，正是析十九卷作修文上、下篇耳。今本第十法誡篇作敬慎，而修文篇後有反質篇。陸游《渭南集》記李德芻之言，謂得高麗所進本，補成完書。則宋時已有此本，晁公武偶未見也。

【今案】《四庫全書薈要總目提要》第二八二頁。影印文淵閣《四庫全書》第六九六册第一頁書前提要。《文溯閣四庫全書提要》卷四九子部一儒家類一，第一五六八頁。《文津閣四庫全書提要匯編》子部一儒家類，第七頁。《四庫全書簡明目録》卷九子部一儒家類，第三四一頁。《四庫全書總目》卷九一子部一儒家類一，第七七二頁上。

《中論》二卷

魏太子文學徐幹撰。幹字偉長，北海劇人，建安七子之一。是書《隋》《唐志》皆作六卷，《崇文總目》同。今本分爲上、下二卷，不知何人所合。然晁公武所見已如此矣。書凡二十篇，前有原序，不題名字，陳振孫云同時人所作。曾鞏校書序云：『始見館閣《中論》二十篇，以爲盡於此矣。及觀《貞觀政要》，太宗稱嘗見幹《中論·復三年喪》篇，今書獨闕此。又考之《魏志》，文帝稱幹著《中論》二十餘篇，乃知館閣本非全書。』晁公武云李獻民見别本，有《復三年》《制役》二篇。然則宋時二篇尚未亡，特鞏未見耳，今則不可復考矣。

【今案】《四庫全書薈要總目提要》第二八七頁。影印文淵閣《四庫全書》第六九六册第四六五頁書前提要。《文溯閣四庫全書提要》卷四九子部一儒家類一，第一五七二頁。《文津閣四庫全書提要匯編》子部一儒家類，第一二頁。《四庫全書簡明目録》卷九子部一儒家類，第三四二頁。《四庫全書總目》卷九一子部一儒家類一，第七七三頁中。

《素履子》三卷

唐大理評事張弧撰。以《履道》《履德》《履忠》《履孝》等名分篇，凡十四篇。其論雖未極精深，而援引經史，無悖聖賢垂訓之旨，蓋亦儒家者流矣。弧，《唐書》無傳。宋晁説之謂世所傳子夏《易傳》，乃弧僞作，未詳何時人。其書，《宋史·藝文志》作一卷，今本疑後人所分也。

【今案】影印文淵閣《四庫全書》第六九六册第六四五頁書前提要。《文溯閣四庫全書提要》卷四九子部一儒家類一，第一五七九頁。《文津閣四庫全書提要匯編》子部一儒家類，第一七頁。《四庫全書簡明目録》卷九子部一儒家類，第三四四頁。《四庫全書總目》卷九一子部一儒家類一，第七七五頁中。

《延平答問》一卷、《附録》一卷

朱子撰。程子之學一傳爲楊時，再傳爲羅從彦，又再傳爲李侗。侗字愿中，『延平』其所居也。侗於朱子爲父執，紹興二十三年，朱子二十四歲，將赴同安主簿任，往見侗於延平，始從受學。紹興三十年冬，同安任滿，再見侗，僅留月餘。又閲四載而侗没。計前後相從，不過數月，故書札來往，問答爲多。後朱子輯而録之，又載其『與劉平甫』二條，以成是書。朱子門人又取朱子平昔論延平語，及祭文、行狀附録於後，别爲一卷。

【今案】《四庫提要分纂稿》第四〇六頁。影印文淵閣《四庫全書》第六九八册第六四三頁書前提要。《文溯閣四庫全書提要》卷五〇子部二儒家類二，第一六〇三頁。《文津閣四庫全書提要匯編》子部一儒家類，第三三頁。《四庫全書簡明目録》卷九子部一儒家類，第三四八頁。《四庫全書總目》卷九二子部二儒家類二，第七八〇頁中。

《近思録》十四卷

朱子撰。所採皆周、程、張子切要之言，以類相從，俾學者易於循覽。是時爲淳熙二年乙未，朱子四十六歲。家居建陽，適吕祖謙來訪，遂留數十日，共成此書。前載祖謙題語，則在次年丙申也。朱子嘗云義理精微，《近思録》詳之，而祖謙所題，猶以陰陽性命之説録於首卷，而致知力行之方反録於後，懼學者先騖於高遠，諄諄以躐等爲戒。蓋朱子所叙從源及流，乃編次之體例，而祖謙所戒由近及遠，則讀是書之法也。

【今案】影印文淵閣《四庫全書》第六九九册第一頁書前提要。《文淵閣四庫全書提要》卷五〇子部二儒家類二，第一六〇四頁。《文津閣四庫全書提要匯編》子部一儒家類，第三四頁。《四庫全書簡明目録》卷九子部一儒家類，第三四八頁。《四庫全書總目》卷九二子部二儒家類二，第七八〇頁下。

《忠經》一卷

題云後漢南郡太守馬融撰，大司農鄭元（玄）注。擬《孝經》爲十八章，經與注率多排偶。《隋》《唐志》皆不著録，殆後人依托也。

【今案】《四庫全書總目》卷九五子部五儒家類存目一，第八〇一頁上。

《女孝經》一卷

唐朝散郎侯莫陳邈妻鄭氏撰。『侯莫陳』三字，復姓也。前載進書表，稱姪女策爲永王妃，因作此以戒。《唐書·藝文志》不載，《宋史·藝文志》始載之。《宣和畫譜》載孟昶時有石恪畫《女孝經》像八則，五代時乃盛行於世也。其書仿《孝經》分十八章，章首皆假班大家以立言。進表所謂『不敢自專，因以班大家爲主』是也。陳振孫直以爲班昭所撰，誤矣。

【今案】《四庫全書總目》卷九五子部五儒家類存目一，第八〇一頁上。

《雜學辨》一卷、《記疑》一卷[一]

《雜學辨》一卷，朱子撰。以斥二蘇、張九成、吕希哲諸人雜儒於佛、老者也。末有乾道丙戌何鎬跋。鎬字京叔，何兑之子。丙戌爲乾道二年，朱子三十七歲，監嶽廟家居時也。《記疑》一卷，則辨程子門人如游酢、謝良佐等記録師説，傳以己意，因而流入二氏者。其書作於淳熙三年丙申三月，朱子方在婺源，距作《雜學辨》時十年矣。朱子門人以附《雜學辨》後，併爲一書。

【校記】

［一］記疑　底本原作『記』，脱一『疑』字，兹據本條正文及《四庫全書總目》卷九二同條題目補。

【今案】《四庫提要分纂稿》第四〇七頁。影印文淵閣《四庫全書》第六九九册第四八九頁書前提要。《文溯閣四庫全書提要》卷五〇子部二儒家類二，第一六〇七頁。《文津閣四庫全書提要匯編》子部一儒家類，第三六頁。《四庫全書簡明目録》卷九子部一儒家類，第三四九頁。《四庫全書總目》卷九二子部二儒家類二，第七八一頁中。

《上蔡語録》三卷[一]

宋胡安國撰，朱子重删正之。上蔡者，謝良佐所居地也。良佐受學程子，安國嘗從之游，記其説爲《語録》二篇。朱子謂嘗得《上蔡語録》數本，獨胡氏本爲善，故考定爲二卷。又疑世傳本所有而胡氏本所無者，多非其真，别删削存之爲一卷，共三卷，是時紹興二十九年己卯也。後九年爲乾道四年戊子，復加删定爲今本，並記向所削者，果出於江民表《辨道録》，而非上蔡之語。民表者，江公望之字，徽宗時左司員外郎。

【校記】

［一］三　底本原作「二」，誤，兹據本條正文及《四庫全書總目》卷九二同條題目改。

【今案】《四庫提要分纂稿》第四〇六頁。影印文淵閣《四庫全書》第六九八册第五六五頁書前提要。《文溯閣四庫全書提要》卷五〇子部二儒家類二，第一六〇〇頁。《文津閣四庫全書提要匯編》子部一儒家類，第三一頁。《四庫全書簡明目録》卷九子部一儒家類，第三四七頁。《四庫全書總目》卷九二子部二儒家類二，第七七九頁下。

《儒志編》一卷

宋王開祖講學之語，而明王循所輯録也。開祖字景山。皇祐五年進士，試秘書省校書郎，佐處州麗水縣。既而退居郡城東山，設塾授徒，席下嘗數百人，學者尊之爲「儒志先生」。年三十二而卒，故所著書多不傳。循守永嘉，乃搜輯以成此集。當開祖之時，濂、洛之説未起，而能無所依附，講明聖賢之學，亦豪傑之士也。循字進之，休寧人，弘治丙辰進士，官順天府通判，著有《仁峰集》。

【今案】影印文淵閣《四庫全書》第六九六册第七八一頁書前提要。《文溯閣四庫全書提要》卷四九子部一儒家類一，第一五八二頁。《文津閣四庫全書提要匯編》子部一儒家類，第一九頁。《四庫全書簡明目録》卷九子部一儒家類，第三四四頁。《四庫全書總目》卷九一子部一儒家類一，第七七五頁下。

《帝學》八卷

宋范祖禹撰。祖禹字淳父，華陽人。嘉祐八年進士。歷官翰林學士。是書乃哲宗元祐初，祖禹在經筵時所進。建炎四年，謝克家又劄進於朝。所述皆帝王典學求師之事，自伏羲迄宋神宗，每條後間附論斷。自上古至漢、唐二卷，自宋太宗至神宗六卷。蓋於宋諸帝陳述尤詳，以啓法祖務學之意耳。

【今案】《四庫提要分纂稿》第一七三頁。《四庫全書薈要總目提要》第二九二頁。影印文淵閣《四庫全書》第六九六册第七二五頁書前提要。《文淵閣四庫全書提要》卷四九子部一儒家類一，第一五八一頁。《文津閣四庫全書提要匯編》子部一儒家類，第一八頁。《四庫全書簡明目録》卷九子部一儒家類，第三四四頁。《四庫全書總目》卷九一子部一儒家類一，第七七五頁下。

《二程外書》十二卷

二程門人所記，而朱子編次之。其曰《外書》，則朱子序所謂『取之之雜，或不能審其所自來』者也。黄震《日抄》謂李參録《拾遺》以『望道未見』爲『望治道太平而未見』，恐於本文有增。《時氏本拾遺》首章以《老子》『天地不仁，以萬物爲芻狗』之説爲是。凡若此類，均有可疑。今本不載，蓋朱刊除之矣。

【今案】影印文淵閣《四庫全書》第六九八册第二八一頁書前提要。《文淵閣四庫全書提要》卷五〇子部二儒家類二，第一五九一頁。《文津閣四庫全書提要匯編》子部一儒家類，第二五頁。《四庫全書簡明目録》卷九子部一儒家類，第三四六頁。《四庫全書總目》卷九二子部二儒家類二，第七七七頁下。

《伊川粹言》二卷

舊本題宋楊時所録，張栻編次。宋濂《潛溪集》有此書跋，謂前序不著姓氏，相傳爲張南軒栻撰。而此本序文乃題爲栻乾道丙戌正月十有八日所作，與濂所跋不同，考栻《南軒集》，但載《二程遺書跋》，而無此序，使果栻作，不應諱而削之也。蓋併編次之説，皆在影響之間矣。

【今案】影印文淵閣《四庫全書》第六九八册第三五五頁書前提要。《文溯閣四庫全書提要》卷五〇子部二儒家類二，第一五九二頁。《文津閣四庫全書提要匯編》子部一儒家類，第二六頁。《四庫全書簡明目録》卷九子部一儒家類，第三四六頁。《四庫全書總目》卷九五子部五儒家類存目一，第八〇三頁上。

《宋先賢讀書法》一卷

無撰人名氏。所採宋儒之説凡十二家，而朱子爲多。其法始以熟經，繼以玩味，終以身體力行。明萬歷（曆）丙午，莆田訓導江震鯉序而重刊之。

【今案】《四庫全書總目》卷九六子部六儒家類存目二，第八一七頁下。

《心經附注》四卷

《心經發語》一卷本，宋真德秀撰，見陳振孫《書録解題》。其書集諸經論心之語，《書》一條，《詩》二條，《易》五條，《論語》三條，《中庸》二條，《大學》二條，《樂記》三條，《孟子》十二條，接以周子二條，程子一條，范氏一條，朱子三條，其餘歷代諸儒之語皆不與焉，蓋直以宋儒續六經也。明程敏政以其註中或稱《西山讀書記》，疑非德秀自作，又程、朱警切之言，多不採録，乃補輯之，釐爲四卷，名曰《附註》。前後皆有敏政序，序末私印文曰『伊洛淵源』，蓋敏政自稱程子裔云。

【今案】影印文淵閣《四庫全書》第七〇六册第四二五頁書前提要。《文溯閣四庫全書提要》卷五〇子部二儒家類二，第一六二四頁。《文津閣四庫全書提要匯編》子部一儒家類，第四九頁。《四庫全書簡明目録》卷九子部一儒家類，第三五三頁。《四庫全書總目》卷九五子部五儒家類存目一，第八〇六頁上。

《同異録》二卷

明陸深撰。採漢以來名臣奏疏、雜文有關於典章政事之大者，節而録之，分爲二卷，上篇曰《典常》，下篇曰《論述》。每條之末，復以己見爲折衷大旨，欲取古人成説，相其緩急，而通之於當世之急務。其書始脱稿於閩中，及提學山西，重加詮次，欲奏上之，既而不果。其進書原序，猶存卷首。書中凡原文有『陛下』云云者，俱空白二字，而註其下云：『前朝臣子尊君上之文，義當避闕。』疑當時體制如此，然亦可見其敬謹也。

【今案】《四庫全書總目》卷九六子部六儒家類存目二，第八〇九頁下。

《學蔀通辨》十二卷

明陳建撰。大旨以佛與陸、王爲學之三蔀，分前編、後編、續編、終編。每編又自分上、中、下，而採取《朱子文集》《語類》《年譜》諸書以辨之。前有嘉靖戊申自序云：『專明一實，以抉三蔀，前編明朱、陸早同晚異之實，後編明象山陽儒陰釋之實，續編明佛學近似惑人之實，而以聖賢正學不可妄議之實終焉。』按朱、陸之書具在，其異同本不待辨。王守仁輯《朱子晚年定論》，專取朱子議論與象山合者爲説，固不免矯誣。然建此書痛詆陸氏，至以欺狂失心目之，亦未能平允。觀朱子集中與象山諸書，其言温藹，深得朋友相勸之義，正無事摭拾微細，徒啓争端也。

【今案】《四庫提要分纂稿》第一七八頁。《四庫全書總目》卷九六子部六儒家類存目二，第八一三頁中。

《居業録》八卷

明胡居仁撰。居仁字叔心，餘干人。其學以主敬爲宗，故號曰敬齋。所言皆平正篤實，可媲薛瑄《讀書録》，故明代稱醇儒者，首稱二人。後有張吉者，删削其書，名《居業録要語》。今未見其序，則附載此編中。

【今案】影印文淵閣《四庫全書》第七一四册第一頁書前提要。《文溯閣四庫全書提要》卷五一子部三儒家類三，第一六四七頁。《文津閣四庫全書提要匯編》子部一儒家類，第六六頁。《四庫全書簡明目録》卷九子部一儒家類，第三五八頁。《四庫全書總目》卷九五子部五儒家類存目一，第八〇八頁中。

《夜行燭》不分卷[二]

明曹端撰。端字正夫，號月川，澠池人。永樂六年舉人。官霍州學正。爲明初理學之冠。始以其父崇事佛、老，因採經傳格言切於日用者爲書，名《夜行燭》以進，父欣然從之。書分類編纂，爲目十有五。

【校記】

［一］不分卷　案《四庫全書總目》卷九五同條作『無卷數』。

【今案】《四庫全書總目》卷九五子部五儒家類存目一，第八〇七頁下。

《庸齋日記》八卷

明徐三重撰。三重字伯同，松江人。凡《易義》一卷，《大學義》一卷，《論語義》二卷，《中庸義》二卷，《孟子義》二卷。名曰《日記》，蓋皆平日講授之語，説理頗平粹。然多掇拾先儒緒言，少心得處。

【今案】《四庫全書總目》卷九六子部六儒家類存目二，第八一五頁下。

《諸儒要語》九卷

明王化振輯。化振字宇春，滁州人。萬歷（曆）己酉舉人。歷官户部主事。周汝登之門人也。是編節取諸儒語録，編次而成。於宋則周、程、張、朱而外，取陸九淵、楊簡二人，於明則取薛瑄、羅汝芳及汝登三人而已。寥寥數則，於先儒要旨，未能該備。

【今案】《四庫全書總目》卷九六子部六儒家類存目二，第八一七頁下。

《西田語略》二十三卷、《續集》二十九卷

明樊深撰。其書雜抄先儒語類，無所發明。深字希淵，嘉靖壬辰進士。官至刑部侍郎。本河間人，明大同衛僑置河間，深世隸衛籍，故鄉貫署衛名，《明史》遂以爲大同人，誤矣。

【今案】《四庫全書總目》卷九六子部六儒家類存目二，第八一三頁上。

《理學類編》八卷

明張九韶撰。九韶字美和，清江人。洪武十年，以薦爲國子助教，陞翰林編修，致仕。兹編則至正丙午，未入明時所作也。其書取

諸家論説有關性理者，輯爲五類，其大旨以周、程、張、朱爲主，於每篇之末繹以己見。而異端一門，於陰陽、相術、讖緯諸家斥駁尤明，足以破俗儒之惑焉。

【今案】影印文淵閣《四庫全書》第七〇九册第七四一頁書前提要。《文溯閣四庫全書提要》卷五一子部三儒家類三，第一六四四頁。《文津閣四庫全書提要匯編》子部一儒家類，第六四頁。《四庫全書簡明目録》卷九子部一儒家類，第三五七頁。《四庫全書總目》卷九三子部三儒家類三，第七九〇頁上。

《東溪日談録》十八卷

明周琦撰。琦字廷璽，馬平人。成化辛丑進士。歷官南京户部員外郎。其學出自河東薛瑄，所著《日談録》，自性道、理氣以至文詞、闢異，分門别類，一以濂洛爲宗。《廣西志》載其著《日談録》十八卷，又著《儒正篇》，論薛河東之學。今《儒正》在第十五卷，非此録之外又有《儒正篇》也。吕景蒙序謂書刻於嘉靖丁酉，而此書乃抄本，則或其板已佚歟？

【今案】影印文淵閣《四庫全書》第七一四册第一三七頁書前提要。《文溯閣四庫全書提要》卷五一子部三儒家類三，第一六四九頁。《文津閣四庫全書提要匯編》子部一儒家類，第六八頁。《四庫全書簡明目録》卷九子部一儒家類，第三五九頁。《四庫全書總目》卷九三子部二儒家類三，第七九一頁下。

《疊庵雜述》二卷

國朝朱朝瑛撰。朝瑛字康流，海寧人。崇禎十三年進士。官旌德縣知縣。歸田後究心典籍，不窺園者三十年，所著有《七經箋註》。兹編則隨其所偶得，雜然書之者也。朝瑛受業於黄道周之門，故每喜以數言理，而於朱、陸之間能持其平，不規規於門户之見，頗多心得之言。雖亦語録之流，而淹通博雅，非空談性命者比也。

【今案】《四庫全書總目》卷九六子部六儒家類存目二，第八二〇頁中。

《程書》五十一卷

國朝程湛編。按宋朱子原輯《遺書》二十五卷，《附録》一卷，《外書》十二卷。今湛所編，止《遺書》《外書》，卷帙相同，益以《明道先生文》一卷。《遺書》《外書》已刊《二程全書》中，湛所序次，亦非朱子之舊。

【今案】《四庫全書總目》卷九五子部五儒家類存目一，第八〇三頁中。

《下學堂劄紀》三卷

國朝熊賜履撰。自順治戊戌至康熙甲子共得三百三十三條，議論悉衷宋儒。自序謂呫嗶之餘，偶有所測，輒筆之於楮，以備採證。末又附《下學堂規》數條。

【今案】《四庫全書總目》卷九七子部七儒家類存目三，第八二五頁中。

《儒宗理要》二十九卷

國朝張能鱗輯。取宋五子著述，分類編録，《周子》二卷，《張子》六卷，《程子》六卷，《朱子》十五卷。書前各有小序一首，本傳一篇，别無發明。其以周、張、程、朱爲次者，以張子於二程爲表叔也。

【今案】《四庫全書總目》卷九七子部七儒家類存目三，第八二四頁中。

《知非録》一卷

國朝鄧鍾岳撰。鍾岳字東長，號悔廬，聊城人。康熙辛丑進士第一，官至禮部侍郎。生平留心講學，是編皆述其自得之言。

【今案】《四庫全書總目》卷九八子部八儒家類存目四，第八三一頁中。

《理學宗傳傳心纂要》八卷[二]

國朝孫奇逢撰，湊士昌、魏裔介所編。奇逢字啓泰，號鍾元，容城人。是編首録《通書》及張子《正蒙》《西銘》，邵子《觀物内》《外》篇，以至程、朱以下，訖明顧憲成語録皆節録之。其第四卷則裔介以奇逢之語續入，所謂『理學宗傳』者也。但置朱子於程子之前，似爲倒置。第五卷以下，則所謂『傳心纂要』者，自董仲舒至羅汝登皆録焉。士昌，江陵人。裔介字石生，柏鄉人，順治丙戌進士，官至大學士。

【校記】

［一］理學宗傳傳心纂要　案《四庫全書總目》卷九七同條作『《理學傳心纂要》』。

【今案】《四庫提要分纂稿》第一三二頁。《四庫全書總目》卷九七子部七儒家類存目三，第八二二頁上。

《大呼集》八卷

國朝梁顯祖撰。其書採先儒緒論薈粹成編，大旨在於辨邪正，明是非，別真僞，析疑義，釋妖妄，破積習，故取『大聲疾呼』之義，以名其書。其宗旨甚正，而所録皆習見之詞。

【今案】《四庫全書總目》無此條。

《讀朱隨筆》四卷

國朝陸隴其撰。於《朱子大全集》中撮其精藴而引伸之。自三十卷起，至別集八卷止，條分詳註，議論皆極醇正。隴其字稼書，平湖人，康熙庚戌進士，授嘉定令，再補靈壽令，治行稱最，行取爲御史。雍正二年，詔從祀孔子廟庭。

【今案】影印文淵閣《四庫全書》第七二五册第四七七頁書前提要。《文溯閣四庫全書提要》卷五二子部四儒家類四，第一六七七頁。《文津閣四庫全書提要匯編》子部一儒家類，第九一頁。《四庫全書簡明目録》卷九子部一儒家類，第三六六頁。《四庫全書總目》卷九四子部四儒家類四，第七九八頁下。

《讀書日記》六卷

國朝劉源渌撰。源渌字崑石，號直齋，安邱（丘）人，其書《記疑》五卷，《冷語》一卷，皆讀書劄記之言，大旨以朱子爲宗。其《記疑》本二十四卷，《冷語》本五卷，後歸安陸師爲之删定，更以今名。李瀣又有《源渌讀書日記補編序》，今未之見。

【今案】《四庫全書總目》卷九八子部八儒家類存目四，第八三〇頁上。

《二程遺書》二十八卷[一]

是編爲二程子門人所記，而朱子復次録之。考黄震《日抄》載《遺書》卷目，吕與叔《東見録》及附《東見録》均次爲第二卷，而此本則次附《東見録》爲第三卷[二]，又《日抄》所載至十七卷而止，均與此本異。疑震書或有脱文。又此本《附録》一卷，《明道先生行狀》之屬凡八篇。其中《年譜》一篇，朱子自謂竊取實録所書，文集内外書所載，與凡他書□□證者[三]，以爲年譜，而《日抄》則謂朱子訪其事於□□范棫[四]、孟厚、尹焞而成[五]，或傳聞異詞歟？

【校記】

[一]二程遺書二十八卷　案《四庫全書總目》卷九二同條作「《二程遺書》二十五卷、《附録》一卷」。

[二]此　底本原作「次」，誤，兹據《四庫全書總目》卷九二同條改。

[三]□□　底本原空缺二字，而《四庫全書總目》卷九二同條作「之可」二字。

[四]□□　底本原空缺二字，而《四庫全書總目》卷九二同條作「張繹」二字。棫　底本原作「域」，誤，兹據《四庫全書總目》卷九二同條改。

[五]焞　底本此字左旁已殘，右旁爲「享」，兹據《四庫全書總目》卷九二同條補。

【今案】影印文淵閣《四庫全書》第六九八册第一頁書前提要。《文溯閣四庫全書提要》卷五〇子部二儒家類二，第一五九〇頁。《文津閣四庫全書提要匯編》子部一儒家類，第二四頁。《四庫全書簡明目録》卷九子部一儒家類，第三四六頁。《四庫全書總目》卷九二子部二儒家類二，第七七七頁中。

《五倫懿範》八卷

題曰天臺鹿門子撰，不著名氏。前有康熙五年自序一篇，又有康熙十年四明山人控鶴子序一篇，皆不知何許人。其書以五倫爲綱，而各分子目，一目爲論一篇，反復申勸戒之旨。詞多淺易，蓋意求通俗也。

【今案】《四庫全書總目》卷一二五子部三五雜家類存目二，第一〇八四頁下。

《麗澤論説》十卷[一]

宋吕祖儉輯其兄祖謙之語，而其子喬年編次之。凡《易説》二卷，《詩説拾遺》一卷[二]，《周禮》《禮記》《論語》《孟子説》各一卷，《史説》一卷，《雜説》二卷。據喬年題記，則此書多門人記録，未盡合祖謙之意。然喬年久稱其大義奥旨，猶賴以存，則金華緒論，終當於是求之，在知所別擇而已。

【校記】

[一]麗澤論説　案《四庫全書總目》卷九二同條作『《麗澤論説集録》』。

[二]一卷　底本原脱此二字，兹據《四庫全書總目》卷九二同條補。

【今案】影印文淵閣《四庫全書》第七〇三册第二六五頁書前提要。《文溯閣四庫全書提要》卷五〇子部二儒家類二，第一六一四頁。《文津閣四庫全書提要匯編》子部一儒家類，第四二頁。《四庫全書簡明目録》卷九子部一儒家類，第三五一頁。《四庫全書總目》卷九二子部二儒家類二，第七八三頁上。

《孔叢子》三卷

孔子八世孫鮒撰。鮒字子魚，仕陳涉爲博士。嘗蒐輯仲尼而下，子上、子高、子順之言行，列爲六卷，凡二十一篇；漢孝武朝太常孔臧以其所著賦與書上、下二篇，合爲一卷，綴之於末，名曰《連叢》，統名之曰《孔叢子》，蓋言有善而叢聚之也。晁公武云：《漢志》無《孔叢子》，儒家有《孔臧》十篇，雜家有孔甲《盤盂書》二十六篇，今《獨治篇》[一]，鮒或稱孔甲，意者，《孔叢子》即孔甲《盤盂》，《連叢》即孔臧書。《朱子語録》謂《孔叢子》文氣軟弱，不似西漢文字，蓋其後人集先世遺文而成之者。今考《孔叢子》第十一篇即《小爾雅》，《唐·藝文志》載李軌嘗註而別行之，則其來已久矣。書凡二十三篇，與《通考》所載同，舊作七卷，此分上、中、下三卷，不知何人所併。

【校記】

[一]今　案《四庫全書總目》卷九一同條作『其』。

【今案】《四庫全書薈要總目提要》第二八八頁。影印文淵閣《四庫全書》第六九五册第三〇七頁書前提要。《文溯閣四庫全書提要》卷四九子部一儒家類一，第一五六二頁。《文津閣四庫全書提要匯編》子部一儒家類，第三頁。《四庫全書簡明目録》卷九子部一儒家類，第三三九頁。《四庫全書總目》卷九一子部一儒家類一，第七七〇頁中。

子部二　兵家類 縱橫家類 法家類 農家類 醫家類

《將苑》一卷

舊本題漢諸葛亮撰。前有明僉都御史寧仲升序，謂出於士人周源所藏。考晁公武《讀書志》『諸葛亮《十六策》一卷』，公武已據陳壽所進《亮集目録》，斷其依托。此書前史不著録，至明焦竑《經籍志》，乃有亮《心書》《六軍鏡》《心訣》《兵機法》及此書，皆稱亮撰，蓋又僞書之晚出者。

【今案】《四庫全書總目》卷一〇〇子部一〇兵家類存目，第八四一頁中。

《風后握奇經》一卷[一]

題曰漢平津侯丞相公孫宏（弘）解[二]。後載晋奉高侯西平太守馬隆述讚，及宋高似孫論。陳氏《書録解題》云馬隆本『奇』作『機』，又云永嘉薛士龍季宣校定。今薛季宣《浪語集》中所載，又與此本不同，未之詳也。考《漢書·藝文志》，列《風後》十三篇，《圖》二卷。班固自注斷爲依托，並無《握奇經》之名。今是書所謂經者，僅三百餘字，其注及讚既爲漢、晋人作，不應《漢》《隋》《唐志》兵家皆不載也，殆好事者爲之乎。

【校記】

[一]風后握奇經　案《四庫全書總目》卷九九同條作『《握奇經》』。

[二]侯　底本原作『候』，誤，兹據《史記》卷一一二《平津侯列傳》改。

【今案】影印文淵閣《四庫全書》第七二六册第一頁書前提要。《文淵閣四庫全書提要》卷五三子部五兵家類，第一六八三頁。《文津閣四庫全書提要匯編》子部二兵家類，第九五頁。《四庫全書簡明目録》卷九子部二兵家類，第三六八頁。《四庫全書總目》卷九九子部九兵家類，第八三五頁中。

《太公兵法》一卷

首列天陣、地陣、人陣之名，其説出於《六韜》。而風雲、日星等占，皆以七言詩句爲歌訣，辭甚鄙俚。按《太公六韜》，《隋志》已著於録，前人尚稱其僞，則此書更不待辨矣。

【今案】《四庫全書總目》卷一〇〇子部一〇兵家類存目，第八四〇頁下。

《武經總要》四十卷

宋仁宗敕曾公亮等監修。其書分前、後二集。前集：制度十五卷，邊防五卷，而十六卷、十八卷各分上、下。後集：故事十五卷，占候五卷。仁宗賢主，然武事非其所長，公亮等亦未嫻將略，所言陣法戰具，其制彌詳，其拘牽彌甚。觀沈括《夢溪筆談》，記當時甲制擁腫難勝，可知宋兵之所以弱矣。至於諸蕃形勢，皆出傳聞，所言道里山川，以今日考之，亦多剌謬。然前集備一朝之制度，後集具歷代之得失，亦有足資考證者。南渡以後，又有《御前軍器集模》一書，今惟《造甲法》二卷，《造神臂弓法》一卷，尚載《永樂大典》中，其餘久佚，《宋・藝文志》亦不載，併附録其名，見宋代武備之概焉。

【今案】影印文淵閣《四庫全書》第七二六册第二三五頁書前提要。《文溯閣四庫全書提要》卷五三子部五兵家類，第一六九五頁。《文津閣四庫全書提要匯編》子部二兵家類，第一〇四頁。《四庫全書簡明目録》卷九子部二兵家類，第三七〇頁。《四庫全書總目》卷九九子部九兵家類，第八三八頁上。

《將鑑論斷》十卷

宋戴少望撰。其書自戰國以迄五代，取善用兵者九十三人，始於孫武，終於郭崇韜，各以時代爲次。每人之下，皆以一語評其得失，爲之標目，而反覆論其所以然。序題紹興辛酉，實宋高宗之十一年，故其語多爲渡江後時事而發。如第一條詆孫武之徒能滅楚，終於恃强以亡吴，蓋隱以比靖康之事。第二條稱范蠡能復吴讐，爲春秋大夫第一，則又陰激南渡諸將之心。而『耿弇』一條，『竇憲』一條，尤三致意焉。然大旨主於尚仁義，賤權謀，尊儒者，抑武臣。至以爲能讀《三略》之書者，始可以立功，則真書生之見，難以施諸實用也。

【今案】《四庫全書總目》卷一〇〇子部一〇兵家類存目，第八四一頁下。

《百將傳》一百卷

宋張預撰，翟安道註。其書採歷代名將百人，始於周太公，終於五代劉鄩[一]，各爲之傳，而綜論其行事。凡有一節與孫武書合者，皆表而出之，別以《孫子兵法》題其後。蓋欲述古以規時，亦戴少望《將鑑博議》之類[二]。然其分配多未確當，立説亦未免近迂。預字公立，東光人。安道字居仁，安陽人。

【校記】

［一］鄩 底本原作「詷」，誤，兹據《舊五代史》卷二三《劉鄩傳》及《四庫全書總目》卷一〇〇同條改。

［二］將鑑博議 案《四庫全書總目》卷一〇〇同條及本書上一條俱作「《將鑑論斷》」。據《四庫全書總目》卷一〇〇子部兵家類存目『《將鑑論斷》十卷』條謂：『此本爲宋麻沙版，明武定侯郭勛嘗重刻之。前有正德十年達賓序，題曰《將鑑博議》，與宋版不同。考《永樂大典》，已引爲《將鑑博議》，則其來久矣。』知二者乃同書異名。

【今案】《四庫全書總目》卷一〇〇子部一〇兵家類存目，第八四三頁上。

《陰符經注》一卷[一]

舊本題伊尹[二]，太公、范蠡、鬼谷子、諸葛亮、張良、李筌六家注。有序一篇，稱諸葛亮撰。考晁公武《讀書志》，唐少室山人李筌注《陰符經》一卷，黄庭堅嘗跋其後云：『《陰符》出於李筌，熟讀其文，知非黄帝書也。』又『妄説太公、范蠡、鬼谷、張良、諸葛亮訓註，尤可笑』。是則太公以下諸家，皆李筌所僞托，唐、宋以來已有其書矣。今此本又增伊尹一人，彌爲妄誕，未詳始自何得。

【校記】

［一］陰符經注 案《四庫全書總目》卷一四六同條作「《陰符經解》」。

［二］舊本題伊尹 案《四庫全書總目》卷一四六同條作「舊本題黄帝撰」。

【今案】影印文淵閣《四庫全書》第一〇五五册第五一九頁書前提要。《文溯閣四庫全書提要》卷七八子部三〇道家類，第二五五九頁。《文津閣四庫全書提要匯編》子部一四道家類，第七六九頁。《四庫全書簡明目録》卷一四子部一四道家類，第五六四頁。《四庫全書總目》卷一四六子部五六道家類，第一二四一頁中。

《陰符經考異》一卷

朱子撰。《陰符經》出唐李筌，《崇文總目》曰筌好神仙，嘗於嵩山虎口巖石壁得《黄帝陰符》，本題云『魏道士冦謙之傳諸名山』。《郡齋讀書志》引黄庭堅曰：『《陰符經》出於李筌，熟讀其文，知非黄帝書也[一]。』朱子以其時有精語，故頗爲考定論説。《黄瑞節》所附録亦詳備。朱子序此書，謂非深於道者不能作。然《語類》又記云兵家祖老子之説，《陰符經》是也，則又以爲兵書矣。蓋其辭隱略，人各以其意推之，皆可通也。

【校記】

[一]黄帝書 底本原作『黄帝』，脱一『書』字，兹據《郡齋讀書志》卷一一子部道家類『《七賢注陰符經》一卷』『《李筌注陰符經》一卷』條及本書同類上一條正文補。

【今案】影印文淵閣《四庫全書》第一〇五五册第二頁書前提要。《文溯閣四庫全書提要》卷七八子部三〇道家類，第二五四七頁。《文津閣四庫全書提要匯編》子部一四道家類，第七七〇頁。《四庫全書簡明目録》卷一四子部一四道家類，第五六四頁。《四庫全書總目》卷一四六子部五六道家類，第一二四一頁下。

《海防纂要》十三卷

明王在晋撰。在晋字岵雲，黎陽人。事迹具《明史》。其書專爲備倭而作，分十六總類：一曰山海輿地圖，二曰沿海事宜，三曰外國考程途針路，四曰朝貢通考，五曰朝鮮復國經略，六曰禦倭方略，七曰船器攻圍法，八曰經略事宜，九曰大捷考，十曰獲夷紀略，十一曰行軍法令，十二曰功令，十三曰祭禱，十四曰醫藥，十五曰選日，十六曰占驗。體例頗爲龐雜。

【今案】《四庫全書總目》無此條。

《籌海重編》十卷

明鄧鍾撰。萬歷（曆）二十年，倭大入朝鮮，海上傳警。總督蕭彦命鍾取崑山鄭若曾《籌海圖編》[一]，删其繁冗，重輯成書。冠以各處海圖，次記奉使朝貢之事。又分按沿海諸省，記其兵防制變各事宜，而以經略諸條終之。於前代舊事，亦間有引証。前有彦序一篇，極稱胡宗憲功，亦當時公論也。

【校記】

［一］命鍾 底本倒爲「鍾命」，兹據《四庫全書總目》卷七五同條乙正。

【今案】《四庫提要分纂稿》第一四四頁。《四庫全書總目》卷七五史部三一地理類存目四，第六五七頁上。

《將將紀》二十四卷

明李材撰。大旨專重御將。而首卷至九卷詳載漢、唐、宋七帝本紀之文，牽連並書，殊無斷制。十卷至二十一卷分别得失，用爲法戒，上自虞、夏，迄於南宋，各綴數條，亦未完備。二十二卷至二十四卷援摭經文，旁及子史，議論尤迂。材字孟誠，豐城人，嘉靖壬戌進士，累官僉都御史，巡撫鄖陽。

【今案】《四庫全書總目》卷一〇〇子部一〇兵家類存目，第八四四頁上。

《武備志略》五卷

國朝傅禹撰。惟抄撮《武經》諸書及明茅元儀《武備志》，别無特見。禹字服水，義烏人。

【今案】《四庫全書總目》卷一〇〇子部一〇兵家類存目，第八四六頁中。

《戰國策談椒》十卷［一］

明張文爟輯。文爟字維昇，仁和人。是書全用吴師道補正鮑彪之本，惟增入李斯《諫逐客書》《楚人以弱弓微繳説頃襄王》《中山君饗都士大夫》三章，爲吴本所無，註中國名、人名，或間補數言，餘皆採諸家評語，書之簡端，冗雜特甚。所謂「談椒」，即指是也。椒，《集韻》：蘇後切，與「藪」同。「談椒」即「談藪」，蓋變易其字，欲以博洽炫俗耳。

【校記】

［一］案底本原案曰：『編按：此篇原置兵家類，今據中縫校改。』

【今案】《四庫全書總目》卷五二史部八雜史類存目一，第四六八頁上。

《韓子迂評》二十卷

舊本題曰門無子撰。自序稱得元何犿校本而折衷之。前列至元三年秋七月庚午奎章閣侍書學士臣犿進序一首。考元世祖、順帝俱有至元年號，而三年七月皆無庚午日，又奎章閣學士院設於文宗天歷（曆）二年，止有大學士二員，尋陞爲學士院，始有侍書學士。犿里居亦無可考，則序固未足爲據也。其評語淺陋亦無足取。前有萬歷（曆）六年陳深子淵序，稱門無子俞姓，吴郡人，篤行君子。然志乘皆不載其人名，佚無考。

【今案】《四庫全書總目》卷一〇一子部一一法家類存目，第八五〇頁上。

《商子》五卷

秦商鞅撰。鞅事迹具《史記》。鞅封於商，號商君，故《漢志》稱《商君》二十九篇。今本題《商子》，從《隋志》名也。陳振孫云今二十八篇，已亡其一。晁公武云今亡者三篇。然《讀書志》成於紹興二十一年，既云已缺三篇，《書録解題》成於宋末，不應反多二篇，疑陳振孫所云『一篇』即『三篇』之訛也。此本自《更法》至《定分》，目凡二十有六，似即晁氏之本。然第十六篇、第二十一篇又皆有録無書，則亦非宋本之舊矣。

【今案】影印文淵閣《四庫全書》第七二九册第五六一頁書前提要。《文溯閣四庫全書提要》卷五四子部六法家類，第一七一一頁。《文津閣四庫全書提要匯編》子部三法家類，第一一五頁。《四庫全書簡明目録》卷一〇子部三法家類，第三七四頁。《四庫全書總目》卷一〇一子部一一法家類，第八四八頁上。

《詮叙管子成書》十五卷

明梅士享撰。因唐房玄齡注本［二］，增以詮叙，劉績、趙用賢之説間亦附録。所云《管子》書真僞相雜，良爲有見，然所分列上、下格者，則未必一一盡確也。士享字伯獻，宣城人。

【校記】

［一］房玄齡　底本原作『房齡』，或因抄寫疏失而脱一『玄』字，或因清人爲康熙皇帝避諱而去『玄』字，兹據《舊唐書》卷六六《房玄齡傳》及《郡齋讀書志》卷一一子部法家類『《管子》二十四卷』條、《直齋書録解題》卷一〇子部法家類『《管子》二十四卷』條補。

【今案】《四庫全書總目》卷一〇一子部一一法家類存目，第八四九頁下。

《齊民要術》十卷

後魏高平太守賈思勰撰。自序稱：『起自耕農，終於醯醢，資生之業，靡不畢書，凡九十二篇。』今本乃終於五穀果蓏，非中國物者。自序又稱：『商賈之事，闕而不録。』今本《貨殖》一篇，乃列於第六十二，莫知其義。中第三十篇爲《雜説》，而卷端又列雜説數條，不入篇數。一名再見，於例殊乖，其詞亦鄙俗不類，疑後人所竄入。然陳振孫《書録解題》稱其『治生之道，不仕則農』爲名言，則宋本已有之，未能詳也。思勰序不言作註［一］，亦不云有音。今本句下之註，有似自作，然多引及顔師古者。考《文獻通考》載李濤《孫氏要術音義解釋序》曰：『奇字錯見，往往艱讀，今運使秘丞孫公爲音義解釋略備。』則今本之註［二］，蓋孫氏之書，名不可考耳。錢曾《讀書敏求記》云：『嘉靖甲申，刻《齊民要術》於湖湘，首卷簡端《周書》曰云云，原係細書夾註，今刊作大字，毛晉《津逮秘書》亦然。』今以第二篇至六十篇之例推之，其説良是。蓋又以孫氏之註，爲思勰之書矣。蓋書多奇字，自王世貞已費檢核，輾轉訛脱，理果有所不免也。

【校記】

［一］註　底本原作『証』，誤，兹據《四庫全書總目》卷一〇二同條改。

［二］註　底本原作『証』，誤，兹據《四庫全書總目》卷一〇二同條改。

【今案】影印文淵閣《四庫全書》第七三〇册第一頁書前提要。《文溯閣四庫全書提要》卷五五子部七農家類，第一七一七頁。《文津閣四庫全書提要匯編》子部四農家類，第一二一頁。《四庫全書簡明目録》卷一〇子部四農家類，第三七五頁。《四庫全書總目》

卷一〇二子部一二農家類，第八五二頁上。

《樹畜部》四卷、《燕閒部》二卷、《種植部》十卷[一]

《樹畜部》言農家樹畜之事，《燕閒部》言居處玩好之事，皆明宋詡撰[二]。《種植部》，明宋公望撰。其後人懋澄集而編之。詳其命名之義，似欲如《齊民要術》，著爲農家之書，二人相續爲之而未成，僅得此三子部，非完帙也。詡字久夫，公望字天民，皆華亭人。

【校記】

[一]樹畜部四卷燕閒部二卷種植部十卷　案《四庫全書總目》卷一二三同條作『《竹嶼山房雜部》三十二卷』。

[二]宋詡　底本原作『宋翊』，凡兩見，俱誤，兹據《千頃堂書目》卷九食貨類『《竹嶼山房雜部》二十七卷』條、卷一五類書類『《又三續百川學海》三十卷』壬集條，《浙江採集遺書總録》己集『《宋氏養生部》六卷』等四條，及《四庫全書總目》卷一二三同條改。

【今案】《四庫提要分纂稿》第一九五頁。影印文淵閣《四庫全書總目》第八七一册第一一五頁書前提要。《文溯閣四庫全書提要》卷七一子部二三雜家類七，第二二九七頁。《文津閣四庫全書提要匯編》子部一〇雜家類四，第五七三頁。《四庫全書簡明目録》卷一三子部一〇雜家類，第五〇六頁。《四庫全書總目》卷一二三子部三三雜家類七，第一〇五八頁中。

《糖霜譜》一卷

宋王灼撰。論甘蔗所在皆植而結蔗爲霜，止福唐、四明、番禺、廣漢、遂寧五郡，五郡之中，遂寧爲冠，凡七篇。後有紹興甲戌僧守元跋。灼字晦叔，遂寧人，自號頤堂。

【今案】影印文淵閣《四庫全書》第八四四册第八三九頁書前提要。《文溯閣四庫全書提要》卷六四子部一六譜録類，第二〇八二頁。《文津閣四庫全書提要匯編》子部九譜録類二，第四〇七頁。《四庫全書簡明目録》卷一二子部九譜録類，第四五八頁。《四庫全書總目》卷一一五子部二五譜録類，第九九〇頁中。

《汝南圃史》十二卷

明周文華撰。文華字含章，蘇州人。前有萬歷（曆）庚申陳元素序，稱之曰『光禄君』，不知爲光禄何官也。文華自序，稱因見允齋《花史》，嫌其未備，補葺是書。凡分月令栽種花果、木果、水果、木本花、條刺花、草本花、竹、木、草、蔬菜、瓜、豆十二門，皆叙述栽種之法，間以詩詞。大抵就江南所有言之，故河北蘋婆[一]，嶺表荔支之屬，亦不著録。較他書剽劉陳言，侈陳珍怪者，較爲切實。惟分部多有未確，如西瓜不入瓜豆而入水果，枸杞不入條刺而入菜蔬，皆非其類。

【校記】

［一］蘋　底本原作『頻』，誤，兹據《四庫全書總目》卷一一六同條改。

【今案】《四庫提要分纂稿》第一九〇頁。《四庫全書總目》卷一一六子部二六譜録類存目，第一〇〇四頁中。

《花史》十卷

明吴彦匡撰。蓋本常熟蔣養庵《花編》、松江曹介人《花品》二書，推而廣之，得百十餘種。每一花爲一類，各加神品、妙品、佳品、能品、具品、逸品標目，附以前人遺事及咏花詩歌。大都以意爲之，所第不必皆確也。

【今案】《四庫全書總目》卷一一六子部二六譜録類存目，第一〇〇四頁下。

《瓊花譜》一卷

明楊端撰。採摭前人瓊花篇什，彙爲一編，以備故實。首冠杜斿《瓊花記》，故名之曰杜斿《瓊花譜》，其實非斿所作也。斿，宋人，字叔高，端平初以布衣召入館閣校讎。

【今案】《四庫全書總目》卷一一六子部二六譜録類存目，第一〇〇二頁下。

《花史左編》二十七卷

明王路撰。每卷自爲一門，始花之品，終花之器，標題纖巧，不免儇佻之譏。陳繼儒序極稱之，其氣類相近故耳。路字仲遵，秀水人。

【今案】《四庫提要分纂稿》第一九一頁。《四庫全書總目》卷一一六子部二六譜録類存目，第一〇〇四頁中。

《筍梅譜》二卷

明釋真一著。真一居江南法華山龍歸塢，其地多筍，梅花亦極盛，因爲作譜，成於天啓七年。後有處州釋能授跋。

【今案】《四庫全書總目》卷一一六子部二六譜録類存目，第一〇〇三頁下。

《香雪林集》二十六卷

明王思義輯。凡梅圖二卷，詠梅詩詞文賦二十二卷，終以畫梅圖譜二卷。首有萬歷（曆）乙巳其父圻所爲序。

【今案】《四庫提要分纂稿》第一九〇頁。《四庫全書總目》卷一一六子部二六譜録類存目，第一〇〇三頁上。

《竹譜》一卷

國朝陳鼎撰。記竹之異者，六十條。

【今案】《四庫全書總目》卷一一六子部二六譜録類存目，第一〇〇四頁上。

《茘支通譜》十六卷

明鄧慶寀撰。慶寀字道協，晋安人。是書以諸家茘支譜輯爲一編，故曰《通譜》。凡蔡襄譜一卷，徐𤊹譜七卷，慶寀所自爲譜六卷，附宋珏譜一卷，曹蕃譜一卷。蔡譜尚已。徐譜所收如《十八娘别傳》之類，鄧譜所收如《鮑山茘支夢》之類，皆近傳奇。宋譜福業諸説，不脱明人小品習氣。曹譜差簡質，猶有古格。

【今案】《四庫全書總目》卷一一六子部二六譜録類存目，第一〇〇三頁下。

《箋卉》一卷

國朝吴菘撰。菘字綺園，歙縣人。黄山僧雪花嘗以黄山所産諸卉繪爲圖，宋犖爲題句。此則爲圖作箋也，凡三十五條。借事立文，其辭有足觀者。

【今案】《四庫全書總目》卷一一六子部二六譜録類存目，第一〇〇四頁上。

《耒耜經》一卷[一]

唐陸龜蒙撰。篇内記犂製特詳。犂與耒耜，今古異名也。次及鑱，因又及爬與礰礋，而以磟碡終焉。舊載《笠澤叢書》中，故《唐》《宋·藝文志》皆不載。馬端臨《文獻通考》始自出一條，意宋末乃别行也。

【今案】《四庫全書總目》卷一〇二子部一二農家類存目，第八五四頁下。

【校記】

［一］案底本原案曰：『編按：此篇中縫未書類别，原置考證類末，今據總目移置農家類。』

《明堂灸經》八卷

題曰西方子撰，不知何許人。與《銅人針灸經》俱刊於山西平陽府。其書專論灸，不及針。銅人惟有正背左右人形[一]，此則兼及側伏，較更詳密。錢曾《讀書敏求記》云：『昔黄帝問岐伯以人之經絡，盡書其言，藏於靈蘭之室。洎雷公請問，乃坐明堂以授之，後世言明堂者以此。今醫家記針灸之穴爲偶人，點志其處名明堂，非也。』然考《唐書·經籍志》，已有明堂經脉類，則相傳固已久矣。

【校記】

［一］惟 底本原脱此字，兹據《四庫全書總目》卷一〇三同條補。

【今案】影印文淵閣《四庫全書》第七三八册第五一頁書前提要。《文淵閣四庫全書提要》卷五六子部八醫家類一，第一七四四頁。《文津閣四庫全書提要匯編》子部五醫家類，第一四三頁。《四庫全書簡明目録》卷一〇子部五醫家類，第三八一頁。《四庫全書總目》卷一〇三子部一三醫家類一，第八六〇頁下。

《千金要方》九十三卷[一]

唐孫思邈撰。思邈，華原人。周宣帝時，隱居太白山。隋文帝以國子博士徵，不起。唐太宗、高宗屢召入京，授以爵禄，皆不受。至永淳元年乃卒。嘗謂人命至重，貴於千金，一方濟之，德逾於此。故所著方書，以『千金』名之。又作《翼方》，以補所未及。考晁、陳諸家著録，《千金方》《千金翼方》各三十卷。錢曾《讀書敏求記》亦同。又稱宋仁宗命高保衡、林億等校正刊行[二]，後列《禁經》二卷。合三書計之，僅六十二卷，此本增多三十一卷，疑後人復取思邈《千金髓方》《千金月令方》二書合併爲一也，雖非北宋校刊之舊，而類聚部分，犁然詳備，亦醫學之淵海也。《太平廣記》載思邈救昆明池龍，得龍宫仙方三十首，散入《千金方》三十卷中。《酉陽雜俎》諸書記思邈事亦多神怪，殆小説家因其工醫多壽而附會之，均無足深辨焉。

【校記】

[一]案『《千金要方》九十三卷』條亦見本書此後同類中，則本條似爲重出，惟提要文字略異。

[二]保　底本原作『宗』，誤，兹據本書此後重出之條及《四庫全書總目》卷一〇三同條改。

【今案】影印文淵閣《四庫全書》第七三五册第一頁書前提要。《文溯閣四庫全書提要》卷五六子部八醫家類一，第一七三九頁。《文津閣四庫全書提要匯編》子部五醫家類，第一三八頁。《四庫全書簡明目録》卷一〇子部五醫家類，第三八〇頁。《四庫全書總目》卷一〇三子部一三醫家類一，第八五九頁上。

《杜天師了證歌》一卷

舊本題唐杜光庭撰，蓋托名也。其註稱宋人高氏，未詳其名。後附《持脉備要論》三十篇，亦不知誰作。所言粗爲明晰，而不知王叔和自有《脉經》，乃以世傳《脉訣》爲依據，則亦俗醫所作耳。

【今案】《四庫全書總目》卷一〇五子部一五醫家類存目，第八八二頁下。

《銀海精微》二卷

舊本題唐孫思邈撰。考《唐》《宋·藝文志》皆不著録，蓋依托也。蘇軾《雪》詩，有『凍合玉樓寒起粟，光摇銀海炫生花』句。註家謂道書以肩爲『玉樓』，以目爲『銀海』。是編皆目疾之方藥，故以《銀海》爲名。其法補瀉兼施，立論頗爲明晰。明人嘗刻之薛己《醫案》中，此本乃其別刻單行者。前有齊一經引，稱官河北道時[二]，得於同僚李氏云。

【校記】

[二]官　案《四庫全書總目》卷一〇三同條作『管』。

【今案】影印文淵閣《四庫全書》第七三五册第九四五頁書前提要。《文溯閣四庫全書提要》卷五六子部八醫家類一，第一七四〇頁。《文津閣四庫全書提要匯編》子部五醫家類，第一三八頁。《四庫全書簡明目録》卷一〇子部五醫家類，第三八〇頁。《四庫全書總目》卷一〇三子部一三醫家類一，第八五九頁下。

《黄帝素問》二十四卷

唐王冰注。《漢書·藝文志》載《黄帝内經》十八篇，無《素問》之名。後漢張機《傷寒論》引之，始稱《素問》。晉皇甫謐《甲乙經序》稱《針經》九卷，《素問》九卷，皆爲《内經》，與《漢志》十八篇之數合，則《素問》之名起於漢、晉間矣。故《隋書·經籍志》始著於録也。然《隋志》所載祇八卷，全元起所注已闕其第七[一]。冰爲寶應中人，乃自謂得舊藏之本，補足此卷。宋林億等校正，謂《天元紀大論》以下，卷帙獨多，與《素問》餘篇絶不相通，疑即張機《傷寒論序》所稱《陰陽大論》之文，冰取以補所亡之卷，理或然也。其《刺法論》《本病論》，則冰本亦闕，不能復補矣。冰本頗更其篇次，然每篇之下必注全元起本第幾字，猶可考見其舊第。所注排抉隱奥，多所發明。其稱大熱而甚寒之不寒，是無水也；大寒而甚熱之不熱，是無火也。無火者不必去水，宜益火之源以消陰翳；無水者不必去火，宜壯水之主以鎮陽光。遂開明代薛己諸人探本命門之一法，其亦深於醫理者矣。冰名見《新唐書·宰相世系表》，稱爲京兆府參軍。林億等引《人物志》，謂冰爲太僕令。未知孰是。然醫家皆稱王太僕，晁氏《讀書志》獨作『王砅』，《杜甫集》亦有此名。然《唐》《宋志》皆作『冰』，而世傳宋槧本亦作『冰』字。或公武因杜詩而誤歟。

【校記】

[一]全　底本原作『金』，誤，兹據《四庫全書總目》卷一〇三同條改。

【今案】《四庫全書薈要總目提要》第三〇〇頁。影印文淵閣《四庫全書》第七三三册第三頁書前提要。《文溯閣四庫全書提要》卷五六子部八醫家類一，第一七二七頁。《文津閣四庫全書提要匯編》子部五醫家類，第一二九頁。《四庫全書簡明目録》卷一〇子部五醫家類，第三七八頁。《四庫全書總目》卷一〇三子部一三醫家類一，第八五六頁上。

《仁齋直指》二十卷[一]

宋楊士瀛撰。士瀛字登父，福州人。景定中，以醫名。其書前有自序，稱明白易曉謂之『直』，發踪以示謂之『指』。後明朱崇正校刻之，又附以遺方。

【校記】

[一]仁齋直指二十卷　案《四庫全書總目》卷一〇四同條作『《仁齋直指》二十六卷，附《傷寒類書活人總括》七卷』。

【今案】影印文淵閣《四庫全書》第七四四册第一頁書前提要。《文淵閣四庫全書提要》卷五六子部八醫家類一，第一七七四頁。《文津閣四庫全書提要匯編》子部五醫家類，第一六七頁。《四庫全書簡明目録》卷一〇子部五醫家類，第三八七頁。《四庫全書總目》卷一〇三子部一三醫家類一，第八六八頁上。

《壽親養老新書》四卷

第一卷爲宋元豐時泰州興化令陳直所撰，本名《養老奉親書》，第二卷以下則元鄒鉉所續，與直書合爲一編，更題今名，已啓後來淆亂古書之漸。其書具載老人食治之方，醫藥之法，攝養之道。前有元危徹孫、黄應紫、張士宏（弘）三序。直書一卷，《通考》著録，稱《奉親養老書》，此本則題曰《養老奉親書》。然此本猶屬舊刊，不應標題有誤，蓋《通考》傳寫倒置也。

【今案】影印文淵閣《四庫全書》第七三八册第二八三頁書前提要。《文淵閣四庫全書提要》卷五六子部八醫家類一，第一七四八頁。《文津閣四庫全書提要匯編》子部五醫家類，第一四六頁。《四庫全書簡明目録》卷一〇子部五醫家類，第三八二頁。《四庫全書總目》卷一〇三子部一三醫家類一，第八六一頁下。

《太平惠民和劑局方》十卷[一]

宋庫部郎中提轄措置藥局陳師文等校正。晁公武《讀書志》云：『大觀中，詔通醫刊正藥局方書，閱歲書成，校正七百八字，增損七十餘方。即此書也。』陳振孫《書録解題》云：『二十一門，二百九十七方，其後，時有增補。』此本止十四門，而方乃七百八十八，中有紹興、寶慶、淳祐續添者，與陳氏之説相合，蓋南宋本也。末附《用藥總論指南》三卷，皆從《圖經》《本草》抄撮增入，又非原書之舊，不知何人所加。

【校記】

［一］太平惠民和劑局方十卷 案《四庫全書》卷一〇三同條作『《太平惠民和劑局方》十卷、《指南總論》三卷』。

【今案】影印文淵閣《四庫全書》第七四一册第四六九頁書前提要。《文溯閣四庫全書提要》卷五六子部八醫家類一，第一七六一頁。《文津閣四庫全書提要匯編》子部五醫家類，第一五六頁。《四庫全書簡明目録》卷一〇子部五醫家類，第三八四頁。《四庫全書總目》卷一〇三子部一三醫家類一，第八六四頁下。

《類證普濟本方》十卷［一］

宋許叔微撰。叔微字知可，揚州人。紹興中進士。是書載經驗諸方，兼記醫案，故以本事爲名，猶詩家之有本事詩也。叔微於診治之術，最爲精詣，其所論廣絡原野以冀一獲之説，尤救弊之篤論。醫家所稱『許學士』者，即指叔微。其書屬詞簡雅，不諧於俗，故明以來，不甚傳布。此本從宋槧鈔出，其中凡『丸』字皆作『圓』，猶是漢張機《傷寒論》《金匱要略》舊例也。

【校記】

［一］類證普濟本方 案《四庫全書總目》卷一〇三同條作『《類證普濟本事方》』。

【今案】《四庫提要分纂稿》第四〇七頁。影印文淵閣《四庫全書》第七四一册第三七五頁書前提要。《文溯閣四庫全書提要》卷五六子部八醫家類一，第一七六〇頁。《文津閣四庫全書提要匯編》子部五醫家類，第一五五頁。《四庫全書簡明目録》卷一〇子部五醫家類，第三八四頁。《四庫全書總目》卷一〇三子部一三醫家類一，第八六四頁中。

《傳信適用方》二卷

舊本不著撰人名氏。《宋史·藝文志》載此書，亦不云誰作，而别有劉禹錫《傳信方》二卷。考此書每方之下，皆註傳自某人，中有引及《和劑局方》者，必非禹錫書也。馬端臨《文獻通考》有《傳道適用方》二卷，陳振孫云稱拙庵吴彦夔淳熙庚子撰，與此卷帙正同，知此即彦夔之書。《通考》屢經傳寫，訛「信」爲「道」也。此本由宋槧影寫，前後無序跋，所録皆經驗之方，最可依據。中有「八味圓問難」一條，尤深得制方之旨。其餘各方，雖經後人選用，而採擇未盡者尚多。末附夏子益《治奇疾方》三十八道。其書罕見單行之本，明李時珍《本草綱目》所載，疑或從此鈔出也。

【今案】影印文淵閣《四庫全書》第七四一册第七四五頁書前提要。《文淵閣四庫全書提要》卷五六子部八醫家類一，第一七六二頁。《文津閣四庫全書提要匯編》子部五醫家類，第一五七頁。《四庫全書簡明目録》卷一〇子部五醫家類，第三八五頁。《四庫全書總目》卷一〇三子部一三醫家類一，第八六五頁中。

《銅人針灸經》七卷

不著撰人名氏。前題山西平陽府刊，亦不紀年月。《宋史·藝文志》有王惟一《新鑄銅人腧穴針灸圖經》三卷，其書久佚，未審此本異同。錢曾《讀書敏求記》云：「《銅人針灸經》傳來已久，而《竇氏秘傳》内有「金津玉液」、「大小骨空」、「八風八邪」、「髁骨八法」，此俱不載。」蓋疑之矣。又第三卷論「巨門」一穴，引皇甫謐《甲乙經》語，然今《甲乙經》「巨門」俱作「石門」，恐此因「巨闕」字相近而誤。末卷推三旬人神所在，誤針灸者各致其疾，即今時憲書所載逐日人神所在，不宜針灸之説。唯初六日「在咽」，而時憲書作「在手」，蓋術數之傳，古今亦有小異也。

【今案】影印文淵閣《四庫全書》第七三八册第一五頁書前提要。《文淵閣四庫全書提要》卷五六子部八醫家類一，第一七四三頁。《文津閣四庫全書提要匯編》子部五醫家類，第一四二頁。《四庫全書簡明目録》卷一〇子部五醫家類，第三八一頁。《四庫全書總目》卷一〇三子部一三醫家類一，第八六〇頁中。

《醫説》十卷

宋張杲撰。杲字季明，新安人。是書前有淳熙十六年羅頌序，稱杲伯祖子充以醫顯京洛間，受知於范純仁，其祖子發師之，父彦仁繼之，杲又繼之，所謂三世醫也。故其言皆深切中理矣。

【今案】影印文淵閣《四庫全書》第七四二册第一頁書前提要。《文淵閣四庫全書提要》卷五六子部八醫家類一，第一七六四頁。《文津閣四庫全書提要匯編》子部五醫家類，第一五八頁。《四庫全書簡明目録》卷一〇子部五醫家類，第三八五頁。《四庫全書總目》卷一〇三子部一三醫家類一，第八六五頁下。

《針炙資生經》七卷[一]

宋王執中撰。執中字叔權，永嘉人。其書第一卷總載諸穴，二卷至末卷論諸症，經緯相資，明白易曉。前有嘉定庚辰徐正卿初刊序，稱東嘉王叔權作。又有紹定四年趙綸重刊序，稱澧陽郡博士王執中作，而疑叔權爲執中字。以字義推之，良是。舊本冠以徽宗崇寧中陳承、裴元、陳師文等校奏醫書一表，與序與書皆不相應。考此本題曰『葉氏廣勤書堂新刊』，驗其板式，乃麻沙本，必書肆移他書進表置之卷端，欲以官書取重也。

【校記】

［一］炙　案《四庫全書總目》卷一〇三同條作『灸』。

【今案】影印文淵閣《四庫全書》第七四二册第二二九頁書前提要。《文淵閣四庫全書提要》卷五六子部八醫家類一，第一七六五頁。《文津閣四庫全書提要匯編》子部五醫家類，第一五九頁。《四庫全書簡明目録》卷一〇子部五醫家類，第三八六頁。《四庫全書總目》卷一〇三子部一三醫家類一，第八六六頁上。

《素問病機氣宜保命集》三卷[一]

金劉完素撰。完素字守真，自號通元子，河間人。承安間徵召不起，賜號高尚先生。完素著書凡三種，後人裒之，號曰《河間三書》，此其三書之一也。分三十二門，原本《内經》，標舉綱要。其論病多歸於火，喜用寒凉峻利之劑，故張介賓諸人往往排之。然較張子和《儒門事親》之三法，則和平多矣。病態百端，言各有當，必盡廢之，是亦一偏之見也。

【校記】

［一］案底本原案曰：『編按：本書標題素門乃素問之訛。』兹即據此案語及本條隨後所引《四庫全書總目》改『素門』爲『素

問』。據《四庫全書總目》卷一〇四子部醫家類著録：『《病機氣宜保命集》三卷，金張元素撰。』又著録：『《素問元機原病式》一卷，金劉完素撰。』知底本所據以影印的稿本條目已有混淆，張冠李戴。而整理影印此底本的『編按』者亦未詳察。

【今案】影印文淵閣《四庫全書》第七四五册第一頁書前提要。《文淵閣四庫全書提要》卷五七子部九醫家類二，第一七八〇頁。《文津閣四庫全書提要匯編》子部五醫家類，第一七一頁。《四庫全書簡明目録》卷一〇子部五醫家類，第三八九頁。《四庫全書總目》卷一〇四子部一四醫家類二，第八六九頁中。

《難經本義》二卷

元滑壽撰。壽字伯仁，許州人，寄居鄞縣。張翥序，稱壽家去東垣近，早傳李杲之學。遂名於醫。《難經》八十一篇，《漢·藝文志》不載。《隋》《唐志》始載《難經》二卷，秦越人著。吴太醫令吕廣嘗註之，則其文當出三國前。廣書今不傳，未審即此本否？然唐張守節註《史記·扁鵲列傳》所引《難經》，悉與今合，則今書猶古本矣。其曰《難經》者，謂經文有疑，各設問難以明之。其中有此稱經云，而《素問》《靈樞》無之者，則經脱簡也。其文辨析精微，詞致簡遠，讀者不能遽曉，故歷代醫家多有註釋。壽所採摭凡十一家，今惟壽書傳於世。其書首列《彙考》一篇，論書之名義源流；次列《闕誤總類》一篇，記脱文誤字；又次《圖説》一篇，皆不入卷數。其註則融會諸家之説，而以己意折衷之，辨論精核，考證亦極詳審。蓋壽本儒者，能通解古書文義，故所註，比他本爲善也。

【今案】《四庫提要分纂稿》第四〇七頁。《四庫全書薈要總目提要》第三〇二頁。影印文淵閣《四庫全書》第七三三册第四二九頁書前提要。《文淵閣四庫全書提要》卷五六子部八醫家類一，第一七三〇頁。《文津閣四庫全書提要匯編》子部五醫家類，第一三一頁。《四庫全書簡明目録》卷一〇子部五醫家類，第三七八頁。《四庫全書總目》卷一〇三子部一三醫家類一，第八五六頁下。

《脉訣刊誤》二卷、《附録》二卷

元戴啓宗撰。以世所傳脉訣、歌括，辭指鄙淺，非王叔和本書，因集諸書之論，詳爲辨正。明祁門汪機又取諸家脉書要語，及自撰《矯世惑脉論》，别爲二卷，附録於後。啓宗字同父，金陵人，官龍興路儒學教授。

【今案】影印文淵閣《四庫全書》第七四六册第八六三頁書前提要。《文淵閣四庫全書提要》卷五七子部九醫家類二，第一七九三頁。

《文津閣四庫全書提要匯編》子部五醫家類，第一八一頁。《四庫全書簡明目録》卷一〇子部五醫家類，第三九二頁。《四庫全書總目》卷一〇四子部一四醫家類二，第八七二頁中。

《素問運氣圖括定局立成》一卷

元熊宗立撰[一]。其書以《素問》五運六氣之説編爲歌辭。又有天符歲會之説，以人所生之歲甲子，觀其得病之日氣運盛衰，决其生死[二]，醫家未有用其法者。蓋本《素問》之説而衍之，初無徵驗也。

【校記】

[一]元　案《四庫全書總目》卷一〇五同條作『明』。

[二]决　底本原作『次』，誤，兹據《四庫全書總目》卷一〇五同條改。

【今案】《四庫全書總目》卷一〇五子部一五醫家類存目，第八八一頁上。

子部三　醫家類　術數家類

《攝生眾妙方》十一卷

明鄞縣張時徹輯。分四十七門，標目繁碎。自序云：『每見愈病之方，輒録而藏之。』蓋隨時抄集而成，未爲賅備。

【今案】《四庫全書總目》卷一〇五子部一五醫家類存目，第八八五頁中。

《普濟方》一百六十八卷[一]

明周定王橚所輯，而教授滕碩、長史劉醇等同考論之。凡一千九百六十論，二千一百七十五類，七百七十八法，六萬一千七百三十九方，二百三十九圖，可謂集方書之大全矣。李時珍《本草綱目》採録其方至多，然時珍稱爲周憲王，蓋誤書其謚。《明史·藝文志》作六十八卷，則又誤脱『一百』二字也。橚，太祖第五子，洪武三年封吴王，十一年改封周。

【校記】

［一］一百六十八卷　案《四庫全書總目》卷一〇四同條作『四百二十六卷』。

【今案】影印文淵閣《四庫全書》第七四七册第一頁書前提要。《文溯閣四庫全書提要》卷五七子部九醫家類二，第一七九五頁。《文津閣四庫全書提要匯編》子部五醫家類，第一八三頁。《四庫全書簡明目録》卷一〇子部五醫家類，第三九二頁。《四庫全書總目》卷一〇四子部一四醫家類二，第八七二頁下。

《醫方選要》十卷

明周文采輯。文采爲蜀獻王椿侍醫，獻王命撰是書刊行。每門皆鈔録古方，而各冠以論。嘉靖二十三年，通政使顧可學奏進，詔禮部重録付梓，仍行兩京各省翻刻。前有獻王序及文采自序，併載禮部尚書費寀題覆疏二篇，蓋亦翻刻本也。李時珍《本草綱目·序例》引作『周良采』，誤。

【今案】《四庫全書總目》卷一〇五子部一五醫家類存目，第八八四頁中。

《志齋醫論》二卷

明高士撰。上卷專論痘疹，下卷雜論陰陽六氣，血脉虚實。其説云：今之醫者多非丹溪，而偏門方書盛行，則亦以朱氏爲宗者也。士字志齋，鄞縣人。

【今案】《四庫全書總目》卷一〇五子部一五醫家類存目，第八八六頁上。

《針炙聚英》四卷[一]

明高武撰。以經絡穿穴類聚爲一卷[二]，各病取穴治法爲一卷，諸論針艾法爲一卷[三]，各歌賦爲一卷。凡諸書與《素問》《難經》異同者，取其同而論其異，故以『聚英』名書。其所蒐採，惟《銅人》《明堂》《子午》及《竇氏流注》等書，餘皆不録。泥古非今，亦非十全之術。

【校記】

[一]炙　案《四庫全書總目》卷一〇五同條作『灸』。

[二]穽　案《四庫全書總目》卷一〇五同條作『空』。

[三]艾　案《四庫全書總目》卷一〇五同條作『灸』。

【今案】《四庫全書總目》卷一〇五子部一五醫家類存目，第八八七頁中。

《急救良方》二卷

明張時徹輯。分三十九門，專爲荒村僻壤之中不諳醫術者而設。故藥取易求，方皆簡易，亦有資民用之書也。

【今案】《四庫全書總目》卷一〇五子部一五醫家類存目，第八八五頁下。

《魯府秘方》四卷

明魯王侍醫劉應泰輯。分福、壽、康、寧四集。首載五言贊一首，以頌魯王，其餘皆分類隸方，亦罕奇秘。末載延年、勸世等箴，尤與醫藥無關。前有萬歷(曆)甲午魯王序。考《明史》諸王傳，魯荒王檀八世至敬王壽鏳，於萬歷(曆)二十二年嗣封，是年歲在甲午，蓋即壽鏳，故其序自稱魯干八代孫也。

【今案】《四庫全書總目》卷一〇五子部一五醫家類存目，第八八七頁上。

《折肱漫録》六卷

明黄承昊撰。承昊字履素，號闇齋，秀水人，洪憲之子。萬歷(曆)丙辰進士。官至福建按察使。承昊體羸善病，因參究醫理，疏其所得，以著是書，分養神、養氣、醫藥三門。其論專主於補益，未免有偏。

【今案】《四庫全書總目》卷一〇五子部一五醫家類存目，第八八七頁中。

《養生類要》二卷

明吴正倫撰。上卷載導引訣、衛生歌及煉紅鉛秋石之法，下卷分春、夏、秋、冬諸症宜忌合用方法，蓋兼涉乎道家之説者。正倫字子叙，自號春巖子，歙縣人。鄭若庸爲作傳。

【今案】《四庫全書總目》卷一〇五子部一五醫家類存目，第八八六頁上。

《醫開》七卷

明王世相撰。其書自本草精義至四時藥例，凡二十四類。首載或問數條，謂醫學至丹溪而集大成，蓋亦主滋陰之説者。所論多述舊文，別無闡發，前有馬埋、馮惟訥二序。世相字季隣，號清溪，山西蒲州人，嘗受業吕柟，官陝西延川令[二]。

【校記】

［一］陜　底本原作『陝』，誤，兹據《明史》卷四二《地理志》改。

【今案】《四庫全書總目》卷一〇五子部一五醫家類存目，第八八五頁上。

《醫學正傳》八卷

明虞摶撰，其從孫守愚校定。首載醫學或問五十三條，辯論頗詳。自序有私淑丹溪之語，其於諸病悉以丹溪心法及所著諸方冠於首，雖亦兼採諸家，而大旨以補陰爲主也。摶字天民，義烏人，自稱恒德老人。守愚字惟明，嘉靖癸未進士，官御史。

【今案】《四庫全書總目》卷一〇五子部一五醫家類存目，第八八五頁中。

《衛生集》四卷

明周宏（弘）撰。前有正德庚辰宏（弘）自序，復繫以五言律詩一章，詞頗近俚。其論外感法仲景，内傷法東垣，濕熱法河間，雜病法丹溪，尚屬持平之論。然亦大略如是，未可執爲定法也。

【今案】《四庫全書總目》卷一〇五子部一五醫家類存目，第八八五頁中。

《圖註脉訣》四卷、《附方》一卷

明張世賢撰。案宋林億等校上晉王叔和《脉經》十卷，凡九十七篇，世有刊本。而文句古雅，非俗醫所通，故或獵其大略，編爲歌括，亦題曰『王叔和作』。宋熙寧間，有道真子者始辨其僞，作《脉訣機要》三卷、《脉要新括》一卷以正之。而僞書通俗易行，且詞雖鄙淺，而無大悖謬，故至今猶傳習之。世賢此編，蓋亦未見《脉經》舊本也。書末《附方》一卷，皆因脉以用藥。然脉止七表八裏九道，而病則變現無方，因緣各異，非二十四格所能盡限以某脉某方，非圓通之論矣。

【今案】《四庫全書總目》卷一〇五子部一五醫家類存目，第八八二頁中。

《袖珍小兒方》十卷

明徐用宣撰。其書以脉訣爲首，方論、針灸圖形次之，總七十二門，六百二十四方，蒐採頗備。惟論斷一本前人，無獨闢之見。書作於永樂間，嘉靖十一年贛撫錢宏重刊，以是書原本宋錢乙也。用宣，衢州人，《藝文志稿》作徽州人。

【今案】《四庫全書總目》卷一〇五子部一五醫家類存目，第八八四頁中。

《素問鈔補正》十二卷

明丁瓚編。初，元滑壽著《素問鈔》，歲久傳寫多訛，瓚因其舊本，重爲補正，復間採王砅原注以明之。凡十二門，悉依壽書舊例，又以五運六氣主客圖并診家樞要附於後。瓚字點白，鎮江人，嘉靖丁丑進士，官至温州府知府。

【今案】《四庫全書總目》卷一〇五子部一五醫家類存目，第八八一頁上。

《經驗良方》十一卷

明陳仕賢輯。仕賢字邦憲，福清人。嘉靖壬辰進士。官至副都御史。其書首載醫指脉訣藥性，别爲一卷，餘皆抄録舊方，無所論説。自序云『與通州醫官孫宇考定而成』[一]。

【校記】

[一]宇 底本原作『字』，誤，兹據《四庫全書總目》卷一〇五同條改。

【今案】《四庫全書總目》卷一〇五子部一五醫家類存目，第八八六頁上。

《針灸節要》三卷[一]

明高武撰。以《難經》《素問》爲主。《難經》首取行針補瀉，次取井滎俞經合，次及經脉。《素問》首九針，次補瀉，次諸法，次病刺，次經脉空穴。俱顛倒後先，於經文多所割裂。

【校記】

［一］炙　案《四庫全書總目》卷一〇五同條作『灸』。

【今案】《四庫全書總目》卷一〇五子部一五醫家類存目，第八八七頁下。

《丹溪心法附餘》二十四卷

明方廣輯。因程用光所訂朱震亨《丹溪心法》贅列附録，與震亨本法或相矛盾，乃削除附録，以成一家之言，別以諸家方論與震亨相發明者，分綴各門之末，名曰《附餘》。然終非震亨之原書矣。廣字約之，號古庵，休寧人。

【今案】《四庫全書總目》卷一〇五子部一五醫家類存目，第八八六頁上。

《針炙大成》十卷[一]

明醫官楊繼洲輯。萬歷（曆）間，山西巡按趙文炳得痿痺疾，繼洲針之而愈。因取其家傳《衛生針灸元機秘要》一書，補輯刊刻，易以今名，文炳爲序。本朝順治丁酉，平陽府知府李月桂以舊板殘缺，復爲補綴。其書以《素問》《難經》爲主，又肖銅人像、繪圖立說，亦頗詳賅。惟議論繁冗，未若《明堂》《子午》之簡要。

【校記】

［一］針炙大成　案《四庫全書總目》卷一〇五同條作『《針灸大全》』。

【今案】《四庫全書總目》卷一〇五子部一五醫家類存目，第八八六頁中。

《針灸問對》三卷

明汪機撰。機字省之，祁門人。是書上、中二卷論針法，下卷論灸法及經絡穴道，皆設爲問答，語簡而明。其論針能治有餘之病，不能治不足之病。詳辯《内經》虚補實瀉之説爲指虚邪實邪。又論古人充實，病中於外，故針灸有功；今人虚耗，病多在内，針灸不如湯液。又論誤針誤灸之害，與巧立名目之誣，尤術家所諱不肯言者，其説可謂篤實矣。

【今案】影印文淵閣《四庫全書》第七六五册第四一頁書前提要。《文淵閣四庫全書提要》卷五七子部九醫家類二，第一七九九頁。《文津閣四庫全書提要匯編》子部五醫家類，第一八七頁。《四庫全書簡明目録》卷一〇子部五醫家類，第三九三頁。《四庫全書總目》卷一〇四子部一四醫家類二，第八七四頁上。

《圖註難經》八卷

明張世賢撰。世賢字天成，寧波人。正德中，以醫名於時。《難經》舊有吴吕廣、唐楊德操諸家註，宋嘉祐中，丁德用始於文義隱奥者各爲之圖，元滑伯仁作《本義》，亦有數圖，然皆不備。世賢是編，雖所註僅詮釋文句，未極精深，而八十一篇，篇篇有圖，凡註所累言不盡者，可以披圖而立解，其功亦不可廢矣。

【今案】《四庫全書總目》卷一〇五子部一五醫家類存目，第八八一頁下。

《玉機微義》五十卷

《明史·藝文志》作劉純撰。考卷首楊士奇序，實徐用誠所輯，而純續爲增益也。用誠字彦純，會稽人；純字宗厚，咸寧人，俱洪武中名醫也。其書本名《醫學折衷》，于病因治法頗爲詳備，但去元未遠，故一宗朱震亨之學，不無過用寒凉之失。

【今案】影印文淵閣《四庫全書》第七六二册第一頁書前提要。《文淵閣四庫全書提要》卷五七子部九醫家類二，第一七九七頁。《文津閣四庫全書提要匯編》子部五醫家類，第一八四頁。《四庫全書簡明目録》卷一〇子部五醫家類，第三九三頁。《四庫全書總目》卷一〇四子部一四醫家類二，第八七三頁上。

《醫史》十卷

明李濂撰。其書取史傳名醫事實，抄録成帙，間亦採之諸家文集，其醫術可傳而尚無紀載者，則爲之補傳，共得七十有二人。前有嘉靖丁未自序。濂字川父，祥符人，正德甲戌進士，官至山西按察使僉事。

【今案】《四庫全書總目》卷一〇五子部一五醫家類存目，第八八五頁上。

《類經》三十二卷

明張介賓編。其書以《素問》《靈樞經》分類相從，一曰攝生，二曰陰陽，三曰藏象，四曰脉包，五曰經絡，六曰標本，七曰氣味，八曰論治，九曰疾病，十曰針刺，十一曰運氣，十二曰會通，共三百九十條，又益以《圖翼》十一卷，《附翼》四卷。雖不免割裂古書，而條理井然，易於尋覽，其註亦頗有發明。介賓字會卿，號景岳，會稽人，明末良醫也。

【今案】影印文淵閣《四庫全書》第七七六册第一頁書前提要。《文溯閣四庫全書提要》卷五七子部九醫家類二，第一八一二頁。《文津閣四庫全書提要匯編》子部五醫家類，第一九七頁。《四庫全書簡明目録》卷一〇子部五醫家類，第三九七頁。《四庫全書總目》卷一〇四子部一四醫家類二，第八七六頁下。

《醫津筏》一卷

國朝江之蘭撰。之蘭字含微[一]，歙縣人，業醫。其書凡十四篇，每篇以《内經》數語爲主，而分條疏論於其後。

【校記】

[一] 微 底本原作『徵』，誤，茲據《四庫全書總目》卷一〇五同條改。

【今案】《四庫全書總目》卷一〇五子部一五醫家類存目，第八九〇頁上。

《千金要方》九十三卷[一]

唐孫思邈撰。思邈，華原人。博通經傳，善談老莊，兼明醫術。周宣帝時，隱居太白山。隋文帝以國子博士徵，不起。洎唐太宗、高宗屢召詣京師[二]，授以爵位，固辭不就。卒於永淳元年。相傳以爲仙去，莫之詳也。思邈嘗謂人命至重，貴於千金，一方濟之，德逾於此，故所著方書以《千金》名。凡診治之訣[三]，針灸之法[四]，以至尊引養生之術，無不周悉。猶慮有缺遺，更撰《翼方》輔之。考晁、陳諸家著録，載《千金方》《千金翼方》各三十卷。錢曾《敏求記》所載卷數亦同。又謂宋仁宗命高保衡、林億等校正刊行，後列《禁經》二卷。合二書計之，止六十二。此本增多三十一卷，疑後人復以《千金髓方》《千金月令方》諸書合併詮次，故卷帙滋多也。《太平廣記》載思邈曾救昆明池龍，得龍宫仙方三十首，散入《千金方》各卷之中。蓋小説家附會之談，固無足深辨焉。

【校記】

［一］案『《千金要方》九十三卷』條已見前子部二醫家類，而本條則爲重出，惟提要文字略有不同。

［二］泊 當爲『洎』之形訛。

［三］診 底本原作『胗』，誤，兹據《四庫全書總目》卷一〇三同條改。

［四］灸 底本原作『炙』，誤，兹據《四庫全書總目》卷一〇三同條改。

【今案】影印文淵閣《四庫全書》第七三五册第一頁書前提要。《文溯閣四庫全書提要》卷五六子部八醫家類一，第一七三九頁。《文津閣四庫全書提要匯編》子部五醫家類，第一三八頁。《四庫全書簡明目録》卷一〇子部五醫家類，第三八〇頁。《四庫全書總目》卷一〇三子部一三醫家類一，第八五九頁上。

《易林》十六卷

漢焦贛撰。黄伯思《東觀餘論》據《後漢小黄門譙君碑》，稱贛之裔，疑爲『譙』姓。然史傳無不作『焦』，漢碑多假借通用，如『歐陽』之作『歐羊』者，不一而足，未可執爲確論也。贛字延壽，梁人，官小黄令，京房師也，《漢書》附見於《房傳》。贛嘗從孟喜問《易》，京房以爲贛即孟氏學。劉向校書，以爲諸《易》學説[一]，惟京氏爲异黨，贛得隱士之説，托之孟氏。薛季宣曰：『漢儒傳《易》，明於占候者，如焦贛、費直、許峻、崔篆、管輅數家俱有林[二]，惟焦氏今傳於世。』其書以一卦變六十四，六十四卦之變共四千九十有六，各繫以詞。或疑《漢·藝文志》所載《易》十三家，《蓍龜》十五家，不及焦氏，《隋·經籍志》始著録，唐王俞始序而稱之，似乎後人所附會。然薛季宣引《東觀漢記》曰：『孝明帝永平五年，少雨，上御雲臺，自卦遇《蹇》，以《京氏易林》占之，繇曰「蟻封穴户，天將下雨」。』沛獻王輔用體説卦，謂蟻穴居，知雨。京房，延壽弟子，今書《蹇》繇，實在震林，林爲焦氏，可不疑也。宋黄伯思記王佖占，程迥記宣和、紹興二占，皆有奇驗。伯思《東觀餘論》：『《易林》非直日法。』而《薛季宣集》第三十卷有《易林序》，以爲《易林》正用直日法，辨伯思之説爲謬。並爲圖例以明之，其説甚辨。今録季宣序與王俞序以存一家之言。俞序本名《大易通變》，疑亦後來卜筮家所改也。此書，《隋》《唐》《宋志》俱作十六卷，今本四卷，不知何時所併。季宣序稱每卷四林，每林六十四卦。今仍據以分卷，存其舊焉。

【校記】

[一]以爲　底本倒爲「爲以」，兹據《四庫全書總目》卷一〇九同條乙正。

[二]管輅　底本倒爲「輅管」，兹據《三國志》卷二九《魏書·管輅傳》及《隋書》卷三四《經籍志》乙正。

【今案】影印文淵閣《四庫全書》第八〇八册第二六九頁書前提要。《文溯閣四庫全書提要》卷六一子部一三術數類二，第一九三二頁。《文津閣四庫全書提要匯編》子部術數類，第二八八頁。《四庫全書簡明目録》卷一一子部七術數類，第四二二頁。《四庫全書總目》卷一〇九子部一九術數類二，第九二三頁下。

《京氏易傳》三卷

漢京房撰，吴陸績注。《隋》《唐志》俱不録。晁公武《讀書志》云：「題曰京氏《積算易傳》者，疑《隋》《唐志》之《錯卦》是也；《雜占條例法》者，疑《唐志》之《逆刺占災異》是也[一]。《積算易傳》三卷，《雜占條例法》一卷，或共題《易傳》四卷。今考《隋志》，載京房書有《周易占》十二卷，《守林》三卷，《飛候》九卷，又六卷，《四時候》四卷，《錯卦》七卷，《混沌》四卷，《委化》四卷，《逆刺占災異》十二卷。《唐志》乃以《逆刺占災異》屬之費直，而京氏《錯卦》作八卷，《逆刺》三卷。晁公武所説，似未盡然。今《雜占條例法》久佚，獨此三卷論世應、飛伏、游魂、納甲之法，京氏學粗可考見者，惟此耳。今占筮家咸周之[二]，雖無當《易》之精義，然亦一家之學也。

【校記】

[一]案本條正文凡「刺」字，底本原俱誤作「刺」，兹據《隋書》卷三四《經籍志》、《郡齋讀書志》卷一經部易類「《京房易傳》四卷」條及《四庫全書總目》卷一〇九同條改。

[二]周　疑爲「同」之形訛。

【今案】《四庫全書薈要總目提要》第三〇七頁。影印文淵閣《四庫全書》第八〇八册第四三九頁書前提要。《文溯閣四庫全書提要》卷六一子部一三術數類二，第一九三三頁。《文津閣四庫全書提要匯編》子部七術數類四，第二八九頁。《四庫全書簡明目録》卷一一子部七術數類，第四二三頁。《四庫全書總目》卷一〇九子部一九術數類二，第九二四頁中。

《元包》五卷、《元包數總義》二卷[一]

北周衛元嵩撰，唐蘇源明傳，李江注。其《總義》二卷，宋張行成撰也。元嵩見《北史・藝術傳》，稱其好言將來事。楊楫嘗序其書，云：『元嵩，益州成都人。明陰陽歷（曆）算，獻策後周，賜爵持節蜀郡公。』宋《崇文總目》及《中興館閣書目》並以爲唐人，誤也。是書體例近《太元（玄）》，序次則用《歸藏》，首坤而繼以乾、兑、艮、離、坎、巽、震卦，凡七變，合本卦，共成八八六十四。自繫以辭，言多詰屈，好用古文僻字，難以猝讀。觀源明之傳與江之注，乃可粗得其音訓，亦好異之士也。宋紹興中，臨邛張行成以蘇、李二氏徒言其理，未知其數，復編採《易》說以通其旨，著爲《總義》二卷。然數術家從無用以占卜者，徒以古書存之而已。

【校記】

[一]元包數總義　案《四庫全書總目》卷一〇八同條作『附《元包數總義》』。

【今案】《四庫提要分纂稿》第一八五頁。影印文淵閣《四庫全書》第八〇三册第二一七頁書前提要。《文溯閣四庫全書提要》卷六〇子部一二術數類一，第一八九八頁。《文津閣四庫全書提要匯編》子部七術數類一，第二六三頁。《四庫全書簡明目録》卷一一子部七術數類，第四一六頁。《四庫全書總目》卷一〇八子部一八術數類一，第九一四頁下。

《夢占類考》十二卷

明張鳳翼撰。鳳翼字伯起，長洲人。嘉靖甲子舉人。取六經、子、史及稗官、野乘所言夢兆之事，編次成書，分爲三十四類。大抵摭集原文，略採後人之論，及以己見附之。《周官》太卜掌三夢之法占夢，占六夢之吉凶。《漢志》有黄帝《長柳占夢》十一卷，《甘德》十卷。《隋志》有京房《占夢書》三卷。古法相沿，列於史卜之職，故鳳翼亦以『夢占』名書。然自唐以來，其術久廢。是編所載，僅據其善惡徵驗已然之迹，而於所謂占事知來者，茫乎未得其術。則亦僅抄撮故事之書，而不可據以候睎吉凶，於『占』之名，頗無當也。

【今案】《四庫全書總目》卷一一一子部二一術數類存目二，第九五一頁下。

《九圜史圖》一卷、附《六匌曼》一卷

明趙宧光撰[一]。宧光嘗撰《説文長箋》，别見經部小學類。又著圖誌譜考辨説六部，此書即六部之一也。其圖曰《三儀》，謂日、月、地也。曰《須彌》，謂四大州也。曰《六匌平》，即以四州之地平鋪而觀之。曰《六匌轉》，即以四州之地，從地球兩面觀之。曰《北極出地》，從勾陳大星與北極五星之間作識以爲北辰。曰《合朔遠近》，謂衡岳、和林、鐵勒、北海諸處時刻不同也。曰《春秋晝夜》，謂日南、日北早晚不一也。惟《北極》一圖，與渾天儀合，餘皆摭拾陳編，參以浮屠之説。其《六匌曼》則泛論天地之廣，荒誕不經，蓋無可徵驗矣。

【校記】

[一]宧 案本條正文凡『宧』字，底本原俱誤作『宦』，兹據《明史》卷九八《藝文志》著録『趙宧光《九圜史》一卷』條、《四庫全書總目》卷一〇七同條及卷四三經部小學類『《説文長箋》一百四卷』條改。

【今案】《四庫全書總目》卷一〇七子部一七天文算法類存目，第九一二頁上。

《羅經頂門針》二卷

明建溪諸生徐之鏌撰。專論指南針法，以當時堪輿家羅經之制，僅主二十四向，而略先天十二支之位爲非，因著論詳辨，復繪之爲圖，分三十三層，各有詳説。後附《圖解》一卷，則其門人朱之相所作也。

【今案】《四庫全書總目》卷一一一子部二一術數類存目二，第九四二頁上。

《算法統宗》十七卷

明程大位撰。大位字汝思，徽州人。珠算之名，始見甄鸞《周髀注》，則北齊已有之，然所説與今頗異。宋人《三珠戲語》始有算盤珠之説，則是法盛行於宋矣。此書專爲珠算而作，其法皆適於民用，故世俗通行。惟拙於屬文，詞多支蔓，未免榛枯勿剪之譏。

【今案】《四庫全書總目》卷一〇七子部一七天文算法類存目，第九一三頁中。

《同文筭指前編》二卷、《通編》六卷、《圜容較義》一卷[一]

明李之藻撰。專用西法，於損益乘除、錯綜變化之理，頗爲詳密。之藻字振之，仁和人，累官工部員外郎。與徐光啓同修《崇禎歷（曆）書》，蓋得利瑪竇之傳者。《前編》有光啓序，《通編》有楊廷筠序，《圜容較義》則之藻所自序也。

【校記】

［一］同文筭指前編二卷通編六卷圜容較義一卷　案《四庫全書總目》卷一〇七同條作『《同文筭指前編》二卷、《通編》八卷』。

【今案】影印文淵閣《四庫全書》第七九八册第三三九頁書前提要。《文溯閣四庫全書提要》卷五九子部一一天文算法類二，第一八八五頁。《文津閣四庫全書提要匯編》子部六天文算法類二，第二五二頁。《四庫全書簡明目録》卷一一子部六天文算法類，第四一二頁。《四庫全書總目》卷一〇七子部一七天文算法類二，第九〇七頁上。

《易占經緯》四卷

明韓邦奇著。邦奇字汝節，朝邑人。正德三年進士。官至兵部尚書，謚恭簡。兹編專闡卜筮之法，以三百八十四變爲經，四千九十六變爲緯。經者，《易》之爻辭，緯取焦氏《易林》附之。占則一以孔子占變爲主，蓋言數而流於藝術者也。《經義考》載其門人王賜紱序略，而此本不録。别有濟南金城序，殊不及原序之詳。

【今案】《四庫全書總目》卷一一一子部二一術數類存目二，第九四五頁中。

《曉庵新法》六卷

國朝王錫闡撰。錫闡字寅旭，吴江人，曉庵其號也。其書前一卷述勾股割圜諸法，後五卷皆推步七政交食凌犯之術。觀其自序，是蓋成於明之末年，故以崇禎元年戊辰爲歷（曆）元，以南京應天府爲里差之元。其分周天爲三百八十四，更以分弧爲逐限，加減爲從消，創立新名。雖頗涉臆撰，然其時徐光啓等主持西學，聚訟盈庭，錫闡獨閉户著書，以存古法。雖疏密互見，要亦可資參考，故其説之合者，多見於《御製數理精蘊》，未可盡廢也。又書中於法有未備者，每稱别見《遺補》，然此本止於六卷，實無所謂《補遺》者，意其有佚篇耶？

【今案】影印文淵閣《四庫全書》第七九三册第四五一頁書前提要。《文溯閣四庫全書提要》卷五八子部一〇天文算法類一，第一八五二頁。《文津閣四庫全書提要匯編》子部六天文算法類一，第二二八頁。《四庫全書簡明目録》卷一一子部六天文算法類，第四〇六頁。《四庫全書總目》卷一〇六子部一六天文算法類一，第八九九頁上。

《幾何論約》七卷

國朝杜知耕撰。歐邏巴幾何之學，蓋出於九數之勾股而變化其法，取以徑捷。明萬歷（曆）中，利瑪竇始傳於中國。然中西語異，譯書者又拙於文，故其説轉繁，猝難知通。知耕取《天學初函》中《幾何原本》六卷，删除蕪冗。又於原題百八十二、丁氏利氏增題十六之外，以己意推闡，立題凡十。辭約而術備，於筭數頗有發明。

【今案】影印文淵閣《四庫全書》第八〇二册第一頁書前提要。《文溯閣四庫全書提要》卷五九子部一一天文算法類二，第一八八七頁。《文津閣四庫全書提要匯編》子部六天文算法類二，第二五四頁。《四庫全書簡明目録》卷一一子部六天文算法類，第四一三頁。《四庫全書總目》卷一〇七子部一七天文算法類二，第九〇八頁上。

《天經或問前集》不分卷[一]

國朝游藝撰。藝字子六，福建人。其書凡前、後二集，此其前集也。凡天、地之象，日、月、星之行，薄蝕、朒朓之故，與風、雲、雷、電、雨、露、霜、霧、虹、霓之屬，皆設爲問答，一一推闡其所以然。詞意簡明，不悖於經。至於術家一切占驗之法穿鑿附會、徒惑民聽者，悉屏不言，猶爲有識。

【校記】

［一］不分卷　案《四庫全書總目》卷一〇六同條作『四卷』。

【今案】影印文淵閣《四庫全書》第七九三册第五六五頁書前提要。《文溯閣四庫全書提要》卷五八子部一〇天文算法類一，第一八五四頁。《文津閣四庫全書提要匯編》子部六天文算法類一，第二三〇頁。《四庫全書簡明目録》卷一一子部六天文算法類，第四

○七頁。《四庫全書總目》卷一○六子部一六天文算法類一，第八九九頁下。

《天文大成管窺輯要》八十卷

國朝黄鼎撰。鼎字玉耳，六安人。明末以諸生從軍，積功至總兵官。入本朝，官至提督。晚年集古今天文占候，分門編録[一]，大學士范文程序之。大旨主災祥而不主推步，繁稱博引，多參以迂怪荒唐之説。

【校記】

[一]編録 底本原作「緑録」，雖已圈去上一「緑」字，仍爲訛誤，兹據《四庫全書總目》卷一一○同條改。

【今案】《四庫全書總目》卷一一○子部二○術數類存目一，第九三九頁中。

《勾股引蒙》不分卷[一]

國朝陳訏撰。訏字言揚，海寧人。其書起加、減、乘、除、籌筭、筆筭，次平方、立方，次勾股和較，次勾股測量、三角測量。大旨祖述唐順之、顧應祥、李之藻、梅文鼎之説，括其精要。末有八線表，以一萬爲半徑大數。凡筭法所謂線、面、體者，是書皆舉其綱領，具有條理。

【校記】

[一]不分卷 案《四庫全書總目》卷一○七同條作「五卷」。

【今案】影印文淵閣《四庫全書》第八○二册第五九三頁書前提要。《文溯閣四庫全書提要》卷五九子部一一天文算法類二，第一八九○頁。《文津閣四庫全書提要匯編》子部六天文算法類二，第二五六頁。《四庫全書簡明目録》卷一一子部七術數類，第四一四頁。《四庫全書總目》卷一○七子部一七天文算法類二，第九○八頁下。

《元(玄)珠密語》十七卷

舊本題唐王冰撰。冰自號啓元(玄)子，嘗爲太僕令，醫家所謂「王太僕」者是也。考冰註《素問》二十四卷，見《新唐書·藝文志》，而不載此書。鄭樵《通志略》始載此書十卷，而不云冰作。其書本《素問》五運六氣之説而敷衍之，始言醫術，浸淫及於測望占候。前有自序，稱爲其師元（玄）珠子所授，故曰《元（玄）珠密語》。又自謂以啓問於元（玄）珠，故號啓元（玄）。然考冰所註《素問》二十四卷，義藴宏深，文辭典雅，不似此書之迂怪。且序末稱傳之非人，殃墮九祖，乃粗野道流之言。序中又謂「余於百年間不逢志求之士，亦不敢隱没聖人之言，遂書五本，藏之五岳深洞中」。是直言藏此書時，其年已在百歲外，居然自號神仙矣，尤怪妄不可信也。意此書必唐末道士如杜光庭輩者所爲，而隱其名姓，故鄭樵雖著於録，尚不題撰人。後人因運氣之説出於《素問》，而冰註《素問》最有名，故托[一]。

【校記】

[一]案底本原案曰：「編按：此提要缺文待查，今補白葉。」《四庫全書總目》卷一一〇「《元（玄）珠密語》十七卷」條：「舊本題唐王冰撰。冰有《黄帝素問注》，已著録。《素問》序稱詞理秘密，難粗論述者，别撰《元（玄）珠》，已明其道，則冰實有《元（玄）珠》一書。然考冰爲寶應時人，官至太僕令。而此書序中有因則天理位而乃退志休儒之語，時代事迹，皆不相合。其書本《素問》五運六氣之説而敷衍之，始言醫術，浸淫及於測望占候。前有自序，稱爲其師元（玄）珠子所授，故曰《元（玄）珠密語》。又自謂以啓問於元（玄）珠，故號啓元（玄）。然考冰所注《素問》，義藴宏深，文詞典雅，不似此書之迂怪。且序末稱傳之非人，殃墮九祖，乃粗野道流之言。序中又謂『余於百年間不逢志求之士，亦不敢隱没聖人之言，遂書五本，藏之五嶽深洞中』。是直言藏此書時，其年已在百歲之外，居然自號神仙矣，尤怪妄不可信也。宋高保衡等校正内經云，詳王氏《元（玄）珠》，世無傳者，今之《元（玄）珠》，乃後人附托之文耳。雖非王氏之書，亦於《素問》十九卷、二十四卷頗有發明，則宋時已知其僞。明洪武間吕復作《群經方古論》云《密語》所述乃六氣之説，與高氏所指諸卷全不侔，則吕復所見者併非高保衡所見，又僞本中之重儓。且鄭樵《通志略》稱《元（玄）珠密語》十卷，吕復亦稱十卷，而此本乃十七卷，則後人更有所附益，又非明初之本矣。術數家假託古人，往往如是，不足詰也。其書舊列於醫家，今以其多涉機祥，故存其目於術數家焉。」

【今案】《四庫全書總目》卷一一〇子部二〇術數類存目一，第九三七頁上。

《太素脉法》一卷

不著撰人名氏。原序稱：『唐末有樵者於崆峒山石函得此書，凡上、下二卷，云仙人所遺。』其説荒誕，蓋術者所依托。此本秖一卷，或經合併，或佚其下卷也。其法以脉辨人貴賤、吉凶，蓋即秦醫和視晉侯而知趙武將死之術，於理亦或有之。然其書皆七言歌括，鄙俚粗淺，决非古人之秘義，故今操是術者，亦百無一驗。姑存其名，以備一家之説可矣。

【今案】《四庫全書總目》卷一一一子部二一術數類存目二，第九五一頁上。

《回回歷（曆）》四卷

不著撰人名氏。前一卷載步筭之術，後三卷皆立成表也。《明史》載回回算術，唐代已入中國，所謂《九執歷（曆）》者是也。元札瑪里迪音復有《萬年歷（曆）》，皆以土盤立算，仍用其本國之書。此本爲明洪武中所譯，《明史》所紀回回法，即從此採出。然譯者拙於屬文，詞多鄙野，又傳寫訛脱，轉足滋疑。其精華已略載《明史》中，可無庸復録其糟粕矣。

【今案】《四庫全書總目》無此條。

《青羅歷（曆）》不分卷[一]

不著撰人名氏。考陳振孫《直齋書録解題》云：『《青羅立成歷（曆）》一卷，司天監朱奉奏。據其歷（曆）[二]，「起貞元十年甲戌入歷（曆）[三]，至今乾寧丁巳」，則是唐末人。』疑即此書也。其法列一年十二月爲定表，用節氣紀太陽、太陰宿次，又以年經月緯縱横立表，各定年數，爲五星周而復始之期。案月日經天有常度，亦有差分，故月有大小，閏有常期。若一概限以節氣、太陽，倘連值十五日之節，尚可遷就，太陰用三十日爲定策，則必不能齊。至五星躔度，各有遲速，其周天之數，贏縮不能畫一，拘以足定數[四]，亦類刻舟。又日、月、五星，謂之七曜。曜者，光曜之謂也。月孛、羅、計、紫炁雖有躔次，實無其形。此書立十一曜之名，已爲未協。至論月孛一條，乃有披金甲及背上插箭之語，一若親睹其形者，大抵剿襲道家符籙等書，而不知其荒唐已甚也。

【校記】

[一]不分卷　案《四庫全書總目》卷一〇七同條作「無卷數」。

[二]曆　案《四庫全書總目》卷一〇七同條作「稱」。《直齋書録解題》卷一二陰陽家類及《文獻通考》卷二二〇《經籍考》著録「《青羅立成曆》一卷」條俱作「曆」。此蓋《總目》以避乾隆皇帝名諱改寫此字，亦或誤寫此字。

[三]起　案《四庫全書總目》卷一〇七同條無此字。

[四]足　案《四庫全書總目》卷一〇七同條無此字，似爲衍文。

【今案】《四庫全書總目》卷一〇七子部一七天文算法類存目，第九一〇頁中。

《正易心法》一卷

舊本題曰麻衣道者撰。朱子云：「麻衣道者，本無言語，祗因小説有陳希夷問錢若水骨法一事，遂有南康軍戴師愈僞造《正易心法》一書以托之。」胡一桂云：「《正易心法》四十二章，章四句，句四言，題『希夷先生受并消息』。」蓋未可爲據云。

【今案】《四庫全書總目》卷一一〇子部二〇術數類存目一，第九三二頁上。

《星經》二卷

不著撰人姓名，或歸之甘石。《文獻通考》列甘石《星經》一卷，引晁氏云：「漢甘公、石申撰。以日、月、五星、三垣、二十八舍恒星圖象次舍，有占訣以候休咎。」《隋書·經籍志》：「《石氏《星簿經讚》一卷，《星經》二卷，甘氏《四七法》一卷。」是書卷數雖與《隋志》合，而多舉隋、唐州名，必非秦、漢間書也。所載星象，今亦殘缺不全。

【今案】《四庫全書總目》卷一〇七子部一七天文算法類存目，第九一〇頁上。

《元(玄)女經》一卷

題云黄帝授三子《元(玄)女經》，蓋術數家依托所爲。《隋書·經籍志》有《元(玄)女戰經》一卷，《黄帝問元(玄)女兵法》四卷，列之兵家；又有《元(玄)女式經要法》一卷，列之五行家。此卷詳於論嫁娶日辰。其發端以天一所在占日之吉凶，以天罡加臨占與人期會，蓋當屬之五行類。然無以證其即《元(玄)女式經要法》否也。此本爲毛晋所刻，字多脱誤，殆不可讀。

【今案】《四庫全書總目》卷一一一子部二一術數類存目二，第九四七頁下。

《葬經》一卷

題云青烏先生《葬經》，大金丞相兀欽仄注。經與注似出一手，淺近膚末，蓋皆依托爲之。郭璞《葬書》引經曰若干條，皆見於此本，然字句頗有異同。蓋依托者獵取璞書以自證，而又稍移其文以泯剽襲之迹耳，未可據爲考驗也。

【今案】《四庫全書總目》卷一一一子部二一術數類存目二，第九四〇頁上。

《宅經》二卷

舊本題曰《黄帝宅經》。然書内明指黄帝二《宅經》及《淮南子》，李淳風、吕才等《宅經》二十有九種，則「黄帝」二字，殆後人轉寫僞加也。其法分二十四路考尋休咎，以八卦之位向乾、坎、艮、震及辰爲陽，巽、離、坤、兑及戌爲陰。陽以亥爲首，巳爲尾，陰以巳爲首，亥爲尾。而主於陰陽相得，不得謂無義理，文辭亦不流於卑俗，猶術數之近古者也。

【今案】影印文淵閣《四庫全書》第八〇八册第一頁書前提要。《文淵閣四庫全書提要》卷六一子部一三術數類二，第一九二一頁。《文津閣四庫全書提要匯編》子部七術數類三，第二七九頁。《四庫全書簡明目録》卷一一子部七術數類，第四二〇頁。《四庫全書總目》卷一〇九子部一九術數類二，第九二一頁上。

子部四 雜藝類

《古畫品録》一卷

南齊謝赫撰。赫不知何許人。姚最《續畫品録》稱其寫貌人物，不須對看，所須一覽，便歸操筆，點墨研精[一]，意存形似，目想豪髪[二]，比無遺失[三]。則亦畫家名手矣。是書等差畫家之優劣，分爲六品，晁氏謂分四品者，誤也。大抵謂畫有六法，兼善者難，自陸探微以下，以次品第，各爲序引。其意頗矜慎，得二十七人。陳姚最嘗譏其未允，謂如長康之美，擅高往策，矯然獨步，終始無雙，列於下品，尤所未安。李嗣真亦譏其黜衛進曹，有涉貴耳之論。然所言六法，畫家宗之，至今千載不易也。

【校記】

[一]墨 案《四庫全書總目》卷一一二同條作「刷」。

[二]豪 案《四庫全書總目》卷一一二同條作「毫」。

[三]比 案《四庫全書總目》卷一一二同條作「皆」。

【今案】《四庫提要分纂稿》第四〇九頁。影印文淵閣《四庫全書》第八一二册第一頁書前提要。《文溯閣四庫全書提要》卷六二子部一四藝術類一，第一九六三頁。《文津閣四庫全書提要匯編》子部八藝術類一，第三一三頁。《四庫全書簡明目録》卷一二子部八藝術類，第四二九頁。《四庫全書總目》卷一一二子部二二藝術類一，第九五二頁中。

《續畫品》一卷

舊本題陳吴興姚最撰。今考書中稱梁元帝爲湘東殿下，則作是書時，猶在江陵即位之前，蓋梁人而入陳者，猶《玉臺新詠》作於梁簡文在東宫時，而今本皆題陳徐陵耳。其書繼謝赫《古畫品録》而作，而以赫所品高下多失其實，故但叙時代，不分品目。所録始於梁元帝，終於解蒨，凡二十人，各爲論斷。中嵇寶鈞、聶松合一論，釋僧珍、僧覺合一論，釋迦佛陀吉辰、俱摩羅菩提合一論，凡爲論十六則。名下間有附註，如「湘東殿下」條註曰：「梁元帝初封湘東王，嘗畫《芙蓉圖》《醮鼎圖》。」「毛棱」條下註曰：「惠秀姪。」似是最之本文。「張僧繇」條下註「五代梁時吴興人」，則決不出最之手。或註皆後人所益也。凡所論斷，多不過五六行，少或止於三四句，而出以儷詞，氣體雅雋，確爲唐以前人之語，非後人所能依托也。

【今案】《四庫提要分纂稿》第四一〇頁。影印文淵閣《四庫全書》第八一二册第二頁書前提要。《文溯閣四庫全書提要》卷六二子部一四藝術類一，第一九六三頁。《文津閣四庫全書提要匯編》子部八藝術類一，第三一四頁。《四庫全書簡明目録》卷一二子部八藝術類，第四二九頁。《四庫全書總目》卷一一二子部二二藝術類一，第九五二頁下。

《歷代名畫記》十卷

唐張彦遠撰。姓字詳見《法書要録》。自序謂家世藏法書名畫，收藏鑒識，自謂有一日之長。所述極爲賅備。然如上古《河圖》之類，一概列之於名畫，未免不倫[一]，是亦好博之過也。晁公武《讀書志》載彦遠《名畫獵精》六卷，記歷代畫工名姓，自始皇以降，至唐朝，及論畫法并裝背褫軸之式，鑒别閲玩之方。虞山毛晋謂彦遠自序止云《歷代名畫記》，不及此書，意其大略相似。今觀是書惟叙歷代畫家及其畫之可傳者，所謂畫法裝褫鑒别絶不及之，則《獵精》當别是一書，今不復傳，未可定爲相似也。且郭若虚《圖畫見聞志》曾引是書，乃謂無名氏撰，則併晁氏之説，亦未足據矣。

【校記】

［一］倫 底本原作『論』，誤，兹據《文津閣四庫全書提要匯編》子部八同條改。

【今案】影印文淵閣《四庫全書》第八一二册第二七七頁書前提要。《文溯閣四庫全書提要》卷六二子部一四藝術類一，第一九七一頁。《文津閣四庫全書提要匯編》子部八藝術類一，第三一九頁。《四庫全書簡明目録》卷一二子部八藝術類，第四三一頁。《四庫全書總目》卷一一二子部二二藝術類一，第九五四頁中。

《法書要録》十卷

唐張彦遠撰。彦遠字愛賓，河東人。能文工字，學隸書外，尤喜作八分書。其家累世積圖書，鐘、張、衛、王每至成軸。此書具載古人論書語，起於漢代，迄今會昌，以九等品第能書人，較庾肩吾諸家所評，特爲精審。

【今案】影印文淵閣《四庫全書》第八一二册第一〇三頁書前提要。《文溯閣四庫全書提要》卷六二子部一四藝術類一，第一九六九頁。《文津閣四庫全書提要匯編》子部八藝術類一，第三一八頁。《四庫全書簡明目録》卷一二子部八藝術類，第四三一頁。《四庫全書總目》卷一一二子部二二藝術類一，第九五四頁上。

《畫史》一卷

宋米芾撰。芾，吳人。《宋史》有傳，稱其妙於翰墨，繪畫自名一家，尤精鑒裁。此書輯本朝公卿士庶家藏名畫，一一論次其優劣，蓋舉其生平所睹者也。中論「五聲」一條，謂沈約求其宫聲而不得，乃分平聲爲上、下，不知其何所本？其論唐五王之功業，不知薛稷二《鶴》，則顛甚矣。

【今案】《四庫提要分纂稿》第四一〇頁。影印文淵閣《四庫全書》第八一三册第一頁書前提要。《文溯閣四庫全書提要》卷六二子部一四藝術類一，第一九八三頁。《文津閣四庫全書提要匯編》子部八藝術類一，第三二八頁。《四庫全書簡明目録》卷一一二子部二二藝術類一，第九五七頁中。

《宣和畫譜》二十卷

記宋徽宗朝内府所藏諸畫，前有宣和庚子御製序。然序中稱「今天子」云云，乃類臣子之頌詞，疑標題誤也。所載共二百三十一人，計六千三百九十六軸。分爲十門，一道釋，二人物，三宫室，四蕃族，五龍魚，六山水，七鳥獸，八花木，九墨竹，十蔬果。其以道釋爲首，蓋當神霄寶册凝思禮神之時也。毛晉叙録，一一穿鑿先後之，故引馬遷作史，先黄老而後六經，復引楊雄六經濟道之文，以附會其説，妄之甚矣。

【今案】影印文淵閣《四庫全書》第八一三册第六七頁書前提要。《文溯閣四庫全書提要》卷六二子部一四藝術類一，第一九八八頁。《文津閣四庫全書提要匯編》子部八藝術類一，第三三一頁。《四庫全書簡明目録》卷一一二子部八藝術類，第四三五頁。《四庫全書總目》卷一一二子部二二藝術類一，第九五八頁下。

《書録》三卷[一]

宋董更撰[二]。更字良史[三]。其書分上、中、下三篇。上篇載宋藝祖至高宗，後二篇載臣庶之能書者。有見輒抄於帙，凡評議題跋，亦復彙記，更爲《外篇》附卷末，亦載數人。蓋仿《華陽國志》實儒貧女有可紀者莫不咸具例也。前有自序，已殘缺。後有自跋，言書成於理宗淳祐壬寅，後景定元年庚申毁於火，度宗咸淳元年乙丑從章氏得其舊本，乃重編此集。今此本輾轉傳抄，中間又多訛脱矣。

【校記】

［一］書録三卷　案《四庫全書總目》卷一一二同條作「《書録》三卷、《外篇》一卷」。

［二］董更　案《四庫全書總目》卷一一二同條作「董史」。

［三］更字良史　案《四庫全書總目》卷一一二同條作「史字更良」。

【今案】影印文淵閣《四庫全書》第八一四册第二八三頁書前提要。《文溯閣四庫全書提要》卷六二子部一四藝術類一，第二〇〇〇頁。《文津閣四庫全書提要匯編》子部八藝術類一，第三四一頁。《四庫全書簡明目録》卷一二子部八藝術類，第四三七頁。《四庫全書總目》卷一一二子部二二藝術類一，第九六一頁中。

《圖畫見聞志》六卷

《經籍考》作《名畫見聞志》，宋郭若虚撰。若虚不知何許人。陳振孫云自序在元豐中「稱大父司徒公，未知何人」。郭氏在國初無顯人，但有郭承祐耳」。然今考史傳，並郭承祐亦不載，莫之詳也。晁公武謂若虚以張愛賓之《畫記》絶筆唐末，因續之，歷五代，止熙寧七年，分叙論、記藝、故事、近事四門。馬氏《經籍考》以爲看畫之綱領，蓋當時固重其書矣。

【今案】影印文淵閣《四庫全書》第八一二册第五〇七頁書前提要。《文溯閣四庫全書提要》卷六二子部一四藝術類一，第一九七九頁。《文津閣四庫全書提要匯編》子部八藝術類一，第三二五頁。《四庫全書簡明目録》卷一二子部八藝術類，第四三三頁。《四庫全書總目》卷一一二子部二二藝術類一，第九五六頁中。

《廣川書跋》十卷

宋董逌撰。逌字彦遠，東平人，題曰「廣川」，從郡望也。逌，政和中官徽猷閣待制。王明清《玉照新志》載宋齊愈獄牘，稱司業董逌在坐，則靖康末尚官司業矣。丁特起《孤臣泣血録》並記其受張邦昌僞命，爲之撫慰太學諸生事，其人蓋不足道者。然其書畫賞鑒，則至今推之。是編皆古器款識及漢、唐以來碑帖，末亦附宋人數帖，論斷考証，皆極精審。其據《左傳》成有岐陽之蒐，定石鼓文爲成王作，雖未必確，而説亦甚辨。然能知《孫叔敖碑》不可信，而《滕公石槨銘》乃信《博物志》《西京雜記》之語。又如以『紀爲裂繻之國，』不知其是卿非侯，以『窗中列遠岫』爲謝靈運詩，不知其爲謝朓，亦多疏舛。要不害其鑒别之精也。

【今案】影印文淵閣《四庫全書》第八一三册第三三三頁書前提要。《文溯閣四庫全書提要》卷六二子部一四藝術類一，第一九九一頁。《文津閣四庫全書提要匯編》子部八藝術類一，第三三四頁。《四庫全書簡明目録》卷一二子部八藝術類，第四三五頁。《四庫全書總目》卷一一二子部二二藝術類一，第九五九頁中。

《宣和書譜》二十卷

宋徽宗時集内府所藏名帖成之。首列帝王諸書爲一卷，次列篆隸爲一卷，次列正書四卷，次列行書六卷，次列草書七卷，末列分書一卷，而制誥附焉。叙述頗詳，非若《博古圖》之動輒舛謬也。

【今案】影印文淵閣《四庫全書》第八一三册第二〇七頁書前提要。《文溯閣四庫全書提要》卷六二子部一四藝術類一，第一九八九頁。《文津閣四庫全書提要匯編》子部八藝術類一，第三三三頁。《四庫全書簡明目録》卷一二子部八藝術類，第四三五頁。《四庫全書總目》卷一一二子部二二藝術類一，第九五九頁上。

《海岳名言》一卷

宋米芾撰。皆論書之語，大抵高自標置，而詆呵古人，其掊擊顔真卿尤力，蓋其宗旨異也。然其精微之語，書家至今奉爲圭臬。惟詭稱神人夢授一條，隱欲自比蔡邕之事，則所見頗陋耳。

【今案】影印文淵閣《四庫全書》第八一三册第五二頁書前提要。《文溯閣四庫全書提要》卷六二子部一四藝術類一，第一九八六頁。《文津閣四庫全書提要匯編》子部八藝術類一，第三三一頁。《四庫全書簡明目録》卷一二子部八藝術類，第四三四頁。《四庫全書總目》卷一一二子部二二藝術類一，第九五八頁中。

《畫繼》十卷

宋鄧椿撰。椿，雙流人。祖洵武，政和中知樞密院。其時最重畫學，椿以家世聞見，綴成此書。先是唐張彦遠作《畫記》，起軒轅，止唐會昌元年。宋郭若虚作《畫誌》，起會昌元年，止宋熙寧七年。椿作此繼之，起熙寧七年，止乾道三年，上而王侯，下而工技，九十四年之中，凡二百一十九人。一卷至五卷以人分，曰《聖藝》，曰《侯王貴戚》，曰《軒冕材賢》，曰《縉紳韋布》，曰《道人衲子》，曰《世胄婦女及宦者》。六卷、七卷以畫分，曰《仙佛鬼神》，曰《人物傳寫》，曰《山水林石》，曰《花竹翎毛》，曰《鳥獸蟲魚》[一]，曰《屋木舟車》，曰《蔬果藥草》，曰《小景雜畫》。八卷曰《銘心絶品》，記所見奇迹愛不能忘者。九卷、十卷曰《雜説論遠》《雜説論近》。

【校記】

［一］烏　案《畫繼》卷七及《四庫全書總目》卷一一二同條俱作『畜』。

【今案】《四庫提要分纂稿》第四一〇頁。影印文淵閣《四庫全書》第八一三册第五〇三頁書前提要。《文溯閣四庫全書提要》卷六二子部一四藝術類一，第一九九三頁。《文津閣四庫全書提要匯編》子部八藝術類一，第三三六頁。《四庫全書簡明目録》卷一二子部八藝術類，第四三六頁。《四庫全書總目》卷一一二子部二二藝術類一，第九五九頁下。

《蘭亭考》十二卷

宋桑世昌編。世昌，字澤卿，淮海人，世居天台。此書始名《博議》，高文虎序之。葉適《水心集》亦有《蘭亭博議跋》，云：『字書自《蘭亭》出，上下數千載，無復倫擬，而定武石刻，遂爲今世大議論。桑君此書，信足以垂名矣。君事事精習，詩尤工，其《即事》云：「翠添鄰塹竹，紅照屋山花」。蓋着色畫也。』案世昌爲陸游之甥，故學有原本如是。其書本十五卷，後文虎之子似孫又爲删定，去其《集字》《附見》二篇。《集字》者，後人集《蘭亭》帖字以爲文；《附見》者，羲之各種書迹也。似孫削之，論者或以爲非。然著作之體，自有斷限，《集字》無與於羲之，《附見》無與於《蘭亭》，似孫所削，其識過世昌遠矣。

【今案】影印文淵閣《四庫全書》第六八二册第七三頁書前提要。《文溯閣四庫全書提要》卷四七史部二一目録類二，第一五〇六頁。《文津閣四庫全書提要匯編》史部一四目録類，第五〇一頁。《四庫全書簡明目録》卷八史部一四目録類，第三二五頁。《四庫全書總目》卷八六史部四二目録類二，第七三六頁中。

《碧雞漫志》一卷

宋王灼撰。灼字晦叔，遂寧人。其書核叙樂府源流，最爲詳析[一]，猶可以考見宋代歌詞梗概，實亦《樂府解題》之類也。

【校記】

[一]析 疑爲「析」之形訛。

【今案】影印文淵閣《四庫全書》第一四九四册第五〇五頁書前提要。《文溯閣四庫全書提要》卷一一四集部三六詞曲類二，第四〇五三頁。《文津閣四庫全書提要匯編》集部一〇詞曲類二，第一一〇九頁。《四庫全書簡明目録》卷二〇集部一〇詞曲類，第九〇三頁。《四庫全書總目》卷一九九集部五二詞曲類二，第一八二六頁上。

《書苑菁華》二十卷

宋錢塘陳思編輯。思乃臨安書賈，讀書能詩，多與士大夫游，嘗著《寶刻叢編》二十卷。此編復採歷來論書之文，輯爲一書，分書法、書勢、書狀、書體、書旨、書品等三十一門，徵引頗爲詳備。

【今案】影印文淵閣《四庫全書》第八一四册第二頁書前提要。《文溯閣四庫全書提要》卷六二子部一四藝術類一，第一九九八頁。《文津閣四庫全書提要匯編》子部八藝術類一，第三三九頁。《四庫全書簡明目録》卷一二子部八藝術類，第四三七頁。《四庫全書總目》卷一一二子部二二藝術類一，第九六一頁上。

《洞天清録》一卷

宋開封趙希鵠撰。取古琴、舊硯、名畫、法書及鐘鼎、彝器、茶香、紙墨等類，分爲十門，辨别考訂，具有鑒裁。曹溶嘗採其書載入《續藝圃蒐奇》中，卷數與此正同，當是原本。明錢塘鐘人傑輯《唐宋叢書》，别載一本，與此本迥異，而其中有楊慎之説，寧庶人宸濠之名，及永樂、宣德、成化諸年號，其爲明人所僞撰無疑也。希鵠，宋宗室子，《宋史·世系表》列其名於燕王房下[一]，蓋太祖之後。

【校記】

［一］列　底本原作『別』，誤，兹據《四庫全書總目》卷一二三同條改。

【今案】影印文淵閣《四庫全書》第八七一册第一頁書前提要。《文溯閣四庫全書提要》卷七一子部二三雜家類七，第二二九三頁。《文津閣四庫全書提要匯編》子部一〇雜家類四，第五六九頁。《四庫全書簡明目録》卷一三子部一〇雜家類，第五〇五頁。《四庫全書總目》卷一二三子部三三雜家類七，第一〇五七頁下。

《圖繪寶鑑》五卷、《圖繪寶鑑續編》一卷

元夏文彦撰。采古今能畫者自軒轅至於有元，旁及外國，得一千五百餘人，合《補遺》《續補》爲五卷。文彦嗜古精繪事，爲楊維楨所稱。其家多藏古迹，又於見聞所及，廣搜博識，加以品藻，輯爲是編。《續編》一卷，明韓昂所纂。起明初，訖正德，百五十年間，采輯得一百七人，而冠以仁、憲、孝三宗御筆。昂官欽天監副。書成於正德十四年。

【今案】《四庫提要分纂稿》第四一一頁。影印文淵閣《四庫全書》第八一四册第五四一頁書前提要。《文溯閣四庫全書提要》卷六二子部一四藝術類一，第二〇〇五頁。《文津閣四庫全書提要匯編》子部八藝術類一，第三四五頁。《四庫全書簡明目録》卷一二子部八藝術類，第四三八頁。《四庫全書總目》卷一一二子部二二藝術類一，第九六二頁中。

《鐵網珊瑚》十六卷[一]

題曰朱存理撰。中分畫品六卷、書品十卷。末有萬歷（曆）中常熟趙琦美跋，稱原從秦四麟家得書品、畫品各四卷，後從焦竑得一本，卷帙較多，因兩本互校，增爲書品十卷，畫品六卷。其先後次序，則琦美隱定，而又以所見真迹續於後。稱秦氏原本無撰人姓名，别有跋記作者姓名，後佚去，不復記，然非朱存理也。據此，則是書趙琦美所編次增補，題朱存理撰爲誤矣。雍正六年，年希堯嘗刊此書[二]，跋稱别有一本十四卷者，傳爲存理原本。今亦未見。又世傳有存理所作《珊瑚木難》八卷[三]，所載名迹末皆有自跋語，與此本體例不相類，則此書非出存理手，愈可知也。

【校記】

［一］鐵網珊瑚　案《四庫全書總目》卷一一三同條作『《趙氏鐵網珊瑚》』。

［二］嘗　底本原作『當』，誤，兹據《四庫全書總目》卷一一三同條改。

［三］八　底本原作『四』，誤，兹據本書子部藝術類『《珊瑚木難》八卷』條、《四庫全書總目》卷一一三同條及『《珊瑚木難》八卷』條改。

【今案】影印文淵閣《四庫全書》第八一五册第二六三頁書前提要。《文溯閣四庫全書提要》卷六三子部一五藝術類二，第二〇〇九頁。《文津閣四庫全書提要匯編》子部八藝術類一，第三四八頁。《四庫全書簡明目録》卷一二子部八藝術類，第四三九頁。《四庫全書總目》卷一一三子部二三藝術類二，第九六三頁中。

《珊瑚木難》八卷

明朱存理撰。存理字性父，長洲人。朱彝尊《詩話》謂：存理自少至老，未嘗一日忘學，聞人有異書，必從訪求，以必得爲志。所纂集凡數百卷，既老不厭，坐貧無以自資，其書旋亦散去。兹編悉載所見字畫題跋，其卷中前人詩文世所罕見者，亦附録焉，間加評品。所採皆甚雅馴，前載文徵明、文嘉、王穉登、王騰程四人姓氏，蓋出於其家收藏者爲多。世别有《鐵網珊瑚》，亦稱存理作，遂或混是書而一之，非也。

【今案】影印文淵閣《四庫全書》第八一五册第一頁書前提要。《文溯閣四庫全書提要》卷六三子部一五藝術類二，第二〇〇九頁。《文津閣四庫全書提要匯編》子部八藝術類一，第三四八頁。《四庫全書簡明目録》卷一二子部八藝術類，第四三九頁。《四庫全書總目》卷一一三子部二三藝術類二，第九六三頁上。

《奇器圖説》三卷、《諸器圖説》一卷

《奇器圖説》，歐羅巴人鄧玉函撰。《諸器圖説》，明王徵撰。中述奇器無所不備，而於農器及水法爲尤詳。西洋之學堅僻偏駁，本不足道，而其制器之巧，則甲於古今，寸有所長，自宜節取。且是編所載皆裨益民生之具，其法至便，而其用至溥，録而存之，固可備一

家之學也。

【今案】影印文淵閣《四庫全書》第八四二册第四〇七頁書前提要。《文淵閣四庫全書提要》卷六四子部一六譜録類，第二〇五七頁。《文津閣四庫全書提要匯編》子部九譜録類一，第三八七頁。《四庫全書簡明目録》卷一二子部九譜録類，第四五一頁。《四庫全書總目》卷一一五子部二五譜録類，第九八四頁上。

《墨經》一卷

原本題曰晁氏撰，不著時代名字。諸書引之，亦但曰《晁氏墨經》。考何薳《春渚紀聞》，云晁季一生平無他嗜，獨見墨喜動眉宇，其所製銘曰『晁季一寄寂軒造』者，不減潘、陳。又稱其與賀方回、張秉道、康爲章皆能精究和膠之法，其製皆如犀璧。此書中論膠云：『有上等煤而膠不如法，墨亦不佳；如得膠法，雖次煤能成善墨。』與所言精究和膠亦合，疑爲晁季一作也。

【今案】影印文淵閣《四庫全書》第八四三册第六二六頁書前提要。《文淵閣四庫全書提要》卷六四子部一六譜録類，第二〇六四頁。《文津閣四庫全書提要匯編》子部九譜録類一，第三九四頁。《四庫全書簡明目録》卷一二子部九譜録類，第四五四頁。《四庫全書總目》卷一一五子部二五譜録類，第九八六頁中。

《庚子銷夏記》二卷[一]

國朝孫承澤撰。其書彙集前人書畫，自晉、唐以至明代各爲評隲，最稱精審，後來賞鑒諸家，皆藉爲考據之資焉。

【校記】

[一]二卷　案《四庫全書總目》卷一一三同條作『八卷』。

【今案】影印文淵閣《四庫全書》第八二六册第一頁書前提要。《文淵閣四庫全書提要》卷六三子部一五藝術類二，第二〇二九頁。《文津閣四庫全書提要匯編》子部八藝術類一，第三六四頁。《四庫全書簡明目録》卷一二子部八藝術類，第四四四頁。《四庫全書總目》卷一一三子部二三藝術類二，第九六八頁上。

《繪事備考》八卷[一]

國朝王毓賢撰。毓賢字星聚，官湖廣按察使。兹編採輯舊記，自史皇而下歷代畫家，一一紀其姓名、爵里，各著其所長。其序歷數前代諸書載紀舛誤，知其考正之間，頗爲不苟矣。

【校記】

［一］備　底本原作「通」，誤，兹據《四庫全書總目》卷一一三同條改。

【今案】影印文淵閣《四庫全書》第八二六册第一〇一頁書前提要。《文溯閣四庫全書提要》卷六三子部一五藝術類二，第二〇三〇頁。《文津閣四庫全書提要匯編》子部八藝術類一，第三六五頁。《四庫全書簡明目録》卷一二子部八藝術類，第四四四頁。《四庫全書總目》卷一一三子部二三藝術類二，第九六八頁上。

《書畫彙考》六十卷[一]

國朝卞永譽撰。永譽字令之，鑲紅旗漢軍。官至刑部左侍郎。永譽精於賞鑒，所藏書畫至富。是編採摭繁博，凡前人詩文題跋一一捃載而匯列之。朱彝尊稱集中所收，視《雲煙過眼録》《鐵網珊瑚》獨爲詳備，亦游藝者所不可少之書也。

【校記】

［一］書畫彙考　案《四庫全書總目》卷一一三同條作「《式古堂書畫彙考》」。

【今案】影印文淵閣《四庫全書》第八二七册第一頁書前提要。《文溯閣四庫全書提要》卷六三子部一五藝術類二，第二〇三二頁。《文津閣四庫全書提要匯編》子部八藝術類一，第三六七頁。《四庫全書簡明目録》卷一二子部八藝術類，第四四五頁。《四庫全書總目》卷一一三子部二三藝術類二，第九六八頁下。

《北堂書鈔》一百六十卷

唐虞世南撰。北堂者，秘書省之後堂。此書蓋世南在隋爲秘書郎時所作也。分八十部，凡八百一類。《唐志》作一百七十三卷，晁公武《讀書志》因之。《中興書目》作一百六十卷，《宋志》因之。今本卷帙與《中興書目》同。豈原書在宋已有亡佚耶？王應麟云：『二館舊闕《書鈔》，惟趙安仁家有本，真宗命内侍取之，手詔褒美。』蓋前代甚珍其書矣。是編爲明萬歷(曆)間陳禹謨所校刻，錢曾《讀書敏求記》云：『世行《北堂書鈔》，攙亂增改，無從訂正。向聞嘉禾收藏家有原書，尋訪十餘年而始得。繙閱之，心目朗然。』今嘉禾本不可見，猶幸禹謨所增，每條各註補字，尚有踪迹可尋。其妄爲刪改者，則莫可究詰矣。

【今案】影印文淵閣《四庫全書》第八八九册第一頁書前提要。《文溯閣四庫全書提要》卷七二子部二四類書類一，第二三二五頁。《文津閣四庫全書提要匯編》子部一一類書類，第五九四頁。《四庫全書簡明目録》卷一四子部一一類書類，第五一四頁。《四庫全書總目》卷一三五子部四五類書類一，第一一四二頁上。

《藝文類聚》一百卷

唐太子率更令、弘文館學士歐陽詢撰。觀其自序，亦奉詔作也。序稱《流別》《文選》專取其文，《皇覽》《遍略》直書其事，文義既殊，尋檢難一。是書比類相從，事居於前，文列於後，俾覽者易爲功，作者資其用，於諸類書中，體例最善。凡爲類四十有八，雖其中門目頗有繁簡失宜、分合未當者，如山水部五岳存三，四瀆缺一；帝王部三國不録蜀漢，北朝惟載高齊；儲宫部公主附太子，而諸王別入職官；雜文部附紙、筆、硯；而武部外又別出刀、匕首等爲軍器一門；道路宜入地部，壇宜入禮部，而列之居處；針宜入器物，錢宜附寶玉，而列之産業；案、幾、杖、扇、麈、尾、如意之類宜入器物，而列之服飾。疾病宜入人部，而列之方術；夢、魂、魄亦宜入人部，而列之靈異；以及茱萸、黄連入木部，芙渠、菱、藤入艸部；鴻之外又別出雁，蚌之外又別出蛤，鶴之外別出黄鶴，馬之外別出騊駼。如斯之類，皆不免叢脞少緒。然隋以前遺文秘籍，迄今十九不存，得此一書，尚略資考証。宋周必大校《文苑英華》，多引是集，而近代馮惟訥《詩紀》、梅鼎祚《文紀》、張溥《百三家集》從此採出者亦多。亦所謂殘膏賸馥，沾溉百代者也。

【今案】影印文淵閣《四庫全書》第八八七册第一三七頁書前提要。《文溯閣四庫全書提要》卷七二子部二四類書類一，第二三二三頁。《文津閣四庫全書提要匯編》子部一一類書類，第五九二頁。《四庫全書簡明目録》卷一四子部一一類書類，第五一三頁。《四庫全書總目》卷一三五子部四五類書類一，第一一四一頁下。

《龍筋鳳髓判》四卷

唐張鷟撰。鷟字文成，自號浮休子，世所稱青錢學士是也。博聞洽見，以駢體擅名。此乃所著判語，組織極工。蓋唐人以身、言、書、判銓試選人，諸家文集率有擬作，今見於《文苑英華》者尚多。鷟復臚比官曹條件撰次成集。洪邁《容齋隨筆》嘗譏其堆垛故事，不切於蔽罪議法。然唐時朝廷號令，文章多尚偶儷，況此私編程式，不付施行，自以綴文爲重，固不得指爲鷟病也。注爲明武定劉允鵬所輯，採撮頗詳，未見精博。允鵬本名繼先，字敬虛，嘉靖辛卯舉人，嘗著有《續事類賦》。

【今案】影印文淵閣《四庫全書》第八八九册第八五一頁書前提要。《文溯閣四庫全書提要》卷七二子部二四類書類一，第二三二六頁。《文津閣四庫全書提要匯編》子部一一類書類，第五九五頁。《四庫全書簡明目録》卷一四子部一一類書類，第五一四頁。《四庫全書總目》卷一三五子部四五類書類一，第一一四二頁中。

《歲華紀麗》四卷

唐韓鄂撰。《唐書・宰相世系表》載韓休之弟殿中丞倩，倩之子河南兵曹參軍滁，鄂乃滁之曾孫也。《歲華紀麗》者，自元正訖於除夕，擇其事之新艷者，編爲駢句，分彙各時之下。馬端臨載其目於《經籍考》歲時類中，然實類書也。近王士正（禛）謂是書乃海塩胡孝轅僞造。又按錢曾《讀書敏求記》，云《歲華紀麗》舊抄卷終闕字數行，又失去末葉，後見章邱（丘）李中麓藏宋刻本，脱落正同。是此書確係舊傳之本，但胡震亨爲刻行耳，士正（禛）所聞殆未審也。

【今案】《四庫提要分纂稿》第四一三頁。《四庫全書總目》卷一三七子部四七類書類存目一，第一一六〇頁中。

《文房四譜》五卷

宋蘇易簡撰。易簡字太簡，梓州銅山人。官知制誥，遷參知政事，出知陳州。編中集古今筆、硯、紙、墨原本及其故實，繼以辭賦、詩文。前載徐鉉序。末有雍熙三年九月自序，謂因閲書秘府，集成此譜。蓋亦類書之體也。其搜採頗博，如梁元帝《忠臣傳》、顧野王《輿地志》等書，今皆久亡矣。凡《筆譜》二卷，《硯》《紙》《墨譜》各一卷[二]，而以《筆格水滴》附焉。尤氏《遂初堂書目》作《文房四寶譜》，又有《續文房四寶譜》。此止題《文房四譜》，蓋後人嫌其不雅，删去一字耳。

【校記】

［一］墨　底本原作『筆』，誤，兹據《四庫全書總目》卷一一五同條改。

【今案】影印文淵閣《四庫全書》第八四三册第一頁書前提要。《文溯閣四庫全書提要》卷六四子部一六譜録類，第二〇五八頁。《文津閣四庫全書提要匯編》子部九譜録類一，第三八八頁。《四庫全書簡明目録》卷一二子部九譜録類，第四五二頁。《四庫全書總目》卷一一五子部二五譜録類，第九八四頁中。

《事物紀原》十卷

宋高承撰。分五十五部，每事考其原委。趙希弁《讀書附志》云：『承，開封人。自天地生植與夫禮樂、刑政、經籍、器用，下至博弈嬉戲之微，蟲魚飛走之類，無不考其所自來。雙溪項彬爲之序。』陳振孫《書録解題》云：『不著名氏。《中興書目》十卷，高承撰，元豐中人，凡二百七十事［一］。』是編爲明正統間南昌貢生閻敬所刊，卷帙與《中興書目》同，而隸事以千計，疑後人又有所附益也。敬序亦云作者逸其姓氏，蓋未及考二家之説。

【校記】

［一］二百七十事　案《四庫全書總目》卷一三五同條作『二百十七事』。《直齋書録解題》卷十雜家類及《文獻通考》卷二一四《經籍考》著録『《事物紀原》二十卷』條，俱作『二百七十事』，則《總目》似誤矣。

【今案】《四庫提要分纂稿》第二一六頁。影印文淵閣《四庫全書》第九二〇册第三頁書前提要。《文溯閣四庫全書提要》卷七二子部二四類書類一，第二三三八頁。《文津閣四庫全書提要匯編》子部一一類書類，第六〇四頁。《四庫全書簡明目録》卷一四子部一一類書類，第五一六頁。《四庫全書總目》卷一三五子部四五類書類一，第一一四六頁上。

《源流至論前集》十卷、《後集》十卷、《續集》十卷、《别集》十卷

《前》《後集》《續集》，宋林駉撰；《别集》，宋黄履翁撰。駉字德頌，履翁字吉父，皆閩人。宋自神宗罷詩賦，以策論取士，學者咸

務典博，故是編於經史百家之異同，歷代制度之沿革，分類編纂，以備採用。雖專爲科舉而設，而宋一代之朝章國典，分門别類，序叙詳明，多有諸書不載者，亦考証家所取資，未可以體例近俗廢也。

【今案】影印文淵閣《四庫全書》第九四二册第一頁書前提要。《文淵閣四庫全書提要》卷七二子部二四類書類一，第二三六一頁。《文津閣四庫全書提要匯編》子部一一類書類，第六二〇頁。《四庫全書簡明目録》卷一四子部一一類書類，第五二一頁。《四庫全書總目》卷一三五子部四五類書類一，第一一五一頁中。

《歷代制度詳説》十二卷[一]

宋吕祖謙撰。分十二門，始於科目，終於馬政。每門列制度於前，而各爲詳説於後，多引經史及《通典》《會要》之文，大略與類書相似。蓋祖謙之學主於體用兼該，故欲取古今制度沿革損益之宜，折衷變通而見之施行，非泛爲摭拾典故可比。宋時其書未顯，本傳及《藝文志》俱失載，元代書肆始刊行之，有泰定三年廬陵彭飛序，今亦僅存抄本矣。

【校記】

[一]案本條又於本書子部類書類中重見，書名卷數相同，但文字内容頗簡於彼。

【今案】影印文淵閣《四庫全書》第九二三册第八九四頁書前提要。《文溯閣四庫全書提要》卷七二子部二四類書類一，第二三四七頁。《文津閣四庫全書提要匯編》子部一一類書類，第六一〇頁。《四庫全書簡明目録》卷一四子部一一類書類，第五一八頁。《四庫全書總目》卷一三五子部四五類書類一，第一一四八頁上。

《小學紺珠》十卷

宋王應麟撰。其書比數以紀事，前有方回、牟應龍二序，稱其天地萬物之名數，莫不具備。然亦多有淩亂疏漏者，如律歷類首序六律、六吕以至度量權衡，次序四時八正二氣十二月之類，蓋由律及歷也。而其後復序五音六十四聲八十四調，其後復序七閏八會之類，前後殊無倫次。又如五卜三兆四兆九筮之類，應麟《玉海》系之藝術，而此書收入律歷，亦自亂其例。至於天文類中既載《淮南·天文訓》之八紘八極，而東西南北中之五官，子午、丑未、寅申、卯酉、辰戌、巳亥之六府乃不見録。器用類中既載《周官》之八尊，而賈《疏》

之十有六尊乃不見録。既載《春秋傳》禘飫宴之三烝，而《儀禮疏》之牲有二十一體乃不見録。亦皆未爲詳賅。蓋此書爲應麟偶然記録之本，尚未及詳定編次也。

【今案】影印文淵閣《四庫全書》第九四八册第三七九頁書前提要。《文溯閣四庫全書提要》卷七二子部二四類書類一，第二三六三頁。《文津閣四庫全書提要匯編》子部一一類書類，第六二一頁。《四庫全書簡明目録》卷一四子部一一類書類，第五二二頁。《四庫全書總目》卷一三五子部四五類書類一，第一一五一頁下。

《小字録》一卷、《補録》六卷[一]

宋成忠郎緝熙殿國史實録院秘書省搜訪陳思輯。思，理宗時臨安書賈，《寶刻叢編》《書苑菁華》皆所輯也。是書取史傳所載小字集爲一編，較陸龜蒙《侍兒小名録》捃摭稍廣。其《補録》六卷，則明萬歷（曆）中沈宏（弘）正撰。宏（弘）正字公路，嘉定人。

【校記】

［一］小字録一卷補録六卷　案《四庫全書總目》卷一三五同條作「《小字録》一卷」。

【今案】影印文淵閣《四庫全書》第九四八册第七〇一頁書前提要。《文溯閣四庫全書提要》卷七二子部二四類書類一，第二三五七頁。《文津閣四庫全書提要匯編》子部一一類書類，第六二三頁。《四庫全書簡明目録》卷一四子部一一類書類，第五二〇頁。《四庫全書總目》卷一三五子部四五類書類一，第一一五〇頁中。

《書叙指南》二十卷

宋任廣撰。廣字德儉，浚儀人。宋人重簡札啓事之文，此書乃爲削牘者取材而作，故名《書叙指南》。明浦南金改題曰《修詞指南》，非其本也。書中摭拾雖未爲廣博，而每句皆標注出典，令讀者可以知所由來，其體視他類書較善。北宋時嘗有刊本，毁於靖康之世。有俞氏者携本至吴，世世守之，後流傳完本頗多。國朝康熙初，金券得寫本於韓氏，重抄未竟而夭，遂失原本第十卷。雍正三年，金匯得宋刊不全本抄補，而此書復完。

【今案】影印文淵閣《四庫全書》第九二〇册第四六一頁書前提要。《文溯閣四庫全書提要》卷七二子部二四類書類一，第二三四一頁。

《文津閣四庫全書提要匯編》子部一一類書類，第六〇六頁。《四庫全書簡明目録》卷一四子部一一類書類，第五一七頁。《四庫全書總目》卷一三五子部四五類書類一，第一一四六頁下。

《歷代不知姓名録》十卷

明李清撰。其書皆取古來紀載有事迹而無姓名者，惟晨門、荷蕢之類，人所習見者不録，其餘自忠孝節義、儒學技術以至妖妄鬼物，無不備録。分爲五十四類，體例新創，亦博古者之一助。蓋其史學之餘也。

【今案】《四庫全書簡明目録》補遺子部類書類，第九〇九頁。《四庫全書總目》附録《四庫撤燬書提要》，第一八四三頁下。

子部五 雜藝類

《後畫録》一卷

唐沙門彦悰撰。彦悰序自稱爲帝京寺録[一]，就所見長安名畫，係以品題，凡三十七人，蓋以續姚最之書者。彦悰，太宗時人，故題閻立本猶爲司平太常伯也。

【校記】

[一]悰 底本原作「宗」，誤，兹據本書本條上下文及《四庫全書總目》卷一一四同條改。

【今案】《四庫提要分纂稿》第四一一頁。《四庫全書總目》卷一一四子部二四藝術類存目，第九七二頁下。

《五木經》一卷[一]

唐李翺撰。記樗蒲之戲，元革爲之注其法，有圖有例，故陳氏《書録解題》及馬氏《文獻通考》皆列《五木經》一卷並圖例。今圖例已佚，非全書矣。五木之製，詳見程大昌《演繁露》[二]，兹不更及云。

【校記】

[一]木 底本原作「本」，誤，兹據本書本條正文及《四庫全書總目》卷一一五同條改。

[二]程 底本原作「陳」，誤，兹據《四庫全書總目》卷一一四同條及卷一一八子部雜家類『《演繁露》十六卷』條改。

【今案】《四庫全書總目》卷一一四子部二四藝術類存目，第九八一頁上。

《營造法式》三十四卷

宋通直郎試將作少監李誡撰。初，熙寧中敕令將作監官編修《營造法式》，至元祐六年成書。紹聖四年，以所修之本祇是料狀[一]，別無變造制度，難以行用，命誡別加撰輯。誡乃考究群書，并與人匠講説，分立類例，以元符三年奏上之。崇寧二年，復請用小字鏤版頒行。誡所總《看詳》中稱，今編修海行法式，總釋、總例共二卷，制度十五卷，功限十卷，料例并工作等共三卷，圖樣六卷，目録一卷，總三十六卷，計三百五十七篇。内四十九篇係於經史等群書中檢尋考究，其三百八篇係自來工作相傳經久可用之法，與諸作諳會工詳悉講究。蓋其書所言雖止藝事，而能考証經傳，參會衆説，以合於古者飭材庀事之義，故陳振孫以爲遠出喻皓《木經》之上。考陸友仁《硯北雜志》，載誡所著尚有《續山海經》十卷、《古篆説文》十卷、《續同姓名録》二卷、《琵琶録》三卷、《馬經》三卷、《六博經》三卷。則誡博洽之士[二]，故所撰述，具有條理。惟友仁稱誡字明仲[三]，而書其名作『誠』字。然范氏天一閣影抄宋本及《宋史·志》《文獻通考》俱作『誡』字，疑友仁誤也。此本前有誡所奏劄子及進書序各一篇，其第三十一卷當爲《木作制度圖樣》上篇，原本已缺，而以《看詳》一卷錯入其中。檢《永樂大典》内亦載有此書，其所缺二十餘圖並在，今據以補足，而仍移《看詳》於卷首。又《看詳》内稱，書總三十六卷，而今制度一門，較原目少二卷，僅三十四卷。《永樂大典》所載不分卷數，無可參訂。而詳核其前後篇目，又別無脱漏，疑爲後人所併省，今亦姑仍其舊云。

【校記】

［一］祇　底本原作『祗』，誤，兹據《四庫全書總目》卷八二同條改。

［二］誡博洽之士　底本原作『誡洽之士』，雖在『洽』字前有『博洽』二字，但已用墨點點去，仍誤，兹據《四庫全書總目》卷八二同條改。

［三］稱　底本原脱此字，兹據《四庫全書總目》卷八二同條補。

【今案】影印文淵閣《四庫全書》第六七三册第三九九頁書前提要。《文溯閣四庫全書提要》卷四五史部一九政書類二，第一四七二頁。《文津閣四庫全書提要匯編》史部一三政書類，第四七四頁。《四庫全書簡明目録》卷八史部一四目録類，第三一八頁。《四庫全書總目》卷八二史部三八政書類二，第七一二頁下。

《蘭亭續考》二卷

宋俞松撰。松字壽翁，錢塘人。桑世昌先有《蘭亭考》，故此曰《續考》。前一卷合松所藏與他人所藏者，後一卷則皆松所藏，有蜀人李心傳跋。考史載，心傳淳祐二年罷詞職，又三年卒。是編所載跋皆淳祐元年至三年所題，蓋心傳居錢塘與松往還，故盡題其所藏。松歷官無考，惟心傳跋高宗臨本内稱爲『承議郎臣松』。又朱彝尊嘗謂：考中跋語條暢，不類董逌輩之晦澀，蓋亦鑒賞家所當考也。

【今案】影印文淵閣《四庫全書》第六八二册第一五五頁書前提要。《文溯閣四庫全書提要》卷四七史部二一目録類二，第一五〇六頁。

《文津閣四庫全書提要匯編》史部一四目録類，第五〇二頁。《四庫全書簡明目録》卷八史部一四目録類，第三二五頁。《四庫全書總目》卷八六史部四二目録類二，第七三七頁上。

《廣川畫跋》六卷

宋董逌撰。逌在宣和中，與黄伯思均以考據賞鑑擅名，毛晋嘗刊其《書跋》十卷，而《畫跋》則世罕傳本。此本爲元至正乙巳華亭孫道明所鈔，云從宋末書生寫本録出，則爾時已無鋟本矣。紙墨歲久剥蝕，然僅第六卷末有缺字，餘尚完整也。古圖畫多作故事及物象，故逌所跋皆考証之文。其論山水者惟王維一條，范寬二條，李成三條，燕肅二條，時記室所收一條而已。其中如辨正《武皇望仙圖》《東丹王千角鹿圖》《七夕圖》《兵車圖》《九主圖》《陸羽點茶圖》《送窮圖》《乞巧圖》《勘書圖》《擊壤圖》《没骨花圖》《舞馬圖》《戴嵩牛圖》《秦王進餅圖》《留瓜圖》《王波利獻馬圖》，引據皆極精核。其《封禪圖》一條立義未確，《娶魚圖》一條附會太甚，《分鏡圖》一條拘滯無理，《地獄變相圖》誤以盧棱伽爲在吴道元（玄）前，皆偶然小疵，不足以爲是書累也。

【今案】影印文淵閣《四庫全書》第八一三册第四四三頁書前提要。《文溯閣四庫全書提要》卷六二子部一四藝術類一，第一九九二頁。《文津閣四庫全書提要匯編》子部八藝術類一，第三三五頁。《四庫全書簡明目録》卷一二子部八藝術類，第四三六頁。《四庫全書總目》卷一一二子部二二藝術類一，第九五九頁中。

《五代名畫補遺》一卷

舊本題宋劉道醇撰[一]。考晁公武《讀書志》曰：『《五代名畫補遺》一卷，皇朝劉道成纂。符嘉應撰叙，曰：胡嶠嘗作《梁朝名畫録》，因廣之，故曰《補遺》。』又别載《宋朝名畫評》三卷，亦注劉道成纂，符嘉應序[二]。則劉道醇當作『道成』。又陳振孫《書録解題》曰：『《五代名畫記》一卷[三]，大梁劉道醇撰。嘉祐四年，陳洵直叙。』則『補遺』字又當作『記』。然此本爲毛晋汲古閣影摹宋刻，楮墨精好，纖毫無缺，不應卷首標名乃作訛字。蓋本此一書，振孫誤題書名，公武誤題人名，馬端臨作《文獻通考》，又偶未見其書，但據兩家之目，遂重載之。觀卷首陳洵直叙，嘉應叙又即洵直叙中語，知公武并以《宋朝名畫評》叙誤注此條[四]，不但『成』字之訛也。胡嶠名見《五代史·契丹傳》，其録今不傳。道醇不知其仕履，此所録凡二十四人。公武所謂《宋朝名畫評》者，今亦未見。

【校記】

［一］劉　底本原作『刻』，誤，兹據本書本條下文及《四庫全書總目》卷一一二同條改。

［二］嘉　底本原無此字，雖有一『應』字，但已用墨點點去，并未補字，兹據《四庫全書總目》卷一一二同條及本書同條上文補。

［三］名　底本原作『明』，誤，兹據《四庫全書總目》卷一一二同條改。

［四］宋　底本原空缺此字，兹據本書本條下文及《四庫全書總目》卷一一二同條補。

【今案】影印文淵閣《四庫全書》第八一二册第四三四頁書前提要。《文溯閣四庫全書提要》卷六二子部一四藝術類一，第一九七六頁。《文津閣四庫全書提要匯編》子部八藝術類一，第三三二頁。《四庫全書簡明目録》卷一一二子部八藝術類，第四三二頁。《四庫全書總目》卷一一二子部二二藝術類一，第九五五頁下。

《負暄野録》二卷

舊本題曰陳槱撰。不著時代。卷末有至正七年王東跋，乃云不知何人所述。是當時所見之本，未署名也。今考書中『秦璽』一條，稱『槱嘗聞諸老先生議論』，則其人名『槱』無可疑，但不知何據而題爲『陳』姓。案《閩書》，陳槱，陳幾之孫，長樂人，紹熙元年進士。書中『秦璽』條内，稱近嘉定己卯。元年下距寧宗嘉定己卯首尾三十年。又『西漢碑』條内亦稱聞之梁溪尤袤，惜不再叩之。袤亦當光、寧之時。疑即此陳槱也。其書上卷論石刻及諸家書格，下卷論學書之法及紙、墨、筆、研諸事，皆源委分明，足資考証。至所載《鼠鬚筆》詩一首，《宋文鑑》題爲蘇過作，其時《斜川集》尚存，必無舛誤。而槱稱『昨見邵道豫賦《鼠鬚筆》，殊有風度，今載於此』云云，則失考之甚矣［一］。

【校記】

［一］失考　案底本倒爲『考失』，兹據《四庫全書總目》卷一二三同條乙正。

【今案】影印文淵閣《四庫全書》第八七一册第三一頁書前提要。《文溯閣四庫全書提要》卷七一子部二三雜家類七，第二二九四頁。《文津閣四庫全書提要匯編》子部一〇雜家類四，第五七〇頁。《四庫全書簡明目録》卷一三子部一〇雜家類，第五〇五頁。《四庫全書總目》卷一二三子部三三雜家類七，第一〇五七頁下。

《學古編》一卷

元吾邱(丘)衍撰。衍字子行,號竹房,衢州人,徙家錢塘。其學無所不通,而尤工篆隸。是書專爲篆刻印章而作。首列三十五舉,詳論書體正辨及篆寫摹刻之法。次合用文籍品目,一小篆品,二鐘鼎品,三古文品,四碑刻品,五用器品,六辨謬品,七隸書品,八字源七辨,凡四十六條。又以洗印法、印油法附於後。其間辨論訛謬,剖晰頗精。所列小學諸書,各爲評斷,亦多考核。其論『漢』條下稱寫法載前卷十七『舉』下,此不再數[一]。是原本當爲上、下二卷,今合爲一卷,蓋後人所并也。

【校記】

[一]數 底本原作『數』,誤,兹據《四庫全書總目》卷一一三同條改。

【今案】影印文淵閣《四庫全書》第八三九册第八三九頁書前提要。《文溯閣四庫全書提要》卷六三子部一五藝術類二,第二〇四二頁。《文津閣四庫全書提要匯編》子部八藝術類三,第三七四頁。《四庫全書簡明目録》卷一二子部九譜録類,第四四八頁。《四庫全書總目》卷一一三子部二三藝術類二,第九七一頁上。

《金壺記》三卷

宋釋適之撰。《拾遺記》:周時浮提國獻書生二人,有金壺,壺中墨汁,灑水石皆成篆籀或科斗文字。《記》之取名,蓋出於此。適之原有《金壺字考》一卷,取書之異音者以類相從,標題二字而音其下,其書頗有條理。是書雜述書體及能書人名,體例雖仍《字考》,而反不逮。如《項籍記姓名》《楊雄心畫》之類[一],雜叙於五十六種書體内,殊爲不類。又皆不著出處,亦乖傳信之道。

【校記】

[一]楊 底本原作『楊』,案《四庫全書總目》卷一一四同條作『揚』。

【今案】《四庫全書總目》卷一一四子部二四藝術類存目,第九七三頁下。

《丸經》二卷

不著撰人姓名。序稱宋徽宗、金章宗皆愛捶丸,序末云述爲《丸經》,增注簡諒,則經、注本一人所作。其書借擊毬之事以寓意,文詞頗有可觀。序稱龍集壬午，似爲元至正二年作也。

【今案】《四庫全書總目》卷一一四子部二四藝術類存目，第九八一頁上。

《書法鉤元(玄)》四卷

元蘇霖撰。霖字子啓，鎮江人。撮取前人論書，大略始漢揚雄[一]，終元劉辰翁[二]，凡六十五條，未爲該備。

【校記】

[一]揚 底本原作「陽」，誤，兹據《四庫全書總目》卷一一四同條改。

[二]元 案《四庫全書總目》卷一一四同條作「宋」。

【今案】《四庫全書總目》卷一一四子部二四藝術類存目，第九七四頁上。

《多能鄙事》十二卷

相傳爲明誠意伯劉基撰。書凡二十卷，卷首有嘉靖十九年訓導程法序。凡飲食、器用、方藥、農圃、牧養、陰陽、占卜之卦無不備載，頗適於用。然體近瑣碎，若小兒四季関、百日関之類俱見臚列，殊失雅馴。立名取孔子之言，亦屬僭妄。殆托名於基者也。

【今案】《四庫全書總目》卷一三〇子部四〇雜家類存目七，第一一一三頁下。

《野航雜著》一卷[一]

明朱存理撰。存理即作《鐵網珊瑚》者也，素精賞鑒，喜藏畫書。故此本皆所作題跋之文。自成化壬辰至弘治甲子，凡三十三年，所存僅三十一條。

【校記】

[一]野航雜著一卷 案《四庫全書總目》卷一七一及《四庫全書簡明目録》卷一八同條俱作「《樓居雜著》一卷」，同時還著録有「《野航詩稿》一卷、《野航文稿》一卷，《附録》一卷」。

【今案】《四庫提要分纂稿》第二六七頁。影印文淵閣《四庫全書》第一二五一册第五九七頁書前提要。《文溯閣四庫全書提要》卷一〇二集部二四别集類二三，第三五三八頁。《文津閣四庫全書提要匯編》集部六别集類五，第七一三頁。《四庫全書簡明目録》卷一八集部六别集類五，第七八五頁。《四庫全書總目》卷一七〇集部二三别集類二三，第一四九一頁上。

《續畫品録》一卷

舊本題唐李嗣真撰。嗣真，武后時御史中丞知大夫事，史言其多藝數。是書名載《唐・藝文志》，然此本稱梁元帝爲湘東殿下，仍襲姚最之文。又張彦遠《歷代名畫記》引李嗣真云：曹不興以一蠅輒擅重價，列於上品，恐爲未當。況拂蠅之事，一説楊修。謝赫黜衛進曹，是涉貴耳之論。是嗣真之書本有論斷，此乃無一語，其爲依托審矣。

【今案】《四庫提要分纂稿》第四一一頁。《四庫全書總目》卷一一四子部二四藝術類存目，第九七二頁下。

《書輯》二卷[一]

明陸深撰。深書學精邁，跨壓一時，因博搜六書旨義及歷代名家書論，撰爲此編，以示學者。分爲六篇：一曰述通，二曰典通，三曰釋通，四曰筆通[二]，五曰體位，六曰古今訓。凡所採用諸書[三]，皆臚列於首，而復以法帖一篇，附其後。嘗自書勒石以傳。其用筆辨體，一本古人之法，而變通之，立論最爲精確，蓋其生平得力具在於是矣。書成於正德戊寅，有前、後自序各一篇。

【校記】

[一]二卷　案《四庫全書總目》卷一一四同條作『三卷』。

[二]通　案《四庫全書總目》卷一一四同條作『論』。

[三]書　底本原無此字，雖有一『位』字，但已用墨點點去，并未補字，兹據《四庫全書總目》卷一一四同條補。

【今案】《四庫全書總目》卷一一四子部二四藝術類存目，第九七四頁下。

《弈史》一卷

明王穉登撰。穉登字百穀，吴縣人。以詩名。是編歷述古來弈品，叙次頗爲簡潔，其末附『辨論』一則，駁諸書附會神奇之説，尤爲有識。

【今案】《四庫全書總目》卷一一四子部二四藝術類存目，第九八〇頁中。

《司牧馬經痊驥通元(玄)論》六卷

舊本題東原獸醫卞管勾集注。有三十九論，四十六説，於馬之病源治訣簡明賅備，前有正德元年陝西苑馬寺卿太原車霆序[一]。《明史·藝文志》不著録，惟高儒《百川書志》有之，卷帙與此本合。所謂『卞管勾』者，其名則不可考矣。

【校記】

[一]陝 底本原作『陜』，誤，兹據《四庫全書總目》卷一〇五同條改。車霆 底本原無『車』字，雖『霆』字前有一『序』字，但已用墨點點去，兹據《四庫全書總目》卷一〇五同條補。

【今案】《四庫全書總目》卷一〇五子部一五醫家類存目，第八九一頁上。

《法帖釋文考異》十卷

明顧從義撰。其書述《淳化閣帖》源流及釋文同異，考証頗詳。乾隆二十五年，皇上以秘府所藏畢士安家初搨本命内廷諸臣校勘勒石，於諸家所釋多所訂正，是編亦多採取焉。從義字汝和[二]，上海人，官至按察司副使。

【校記】

[一]汝和 底本原無『汝』字，雖『和』字前另有一『和』字，但已用墨點點去，兹據《四庫全書總目》卷八六同條補。

【今案】影印文淵閣《四庫全書》第六八三册第三五七頁書前提要。《文溯閣四庫全書提要》卷四七史部二一目録類二，第一五一六頁。《文津閣四庫全書提要匯編》史部一四目録類，第五〇八頁。《四庫全書簡明目録》卷八史部一四目録類，第三二七頁。《四庫全書總目》卷八六史部四二目録類二，第七三九頁中。

《印人傳》三卷

國朝周亮工撰。亮工本名亮，字元亮，號櫟園，又號減齋，祥符人。前明崇禎庚辰進士。國朝官至户部右侍郎。亮工喜集印章，工於鑒別，所編《賴古堂印譜》，至今爲篆刻家模範。是書則《譜》之題跋，別編爲《傳》者也。首載文天祥、海瑞、顧憲成三印[一]，次及其父、其弟及其友許宰故印，次則文彭以及李穎，凡六十人。附傳三人，又不知姓名一人，其有名而無傳者又朱簡等六十一人。自宋以前，以篆名者不一，以印名者絶無之。元趙孟頫、吾邱(丘)衍等始稍稍有鐫，遂爲士大夫之一藝。明文彭、何震而後，專門名家者遂多，而宗派亦復岐出。其源流正變之故，則亮工此《傳》括其大略矣。

【校記】

[一]顧憲成　底本原作『顧天成』，『天』字雖以墨點點去，但未補字，仍誤。兹據《四庫全書總目》附録《四庫撤燬書提要》之『《印人傳》三卷』條補。

【今案】《四庫全書簡明目録》補遺子部藝術類，第九〇八頁。《四庫全書總目》附録《四庫撤燬書提要》，第一八四二頁中。

《閒者軒帖考》一卷

國朝孫承澤撰。所記自《蘭亭》而下至文徵明之《停雲館帖》，凡三十有八種，一一考其源流，品其次第。書成於順治丁亥，在《庚子銷夏記》之前，故所記互有詳略。

【今案】《四庫全書總目》卷八七史部四三目録類存目，第七四八頁中。

《江邨銷夏録》三卷

國朝高士奇輯[一]。士奇退居平湖之日，以所見法書、名畫，考其源流，紀其絹素長短廣狹，後人題跋圖記，一一誌載，以視《鐵網珊瑚》之類，其詳蜜殆爲過之[二]。所記自晉王羲之及明人文、沈諸家皆具，惟無董其昌，其凡例云董文敏書畫另爲一卷，豈當時未及刊行耶？

【校記】

［一］高士奇　底本原作『詹士高士奇』，案上一『士』字已用墨點點去，却未補字，則使『詹』字成爲衍文，兹據《四庫全書總目》卷一四〇同條删。

［二］詳審　案《四庫全書總目》卷一一三同條作『詳審』。

【今案】影印文淵閣《四庫全書》第八二六册第四六七頁書前提要。《文溯閣四庫全書提要》卷六三子部一五藝術類二，第二〇三一頁。《文津閣四庫全書提要匯編》子部八藝術類一，第三六六頁。《四庫全書簡明目録》卷一二子部八藝術類，第四四五頁。《四庫全書總目》卷一一三子部二三藝術類二，第九六八頁下。

《書畫記》六卷

國朝吴其真（貞）撰。其真（貞）字公一，徽州人。以平生賞鑑書畫真迹，隨手劄録，各注所見年月，始自乙亥，爲崇禎八年，其末條稱丁巳，則康熙十六年也。中間如載閻次平《寒巖積雪圖》，稱其圖識爲大歷（曆）辛丑。閻次平乃南宋畫苑中人，不應有大歷（曆）年號，其真（貞）乃不爲馭正［一］，考據稍疏。然臚採甚博，於行款、題跋、印記、紙色、裝潢［二］、卷軸皆一一祥誌之［三］，間爲評隲真贋，多可據依，頗足爲鑑古之助。

【校記】

［一］馭　疑爲『駁』之形訛。

［二］潢　底本原作『演』，誤，兹據《四庫全書總目》附録《四庫撤燬書提要》之『《書畫記》六卷』條改。

［三］祥　疑爲『詳』之形訛。

【今案】《四庫全書簡明目録》補遺藝術類，第九〇八頁。《四庫全書總目》附録《四庫撤燬書提要》，第一八四二頁上。

《歙硯志》三卷

明江貞撰。貞字吉夫，婺源人。官紹興府儒學教授。其書以饒州守葉良貴與其弟東昌守良器所撰《硯志》及其族祖遜《硯譜》，參訂增修。大約皆本宋治平《歙硯譜》、紹興間知徽州洪适《硯説》，而增益之者也。

【今案】《四庫全書總目》卷一一六子部二六譜録類存目，第九九八頁下。

《壺史》三卷

明郭元鴻撰。以投壺爲射禮之遺，爲之考訂。首引群書，次載司馬光譜，次列所創新名。前有萬歷（曆）丁丑自序。元鴻，泰和人。

【今案】《四庫全書總目》卷一一四子部二四藝術類存目，第九八一頁上。

《書畫題跋記》十六卷[一]

明嘉興郁逢慶撰。取所見前人書畫題跋詩文彙輯成帙[二]，不加考證，凡《前集》四卷，《後集》十二卷。

【校記】

［一］書畫題跋記十六卷　案《四庫全書總目》卷一一三同條作『《郁氏書畫題跋記》十二卷、《續題跋記》十二卷』。

［二］帙　底本原作『秩』，誤，兹據《四庫全書總目》卷一一三同條改。

【今案】影印文淵閣《四庫全書》第八一六册第五八七頁書前提要。《文溯閣四庫全書提要》卷六三子部一五藝術類二，第二〇一八頁。《文津閣四庫全書提要匯編》子部八藝術類一，第三五六頁。《四庫全書簡明目録》卷一二子部八藝術類，第四四一頁。《四庫全書總目》卷一一三子部二三藝術類二，第九六五頁中。

《寓意編》一卷

明都穆撰。記載書畫真贋及當時珍藏之家，鑒别頗詳。然考穆所著《鐵網珊瑚》内已全載此卷，或先有此稿，其後歸入全書也。

【今案】影印文淵閣《四庫全書》第八一四册第六三五頁書前提要。《文溯閣四庫全書提要》卷六三子部一五藝術類二，第二〇〇八頁。《文津閣四庫全書提要匯編》子部八藝術類一，第三四六頁。《四庫全書簡明目録》卷一二子部八藝術類，第四三九頁。《四庫全書總目》卷一一三子部二三藝術類二，第九六三頁中。

《墨林快事》十二卷

明紹興通判安世鳳撰。以所見古器、古刻、古書畫各爲跋語，凡六百九十五則，多涉議論，頗乏考據之功。

【今案】《四庫全書總目》卷一三〇子部四〇雜家類存目七，第一一一四頁下。

《壺譜》一卷

明李孝元撰。孝元字松橋，滑縣人。嘉靖中，官都司經歷。其書以投壺之法，圖之爲譜，凡十八目，一百三十餘式。雖非禮經古制，亦技藝之一種也。

【今案】《四庫全書總目》卷一一四子部二四藝術類存目，第九八一頁上。

《操縵録》十卷

國朝胡世安撰。專辨絲音，雜引古書爲證，兼及詩賦。分爲四門，曰離音弋載，統論聲律；曰樂統博稽，論琴；曰遺音綴筆，論瑟；曰絲系衍記，論琴瑟、箏、箜篌。絲音可謂大備。然主於泛收故實，未必能通懸解也。世安，字處静，井研人，前明崇禎進士，本朝官至大學士。

【今案】《四庫全書總目》卷一一四子部二四藝術類存目，第九七九頁上。

《溪山琴况》一卷

國朝太倉徐祺撰。共二十四則，專論琴聲。然皆俗工之議，非能深契琴理者。

【今案】《四庫全書總目》卷一一四子部二四藝術類存目，第九七九頁上。

《歷代畫家姓氏韻編》七卷

國朝顧仲清撰。仲清字咸三，號松壑。嘉興諸生。工繪事，尤長於蝴蝶，人稱『顧蝴蝶』，有咏蝶詩三百首。此書首卷爲帝王藩封之善畫者，末爲釋、道、閨秀、外國，其中則取畫家姓氏依韻編次。取便尋檢，無所考証也。

【今案】《四庫全書總目》卷一一四子部二四藝術類存目，第九七七頁下。

《秋仙遺譜》十二卷

無撰人名氏，皆弈圖也。前冠以馬融《圍棋賦》、班固《弈旨》、張擬《棋經》、劉仲甫《棋法》及《圍棋》十訣。《前集》八卷，《後集》四卷，驗其板式，蓋明刊本也。

【今案】《四庫全書總目》卷一一四子部二四藝術類存目，第九八〇頁下。

子部六　考證類

《兼明書》五卷

唐邱(丘)光庭撰[一]。光庭,烏程人。官太學博士。《續百川學海》以爲宋人,考羅隱有贈光庭詩,《宋·藝文志》亦以爲唐人,晁氏《讀書志》同,以爲宋人者誤也。是編體略略近《白虎通》《獨斷》[二],詮釋經義,自出所見。如辨《史記》以放勛、重華、文命爲堯、舜、禹名之非,頗具卓識。於社稷之制,辨之尤祥[三]。又謂隸書不始於程邈,以士文伯論二首六身之説証之。他如釋《易》之莧陸,釋《書》之包匭菁茅,釋《詩》雎鳩之爲鶚而非白鷺,釋《春秋》則譏《史通》用夏正之誤,皆非泛然立論者。唯『三江』仍以爲入於震澤,未免拘泥舊説耳。光庭詩,僅補《新宫》三章、《草邱》四章傳於世,今第二卷載焉。蓋編詩者從此抄出。其曰《兼明書》者,於群書各有所發明也。

【校記】

[一]唐 案《四庫全書總目》卷一一八同條作『五代』。

[二]是編體略 案『略』字似爲『例』之誤。

[三]祥 疑爲『詳』之形訛。

【今案】影印文淵閣《四庫全書》第八五〇册第二一四頁書前提要。《文溯閣四庫全書提要》卷六六子部一八雜家類二,第二一三八頁。《文津閣四庫全書提要匯編》子部一〇雜家類二,第四五〇頁。《四庫全書簡明目録》卷一三子部一〇雜家類,第四七二頁。《四庫全書總目》卷一一八子部二八雜家類二,第一〇一六頁下。

《猗覺寮雜記》二卷

宋朱翌撰。翌字新仲,號灊山居士,舒州人。黄州教授載上之子。政和中登第,南渡後直館閣爲中書舍人。有《灊山集》三卷。此編上卷皆詩話,止於考證典據,而不評文字之工拙,下卷雜論文章,兼及史事,前載與丞相洪适求序書。開卷第一行引杜牧詩,改『四皓』爲『四老』,當以寫本與适避其父諱也。厥後适弟邁爲之序,稱其窮經考古,上擇風雅,旁弋史傳。《劉後村集》中亦極稱之。今觀其書,言必有據,論亦持平,雖皆辨析之詞而不涉穿鑿,可與洪邁《容齋隨筆》相肩隨,宜邁之相引重也。

【今案】影印文淵閣《四庫全書》第八五〇册第四三一頁書前提要。《文溯閣四庫全書提要》卷六六子部一八雜家類二，第二一四三頁。《文津閣四庫全書提要匯編》子部一〇雜家類二，第四五三頁。《四庫全書簡明目録》卷一三子部一〇雜家類，第四七三頁。《四庫全書總目》卷一一八子部二八雜家類二，第一〇一八頁上。

《能改齋漫録》十五卷[一]

宋吴曾撰。曾字虎臣。官奉常簿，入爲玉牒檢討官，終於吏部郎。『能改齋』乃其自謂。云此書分辨誤、事寔、沿襲、地理等門。後載其子復紹興十七年序，稱原書二千餘條，以類相從，疏爲十八卷。今止十五卷，非完書也。趙彦衛《雲麓漫抄》言曾於秦檜當國時上所業得官，秦卒後，不敢出其第十九卷。則原書十八卷，亦非曾全本矣。此本篇端無序，而開卷即論樓羅字，似書首即已有闕，傳抄者改題其卷數耳。其書援據該博，辯論詳核，考証家之有本末者，雖不完，未可廢也。

【校記】

［一］十五卷　案《四庫全書總目》卷一一八同條作『十八卷』。

【今案】影印文淵閣《四庫全書》第八五〇册第五〇一頁書前提要。《文溯閣四庫全書提要》卷六六子部一八雜家類二，第二一四四頁。《文津閣四庫全書提要匯編》子部一〇雜家類二，第四五五頁。《四庫全書簡明目録》卷一三子部一〇雜家類，第四七三頁。《四庫全書總目》卷一一八子部二八雜家類二，第一〇一八頁中。

《肯綮録》一卷

宋趙叔問撰。叔問自號西隱老人，未詳出處。宋玉牒魏王廷美下有叔字，蓋亦宗室子也。是書，元陳世隆《藝圃蒐奇》亦載之。首辨俚俗字義[一]，於唐陸法言《唐韻》中摘録以備考證[二]。然《唐韻》爲孫愐作，法言隋時人，所著乃《切韻》，非《唐韻》，開卷先誤。又謂孟子名應讀『口箇切』，不知韓愈《石鼓歌》正押平聲。其他辨證，亦多説部習見之文[三]，無可採録。

【校記】

［一］俚　底本原作『理』，誤，兹據《四庫全書總目》卷一二六同條改。

〔二〕唐陸法言　底本倒爲『陸唐法言』，兹據本書本條下文及《四庫全書總目》卷一二六同條乙正。

〔三〕部　底本原作『邪』，誤，兹據《四庫全書總目》卷一二六同條改。

【今案】《四庫全書總目》卷一二六子部三六雜家類存目三，第一〇八六頁下。

《東觀餘論》二卷

宋黄伯思撰。伯思字長睿，號霄賓，又自號雲林子，邵武人。政和中，官至秘書郎。伯思殁時，年僅四十，而學問淹通，李綱誌其墓，稱經史百家之書，天官地理歷（曆）律卜筮之説，無不精詣。又好古文奇字，鐘鼎彝器款式體製，悉能了達辨正。劉攽、董逌亦極推之。所著有《法帖刊誤》二卷，《古器説》四百二十六篇。紹興丁卯，其子訒與其所著論辨題跋合而刊之，總名曰《東觀餘論》。然仍跋稱共十卷，今本只二卷，所載古器亦不足四百二十六條，疑有散佚，未之詳也。其書頗譏歐陽修不精考核，而樓鑰跋中乃摘其『史籀書』一條、『異苑』一條、『王獻之璇題』一條、『勿勿』一條、『甘蔗帖』一條。蓋考證之學，本無盡藏，遞行掎摭，不能免也。要其精博，勝《集古録》多矣。

【今案】影印文淵閣《四庫全書》第八五〇册第三〇二頁書前提要。《文溯閣四庫全書提要》卷六六子部一八雜家類二，第二一四一頁。《文津閣四庫全書提要匯編》子部一〇雜家類二，第四五二頁。《四庫全書簡明目録》卷一三子部一〇雜家類，第四七二頁。《四庫全書總目》卷一一八子部二八雜家類二，第一〇一七頁下。

《西溪叢語》三卷

宋姚寬撰。寬字令威，嵊縣人。父舜明，紹聖四年進士，南渡，歷官户部侍郎，徽猷閣待制。寬以父任補官，仕至權尚書户部員外郎、樞密院編修官。其書多考証典籍之異同。如辨《文選・神女賦》『玉』字爲『王』字之誤，辨劉攽論蕭何爲不功曹之誤，辨黄庭堅論徐浩環能字之誤，辨歐陽修論張繼半夜鐘之誤，辨王安石《詩經新義》彤管爲籥笙之誤，皆極精審。至考《感甄賦》之始末，不辨其非，謂陶潛之詩中『田子春』即《漢書・劉澤傳》之田生〔二〕，謂杜甫詩中之『黄衫少年』爲《霍小玉傳》之『黄衫客』，又謂甫『俊逸鮑參軍』句爲譏李白，皆失之穿鑿。註劉禹錫詩『翁仲』字不知其不作於洛陽，註李白詩『唾井』字不知出《玉臺新咏》王宋詩，引秦嘉《贈婦詩》誤以第一首爲徐淑作，引《詩品》誤改『寶釵』字，皆爲疏舛。然大致瑜多而瑕少，考証家之有根柢者也。葉適《水心集》有《西溪集跋》，甚稱此書以《易》『肥遯』爲『飛遯』，以《孟子》『不若是恝』爲『不若是忿』一條。又謂金海陵王南侵時，寬推論太乙、熒惑行次，決其必敗，未幾果有瓜洲之事。又謂其著書二百卷，古今同異，無不該括。又謂其古樂府流麗哀思，頗雜近體詩，長短皆絶去尖巧，乃全入古律，加於作者一等。蓋亦一代博洽工文之士矣。

【校記】

［一］劉　底本原作『漢』，誤，兹據《漢書》卷三五《荆燕吴傳》及《四庫全書總目》卷一一八同條改。

【今案】影印文淵閣《四庫全書》第八五〇册第九一三頁書前提要。《文溯閣四庫全書提要》卷六六子部一八雜家類二，第二一四七頁。《文津閣四庫全書提要匯編》子部一〇雜家類二，第四五七頁。《四庫全書簡明目録》卷一三子部一〇雜家類，第四七三頁。《四庫全書總目》卷一一八子部二八雜家類二，第一〇一九頁上。

《唐昌玉蕊》［一］

宋周必大撰。唐人小説稱唐昌觀玉蕊花，有仙人來觀之，宋祁疑爲瓊花，黄庭堅以爲瑒花，必大以爲皆非是，故記所目驗者辨証之。原載《平園集》中。此本乃毛晋刻入《津逮秘書》者［二］。

【校記】

［一］唐昌玉蕊　案《四庫全書總目》卷一一六同條作『《唐昌玉蕊辨證》一卷』。

［二］逮　底本原作『建』，誤，兹據《明史》卷九八《藝文志》著録『毛晋《津逮秘書》十五集』條及《四庫全書總目》卷一一六同條改。

【今案】《四庫全書總目》卷一一六子部二六譜録類存目，第一〇〇二頁中。

《芥隱筆記》一卷

宋龔頤正撰。頤正字養正，處州遂昌人。本名敦頤，光宗受禪，改今名。爲國史院檢討官。是書考証精博，具有根柢。而舛謬處亦時有之，如韓愈『馬上誰家白面郎』詩，誤以爲杜甫；『孔父義形於色』，誤以爲《左傳》孔子語；王昌齡『夢中喚作梨花雲』詩，誤以爲王建。信乎，考証之難也。每條下多有註語，其中『班固賓戲』一條，與正文不相應；『王安石草堂懷古』一條明註異同；其『王建』一條，註乃明駁之，似非頤正所自註，其人則不可考矣。

【今案】《四庫提要分纂稿》第四一三頁。影印文淵閣《四庫全書》第八五二册第四八三頁書前提要。《文溯閣四庫全書提要》卷六六子部一八雜家類二，第二一五六頁。《文津閣四庫全書提要匯編》子部一〇雜家類二，第四六四頁。《四庫全書簡明目録》卷一三子部一〇雜家類，第四七五頁。《四庫全書總目》卷一一八子部二八雜家類二，第一〇二一頁上。

《雲麓漫鈔》十五卷

宋趙彦衛撰。彦衛字景安。紹熙間，宰烏程，有能名，後通判徽州。馬氏《經籍考》載是書凡二十卷，又《續鈔》二卷，今是本僅十五卷。考彦衛自序，稱《擁卷閒記》十卷，先刻於漢東學宫，後官新安，停刻後五卷，易名爲《雲麓漫鈔》。則原書本十五卷，疑《通考》誤十五卷爲二十卷，而所爲《續鈔》者，今佚之也。其書考証詳明，頗多可採，自比葉夢得《避暑録話》，良不忝云[一]。

【校記】

[一]避暑録話　底本原作『《避暑録》』，脱一『話』字，兹據本書子部雜家類『《避暑録話》二卷』條及《四庫全書總目》卷一二一同條、同卷著録『《避暑録話》二卷』條補。

【今案】影印文淵閣《四庫全書》第八六四册第二五九頁書前提要。《文溯閣四庫全書提要》卷六九子部二一雜家類五，第二二四〇頁。《文津閣四庫全書提要匯編》子部一〇雜家類三，第五二九頁。《四庫全書簡明目録》卷一三子部一〇雜家類，第四九三頁。《四庫全書總目》卷一二一子部三一雜家類五，第一〇四四頁中。

《示兒編》二十三卷

宋孫奕撰。奕字季昭，廬陵人。所編分經説、文説、正誤、雜記、字説五類，首有開禧元年自序。其中如解《詩·相鼠》爲相州之鼠，《黽勉》爲蠅黽之行、勉强自力之類，皆穿鑿太甚。記楊億口誦祭文一事，亦委巷之談，不近事理，未免自穢其書。又《魏志》棧潛引

《詩》猶之未遠，是用太簡，奕深以爲誤。考《左傳》成公八年所引，正與此同，所論亦爲未審。然其言可採者多，猶足以資廣聞見。奕歷官無可考，編中稱紹熙丁巳三月侍讌春華樓，聞大丞相周益公議論，蓋光宗時嘗爲朝官。第考之《宋史》，光宗紹熙元年庚戌，五年甲寅内禪，丁巳實寧宗慶元三年，紀元歲建，必有一訛，豈偶然筆誤耶？

【今案】影印文淵閣《四庫全書》第八六四册第四一一頁書前提要。《文淵閣四庫全書提要》卷六九子部二一雜家類五，第二二四一頁。《文津閣四庫全書提要匯編》子部一〇雜家類三，第五三〇頁。《四庫全書簡明目録》卷一三子部一〇雜家類，第四九三頁。《四庫全書總目》卷一二一子部三一雜家類五，第一〇四四頁下。

《蘆浦筆記》十卷

宋劉昌詩撰。昌詩字興伯，江西清江人。第七卷「仙卜」一條，稱「開禧乙丑，竊太常第」敕頭，曾爲華亭盧瀝場鹽官。蘆瀝即蘆浦也。其序稱服役海陬，賣鹽外無職事，惟繙書以自娱。凡先儒之訓傳，歷代之故實，文字之訛舛，地理之變遷，皆得溯其源而尋其流，中多糾正吴曾《能改齋漫録》之失。其論泥軾屏星、金根車、諸葛亮《表》脱句、《孫叔敖碑》舛訛、歐陽修誤題《心經》、杜甫詩錯簡，皆有特識。又張栻《憝齋銘》，本集不載[一]，黄庭堅《詠藕》詩，實胡藏之作，皆足以資考據。惟「塗山啓母」一條，不能辨《淮南子》之妄，而轉引後來誕語以實之，未免失之好異耳。

【校記】

[一]集不 底本倒爲「不集」，兹據《四庫全書總目》卷一一八同條乙正。

【今案】影印文淵閣《四庫全書》第八五二册第五〇五頁書前提要。《文溯閣四庫全書提要》卷六六子部一八雜家類二，第二一五七頁。《文津閣四庫全書提要匯編》子部一〇雜家類二，第四六四頁。《四庫全書簡明目録》卷一三子部一〇雜家類，第四七五頁。《四庫全書總目》卷一一八子部二八雜家類二，第一〇二一頁中。

《藏一話腴》四卷

宋陳郁撰。郁字仲文，號藏一，臨川人。理宗朝，充緝熙殿應制，又充東宫講堂掌書。度宗嘗贊郁像云：「文窺西漢，詩到盛唐。」

其學爲當時所重如此。是書内、外編各分上、下卷，岳珂爲之序，稱其出入經史，研究本末，具有法度[一]。而風月夢怪，嘲戲詭誕，淫麗氣習，盡洗無遺，非過譽也。惟誤以梁武帝詩爲《荆楚歲時記》，又謂孔子兄事子産，則不免考據疏駁耳。

【校記】

[一]具有 底本原作「則則可」三字，誤，兹據《四庫全書總目》卷一二一同條改。

【今案】《四庫提要分纂稿》第一九五頁。影印文淵閣《四庫全書》第八六五册第五三七頁書前提要。《文溯閣四庫全書提要》卷六九子部二一雜家類五，第二二五四頁。《文津閣四庫全書提要匯編》子部一〇雜家類三，第五四〇頁。《四庫全書簡明目録》卷一三子部一〇雜家類，第四九六頁。《四庫全書總目》卷一二一子部三一雜家類五，第一〇四八頁上。

《離騷草木疏》四卷

宋吴仁傑撰。卷末有仁傑慶元丁巳自叙，謂梁劉杳有《草木疏》二卷，見於本傳，其書已亡，杳《疏》凡王逸所集者皆在焉，仁傑獨取二十五篇疏之。今觀其書，徵引鴻富，辨論典核，洵足補王逸所未見。其大旨謂《離騷》之文多本《山海經》，故書中引用每以《山海經》爲斷。若辨「夕攬洲之宿莽」[一]，王逸舊注非之[二]，引《山海經》「朝歌之山有莽草焉」爲據，而《本草》之收莽草入木部者，其爲沿誤，亦不辨自明，洵有資於考証也。卷後又有慶元庚申方燦識語，並羅田縣學校正姓氏三行。蓋仁傑官國子學録時，嘗屬燦刊之於羅田，此則其影抄本也。

【校記】

[一]夕攬洲之宿莽 底本原作「夕攬中洲之宿莽」，衍一「中」字，兹據《楚辭章句・離騷》、《文選》卷三二《離騷經》及《四庫全書總目》卷一四八同條删。

[二]非 底本原作「之」，誤，兹據《四庫全書總目》卷一四八同條改。

【今案】影印文淵閣《四庫全書》第一〇六二册第四五五頁書前提要。《文溯閣四庫全書提要》卷七九集部一楚辭類，第二六〇三頁。《文津閣四庫全書提要匯編》集部一楚辭類，第三頁。《四庫全書簡明目録》卷一五集部二別集類一，第五七八頁。《四庫全書總目》卷一四八集部一楚辭類，第一二六八頁中。

《野客叢書》十二卷[一]

宋王楙撰。楙字勉夫，長洲人。少孤養母，杜門著書。嘗以文謁范成大，一見爲之擊節，當時稱爲『講書君』，蓋亦好古博雅之士。是書於經史疑義、詩文典故，悉爲隨事辨正，櫛解㓗弗，援據該洽。又以其父所記朝廷舊事别編一卷，附録於後。自序稱自慶元以來，凡經三筆，繼觀他書，間有暗合，屢加竄易。蓋其命意不肯苟同如此，故所論俱極精確，可與沈括、洪邁相頡頏。後有嘉泰壬戌高郵陳造跋。明嘉靖中，其十世孫穀祥嘗梓行之。舊本尚有李性傳序，范成大跋，今皆不存。

【校記】

［一］野客叢書十二卷　案《四庫全書總目》卷一一八同條作『《野客叢書》三十卷、附《野老記聞》一卷』。

【今案】影印文淵閣《四庫全書》第八五二册第五四七頁書前提要。《文淵閣四庫全書提要》卷六六子部一八雜家類二，第二一五八頁。《文津閣四庫全書提要匯編》子部一〇雜家類二，第四六五頁。《四庫全書簡明目録》卷一三子部一〇雜家類，第四七六頁。《四庫全書總目》卷一一八子部二八雜家類二，第一〇二一頁下。

《困學紀聞》二十卷

宋王應麟撰。其書凡説經八卷，天道、地理、諸子二卷，考史六卷，評詩文三卷，雜説一卷。首有自序，云幼承義方，晚遇囏屯，炳燭之明[一]，用志不分，是亦其入元後所筆記也。應麟好學彊識，而約以儒者之義，故博雅多聞，理軌於正。其間有辨正朱子語誤數條，如《論語》注『不舍晝夜』『舍』字之音，《孟子》注『曹交，曹君之弟』，及謂《大戴禮》爲鄭康成注等語。雖考証是非，不相阿附，而辭氣謙謹質實，得後學於先師之體，非妄人陋學，恃其雜博，敢詆大儒者可比。前有牟應龍、袁桷兩序。近時閻若璩、何焯皆嘗校正之，各有評註，有足與應龍之説相發明者。今並依刊本，録其語附於各條本文之下，以備參考焉。

【校記】

［一］明　底本原脱此字，雖有一『分』字，但已用墨點點去，并未補字，兹據《四庫全書總目》卷一一八同條補。

【今案】《四庫全書薈要總目提要》第三三九頁。影印文淵閣《四庫全書》第八五四册第一三七頁書前提要。《文溯閣四庫全書提要》卷六六子部一八雜家類二，第二一六八頁。《文津閣四庫全書提要匯編》子部一〇雜家類二，第四七三頁。《四庫全書簡明目録》卷一三子部一〇雜家類，第四七八頁。《四庫全書總目》卷一一八子部二八雜家類二，第一〇二四頁中。

《容齋隨筆》十六卷、《續筆》十六卷、《三筆》十六卷、《四筆》十六卷、《五筆》十卷

宋洪邁撰。邁字景盧，鄱陽人，皓之子。紹興十五年進士，歷官端明殿學士。《宋史》有傳。其書先成《隨筆》十六卷，刻於婺州。淳熙間傳入禁中，孝宗稱其有好議論。邁因重刻爲《續筆》《三筆》《四筆》《五筆》。《續筆》有隆興三年自序，《三筆》有慶元二年自序[一]，《四筆》有慶元三年自序，亦各十六卷。而《五筆》止十卷，則未成之書也。其中自經史諸子百家以及醫卜星算之屬，凡意有所得，即隨筆劄記，辯証考據，甚爲精確。如論《易・説卦》「寡發」之爲「宣髮」，論《豳風》「七月在野，八月在宇」之文，爲農民出入之時，非指蟋蟀，皆於經義有裨。尤熟於宋代掌故，如以宋自翰林學士入相者非止向敏中一人，而駁《筆談》之誤，又引《國史・梁灝傳》而証《遯齋閒覽》所紀灝八十二歲及第之説爲不實[二]，皆極審核。惟自序稱作《一筆》首尾十八年，《二筆》十三年，《三筆》五年，《四筆》不費一歲，蓋其晚年撰《夷堅志》，於此書不關意，草創促速，未免少有牴牾。如謂劉昭注《後漢書》五十八卷，補志當在其中，而不知所注乃《續漢書志》；又駁《宣和博古圖》釋雲雷罄[三]，所引「藏文仲以玉罄告糴」之文，謂《左傳》並無其説，不知出自《國語》，頗爲失檢。又如史家本末及小學字體，皆無所發明而綴爲一條，徒取速成，不復別擇。然其大致，自爲精博。南宋説部，終當以此爲首焉。前有嘉定壬申何異序，明李瀚、謝三賓先後刊行之。考《永樂大典》所載應俊合輯《琴堂諭俗編》中，有引《容齋隨筆》所論「服制」一條，而今本無之[四]，豈尚有所脱佚歟？

【校記】

[一]序　底本原無此字，雖有「慶」字，但已用墨點點去，并未補字，兹據《四庫全書總目》卷一一八同條補。

[二]閒　底本原作「間」，誤，兹據《四庫全書總目》卷一一八同條改。

[三]磬　底本原作「罄」，誤，兹據《四庫全書總目》卷一一八同條改。

[四]本　底本原脱此字，兹據《四庫全書總目》卷一一八同條補。

【今案】影印文淵閣《四庫全書》第八五一册第二六五頁書前提要。《文溯閣四庫全書提要》卷六六子部一八雜家類二，第二一五〇頁。

《文津閣四庫全書提要匯編》子部一〇雜家類二，第四五九頁。《四庫全書簡明目録》卷一三子部一〇雜家類，第四七四頁。《四庫全書總目》卷一一八子部二八雜家類二，第一〇一九頁下。

《珩璜新論》一卷

宋孔平仲撰。一曰《孔氏雜説》，吴曾《能改齋漫録》亦引作《雜説》，而此本卷末有淳熙庚子吴興沈詵跋，稱渝川丁氏刊板已名《珩璜論》，則宋時原有二名[一]。今刊本皆題《雜説》，而鈔本皆題《珩璜新論》，蓋各據所見本也。是書蓋考証舊文，亦間托故事以發議，其説多精核可取。蓋清江三孔在元祐、熙寧之間，皆卓卓然以文章名，非言無根柢者可比也。卷末附録「雜説」七條，在詵跋之前[二]，皆此本所佚，疑爲詵之所補鈔。今并附入，以成完書。至《珩璜》之名，詵已稱莫知所由，又以或人碎玉之解爲未是。考《大戴禮》載曾子曰：『君子之言，可貫而佩。』珩、璜皆貫而佩[三]，易以此名歟[四]？

【校記】

[一]有 底本原脱此字，雖有一『名』字，但已用墨點點去，并未補字，兹據《四庫全書總目》卷一二〇同條補。

[二]詵 底本原作『跣』，誤，兹據《四庫全書總目》卷一二〇同條及本書本條上下文改。

[三]珩璜皆貫而佩 案底本在此句後缺整整一行十九字，《四庫全書總目》卷一二〇同條作『（珩、璜皆貫而佩）者，豈平仲本名《雜説》，後人推重其書，取「貫佩」之義』。

[四]以 底本原作『此』，誤，兹據《四庫全書總目》卷一二〇同條改。

【今案】影印文淵閣《四庫全書》第八六三册第九九頁書前提要。《文溯閣四庫全書提要》卷六八子部二〇雜家類四，第二二一六頁。《文津閣四庫全書提要匯編》子部一〇雜家類三，第五一一頁。《四庫全書簡明目録》卷一三子部一〇雜家類，第四八八頁。《四庫全書總目》卷一二〇子部三〇雜家類四，第一〇三七頁中。

《學林》四卷[一]

宋王觀國撰。觀國，長沙人。《宋史》無傳。賈昌朝《群經音辨》有觀國跋一篇，作於紹興己未，則南渡後人； 又跋作於汀州，而自稱長此邦，則嘗知汀州軍事者也。其書專事考據，尤長訓詁之學，於辨析音義極爲精審，以《六經》《史》《漢》爲主，旁及諸書。凡註疏箋釋之家，莫不臚其異同，折衷至當，多有諸儒所未發者。視孫奕《示兒編》，殆爲過之。宋代諸儒大抵義理詳而考證略，若此書與王應麟《困學紀聞》，可謂博洽之士卓然特出者矣。

【校記】

[一]案底本原案曰："『編按：此篇中縫作考語類，唯四庫無此類目，疑係筆誤。』四卷 案《四庫全書總目》卷一一八同條作『十卷』。"

【今案】影印文淵閣《四庫全書》第八五一册第一頁書前提要。《文溯閣四庫全書提要》卷六六子部一八雜家類二，第二一四八頁。《文津閣四庫全書提要匯編》子部一〇雜家類二，第四五八頁。《四庫全書簡明目録》卷一三子部一〇雜家類，第四七四頁。《四庫全書總目》卷一一八子部二八雜家類二，第一〇一九頁中。

《正楊》四卷[一]

明陳耀文撰。凡一百五十條，皆糾楊慎之訛者。書成於隆慶己巳，前有李蓘序及耀文自叙。慎於正德、嘉靖之間以博稱，而亦好矜名以求勝[二]，往往僞托古書以自伸其説。又晚謫永昌，無書可檢，惟憑記憶，未免多疏。耀文考証其非，不使轉滋疑誤，於學者不爲無功。然釁起争名，語多攻訐，醜詞惡謔，無所不加，雖古人挾怨搆争如吴縝之糾《新唐書》者，亦不至是，殊乖著作之體。又書成之後，王世貞頗有違言，耀文復增益其書，反脣辨難，喧同詬詈，憤若寇讎。數十年後，《正正楊》亦續出焉。豈非露才揚己，有以激之哉！觀其書者取其精博，亦不可不戒其浮囂也。

【校記】

[一]正楊四卷 案本書在此後的同部同類中著録有『《正楊集》四卷』，爲同一人所作。則此篇提要似爲重出，唯此較彼略詳。

[二]求勝 底本原作『求勝往』，衍一『往』字，兹據《文津閣四庫全書提要匯編》子部雜家類同條删。

【今案】影印文淵閣《四庫全書》第八五六册第四七頁書前提要。《文溯閣四庫全書提要》卷六七子部一九雜家類三，第二一七六頁。《文津閣四庫全書提要匯編》子部一〇雜家類二，第四八〇頁。《四庫全書簡明目録》卷一三子部一〇雜家類，第四七九頁。

《四庫全書總目》卷一一九子部二九雜家類三，第一〇二六頁下。

《名義考》十二卷

明周祈撰。祈，蘄州人。其書凡天部二卷，地部二卷，人部四卷，物部四卷，各因其名義而訓釋之，其有異同，則雜引諸書參互辨証。雖條目浩博，不無訛誤，如論月星則不知推步之術，論河源則全據傳聞之訛，論鮮卑以柳城爲柳州，論肉刑以漢文爲魏文，論箜篌爲即琵琶，論杜甫詩竹根爲酒杯，牴牾者往往而有。然訂謬析疑，可取之處爲多。

【今案】影印文淵閣《四庫全書》第八五六册第二九九頁書前提要。《文溯閣四庫全書提要》卷六七子部一九雜家類三，第二一七九頁。《文津閣四庫全書提要匯編》子部一〇雜家類二，第四八二頁。《四庫全書簡明目録》卷一三子部一〇雜家類，第四八〇頁。《四庫全書總目》卷一一九子部二九雜家類三，第一〇二七頁中。

《讕言長語》一卷

明曹安撰。安字以寧，松江人。正統甲子舉人。官安邱(丘)學教諭。安素負才名，著述甚富，詩文集俱失傳。此書集其生平所見聞，而辨証其缺誤，自以爲暇日手録皆零碎之詞，無益於事，故以逸言剩語比之。然詞有原本，足備參考。其論讀經一卷，尤切中明代俗學之弊。末有任政跋，稱安嘗爲《憲宗寔録》總裁官，蓋當時著作多聘取儒士爲之，故不拘資格。然安之見重於時，亦可知矣。

【今案】影印文淵閣《四庫全書》第八六七册第二七頁書前提要。《文溯閣四庫全書提要》卷七〇子部二二雜家類六，第二二七五頁。《文津閣四庫全書提要匯編》子部一〇雜家類三，第五五六頁。《四庫全書簡明目録》卷一三子部一〇雜家類，第五〇一頁。《四庫全書總目》卷一二二子部三二雜家類六，第一〇五三頁中。

《南園漫録》十卷

明張志淳撰。卷首數條，引洪邁《容齋隨筆》之語，而辨其是非，後皆述所見聞，各爲考證。所論如「江神」一條，「論將」一條，「北岳」一條，「邱(丘)濬著書」一條，「地理」一條，「元年」一條，「詔語」一條，立義皆極正大。其「避諱」一條、「寧馨」一條、「桂辨」一條、

『張籍詩意』一條，考據亦皆詳明。惟『王文正』一條、『和詩』一條、『字義』一條、『王孫』一條、『項羽本紀』一條、『元順帝』一條，不免疵累，然不害其宏旨也。

【今案】影印文淵閣《四庫全書》第八六七册第二五五頁書前提要。《文溯閣四庫全書提要》卷七〇子部二二雜家類六，第二二七九頁。《文津閣四庫全書提要匯編》子部一〇雜家類三，第五五九頁。《四庫全書簡明目録》卷一三子部一〇雜家類，第五〇二頁。《四庫全書總目》卷一二二子部三二雜家類六，第一〇五四頁中。

《正楊集》四卷[一]

明陳耀文撰。取成都楊慎所著述，别爲徵引，以正其疏謬，共百五十條，前有文彰序。慎記誦既博，著作亦富，貪多騖廣，心力難周，不免有疏舛之處。又喜僞引古書以伸己説，子虛烏有，往往而然。耀文是集雖涉於有意求瑕，不必盡當，而抉剔訛謬，所得亦多，未可全以爲輕詆也。耀文字晦伯，確山人，嘉靖庚戌進士，累官太僕寺卿。

【校記】

[一]正楊集四卷　案本書同類此前已有『《正楊》四卷』一篇提要，雖書名及文字稍異，然其實爲同一書所撰之提要，似爲重出。又『《正楊》四卷』提要内容與《四庫全書總目》卷一一九子部雜家類『《正楊》四卷』條近似，此篇則與前二者略有差異。

【今案】影印文淵閣《四庫全書》第八五六册第四七頁書前提要。《文溯閣四庫全書提要》卷六七子部一九雜家類三，第二一七六頁。《文津閣四庫全書提要匯編》子部一〇雜家類二，第四八〇頁。《四庫全書簡明目録》卷一三子部一〇雜家類，第四七九頁。《四庫全書總目》卷一一九子部二九雜家類三，第一〇二六頁下。

《卮林》十一卷[一]

明周嬰著。嬰字方叔，蒲田人。官上猶知縣。是書體近類書，而考訂經史，證辨頗爲該洽。其中如駁王僧虔之紀次仲，及論杜詩之西川杜鵑等處，亦未免於執滯。然所刊正處實多，若《水經註》以『絳陽』爲『新田』，而嬰引司馬貞之説，謂《地理志》無『絳陽』，《漢・表》作『終陵』，『絳陽』不足以證『新田』。凡此類皆有依據，非率爾讀書者可比。其每條以兩字標目，而各引原撰書之人姓以系之，如《質魚》《諮杜》之類，蓋用王充《詰墨》《刺孟》等篇目之例也。

【校記】

［一］巵林十一卷 案《四庫全書總目》卷一一九同條作「《巵林》十卷、《補遺》一卷」。

【今案】《四庫提要分纂稿》第一九二頁。影印文淵閣《四庫全書》第八五八册第一頁書前提要。《文溯閣四庫全書提要》卷六七子部一九雜家類三，第二一八二頁。《文津閣四庫全書提要匯編》子部一〇雜家類二，第四八五頁。《四庫全書簡明目録》卷一三子部一〇雜家類，第四八一頁。《四庫全書總目》卷一一九子部二九雜家類三，第一〇二八頁中。

《讀書一得》四卷

明黄訓著［一］。訓，新都人。由進士歷官按察司副使。此編蓋每讀一書，即摘取其中一兩事，論其是非，積久編而成帙，共一百九十三條。亦有一書數見者。雖各題曰讀某書，實非如序録題跋類也。其言議論多而考證少，近乎王世貞之《讀書後》，而又不逮焉。三卷之末，附載嘉靖甲申大同兵變一事，與全書不類，亦未免爲例不純也。

【校記】

［一］黄 底本原作「著」，誤，兹據《四庫全書總目》卷一二七同條改。

【今案】《四庫全書總目》卷一二七子部三七雜家類存目四，第一〇九八頁上。

《菰中隨筆》三卷［一］

國朝顧炎武撰。炎武本精考證之學，此編以讀書所得，隨時紀載，即常言俗諺，及生平問答之語，亦瑣碎記入。雖亦有足資參考者，然編次不論，餖飣無緒，當爲偶録稿本，後人以名重存之耳。

【校記】

［一］案底本原案曰：「編按：顧朝武乃顧炎武之誤」。此案語蓋爲本篇提要原文首行「國朝顧朝武撰」一語而發，兹即據以改「朝」爲「炎」。又案本條下文及《四庫全書總目》卷一二六同條亦均作「炎」，益可證之。

【今案】《四庫全書總目》卷一二六子部三六雜家類存目三，第一〇九〇頁下。

《義門讀書記》五十八卷

國朝蔣維鈞輯録何焯校正文也。焯字屺瞻，長洲人。康熙四十一年，用直隸巡撫李光地薦，以拔貢生入直内廷。尋特賜進士出身，改庶吉士，授編修。後坐事褫職，仍校書武英殿。康熙六十一年復原官，贈侍讀學士[一]。焯文章負盛名，而無所著作傳於世。没後，其從子堂哀其點校諸書之語爲六卷，維鈞益爲蒐輯，編爲此書。凡《四書》六卷，《詩》二卷，《左傳》二卷，《公羊》《穀梁》各一卷，《史記》二卷，《漢書》六卷，《後漢書》五卷，《三國志》二卷，《五代史》一卷，《韓愈集》五卷，《柳宗元集》三卷，《歐陽修集》二卷，《曾鞏集》五卷，《蕭統文選》五卷，《陶潛詩》一卷，《杜甫集》六卷，《李商隱集》二卷，考証皆極精審。其兩《漢書》及《三國志》，乾隆五年禮部侍郎方苞校刊經史，頗採其説。

有甚於前人者亦非無故云然矣[二]。

【校記】

[一]贈　案底本原脱此字，兹據《四庫全書總目》卷一一九同條補。

[二]底本自『有甚於前人者』以下爲一頁，且『有』上缺二字，抄寫的字迹與前一頁『頗採其説』以上的字迹大不同。案《四庫全書總目》卷一一九同條即結束於『頗採其説云』之句，而無『有甚』以下的文字，可見二者當爲互不聯屬的兩篇提要。《四庫全書總目》卷四四經部小學類存目二『《韻會小補》三十卷』條提要末云：『顧炎武《音論》詆其勞唇吻，費簡册，有甚於前人者亦非無故云然也。』兩相比較，可知底本此兩句，乃《韻會小補》一書提要稿的殘存文字，蓋底本錯簡於此者。原案曰：『編按：　此葉應接何書待查。』

【今案】影印文淵閣《四庫全書》第八六〇册第一頁書前提要。《文淵閣四庫全書提要》卷六七子部一九雜家類三，第二一九二頁。《文津閣四庫全書提要匯編》子部一〇雜家類二，第四九四頁。《四庫全書簡明目録》卷一三子部一〇雜家類，第四八三頁。《四庫全書總目》卷一一九子部二九雜家類三，第一〇三〇頁下。

子部七 墨家類名家類雜家類

《晏子春秋》六卷[一]

舊本題齊晏嬰撰。晁公武《讀書志》云：『嬰相景公，此書著其行事及諫諍之言。』《崇文總目》謂：『後人採嬰行事爲之』，非嬰所撰。然則是書所記，乃唐人魏徵《諫録》、李絳《論事集》之流，特失其編次者之姓名耳。題爲嬰者，依托也。劉向、班固俱列之儒家中，惟柳宗元以爲墨子之徒有齊人者爲之。其旨多尚兼愛，非厚葬久喪者[二]。又往往言墨子聞其道而稱之，薛季宣又以爲《孔叢子》詰墨諸條今皆見其《晏子》書中[三]，則退之墨家，於義爲允。其書，《漢志》作八篇，但名《晏子》，《隋志》《唐志》作七卷，始有『春秋』之名。劉知幾《史通》稱晏子、虞卿、吕氏、陸賈其書篇第本無年月，而亦謂之《春秋》，其名亦舊矣。至陳氏、晁氏書目皆分作十二卷，又與前志不合。今卷數又減其半，篇帙更改，已全非其舊。明烏程閔氏刊本，更以一事而《内篇》《外篇》復見，所記大同小異者，悉移而夾註《内篇》下，益變亂無緒矣。今仍從《内》《外篇》互見之本，庶幾猶略近古焉。

【校記】

[一]六卷　案《四庫全書總目》卷五七同條作『八卷』。

[二]久　底本原作『父』，誤，兹據《四庫全書總目》卷一五七同條改。

[三]宣　底本原脱此字，兹據本書子部雜家類『《雞肋編》無卷數』條及《四庫全書總目》卷五七同條補。

【今案】《四庫全書薈要總目提要》第三一八頁。影印文淵閣《四庫全書》第四四六册第九五頁書前提要。《文溯閣四庫全書提要》卷三四史部八傳記類一，第一〇九九頁。《文津閣四庫全書提要匯編》史部七傳記類，第一八五頁。《四庫全書簡明目録》卷六史部七傳記類，第二三二頁。《四庫全書總目》卷五七史部一三傳記類一，第五一四頁上。

《人物志》三卷

魏劉邵撰[一]，凉劉昞註。邵字孔才，邯鄲人。仕魏爲散騎侍郎，遷常侍。嘗受詔集五經群書。正始中，賜爵關内侯。昞字彦明[二]，燉煌人。官儒林祭酒。晁公武云：邵『以人之才識志尚不同，當以九徵、八規審察而任使之，凡十六篇』。然今本自《九徵》以至《釋争》篇，止十二，豈有散佚與？是編爲明萬歷（曆）間河間劉元霖刊本[三]，蓋即隆慶壬申歸德守鄭旻所刻而新之。前有具題『晋阮逸撰』。阮逸，宋人，其謬誤殆不待辨[四]。卷末載文寬夫跋，稱《隋》《唐志》皆十二篇。以今考之，《隋》《唐志》止有卷數而無篇數，其言亦屬無稽。又節録邵、昞二《傳》，題爲『廣平宋庠記』[五]，殆亦卷首阮逸序類也。

【校記】

[一]邵　案本條正文凡『邵』字，《四庫全書總目》卷一一七同條均作『卲』。

[二]彦　案《四庫全書總目》卷一一七同條作『延』。

[三]元　案《四庫全書總目》卷一一七、《文津閣四庫全書提要匯編》子部雜家類及《文溯閣四庫全書提要》卷六五同條皆作『用』。

[四]辨　底本原作『辦』，誤，兹據《四庫全書總目》卷一一七同條改。

[五]庠　底本原作『詳』，誤，兹據《四庫全書總目》卷一一七同條改。

【今案】影印文淵閣《四庫全書》第八四八册第七五九頁書前提要。《文溯閣四庫全書提要》卷六五子部一七雜家類一，第二一一六頁。《文津閣四庫全書提要匯編》子部一〇雜家類一，第四三三頁。《四庫全書簡明目録》卷一三子部一〇雜家類，第四六七頁。《四庫全書總目》卷一一七子部二七雜家類一，第一〇〇九頁下。

《顔氏家訓》二卷

舊本題北齊黄門侍郎顔之推撰。考陸法言《切韻序》作於隋仁壽中，所列同定八人，之推與焉，則實終於隋。舊本所題，蓋據作書之時也。陳振孫《書録解題》云：『古今家訓，以此爲祖。』然李翺所稱《太公家訓》[一]，雖屬偽書，至《杜預家誡》之類，則在前久矣。特雜卷帙較富耳[二]。晁公武《讀書志》云：『之推本梁人。所著凡二十篇，述立身治家之法，辨正時俗之謬，以訓子孫。』今觀其書，大抵於世故人情，深明利害，而能文之以經訓，故《唐志》《宋志》俱列之儒家。然其中《歸心》等篇，深明因果，不出當時好佛之習。又兼論字畫音訓，並考正典故，品第文藝，曼衍旁涉，不專爲一家之言。今特退之雜家，從其類焉。又是書，《隋志》不著録，《唐志》《宋志》俱作七卷，今本乃止二卷。錢曾《讀書敏求記》載有宋鈔淳熙七年嘉興沈揆本七卷，以閣本、蜀本及天台謝氏所校五代和凝本參定，末附《考證》二十三條，别爲一卷，且力斥流俗併爲二卷之非。今沈本不可復見，無由知爲分卷之舊，姑從明人刊本録之。然其文既無異同，則卷帙分合，亦爲細故，惟《考證》一卷，佚之可惜耳。

【校記】

［一］訓　案《四庫全書總目》卷一一七同條作『教』。

［二］特雜卷帙較富耳　案『雜』字當誤，而《四庫全書總目》卷一一七同條作『特之推所撰卷帙較多耳』。

【今案】《四庫全書薈要總目提要》第三三〇頁。影印文淵閣《四庫全書》第八四八册第九三七頁書前提要。《文溯閣四庫全書提要》卷六五子部一七雜家類一，第二一二一頁。《文津閣四庫全書提要匯編》子部一〇雜家類一，第四三六頁。《四庫全書簡明目録》卷一三子部一〇雜家類，第四六八頁。《四庫全書總目》卷一一七子部二七雜家類一，第一〇一〇頁下。

《劉子》十卷

北齊劉晝撰，唐播州録事參軍袁孝政註，凡五十五篇。《唐志》作劉勰撰，陳振孫、晁公武俱係之晝。陳氏云：孝政爲序，稱『晝傷己不遇，天下陵遲，播遷江表，故作此書。時人莫知，謂爲劉勰，或曰劉歆、劉孝標作。』終不知晝爲何代人，按，晝字孔昭，渤海阜城人，高才不遇，見《北史·儒林傳》，陳氏偶未考。今本仍題劉勰，蓋相沿之誤。《漢魏叢書》所收，又改其名曰《新論》，莫詳所本，疑何鏜輩以意爲之。

【今案】影印文淵閣《四庫全書》第八四八册第八八一頁書前提要。《文溯閣四庫全書提要》卷六五子部一七雜家類一，第二一一九頁。《文津閣四庫全書提要匯編》子部一〇雜家類一，第四三五頁。《四庫全書簡明目録》卷一三子部一〇雜家類，第四六八頁。《四庫全書總目》卷一一七子部二七雜家類一，第一〇一〇頁中。

《墨客揮犀》十卷

宋彭乘撰。按，宋仁宗時有翰林學士彭乘，華陽人，真宗時進士。此彭乘則嘉祐中尚爲舉人，仕宦在哲宗時，非華陽之彭乘矣。書内所稱引當時事迹詩話，皆足資聞見。又多稱引蘇、黄，而自述嘗居嶺外，意亦黨籍中人歟。

【今案】影印文淵閣《四庫全書》第一〇三七册第六七三頁書前提要。《文溯閣四庫全書提要》卷七五子部二七小説家類二，第二四五〇頁。《文津閣四庫全書提要匯編》子部一二小説家類一，第六九五頁。《四庫全書簡明目録》卷一四子部一二小説家類，第五四二頁。《四庫全書總目》卷一四一子部五一小説家類二，第一一九五頁下。

《師友談記》一卷

宋李廌撰。廌字方叔，陽翟人。少以文字見知於蘇軾，嘗與范祖禹謀薦於朝，不果。所著有《濟南集》。是書，晁公武謂廌記蘇子瞻、范純夫及四學士談論[一]，故曰《師友》。所載多名言格論，非小説瑣録之比。其述秦觀論賦之語，反覆數條，曲盡工巧，而終以爲場屋之賦不足重，可謂不阿所好。書中稱哲宗爲今上，蓋作於元祐中。末記蘇軾爲兵部尚書及帥定州事，軾到定州不久即南遷，則書成又當在元祐諸人貶斥之後。知其推重諸人，固非以勢相附者。又以潦倒場屋之人，於《新經義》盛行之時，遵之可以立致科第，而獨載排斥笑謔之語，不肯少遜其言，亦介然有守者矣。

【校記】

[一] 廌　底本原作「薦」，誤，茲據本書本條上文及《郡齋讀書志》卷一三「《師友談記》一卷」條、《四庫全書總目》卷一二〇同條改。

【今案】影印文淵閣《四庫全書》第八六三册第一七一頁書前提要。《文溯閣四庫全書提要》卷六八子部二〇雜家類四，第二二一七頁。《文津閣四庫全書提要匯編》子部一〇雜家類三，第五一二頁。《四庫全書簡明目録》卷一三子部一〇雜家類，第四八八頁。《四庫全書總目》卷一二〇子部三〇雜家類四，第一〇三八頁上。

《嬾真子》五卷

宋馬永卿撰。永卿字大年，揚州人。書中自稱爲夏縣令。《廣信府志》：永卿登大觀三年進士，退居鉛山，撰《論語解》《易拾遺》諸編。是書見《宋史·藝文志》，而晁、陳二氏書目俱未之及。《書録解題》惟載永卿嘗仕亳州永城主薄，從劉安世學，撰《元城語録》三卷。故是編多紀元城事，蓋有由也。其他考證舊聞，紀載時事，亦頗稱博洽。

【今案】影印文淵閣《四庫全書》第八六三册第四〇一頁書前提要。《文溯閣四庫全書提要》卷六九子部二一雜家類五，第二二二五頁。

《文津閣四庫全書提要匯編》子部一〇雜家類三，第五一七頁。《四庫全書簡明目録》卷一三子部一〇雜家類，第四九〇頁。《四庫全書總目》卷一二一子部三一雜家類五，第一〇四〇頁中。

《避暑録話》二卷

宋葉夢得撰。陳振孫云『紹興五年所作』，晁公武《讀書志》作十五卷，與此不同。然《文獻通考》已作二卷，毛晋《津逮秘書》跋云：『得宋刻，迥異坊本，亦作二卷。』則必非近人所迸矣[一]。夢得字少藴，吴縣人。紹聖四年進士[二]，官至崇信軍節度使。夢得藏書三萬卷，學問淹通，故所論多有根柢。惟耽於禪悦，時爲援儒入墨之説，又以門户之故，多陰抑元祐而曲解紹聖。如論詩賦一條，爲王安石罷詩賦解；『葉源』一條，爲蔡京禁讀史解；王姬一條，爲蔡京改帝姬解；而深斥蘇洵《辨奸論》，則尤其顯然者矣。

【校記】

［一］迸　疑以音近似而致『併』之形誤。

［二］四　底本原作『五』，誤，兹據《宋史》卷四四五《葉夢得傳》及本書子部雜家類『《巖下放言》三卷』條、《四庫全書總目》卷二七經部春秋類『《春秋傳》二十卷』條改。

【今案】影印文淵閣《四庫全書》第八六三册第六二九頁書前提要。《文溯閣四庫全書提要》卷六九子部二一雜家類五，第二二二八頁。《文津閣四庫全書提要匯編》子部一〇雜家類三，第五一九頁。《四庫全書簡明目録》卷一三子部一〇雜家類，第四九一頁。《四庫全書總目》卷一二一子部三一雜家類五，第一〇四一頁上。

《北窗炙輠録》二卷[一]

宋施德操撰。德操字彦執，海昌人。生不婚宦，病廢而没。嘗與張九成、張璇爲友，里人稱持正先生。所記多當時前輩盛德之事，有益於立身行己，可爲士大夫觀法者，蓋儒者之言也。中多稱道二程，間一及蘇氏，而不甚推重。其第一條即言王氏新法由於激成，其微意可知。惟稱林靈素有活人心，未免好爲高論。而解《孟子》『萬物皆備』一條，尤近於性惡之旨，不可爲訓耳。朱彝尊嘗得是編於海鹽，借抄者始稍稍流播。而《海昌志·人物》莫有舉其姓名者，則其湮没固已久也。

【校記】

[一]二卷　案《四庫全書總目》卷一四一同條作『一卷』。

【今案】影印文淵閣《四庫全書》第一〇三九册第三六三頁書前提要。《文溯閣四庫全書提要》卷七五子部二七小説家類二，第二四六八頁。《文津閣四庫全書提要匯編》子部一二小説家類一，第七〇九頁。《四庫全書簡明目録》卷一四子部一二小説家類，第五四六頁。《四庫全書總目》卷一四一子部五一小説家類二，第一一九九頁下。

《寓簡》十卷

宋沈作喆撰。作喆字明遠，吴興人。丞相該之猶子也。紹興五年進士，嘗爲右江漕司屬官。書中有自稱所作試宏詞表中語，而王應麟《辭科題名》内無作喆名，殆應試而未入選者歟。是編自序云：『屏居山中，無與晤語，有所記憶，寓諸簡牘』，故以『寓』爲名。末題『甲午歲』，以長歷（曆）推之，蓋孝宗淳熙元年作也。前四卷辨証經史，後六卷則多及宋代前賢遺事，而參以己説。於程子有迂避之目，而詞氣縱橫，多類蘇軾，蓋亦傳眉山之學者。然持論多剴切近理，記載亦多可備考核。王士禎（禛）《居易録》摘其誤記許詢爲梁人，小小疏舛，不足累其大旨也。作喆所著，别有《寓山集》[一]，今不傳。陳振孫《書録解題》稱其中《哀扇工歌》，罵而非諷。蓋作喆以是詩忤洪帥魏良弼被劾奪三官也。其詩今見周煇《清波别志》中[二]，語雖近訐，然觀其所述良弼之貪横淫縱，毒民實甚，作喆直陳其事，亦可謂守正不阿者。宜是書之中，多侃侃之論矣。

【校記】

[一]寓山集　案《四庫全書總目》卷一二一同條作『《寓林集》』。

[二]清波别志　案《四庫全書總目》卷一二一同條作『《清波雜志》』。

【今案】影印文淵閣《四庫全書》第八六四册第一〇三頁書前提要。《文溯閣四庫全書提要》卷六九子部二一雜家類五，第二二三六頁。《文津閣四庫全書提要匯編》子部一〇雜家類三，第五二五頁。《四庫全書簡明目録》卷一三子部一〇雜家類，第四九二頁。《四庫全書總目》卷一二一子部三一雜家類五，第一〇四二頁下。

《老學庵筆記》十卷、《續筆記》二卷

宋陸游撰。所記皆軼聞故事，不及朝廷大政，故罕所指斥，亦不採委巷猥談，故不涉荒唐，叙述雅潔，在諸家説部之上。間有考証詮釋，亦言有根柢。惟以陸佃爲王安石客，所作《埤雅》多引《字説》，故於《字説》無貶詞，於安石亦無譏語，而安石、曾布得龍一體之説，即佃所載於《埤雅》者。又謂蔚藍爲隱語天名，以韓駒詩語爲誤。考《度人經》所載，實帝名鬱鑑，非天名蔚藍。又謂宋初人尚《文選》，草必稱王孫，梅必稱驛使，月必稱望舒，山水必稱清暉。考昭明所録，實無陸凱之詩。如斯之類，固亦不必爲之諱耳。

【今案】《四庫全書薈要總目提要》第三三八頁。影印文淵閣《四庫全書》第八六五册第一頁書前提要。《文溯閣四庫全書提要》卷六九子部二一雜家類五，第二二四七頁。《文津閣四庫全書提要匯編》子部一〇雜家類三，第五三五頁。《四庫全書簡明目録》卷一三子部一〇雜家類，第四九四頁。《四庫全書總目》卷一二一子部三一雜家類五，第一〇四六頁上。

《獨醒雜志》十卷

宋曾敏行所筆記，其子三聘編次，并以行狀、題跋附於後。敏行字達臣，自號浮雲居士，又曰獨醒道人，又曰歸愚老人，吉水人。吉水本屬廬陵郡，故又自題曰廬陵。曾祖孝先，祖君彦，皆當熙寧之時，不肯以所學干科第[一]。故敏行守其家法，多與正士遊，胡銓、楊萬里、謝諤皆其友也。年二十，病廢不仕進，專意學問，積所聞見成此書，楊萬里序之，謂跋之。其卒也，銓爲哀詞。後趙汝愚、周必大、樓鑰亦皆爲之跋。書中多志前言往行，可補史傳之闕。記南渡後劉、岳諸將，皆極推崇。而於秦檜則惟記與翟汝文詬争一事，亦不甚置是非。其秦熺登第一事，則借崔頎以寓之。蓋敏行卒於淳熙二年，去檜未遠，猶有所避也。其書頗可垂法戒，惟車戰之説，迂而難通，萬里顧極稱之，儒者之見，可存而不論矣。

【校記】

［一］干　底本原作「千」，誤，兹據《四庫全書總目》卷一四一同條改。

【今案】影印文淵閣《四庫全書》第一〇三九册第五二三頁書前提要。《文溯閣四庫全書提要》卷七五子部二七小説家類二，第二四七一頁。《文津閣四庫全書提要匯編》子部一二小説家類一，第七一一頁。《四庫全書簡明目録》卷一四子部一二小説家類，第五

四七頁。《四庫全書總目》卷一四一子部五一小説家類二，第一二〇〇頁中。

《耆舊續聞》十卷

題曰南陽陳鵠録正，又一本題陳鵠西塘撰。蓋南陽人而號曰西塘者，特不知其時代、爵里。書中載有陸游、辛棄疾諸人遺事，則開禧以後人也。所記自汴京故老及南渡後名人嘉言懿行，捃拾頗多，間或於條下夾註書名、人名，蓋亦雜採於諸家説部者。其間又如政和三年與外弟趙承國論學數條，乃出吕好問手帖而雜入諸條中，頗不可辨。又稱朱翌爲待制公，陸軫爲太傅公，沿用其家傳語，不復追改，皆其體例之未審者。然舊京典故及詩文瑣語，亦略具一斑焉。

【今案】影印文淵閣《四庫全書》第一〇三九册第五八七頁書前提要。《文淵閣四庫全書提要》卷七五子部二七小説家類二，第二四七二頁。《文津閣四庫全書提要匯編》子部一二小説家類一，第七一二頁。《四庫全書簡明目録》卷一四子部一二小説家類，第五四七頁。《四庫全書總目》卷一四一子部五一小説家類二，第一二〇〇頁下。

《聞見後録》三十卷

宋邵博撰。蓋續其父伯温之書，故曰《後録》。中如論復孟後諸條，亦有與《前録》重出者。然伯温所記多朝廷大政，可裨史傳。是書兼及經義、史論、詩話，又參以神怪俳諧，不過雜家流耳。又伯温書盛推二程，博乃力排程氏而宗蘇軾。觀所記游酢、謝良佐之事，蓋康節没後，程氏之徒尊其師而抑邵，故博有激以報之，皆非平心之論也。至其彙輯疑孟諸説，至盈三卷[一]，説外丙仲壬與《皇極經世》相違，記王子飛事稱佛法之靈，記湯保衡事推道教之驗，論晏殊薄葬之非，詆趙鼎宗洛學之謬，皆有乖邵子之家學。他若以元稹詩作黄巢之類，引據亦頗疏略。惟其辨宣仁之誣，載司馬光集外章疏之類，可資考訂。議《通鑑》削屈原之非，駁王安石取馮道之謬，辨伊川《易傳》非詆垂簾，証紹興玉璽實非和璧，論皆有見，談詩亦多可採。宋人説部，完美者稀，節取焉，可矣。

【校記】

[一]至 底本原作『之』，誤，兹據《四庫全書總目》卷一四一同條改。

【今案】影印文淵閣《四庫全書》第一〇三九册第二一三頁書前提要。《文溯閣四庫全書提要》卷七五子部二七小説家類二，第二四六七頁。《文津閣四庫全書提要匯編》子部一二小説家類一，第七〇八頁。《四庫全書簡明目録》卷一四子部一二小説家類，第五四六頁。《四庫全書總目》卷一四一子部五一小説家類二，第一一九九頁中。

《賓退録》十卷

宋趙與旹撰。所紀皆北宋事，兼及詩話。前有自序，云：『生平聞見，喜爲客誦，賓退則筆於牘。』故以『賓退』爲名。是書，馬氏《經籍考》及《宋·藝文志》俱不著録。與旹史亦無傳。考寶祐五年陳宗禮原序，稱大梁趙與旹，字德行[一]，嘗從慈湖先生問學，則楊簡之及門也。書中所載詩話頗非當行，記事則時有可採。他如辨《雲仙散録》之僞，謂胡寅《讀史管見》皆有爲而發[二]，訂鮑彪《戰國策註》東、西周之誤，皆足資考證。他如洪邁《夷堅》三十二編，凡三十一序不相重復，今惟存《支甲》至《支戊》五編，惟與旹此書尚見三十一序之大略，是亦可資談柄也。

【校記】

[一]德行　案《四庫全書總目》卷一一八同條作『行之』。

[二]讀史管見皆　底本倒爲『讀史管皆見』，兹據《四庫全書總目》卷八九『《讀史管見》三十卷』條乙正。

【今案】影印文淵閣《四庫全書》第八五三册第六五三頁書前提要。《文溯閣四庫全書提要》卷六六子部一八雜家類二，第二一六五頁。《文津閣四庫全書提要匯編》子部一〇雜家類二，第四七一頁。《四庫全書簡明目録》卷一三子部一〇雜家類，第四七七頁。《四庫全書總目》卷一一八子部二八雜家類二，第一〇二三頁中。

《鷄肋編》無卷數[一]

宋莊季裕撰。季裕名綽，以字行，清源人。官鄂州府。薛季宣《浪語集》有爲綽作《筮法新儀序》，其書今不傳。惟此書僅存。是本不分卷數，凡百餘條，雖隨筆劄記，間涉猥瑣，徵引亦未甚淹博，而亦有足資考証者，猶在《輟耕録》諸書上也。《説郛》所載止十之二三，且多訛錯，此編猶爲全本。

【校記】

［一］無卷數　案《四庫全書總目》卷一四一同條作『三卷』。

【今案】影印文淵閣《四庫全書》第一〇三九册第一二七頁書前提要。《文溯閣四庫全書提要》卷七五子部二七小説家類二，第二四六五頁。《文津閣四庫全書提要匯編》子部一二小説家類一，第七〇七頁。《四庫全書簡明目録》卷一四子部一二小説家類，第五四五頁。《四庫全書總目》卷一四一子部五一小説家類二，第一一九九頁上。

《清波雜志》十二卷、《别志》二卷[一]

宋周煇撰。所載皆朝野遺事、名賢言行，得之目見耳聞者。煇字昭禮，邦彦之子。紹熙間，寓臨安府之清波門，因以名書。厲鶚《宋詩紀事》云：『舊本《清波雜志》有張貴謨序，書中「煇」俱作「燀」，應從之。』按是編爲影宋精本，書中俱作『煇』，張貴謨序亦存，恐鶚所見者，或轉是訛本。煇自題曰『淮海人』，而《兩浙名賢録》載之，書中有『祖居錢塘後洋街』語，則煇實自浙遷淮也。末有張斯中、張訢、陳晦、楊寅、張巖、龔頤正、徐似道等七跋[二]，皆同時人。似道稱煇爲處士，然煇曾試宏博奏名，亦見之書中，或當時未就官耶？

【校記】

［一］二卷　案《四庫全書總目》卷一四一同條作『三卷』。

［二］頤　底本原作『以』，誤，兹據《四庫全書總目》卷一四一同條改。

【今案】影印文淵閣《四庫全書》第一〇三九册第一頁書前提要。《文溯閣四庫全書提要》卷七五子部二七小説家類二，第二四六四頁。《文津閣四庫全書提要匯編》子部一二小説家類一，第七〇六頁。《四庫全書簡明目録》卷一四子部一二小説家類，第五四五頁。《四庫全書總目》卷一四一子部五一小説家類二，第一一九八頁下。

《脚氣集》一卷[一]

宋車若水撰。若水字清臣，號玉峰山民，黄岩人。此書成於咸淳間，因病脚氣，作書自娱，隨所見而録，彙記成編，遂目之曰《脚氣集》。編中發明《論》《孟》之旨，訂正經史之誤，平隲詩文，多有特見。蓋若水與其從弟垓家居講學有年，語皆心得，故不同他説之輾轉稗販也。

【校記】

［一］一卷　案《四庫全書總目》卷一二一同條作『二卷』。

【今案】影印文淵閣《四庫全書》第八六五册第五〇五頁書前提要。《文溯閣四庫全書提要》卷六九子部二一雜家類五，第二二五三頁。《文津閣四庫全書提要匯編》子部一〇雜家類三，第五三九頁。《四庫全書簡明目録》卷一三子部一〇雜家類，第四九六頁。《四庫全書總目》卷一二一子部三一雜家類五，第一〇四七頁下。

《癸辛雜識前集》一卷、《後集》一卷、《續集》二卷、《别集》二卷

宋周密撰。密字公謹，濟南人。其先隨高宗南渡，因居湖州之弁山，自號弁陽老人。後復寓杭州癸辛街，遂以名書。大抵南渡後事居多，亦間有考證。明商濬刻之《稗海》中，以《齊東野語》誤作《前集》[一]，以《别集》誤作《後集》，而《後集》《續集》則全闕，又併其自序佚之。後烏程閔元衢於金閶小肆中購得抄本，毛晉刻之，始見完書。晉跋以《輟耕録》《芥隱筆記》擬之。《輟耕録》叙述猥雜，非此書之比；《芥隱筆記》多訂訓詁，與此書體例迥殊，晉説非也。密在淳祐中，嘗爲義烏令[二]，國亡，抱節以終，詳於連文鳳《百正集》所作輓詩及王行《半軒集》所作《畫像贊》。是書雖成於元初，而終以『宋二十一帝』及『宋十五朝御押』二條，寓意皆可想見，故從陶潛繫晉之意，仍題曰宋人。其書中每詆道學，如『董苛庵』之類，殆於惡詆，蓋末流之弊，有以激之。至於新安、建陽諸大儒，則未嘗不推重也。

【校記】

［一］前　底本原空缺此字，兹據《四庫全書總目》卷一四一同條補。

［二］令　底本原作『今』，誤，兹據《四庫全書總目》卷七〇史部地理類『《武林舊事》十卷』條改。

【今案】影印文淵閣《四庫全書》第一〇四〇册第一頁書前提要。《文溯閣四庫全書提要》卷七五子部二七小説家類二，第二四七四頁。《文津閣四庫全書提要匯編》子部一二小説家類一，第七一三頁。《四庫全書簡明目録》卷一四子部一二小説家類，第五四七頁。《四庫全書總目》卷一四一子部五一小説家類二，第一二〇一頁中。

《齊東野語》二十卷

宋周密撰。密家本濟南，流寓吴興，居弁山，自號弁陽老人。因其父嘗云「身雖居吴，心未嘗一飯不在齊」。故作是書，以「齊東」爲名。所記多軼聞故事，間亦考證古義，蓋雜家者流。然所記如「張浚三戰本末」、「紹熙内禪」、「誅韓本末」、「端平入洛」、「端平襄州本末」、「胡明仲本末」、「李全本末」、「朱漢章本末」、「鄧文龍開邊」[一]、「安丙矯詔」、「淳紹歲幣」、「岳飛逸事」、「巴陵本末」、「曲端本末」、「詩道否泰」、「景定公田」、「朱唐交奏」、「趙葵辭相」、「二張援襄」、「嘉定寶璽」、「慶元開禧六士」[二]、「張仲孚」反間諸條，皆足以補史傳之闕。明商濬《稗海》以此書混入《癸辛雜識》[三]，十失其五。毛晉得舊本刻之，其書乃完。前有密自序及戴表元序，又有明正德間胡文璧、盛京二序。

【校記】

[一] 文　案《四庫全書總目》卷一二一同條作「友」。

[二] 士　底本原作「壬」，誤，兹據《四庫全書總目》卷一二一同條改。

[三] 商濬　底本原作「商惟濬」，《四庫全書總目》卷一二一同條作「商維濬」，《文津閣四庫全書提要匯編》子部雜家類同條作「商惟濬」，案「惟」、「維」均爲衍文，兹據本書上條、本書史部雜史類「《大唐新語》十三卷」條及《文溯閣四庫全書提要》卷六九同條删。

【今案】影印文淵閣《四庫全書》第八六五册第六三五頁書前提要。《文溯閣四庫全書提要》卷六九子部二一雜家類五，第二二五七頁。《文津閣四庫全書提要匯編》子部一〇雜家類三，第五四二頁。《四庫全書簡明目録》卷一三子部一〇雜家類，第四九七頁。《四庫全書總目》卷一二一子部三一雜家類五，第一〇四八頁下。

《仇池筆記》二卷

舊本題宋蘇軾撰。疑好事者集其雜帖爲之，未必出軾之手著。觀下卷「杜甫詩」一條云：「杜甫詩固無敵，然自『致遠』已下句，甚村陋也。」其爲偶閲杜詩，批於「致遠終恐泥」句上之語，顯然無疑，他可以類推矣。又如「蒸豚詩」一條，記醉僧事，及解《杜鵑詩》一條，解杜鵑有無義，亦皆不類軾語，疑併有所附會竄入也。然相傳引用已久，亦間可以備考証。此書，陶宗儀《説郛》亦收之，而删節不完。明萬歷（曆）壬寅趙進美嘗刊其全本，板已久佚。此本前有進美序，蓋從趙本録出者。書中與《志林》互見者，皆但存標題，而下注見《志林》字，疑亦進美所竄改也。

【今案】影印文淵閣《四庫全書》第八六三册第一頁書前提要。《文淵閣四庫全書提要》卷六八子部二〇雜家類四，第二二一四頁。《文津閣四庫全書提要匯編》子部一〇雜家類三，第五〇九頁。《四庫全書簡明目録》卷一三子部一〇雜家類，第四八七頁。《四庫全書總目》卷一二〇子部三〇雜家類四，第一〇三七頁上。

《佩韋齋輯聞》四卷

宋俞德鄰撰。其書多考論經史，間及於當代故實及典籍文字，所記皆詳核可據，不同於泛爲摭拾者。第四卷則專説『四書』，頗出新意，如論九合諸侯，謂自莊十五年再會於鄄，齊桓始霸，至葵邱（丘）而九，故曰九合。其北杏及鄄之始會，霸業未成，皆不與焉。又謂子在齊聞《韶》，三月不知肉味，爲憂陳氏强而齊將亂。又謂匏瓜繫而不食，爲繫以濟涉，引《衛風》及《莊子》爲証。又謂子擊磬於衛，爲磬以立辨，欲其辨上下之分。其説皆與諸儒不同，雖不能盡免穿鑿，然亦可見其用心之勤已。

【今案】影印文淵閣《四庫全書》第八六五册第五七三頁書前提要。《文溯閣四庫全書提要》卷六九子部二一雜家類五，第二二五五頁。《文津閣四庫全書提要匯編》子部一〇雜家類三，第五四一頁。《四庫全書簡明目録》卷一三子部一〇雜家類，第四九六頁。《四庫全書總目》卷一二一子部三一雜家類五，第一〇四八頁中。

《巖下放言》三卷

宋葉夢得撰。夢得，字少藴，吴縣人。紹聖四年進士。累官龍圖閣直學士，帥杭郡。南渡後，爲江東安撫使，移知福州，提舉洞霄宫。自號石林居士。是書乃休官後居吴興弁山時所作。《通考》作一卷，此爲上、中、下三卷，蓋後人所分也。説頗閎辨而大意皆主佛老，如所云：『古之至理，不謀而冥契者，吾儒之言《易》，佛氏之言禪。』蓋欲合三教而一之。其他議論亦多與《避暑録話》相同者，特所記東京舊事聞見較真，猶可以資參核耳。

【今案】影印文淵閣《四庫全書》第八六三册第七二一頁書前提要。《文溯閣四庫全書提要》卷六九子部二一雜家類五，第二二二九頁。《文津閣四庫全書提要匯編》子部一〇雜家類三，第五二〇頁。《四庫全書簡明目録》卷一三子部一〇雜家類，第四九一頁。《四庫全書總目》卷一二一子部三一雜家類五，第一〇四一頁中。

《義莊規矩》一卷[一]

宋參知政事范仲淹嘗買田，置義莊於蘇州，以贍其族，創立規矩，刻之板榜，後其法漸隳。治平中，其子純仁知襄邑縣，奏乞降指揮下本州，許官司受理，遂得不廢。南渡後，五世孫左司諫之柔復爲整理續添規式，族人皆守其約，遵行至今。此本爲范氏後人所録，凡皇祐二年仲淹初定規矩十條，又熙寧、元豐、紹聖、元祐、崇寧、大觀間，純仁兄弟續增規矩二十八條，其慶元二年十二條，則之柔所增定。其中稱二相公者，謂純仁；三右丞者，謂純禮；五侍郎者，謂純粹，蓋皆其子孫之詞也。

【校記】

［一］義莊規矩一卷　案此條見於《四庫全書總目》卷五九『《范文正年譜》一卷、《補遺》一卷、附《義莊規矩》一卷』提要中。

【今案】《四庫全書總目》卷五九史部一五傳記類存目一，第五三六頁中。

《梁谿漫志》十卷

宋進士費衮撰。衮字補之，無錫人。其書雜記見聞，足資考証，在宋人説部中頗稱精審。其論史事數條，亦多前人所未發。如謂漢田蚡、唐崔器之得疾涉於禍福報應，史家當削而不書；辨漢高祖即卧内奪韓信軍爲不足信；論姚崇序進郎吏，明皇不應爲怠心之萌，皆是有特識。《宋史·藝文志》作一卷，而是書卷末附開禧初國史院牒文已作十卷，則《宋志》『一』字誤也。

【今案】影印文淵閣《四庫全書》第八六四册第六九一頁書前提要。《文溯閣四庫全書提要》卷六九子部二一雜家類五，第二二四四頁。《文津閣四庫全書提要匯編》子部一〇雜家類三，第五三三頁。《四庫全書簡明目録》卷一三子部一〇雜家類，第四九四頁。《四庫全書總目》卷一二一子部三一雜家類五，第一〇四五頁中。

《曲洧舊聞》十卷

宋朱弁撰。弁字少張，朱子之從父也。事迹具《宋史》。《文獻通考》載弁《曲洧舊聞》一卷，《雜書》一卷，《骫骳説》一卷。此本獨《曲洧舊聞》，已十卷。然此本從宋槧影鈔[一]，每卷末皆有『臨安府太廟前尹家書籍鋪刊』字，又『惇』字避光宗諱，皆缺筆。蓋南宋舊刻，不應有誤，必《通考》訛『十卷』爲『一卷』也。案弁以建炎丁未使金被留，越十七年乃歸。而書中有臘月八日清凉山見佛光事，云歲在甲寅；又記祕魔岩事，其地在燕京；又記其友述定光佛語，云俘囚十年，則書當作於留金時。然皆追叙北宋遺事，無一語及金，故曰《舊聞》。《通考》列之小説家，今觀其書，雖有神怪諧謔數條，然所記多當時祖宗盛德及諸名臣言行，而於王安石之變法，蔡京之紹述，分明角立之故，言之尤詳[二]，蓋意在申明北宋一代興衰治亂之由，深於史事有補，實非小説家流也。惟其中間及詩話、文評及諸考証，不名一格，不可目以雜史，改入之雜家類中。

【校記】

[一]從 底本原作『後』，誤，兹據《四庫全書總目》卷一二一同條改。

[二]詳 底本原作『祥』，誤，兹據《四庫全書總目》卷一二一同條改。

【今案】《四庫全書薈要總目提要》第三三一頁。影印文淵閣《四庫全書》第八六三册第二八六頁書前提要。《文溯閣四庫全書提要》卷六九子部二一雜家類五，第二二二三頁。《文津閣四庫全書提要匯編》子部一〇雜家類三，第五一五頁。《四庫全書簡明目録》卷一三子部一〇雜家類，第四八九頁。《四庫全書總目》卷一二一子部三一雜家類五，第一〇三九頁下。

《識遺》十卷

宋羅璧撰。璧字子蒼。是書前後序跋皆不著璧爲何時人，《宋史》亦無其傳。明隆慶三年吴岫跋，謂其考據精而論斷審。今觀其引經述史，頗有訂正。但若論養老之制，直謂《禮記》『袒而割牲、執醬而饋、執爵而酳』數語爲委巷之談，殊屬無稽。又謂班《史》原於劉歆，引葛洪《西京雜記》後叙，不知洪叙謂劉子駿有《漢書》一百卷，證之劉歆本傳，並無其據。凡此徵引僞書，亦失别擇，然在宋人雜説中，猶爲言有根柢者也。

【今案】《四庫提要分纂稿》第一九二頁。影印文淵閣《四庫全書》第八五四册第五〇七頁書前提要。《文溯閣四庫全書提要》卷六六子部一八雜家類二，第二一六九頁。《文津閣四庫全書提要匯編》子部一〇雜家類二，第四七四頁。《四庫全書簡明目録》卷一三子部一〇雜家類，第四七八頁。《四庫全書總目》卷一一八子部二八雜家類二，第一〇二四頁下。

《楊公筆録》一卷

宋楊延齡撰。延齡里居未詳。書中自稱元豐中爲山陰尉，又曰任隰州司户，又曰元豐八年秋爲滏陽令，又曰爲虢倅，又曰自江寧上元移宰常州武進[一]，而卷首題曰『朝奉郎致仕』，其始末亦略可見。頗稱引王安石、陸佃之説，而所辨字音、字義，惟引《字説》一條，餘皆引《説文》。亦稱過洛見程子，則似非王氏學矣。又以四詩風、雅、頌對三光日、月、星句，世皆傳爲蘇軾事，而延齡自紀，乃其待試興國時夢中所得，亦可以証小説多附會也。

【校記】

[一]自底本原作『爲』，誤，兹據《四庫全書總目》卷一二〇同條改。

【今案】《四庫提要分纂稿》第一九四頁。影印文淵閣《四庫全書》第八六三册第一九一頁書前提要。《文溯閣四庫全書提要》卷六八子部二〇雜家類四，第二二一八頁。《文津閣四庫全書提要匯編》子部一〇雜家類三，第五一三頁。《四庫全書簡明目録》卷一三子部一〇雜家類，第四八八頁。《四庫全書總目》卷一二〇子部三〇雜家類四，第一〇三八頁上。

《仕學規範》四十卷

宋張鎡撰。鎡字功甫[一]。官奉議郎、直秘閣。是書故分爲學、行己、涖官、陰德、作文、作詩六類，統載宋儒臣事狀，並著出典。若所採《九朝名臣傳》諸書，皆爲修史者所據依，故多與史合，且可補其遺缺。如所録范仲淹鎮青社時，設法免青民輦置之苦，青民至爲立祠；又趙抃治越州，歲荒，令貯米者反增價糶之，而其後賤民胥全活，均云出《四科事實》。又張方平知崑山縣，收餘賦以給貧民，而止民數十年侵越之訟，云出《哲宗名臣傳》。今其書皆不傳，而三人本傳亦未載。此類頗多，均可以資考證。蓋與朱子《名臣言行録》體例雖殊，而於當代文獻均爲有關者也。

【校記】

［一］鎡 底本原脱此字，兹據本書提要撰寫體例及《四庫全書總目》卷一二三同條補。

【今案】影印文淵閣《四庫全書》第八七五册第四頁書前提要。《文淵閣四庫全書提要》卷七一子部二三雜家類七，第二三〇九頁。《文津閣四庫全書提要匯編》子部一〇雜家類五，第五八二頁。《四庫全書簡明目録》卷一三子部一〇雜家類，第五〇九頁。《四庫全書總目》卷一二三子部三三雜家類七，第一〇六一頁中。

《几上語》一卷、《枕上語》一卷

宋施清臣撰。清臣，號東洲，淳祐間人，自稱赤城散吏。是書皆宗二氏之旨，而以儒理附會之，詞多儷偶。明代屠隆、陳繼儒一派，濫觴於斯。其謂《易》可通修煉之旨，亦魏伯陽等之緒餘，無足採録。

【今案】《四庫全書總目》卷一二四子部三四雜家類存目一，第一〇六六頁上。

《吹劍録》一卷

宋俞文豹撰。文豹字文蔚，括蒼人。其出處不可考。此書作於淳祐三年，前有自序：『莊子：吹劍首者，吷而已』。文豹蓋取此義，以自寓其説之不足重。然議論實多紕謬，於古人多所詆訶。如諸葛亮、韓愈、程顥皆有不滿之詞，又不取朱子《綱目》帝蜀之説，至譏孟子好勝，比之於王安石，尤無忌憚。似有所憤嫉而恃氣逞辨而爲之者，故偏駁至此，固不如《外集》之稍覺純正也。

【今案】《文溯閣四庫全書提要》卷六九子部二一雜家類五，第二二五二頁。《文津閣四庫全書提要匯編》子部一〇雜家類三，第五三八頁。《四庫全書簡明目録》卷一三子部一〇雜家類，第四九六頁。《四庫全書總目》卷一二七子部三七雜家類存目四，第一〇九四頁中。

《捫蝨新話》十五卷

宋陳善撰。善字敬甫，號秋塘，淳熙間人。其書考論經史詩文，兼及雜事，别類分門，頗爲冗瑣，持論尤多踳駁。大旨以佛氏爲正道，以王安石爲宗主，故詆歐陽修，詆楊時，詆陳東、歐陽澈，而詆蘇洵、蘇軾、蘇轍尤力，至謂轍比神宗於曹操。於古人詆韓愈，詆孟子誤讀《論語》，甚至謂江西馬師在孔子上。而於周邦彥諛頌蔡京之詩，所謂「化行禹貢山川外，人在周公禮樂中」者，則無譏焉。必紹述餘黨之子孫，不得志而著書者也。

【今案】《四庫全書總目》卷一二七子部三七雜家類存目四，第一〇九三頁中。

《志雅堂雜鈔》一卷[一]

元周密撰[二]。密嘗著有《雲烟過眼録》《癸辛雜識》等書。是編分爲九類，所載皆與二書相出入，而詳略互殊，疑是初時未經删潤稿本，爲後人裒綴，别成此書者。其間惟論「殷玉鉞」一條，知元時劈正斧亦宣和内府之物，可補史闕。其他多不出二書之外也。

【校記】

［一］案底本原案曰：「編按：本篇原置子部醫家類，今依中縫所示改入雜家。」

［二］元　案《四庫全書總目》卷一二七同條作「宋」。

【今案】《四庫全書總目》卷一二七子部三七雜家類存目四，第一〇九四頁下。

《蕉窗雜録》一卷[一]

舊本題曰宋稼軒居士撰。稼軒，辛棄疾號也，故凡遇「宋」字必加「皇」字於上，以明其爲真棄疾作。而其書乃引楊慎《丹鉛録》、王鏊《震澤長語》、都穆《聽雨紀談》、焦竑《類林》、王世貞《藝苑巵言》，其妄殆不足辨。其所自增數條，如謂木筆名辛夷，芍藥一名辛夷，云出《山海經》類，更爲無稽。

【校記】

［一］案底本原案曰：「編按：此篇原置雜藝類，今依中縫校改。」

【今案】《四庫全書總目》卷一二七子部三七雜家類存目四，第一〇九三頁下。

《書齋夜話》四卷

元俞琰撰[一]。琰在宋即以詞賦稱，入元後隱居不出，潛心《易》理，其刊入《通志堂經解》曰《大易集説》，今從《永樂大典》裒輯者《讀易舉要》[二]，俱精切可傳，別著録經部中。又喜講道家之説，嘗注《參同契陰符經》，殊有條理。惟説部諸事，間及於修煉吐納之術，如《席上腐談》類，頗不免有怪於正。此書則其平日雜論經義之語，隨所得而筆記之。卷一皆辨論經義；卷二、卷三皆闡先儒之説，多及於圖書及先天太極之旨；四卷皆論作文軌度，其斥孔安國稱洛書錫禹之非，確爲有見。於諸經字義正訛析疑，尤爲該洽，如《論語》富與貴章[三]，當就『不以其道』爲句；《孟子》則『慕少艾』爲慕愛少衰之意[四]，當讀『少』字爲上聲。其説皆前人所未發，亦頗足資參証云。

【校記】

[一]俞琰　案《四庫全書總目》卷一二一同條作『俞琬』。又案『琬』，乃爲皇太子愛新覺羅·顒琰即後來的嘉慶皇帝避諱而改。本書本條下文『琰』字，亦屬此情况。

[二]讀　底本原作『學』，誤，兹據本書經部易類『《周易集説》四十卷』條及《四庫全書總目》卷三經部三易類三『《讀易舉要》四卷』條改。

[三]章　底本原脱此字，兹據《四庫全書總目》卷一二一同條補。

[四]則慕　底本原脱此二字，兹據《四庫全書總目》卷一二一同條補。

【今案】影印文淵閣《四庫全書》第八六五册第六一一頁書前提要。《文淵閣四庫全書提要》卷六九子部二一雜家類五，第二二五六頁。《文津閣四庫全書提要匯編》子部一〇雜家類三，第五四二頁。《四庫全書簡明目録》卷一三子部一〇雜家類，第四九七頁。《四庫全書總目》卷一二一子部三一雜家類五，第一〇四八頁下。

《困學齋雜録》一卷

元鮮于樞撰[一]。所記當時詩話、雜事爲多。原本不著名氏，故嘉靖中袁褰跋稱撰人未詳。曹溶以鮮于樞有困學齋，遂以此爲樞所撰。考邵遠平《續宏(弘)簡録》載：『樞字伯機，號困學民[二]，漁陽郡人。官太常典簿。所著詩文名《困學齋集》。』是編爲樞撰，無疑矣。厲鶚謂卷中金源人詩，可補劉祁《歸潛志》之缺，存之亦可以資採録。然開卷引李平、許褚二事[三]，無所論斷，未詳其意。而趙復初二詩，前後兩見，亦有異同。蓋亦偶然雜録，未經編定之本也。

【校記】

[一]樞　底本原作『撰』，誤，兹據《四庫全書總目》卷一二一同條改。

[二]民　底本原作『名』，誤，兹據《四庫全書總目》卷一二一同條改。

[三]褚　底本原作『楮』，誤，兹據《三國志》卷一八《魏書・許褚傳》及《四庫全書總目》卷一二一同條改。

【今案】影印文淵閣《四庫全書》第八六六册第一頁書前提要。《文溯閣四庫全書提要》卷七〇子部二二雜家類六，第二二五九頁。《文津閣四庫全書提要匯編》子部一〇雜家類三，第五四四頁。《四庫全書簡明目録》卷一三子部一〇雜家類，第四九七頁。《四庫全書總目》卷一二二子部三二雜家類六，第一〇四九頁中。

《湛淵静語》二卷

元白珽著。珽字廷玉，錢塘人。少孤貧，力學。既仕，喜推挽後進，當時南北知名之士多與之游。生平詩文百卷。此書乃其筆談一種也，考訂折衷，頗有根據。其論儒一條，評騭極當，惟以《匡謬正俗》爲顔魯公書，則筆誤而未及檢正耳。

【今案】影印文淵閣《四庫全書》第八六六册第二八三頁書前提要。《文溯閣四庫全書提要》卷七〇子部二二雜家類六，第二二六一頁。《文津閣四庫全書提要匯編》子部一〇雜家類三，第五四五頁。《四庫全書簡明目録》卷一三子部一〇雜家類，第四九八頁。《四庫全書總目》卷一二二子部三二雜家類六，第一〇四九頁下。

《千古功名鏡》十二卷、《拾遺》一卷

元吴大有編。大有字勉道，號松壑，嵊縣人。寶祐間遊太學，率諸生上書言賈似道姦狀，不遂，退處林泉，與林昉、仇遠、白珽等以詩酒相娱。元初辟爲國子檢閲，不赴。是書首陰德，訖人力，分爲十五類，又《拾遺》一卷，所記皆陰陽感應之説。蓋以警世勸善，亦《尚

書》惠迪從逆、大《易》降祥降殃之旨也。然有所爲而爲之，假以誘掖愚蒙則可，若士君子之學，爲所當爲，則固無取於是焉。

【今案】《四庫全書總目》卷一二四子部三四雜家類存目一，第一〇六六頁中。

《雪履齋筆記》一卷

元郭翼撰。翼字羲仲，號東郭生，因以東郭先生故事，名其齋曰『雪履』。嘗獻策張士誠，不用，歸耕婁上。老得訓導官，偃蹇而終。范陽盧熊題其墓曰遷善先生，又爲撰墓志，載翼卒於至正二十四年。後人謂翼至洪武初嘗徵授學官者，誤也。是編乃江行舟中所紀，隨手雜録，漫無銓次。然議論多有可採者，如解《商書》兼弱、攻昧二句，取張九成説，解《論語》犬馬有養，取何晏舊註説，駁張九齡《金鑑録》之僞，辨蔡氏三仁之類，皆爲有識。其『論謝師直語』一條，『論《詩》』一條，亦有義理。惟『解《論語》怪力亂神』一條，『爲力不同科』一條，過信古註，則未免好奇耳。

【今案】影印文淵閣《四庫全書》第八六六册第六四五頁書前提要。《文溯閣四庫全書提要》卷七〇子部二二雜家類六，第二二七〇頁。《文津閣四庫全書提要匯編》子部一〇雜家類三，第五五二頁。《四庫全書簡明目録》卷一三子部一〇雜家類，第五〇〇頁。《四庫全書總目》卷一二二子部三二雜家類六，第一〇五二頁中。

《博物要覽》十六卷

明谷泰撰。泰字寧宇。官蜀王府長史。其書一卷紀碑刻，二卷紀書，三卷紀畫，四卷紀銅器，五卷紀窑器，六卷紀硯，七卷紀黄金，八卷紀銀，九卷紀珠，十卷紀寶石，十一卷紀玉，十二卷紀瑪瑙、珊瑚，十三卷紀琥珀、蜜蠟、玻璃等物，十四卷紀水晶、玳瑁、犀象等物，十五卷紀香，十六卷紀漆器、奇石，隨所見摭録，未能該備，論碑板書畫，尤爲簡陋。書成於天啓間，而中有稱明太祖者，蓋後人傳寫所改也。

【今案】《四庫全書總目》卷一三〇子部四〇雜家類存目七，第一一一五頁上。

《寰有詮》六卷[一]

明天啓中西洋人傅汎際譯。其論皆宗天主。又有《圜滿純體不壞》等十五篇。歐羅巴人天文推算之密，工匠製作之巧，實逾前古。其議論夸詐迂怪，則亦爲異端之尤。國家節取其技能而禁傳其學術，具存深意。其書本不足登册府之編，然是編《明史・藝文志》中已列其名，削而不論，轉慮惑誣，故著於録而闢斥之。又《明史》載是編於道家，今考所言兼剽三教之理，而又舉三教全排之，變幻支離，莫可究詰，真雜學也。故存其目於雜家焉。

【校記】

[一]詮　案《四庫全書總目》卷一二五同條作「銓」。

【今案】《四庫提要分纂稿》第一九九頁。《四庫全書總目》卷一二五子部三五雜家類存目二，第一〇八一頁中。

《搗堅録》二十四卷

明朱廷旦撰。廷旦字爾兼，一號旋庵子，武水人。是書分一百類，每類各爲小序，陳勸戒之旨，而徵引故實列於後，其末又綴以評論。其《凡例》謂主於破疑掃疾，故刺惡之條，溢於獎善。稱「搗堅」者，謂如病之刺其堅也。所言多主禍福，蓋欲世俗易省耳。

【今案】《四庫全書總目》卷一三二子部四二雜家類存目九，第一一二八頁上。

《澹齋内言》一卷、《外言》一卷

明楊繼益著。繼益字茂謙，松江人。是書《内言》間有考證，《外言》則語録也。議論皆宗二氏。其解邵子「三十六宮都是春」句，誤以爲宮闈之宮，殊爲疏陋。欲删《元史》一條，尤悖謬。惟解《孟子》「泄泄沓沓」一條，引《説文》「呭」訓多言，引《荀子》「諸諸而沸」亦謂多言，證「泄沓」皆多言之意[一]，足備一解耳。末有陳繼儒跋，稱其學道有得，蓋爲禪學言之也[二]。

【校記】

[一]泄　底本原作「呭」，誤，茲據本書本條上文及《四庫全書總目》卷一二八同條改。

［二］蓋　底本原作『益』，誤，兹據《四庫全書總目》卷一二八同條改。

【今案】《四庫全書總目》卷一二八子部三八雜家類存目五，第一一〇六頁上。

《春寒閒記》一卷［一］

不著撰人名氏。卷末自跋稱『辛酉三月二十五日記』，署曰『德水』。又有錢塘厲鶚跋，謂是書頗有可觀，而疑『德水』爲德州盧氏子。蓋以盧世㴶字德水也。其書多録前人佳事雋語，然推尊李贄，其宗旨可知矣。

【校記】

［一］閒　案《四庫全書總目》卷一二八同條作『閑』。

【今案】《四庫全書總目》卷一二八子部三八雜家類存目五，第一一〇六頁下。

子部八　雜家類

《楊氏塾訓》六卷

明楊兆坊撰。兆坊字思説，杭州人。其書分門編次，自居家至交友、服官，每類各引經史成語以爲法式[一]，蓋家塾童蒙之訓。然較《少儀外傳》諸書，不及遠矣。

【校記】

［一］引 底本原作「分」，誤，兹據《四庫全書總目》卷一三二同條改。

【今案】《四庫提要分纂稿》第二〇七頁。《四庫全書總目》卷一三二子部四二雜家類存目九，第一一二九頁上。

《青溪暇筆》三卷

明姚福撰。福字世昌，江寧人，自號守素道人。是編皆就讀書所得，及當時聞見所及雜録之。其首卷所述明初軼事，多正史所不載。惟體用字見《周易正義》，福乃以爲宋儒以前無此字，出於佛典。至其取鄭謐之説，謂異姓可以爲後，而深駁陳北溪之論，其爲乖剌[一]，又不止訓詁間矣。

【校記】

［一］剌 底本原作「刺」，誤，兹據《四庫全書總目》卷一二八同條改。

【今案】《四庫全書總目》卷一二八子部三八雜家類存目五，第一一〇四頁上。

《黄氏書弈》十二卷

明黄秉石撰。自天象地輿以逮經史詁訓，各立篇名，以冠於前，體裁詭異。又各於上闌標評數字，亦村書陋格。後附《雜纂》一卷，即其所作雜文也。前有自序，稱「角勝負於萬卷中，故以弈名」，亦庸且妄矣。秉石字復子，江寧人，萬歷(曆)中，官至嚴州府同知。

【今案】《四庫提要分纂稿》第二一四頁。《四庫全書總目》無此條。

《趙氏連城》十八卷

明趙世顯撰。世顯字仁甫，閩人。是書中分三種：一爲《客窗隨筆》六卷，前有孫昌裔序；一爲《蕓圃叢談》六卷，前有謝肇淛序；一爲《松亭晤語》六卷，前有林材序。《連城》則其總名也，以世顯自序弁之。其書或引古事而稍附以己説，時或自作數語，近乎語録，又或但引古事一條，無所論斷，似乎類書，蓋全無著作之體者。凡意所不合之事，無論巨細，輒云『恨不縛之，生飼豺虎』，蓋躁妄人也。

【今案】《四庫全書總目》卷一二八子部三八雜家類存目五，第一一〇二頁下。

《寒夜録》二卷

明陳宏(弘)緒撰。宏(弘)緒字士業，新建人。是書雜論文章，間亦考證經史，旁及古今逸事而加以品題。大旨多憤激無聊而托之於禪，至謂堯舜不以天下與子，周公爲王室誅其兄，皆爲禪學，則妄矣。雖其間多可採者，功過要不相補也。

【今案】《四庫全書總目》無此條。

《迪吉録》九卷

明顔茂猷壯其撰。前有崇禎辛未林釬序。分官鑑、公鑑二門，所録皆因果之事，詞頗近鄙。

【今案】《四庫全書總目》卷一三二子部四二雜家類存目九，第一一二八頁中。

《客途偶記》一卷

明鄭與喬撰。與喬字惠人，號荷澤，又號確庵，濟寧人。崇禎丙子舉人。自序云：『浪迹東南，客舟旅館，時爲箋記。』中有《濟寧守禦》《濟寧倡義》二記，載當時事迹頗詳。

【今案】《四庫全書總目》卷一四三子部五三小説家類存目一，第一二二五頁上。

《太平清話》四卷

明陳繼儒撰。繼儒字仲醇，華亭人。其書雜記古今瑣事，徵引舛錯，不可枚舉。當時稱繼儒能識古書畫，然如所載耐辱居士墨竹筆銘，証以《唐書·司空圖傳》，乖舛顯然，殊不能知其僞也。

【今案】《四庫全書總目》卷一四三子部五三小説家類存目一，第一二二四頁中。

《避暑漫筆》二卷

明無錫談修撰。修少習舉業，不獲仕進，因掇取先進言行可爲師法，及近代風俗澆薄可爲鑒戒者，臚叙成編。其書成於萬歷（曆）中，當時世道人心，皆極弊壞，修特發憤著書，故其詞往往過激。

【今案】《四庫全書總目》卷一四三子部五三小説家類存目一，第一二二三頁下。

《頤庵心言》一卷

國朝喬大凱撰。大凱，德州人。頤庵，其自號也。是編皆自記其心得之語，所論辯頗近拘迂。

【今案】《四庫全書總目》卷一二五子部三五雜家類存目二，第一〇八五頁下。

《金臺紀聞》二卷

明陸深撰。自正德乙酉至戊子，深官翰林，雜記四年中所聞朝廷故事及朋友論説，爲上、下二卷。前有自題小序一首。

【今案】《四庫全書總目》卷一四三子部五三小説家類存目一，第一二二〇頁下。

《玉堂漫筆》三卷

明陸深撰。乃在翰林時記其每日所得，而於考核典故爲尤詳。其載楊士奇子稷得罪事，爲出於陳循所搆陷，亦修史者所未及知也。

【今案】《四庫全書總目》卷一四三子部五三小説家類存目一，第一二二〇頁中。

《畫禪室隨筆》四卷

明董其昌撰。第一卷論書，第二卷論畫，中多微論，由於斯時解悟深也。第三卷分記遊、記事、評詩、評文如四部[一]，中如記楊成以『蔡經』爲『蔡京』之類，頗涉輕薄，以陸龜蒙《白蓮》詩爲皮日休，亦未免小誤。評文多談制藝。四卷亦分子部四，雜言上、下，皆小品閑文，然多可採。《楚中隨筆》，其册封楚王時所作，末爲禪悦，而宗旨乃在李卓吾。蓋明季士大夫所見，往往如是。

【校記】

［一］如四部　案《四庫全書總目》卷一二二同條作『四子部』。

【今案】影印文淵閣《四庫全書》第八六七册第四一九頁書前提要。《文溯閣四庫全書提要》卷七〇子部二二雜家類六，第二二八二頁。《文津閣四庫全書提要匯編》子部一〇雜家類三，第五六二頁。《四庫全書簡明目録》卷一三子部一〇雜家類，第五〇三頁。《四庫全書總目》卷一二二子部三二雜家類六，第一〇五五頁上。

《停驂録》一卷、《續録》三卷

明陸深撰。皆其罷山西提學僉事南歸時所著，凡詩話、文評、朝章、國典秤而録之，於經義亦間爲考証。《續録》中所載《孟子》爲『長者折枝』，當解作『肢體』之『肢』，又《論語》『詩書執禮』，『執』疑是『埶』之誤，凡此之類，頗足以廣異文。前録成於嘉靖九年，《續録》成於十一年。

【今案】《四庫全書總目》卷一二七子部三七雜家類存目四，第一〇九六頁下。

《露書》十四卷

明莆田姚旅園客撰。其書分核篇二，韻篇三，華篇、雜篇、迹篇、風篇、錯篇、人篇、政篇、籟篇、諧篇、規篇、枝篇、異篇各一，雜舉經傳，旁證俗説。取東漢王仲任所謂『口務明言，筆務露文』之意，名曰《露書》。然語氣猥薄，頗乖著書之體。其核篇所論經義，率毛舉捃拾，無關大指。韻篇亦猥雜不倫，諧、異諸篇尤多鄙俚。至謂屈原宜放，馬遷宜腐，以其文之繁也。傎亦甚矣。

【今案】《四庫全書總目》卷一二八子部三八雜家類存目五，第一一〇五頁中。

《偶得紺珠》一卷

明黄秉石撰。秉石字復子。嘗以薦爲推官。是編雜採諸書，餖飣少緒，或註出典，或不註出典，間亦自作議論。蓋隨手筆記之書，未有詮次體例也。然亦有數條，足資考証者。

【今案】《四庫全書總目》卷一三二子部四二雜家類存目九，第一一二六頁中。

《山樵暇語》十卷

明俞弁撰。集中雜録古今瑣事及詞章典故，間加考據，亦有全採古書原文者。蓋偶隨所得而録之，故前後並無倫序，亦多疏舛。如稱唐韋莊上書浙帥之類，不一而足也。

【今案】《四庫全書總目》卷一三二子部四二雜家類存目九，第一一二八頁下。

《蘧説》十卷

明沈長卿撰。長卿字復漢，鄞縣人。採古今雜説，自爲評論，自緯象至連珠，凡七十三篇，所言大致多淺陋。至其論十二屬，疑鶏當屬丑、屬卯，午當屬牛之類，則尤近於愚矣。

【今案】《四庫全書總目》無此條。

《五雜組》十六卷

明謝肇淛撰。分天、地、人、物、事五部，取五色相雜成文之義。書中或自發議論，或徵引故實，俱麗雜無倫。肇淛字在杭，長樂人。

萬歷（曆）壬辰進士，歷官廣西布政使。

【今案】《四庫全書總目》無此條。

《檢蠹隨筆》三十卷

明楊宗吾著。宗吾字伯相，成都人，官錦衣指揮，慎之孫也。是書始天文，終古字，爲類二十四，採掇瑣碎，分條編載，體近類書。而當時邸報及其祖父遺事，亦間附焉。又有數條乃駁陳耀文《正楊》之非，及陳建《通紀》載楊廷和事之誤。又麗句、瑣語二門，專取詩文詞藻編次，與全書體例皆不相類，殊爲猥雜。自序稱不問人之棄取，惟意是採，今古駁雜，積成數卷。蓋亦道其實也。萬歷（曆）乙巳，上海王尚修季高刊行之，有沈子木、胡心得二序。

【今案】《四庫全書總目》卷一三二子部四二雜家類存目九，第一一二六頁上。

《河上楮談》三卷、《汾上續談》一卷

明朱孟震撰。孟震字秉器，新淦人。隆慶戊辰進士。除南京刑部主事，歷官山西巡撫。是書述舊聞軼事，間亦評論詩文，考證典籍，亦頗涉神怪。其《停雲小志》一卷，記當時文士頗詳，所載詩篇，多可採録。其論文宗，王世貞推爲明代第一，則當時耳目所染，無足深怪。其辨王褘、吴雲事，甚有典據。而遜國一事，則全沿史彬《致身録》之訛，引証愈多，舛謬愈甚，與所論元順帝出宋後事，同一誤信之失。其論《史記》訛字，最確。而『前輩博雅』一條，不知《清江集》之現存，又誤以《孔傳六帖》爲三孔所作，疏駁亦甚矣。《續談》所録尤猥瑣，惟『安南試録』一條，王士正（禛）嘗採之。然亦不知信否也。

【今案】《四庫全書總目》卷一二八子部三八雜家類存目五，第一一〇〇頁下。

《雨航雜録》二卷

明馮時可撰。時可字敏卿，松江華亭人。隆慶辛未進士。除刑部主事，歷官湖廣參政。是書雜論詩文，兼及學問、人品。上卷語多醇正，下卷乃闌及佛老神怪，如出二手者。

【今案】影印文淵閣《四庫全書》第八六七册第三二七頁書前提要。《文溯閣四庫全書提要》卷七〇子部二二雜家類六，第二二八〇頁。《文津閣四庫全書提要匯編》子部一〇雜家類三，第五六〇頁。《四庫全書簡明目録》卷一三子部一〇雜家類，第五〇二頁。《四庫全書總目》卷一二二子部三二雜家類六，第一〇五四頁下。

《培壘居雜録》四卷

明鄭端允輯。端允字思孟，海鹽人。鄭曉之曾孫也。是書雜採諸家勸戒之言，旁及《太上感應篇》，亦所不遺。雖意主誨訓，而其言不盡出於儒者，蓋雜家流也。

【今案】《四庫全書總目》卷一三二子部四二雜家類存目九，第一一二六頁中。

《説頤》八卷

明余懋學撰。懋學字行之，婺源人。隆慶二年進士。官南京户科給事中。是書凡三百五十二則，每則徵引古事相類或相反者二條，撮爲四字標題，而以論斷數語綴其末，旁見側出，頗得連珠遺意。然引事不標出典，置論亦多庸膚。

【今案】《四庫全書總目》卷一二八子部三八雜家類存目五，第一一〇一頁中。

《黄谷瑣談》四卷

明李袞著。袞字于田，内鄉人。嘉靖癸丑進士。由翰林檢討，歷官提學副使。其書雜綴瑣聞，間有考證。而立論多與朱子爲難，偏駁不少。如首條引宋儒心如穀種之説，以爲祖《華嚴經》，又以仲弓持敬、顔子克復爲頓、漸二義，又以朱註『天理人欲同行異情』之語，爲自中峰和尚《山堂夜話》中來。皆所謂援儒入墨，害理之甚者也。

【今案】《四庫全書總目》卷一二七子部三七雜家類存目四，第一〇九八頁下。

《琅琊漫抄》一卷

明文林撰。林字宗儒，長洲人。成化壬辰進士。歷官温州府知府。是書雜記瑣聞逸事，間亦考證經史，凡四十八則，無甚可採。其『三皇』一條，至謂司馬貞祖邵子之説而成之，則唐、宋不辨矣。未有文徵明跋[一]。林，徵明父也。

【校記】

［一］未　當爲『末』之形訛。

【今案】《四庫提要分纂稿》第二一三頁。《四庫全書總目》卷一二七子部三七雜家類存目四，第一〇九五頁下。

《逌旃瑣語》一卷

明蘇祐著[一]。祐字允吉，一字舜澤，濮州人。嘉靖丙戌進士。官至兵部尚書。是書雜記碎事，而引據多疏。如以唐昭宗『紇干山頭』之句，謂左克明不及見，而不知左書止於六朝；以『插箭嶺』、『曬甲石』指爲楊六郎之真迹，而不知爲委巷所托；以『衡山碑』爲真禹書，而不知後人所僞作；以正、五、九月不上官爲元制，而不知北齊以至唐均有此説；以《賀王參元失火書》爲韓愈，而不知其爲柳宗元。如斯之類，不一而足。其餘亦多鄙猥之談，不足採録。

【校記】

［一］祐　案本條『祐』字凡兩見，底本俱作『佑』，誤，兹據《四庫全書總目》卷一二七同條改。

【今案】《四庫全書總目》卷一二七子部三七雜家類存目四，第一〇九八頁上。

《備忘録》二卷[一]

明梅純撰。純字損齋，駙馬都尉殷之元孫。前載洪武及靖難事數條，後雜論詩文等事。卷帙甚少，所論亦絶無新義。

【校記】

［一］備忘録　案《四庫全書總目》卷一二七同條作『《損齋備忘録》』。

【今案】《四庫全書總目》卷一二七子部三七雜家類存目四，第一〇九五頁下。

《爲善陰騭》十卷

明永樂十三年官撰頒行，前有成祖自製序。所採共百六十五條，各以四字標題，加之論斷，并系以詩。

【今案】《四庫全書總目》卷一三一子部四一雜家類存目八，第一一一九頁上。

《神隱志》二卷

明寧王權撰。多言神仙隱逸攝生之事。權本封大寧，爲燕王所劫，置軍中，使草檄。永樂元年，改封南昌。會有謗之者，乃退講黄、老之術，自號臞仙，别構精廬，顔曰『神隱』。併爲此書以明志，永樂六年上之。蓋借此韜晦以免患，非真樂恬退者也。

【今案】《四庫全書總目》卷一四七子部五七道家類存目，第一二六三頁上。

《百寶總珍集》十卷

不著撰人名氏。考其書中所記，乃南宋臨安市賈所編也。所載金珠玉石以及器用等類，具詳出産價值，及真僞形狀。每種前載七言絶句一首，取便記誦，詞皆猥鄙。首載『玉璽』一條，非可估易之物，尤爲不倫。

【今案】《四庫全書總目》卷一一六子部二六譜録類存目，第九九八頁上。

《鐵網珊瑚》二十卷

明都穆撰。穆字元敬，吴縣人。弘治己未進士。歷官禮部郎中。乞休，加太僕少卿，致仕。朱彝尊嘗稱穆所著書，事必稽核，蓋篤學之士也。兹編首二卷皆古書跋，次及書畫真迹及琴、硯、鼎、彝古玩之類，一一匯列，而題品之。其《翰墨真迹》《石刻》《古畫辨》三篇，尤爲精核。

【今案】《四庫全書總目》卷一三〇子部四〇雜家類存目七，第一一一三頁下。

《筠軒清秘録》三卷

明董其昌撰。其昌字元宰，松江華亭人。萬曆己丑賜進士出身第一，改庶吉士。歷官禮部尚書。謚文敏。其昌精於鑒古，儲藏家多以所言爲準。則是書乃其中年所輯，後欲增定，未就。分上、中、下三卷，列細目二十有九，凡玉、石、銅、窑、法書、名畫之類，辨析甚爲詳審。前有陳繼儒序，謂可與項元汴《蕉林清課》並稱。

【今案】《四庫提要分纂稿》第二〇五頁。《四庫全書總目》卷一三〇子部四〇雜家類存目七，第一一一四頁中。

《神異經》一卷

舊本題漢東方朔撰。所載皆荒外之言，怪誕不經，共四十七條。《隋志》列之地理，《唐志》列之神仙，並稱晉張華註。《漢書》本傳叙朔撰述，未言凡劉向所録朔書具是，世所傳他事皆非也。其《贊》又言[一]，後世好事者，取奇言怪語附著之朔。按班固時即有此説，則是書之贋，當不始於隋。張華註，宋時猶存，今未之見。

【校記】

[一]其　底本原脱此字，兹據《四庫全書總目》卷一四二同條補。

【今案】影印文淵閣《四庫全書》第一〇四二册第二六五頁書前提要。《文溯閣四庫全書提要》卷七六子部二八小説家類三，第二四九四頁。《文津閣四庫全書提要匯編》子部一二小説家類二，第七二七頁。《四庫全書簡明目録》卷一四子部一二小説家類，第五五二頁。《四庫全書總目》卷一四二子部五二小説家類三，第一二〇五頁下。

《萬世太平書》十卷

國朝勞大與撰。大與字貞山，石門人。其書剽劉先儒緒論，所得殊爲膚淺。且非專明治道，而題以《萬世太平》，名實亦迕。

【今案】《四庫全書總目》卷一二五子部三五雜家類存目二，第一〇八四頁中。

《蔣説》二卷

國朝蔣超撰。超字虎臣，金壇人。順治丁亥進士第三人。官編修，提督順天學政。後移疾歸，入峨嵋山爲僧以終。王士正(禛)紀其始末甚詳。《蔣説》者，蓋因其姓以名書，如僧肇著書名曰《肇論》之類也。而觀其自序，乃轉讀『菰蔣』之『蔣』，已爲詭僻。其書雜記聞見，别類分門，附以議論。大旨明鬼而尚儉，尤尊佛氏，至以儒童菩薩化生孔子爲實。然其論時政三十餘條，欲復封建一説，尤迂謬難行。惟卷末記節烈數十條，或可備志乘採擇耳。

【今案】《四庫全書總目》卷一二九子部三九雜家類存目六，第一一〇八頁上。

《餘庵雜録》三卷

國朝陳恂撰。恂字子木，本姓曹，海鹽人。前明崇禎壬午舉人。是書雜説經義詩文，兼載碎事，頗少新義。其論『禹治水順行』一條，全攘鄭樵之説，不言所自。其引伊世珍《嫏嬛記》一條『范睢裹足不入秦』語[一]，爲女子纏足之証，亦失之不經。蓋捃摭成書，非深於考證之學者。

【校記】

[一]嫏嬛記 案《四庫全書總目》卷一二八同條亦作『《嫏嬛記》』，然卷一三一子部雜家類存目及本書子部小説家俱著録爲『《瑯嬛記》』。

【今案】《四庫全書總目》卷一二八子部三八雜家類存目五，第一一〇七頁中。

《讀書偶然録》十二卷

國朝程正揆撰。正揆字端伯，湖北孝感人。明崇禎四年進士，入翰林，進尚寶司卿。順治中，授光禄寺丞，累官至工部侍郎。正揆博涉經史，尤長書畫。是編於讀書時隨筆登記，議論考證兼而有之，間出新意，而頗不免踳駁。如以武王上祭於畢爲畢星，引《蘇竟傳》爲証，縱因事不始於唐太宗，説皆有理。至『論聯句詩』二條，一以爲始於《柏梁》，一以爲起於《式微》，一書之中，自相矛盾。又解杜甫

《丹青引》，據『先帝天馬玉花驄』句，以爲至尊含笑，圉僕惆悵[一]，乃深譏肅宗不軫羹墻之念，而斥舊説之非。則不考明、肅、代三朝受終年月[二]，而以情事所必無者，妄爲穿鑿，可謂固於説詩者矣。

【校記】

[一] 惆　底本原作『倜』，誤，兹據《四庫全書總目》卷一二八同條改。

[二] 明肅代三朝　案『明』指唐代『明皇帝』，是唐玄宗的謚號，因清人爲康熙皇帝愛新覺羅・玄燁避諱，而用唐玄宗的謚號，故與此處的唐肅宗、唐代宗均用其廟號不一致。

【今案】《四庫全書總目》卷一二八子部三八雜家類存目五，第一一〇七頁上。

《西峰淡話》四卷

明茅元儀撰。元儀字止生，歸安人。崇禎初，以薦授翰林院待詔，擢副總兵官，旋以兵譁論戍。是書多論明末時政，元儀蓋留心經世之學者。其論有明制度多本於元，尤平情之公議，非明人挾持私見、曲相排抑者可比。

【今案】《四庫全書總目》卷一四三子部五三小説家類存目一，第一二二四頁中。

《後觀石録》一卷[一]

國朝毛奇齡撰。紀其所藏壽山諸石，凡三十五條。因其友人曾作《觀石録》，故題曰《後觀石録》。

【校記】

[一] 後觀石録　案《四庫全書總目》卷一一六同條作『《觀石後録》』。

【今案】《四庫全書總目》卷一一六子部二六譜録類存目，第九九九頁下。

《七克》七卷

國朝西洋龐迪我撰。雖多勸善之言，而宗旨仍遵其本教，究爲異學。

【今案】《四庫全書總目》卷一二五子部三五雜家類存目二，第一〇八〇頁中。

《讀書樂趣》八卷

國朝伍涵芬撰。首載朱子《四時讀書樂歌》，以見命名之意。然四詩本集不載，實翁森所作也。中分盪胸、澄心、澮緣、怡情、論文、勵業、品詩七類。而怡情類半載花譜，品詩類附入己作，亦龐雜之甚。涵芬，字芝軒，於潛人，康熙丁卯舉人。

【今案】《四庫全書總目》卷一三三子部四三雜家類存目一〇，第一一三二頁中。

《居家必用事類全集》十卷

不載撰人名氏。載歷代名賢格訓及居家日用事宜，以十干分集，體例頗爲簡潔。辛集中有大德五年吳郡徐元瑞《吏學指南序》，『聖朝』字俱跳行。又《永樂大典》屢引用之，其爲元人書無疑。黃虞稷《千頃堂書目》云『或謂熊宗立撰』，恐未必然也。

【今案】《四庫全書總目》卷一三〇子部四〇雜家類存目七，第一一一三頁下。

子部九　類書類

《素園石譜》四卷[一]

明林有麟輯。有麟字仁甫，松江人。性愛石，於所居素園闢元池館以聚奇石。因採宣和以後石之見於往籍者凡百種，俱繪爲圖，綴以前人題詠，始蜀中永寧石，終於松江普照寺達摩石。頗多意爲摹寫，未必能一一酷肖也。前有黄經序。

【校記】

［一］案底本原案曰：『編按：此篇原置子部醫家類，今依中縫所示校改。』

【今案】《四庫全書總目》卷一一六子部二六譜録類存目，第九九九頁下。

《尚友録》二十二卷[一]

明廖用賢輯。蒐採古人事實，以韻爲綱，以姓爲目，其例一如《萬姓統譜》。諸所紀載，詳略失宜，無所考證，蓋亦爲應俗作也。用賢，字賓于，建寧人。

【校記】

［一］案底本原案曰：『編按：此書原置雜家類，今校改。』

【今案】《四庫全書總目》卷一三八子部四八類書類存目二，第一一七五頁上。

《韻學淵海》十二卷

題李攀龍撰，唐順之校。其書前無序例，名曰《新刊增補古今名家韻學淵海大成》，蓋取攀龍所著《韻學事類》《詩學事類》二書合併成編。中所叙韵有上、下平，而無上、去、入，目録亦然，蓋專爲近體而設，取諧俗耳。

【今案】《四庫提要分纂稿》第二二二頁。《四庫全書總目》卷一三七子部四七類書類存目一，第一一六八頁上。

《文選雙字類要》三卷

宋蘇易簡撰。取《文選》中藻麗之語，分類編輯。其中語出經史，偶爲漢以來詞賦採用者，亦即以採用之篇，註爲出典。易簡名臣，不應荒陋至此。陸游《老學庵筆記》稱宋初崇尚《文選》，草必稱王孫，梅必稱驛使，月必稱望舒，山水必稱清暉，方爲合格。疑其時科舉之徒輯爲此書，托易簡之名以行也。

【今案】《四庫提要分纂稿》第二一九頁。《四庫全書總目》卷一三七子部四七類書類存目一，第一一六〇頁下。

《詩律武庫前後集》三十卷

舊稱宋東萊吕祖謙編輯。於經史百家中採文人所引用者，分類標題，徵引故實，大抵皆習見之事，在類書中最爲淺近。《宋史·藝文志》及馬氏《通考》俱無其名，蓋依托也。

【今案】《四庫全書總目》卷一三七子部四七類書類存目一，第一一六一頁中。

《養生雜纂》二十二卷、附《月覽》二卷

宋周守忠撰。守忠先取諸書所載養生宜忌之事，按月編録，名曰《月覽》，分爲上、下二卷。嗣又爲《雜纂》二十二卷，首總叙三篇，次分天文、地理等十有三部。後人與《月覽》合刻，亦名《養生雜類》。前有嘉定壬午二月四日守忠自序。守忠，號榕庵，爵里無考。

【今案】《四庫全書總目》卷一三一子部四一雜家類存目八，第一一一六頁中。

《翰墨大全》一百二十五卷

宋鄉貢進士劉應李撰。採摭詞章典故，供文翰之用，仿祝穆《事文類聚》之例，輯爲是編，分二十五門。始於疏奏箋啓以及冠昏喪祭，近是人倫日用，遠至天地萬物，各取大略，分綴於篇。其中不乏名人鉅製，而採録極爲踳駁，鄙俚之詞亦多。至若對聯套語，紛紛闌入，尤爲穢瑣。

【今案】《四庫全書總目》卷一三七子部四七類書類存目一，第一一六二頁上。

《蟹略》四卷[一]

宋高似孫撰。似孫字續古，餘姚人，文虎之子。淳熙十一年進士，官校書郎，守處州。以傅肱所撰《蟹譜》未備，復爲是編，以廣見聞。然所紀僅一物之微，無関博雅。俞文豹《吹劍録》稱：『「草泥行郭索，雲木叫鉤輈。」本林逋詩，而似孫誤以爲杜甫。』今檢其郭索傳中所引，信然，則考證亦未爲精審矣。

【校記】

［一］案此條目在《文溯閣四庫全書提要》所附《文溯閣四庫全書書名索引》中明確標註，但在書中却無提要正文，未詳何故。

【今案】影印文淵閣《四庫全書》第八四七册第六九〇頁書前提要。《文津閣四庫全書提要匯編》子部九譜録類三，第四二〇頁。《四庫全書簡明目録》卷一二子部九譜録類，第四六二頁。《四庫全書總目》卷一一五子部二五譜録類，第九九五頁上。

《六帖補》二十卷

宋楊伯岩撰。以增補白居易、孔傳《六帖》所未備。起天文地理，訖伶樂婢皂，凡二十類。中多割引宋人詩句，徵事頗不詳賅，蓋二書所有，即不復也。書中所載古事，多不著明出處，是其一病。吕午序稱其能知『雲璈』字出《太平廣記》，然《廣記》實引《漢武内傳》，伯岩不舉本書，而僅舉類書之名，知其學亦捃摭之功，故往往不得事始。特其於白、孔二家，拾遺補闕，亦不爲無功焉。伯岩，字彦瞻，號泳齋，代郡人，淳祐間以工部郎守衢州，著有《九經補韵》等書，此其一也。

【今案】影印文淵閣《四庫全書》第九四八册第七四三頁書前提要。《文淵閣四庫全書提要》卷七二子部二四類書類一，第二三六五頁。《文津閣四庫全書提要匯編》子部一一類書類，第六二四頁。《四庫全書簡明目録》卷一四子部一一類書類，第五二二頁。《四庫全書總目》卷一三五子部四五類書類一，第一一五二頁中。

《泉志》十五卷

宋洪遵撰。遵，鄱陽人，洪皓中子。官資政殿學士。是書分九品，凡皇王偏霸荒外之國所有貨泉，莫不畢載，奇文異識，依類爲圖，頗爲詳博。遵自序云：『嘗得古泉，百有餘品。』是遵所自驗，宜爲之圖。他如周太公泉，形圜函方，猶有《漢·食貨志》可據，若虞、夏、商泉，何由識而圖之？且《漢志》云太公爲圜函方形，則前無是形可知。遵乃使虞、夏、商、周作周泉形，不亦謬耶！至道書天帝用泉，語本俚妄，遵亦以意而繪形，則其陋彌甚矣。

【今案】《四庫全書總目》卷一一六子部二六譜録類存目，第九九八頁上。

《廣卓異記》二十卷

宋樂史撰。史字子正，撫州宜黄人。仕南唐爲秘書郎。入宋，復登進士。官員外郎，判西京留司御史台。嘗以唐李翺《卓異記》述唐君臣超異之事，多所遺漏，雖以撰《續卓異記》，亦止書唐代，摭録未廣，乃復採漢魏以降至於五代並唐之人，總爲一集，名曰《廣卓異記》。搜輯博奥，足備稽考。然後二卷所採，如錢起、石勒諸事，殊無所取。又增神仙一門，雜引小説，頗覺猥濫，其亦貪博之弊歟。

【今案】《四庫全書總目》卷六一史部一七傳記類存目三，第五四七頁中。

《歷代制度詳説》十二卷[一]

宋吕祖謙撰。凡分十三門，一曰科目，二曰學校，第三門原本缺頁，佚其標題，所言乃考課之事，四曰賦役，五曰漕運，六曰鹽法，七曰酒禁，八曰錢幣，九曰荒政，十曰田制，十一曰屯田，十二曰兵制，十三曰馬政。皆前列制度，叙述簡賅，後爲詳説，言皆明切。元泰定三年嘗刊行，前有廬陵彭飛叙，稱爲祖謙未竟之書，故止於此。刊版久佚，此本輾轉傳寫，又多訛缺。其錢幣門中脱二頁，荒政門中脱二頁，今悉據《通考》所引補足。中間誤字，亦考正之。惟第二卷脱去標題之數頁，則無可檢補，故仍其舊。彭飛叙稱紫陽浙學功利之論，其意蓋有所指，永嘉諸君子未免致疵議焉。祖謙以中原文獻之舊，巍然爲渡江後大宗。紫陽倡道東南，祖謙實羽翼之。性命道德之原，講之已洽，而尤潛心於史學，似欲合永嘉、紫陽而一之。可謂知其著書之旨矣。

【校記】

[一]案本條已於本書子部雜藝類著録，但本條提要内容頗詳於前條。

【今案】影印文淵閣《四庫全書》第九二四册第八九三頁書前提要。《文溯閣四庫全書提要》卷七二子部二四類書類一，第二三四七頁。

《文津閣四庫全書提要匯編》子部一一類書類，第六一〇頁。《四庫全書簡明目録》卷一四子部一一類書類，第五一八頁。《四庫全書總目》卷一三五子部四五類書類一，第一一四八頁上。

《海録碎事》二十二卷

宋葉廷珪撰。廷珪字嗣忠，崇安人。政和五年進士。知德興縣。紹興中，爲太常寺丞[一]，與秦檜忤[二]，以左朝請大夫出知泉州軍州事。其書分十六部，凡五百八十四門，而自序乃稱百七十五門。又《文獻通考》載此書作三十三卷，此本乃少十一卷，疑此爲後人所分，併非原書也。然軼聞瑣事往往而在，尚足以資考證云。

【校記】

[一]太　底本原作『大』，誤，兹據《四庫全書總目》卷一三五同條改。

[二]忤　底本原作『悍』，誤，兹據《四庫全書總目》卷一三五同條改。

【今案】影印文淵閣《四庫全書》第九二一册第一頁書前提要。《文淵閣四庫全書提要》卷七二子部二四類書類一，第二三四二頁。《文津閣四庫全書提要匯編》子部一一類書類，第六〇七頁。《四庫全書簡明目録》卷一四子部一一類書類，第五一七頁。《四庫全書總目》卷一三五子部四五類書類一，第一一四六頁下。

《事文類聚前集》六十卷、《後集》五十卷、《續集》二十八卷、《别集》三十二卷、《新集》三十六卷、《外集》十五卷、《遺集》十五卷

《前》《後》《續》《别》四集並宋祝穆撰。是書首有淳祐丙午自叙，其編載凡十三部，部分小類，每類首以群書要語，次古今事實，次古今文集，大抵與《藝文類聚》《初學記》體例相似。但諸書載古人詩文率多删摘，獨穆是書所載必舉全篇，故古人遺失之文，間有於是可徵者，亦其體裁之一善也。《新集》《外集》，富大用字時可所編；《遺集》，祝淵字宗禮所編，俱依穆《前》《後集》之體。大用及淵事無考，觀其紀載，及元而止，意爲元時人歟。

【今案】影印文淵閣《四庫全書》第九二五册第一頁書前提要。《文溯閣四庫全書提要》卷七二子部二四類書類一，第二三五一頁。《文

津閣四庫全書提要匯編》子部一一類書類，第六一三頁。《四庫全書簡明目録》卷一四子部一一類書類，第五一九頁。《四庫全書總目》卷一三五子部四五類書類一，第一一四八頁下。

《玉海》二百卷、附《辭學指南》四卷

宋王應麟撰。其書分天文、律象、地理、帝學、聖文、藝文、詔令、禮儀、車服、器用、郊祀、音樂、學校、選舉、官制、兵制、朝貢、宫室、食貨、兵捷、祥瑞二十一門，每門各分子目，凡二百四十餘類。宋自紹聖置宏辭科[一]，大觀改辭學兼茂科，至紹興而定爲博學宏辭之名，重立試格。於是南宋一代，通儒碩學多由此以進，號稱得人，而應麟尤爲博洽。其作此書，蓋本爲詞科應用而設[二]，故條目皆取與試題切近者，而不及夫祥異、變怪、器物、瑣屑之事。然其所引自經史子集、百家傳記[三]，無不賅具，以至漢魏以後文人撰述、單詞偶句亦匯而録之。其貫串奥博，宋以後類書家亦未有能過之者。其書，元時嘗刊於慶元路，板已久佚。今江寧有明南京國子監刊本，以應麟所著《詩考》《詩地理考》《漢藝文志考》《通鑑地理通釋》《王會篇解》《漢制考》《踐阼篇解》《急就篇解》《小學紺珠》《姓氏急就篇》《周易鄭注》《六經天文編》《通鑑答問》等書附梓於後。案明貝瓊《清江集》有所作應麟孫王厚墓誌，稱應麟著《玉海》，未脱稿而失，後得之，中多闕誤，厚考究編次，請於閫帥鋟梓，並他書十二種以傳。據此，則諸書附梓，實始於元代慶元初刻之時。惟瓊誌『十二種』，而今爲十三種，慶元刊書原叙亦言公書鋟於郡學者凡十有四，《玉海》其一，則十三種爲不誤。或《清江集》傳寫之訛也。又卷首載浙東道宣慰司刊書諜文，稱《玉海》實二百卷，而今本乃合《辭學指南》爲二百四卷[四]。婺郡文學李桓叙所列卷目，已與今同，疑即當時校刊者所附入。然相沿已久，今亦仍之。至他書之附刻者，則各從其類，别著於録焉。其曰《玉海》者，本於《張融集》，名實則仿梁武所集《金海》之例，而變其稱也。

【校記】

［一］紹聖　底本原作『紹興』，并以墨點點去『興』字，但又未補字，仍誤，兹據《四庫全書總目》卷一三五同條補『聖』字。
［二］科　底本原作『料』，誤，兹據《四庫全書總目》卷一三五同條改。
［三］集　底本原作『籍』，誤，兹據《四庫全書總目》卷一三五同條改。
［四］學　底本原脱此字，兹據本書本條題目及《四庫全書總目》卷一三五同條補。

【今案】影印文淵閣《四庫全書》第九四三册第一頁書前提要。《文津閣四庫全書提要匯編》子部一一類書類，第六二〇頁。《四庫全書簡明目録》卷一四子部一一類書類，第五二一頁。《四庫全書總目》卷一三五子部四五類書類一，第一一五一頁中。

《記纂淵海》一百卷

宋教授金華潘自牧撰。其郡縣部，首臨安府，次江浙諸州郡，而開封、應天、河南等府，宋之舊京，乃次於嶺南州郡之後。蓋自牧編此書時，其地不隸版圖久矣。職官、科舉諸部載宋制頗備，足以互考史事。又人道、性行、識見等部，分晰詳盡，亦他類書所無有。蓋猶在《合璧事類》《錦繡萬花谷》之上也。

【今案】影印文淵閣《四庫全書》第九三〇册第一頁書前提要。《文溯閣四庫全書提要》卷七二子部二四類書類一，第二三五二頁。《文津閣四庫全書提要匯編》子部一一類書類，第六一四頁。《四庫全書簡明目録》卷一四子部一一類書類，第五一九頁。《四庫全書總目》卷一三五子部四五類書類一，第一一四九頁上。

《類編古今事林群書一覽》十卷

元人撰。止有『地理』一門，蓋未成之書也。體例與宋祝穆《方輿勝覽》相近，卷首遂題爲穆撰[一]，所載自燕大興府外，僅江南諸路。目録後有陸續梓行之語，似即從穆書節録。而江北諸路，未經補綴耳。

【校記】

[一]穆 底本原作『移』，誤，兹據本書本條上文及《四庫全書總目》卷一三七同條改。

【今案】《四庫全書總目》卷一三七子部四七類書類存目一，第一一六四頁中。

《韻府群玉》二十卷

元陰時夫撰，其弟中夫註之。昔顔真卿編《韵海鏡源》，爲以韻隸事之祖，後蜀孟昶《書林韻會》，亦踵其例。今二書已佚，惟時夫是編以諧俗獨傳。明以來通行之韵，去聲併『嶝』於『徑』者，亦從是編抄出。康熙中，徐可先之婦謝瑛又取其書重輯之，名《增删韻玉定本》[二]。今書肆所刊，皆瑛書也。此本猶時夫原書，前有時夫自序，及滕玉霄序。

【校記】

［一］增　底本原作『曾』，誤，兹據《四庫全書總目》卷一三五同條改。

【今案】影印文淵閣《四庫全書》第九五一册第一頁書前提要。《文淵閣四庫全書提要》卷七二子部二四類書類一，第二三六七頁。《文津閣四庫全書提要匯編》子部一一類書類，第六二六頁。《四庫全書簡明目録》卷一四子部一一類書類，第五二三頁。《四庫全書總目》卷一三五子部四五類書類一，第一一五二頁中。

《詩宗集韵》二十卷[一]

題曰裴良甫編。不著時代。每卷末皆有『淦川宋季用校正』一行，疑即刊書者姓名。其書用宋官韻，如『殷』改『欣』，『桓』改『歡』之類，蓋南宋書肆本也。所採爲杜甫、李白、高適、韓愈、柳宗元、孟郊、歐陽修、蘇軾、王安石、曾鞏、黄庭堅、陳師道十二家詩[二]，依韵分載，顛倒割裂，又削去原題，使覽者茫然，編次殊無義例。

【校記】

［一］詩宗集韵　案《四庫全書總目》卷一三七同條作『《十二先生詩宗集韵》』。

［二］師　底本原作『思』，誤，兹據《宋史》卷四四四《陳師道傳》及《四庫全書總目》卷一三七同條改。

【今案】《四庫全書總目》卷一三七子部四七類書類存目一，第一一六二頁下。

《哲匠金桴》五卷

明楊慎撰。採摘漢、魏以後詩人雋句及賦頌之類，分韵編録。大指以爲修詞之助，而徵引龐雜，掛漏亦多，不足重也。

【今案】《四庫全書總目》卷一三七子部四七類書類存目一，第一一六七頁上。

《廣博物志》五十卷

明董斯張撰。晉張華有《博物志》，五代晉李石又有《續博物志》，斯張以爲未備，從而廣之，特沿舊名。所分二十有二類，俱不用本書門目也。所採上自古初，及唐而止，於二氏之書，多所捃摭。每條皆注出處。其久佚古籍，蓋從他書轉引之，而諱所自來，惟標本目，是亦一陋也。斯張字遐周，烏程人。

【今案】《四庫提要分纂稿》第二一九頁。影印文淵閣《四庫全書》第九八〇册第一頁書前提要。《文溯閣四庫全書提要》卷七三子部二五類書類二，第二三八四頁。《文津閣四庫全書提要匯編》子部一一類書類，第六三九頁。《四庫全書簡明目録》卷一四子部一一類書類，第五二七頁。《四庫全書總目》卷一三六子部四六類書類二，第一一五六頁下。

《青蓮舫琴雅》四卷

明林有麟輯。凡古琴之制度、名稱、典故、賦詠，悉爲採録，而琴譜反黜不用，蓋隸事之書，非審音之作也。有麟字仁甫，松江人。是編爲萬歷（曆）癸丑遊西泖時所作，青蓮舫，蓋其舟名。自序云：『就行笥中書籍採録』。然一舟所貯，卷軸幾何？其言似未可信也。

【今案】《四庫全書總目》卷一一四子部二四藝術類存目，第九七八頁下。

《喻林》一百二十卷

明徐元太撰。元太字汝賢，華亭人。官刑部尚書。是書分門紀載，所採皆漢魏以來古籍，非惟一一註出典，且一一註其篇名、卷第。蓋用程大昌《演繁露》引《通典》例，較之《初學記》《藝文類聚》《太平御覽》諸書，體例頗爲精審。然卷帙浩博，摭拾多舛，其中間有錯謬者。如以杜預、何休、范甯皆爲漢人，以韋昭爲唐人，以陳壽爲魏人，以李善爲隋人，皆時代乖迕。又如《禽經》《申培詩説》《三墳》《天禄閣外史》《武侯心書》《武侯十六策》皆近代僞書，亦不能辨别。又如《廣成子》，乃蘇軾自《莊子》摘出作註，亦列爲一書，無能子，云不知何代人，皆爲疏陋。又所引儒籍不過一百七十餘種，而所引釋藏、道藏乃二百三十餘種，尤爲舍本而逐末，不過董斯張《廣博物志》之流，究不能與古人類書比也。

【今案】影印文淵閣《四庫全書》第九五八册第一頁書前提要。《文溯閣四庫全書提要》卷七三子部二五類書類二，第二三七四頁。《文津閣四庫全書提要匯編》子部一一類書類，第六三二頁。《四庫全書簡明目録》卷一四子部一一類書類，第五二四頁。《四庫全書總目》卷一三六子部四六類書類二，第一一五四頁中。

《古今名賢説海》二十二卷

不知何人編輯。前有隆慶辛未序一首，自稱飛來山人。所録皆明人説部，分始甲、終癸十集。自陸粲《庚巳編》以下凡二十二種，種各一卷，蓋皆删節存之者，非全本也。

【今案】《四庫全書總目》卷一三一子部四一雜家類存目八，第一一二一頁下。

《考古詞宗》二十卷[一]

明況叔祺撰。取《爾雅》《左腴》《漢雋》《書叙指南》《文選雙字類要》五書分類採摘。自天文以至藝術爲部二十，爲類四十，爲篇八百有二，以部統類，以類統篇。每書所採，仍各自爲篇，不相淆亂，頗易省覽。然因人成事，沾溉於殘膏賸馥之間，不足尚也。叔祺字吉甫，高安人。嘉靖庚戌進士，歷官貴州提學副使。

【校記】

[一]考古詞宗　案《四庫全書總目》卷一三七同條作『《考古辭宗》』。

【今案】《四庫提要分纂稿》第二二三頁。《四庫全書總目》卷一三七子部四七類書類存目一，第一一六八頁下。

《博學彙書》十二卷

明來集之撰。凡讀書所得，隨筆記録，不分門目，惟以類相從，鱗次櫛比，俾可互證，視他書叢雜無次者[二]，較爲過之。但所採多小説家，如《拾遺》《洞冥》諸記，亦取以爲據，未免寡識耳。前有康熙壬戌毛奇齡序。集之字元成，蕭山人，崇禎庚辰進士，官兵部主事。

【校記】

[一]叢 底本原作『業』，誤，茲據《四庫全書總目》卷一三二同條改。

【今案】《四庫全書總目》卷一三二子部四二雜家類存目九，第一一二七頁上。

《劉氏類山》十卷

明劉嗣昌撰。自象緯以至刑赦，爲目七十，所載之事，自唐而止。大抵轉相稗販，未見該洽。嗣昌字燕及，桐城人，萬歷（曆）中，官至興化府知府。

【今案】《四庫提要分纂稿》第二二五頁。《四庫全書總目》卷一三八子部四八類書類存目二，第一一七三頁下。

《唐類函》二百卷

明俞安期撰。取唐人類書，删除重復，彙爲一函，分四十三部。每部皆列《藝文類聚》於前，而《初學記》《北堂書鈔》《六帖》次之，取材不濫，於諸類書中爲近古。惟『時令』兼取韓鄂《歲華紀麗》，未免非前四書之倫。而事關政典者，既剟取杜佑《通典》補之，又寥寥數條，挂一漏萬，體例皆爲未善。且顛倒補綴，訛舛亦多。同時吴允兆亦有是編，但無《六帖》。議者謂兩書並出，殊爲無謂，允兆遂舉以讓安期。其中體例，亦有兼採允兆書者，安期《凡例》嘗自言之。

【今案】《四庫全書總目》卷一三八子部四八類書類存目二，第一一七三頁中。

《啓雋類函》一百九卷

明俞安期編。首職官考五卷，次載牋、疏、表、啓，分古體二卷，近體一百二卷。近體又分二十九部，上自諸王、宰相，下逮丞簿、教職，終以婚書及募緣疏引，大旨皆爲應俗設也。安期自作《凡例》，云『江陵秉政，凡牋啓中得一二警語，立躋顯要』，可知當時所尚矣。安期初名策，字公臨，既更今名，改字羨長，吴江人。

【今案】《四庫全書總目》卷一九三集部四六總集類存目三，第一七六一頁下。

《均藻》四卷

明楊慎撰。其書乃《韵府群玉》之流。「均」即「韻」字，《鶡冠子》「五韵」作「五均」，慎蓋本此，然亦太粉飾矣。

【今案】《四庫全書總目》卷一三七子部四七類書類存目一，第一一六七頁上。

《蟲天志》十卷

明嘉定沈宏（弘）正撰。集鳥獸蟲魚異事，分爲六部。《莊子》云：「惟蟲能蟲，惟蟲能天。」書之命名，蓋取於此。

【今案】《四庫全書總目》卷一一六子部二六譜録類存目，第一〇〇五頁中。

《韻學事類》十二卷

題明李攀龍撰。分韻隸事，惟有上、下平聲，蓋以備律詩之用者。龐雜弇陋，疑僞托也。是書爲胡文焕校刊，末附《文會堂詩韻》五卷，即文焕所編。文焕字德甫，錢塘人。曾刊《格致叢書》百餘種，隨意印行，旋刊目録，異同多寡，本本各殊，世無藏其全書者。是書板式相同，當即其中之一種矣。

【今案】《四庫全書總目》卷一三七子部四七類書類存目一，第一一六八頁上。

《荆川稗編》一百二十卷[一]

明唐順之輯。順之字應德。嘉靖己丑進士。官至淮揚巡撫[二]。是書首有茅坤叙，謂其「平生所最鑱刻者六經[三]，所欲以經世者六官，故其考次爲獨祥[四]。六經所不能盡，則條次之以諸家之學：曰法、曰名、曰墨、曰縱横、曰雜、曰兵、曰農、曰圃、曰賈、曰工、曰天文、曰歷（曆）、曰地理、曰理數、曰術數、曰醫、曰道、曰釋。又次之以文藝：曰史、曰詞賦、曰文、曰書法、曰畫、曰古器、曰琴、曰射、曰弈。六官所不能盡，則條次之以天下之大：曰君、曰相、曰將、曰謀、曰諫、曰政、曰后、曰儲、曰宗、曰戚、曰主、曰官、曰倖、曰奸、曰篡、曰封建、曰鎮、曰亂、曰夷、曰名世、曰節、曰俠、曰隱逸、曰烈婦、曰方技。末復終之：曰吏、曰户、曰禮、曰兵、曰刑、曰工』。其所述，足盡此書之概。坤又謂惜乎編次雖勤，而自爲折衷，其至猶未之考見。亦此書之定評矣。

【校記】

［一］川　底本原作『州』，誤，兹據《四庫全書總目》卷一三六同條改。

［二］淮　底本原作『准』，誤，兹據《四庫全書總目》卷五三史部雜史類存目二『《廣右戰功録》一卷』條改。

［三］最　疑誤。

［四］祥　當爲『詳』之形訛。

【今案】影印文淵閣《四庫全書》第九五三册第一頁書前提要。《文淵閣四庫全書提要》卷七三子部二五類書類二，第二三七二頁。《文津閣四庫全書提要匯編》子部一一類書類，第六三〇頁。《四庫全書簡明目録》卷一四子部一一類書類，第五二四頁。《四庫全書總目》卷一三六子部四六類書類二，第一一五四頁上。

《駢雅》七卷

明朱謀㙔撰。謀㙔字欝儀，明江西宗室，生於萬歷（曆）間，事附《明史·寧王傳》中。謀㙔博通群籍，箸書目二十種，此其一也。自《釋詁》《釋訓》以至《蟲魚》《鳥》《獸》，分爲十二篇，皆取古語連聚之。其説曰聯二爲一，駢異爲同，故曰《駢雅》。間有雜以俗稱，頗乏典據者，如謂都御史爲大司憲，詹事爲端尹之屬。又有解説古語而舛誤者，如『藻井』乃屋中方井，刻爲『藻文』，而謀㙔以爲刻扉之屬［一］。然搜輯異語，於詞章亦不爲無補也。

【校記】

［一］㙔　底本原作『諱』，誤，兹據本書本條上文及《四庫全書總目》卷四〇同條改。

【今案】《四庫提要分纂稿》第六六頁。影印文淵閣《四庫全書》第二二二册第五一五頁書前提要。《文淵閣四庫全書提要》卷二四經部二四小學類一，第七六七頁。《文津閣四庫全書提要匯編》經部一〇小學類，第五六二頁。《四庫全書簡明目録》卷四經部一〇小學類，第一五八頁。《四庫全書總目》卷四〇經部四〇小學類一，第三四二頁下。

《註釋啓蒙對偶續編》四卷

明嘉靖中孟紱撰。崇禎中，鄭以誠註。按韵屬對，自一二字至十餘字不等，每韵三則，蓋鄉塾啓蒙之書也。國朝康熙間，以誠子僑柱爲四川總兵官，始刊刻之。前有周燦序，謂書稱《續編》，必原有《初編》而逸之矣。

【今案】《四庫全書總目》卷一三八子部四八類書類存目二，第一一七〇頁中。

《雜俎》十卷

明劉鳳撰。鳳字子威，長洲人。嘉靖庚戌進士。官御史，終河南僉事。書分八類[一]，曰元覽、稽度、地員、兵謀、藻覽、原化、問水、詞令。威爲文好剌取隱僻以爲奇，故是編皆摘録故書詞藻，以爲行文之助。原書出處或載或否，並無義例。

【今案】《四庫全書總目》卷一三七子部四七類書類存目一，第一一六八頁下。

【校記】

［一］書分　案底本倒爲『分書』，兹據《四庫全書總目》卷一三七同條乙正。

《聲律發蒙》五卷

明大庾劉節撰。高儒《百川書志》云：『《聲律啓蒙》二卷，元博陵安平隱者祝明文卿撰。自一字、七字至隔句各押一韵，對偶渾成，音響自合。共九十首。』是篇有正德辛巳節自序，稱前二卷爲祝所作，後三卷爲潘瑛所續，節又爲之校訂，增補至三百首，蓋非祝氏原書矣。每一韵先列韵字與註，而後列雜言對屬之語。蓋爲初學發蒙而作，無所當於著述也。

【今案】《四庫提要分纂稿》第二二一頁。《四庫全書總目》卷一三七子部四七類書類存目一，第一一六四頁下。

《修辭指南》二十卷

明國子監助教蘇州浦南金編。取《爾雅》《左腴》《漢雋》《書叙指南》四書，彙爲一編，分二十部，四十類。輾轉稗販，無可觀者。

【今案】《四庫提要分纂稿》第二二二頁。《四庫全書總目》卷一三七子部四七類書類存目一，第一一六七頁中。

《群書集事淵海》四十七卷

不著撰人姓名。《明史·藝文志》以爲弘治時人編，蓋據《百川書志》所載也。今考李東陽《懷麓堂集》中有所作此書後序，稱「國初人所輯，内官監左少監賈性在司禮購而得之，捐資鏤板，病其字太小，募善書者録之，稍拓其式」。是此書本出自明初。《百川書志》特據賈性重刻之本[一]，遂誤以爲弘治間人耳。其書自君臣而下至外國，爲門十，爲目五百七十二，集諸書事略，自春秋訖戰國凡數千條。條下各注所出，徵引頗詳，而分析條目多不當。又其中立宦者一門，備載前代宦官事迹，尤諸書罕見之利[二]。疑此書本爲閹人而作，故賈性爲之刊行也。

【校記】

［一］書　底本原作「善」，誤，兹據本書本條上文及《四庫全書總目》卷一三七同條改。性　底本原作「姓」，誤，兹據本書本條上下文及《四庫全書總目》卷一三七同條改。

［二］利　疑爲「例」之訛誤。

《群書纂類》十二卷

明袁均哲輯。因臨江張九韶《群書備數》補其缺遺，加以注釋。凡十三門，百二十三事，千四百三十四條。自經史子集、百家衆技以及野史外傳，凡事物之有數可舉者，次第纂輯，皆《小學紺珠》之支流也。均哲字庶明，建昌人，正統中，官郴州知州。

【今案】《四庫提要分纂稿》第二二一頁。《四庫全書總目》卷一三七子部四七類書類存目一，第一一六六頁上。

《原始秘書》十卷

明寧王權撰。是書類別衆門，各求原起，與《事物紀原》相類，而荒謬特甚。如謂醜婦始嫫母，妬婦始尹吉甫妻，淫婦始柳宗元《河間傳》婦者，不一而足。甚謂自縊始申生[一]，飲酖始叔牙，自刎始吴王夫差，其陋殆不足辨也。

【校記】

［一］始 底本原作『死』，誤，兹據《四庫全書總目》卷一三七同條改。

【今案】《四庫全書總目》卷一三七子部四七類書類存目一，第一一六五頁下。

《兩漢博聞》十二卷

明嘉靖中黄魯曾刊本，不著撰人名氏。考《文獻通考》，乃宋楊侃所編也。侃，錢塘人，端拱中進士，官至集賢院學士，晚爲知制誥。避真宗舊諱，更名大雅。晁公武《讀書志》云：『景德中，侃讀兩《漢書》，取其名數及前儒釋解，編爲此書。』此資涉獵其書[一]，不依篇第，不分門類，惟摘兩《漢書》中字句故實，列爲標目，而節取顔師古及章懷太子李賢注列於其下。凡《前漢書》七卷、《後漢書》五卷。宋代文體自歐陽修始變，元祐以前皆沿西崑之餘派，以典麗爲工，故蘇頌、劉攽皆摘鈔《文選》，而侃亦鈔兩《漢書》。此編雖於史學無關，然較他類書採摭雜説以入文章者，究爲雅馴，由其取材者古也。《後漢書》中，間有引及《前漢書》者，必標『顔師古』字。而所引梁劉昭《續漢志註》，乃與章懷註無别，體例未免少疏。至所列紀傳篇目，往往多有訛舛者，則傳刻之誤耳。

【校記】

［一］此資涉獵其書 案《四庫全書總目》卷六五同條作『是編摘録前、後《漢書》』。

【今案】影印文淵閣《四庫全書》第四六一册第二頁書前提要。《文溯閣四庫全書提要》卷三六史部一〇史鈔類，第一一七一頁。《文津閣四庫全書提要匯編》史部八史鈔類，第二四一頁。《四庫全書簡明目録》卷六史部八史鈔類，第二四八頁。《四庫全書總目》卷六五史部二一史鈔類，第五七七頁下。

《古雋考略》六卷

明顧充撰。標列古籍中雋語佳字，附以注釋，爲類三十有四。間有考證，率多淺陋。前有蕭大亨、傅光宅、祁光宗、李之藻四序[一]。充字仲達，號廻瀾，上虞人，隆慶丁卯舉人，歷官工部郎中。是編末有重刻自跋，云『始集《古雋》於定海學宫，鏤板行之』，而嫌其未備，更加增輯，即是本也。又康熙四十八年，其孫芳宗有重訂本，王掞爲序。

【校記】

[一]亨 底本原作「享」，誤，兹據《四庫全書總目》卷七八史部地理類存目「《夷俗記》一卷」條改。

【今案】《四庫全書總目》卷一三八子部四八類書類存目二，第一一七〇頁下。

《秘笈新書》十三卷、《别集》三卷

明吴道南輯。自序以爲本謝枋得未及付梓之書，爲之增補。然所載皆職官故實，故標題有《簪纓必用》字。《别集》首卷爲君道，二卷、三卷爲類姓，割裂瑣碎，尤多挂漏，斷非枋得所作。蓋後人假其名以取重，道南未及詳考耳。道南字會甫，崇仁人，萬歷（曆）己丑進士第二人，累官文淵閣大學士，謚文恪。

【今案】《四庫全書總目》卷一三八子部四八類書類存目二，第一一七二頁上。

《輿識隨筆》一卷

明楊德周撰。德周字孚先，寧波人。其書雜採經史奇字，抄撮成帙，多引原註，發明甚少。

【今案】《四庫全書總目》卷一三八子部四八類書類存目二，第一一七二頁下。

《大政管窺》四卷

明人所撰，不著姓氏。皆科舉之策略也。其書分叙吏、叙户、叙禮、叙經。六曹舉其三，而四部舉其一，體例無所取義，必非完書。蓋經生家偶存之殘稿耳。

【今案】《四庫全書總目》卷一三八子部四八類書類存目二，第一一七七頁上。

《同人傳》四卷

國朝陳祥裔撰。自秦、漢以迄元、明，有同姓氏者，採集成册，末附父子同名字者數人，採摭頗詳。惟不著所出之書，是其所短。如《太平廣記》中再生之王翰與唐詩人王翰相同，《通幽記》神婚之李伯禽與唐李伯禽相類，事既不經，人無可考，今概不録，知非漫無别擇、愛奇嗜瑣者也。又序稱梁元帝有《同姓名録》一卷，邱（丘）光庭有《同姓字録》一卷，今皆不傳。然元帝之書，今已於《永樂大典》中採出著録，秘府之藏，祥裔固無由睹耳。

【今案】《四庫全書總目》卷一三九子部四九類書類存目三，第一一七九頁下。

《三才藻異》三十三卷

國朝屠粹忠撰。取故實可備題咏者，分類標題，其目盈萬，各括以四言二韻，蓋類書之支流，而《蒙求》之變體也。然襞積餖飣，繁蕪無當。自序謂歷二十四載而成，亦勞而無補矣。粹忠字芝巖，浙江定海人，順治戊戌進士，歷官兵部尚書。

【今案】《四庫全書總目》卷一三九子部四九類書類存目三，第一一七八頁中。

《古今疏》十五卷

國朝朱虚撰。其書倣《廣雅》《釋名》之例，自天、地、日、月至蟲、魚、草、木，各自爲篇，加以解釋。但徵引浩繁，不詳所出，使舊文新義，無自而分，縱有依托，末由考證，是則抄撮著書之通病也。虚字邵齋，號介庵，濟陰人。

【今案】《四庫全書總目》卷一三九子部四九類書類存目三，第一一七八頁上。

《聖賢群輔録》二卷[一]

一名《四八目》。舊附載《陶潛集》中。唐、宋以來相沿引用，承訛踵謬，莫悟其非。邇以編録遺書，始蒙睿鑒高深，斷爲偽托。臣等仰承聖訓，詳悉推求，乃知今本《潛集》爲北齊僕射陽休之編。休之序録稱其集先有兩本，一本六卷，排比顛亂，兼復闕少；蕭統所撰八卷，又少《五孝傳》及《四八目》[二]，今録統所闕，併序目等合爲十卷。是《五孝傳》及《四八目》實休之所增，蕭統舊本無是也。統序稱深愛其文，故加搜校，則八卷以外，不應更有佚篇，其爲晚出僞書，已無疑義。且集中與子儼等疏，稱子夏爲孔子四友，而此録四友乃爲顔回、子貢、子路、子張。又《五孝傳》引『孝乎惟孝友於兄弟』之文，句讀尚從包咸註，知未見《古文尚書》。而此録『四岳』一條，乃引孔安國《傳》，其出兩手[三]，尤自顯然。至書以《聖賢群輔》爲名，而魯三桓、鄭七穆、晋六卿、魏四友以及仕莽之唐林、唐遵、叛晋之王敦[四]，並列簡編，名實相迕，理乖風教，亦決非潛之所爲。昔宋庠校正斯集，僅知『八儒』、『三墨』二條爲後人所竄入，而全書之贋，竟不能明。潛之受誣，已逾千載，今逢右文聖世，得以辨別而表章之，賜白璧無瑕[五]，流光奕葉，是亦潛之至幸矣。

【校記】

[一]案底本原案曰：『編按：此篇前半提要中縫作雜書類，而置於考證類末，今依次葉所示，改置類書類。』

[二]目　底本原作『百』，誤，兹據本書本條上下文及《四庫全書總目》卷一三七同條改。

[三]其出　底本倒爲『出其』，兹據《四庫全書總目》卷一三七同條乙正。

[四]桓　底本原作『恒』，誤，兹據《四庫全書總目》卷一三七同條改。

[五]賜　案《四庫全書總目》卷一三七同條作『使』。

【今案】《四庫全書總目》卷一三七子部四七類書類存目一，第一一六〇頁上。

子部十 小説家類

《漢武洞冥記》四卷

後漢郭憲撰。憲字子橫，汝南人。官至光禄勛。是書，《隋志》止一卷，《唐志》始作四卷，《文獻通考》有《拾遺》一卷。晁公武引憲自序，謂漢武時雋特異之主[一]，東方朔因滑稽浮誕以匡諫，洞心於道教，使冥迹之奥，昭然顯著[二]，故曰《洞冥》。陳振孫云其《别録》又於《御覽》中抄出，則四卷亦非全書，《别録》當即《拾遺》也。今憲序與《拾遺》俱已佚[三]。書中所載，皆怪誕不根之語，然所言影娥池事，唐上官儀用以入詩，時稱博洽，後代文人詞賦，引用尤多。蓋以字句妍華，足供採摭，至今不廢，良以是耳。

【校記】

[一]時　案《四庫全書總目》卷一四二同條作「明」。

[二]著　底本原作「序」，誤，兹據《四庫全書總目》卷一四二同條改。

[三]佚　底本原作「秩」，誤，兹據《四庫全書總目》卷一四二同條改。

【今案】影印文淵閣《四庫全書》第一〇四二册第二九九頁書前提要。《文溯閣四庫全書提要》卷七六子部二八小説家類三，第二四九八頁。《文津閣四庫全書提要匯編》子部一二小説家類二，第七三〇頁。《四庫全書簡明目録》卷一四子部一二小説家類，第五五三頁。《四庫全書總目》卷一四二子部五二小説家類三，第一二〇七頁上。

《西京雜記》六卷

舊本題晉葛洪撰。《隋》《唐志》皆稱二卷，《宋志》稱六卷，《通考》則云「一作二卷，一作六卷」。今書分卷，與《宋志》同。《隋志》不著撰人姓氏，《唐》《宋志》皆稱葛洪撰[一]。考張鷟《朝野僉載》，記庾信作詩用《西京雜記》事，既而曰此吴均語，不足據也。故晁公武《讀書志》直以爲吴均依托爲之。今本仍題葛洪，相沿之誤也。是書卷後載洪自跋，謂劉子駿《漢書》百卷，班固全取之，所不取者二萬許言，今鈔出爲二卷，以裨《漢書》之闕。今觀其所記，破碎夸靡，蓋不足道。徐堅採之入《初學記》[二]，李善引之註《文選》，段成式《酉陽雜俎》據以載上林草木名，黄伯思《東觀餘論》又糾其誤，以歆爲洪，均未及考耳。其記「虎子」一條，頗與鄭元（玄）《周官》注合，而謂以玉爲之，則不經實甚，他何論耶！然自唐以來流傳已久，詞賦家據爲故實，未可竟廢，姑與王嘉、郭子横書一例存之。

【校記】

[一]宋志 底本倒爲「志宋」，兹據本書本條上文及《四庫全書總目》卷一四〇同條乙正。

[二]入初 底本倒爲「初入」，兹據《四庫全書總目》卷一四〇同條及卷一三五子部類書類「《初學記》三十卷」條乙正。

【今案】影印文淵閣《四庫全書》第一〇三五册第一頁書前提要。《文溯閣四庫全書提要》卷七四子部二六小説家類一，第二三九五頁。《文津閣四庫全書提要匯編》子部一二小説家類一，第六四九頁。《四庫全書簡明目録》卷一四子部一二小説家類，第五三〇頁。《四庫全書總目》卷一四〇子部五〇小説家類一，第一一八二頁上。

《搜神記》二十卷

舊本題曰晋干寶撰。寶字令升，新蔡人。元帝時以著作郎領國史，遷散騎常侍。本傳稱寶感父婢再生事，遂撰集古今靈異神祇[一]、人物變化爲一書[二]。其自序一篇，併載本傳。是書，《隋》《唐志》皆著録，而宋晁公武、陳振孫諸家皆不載。王應麟《玉海》引《崇文總目》云：《搜神總記》十卷，不著撰人名氏，或云干寶撰，非也。又胡震亨跋云：此書有「謝鎮西」之稱，考謝尚於穆帝永和間加鎮西將軍，寶書成嘗示劉惔，惔卒於明帝大寧間，則「鎮西」之號去書成時尚後二十餘年，疑亦經後人附益，非寶之舊。今考《太平寰宇記》青陵臺條下[三]，引《搜神記》韓憑化蛺蝶事，此本無之； 勘驗《太平廣記》所引，又一一與此本合。二書皆宋初所修，不知何以互異，疑樂史所引乃寶書，李昉所引乃《總記》。後人傳寫，每卷析而爲二，故與《崇文總目》十卷之數不合耳。

【校記】

[一]靈異神祇 底本倒爲「靈祇神異」，兹據《四庫全書總目》卷一四二同條乙正。

[二]人物 底本倒爲「物人」，兹據《四庫全書總目》卷一四二同條乙正。

[三]記 底本原作「試」，誤，兹據《四庫全書總目》卷一四二同條及卷六八史部地理類「《太平寰宇記》一百九十三卷」條改。

【今案】影印文淵閣《四庫全書》第一〇四二册第三六五頁書前提要。《文溯閣四庫全書提要》卷七六子部二八小説家類三，第二五〇〇頁。《文津閣四庫全書提要匯編》子部一二小説家類二，第七三二頁。《四庫全書簡明目録》卷一四子部一二小説家類，第五五三頁。《四庫全書總目》卷一四二子部五二小説家類三，第一二〇七頁中。

《搜神後記》十卷

舊本題曰晉陶潛撰。中記桃花源記事一條[一]，全録《集》所載詩序，又載干寶父婢事，亦全録《晉書》，剽掇之迹，顯然可見。明沈士龍跋，謂潛卒於元嘉四年，而此有十四、十六年事，陶《集》多不稱年號，以干支代之，而此書題永初、元嘉[二]，其爲僞托，固不待辨。然《隋書·經籍志》已著於録[三]。而陸羽《茶經》、封演《見聞記》所引，皆與今本合，則猶唐以前人所爲也。

【校記】

[一]桃花源　案底本倒爲『桃源花』，茲據《陶淵明集》及《四庫全書總目》卷一四二同條乙正。

[二]此　底本原作『次』，誤，茲據《四庫全書總目》卷一四二同條改。

[三]録　底本原作『陸』，誤，茲據《四庫全書總目》卷一四二同條改。

【今案】影印文淵閣《四庫全書》第一〇四二册第四六九頁書前提要。《文溯閣四庫全書提要》卷七六子部二八小説家類三，第二五〇一頁。《文津閣四庫全書提要匯編》子部一二小説家類二，第七三三頁。《四庫全書簡明目録》卷一四子部一二小説家類，第五五三頁。《四庫全書總目》卷一四二子部五二小説家類三，第一二〇八頁上。

《異苑》十卷

宋劉敬叔撰[一]。《隋志》十卷，與今本合。所言皆神怪事，而詞旨簡澹，無後來小説猥瑣之習，非六朝以後所能爲也。敬叔，《宋書》《南史》俱無傳，明胡震亨始採諸事補作之，稱其元嘉三年爲給事黄門郎[二]，又稱劉毅爲南平公世子，毅以憾奏免敬叔官。此書記義熙中劉毅鎮江州，爲盧循所敗，褊躁逾劇云云。其蓄憾未平，略見於辭，傳所言蓋不誣云。

【校記】

[一]敬　底本原作『孫』，誤，茲據本書本條正文及《四庫全書總目》卷一四二同條改。

[二]元　底本原作『原』，誤，茲據《四庫全書總目》卷一四二同條改。門　底本原作『明』，誤，茲據《四庫全書總目》卷一四二同條改。

【今案】影印文淵閣《四庫全書》第一〇四二册第四九九頁書前提要。《文溯閣四庫全書提要》卷七六子部二八小説家類三，第二五〇二頁。《文津閣四庫全書提要匯編》子部一二小説家類二，第七三四頁。《四庫全書簡明目録》卷一四子部一二小説家類，第五五四頁。《四庫全書總目》卷一四二子部五二小説家類三，第一二〇八頁中。

《述異記》二卷

梁新安太守任昉撰。昉字彦升，樂安人。家藏書三萬卷，率多異本，因採輯先世軼聞，以成此書。亦《拾遺》《洞冥》之流，但語差簡質，稍近人情。《隋》《唐志》皆作祖冲之撰，《文獻通考》引晁氏之説，以史爲誤。然史作十卷，或祖氏别有是書，其名適同，亦未可知。卷末有宋慶歷（曆）四年序一首，不知何人所作。

【今案】《四庫全書薈要總目提要》第三三三頁。影印文淵閣《四庫全書》第一〇四七册第六一一頁書前提要。《文溯閣四庫全書提要》卷七六子部二八小説家類三，第二五二四頁。《文津閣四庫全書提要匯編》子部一二小説家類三，第七五二頁。《四庫全書簡明目録》卷一四子部一二小説家類，第五五九頁。《四庫全書總目》卷一四二子部五二小説家類三，第一二一四頁中。

《唐國史補》三卷

唐李肇撰。首題尚書左司郎中，而肇所作《翰林志》，又題『翰林學士左補闕』，結銜互異。案王定保《唐摭言》稱肇爲『元和中中書舍人』。而《新唐書·藝文志》則云：『翰林學士，坐薦栢耆，自中書舍人左遷將作少監。』以唐官制考之，蓋肇自左司改補闕，入翰林，後爲中書舍人，坐事左遷，而此書則肇官左司時所作也。書中皆載開元至長慶間事，乃續劉餗《小説》而作，上卷、中卷各一百三條，下卷一百二條，每條以五字標題。所載如謂王維取李嘉祐『水田』、『白鷺』之聯[一]，今李《集》無之。又記《霓裳羽衣曲》一條，沈括亦辨其妄。又謂李德裕清直無黨，謂陸贄誣於公異，皆爲曲筆。然論張巡則取李翰之《傳》，所記左震、李汧、李廙、顔真卿、楊城、歸登、鄭絪、孔戣、田布、鄒待徵妻、元載女諸事[二]，皆有裨於風教。又如李舟天堂地獄之説，楊氏、穆氏兄弟賓客之辨，皆有名理。末卷所説諸典故，及下馬陵、相府蓮義[三]，亦資考據。餘如樗蒲、盧雉之訓，可以解劉裕事，劍南燒春之名[四]，可以解李商隱詩，可採者不一而足。自序謂言報應、叙鬼神、徵夢卜、近帷箔則去之，紀事實、探物理、辨疑惑、示勸戒、採風俗、助談笑則書之。歐陽修作《歸田録》，自稱以是書爲式，良有以也。

【校記】

［一］鷺 底本原作「露」，誤，兹據《四庫全書總目》卷一四〇同條改。

［二］所 底本原作「與」，誤，兹據《四庫全書總目》卷一四〇同條改。

［三］蓮 底本原作「連」，誤，兹據《四庫全書總目》卷一四〇同條改。

［四］劍 底本原作「件」，誤，兹據《四庫全書總目》卷一四〇同條改。

【今案】影印文淵閣《四庫全書》第一〇三五册第四一六頁書前提要。《文溯閣四庫全書提要》卷七四子部二六小説家類一，第二三九九頁。《文津閣四庫全書提要匯編》子部一二小説家類一，第六五四頁。《四庫全書簡明目録》卷一四子部一二小説家類，第五三一頁。《四庫全書總目》卷一四〇子部五〇小説家類一，第一一八三頁上。

《雲溪友議》三卷

唐范攄撰。載唐時瑣事一百二十五條，每事標三字以爲題，有上、中、下三卷。内《南陽録》一條，與姚汝能所纂《禄山事迹》小異，其餘亦多委巷之談。然後人往往引用之，蓋小説易流傳耳。攄自號五雲溪人，故以「雲溪」名其書。

【今案】影印文淵閣《四庫全書》第一〇三五册第五六三頁書前提要。《文溯閣四庫全書提要》卷七四子部二六小説家類一，第二四〇八頁。《文津閣四庫全書提要匯編》子部一二小説家類一，第六六一頁。《四庫全書簡明目録》卷一四子部一二小説家類，第五三三頁。《四庫全書總目》卷一四〇子部五〇小説家類一，第一一八五頁下。

《杜陽雜編》三卷

唐蘇鶚撰。案《唐書·藝文志》：鶚字德祥，光啓中進士第。嘗撰《演義》十卷，考証名物典故，極爲精核。此編所記，上起代宗廣德元年，下盡懿宗咸通十四年，凡十朝之事，皆以三字爲標目。其中述奇技寶物，類涉不經，大抵祖述王嘉之《拾遺》、郭子横之《洞冥》，雖必舉所聞之人以實之，恐亦俗語之爲丹青也。然鋪陳縟艷，詞賦家多所取材，固小説家之以文採勝者。讀者挹其葩藻，遂亦忘其夸飾，至今沿用，厥有由矣。其曰《杜陽雜編》者，晁公武《讀書志》謂鶚居武功之杜陽川，蓋因地以名其書云。

【今案】影印文淵閣《四庫全書》第一〇四二册第五九七頁書前提要。《文溯閣四庫全書提要》卷七六子部二八小説家類三，第二五〇七頁。《文津閣四庫全書提要匯編》子部一二小説家類二，第七三八頁。《四庫全書簡明目録》卷一四子部一二小説家類，第五五五頁。《四庫全書總目》卷一四二子部五二小説家類三，第一二〇九頁中。

《劇談録》三卷[一]

唐康駢撰。《唐書・藝文志》作「康軿」[二]，以其字「駕言」證之，二字義皆相合，未詳孰是。然諸書引之皆作「駢」，疑《唐志》誤也。駢，池陽人[三]，乾符中登進士第，官至崇文館校書郎。是書成於乾寧二年，皆記天寶以來瑣事，亦間以議論附之，凡四十條。今以《太平廣記》勘之，一一相合，非當時全部收入，即後人從《廣記》抄合也。此本末有「臨安府陳道人書籍舖刊行」字，蓋猶影抄宋本。如「潘將軍」一條注中「鶻硉」字，今本《劍俠傳》訛爲「鶻碎」，遂不可解，知此本爲善矣。

【校記】

［一］三卷　案《四庫全書總目》卷一四二同條作「二卷」。

［二］軿　底本原作「駢」，誤，兹據《新唐書》卷五九《藝文志》及《四庫全書總目》卷一四二同條改。

［三］池　底本原作「志」，誤，兹據《四庫全書總目》卷一四二同條改。

【今案】《四庫提要分纂稿》第四一六頁。影印文淵閣《四庫全書》第一〇四二册第六六一頁書前提要。《文溯閣四庫全書提要》卷七六子部二八小説家類三，第二五〇九頁。《文津閣四庫全書提要匯編》子部一二小説家類二，第七四〇頁。《四庫全書簡明目録》卷一四子部一二小説家類，第五五五頁。《四庫全書總目》卷一四二子部五二小説家類三，第一二一〇頁上。

《酉陽雜俎》二十卷、《續集》十卷

唐段成式撰。首有自序，云凡三十篇，爲二十卷。今自《忠志》至《肉攫部》，凡二十九篇，其《語資》篇後有云，客徵鼠蝨事，余戲摭作《破蝨録》。今無《破蝨録》，蓋脱去一篇，獨存其首篇引語耳。又《酉陽續集》六篇十卷[一]，合《前集》爲三十卷。胡應麟《筆叢》云：

《酉陽雜俎》世有二本，皆二十卷，無所謂續者。近於《太平廣記》中抄出《續記》，不及十卷，而《前集》漏軼者甚多，悉抄入《續記》中爲十卷，俟好事者刻之。此蓋即應麟所抄者[二]。成式字柯古[三]，段文昌之子，仕至太常卿。史稱其博學强記，多奇篇秘籍，是書足以徵之。然語多浮誕，如謂馬燧既立勛業，嘗有陶侃之意，語殆誣托。至其《諾皋記》載諸鬼神荒怪之事，益無足論矣。盛宏（弘）之《荆州記》：小西山上石穴中有書千卷，秦人嘗於此學，因留之。湘東王賦訪酉陽之『逸興酉陽』語，本此。『諾皋』者，吴曾《能改齋漫録》以爲語本《抱樸子》。諾皋，太陰神名也。

【校記】

[一]集 底本原作『記』，誤，茲據本書本條題目及《四庫全書總目》卷一四二同條改。六篇十卷 底本倒爲『六十篇卷』，茲據《四庫全書總目》卷一四二同條乙正。

[二]應麟 底本原作『應臨』，誤，茲據本書本條上文及《四庫全書總目》卷一四二同條改。

[三]成式 底本倒爲『式成』，茲據本書本條上文及《四庫全書總目》卷一四二同條乙正。

【今案】《四庫全書薈要總目提要》第三三五頁。影印文淵閣《四庫全書》第一〇四七册第六三七頁書前提要。《文溯閣四庫全書提要》卷七六子部二八小説家類三，第二五二六頁。《文津閣四庫全書提要匯編》子部一二小説家類三，第七五三頁。《四庫全書簡明目録》卷一四二子部一二小説家類，第五五九頁。《四庫全書總目》卷一四二子部五二小説家類三，第一二一四頁下。

《殘本唐語林》二卷　内廷藏本

不著撰人名氏。以《永樂大典》所載考之，即王讜之書，佚其八卷耳。前有明嘉靖間桐城齊之鸞序，亦稱所得非善本。今已採掇《永樂大典》，重爲補綴成帙，别著於録[一]，此殘缺之本，已爲土苴，以其爲讜之原書，久行於世，故仍附存其目焉。

【校記】

[一]别著於録 底本原作『别著』，脱去『於録』二字，茲據《四庫全書總目》卷一四三同條補。

【今案】影印文淵閣《四庫全書》第一〇三八册第一頁書前提要。《文溯閣四庫全書提要》卷七五子部二七小説家類二，第二四五二頁。《文津閣四庫全書提要匯編》子部一二小説家類一，第六九六頁。《四庫全書簡明目録》卷一四子部一二小説家類，第五四二頁。《四庫全書總目》卷一四三子部五三小説家類存目一，第一二一七頁上。

《春渚記聞》十卷

宋何薳撰。薳，蒲城人，自號韓青老農。其書分《雜記》五卷，《東坡事實》一卷，《詩詞事略》一卷[一]，《雜書琴事》附《墨説》一卷，《記研》一卷，《記丹藥》一卷。明陳繼儒《秘笈》所刊僅前五卷，乃姚士粦得於沈虎臣者。後毛晋得舊本，補其脱遺，始爲完書，即此本也。薳父曰去非，嘗以蘇軾薦得官，故記軾事特詳。其《雜記》多引仙鬼報應兼及瑣事，如稱劉甫弈棋無敵，又記祝不疑勝之，兩條自相矛盾，殊爲不檢[二]。其記張有作章，則有疑傳寫誤也。

【校記】

[一]事 底本原作「自」，誤，兹據《四庫全書總目》卷一二一同條改。

[二]爲不 案底本倒爲「不爲」，兹據《四庫全書總目》卷一二一同條乙正。

【今案】影印文淵閣《四庫全書》第八六三册第四五一頁書前提要。《文淵閣四庫全書提要》卷六九子部二一雜家類五，第二二二六頁。《文津閣四庫全書提要匯編》子部一〇雜家類三，第五一七頁。《四庫全書簡明目録》卷一三子部一〇雜家類，第四九〇頁。《四庫全書總目》卷一二一子部三一雜家類五，第一〇四〇頁下。

《唐闕史》二卷

唐高彦休撰。彦休，不知何許人。陳振孫《書録解題》曰：「彦休自號參寥子。」《唐書·藝文志》註亦同。考《李白集》有《贈參寥子》詩一篇，然時代不相及，蓋别一人，而號偶相襲也。是書，《宋史·藝文志》《文獻通考》皆作三卷，今止上、下二卷，似從他書抄撮而成，非其原本。而自序言共五十一篇，分爲上、下二卷，又似非□□□者[一]，或《宋志》及《通考》傳誤寫「二」爲「三」歟。黄伯思《東觀餘論》有此書跋，云叙稱甲辰歲編次，蓋僖宗中和四年也，而其間有已書僖號者，或後人追改之。今考序中自言乾符甲子生，乾符無甲子，當爲甲午之訛[二]。下距中和四年僅十年，不應即能著書。由是以後，惟晋開運元年爲甲辰，上推乾符元年甲午生，年當七十一歲，尚有著書之理，然則彦休或五代人歟。其辨白居易母墮井一事[三]，足以雪小人之謗。宋賈長卿亦嘗續用其説，而張耒《宛邱(丘)

集》跋長卿所作[四]，乃以二人之辨爲多事。蓋憤激之詞，不爲定論。若王士禎（禛）《居易録》譏其首載李師道之黨丁約獻俘闕下，臨刑幻化仙去事，以爲導逆，則其説當矣。

【校記】

［一］□□□　底本原殘缺三字，而《四庫全書總目》卷一四二同條作『有脱遺』三字。

［二］午　底本原作『子』，誤，兹據《四庫全書總目》卷一四二同條改。

［三］辨　底本原作『辦』，誤，兹據本條下文及《四庫全書總目》卷一四二同條改。

［四］跋　案《四庫全書總目》卷一四二同條作『稱』。

【今案】影印文淵閣《四庫全書》第一〇四二册第七八六頁書前提要。《文溯閣四庫全書提要》卷七六子部二八小説家類三，第二五一一頁。《文津閣四庫全書提要匯編》子部一二小説家類二，第七四一頁。《四庫全書簡明目録》卷一四子部一二小説家類，第五五六頁。《四庫全書總目》卷一四二子部五二小説家類三，第一二一〇頁中。

《甘澤謡》一卷

唐袁郊撰。晁公武《讀書志》云：『載譎異事九章，咸通中久雨，卧疾所著。』陳振孫《書録解題》述其自序，云以雨澤應，故有甘澤成謡之語[一]，以名其書。今序已佚矣。明毛晋得華陰楊儀本，謂篇數與《文獻通考》合。今以校《太平廣記》所引，亦無少異，疑後人從《廣記》録出，哀合成帙，故不得其序耳。葉夢得《避暑録話》云《飲中八仙歌》『惟「焦遂」不見書傳』。今『遂』名實見此書，則亦有資考証也。儀序稱郊爲唐祠部郎中，考《新唐書·宰相世系表》，郊字子乾，實官至虢州刺史。

【校記】

［一］故　底本原作『期』，誤，兹據《四庫全書總目》卷一四二同條改。

【今案】影印文淵閣《四庫全書》第一〇四二册第八二三頁書前提要。《文溯閣四庫全書提要》卷七六子部二八小説家類三，第二五一二頁。《文津閣四庫全書提要匯編》子部一二小説家類二，第七四二頁。《四庫全書簡明目録》卷一四子部一二小説家類，第五五六頁。《四庫全書總目》卷一四二子部五二小説家類三，第一二一〇頁下。

《五色線》二卷

不知何人所輯，載於《中興館閣書目》。是書雜引諸小説新誕之語，或不紀所出，割裂訛謬處甚多。至謂楚襄王夢神女出《史記》，其庸妄可知矣。未知果《中興書目》舊本否也。

【今案】《四庫全書總目》卷一四四子部五四小説家類存目二，第一二二八頁中。

《稽神録》六卷

宋徐鉉撰。專記神怪之事。晁公武《讀書志》云：『序稱自乙未歲至乙卯凡二十年，僅得一百五十事。楊大年云江東布衣蒯亮好大言夸誕，鉉喜之，館於門下，《稽神録》中事[一]，多亮所言。』陳振孫《書録解題》云：『元本十卷，此無卷第，當是他書中録出者。』今本卷止於六，而事實反有一百七十餘條，及拾遺數則，與晁氏、陳氏所云卷數、條數俱不合，疑是《録》全載《太平廣記》中，後人録出成帙[二]。而三大書徵引浩博，門目叢雜[三]，所列諸事，凡一名叠見者，《太平御覽》皆作『又』字，《文苑英華》皆作『前名』、『前題』字，《廣記》皆作『同上』字，其中前後相連，以甲蒙乙者，往往而是。或緣此多録數十條，亦未可知耳。

【校記】

［一］録　底本原作『禄』，誤，兹據本書本條題目及《四庫全書總目》卷一四二同條改。

［二］帙　底本原作『秩』，誤，兹據《四庫全書總目》卷一四二同條改。

［三］門　底本原作『間』，誤，兹據《四庫全書總目》卷一四二同條改。

【今案】影印文淵閣《四庫全書》第一〇四二册第八四九頁書前提要。《文溯閣四庫全書提要》卷七六子部二八小説家類三，第二五一四頁。《文津閣四庫全書提要匯編》子部一二小説家類二，第七四三頁。《四庫全書簡明目録》卷一四子部一二小説家類，第五五七頁。《四庫全書總目》卷一四二子部五二小説家類三，第一二一一頁中。

《北夢瑣言》二十卷

宋孫光憲撰。光憲字孟文，自號葆光子。《十國春秋》作貴平人，而自題乃稱富春。考光憲自序，言生自岷峨，則當爲蜀人，其曰富春，蓋舉郡望也。仕唐爲陵州判官，旋依荆南高季興爲從事，以文學知名。後勸高繼興以三州歸宋，太祖嘉之，授黄州刺史以終。舊以爲五代人，誤也。所著有《荆臺集》《橘齋集》《玩筆傭集》《鞏湖編玩》《蠶書》《續通歷（曆）紀事》等部，皆久亡[一]，惟是書獨傳於後[二]。以《左傳》有田於江南之夢，而荆州在江北，故以命名。所載皆唐及五代時士大夫逸事，每條多載某人所説，以示徵信。雖詮次微傷叢碎，實可資史家考証之助。宋李昉等編《太平廣記》，採掇尤多[三]。明商濬刻入《稗海》中，而所據本脱誤特甚。今所傳乃元時華亭孫道明所藏，則猶宋時陝西刻本之舊也。

【校記】

[一]亡 底本原作「忘」，誤，兹據《文津閣四庫全書提要匯編》子部小説家類同條改。

[二]是書獨傳 底本原作「惟是獨傳傳」，脱一「書」字，衍一「傳」字，兹據《四庫全書總目》卷一四〇同條補「書」字，删「傳」字。

[三]掇 底本原作「綴」，誤，兹據《文津閣四庫全書提要匯編》子部小説家類同條改。

【今案】《四庫全書薈要總目提要》第三三六頁。影印文淵閣《四庫全書》第一〇三六册第一頁書前提要。《文溯閣四庫全書提要》卷七四子部二六小説家類一，第二四一八頁。《文津閣四庫全書提要匯編》子部一二小説家類一，第六七〇頁。《四庫全書簡明目録》卷一四子部一二小説家類，第五三五頁。《四庫全書總目》卷一四〇子部五〇小説家類一，第一一八八頁上。

《太平廣記》五百卷

宋李昉奉敕監修，同修者扈蒙、李穆、湯悦、徐鉉、宋白、王克貞、張洎、董淳、趙隣幾、陳鄂、吕文仲、吴淑十二人也。以太平興國三年八月表進，六年正月敕雕板印行。凡分五十五部，所採書三百四十五種，古來軼聞瑣事，僻笈遺文咸在焉。卷帙輕者，往往全部收入，蓋小説家之淵海也。後以言者謂非後學所急，收板貯之太清樓，故《崇文總目》不載。鄭樵號爲博洽，亦未見其書。《通志·藝文略》中遂謂《太平廣記》乃《太平御覽》中别出《廣記》一書，專記異事，誤矣。其書雖多談神鬼，而採摭繁富。名物典故，錯出其間，詞章家恒所取資。又如《皇覽》《三輔決録》《三國典略》《晋陽秋》《晋中興書》《齊春秋》《唐歷（曆）》《益部耆舊傳》《汝南先賢傳》《會稽先賢傳》《古文瑣語》《琴清英》《世語》《符子》《金樓子》諸書，世所不傳者，斷簡殘編，尚間存其什一，尤足貴也。此本爲明嘉靖中右都御史談愷所刊，卷頁間有闕佚，無從校補，今亦仍之。

【今案】影印文淵閣《四庫全書》第一〇四三册第一頁書前提要。《文溯閣四庫全書提要》卷七六子部二八小説家類三，第二五一六頁。《文津閣四庫全書提要匯編》子部一二小説家類二，第七四六頁。《四庫全書簡明目録》卷一四子部一二小説家類，第五五七頁。《四庫全書總目》卷一四二子部五二小説家類三，第一二一二頁上。

《南部新書》十卷

宋錢易撰。舊本卷首題籛後人，蓋以《姓譜》載錢氏出籛鏗也[一]。易字希白，吴越王錢倧之子[二]。真宗朝官至翰林學士[三]。是書乃其大中祥符間知開封縣時所作，皆記唐時故事，間及五代，多録軼聞瑣事，而朝章國典，因革損益之故，亦雜載其中。故雖小説家言，而實有裨於史學。晁公武《讀書志》作五卷，焦竑《國史經籍志》作十卷。今考其標題，自甲至癸，以十干爲紀，則作十卷是也。世所行本，多非完書，兼有從曾慥《類説》中摘録成帙，半經删削者。此本共八百餘條，首尾完具，猶爲全本。

【校記】

[一]錢 底本原作「戴」，誤，兹據《四庫全書總目》卷一四〇同條改。

[二]倧 底本原作「悰」，誤，兹據《四庫全書總目》卷一四〇同條改。

[三]朝 底本原脱此字，兹據《四庫全書總目》卷一四〇同條補。

【今案】影印文淵閣《四庫全書》第一〇三六册第一七五頁書前提要。《文溯閣四庫全書提要》卷七四子部二六小説家類一，第二四二二頁。《文津閣四庫全書提要匯編》子部一二小説家類一，第六七二頁。《四庫全書簡明目録》卷一四子部一二小説家類，第五三六頁。《四庫全書總目》卷一四〇子部五〇小説家類一，第一一八九頁上。

《青瑣高議前集》十卷、《後集》十卷

不題撰人姓名。《宋史》載之[一]，以爲劉斧所作。前有孫副樞序，不稱名而舉其官，他書亦無此例也。所紀皆宋時怪異事迹及雜傳記，辭意淺近。每條下各爲七字標目，如「張乖崖明斷分財」、「回處士磨鏡題詩」等，語尤爲鄙穢。間有稱「議曰」者，寥寥數言，亦多陳腐，疑非斧之本書也。

【校記】

［一］宋史 案《四庫全書總目》卷一四四同條作「賓退録」。

【今案】《四庫全書總目》卷一四四子部五四小説家類存目二，第一二二七頁下。

《貴耳集》一卷、《二集》一卷、《三集》一卷

宋張端義撰。集各有自序。《初集》成於淳祐元年，序略言生平接諸老緒餘，著《短長録》一帙，得罪後爲婦所火，因追舊事記之，名《貴耳集》。以耳爲人至貴，言由音入，事由言聽，古人有入耳著心之訓，且有貴耳賤目之説也。《二集》成於淳祐四年，《三集》成於淳祐八年。其書多記朝廷軼事，兼及詩話，亦有考証數條。《二集》之末綴「王排岸女孫」一條，始涉神怪。《三集》則多記異事，故其序有稗官、虞初之文也。書中於張栻、吕祖謙皆有不滿之詞［二］，至以《大學》《中庸》爲出自漢儒，其説皆過。然如記「先天」、「太極」二圖及元祐君子不應分黨相攻［二］，則非無見也。端義字正夫，自號荃翁，鄭州人，居姑蘇。端平中應詔三上書，韶州安置。自作小傳附《初集》之末，云尚有詩五百首，詞二首，雜著三百篇，曰《荃翁集》，今皆不傳。

【校記】

［一］吕 底本原作「品」，誤，兹據《宋史》卷四三四《儒林傳·吕祖謙》改。

［二］黨 疑爲「黨」之形訛。

【今案】影印文淵閣《四庫全書》第八六五册第四〇九頁書前提要。《文溯閣四庫全書提要》卷六九子部二一雜家類五，第二二五一頁。《文津閣四庫全書提要匯編》子部一〇雜家類三，第五三八頁。《四庫全書簡明目録》卷一三子部一〇雜家類，第四九五頁。《四庫全書總目》卷一二一子部三一雜家類五，第一〇四七頁上。

《茆亭客話》十卷

宋黄休復撰。晁公武《讀書志》云：茆亭［一］，休復所居也。暇日，賓客話言及虚無變化、謡俗卜筮，雖異端而合道旨、屬懲勸者，皆録之。陳振孫《書録解題》以其所記多蜀事，別有《成都名畫記》，疑爲蜀人。然李畋爲《益州名畫録序》［二］，稱爲江夏黄氏休復，字

端本，豈振孫未見歟？今本亦題曰江夏，豈畋序作於景德三年，其時去唐末五代未遠，猶以郡望相稱歟？序中不見流寓成都之意，振孫所疑或未必無據也。

【校記】

［一］亭　底本原作『停』，誤，兹據本書本條題目及《四庫全書總目》卷一四二同條改。

［二］畫　底本原脱此字，兹據《四庫全書總目》卷一四二同條補。

【今案】影印文淵閣《四庫全書》第一〇四二册第九一五頁書前提要。《文溯閣四庫全書提要》卷七六子部二八小説家類三，第二五一七頁。《文津閣四庫全書提要匯編》子部一二小説家類二，第七四五頁。《四庫全書簡明目録》卷一四子部一二小説家類，第五五七頁。《四庫全書總目》卷一四二子部五二小説家類三，第一二一二頁上。

《誠齋雜記》二卷

舊本題曰元林坤撰。前有永嘉周達卿序，稱坤字載卿，會稽人，曾官翰林。所著書凡二十種[一]，此乃其一。誠齋，坤所自號也。作序年月題丙戌嘉平，不署紀元。書中引聶碧窗詩，與古人並列，聶爲元初道士，則是書在後久矣。中間剽掇各家小説，餖飣割裂，而不著出典。崑崙奴磨勒一事分於五處載之，其編次無法可知矣。

【校記】

［一］二十　案《四庫全書總目》卷一三一同條作『十二』。

【今案】《四庫全書總目》卷一三一子部四一雜家類存目八，第一一一七頁下。

《瑯嬛記》三卷

題曰元伊世珍席夫撰。語皆荒誕猥瑣，大雅之士無取焉。所言時與楊慎同，疑竊取慎語，托名元人耳。書首載張華爲建安從事，遇仙人引至石室，多奇書，問其地，曰『瑯嬛福地』也。註出《元（玄）觀手抄》，其命名之義蓋取乎此。然《元（玄）觀手抄》亦不知爲何書。其餘所引書名，大抵真僞相雜，蓋《雲仙雜録》之類也[一]。

【校記】

［一］雲仙雜録　案《直齋書録解題》卷一一小説家類作『《雲仙散録》』，《四庫全書總目》卷一四〇子部小説家類著録爲『《雲仙雜記》』。

【今案】《四庫全書總目》卷一三一子部四一雜家類存目八，第一一一七頁下。

《澄懷録》二卷

元周密撰。採唐宋諸人所記登涉之勝與曠達之語，彙爲是編。皆節載原文，而注書名其下，亦《世説新語》之流別，而稍變其體例者也。明人喜摘録清談，目爲小品，濫觴所自，蓋在此書矣。

【今案】《四庫全書總目》卷一三一子部四一雜家類存目八，第一一一七頁上。

子部十一　小説家類

《文章善戲》一卷

元鄭持正撰。仿韓退之《毛穎傳》例[一]，於筆墨紙硯悉加封號，而擬爲制、表之詞。又益以宋先《文房十八學士制》、吴必大《歲寒三友》、無腸公子《除授集》、鄭楷《擬封花王册》，而張敏頭《責子羽文》、沈約《修竹彈甘蕉文》等篇，亦附載焉。蓋以爲談助所資，然不免失之輕薄矣。末有元統元年古雍樊士寬後序一首，謂「集文房、茶具、圖贊、羅氏十夫、八仙爲一卷[二]，簽曰『房闥群珍』，刻之介然堂」。與書名不相應，疑此書實本樊氏，而附益之者也。

【校記】

［一］穎　底本原作「頴」，誤，兹據本書子部小説家類「《筆史》二卷」條及《四庫全書總目》卷一四四同條改。

［二］圖　底本原作「圕」，誤，兹據《四庫全書總目》卷一四四同條改。

【今案】《四庫全書總目》卷一四四子部五四小説家類存目二，第一二三三頁下。

《續夷堅志》二卷

元元好問撰。蓋續宋洪邁《夷堅志》而作，所紀皆金泰和、貞祐間神鬼怪異之事。前有自序，見於《遺山集》，而此本佚之，後有宋无子虚跋。

【今案】《四庫全書總目》卷一四四子部五四小説家類存目二，第一二二八頁下。

《至正直記》四卷

一曰《静齋類稿》，元孔齊撰。齊字行素，號静齋，曲阜裔，隨父居溧陽，元末避兵四明。父字退之，爲建康書掾。是書亦陶宗儀《輟耕録》之類，所記多猥瑣。中一條記元文宗皇后事，已傷國體。至其稱「年老多蓄婢妾，最爲人之不幸，辱身喪家，陷害子弟，靡不有之，吾家先人，晚年亦坐此患」，則併播家醜矣。所謂《直記》，亦証父攘羊之直歟？

【今案】《四庫全書總目》卷一四三子部五三小説家類存目一，第一二一八頁上。

《埤雅廣要》二十卷

明蜀藩護衛千户牛衷撰。蜀王以陸佃《埤雅》未爲盡善，令衷補正爲此書。然佃雖以引用王安石《字説》爲陳振孫等所譏，而其博奥之處，要不可廢。衷所補龐雜飣餖，殆不成文，甚至字謎小説，雜然並載，爲薦紳之所難言，乃輕詆佃書，殊不知量。今退而列於小説家，俾以類從。衷序所稱蜀王，不著其名。考《明史·諸王年表》，蜀和王悦𤈦以宣德十年進封，薨於天順五年。衷序爲天順元年作，則王當爲悦𤈦審矣。

【今案】《四庫全書總目》卷一四四子部五四小説家類存目二，第一二三四頁上。

《談纂》二卷

明都穆撰。穆字元敬，吴縣人。弘治己未進士，授工部主事，歷禮部郎中。乞休，加太僕少卿，致仕。是書記録元、明以來逸事，然多涉神怪，不足徵信。書中『龔泰』、『軒輗』、『張仙』三條註稱『採曰』者，乃其門人陸採附記。蓋此書採所編次，故原本題曰《都公談纂》云。

【今案】《四庫全書總目》卷一四四子部五四小説家類存目二，第一二二八頁下。

《輟耕録》三十卷

明陶宗儀撰。宗儀字九成，黄岩人。元末教授松江。張士誠據吴，署爲軍諮，不就。洪武初，舉人才不赴，晚歲乃出爲教官。是書紀元一代制度，及末年戰争之事，可參稽史氏。至於考訂書畫文藝，亦詳悉可喜。惜多附俚俗戲謔之語，自穢其書，遂不爲後人所重耳。首有至正丙午孫作序，謂其居松江時，有田一廛，作勞之餘，時書所見，故名《輟耕録》。丙午者，至正二十七年，明太祖始稱吴元年，故其稱明猶曰『集慶軍』，或曰『江南游軍』云。

【今案】影印文淵閣《四庫全書》第一〇四〇册第四一一頁書前提要。《文溯閣四庫全書提要》卷七五子部二七小説家類二，第二四八五頁。《文津閣四庫全書提要匯編》子部一二小説家類一，第七二〇頁。《四庫全書簡明目録》卷一四子部一二小説家類，第五四九頁。《四庫全書總目》卷一四一子部五一小説家類二，第一二〇三頁下。

《風俗通義》十卷[一]

漢泰山太守應劭撰。前有自序一篇，大指謂俗間行語，人多習而不察，故舉其所知，以類相從。其名《風俗通義》者，言通於流俗之過謬，而事該之於義理也。《隋志》作三十一卷，《唐志》作三十卷，而序乃稱十一卷，疑有脱字。是書至宋，惟存十卷。陳振孫謂其餘略見廖仲容《子鈔》，今《子鈔》亦佚，惟《永樂大典》尚載其姓氏一篇，云出馬總《意林》，然今本《意林》無此篇。而陳彭年註《廣韻》、王應麟自註《姓氏急就篇》[二]，乃多引之，疑宋時十卷中尚有此篇。今又佚也。劭字仲遠，汝南南頓人。史稱其文雖不典，後世服其洽聞。

【校記】

[一]風俗通義十卷 案《四庫全書總目》卷一二〇同條作『《風俗通義》十卷、《附録》一卷』。

[二]麟 底本原作『臨』，誤，兹據《四庫全書總目》卷一二〇同條改。

【今案】影印文淵閣《四庫全書》第八六二册第三四九頁書前提要。《文溯閣四庫全書提要》卷六八子部二〇雜家類四，第二二〇〇頁。《文津閣四庫全書提要匯編》子部一〇雜家類三，第四九八頁。《四庫全書簡明目録》卷一三子部一〇雜家類，第四八五頁。《四庫全書總目》卷一二〇子部三〇雜家類四，第一〇三三頁上。

《何氏語林》三十卷[一]

明何良俊撰。良俊字元朗，華亭人。官翰林院孔目。是書仿劉義慶《世説》體例，凡例二千七百餘事，旨尚雋永，尤多名言，註亦蒐羅詳博，間附己説，考証甚精，非稗官小説可比。

【校記】

[一]何氏語林 底本原作『《何氏女林》』，又案底本原案曰：『編按：本書名應作何氏語林。』兹據《四庫全書總目》卷一四一同條改。

【今案】影印文淵閣《四庫全書》第一〇四一册第四四一頁書前提要。《文溯閣四庫全書提要》卷七五子部二七小説家類二，第二四八九頁。《文津閣四庫全書提要匯編》子部一二小説家類二，第七二四頁。《四庫全書簡明目録》卷一四子部一二小説家類，第五五〇頁。《四庫全書總目》卷一四一子部五一小説家類二，第一二〇四頁中。

《夢溪筆談》二十六卷、《續筆談》一卷、[一]《補筆談》一卷[二]

宋沈括撰。其書分目十七，曰故事，曰辨證，曰樂律，曰象數，曰人事，曰官政，曰權智，曰藝文，曰書畫，曰技藝，曰器用，曰神奇，曰異事，曰謬誤，曰譏謔，曰雜志，曰藥議。自序云退處林下，思平日與客言者，時記一事於筆，則若有所晤，言所與談者，惟筆硯而已，故曰《筆談》。其中如辨鷄舌香及算杜詩古柏之類，前人亦議之。然括孰於掌故，又精天文律算之學，故所言多精確有本末。括字存中，錢塘人[三]，以吴縣籍登嘉祐八年進士。陳振孫《書録解題》云：括好功名，「坐議城永樂事[四]，閑廢，晚歲乃以光録卿分司京口，卜居夢溪」[五]，因以自號。

【校記】

[一]續　案《四庫全書總目》卷一二〇同條作「補」。

[二]補　案《四庫全書總目》卷一二〇同條作「續」。

[三]塘　底本原作「堂」，誤，兹據《四庫全書總目》卷一二〇同條改。

[四]議　底本原脱此字，兹據《四庫全書總目》卷一二〇同條補。

[五]分司京口卜居夢溪　案今本《直齋書録解題》卷一〇農家類著録沈括《夢溪忘懷録》作「分司卜居京口之夢溪」。

【今案】影印文淵閣《四庫全書》第八六二册第七〇七頁書前提要。《文溯閣四庫全書提要》卷六八子部二〇雜家類四，第二二一三頁。《文津閣四庫全書提要匯編》子部一〇雜家類三，第五〇九頁。《四庫全書簡明目録》卷一三子部一〇雜家類，第四八七頁。《四庫全書總目》卷一二〇子部三〇雜家類四，第一〇三六頁中。

《祐山雜説》一卷

明馮汝弼撰。汝弼字惟良[一]，平湖人。嘉靖壬辰進士，官工科給事中。以言事謫潛山丞[二]，遷知太倉州，調揚州府同知，不赴。

隆慶中，追贈布政司參政。是書自記生平瑣事，率涉夢卜機祥。其所記他人事，亦多不出此。末載種植數方，尤與全書不類。

【校記】

［一］惟 底本原作『汝』，誤，兹據《四庫全書總目》卷一四四同條改。

［二］山 據《四庫全書總目》卷一四四同條在此字下有一『縣』字。

【今案】《四庫全書總目》卷一四四子部五四小説家類存目二，第一二二九頁下。

《筆記》一卷

明連鑛撰。鑛字抑武，常熟人。嘉靖中，官安陸縣知縣。兹編就其生平聞見，隨筆紀載。其目曰兩京舊聞，曰先輩故實，曰鄉邑舊事，曰宦游紀記，曰隨手筆餘［一］。卷末附以《倭變紀略》九則，頗多傳聞失實之詞，不足據爲徵信也。

【校記】

［一］筆 底本原作『筆』，誤，兹據本書本條題目及《四庫全書總目》卷一四三同條改。

【今案】《四庫全書總目》卷一四三子部五三小説家類存目一，第一二二二頁上。

《敝帚軒剩語》三卷、《補遺》一卷

明沈德符撰。德符字虎臣，一字景伯，一字景倩，秀水人。萬歷（曆）戊午舉人。其書雜記神怪俳諧，事多猥鄙。至記林潤劾嚴世蕃論死［一］，世蕃爲厲鬼以報潤［二］，則又顛倒是非之甚矣。

【校記】

［一］劾 底本原作『刻』，誤，兹據《四庫全書總目》卷一四四同條改。

［二］蕃 底本原作『番』，誤，兹據本書本條上文及《四庫全書總目》卷一四四同條改。

【今案】《四庫全書總目》卷一四四子部五四小説家類存目二，第一二三一頁上。

《文府滑稽》十二卷

明鄒迪光撰。取諸書詼諧、隱喻之文彙次成編，分文部八卷、説部四卷，游戲之作，無關者述。迪光字彦吉，無錫人，萬歷(曆)甲戌進士，歷官提學副使。

【今案】《四庫全書總目》卷一九三集部四六總集類存目三，第一七五四頁下。

《剪桐載筆》一卷

明王象晉撰。象晉字子進[一]，又字藎臣，濟南新城人。萬歷(曆)甲辰進士，官至浙江左布政司。是書因奉使册封途中所作，故取義於『剪桐』。所載皆嘉言善行，然多涉因果。其《四公厚德解》等篇，體近於戲。卷首列《賀登極》一表，《賀惠王陞位》一啓[二]，尤不倫也。

【校記】

[一]晋 底本原作『進』，誤，兹據本書本條上文及《四庫全書總目》卷一四三同條改。

[二]位 底本原作『惠』，誤，兹據《四庫全書總目》卷一四三同條改。

【今案】《四庫全書總目》卷一四三子部五三小説家類存目一，第一二二三頁中。

《筆史》二卷

明楊忍本撰。忍本字因之，江西建昌人。其書内編一卷，分原始、定名、屬籍、結撰、効用、膺秩、寵遇、引退、考成九門，外編一卷，分徵事上、下及述贊三門。大旨由韓愈《毛穎傳》而推衍之，雜引典故，抄撮爲書，不以著作論也。

【今案】《四庫提要分纂稿》第五一三頁。《四庫全書總目》卷一四四子部五四小説家類存目二，第一二三五頁下。

《堯山堂外紀》一百卷

明蔣一葵撰。一葵字仲舒，常州人。堯山，其讀書堂名也。是書取記傳所載古人事迹稍僻而中有韵語可採者，輯而録之。起黄、虞，迄元、明，每代俱以人名標目，而各註其出處。舛漏殊多，以明諸帝分編入各卷中，體例尤爲未協。

【今案】《四庫全書總目》卷一三二子部四二雜家類存目九，第一一二七頁上。

《幽怪録》一卷、《續幽怪録》一卷

《幽怪録》，唐牛僧孺撰[一]。僧孺事迹具《唐書》[二]。此書，《唐志》載十卷，今止存一卷。晁氏云：『僧孺爲宰相[三]，有聞於世，而著此等書，《周秦行紀》之謗[四]，蓋有以致之也。』末附李復言《續録》一卷。考《唐志》及《館閣書目》皆作五卷[五]，《通考》則作十卷，云『分「仙術」、「感應」二門』[六]。今僅殘篇數頁，並不成卷，蓋俱非完本矣。疑二書已經久佚，後人於《太平廣記》中抄撮成編，故寥寥如是。然志怪之書，無關風教，其完否亦不足深考也。

【校記】

[一]唐　底本原作『僧』，誤，兹據《四庫全書總目》卷一四四同條改。

[二]孺　底本原作『儒』，誤，兹據本條上文及《四庫全書總目》卷一四四同條改。唐書　底本原作『唐事』，誤，兹據《四庫全書總目》卷一四四同條改。

[三]孺　底本原作『儒』，誤，兹據本條上文及《郡齋讀書志》卷一三小説類著録『《玄怪録》十卷』條、《四庫全書總目》卷一四四同條改。

[四]秦　底本原作『泰』，誤，兹據《郡齋讀書志》卷一三小説類著録『《玄怪録》十卷』條、《四庫全書總目》卷一四四同條改。

[五]館　底本原作『廣』，誤，兹據《四庫全書總目》卷一四四同條改。

[六]二　底本原作『三』，誤，兹據《四庫全書總目》卷一四四同條改。

【今案】《四庫全書總目》卷一四四子部五四小説家類存目二，第一二二七頁上。

《録異記》八卷

蜀杜光庭撰。《宋志》作十卷，與今本異。卷首沈士龍題辭，謂杜光庭以方術事蜀孟昶，故成此書以取悦。然其記蜀丁卯年會昌廟城壕側龜著金書『王』字、『大吉』字，則王建天復七年也。又稱蜀皇帝乾德元年己卯七月十五日庚辰降誕廣聖節，王彦徽得白龜以進，則王衍元年也。凡此皆爲前蜀王氏誕陳符瑞，以云悦昶，似不相涉也。

【今案】《四庫全書總目》卷一四四子部五四小説家類存目二，第一二二七頁下。

《括異志》十卷

舊本題宋張師正撰。師正字不疑。熙寧中，爲辰州帥。《文獻通考》載師正擢甲科後，遊宦四十年不得志，於是推變怪之理，參見聞之異，得二百五十篇，魏泰爲之序。此本不載魏序，蓋傳寫佚之。然王銍《默記》以是書即魏泰作，蓋泰爲曾布之婦兄，而銍則曾紆之壻，猶及識泰，其言當必不誣也。

【今案】《四庫全書總目》卷一四四子部五四小説家類存目二，第一二二七頁下。

《譚概》三十六卷

明馮夢龍撰。夢龍字猶龍，長洲人。由貢生選壽寧知縣。是書分類彙輯古事，頗資談劇，體近俳諧，無関大雅，亦小説家流也。

【今案】《四庫全書總目》卷一三二子部四二雜家類存目九，第一一二四頁中。

《西樵野記》四卷

明侯甸言撰[一]。甸言，蘇州人。《明史·藝文志》載是書作十卷，此本卷數不符，疑有散佚。然原序稱一百七十餘條，計數無缺，或《明史》誤也。序又稱所載悉幽怪之事，此本所載乃有不涉幽怪者二十三條，爲例未免不純。其女子《詠錢》一詩，見沈括《筆談》，摭爲近事，尤疏舛矣[二]。

【校記】

［一］侯甸言　案本書此條凡作『侯甸言』者，《明史》卷九八《藝文志》及《千頃堂書目》卷一二小説類著録『《西樵野記》十卷』條、《四庫全書總目》卷一四四同條俱作『侯甸』。

［二］尤　底本原作『又』，誤，兹據《四庫全書總目》卷一四四同條改。

【今案】《四庫全書總目》卷一四四子部五四小説家類存目二，第一二二九頁上。

《耳新》十卷

明鄭仲夔撰。仲夔字龍如，信州人。是書雜記瑣事，多及仙鬼因果，亦《輟耕録》之流亞。中記魏忠賢事，蓋明末人也。

【今案】《四庫全書總目》卷一四四子部五四小説家類存目二，第一二三〇頁下。

《無事編》二卷

明項真撰。真字不損，秀水人。是書摭拾成文，漫無風旨，雜引故實，皆仍其原文，今古不辨，甚至以喬知之爲晋人，疏陋可知矣。

【今案】《四庫全書總目》卷一三三子部四三雜家類存目一〇，第一一三〇頁上。

《蘭畹居清言》十卷[一]

明鄭仲夔撰。仲夔字龍如，江西人。其書採録僻事、雋語，自漢、魏以迄嘉、隆，分門别類，一如劉義慶《世説》之例。其已見劉孝標注及王世貞所補者，則不復載。又以一人編中錯見[二]，名字爵謚不一其稱者，别爲釋名，以附於前。

【校記】

［一］蘭畹居清言　底本原作『《蘭畹居清》』，脱一『言』字，兹據《千頃堂書目》卷一二小説類著録『《蘭畹居清言》十卷』條及《四庫全書總目》卷一四三同條補。

［二］中　底本原作『見』，誤，兹據《四庫全書總目》卷一四三同條改。

【今案】《四庫全書總目》卷一四三子部五三小説家類存目一，第一二二四頁中。

《煙霞小説》二十二卷

明蘇州陸貽孫輯。所取稗官雜記凡十二種，中如楊循吉《吴中故語》、黄暐《篷軒記》、馬愈《日抄》、杜瓊《紀善録》、王凝齋《名臣録》、陸延枝《説聽》六種，逸事瑣聞，尚資考論。至陸粲《庚巳編》、徐禎卿《異林》、祝允明《語怪編》《猥談》、楊儀《異纂》、陸灼《艾子後語》六種，則神怪不經之事矣。諸書亦多摘抄，並非完本。前有嘉靖己未寧波范欽序。

【今案】《四庫全書總目》卷一三一子部四一雜家類存目八，第一一二〇頁下。

《逸史搜尋》不分卷[一]

明新安汪雲程撰。其書雜採漢、唐迄宋稗官小説一百四十種，彙爲一編，中分十集。大抵皆猥鄙荒怪之説，無可採録。

【校記】

[一]不分卷 案《四庫全書總目》卷一四四同條作「無卷數」。

【今案】《四庫全書總目》卷一四四子部五四小説家類存目二，第一二三一頁中。

《湖海搜奇》二卷、《揮麈新談》二卷、《白醉璅言》二卷、《説圃識餘》二卷、《漱石閒談》二卷[一]

皆明王兆雲撰。兆雲字元楨[二]，麻城人。所著筆記，多談怪异，而各自立名，亦《夷堅志》十干分部十例也。

【校記】

[一]案《四庫全書總目》卷一四四子部小説家類存目二著録爲「《王氏雜記》十四卷」，但其中包含「《烏衣佳話》四卷」。

[二]楨 底本原作「禎」，誤，兹據本書下條提要及《四庫全書總目》卷六二「《明詞林人物考》十二卷」條改。

【今案】《四庫全書總目》卷一四四子部五四小説家類存目二，第一二三〇頁下。

《烏衣佳話》四卷[一]

明王兆雲撰。兆雲字元楨，麻城人。是書，《明史·藝文志》載八卷，此本分前後二集，每集僅分爲上、下卷，數目不符，或合或併或缺佚，未之詳也。所紀多當異聞，頗陳仙鬼，亦《搜神》《志怪》之流，真僞不足深辨。惟其記『張孚敬晚遇』一條，謂『廷臣議追封大禮，拘於俗説濮園之非』，則未免有所左袒矣。

【校記】

［一］案本書此條著録爲單行本，而《四庫全書總目》卷一四四著録則合在『《王氏雜記》十四卷』中。

【今案】《四庫全書總目》卷一四四子部五四小説家類存目二，第一二三〇頁下。

《古今藝苑談概上集》六卷、《下集》六卷

題曰俞文豹撰。文豹，宋人，所著《吹劍録》及《續録》尚有傳本可考。此編多引明代諸書，非姓名偶同，即僞托也。其書雜採故實，無所辨論，每條下各列書名，而疏舛特甚。如鄒忌妻妾事出《戰國策》，而註曰『十二國春秋』。列子攫金於市事，末增『吏大笑之』四字[一]，蓋不學者抄撮説部而爲之。

【校記】

［一］末 底本原作『未』，誤，兹據《四庫全書總目》卷一三一同條改。

【今案】《四庫全書總目》卷一三一子部四一雜家類存目八，第一一一六頁下。

子部十二　道家類釋家類

《抱朴子内外篇》八卷

晋葛洪撰。洪字稚川，丹陽句容人。耽嗜元（玄）術，嘗聞餌丹砂可延年，自乞爲句漏令後，退居羅浮山煉丹著書，推明導養黄白之術，自號抱朴子，因以名書。自序謂《内篇》二十卷，《外篇》五十卷。而《隋志》《唐志》及《通志》《通考》所載卷數率多互異，疑傳寫者分晰不同。晁公武謂《晋書》内、外有一百一十六篇，今世所傳者四十篇。陳振孫又謂《館閣書目》有外篇五十卷，未見。又《永樂大典》所載目，校今本，失去丹砂法等八篇，是宋元間流傳全本已尠。此本乃明烏程盧舜治以所得宋本及王府《藏經》二本參校付刊[一]，視他本獨少闕略，所列篇數與洪自序卷數相符，知洪當時蓋以一篇爲一卷也。特晁氏所云一百十六篇者，未知何所據耳。其書《外篇》言時政得失，人事臧否，旁引曲喻，饒有名理。《内篇》則論神仙吐納、符籙之事。先儒或斥其不經，然詞旨辨博，文[二]

【校記】

[一]藏經　案《四庫全書總目》卷一四六作「道藏」。

[二]案底本原案曰：「編按：此提要未完，缺第二葉，今補白葉。」《四庫全書總目》卷一四六「《抱朴子内外篇》八卷」條：「晋葛洪撰。洪有《肘後備急方》，已著録。是編乃其乞爲句漏令後，退居羅浮山時所作。抱朴子者，洪所自號，因以名書也。自序謂《内篇》二十卷，《外篇》五十卷。《隋志》載《内篇》二十一卷，《音》一卷，入道家；《外篇》三十卷，入雜家。《外篇》下注曰『梁有五十一卷』。《舊唐志》亦載《内篇》二十卷，入道家；《外篇》五十一卷，入雜家。卷數已小不同。《新唐志·道家》載《内篇》十卷，雜家載《外篇》二十卷。乃多寡迥殊。《宋志》則均入雜家，《内篇》作二十卷，與《舊唐書》同；《外篇》作五十卷，較《舊唐書》又少一卷。晁公武《讀書志》作《内篇》二十卷，《外篇》十卷，《内》《外篇》之卷數與《新唐書》互異。陳振孫《書録解題》但載《内篇》二十卷，而云《館閣書目》有《外篇》五十卷，未見。其紛紜錯互，有若亂絲。此本爲明烏程盧舜治以宋本及王府《道藏》二本參校，視他本較爲完整，所列篇數與洪自序卷數相符，知洪當時蓋以一篇爲一卷。以《永樂大典》所載互校，尚多丹砂法以下八篇，知爲足本矣。其書《内篇》論神仙吐納、符箓尅治之術，純爲道家之言；《外篇》則論時政得失，人事臧否，詞旨辨博，饒有名理。而究其大旨，亦以黄、老爲宗。故今并入之道家，不復區分焉。」

【今案】《四庫全書薈要總目提要》第三二五頁。影印文淵閣《四庫全書》第一〇五九册第一頁書前提要。《文溯閣四庫全書提要》卷七八子部三〇道家類，第二五八二頁。《文津閣四庫全書提要匯編》子部一四道家類，第七九四頁。《四庫全書簡明目録》卷一四子部一四道家類，第五七一頁。《四庫全書總目》卷一四六子部五六道家類，第一二五〇頁中。

《道德指歸論》六卷

舊本題曰漢嚴遵撰。《新唐書·藝文志》有嚴遵《指歸》四十卷，馮廓注《指歸》十三卷。宋晁公武《讀書志》云：《老子指歸》十三卷，題谷神子注，不顯姓名[一]，未知即廓書否也。今註俱不存，毛晋所刊止存六卷。錢曾《讀書敏求記》云：曾得『錢叔寶鈔本[二]，自七卷至十三卷。前有總序，後有「人之饑也」至「信言不實」四章』。今皆失去。又引『谷神子序云：「《道德指歸論》，陳、隋之間已逸其半」，今所在者止《論德篇》』。近代嘉興刻本，列卷一之卷六，與序文大相逕庭』。則毛晋此本即據嘉興本也。考曹學佺作《元(玄)羽外編》，序稱近刻《嚴君平道德指歸論》，乃吴中所僞作。又《通考》載是書原有經文，《陸游集》有是書跋，稱爲《道德經指歸古文》，亦以經文爲言。與此本體例互異，而所引《莊子》今本無者十六、七，不應遵之所取，皆郭象之所棄，學佺所言未必無據，疑以傳疑，姑存以備道家言耳。

【校記】

[一]姓　底本原作『性』，誤，兹據《郡齋讀書志》卷一一道家類『《老子指歸》十三卷』條改。

[二]叔　底本原作『叙』，誤，兹據《讀書敏求記》卷三之上『《嚴君平道德指歸論》七卷至十三卷』條及《四庫全書總目》卷一四六同條改。

【今案】影印文淵閣《四庫全書》第一〇五五册第七五頁書前提要。《文溯閣四庫全書提要》卷七八子部三〇道家類，第二五五一頁。《文津閣四庫全書提要匯編》子部一四道家類，第七七一頁。《四庫全書簡明目録》卷一四子部一四道家類，第五六五頁。《四庫全書總目》卷一四六子部五六道家類，第一二四二頁中。

《淮南子》二十一卷

漢淮南王劉安撰，高誘註。凡二十一篇。班固《藝文志》：《淮南·内》二十一篇，《外》三十三篇。今所存者，蓋《内篇》也。《隋志》有許慎註，《唐志》始有高誘註。按誘自序，言此書大較歸之於道，號曰鴻烈。後世以《鴻烈》稱《淮南子》，蓋始於此。晁公武《讀書志》稱《崇文總目》亡三篇，李淑《邯鄲圖書志》亡二篇，其家本惟存《原道》《俶真》《天文》《地形》[一]《時則》《覽冥》[二]《精神》《本經》《主術》《繆稱》《齊俗》《道應》《氾論》《詮言》《邱(丘)略》《說林》《說山》十七篇，亡其四篇。高似孫《子略》稱「讀《淮南》二十篇」。然則是書在宋已鮮完本。惟洪邁《容齋隨筆》稱「今所存者二十一卷」，與今本同。然白居易《六帖》引烏鵲填河事，祝穆《事文類聚》引雙南金事，皆云出《淮南子》，而今本無之，則尚有脱文也。公武謂許慎註稱「記上」，陳振孫謂今本題許慎註，而詳序文即是高誘，殆不可曉。蘆泉劉績又謂「記上」，猶言標題進呈，並非慎爲之註[三]。然《唐志》許氏、高氏二註並列，又何說也。今本已無題慎「記上」者，蓋後人考正之。誘，涿郡人，盧植之弟子，建安中辟司空掾[四]，歷官東郡濮陽令，遷河東監，皆見自序中。

【校記】

[一]地　案《淮南子》卷四《墬形訓》及《四庫全書總目》卷一一七同條俱作「墬」。

[二]冥　底本原作「宜」，誤，兹據《淮南子》卷六《覽冥訓》及《四庫全書總目》卷一一七同條改。

[三]底本自「並非慎爲之」以下爲一頁，原案曰：「編按：此葉原置道德指歸論後，今校改。」

[四]司空掾　底本原作「司宫椽」，誤，兹據《四庫全書總目》卷一一七同條改。

【今案】《四庫全書薈要總目提要》第三二六頁。影印文淵閣《四庫全書》第八四八册第五〇五頁書前提要。《文溯閣四庫全書提要》卷六五子部一七雜家類一，第二一一五頁。《文津閣四庫全書提要匯編》子部一〇雜家類一，第四三二頁。《四庫全書簡明目録》卷一三子部一〇雜家類，第四六七頁。《四庫全書總目》卷一一七子部二七雜家類一，第一〇〇九頁中。

《冥通記》四卷

梁周子良撰。《隋志》作一卷，《宋志》作十卷，與今本皆不同。然第四卷目録末云：「大凡四卷，真本書雜色合六十五番，或真或草行。」所言乃與今本合，則《宋志》誤也。首有陶宏(弘)景所作《子良傳》，稱子良字元歔，本汝南縣人，寓居丹陽。年十二，從宏(弘)景於永嘉，受仙靈籙《老子五千文》《西嶽公禁虎豹符》。十一年從還茅山，受《五岳圖》《三星内文》。十四年乙未歲五月二十三日，遂通真靈。後一年卒，年二十。其説荒誕不經，此書乃子良所記冥通之事，起乙未五月十三日，至丙申七月末，逐日縷載，亦宏(弘)景《真誥》之流也。

【今案】《四庫全書總目》卷一四七子部五七道家類存目，第一二五八頁中。

《列子》八卷

周列禦寇撰。劉向校定爲八篇，以禦寇爲鄭穆公時人。唐柳宗元辨爲繻公時人，考據極確。唐天寶元年，尊爲《沖虛真經》。宋景德間[一]，加『至德』之號。宗元謂其書亦多增竄，非其實。高似孫《子略》以《莊子・天下篇》歷叙墨翟以下諸子，不及禦寇，司馬遷亦不傳列子，遂謂後人薈萃而成之[二]，皆於理或近。似孫又謂出於《莊子》之寓言，並無其人，則太臆斷矣。晉張湛嘗爲之註，詞旨簡遠，可亞於王弼注《老》、郭象註《莊》，其註煉石補天之類，皆妙得寓言之旨。葉夢得乃詆其逐事爲解[三]，反多迷失。蓋夢得僻於佞佛，欲取《列子》書一一比附於禪學，故於湛之註，合己説者則以爲微知其意，不合己説者則惡其害己而排之，非篤論也。其《楊朱》《力命》二篇[四]，宗元以所稱魏牟、孔穿皆在《列子》以後，疑爲楊朱之書。然劉向以來並無是説，今亦不取焉。

【校記】

［一］宋　底本原作『宗』，誤，兹據《文津閣四庫全書提要匯編》子部一四同條改。

［二］萃　底本原作『卒』，誤，兹據《文津閣四庫全書提要匯編》子部一四同條改。

［三］逐　底本原作『遂』，誤，兹據《四庫全書總目》卷一四六同條改。

［四］楊　底本原作『揚』，誤，兹據本書本條下文及《列子》卷七《楊朱篇》改。

【今案】《四庫全書薈要總目提要》第三二一頁。影印文淵閣《四庫全書》第一〇五五册第五七三頁書前提要。《文溯閣四庫全書提要》卷七八子部三〇道家類，第二五六二頁。《文津閣四庫全書提要匯編》子部一四道家類，第七八〇頁。《四庫全書簡明目録》卷一四子部一四道家類，第五六七頁。《四庫全書總目》卷一四六子部五六道家類，第一二四五頁上。

《仙苑編珠》三卷

唐王松年撰。以古來聖帝明王並在仙籍，與後世修真學道者並數，得三百餘人，仿《蒙求》體，以四字比韻，撮舉事要，而附箋註於下。《通考》作二卷，又序文及《通考》所舉人數，皆與今書不符，疑其徒有所附益也。松年，天台道士，《通考》以爲唐人，書中乃道及梁開平二年事，其唐之遺民歟？

【今案】《四庫全書總目》卷一四七子部五七道家類存目，第一二五九頁中。

《道教靈驗記》十五卷

唐杜光庭撰。光庭，蜀王建時道士，號廣成先生。其書歷述奉道之顯應，以自神其教。凡《宫觀靈驗》三卷，《尊像靈驗》二卷，《天師靈驗》一卷，《真人王母等神靈驗》一卷，《經法符籙靈驗》三卷，《鐘磬法物靈驗》一卷，《齋醮拜章靈驗》二卷。以光庭自序及宋徽宗序考之，尚缺五卷。張君房《雲笈七籤》所載僅六卷一百十八條，缺略更多。

【今案】《四庫全書總目》卷一四七子部五七道家類存目，第一二五九頁中。

《神仙感遇傳》五卷

唐道士杜光庭撰。記古來遇仙之事。《雲笈七籤》所載凡四十四條，此本凡七十五條。第五卷末尚有闕文。

【今案】《四庫全書總目》卷一四七子部五七道家類存目，第一二五九頁下。

《墉城集仙録》六卷

唐道士杜光庭撰。記古今女仙凡三十七人。云『墉城』者，以女仙統於王母，而王母居墉城也。張君房《雲笈七籤》所載，與此本互異。然此本前數卷皆襲《漢武内傳》、陶宏（弘）景《真誥》之文，真僞蓋不可知。荒唐悠謬之談，亦無足深辯耳。

【今案】《四庫全書總目》卷一四七子部五七道家類存目，第一二五九頁下。

《洞天福地嶽瀆名山記》一卷

唐杜光庭撰。首仙山，次五岳，次十大洞天，附以青城山，次五鎮海瀆，次三十六精廬，次三十六洞天，次七十二福地，次靈化二十四，皆道家言也。

【今案】《四庫全書總目》卷一四七子部五七道家類存目，第一二五九頁下。

《洞仙傳》一卷

不著撰人姓名。馬氏《經籍考》亦未著録，而《太平廣記》嘗引之，則宋以前人作也。自元君迄姜伯，凡爲傳七十有七，《雲笈七籤》第十卷及十一卷内全載之。

【今案】《四庫全書總目》卷一四七子部五七道家類存目，第一二五九頁下。

《周易參同契考異》一卷

朱子撰。陳振孫謂朱子『以《參同契》詞韻皆古，奥雅難通，讀者淺聞，妄輒更改，比他書尤多舛誤，合諸本更相讐正，其諸同異，皆並存之』。其附記，則盧陵黄瑞節語也。《年譜》載：『慶元三年，黨禁方急，蔡沈將編管道州，與朱子會宿寒泉精舍，夜論《參同契》。』蓋旁討外學，亦格物窮理之一端，而究謂不可立訓，故《參同契》註，終以廋詞隱姓名。瑞節遂謂其師弟子有脱屣世外之意，則過論矣。

【今案】《四庫提要分纂稿》第四一六頁。影印文淵閣《四庫全書》第一〇五八册第五五七頁書前提要。《文溯閣四庫全書提要》卷七八子部三〇道家類，第二五七六頁。《文津閣四庫全書提要匯編》子部一四道家類，第七九〇頁。《四庫全書簡明目録》卷一四子部一四道家類，第五七〇頁。《四庫全書總目》卷一四六子部五六道家類，第一二四九頁上。

《翊聖保德傳》三卷

宋王欽若撰。初，澶淵之役，欽若忌寇準功，以孤注之説進。真宗以爲耻，乃謀以符命誇四裔，於是天書之事起，東封西祀，諸説並興。欽若嘗自言少時見天中赤文成『紫薇』二字[一]，復於褒城道見異人，告以他日當位至宰相。視其刺，乃唐裴度。自以爲深達道教，遂創修醮儀，領校道書，凡增六百餘卷。復自著道書數種，此《傳》其一也。《傳》中所言翊聖真君降盩厔民張守真家，太祖、太宗皆崇信之，事殊怪妄。蓋自張魯之教有三官，天、地之外獨有水官，而木、金、火、土不與，故道家獨尊元（玄）武。此所謂『翊聖真君』，即元（玄）武也。欽若，小人，借神怪之説以固寵，不足多責。至著而爲書，則無忌憚之甚矣。

【校記】

［一］薇底本原作『微』，誤，兹據《四庫全書總目》卷一四七同條改。

【今案】《四庫全書總目》卷一四七子部五七道家類存目，第一二六〇頁中。

《道德經解》二卷

宋蘇轍撰。蘇氏之學本出入於釋、老之間，故是書大旨主於二氏同源，而又引《中庸》之理以相比附，欲合儒筆而一之［一］。朱子作《雜學辨》深詆其非，然儒者説經明道，不可不辨别毫釐。若註二氏之書，則各就彼法以言之，不必定以儒理求也。《老子》既不可廢，轍《解》亦不妨並存矣。

【校記】

［一］欲合儒筆而一之　案《四庫全書總目》卷一四六同條作『援儒入墨』。則『儒筆』之『筆』，似爲『墨』之誤。

【今案】影印文淵閣《四庫全書》第一〇五五册第一八七頁書前提要。《文溯閣四庫全書提要》卷七八子部三〇道家類，第二五五三頁。《文津閣四庫全書提要匯編》子部一四道家類，第七七三頁。《四庫全書簡明目録》卷一四子部一四道家類，第五六五頁。《四庫全書總目》卷一四六子部五六道家類，第一二四三頁中。

《雲笈七籤》一百二十二卷

宋尚書度支員外郎、充集賢校理張君房撰。祥符中，君房自御史臺謫官寧海。適真宗崇尚道教，盡以秘閣道書付杭州，俾戚綸、陳堯臣校正，綸等同王欽若薦君房主其事。君房乃編次得四千五百六十五卷［一］，進之。復撮其精要，總萬餘條，以成是書。其稱《雲笈七籤》者，蓋道家之言，三洞經總成七部，天寶君説洞真爲上乘，靈寶君説洞元（玄）爲中乘［二］，神寶君説洞神爲下乘［三］。又太元（玄）、太平、太清爲輔神經，又正一法文遍爲三乘，别爲一部，統稱三洞真文。君房以道經總旨不出於此，故以名之，自序所謂『掇雲笈七部之英，略寶藴諸子之奥』者是也。詮叙之例，自一卷至二十八卷，總論經教宗旨及仙真位籍之事；二十九卷至八十六卷，則以道家服食煉氣，内丹外丹，方藥符圖，庚申尸解諸食術，分類縷載；八十七至一百二十二卷，則前人文字及詩歌傳記之屬，凡有涉於道家者，悉編入焉。大都摘録原文，不加論説。其引用《集仙録》《感遇傳》等，亦間有脱遺。然類例既明，指歸略備，綱條科格，無不兼該，足爲道家總彙，博學之士咸取材焉，誠不可廢矣。《文獻通考》作一百二十卷，此本爲明中書舍人張萱所刊，中多二卷，蓋《通考》脱誤也。

【校記】

［一］君房乃　底本倒爲『乃君房』，兹據《四庫全書總目》卷一四六同條乙正。

［二］元（玄）爲　底本倒爲『爲元』，兹據《四庫全書總目》卷一四六同條乙正。

［三］神寶君説洞神　底本原作『神寶君説洞』，兹據《四庫全書總目》卷一四六同條補后一神字。

【今案】影印文淵閣《四庫全書》第一〇六〇册第一頁書前提要。《文淵閣四庫全書提要》卷七八子部三〇道家類，第二五九〇頁。《文津閣四庫全書提要匯編》子部一四道家類，第八〇一頁。《四庫全書簡明目録》卷一四子部一四道家類，第五七三頁。《四庫全書總目》卷一四六子部五六道家類，第一二五二頁中。

《悟真篇》五卷[一]

宋張伯端撰。伯端一名用成，字平叔，天台人。熙寧間遇異人於成都，傳其道而著是編。凡五、七言詩及《西江月》詞百篇，皆闡發内丹之旨，末卷兼涉禪宗。蓋二氏本出一源故也。所言奼女、嬰兒皆道家之寓名，非後世所謂容成術者。原書本一卷，李士表、袁公輔爲之注，分爲五卷[二]。

【校記】

［一］悟真篇五卷　案《四庫全書總目》卷一四六同條作『《悟真篇注疏》三卷、附《直指詳説》一卷』。

［二］李　底本原作『葉』，誤，兹據本書下條提要及《四庫全書總目》卷一四六同條改。

【今案】影印文淵閣《四庫全書》第一〇六一册第四二九頁書前提要。《文淵閣四庫全書提要》卷七八子部三〇道家類，第二五九一頁。《文津閣四庫全書提要匯編》子部一四道家類，第八〇二頁。《四庫全書簡明目録》卷一四子部一四道家類，第五七四頁。《四庫全書總目》卷一四六子部五六道家類，第一二五二頁下。

《南華真經義海纂微》一百六卷

宋褚伯秀撰。伯秀，杭州道士。其書成於咸淳庚午，下距宋亡僅六年。周密《癸辛雜識後集》載，至元丁亥九月，與伯秀及王磐隱游閱古泉，則入元尚在也。其書纂郭象、吕惠卿、林疑獨、陳祥道、陳景元、王雱、劉概、吴儔、趙以夫、林希逸、李士表、王旦、范元（玄）應十三家説[一]，而斷以己意，謂之管見。中多引陸德明《經典釋文》，而不列於十三家中，以是書主義理，而不主音訓也。成元（玄）英《疏》、文如海《正義》、張潛夫《補註》皆間引之[二]，亦不列於十三家，以從陳景元書採用也。范元（玄）應乃蜀中道士，本未註《莊子》[三]，以其爲伯秀之師，故多述其緒論焉。蓋宋以前解《莊子》者，梗概略具於是。其間如吴儔、趙以夫、李士表、王旦諸家，今皆罕見傳本，實賴是書以傳。則伯秀編纂之功，亦不可没矣。前有劉震孫、文及翁、湯漢三序，皆咸淳初作。

【校記】

[一]李 底本原作『學』，誤，兹據本書本條正文及《四庫全書總目》卷一四六同條改。

[二]文 底本原作『問』，誤，兹據《四庫全書總目》卷一四六同條改。

[三]未 底本原作『末』，誤，兹據《四庫全書總目》卷一四六同條改。

【今案】 影印文淵閣《四庫全書》第一〇五七册第一頁書前提要。《文溯閣四庫全書提要》卷七八子部三〇道家類，第二五六八頁。《文津閣四庫全書提要匯編》子部一四道家類，第七八四頁。《四庫全書簡明目録》卷一四子部一四道家類，第五六八頁。《四庫全書總目》卷一四六子部五六道家類，第一二四七頁上。

《南華真經新傳》二十卷

宋王雱撰。雱字元澤，安石子，未冠登進士，累官龍圖閣直學士。事迹具《宋史》。是書體例略仿郭象之註，而更約其詞，標舉大意，而不詮文句。謂内七篇皆有次序論貫[一]，其十五外篇、十一雜篇，不過蔵内篇之宏綽幽廣。後附拾遺雜説一卷，以盡其義。史稱雱睥睨一世，無所顧忌，其狠愎本不足道。顧率其傲然自恣之意[二]，與莊周之滉漾肆論，破規矩而任自然者，性若相近，故往往能得其微旨。孫應鰲序謂取言不以人廢，諒矣。《文獻通考》作十卷，此本倍之，疑《通考》誤脱『二』字，或明人重刊，每卷分爲二也。

【校記】

［一］次　底本原作『此』，誤，兹據《四庫全書總目》卷一四六同條改。

［二］率　底本原作『卒』，誤，兹據《四庫全書總目》卷一四六同條改。

【今案】影印文淵閣《四庫全書》第一〇五六册第一六九頁書前提要。《文淵閣四庫全書提要》卷七八子部三〇道家類，第二五六五頁。《文津閣四庫全書提要匯編》子部一四道家類，第七八二頁。《四庫全書簡明目録》卷一四子部一四道家類，第五六八頁。《四庫全書總目》卷一四六子部五六道家類，第一二四六頁中。

《周易參同契發揮》九卷、《釋疑》三卷[一]

元俞琰撰[二]。琰字玉吾，吴縣人。隱居洞庭山。好言《周易》，有《集説》《舉要》諸書。又以爲養生家言源於易理，著《易外別傳》一卷。是書以一身之水火陰陽發揮丹道，論者以爲遜於彭曉、陳顯微、陳致虚三注，然取材甚博。其《釋疑》三卷，考核異同，較朱子尤爲詳備。明白雲霽《道藏目録》謂二書共十四卷，焦竑《經籍志》則作十二卷，毛晋《津逮秘書》以琰注與曉等三家註合爲一編，已非其舊，又併其《釋疑》佚之。此本每卷俱有圖，猶係舊刻，其卷帙亦與《經籍志》合，蓋即竑所見之本也。

【校記】

［一］九卷　案《四庫全書總目》卷一四六同條作『三卷』。三卷　案《四庫全書總目》卷一四六同條作『一卷』。

［二］俞琰　案《四庫全書總目》卷一四六同條作『俞琬』。案『琬』，乃爲皇太子愛新覺羅·顒琰即後來的嘉慶皇帝避諱而改。本書本條下文『琰』字，亦如此。

【今案】影印文淵閣《四庫全書》第一〇五八册第六二五頁書前提要。《文淵閣四庫全書提要》卷七八子部三〇道家類，第二五七八頁。《文津閣四庫全書提要匯編》子部一四道家類，第七九二頁。《四庫全書簡明目録》卷一四子部一四道家類，第五七一頁。《四庫全書總目》卷一四六子部五六道家類，第一二四九頁中。

《三洞群仙録》二十卷

宋江陰道士陳葆光撰。採摭古來仙人事實，集爲四字儷語，而自註之，蓋《蒙求》之體。然所載但取怪異，不盡仙人事也。

【今案】《四庫全書總目》卷一四七子部五七道家類存目，第一二六〇頁下。

《終南山祖庭仙真内傳》三卷[一]、附《終南山説經臺歷代仙真碑記》一卷

《終南山祖庭仙真内傳》三卷，元道士李道謙編。《終南山説經臺歷代仙真碑記》一卷，元道士朱象先纂。終南山樓觀爲尹喜故居，故其徒目曰祖庭。是編載歷代羽流居是觀者，道謙所編皆金、元人，象先所纂則自尹喜而下，周、漢以來人也。象先自跋云：『《樓觀先師傳》者，尹喜之弟尹軌所撰，至唐有尹文操者，續紀三十人，各列一傳，爲書三卷。』今碑記僅一卷，而有三十五人，蓋象先節録文操所傳[二]，又增入文操等五人耳。所言多涉神怪事，異學之徒，自尊其教，不足究詰真僞也。

【校記】

[一]三卷　案《四庫全書總目》卷一四七同條作『三卷』。

[二]象　底本原作『免』，誤，兹據本書本條正文及《四庫全書總目》卷一四七同條改。

【今案】《四庫提要分纂稿》第四一七頁。《四庫全書總目》卷一四七子部五七道家類存目第一二六二頁上。

《三元參贊延壽書》五卷

元李鵬飛撰。鵬飛，至元間人，自稱九華澄心老人。所言皆攝生之事，凡節嗜欲，慎飲食，神仙導引之法，俚俗陰陽之忌，因果報應之説，無不悉載。其説頗爲叢雜，要其指歸，則道家流也。前有自序，亦稱得之飛來峰下道士云。

【今案】《四庫全書總目》卷一四七子部五七道家類存目，第一二六一頁下。

《甘水仙源録》十卷

元道士李道謙撰。自老子言清静，佛言寂滅，神仙家言養生術，而張魯等教人以符籙祈禱之事，四者各别。至金源初，咸陽人王喆

棄家學道，狀若狂疾。正隆中，自稱遇仙人於甘河鎮，飲神水，疾愈[一]，遂自號重陽子。大定中，聚徒寧海州，立三教平等會，以《孝經》《心經》《老子》教人諷誦，而自名其教曰『全真』。元興之後，其教益盛。至元中，道謙集文士所爲碑記、詩歌合爲此編，以其源出重陽子，故取甘河鎮神水之事名焉。

【校記】

[一]愈　底本原作『逾』，誤，兹據《四庫全書總目》卷一四七同條改。

【今案】《四庫提要分纂稿》第四一八頁。《四庫全書總目》卷一四七子部五七道家類存目，第一二六二頁中。

《廣胎息經》二十二卷

不著撰人名氏，題爲宋人。其書皆稱養浩生問，而丹庭真人答，分却病、延年、成真、了道四部。論吐納之法，兼及容成之術，非道家正傳也。其二十一卷中引及羅洪先、陳獻章語，則明季羽流所作，云宋人者誤矣。

【今案】《四庫全書總目》卷一四七子部五七道家類存目，第一二六一頁上。

《元(玄)品録》五卷

元張雨撰。雨字伯雨，一字天雨，别號貞居子，錢塘人，宋崇國公九成後也。年二十餘，棄家爲道士，往來華陽、雲右間[一]，自稱句曲外史，能詩詞，當時虞集、楊維楨亟稱之。是編載歷代道家者流，起周訖宋，列爲十品，曰道品、道權、道化、道儒、道術、道隱、道默、道言、道質、道華，得百三十五人。然書名《元(玄)品》，自應以清淨爲宗，故曹參、張良之流可以類入。至於神仙方士，别自成家，隱士逸人，各爲一傳，溷而一之，已昧老氏之宗。乃至范蠡權謀之士，鬼谷捭闔之師，亦復借材，未知其可。蒐羅雖富，難免蕪雜之譏矣。又雨自序中稱題曰《元(玄)史》，標題之目與序不同，豈書後改名[二]，而序則偶未及改歟？

【校記】

[一]右　底本原作『石』，誤，兹據《四庫全書總目》卷一四七同條改。

[二]後　底本原脱此字，兹據《四庫全書總目》卷一四七同條補。

【今案】《四庫全書總目》卷一四七子部五七道家類存目，第一二六二頁中。

《修真捷徑》九卷

元至元中建安余覺華撰。覺華字榮甫。其書輯道家服氣煉神歌訣，論皆篤實。大旨闡發「谷神不死」之説者也。

【今案】《四庫全書總目》卷一四七子部五七道家類存目，第一二六一頁下。

《神仙通鑑》六十卷[一]

明薛大訓撰。按元浮雲山道士趙道一有《歷代真仙體道》《通鑑前後集》，是編蓋仿其體例。書刊於崇禎庚辰，後有姚之典跋，稱大訓寓秣陵時，搜羅茅山道藏遺書而成。然所採殊爲蕪雜。大訓字六詁，松江人。

【校記】

[一] 神仙通鑑　案《四庫全書總目》卷一四七同條作「《列仙通紀》」。

【今案】《四庫全書總目》卷一四七子部五七道家類存目，第一二六五頁上。

《參同契集解》二卷[一]

明餘姚蔣一彪撰。葛洪《神仙傳》云：魏伯陽作《參同契》，凡九十篇，徐氏景休爲之箋注，桓帝時以授同郡淳于叔通，因行於世。彭曉爲之解。朱子謂此書後漢能文者爲之。其用字皆根括古書，非今人所能解，以故皆爲後人妄改，因著《參同契考異》一卷。明成都楊慎以九十章爲彭曉所分，經註紊亂，稱南方有掘地得石函，中有《古文參同契》上、中、下三篇，叙一篇，徐景休《箋註》亦三篇，後叙一篇，淳于叔通《補遺三相類》上、下二篇，後序一篇，自謂見朱子所未見。然《神仙傳》即有九十篇之文，則慎言亦未可信也。一彪以楊本爲主，復取彭曉、陳顯微、陳致虛、俞琰四家之註[二]，散於各段之下，以《參同契》爲上卷，《箋註》《三相類》爲下卷。

【校記】

[一] 參同契集解二卷　案《四庫全書總目》卷一四六同條作「《古文參同契集解》三卷」。

［二］俞琰　案《四庫全書總目》卷一四六同條作『俞琬』。案『琬』，乃爲皇太子愛新覺羅・顒琰即後來的嘉慶皇帝避諱而改。

【今案】影印文淵閣《四庫全書》第一〇五八册第八一一頁書前提要。《文溯閣四庫全書提要》卷七八子部三〇道家類，第二五八〇頁。《文津閣四庫全書提要匯編》子部一四道家類，第七九三頁。《四庫全書簡明目録》卷一四子部一四道家類，第五七一頁。《四庫全書總目》卷一四六子部五六道家類，第一二四九頁下。

《胎息經》一卷

題云幻真先生注，不知何人。《經》與《注》似出一人，大旨本《老子》『谷神不死』一章，而暢發其義。其曰『爲之生，爲之死』，『爲』當作『謂』，傳寫訛舛耳。《經》云『神行』即『氣行』，『神住』即『氣住』，《注》云『神』爲『氣子』，『氣』爲『神母』，在彼法中，亦爲探本之論矣。

【今案】《四庫全書總目》卷一四七子部五七道家類存目，第一二六〇頁上。

《真靈位業圖》一卷

舊本題陶宏（弘）景撰。宏（弘）景事迹見《梁書》本傳。其爲《真誥》，見於《唐》《宋志》，朱子謂其竊佛家至鄙至陋者，此書又《真誥》之不若矣。其用緯書靈威仰、赤熛怒、曜魄寶、含樞紐之名，已屬附會，而易葉光紀爲隱侯局，尤爲無據。至以孔子爲第三左位太極上真公［一］，顔回爲明晨侍郎，秦始皇爲酆都北帝上相，曹操爲太傅，周公爲西明公，比少傅，周武王爲鬼官北斗君，則誕妄殆不足辨。王世貞、胡震亨乃取《真誥》及《玉檢大録》諸書詳爲考核，殆亦好奇之過矣。

【校記】

［一］太　底本原作『大』，誤，兹據《四庫全書總目》卷一四七同條改。

【今案】《四庫全書總目》卷一四七子部五七道家類存目，第一二五八頁中。

《龍門子凝道記》二卷

明宋濂撰。濂於元至正間入小龍門山著是書，有四符、八樞、十二微，總二十有四篇，蓋道家言也。舊載《潛溪集》中，嘉靖丙辰，與劉基《鬱離子》合刻於開封，李濂爲之序。

【今案】《四庫全書總目》卷一四七子部五七道家類存目，第一二六三頁中。

《西山群仙會真記》五卷

舊本題華陽真人施肩吾撰。肩吾字希聖，洪州人。唐元和十年進士。隱洪州之西山，好事者以爲仙去。此書中引海蟾子語。海蟾子劉操，遼時燕山人，在肩吾之後遠矣，殆金、元間道流所依托也。其書凡五卷，卷各五篇：曰《識道》《識法》《識人》《識時》《識物》；曰《養生》《養形》《養氣》《養心》《養壽》；曰《補内》《補氣》《補精》《補益》《補損》；曰《真水火》《真龍虎》《真丹藥》《真鉛汞》《真陰陽》；曰《煉法入道》《煉形化氣》《煉氣成神》《煉神合道》《煉道入聖》。其大旨本於《參同契》，附會《周易》，參以《醫經》，戒人溺房帷、餌金石，收心斂氣，存神固命，有合於清淨之旨，猶道書之不甚荒唐者。

【今案】《四庫提要分纂稿》第四一七頁。《四庫全書總目》卷一四七子部五七道家類存目，第一二五九頁上。

《解莊》十二卷[一]

明陶望齡撰。僅寥寥數則，歸安茅兆河取與郭正域所評合刻，均無所發明。望齡字周望，會稽人。萬歷（曆）己丑進士第三，歷官國子監祭酒，謚文簡。

【校記】

［一］案底本原案曰：『編按：此篇原置子部術數類，今依中縫校改。』

【今案】《四庫全書總目》卷一四七子部五七道家類存目，第一二五六頁中。

《武林西湖高僧事略》一卷

宋僧元敬、元復同撰。初，西湖僧了性採自晉至宋高僧卓錫錢塘者二十四人，建閣祀之，功未竟而去。元敬嗣蒧其事，因屬東嘉僧元復摭二十四人行實爲此書，後又續得六人，元敬補爲傳贊。寶祐丙辰，吳郡莫子文爲之序。

【今案】《四庫全書總目》卷一四五子部五五釋家類存目，第一二四〇頁上。

《佛祖通載》二十二卷

元釋念常撰。其書以甲子紀年，以年繫事，自七佛以下，至傳法諸祖宗派井然，可以考釋氏之典故。而自紀其教之始末，無所矜張，與《釋氏通鑑》務排儒、道二教者不同，尚緇流之篤實者也。念常姓黄氏，號梅屋，華亭人，居嘉興路大中祥符禪寺，猶及見虞集。集爲作是書序，稱其博極群書，二十餘年，始克成編。其文，《道園集》不載，然考其詞氣，似非僞托，或偶佚之歟？

【今案】影印文淵閣《四庫全書》第一〇五四册第二二一頁書前提要。《文溯閣四庫全書提要》卷七七子部二九釋家類，第二五四五頁。《文津閣四庫全書提要匯編》子部一三釋家類，第七六七頁。《四庫全書簡明目録》卷一四子部一三釋家類，第五六三頁。《四庫全書總目》卷一四五子部五五釋家類存目，第一二三九頁中。

《林子分内集》十卷[一]

明林兆恩撰[二]。其書主三聲一流之説，非粹然儒者之言，殆龍湖之餘支，而温陵之别派歟。

【校記】

[一]林子分内集十卷　案《四庫全書總目》卷一二五同條作「《林全子集》四十卷」。

[二]恩　底本原作「思」，誤，兹據《四庫全書總目》卷一二五同條改。

【今案】《四庫全書總目》卷一二五子部三五雜家類存目二，第一〇七九頁上。

《廣仁品二集》不分卷

明末李長科編。長科初集《仁品》，嗣又廣之爲此書。大抵因應果報及佛家戒殺之説爲多。長科，字小有，興化人。

【今案】《四庫全書總目》卷一三二子部四二雜家類存目九，第一一二八頁下。

《山谷禪喜集》二卷

明陶元柱編。於《黄庭堅集》中録其闡發禪理者别爲一書，蓋欲以配《東坡禪喜集》也。明人小品之習，往往如斯。觀其所選，可知其學與識矣。

【今案】《四庫全書總目》卷一七四集部二七别集類存目一，第一五三八頁下。

《大藏一覽》十卷

明寧德陳寔原編。寔原以藏經浩繁，難於尋覽，因録其大要，以成是書。分八門六十品，系以因緣一千一百八十一則。

【今案】《四庫全書總目》卷一四五子部五五釋家類存目，第一二四〇頁上。

《南宋元明僧寶傳》十五卷

國朝釋自融撰，其門人性磊補輯。始自宋建炎丁未，至國朝順治丁亥，凡五百二十一年，採録共九十七人。不載禪門宗系，人自爲傳，並係之以贊，蓋續宋僧惠洪所撰《僧寶傳》也[一]。

【校記】

[一]惠 底本原作「德」，誤，兹據《直齋書録解題》卷一二釋氏類「惠洪《僧寶傳》三十卷」條及《四庫全書總目》卷一四五同條改。

【今案】《四庫全書總目》卷一四五子部五五釋家類存目，第一二四〇頁下。

集部 別集類一

《楚辭集注》八卷、《後語》六卷、《辨証》二卷[一]

朱子撰。以後漢王逸《章句》及洪興祖《補注》二書詳於訓詁，未得意旨，乃檃括舊編，定爲《集注》。以屈原所著二十五篇爲《離騷》，宋玉以下十六篇爲《續離騷》，又刊定晁補之《續楚辭》《變離騷》二書，録荀卿至吕大臨凡五十二篇爲《後語》，而訂証舊注之謬誤者爲《辨証》二卷附焉。《楚詞》舊本有東方朔《七諫》、王褒《九懷》、劉向《九歎》、王逸《九思》，晁本删《九思》一篇，是編并削《七諫》《九懷》《九歎》三篇，益以賈誼二賦。至於《後語》去取，視晁本爲嚴，而楊雄《反騷》爲舊録所不取者[二]，乃反收入。殆存其文以著其罪，非自相牴牾也。

【校記】

[一]案底本右方書眉上有『初次進／呈鈔録／集部』。

[二]楊　案《四庫全書總目》卷一四八同條作『揚』。

【今案】影印文淵閣《四庫全書》第一〇六二册第二九九頁書前提要。《文溯閣四庫全書提要》卷七九集部一楚辭類，第二六〇三頁。《文津閣四庫全書提要匯編》集部一楚辭類，第三頁。《四庫全書簡明目録》卷一五集部一楚詞類，第五七七頁。《四庫全書總目》卷一四八集部一楚辭類，第一二六八頁中。

《蔡中郎集》六卷

後漢蔡邕撰。《文獻通考》載《中郎集》十卷，此本爲雍正中陳留所刊。卷數既少，而文與詩共得九十四首，轉多於舊。考之婁東張氏刻本，多寡增損不同，然張本採輯爲詳。歐陽静序論《姜伯淮》《劉鎮南碑》斷非邕作，以年月考之，良然。婁東本乃删去《鎮南碑》，而姜伯淮爲邕前輩，宜有邕文，遂改建安二年爲熹平二年，近於武斷矣。張本又載《薦董卓表》，而陳留本無之，不知何據。范書並無此事，其爲後人贋作無疑也。

【今案】影印文淵閣《四庫全書》第一〇六三册第一三七頁書前提要。《文溯閣四庫全書提要》卷八〇集部二別集類一，第二六一〇頁。《文津閣四庫全書提要匯編》集部二別集類一，第七頁。《四庫全書簡明目録》卷一五集部二別集類一，第五七九頁。《四庫全書總目》卷一四八集部一別集類一，第一二七二頁中。

《陸士龍集》十卷

晉清河內史吳郡陸雲撰。雲事迹具《晉書》本傳。此集卷數與馬氏《經籍考》相合。然史稱所著文詞三百四十九篇，今此集僅録二百餘篇，已非足本。蓋本集亡佚，而後人從他書摘抄以行者，叙次頗爲叢雜。如《答兄平原》詩二首，其『行矣怨路長』一首，乃机贈雲之作，故馮惟訥《詩紀》收入机詩內，而此本誤作雲答机之詩。又『緑房含青實』四語及『逍遥近南畔』二語，皆自《藝文類聚》芙蕖部、嘯部中摘出逸句，故《詩紀》以爲失題，係之卷末，此本乃直標其題曰《芙蕖》、曰《嘯》，亦失之附會矣。

【今案】影印文淵閣《四庫全書》第一〇六三册第三八九頁書前提要。《文溯閣四庫全書提要》卷八〇集部二別集類一，第二六一四頁。

《文津閣四庫全書提要匯編》集部二別集類一，第一一頁。《四庫全書簡明目録》卷一五集部二別集類一，第五八〇頁。《四庫全書總目》卷一四八集部一別集類一，第一二七三頁下。

《孟東野集》十卷

唐孟郊撰，宋宋敏求編。前有敏求序，稱世傳其集，汴吴鏤本五卷一百二十四篇，周安惠本十卷三百三十一篇，蜀人蹇濬所纂凡二卷一百八十篇，取韓愈贈郊句，名之曰《咸池集》。自餘諸家所雜録，不爲編帙[一]，諸本各異。敏求總括遺逸，刪除重復，分十四類編輯，得詩五百一十一篇。又以雜文二篇附於後，共爲十卷，即此本也。郊詩托興深微，而結體古奥，唐人自韓愈以下，莫不推之。自蘇軾『空螯小魚』之詩，始有異詞。元好問《論詩絶句》乃有『東野窮愁死不休，高天厚地一詩囚』之句。當以門徑不同，故是丹非素，究之郊詩品格，不以二人之論减價也。

【校記】

[一]帙 底本原作『秩』，誤，兹據《四庫全書總目》卷一五〇同條改。

【今案】影印文淵閣《四庫全書》第一〇七八册第三一一頁書前提要。《文溯閣四庫全書提要》卷八二集部四別集類三，第二六九〇頁。

《文津閣四庫全書提要匯編》集部二別集類一，第六九頁。《四庫全書簡明目録》卷一五集部二別集類一，第五九八頁。《四庫全書總目》卷一五〇集部三别集類三，第一二九二頁中。

《會昌一品集》二十卷、《别集》十卷、《外集》四卷

唐李德裕撰。《會昌一品集》皆武宗時制誥，《外集》皆賦詩雜文，《窮愁志》則遷謫以後，閑居論史之文也。此本正集二十卷，《别集》十卷，《外集》四卷即《窮愁志》，晁公武《讀書志》所載相合，意即蜀本之舊，較明時袁州所刻僅《會昌一品集》十卷、《外集》四卷者，尚爲完備。陳振孫《書録解題》稱《衛公備全集》五十卷、《年譜》一卷；又稱蜀本之外，有《姑臧集》五卷[一]，《獻替録》《辨謗略》諸書共十一卷。則其本不傳久矣。史言德裕在穆宗朝爲翰林學士[二]，號令、大典册咸出其手，而文多不傳，意皆在五十卷内也。《會昌一品集序》，鄭亞所作，《李商隱集》所謂滎陽公者是也。其文亦見《商隱集》，稱代亞作。而兩本異同者不一。考尋文義，皆以此集所載爲長，蓋亞所改定之本云。

【校記】

[一]臧　底本原作「藏」，誤，兹據《直齋書録解題》卷一六别集類上「《會昌一品集》二十卷、《别集》十卷、《外集》四卷」條及《四庫全書總目》卷一五〇同條改。

[二]宗　底本原作「宋」，誤，兹據《舊唐書》卷一七四《李德裕傳》及《四庫全書總目》卷一五〇同條改。

【今案】《四庫全書薈要總目提要》第三六七頁。影印文淵閣《四庫全書》第一〇七九册第一〇七頁書前提要。《文溯閣四庫全書提要》卷八二集部四别集類三，第二七〇一頁。《文津閣四庫全書提要匯編》集部二别集類一，第七六頁。《四庫全書簡明目録》卷一五集部二别集類一，第六〇〇頁。《四庫全書總目》卷一五〇集部三别集類三，第一二九四頁下。

《盈川集》十卷[一]

唐楊炯撰。炯，華陰人。舉神童，授校書郎，遷盈川令。博學善屬文，爲唐初「四傑」之一。張説評其文，謂如懸河，酌之不竭。其才實出王勃、盧照鄰之上。所著如《渾天賦》《冕服議》，該洽精詳，具有原本。文集本三十卷，宋時已多亡逸。《通考》著録者二十卷，今亦不存。此本乃明萬歷（曆）中龍游童佩從諸書裒集，得詩、賦四十二首，序、表、碑、銘、誌、狀、雜文三十九首，詮次成編，别爲《附

録》一卷，皇甫汸序而刊之。

【校記】

［一］盈川集十卷　案《四庫全書總目》卷一四九同條作『《盈川集》十卷、《附録》一卷』。

【今案】《四庫全書薈要總目提要》第三五五頁。影印文淵閣《四庫全書》第一〇六五册第一八七頁書前提要。《文淵閣四庫全書提要》卷八一集部三別集類二，第二六三二頁。《文津閣四庫全書提要匯編》集部二別集類一，第二三頁。《四庫全書簡明目録》卷一五集部二別集類一，第五八四頁。《四庫全書總目》卷一四九集部二別集類二，第一二七八頁上。

《劉賓客文集》三十卷、《外集》十卷

唐劉禹錫撰。禹錫字夢得，彭城人。貞元九年進士，登博學宏詞科，歷官檢校禮部尚書兼太子賓客。其集亦名《中山集》。陳振孫稱『原本四十卷』，宋初『佚其十卷，宋次道裒其遺詩四百七篇、雜文二十二首爲《外集》，然未必皆十卷所逸也』。禹錫在元和初，以附王叔文被貶，爲『八司馬』之一。又喜以詩詞調謔，人頗嫉之，以是屢起屢蹶。然韓愈獨與之友善，集中有《上杜黃裳書》，歷引愈言爲重。又《外集》有所作《子劉子自傳》一篇，叙述前事，亦不甚詆諆叔文[一]。蓋其人本急於功名，致爲群邪所詿誤者[二]。其文章恣肆宏辨，近杜牧之之流。而詩律尤精，白居易盛推之，至謂其在在處處有神物護持。陳師道稱蘇軾詩初學禹錫，吕本中亦謂蘇轍晚年令人學禹錫詩，以爲用意深遠，有曲折處。劉克莊《後村詩話》稱其詩多感慨，惟『在人雖晚達，於樹似冬青』十字差爲閑婉[三]，似非篤論也。始禹錫所與唱和者白居易及令狐楚、李吉甫等，皆一時名人。嘗編其唱和詩爲《彭陽集》《吴蜀集》《汝洛集》，有夢得所作序引，皆在《外集》中。而其書在宋已佚，惟正集文二十卷、詩十卷，明時曾有刊本，頗行於世，而獨無《外集》，故亦罕流傳。今揚州所進本，有明毛晉汲古閣所藏抄本，紙墨精好，蓋猶從宋時刊本録存者，謹合爲一編，著之於録，用還《文獻通考》卷目之舊焉。

【校記】

［一］文　底本原作『亦』，誤，兹據《四庫全書總目》卷一五〇同條改。

［二］群　底本原作『郡』，誤，兹據《文溯閣四庫全書提要》卷八二、《文津閣四庫全書提要匯編》集部二別集類一同條改。

［三］閑　底本原作『間』，誤，兹據《四庫全書總目》卷一五〇同條改。又底本自『差爲閑婉』以下爲一頁，原案曰：『編按：此

葉原裝於陳拾遺集之後，今移改。」

【今案】《四庫全書薈要總目提要》第三六四頁。影印文淵閣《四庫全書》第一〇七七册第三二三頁書前提要。《文溯閣四庫全書提要》卷八二集部四別集類三，第二六八一頁。《文津閣四庫全書提要匯編》集部二別集類一，第六二頁。《四庫全書簡明目録》卷一五集部二別集類一，第五九六頁。《四庫全書總目》卷一五〇集部三別集類三，第一二九〇頁上。

《曲江集》二十卷

唐張九齡撰。九齡事迹具《唐書》。徐堅嘗論其文「如輕縑素練，實濟時用，而窘邊幅」。柳宗元則謂其兼攻詩文，但不能究其極。然九齡《感遇》諸什，可與陳子昂方駕，文筆典實，具有大雅之規。堅與宗元所言，蓋文人抑揚之詞，非定論也。是編卷首有明蘇韡序，蓋韡守韶州，得其本於邱(丘)濬家而梓行之。核其卷數，與馬端臨《通考》所載相符。蓋猶宋以來之舊本也。

【今案】《四庫全書薈要總目提要》第三五三頁。影印文淵閣《四庫全書》第一〇六六册第五七頁書前提要。《文溯閣四庫全書提要》卷八一集部三別集類二，第二六三七頁。《文津閣四庫全書提要匯編》集部二別集類一，第二七頁。《四庫全書簡明目録》卷一五集部二別集類一，第五八六頁。《四庫全書總目》卷一四九集部二別集類二，第一二七九頁中。

《麟角集》二卷[一]

唐王棨撰。棨字輔之，福清人。咸通三年進士，仕至水部郎中。黄巢亂後，不知所終。是集皆其程試詩賦，題曰《麟角》者，蓋取《顔氏家訓》「學如牛毛，成如麟角」之義，以及第比登仙也。集中佳作，已多載《文苑英華》中。雖科舉之文，無關著述，而一朝選舉之式，略具於斯，録而存之，亦足備文章之一格也。

【校記】

［一］二卷　案《四庫全書總目》卷一五一同條作「一卷」。

【今案】影印文淵閣《四庫全書》第一〇八三册第九五頁書前提要。《文溯閣四庫全書提要》卷八三集部五別集類四，第二七二二頁。《文津閣四庫全書提要匯編》集部二別集類一，第九一頁。《四庫全書簡明目録》卷一五集部二別集類一，第六〇五頁。《四庫全書總目》卷一五一集部四別集類四，第一三〇〇頁中。

《河東集》四十三卷、《別集》二卷、《外集》二卷[一]

唐柳宗元撰。宗元事迹具《唐書》。陳振孫《書録解題》謂「劉禹錫序稱編次其文爲三十二通，韓愈之墓誌、祭文附第一通之末。今世所行，皆作四十五通」，或後人追改也。「其後，江陰葛嶠又益以《別録》二卷、《摭異》二卷、《音釋》一卷、《附録》二卷、《事迹本末》一卷」[二]，與方崧卿集所校《韓愈集》同刊於安南[三]，今其本不傳。此本爲明正統戊辰所刻，凡四十三卷，附《非國語》二卷，題曰《別集》。又賦、雜文三篇，墓誌三篇，表十三篇，牋一篇，啓四篇，分爲二卷，題曰《外集》。末爲《附録》一卷，穆脩、沈晦諸序並在焉，題曰「南安童宗注釋、新安張敦頤音辯、雲間潘緯音義」，前有乾道三年吴郡陸之淵序，似猶舊本。

【校記】

[一]河東集四十三卷別集二卷外集二卷　案《四庫全書總目》卷一五〇同條作「《訓詁柳先生文集》四十五卷、《外集》二卷、《新編外集》一卷」。

[二]江　底本原作「葛」，誤，兹據《直齋書録解題》卷一六別集類上「《柳先生集》四十卷」等七種條改。

[三]卿　底本原作「鄉」，誤，兹據《直齋書録解題》卷一六別集類上「《柳先生集》四十五卷」等七種條及《四庫全書總目》卷一五〇「《韓集舉正》十卷」條改。

【今案】《四庫全書薈要總目提要》第三六三頁。影印文淵閣《四庫全書》第一〇七六册第一頁書前提要。《文溯閣四庫全書提要》卷八二集部四別集類三，第二六七八頁。《文津閣四庫全書提要匯編》集部二別集類一，第六〇頁。《四庫全書簡明目録》卷一五集部二別集類一，第五九五頁。《四庫全書總目》卷一五〇集部三別集類三，第一二八九頁中。

《白蓮集》十卷

唐釋齊己撰。齊己，益陽人，自號衡岳沙門。宋人注杜甫《巳上人茅齋》詩，謂齊己與甫同時，其謬不待辨。舊本題爲梁人[一]，亦誤。考齊己嘗依高季興爲龍興寺僧正。季興雖嘗受梁官，然齊己爲僧正時，當龍德元年辛巳，在唐莊宗入洛之後矣。集中已稱季興爲南平王[二]，安得謂爲梁人耶？是集爲其門人西文所編，首有天福三年孫光憲序，前九卷爲近體，後一卷爲古體。古體之後又有絶句四十二首，疑後人採輯附入也。唐代緇流能詩者衆，其有集傳於今者，惟皎然、貫休及齊己。皎然清而弱，貫休豪而粗，齊己七言律詩不出當時之習，五、七言古詩以盧仝、馬異之體縮爲短章，詰屈聱牙，尤不足取。惟五言律詩居全集十分之六，雖頗沿武功一派，而風格獨遒，如《劍客》《聽琴》《祝融峰》諸篇，猶有大歷(曆)以還遺意。其絶句中，《庚午年十五夜對月》詩曰：「海澄空碧正[三]

【校記】

[一]梁人　底本原作「人」，脱一「梁」字，兹據本條下文及《四庫全書總目》卷一五一同條補。

[二]己稱季興爲南平王　底本原作「己稱南平王」，脱「季興爲」三字，兹據《四庫全書總目》卷一五一同條補。

[三]底本原案曰：「編按：白蓮集提要後缺，今補白葉。」《四庫全書總目》卷一五一「《白蓮集》十卷」條：「唐釋齊己撰。齊己，益陽人。自號衡岳沙門。宋人註杜甫《巳上人茅齋》詩，謂齊己與杜甫同時，其謬不待辨。舊本題爲梁人，亦殊舛訛。考齊己嘗依高季興爲龍興寺僧正。季興雖嘗受梁官，然齊己爲僧正時，當龍德元年辛巳，在唐莊宗入洛之後矣。集中己稱季興爲南平王，而陶岳《五代史補》載徐東野在湖南幕中贈齊己詩，稱『我唐有僧號齊己』。安得謂爲梁人耶？是集爲其門人西文所編，首有天福三年孫光憲序。前九卷爲近體，後一卷爲古體。古體之後又有絶句四十二首，疑後人採輯附入也。唐代緇流能詩者衆。其有集傳於今者，惟皎然、貫休及齊己。皎然清而弱。貫休豪而粗。齊己七言律詩不出當時之習。其七言古詩以盧仝、馬異之體縮爲短章，詰屈聱牙，尤不足取。惟五言律詩居全集十分之六。雖頗沿武功一派，而風格獨遒。如《劍客》《聽琴》《祝融峰》諸篇，猶有大歷(曆)以還遺意。其絶句中《庚午年十五夜對月》詩曰：『海澄空碧正團圞，吟想元(玄)宗此夜寒。玉兔有情應記得，西邊不見舊長安。』惓惓故君，尤非他釋子所及。宜其與司空圖相契矣。」

【今案】影印文淵閣《四庫全書》第一〇八四册第三二七頁書前提要。《文溯閣四庫全書提要》卷八三集部五別集類四，第二七三八頁。《文津閣四庫全書提要匯編》集部二別集類一，第一〇四頁。《四庫全書簡明目録》卷一五集部二別集類一，第六〇九頁。《四庫全書總目》卷一五一集部四別集類四，第一三〇四頁上。

《權文公文集》十卷[一]

唐權德輿撰。德輿字載之，天水人。事迹具《唐書》。德輿嘗自纂《制集》五十卷，楊憑序之。其孫憲又編其詩文爲五十卷，楊嗣復序之。今《制集》已佚，文集亦久無傳本。此本乃明嘉靖二十年楊慎得之於滇南，僅存目録及詩賦十卷，劉大謨序而刻之，又删其無書之目録，德輿文集遂不可考。惟《文苑英華》及《唐文粹》中時時散見耳。考王士禎（禛）《居易録》載《權文公集》五十卷，注曰：『詩賦十卷、文四十卷、碑銘八卷、議論二卷、記二卷、集序三卷、贈送序四卷、策問一卷、書二卷、疏表狀五卷、祭文三卷。』稱『無錫顧宸藏本，劉體仁之子凡寫之以貽士禎（禛）』者。然則德輿全集，康熙中猶存，不識何以今所傳者皆楊慎之殘本。第士禎（禛）所注卷目，以數計之，乃八十卷，與五十卷之説不合，又不識其何故也？

【校記】

［一］權文公文集　案《四庫全書總目》卷一五〇同條作『《權文公集》』。

【今案】《四庫全書薈要總目提要》第三六一頁。影印文淵閣《四庫全書》第一〇七二册第七九七頁書前提要。《文溯閣四庫全書提要》卷八二集部四別集類三，第二六七〇頁。《文津閣四庫全書提要匯編》集部二別集類一，第五三頁。《四庫全書簡明目録》卷一五集部二別集類一，第五九四頁。《四庫全書總目》卷一五〇集部三別集類三，第一二八七頁上。

《駱丞集》四卷

唐駱賓王撰。賓王，義烏人。仕至侍御史，左遷臨海丞。後與徐敬業傳檄討武后，兵敗，不知所終。事迹具《唐書》本傳。中宗時，詔求其文，得百餘篇，命郗雲卿編次之。《書録解題》引雲卿舊序，稱『光宅中[一]，廣陵亂，伏誅』。蓋據李孝逸奏捷之語。孟棨《本事詩》則云：『賓王落髮，遍遊名山，宋之問遊靈隱寺，作詩，嘗爲續「樓觀滄海日，門對浙江潮」之句。』今觀集中，與之問踪迹甚密，在江南則有投贈之作，在兖州則有餞別之章，宜非不相識者，何至覿面失之？封演爲天寶中人，去賓王時甚近，所作《聞見記》中載之問此詩，證月中桂子之事，並不云出賓王。棨書晚出，乃有是説。蓋武後改唐爲周[二]，人心共憤，敬業、賓王之敗，世頗憐之[三]，故造是語，棨不考而誤載也。其集，《新》《舊唐書》皆作十卷，《宋・藝文》又載有《百道判》三卷，今並散佚。此本四卷，蓋後人之所裒輯。其注則明給事中顔文選所作[四]，援引疏舛，殆無可取。以文選之外，别無注本，而其中亦尚有一二可採者，故姑並録之，以備參考焉。

【校記】

[一]宅　底本原作『澤』，誤，兹據《直齋書録解題》卷一八别集類下『《駱賓王集》十卷』條及《四庫全書總目》卷一四九同條改。

[二]改　底本原作『開』，誤，兹據《四庫全書總目》卷一四九同條改。

[三]世　底本原作『武』，誤，兹據《四庫全書總目》卷一四九同條改。

[四]其注則明給事中　案底本自『給事中』以下爲一頁，原案曰：『編按：　此葉原置於僑吴集後，今校改。』

【今案】《四庫全書薈要總目提要》第三五六頁。影印文淵閣《四庫全書》第一〇六五册第三四六頁書前提要。《文淵閣四庫全書提要》卷八一集部三别集類二，第二六三四頁。《文津閣四庫全書提要匯編》集部二别集類一，第二四頁。《四庫全書簡明目録》卷一五集部二别集類一，第五八五頁。《四庫全書總目》卷一四九集部二别集類二，第一二七八頁中。

《禪月集》二十五卷、《補遺》一卷

唐釋貫休撰。貫休字德隱，姓姜氏，蘭谿人。舊本題曰梁人。案貫休初以乾寧三年依荆帥成汭，後歷遊高季興、錢鏐間，晚乃入蜀依王建。乾德癸酉卒，年八十一。終身實未入梁，舊本誤也。其集初曰《西岳集》，皆居荆州時作，吴融序之。貫休殁後，其門人曇域編次歌詩文贊爲三十卷，自爲後序，題曰《禪月集》。此本爲宋嘉熙四年蘭谿兜率寺僧可燦所刊，毛晋得而重刊之，僅詩二十五卷[一]，豈佚其文贊五卷耶？《補遺》一卷，亦晋所輯。然所收佚句如『朱門當大道，風雨立多時』一聯，乃《贈乞食僧》詩，今在第十七卷之首，但『道』作『路』，『雨』作『雪』耳。晋不辨而重收之，殊爲失檢。《文獻通考》别載《寶月集》一卷，亦云貫休作，今已不傳。然曇域不云有此集，疑馬端臨或誤。毛晋又云《西岳集》或作《南岳集》。考貫休生平，未登太華，疑『南岳』之名爲近之，『西』字或傳寫誤也。又[二]

【校記】

[一]僅　底本原作『謹』，誤，兹據《四庫全書總目》卷一五一同條改。

[二]底本原案曰：『編按：　此提要未完，今補白葉。』《四庫全書總目》卷一五一『《禪月集》二十五卷、《補遺》一卷』條：『唐釋貫休撰。貫休字德隱，姓姜氏，蘭谿人。舊本題曰梁人。案貫休初以乾寧三年依荆帥成汭，後歷遊高季興、錢鏐間，

晚乃入蜀依王建。至乾德癸未卒，年八十一。終身實未入梁，舊本誤也。陶岳《五代史補》稱貫休《西岳集》四十卷，吳融序之。然集末載其門人曇域後序，編次歌詩文贊爲三十卷，則岳亦誤記矣。此本爲宋嘉熙四年蘭谿兜率寺僧可燦所刊，毛晉得而重刊之，僅詩二十五卷，豈佚其文贊五卷耶？《補遺》一卷，亦晉所輯。然所收佚句如「朱門當大道，風雨立多時」一聯，乃《贈乞食僧》詩，今在第十七卷之首，但「道」作「路」，「雨」作「雪」耳。晉不辨而重收之，殊爲失檢。《文獻通考》别載《寶月集》一卷，亦云貫休作，今已不傳。然曇域不云有此集，疑馬端臨或誤。毛晉又云《西岳集》或作《南岳集》。考貫休生平，未登太華，疑「南岳」之名爲近之，「西」字或傳寫誤也。又書籍刊版始於唐末，然皆傳布古書，未有自刻專集者。曇域後序作於王衍乾德五年，稱檢尋稿草及闇記憶者約一千首，雕刻成部。則自刻專集自是集始，是亦可資考證也。」

【今案】影印文淵閣《四庫全書》第一〇八四册第四二三頁書前提要。《文淵閣四庫全書提要》卷八三集部五别集類四，第二七三九頁。《文津閣四庫全書提要匯編》集部二别集類一，第一〇五頁。《四庫全書簡明目録》卷一五集部二别集類一，第六〇九頁。《四庫全書總目》卷一五一集部四别集類四，第一三〇四頁上。

《陳拾遺集》十卷

唐陳子昂撰。子昂字伯玉，梓州射洪人。武后時，官至右拾遺。事具《唐書》本傳及盧藏用所爲《别傳》。唐初文章，不脱陳、隋舊習，子昂始奮發自爲，追古作者。韓愈詩云：『國朝盛文章，子昂始高蹈。』柳宗元亦謂：『張説工著述，張九齡善比興，兼備者子昂而已。』馬端臨乃謂子昂『惟詩語高妙，其他文則不脱偶儷卑弱之體』。韓、柳之論不專稱其詩，皆所未喻。今觀其集，惟諸表序猶沿排儷之習，若論事書疏之類，實疏樸近古，韓、柳之論未爲非也。子昂嘗上書武后，請興明堂太學，宋祁以爲『薦圭璧於房闥，以脂澤汙漫之』。其文今載集中。《文苑英華》八百二十二卷别有《大崇福觀記》一篇，稱武士彠爲『太祖孝明皇帝』。集中不載，疑自削也。今特補入，以爲文士貢諛之戒。又此本傳寫多訛脱，第七卷闕兩葉，據目録尋之，《禡牙文》《禜海文》在《文苑英華》九百九十五卷[二]，《弔塞上翁文》在九百九十九卷，《祭孫府君文》在九百七十九卷。又《送崔融》等序之後，據目録尚有《餞陳少府序》一篇，此本亦佚，今《文苑英華》七百十九卷有此文。亦並葺補，俾成完本焉。

【校記】

[一]文苑英華九百九十五卷　案底本自『五卷』以下爲一頁，原案曰：『編按：此葉原置於滄溟集後，今校改。』

【今案】《四庫提要分纂稿》第四二一頁。《四庫全書薈要總目提要》第三五七頁。影印文淵閣《四庫全書》第一〇六五册第五二七頁書前提要。《文溯閣四庫全書提要》卷八一集部三別集類二，第二六三五頁。《文津閣四庫全書提要匯編》集部二別集類一，第二五頁。《四庫全書簡明目録》卷一五集部二別集類一，第五八五頁。《四庫全書總目》卷一四九集部二別集類二，第一二七八頁下。

《樊川文集》二十卷[一]

唐杜牧撰。其甥裴延翰所編[二]。《唐・藝文志》作二十卷，而晁氏《讀書志》又載《外集》一卷。新城王士禎（禛）謂舊藏杜集止二十卷，後見宋版本，雕刻甚精，而多數卷。考劉克莊《後村詩話》云：『樊川有《續別集》三卷，十八九皆許渾詩。牧仕宦不至南海，而《別集》乃有「南海府罷」之作。』則宋本《外集》之外，又有《續別集》三卷。此本僅附《外集》《別集》各一卷，有宋熙寧六年田概序，較之後村所見《別集》尚少二卷，而南海府罷之作不收焉，則又經後人删定，非克莊所見本矣。牧嘗稱『元、白歌詩傳播，使子父女母交口誨淫，恨吾無位，不得以法繩之』。其持論甚峻。《後村詩話》則謂牧風情不淺，如《杜秋娘》《張好好》諸詩，『青樓薄倖』之句，『街吏平安』之報[三]，未知去元、白幾何？比之以燕伐燕，是亦公論。然牧詩風骨實出元、白之上。其古文縱横奥衍，《罪言》一篇，宋祁作《新唐書・藩鎮傳論》，實全録之[四]，亦非元、白所可及也。

【校記】

[一]樊川文集二十卷　案《四庫全書總目》卷一五一同條作『《樊川文集》二十卷、《外集》一卷、《別集》一卷』。

[二]延　底本原作『廷』，誤，兹據《四庫全書總目》卷一五一同條改。

[三]街　底本原作『衛』，誤，兹據《四庫全書總目》卷一五一同條改。

[四]實全録之　案底本自『全録之』以下爲一頁，原案曰：『編按：此葉原在次山集後，今校改。』

【今案】《四庫提要分纂稿》第二三八頁。《四庫全書薈要總目提要》第三六七頁。影印文淵閣《四庫全書》第一〇八一册第五六二頁書前提要。《文溯閣四庫全書提要》卷八三集部五别集類四，第二七〇八頁。《文津閣四庫全書提要匯編》集部二别集類一，第八一頁。《四庫全書簡明目録》卷一五集部二别集類一，第六〇二頁。《四庫全書總目》卷一五一集部四别集類四，第一二九六頁中。

《王子安集》十六卷

唐王勃撰。勃字子安，絳州龍門人，通之孫。仕虢州參軍，坐事除名。以渡海溺死，見《唐書·文苑傳》。文思敏贍，爲『四傑』之冠。本傳稱其有文集三十卷，而楊炯《集序》則謂分爲二十卷[一]，具諸篇目。洪邁《容齋隨筆》亦稱今存者二十卷，蓋猶舊本。明以來其集已佚，原目遂不可考。世所傳《初唐十二家集》所載勃集，僅詩賦二卷而已。此本乃明崇禎中閩人張燮搜緝《文苑英華》諸書[二]，編爲一十六卷，已非唐、宋之舊[三]，而視别本之闕略者，則較爲完善。勃文爲『四傑』之冠，以當時爲裴行儉所譏，後代遂以爲口實。然行儉但論其器識，非論其文藝。杜甫嘗比以江河萬古，又比以龍文虎脊，歷塊過都。韓愈作《滕王閣記》，亦稱得三王所爲序、賦、記等，壯其文詞。又稱竊喜載名其上，詞列三王之次，有榮耀焉。杜詩、韓筆，皆弁冕有唐，而其持論如是，則耳食者亦可以息喙矣。

【校記】

［一］楊　底本原作『揚』，誤，兹據《四庫全書總目》卷一四九同條改。

［二］書　底本原作『事』，誤，兹據《四庫全書總目》卷一四九同條改。

［三］宋　底本原作『家』，誤，兹據《四庫全書總目》卷一四九同條改。

【今案】《四庫全書薈要總目提要》第三五四頁。影印文淵閣《四庫全書》第一〇六五册第六一頁書前提要。《文溯閣四庫全書提要》卷八一集部三别集類二，第二六三一頁。《文津閣四庫全書提要匯編》集部二别集類一，第二三頁。《四庫全書簡明目録》卷一五集部二别集類一，第五八四頁。《四庫全書總目》卷一四九集部二别集類二，第一二七七頁下。

《司空表聖文集》十卷

唐司空圖撰。表聖，圖字也。圖於僖宗時知制誥，爲中書舍人。旋解職去，晚自號耐辱居士。朱全忠召之，力拒不出。及全忠僭位，遂不食而死。《唐書》列之《卓行傳》。圖所著詩曰《一鳴集》，别行於世。此十卷，其文集也。尚有唐代舊格，無五季猥雜之習。集内《韓建德政碑》，《五代史》謂乾寧三年，昭宗幸華州所立，還朝，乃封建潁川郡王[一]。而碑稱爲乾寧元年立，已書建爲潁川郡王[二]，蓋史之誤。其時建方强横，昭宗不得已而譽之。圖奉敕爲文，詞多誡飭，足見其剛正之氣矣。又集内《解縣新城碑》爲王重榮作，《河中生祠碑》爲其弟重盈作，宋祁遂謂重榮父子雅重圖，嘗爲作碑。今考其文，亦皆奉敕所爲，事非得已，不足以爲圖病也。陳繼儒《太平清話》載耐辱居士《墨竹筆銘》，此集無之。其銘序云：『咸通二年，余登進士，叨職史館。』按唐制，進士無即入史館者。圖成進士在咸通末[三]，出依王凝爲幕職，本傳甚明，焉有職史館之事？又云：『自後召拜禮部員外郎，遷知制誥，尋以中書舍人拜禮、户二侍，無日不與竹對。』按序稱墨竹植於長安，圖爲知制誥、中書舍人乃僖宗次鳳翔時[四]，其爲兵部侍郎又當昭宗在華州時，何由得與竹對？况圖身爲唐死，年七十二，而序乃云：『今爲梁庚寅，余年八十有二』。其爲僞撰，益明矣。是編舊本前後八卷，皆題爲『雜著』，六卷、七卷獨題曰『碑』，實則他卷亦有碑文，例殊叢脞，今併削之。

【校記】

[一]潁川　底本原作『穎州』，誤，兹據《新五代史》卷四〇《韓建傳》及《四庫全書總目》卷一五一同條改。

[二]潁　底本原作『穎』，誤，兹據《四庫全書總目》卷一五一同條及上條校記改。

[三]圖成進士在咸通末　案自『在咸通末』以下爲一頁，原案曰：『此葉原在渭南文集後，今校改。』

[四]爲　底本原脱此字，兹據《四庫全書總目》卷一五一同條補。

【今案】《四庫提要分纂稿》第四二四頁。影印文淵閣《四庫全書》第一〇八三册第四八七頁書前提要。《文溯閣四庫全書提要》卷八三集部五别集類四，第二七二八頁。《文津閣四庫全書提要匯編》集部二别集類一，第九六頁。《四庫全書簡明目録》卷一五集部二别集類一，第六〇七頁。《四庫全書總目》卷一五一集部四别集類四，第一三〇一頁中。

《吕温集》十卷[一]

唐吕温撰。温字和叔，一字化光，河中人。貞元十四年進士。仕至刑部郎中兼侍御史，後謫道州刺史，徙衡州。温從陸質治《春秋》、梁肅爲文章。劉禹錫編次其文，稱斷自《人文化成論》至《諸葛武侯廟記》爲上篇。此本先詩賦，後雜文，已非禹錫編次之舊。又

第六卷、七卷誌銘已缺數篇[二]，目録取《英華》《文粹》所載者補入此本[三]，卷末有孱守居士跋，紀薈萃成編之由。孱守居士，常熟馮舒之別號[四]，蓋舒所編也。其文如《與族兄皋書》深有得於六經之旨，《送薛天信歸臨晉序》洞見文字之原，《裴氏海昏集序》論詩亦殊精邃，《古東周城銘》能名君臣之義，以糾《左氏》之失。其《思子臺銘序》謂遇一物可以正訓於世者，秉筆之士未嘗闕焉。其文章之本可見矣。惟《代伊僕射度女爲尼表》可以不作，而《諸葛武侯廟記》以爲有才而無識，則好奇論而失之迂論，分別觀之可矣。

【校記】

[一]吕温集　案《四庫全書總目》卷一五〇同條作『《吕衡州集》』。

[二]又　底本原作『史』，誤，兹據《四庫全書總目》卷一五〇同條改。

[三]目録取英華文粹所載者補入　案文字似有脱誤，《四庫全書總目》卷一五〇同條作『因取《英華》《文粹》照目寫入』。

[四]常熟　底本原作『常孰』，誤，兹據《四庫全書總目》卷一五〇同條及卷一八九集部總集類『《詩紀匡謬》一卷』條改。

【今案】影印文淵閣《四庫全書》第一〇七七册第五九五頁書前提要。《文淵閣四庫全書提要》卷八二集部四別集類三，第二六八三頁。《文津閣四庫全書提要匯編》集部二別集類一，第六三頁。《四庫全書簡明目録》卷一五集部二別集類一，第五九七頁。《四庫全書總目》卷一五〇集部三別集類三，第一二九〇頁中。

《蘇詩摘律》六卷

題『長垣縣知縣無錫劉宏（弘）集注』。不詳時代。惟取蘇軾集七言律詩注之，簡陋殊甚。

【今案】《四庫全書總目》卷一七四集部別集類存目一，第一五三七頁下。

《集千家注杜詩》二十卷

不著編輯人名氏。前載王洙、王安石、胡宗愈、蔡夢弼四序，所採不滿百家，而題曰『千家』，蓋自誇摭拾之富，如魏仲舉《韓柳集注》，亦虚稱『五百家』也。其句下、篇末之評，悉劉辰翁之語，朱彝尊謂夢弼所編入。然夢弼所撰，本名《草堂詩箋》，其自序内標識注例甚詳，與此本不合。宋犖謂杜詩評點自劉辰翁始。劉本無注，元大德間有高楚芳者，删存諸注，以劉評附之，此本疑即楚芳編也。辰翁評所見至淺，其標舉尖新字句，殆於竟陵之先聲。王士正（禛）乃比之郭象注《莊》，殆未爲篤論矣。

【今案】《四庫全書薈要總目提要》第三六〇頁。影印文淵閣《四庫全書》第一〇六九册第六六四頁書前提要。《文淵閣四庫全書提要》卷八一集部三别集類二，第二六四六頁。《文津閣四庫全書提要匯編》集部二别集類一，第三四頁。《四庫全書簡明目録》卷一五集部二别集類一，第五八八頁。《四庫全書總目》卷一四九集部二别集類二，第一二八一頁下。

《次山集》十二卷

唐元結撰。結字次山。天寶十三年進士[一]。官至邕管經略使。結所著有《元子》十卷，李商隱爲作序；《文編》十卷，李紓爲作序；又《猗玗子》一卷，並見《唐志》，今皆不傳。所傳者惟此本，而書名、卷數皆不合。蓋後人捃拾散佚而編之，非其舊本。觀洪邁譏所記二十國事，如方國、圓國、言國、相乳國、無手國、無足國、惡國、忍國、無鼻國、觸國之類，見於《容齋隨筆》者，此本皆無之，則其佚篇多矣。結性不諧俗，亦往往迹涉詭激。初居商餘山，稱「元子」。及逃難猗玗洞[二]，稱「猗玗子」。又或稱「浪士」，或稱「聱叟」，或稱「漫叟」，爲官後稱「漫郎」，頗類於古之狂者。然制行高潔，有閔時憂世之心。文章亦戛戛自異，力變排偶綺靡之習。杜甫嘗和其《舂陵行》，稱其「可爲天地萬物吐氣」。晁公武謂其文如古鐘磬，不諧俗耳。高似孫謂其文章奇古，不蹈襲。蓋唐文在韓愈以前，毅然自爲者自結始，亦可謂耿介拔俗之姿矣[三]。皇甫湜嘗題其《浯溪中興頌》曰：「次山有文章，可惋只在碎。然長於指叙，約潔有餘態。心語適相應，出句多分外。於諸作者間，拔戟成一隊。」其品題亦頗近實也。

【校記】

[一]進士　底本原作「進」，脱一「士」字，兹據《新唐書》卷一四三《元結傳》及《郡齋讀書志》卷一七「《元子》十卷」條補。

[二]洞　底本原作「同」，誤，兹據《四庫全書總目》卷一四九同條改。

[三]亦可謂耿介拔俗之姿矣　案底本自「可謂」以下爲一頁，原案曰：「編按：此葉原置於樊川文集後，今校改。」

【今案】《四庫提要分纂稿》第二三七頁。《四庫全書薈要總目提要》第三六〇頁。影印文淵閣《四庫全書》第一〇七一册第五〇九頁書前提要。《文淵閣四庫全書提要》卷八一集部三别集類二，第二六五五頁。《文津閣四庫全書提要匯編》集部二别集類一，第四二頁。《四庫全書簡明目録》卷一五集部二别集類一，第五九〇頁。《四庫全書總目》卷一四九集部二别集類二，第一二八三頁下。

《皮子文藪》十卷

唐皮日休撰。日休字襲美，襄陽人。隱鹿門山，自號醉吟先生。登咸通八年進士，官太常博士。舊傳其降於黄巢，後爲所害。而陸游《老學庵筆記》獨據《皮光業碑》，以爲日休終於吴越，並無陷賊之事。舊説疑失實也。是編乃其文集，自序稱「咸通丙戌不上第，退歸州墅，編次其文。發篋叢萃，繁如藪澤，因名《文藪》。凡二百篇」。宋晁公武謂其尤善箴銘。今觀集中書序論辨諸作，亦多能原本經術。其《請孟子爲學科》《請韓愈配饗太學》二書，在唐人尤爲卓識，不得僅以詞章目之。集中詩僅一卷，蓋已見《松陵唱和集》者不復重編，亦如《笠澤叢書》之例耳。

【今案】影印文淵閣《四庫全書》第一〇八三册第一五四頁書前提要。《文溯閣四庫全書提要》卷八三集部五别集類四，第二七二三頁。《文津閣四庫全書提要匯編》集部二别集類一，第九三頁。《四庫全書簡明目録》卷一五集部二别集類一，第六〇五頁。《四庫全書總目》卷一五一集部四别集類四，第一三〇〇頁中。

《杼山集》十卷

唐僧皎然撰。案《唐書·藝文志》，皎然字清晝，湖州人。靈運十世孫，居杼山。顔真卿爲刺史，集文士撰《韻海鏡源》，預其論著。貞元中[一]，集賢御書院取其集以藏之，刺史于頔爲序。此集卷數與《唐志》合，頔序亦存，蓋猶舊本。又有贊寧所爲傳，末有毛晋所補集外詩及跋語[二]。皎然及貫休、齊己皆以詩名，故贊寧爲作三高僧傳。今觀所作，弱於齊己而雅於貫休，在中唐作者之間，可厠末席。集末附載雜文數篇，則聊以備體，非其所長也。别本附刊《杼山詩式》一卷。按《唐志》，晝公《詩式》《詩評》皆載文史類中，不附本集。今亦以二書别著録焉。

【校記】

[一]貞元 底本原作「中貞」，誤，兹據《四庫全書總目》卷一四九同條改。

[二]末 底本原作「未」，誤，兹據《四庫全書總目》卷一四九同條改。

【今案】影印文淵閣《四庫全書》第一〇七一册第七七五頁書前提要。《文溯閣四庫全書提要》卷八一集部三别集類二，第二六五八頁。

《文津閣四庫全書提要匯編》集部二別集類一，第四五頁。《四庫全書簡明目録》卷一五集部二別集類一，第五九一頁。《四庫全書總目》卷一四九集部二別集類二，第一二八四頁下。

《陶淵明集》八卷

晉陶潛撰。案北齊陽休之序録潛集行世，凡三本：一本八卷，無序；一本六卷，有序目，而編比顛亂，兼復闕少；一本爲蕭統所撰，亦八卷，而少《五孝傳》及《四八目》。《四八目》即《聖賢群輔録》也。休之參合三本，定爲十卷，已非蕭統之舊。又宋庠《私記》稱《隋·經籍志》潛集九卷，又云梁有五卷，録一卷。《唐志》作五卷。庠時所行，一則爲蕭統八卷本，以文列詩前，一爲陽休之十卷本，其他又數十本，終不知何者爲是。晚乃得江左舊本，次第最若倫貫。今世所行，即庠稱江左本也。然蕭統去潛世近，已不見《五孝傳》《四八目》，不以入集，陽休之何由續得？且《五孝傳》及《四八目》所引《尚書》，自相矛盾，決不出於一手，當必依托之文，休之誤信而增之。以後諸本，雖卷帙多少，次第先後，各有不同，其竄入僞作，則同一轍，實自休之所編始。庠《私記》但疑『八儒』、『三墨』二條之誤，亦考之不審矣。今《四八目》已經睿鑒指示，灼知其贋，別著録於子部類書而詳辨之。其《五孝傳》文義庸淺[一]，決非潛作。既與《四八目》一時同出，其贋亦不待言，今並刪除。惟編潛詩文仍從蕭統爲八卷。雖統本舊第今不可考，而黜僞存真，庶幾猶爲近古焉。

【校記】

[一]傳 底本原作『經』，誤，兹據本書本條上文及《四庫全書總目》卷一四八同條改。

【今案】影印文淵閣《四庫全書》第一〇六三册第四六七頁書前提要。《文溯閣四庫全書提要》卷八〇集部二別集類一，第二六一六頁。《文津閣四庫全書提要匯編》集部二別集類一，第一二頁。《四庫全書簡明目録》卷一五集部二別集類一，第五八一頁。《四庫全書總目》卷一四八集部一別集類一，第一二七三頁下。

《鴻慶居士集》四十二卷

宋孫覿撰。覿字仲益，晉陵人。徽宗末，蔡攸薦爲侍御史。靖康初，蔡氏已敗，乃率御史極劾之。當金人初圍汴時，李綱罷御營使，太學生伏闕爭之復職，覿復劾李綱要君，又言諸生將再伏闕，朝廷以其言不實，斥守和州。既而李綱去國，復召覿爲御史，專附和議，進至翰林學士。金人破汴都，覿受金人女樂，乃爲欽宗草表上金主，極其筆力以媚金。建炎初，貶峽州。再謫嶺外。黄潛善、汪伯彦復引之，使掌誥命。其後又以贓罪斥，提舉鴻慶宫，故其文稱《鴻慶居士集》。孝宗時，洪邁修國史，謂靖康時人獨覿在，請詔下覿，使書所見聞靖康時事上之。覿於是於所不快諸正人[一]，如李綱輩，率加誣辭。邁遽信之，載於《欽宗實録》。其後朱子與人言及，以爲恨，謂小人不可使執筆，蓋誠然也。覿，《宋史》無傳，其事散見於他書者如此。故陳振孫以爲覿生於元豐辛[二]

【校記】

[一]快　底本原作『怏』，誤，兹據《四庫全書總目》卷一五七同條改。

[二]底本原案曰：『編按：此提要未完，今補白葉。』《四庫全書總目》卷一五七『《鴻慶居士集》四十二卷』條：『宋孫覿撰。覿字仲益，晉陵人。徽宗末，蔡攸薦爲侍御史。靖康初，蔡氏勢敗，乃率御史極劾之。金人圍汴，李綱罷御營使，太學生伏闕請留，覿復劾綱要君，又言諸生將再伏闕，朝廷以其言不實，斥守和州。既而綱去國，復召覿爲御史，專附和議，進至翰林學士。汴都破後，覿受金人女樂，爲欽宗草表上金主，極意獻媚。建炎初，貶峽州。再謫嶺外。黄潛善、汪伯彦復引之，使掌誥命。後又以贓罪斥，提舉鴻慶宫，故其文稱《鴻慶居士集》。孝宗時，洪邁修國史，謂靖康時人獨覿在，請詔下覿，使書所見聞靖康時事上之。覿遂於所不快者，如李綱等，率加誣辭。邁遽信之，載於《欽宗實録》。其後朱子與人言及，每以爲恨，謂小人不可使執筆。故陳振孫《書録解題》曰：「覿生於元豐辛酉，卒於乾道己丑，年八十九，可謂耆宿矣。」而其生平出處，則至不足道。岳珂《桯史》亦曰：「孫仲益《鴻慶集》大半誌銘，蓋諛墓之常，不足詫。獨《武功大夫李公碑》，乃儼然一璫耳。亟稱其高風絶識，自以不獲見之爲大恨。言必稱公，殊不爲怍。」趙與旹《賓退録》復摘其作《莫开墓誌》，極論屈體求金之是，倡言復讎之非。又摘其作《韓忠武墓誌》，極詆岳飛。作《万俟卨墓誌》，極表其殺飛一事，爲顛倒悖繆。則覿之怙惡不悛，當時已人人鄙之矣。然覿所爲詩文頗工，尤長於四六。與汪藻、洪邁、周必大聲價相埒。必大爲作集序，稱其名章雋句，晚而愈精。亦所謂「孔雀雖有毒，不能掩文章」也。流傳藝苑已數百年。今亦姑録存之，而具列其穢迹於右。一以節取其詞華；一以見立身一敗，詬辱千秋，清詞麗句，轉有求其磨滅而不得者。亦足爲文士之炯戒焉。」』

【今案】《四庫提要分纂稿》第四二七頁。影印文淵閣《四庫全書》第一一三五册第五頁書前提要。《文淵閣四庫全書提要》卷八九集部一一别集類一〇，第二九五四頁。《文津閣四庫全書提要匯編》集部四别集類三，第二六四頁。《四庫全書簡明目録》卷一六集部四别集類三，第六五三頁。《四庫全書總目》卷一五七集部一〇别集類一〇，第一三五五頁下。

《忠宣文集》二十卷、《奏議》二卷、《遺文》一卷、《附録》一卷、《補編》一卷

宋尚書右僕射范純仁撰。純仁字堯夫，仲淹次子。元祐間相哲宗，事迹具載《宋史》。文集凡二十卷，前五卷爲詩，後十二卷皆雜文，其末三卷爲國史本傳及李之儀所撰行狀，則其姪孫之柔於刊集時所附入也[一]。前有嘉定五年樓鑰序，後有之柔及知永州沈圻、廖視、永州教授陳宗衛四跋。鑰稱其文根柢六經，切於論事。蓋其氣體本自深厚，固不徒以人重耳。又《奏議》二卷，自治平元年爲殿中侍御史至元祐八年再相，前後所奏封事凡七十三首。又《遺文》一卷，載純仁文七首，附以其弟純禮文二首、純粹文十九首，乃裔孫能濬據舊本重加删補者。又《附録》一卷，爲諸賢論頌十三首。《補遺》一卷，載純仁尺牘一首，附以制詞、題跋等十二首，亦能濬所編訂。康熙丁亥，其二十世孫時崇與仲淹集合刻行之[二]。其《書録解題》所載純仁《言行録》二十卷，在宋世已佚。又《彈事》五卷、《國論》五卷，今亦不傳矣。

【校記】

[一]其 底本原作『元』，誤，兹據《四庫全書總目》卷一五三同條改。

[二]與仲淹集合刻行之 案自『刻行之』以下爲一頁，原案曰：『編按：此葉原在白蓮集後，今校改。』

【今案】影印文淵閣《四庫全書》第一一〇四册第五四一頁書前提要。《文溯閣四庫全書提要》卷八五集部七别集類六，第二八二四頁。《文津閣四庫全書提要匯編》集部三别集類二，第一六八頁。《四庫全書簡明目録》卷一五集部三别集類二，第六二七頁。《四庫全書總目》卷一五三集部六别集類六，第一三二四頁下。

《東萊詩集》二十卷

宋吕本中撰。本中字居仁，尚書右丞好問長子。紹興中，嘗以排和議忤秦檜，見擯於朝。官至中書舍人，故宋人稱爲『吕紫薇』，又稱『東萊先生』。祖謙即其孫也。本中詩法出於黄庭堅，嘗作《江西宗派圖》，推庭堅爲始師。胡仔謂其詩清駛可愛，敖陶孫謂如散聖

安禪，自能奇逸，皆極推重。朱子亦稱本中論詩欲字字響，而暮年詩多啞。然尊江西派者，終推本中爲巘。此集有慶元二年陸游序、乾道二年曾幾後序。《文獻通考》載有《集外詩》二卷，今此本無之。又陸游序稱嗣孫祖平悉裒集他文爲若干卷，今此本有詩無文，獨其《草趙鼎遷右僕射制詞》所云『合晉楚之成，不若尊王而賤伯；散牛李之黨，未如明是而去非』之語，以秦檜惡之，載於日歷（曆），尚爲世所傳誦，其他文多泯没不傳矣。

【今案】《四庫提要分纂稿》第四二八頁。影印文淵閣《四庫全書》第一一三六册第六七九頁書前提要。《文溯閣四庫全書提要》卷九〇集部一二别集類一一，第二九七二頁。《文津閣四庫全書提要匯編》集部四别集類三，第二七八頁。《四庫全書簡明目録》卷一六集部四别集類三，第六五七頁。《四庫全書總目》卷一五八集部一一别集類一一，第一三六〇頁上。

《竹洲集》二十卷[一]

宋吴儆撰。附《棣華雜筆》一卷，亦儆遺稿也。儆字益恭，初名偁，避秀邸諱改名，休寧人。紹興二十七年第進士。歷朝散郎、廣南西路安撫使，主管台州崇道觀，卒謚文肅。生平孝行醇備，晚與張栻相切磋[二]，朱子亦推重之。集首有端平乙未敷文閣學士程珌序，稱其文峭直而紆餘，嚴潔而平澹，質而非俚，華而不雕。今觀詩文，皆近陳師道，蓋以元祐諸人爲法者。其《上蔣樞密書》論戰、和、守之俱非，《與汪楚材書》論伊川之徒，皆有卓識。其《芻言》中『豪民黠吏』一條，與『論邕州以互市劫制化外』一條，亦具吏才，非但以文章重也。

【校記】

［一］竹洲集二十卷　案《四庫全書總目》卷一五九同條作『《竹洲集》二十卷、附《棣華雜著》一卷』。

［二］張栻　底本原作『張試』，誤，兹據《宋史》卷四二九《張栻傳》及《四庫全書總目》卷三『《南軒易説》三卷』條改。

【今案】影印文淵閣《四庫全書》第一一四二册第二〇七頁書前提要。《文溯閣四庫全書提要》卷九一集部一三别集類一二，第三〇〇八頁。《文津閣四庫全書提要匯編》集部四别集類三，第三〇三頁。《四庫全書簡明目録》卷一六集部四别集類三，第六六四頁。《四庫全書總目》卷一五九集部一二别集類一二，第一三六七頁下。

《景迂生集》二十卷

宋晁説之撰。説之字以道，開封人。少慕司馬光爲人，故自號景迂。年未三十，蘇軾以著述科薦之。官至徽猷閣待制。元符中，因上書居邪等。説之博極群籍，尤長經術，著書數十種，靖康中遭兵燬不存。其孫子健訪輯遺亡，復編爲十二卷。廣爲二十卷，前三卷爲奏議，四卷至九卷皆詩，十卷爲《易元(玄)星紀譜》，十一卷《易規》十一篇，《堯典》《中氣》《中星》《洪範小傳》各一篇，《詩序論》四篇，十二卷《中庸傳》及《讀史》數篇，十三卷《儒言》，十四卷雜著，十五卷書，十六卷記，十七卷序，十八卷後記，十九、二十卷傳、墓表、誌銘、祭文。其中辨証經史，多極精當。《星紀譜》乃取司馬光《元歷(曆)》、邵雍《元(玄)圖》而合譜之，以七十二候、六十四卦相配而成，蓋潛虚之流。《儒言》則力攻荆舒之學，黨禁以後所作也。陳振孫《書録解題》曰：『劉跂斯立墓誌，景迂所撰，見《學易集》後[一]。』此集無之，計其佚者多矣[二]。此本當即陳氏所見，而訛誤頗甚。《洪範小傳》及十七卷序文内兼有佚簡。又有别本題曰《嵩山集》，所録詩文與此本並同，卷帙亦合，蓋一書而兩名耳。

【校記】

[一]學 底本原作『樂』，誤，兹據《直齋書録解題》卷一七别集類中『《學易集》二十卷』條及《四庫全書總目》卷一五四同條改。

[二]計其佚者多矣 案底本自『佚者』以下爲一頁，原案曰：『編按：此葉原置於默堂集後，今校改。』

【今案】《四庫提要分纂稿》第二四三頁。《四庫全書薈要總目提要》第三八九頁。影印文淵閣《四庫全書》第一一一八册第一頁書前提要。《文溯閣四庫全書提要》卷八六集部八别集類七，第二八六三頁。《文津閣四庫全書提要匯編》集部四别集類三，第一九六頁。《四庫全書簡明目録》卷一五集部三别集類二，第六三四頁。《四庫全書總目》卷一五四集部七别集類七，第一三三四頁中。

《河南集》二十七卷

宋尹洙撰。前二十五卷爲詩文，後二卷則《五代春秋》也。洙字師魯，河南人。天聖中進士，以薦爲館閣校勘，累遷右司諫，知渭州兼領涇原路經略公事。其卒也，歐陽修爲墓誌，韓琦爲墓表，而范仲淹爲其集序。其文繼柳開、穆修之後，一挽五代浮靡之習。邵伯温

《聞見録》稱『錢惟演守西都，起雙桂樓，建臨園驛，命歐陽修及洙作記。修文千餘言，洙止用五百字。修服其簡古』[一]，『修早工偶儷之體，及官河南，始得洙[二]，出韓愈之文讀之』。蓋有宋古文，修爲巨擘，開之者實洙也。《聞見録》又稱修作《五代史》，嘗約與洙分撰。今集中《五代春秋》二卷，紀事亦詳核有法，應即其時所作。是集二十七卷，與洙傳所載同。晁公武《郡齋讀書志》云二十卷者，誤也。其《雙桂樓》《臨園驛記》，集中未載，疑編録時其文已佚云。

【校記】

[一]聞　底本原作『間』，誤，兹據本書本條下文、經部易類『《了翁易説》一卷』條及《四庫全書總目》卷一五二同條改。惟底本原作『維』，誤，兹據《宋史》卷三一七《錢惟演傳》及《四庫全書總目》卷一五二同條改。

[二]始得洙　底本倒爲『得洙始』，兹據《四庫全書總目》卷一五一同條乙正。

【今案】影印文淵閣《四庫全書》第一〇九〇册第一頁書前提要。《文溯閣四庫全書提要》卷八四集部六別集類五，第二七六九頁。《文津閣四庫全書提要匯編》集部三別集類二，第一二六頁。《四庫全書簡明目録》卷一五集部三別集類二，第六一六頁。《四庫全書總目》卷一五二集部五別集類五，第一三一一頁下。

《默堂集》二十二卷　浙江鮑士恭家藏本

宋陳淵撰。淵字知默，一字幾叟，沙縣人。楊萬里序稱爲瓘之猶子，而集乃自稱瓘之姪孫，疑萬里筆誤也。受學於楊時之門。紹興七年，詔舉直言敢諫之士，以胡安國薦，除御史[一]，官至宗正少卿。嘗榜所居之室曰『默堂』，其門人沈度編次詩文，因以名集。凡文十二卷、詩十卷。淵傳程氏之學，故《上殿劄子》首闢王安石，又如詆秦檜，糾莫將、鄭億年，論宰執不職，皆侃侃不阿。其他議論時政，亦多切實。爲詩不甚雕琢，然時露真趣，異乎宋儒之以詩談理者[二]。惟與翁子静論陶淵明，以不知義責淵明[三]，未免道學諸人好爲高論之錮習[四]。又力崇程氏之學，而於陳瓘之事佛，獨津津推奬之，亦未免牽於私情，不爲至公耳。《宋史・藝文志》載淵集二十六卷，詞三卷。此本止二十二卷，未知爲傳寫脱佚，或《宋史》之誤[五]。又別本十二卷，題曰《存誠齋集》。蓋淵嘗以『存誠齋』銘示學者，故後人以名其集[六]，有文無詩。第一卷末較此本少啓三篇，第九卷末較此本少書二篇。字亦多所訛缺，未若此本之完善也。

【校記】

[一]除 底本原作『徐』，誤，茲據《四庫全書總目》卷一五八同條改。

[二]之 底本原作『子』，誤，茲據《四庫全書總目》卷一五八同條改。

[三]責 底本原作『貴』，誤，茲據《四庫全書總目》卷一五八同條改。

[四]錮習 底本原脱此二字，茲據《四庫全書總目》卷一五八同條補。

[五]宋史 底本原作『宗吏』，誤，茲據《四庫全書總目》卷一五八同條改。

[六]故後人以名其集 案底本自『故後人』以下爲一頁，原案曰：『編按：此葉原置於道鄉集後，今校改。』

【今案】影印文淵閣《四庫全書》第一一三九册第二九九頁書前提要。《文溯閣四庫全書提要》卷九〇集部一二别集類一一，第二九八九頁。《文津閣四庫全書提要匯編》集部四别集類三，第二九〇頁。《四庫全書簡明目録》卷一六集部四别集類三，第六六〇頁。《四庫全書總目》卷一五八集部一一别集類一一，第一三六三頁下。

《渭南文集》五十卷、《劍南詩》八十五卷、《逸稿》二卷[一]

宋陸游撰。文集爲其子遹所編。游晚封渭南伯，故以爲名。第一卷至四十一卷皆古文，第四十二卷爲《天彭牡丹譜》《風俗記》《致語》。《風俗記》者，記蜀道天彭花事之盛。《致語》者，擬樂人頌祝之詞，宋人燕享所通用也。四十三卷至四十八卷爲《入蜀記》，四十九卷至五十卷皆詩餘。陳氏《書録解題》：『《渭南集》三十卷。』此本多二十卷。詩集爲其少子虡校定。稱『劍南』者，游嘗樂劍南之風土，有終焉之志，故也。《逸稿》則明毛晋所蒐輯，附之集末者。游晚年爲韓侂胄作《閱古泉》《南園》二記，以此失名。其文不載於集中。惟葉紹翁《四朝聞見録》有其全文，晋輯《逸稿》，乃取以附入。又羅鶴《應庵任意録》載郭用端家藏游墨迹有《蓬萊館》二絶句云：『桐葉吹殘蕉葉黄，驛窗微雨送凄凉。長安許史無平素，莫恨栖栖立路旁。』『古驛蕭條獨倚闌，角聲吹晚雨吹寒。殘年會合知無[二]

【校記】

[一]渭南文集五十卷劍南詩八十五卷逸稿二卷 案《四庫全書總目》卷一六〇同條作『《渭南文集》五十卷、《逸稿》二卷』。

［二］底本原案曰：「編按：此提要未完，今補白葉。」《四庫全書總目》卷一六〇「《渭南文集》五十卷、《逸稿》二卷」條：「宋陸游撰。游晚封渭南伯，故以名集。陳振孫《書録解題》作三十卷。此本爲毛氏汲古閣以無錫華氏活字版本重刊。凡表牋二卷，劄子二卷，奏狀一卷，啓七卷，書一卷，序二卷，碑一卷，記五卷，雜文十卷，墓誌、墓表、壙記、塔銘九卷，祭文、哀辭二卷，《天彭牡丹譜》《致語》共爲一卷，《入蜀記》六卷，詞二卷，共五十卷。與陳氏所載不同。疑三字五字筆畫相近而訛刻也。末有嘉定三年游子承事郎知建康府溧陽縣主管勸農事子遹跋，稱『先太史未病時，故已編輯。凡命名及次第之旨，皆出遺意，今不敢紊』。又述游之言曰『《劍南》乃詩家事，不可施於文，故别名《渭南》。如《入蜀記》《牡丹譜》《樂府詞》本當别行，而異時或至失散。宜用廬陵所刊歐陽公集例，附於集後』云云。則此集雖子遹所刊，實游所自定也。游以詩名一代，而文不甚著。集中諸作，邊幅頗狹。然元祐黨家，世承文獻，遣詞命意，尚有北宋典型。故根柢不必其深厚，而修潔有餘；波瀾不必其壯闊，而尺寸不失。士龍清省，庶乎近之。較南渡末流以鄙俚爲真切，以庸沓爲詳盡者，有雲泥之别矣。游《劍南詩稿》有《文章》詩曰：『文章本天成，妙手偶得之。粹然無瑕疵，豈復須人爲。君看古彝器，巧拙兩無施。漢最近先秦，固已殊淳漓。』其文固未能及是，其旨趣則可以概見也。《逸稿》二卷，爲毛晋所補輯。史稱游晚年再出，爲韓侂胄撰《南園》《閱古泉記》，見譏清議。今集中凡與侂胄啓，皆諱其姓，但稱曰丞相，亦不載此二記。惟葉紹翁《四朝聞見録》有其全文，晋爲收入《逸稿》，蓋非游之本志。然足見愧詞曲筆，雖自刊除，而流傳記載，有求其泯没而不得者。是亦足以爲戒矣。」

【今案】《四庫全書薈要總目提要》第三九三頁。影印文淵閣《四庫全書》第一一六三册第三一一頁書前提要。《文溯閣四庫全書提要》卷九二集部一四别集類一三，第三〇六七頁。《文津閣四庫全書提要匯編》集部四别集類三，第三四六頁。《四庫全書簡明目録》卷一六集部四别集類三，第六七六頁。《四庫全書總目》卷一六〇集部一三别集類一三，第一三八一頁上。

《少陽集》五卷、《附録》五卷［一］

宋太學生陳東撰。東字少陽，鎮江丹陽人。事迹詳《宋史》本傳。其集刻於元大德中者曰《盡忠録》，凡八卷，編次頗嫌錯雜。刊於國朝康熙中者曰《少陽文集》，凡十卷。前五卷皆東遺文，後五卷則本傳、行狀及他書論贊。今古遺文五卷，行狀一篇及欽宗省敕一篇，高宗論旨七篇，併魏了翁序一篇，他皆汰之。東以諸生憤切時事，伏闕上書糾蔡京、童貫諸人，可謂直矣。第於時國步方危，而煽動十餘萬人，震警庭陛[二]，至於壞院鼓，臠中涓，迹類亂民，亦乖大體。後應詔再出，卒以此爲黄潛善所搆，亦前事有以致之也。第以心在國家，言皆切直，故南宋以來，世以忠義予之，而遺文亦至今傳述焉[三]。蓋略迹而原其心也。

【校記】

[一]少陽集五卷附録五卷　案《四庫全書總目》卷一五七作「《少陽集》十卷」。

[二]警　案《四庫全書總目》卷一五七同條作「驚」。

[三]述　底本原作「迹」，誤，兹據《四庫全書總目》卷一五七同條改。

【今案】影印文淵閣《四庫全書》第一一三六册第二八四頁書前提要。《文溯閣四庫全書提要》卷八九集部一一別集類一〇，第二九六三頁。《文津閣四庫全書提要匯編》集部四別集類三，第二七二頁。《四庫全書簡明目録》卷一六集部四別集類三，第六五五頁。《四庫全書總目》卷一五七集部一〇別集類一〇，第一三五七頁下。

集部 別集類二

《竹齋詩集》四卷[一]

宋裘萬頃撰。萬頃字元量，新建人。淳熙十四年進士[二]。歷官大理寺司直。請外任，添差江西撫幹。楊簡誌其墓，以默識稱之。陳宏(弘)緒《寒夜録》稱萬頃在當時與胡桐原、萬濟庵、徐竹堂往來唱和，號爲『四傑』。今三人俱已湮没，惟萬頃集存。劉克莊《後村集》有《裘元量司直詩跋》，稱其『標致高勝，有顔氏之臞，龔生之潔』。又稱『其猶子南昌理掾應材携竹齋遺墨古律詩三首，其季元齡又手録四十二首，其言若近而遠，若淡而深。近而淡者可能，遠而深者不可能。爲人自貴重，耻表襮，惟詩亦然。世知竹齋者多，而見其詩絶少。理掾盍鋟諸梓，與同志共之』云云。則元量之詩，克莊時尚無專集。此本爲康熙己丑其裔孫錦縣知縣奏所刊，凡詩三卷，末一卷附録誥敕誌銘，不知何人所編。近時工部尚書裘曰修又重刊之。曰修亦萬頃裔也。

【校記】

[一]竹齋詩集四卷　案《四庫全書總目》卷一六一作『《竹齋詩集》三卷、《附録》一卷』。

[二]進士　底本原作『進』，脱一『士』字，兹據《四庫全書總目》卷一六一同條補。

【今案】影印文淵閣《四庫全書》第一一六九册第四二三頁書前提要。《文溯閣四庫全書提要》卷九三集部一五別集類一四，第三〇九六頁。《文津閣四庫全書提要匯編》集部四別集類三，第三六七頁。《四庫全書簡明目録》卷一六集部四別集類三，第六八二頁。《四庫全書總目》卷一六一集部一四別集類一四，第一三八七頁下。

《楊誠齋集》一百三十卷[一]

宋楊萬里撰。萬里字廷秀，吉州吉水人。官終寳謨閣學士。當韓侂胄北伐時，憂恚不食。卒，贈光禄大夫，謚文節。事具《宋史·儒林傳》。此集則嘉定元年其子長孺所編也。萬里立朝多大節，若乞留張栻，力争吕頤浩等配饗及栽變應詔諸奏，今具載集中，丰采猶可想見。生平以詩擅名，有《江湖集》七卷、《荆溪集》五卷、《西歸集》二卷、《南海集》四卷、《朝天集》六卷、《江西道院集》二卷、《朝天續集》四卷、《江東集》五卷、《退休集》七卷，今併在集中。方回稱其一官一集，每集必變一格。雖沿江西詩派之末流，不免有頽唐粗俚之處。而才思健拔，包孕宏富，自爲南宋一作手，非後來四靈、江湖諸派可得而並稱也。萬里別有《易傳》二十卷，元陳櫟詆其因學文以

求道於經學，終非本色。胡一桂作《易本義》，附録纂注，博收諸家之説，獨不採萬里一字。然萬里《易傳》實本程子之[二]

【校記】

[一]楊誠齋集一百二十卷　案《四庫全書總目》卷一六〇同條作『《誠齋集》一百三十三卷』。

[二]底本原案曰：『編按：此提要未完，今補白葉。』《四庫全書總目》卷一六〇『《誠齋集》一百三十三卷』條：『宋楊萬里撰。萬里有《誠齋易傳》，已著録。此集則嘉定元年其子長孺所編也。萬里立朝多大節，若乞留張栻，力争吕頤浩等配享及裁變應詔諸奏，今具載集中，丰采猶可想見。然其生平乃特以詩擅名，有《江湖集》七卷、《荆溪集》五卷、《西歸集》二卷、《南海集》四卷、《朝天集》六卷、《江西道院集》二卷、《朝天續集》四卷、《江東集》五卷、《退休集》七卷，今併在集中。方回《瀛奎律髓》稱其一官一集，每集必變一格。雖沿江西詩派之末流，不免有頹唐麤俚之處。而才思健拔，包孕富有，自爲南宋一作手，非後來四靈、江湖諸派可得而並稱。周必大嘗跋其詩曰「誠齋大篇短章，七步而成，一字不改。皆掃千軍、倒三峽、穿天心、出月脅之語。至於狀物姿態，寫人情意，則鋪叙纖悉，曲盡其妙。筆端有口，句中有眼」云云。是亦細大不捐，雅俗並陳之一證也。南宋詩集傳於今者，惟萬里及陸游最富。游晚年隳節，爲韓侂胄作《南園記》，得除從官。萬里寄詩規之，有「不應李杜翻鯨海，更羨夔龍集鳳池」句。羅大經《鶴林玉露》嘗記其事。以詩品論，萬里不及游之鍛鍊工細；以人品論，則萬里倜乎遠矣。其集卷帙繁重，久無刻版，故傳寫往往訛脱。考岳珂《桯史》記《朝天續集·韓信廟》詩「淮陰未必减文成」句，麻沙刻本訛「文成」爲「宣成」。則當時已多誤本。今核正其可考者，凡疑不能明者則姑闕焉。』

【今案】《四庫全書薈要總目提要》第三九五頁。影印文淵閣《四庫全書》第一一六〇册第一頁書前提要。《文溯閣四庫全書提要》卷九二集部一四別集類一三，第三〇六四頁。《文津閣四庫全書提要匯編》集部四別集類三，第三四五頁。《四庫全書簡明目録》卷一六集部四別集類三，第六七六頁。《四庫全書總目》卷一六〇集部一三別集類一三，第一三八〇頁中。

《秋堂集》三卷

宋柴望撰。望字仲山，號秋堂，衢州江山人。嘉熙間，除中書奏名。淳祐六年元日日食，上《丙丁龜鑑》，忤時相，下府獄。後得免，放歸。尋以薦授迪功郎、國史編校。辭歸山中，自稱『宋逋臣』。元至元十七年卒。其從弟隨亨、元亨、元彪俱宋舊臣，亦不仕，世號『柴氏四隱』焉。望所著有《道州臺衣集》《詠史詩》《西凉鼓吹》。此集蓋後人雜裒而成者，詩末尚有《道州臺衣集序》。其《夢傳説》以下十一絶，疑即《詠史詩》中之作也[二]。詩格頗近晚唐，無宋人杈枒之習。非惟其人足重，其詩文亦足自傳云。

【校記】

[一]之作　底本原作『者』，誤，兹據《四庫全書總目》卷一六五同條改。

【今案】影印文淵閣《四庫全書》第一一八七册第四七五頁書前提要。《文溯閣四庫全書提要》卷九七集部一九别集類一八，第三二〇四頁。《文津閣四庫全書提要匯編》集部四别集類三，第四四九頁。《四庫全書簡明目録》卷一六集部四别集類三，第七〇四頁。《四庫全書總目》卷一六五集部一八别集類一八，第一四一二頁中。

《可齋雜稿》三十四卷、《續稿》八卷、《續稿後》十二卷

宋李曾伯撰。曾伯字長儒，丞相邦彦之孫，寓居嘉興。由著作郎兩分漕節，七開大閫，儒而知兵，所至皆有功績。終觀文殿學士。集中多奏疏、表狀之文，論事極通達，可見諸施行。惟詩詞頗不入格。《雜稿》編於淳祐壬子，《續稿》編於寶祐甲寅，皆有曾伯自序。其子杓嘗彙三稿刻之荆州。湖北倉使劉𥳑又刻之武陵，翰林學士尤焴爲之序。咸淳庚午，書肆又爲小本刊行，其序即杓所作。《至元嘉禾志》稱爲《可齋類稿》，蓋合三集而言之也。

【今案】影印文淵閣《四庫全書》第一一七九册第一六三頁書前提要。《文溯閣四庫全書提要》卷九五集部一七别集類一六，第三一一三七頁。《文津閣四庫全書提要匯編》集部四别集類三，第四〇八頁。《四庫全書簡明目録》卷一六集部四别集類三，第六九三頁。《四庫全書總目》卷一六三集部一六别集類一六，第一四〇〇頁下。

《文溪存稿》二十卷

宋李昴英撰。昴英字俊明，番禺人。寶慶丙戌，廷對第三。淳祐初，官吏部郎。累擢龍圖閣待制、吏部侍郎。歸隱文溪，卒，謚忠簡。昴英生平以氣節顯，其劾史嵩之、趙與憲，直聲動天下，人以方唐介，文天祥尤推重之。是集爲元至元間其門人李春叟所輯，凡奏稿、雜文一百二十二篇，詩詞一百二十五首，編次付梓。明成化時重刻，陳獻章爲之序。其文質實簡勁，蓋如其爲人。詩間有粗疏之

語，不離宋格，而骨力遒健，亦非靡靡之音也。

【今案】影印文淵閣《四庫全書》第一一八一册第一一三頁書前提要。《文溯閣四庫全書提要》卷九六集部一八别集類一七，第三一五八頁。《文津閣四庫全書提要匯編》集部四别集類三，第四一二頁。《四庫全書簡明目録》卷一六集部四别集類三，第六九四頁。《四庫全書總目》卷一六四集部一七别集類一七，第一四〇二頁中。

《雪窗集》二卷、《附録》一卷

宋孫夢觀撰。夢觀字守叔，號雪窗，慈溪人。寶慶二年進士，歷官至吏部侍郎。後求外補，以集英殿修撰知建寧府。是編乃明嘉靖間其裔孫應奎所校刻，有劉教後序，云：『凡集二卷，曰《奏議》，曰《故事》。其誌贊誄文爲《附録》一卷。』《故事》者，徵引古書於前，而附列議論於後，更番進御，因事納規。同時李曾伯集亦嘗載之，蓋當時朝制如此也。其《奏議》自嘉熙庚子以迄寶祐丙辰，正宋政極弊之時，其言皆剴切激昂，洞達時務。如謂理宗能容直言而不能用，又謂士大夫有寬厚之虚名，非國之福，尤切中宋末之弊。與當時迂闊之論，固不可同日而語矣。

【今案】《四庫提要分纂稿》第二四九頁。影印文淵閣《四庫全書》第一一八一册第六一頁書前提要。《文溯閣四庫全書提要》卷九五集部一七别集類一六，第三一五五頁。《文津閣四庫全書提要匯編》集部四别集類三，第四一二頁。《四庫全書簡明目録》卷一六集部四别集類三，第六九四頁。《四庫全書總目》卷一六三集部一六别集類一六，第一四〇一頁中。

《矩山存稿》五卷

宋徐經孫撰。經孫字仲立，初名子柔，豐城人。宋寶慶二年進士，歷官刑部侍郎、太子詹事。拜翰林學士，知制誥。忤賈似道罷歸。家在洪、撫之間，有山方正，因號曰矩山[一]。閑居十年，乃卒。熊朋來銘其墓曰：『是在烏臺而不畏權貴者，是在鸞臺而不畏近侍者。』其立朝風節可知已。是集前後無序跋，惟附録劉克莊贈其先人文集序一篇，謂經孫於朝廷文字温潤精切，而詩書之澤推本於其先人。今觀其集，體裁清峻，多指陳時事及彈劾貴倖之文。詩則非其所長，以其人重之可耳。

【校記】

［一］矩山　底本原作『矩』，脱一『山』字，茲據本書本條題目及《四庫全書總目》卷一六三同條補。

【今案】影印文淵閣《四庫全書》第一一八一册第一頁書前提要。《文溯閣四庫全書提要》卷九五集部一七別集類一六，第三一五四頁。《文津閣四庫全書提要匯編》集部四別集類三，第四一一頁。《四庫全書簡明目録》卷一六集部四別集類三，第六九四頁。《四庫全書總目》卷一六三集部一六別集類一六，第一四〇一頁中。

《范文正公尺牘》三卷

宋范仲淹撰。皆平生所作手簡，爲家書三十六首、交游八十一首。蓋其家子孫所輯，宋時已於集外別行。後有張栻及朱子所作《文正書帖跋語》二則，當亦後人所附入。原本五卷，今止三卷，則陳振孫所改編也。

【今案】《四庫全書總目》卷一七四集部二七別集類存目一，第一五三六頁上。

《長興集》十卷［一］

宋翰林學士沈括存中撰。陳振孫《書録解題》稱括於文通爲叔，而年少於文通，世傳文通常稱括叔。王安石及沈遼所作墓誌可考［二］，援據甚明。乃元人修《宋史》［三］，於遘傳仍稱括爲從弟，蓋未及旁考陳氏之説，故沿宋《四朝國史》之訛，不能改正也。括學問奥博，於天文、方志、律算、音樂、醫卜之術無所不通。其論著極多，文章亦典贍有法。集本四十一卷，今抄本流傳，缺其首十二卷，後十九卷，惟第十三卷至二十二卷未佚，所存僅什之二三而已。

【校記】

［一］十卷　案《四庫全書總目》卷一五四同條作『十九卷』。

［二］墓誌　底本倒爲『誌墓』，茲據《直齋書録解題》卷一七別集類中『《長興集》四十一卷』條及《四庫全書總目》卷一五四同條所述文義乙正。

［三］乃元人　案《四庫全書總目》卷一五四同條無『乃』字，或爲衍文，或爲『至』之誤。

【今案】影印文淵閣《四庫全書》第一一一七册第二六三頁書前提要。《文淵閣四庫全書提要》卷八六集部八别集類七，第二八五九頁。《文津閣四庫全書提要匯編》集部四别集類三，第一九四頁。《四庫全書簡明目録》卷一五集部三别集類二，第六三三頁。《四庫全書總目》卷一五四集部七别集類七，第一三三三頁下。

《後村集》五十卷

宋劉克莊撰。克莊字潛夫，莆田人。以蔭入仕，官終龍圖閣直學士，謚文定。克莊受業於真德秀，而晚節不終，頗爲當時所譏。詩派近楊萬里，大抵詞病質俚，而意傷淺露，故方回作《瀛奎律髓》，極不滿之。然其清新獨到之處，要亦有未可盡廢者。《律髓》載其《十老》詩，最爲俗格，今《南岳第二稿》惟存三首，而删其七，則此集亦嘗經訂定矣。文章古潔，較勝其詩。坊本所刻詩十六卷，詩話、詩餘各二卷，毛晋《津逮秘書》又刻其題跋二卷，而文集三十卷並闕焉。此爲抄傳足本，第四十三、四十四兩卷載《玉牒初草》，紀寧宗嘉定十一、十二年事，蓋用韓愈編《順宗實録》例也[二]。前有淳祐九年林希逸序。

【校記】

[一]愈　底本原作「集」，誤，兹據《四庫全書總目》卷一一八「《經外雜鈔》二卷」條及卷一六二「《浣川集》十卷」條改。

【今案】影印文淵閣《四庫全書》第一一八〇册第一頁書前提要。《文淵閣四庫全書提要》卷九五集部一七别集類一六，第三一三八頁。《文津閣四庫全書提要匯編》集部四别集類三，第四〇九頁。《四庫全書簡明目録》卷一六集部四别集類三，第六九三頁。《四庫全書總目》卷一六三集部一六别集類一六，第一四〇〇頁下。

《東野農歌集》一卷[一]

宋戴昺撰。昺字景明，號東野，黄巖人。宋嘉定己卯應舉登第，授贛州法曹參軍。昺爲詩人復古之從孫，復古登陸游之門，而昺傳其法。復古嘗稱其「不學晚唐體，曾聞大雅音」者也。所著詩本號《東野農歌集》，今録宋詩者並以《農歌集》稱之，而此卷但題云《東野詩》。卷首又題云《石屏詩集附録》，蓋必原附入復古《石屏集》末，而後人抄出，另爲一編者。第今選本所録，多不出此卷中。又卷内有寳祐改元癸丑修禊日自跋，云「抖擻破囊，凡百篇録之」。然則昺詩原止此百篇，故仍以《東野農歌》標目著於録焉。

【校記】

［一］一卷 案《四庫全書總目》卷一六三同條作『五卷』。

【今案】《四庫提要分纂稿》第二四八頁。影印文淵閣《四庫全書》第一一七八册第六八三頁書前提要。《文淵閣四庫全書提要》卷九五集部一七別集類一六，第三一五〇頁。《文津閣四庫全書提要匯編》集部四別集類三，第四〇三頁。《四庫全書簡明目録》卷一六集部四別集類三，第六九一頁。《四庫全書總目》卷一六三集部一六別集類一六，第一三九八頁下。

《江湖長翁文集》四十卷

宋陳造撰。造字唐卿，高郵人。淳熙二年進士，仕至淮浙安撫使參議。遭宋不競，事多齟齬，自號江湖長翁。淮南自秦觀而後，惟造有名於時。其文皆指切實事，不徒托之空言。遺集四十卷，明萬歷（曆）中仁和李之藻與秦觀集並刻之。

【今案】影印文淵閣《四庫全書》第一一六六册第四頁書前提要。《文淵閣四庫全書提要》卷九三集部一五別集類一四，第三〇八二頁。《文津閣四庫全書提要匯編》集部四別集類三，第三五八頁。《四庫全書簡明目録》卷一六集部四別集類三，第六七九頁。《四庫全書總目》卷一六一集部一四別集類一四，第一三八四頁下。

《倚松老人集》二卷

宋饒節著。節字德操，本撫州士人。嘗爲曾布客，後與布書論新法不合，乃祝髮爲浮屠，更名如璧，挂錫靈隱[一]。晚主襄陽之天寧寺，嘗作偈云：『閑携經卷倚松立，試問客從何處來？』遂號倚松道人。集中詩大半爲僧後所作，吕本中稱其『蕭散似潘邠老』。《宋史·藝文志》：『《倚松集》十四卷。』今止存抄本二卷，末有『慶元己未校官黄汝嘉重刊』一行，蓋猶沿宋刻之舊[二]。又今所傳此集與謝薖、韓駒二集卷首標目下俱别題『江西詩派』四字，與他詩集不同。疑即宋人所編《江西詩派集》一百三十七卷内之一種[三]，而後人析出單行者也。

【校記】

［一］隱 底本原作『陰』，誤，茲據《四庫全書總目》卷一五四同條改。

[二] 沿 底本原作『没』，誤，兹據《四庫全書總目》卷一五四同條改。

[三] 一種 案《四庫全書總目》卷一五四同條作『三種』。

【今案】影印文淵閣《四庫全書》第一一一七册第二〇九頁書前提要。《文溯閣四庫全書提要》卷八六集部八别集類七，第二八五九頁。《文津閣四庫全書提要匯編》集部四别集類三，第一九三頁。《四庫全書簡明目録》卷一五集部三别集類二，第六三三頁。《四庫全書總目》卷一五四集部七别集類七，第一三三三頁下。

《梅山續稿》十七卷

宋姜特立撰。特立字邦傑，麗水人。靖康中，父綬殉難，蔭補承信郎。孝宗召爲太子春坊，累官浙東馬步軍副總管、慶遠軍節度使。有《梅山稿》。此其晚年官春坊以後之作，故名《續稿》。特立在當時恃光宗藩邸之舊，頗攬權勢，屢爲廷臣所糾。而詩格獨見超曠，自然流露，不事雕琢。後附雜文、詩餘。其《上梁文》引自述其生平最悉，有云『百首之清詩夜上，九重之丹詔晨頒』。所云百首者，此集不載，當在正稿中。是編爲休寧江森所録。森序謂其稿流傳絶少，故繕寫以儕於有宋諸家，則知其正稿失傳久矣。

【今案】影印文淵閣《四庫全書》第一一七〇册第一一頁書前提要。《文溯閣四庫全書提要》卷九三集部一五别集類一四，第三〇九八頁。《文津閣四庫全書提要匯編》集部四别集類三，第三六九頁。《四庫全書簡明目録》卷一六集部四别集類三，第六八二頁。《四庫全書總目》卷一六一集部一四别集類一四，第一三八八頁中。

《四六標準》四十卷

宋李劉撰，明丹陽孫雲翼箋釋。劉字公甫，崇仁人。嘉定七年進士，歷官寶章閣待制。博極群書，尤工儷語，所著有《類稿》《續類稿》《梅亭四六》等書。此本乃其門人羅逢吉所編[二]，以劉初年館何異家及在湖南、蜀中所作，彙梓行之。題曰《標準》，蓋門弟子尊其師之詞也。凡分七十一目，一千九十六首。宋時，制告表啓之文皆用四六，迄於南渡，其風彌盛。孫覿、汪藻等皆以此擅名，而劉獨爲晚出，所作專以流麗穩貼爲宗，頗傷冗蔓，於前人典重沈博之體，未免去之稍遠。然其隸事親切，措詞曉暢，頗便於學者剽掇模擬之用。故當時盛行其書，録而存之，可以見妃青儷白之詞，其風會亦自有升降耳。至雲翼之注，蕪雜特甚，今從刊削焉。

【校記】

[一]羅逢吉所編 底本原脱『所編』二字，兹據《四庫全書總目》卷一六三同條補。

【今案】影印文淵閣《四庫全書》第一一七七册第一頁書前提要。《文溯閣四庫全書提要》卷九五集部一七別集類一六，第三一一三三頁。《文津閣四庫全書提要匯編》集部四別集類三，第三九五頁。《四庫全書簡明目録》卷一六集部四別集類三，第六八九頁。《四庫全書總目》卷一六三集部一六別集類一六，第一三九六頁中。

《止齋文集》五十一卷[一]

宋陳傅良撰。傅良字君舉，永嘉人。官至寶謨閣待制。傅良研精經史，貫穿百家，立朝多大節。其詩文密栗堅峭，自有高逸之氣，亦如其爲人。此集爲其門人曹叔遠所編，前有叔遠序[二]。所取斷自乾道丁亥，訖於嘉泰癸亥，凡乾道以前之少作，盡削不存，故所録特爲精審。世有《止齋論祖》一書，録傅良科舉之文，皆叔遠子棄餘也。末一卷附録樓鑰所作神道碑、蔡幼學所作墓誌、葉適所作行狀[三]，而又有雜文八篇綴其後[四]，不知誰所續入者。明弘治乙丑王瓚序稱澤州張璡欲掇拾遺逸以爲外集，其璡重刻時所竄入歟？

【校記】

[一]止齋文集五十一卷 案《四庫全書總目》卷一五九同條作『《止齋文集》五十一卷、《附録》一卷』。

[二]序 底本原作『集』，誤，兹據《四庫全書總目》卷一五九同條改。

[三]適 底本原作『通』，誤，兹據《四庫全書總目》卷一五九同條改。

[四]篇 底本原作『扁』，誤，兹據《四庫全書總目》卷一五九同條改。

【今案】《四庫全書薈要總目提要》第三九七頁。影印文淵閣《四庫全書》第一一五〇册第四九三頁書前提要。《文溯閣四庫全書提要》卷九一集部一三別集類一二，第三〇二一頁。《文津閣四庫全書提要匯編》集部四別集類三，第三一一三頁。《四庫全書簡明目録》卷一六集部四別集類三，第六六七頁。《四庫全書總目》卷一五九集部一二別集類一二，第一三七〇頁下。

《梁谿集》一百八十卷、《附録》六卷

宋李綱撰。綱字伯紀，邵武人。寓常州無錫梁谿，因以爲號。政和初進士，歷官至右僕射，卒，贈太師，謚忠定。事具《宋史》本傳。

是集首載宋少保觀文殿大學士陳俊卿序，謂綱少子秀之裒集其表章奏劄八十卷，而詩文不與焉。又按晁公武《讀書志》作一百五十卷，馬端臨《通考》作一百二十卷，蓋皆已有詩文者。今本賦四卷，詩二十八卷，雜文一百三十八卷，《靖康傳信録》三卷，《建炎進退志》四卷，《建炎時政記》三卷，末附年譜、行狀之類六卷，與晁、馬皆不合，未知何人所編。綱之生平大節固不待論，即其詩文均有雄爽之氣，亦非尋常文士所及也。

【今案】影印文淵閣《四庫全書》第一一二五册第四九一頁書前提要。《文溯閣四庫全書提要》卷八八集部一〇别集類九，第二九〇五頁。《文津閣四庫全書提要匯編》集部四别集類三，第二二七頁。《四庫全書簡明目録》卷一六集部四别集類三，第六四三頁。《四庫全書總目》卷一五六集部九别集類九，第一三四四頁下。

《高峰文集》十二卷

宋廖剛撰。剛字用中，順昌人。紹興中，爲御史中丞，出提舉明道宫，致仕。高峰，其號也。《朱子語類》論龜山門人，謂剛爲助和議。今觀其集，若《漳州被召上殿》《乞約束邊將》諸劄，其説誠然。然《宋史》本傳載金人敗盟，剛乃有責鄭億年以百口保金人之語。又欲起舊相有德望者，以是爲檜所惡，致斥奉祠。而集中《與秦相公書》亦以和議爲失，前後如出兩人，豈至是乃悟其謬與？史以剛與張九成、胡銓同傳，固爲不倫，然視怙過黨惡者，則有間矣。其他奏議指陳當時利弊，頗有可採。《答陳幾叟書》論知制誥之失，尤爲切當。至其《乞設親軍劄子》，舍大慮小，所見殊陋。又諫止高宗節序拜欽宗事，於君臣兄弟之義，亦皆未協。《宋史》乃獨採之，去取未免失倫。是集久無刻本，傳寫多誤，脱字或至數行，無從校補，今亦姑從舊本録之。

【今案】《四庫提要分纂稿》第四三〇頁。影印文淵閣《四庫全書》第一一四二册第三〇四頁書前提要。《文溯閣四庫全書提要》卷九一集部一三别集類一二，第三〇〇九頁。《文津閣四庫全書提要匯編》集部四别集類三，第三〇四頁。《四庫全書簡明目録》卷一六集部四别集類三，第六六五頁。《四庫全書總目》卷一五九集部一二别集類一二，第一三六七頁下。

《佩韋齋集》二十卷[一]

宋俞德鄰撰。德鄰字宗大，自號太玉山人，永嘉人，徙居京口。咸淳九年進士。生平作文多不留稿，子庸裒集得五百餘首，釐爲十六卷，建安熊禾爲序。詩體格清拔，駢體亦以雅贍稱。後人復取所著《輯聞》四卷附之集後，非其原第，今析出别於子部著録焉。

【校記】

［一］佩韋齋集二十卷　案《四庫全書總目》卷一六五同條作『《佩韋齋文集》十六卷』。

【今案】影印文淵閣《四庫全書》第一一八九册第一頁書前提要。《文溯閣四庫全書提要》卷九七集部一九别集類一八，第三二一六頁。《文津閣四庫全書提要匯編》集部四别集類三，第四五九頁。《四庫全書簡明目録》卷一六集部四别集類三，第七〇六頁。《四庫全書總目》卷一六五集部一八别集類一八，第一四一五頁中。

《吾汶稿》十卷、《吾汶稿摘抄》二卷[一]

宋王炎午撰。炎午初名應梅，字鼎翁，後改今名，安成人。宋末爲太學生，以孝友節義聞於時。咸淳間，文天祥募兵勤王，炎午杖策謁之，留置幕府，旋以母老辭歸。入元後，終身不出。因所居汶源里，名其稿曰『吾汶』，亦以示不仕異代之義。揭傒斯、歐陽元（玄）皆爲之序。其《生祭文丞相》文尤稱傑作，世争傳誦。稿爲文九卷，《附録》一卷，明宣德中始出，正德中裔孫偉刻之南京。後板散佚，萬歷（曆）中裔孫伯洪乃摘抄爲二卷，而重刊之，僅録文二十八首，詞二首，又自以雜文數首綴於末，去取簡略，殊不足觀。其全集僅存抄本而已。

【校記】

［一］吾汶稿十卷吾汶稿摘抄二卷　案《四庫全書總目》卷一六五同條作『《吾汶稿》十卷』。

【今案】影印文淵閣《四庫全書》第一一八九册第五六一頁書前提要。《文溯閣四庫全書提要》卷九七集部一九别集類一八，第三二二八頁。《文津閣四庫全書提要匯編》集部四别集類三，第四六八頁。《四庫全書簡明目録》卷一六集部四别集類三，第七〇九頁。《四庫全書總目》卷一六五集部一八别集類一八，第一四一八頁上。

《晞髪集》十卷、《晞髪遺集》二卷、《遺集補》一卷[一]

宋參軍謝翺皋羽撰。又附《天地間集》一卷，則翺所録宋故臣遺老詩也。南宋之末文體卑弱，獨翺詩文桀驁有奇氣，而行詣亦卓然可傳。其集本二十八卷，明弘治間已散佚，儲巏所刻，僅得其半。萬歷（曆）中，有歙縣張氏重刊本，益以降乩之作，殊爲穢雜。此本爲平湖陸大業以家藏抄本刊行，云尚從舊本録出者，卷第已亂，大業以意釐定之，校他本差完善云。

【校記】

［一］晞髪集十卷晞髪遺集二卷遺集補一卷　案《四庫全書總目》卷一六五同條作『《晞髪集》十卷、《晞髪遺集》二卷、《遺集補》一卷、附《天地間集》一卷、《西臺慟哭記註》一卷、《冬青引註》一卷』。

【今案】影印文淵閣《四庫全書》第一一八八册第二八一頁書前提要。《文淵閣四庫全書提要》卷九七集部一九別集類一八，第三二〇九頁。《文津閣四庫全書提要匯編》集部四別集類三，第四五三頁。《四庫全書簡明目録》卷一六集部四別集類三，第七〇五頁。《四庫全書總目》卷一六五集部一八別集類一八，第一四一三頁下。

《咸平集》三十卷

宋田錫撰。錫字表聖，四川洪雅人。其先京兆人，唐末徙蜀。錫，宋初與胡旦、何士宗齊名。登興國三年進士第。歷相州、桐廬、淮陽、海陵四郡守，知制誥，終於諫議大夫，贈工部侍郎。嘗慕魏徵、李絳之爲人，以獻替爲己任。《國老談苑》記太宗幸龍圖閣閱書，指西北架一漆函，上親自署鑰者，謂學士陳堯叟曰：『此田錫章疏也。』愴然者久之。則當時已重其言矣。故其没也，范仲淹爲作墓誌，司馬光爲作神道碑陰，而蘇軾序其奏議，亦比之賈誼，則其爲人可知也。是集載奏議一卷、書三卷、賦五卷、論三卷、箴銘二卷、詩六卷、頌策笏記表狀七卷、制誥考詞三卷，凡三十卷。《通考》載錫集五十卷，疑此或非完書，然亦足見錫之概矣。

【今案】影印文淵閣《四庫全書》第一〇八五册第三五三頁書前提要。《文溯閣四庫全書提要》卷八四集部六別集類五，第二七四四頁。《文津閣四庫全書提要匯編》集部三別集類二，第一〇八頁。《四庫全書簡明目録》卷一五集部三別集類二，第六一一頁。《四庫全書總目》卷一五二集部五別集類五，第一三〇五頁下。

《小畜集》三十卷

宋王禹偁撰。禹偁字元之，鉅野人。太平興國八年進士。官至翰林學士、知制誥。屢以事謫守郡，終於知蘄州。嘗自次其文，以

《易》筮之，得《乾》之《小畜》，因以名集。晁公武《讀書志》、陳振孫《書録解題》皆作三十卷，與今本目次正同。《宋志》云二十卷者，字有脱誤也。宋承五代之後，文體纖儷，禹偁始爲古雅簡淡之作。其奏疏尤極醇茂，《宋史》採入本傳者，議論皆英偉可觀。在詞垣時所爲應制駢偶之文，亦多閎麗典贍，洵一時作手，正不獨史所稱直躬行道爲足重也。集凡賦二卷、詩十一卷、文十七卷，紹興丁卯歷陽沈虞卿嘗序而刊之黄州。明代未有刊本，故世多鈔傳其詩，而全集罕睹。近有趙孰典者，始求得宋槧本刻於平陽，而中亦頗有闕字。陳振孫又謂禹偁尚有『《外集》三百餘首，《承明集》十卷，《奏議集》三卷』。今皆不傳矣。

【今案】《四庫全書薈要總目提要》第三七二頁。影印文淵閣《四庫全書》第一〇八六册第一頁書前提要。《文溯閣四庫全書提要》卷八四集部六别集類五，第二七四九頁。《文津閣四庫全書提要匯編》集部三别集類二，第一一一頁。《四庫全書簡明目録》卷一五集部三别集類二，第六一一頁。《四庫全書總目》卷一五二集部五别集類五，第一三〇六頁下。

《武溪集》二十卷

宋余靖撰。靖字安道，韶州曲江人。天聖二年進士。累官工部尚書，贈少師，謚曰襄。初爲臺諫，與范仲淹、歐陽修、尹洙有『四賢』之目。後從狄青討平儂智高，磨崖築京觀，作記以旌武功。當時咸重其文，故所作銘誌碑碣居多。嘗奉使契丹，其《契丹官儀》一篇，可備史略。他如《論史》《序潮》諸作，亦多卓然可傳。集本乃其子屯田員外郎仲荀所編[一]，凡古律詩一百二十、碑誌記五十、議論箴碣表五十三、制誥九十八、判五十五、表狀啓七十五、祭文六，卷目與歐陽修所撰墓誌相合。尚有奏議五卷，已不傳。集首有宋屯田郎中周源序。明成化中，邱(丘)濬抄自内閣，始刊行之。今所傳，則嘉靖甲午都御史唐胄重刊本也。

【校記】

[一]屯田員外郎　底本原作『屯田郎外郎』，誤，兹據《宋史》卷一六三《職官志》『尚書省工部』條及《四庫全書總目》卷一五二同條改。

【今案】《四庫全書薈要總目提要》第三七五頁。影印文淵閣《四庫全書》第一〇八九册第一頁書前提要。《文溯閣四庫全書提要》卷八四集部六别集類五，第二七六六頁。《文津閣四庫全書提要匯編》集部三别集類二，第一二三頁。《四庫全書簡明目録》卷一五集部三别集類二，第六一五頁。《四庫全書總目》卷一五二集部五别集類五，第一三一一頁上。

《徂徠集》二十卷

宋石介撰。介字守道，兖州奉符人。天聖中進士及第，直集賢院，終通判濮州。魯人號爲徂徠先生，因以名集。《宋史》本傳稱其篤學有大志，樂善疾惡，遇事奮然敢爲。嘗作《慶歷（曆）聖德》詩，所頌皆一時名臣，其言大奸則夏竦也。又著《怪説》《中國論》，皆有心世道之言，而於排斥佛老爲尤力。所作《唐鑑》，實出范祖禹之前，惜其序存而書佚矣。歐陽修墓誌稱所爲文章曰某集者若干卷[一]，又曰某集者若干卷，凡重言之，似原本有分別，此則統名《徂徠集》，蓋後人所合編也。第四卷内《寄元均叔仁》《讀易堂》《永軒》《暫憩》四詩已佚。

【校記】

[一]集　底本原作「序」，誤，兹據《四庫全書總目》卷一五二同條改。

【今案】影印文淵閣《四庫全書》第一〇九〇册第一八一頁書前提要。《文淵閣四庫全書提要》卷八四集部六別集類五，第二七七一頁。《文津閣四庫全書提要匯編》集部三別集類二，第一二七頁。《四庫全書簡明目録》卷一五集部三別集類二，第六一六頁。《四庫全書總目》卷一五二集部五別集類五，第一三一二頁上。

《和靖詩集》四卷

宋林逋撰。逋字君復，錢塘人。隱西湖之孤山，真宗聞其名，詔長吏歲時勞問。和靖，其賜謚也。所爲詩澄澹高逸，正如其人。史稱其「就稿輒棄去，好事者往往竊記之，今所傳尚三百餘篇」。兹集篇數與本傳相合，蓋當時所收止此。其他逸句往往散見於説部及真迹中。劉克莊《後村詩話》謂逋一生苦吟，自摘出五言十三聯。今惟五聯見集中，如「隱非唐甲子[一]，病有晋春秋」，「水天雲黑白，霜野樹青紅」，「風回時帶笛[二]，烟遠忽藏村」。如郭索鈎輈之聯[三]，皆不在焉。七言十七聯，集逸其三。使非有《摘句圖》旁證[四]，則皆成逸詩矣。今《摘句圖》亦不傳，則其失於編輯者固不少也。是集前有皇祐五年梅堯臣序，康熙中長洲吴調元校刊之，後附《省心録》一卷，則李邦獻所作，而誤以爲逋者。今據《永樂大典》考正，別著録子部中。

【校記】

［一］唐　底本原作『秦』，誤，兹據《四庫全書總目》卷一五二同條改。

［二］笛　案《四庫全書總目》卷一五二同條作『溜』。

［三］如　案《四庫全書總目》卷一五二同條作『及』。

［四］使非有　底本原作『使非』，脱一『有』字，兹據《四庫全書總目》卷一五二同條補。

【今案】影印文淵閣《四庫全書》第一〇八六册第六一五頁書前提要。《文溯閣四庫全書提要》卷八四集部六别集類五，第二七五三頁。《文津閣四庫全書提要匯編》集部三别集類二，第一一四頁。《四庫全書簡明目録》卷一五集部三别集類二，第六一二頁。《四庫全書總目》卷一五二集部五别集類五，第一三〇八頁上。

《文正集》二十卷、《别集》四卷、《補編》五卷

宋范仲淹撰。仲淹字希文，其先邠人，徙蘇州。官至樞密副使、參知政事。事迹詳載《宋史》。所著詩文本名《丹陽集》，凡詩賦五卷二百六十八首，雜文十五卷一百六十五首，元祐四年，蘇軾爲之序。淳熙丙午，鄱陽從事綦焕校定舊刻［一］，又得詩文三十七篇，爲《遺集》附於後，即今《别集》。其《補編》五卷，則國朝康熙中裔孫能濬所搜輯也。仲淹貫通經術，平生以傳道自任。集中所載《易》義二十餘條，皆深得經旨。其他議論政治之文，類皆明白切當，可起而行。蘇軾稱其天聖中所上執政萬言書，天下傳誦。考其平生所爲，無出此者，可謂有本之言矣。其集元、明累有刊本，久而不存。康熙乙酉，二十一世孫時崇爲廣西巡撫，屬族人校正，與《奏議》《尺牘》等合刻行之。

【校記】

［一］鄱　底本原作『翻』，誤，兹據《四庫全書總目》卷一五二同條改。

【今案】《四庫全書薈要總目提要》第三七四頁。影印文淵閣《四庫全書》第一〇八九册第五五一頁書前提要。《文溯閣四庫全書提要》卷八四集部六别集類五，第二七六八頁。《文津閣四庫全書提要匯編》集部三别集類二，第一二五頁。《四庫全書簡明目録》卷一五集部三别集類二，第六一五頁。《四庫全書總目》卷一五二集部五别集類五，第一三一一頁中。

《居士集》五十卷[一]

宋歐陽修撰。修於晚年手定平生詩文爲是集，以『居士』名之，前列蘇軾序及《年譜》，乃後人所益也。舊本每卷有『熙寧五年子發等編定』數字，而軾序謂得於其子棐，乃次而論之。蓋序作於元祐六年，時發已卒，故序中不及耳。慶元中，周必大編次修集，自《居士集》外，有《外集》等九種，通一百五十三卷。此編僅三之一，然出自手輯，葉夢得謂其『一篇閱至數十過[二]』，有累日不能決者』，則其選擇爲最審已。此本乃取淳熙間孫益謙所校重鎸，卷末列諸本字句異同，極爲詳核。又一本爲明代朝鮮所刊，校正亦極精審。江西别有新刊本，不及此之完善也。

【校記】

［一］居士集　案此集爲《四庫全書》集部别集類《文忠集》一百五十三卷中的一種。

［二］一篇閱至數十過　底本原作『一篇至數十過』，脱一『閱』字，兹據《四庫全書總目》卷一七四同條補。

【今案】《四庫全書薈要總目提要》第三七六頁。影印文淵閣《四庫全書》第二〇三册第六四三頁書前提要。《文溯閣四庫全書提要》卷八五集部七别集類六，第二八一九頁。《文津閣四庫全書提要匯編》集部三别集類二，第一六五頁。《四庫全書簡明目録》卷一五集部三别集類二，第六二六頁。《四庫全書總目》卷一七四集部二七别集類存目一，第一五三六頁下。

《剡源集》三十卷[一]

宋羅願撰。願字端良[二]，别號存齋，新安人奉化人[三]。宋咸淳中登進士乙科。教授建康，遷臨安。元大德中，以薦除信州教授，調婺川。以疾辭，後被薦，卒不起。所著《剡源集》，明初上之史館，宋濂曾序而刻之，凡二十八卷，其板久佚。此本乃嘉靖間四明周儀得其舊目，廣爲蒐輯，釐爲三十卷。表元之後裔洵復梓行之。王士禎（禛）《居易録》稱海寧刻《剡源集》四卷，爲黄宗羲所定，非完書也。表元少受業於王應麟、舒岳祥之門，其學博而肆，爲文清深雅潔，與柳貫齊名，趙孟頫極推重之。詩亦深穩，無宋季粗浮之習，大德、延祐之間，卓然一作手也。

【校記】

［一］剡源集三十卷　底本原作『鄂州小集六卷』，案底本原案曰：『編按：此篇與別集六重出。唯此篇除第一行至新安人止外，乃係元戴表元剡源集之提要，蓋書手不慎誤抄也。』兹據底本『編按』及《四庫全書總目》卷一六六集部別集類一九『《剡源集》三十卷』條改。但正文『宋羅願撰』至『新安人』則一仍其舊，僅録《總目》此條以便參考：『元戴表元撰。表元字帥初，一字曾伯，慶元奉化人。宋咸淳中登進士乙科，除建康教授。遷臨安。又遷行户部掌故、國子主簿，皆以兵亂不就。元大德中，以薦除信州教授，調婺州。移疾歸。再以修撰博士薦，不起，終於家。事蹟具《元史·儒學傳》。表元所著《剡源集》，明初上於史館，宋濂曾序而刻之，凡二十八卷，其版久佚。此本乃嘉靖間四明周儀得其舊目，廣爲蒐輯，釐爲三十卷。表元後裔洵復梓行之。王士禎（禛）《居易録》稱海寧刻《剡源集》四卷，乃黄宗羲所選録，非完書也。表元少從王應麟、舒岳祥游，學問淵源，具有授受。顧嗣立《元詩選》小傳，稱宋季文章氣萎薾，而詞骩骳，帥初慨然以振起斯文爲己任。其學博而肆，其文清深雅潔，化朽腐爲神奇。間事摹畫，而隅角不露。尤自祕重，不妄許與。至元、大德間，東南之士以文章大家名重一時，帥初一人而已。又引宋濂之言曰「濂嘗學文於黄文獻公，公於宋季詞章之士樂道之而不已者，惟剡源戴先生爲然」云云。於元人之中，推之獨至。今觀其詩文，信嗣立所論不誣也。』

［二］願字端良　底本原作『願端良』，脱一『字』字，兹據本書提要撰寫體例及《宋史》卷三八〇《羅汝楫傳》附《羅願傳》及《四庫全書總目》卷四〇經部小學類一『《爾雅翼》三十二卷』條補。

［三］新安人奉化人　案《宋史》卷三八〇《羅汝楫傳》附《羅願傳》及《四庫全書總目》卷四〇經部小學類一『《爾雅翼》三十二卷』條俱作『歙縣人』。

【今案】《四庫全書分纂稿》第四三三頁。影印文淵閣《四庫全書》第一一九四册第一頁書前提要。《文溯閣四庫全書提要》卷九八集部二〇別集類一九，第三二五五頁。《文津閣四庫全書提要匯編》集部五別集類四，第四八八頁。《四庫全書簡明目録》卷一七集部五別集類四，第七一七頁。《四庫全書總目》卷一六六集部一九別集類一九，第一四二四頁中。

《義豐集》一卷

宋王阮著。阮字南卿，德安人，王韶之曾孫。隆興元年進士。仕至撫州守，召入奏。韓侂胄欲見之，卒不往，怒，使奉祠，歸廬山以終。阮少謁朱子於考亭，朱子知南康時，阮又從游，故集中有唱酬之作。阮之歸也，朱子惜之，謂其才氣術略過人，而流落不偶。集首有淳祐癸卯吴愈序，謂其文無一字無來處，論邊事則晁、賈其倫，爲記銘則韓、柳其亞。今所存僅詩一卷而已。岳珂云阮學詩於張紫微。紫微者，張孝祥也。

【今案】《四庫提要分纂稿》第四三〇頁。影印文淵閣《四庫全書》第一一五四册第五三七頁書前提要。《文溯閣四庫全書提要》卷九一集部一三别集類一二，第三〇三八頁。《文津閣四庫全書提要匯編》集部四别集類三，第三二七頁。《四庫全書簡明目録》卷一六集部四别集類三，第六七一頁。《四庫全書總目》卷一五九集部一二别集類一二，第一三七四頁中。

《河東集》十六卷[一]

宋柳開撰。開[二]，大名人。開寶六年進士。歷典州郡，終如京使。開少時慕韓愈、柳宗元爲文[三]，因名肩愈，字紹先，既而更易今名，字仲塗，自以爲能開聖道之塗也。集中《東郊野夫》《補亡先生》二傳，自述甚詳。集原十五卷，乃門人張景所編，今合景所撰行狀一卷，共十六卷。宋朝變偶儷爲古文，實自開始。而體近艱澀，又尊崇楊雄太過[四]，至比之聖人，持論殊謬，人亦多以此議之[五]。然宋時學者最喜贊雄，雖司馬光之賢，猶不能免，蓋亦習尚使然。至《綱目》出，而大義始明，於開固無足責。要其轉移風氣之功，固未可盡没耳。

【校記】

[一]河東集十六卷　案《四庫全書總目》卷一五二同條作『《河東集》十五卷、《附録》一卷』。

[二]開　底本原作『門』，誤，兹據《四庫全書總目》卷一五二同條改。

[三]文　底本原作『名』，誤，兹據《四庫全書總目》卷一五二同條改。

[四]楊　案《四庫全書總目》卷一五二同條作『揚』。

［五］人亦多以此議之　案『人亦』二字，底本倒爲『亦人』，兹據《文溯閣四庫全書提要》卷八四及《文津閣四庫全書提要匯編》集部三別集類二同條乙正。

【今案】影印文淵閣《四庫全書》第一〇八五册第二三七頁書前提要。《文溯閣四庫全書提要》卷八四集部六別集類五，第二七四三頁。《文津閣四庫全書提要匯編》集部三別集類二，第一〇八頁。《四庫全書簡明目録》卷一五集部三別集類二，第六一〇頁。《四庫全書總目》卷一五二集部五別集類五，第一三〇五頁下。

《丹淵集》四十卷［一］

宋文同撰。同字與可，梓潼人。漢文翁之後，故人以『石室先生』稱之。皇祐元年進士。解褐爲邛州軍事判官，後歷知陵州、洋州，改湖州，未至而卒，至今畫家稱文湖州，從其終而言之也。遺文五十卷，其曾孫鷟編爲四十卷。慶元中，曲沃家誠之守邛州，以同嘗三仕於邛，多遺迹，因取其集重加釐正，而卷帙則仍其舊。所增《拾遺》二卷及卷首《年譜》［二］，卷末附録司馬光、蘇軾等往來詩文一卷，則誠之所輯也。同未第時，即以文章受知文彦博。其詩如『美人却扇坐，羞落庭下花』諸篇，亦盛爲蘇軾所推，特以墨竹流傳，遂爲畫掩，故世人不甚稱之。然馳驟於黄、陳、晁、張之間，未嘗不頡頏上下也。集中稱蘇軾爲胡侯，或曰蘇子平，見誠之跋中。蓋其家避忌蜀黨而改之，今亦姑仍其舊云。

【校記】

［一］丹淵集四十卷　案《四庫全書總目》卷一五三同條作『《丹淵集》四十卷、《拾遺》二卷、《年譜》一卷、《附録》二卷』。

［二］所增《拾遺》　底本倒爲『所遺拾增』，兹據《四庫全書總目》卷一五三同條乙正。

【今案】《四庫全書薈要總目提要》第三八一頁。影印文淵閣《四庫全書》第一〇九六册第五五六頁書前提要。《文溯閣四庫全書提要》卷八五集部七別集類六，第二七九六頁。《文津閣四庫全書提要匯編》集部三別集類二，第一四七頁。《四庫全書簡明目録》卷一五集部三別集類二，第六二一頁。《四庫全書總目》卷一五三集部六別集類六，第一三一八頁上。

《元豐類稿》十五卷［一］

宋曾鞏撰。鞏字子固，建昌軍南豐人。嘉祐二年進士及第。累官中書舍人，賜服金紫。鞏師事歐陽修，早以文章名天下。考《宋史》本傳，尚有《續稿》四十卷、《外集》十卷，今未之見。世所傳《書魏鄭公傳後》諸佚文，見於《宋文選》者，當即《外集》《續集》所載也。明成化六年，南豐知縣楊參嘗刊其集，前有元豐八年三槐王震序，後有大德甲辰東平丁思敬序。又有《年譜》序二篇，無撰人姓名，而《年譜》已佚，蓋非宋本之舊。

【校記】

［一］十五卷 案《四庫全書總目》卷一五三同條作『五十卷』。

【今案】《四庫全書薈要總目提要》第三七九頁。影印文淵閣《四庫全書》第一〇九八册第三四五頁書前提要。《文溯閣四庫全書提要》卷八五集部七别集類六，第二八〇三頁。《文津閣四庫全書提要匯編》集部三别集類二，第一五二頁。《四庫全書簡明目録》卷一五集部三别集類二，第六二二頁。《四庫全書總目》卷一五三集部六别集類六，第一三一九頁中。

《清獻集》十卷

宋趙抃撰。抃字閲道，衢州西安人。神宗時參知政事，以争新法去位。此本詩、文各五卷，所載多關時事，其所論陳執中、王拱辰疏［一］，皆七八上，可以知其抗直。而宋庠、范鎮亦皆見之彈章，古所稱群而不黨，抃庶幾焉。其詩諧婉多姿［二］，乃不類其爲人。王士禎（禛）《居易録》稱其《暖風》《芳草》《杜鵑》《寒食》《觀水》五言律詩五首，以文彦博擬之，故非過論，殆亦淵明閑情之比也。此本乃仿宋嘉定本重刊，前有陳仁玉序［三］。仁玉字碧棲，台州仙居人，第進士，開慶中官禮部郎中，歷浙東提刑，入直敷文閣。

【校記】

［一］論 案《四庫全書總目》卷一五二同條作『劾』。

［二］諧 底本原作『皆』，誤，兹據《四庫全書總目》卷一五二同條改。

［三］玉 底本原作『王』，誤，兹據本書本條下文及《四庫全書總目》卷一五二同條改。

【今案】《四庫全書薈要總目提要》第三七五頁。影印文淵閣《四庫全書》第一〇九四册第七三九頁書前提要。《文溯閣四庫全書提要》卷八四集部六别集類五，第二七八五頁。《文津閣四庫全書提要匯編》集部三别集類二，第一三九頁。《四庫全書簡明目録》卷一五集部三别集類二，第六一九頁。《四庫全書總目》卷一五二集部五别集類五，第一三一五頁下。

《鄱陽集》十二卷

宋彭汝礪撰。汝礪字器資，饒州鄱陽人。治平中舉進士第一。歷官權吏部尚書，出知江州。立朝多大節，極言敢諫，史稱其詞命雅正，有古人風。《東都事略》載所著《易義》、《詩義》、奏議、詩文五十卷[二]。《宋史·藝文志》：「《鄱陽集》四十卷。」此本乃其詩集，止十二卷，已非完本。又古詩中錯入律詩一首，律詩中錯入古詩二首。《武岡驛》一首有目無詩，《寄佛印》一首重見，疑皆後人所亂也。

【校記】

[一]議 底本原作「義」，誤，兹據《四庫全書總目》卷一五三同條改。

【今案】《四庫提要分纂稿》第二四一頁。影印文淵閣《四庫全書》第一一〇一册第一七三頁書前提要。《文溯閣四庫全書提要》卷八五集部七别集類六，第二八一四頁。《文津閣四庫全書提要匯編》集部三别集類二，第一六一頁。《四庫全書簡明目録》卷一五集部三别集類二，第六二五頁。《四庫全書總目》卷一五三集部六别集類六，第一三二二頁中。

《公是集》六卷[一]

宋劉敞撰[二]。敞字原父，袁州人。慶歷(曆)中，舉進士廷試第一，編排官王堯臣以親嫌置第二。累遷知制誥、知永興軍。史稱其學問淵博，爲文尤敏贍。「公是」乃其私謚，因以名集。葉夢得《避暑録話》記敞集一百七十五卷[三]，《通考》載七十五卷，已亡大半，至明代併佚不存。此本乃錢塘吴允嘉志上從諸書中搜輯而成[四]，所存不及什之一。考《宋文鑑》，尚有敞所作《續謚法》一篇，唐順之右編有奏議六篇，此集均未收入。又誤載劉攽詩及詩文重復、文同題異者數篇。又《舜讓禹》以下三篇，抄録舛錯。原目亦頗失先後之序，編次殊未精審，故稍加釐訂而著之於録焉。

【校記】

[一]六卷 案《四庫全書總目》卷一五三同條作「五十四卷」。

[二]敞 底本原作「厰」，誤，兹據本書本條下文及《四庫全書總目》卷一五三同條，經部春秋類「《春秋權衡》十七卷」條、「《春秋

意林』二卷」條，五經總義類「《七經小傳》三卷」條改。

［三］敞　底本原作「廠」，誤，校同上條。

［四］書　底本原作「事」，誤，兹據《四庫全書總目》卷一五三同條改。

【今案】影印文淵閣《四庫全書》第一〇九五册第四〇一頁書前提要。《文溯閣四庫全書提要》卷八五集部七別集類六，第二七九〇頁。《文津閣四庫全書提要匯編》集部三別集類二，第一四二頁。《四庫全書簡明目録》卷一五集部三別集類二，第六二〇頁。《四庫全書總目》卷一五三集部六別集類六，第一三一六頁下。

《潞公集》四十卷

宋文彦博撰。彦博字寬夫，汾州介休人。由進士歷事仁、英、神、哲四朝，官至平章軍國重事，封潞國公，謚忠烈。事迹具載《宋史》。其集分賦頌二卷、詩六卷、論一卷、表啓一卷、序一卷、碑記墓誌一卷、雜文一卷，其十四卷以後，則皆奏議、劄子之文也。此本卷數與馬氏《經籍考》同，而尚缺《補遺》一卷。葉夢得序稱兵興以後，久經殘佚，蓋在南渡時已非全書矣。彦博不以詩名，而風格秀佚，情文相生。王士禎（禛）稱其婉麗濃嫵，絶似西崑，嘗掇其佳句載之《池北偶談》。文章不事雕飾，而議論通達，卓然經濟之言。奏劄下多注年月，亦可與正史相參考。

【今案】影印文淵閣《四庫全書》第一一〇〇册第五七三頁書前提要。《文溯閣四庫全書提要》卷八五集部七別集類六，第二八一二頁。《文津閣四庫全書提要匯編》集部三別集類二，第一五九頁。《四庫全書簡明目録》卷一五集部三別集類二，第六二四頁。《四庫全書總目》卷一五三集部六別集類六，第一三二一頁下。

《宛陵集》六十卷[一]

宋梅堯臣撰。堯臣字聖俞，宣城人。少以蔭補爲吏，官至都官員外郎。集凡詩五十九卷，記一首、序一首、賦十九首，共一卷。堯臣以詩擅名，王曙嘆爲三百年無此作，與歐陽修交最善，天下有「歐梅」之稱，以擬「韓孟」。蓋宋初詩派靡麗[二]，修與堯臣始起而振之，一變爲清新遒上之格，故所作獨觀一時。迨蘇、黄出而其名稍掩，然黄庭堅亦深服其詩，嘗有句云：「梅翁事清切，石齒漱寒瀨。」、「又如食橄欖，意味久愈在。」其傾倒於堯臣者至矣。劉克莊推爲有宋詩家開山鼻祖，不虛也。自宋迄明，嘗再刻於宣城，有紹興十年汪伯彦、正統己未楊士奇二跋，後板久闕。康熙壬午，蘇州徐七來復爲校刊，而宋犖序之，其《書録解題》所稱「吴郡宋積臣一序」已佚〔三〕。

【校記】

〔一〕宛陵集六十卷　案《四庫全書總目》卷一五三同條作「《宛陵集》六十卷、《附録》一卷」。又案本書此後同類著録「《宛陵集》六十卷、《附録》一卷」，文字繁簡近似，而内容差異頗大，似出二人之手。

〔二〕詩　底本原作「時」，誤，兹據《四庫全書總目》卷一五三同條改。

〔三〕其書録解題　底本原作「其其《書録解題》」，衍一「其」字，今删。宋積臣　案《直齋書録解題》卷一七別集類中「《宛陵集》六十卷、《外集》十卷」條作「宋績臣」。

【今案】《四庫全書薈要總目提要》第三七七頁。影印文淵閣《四庫全書》第一〇九九册第五頁書前提要。《文溯閣四庫全書提要》卷八五集部七別集類六，第二八〇五頁。《文津閣四庫全書提要匯編》集部三別集類二，第一五四頁。《四庫全書簡明目録》卷一五集部三別集類二，第六二三頁。《四庫全書總目》卷一五三集部六別集類六，第一三二〇頁中。

《蔡忠惠集》四十卷〔一〕

宋蔡襄撰。襄字君謨，仙游人。舉進士，事仁宗、英宗，歷官端明殿學士，屢典大郡。忠惠，其謚也。初，襄校勘館閣時，范仲淹、余靖、尹洙、歐陽修同時坐貶。修之貶由高若納，襄爲作《四賢一不肖》詩，世服其剛正。乾道中，王十朋編其文集，取置卷首。襄工書法，遂掩其文名。然所作多名言碩畫，歐陽修所稱清遒粹美，不虛也。

【校記】

〔一〕四十卷　案《四庫全書總目》卷一五二同條作「三十六卷」。

【今案】《四庫全書薈要總目提要》第三七七頁。影印文淵閣《四庫全書》第一〇九〇册第三三七頁書前提要。《文溯閣四庫全書提要》卷八四集部六別集類五，第二七七二頁。《文津閣四庫全書提要匯編》集部三別集類二，第一二九頁。《四庫全書簡明目録》卷一五集部三別集類二，第六一六頁。《四庫全書總目》卷一五二集部五別集類五，第一三一二頁中。

《擊壤集》二十卷

宋邵雍著。前有治平丙午自序，後有元祐辛卯邢恕序。晁公武《讀書志》云：『雍邃於《易》數，歌詩蓋其餘事。』亦頗切理。楊時《語録》記其『須信畫前原有《易》，自從删後更無詩』二語，此本無之，則當時尚有佚篇矣。

【今案】影印文淵閣《四庫全書》第一一〇一册第一頁書前提要。《文溯閣四庫全書提要》卷八五集部七别集類六，第二八一三頁。《文津閣四庫全書提要匯編》集部三别集類二，第一六〇頁。《四庫全書簡明目録》卷一五集部三别集類二，第六二四頁。《四庫全書總目》卷一五三集部六别集類六，第一三二二頁上。

《龍洲集》十四卷[一]

宋劉過撰。過字改之，廬陵人。當宋光宗、寧宗時，以詩游謁江湖。韓侂胄嘗欲官之使金國而漏言，卒以窮死。蓋終身爲游客也。其詩文多粗豪感激之氣，與陳亮略相近。集凡十四卷，後附宋以來諸人所題詩文二卷，合十六卷。過嘗叩閽上書，請光宗過宫，又屢陳恢復大計，謂中原可不戰而取。故楊維禎吊其墓詩云：『讀君舊日伏闕疏，喚起開禧無限愁。』今集中是疏已遺失矣。

【校記】

［一］龍洲集十四卷　案《四庫全書總目》卷一六二同條作『《龍洲集》十四卷、《附録》二卷』。

【今案】《四庫提要分纂稿》第二四六頁。影印文淵閣《四庫全書》第一一七二册第一頁書前提要。《文溯閣四庫全書提要》卷九四集部一六别集類一五，第三一一二頁。《文津閣四庫全書提要匯編》集部四别集類三，第三七九頁。《四庫全書簡明目録》卷一六集部四别集類三，第六八五頁。《四庫全書總目》卷一六二集部一五别集類一五，第一三九一頁上。

《野谷詩稿》六卷

宋宗室趙汝鐩撰。汝鐩，袁州人，或曰汴都人。登寧宗嘉泰二年進士，授館職。嘉定中，分司鎮江筦榷。其時汴京久屬於金，當爲袁州人無疑，其曰汴都，蓋以宗室追溯而言，猶之稱郡望也。王士正(禎)論次南宋諸家詩，首取汝鐩律句數聯，而謂劉克莊賞其古體歌行，似建安、黄初爲太過。要之，其詩與『四靈』之倫，亦足相埒。士正(禎)所見，乃黄虞稷家抄本，尚有劉克莊序，此本無之。

【今案】影印文淵閣《四庫全書》第一一七五册第八九頁書前提要。《文溯閣四庫全書提要》卷九四集部一六别集類一五，第三一一八頁。《文津閣四庫全書提要匯編》集部四别集類三，第三八四頁。《四庫全書簡明目録》卷一六集部四别集類三，第六八六頁。《四庫全書總目》卷一六二集部一五别集類一五，第一三九二頁下。

《澹庵文集》六卷

宋廬陵胡銓著。銓字邦衡，高宗朝以言事遠謫。孝宗即位，特擢用之。終資政殿學士，謚忠簡。銓師蕭楚，明於《春秋》，故集中嘉言讜論，多本《春秋》義例。其於南渡大政，尤多補救。考銓本傳，高宗時嘗請誅秦檜，閲集中《論撰賀金國啓》，則於孝宗時又嘗請誅湯思退矣。《孝宗本紀》：『隆興元年三月，金以書來索四州，未報。八月，又齎書兩省。』及閲集中《玉音問答》一篇，則知答金人書，孝宗已與銓定於五月三日，遲至八月未遣，必湯思退有以持之。是亦足考一書。自乞爲嶽麓書院山長。蓋其時檜方力引之，而宏詞婉意嚴，不肯少屈其志，尤可見其大節也[一]。

【校記】

[一]是亦足考一書自乞爲嶽麓書院山長蓋其時檜方力引之而宏詞婉意嚴不肯少屈其志尤可見其大節也 案《四庫全書總目》卷一五八同條無此數句，而在同卷此條後所著録胡宏《五峰集》五卷』條中有類似之語：『又有與秦檜一書，自乞爲嶽麓書院山長。蓋檜與宏父安國交契最深，故力汲引之。宏能蕭然自遠，蟬蜕於權利之外，其書詞婉而意嚴，視其師楊時委曲以就蔡京者，可謂青出於藍而冰寒於水矣。』兩相比較對讀，可以發現，《澹庵文集》提要中自『一書』以下文字，乃《五峰集》提要中語句，顯然爲稿本謄寫者所誤抄入《澹庵文集》提要，可見此兩篇提要俱殘缺不全。底本的『編按』者未見及於此而失校矣。

【今案】影印文淵閣《四庫全書》第一一三七册第一頁書前提要。《文溯閣四庫全書提要》卷九〇集部一二别集類一一，第二九七三頁。《文津閣四庫全書提要匯編》集部四别集類三，第二七九頁。《四庫全書簡明目録》卷一六集部四别集類三，第六五八頁。《四庫全書總目》卷一五八集部一一别集類一一，第一三六〇頁中。

《道鄉集》四十卷

宋鄒浩撰。浩字志完，常州晉陵人。元豐五年進士。官終直龍圖閣，贈寶文閣學士，謚曰「忠」。事迹具《宋史》。此集乃其子柄栩所輯，凡詩十四卷、文二十六卷，李綱嘗爲之序，此本失載。《東都事略》載浩集三十卷，疑此亦後人所分也。浩於元符二年以上疏諫立劉后編管新州，當時已焚燬其稿。徽宗初，蔡京重理浩罪，求其疏不得，仍僞作浩疏宣示之，今集中具載原疏，蓋自《徽宗實録・浩傳》中採出者[一]。又集載疏共四首，而李燾《長編》内尚有元符元年《論執政大臣不和》一疏，不見集中。又論章惇凡四疏，集亦衹載其三[二]。而高俅轉官一制乃存而不删，蓋編類之時，蒐採未備，去取亦未盡當也。柄等鋟板，宋末已燬。明成化間，其裔孫鄒量始得内閣抄本。萬歷(曆)中，錢塘令鄒忠允亦浩之裔，乃再刊行之。王士禎(禛)《居易録》稱其「古詩似白居易，律詩似劉夢得」[三]。又稱其受學程門[四]，而特嗜禪理[五]，詩文多宗門語。其《括蒼易傳序》，服膺荆舒之學，亦駁而不醇。夫浩之大節，可謂不愧師門矣。語言文字，小小異同，未足爲累。蓋所學在此不在彼也，以是吹求，是亦不揣其本矣。

【校記】

[一] 實 底本原作「寶」，誤，兹據《四庫全書總目》卷一五五同條改。

[二] 衹 底本原作「祇」，《四庫全書總目》卷一五五同條亦作「祇」，俱誤，兹據《文溯閣四庫全書提要》卷八七及《文津閣四庫全書提要匯編》集部四别集類三同條改。

[三] 劉 底本原作「葉」，誤，兹據《四庫全書總目》卷一五五同條改。

[四] 又稱其受學程門 案底本自「又稱」以下爲一頁，原案曰：「編按：此葉原置於景迂生集後，今校改。」

[五] 理 底本原作「禮」，誤，兹據《四庫全書總目》卷一五五同條改。

【今案】影印文淵閣《四庫全書》第一一二一册第一六一頁書前提要。《文溯閣四庫全書提要》卷八七集部九别集類八，第二八七三頁。《文津閣四庫全書提要匯編》集部四别集類三，第二〇三頁。《四庫全書簡明目録》卷一五集部三别集類二，第六三六頁。《四庫全書總目》卷一五五集部八别集類八，第一三三七頁上。

《著作集》八卷[一]

宋王蘋撰。蘋字信伯，福清人。早登河南程氏之門。紹興初，平江守孫佑以德行薦於朝[二]，召對，賜進士。累官著作郎。蘋學有師承，識通時務，故立朝多所獻納。其集在宋寶祐中曾孫思文刊於吴學，盧鉞爲序。《文獻通考》作四卷。明弘治間，蘋十一世孫觀因舊本編次，首列《傳道支派圖》，次載劄子、雜文十餘篇，三卷以下全取像贊題跋及門人私誌語録之類附入，末有祝允明跋。蘋之著述當不止此，疑非《通考》之舊。正德間，蘋裔孫世顒翻刻以行，徐源爲序，即是本所從録也。

【校記】

[一]著作集　案《四庫全書總目》卷一五七同條作「《王著作集》」。

[二]佑　案《四庫全書總目》卷一五七同條作「祐」。

【今案】影印文淵閣《四庫全書》第一一三六册第六三頁書前提要。《文溯閣四庫全書提要》卷八九集部一一別集類一〇，第二九六〇頁。《文津閣四庫全書提要匯編》集部四別集類三，第二六九頁。《四庫全書簡明目録》卷一六集部四別集類三，第六五五頁。《四庫全書總目》卷一五七集部一〇別集類一〇，第一三五七頁上。

《西塘集》十卷

宋鄭俠撰。俠字介夫，福清人。熙寧中，以監門吏抗疏極論新法之害，發馬遞上《流民圖》，劾吕惠卿奸狀，直聲振朝野，而竟以此獲譴。時所存惟一拂，白號一拂先生。兹集明季重刊，葉向高序，謂即宋本重加删汰，存奏疏、雜文八卷，詩一卷，附本傳、謚議、祠記等爲一卷[一]，則已非原本之舊矣。然如《景定建康志》載俠劾吕惠卿[二]，論西夏事，及上《君子小人事業圖》諸疏，今俱不存。則向高之去取，亦未爲至當矣。王士禎（禛）《居易録》稱其文似石介，而無其怒張叫呶之習。古詩在白居易、孟郊之間，良爲不誣。惜不得而全見之，是則前明隆、萬歷（曆）以來輕削古書之失也[三]。

【校記】

[一]祠　底本原作「詞」，誤，兹據《四庫全書總目》卷一五四同條改。

〔二〕劾　底本原作『客』，誤，兹據《四庫全書總目》卷一五四同條改。

〔三〕萬歷　案《四庫全書總目》卷一五四同條作『萬』。

【今案】影印文淵閣《四庫全書》第一一一七册第三六九頁書前提要。《文溯閣四庫全書提要》卷八六集部八別集類七，第二八六〇頁。《文津閣四庫全書提要匯編》集部四別集類三，第一九五頁。《四庫全書簡明目録》卷一五集部三別集類二，第六三四頁。《四庫全書總目》卷一五四集部七別集類七，第一三三四頁上。

《太倉稊米集》七十卷

宋周紫芝撰。紫芝字少隱，宣城人。紹興中登第，歷官樞密院編修官，出知興國軍。自號竹坡居士。是集樂府、詩四十三卷，文二十七卷。前載唐文若、陳天麟及紫芝自序。文若稱前輩文采專以格健爲高，天麟亦謂紫芝論詩先嚴格律，然後及句法，其宗旨蓋可知也。紫芝又有《竹坡詩話》行於世，觀所自作，可謂不愧所言矣。

【今案】影印文淵閣《四庫全書》第一一四一册第一頁書前提要。《文溯閣四庫全書提要》卷九〇集部一二別集類一一，第二九九九頁。《文津閣四庫全書提要匯編》集部四別集類三，第二九九頁。《四庫全書簡明目録》卷一六集部四別集類三，第六六三頁。《四庫全書總目》卷一五九集部一二別集類一二，第一三六六頁上。

《王荆公詩注》五十卷

宋李壁撰。考諸刊本，或從『玉』作『璧』。然壁爲李燾第三子〔一〕。其兄曰垕，曰塾，其弟曰堲，名皆從『土』，則作『璧』誤也。壁字季章，號雁湖居士。初以蔭入官，後登進士。寧宗朝累遷禮部尚書，同樞密院事，謚文懿。是書乃其謫居臨川時所作。劉克莊《後村詩話》嘗譏其注『歸腸一夜繞鍾山』句，引《韓詩》不引《吴志》；注『世論安以蟲疑冰』句，引《莊子》不引盧鴻一、唐彦謙語〔二〕，指爲疏漏。然大致捃摭蒐採，務求來歷，疑則闕之，非穿鑿附會者比。原本流傳絶少，故近代藏書家俱不著於録。海鹽張宗松得元人槧本，始爲校刊。集中古今體詩，以世俗所行《臨川集》較之，增多七十二首，其所佚者附録卷末。壁奉使於金，附和韓侂胄之意，詭稱可伐，遂啓開禧喪師之釁，隳其家聲。其人殊不足重，而箋釋之功足裨後學，固與安石之詩均不以人廢云。

【校記】

［一］子 底本原作『弟』，誤，兹據《四庫全書總目》卷一五三同條改。

［二］盧 底本原僅殘存此字上半『虍』，兹據《舊唐書》卷一九二《盧鴻一傳》及《四庫全書總目》一五三同條補。

【今案】影印文淵閣《四庫全書》第一一〇六册第一頁書前提要。《文津閣四庫全書提要匯編》集部三别集類二，第一七一頁。《四庫全書簡明目録》卷一五集部三别集類二，第六二八頁。《四庫全書總目》卷一五三集部六别集類六，第一三二五頁中。

《演山集》六十卷

宋黄裳撰。裳字冕仲，南平人。元豐五年進士第一，累官禮部尚書，贈資政殿大學士，謚忠文。嘗自稱『紫元（玄）翁』。同時莊念祖《述方外志》謂『裳爲紫微天官九真人之一，因誤校籍，墮人間』云云，説殊誕妄。蓋裳素喜道家元（玄）秘之書，又往往喜作塵外語，故從而附會之爾。兹編爲乾道初其季子玠裒輯，建昌軍教授廖挺訂証舛誤，刻於軍學。前有王悦序，稱其淵源六經，議論一出於正云。

【今案】影印文淵閣《四庫全書》第一一二〇册第二五頁書前提要。《文溯閣四庫全書提要》卷八七集部九别集類八，第二八六八頁。《文津閣四庫全書提要匯編》集部四别集類三，第二〇〇頁。《四庫全書簡明目録》卷一五集部三别集類二，第六三五頁。《四庫全書總目》卷一五五集部八别集類八，第一三三六頁上。

集部　别集類三

《西巖集》一卷

宋翁卷撰。卷字續古，一字靈舒，永嘉人。登淳祐癸卯鄉薦。與趙師秀、徐照、徐璣同擅詩名，當時有『四靈』之目。其流派多學晚唐，又從九僧而降之，喜爲搓牙蕭颯之語，不免寒瘦。然其苦意淬鍊，要亦能自成一家。卷詩，葉適序之，稱其自吐性情，靡所依傍。而劉克莊集有贈卷詩云：『非止擅唐風，尤於選體工。有時千載事，祇在一聯中。』其傾許之者至矣。卷别有《葦碧軒集》，未見。厲鶚《宋詩紀事》載卷詩四首，皆題作《葦碧軒集》。今以校此集，惟《寄遠》一首不載，餘皆相同，可知二集特互有出入，非截然兩本也。

【今案】影印文淵閣《四庫全書》第一一七一册第一七一頁書前提要。《文溯閣四庫全書提要》卷九四集部一六别集類一五，第三一〇七頁。《文津閣四庫全書提要匯編》集部四别集類三，第三七五頁。《四庫全書簡明目録》卷一六集部四别集類三，第六八四頁。《四庫全書總目》卷一六二集部一五别集類一五，第一三九〇頁上。

《雪磯叢稿》五卷

宋樂雷發撰。雷發字聲遠，寧遠人。累舉不第。門人姚勉登科，以讓第疏上，理宗詔親試，對選舉八事，賜特科第一人。歸隱雪磯，自號雪磯先生。雷發平生頗留心當世之務，以折衝禦侮爲己任。今集中所載《烏烏歌》，猶足見其抹時之志也。

【今案】《四庫提要分纂稿》第二四九頁。影印文淵閣《四庫全書》第一一八二册第六八九頁書前提要。《文溯閣四庫全書提要》卷九六集部一八别集類一七，第三一七一頁。《文津閣四庫全書提要匯編》集部四别集類三，第四二三頁。《四庫全書簡明目録》卷一六集部四别集類三，第六九七頁。《四庫全書總目》卷一六四集部一七别集類一七，第一四〇五頁上。

《宗忠簡集》八卷

宋宗澤撰。澤字汝霖，義烏人。元祐六年進士。靖康初，知磁州，勤王兵起，以澤爲副元帥。累遷延康殿學士兼開封尹，留守東京，贈觀文殿學士，謚忠簡。是編自一卷至六卷皆劄子、狀疏、詩文、雜體，七卷、八卷爲遺事、附録，皆後人紀澤事，實及誥敕、銘記之類。澤忠義凜然，載在史册。其請高宗還汴，疏凡二十八上，史傳不盡録其文，今見集中者得十八篇。其集乃嘉定間樓昉編輯，明季熊人霖復刊行之。此則國朝義烏人王廷曾重編，又增入《止割地》一疏，而以樓昉及明方孝孺序冠於篇首。

【今案】影印文淵閣《四庫全書》第一一二五冊第一頁書書前提要。《文淵閣四庫全書提要》卷八六集部八別集類七，第二八五二頁。《文津閣四庫全書提要匯編》集部四別集類三，第二二五頁。《四庫全書簡明目錄》卷一六集部四別集類三，第六四三頁。《四庫全書總目》卷一五六集部九別集類九，第一三四四頁中。

《文定集》十二卷[二]

宋汪應辰撰。應辰字聖錫，信州玉山人。紹興五年進士第一，官至端明殿學士。少受知喻樗，復從張九成游。集中有朱子跋《授經圖》，自稱從表姪，是於朱子爲丈人行，而交契極密。張栻、呂祖謙亦推重之。集本五十卷，明初已佚，惟內閣尚有其書，弘治中程敏政借出摘抄爲廷試策一卷、奏議二卷、內制一卷、雜文八卷。嘉靖間，其鄉人夏浚刻之，又附以遺事、志傳等文，凡二卷。應辰文醇正，論事可見施行，考據並見精核。其《與朱子書》謂蘇氏之學雖不能無疵，而與王氏同貶，恐或太甚，亦最平允。乃程敏政作《蘇氏檮杌》，至謂眉山父子罪浮安石，敏政既有取其文而立論，復異同如此，曾不自知其言之過，何耶？

【校記】

[二]十二卷 案《四庫全書總目》卷一五八同條作『二十四卷』。

【今案】影印文淵閣《四庫全書》第一一三八冊第五八七頁書前提要。《文淵閣四庫全書提要》卷八八集部一〇別集類九，第二九〇三頁。《文津閣四庫全書提要匯編》集部四別集類三，第二八七頁。《四庫全書簡明目錄》卷一六集部四別集類三，第六六〇頁。《四庫全書總目》卷一五八集部一一別集類一一，第一三六三頁上。

《石門文字禪》三十卷

宋僧德洪撰。德洪字覺範，初名惠洪，筠州人。嘗撰《冷齋夜話》《天廚禁臠》諸書，頗以談詩自任。是集爲其門人覺慈所編，釋氏編入《大藏》支那著述中。許顗稱其著作似文章巨工，仲殊、參寥輩皆不能及。陳振孫亦謂『其文俊偉，不類浮屠氏語』。方回《瀛奎律髓》則頗詆譏之。平心而論，德洪之失在於自許過高，求名過急，至於假託黃庭堅詩以自標榜，故頗爲當代所譏，至有『浪子和尚』之目。

要其詩邊幅雖狹，而時有清新之致，未可盡排也。集中有寂音自序一篇，述其生平出處甚悉。而晁公武所謂『張商英聞其名，請住峽州天寧寺』者，獨不之及。蓋德洪竄謫，實爲商英所累，故諱而不書耳。德洪别有《物外集》三卷、《筠溪集》十卷，今不傳。

【今案】影印文淵閣《四庫全書》第一一一六册第一四三頁書前提要。《文溯閣四庫全書提要》卷九〇集部一二别集類一一，第二九八四頁。《文津閣四庫全書提要匯編》集部四别集類三，第一八八頁。《四庫全書簡明目録》卷一五集部三别集類二，第六三二頁。《四庫全書總目》卷一五四集部七别集類七，第一三三一頁下。

《無爲集》十五卷

宋楊傑撰。傑字次公，無爲人，自號無爲子。嘉祐四年進士。元豐中官太常，時議典禮因革，傑討論精確。集中如《補正三禮圖》《皇族服制圖》諸序，以及禘祫、明堂、樂律諸奏，皆有關於典制。賦二卷、詩五卷、文八卷，紹興十七年知無爲軍趙士䌛所編。士䌛序云[一]：『删除蕪類，取有補於教化者，若釋道二家詩文則見諸别集』云，今别集不傳。

【校記】

[一]䌛 底本此字已殘損無文，兹據本書本條上文及《四庫全書總目》卷一五三同條補。

【今案】《四庫提要分纂稿》第二四〇頁。影印文淵閣《四庫全書》第一〇九九册第六七九頁書前提要。《文溯閣四庫全書提要》卷八五集部七别集類六，第二八〇八頁。《文津閣四庫全書提要匯編》集部三别集類二，第一五六頁。《四庫全書簡明目録》卷一五集部三别集類二，第六二三頁。《四庫全書總目》卷一五三集部六别集類六，第一三二一頁上。

《慶湖遺老集》九卷

宋賀鑄撰。鑄字方回，衛州人。唐諫議知章之後，因賀氏世居慶湖，故自號慶湖遺老。謝承《會稽先賢傳》謂慶湖以王子慶忌得名，後訛爲鏡湖，即慶湖也。編詩自元祐己卯以前凡九卷，自製序文，是爲前集，己卯以後者爲後集，合前後集共二十卷，同時程俱爲之叙。今止存前集，無後集。鑄子㯳云『後集經兵火散失』，其明証也。《通考》所載與現存卷數同。元方回作《瀛奎律髓》，稱鑄每詩題下必詳注作詩年月與其人之里居姓氏。今觀此本，誠然。鑄以填詞名家，世傳其『梅子黄時雨』句，有『賀梅子』之稱。而詩工緻修潔，時有逸氣，格雖不高，而無宋人悍獷之習。陸游《老學庵筆記》稱其文尤高，今則無傳矣。

【今案】影印文淵閣《四庫全書》第一一二三册第一九三頁書前提要。《文溯閣四庫全書提要》卷八七集部九別集類八，第二八八四頁。《文津閣四庫全書提要匯編》集部三別集類二，第二一二頁。《四庫全書簡明目録》卷一五集部三別集類二，第六三八頁。《四庫全書總目》卷一五五集部八別集類八，第一三三九頁下。

《筠溪集》二十四卷

宋李彌遜撰。彌遜字似之，連江人，居吴縣。與兄彌大、弟彌正俱負重名。大觀三年，上舍第一。高宗朝，試中書舍人，再試户部侍郎。以争和議忤秦檜，乞歸。事載《宋史》本傳。集首有樓鑰序，稱其『歸隱西山十六年，不復有仕宦意。詠詩自娱，筆力愈偉』。朱子嘗跋其《宿覲妙堂》詩後，亦傾倒甚至。彌遜自號筠溪子，乃其歸連江時所居之地，集中有《筠溪圖跋》可証。《宋史·志》亦作《筠溪集》，今本稱《竹溪》者，誤也。

【今案】《四庫提要分纂稿》第二四四頁。影印文淵閣《四庫全書》第一一三〇册第五八三頁書前提要。《文溯閣四庫全書提要》卷八八集部一〇別集類九，第二九二八頁。《文津閣四庫全書提要匯編》集部四別集類三，第二四五頁。《四庫全書簡明目録》卷一六集部四別集類三，第六四八頁。《四庫全書總目》卷一五六集部九別集類九，第一三五〇頁上。

《雪溪集》五卷

宋王銍撰[一]。銍字性之，汝陰人，昭素五世孫，莘之子也。嘗撰《七朝國史》。紹興初，詔視秩史官給札奏御，會秦氏柄國，中止。《宋史·藝文志》《經籍考》載其集目八卷，今尚少三卷，似非全本。銍詩格頗近温、李。王士禎（禛）《居易録》詆其詩不甚工，而獨稱其附載廬山僧可和詩一篇，似非篤論。惟銍以博洽名，乃集中《白頭吟》序不引《西京雜記》，而引吴兢語，已迷其本。又稱《宋志》載『文君』詩云云，不知《宋志》作『古詞』，不作文君也，此亦千慮之一失也。

【校記】

［一］宋　底本原作『宗』，誤，兹據《四庫全書總目》卷一五八同條改。

【今案】影印文淵閣《四庫全書》第一一三六册第五四七頁書前提要。《文淵閣四庫全書提要》卷九〇集部一二别集類一一，第二九七〇頁。《文津閣四庫全書提要匯編》集部四别集類三，第二七六頁。《四庫全書簡明目録》卷一六集部四别集類三，第六五七頁。《四庫全書總目》卷一五八集部一一别集類一一，第一三五九頁中。

《節孝集》三十二卷[一]

宋徐積撰。積字仲車，山陽人。天性篤孝[二]，從胡瑗學，爲高弟。治平中舉進士，耳疾不能仕。元祐初，以薦除揚州司户參軍，就充楚州教授，尋加秩和州防禦推官，改宣德郎。崇寧二年，除監中岳廟。節孝，其賜謚也。積以學行稱於時，蘇軾等皆敬憚之。軾嘗稱其詩文怪放如盧仝，其語固多奇縱，然未至如仝之甚。其《復河説》欲求九河故道而穿之，未免失之迂僻也。集首《事實》一卷，集三十卷，後附《語録》一卷，朱子嘗採入《四書集注》及《小學外篇》。景定甲子，淮安州學教授翁蒙正合編梓行。明嘉靖間，淮安兵備副使劉祐重刻之。

【校記】

[一]節孝集三十二卷　案《四庫全書總目》卷一五三同條作『《節孝集》三十卷、《附録》一卷』。

[二]性　底本原作『惟』，誤，兹據《文溯閣四庫全書提要》卷八五及《文津閣四庫全書提要匯編》集部三别集類二同條改。

【今案】影印文淵閣《四庫全書》第一一〇一册第七七九頁書前提要。《文溯閣四庫全書提要》卷八五集部七别集類六，第二八一八頁。《文津閣四庫全書提要匯編》集部三别集類二，第一六四頁。《四庫全書簡明目録》卷一五集部三别集類二，第六二六頁。《四庫全書總目》卷一五三集部六别集類六，第一三二三頁中。

《陵陽集》四卷

宋韓駒撰。駒字子蒼，蜀之仙井監人。政和中，召試，賜進士出身[一]。累除中書舍人，權直學士院。南渡初，知江州。其學原出蘇氏，吕本中强之入江西派，駒頗不樂。然駒詩磨淬剪截，亦頗涉豫章之格。其不願寄黄氏門下，亦猶陳師道之瓣香南豐，不忘所自爾，非必其宗旨之迥别也。陸游跋其詩草，謂『反覆塗乙，又歷疏語所從來，詩成，既以予人，久或累月[二]，遠或千里，復追取更定，無毫髮恨乃止』。亦可謂苦吟者矣。晁公武《讀書志》謂王黼嘗命騶題其家藏《太乙真人圖》，盛傳一時[三]。今其詩具在集中，有『玉堂學士今劉向』之句，推許甚至。劉克莊謂『子蒼諸人，自鬻其技至貴顯』，蓋指此類。其亦陸游《南園記》之比乎！要其文章不可掩也。

【校記】

[一]士出　底本倒爲『出士』，兹據《四庫全書總目》卷一五七同條乙正。

[二]久或累月　底本原作『久或累』，脱一『月』字，兹據《四庫全書總目》卷一五七同條補。

[三]盛傳　底本倒爲『傳盛』，兹據《四庫全書總目》卷一五七同條乙正。

【今案】影印文淵閣《四庫全書》第一一三三册第七六三頁書前提要。《文溯閣四庫全書提要》卷八九集部一一別集類一〇，第二九四七頁。《文津閣四庫全書提要匯編》集部四別集類三，第二五九頁。《四庫全書簡明目録》卷一六集部四別集類三，第六五二頁。《四庫全書總目》卷一五七集部一〇別集類一〇，第一三五四頁上。

《劉給事集》五卷

宋劉安上撰。安上字元禮，永嘉人。紹聖四年進士丙科。由錢塘尉歷擢殿中侍御史，賜五品服。疏劾蔡京，不報，乃與石公弼等廷論之。後以劾京之故，浮沉外任十六年。以知舒州，乞祠得提舉鴻慶宫。靖康元年，致仕。建炎二年，卒於家。薛嘉言行狀稱其有詩五百首、制誥雜文三十卷[一]。此集乃兵燬之餘，後人哀集，朱彝尊自河南劉體仁家抄得其半，後得福建林佶抄本，足成之。其詩醖釀未深，而格意在中、晚唐間，文筆亦皆修潔，無粗獷拉雜之習，蓋不惟其人足重，即文章亦殊可觀也。

【校記】

[一]薛嘉言行狀　底本倒爲『薛嘉行言狀』，兹據《文溯閣四庫全書提要》卷八七及《文津閣四庫全書提要匯編》集部三別集類二同條乙正。

【今案】影印文淵閣《四庫全書》第一一二四册第二頁書前提要。《文溯閣四庫全書提要》卷八七集部九別集類八，第二八九一頁。《文津閣四庫全書提要匯編》集部三別集類二，第二一七頁。《四庫全書簡明目録》卷一五集部三別集類二，第六四〇頁。《四庫全書總目》卷一五五集部八別集類八，第一三四一頁中。

《眉山集》二十二卷[一]

宋唐庚撰。庚字子西，眉州丹陵人。紹聖中進士。調利州治獄椽，遷閬中令，入爲宗學博士，張商英薦，除提舉京畿常平。商英拜相，庚賦《内前行》，卒以此貶，安置惠州六年，會赦，復官承議郎。歸蜀，道卒。劉克莊《後村詩話》云：「唐子西詩文皆高，不獨詩也。其出稍晚，使及坡門，當不在秦、晁以下。」徐度《却掃編》記庚自言「爲文章學司馬遷，爲詩當學杜甫」，其自命甚高，今觀所作，雖不逮其所言，而文章、議論、詩亦工緻。嶺南諸作，太學競相傳寫，稱「小東坡」，至刊板以行。宣和間，其弟庚併取其舊作編入。史載本集二十卷，疑即庚所編也。明徐𤊹從何楷得抄本，亦二十卷。雍正間，歸安汪亮采校刊，分爲詩十四卷、文八卷，其末附《三國雜事》二卷。《雜事》，世有單行本，今別著於録，惟以詩、文共爲二十二卷焉。

【校記】

[一]眉山集二十二卷　案《四庫全書總目》卷一五五同條作「《唐子西集》二十四卷」。

【今案】影印文淵閣《四庫全書》第一一二四册第二七一頁書前提要。《文淵閣四庫全書提要》卷八七集部九别集類八，第二八九五頁。《文津閣四庫全書提要匯編》集部三别集類二，第二二〇頁。《四庫全書簡明目録》卷一五集部三别集類二，第六四〇頁。《四庫全書總目》卷一五五集部八别集類八，第一三四二頁上。

《龜溪集》十二卷

宋沈與求撰。與求字必先，德清人。政和五年進士。高宗朝歷官知樞密院事，謚忠敏。史稱與求歷御史三院，知無不言，前後幾四百奏，其言切直，今所存僅十之三四，類多深中時弊。制誥典雅，亦有唐人之風。集爲紹熙中其孫詵所刊，有觀文殿大學士吴興李彦穎、湖州教授永嘉張叔椿二序。

【今案】影印文淵閣《四庫全書》第一一三三册第一一五頁書前提要。《文溯閣四庫全書提要》卷八九集部一一别集類一〇，第二九四一頁。《文津閣四庫全書提要匯編》集部四别集類三，第二五四頁。《四庫全書簡明目録》卷一六集部四别集類三，第六五〇頁。《四庫全書總目》卷一五七集部一〇别集類一〇，第一三五二頁下。

《華陽集》四十卷

宋張綱撰。綱字彦正，金壇人。大觀、政和間試舍法，三中首選。初與蔡京、王黼不合，二人每擠抑之。及南渡後，登瑣闥，復與秦檜隙，遂致仕。檜殁，乃召用，終參知政事。生平爲文，每一落紙，都人輒傳播。遭建炎兵燬，什不存一。值檜柄國[一]，懼言禍，絶意著述，以故流傳不多。嗣子堅搜輯，得八百餘篇，至孫釜始刊板置郡學。以其自號華陽老人，即以名集。洪邁爲之序，凡文三十三卷、詩五卷、詞一卷，後附行狀一卷。詩文典雅麗則，講筵所進故事，因事納忠，亦皆剴切。至南宋之初，盡革紹述之弊。凡元祐諸臣之後，無不甄録。轉相標榜，頗兹僞冒。綱乃復有劄子論黨籍推恩太濫，尤可謂卓然特立，毫無門户之見者矣。

【校記】

［一］值　底本原作「植」，誤，兹據《四庫全書總目》卷一五六同條改。

【今案】影印文淵閣《四庫全書》第一一三一册第一頁書前提要。《文溯閣四庫全書提要》卷八八集部一〇别集類九，第二九二九頁。《文津閣四庫全書提要匯編》集部四别集類三，第二四五頁。《四庫全書簡明目録》卷一六集部四别集類三，第六四八頁。《四庫全書總目》卷一五六集部九别集類九，第一三五〇頁上。

《文山集》二十一卷

宋文天祥撰。天祥字聖瑞，一字履善，廬陵人。寶祐四年，登進士第一。歷官右丞相兼樞密院使，封信國公。景炎三年，督兵惠州，被執，死柴市。事迹備載史傳。天祥負忠義大節，而著作亦極贍富[二]，生平以數十大册自隨，被難後盡失之。元貞間，其鄉人搜訪，陸續編次爲前集三十二卷，後集七卷，書中有道體堂跋語者是也。明初散佚，尹鳳岐從内閣得其本，重加編次，而韓雍刻之，張應祥又爲重刊，凡詩文十七卷，起寶祐乙卯，迄咸淳甲戌，皆通籍後及贛州以前之作。又《指南前録》一卷、《後録》一卷，則自德祐丙子奉使北營，間道浮海，以至誓師閩、粤，羈留燕邸，患難中手自編定者。又《紀年録》一卷，亦在獄時自述，後人復採集衆説以附之。《别集》二卷，前録遺文數篇，以他人序、紀等作綴於後。《附録》一卷，則其家子孫所録天祥父儀及弟璧、璋等碑銘也。

【校記】

［一］贍 底本原作『瞻』，誤，茲據《四庫全書總目》卷一六四同條改。

【今案】影印文淵閣《四庫全書》第一一八四册第三六〇頁書前提要。《文溯閣四庫全書提要》卷九六集部一八別集類一七，第三一八〇頁。《文津閣四庫全書提要匯編》集部四別集類三，第四三一頁。《四庫全書簡明目録》卷一六集部四別集類三，第六九九頁。《四庫全書總目》卷一六四集部一七別集類一七，第一四〇七頁下。

《陵陽集》二十四卷[一]

宋牟巘撰。巘字獻之。父子才，宋端明殿學士、禮部尚書，理宗時稱爲剛直。《宋史》有傳。巘官至大理少卿，入元不仕，閉户三十六年。故其集中《九日》五言詩序，論陶潛於王宏中路具酒食事，及《題淵明圖》諸文，意皆自寓。巘又嘗云：『世喜稱淵明入宋書甲子，無年號。黄豫章亦曰「甲子不數義熙前」。然今陶集詩本無書年號者，淵明耻事劉裕，大節較然，此未須深論。』巘之言如此，故巘文中間有用至元年號者，意本此也。子才本蜀之井研人，後以蜀亂，不能歸，淳祐中居於湖州，故巘爲湖州人，因多與趙孟頫、錢選、周密唱和。然其集猶取蜀所居之陵山，名曰《陵陽》，蓋尊本思舊之意也。巘别著《六經音考》，元時最有名，今不傳。巘子應龍，《元史》亦有傳，蓋以文學世其家者。集爲詩六卷、雜文十八卷，前有至順二年程端學序。

【校記】

［一］陵陽集 案《四庫全書總目》卷一六五同條作『《牟氏陵陽集》』。

【今案】《四庫提要分纂稿》第四三二頁。影印文淵閣《四庫全書》第一一八八册第一頁書前提要。《文溯閣四庫全書提要》卷九七集部一九別集類一八，第三二〇七頁。《文津閣四庫全書提要匯編》集部四別集類三，第四五二頁。《四庫全書簡明目録》卷一六集部四別集類三，第七〇四頁。《四庫全書總目》卷一六五集部一八別集類一八，第一四一三頁上。

《玉楮集》八卷

宋岳珂著。珂字肅之，號亦齋，又號倦翁，鄂忠武王飛之孫。官敷文閣待制，歷户部侍郎、淮東總領。此集起自戊戌，迄於庚子，凡三歲所作，共三百八十五篇。取《列子》『刻玉爲楮，三年而成』之意[一]，自爲序而録之。考珂於紹定癸巳元夕京口觀燈，因作詩及佑陵事，韓正倫疑其借端諷己，遂構怨陷以他罪[二]，會事白得釋，至戊戌復召用。故首篇有『五年坐奇謗』之語，他詩亦屢及此事。詩止録此三年者，其意實原於此。叙云：『木以不材壽，雁以不鳴棄，犧尊以青黄喪，大瓠以浮游取。』蓋有慨乎其言之也。雖時傷淺露，少詩人一唱三歎之致，而軒爽磊落，氣格亦有可觀者焉。

【校記】

[一]而　底本原作『不』，誤，兹據《四庫全書總目》卷一六四同條改。

[二]陷　底本原作『限』，誤，兹據《四庫全書總目》卷一六四同條改。

【今案】影印文淵閣《四庫全書》第一一八一册第四四一頁書前提要。《文溯閣四庫全書提要》卷九六集部一八别集類一七，第三一六四頁。《文津閣四庫全書提要匯編》集部四别集類三，第四一七頁。《四庫全書簡明目録》卷一六集部四别集類三，第六九五頁。《四庫全書總目》卷一六四集部一七别集類一七，第一四〇三頁下。

《分類補注李太白集》三十卷

宋楊齊賢注，元蕭士贇復删其謬誤，補其闕遺，仍以『齊賢曰』、『士贇曰』各標識之。杜甫集自北宋以來，注者不下數十家。李白集注，惟此本行世而已。康熙中，吴縣繆曰芑翻刻宋本《李翰林集》，前二十卷爲歌詩，後十卷爲雜著。此本前二十五卷爲古賦、樂府、歌詩，後五卷爲雜文，且分標門類，未知爲齊賢改編，抑士贇改編也。士贇字粹可[一]，寧都人，立等之子，篤學工詩，與吴澄友善。

【校記】

[一]可　底本原作『中』，誤，兹據《四庫全書總目》卷一四九同條改。

【今案】《四庫提要分纂稿》第二三六頁。《四庫全書薈要總目提要》第三五九頁。影印文淵閣《四庫全書》第一〇六六册第四三七頁書前提要。《文溯閣四庫全書提要》卷八一集部三别集類二，第二六四一頁。《文津閣四庫全書提要匯編》集部二别集類一，第三一頁。《四庫全書簡明目録》卷一五集部二别集類一，第五八七頁。《四庫全書總目》卷一四九集部二别集類二，第一二八〇頁中。

《漫塘文集》三十六卷

宋劉宰撰。宰字平國，金壇人。紹熙元年進士，仕至浙東倉司幹官。自引去，屏居漫塘三十年，屢召不出。時方禁讀周、程氏書，宰堅不署狀。所與游多朱子門人，而不及登朱子門，故集中三致意焉。淳祐初，王遂裒其遺稿，十僅得四五，名曰《前集》，理宗收入秘閣。明正德間，大學士靳貴從閣中抄出，授王臬鋟梓，爲三十六卷。本傳載宰别有《語録》行世，今不存。

【今案】影印文淵閣《四庫全書》第一一七〇册第二七五頁書前提要。《文溯閣四庫全書提要》卷九四集部一六别集類一五，第三一〇三頁。《文津閣四庫全書提要匯編》集部四别集類三，第三七二頁。《四庫全書簡明目録》卷一六集部四别集類三，第六八三頁。《四庫全書總目》卷一六二集部一五别集類一五，第一三八九頁上。

《網山集》八卷

宋林亦之撰。亦之字學可，號月魚，又號網山，福清人。林光朝講學莆之紅泉，亦之繼其席。趙汝愚帥閩，嘗以亦之行業上於朝。景定間，謚文介，贈迪功郎。其集，林希逸、劉克莊爲作序，皆極推之。然詩凡二卷，而挽詩居一卷，文凡六卷，而祭文居二卷，祝文聘書居一卷，青詞、募緣疏居一卷。求如克莊所謂『明周公之意，得少陵之髓』者，殊不概見也，則亦未免阿私所好矣。

【今案】影印文淵閣《四庫全書》第一一四九册第八五三頁書前提要。《文溯閣四庫全書提要》卷九一集部一三别集類一二，第三〇一九頁。《文津閣四庫全書提要匯編》集部四别集類三，第三一二頁。《四庫全書簡明目録》卷一六集部四别集類三，第六六七頁。《四庫全書總目》卷一五九集部一二别集類一二，第一三七〇頁上。

《巽齋四六》一卷

宋危昭德撰。昭德字子恭。寶祐元年進士，官至權工部侍郎。所著有《春山集》《四六》，僅存四十九首，非全本也。

【今案】《四庫全書總目》卷一七四集部二七别集類存目一，第一五四三頁上。

《本堂集》九十四卷

宋陳著撰。著字子微，號本堂，鄞人。寶祐四年進士，官著作郎，出知嘉興。忤賈似道，改臨安通判。集爲詩三十四卷、詞五卷、雜文五十五卷。宋末著作之富而獲存於今者，殆無過於兹集。然其詩多作理學語，粗疏不可讀，文亦近傖楚面目，且獎借二氏太甚，殊無剪裁。蔣巖跋以雄深稱之，乃一時推許之虚詞，非定評也。原目尚有《講義》二卷，今本已闕。

【今案】影印文淵閣《四庫全書》第一一八五册第一頁書前提要。《文溯閣四庫全書提要》卷九六集部一八別集類一七，第三一八四頁。《文津閣四庫全書提要匯編》集部四別集類三，第四三四頁。《四庫全書簡明目録》卷一六集部四別集類三，第七〇〇頁。《四庫全書總目》卷一六四集部一七別集類一七，第一四〇八頁中。

《鐵庵集》三十六卷[一]

宋方大琮撰。大琮，莆田人，號壺山。理宗時，官寶章閣直學士，因論濟王竑及史彌遠罪狀坐貶，今集首第一疏、第二疏是也。馬氏《經籍考》、《宋史·藝文志》均未著於録。集中奏議分諫院、右螭、西掖，各爲一卷，蓋在當時頗負直聲。然詞多激烈，失於粗豪。他文亦皆順筆揮掃，不甚煅煉，詩尤未工。

【校記】

［一］三十六卷　案《四庫全書總目》卷一六三同條作「三十七卷」。

【今案】影印文淵閣《四庫全書》第一一七八册第一四五頁書前提要。《文溯閣四庫全書提要》卷九五集部一七別集類一六，第三一四四頁。《文津閣四庫全書提要匯編》集部四別集類三，第三九九頁。《四庫全書簡明目録》卷一六集部四別集類三，第六九〇頁。《四庫全書總目》卷一六三集部一六別集類一六，第一三九七頁中。

《樂軒集》八卷

宋陳藻撰。藻字樂軒，福清人，林亦之之高弟也。集有劉克莊序，稱其遇甚窮，而讀書講學，浩乎自得，蓋亦知道之士。集中分詩三卷、文五卷。詩境真樸粗率，亦所不免。後有策問數十篇，以讀書疑義設爲問難，大都引而不發，似當時開門授徒私試之作也。

【今案】影印文淵閣《四庫全書》第一一五二册第二七頁書前提要。《文淵閣四庫全書提要》卷九一集部一三别集類一二，第三〇二九頁。《文津閣四庫全書提要匯編》集部四别集類三，第三二〇頁。《四庫全書簡明目録》卷一六集部四别集類三，第六六九頁。《四庫全書總目》卷一五九集部一二别集類一二，第一三七二頁下。

《梁谿遺稿》一卷

宋尤袤撰。袤字延之，無錫人。紹興十八年進士，官至禮部尚書。與范成大、陸游、蕭德藻俱以詩名，稱『四大家』。其遂初堂藏書爲當時冠。《宋史》本傳載《遂初小稿》六十卷、《内外制》三十卷，馬氏《經籍考》載《梁谿集》五十卷。今《遂初堂書目》尚存而集已久佚。國朝康熙中，翰林侍講長洲尤侗自以爲袤之後人，因裒輯遺詩刊行之，即此本也。然蒐採未博，故所收僅止於此。

【今案】影印文淵閣《四庫全書》第一一四九册第五〇九頁書前提要。《文淵閣四庫全書提要》卷九一集部一三别集類一二，第三〇一二頁。《文津閣四庫全書提要匯編》集部四别集類三，第三一〇頁。《四庫全書簡明目録》卷一六集部四别集類三，第六六六頁。《四庫全書總目》卷一五九集部一二别集類一二，第一三六九頁上。

《紹陶録》二卷

宋王質撰。質字景文，號雪山，其先鄆州人，後徙興國。紹興三十年進士。孝宗朝，爲樞密院編修官，出判荆南府，改吉州。淳熙間，奉祠山居，絶意禄仕。嘗以陶潛、宏(弘)景皆棄官遺世，其同時唐汝舟、鹿何可繼其風，因作爲《紹陶録》。上卷載《栗里》《華陽》二譜，而各摘其遺文遺事爲題，别爲詞以咏之。下卷紀唐、鹿事而附以山中詠物寓意之詩，題曰《山友詞》《山友續詞》。蓋言以鳥獸草木爲山中之友也。皆一時寄興之作，不可以詩格論者。

【今案】影印文淵閣《四庫全書》第四四六册第二七三頁書前提要。《文淵閣四庫全書提要》卷三四史部八傳記類一，第一一〇五頁。《文津閣四庫全書提要匯編》史部七傳記類，第一八九頁。《四庫全書簡明目録》卷六史部七傳記類，第二三三頁。《四庫全書總目》卷五七史部一三傳記類一，第五一五頁中。

《止齋論祖》五卷

宋永嘉陳傅良撰。傅良初講城南茶院時，以科舉舊學，人無異辭，於是芟除宿説，標發新穎，學者翕然從之。此論五卷，蓋即爲應舉而作也。首列《作論要訣》八章，中分四書、諸子、通鑑、君臣、時務五門，凡爲論九十二篇。考《止齋文集》卷末附録雜文數首，編內《守令》《文章》《民論》三篇存焉，餘皆削而不録。疑傅良當日自悔其少作，故當門人編次時不以入集，而仍别録此本，以存梗概耳。

【今案】《四庫全書總目》卷一七四集部二七别集類存目一，第一五四一頁下。

《方是閒居士小稿》二卷

宋劉學箕撰。學箕字習之，崇安人，通判興化軍子翬之孫，玶之子也。子翬爲宋名儒，學箕能承其家學。其集刊本久佚。元至正間，其從元(玄)孫張偶得於邑士家，因重鐫之。今亦止存抄本，前有嘉定中劉淮、趙蕃、趙必願三序。淮稱其「筆力豪放，詩摩香山之壘，詞拍稼軒之肩」，未免推之過甚，然亦仿佛有二人之一體也。

【今案】影印文淵閣《四庫全書》第一一七六册第五六五頁書前提要。《文溯閣四庫全書提要》卷九四集部一六别集類一五，第三一二五頁。《文津閣四庫全書提要匯編》集部四别集類三，第三九〇頁。《四庫全書簡明目録》卷一六集部四别集類三，第六八八頁。《四庫全書總目》卷一六二集部一五别集類一五，第一三九四頁中。

《橘山四六》二十卷

宋李廷忠撰。廷忠字居厚，别號橘山，於潛人。中淳熙八年進士，仕至夔路轉運通判。廷忠官無爲時，即有薦其文章典麗可備著作者。今所傳《橘山四六》，皆應酬之作也。明萬歷(曆)中，丹陽孫雲翼爲箋釋之。

【今案】影印文淵閣《四庫全書》第一一六九册第一三三頁書前提要。《文溯閣四庫全書提要》卷九三集部一五别集類一四，第三〇九三頁。《文津閣四庫全書提要匯編》集部四别集類三，第三六六頁。《四庫全書簡明目録》卷一六集部四别集類三，第六八一頁。《四庫全書總目》卷一六一集部一四别集類一四，第一三八七頁上。

《南塘四六》一卷

宋趙汝談撰。汝談字履常，太宗八世孫。居於餘杭。淳熙十二年進士，官至權刑部尚書。詩名甚著，歷掌制誥，以典雅稱。其《嘉定賀玉璽表》有『函封遠致，不知何國之白環；瑑刻孔彰，咸曰寧王之大寶』四語，王應麟極稱之，今全篇在集中。至《賀滅金》一首，則不免誇張失實矣。

【今案】《四庫全書總目》卷一七四集部二七別集類存目一，第一五四一頁下。

《格齋四六》一卷

宋王子俊撰。子俊字才臣，廬陵人。爲周必大、楊萬里所賞識，引入幕，代草牋奏書記。成都安丙嘗辟爲制置司屬官。《四六》凡一百二首，朱彝尊謂其漸近自然，蓋尚有汪藻之餘風，而純雅終不及也。子俊又著有《三松集》，今不傳。

【今案】影印文淵閣《四庫全書》第一一五一册第一頁書前提要。《文溯閣四庫全書提要》卷九一集部一三別集類一二，第三〇二二頁。《文津閣四庫全書提要匯編》集部四別集類三，第三一四頁。《四庫全書簡明目録》卷一六集部四別集類三，第六六八頁。《四庫全書總目》卷一五九集部一二別集類一二，第一三七一頁上。

《松垣集》十一卷

宋幸元龍撰。元龍字震父，高安人。舉進士，理宗朝任朝奉郎、郢州通判，以論史彌遠罷歸。是集目録、像贊及傳並缺，第十一卷有斷岳武穆、万俟卨子孫争田案迹[一]，乃後人纂叙附録之文，疑即集中稱『濱谷居士』者所爲。濱谷名鳴鶴，自謂元龍後裔，搜輯遺稿，編成此帙。詩文繫以評語，注釋頗陋。題曰『幸清節公』，其得謚亦無可考。首篇《論國是疏》，内自引所作與陳晐、劉之傑二律，而終之曰二詩之意切矣，殊非臣子對君之體，疑亦贋本。首有萬歷（曆）丙辰鳴鶴自序一首，乃神宗之四十四年也。

【校記】

[一]案 案《四庫全書總目》卷一七四同條作『事』。

【今案】《四庫全書總目》卷一七四集部二七别集類存目一，第一五四二頁中。

《臞軒四六》二卷

宋王邁撰。邁，建寧人。登進士第，仕於紹定、端平之間，以直言觸時忌，不得美選。嘗爲南外宗學教授，又嘗入湖南、廣東帥幕。文凡一百五首，不事組織而間傷冗仗，於裁剪爲疏。考劉克莊《千家詩選》載邁詩十三首，《全芳備祖》載邁詩一首，意當時必别有詩集專行，今不可考矣。

【今案】《四庫全書總目》卷一七四集部二七别集類存目一，第一五四二頁下。

《蛟峰集》七卷[一]

宋方逢辰撰。逢辰，淳安人，初名夢魁。淳祐十年進士第一，御筆改今名。累官兵部侍郎、國史修撰。宋亡後，教授鄉里，學者稱『蛟峰先生』。《宋史》不立傳。明邵經邦《宏（弘）簡録》爲補傳，以道學目之。逢辰秉節鯁亮，歷官亦多政績可紀，詳見黄溍所作墓表，今載入《文獻集》中。是編乃明天順間其七世從孫玉山知縣中所裒輯，請錢溥序而刊之者。所録奏劄，惟寶祐三年《請除内豎》一疏尚存，餘若論雷變，論邊備，論吴潛去位、賈似道匿敗諸劄子，皆平生建白之最著者，墓表略見大概，而集中反不載。其所掇拾，大抵案牘簡札之文爲多，而策問一首，至并考官評語載之。蓋散佚之餘，區區搜輯而成，故不免識小而遺其大矣。後附逢辰弟逢振詩文二十四首。逢振字君玉，亦以進士官太府寺簿。國亡，與兄俱守節不屈，所稱『山房先生』者也。又逢辰歷官誥敕及投贈詩文爲《外集》四卷，亦附於後。

【校記】

［一］蛟峰集七卷　案《四庫全書總目》卷一六五同條作『《蛟峰文集》八卷、《外集》四卷』。

【今案】影印文淵閣《四庫全書》第一一八七册第四九五頁書前提要。《文溯閣四庫全書提要》卷九七集部一九别集類一八，第三二〇四頁。《文津閣四庫全書提要匯編》集部四别集類三，第四五〇頁。《四庫全書簡明目録》卷一六集部四别集類三，第七〇四頁。《四庫全書總目》卷一六五集部一八别集類一八，第一四一二頁下。

《歸愚集》十卷[一]

宋葛立方撰。立方字常之，丹陽人，勝仲之子，丞相邲之父。集凡詩四卷，詞一卷，樂府、雜文一卷，外制二卷，表、啓各一卷。立方以紹興八年登第，仕至吏部侍郎，出知袁州，故此本題《侍郎葛公集》。《文獻通考》作二十卷，今止十卷，殆非完書，故止有近體而無古詩也。立方嘗著《韻語陽秋》，論詩頗詳，而所作殊靡靡少格，七律學江西派，而才地窘弱，彌形淺拙。又外制之首，有《何㮚進官制》，㮚相徽宗，從北狩，何由得至南宋？此必誤入之文，并非其本真矣。

【校記】

[一]案《四庫全書總目》卷一九五《韻語陽秋》二十卷』提要云：『立方有《歸愚集》，已著録。』又卷一九八『《歸愚詞》一卷』條云：『立方有《歸愚集》，已著録。』今《四庫全書總目》中并未見《歸愚集》一書提要。再檢文淵閣、文溯閣、文津閣《四庫全書》，亦未收入此書。蓋其初時收入并撰有提要，後將書抽出，提要亦被抽出，館臣却未能相應地删去『已著録』云語，故生此疑竇。

【今案】《四庫全書簡明目録》卷一六集部四別集類三，第六六一頁。

《忠肅集》三卷

宋傅察撰。察字公晦，濟源人。晁公休爲作行狀，言生於元祐四年，年十七舉進士，則崇寧五年。周必大序作十八，則大觀元年登第也。初，察舉進士時，蔡京欲以女妻之，察固辭。後娶趙挺之女，以外家恩例，爲青州司法參軍，歷轉吏部員外郎。宣和七年，借宗正少卿，接伴金使[二]。適金兵至韓城鎮，挾以行，不屈死，贈徽猷閣待制[三]。此本稱《忠肅公集》，則乾道中所贈謚，而其孫伯壽裒集遺文時所題也。周必大序稱文務體要，詞約而理盡，詩尤温純該貫，間作次韻，愈多而愈工。今觀其詩，古體學韓不成，近體亦乏深致。文則皆表啓儷偶之詞，不出當時應酬之格，而請東封、頌西封，以及青詞、疏文、祝文，尤宣、政間道教盛行，隨俗所作，皆不足爲典要。必大所云，蓋以其人重之，又曲徇其孫之請耳。

【校記】

[一] 伴 底本原作「拌」，誤，茲據《宋史》卷四四六《忠義傳·傅察》及《四庫全書總目》卷一五五同條改。

[二] 待 底本原作「侍」，誤，茲據《宋史》卷四四六《忠義傳·傅察》及《四庫全書總目》卷一五五同條改。

【今案】影印文淵閣《四庫全書》第一一二四册第六九五頁書前提要。《文淵閣四庫全書提要》卷八七集部九别集類八，第二九〇一頁。《文津閣四庫全書提要匯編》集部三别集類二，第二二四頁。《四庫全書簡明目錄》卷一五集部三别集類二，第六四一頁。《四庫全書總目》卷一五五集部八别集類八，第一三四三頁下。

集部 別集類四

《傅與礪詩文集》二十卷

元傅若金撰。若金字汝礪，改字與礪，江西新喻人。幼力學，爲同郡范梈所知，得其詩法。虞集、宋褧以異材薦之臺省館閣，交稱無異辭。佐使安南，歸除廣州文學教授。所著詩集有《南征稿》《使還新稿》《牛鐸音》等編，范、虞諸人皆嘗爲之序。至正間，其弟若川彙録之，名曰《清江集》。至明洪武中，又刻其文集十一卷、《附録》一卷。今詩文總爲一編[一]，不知何時所併[二]。若金當元極盛之時，親承宿老指授，故其詩極有軌度。王士禎（禛）《居易録》稱其歌行得老杜一鱗片甲，七律亦有格調，蓋非濫許。其文亦和平雅正，無棘吻螯舌之音。雖不能雄視詞壇，然亦可以劘諸家之壘矣。

【校記】

[一]一編　底本原作『編』，脱二『一』字，兹據《四庫全書總目》卷一六七同條補。

[二]不知　底本原作『不知知』，衍二『知』字，兹據《四庫全書總目》卷一六七同條删。

【今案】影印文淵閣《四庫全書》第一二一三册第一八一頁書前提要。《文溯閣四庫全書提要》卷九九集部二一别集類二〇，第三三五〇頁。《文津閣四庫全書提要匯編》集部五别集類四，第五六三頁。《四庫全書簡明目録》卷一七集部五别集類四，第七三七頁。《四庫全書總目》卷一六七集部二〇别集類二〇，第一四四六頁中。

《北郭集》六卷[一]

元許恕撰。恕字如心，江陰人。博學能文。至正中，薦授澄江書院山長。是集，其子禮部主事節所輯。范餘慶跋稱其後張簡編爲七卷，今考定原本爲六卷。是今本六卷乃其原數，特補遺四首，不知何時編入耳。顧嗣立《元詩選》云十卷，恐誤也。其詩思深旨遠，多感時之作。

【校記】

[一]北郭集六卷　案《四庫全書總目》卷一六八同條作『《北郭集》一卷、《補遺》一卷』。

【今案】影印文淵閣《四庫全書》第一二一七册第三一七頁書前提要。《文溯閣四庫全書提要》卷一〇〇集部二二别集類二一，第三三八三頁。《文津閣四庫全書提要匯編》集部五别集類四，第五九一頁。《四庫全書簡明目録》卷一七集部五别集類四，第七四六頁。《四庫全書總目》卷一六八集部二一别集類二一，第一四五五頁上。

《雲陽集》十卷

元李祁撰。祁字一初，茶陵人。舉元統元年左榜第二人進士。應奉翰林文字，授婺源州同知，遷江浙副提舉。歸隱永新山中。元亡，自稱「不二心老人」，力辭徵辟。年七十餘乃卒。祁爲詩，沖融和平，自合節度[一]，文筆亦雅潔有法。早登科第，與余闕爲同年友。後闕死節，而祁獨轉側兵戈間。嘗爲闕序《青陽集》，以「不得乘一障，效死如廷心」爲恨。又稱「世之貪生畏死，甘就屈辱，靦然以面目視人者，斯文之喪，益掃地盡矣」。蓋其生平立志如此，故集中詩文類多兵後所作，而惓惓故國，每飯不忘，卒皭然無所屈降，其大節有足稱也。初，祁在永新，爲總制俞茂所禮重。殁後，茂爲刻其遺集十卷。至弘治間，其五世從孫東陽搜輯佚稿，屬吉安守顧天錫重鋟行之。康熙間，嶺南釋大汕復删爲四卷，棄取未當，自不若原本之詳善也。

【校記】

[一]度　底本原作「族」，誤，兹據《四庫全書總目》卷一六八同條改。

【今案】《四庫提要分纂稿》第二五九頁。影印文淵閣《四庫全書》第一二一九册第六二九頁書前提要。《文溯閣四庫全書提要》卷一〇〇集部二二别集類二一，第三三九九頁。《文津閣四庫全書提要匯編》集部五别集類四，第六〇四頁。《四庫全書簡明目録》卷一七集部五别集類四，第七五〇頁。《四庫全書總目》卷一六八集部二一别集類二一，第一四五八頁下。

《傲軒吟稿》一卷

元胡天游撰。天游名乘龍，以字行，號松竹主人，又號傲軒，岳州平江人[二]。當元季之亂，隱居不仕。邑人艾科爲作傳，稱其七歲能詩，已具作者風力，名籍籍一世，視伯生、子昂，不輸一籌。其著作兵燹之餘，僅存什一，雖悲壯激烈，微有傷於粗豪，而發乎情，止乎禮義，身處末季，惓惓然想見太平，猶有詩人之遺焉。科以爲使天假其年，遇明太祖，必爲劉基、宋濂，恐未必然也。集中《陌上花》詩小序，誤以錢鏐爲梁元帝，蓋興酣落筆，記憶偶疏。庾信「桂華」之語，誤讀《漢書》；王維「垂楊」之句，訛解《莊子》。論古人者，正不在尋章摘句間耳。

【校記】

［一］州 底本原作「之」，誤，兹據《四庫全書總目》卷一六八同條改。

【今案】影印文淵閣《四庫全書》第一二一六册第七二五頁書前提要。《文溯閣四庫全書提要》卷一〇〇集部二二別集類二一，第三三七九頁。《文津閣四庫全書提要匯編》集部五別集類四，第五八八頁。《四庫全書簡明目録》卷一七集部五別集類四，第七四五頁。《四庫全書總目》卷一六八集部二一別集類二一，第一四五四頁上。

《蘭雪集》一卷

元松陽女子張玉孃撰。玉孃明慧知書，少許字沈佺。既而父母有違言，玉孃不從。適佺屬疾，玉孃折簡貽佺，以死自誓。佺卒，玉孃遂以憂死。葉子奇《草木子》深以通問爲非。至嘉靖中，邑人王詔得其遺詩於《道藏》中，乃爲作傳，以表其事，而引無鹽、孟光爲比。要其失禮之愆，自不可掩，而其志則可哀已。詩格淺弱，不出閨閣之態。卷首題「張獻集録」，蓋玉孃之族孫也。

【今案】《四庫全書總目》卷一七四集部二七別集類存目一，第一五四八頁中。

《黄楊集》三卷、《補遺》一卷

元無錫華幼武彦清撰。幼武篤於孝友，不樂仕進，構春草堂以奉母，凡力可以娛其親者，無不爲之。性好吟咏，友人陳方題其集曰《黄楊》，蓋謂其愛詩甚篤，而奪於多事，故勉其無厄於閏。詩殊淺易，俞貞木以爲句不苟造，章不漫成，殆不免溢美云。

【今案】《四庫全書總目》卷一七四集部二七別集類存目一，第一五四七頁上。

《書林外集》七卷

元鄞人袁士元彦章撰。士元即珙之父，以孝行稱。以薦授縣學教諭，尋擢翰林國史院檢閲官，不赴。其詩危素序之，稱其清麗可喜。然往往粗淺多累句，如《壽吕瀛海》詩云：「我方而立足先弱，公到古稀鬢未蒼」［二］，又其甚者也。

【校記】

［一］古　底本原作『者』，誤，兹據《四庫全書總目》卷一七四同條改。

【今案】《四庫全書總目》卷一七四集部二七別集類存目一，第一五四六頁下。

《漢泉集》十卷［一］

元曹伯啓撰。伯啓字士開，碭山人。官至御史中丞，分司陝西。謚文貞。其前九卷詩，第十卷皆樂府，語多質直，未爲名家。曹鑑神道碑稱所著詩文名《漢泉漫稿》，今本乃其子江南御史臺管勾復亨類集，有詩無文，末有《後録》一卷。

【校記】

［一］漢泉集十卷　案《四庫全書總目》卷一六六同條作『《曹文貞詩集》十卷、《後録》一卷』。

【今案】影印文淵閣《四庫全書》第一二〇二册第四七五頁書前提要。《文淵閣四庫全書提要》卷九八集部二〇別集類一九，第三二九七頁。《文津閣四庫全書提要匯編》集部五別集類四，第五二一頁。《四庫全書簡明目録》卷一七集部五別集類四，第七二五頁。《四庫全書總目》卷一六六集部一九別集類一九，第一四三四頁上。

《清江碧嶂集》一卷

元杜本撰。本字伯原，清江人。父謙，在文天祥幕中，嘗毁家以佐軍。本博學善屬文。吴越歲饑，本上救荒策，江浙行省丞相布呼密用其言，米價頓平。遂薦於武宗，召至京。已而去，居武夷山。文宗即位，以幣徵，不就。學者稱爲『清碧先生』。嘗輯宋遺民《谷音》一卷，今傳於世。而所自作詩，乃粗淺不入格，顧嗣立《元詩選》譏其多應酬俚近之作［一］，非苛論也。

【校記】

［一］元詩選　底本倒爲『選元詩』，兹據本書集部別集類『《北郭集》六卷』條、『《佩玉齋類稿》十二卷』條、『《山窗餘稿》一卷』條、『《定宇集》十六卷、《別集》一卷』條及『《知非堂稿》六卷』條乙正。案《四庫全書總目》卷一七四同條作『《元百家詩選》』。

【今案】《四庫全書總目》卷一七四集部二七別集類存目一，第一五四五頁中。

《佩玉齋類稿》十二卷[一]

元楊翮撰。翮字文舉，上元人。父剛中，大德間翰林待制，著《霜月集》，今不傳。翮初爲江浙行省掾。至正中，官休寧主簿，歷江浙儒學提舉，遷太常博士。所作詩集，顧嗣立《元詩選》取之。是編，其文集也，虞集、陳旅、吳復興、楊維楨四序皆盛相推許。然其文間雜排偶，不能戛戛單行，流易有餘，精深渾厚則未也。

【校記】

[一]十二卷 案《四庫全書總目》卷一六八同條作『十卷』。

【今案】影印文淵閣《四庫全書》第一二二〇册第四九頁書前提要。《文溯閣四庫全書提要》卷一〇〇集部二二別集類二一，第三四〇二頁。《文津閣四庫全書提要匯編》集部五別集類四，第六〇六頁。《四庫全書簡明目録》卷一七集部五別集類四，第七五一頁。《四庫全書總目》卷一六八集部二一別集類二一，第一四五九頁中。

《襄陽遺集》一卷

元嘉興范明泰輯。宋米芾之遺文也。芾以書畫名世，其詩文本無專集。明泰蒐採各書，裒爲此編，用力亦勤。然如倒書《心經》咒語一則，本佛書舊文，非芾所撰，亦登簡牘，則乖剌之甚矣。

【今案】《四庫全書總目》卷一七四集部二七別集類存目一，第一五三八頁下。

《存復齋集》十卷

元朱德潤撰。德潤字澤民，睢陽人，著籍吳中。善屬文，工書畫。延祐末，以薦授翰林應奉文字，兼國史院編修官。尋授鎮東行省儒學提舉。召見，獻《雪獵賦》稱旨。時集善書者以金泥寫梵書，德潤實綜其事。後移疾歸。至正間，起爲江浙行中書省照磨官，參軍事，守杭、湖二郡[二]，攝守長興。集有虞集題詞、黃溍序，皆見微詞，惟合沙俞焯序稱其文理到而辭不凡，差得其實。詩則膚淺少深致，蓋非所長。

【校記】

［一］守　底本原作「定」，誤，兹據《四庫全書總目》卷一七四同條改。

【今案】《四庫全書總目》卷一七四集部二七別集類存目一，第一五四六頁下。

《松鄉文集》十卷

元任士林撰。士林字叔實，號松鄉，奉化人。以郝天挺薦，授安定書院山長。制行端實，文詞淳雅。趙孟頫見其《蘭芎山寺碑》文，甚推許之，後誌其墓。杜本亦稱其《謝翱傳》《胡烈婦傳》能使秉彝好德之心千載著明。是集所録碑志居多。然其文學韓愈而未就，多故爲拗澀之句，而實無深理，又間雜偶句，爲例不純。其《自然道士傳》《正一先生傳》《壽光先生傳》又剿襲《毛穎傳》而爲之，益卑俗矣。

【今案】影印文淵閣《四庫全書》第一一九六册第四八七頁書前提要。《文溯閣四庫全書提要》卷九八集部二〇別集類一九，第三二六九頁。《文津閣四庫全書提要匯編》集部五別集類四，第四九九頁。《四庫全書簡明目録》卷一七集部五別集類四，第七二〇頁。《四庫全書總目》卷一六六集部一九別集類一九，第一四二七頁下。

《淮陽集》一卷、附録詩餘一卷

元張宏（弘）範撰。宏（弘）範字仲疇，河内人。事迹具《元史》。淮陽，其封爵號也。是集爲其里人金臺王氏所刊，其曾孫江南諸道行御史臺監察御史旭重刊。明正德中，公安知縣周鉞又重刊之。前有鄧光薦、許從宣二序，末有鉞跋。宏（弘）範生於元初，頗染宋末江湖集派，其詩流連光景，而未能比興深微，佳者不過「中酒未醒過似病，搜詩不得勝如愁」之類而已。

【今案】影印文淵閣《四庫全書》第一一九一册第七〇三頁書前提要。《文溯閣四庫全書提要》卷九八集部二〇別集類一九，第三二四七頁。《文津閣四庫全書提要匯編》集部五別集類四，第四八二頁。《四庫全書簡明目録》卷一七集部五別集類四，第七一五頁。《四庫全書總目》卷一六六集部一九別集類一九，第一四二二頁中。

《藏春集》四卷[一]

元劉秉忠撰。秉忠字仲晦，邢州人。事迹具《元史》。史稱有集十卷，此本僅存七言律詩三卷、樂府一卷，已非完書。其詩頗染宋季江湖之派，又兼有《擊壤集》體，如小詩中『鳴鳩喚住西山雨，桑葉如雲麥始花』者，不多見也。前有至正丁亥閻復序，亦稱裁雲縫月之章、陽春白雪之曲，乃其餘事。史乃謂其詩蕭散閒淡，類其爲人，似非篤論矣。

【校記】

[一]四卷 案《四庫全書總目》卷一六六同條作『六卷』。

【今案】影印文淵閣《四庫全書》第一一九一册第六三三頁書前提要。《文淵閣四庫全書提要》卷九八集部二〇別集類一九，第三二四七頁。《文津閣四庫全書提要匯編》集部五別集類四，第四八一頁。《四庫全書簡明目録》卷一七集部五別集類四，第七一五頁。《四庫全書總目》卷一六六集部一九別集類一九，第一四二二頁上。

《江月松風集》十二卷

元錢惟善撰。惟善字思復，錢塘人。領至正鄉薦，官至副提舉。張士誠據吴，退隱吴江之筒川，又移居華亭。明洪武初卒。惟善應鄉試，題曰《羅刹江賦》，鎖院三千人，不知出處，獨惟善引枚乘《七發》證錢塘之『曲江』即『羅刹江』，大爲主司所稱，由是知名。號曲江居士，又自號心白道人。是集皆古今體詩，前有陳旅序，稱其『妥適清蒨，娓娓乎有唐之流風』。又有至元五年淳安夏溥序，以宋末『四靈』爲晚唐人，紕繆殊甚。

【今案】影印文淵閣《四庫全書》第一二一七册第七九五頁書前提要。《文淵閣四庫全書提要》卷一〇〇集部二二別集類二一，第三三八九頁。《文津閣四庫全書提要匯編》集部五別集類四，第五九五頁。《四庫全書簡明目録》卷一七集部五別集類四，第七四八頁。《四庫全書總目》卷一六八集部二一別集類二一，第一四五六頁中。

《山林清氣集》一卷、《續集》一卷

元釋德淨撰。德淨字如鏡，錢塘人。在泰定、天歷(曆)間，嘗與仇遠、馮子振、白珽諸人游。其詩皆五、七律，無古體一篇。又《續中集》僅詩七十六首，而咏物者至五十三首，格調淺薄，亦緇流之喜於啖名者。末有《附集》一卷，皆同時諸人酬贈之作。前有三山王都中題五言律詩一首，又一首署『蒙古作』，亦和王韻，蓋即集中所稱『錢蒙古松壑僉事』也。

【今案】《四庫提要分纂稿》第二八二頁。《四庫全書總目》卷一七四集部二七別集類存目一，第一五四五頁下。

《南湖集》七卷

元貢性之撰。性之字友初，宣城人。元季爲閩省理官。明初，隱於浙之山陰，更名悦。其從弟仕於朝，迎歸金陵、宣城，俱不往，遂卒於越。門人私謚貞晦先生。世家於宣城之南湖，故以『南湖』名集。其詩古體未能成家，近體頗流逸，然格亦不高，以其人而重之耳。

【今案】影印文淵閣《四庫全書》第一二二〇册第一頁書前提要。《文溯閣四庫全書提要》卷一〇〇集部二二別集類二一，第三四〇〇頁。《文津閣四庫全書提要匯編》集部五別集類四，第六〇五頁。《四庫全書簡明目録》卷一七集部五別集類四，第七五〇頁。《四庫全書總目》卷一六八集部二一別集類二一，第一四五九頁上。

《唫嚝集》一卷

元宋无撰。此集皆詠宋事，於《翠寒集》《鯨背吟》外別行。每篇先叙始末，而斷以七言絶句一章。詠史之作，肇於班固。厥後詞人間作，往往一唱三歎，托意於語言之外。至周曇作《詠史詩》二卷，詞旨淺近，古法遂微。无此詩格意差勝於曇，然終不免於以論爲詩之目也。

【今案】《四庫全書總目》卷一七四集部二七別集類存目一，第一五四六頁下。

《論範》二卷

題元進士歐陽起鳴撰。起鳴不知何許人。其書雜取經史諸子之語爲題，各繫以論，而史事爲多，共六十篇。所見多乖謬，不足採録。

【今案】《四庫全書總目》卷一七四集部二七別集類存目一，第一五四六頁下。

《范文忠公集》十二卷[一]

明范景文撰。景文字夢章，吴橋人。明萬歷（曆）癸丑進士，官至東閣大學士。崇禎十七年殉難，順治九年賜謚文忠。是集爲其子君穎所輯。史稱景文署選事時，群賢登進，景文力爲多。今觀其《攝銓》《副銓》諸稿所載奏疏，言皆剴切，而《撫豫》《出鎮》等稿所載諸疏，於除害剔弊之方，敷陳切至，不獨以忤魏忠賢一事，稱爲剛正也。

【校記】

［一］范文忠公集　案《四庫全書總目》卷一七二同條作『《范文忠集》』。

【今案】《四庫提要分纂稿》第二七六頁。影印文淵閣《四庫全書》第一二九五册第四四〇頁書前提要。《文溯閣四庫全書提要》卷一〇四集部二六别集類二五，第三六五〇頁。《文津閣四庫全書提要匯編》集部六别集類五，第八〇〇頁。《四庫全書簡明目録》卷一八集部六别集類五，第八一二頁。《四庫全書總目》卷一七二集部二五别集類二五，第一五一五頁下。

《對山集》十九卷[一]

明康海撰。海字德涵，號對山。弘治丙戌進士第一，官翰林院修撰。嘗與李夢陽共倡復古學，而海尤有志於經濟。集中如《擬廷臣論寧夏事狀》及《鑄錢論》諸篇，均切中事理。廷對策亦立言有本末。後以救夢陽事交劉瑾，瑾敗，坐廢，放浪於聲伎之間，以度曲擅名。《明史·藝文志》載其《樂府》二卷，今不在集中，蓋别行也。

【校記】

［一］十九卷　案《四庫全書總目》卷一七一同條作『十卷』。

【今案】《四庫提要分纂稿》第二七〇頁。影印文淵閣《四庫全書》第一二六六册第三一七頁書前提要。《文溯閣四庫全書提要》卷一〇三集部二五别集類二四，第三五七五頁。《文津閣四庫全書提要匯編》集部六别集類五，第七四一頁。《四庫全書簡明目録》卷一八集部六别集類五，第七九四頁。《四庫全書總目》卷一七一集部二四别集類二四，第一四九九頁上。

《占星堂集》十五卷

明唐文獻撰。文獻字元徵，華亭人。萬歷(曆)丙戌進士第一，歷官禮部侍郎、翰林院學士，謚文恪。朱彝尊《静志居詩話》載文獻未第時，曾見奎宿於堂上，故以『占星』名其堂，因以名集。

【今案】《四庫提要分纂稿》第三〇八頁。《四庫全書總目》卷一七九集部三二别集類存目六，第一六一六頁下。

《甫田集》三十五卷、《附録》一卷

明文徵明撰。徵明初名璧，以字行，更字徵仲，號衡山，長洲人。以歲貢薦授翰林院待詔。所著詩集十五卷、文集二十卷、附録《行略》一卷，其仲子嘉所述也。徵明與唐寅、沈周皆以書畫掩其文。然寅詩纖巧，周詩頹唐，而徵明較爲雅飭，故其詩稍顯於二人。朱彝尊《明詩綜》録徵明詩十五首，其《池上》一篇，集中所無。《静志居詩話》謂其書必留題，故集外留傳者多也。

【今案】《四庫全書薈要總目提要》第四二九頁。影印文淵閣《四庫全書》第一二七三册第一頁書前提要。《文溯閣四庫全書提要》卷一〇四集部二六别集類二五，第三五九七頁。《文津閣四庫全書提要匯編》集部六别集類五，第七五七頁。《四庫全書簡明目録》卷一八集部六别集類五，第七九九頁。《四庫全書總目》卷一七二集部二五别集類二五，第一五〇三頁下。

《松韻堂集》十二卷

明孫七政撰。七政字齊之，常熟人。與王世貞諸人游，故詩亦七子之體，而字句時傷於笨滯。

【今案】《四庫全書總目》卷一七八集部三一别集類存目五，第一六〇五頁上。

《始豐稿》六卷[二]

明徐一夔撰。一夔字大章，天台人，僑居嘉興。洪武初，徵至都，纂修禮書。後王禕薦修《元史》，不赴。署杭州教授。召修日歷(曆)，授翰林院官。集分前、後兩稿，皆雜文，無詩。觀其《與危素書》，知元末曾任建寧教授，而《明史》本傳不載。明陳繼儒嘗稱一夔

《宋行宫考》《吴越國考》研核精確，今集中無此文。又王士正（禛）謂其《錢唐鐵箭辨》精於考核[二]，而是集亦闕，則知其遺佚者多矣。其《歐史十國年譜備證》一篇，謂歐陽氏於吴越改元，止據寶石山制稱「寶正六年」爲證，一奱復得錢鏐將許俊墓磚有「寶正三年」字，以證《歐史》之不誣。又謂元瓘襲位後，不復改元，立説俱有根據。觀一奱此文，始知明嘉靖間錢德洪所撰《吴越世家疑辨》，謂改元之事別無証據者，特自爲其先世諱，非核實之論也。

【校記】

［一］六卷　案《四庫全書總目》卷一六九同條作「十四卷」。

［二］唐　案《四庫全書總目》卷一六九同條作「塘」。

【今案】影印文淵閣《四庫全書》第一二二九册第一三九頁書前提要。《文溯閣四庫全書提要》卷一〇一集部二三別集類二二，第三四四四頁。《文津閣四庫全書提要匯編》集部六別集類五，第六三九頁。《四庫全書簡明目録》卷一八集部六別集類五，第七六二頁。《四庫全書總目》卷一六九集部二二別集類二二，第一四六九頁上。

《朱邦憲集》十五卷

明朱察卿撰。察卿，上海人，福州知府豹之子，邦憲，其字也。爲太學生，慷慨任俠，與沈明臣、王穉登友善。集凡詩二百五十四首，文一百五十六首，皆明臣所訂定而王世貞序之。

【今案】《四庫全書總目》卷一七八集部三一別集類存目五，第一六〇六頁中。

《整庵存稿》二十卷

明羅欽順撰。欽順字允升，泰和人。弘治六年進士及第，官至吏部尚書。嘉靖初，耻與張璁、桂萼同列[一]，遂致仕。生平潛心格物致知之學，著有《困知記》八卷。詞章非其所好，選録家亦罕及之。然集中文皆典雅醇正，詩亦不腐不率，在講學諸人中可稱卓卓者。

【校記】

［一］桂　底本原作「珪」，誤，兹據《明史》卷一九六《桂萼傳》及《四庫全書總目》卷二八經部春秋類三「《左傳附註》五卷」條、卷

三〇經部春秋類存目一『《左氏春秋鐫》二卷』條、卷一七一集部別集類二四『《震澤集》三十六卷』條改。

【今案】影印文淵閣《四庫全書》第一二六一册第三頁書前提要。《文溯閣四庫全書提要》卷一〇三集部二五別集類二四，第三五六四頁。《文津閣四庫全書提要匯編》集部六別集類五，第七三三頁。《四庫全書簡明目録》卷一八集部六別集類五，第七九一頁。《四庫全書總目》卷一七一集部二四別集類二四，第一四九七頁上。

《于忠肅集》十二卷[一]

明太傅于謙撰。謙字廷益，錢塘人。事迹具《明史》。是集奏議凡十卷，分北伐、南征、雜行三類，皆軍國碩畫也；外詩一卷、雜文一卷、附録一卷。謙不以詩名，而所作風格遒上，興象深遠，轉出一時文士上，見其才無施不可矣。李之藻《忠肅集》序謂謙再疏請復儲，與王世貞《名卿續記》所言合，與徐學聚、黄光昇諸私史所傳互異。今二疏不見集中，或有所避而不存，或之藻、世貞之誤，蓋不可考矣。

【校記】

［一］十二卷　案《四庫全書總目》卷一七〇同條作『十三卷』。

【今案】影印文淵閣《四庫全書》第一二四四册第二頁書前提要。《文溯閣四庫全書提要》卷一〇二集部二四別集類二三，第三五一八頁。《文津閣四庫全書提要匯編》集部六別集類五，第六九七頁。《四庫全書簡明目録》卷一八集部六別集類五，第七八〇頁。《四庫全書總目》卷一七〇集部二三別集類二三，第一四八六頁中。

《西村集》八卷[一]

明史鑑著。鑑字明古，號西村，吴江人。隱居不仕。然留心經世之務，三原王恕巡撫江南時，聞其名，延見之，訪以時政。鑑指陳利病，恕深服其才，以爲可以當一面。沈周、吴寬、都穆、文徵明咸折節與之交。所著詩四卷，嘉靖間，其孫周哀而刊之，而以墓表及諸人哀挽之詩附於後，周用、盧襄各爲之序。其文指陳得失，反復剴切，而於吴中水利尤詳，其他亦多關國計民生者。第五卷皆明初諸臣列傳，叙次簡明，疑其欲爲野史而未就也。其詩亦落落無俗韻，惟古詩不知古音，所注叶韻多謬誤。文中《祭徐有貞文》及文後跋一篇，以私恩之故，爲力辯奪門一事，則未免曲筆耳。

【校記】

［一］西村集八卷 案《四庫全書總目》卷一七一同條作『《西村集》八卷、《附録》一卷』。

【今案】影印文淵閣《四庫全書》第一二五九册第六八五頁書前提要。《文溯閣四庫全書提要》卷一〇三集部二五別集類二四，第三五六〇頁。《文津閣四庫全書提要匯編》集部六別集類五，第七二九頁。《四庫全書簡明目録》卷一八集部六別集類五，第七九〇頁。《四庫全書總目》卷一七一集部二四別集類二四，第一四九五頁下。

《楊文敏集》二十五卷

明楊榮撰。榮字勉仁，建安人。建文二年進士，官終謹身殿大學士。正統間卒，贈太師，謚文敏。榮始終榮遇，委蛇廟廊，非惟應制詩文具有賡颺之體，其他亦皆雍容平易，肖其爲人。雖無深湛幽渺之思與縱横馳驟之氣，足以新人耳目者，而醇雅無疵，意盡言止，亦一代臺閣作手也。後弘、正間沿其派者，流爲膚廓，不免歸咎於濫觴，是則榮所不得辭。

【今案】影印文淵閣《四庫全書》第一二四〇册第一頁書前提要。《文溯閣四庫全書提要》卷一〇二集部二四別集類二三，第三五〇八頁。《文津閣四庫全書提要匯編》集部六別集類五，第六八九頁。《四庫全書簡明目録》卷一八集部六別集類五，第七七八頁。《四庫全書總目》卷一七〇集部二三別集類二三，第一四八四頁上。

《東里文集》二十五卷［一］

明楊士奇撰。士奇名寓，以字行，泰和人。建文時，以辟召入翰林。永樂初，改編修，入直文淵閣。累官少師、華蓋殿大學士，贈太師，謚文貞。是集記二卷、序六卷、題跋四卷、碑銘十卷、雜文三卷。末一卷題曰《方外》，凡爲二氏所作，悉别編焉。意蓋推而遠之，亦向來編文集者未及之例也。

【校記】

［一］東里文集二十五卷 案《四庫全書總目》卷一七〇同條作『《東里全集》九十七卷、《别集》四卷』。

【今案】影印文淵閣《四庫全書》第一二三八册第一頁書前提要。《文溯閣四庫全書提要》卷一〇二集部二四别集類二三，第三五〇七頁。《文津閣四庫全書提要匯編》集部六别集類五，第六八八頁。《四庫全書簡明目録》卷一八集部六别集類五，第七七八頁。《四庫全書總目》卷一七〇集部二三别集類二三，第一四八四頁上。

《劉彦昺集》九卷

明劉炳撰。炳字彦昺，以字行，鄱陽人。洪武初，獻書，任中書典籤，出爲大都督掌記。所著詩文，本名《春雨軒集》，危素、宋濂、楊維楨、徐矩皆爲作序，王褘、俞貞木、周象初爲作跋，余闕、周伯琦皆極稱之。此本其門人劉子昇所編次，楊維楨嘗爲評定，亦附刊焉。末有雜文一卷，殊不及其詩，蓋所長不在此也。集中書元國號皆作『原』，蓋以明初刊板避太祖諱而然，意其時，猶未有二名不偏諱之詔歟。

【今案】影印文淵閣《四庫全書》第一二二九册第七一三頁書前提要。《文溯閣四庫全書提要》卷一〇一集部二三别集類二二，第三四五一頁。《文津閣四庫全書提要匯編》集部六别集類五，第六四四頁。《四庫全書簡明目録》卷一八集部六别集類五，第七六四頁。《四庫全書總目》卷一六九集部二二别集類二二，第一四七〇頁下。

《震澤集》三十卷[一]

明王鏊撰。鏊字濟之，官大學士，卒，謚文恪，事迹具《明史》。其制義爲有明一代冠，而晚乃得第。積學有年，古文亦湛深，經術有唐宋之遺風。集中《尊號議》《昭穆對》，大旨與張璁、桂萼合[二]。故霍韜爲其集序，極推之，至比於孔門之游、夏，未免過情。然其謂鏊早學於蘇，晚學於韓，折衷於程朱，則固公論也。其《河源考》一篇，能不信都爾蘇所言，似爲有見。而雜引佛典、道書以駁崑崙之説，考證殊誣。蓋明代幅員至嘉峪而止，徒執故籍以揣摩之，宜其疏耳。

【校記】

［一］三十卷　案《四庫全書總目》卷一七一同條作『三十六卷』。

［二］桂　底本原作『珪』，誤，兹據《明史》卷一九六《桂萼傳》及《四庫全書總目》卷一七一同條改。

【今案】《四庫全書薈要總目提要》第四二五頁。影印文淵閣《四庫全書》第一二五六册第一一九頁書前提要。《文溯閣四庫全書提要》卷一〇三集部二五别集類二四，第三五五〇頁。《文津閣四庫全書提要匯編》集部六别集類五，第七二一頁。《四庫全書簡明目録》卷一八集部六别集類五，第七八八頁。《四庫全書總目》卷一七一集部二四别集類二四，第一四九三頁中。

《蘇門集》八卷

明高叔嗣撰。叔嗣字子業，號蘇門山人，祥符人。嘉靖二年進士，仕至湖廣按察使。叔嗣少爲邑人李夢陽所稱。其集，詩四卷、文四卷，陳束序之，推其詩優於文。王世貞嘗言『高詩如空山鼓琴，沈思忽往，木葉盡脱，石氣自青』，可謂善於形容矣。

【今案】《四庫全書薈要總目提要》第四二八頁。影印文淵閣《四庫全書》第一二七三册第五六一頁書前提要。《文溯閣四庫全書提要》卷一〇四集部二六别集類二五，第三六〇〇頁。《文津閣四庫全書提要匯編》集部六别集類五，第七六〇頁。《四庫全書簡明目録》卷一八集部六别集類五，第八〇〇頁。《四庫全書總目》卷一七二集部二五别集類二五，第一五〇四頁中。

《容春堂前集》二十卷、《後集》十四卷、《續集》十八卷、《别集》九卷[一]

明邵寶撰。寶字國賢，無錫人。成化二十年進士，官終禮部尚書，卒，贈太子太保，謚文莊。事迹具《明史·儒林傳》。寶爲李東陽鄉試所取士，故其詩文之派多出東陽。雖編集時未能澄汰謹嚴，不免以庸易之作參乎其中，而大致質實雅潔，有前人之餘風，異乎塗飾字句以爲秦漢者矣。

【校記】

[一]容春堂前集二十卷後集十四卷續集十八卷别集九卷　案此四集合計卷帙爲六十一卷，與《明史》卷九九《藝文志》著録『邵寶《容春堂全集》六十一卷』正合。而《千頃堂書目》卷二〇别集類及《四庫全書總目》卷一七一同條俱著録爲《容春堂前集》二十卷、《後集》十四卷、《續集》十八卷、《别集》九卷，合計卷帙亦爲六十一卷。且《總目》提要曰：『[李]東陽所見祇有《前集》，其《後集》《續集》《别集》，則[邵]寶後所續編，東陽弗及睹也。』由此種種可證本書本條底本原作『《容春堂全集》』之『全』字，當爲『前』字之誤無疑，茲即據以改正。

【今案】影印文淵閣《四庫全書》第一二五八册第二頁書前提要。《文溯閣四庫全書提要》卷一〇三集部二五别集類二四，第三五五五頁。《文津閣四庫全書提要匯編》集部六别集類五，第七二五頁。《四庫全書簡明目録》卷一八集部六别集類五，第七八九頁。《四庫全書總目》卷一七一集部二四别集類二四，第一四九四頁下。

《希澹園詩》三卷

明虞堪撰。堪字克用，一字勝伯，宋丞相允文七世孫，元侍講集之從孫，本蜀人，家長洲。洪武中，爲雲南府學教授。此集卷尾自跋稱『丁未冬至前一日』[一]，丁未爲元至正二十七年，則此集皆元時作也。古詩磊落有氣格，近體音節諧婉，七言律詩稍薄弱，時效山谷，終不近之，然亦無塵俗氣也。又一本卷數相同，惟題曰《鼓枻集》，未詳孰是。

【校記】

［一］冬　底本原作『長』，誤，兹據《四庫全書總目》卷一六九同條改。

【今案】影印文淵閣《四庫全書》第一二三三册第五八一頁書前提要。《文溯閣四庫全書提要》卷一〇一集部二三别集類二二，第三四八四頁。《文津閣四庫全書提要匯編》集部六别集類五，第六六九頁。《四庫全書簡明目録》卷一八集部六别集類五，第七七二頁。《四庫全書總目》卷一六九集部二二别集類二二，第一四七八頁中。

《黄忠宣集》八卷

明黄福撰。福字如錫，號後樂翁，昌邑人。洪武甲子舉人，官至户部尚書。是集爲其子琮所編，冠以《奉使安南水程》，殊乖體例。餘多手札及公牘，皆不入格。

【今案】《四庫全書總目》卷一七五集部二八别集類存目二，第一五五一頁下。

《芝園定集》五十一卷[一]

明張時徹撰。時徹字惟静，鄞縣人。嘉靖癸未進士，官至兵部尚書。是集凡詩二十卷，族譜一卷，書啓四卷，序十卷，記傳各一卷，碑文三卷，墓誌四卷，祭文、雜著各一卷，史論四卷。其詩不出常格，樂府喜用古題，而所擬漢魏諸作，皆舍其本詞而仿其增減入樂之調，則未免逐影而失形矣。史論亦偏駁特甚。

【校記】

［一］芝園定集五十一卷　案《四庫全書總目》卷一七七同條作『《芝園定集》五十一卷、《別集》十一卷』。

【今案】《四庫全書總目》卷一七七集部三〇別集類存目四，第一五八〇頁下。

《副墨》五卷

明汪道昆撰。道昆字伯玉，歙縣人。嘉靖丁未進士，官終兵部侍郎。其文規仿《史》《漢》，而僅得形似，蓋亦太倉、歷下之派也。道昆好爲高論，官四川提學僉事時，每醜詆蘇軾，謂當以四等處之，其所見可知矣。

【今案】《四庫全書總目》卷一七七集部三〇別集類存目四，第一五九六頁中。

《袁中郎集》四十卷

明袁宏道撰。宏道字中郎，公安人。萬歷（曆）二十年進士，官至吏部稽勳司郎中。與兄宗道、弟中道並有才名，時稱『三袁』。先是王、李之學盛行，宗道獨力排其説，宏道益矯以清新輕俊，由是學者多宗之，目爲『公安體』。然矯枉過正，流於纖詭。至鍾惺、譚元春復揚其波，而風雅蕩然矣。謂明季詩學之壞始於公安，未爲過論也。

【今案】《四庫全書總目》卷一七九集部三二別集類存目六，第一六一八頁下。

《龍谿全集》二十卷

明王畿撰。畿字汝中，號龍谿，山陰人。嘉靖十一年進士，授兵部主事，進郎中。後謝病歸。自王守仁以致良知爲宗，語雜禪理。至畿益衍其師説，從而甚之。如謂虛寂微密是千聖相傳之秘，從此悟入，乃範圍三教之宗。又謂佛氏所説，本是吾儒大路，是不止陽儒而陰釋矣。是集爲其子應斌、應吉所編，凡《語録》八卷，書序、雜著、記説共九卷，詩一卷，祭文、誌狀、表傳二卷。其門人蕭良幹刊之，丁賓又爲重鐫，而益以《大象義述》一卷，傳誌、祭文一卷。

【今案】《四庫全書總目》卷一七七集部三〇別集類存目四，第一五八七頁下。

集部 別集類五

《趙仲穆遺稿》一卷

元趙雍撰。雍字仲穆，孟頫子也。凡詩十七首、詞十七首，卷末題延祐元年春正月寄呈德璉姊丈。後有文徵明跋[一]，稱此卷『行楷兼作，轉益妍美，從烏程王天羽借觀，因題其後』。蓋從墨迹抄出者。詩詞皆淺弱，如所謂『坐對荷花三兩朵，紅衣落盡秋風生』者，殊不多得，疑或依托也。徵明跋又云：『德璉，孟頫婿王國器也，長於樂府，楊鐵崖亟稱之。』

【校記】

[一]後 底本原作『復』，誤，兹據《四庫全書總目》卷一七四同條改。

【今案】《四庫全書總目》卷一七四集部二七別集類存目一，第一五四五頁中。

《盧陵集》二卷[一]

元張昱撰。昱字光弼，盧陵人。少從虞集學詩。官至行樞密院判官。元亡，隱居西湖。明太祖徵至京，憫其老，曰『可閑矣』，因自號可閑老人。集首有楊士奇序，稱嘗從給事中夏時得昱詩一帙，授其外孫浮梁丞時昌付梓以傳，久而散佚。國初，金侃復從常熟毛氏求得之。集中有考証，題曰『侃案』者，蓋即其所校定也。昱詩近體爲多，其中如《輦下曲》《宫中詞》等篇，於元季遺聞佚事亦有可備參考者，然其他類多應酬之作，頗傷率易，晚節尤頹唐自放矣。

【校記】

[一]盧陵集二卷 案《四庫全書總目》卷一六八同條作『《可閑老人集》四卷』。

【今案】影印文淵閣《四庫全書》第一二二二册第四九九頁書前提要。《文溯閣四庫全書提要》卷一〇〇集部二二別集類二一，第三四一八頁。《文津閣四庫全書提要匯編》集部五別集類四，第六一九頁。《四庫全書簡明目録》卷一七集部五別集類四，第七五五頁。《四庫全書總目》卷一六八集部二一別集類二一，第一四六三頁中。

《青陽集》四卷

元余闕撰。闕以淮南行省左丞守安慶，殉節甚烈，事具《元史》，故集中所著皆有關當世安危。其《上賀丞相》四書，言蘄、黄禦寇之策尤痛切。使策果行，則友諒未必能陷江東、西也。其第二書謂往時泰哈布哈、曼濟哈雅并力攻蘄、黄，賊幾就滅，忽檄散各軍，止有布延特穆爾駐劄蘭溪[一]，盜之復陷沿江諸郡，實人謀不臧。證以《布延特穆爾本傳》，知丞相托克托雖有功於江淮，而實階亂於蘄、黄之地。又第四書曰：『蘭溪之功，布延特穆爾平章爲最，曼濟哈雅中丞特因之成事。』《布延特穆爾傳》亦採用之。則是非之公，信諸後代者也。其詩以漢魏爲宗，優柔沈涵，在元人中別爲一格，在闕又爲餘事矣。

【校記】

［一］劄　案《四庫全書總目》卷一六七同條作『劄』，似俱爲『紮』或『紥』之訛。

【今案】影印文淵閣《四庫全書》第一二一四册第三六一頁書前提要。《文淵閣四庫全書提要》卷九九集部二一别集類二〇，第三三五五頁。《文津閣四庫全書提要匯編》集部五别集類四，第五六七頁。《四庫全書簡明目録》卷一七集部五别集類四，第七三九頁。《四庫全書總目》卷一六七集部二〇别集類二〇，第一四四七頁下。

《玉山璞稿》一卷

元顧瑛撰。瑛一名阿瑛，字仲瑛，世居崑山。舉茂才，署會稽教諭，辟行省屬官，皆不就，卜築玉山草堂。所撰有《玉山草堂集》，皆輯録同時文士之作。此集則所自作也。瑛生元季，當詩格綺靡之時，亦未能自拔於俗，而清麗芊綿，出入於温岐、李賀間，亦復風流自賞，未可概以詩餘斥也。集末附《步虚詞》四章，體摹真誥。又小詞二首，文二篇，《拜石壇記》頗疏峭。《玉鸞》一傳爲楊維楨得簫而作，摹擬《毛穎》《革華》，則不免陳因窠臼矣。

【今案】影印文淵閣《四庫全書》第一二二〇册第一二七頁書前提要。《文淵閣四庫全書提要》卷一〇〇集部二二别集類二一，第三四〇三頁。《文津閣四庫全書提要匯編》集部五别集類四，第六〇七頁。《四庫全書簡明目録》卷一七集部五别集類四，第七五一頁。《四庫全書總目》卷一六八集部二一别集類二一，第一四六〇頁上。

《默庵集》五卷

元安熙撰。熙字敬仲，稿城人。少慕劉因之名，欲從之游，因亦願傳所學於熙。會因卒，不果。然所學一以因爲宗。其門人蘇天爵作熙行狀，稱朱子《四書集注》初至北方，滹南王若虚起而辨之，陳天祥益闡其説。熙力與争，天祥遂焚其書。今天祥之書故在，焚之之説雖涉於夸飾，然熙之力崇朱學，固於是可見也。熙没之後，天爵輯其詩文，而虞集爲之序。詩頗有格調，雖時作理語，而不涉語録。惟《冬日齋居》五首及《壽李翁八十詩》，不入體裁。雜文皆篤實力學之言，而傷於平沓，蓋本無意於求工耳。天爵行狀稱集十卷，目録後熙子壄附記亦云内集五卷、外集五卷。此本僅存詩文五卷、《附録》一卷，或舊本散佚，後人重爲編綴歟？

【今案】影印文淵閣《四庫全書》第一一九九册第七〇七頁書前提要。《文溯閣四庫全書提要》卷九八集部二〇別集類一九，第三二九二頁。《文津閣四庫全書提要匯編》集部五別集類四，第五一六頁。《四庫全書簡明目録》卷一七集部五別集類四，第七二四頁。《四庫全書總目》卷一六六集部一九別集類一九，第一四三二頁下。

《玉井樵唱》三卷

元尹廷高撰。廷高字仲明，別號六峰，遂昌人。嘗掌教於永嘉，秩滿至京，謝病歸。其詩氣格雖不高，而神思清雋。卷首自記，載其父詩一聯，蓋即戴復古《石屏集》以其父遺詩冠首之意。

【今案】影印文淵閣《四庫全書》第一二〇二册第六九三頁書前提要。《文溯閣四庫全書提要》卷九九集部二一別集類二〇，第三三〇三頁。《文津閣四庫全書提要匯編》集部五別集類四，第五二四頁。《四庫全書簡明目録》卷一七集部五別集類四，第七二六頁。《四庫全書總目》卷一六七集部二〇別集類二〇，第一四三五頁下。

《鶴年集》一卷[一]

元丁鶴年撰。鶴年字鶴年[二]，本回回人。祖父世爲顯官，鶴年獨不仕，尚節操，有孝行，烏斯道、戴良爲作傳，以申屠蟠擬之。元亡，避地四明，後歸老武昌山中。所爲詩本名《海巢集》，此本但題《丁鶴年先生集》，不知何人所編。以各體分載，合爲一卷，後有鶴年長兄淛東僉都元帥吉雅摩迪音詩九首、次兄翰林應奉阿里沙詩三首，又鶴年表兄樊川吴惟善詩五首，蓋皆後人所附入也。鶴年於詩用工極深，尤長於五、七言近體，沉鬱頓挫，無元季纖靡之習。集中順帝北狩以後，諸作纏綿悱惻，不忘故君，其志尤有足悲者云。

【校記】

［一］鶴年集　案《四庫全書總目》卷一六八同條作『《丁鶴年集》』。

［二］鶴年字鶴年　底本原作『鶴年字□□』，案後二字殘缺無文，兹據《元詩選》初集辛集《丁鶴年小傳》及《四庫全書總目》卷一六八同條補。

【今案】影印文淵閣《四庫全書》第一二一七册第四九三頁書前提要。《文溯閣四庫全書提要》卷一〇〇集部二二别集類二一，第三三八六頁。《文津閣四庫全書提要匯編》集部五别集類四，第五九三頁。《四庫全書簡明目録》卷一七集部五别集類四，第七四七頁。《四庫全書總目》卷一六八集部二一别集類二一，第一四五五頁下。

《燕石集》十五卷

元宋褧撰。褧字顯夫，大都人。泰定甲子進士，歷官翰林直學士，謚文清。褧少敏悟，博覽群籍，與兄本後先入館閣，時人以大、小宋擬之。其詩務去陳言，其文温潤完潔。首載至正八年御史臺咨江浙行中書省於有學校錢糧内刊行褧集咨呈一道［一］，次載歐陽元(玄)、蘇天爵、許有壬、吕思誠、危素五序，極推重之。是編爲其姪太常奉禮郎彌編次，詩十卷，文五卷，謚議、墓誌、祭文、挽詩附於後，末有洪武中何之權、吕熒二跋。

【校記】

［一］江浙　底本倒爲『浙江』，《四庫全書總目》卷一六七同條亦作『浙江』，俱誤，兹據《元史》卷六二《地理志》乙正。

【今案】影印文淵閣《四庫全書》第一二一二册第三六七頁書前提要。《文溯閣四庫全書提要》卷九九集部二一别集類二〇，第三三四四頁。《文津閣四庫全書提要匯編》集部五别集類四，第五五九頁。《四庫全書簡明目録》卷一七集部五别集類四，第七三六頁。《四庫全書總目》卷一六七集部二〇别集類二〇，第一四四五頁中。

《龜巢集》十七卷

元武進謝應芳子蘭撰。應芳性耿介，尚節義。至正初，舉三衢清獻書院山長。阻兵，居吴，築室松江之旁。洪武初，歸隱横山，自號龜巢老人。其集，一卷爲賦，二卷至五卷爲詩，六卷至十一卷爲雜文，十二卷爲詩餘，十三卷至十五卷又爲雜文，十六、七卷又爲詩，編次無緒，疑後人亂之，或前、後二集，後人併之也。其詩頗雅潔可觀，文則應酬之作較多。然其中如《上周郎中論五事啓》《上奉使宣撫書》《與王氏諸子書》《上周參政正風俗書》《上何太守書》《上武進樊大尹書》《與林掌諭請建先賢祠書》，固皆有關於國計民生、風俗人心之作也。

【今案】影印文淵閣《四庫全書》第一二一八册第四頁書前提要。《文淵閣四庫全書提要》卷一〇〇集部二二别集類二一，第三三八九頁。《文津閣四庫全書提要匯編》集部五别集類四，第五九六頁。《四庫全書簡明目録》卷一七集部五别集類四，第七四八頁。《四庫全書總目》卷一六八集部二一别集類二一，第一四五六頁下。

《僑吴集》十二卷

元鄭元祐撰。元祐字明德，處州遂昌人。父希遠徙錢塘，元祐復寓平江，從之學者雲集，優游吴中幾四十年，終江浙儒學提舉。元祐幼傷右臂，每左手作書，自號尚左生。崑山顧瑛爲玉山文酒之會，記序之作，多所推屬。東吴碑志，争得其言以爲重。嘗自輯在吴中所作詩文，名《僑吴集》，以授謝徽而序之。今此本後有弘治丙辰張習跋語，稱元祐本有《遂昌山人集》與《僑吴集》多繁蕪重出，因通録之，得詩文之精純者，併爲十二卷，仍名《僑吴集》，用梓以傳。據此，則其集已屬習所重訂，非元祐手編原本也。集爲文六卷、詩六卷。文頗疏宕有氣，詩亦蒼古。惟蘇大年《墓志》、盧熊《郡志》皆稱元祐以大府薦，兩爲校官，而集中《與張德常書》有『僕贊郡無補，嘗移檇李』之語，又似嘗爲他官。豈大年等有所諱而不書，抑元祐代人作而誤入之者耶？俱不可考矣。集[一]

【校記】

[一]底本原案曰：『編按：此提要未完，今補白葉。』《四庫全書總目》卷一六八『《僑吴集》十二卷』條：『元鄭元祐撰。元祐有《遂昌雜録》，已著録。元祐家本遂昌，徙於錢塘。而流寓平江凡四十年，爲時最久，故其集名以「僑吴」。實則杭州

所作亦在其内，蓋從其多者言之也。集本其晚年所定，以授謝徽。今此本後有宏（弘）治丙辰張習跋，乃稱元祐本有《遂昌山人集》，與《僑吴集》多繁蕪重出，因通録之，得詩文之精純者，併爲十二卷，仍名《僑吴集》，用梓以傳。則此本爲習所重訂，非元祐手編之本矣。凡文六卷、詩六卷。其中《與張德常書》有「僕贊郡無補，嘗移檇李」之語，而蘇大年所作墓誌、盧熊《蘇州府誌》皆稱元祐以大府薦，兩爲校官，不言嘗爲他職，與元祐仕履不合。豈代人所作，失於標註耶？其文頗疏宕有氣，詩亦蒼古。蓋元祐生於至元之末，猶及見咸淳遺老。中間又得見虞集諸人，得其緒論。末年所與游者，亦皆顧阿瑛、倪瓚、張雨之流。互相薰染，其氣韻不同，固亦有自來矣。」

【今案】影印文淵閣《四庫全書》第一二一六册第四二一頁書前提要。《文溯閣四庫全書提要》卷一〇〇集部二二別集類二一，第三三七五頁。《文津閣四庫全書提要匯編》集部五別集類四，第五八四頁。《四庫全書簡明目録》卷一七集部五別集類四，第七四四頁。《四庫全書總目》卷一六八集部二一別集類二一，第一四五三頁上。

《栲栳山人集》二卷[一]

元岑安卿撰。安卿字静能，餘姚人。所居近栲栳峰，故以自號。岑氏多以科名顯，安卿獨淪落不偶，而志行高潔，不屑自獻。其詩有云：『老成愧苟得，童稚羞無官。』又云：『結交慎攀援。』其節操可想見已。此集爲安卿邑人宋禧編輯。禧，初名元禧。洪武間召修《元史》，曾爲安卿題像，述其生平梗概，今附載集末。

【校記】

［一］二卷　案《四庫全書總目》卷一六七同條作『三卷』。

【今案】影印文淵閣《四庫全書》第一二一五册第四五九頁書前提要。《文溯閣四庫全書提要》卷九九集部二一別集類二〇，第三三六七頁。《文津閣四庫全書提要匯編》集部五別集類四，第五七八頁。《四庫全書簡明目録》卷一七集部五別集類四，第七四二頁。《四庫全書總目》卷一六七集部二〇別集類二〇，第一四五〇頁下。

《青村遺稿》一卷

元金涓撰。涓字德原，義烏人。本姓劉，先世避錢武肅王鏐嫌名[一]，改姓金。受業許謙之門，復從黄溍游。宋濂、王褘皆其同學也。累辭薦辟，教授青村，著有文集四十卷，已佚。是編，其六世孫魁、七世孫江蒐羅散逸，僅存什一於千百。詩格清約，雖乏縱横排奡之才，而自諧雅度。嘗有和王褘詩一百九十韻，極爲宋濂所稱，今亦不存。

【校記】

[一] 鏐 底本原作「繆」，誤，兹據《舊五代史》卷一三三《錢鏐傳》及《四庫全書總目》卷一六八同條改。

【今案】影印文淵閣《四庫全書》第一二一七册第四七三頁書前提要。《文溯閣四庫全書提要》卷一〇〇集部二二别集類二一，第三三八五頁。《文津閣四庫全書提要匯編》集部五别集類四，第五九三頁。《四庫全書簡明目録》卷一七集部五别集類四，第七四七頁。《四庫全書總目》卷一六八集部二一别集類二一，第一四五五頁下。

《山窗餘稿》一卷

元甘復撰。復字克敬，餘干人。元季與甘彦初、張可立從張仲舉游。仲舉少許可，獨推重三人爲士林遺逸。復篇什散漫，僅存手墨於同里趙石蒲家。明成化間，石蒲之孫琥始付梓行世。顧嗣立《元詩選》載有邑人劉憲序，稱其詩俊逸清奇。今憲序不存，止存琥跋，文僅數十篇、詩十餘首，雖非完帙，然詩文清遠而簡潔，未可以殘缺廢之也。

【今案】影印文淵閣《四庫全書》第一二一八册第五三五頁書前提要。《文溯閣四庫全書提要》卷一〇〇集部二二别集類二一，第三三九一頁。《文津閣四庫全書提要匯編》集部五别集類四，第五九八頁。《四庫全書簡明目録》卷一七集部五别集類四，第七四八頁。《四庫全書總目》卷一六八集部二一别集類二一，第一四五七頁上。

《玩齋集》十卷、《拾遺》一卷

元貢師泰撰。師泰字泰甫，宣城人。集賢直學士奎之子，官至户部尚書。事迹具《元史》。師泰少承家學，繼登吴澄之門，復與虞集、揭傒斯諸人游，其學具有淵源。所著有《友迂集》，余闕序之；《玩齋集》，黄溍序之；《東軒集》，程文序之；又有《臾臾集》《閩南集》，見於李國鳳之序。其門人謝肅、劉欽類爲一編。明天順間，寧國守會稽沈性重加蒐輯，得詩文六百五十三首，釐爲十卷，又《補遺》一卷，其年譜之類别爲一卷附之，即今本也。師泰以政事著，而文章亦足凌厲一時。嘉靖中，李默作是集後跋，稱元亡，師泰實仰藥死，則師泰又以節義著矣。

【今案】《四庫全書薈要總目提要》第四一七頁。影印文淵閣《四庫全書》第一二一五册第五〇九頁書前提要。《文溯閣四庫全書提要》卷一〇〇集部二二别集類二一，第三三七〇頁。《文津閣四庫全書提要匯編》集部五别集類四，第五八〇頁。《四庫全書簡明目録》卷一七集部五别集類四，第七四三頁。《四庫全書總目》卷一六八集部二一别集類二一，第一四五一頁下。

《待清遺稿》二卷

元潘音撰。音字聲甫，天台人。自宋末隱居不仕，題其居曰『待清軒』，學者遂稱爲『待清先生』。嘉靖間，其後人從敗簏中得遺稿，屬徐雲卿校定而序之。

【今案】《四庫全書總目》卷一七四集部二七别集類存目一，第一五四四頁上。

《寶峰集》二卷

元趙偕撰。偕字子永，慈谿人。宋宗室子，入元不仕。以道學鳴於時，隱居大寶山東麓，學者稱『寶峰先生』。外孫顧恭編次其集，中更兵燹散失。嘉靖間，其嗣孫廣東僉事繼宗得於楊昔濟、向純夫處，重梓行之。今所抄傳，即其本也。偕學宗楊簡，詩文亦復類之。上卷多與邑令陳文昭所論治縣規條，下卷古今體詩不免陳腐。

【今案】《四庫全書總目》卷一七四集部二七别集類存目一，第一五四三頁下。

《水鏡集》一卷

元元淮撰。又名《金淵集》。淮字國泉，號水鏡，臨川人。至元初，以軍功顯於閩，官至溧陽路總管。其詩有《擊壤集》之風，而理趣又不逮焉。

【今案】《四庫全書總目》卷一七四集部二七别集類存目一，第一五四五頁下。

《林屋山人集》一卷

元俞琰玉吾撰[一]。琰自謂生平有讀《易》癖，寒暑不輟。今所傳惟《周易集説》一書，其他著述甚多，半佚不存。詩僅一册，附雜文數首，率淺俗不足觀，如《題楊妃圖》一絶，又《食鰻辨》一篇，尤鄙俚之甚者。

【校記】

[一] 俞琰《四庫全書總目》卷一七四集部别集類存目一同條作「俞琬」。案「琬」，乃爲皇太子愛新覺羅・顒琰即後來的嘉慶皇帝避諱而改。

【今案】《四庫全書總目》卷一七四集部二七别集類存目一，第一五四四頁下。

《雪樓集》三十卷

元程鉅夫撰。鉅夫名文海，以字行，號雪樓，建昌人。至元初，由宿衛轉任館閣，累官翰林學士承旨，授光禄大夫，追封楚國公，謚文憲。《元史》有傳。鉅夫宏才博學，歷事四朝，忠亮鯁直，爲時名臣。其文渾雄典雅，一洗宋季萎靡之習，累朝實録、詔制、紀功、銘德之作，多出其手。所著有《玉堂集類稿》《奏議存稿》及詩文雜著，其子大本輯録爲四十五卷，門人揭傒斯校正之。此本併作三十卷，乃至正癸卯，其曾孫漕所重編，刊校未竟，至洪武甲戌詔取其書入秘閣，越次年乃刊成之。

【今案】影印文淵閣《四庫全書》第一二〇二册第三頁書前提要。《文淵閣四庫全書提要》卷九八集部二〇别集類一九，第三二九六頁。《文津閣四庫全書提要匯編》集部五别集類四，第五二〇頁。《四庫全書簡明目録》卷一七集部五别集類四，第七二五頁。《四庫全書總目》卷一六六集部一九别集類一九，第一四三三頁下。

《定宇集》十六卷、《别集》一卷　浙江鮑士恭家藏本

元陳櫟撰。櫟所作《書傳纂疏》，别著録。是集爲其族孫嘉基所刊，凡文十五卷，詩及詩餘一卷，《别集》一卷則附録序記誌狀之類。櫟生朱子之鄉，亦力崇朱子之學。集中如《澄潭贊》曰：『惟千載心，秋月寒水，儒釋同處，我聞朱子。』附會《齋居感興》詩句，以强合於禪，未免疵累。然集中諸文大抵皆醇正質實，不涉異説。如《深衣考》之類，雖未必盡合古制，而援據考証，究與空談説經者有間。惟詩作《擊壤集》派，多不入格。如顧嗣立《元詩選》中所稱『笑渠拄笏看山色，容我扶筇聽水聲』、『柳枝水灑一溪月，豆子雨開千嶂烟』諸句，皆沙中金屑，不能數數遇之也。

【今案】影印文淵閣《四庫全書》第一二〇五册第一五一頁書前提要。《文溯閣四庫全書提要》卷九九集部二一别集類二〇，第三三一一頁。《文津閣四庫全書提要匯編》集部五别集類四，第五三三頁。《四庫全書簡明目録》卷一七集部五别集類四，第七二八頁。《四庫全書總目》卷一六七集部二〇别集類二〇，第一四三七頁中。

《白雲集》四卷

元許謙撰。謙字益之，號白雲，婺源人。事迹具《元史》。謙受業黄幹之門，講明道學。其詩理趣之中妙含興象，五言古體尤諧雅音，非濂洛風雅諸作惟涉理路者比。文亦醇雅，有古風。惟《與王申伯》一詩，宗旨入於莊、老，乃以冠集。跋《黄石公素書》一篇，不能知其爲僞托，而《求補儒吏》一書代人干乞，可不必編置集中，爲有道之累耳。

【今案】影印文淵閣《四庫全書》第一一九九册第五二九頁書前提要。《文溯閣四庫全書提要》卷九八集部二〇别集類一九，第三二五〇頁。《文津閣四庫全書提要匯編》集部五别集類四，第五一五頁。《四庫全書簡明目録》卷一七集部五别集類四，第七二四頁。《四庫全書總目》卷一六六集部一九别集類一九，第一四三二頁上。

《仁山集》四卷[一]

元金履祥撰。履祥字吉父，婺之蘭谿人。仁山，其别號也。宋德祐初，以迪功郎、史館編校徵，不就。入元，不仕。至正中，賜謚文

安。履祥受學於王柏，柏受學於何基，基受學於黄幹，號爲得朱子之傳。其詩乃仿佛《擊壤集》，不及朱子遠甚。王士禎（禛）《居易録》極稱其《箕子操》一篇，然亦不工。其文《百里千乘説》《深衣小傳》《中國山水總説》《次農説》諸篇，則固具有根柢。他作亦醇潔有法度，不失爲儒者之言焉。

【校記】

［一］四卷　案《四庫全書總目》卷一六五同條作『六卷』。

【今案】影印文淵閣《四庫全書》第一一八九册第七八三頁書前提要。《文淵閣四庫全書提要》卷九七集部一九别集類一八，第三二三四頁。《文津閣四庫全書提要匯編》集部四别集類三，第四七三頁。《四庫全書簡明目録》卷一六集部四别集類三，第七一〇頁。《四庫全書總目》卷一六五集部一八别集類一八，第一四一九頁中。

《静修集》三十卷

元劉因撰。因字夢吉，容城人。至元十九年，以布呼密薦爲右贊善大夫，教宫學近侍子弟。未幾，辭歸。後復以集賢學士徵，固辭不就。卒，年四十有五。因早歲詩文，才情馳騁，既乃自訂《丁亥詩集》五卷，盡取他文焚之。卒後，門人故友哀其軼稿，得《樵庵詞集》一卷、遺文六卷、遺詩六卷、《拾遺》七卷。最後，楊俊民又得《續集》二卷。其中或有因所自焚者，未可知也。房山賈彝增入《附録》二卷，合之凡三十卷。至正中，官爲刊行，因所居齋名之曰静修。自號雷溪真隱，又號樵庵牧溪翁、泛翁。延祐中，追封容城郡公，謚文靖。

【今案】《四庫全書薈要總目提要》第四〇五頁。影印文淵閣《四庫全書》第一一九八册第四八三頁書前提要。《文淵閣四庫全書提要》卷九八集部二〇别集類一九，第三二八二頁。《文津閣四庫全書提要匯編》集部五别集類四，第五〇九頁。《四庫全書簡明目録》卷一七集部五别集類四，第七二二頁。《四庫全書總目》卷一六六集部一九别集類一九，第一四三〇頁中。

《芳谷集》二卷

元徐明善撰。明善字志友，德興人。芳谷，其别號也。至元中，嘗官隆興教授，又嘗爲行省椽[一]，告歸。集有文無詩，亦無前後序，文凡一百二十篇。頗談性理，而大致雅潔，猶爲不失矩矱。其《汪標墓銘》一首，已闕。《河南廉訪使吳公墓銘》一首，全佚。又《平章董士選三代贈官制》三首，乃誥命代言之詞，明善未嘗官翰林，不當有此文。考蘇天爵《元文類》載有董士選三制，其文與此正同，乃元明善作。此必編《芳谷集》者，因見有明善之名，遂不加考核而誤收入之者也。

【校記】

［一］椽　當爲「掾」之形訛。

【今案】影印文淵閣《四庫全書》第一二〇二册第五四三頁書前提要。《文溯閣四庫全書提要》卷九八集部二〇別集類一九，第三二九八頁。《文津閣四庫全書提要匯編》集部五別集類四，第五二一頁。《四庫全書簡明目録》卷一七集部五別集類四，第七二五頁。《四庫全書總目》卷一六六集部一九別集類一九，第一四三四頁上。

《巴西文集》一卷

元鄧文原撰。文原字善之，綿州人，徙錢唐[一]。至元間，辟爲杭州路儒學正，累官集賢直學士，兼國子監祭酒，贈江浙行省參知政事[二]，謚文肅。是編録其記序碑誌等文七十餘首，無序目，似非全本，亦不知何人所編。近時藏書家所有皆同，則全集之佚久矣。吉光片羽，亦可寶也。其文精深典雅，極爲義烏黃溍所稱云。

【校記】

［一］唐　案《四庫全書總目》卷一六六同條作「塘」。

［二］江浙　底本倒爲「浙江」，誤，兹據《元史》卷六二《地理志》及卷一七二《鄧文原傳》乙正。

【今案】影印文淵閣《四庫全書》第一一九五册第五〇七頁書前提要。《文溯閣四庫全書提要》卷九八集部二〇別集類一九，第三二六二頁。《文津閣四庫全書提要匯編》集部五別集類四，第四九四頁。《四庫全書簡明目録》卷一七集部五別集類四，第七一八頁。《四庫全書總目》卷一六六集部一九別集類一九，第一四二六頁中。

《雲林集》六卷[一]

元貢奎撰。奎字仲章，宣城人。官集賢直學士，追封廣陵郡侯，謚文靖。李黼爲之狀，馬祖常奉敕撰碑，皆天下重望也。所著有《雲林小稿》《聽雪齋記》《青山漫吟》《倦游集》《豫章稿》《上元新録》《南州紀行》，凡百二十卷。明永樂間徵入秘府，家無副本。惟《雲林小稿》宋濂所序者，尚存裔孫蘭家。洪熙中，三山陳嵦復序而傳之。後弘治間，其曾孫元禮復採諸書所載奎詩及遺文二篇，附益成編，是爲今本。詩格在虞、楊、范、揭之間，爲元人巨擘。王士禎(禛)《居易録》論其境地未能深造，殆專以神韻求之歟？吴澄跋其文稿，稱其『温然粹然，得典雅之體，視求工好奇而卒不工不奇者，相去萬萬』。惜今不可得見矣。卷末增載《見婦人》《偶興》二首，鄙俚穢褻，必委巷附會之語，蓋元禮不知而誤入之者也。

【校記】

[一]雲林集六卷 案《四庫全書總目》卷一六七同條作『《雲林集》六卷、《附録》一卷』。

【今案】影印文淵閣《四庫全書》第一二〇五册第五九五頁書前提要。《文溯閣四庫全書提要》卷九九集部二一别集類二〇，第三三一四頁。《文津閣四庫全書提要匯編》集部五别集類四，第五三五頁。《四庫全書簡明目録》卷一七集部五别集類四，第七二九頁。《四庫全書總目》卷一六七集部二〇别集類二〇，第一四三八頁上。

《石田集》十五卷

元馬祖常撰。前五卷載詩歌騷賦，後十卷則制誥、表牋、箴贊、章疏、序記、銘誌諸體也。祖常字伯庸，光州人。延祐初，廷試第二人，應奉翰林文字，累官樞密副使，謚文貞。祖常爲文章精贍閎麗，一洗柔曼卑冗之習，而振之以氣骨，故當時能文之士極推服之。集中詩如《都門》《壯游》諸作，長篇巨製，回薄奔騰，不受羈靮，其才尤不可及。陳旅嘗稱其古詩似漢魏，律句入盛唐，散語得西漢之體，聞者皆以爲定評焉。至元間，蘇天爵既選其詩二十首、文二十首入《元文類》。又請於朝，刊行其集，而自爲之序。其云《石田》者，以祖常所居石田山房名之也。

【今案】《四庫全書薈要總目提要》第四〇六頁。影印文淵閣《四庫全書》第一二〇六册第四五九頁書前提要。《文溯閣四庫全書提要》

卷九九集部二一别集類二〇，第三三二二頁。《文津閣四庫全書提要匯編》集部五别集類四，第五四一頁。《四庫全書簡明目録》卷一七集部五别集類四，第七三一頁。《四庫全書總目》卷一六七集部二〇别集類二〇，第一四四〇頁上。

《樵雲獨唱》六卷

元葉顒撰。顒字景南，金華人。志行高潔，結廬城山東隅，名其地曰雲巘，自號雲巘天民。自序所作詩，以爲『薪桂老而雲山高寒，音調古而巖谷絶響』，故名曰《樵雲獨唱》。序凡二篇，皆題至正甲午。而集中多載入明詩，第二篇乃明興後語，疑年月誤也。其詩寫閒適之懷，頗有流於頽唐者，而胸次超然，殊有自得之趣，固不必以繩削求也。考顒生於大德庚子，至洪武元年戊申，年已六十有九，又洪武六年七十五歲，《誕日》詩尚純作林泉語，則入明始終未出。或謂其登洪武中進士，官行人司副，恐不足據。又《震澤編》有東山葉顒，以鄉貢爲和靖書院山長。《登科録》建文庚辰榜有葉顒，亦金華人，則皆同姓名者耳。

【今案】影印文淵閣《四庫全書》第一二一九册第四五頁書前提要。《文溯閣四庫全書提要》卷一〇〇集部二二别集類二一，第三三九四頁。《文津閣四庫全書提要匯編》集部五别集類四，第六〇〇頁。《四庫全書簡明目録》卷一七集部五别集類四，第七四九頁。《四庫全書總目》卷一六八集部二一别集類二一，第一四五七頁下。

《知非堂稿》六卷

元何中撰。中字太虚，臨川人。至大初，携所著書來京師，公卿列薦之，命未下而歸。兹編乃其古、近體詩，前有中自序，稱有《知非堂稿》十七卷、《外稿》十六卷。顧嗣立《元詩選》載《知非堂稿》十七卷，與自序合。王士正（禛）《居易録》作十六卷，亦與自序《外稿》合。此集止六卷，似非完書。然嗣立之所録與士正（禛）之所稱，已均在焉，未之詳也。中自序載所著尚有《易類象》三卷、《書傳補遺》十卷、《通鑑綱目測海》三卷、《通書問》一卷、《吴才老叶韻補遺》一卷、《六書綱領》一卷、《補六書故》三十二卷、《蘇邱（丘）述游録》一卷、《捲頤録》十卷等書，今皆不傳。

【今案】影印文淵閣《四庫全書》第一二〇五册第五二三頁書前提要。《文溯閣四庫全書提要》卷九九集部二一别集類二〇，第三三一三頁。《文津閣四庫全書提要匯編》集部五别集類四，第五三四頁。《四庫全書簡明目録》卷一七集部五别集類四，第七二九頁。《四庫全書總目》卷一六七集部二〇別集類二〇，第一四三八頁上。

《檜亭集》九卷

元丁復撰。復字仲容，天台人。延祐初被薦，不就。放情詩酒，浪迹江淮間，遂家金陵。平生所作不下數千篇，脱稿即棄去，故散佚不少。其婿饒介之及門人李謹之先後蒐輯。介之所編稱《前集》，謹之所編稱《續集》，其合爲九卷，則至正十年南臺監察御史張惟遠也。復詩不事雕琢，自然超逸。前有中山李桓、永嘉李孝光、臨川危素、上元楊翮四序。桓稱其詩初類太白，後乃漸變，將自爲一家，獨得其實云。

【今案】影印文淵閣《四庫全書》第一二〇八册第三三五頁書前提要。《文溯閣四庫全書提要》卷九九集部二一別集類二〇，第三三三一頁。《文津閣四庫全書提要匯編》集部五別集類四，第五四八頁。《四庫全書簡明目録》卷一七集部五別集類四，第七三三頁。《四庫全書總目》卷一六七集部二〇別集類二〇，第一四四二頁上。

《楊仲宏(弘)集》八卷

元楊載撰。載字仲宏(弘)，浦城人。延祐二年進士，授饒州路同知浮梁州事，遷寧國路總管府推官。載與虞集、范梈齊名，而集亦載酒詣載問詩法，切磋甚至。史稱其文章一以氣爲主，而於詩尤有法度，自其詩出，一洗宋季之陋云。

【今案】《四庫全書薈要總目提要》第四一〇頁。影印文淵閣《四庫全書》第一二〇八册第一頁書前提要。《文溯閣四庫全書提要》卷九九集部二一別集類二〇，第三三二七頁。《文津閣四庫全書提要匯編》集部五別集類四，第五四四頁。《四庫全書簡明目録》卷一七集部五別集類四，第七三二頁。《四庫全書總目》卷一六七集部二〇別集類二〇，第一四四一頁上。

《黃文獻集》十卷

元黃溍撰。溍字晉卿，婺州義烏人。延祐中進士，以馬祖常薦入應奉翰林文字，官至侍講學士同知經筵事，贈江西行省參知政事，追封江夏郡公，謚文獻。溍與同郡柳貫及虞集、揭傒斯稱『儒林四傑』。爲文原本經術，應繩引墨，動中法度。學者承其指授，多所成就，宋濂、王禕爲明一代文宗，皆溍有以啓之也。濂序稱所著《日損齋稿》二十五卷，溍没後，縣尹胡惟信鍥梓以傳。又有危素所編本，爲二十三卷。此本題曰『虞守愚、張儉同校』，爲詩二卷、文八卷，共止十卷。每卷篇番甚多，蓋即守愚等併省其卷數而重刊之者。今仍依其目而於七、八、九、十四卷内各析爲上、下卷，以便翻檢焉。

【今案】《四庫全書薈要總目提要》第四一一頁。影印文淵閣《四庫全書》第一二〇九册第二一五頁書前提要。《文溯閣四庫全書提要》卷九九集部二一别集類二〇，第三三三五頁。《文津閣四庫全書提要匯編》集部五别集類四，第五五一頁。《四庫全書簡明目録》卷一七集部五别集類四，第七三四頁。《四庫全書總目》卷一六七集部二〇别集類二〇，第一四四三頁上。

《淵穎集》十二卷[一]

元吴萊撰。萊字立夫，浦陽人，集賢大學士直方之子。七歲善屬文，長益窮諸書奥旨。延祐中，以《春秋》舉上禮部試，不利，退居梁裹山中，著書至十餘種。御史薦長薌書院山長，未上，卒，年四十有四，門人私謚淵穎先生。萊於黄溍、柳貫輩行稍後，然溍等皆推服之，以爲所作不減秦漢。金華宋濂出其門，有明一代之文，萊實啓之。遺稿甚夥，濂爲摘其有關學術論議之大者，編爲斯本，青田劉基序之。碑文、謚議一卷，别爲《附録》。

【校記】

［一］淵穎集十二卷　案《四庫全書總目》卷一六七同條作『《淵穎集》十二卷、《附録》一卷』。

【今案】《四庫全書薈要總目提要》第四一二頁。影印文淵閣《四庫全書》第一二〇九册第一頁書前提要。《文溯閣四庫全書提要》卷九九集部二一别集類二〇，第三三三四頁。《文津閣四庫全書提要匯編》集部五别集類四，第五五〇頁。《四庫全書簡明目録》卷一七集部五别集類四，第七三四頁。《四庫全書總目》卷一六七集部二〇别集類二〇，第一四四二頁下。

《滋溪文稿》三十卷

元蘇天爵撰。天爵字伯修，真定人。由國子學生試名第一，釋褐，官至吏部尚書，參議中書省事。《元史》本傳謂『天爵身任一代文獻之寄，討論講辨，雖老不倦』，『其爲文長於序事，平易温厚，成一家言』，『學者因其所居，稱之爲滋溪先生』。生平著作甚多。兹集乃元進士永嘉高明、臨川葛元哲所類次，趙汸序之。

【今案】影印文淵閣《四庫全書》第一二一四册第一頁書前提要。《文溯閣四庫全書提要》卷九九集部二一別集類二〇，第三三五四頁。《文津閣四庫全書提要匯編》集部五別集類四，第五六六頁。《四庫全書簡明目録》卷一七集部五別集類四，第七三八頁。《四庫全書總目》卷一六七集部二〇別集類二〇，第一四四七頁中。

《禮部集》二十卷[一]

元吳師道撰。師道字正傳，婺州蘭谿人。至治元年進士。少與許謙從金履祥游，講明朱子之學，故其學問文章得有統緒。仕至國子博士。張樞撰墓表，杜本撰墓誌，皆稱致仕後授奉議大夫、禮部郎中。而宋濂所作墓碑則稱以禮部郎中致仕，《元史》本傳亦同。蓋《元史》即濂所撰，故與碑合。然樞與本皆師道舊友，不應有誤，濂記録未真也。此集本名《蘭陰山房類稿》，今題曰《禮部》，蓋後人以所進之官稱之。師道著述甚富，尚有《易雜説》二卷、《書雜説》六卷、《詩雜説》二卷、《春秋胡氏傳附正》十二卷、《戰國策校注》十卷、《絳守居園池記校注》一卷、《敬鄉録》二十三卷，今多散佚。惟《戰國策注》《敬鄉録》行於世。此集詩九卷、文十一卷，乃王士正（禛）從徐秉義抄傳之，蓋僅存焉。

【校記】

[一]禮部集二十卷　案《四庫全書總目》卷一六七同條作『《禮部集》二十卷、《附録》一卷』。

【今案】《四庫全書薈要總目提要》第四一三頁。影印文淵閣《四庫全書》第一二一二册第一頁書前提要。《文溯閣四庫全書提要》卷九九集部二一別集類二〇，第三三四二頁。《文津閣四庫全書提要匯編》集部五別集類四，第五五七頁。《四庫全書簡明目録》卷一七集部五別集類四，第七三六頁。《四庫全書總目》卷一六七集部二〇別集類二〇，第一四四四頁下。

《雲峰集》十卷

元胡炳文撰。集本二十卷，已佚，此雜著八卷、《附録》二卷。明弘治己酉，其七世孫用光、八世孫濬所裒輯，而汪舜民爲之編次者也。炳文字仲虎，自號雲峰，婺源人，謚文通。平生篤信朱子之學，以《易》名家，尤潛心於四書。所著《周易本義通釋》《四書通》皆恪守成說，不踰尺寸。其文醇雅近古，亦粹然儒者之言云。

【今案】影印文淵閣《四庫全書》第一一九九册第七三五頁書前提要。《文溯閣四庫全書提要》卷九八集部二〇別集類一九，第三二九二頁。《文津閣四庫全書提要匯編》集部五別集類四，第五一七頁。《四庫全書簡明目録》卷一七集部五別集類四，第七二四頁。《四庫全書總目》卷一六六集部一九別集類一九，第一四三三頁上。

《湛然居士集》十四卷

元耶律楚材撰。楚材字晉卿，遼東丹王八世孫。事迹具《元史》。耶律又作移剌，蓋譯語之訛。焦竑《經籍志》以爲兩人，非也。是集所載詩爲多，惟第八卷，第十三、十四卷稍以書序、碑記錯雜其中。史稱其旁通天文、地理、術數及二氏、醫卜之説，宜其多有發揮。而文止於斯，不敵詩之三四，知其必有佚遺也。今編詩十二卷、文二卷，俾稍有次序，仍符卷數之舊云。

【今案】《四庫全書薈要總目提要》第四〇三頁。影印文淵閣《四庫全書》第一一九一册第四八七頁書前提要。《文溯閣四庫全書提要》卷九八集部二〇別集類一九，第三二四五頁。《文津閣四庫全書提要匯編》集部五別集類四，第四八〇頁。《四庫全書簡明目録》卷一七集部五別集類四，第七一四頁。《四庫全書總目》卷一六六集部一九別集類一九，第一四二一頁下。

《安雅堂集》十三卷

元莆田陳旅衆仲撰。旅幼孤力學，以薦爲閩海儒學官，中丞馬祖常亟稱之。後以趙世延薦，除國子助教，遷監丞。史稱其文典雅峻潔，必求合於古作者，不徒徇世好而已。此本乃其子所編，前有至正九年翰林修撰張翥及至正十一年林泉生序。

【今案】《四庫全書薈要總目提要》第四一六頁。影印文淵閣《四庫全書》第一二一三册第一頁書前提要。《文溯閣四庫全書提要》卷九九集部二一別集類二〇，第三三四九頁。《文津閣四庫全書提要匯編》集部五別集類四，第五六二頁。《四庫全書簡明目録》卷一七集部五別集類四，第七三七頁。《四庫全書總目》卷一六七集部二〇別集類二〇，第一四四六頁中。

《桂隱文集》四卷[一]

元處士劉詵撰。詵字桂翁，廬陵人。生於宋末，猶及見諸遺老，學爲賦論。入元，又從事進士科，肆力於名物、度數、注箋、訓釋之學，十年不第，乃爲古學。學歐陽修之文，屢以館職遺逸薦，皆不報。歿後，賜謚文敏。此集爲其門人羅如篪所編，有虞集、歐陽元(玄)二序。元(玄)序稱其文『温柔敦厚似歐，明辨雄雋似蘇』，至論其妙非相師，非不相師。又稱其尤長於詩，詩尤長於五言古體短篇，皆公論也。又有羅如篪跋，稱先刻其詩十四卷。今本乃止四卷，豈有佚遺耶？或傳寫衍一『十』字也。

【校記】

［一］桂隱文集四卷　案《四庫全書總目》卷一六六同條作『《桂隱文集》四卷、《詩集》四卷』。

【今案】影印文淵閣《四庫全書》第一一九五册第一一五頁書前提要。《文溯閣四庫全書提要》卷九八集部二〇别集類一九，第三二六〇頁。《文津閣四庫全書提要匯編》集部五别集類四，第四九二頁。《四庫全書簡明目録》卷一七集部五别集類四，第七一八頁。《四庫全書總目》卷一六六集部一九别集類一九，第一四二五頁下。

《夷白齋稿》三十五卷、《外集》一卷

元陳基著。基字敬初，臨海人。元季從其師黄溍至京師，授經筵檢討。嘗爲人草諫章，幾獲罪，引避歸。張士誠據吴，引爲學士，書檄多出其手。明興，太祖召入，與修《元史》，賜金而還。寓舍有夷白齋，故以名其稿。《内集》詩十一卷、文二十四卷，《外集》詩文合一卷，大抵皆元世所作。基能傳溍之學，故所爲詩文馳騁操縱，而有雍容紆餘氣象，其同門友戴良作序極稱之。

【今案】影印文淵閣《四庫全書》第一二二二册第一八一頁書前提要。《文溯閣四庫全書提要》卷一〇〇集部二二别集類二一，第三四一六頁。《文津閣四庫全書提要匯編》集部五别集類四，第六一七頁。《四庫全書簡明目録》卷一七集部五别集類四，第七五四頁。《四庫全書總目》卷一六八集部二一别集類二一，第一四六二頁下。

《梧溪集》七卷

元王逢撰。逢字原吉，自號席帽山人，江陰人。當至正間，被薦，不就，避地吴淞江，築室上海之烏涇。適張氏據吴，東南之士咸爲

之用，逢獨高蹈遠引。及洪武初，徵召甚迫，又以老疾辭。逢少學詩於陳漢卿，得虞集之傳，才氣宏敞，而不失謹嚴。集中載宋、元之際忠孝節義之事甚備，每作小序以標其崖略，足補史傳所未及，蓋其微意所寓也。是書傳本差稀，王士禎(禛)屬其鄉人楊名時訪得明末江陰老儒周榮起手録本，乃盛傳於世。榮起號硯農，究心六書，毛晋汲古閣刊板多其所校云。

【今案】影印文淵閣《四庫全書》第一二一八册第五六三頁書前提要。《文溯閣四庫全書提要》卷一〇〇集部二二別集類二一，第三三九二頁。《文津閣四庫全書提要匯編》集部五別集類四，第五九九頁。《四庫全書簡明目録》卷一七集部五別集類四，第七四九頁。《四庫全書總目》卷一六八集部二一別集類二一，第一四五七頁中。

《静春堂集》四卷

元袁易撰。易字通甫，長洲人。不求仕進，爲石洞書院山長，罷歸。居吴淞、具區之間，築堂名曰静春。聚書萬卷，手自校定。是集乃易殁之後，屬其子泰所編。延祐四年，龔璛爲之序，推之甚至。然以王安石擬之，殊不相類。卷末有厲鶚跋，擬以黄、陳，亦未盡然。易詩吐言天拔，於陳與義爲近，與黄庭堅、陳師道則門徑各别者也。有元作者，綺縟居多，易詩雖所傳不多，風骨遒上，亦足以雄視一時矣。

【今案】影印文淵閣《四庫全書》第一二〇六册第二六三頁書前提要。《文溯閣四庫全書提要》卷九九集部二一別集類二〇，第三三一九頁。《文津閣四庫全書提要匯編》集部五別集類四，第五三九頁。《四庫全書簡明目録》卷一七集部五別集類四，第七三〇頁。《四庫全書總目》卷一六七集部二〇別集類二〇，第一四三九頁上。

《養蒙集》十卷

元張伯淳撰。伯淳字師道，嘉興崇德人。宋末舉童子科。入元，仕至翰林侍講學士。虞集序其集，述其生平甚悉，以漢賈誼比之。鄧文原序至擬之以陸贄。然所稱論事數十條者，今不可考。其文則源出韓愈，多謹嚴峭健，得立言之體。惟册詔駢詞及詩尚不出宋格耳。王士正(禎)《居易録》概以膚淺詆之，非公論也。此集爲其子采所編，刊板久佚，輾轉傳抄，殘缺頗甚。此本凡文六卷、詩三卷、詞一卷，乃錢塘厲鶚鈔自繡谷吴氏者。鶚頗爲校正，然脱簡弗能補矣。

【今案】影印文淵閣《四庫全書》第一一九四册第四二九頁書前提要。《文淵閣四庫全書提要》卷九八集部二〇別集類一九，第三二五七頁。《文津閣四庫全書提要匯編》集部五別集類四，第四八九頁。《四庫全書簡明目録》卷一七集部五別集類四，第七一七頁。《四庫全書總目》卷一六六集部一九別集類一九，第一四二五頁上。

《秋澗集》一百卷

元王惲撰。惲字仲謀，汲縣人。元世祖時，官翰林學士承旨。事迹具載《元史》。惲文章自謂學於元好問，故其波瀾意度，皆不失前人矩矱。詩篇筆力堅渾，亦能嗣響遺山。史稱惲有材幹[一]，集中關係政治諸作尤爲疏達詳明，瞭如指掌。凡詩文七十七卷。又《承華事略》二卷，乃裕宗在東宫時所撰以進者。裕宗甚喜其書，令諸皇孫傳觀焉。《中堂事紀》三卷，載中統元年九月在燕京隨中書省官赴開平議事，至明年九月復回燕京之事，於時政綴録極詳，可補史闕。《烏臺筆補》十卷，乃爲監察御史時所輯御史臺故事。《玉堂嘉話》八卷，則於至元戊子所作，乃追記在翰林日所聞見者，凡文章得失，典制沿革，皆彙而録之，甚稱精核。所論遼、金不當爲載記之説，尤爲平允，即當時所取以作《遼》《金史》者也。

【校記】

[一]材　案《四庫全書總目》卷一六六同條作「才」。

【今案】《四庫提要分纂稿》第四三三頁。《四庫全書薈要總目提要》第四〇四頁。影印文淵閣《四庫全書》第一二〇〇册第一頁書前提要。《文淵閣四庫全書提要》卷九八集部二〇別集類一九，第三二九三頁。《文津閣四庫全書提要匯編》集部五別集類四，第五一八頁。《四庫全書簡明目録》卷一七集部五別集類四，第七二五頁。《四庫全書總目》卷一六六集部一九別集類一九，第一四三三頁上。

《待制集》二十卷[一]

元柳貫撰。貫字道傳，浦江人。大德間，爲江山教諭，官至翰林待制。貫少受經於金履祥，復從方鳳、吴思齊諸人游。爲文原本經術，擇而後語，故精湛閎肆，卓然成爲大家。程鉅夫嘗許以文章正印，陳旅亦稱其龐蔚隆凝，爲天歷（曆）以來海内所宗。所著有《西雝》《容臺》《鐘陵》《蜀山》諸稿。其殁後，門人宋濂、戴良擇其尤雅者，次爲是集。凡古今體詩五百六十七首，雜文二百九十四首，余闕爲之序，濂爲後記云。

【校記】

［一］待制集二十卷　案《四庫全書總目》卷一六七同條作『《待制集》二十卷、《附録》一卷』。

【今案】《四庫全書薈要總目提要》第四一三頁。影印文淵閣《四庫全書》第一二一〇册第一七七頁書前提要。《文溯閣四庫全書提要》卷九九集部二一别集類二〇，第三三三七頁。《文津閣四庫全書提要匯編》集部五别集類四，第五五三頁。《四庫全書簡明目録》卷一七集部五别集類四，第七三四頁。《四庫全書總目》卷一六七集部二〇别集類二〇，第一四四三頁中。

集部 別集類 六

《蕊閣集》一卷

舊題宋辛棄疾撰。集六朝及唐人詩句爲五、七言近體，各用「東」至「咸」韻，次序爲三十首，前有棄疾自序。今按《唐韻》及《宋禮部韻》皆上平二十八部，下平二十九部，至理宗末，平水劉淵始併爲上、下平各十五部。棄疾當高、光、寧之朝，平水韻未出，安得而用其部分乎？且平韻分上、下，自梁已然。集中顧以「一先」爲「十六先」，至「咸」韻爲三十，此向來韻書所無，亦不知何所據依也。至集句始於晉傅咸，宋時王安石、孔武仲皆工其體。今序首即云「集韻非古」，又舍王、孔而獨舉陳後山、林莆田，尤極疏舛。文筆亦頗類明竟陵一派，此決非棄疾手筆，蓋明末人僞爲之以欺世者耳。

【今案】《四庫全書總目》卷一七四集部二七別集類存目一，第一五四〇頁下。

《廣陵集》三十卷[一]

宋王令撰。令，元城人，幼隨其叔祖乙居廣陵，遂爲廣陵人。初字欽美，後王莘字之曰逢原。少不檢，既而折節力學，王安石以妻吳氏之妹妻之，年二十八卒。遺腹一女，適吳師禮，生子曰説。其集即説所編，凡詩賦十八卷、文十二卷，又《拾遺》一卷，墓誌、事狀及交游、投贈、追思之作皆附焉。令才思奇軼，所爲詩磅礴奥衍，大率以韓愈爲宗[二]，而出入於盧仝、李賀、孟郊之間。雖不免縱横太過，特得年不永，未能鍛鍊以老其材，而視局促剽竊者流，相去不啻霄壤。其《於忽操》三章，明馮惟訥編《古詩紀》收入古逸詩中，以爲龐德公作，亦由其氣格遒上，幾與古人相亂也。古文如《性説》等篇，識力超邁，自成一家言。王安石於人少許可，而最重令，同時勝流如劉敞等，並推服之，固非阿私所好者。今集祇有抄本。

【校記】

[一]廣陵集三十卷 案《四庫全書總目》卷一五三同條作「《廣陵集》三十卷、《拾遺》一卷」。

[二]韓愈 底本原脱一「愈」字，兹據《四庫全書總目》卷一五三同條補。

【今案】影印文淵閣《四庫全書》第一一〇六册第三九三頁書前提要。《文溯閣四庫全書提要》卷八五集部七別集類六，第二八二九頁。《文津閣四庫全書提要匯編》集部三別集類二，第一七二頁。《四庫全書簡明目録》卷一五集部三別集類二，第六二八頁。《四庫全書總目》卷一五三集部六別集類六，第一三二五頁下。

《淮海集》四十卷、《後集》六卷、《長短句》三卷

宋秦觀撰。觀字少游，高郵人。以秘書省正字通判杭州，坐黨籍遠貶，載《宋史·文苑傳》。觀與兩弟覿、覯皆知名於時，而觀集獨傳。《宋史》稱其文麗而思深。《苕溪漁隱叢話》載蘇軾薦觀於王安石，安石答書，述葉致遠之言，以爲清新婉麗，有似鮑、謝。敖陶孫《詩評》則謂其詩如時女步春，終傷婉弱，元好問《論詩絶句》因有『女郎詩』之譏。今觀其集，少年所作，神鋒太儁或有之，概以爲靡曼之音，則詆之太甚。吕本中《童蒙訓》曰：『少游「雨砌墮危芳，風櫺納飛絮」之類，李公擇以爲謝家兄弟不能過也。游嶺以後詩，高古嚴重，自成一家，與舊作不同。』斯公論矣。觀《雷州》詩八首，後人誤編之《東坡集》中，不能辨别，安得概目以小石調乎？《文獻通考》别集類載觀《淮海集》三十卷，又歌詞類載《淮海集》一卷，《宋史》則作四十卷，今本卷數與《宋史》相同，而多《後集》六卷，《長短句》分爲三卷[一]。蓋嘉靖中高郵張綎以黄瓚本及監本重爲編次云。

【校記】

[一]長短句分爲三卷　案底本自『分爲』以下爲一頁，原案曰：『編按：此葉原置於駱丞集後，今移改。』

【今案】《四庫全書薈要總目提要》第三八八頁。影印文淵閣《四庫全書》第一一一五册第四三〇頁書前提要。《文溯閣四庫全書提要》卷八六集部八别集類七，第二八四八頁。《文津閣四庫全書提要匯編》集部三别集類二，第一八六頁。《四庫全書簡明目録》卷一五集部三别集類二，第六三一頁。《四庫全書總目》卷一五四集部七别集類七，第一三三〇頁下。

《南陽集》三十卷、《附録》一卷

宋韓維撰。維字持國，潁昌人，絳之弟，以蔭入仕。英宗朝累除知制誥，神宗即位，爲翰林學士。元祐初，拜門下侍郎，以太子少傅致仕。紹聖中，坐元祐黨，謫均州安置。元符初，復官，卒。嘗封南陽郡公，故以名集。《通考》載二十卷。陳振孫云：『沈晦元用，其外孫也，跋其後。卷首載鮮于綽所述行狀。』是本詩十四卷，《内制》一卷，《外制》三卷，《王邸記室》二卷，奏議五卷，表章、雜文、碑誌各一卷，手簡歌詞共一卷，《附録》一卷。其稱《王邸記室》者[二]，邵伯温《聞見前録》謂神宗開潁邸，韓琦擇宮僚[三]，用王陶、韓維、陳薦、

孫國忠、孫思恭、邵亢[三]。維於是時掌兩宫牋奏所作也。目録首列行狀，而行狀乃與沈晦跋俱載卷末，似非原本。又第三十卷與《附録》一卷參差訛脱，幾不可辨。蓋沈晦作跋之時，已云文字舛駁，不可是正，後人又經傳寫，宜其愈謬也。今考定其可知者，其原缺字句則[四]

【校記】

[一]邸　底本原作「府」，誤，兹據本書本條上文及《四庫全書總目》卷一五三同條改。

[二]宫僚　案《四庫全書總目》卷一五三同條作「官僚」。

[三]孫國忠　底本原脱一「忠」字，兹據《四庫全書總目》卷一五三同條補。

[四]底本原案曰：「編按：此提要未完，今補白葉。」《四庫全書總目》卷一五三「《南陽集》三十卷、《附録》一卷」條：「宋韓維撰。維字持國，潁昌人，絳之弟也，以蔭入仕。英宗朝累除知制誥，神宗即位，爲翰林學士。元祐初，拜門下侍郎，以太子少傅致仕。紹聖中，坐元祐黨籍，謫均州安置。元符初，復官，卒。嘗封南陽郡公，故以名集。事蹟具《宋史》本傳。陳振孫《書録解題》作二十卷，稱後有其外孫沈晦跋，前有鮮于綽所撰行狀。此本凡詩十四卷，《内制》一卷，《外制》三卷，《王邸記室》二卷，奏議五卷，表章、雜文、碑志各一卷，手簡歌詞共一卷，《附録》一卷，較陳氏所載多十卷。疑陳氏譌三十爲二十。鮮于綽所撰行狀，今與沈晦跋竝列卷末，亦與陳氏所説不同。然目録仍以行狀列卷首，則傳寫者誤移之也。其第十九卷、二十卷稱《王邸記室》，立名頗别。考邵伯温《聞見前録》，稱『神宗開潁邸，韓琦擇官僚，用王陶、韓維、陳薦、孫國忠、孫思恭、邵亢』云云。蓋維於是時掌兩宫牋奏所作耳。其集刊版久佚，藏書家轉相繕録，譌脱頗多。第三十卷與《附録》一卷尤顛舛參差，幾不可讀。蓋沈晦作跋之時，已云文字舛駁，不可是正。今流傳又四五百載，其愈謬也固宜矣。謹考定其可知者。其原闕字句無可校補，則姑仍其舊焉。」

【今案】影印文淵閣《四庫全書》第一一〇一册第五〇三頁書前提要。《文溯閣四庫全書提要》卷八五集部七别集類六，第二八一一七頁。《文津閣四庫全書提要匯編》集部三别集類二，第一六四頁。《四庫全書簡明目録》卷一五集部三别集類二，第六二五頁。《四庫全書總目》卷一五三集部六别集類六，第一三二三頁上。

《四如集》五卷

宋黄仲元撰。仲元字善甫，號四如居士。改名淵，字天叟，莆陽人。咸淳辛未進士，官國子監簿。宋亡，隱居不仕。宋濂序其集，稱仲元門人詹清子類次六經、四書講義爲六卷[一]，仲元子梓又分記、序、墓銘、字訓爲五卷，其曾孫至又裒其遺文爲十卷，而請濂序之。今此集止文四卷、《附録》一卷，蓋即梓所輯之本。至其所續輯之十卷，世已失傳。濂序，特後人於《濂溪集》中摘出録入者耳。集内各文俱有注釋，疑梓所爲。文章不事馳騁，尚見勁樸之氣。有咸淳甲戌余謙一叙[二]，所作《夢筆記》一篇附在集末。又有至治三年清源傅定保序。

【校記】

[一]六經四書講義爲六卷 案《四庫全書總目》卷三三經部五經總義類著録爲『《四如講稿》六卷』。

[二]叙 案《四庫全書總目》卷一六五同條作『序』。

【今案】影印文淵閣《四庫全書》第一一八八册第五九一頁書前提要。《文溯閣四庫全書提要》卷九七集部一九别集類一八，第三二一二頁。《文津閣四庫全書提要匯編》集部四别集類三，第四五六頁。《四庫全書簡明目録》卷一六集部四别集類三，第七〇五頁。《四庫全書總目》卷一六五集部一八别集類一八，第一四一四頁中。

《和靖集》八卷

宋徽猷閣待制河南尹焞撰。焞字年明，年二十歲進士舉，策問議誅元祐黨籍，不對而出。靖康初，賜號和靖處士。後以范沖、張浚薦，入經筵，列侍從，旋乞致仕。集凡八卷，首列年譜一卷，奏劄、詩文各三卷。《壁帖》一卷，是其手書聖賢治氣養心之要，粘之屋壁以自警惕。又《師説》一卷，其門人王時敏編輯。考《朱子語録》，謂焞文字[一]，其有關朝廷者，多門人代作，今亦不可復考。然指授點定，亦必焞所自爲。《會昌一品集》序雖李商隱作，究以鄭亞改本爲勝，正不必盡自己出也。

【校記】

[一]焞 底本原作『惇』，誤，兹據本書本條上下文及《四庫全書總目》卷一五七同條改。

【今案】影印文淵閣《四庫全書》第一一三六册第二頁書前提要。《文淵閣四庫全書提要》卷八九集部一一别集類一〇，第二九五九頁。《文津閣四庫全書提要匯編》集部四别集類三，第二六九頁。《四庫全書簡明目録》卷一六集部四别集類三，第六五五頁。《四庫全書總目》卷一五七集部一〇别集類一〇，第一三五七頁上。

《平齋文集》三十二卷

宋洪咨夔撰。咨夔字舜俞，於潛人。嘉泰二年進士。理宗朝累官刑部尚書、翰林學士知制誥，加端明殿學士，謚忠文。是集經筵進講及制誥之文居多，詩歌、雜著僅十之三。咨夔官御史時，忠言讜論，力挽時弊，其略見於《宋史》本傳。而集中奏疏不録，是其佚篇尚多矣。考《宋史》，稱咨夔爲嘉定二年進士，而厲鶚《宋詩紀事》據《咸淳臨安志》謂嘉定無二年榜，因斷爲元年。今考集中《題陶崇詩卷》云：『某與宗山同壬戌進士。』按嘉定以戊辰改元，其二年爲己巳，若壬戌則係嘉泰二年。史特誤『泰』爲『定』，鶚未詳考，而以咨夔爲嘉定元年進士，非也。

【今案】影印文淵閣《四庫全書》第一一七五册第一三三頁書前提要。《文淵閣四庫全書提要》卷九四集部一六别集類一五，第三一一九頁。《文津閣四庫全書提要匯編》集部四别集類三，第三八五頁。《四庫全書簡明目録》卷一六集部四别集類三，第六八六頁。《四庫全書總目》卷一六二集部一五别集類一五，第一三九三頁上。

《樂圃餘稿》十卷[二]

宋朱長文撰。長文字伯原，蘇州吴人。未冠，登進士乙科，以足疾不仕。築室樂圃坊，著書閱古。蘇軾等薦起本州教授，召爲太常博士，遷秘書省正字。生平著述甚富，所撰詩詞、賦辨、表章、雜説凡百卷，號《樂圃集》，南渡後，盡燬於兵。其從孫知漢陽軍思裒集遺文，得詩百六十有三、記五、序六、啓七、墓誌五、雜文六，類爲十卷，又以墓誌、表、傳等爲《附録》一卷，鋟諸本。歲久，僅存寫本。康熙壬辰，其裔孫岳壽重刊行之，附補遺詩一、贊一，則明嘉定陸嘉穎所蒐補也。稿中墓銘皆署其父公綽名銜，蓋長文少作，從石刻中録出者，亦可見思當時搜討之勤矣。

【校記】

［一］樂圃餘稿十卷　案《四庫全書總目》卷一五五同條作『《樂圃餘稿》十卷、《附録》一卷』。

【今案】影印文淵閣《四庫全書》第一一一九册第二頁書前提要。《文溯閣四庫全書提要》卷八七集部九别集類八，第二八六五頁。《文津閣四庫全書提要匯編》集部四别集類三，第一九八頁。《四庫全書簡明目録》卷一五集部三别集類二，第六三五頁。《四庫全書總目》卷一五五集部八别集類八，第一三三五頁中。

《騎省集》三十卷

宋徐鉉撰。鉉字鼎臣，洪州新建人。仕南唐至右僕射，與弟鍇並負重名。宋師南伐，鍇卒於圍城中，鉉入宋爲散騎常侍，終静難軍節度行軍司馬。集三十卷，前二十卷仕南唐時作，後十卷皆歸宋後作，其婿吴淑所編也。天禧中，都官員外郎胡克順得其本於陳彭年，刊刻表進，始行於世。鉉博學多藝，詩以才調勝，文有六朝、初唐之體。五季之末，古文未行，以當時文格而言，亦巋然一巨手也。李煜之殁，太宗詔鉉爲銘墓，鉉請得伸故主之誼，其文措詞有體，尤爲所稱誦云。

【今案】《四庫全書薈要總目提要》第三七一頁。影印文淵閣《四庫全書》第一〇八五册第一頁書前提要。《文溯閣四庫全書提要》卷八四集部六别集類五，第二七四三頁。《文津閣四庫全書提要匯編》集部三别集類二，第一〇七頁。《四庫全書簡明目録》卷一五集部三别集類二，第六一〇頁。《四庫全書總目》卷一五二集部五别集類五，第一三〇五頁中。

《支離子集》一卷

一曰《竹堂集》。宋道士黄希旦撰。希旦，邵武人，或言名晞，字姬仲，支離子，其自號也。熙寧中，嘗召至京師，典太乙宫事。後病卒，其徒傳爲仙去。此集爲淳祐己酉九龍觀道士危必升所編，後附小傳，云希旦爲九天彌羅真人，掌上帝章奏，語甚怪妄。其詩亦凡近無深致，不類出世有道者之言。且希旦没於熙寧甲寅，不云有詩。越一百七十五年，是集忽出於羽流，則非惟仙去之説，事涉荒誕，併此詩集，殆亦其徒所依托云。

【今案】《四庫全書總目》卷一七四集部二七别集類存目一，第一五三八頁上。

《壺山四六》一卷

不著撰人姓名。凡四六七十餘篇[一]，核其詞，似皆官福建轉運使時與僚友往來啓牘，中間自序有云『莆之鄙人』，又云『僻居於莆』。按朱子弟子莆田黄士毅，字子洪，别號壺山，嘗以館職督漕於閩。是本當即士毅所撰也。

【校記】

[一]七十餘 案《四庫全書總目》卷一六三同條作『八十餘』。

【今案】影印文淵閣《四庫全書》第一一七八册第三三三頁書前提要。《文溯閣四庫全書提要》卷九五集部一七别集類一六，第三一四五頁。《文津閣四庫全書提要匯編》集部四别集類三，第四〇〇頁。《四庫全書簡明目録》卷一六集部四别集類三，第六九〇頁。《四庫全書總目》卷一六三集部一六别集類一六，第一三九七頁下。

《儲光羲詩》五卷[一]

案陳振孫《書録解題》載：『《儲光羲詩》五卷[二]，唐監察御史魯國儲光羲撰。與崔國輔、綦毋潛皆同年進士。天寶末，任僞官，貶死。』《唐書·藝文志》儲光羲《政論》下注曰：『兖州人。開元進士第。又詔中書試文章，歷監察御史。安禄山反，蹈賊自歸。』與振孫所叙爵里同，而任僞官事已小異。又《包融集》條下注曰：『融與儲光羲皆延陵人，與丁仙芝等十八人皆有詩名，殷璠彙次其詩爲《丹陽集》者[三]。』則併其里籍亦異，自相矛盾，莫之詳也。《唐志》載其集七十卷。是集前有顧况序，亦稱所著文篇賦論七十卷。文房《唐才子傳》稱其又有《九經分疏義》二十卷[四]，與所作《政論》十五卷並傳。今皆散佚，存者惟此詩五卷耳。其詩源出陶潛，質樸之中有古雅之味，位置於王維、孟浩然間，殆無愧色。殷璠《河岳英靈集》稱其『削盡常言，得浩然之氣』，非溢美也。

【校記】

[一]羲 底本原作『義』，誤，兹據本書本條正文及《四庫全書總目》卷一四九同條改。

[二]詩 案《直齋書録解題》卷一九詩集類上『《儲光羲集》五卷』條作『集』。

[三]璠 底本原作『璃』，誤，兹據本書本條下文及《四庫全書總目》卷一四九同條改。

［四］文房　案《四庫全書總目》卷一四九同條作『辛文房』。

【今案】《四庫提要分纂稿》第二三七頁。影印文淵閣《四庫全書》第一〇七一册第四七一頁書前提要。《文溯閣四庫全書提要》卷八一集部三別集類二，第二六五四頁。《文津閣四庫全書提要匯編》集部二別集類一，第四一頁。《四庫全書簡明目録》卷一五集部二別集類一，第五九〇頁。《四庫全書總目》卷一四九集部二別集類二，第一二八三頁中。

《楊大年全集》二十卷［一］

宋楊億撰。億字大年，建州人。淳化中賜進士第，官至翰林學士。陳振孫《書録解題》云：『楊文公《武夷集》二十卷，《別集》十二卷。按本傳，所著《括蒼》《武夷》《潁陰》《韓城》《退居》《汝陽》《蓬山》《冠鼇》等集，及《内外制》《刀筆》，共一百九十四卷。《館閣書目》猶有一百四十六卷。今所有者，惟此而已。《武夷新集》者，億初入翰苑，當景德丙午，明年，條次十年詩筆而序之。《別集》者，祥符五年，避讒歸陽翟時所作。』按今所傳二十卷，無陽翟詩文，當是《武夷新集》無疑，則《別集》又不可得矣。《古今詩話》：『楊大年、錢文僖、晏元獻、劉子儀爲詩皆宗李義山，號西崑體，後進效之，多竊取義山詩句。』今觀此集，良然。然包孕宏富，氣象闊遠，終非宋末江湖諸人琤琤細響可比也。

【校記】

［一］楊大年全集　案《四庫全書總目》卷一五二同條作『《武夷新集》』。

【今案】《四庫提要分纂稿》第二三九頁。《四庫全書薈要總目提要》第三七二頁。影印文淵閣《四庫全書》第一〇八六册第三五一頁書前提要。《文溯閣四庫全書提要》卷八四集部六別集類五，第二七五二頁。《文津閣四庫全書提要匯編》集部三別集類二，第一一三頁。《四庫全書簡明目録》卷一五集部三別集類二，第六一二頁。《四庫全書總目》卷一五二集部五別集類五，第一三〇七頁下。

《象山文集》六卷［一］

宋陸九淵撰，門人傅子雲編次。前二卷爲年譜，爲講學、爲語録，後四卷皆所著雜文。考《九淵年譜》，云『開禧元年，長子持之編遺文二十八卷、外集六卷，楊簡序之』。又云『嘉定五年，袁燮重刊，凡三十二卷。紹定四年，袁甫又摹舊本刊行』。馬氏《通考》亦二十八卷，併載燮序。知燮所摹舊本，即持之原編。是宋時此集祇二本[二]。此本通『年譜』、『語録』乃僅六卷，與舊數皆不相合，未詳其故。卷首傳文兆序云集經七刻，殊無善本，友人周希旦乃求全書，刻之金陵。又云集中不敢删削一字。則又似屬完書。豈二本之外，又有子雲節録一本，如黄庭堅之《精華録》耶？

【校記】

[一]象山文集六卷　案《四庫全書總目》卷一六〇同條作『《象山集》二十八卷、《外集》四卷、附《語録》四卷』。

[二]祇　當爲『祗』之形訛。

【今案】《四庫提要分纂稿》第二四五頁。影印文淵閣《四庫全書》第一一五六册第二三七頁書前提要。《文溯閣四庫全書提要》卷九二集部一四别集類一三，第三〇四八頁。《文津閣四庫全書提要匯編》集部四别集類三，第三三三頁。《四庫全書簡明目録》卷一六集部四别集類三，第六七三頁。《四庫全書總目》卷一六〇集部一三别集類一三，第一三七六頁下。

《雲巢集》三卷[一]

宋沈遼撰。遼字睿達，遘之親弟。以兄任入官，爲審官西院主簿、太常寺奉禮郎。後以事謫池州，築室齊山，自號雲巢，遂不復起。爲文章雄奇峭麗，尤長於歌詩，曾鞏、蘇軾、黄庭堅皆與往來唱和。集本十卷，今止存詩三卷，其雜文皆已佚之。遼集與遘、括二集，宋世刊於括蒼，號曰《吴興三沈集》。今世所傳抄本，卷末皆有『從事郎處州司理參軍高布重校』一行，蓋即括蒼合刻之舊也。

【校記】

[一]三卷　案《四庫全書總目》卷一五四同條作『十卷』。

【今案】影印文淵閣《四庫全書》第一一一七册第五一五頁書前提要。《文溯閣四庫全書提要》卷八六集部八别集類七，第二八六一頁。《文津閣四庫全書提要匯編》集部四别集類三，第一九五頁。《四庫全書簡明目録》卷一五集部三别集類二，第六三四頁。《四庫全書總目》卷一五四集部七别集類七，第一三三四頁中。

《攻媿集》一百二十卷[一]

宋樓鑰撰。鑰字大防，鄞人。隆興元年進士，歷官參知政事，謚宣獻。《宋史》有傳。其集目諸家著録不同[二]，或作百卷，或作八十五卷，或作三十二卷。此本一百二十卷，與陳氏《書録解題》同，乃足本也。集有真德秀序，至比之於三辰五星、泰華喬嶽，而深服爲有本之文。蓋其氣格閎敞，筆力既高而典博該洽，言皆有物。在南渡諸集中，實爲罕覯，宜爲時所推敬如此。

【校記】

[一]一百二十卷　案《四庫全書總目》卷一五九同條作『一百一十二卷』。

[二]其集目諸家著録不同　案此句當有脱倒，《四庫全書總目》卷一五九同條作『其集載於諸家書目者』。

【今案】影印文淵閣《四庫全書》第一一五二册第二六三頁書前提要。《文溯閣四庫全書提要》卷九一集部一三別集類一二，第三〇三三頁。《文津閣四庫全書提要匯編》集部四別集類三，第三二二頁。《四庫全書簡明目録》卷一六集部四別集類三，第六七〇頁。《四庫全書總目》卷一五九集部一二別集類一二，第一三七三頁中。

《浪語集》三十五卷

宋薛季宣撰。季宣字士龍，號艮齋，永嘉人。年十七，即起從荆南帥幕辟。歷官大理正，出知湖州，改常州。事迹載《宋史·儒林傳》。季宣私淑於河南程氏之門，經術最爲深邃，所著《中庸》《大學解》及考正《握奇經》，今皆在集中。又有《古文周易》《古詩説》《書古文訓》《春秋經解》《春秋旨要》《論語直解》《小學》諸書，今集中亦具載其本序。蓋季宣學最淹博，自六經、諸子旁及名物、象數，無不通貫。故其持論精醇，考古審核，無所依傍，卓然成家。於詩尤工七言，極踔厲縱横之致。説者惜其年止四十，著作未多。然即所存者觀之，亦足以凌跨餘子矣。

【今案】影印文淵閣《四庫全書》第一一五九册第一四三頁書前提要。《文溯閣四庫全書提要》卷九二集部一四別集類一三，第三〇六一頁。《文津閣四庫全書提要匯編》集部四別集類三，第三四三頁。《四庫全書簡明目録》卷一六集部四別集類三，第六七五頁。《四庫全書總目》卷一六〇集部一三別集類一三，第一三七九頁下。

《簡齋集》十五卷[一]

宋陳與義撰。與義字去非，洛陽人，簡齋，其號也。官至參知政事。事迹詳《宋史》本傳。集本十四卷，第十五卷爲附録《外集》，前後載賦及雜文僅九篇，餘皆詩、詞。當與義之時，北宋詩人蘇軾、黄庭堅、陳師道等皆已盡故，與義獨以詩雄出於南渡之初。其詩以杜甫爲宗，故風格特爲遒上，時見劖削刻露之致，當世亦罕有過之者。與義少嘗作《墨梅》詩，見知於徽宗。其後有『客子光陰詩卷裡，杏花消息雨聲中』句，亦爲高宗所賞。紹興中，遂至執政，可謂南宋詩人之最達者。

【校記】

[一]十五卷　案《四庫全書總目》卷一五六同條作『十六卷』。

【今案】《四庫全書薈要總目提要》第三九一頁。影印文淵閣《四庫全書》第一一二九册第六六三頁書前提要。《文溯閣四庫全書提要》卷八八集部一〇别集類九，第二九二四頁。《文津閣四庫全書提要匯編》集部四别集類三，第二四一頁。《四庫全書簡明目録》卷一六集部四别集類三，第六四七頁。《四庫全書總目》卷一五六集部九别集類九，第一三四九頁上。

《宛邱(丘)集》七十六卷

宋張耒撰。耒字文潛，楚州淮陰人。弱冠第進士，仕至起居舍人，後坐黨籍落職。耒爲蘇軾門下士[二]，與黄庭堅、秦觀、晁補之號『蘇門四學士』。後諸人多早殁，耒獨後亡，其著作傳於世者尤多。蘇軾嘗稱其文汪洋中澹，有一唱三歎之音。晚歲，詩務平淡，效白居易，樂府效張籍，故楊萬里謂『肥仙詩自然』。肥仙，南宋人稱耒之詞也。《通考》作《柯山集》一百卷，兹集少二十四卷，似已殘闕。查慎行注蘇軾詩云：『嘗見耒詩二首，而今本無之。』則所佚固已多矣。

【校記】

[二]耒　底本原作『未』，誤，兹據本書本條上下文及《四庫全書總目》卷一五四同條改。

【今案】影印文淵閣《四庫全書》第一一一五册第一頁書前提要。《文溯閣四庫全書提要》卷八六集部八别集類七，第二八四六頁。《文津閣四庫全書提要匯編》集部三别集類二，第一八五頁。《四庫全書簡明目録》卷一五集部三别集類二，第六三一頁。《四庫全書總目》卷一五四集部七别集類七，第一三三〇頁中。

《注山谷詩集》三十七卷[一]

《山谷詩前集》二十卷，宋新津任淵注。《後集》十七卷，宋青神史容注[二]。淵字子淵，注陳後山詩及此而二，見《文獻通考》。陳振孫稱其『不獨注事[三]，而兼注意，用工爲深』。容字儀甫[四]，號薌室居士，所注《後集》，疏抉大意，一仿《前集》爲之。二注不可偏廢。蓋淵與容並去山谷時代未遠，耳目相接，其間初本、改本之異同，與一時交游諸人之爵里、作詩之本事，皆有所考。是以注獨精詳，與施宿之注東坡詩，俱足爲注家準則。《前集》有目録并年譜，今已俱佚，其第十三卷首頁注亦闕。陳振孫謂任注前有鄱陽許尹序，今亦無存，要未害其爲完書也。

【校記】

［一］注山谷詩集三十七卷　案《四庫全書總目》卷一五四同條作『《山谷内集注》二十卷、《外集注》十七卷、《别集注》二卷』。

［二］青神　案宋人史容注《山谷外集詩注》目録及卷一自署『青神』，而《直齋書録解題》卷二〇詩集類下『《山谷編年詩集》三十卷』條作『青城』，《四庫全書總目》卷一五四同條又作『青衣』。

［三］事　底本原作『詩』，兹據《直齋書録解題》卷二〇詩集類下及《文獻通考》卷二四四《經籍考》著録『《注黄山谷詩》二十卷』條改。

［四］儀甫　案《四庫全書總目》卷一五四同條作『公儀』。

【今案】《四庫提要分纂稿》第二四二頁。影印文淵閣《四庫全書》第一一一四册第一頁書前提要。《文溯閣四庫全書提要》卷八六集部八别集類七，第二八三九頁。《文津閣四庫全書提要匯編》集部三别集類二，第一八〇頁。《四庫全書簡明目録》卷一五集部三别集類二，第六三〇頁。《四庫全書總目》卷一五四集部七别集類七，第一三二八頁下。

《周元公集》十卷[一]

宋濂溪周敦頤撰。是集馬端臨《經籍考》作七卷。陳振孫《書録解題》謂『遺文纔數篇，爲一卷，餘皆附録』。此本次列圖譜二卷，首遺書、雜著二卷，其後五卷則皆諸儒議論及誌傳、祭文，與宋本不甚相合，而大致亦不甚相遠，蓋後人亦微有附益也。明嘉靖間，漳浦王會曾爲刊行。國朝康熙初，其裔孫周沈珂又重鐫之，後附《遺芳集》五卷，乃彙輯後裔之著述、事迹，今別入之總集類中。

【校記】

［一］十卷　案《四庫全書總目》卷一五三同條作「九卷」。

【今案】影印文淵閣《四庫全書》第一一〇一册第四一五頁書前提要。《文溯閣四庫全書提要》卷八五集部七別集類六，第二八一六頁。《文津閣四庫全書提要匯編》集部三別集類二，第一六三頁。《四庫全書簡明目録》卷一五集部三別集類二，第六二五頁。《四庫全書總目》卷一五三集部六別集類六，第一三二三頁上。

《龍川文集》三十卷

宋陳亮撰。亮字同甫，婺州永康人。紹興四年進士第一，終建康軍節度判官。端平初，追謚文毅。亮才氣雄毅，有志事功，而能上追元祐之遺風，近接考亭之緒論。故雖爲縱横之學，而持論一出於正。集中所載，大抵議論之文爲多。《宋名臣言行録》謂孝宗朝六達帝廷，上書論大計。今集中獨有上孝宗四書及《中興論》，考《宋史》所載亦同。又《言行録》謂垂拱殿成［一］，進賦以頌德，又進《郊祀慶成賦》，今集中均不載。葉適序謂亮集凡四十卷，今此本僅存三十卷，蓋非當時之舊帙，其佚失多矣。

【校記】

［一］拱　底本原作「撰」，誤，兹據《四庫全書總目》卷一六二同條改。

【今案】《四庫全書薈要總目提要》第三九八頁。影印文淵閣《四庫全書》第一一七一册第四九七頁書前提要。《文溯閣四庫全書提要》卷九四集部一六別集類一五，第三一一一頁。《文津閣四庫全書提要匯編》集部四別集類三，第三七八頁。《四庫全書簡明目録》卷一六集部四別集類三，第六八四頁。《四庫全書總目》卷一六二集部一五別集類一五，第一三九一頁上。

《鬳齋續集》三十卷

宋林希逸撰。希逸字肅翁，福清人。仕理宗、度宗朝，歷官翰林權直兼崇政殿説書、直秘閣。所著有《鬳齋前集》六十卷，久佚不傳。世惟有其《續集》所謂《竹溪十一稿》者尚存，即此三十卷是也。劉克莊嘗謂乾、淳間林光朝始好深沉之思，爲文極鍛煉，一傳爲林亦之，再傳爲陳藻，三傳爲希逸。比其師，槁乾中見華滋，蕭散中見嚴密，窘狹中見紆徐，所以推許之者甚至。然觀其集，與克莊言頗不相稱，又多以應酬諛頌之作編入。集中凡啓劄二卷、輓詩一卷、省試詩二卷。其上賈似道啓，極口稱譽，至以趙普、文彦博比之，尤爲可鄙。惟集末載《學記》六卷，所論學問文藝之事[一]，時有可取，然解《太元(玄)經》者居其半，其説亦不能盡純云。

【校記】

[一] 問 底本原作「門」，誤，兹據《四庫全書總目》卷一六五同條改。

【今案】《四庫提要分纂稿》第二五〇頁。影印文淵閣《四庫全書》第一一八五册第五五三頁書前提要。《文溯閣四庫全書提要》卷九六集部一八別集類一七，第三一八五頁。《文津閣四庫全書提要匯編》集部四別集類三，第四三五頁。《四庫全書簡明目録》卷一六集部四別集類三，第七〇〇頁。《四庫全書總目》卷一六五集部一八別集類一八，第一四〇九頁上。

《屏山集》二十卷

宋劉子翬撰。子翬字彦沖，崇安人，劉韐之季子。嘗通判興化軍。以疾歸，築室屏山，朱子，其門人也。此集乃其嗣子玶編次，朱子重加訂正，爲之序。其談理之文，辨析明快，曲折盡意，無語録之習。論事之文，洞悉時勢，亦無迂闊之見。如《聖傳論》《維民論》及《論時事劄子》諸篇，皆明體達用之作。古詩風格高秀[一]，惟七言近體，宗派頗雜江西。蓋子翬嘗與吕本中游，故格律時復似之耳。

【校記】

[一] 秀 底本原作「季」，誤，兹據《四庫全書總目》卷一五七同條改。

【今案】影印文淵閣《四庫全書》第一一三四册第三五一頁書前提要。《文溯閣四庫全書提要》卷八九集部一一別集類一〇，第二九五一頁。《文津閣四庫全書提要匯編》集部四別集類三，第二六二頁。《四庫全書簡明目録》卷一六集部四別集類三，第六五三頁。《四庫全書總目》卷一五七集部一〇別集類一〇，第一三五五頁上。

《宛陵集》六十卷、《附録》一卷[一]

宋梅堯臣撰。堯臣字聖俞，宣城人。官屯田都官員外郎。其詩初爲謝景初所輯，僅十卷。歐陽修得其遺稿增併之，亦止十五卷。

其增至五十九卷，又他文賦一卷，未詳何人所編。陳振孫謂即景初舊本，修爲作序者，未詳考修序文耳。《通考》載正集六十卷外，又有《外集》十卷。此本爲明姜奇芳所刊，卷數與《通考》合，惟無《外集》，衹有《補遺》三篇[二]，及贈答詩文、墓誌一卷，亦不知何人所附。陳振孫謂《外集》多與正集復出，或後人删汰重復，故所録者止此耶。宋初詩文，尚沿唐末五代之習，柳開、穆修欲變文體，王禹偁欲變詩體，皆力有未逮。歐陽修崛起爲雄，力復古格，其時曾鞏、蘇洵、蘇軾、蘇轍、陳師道、黄庭堅等皆尚未顯。其佐修以變文體者，尹洙；佐修以變詩體者，則堯臣也。其詩旨趣古淡，惟修深賞之。邵博《聞見後録》載傳聞之説，謂修忌堯臣出己上[三]

【校記】

[一]案此條已於此前同類中著録『《宛陵集》六十卷』，似爲重出，但提要内容頗異。

[二]衹　當爲『祇』之形訛。

[三]底本原案曰：『此提要未完，今補白葉。』《四庫全書總目》卷一五三『《宛陵集》六十卷、《附録》一卷』條：『宋梅堯臣撰。堯臣字聖俞，宣城人。官屯田都官員外郎。事蹟具《宋史》本傳。其詩初爲謝景初所輯，僅十卷。歐陽修得其遺稿增併之，亦止十五卷。其增至五十九卷，又他文賦一卷者，未詳何人所編。陳振孫《書録解題》謂即景初舊本，修爲作序者，未詳考修序文也。《通考》載正集六十卷，又有《外集》十卷。此本爲明姜奇芳所刊，卷數與《通考》合，惟無《外集》，祇有《補遺》三篇，及贈答詩文、墓誌一卷，亦不知何人所附。陳振孫謂《外集》多與正集複出，或後人删汰重複，故所録者止此耶。宋初詩文，尚沿唐末五代之習，柳開、穆修欲變文體，王禹偁欲變詩體，皆力有未逮。歐陽修崛起爲雄，力復古格，於時曾鞏、蘇洵、蘇軾、蘇轍、陳師道、黄庭堅等皆尚未顯。其佐修以變文體者，尹洙；佐修以變詩體者，則堯臣也。曾敏行《獨醒雜志》載：「王曙知河南日，堯臣爲縣主簿，袖所爲詩文呈覽。曙謂其詩有晋宋遺風，自杜子美没後二百餘年，不見此作。」然堯臣詩旨趣古淡，知之者希。陳善《捫蝨新話》記蘇舜欽稱平生作詩，不幸被人比梅堯臣。又記晏殊賞其「寒魚猶著底，白鷺已飛前」二句，堯臣以爲非我之極致者，則其孤僻寡和可知。惟歐陽修深賞之。邵博《聞見後録》乃載傳聞之説，謂修忌堯臣出己上，每商榷其詩，多故删其最佳者，殊爲誣謾。無論修萬不至此，即堯臣亦非不辨白黑者，豈得失不自知耶！陸游《渭南集》有《梅宛陵别集序》曰：「蘇翰林多不可古人，惟次韻和淵明及先生二家詩而已。」案蘇軾和陶詩有傳本，和梅詩則未聞。然游非妄語者，必原有而今佚之。是堯臣之詩，蘇軾亦心折之矣。』

【今案】影印文淵閣《四庫全書》第一〇九九册第五頁書前提要。《文淵閣四庫全書提要》卷八五集部七别集類六，第二八〇五頁。《文津閣四庫全書提要匯編》集部三别集類二，第一五四頁。《四庫全書簡明目録》卷一五集部三别集類二，第六二三頁。《四庫全書總目》卷一五三集部六别集類六，第一三二〇頁中。

《竹友集》四卷[一]

宋謝薖撰。薖字幼槃，臨川人。逸之從弟，江西詩派二十五人之一也，與逸齊名，號曰「二謝」。逸所撰《溪堂集》，世久不傳，僅散見《永樂大典》中。惟薖集猶存。然王士禎（禛）《居易録》載《竹友集》十卷：詩七卷、雜文三卷。此本乃止詩四卷，則又佚其六卷矣。士禎（禛）評其詩曰：「在江西派中，亦清逸可喜。然涪翁沉雄豪健之氣，則去之遠矣。」又稱《顔魯公祠堂》《十八學士圖》諸長歌[二]，及「尋山紅葉半旬雨，過我黄花三徑秋」句、「靡靡江蘺只喚愁」一詩，持論皆允。至所稱「挼挲蕉葉展新緑，從臾榴花開晚紅」、「瘦藤拄下萬峰頂，老鶴歸來千歲巢」，則殊不盡薖所長。蓋一時興到之言，非篤論也。

【校記】

[一]四卷　案《四庫全書總目》卷一五五同條作「十卷」。

[二]祠　底本原作「詞」，誤，兹據《四庫全書總目》卷一五五同條改。

【今案】影印文淵閣《四庫全書》第一一二二册第五六〇頁書前提要。《文淵閣四庫全書提要》卷八七集部九别集類八，第二八八一頁。《文津閣四庫全書提要匯編》集部三别集類二，第二一〇頁。《四庫全書簡明目録》卷一五集部三别集類二，第六三八頁。《四庫全書總目》卷一五五集部八别集類八，第一三三九頁上。

《艾軒集》九卷、《附録》一卷

宋林光朝撰。光朝字謙之，莆田人。登隆興元年進士，歷官國子祭酒兼太子左諭德，除中書舍人兼侍讀，以集英殿修撰知婺州，卒。光朝爲鄭俠之婿，又嘗從陸子正游，學問氣節，俱有自來。長朱子十六歲，朱子兄事之。其爲舍人日，繳還謝廓然詞頭一事，尤爲當世所稱。平生不喜著書，既没後，其族孫同叔裒其遺文爲十卷，陳宓序之。後其外孫方之泰搜求遺逸，輯爲二十卷，刻於鄱陽，劉克莊序之。至明代，宋刊已佚，僅存抄本。正德辛巳，光朝鄉人鄭岳擇其尤者九卷，附以遺事一卷，題曰《艾軒文選》，是爲今本。而所謂十卷、二十卷者，今遂皆不可見。王士禎（禛）《居易録》稱，嘗從黄虞稷借觀其全集，憾未抄録。未審即此本否也。然即此本觀之，學問、氣節亦可見其一班[二]。舊本間有評語，蓋明林俊所附入，皆無所發明，故今悉删汰焉。

【校記】

[二]班　案《四庫全書總目》卷一五九同條作「斑」。

【今案】影印文淵閣《四庫全書》第一一四二册第五五一頁書前提要。《文溯閣四庫全書提要》卷九一集部一三别集類一二，第三〇一〇頁。《文津閣四庫全書提要匯編》集部四别集類三，第三〇五頁。《四庫全書簡明目録》卷一六集部四别集類三，第六六五頁。《四庫全書總目》卷一五九集部一二别集類一二，第一三六八頁中。

《東萊集》四十卷

宋吕祖謙撰。祖謙字伯恭，夷簡七世孫，世爲開封望族。南渡後家於婺，以祖恩補將仕郎，未上。登隆興元年進士，又中博學宏詞科。歷官至著作郎、權禮部郎官。以末疾奉祠，卒年四十有五。其弟祖儉、從子喬年先後刊補遺稿，釐爲文集十五卷。又以家範、尺牘之類爲《别集》十六卷，程文之類爲《外集》五卷，年譜、遺事則爲《附録》三卷，又附録《拾遺》一卷，總名爲《東萊集》云。祖謙嘗與朱子同輯《近思録》，又有《家塾讀詩記》及《大事記》《歷代制度詳説》《左氏博議》等書，皆别行。其《詩律武庫》，則僞本也。

【今案】影印文淵閣《四庫全書》第一一五〇册第一頁書前提要。《文溯閣四庫全書提要》卷九一集部一三别集類一二，第三〇二〇頁。《文津閣四庫全書提要匯編》集部四别集類三，第三一二頁。《四庫全書簡明目録》卷一六集部四别集類三，第六六七頁。《四庫全書總目》卷一五九集部一二别集類一二，第一三七〇頁中。

《鄂州小集》六卷[一]

宋羅願撰。願字端良，别號存齋，新安人。以蔭補承務郎中。乾道二年進士。通判贛州，尋攝州事，改知鄂州，卒。州佐劉清之爲刊其遺稿，名《鄂州小集》，止六卷。史稱十卷，與本集不合。然此本編次無法，又以《新安志》中小序二篇入之，疑後人復掇拾而成之，非其舊也。頎學問淵博，有《爾雅翼》傳於世。爲文章有先秦、西漢風，《淳安社壇記》朱子至自謂不如，亦南渡後之傑出者也。後二卷附頎兄頌、頎，姪似臣之文。末又有明人《月山録》一卷，冗雜鄙陋，蓋頎之疏族，因刊是集而竄入之，冀附驥以傳也。今仍存頌、頎似臣之文[二]，而所謂《月山録》者，則從汰焉。

【校記】

［一］鄂州小集六卷　案「卷」，底本原作「集」，「集」字雖已用墨點删去，却未補字，仍誤，兹據本書本條正文及《四庫全書總目》卷一五九同條改。又案《四庫全書總目》卷一五九同條作「《鄂州小集》六卷、《附録》二卷」。

［二］頎　底本原脱此字，兹據本條上文及《四庫全書總目》卷一五九同條補。

【今案】影印文淵閣《四庫全書》第一一四二册第四六一頁書前提要。《文溯閣四庫全書提要》卷九一集部一三别集類一二，第三〇〇九頁。《文津閣四庫全書提要匯編》集部四别集類三，第三〇五頁。《四庫全書簡明目録》卷一六集部四别集類三，第六六五頁。《四庫全書總目》卷一五九集部一二别集類一二，第一三六八頁上。

《清獻集》二十卷

宋杜範撰。範字成己，黄巖人。嘉定元年進士。淳祐中，拜右丞相。清獻，其謚也。《宋史》有傳。史載範所著古律詩五卷，今此本四卷；又雜文六卷，今此本亦四卷；又奏稿十卷，今此本多一卷；又外制三卷、進故事五卷、經筵講義三卷，今俱不存；而有行狀、本傳、詞記等一卷，附於卷首，爲二十卷，蓋後人重輯之本。史稱範有公輔才，其奏議極明暢剴切，多可考見當時國是焉。

【今案】影印文淵閣《四庫全書》第一一七五册第五九九頁書前提要。《文溯閣四庫全書提要》卷九四集部一六别集類一五，第三一二二頁。《文津閣四庫全書提要匯編》集部四别集類三，第三八七頁。《四庫全書簡明目録》卷一六集部四别集類三，第六八七頁。《四庫全書總目》卷一六二集部一五别集類一五，第一三九三頁下。

《西山文集》五十五卷

宋真德秀撰。考《宋史》本傳，德秀所著有《西山甲乙稿》《對越甲乙集》《經筵講義》《端平廟議》《翰林詞草》《四六獻忠集》《江東救荒録》《清源雜志》《星沙集志》諸書。此本爲明萬歷（曆）中福建巡撫金學曾所刊，國朝浦城縣知縣王允元又補葺之。所載詩賦而外，惟《對越甲乙稿》《經筵講義》《翰林詞草》三種自分卷帙，其餘序記等作，但以類次，不别分名目。或即本傳所謂《西山甲乙稿》者，未可知也。他如《端平廟議》諸書，俱不編入，疑其闕佚尚多。然馬端臨《通考》所載亦作五十六卷，則此本所少僅一卷。殆宋時刊本，即未嘗以《端平廟議》諸書編入集内耶？

【今案】影印文淵閣《四庫全書》第一一七四册第一頁書前提要。《文淵閣四庫全書提要》卷九四集部一六别集類一五，第三一一四頁。《文津閣四庫全書提要匯編》集部四别集類三，第三八一頁。《四庫全書簡明目録》卷一六集部四别集類三，第六八五頁。《四庫全書總目》卷一六二集部一五别集類一五，第一三九一頁下。

《南軒集》四十四卷

宋張栻撰。栻字敬夫，廣漢人，丞相浚之子。孝宗時，官左司員外郎，出知嚴、袁等州，静江、江陵等府。生平與朱子交最善，朱子於浚多恕詞，以栻故也。卒後，朱子手定其集，序而歸其弟杓刻之，即今本。

【今案】影印文淵閣《四庫全書》第一一六七册第四一三頁書前提要。《文淵閣四庫全書提要》卷九三集部一五别集類一四，第三〇八八頁。《文津閣四庫全書提要匯編》集部四别集類三，第三六二頁。《四庫全書簡明目録》卷一六集部四别集類三，第六八〇頁。《四庫全書總目》卷一六一集部一四别集類一四，第一三八六頁上。

《石屏集》二卷[一]

宋戴復古撰。復古字式之，天台人。所居有石屏山，因以爲號，遂以名其集。卷端載其父敏詩十首[二]，蓋復古幼孤，勉承家學，故搜訪其先人遺稿，以冠己集。前有趙汝騰、趙汝談、趙以夫、樓鑰、吴子良、真德秀諸序跋。鑰謂其登陸游之門而詩益進，德秀論其高處不減孟浩然，且以不能邀入殿廬中爲愧，其爲當時所重若此。

【校記】

[一]二卷　案《四庫全書總目》卷一六一同條作『六卷』。

［二］戴 底本原作『戴』，誤，茲據《四庫全書總目》卷一六一同條改。

【今案】影印文淵閣《四庫全書》第一一六五册第五五〇頁書前提要。《文溯閣四庫全書提要》卷九三集部一五別集類一四，第三〇八一頁。《文津閣四庫全書提要匯編》集部四別集類三，第三五六頁。《四庫全書簡明目録》卷一六集部四別集類三，第六七九頁。《四庫全書總目》卷一六一集部一四別集類一四，第一三八四頁中。

《雙溪集》二十七卷

宋王炎撰。炎字晦叔，別號雙溪，婺源人。乾道五年進士，仕至著作郎、軍器少監，出知饒州、湖州。炎，《宋史》無傳，集亦不見於馬端臨《通考》。此本爲萬歷（曆）間沈一貫從内府抄出刻之。南宋士大夫或好爲空談，炎能以經術爲世用，如論郊社、經筵、和糴、造甲諸篇，可謂明於典禮，洞悉時務者矣。於時有兩王炎，其一淳熙間爲觀文殿大學士。

【今案】影印文淵閣《四庫全書》第一一五五册第四一一頁書前提要。《文溯閣四庫全書提要》卷九二集部一四別集類一三，第三〇四四頁。《文津閣四庫全書提要匯編》集部四別集類三，第三三〇頁。《四庫全書簡明目録》卷一六集部四別集類三，第六七二頁。《四庫全書總目》卷一六〇集部一三別集類一三，第一三七六頁上。

《慈湖遺書》十八卷、《續集》二卷

宋龍圖閣學士楊簡敬仲撰[二]。簡爲陸九齡高弟，朱子亦嘗薦之於朝。所爲文章以講學爲主，不事粉飾。其論治務最急者五事，次急者八事，大旨欲罷科舉以復鄉舉里選，限民田以復井田，説頗難行。而歷官治迹行誼，多有可紀者，蓋其生平得力有在，固非同於空談性命也。本傳載簡所著有《甲稿》《乙稿》《冠記》《昏記》《喪禮家記》《家祭記》《釋菜禮記》《石魚家記》及《己易》《啓蔽》等書，其目甚多。陳振孫《書録解題》則稱簡《遺書》止有三卷。此本多十五卷，又合《續集》爲二十卷，多寡俱不相合。而集中《家記》内各條，又有別標稱見《遺書》者，疑《遺書》本其著作之一種，各自單行，後人因哀輯其《甲》《乙稿》等部類成此集，而仍以《遺書》名之，非陳氏所見之本矣。其書六卷以前爲雜文及詩；七卷至十六卷皆《家記》，雜載論經史治道之説，如語録體；十七卷紀先訓；十八卷乃錢時行狀及真德秀跋。又編雜文一卷及《孔子閑居解》一卷於後爲《續集》，明嘉靖間巡按江西御史秦鉞刊行之。

【校記】

［一］龍圖閣學士 案底本原誤「閣」爲「學」，玆據《宋史》卷一六二《職官志》諸閣學士條改。又案《直齋書録解題》卷二禮類《孔子閑居講義》一卷」條、卷九儒家類「《先聖大訓》六卷」條均謂「龍圖閣學士慈溪楊簡敬仲撰」云云。而《文獻通考》卷一八一《經籍考》著録「《孔子閑居講義》一卷」僅謂「慈湖楊簡敬仲撰」。又卷二一一《經籍考》著録「《先聖大訓》六卷」亦作「龍圖閣學士慈溪楊簡敬仲撰」。若如此，則楊簡似曾任「龍圖閣學士」之職。然據《宋史》卷四〇七《楊簡傳》，記載其任「寶謨閣直學士」、「華文閣直學士」、「敷文閣直學士」，唯不謂其曾任「龍圖閣學士」。故未詳孰是。

【今案】影印文淵閣《四庫全書》第一一五六册第六〇五頁書前提要。《文溯閣四庫全書提要》卷九二集部一四別集類一三，第三〇五〇頁。《文津閣四庫全書提要匯編》集部四別集類三，第三三四頁。《四庫全書簡明目録》卷一六集部四別集類三，第六七三頁。《四庫全書總目》卷一六〇集部一三別集類一三，第一三七七頁上。

《洺水集》三十卷

宋程珌撰。珌字懷古，休寧人。先世居洺水，自號洺水遺民。紹熙中進士，累官禮部尚書、端明殿學士，贈少師。立朝以經濟自任。明邵經邦《宏(弘)簡録》載其同史彌遠矯詔立理宗，後受楊后緘金之賜，彌遠以是銜之。今觀集中上執政書，議其壅蔽朝廷，不公賞罰，疑當以是忤彌遠。《宏(弘)簡録》所載，未必確也。珌詩詞皆不甚擅場，至於論備邊、蠲稅諸疏，則拳拳於國計民瘼，言有關係。其跋洪邁《萬首絶句》，以爲不當進於朝；而跋張載《西銘》，則以其欲復井田爲不可。蓋方正而達於事理者也。序言集本六十卷，散失者半。此本乃崇禎己巳其裔孫至遠所刻。

【今案】影印文淵閣《四庫全書》第一一七一册第二二三頁書前提要。《文溯閣四庫全書提要》卷九四集部一六別集類一五，第三一一〇頁。《文津閣四庫全書提要匯編》集部四別集類三，第三七八頁。《四庫全書簡明目録》卷一六集部四別集類三，第六八四頁。《四庫全書總目》卷一六二集部一五別集類一五，第一三九〇頁下。

《蠹齋鉛刀編》三十二卷

宋周孚撰。孚字信道，濟南人，寓家丹徒。乾道二年進士，官真州教授。集有陳珙序，稱三十卷，《儀真縣志》並同。今集本實三十二卷，與序不符，疑後人所分。又《宋詩紀事》云孚卒後，辛棄疾刊其集。今所傳本，乃淳熙己亥孚友人平陽解百禴所刊，目録末有百禴跋語可証。或當時原有兩刻也。孚七歲通《春秋》，爲詩初學陳師道，進而學黄庭堅，俱得其遺矩，文章不事雕繢。末二卷駁正鄭樵《詩辨妄》之誤，立論俱極詳允。

【今案】《四庫提要分纂稿》第二四四頁。影印文淵閣《四庫全書》第一一五四册第五七一頁書前提要。《文溯閣四庫全書提要》卷九一集部一三别集類一二，第三〇四〇頁。《文津閣四庫全書提要匯編》集部四别集類三，第三二八頁。《四庫全書簡明目録》卷一六集部四别集類三，第六七一頁。《四庫全書總目》卷一六〇集部一三别集類一三，第一三七五頁上。

《山谷刀筆》二十卷

宋黄庭堅所著之尺牘也。以年爲次，自初仕至館職四卷，居憂時三卷，在黔州三卷，戎州七卷，荆渚二卷，宜州一卷，皆於全集中摘出别行者。然是編向有宋槧本，非後人所爲，蓋當時風氣有此一體云。

【今案】《四庫全書總目》卷一七四集部二七别集類存目一，第一五三八頁上。

《盱江集》三十七卷、《年譜》一卷、《附録》三卷[一]

宋李覯撰。覯字泰伯，建昌南城人。事迹具《宋史·儒林傳》。考《覯年譜》，稱慶歷(曆)三年癸未，集《退居類稿》十二卷；又皇祐四年庚辰，集《皇祐續稿》八卷。此集爲明南城左贊所編，凡詩文雜著三十七卷，前列《年譜》一卷，後以制誥、薦章之類爲《外集》三卷，蓋非當日之舊。宋人多稱覯不喜《孟子》，余允文《尊孟辨》中載覯常語十七條，而此集所載僅『仲尼之徒無道桓文之事』及『伊尹廢太甲』、『周公封魯』三條，蓋贊諱而删之。集首載祖無擇《退居類稿序》，特以孟子比覯。又集中《答李覯書》云『孟氏、荀、楊醇疵之説不可復輕重』[二]，其他文中亦頗引及《孟子》，與宋人所記種種相反。以所删常語推之，毋亦贊所竄亂歟？覯文格次於歐、曾[三]，其論治體悉可見於實用，故朱子謂覯文實有得於經。其不喜《孟子》，特偶然偏見，與歐陽修不喜《繫詞》同，可以置而不論。贊必欲委曲彌縫，務滅其迹[四]，所見陋矣。集中《平土書》《明堂》《五宗》皆别有圖，今佚不傳。覯在宋伐不以詩名[五]，然王士禎（禛）《居易録》嘗稱其《王方平》《璧月》《梁元帝》[六]《送僧還廬山》[七]《憶錢塘江》五絶句，以爲風致似義山。今觀諸詩，惟《梁元帝》一首不免傖父面目[八]，餘皆不愧所稱，亦可謂廣平之賦梅花矣。

【校記】

［一］盱江集三十七卷年譜一卷附録三卷　案《四庫全書總目》卷一五三同條作『《盱江集》三十七卷、《年譜》一卷、《外集》三卷』。

［二］楊　案《四庫全書總目》卷一五三同條作『揚』。

［三］文　底本原作『之』，誤，兹據《四庫全書總目》卷一五三同條改。

［四］委曲彌縫務滅其迹　案底本自『縫務滅其迹』以下爲一頁，原案曰：『編按：此葉原裝於禪月集後，今移改。』

［五］伐　疑爲『代』之形訛。

［六］梁元帝　底本原作『梁帝』，脱一『元』字，兹據《四庫全書總目》卷一五三同條補。

［七］還　底本原作『送』，誤，兹據《四庫全書總目》卷一五三同條改。

［八］梁元帝　底本原作『梁帝』，脱一『元』字，兹據《四庫全書總目》卷一五三同條補。

【今案】影印文淵閣《四庫全書》第一〇九五册第一頁書前提要。《文溯閣四庫全書提要》卷八五集部七别集類六，第二七八七頁。《文津閣四庫全書提要匯編》集部三别集類二，第一四〇頁。《四庫全書簡明目録》卷一五集部三别集類二，第六一九頁。《四庫全書總目》卷一五三集部六别集類六，第一三一六頁上。

《瓜廬詩》一卷

宋薛師石撰。師石字景石，永嘉人。博學多能，工楷法篆草。築屋會昌湖西，題曰『瓜廬』。與永嘉四靈倡酬最密，四靈集中俱有題瓜廬詩，趙師秀『野水多』[一]。集止一卷，皆《江湖集》所有，後附王綽爲師石作誌銘一篇，併宋人諸題跋。

【校記】

［一］野水多 案底本此下當有脱文，而《四庫全書總目》卷一六二同條作『野水多於地，春山半是雲』。

【今案】《四庫提要分纂稿》第二四六頁。影印文淵閣《四庫全書》第一一七一册第二〇五頁書前提要。《文溯閣四庫全書提要》卷九四集部一六别集類一五，第三一〇九頁。《文津閣四庫全書提要匯編》集部四别集類三，第三七七頁。《四庫全書簡明目録》卷一六集部四别集類三，第六八四頁。《四庫全書總目》卷一六二集部一五别集類一五，第一三九〇頁中。

《玉瀾集》一卷［一］

宋朱槔撰。槔字逢年，松之弟也。其詩不出當時之格。後有尤袤跋，稱其《春風》一篇、《盛事》三首，然亦皆無可取。明弘治癸亥，任邱（丘）鄺璠得其本於睢陽陳性之，附刻《韋齋集》後，故至今附其兄詩以行。

【校記】

［一］玉瀾集一卷 案《四庫全書總目》卷一五七同條作『《韋齋集》十二卷、附《玉瀾集》一卷』。

【今案】影印文淵閣《四庫全書》第一一三三册第四二五頁書前提要。《文溯閣四庫全書提要》卷八九集部一一别集類一〇，第二九四七頁。《文津閣四庫全書提要匯編》集部四别集類三，第二五七頁。《四庫全書簡明目録》卷一六集部四别集類三，第六五二頁。《四庫全書總目》卷一五七集部一〇别集類一〇，第一三五四頁上。

《二妙集》八卷

金稷山段克己及其弟成己所作也。克己字復之，號曰遯庵，金末嘗舉進士。成己字誠之，正大進士，授宜陽簿。並以文章名，尚書趙秉文目曰『二妙』，並書『雙飛』二字名其里。金亡，皆不仕，一時士大夫咸尊禮之。克己之孫輔合輯其遺文爲此集，吴澄序，言其詩有感於興亡之會，故陶之達、杜之憂，其詩兼而有之。

【今案】影印文淵閣《四庫全書》第一三六五册第五二三頁書前提要。《文溯閣四庫全書提要》卷一〇八集部三〇總集類三，第三七九四頁。《文津閣四庫全書提要匯編》集部八總集類，第九一〇頁。《四庫全書簡明目録》卷一九集部八總集類，第八四四頁。

《四庫全書總目》卷一八八集部四一總集類三，第一七〇六頁下。

《滹南遺老集》四十五卷

金王若虚撰。若虚字從之，藁城人。金承安二年經義進士，歷官左司諫，轉延州刺史，入爲翰林直學士。金亡後十年，游泰山，及山之半，坐大石凝然而逝，時年七十。吴澄稱若虚博學卓識，見之所到，不苟同於衆，遺言、緒論之流傳，足以警發後進。蘇天爵作《安熙行狀》云：『國初有傳朱子《四書集注》至北方者，滹南王公雅以辨博自負，爲説非之。』今集中《論語》《孟子辨惑》四卷，即其書也。陳天祥作《四書辨疑》多引之，蓋亦毅然自信之仕矣。

【今案】《四庫提要分纂稿》第四三二頁。《四庫全書薈要總目提要》第四〇〇頁。影印文淵閣《四庫全書》第一一九〇册第二七二頁書前提要。《文溯閣四庫全書提要》卷九八集部二〇别集類一九，第三三四二頁。《文津閣四庫全書提要匯編》集部五别集類四，第四七六頁。《四庫全書簡明目録》卷一七集部五别集類四，第七一三頁。《四庫全書總目》卷一六六集部一九别集類一九，第一四二一頁上。

《莊靖集》十卷

金李俊民撰。俊民字用章，澤州人。少通程氏之學。承安五年進士第一，應奉翰林文字。旋棄官隱居，自號鶴鳴道人。元世祖以安車召見，仍乞還山。卒，謚莊靖。澤州守段正卿嘗刊其集[一]，詩七卷，文三卷，首有李仲紳、劉瀛、王特升、史秉直四序。明正德間，郡人李瀚重刊行之。今板已久佚，止存抄本。俊民出處，不愧所學，集中於入元後祇書甲子，隱然自比陶潛。故所爲詩文，類多清虚冲澹，不染塵壒。詩末間有注語，序不言何人所加，或即俊民所自注歟？

【校記】

[一]澤州　底本原作『澤』，脱一『州』字，兹據《四庫全書總目》卷一六六同條補。

【今案】影印文淵閣《四庫全書》第一一九〇册第五二〇頁書前提要。《文溯閣四庫全書提要》卷九八集部二〇别集類一九，第三三二四三頁。《文津閣四庫全書提要匯編》集部五别集類四，第四七八頁。《四庫全書簡明目録》卷一七集部五别集類四，第七一四頁。《四庫全書總目》卷一六六集部一九别集類一九，第一四二一頁中。

《滏水集》二十卷

金趙秉文撰。秉文字周臣，磁州滏陽人。大定二十五年進士，歷官翰林侍讀學士，拜禮部尚書。《金史》有傳，稱其自幼至老，未嘗一日廢書，生平著作甚多。其爲文長於辨析，極所欲言而止，不以繩墨自拘。七言長篇筆勢縱放，不拘一律。律詩壯麗，小詩清逸，多以近體爲之。五言古詩尤沉鬱頓挫。所著詩文，史稱三十卷，此本止二十卷，蓋《金史》以字畫相近而誤也。

【今案】《四庫全書薈要總目提要》第四〇一頁。影印文淵閣《四庫全書》第一一九〇册第五五頁書前提要。《文溯閣四庫全書提要》卷九八集部二〇别集類一九，第三二四〇頁。《文津閣四庫全書提要匯編》集部五别集類四，第四七八頁。《四庫全書簡明目録》卷一七集部五别集類四，第七一三頁。《四庫全書總目》卷一六六集部一九别集類一九，第一四二〇頁下。

《遺山集》四十卷[一]

金元好問撰。凡爲詩十四卷、文二十六卷。好問才高而學贍，金元之介，屹然爲文章大宗。所撰《中州集》，意在以詩存史，去取尚未盡精。至所自作，則興象深遠，風格遒上，無宋南渡末江湖諸人之習，亦無江西流派生拗粗獷之失。有元一代詩人，雖虞、楊、范、揭，未能凌跨其上也。此本爲明太僕寺卿儲巏所藏，弘治戊午[二]，沁州御史李瀚重刻。集末《附録》一卷，即巏所裒輯。前有李冶、徐世隆二序，後有王鶚、杜仁傑二跋。

【校記】

[一]遺山集四十卷　案《四庫全書總目》卷一六六同條作『《遺山集》四十卷、《附録》一卷』。

[二]午　底本原書寫爲『年』，但缺末筆一竪，當時發現誤寫『午』爲『年』時而停筆，却又未補寫『午』字，兹據《四庫全書總目》卷一六六同條補。

【今案】《四庫全書薈要總目提要》第四〇二頁。影印文淵閣《四庫全書》第一一九一册第四頁書前提要。《文溯閣四庫全書提要》卷九八集部二〇别集類一九，第三二四四頁。《文津閣四庫全書提要匯編》集部五别集類四，第四七九頁。《四庫全書簡明目録》卷一七集部五别集類四，第七一四頁。《四庫全書總目》卷一六六集部一九别集類一九，第一四二一頁下。

《不繫舟漁集》九卷[一]

元陳高撰。高字子上，温州平陽人。至正十四年進士，授慶元路録事，未二年輒自免去。平陽陷，棄妻子，往來閩、浙間，自號不繫舟漁者。明初，蘇伯衡訪其遺集，釐定成編，題曰《子上存稿》。豫章揭汯稱其文上本遷、固，下獵諸子，詩則上溯漢、魏，而齊、梁以下弗論，推許未免太過。然核其全集，文格頗雅潔，詩惟七言古體不擅塲，絶句不甚經意，其五言古體源出陶潛，近體律詩格從杜甫，面目稍别而神思不遠，亦元季之錚錚者矣。

【校記】

［一］不繫舟漁集九卷　案《四庫全書總目》卷一六八同條作『《不繫舟漁集》十五卷、《附録》一卷』。

【今案】影印文淵閣《四庫全書》第一二一六册第一二一頁書前提要。《文溯閣四庫全書提要》卷一〇〇集部二二别集類二一，第三三七三頁。《文津閣四庫全書提要匯編》集部五别集類四，第五八二頁。《四庫全書簡明目録》卷一七集部五别集類四，第七四三頁。《四庫全書總目》卷一六八集部二一别集類二一，第一四五二頁中。

《麟原文集》二十四卷

元王禮撰。禮字子尚，後更字子讓，廬陵人。元末爲廣東元帥府照磨。明興不仕，聘爲考官，亦不就。前、後集各十二卷，前有李祁、劉定之二序。定之序謂其『托耕鑿以栖迹於運去物改之餘，依麴糵以逃名於頭童齒豁之際。其文奇氣硉矹胸臆，以未祼將周京故也。有與子讓同出元科目，佐幕府，其氣亦有掣碧海、弋蒼旻之奇，及攀附龍鳳，自擬留文成。然有所作，噫喑鬱伊，捫舌騂顔，曩昔豪氣澌泯無餘矣』。意蓋借禮以詆劉基，未盡肖其爲文。祁序稱其『藹然仁義之詞，凛然忠憤之氣，深切懇至，無不可人意者』。斯得之矣。

【今案】《四庫提要分纂稿》第四三四頁。影印文淵閣《四庫全書》第一二二〇册第三五七頁書前提要。《文溯閣四庫全書提要》卷一〇〇集部二二别集類二一，第三四〇四頁。《文津閣四庫全書提要匯編》集部五别集類四，第六〇八頁。《四庫全書簡明目録》

卷一七集部五别集類四，第七五一頁。《四庫全書總目》卷一六八集部二一别集類二一，第一四六〇頁中。

《一山文集》九卷

元李延興撰。延興字繼本，東安人，占籍北平。至正丁酉進士，授太常奉禮，兼翰林檢討。此集，李敏序稱其子方曙、方煦所輯，而景泰中黎公穎則曰其孫容城教諭伸所編，意其父子相繼爲之也。詩文俱有前人法，而長歌尤爲擅場。中有學李白不成，流爲盧仝、馬異格調者，好高之過，固愈於卑靡不振者矣。

【今案】影印文淵閣《四庫全書》第一二一七册第六八六頁書前提要。《文溯閣四庫全書提要》卷一〇〇集部二二别集類二一，第三三八八頁。《文津閣四庫全書提要匯編》集部五别集類四，第五九五頁。《四庫全書簡明目録》卷一七集部五别集類四，第七四七頁。《四庫全書總目》卷一六八集部二一别集類二一，第一四五六頁中。

《純白齋類稿》二十卷、《附録》二卷

元胡助撰。助字履信，一字古愚，婺之東陽人。始舉茂才，爲建康路儒學學録。歷美化書院山長、温州路儒學教授。用薦再爲翰林國史院編修官，秩滿，授承信郎、太常博士。致仕歸，時至正五年也。自訂著述共三十卷，曰《純白齋類稿》，歷年既久，殘缺失次。今所存賦一卷、詩十六卷、雜文三卷，附録當時投贈詩文二卷，凡二十二卷，仍名《類稿》，蓋明正德中其六世孫淮所重編者。助詩文皆尚平易。别著《鑾坡小録》《升學祭器文》，有鄧文原、吴澄跋語，今本無之，蓋在亡軼卷中矣。

【今案】影印文淵閣《四庫全書》第一二一四册第五五三頁書前提要。《文溯閣四庫全書提要》卷九九集部二一别集類二〇，第三三五八頁。《文津閣四庫全書提要匯編》集部五别集類四，第五七〇頁。《四庫全書簡明目録》卷一七集部五别集類四，第七四〇頁。《四庫全書總目》卷一六七集部二〇别集類二〇，第一四四八頁中。

集部 別集類七

《半軒集》十四卷

明王行撰。行字熙仲，吴縣人。元末授徒吴門。洪武初，有司延爲學校師。後館凉國公藍玉家，玉薦之太祖，得召見。玉誅，行亦坐死。行與高啓同居北郭，詩文並稱於時，爲『北郭十子』之一。其文根柢經術，詩亦與高啓相頡頏。

【今案】影印文淵閣《四庫全書》第一二三一册第二八〇頁書前提要。《文淵閣四庫全書提要》卷一〇一集部二三别集類二二，第三四六二頁。《文津閣四庫全書提要匯編》集部六别集類五，第六五二頁。《四庫全書簡明目録》卷一八集部六别集類五，第七六七頁。《四庫全書總目》卷一六九集部二二别集類二二，第一四七三頁中。

《胡仲子集》十卷

明胡翰撰。翰字仲中，金華人。入明爲衢州府教授，學者稱『長山先生』。翰少從吴師道及吴萊學爲古文，復登同邑許謙之門，其文章多見經濟大略。又嘗與修《元史·五行志》，序論乃其所撰，今見集中。《犧尊辨》《宗法論》諸篇，頗邃經術。同時黄溍、柳貫以文章名天下，見翰文輒推服之。集凡文九卷，韻語一卷，乃洪武十四年其門人劉剛及浦陽王懋温所編次付梓者也。今僅存抄本。

【今案】影印文淵閣《四庫全書》第一二二九册第一頁書前提要。《文淵閣四庫全書提要》卷一〇一集部二三别集類二二，第三四四四頁。《文津閣四庫全書提要匯編》集部六别集類五，第六三八頁。《四庫全書簡明目録》卷一八集部六别集類五，第七六二頁。《四庫全書總目》卷一六九集部二二别集類二二，第一四六九頁上。

《荆川集》十二卷

明唐順之撰。順之字應德，一字義修，武進人。嘉靖己丑進士，歷官右僉都御史，巡撫淮揚，天啓中追謚襄文。《明史》有傳。順之學問淵博，自天文、地理、樂律、兵法以至勾股、壬奇之術，無所不通。晚而受任禦倭，勤事以死，可謂有志於功業者。所爲文洸汪浩瀚，議論醇實，多有體有用之言。詩律亦皆清整典麗。始與晉江王慎中論文不合，後乃舍所學而從之。集中《與慎中書》云：『近來將四十年前伎倆，頭頭放捨；四十年前見解，種種抹殺，始得見些影子。』其語雖涉講學人氣習，然晚年得力之處亦概可見矣。集爲無錫安如石所編刻，而慎中序之，傾許甚至。今所傳本，則嘉靖癸丑衢州葉氏所重刊也。

【今案】《四庫全書薈要總目提要》第四三〇頁。影印文淵閣《四庫全書》第一二七六册第一八三頁書前提要。《文淵閣四庫全書提要》卷一〇四集部二六別集類二五，第三六〇六頁。《文津閣四庫全書提要匯編》集部六別集類五，第七六五頁。《四庫全書簡明目録》卷一八集部六別集類五，第八〇二頁。《四庫全書總目》卷一七二集部二五別集類二五，第一五〇五頁下。

《備忘集》十卷

明南京右都御史海瑞撰。按《明史·藝文志》載《海瑞文集》七卷，今海南所行本與邱（丘）濬合刻者止六卷。是編載瑞所行條式、申參之文較爲全備，國朝康熙間，其六代孫廷芳編次付梓，有跋云『共一十二卷，分爲十册』。今書至十卷而止，每卷自爲一册，每册前各具目録，又似非缺軼，未喻其故。瑞之所長不在文藝而在施設興革諸條，故以『備忘』名。

土苴矣。象晉字藎臣，山東新城人。萬歷（曆）甲辰進士，官至浙江右布政使。王士正（禛）之祖也[一]。

【校記】

[一]案底本自『故以「備忘」名』句結於上一頁，自『土苴也』句始於下一頁，而觀前後所述，二者在内容上毫不相涉。據《四庫全書總目》卷一一六子部譜録類存目『《群芳譜》三十卷』條：『明王象晉撰。象晉字藎臣，山東新城人。萬歷（曆）甲辰進士，官至浙江右布政使。……割裂飣餖，頗無足取。聖祖仁皇帝詔儒臣删其踳駁，正其舛謬，復爲拾遺補闕，成《廣群芳譜》一書，昭示萬世，覆視是編，真已陳之土苴也。』可見自『故以「備忘」名』句以上爲《備忘集》一書的提要文字，自『土苴也』句以下爲《群芳譜》一書的提要文字，而且二者均殘缺不全。底本的『編按』者不察，致使錯接一處而誤二篇爲一篇。浙，底本原作『淅』，誤，兹據《四庫全書總目》卷一一六『《群芳譜》三十卷』條改。

【今案】《四庫提要分纂稿》第二七五頁。影印文淵閣《四庫全書》第一二八六册第一頁書前提要。《文淵閣四庫全書提要》卷一〇四集部二六別集類二五，第三六三三頁。《文津閣四庫全書提要匯編》集部六別集類五，第七七八頁。《四庫全書簡明目録》卷一八集部六別集類五，第八〇六頁。《四庫全書總目》卷一七二集部二五別集類二五，第一五〇九頁下。

《白蘇齋類集》二十二卷

明袁宗道撰。宗道字伯修，號石浦，公安人。萬歷（曆）丙戌進士，歷官庶子，贈禮部侍郎。嘗與陶望齡、黄輝諸人講學於京師之蒲桃林。爲文自闢性靈，頗傷纖巧。論明詩派别者，於三袁蓋有遺議焉。三袁者，宗道及弟宏道、中道也。

【今案】《四庫全書總目》無此條。

《水天閣集》十三卷

明陶望齡撰。望齡字周望，會稽人。萬歷（曆）己丑進士[一]，歷官國子監祭酒。以母老乞養。卒，謚文簡。所著詩文，其門下士喬時敏等刻之。望齡在詞垣，日與同官焦竑、袁宗道、黄輝講性命之學。然晚耽禪悦，故其説多出入釋氏焉。其蔡李贊文見一斑矣[二]。集尾附《明功臣傳草》一册，蓋史館未成之本，後人存之者也。

【校記】

[一]萬歷（曆）己丑進士　案《四庫全書總目》卷一四七子部道家類存目『《解莊》十二卷』條謂陶望齡爲『萬歷（曆）癸丑進士』。據《明史》卷二〇六《陶望齡傳》：『舉萬曆十七年會試第一，殿試一甲第三。』案萬曆十七年即萬曆己丑，而萬曆癸丑即萬曆四十　年。又據《千頃堂書目》卷二五别集類『陶望齡《水天閣集》十卷』條：陶望齡爲『萬曆己丑科十七年』進士。則《總目》似誤矣。

[二]其蔡李贊文見一斑矣　案此句似有脱誤文字。

【今案】《四庫全書總目》無此條。

《篁墩集》九十三卷

明程敏政撰。敏政字克勤。成化丙戌進士第二，歷官禮部右侍郎。篁墩，所居地名也。敏政學問淹通，詩文皆具見根柢，非游談無根者比。雖意見間有偏駁，如《奏考正祀典》，欲黜鄭康成祀於其鄉；《論五祀》，欲以竈易行之類，皆於義未允。然其他考證及議論之文，類多精博。

【今案】《四庫提要分纂稿》第二六七頁。影印文淵閣《四庫全書》第一二五二册第一頁書前提要。《文淵閣四庫全書提要》卷一〇三集部二五別集類二四，第三五四一頁。《文津閣四庫全書提要匯編》集部六別集類五，第七一五頁。《四庫全書簡明目録》卷一八集部六別集類五，第七八六頁。《四庫全書總目》卷一七一集部二四別集類二四，第一四九一頁下。

《空同集》六十六卷

明李夢陽撰。夢陽字獻吉。弘治癸丑進士。以奏劾劉瑾致仕，起江西提學副使，事詳《明史》本傳。夢陽以氣節著名當時，而才力雄傑，以復古自命，大變一代之文體，一時文士翕然從之。平心以論，其詩雄闊富健，實足以籠罩當時，而摹杜大過[一]，流弊至於剽竊亦間有之，所謂利鈍互見者也。其文則徒爲聱牙[二]，略無真氣，明人以詩文並推，已非篤論。而學其詩者又久而沿爲窠臼，金玉其外，敗絮其中，遂併其詩其文均爲後人所詬厲，殆亦推崇過當，有以激而致之歟？

【校記】

［一］大　疑爲『太』之形訛。

［二］聱　底本原作『聲』，誤，兹據《四庫全書總目》卷一七一同條改。

【今案】《四庫提要分纂稿》第二六八頁。《四庫全書薈要總目提要》第四二六頁。影印文淵閣《四庫全書》第一二六二册第一頁書前提要。《文淵閣四庫全書提要》卷一〇三集部二五別集類二四，第三五六六頁。《文津閣四庫全書提要匯編》集部六別集類五，第七三四頁。《四庫全書簡明目録》卷一八集部六別集類五，第七九二頁。《四庫全書總目》卷一七一集部二四別集類二四，第一四九七頁上。

《文肅集》二十三卷

明趙貞吉撰。貞吉字孟静，内江人。嘉靖乙未進士，歷官文淵閣大學士，與高拱相忤，告歸。卒，贈少保，謚文肅。是集凡詩六卷，文十七卷。貞吉學以釋氏爲宗，姜寶爲之序曰：『今世論學者多陰採二氏之微妙，而陽諱其名。公於此能言之，敢言之，又訟言之，昌言之，而不少避忌。蓋其所見真，所論當，人固莫得而訾議也。』其持論可謂悍矣。

【今案】《四庫全書總目》卷一七七集部三〇别集類存目四，第一五八九頁中。

《被褐先生稿》十七卷

明無錫華善述仲達撰。末一卷爲雜文，餘皆詩也。善述與王世貞同時，所著篇什甚多，不事持擇。世貞爲作序云：『其詩或并比興而忘之，大概不可爲典要。』其譏之深矣。

【今案】《四庫全書總目》卷一七八集部三一别集類存目五，第一六〇四頁下。

《魯望集》十二卷

明袁尊尼撰。尊尼字魯望，吴縣人，僉事袠之子。嘉靖乙丑進士，官至山東提學副使。是集純爲七子之體，故王世貞序極稱之。

【今案】《四庫全書總目》卷一七八集部三一别集類存目五，第一六〇三頁上。

《容臺文集》九卷、《詩集》四卷、《别集》四卷

明董其昌撰。其昌字元宰，華亭人。萬歷（曆）己丑進士，官至禮部尚書。事迹詳《明史》列傳。其昌以書畫擅名，深通禪理，尤精賞鑒，生平求乞者盈户，限寸縑尺幅得者争寶藏之。嫁女，賫所作書畫兩箱爲奩具，婿家或售以致富，其風流爲一時之冠。論者比之趙孟頫，殆無愧色。然其詩文多率爾而成，不暇研鍊，集中偉搆甚屬寥寥，以視孟頫，殊不逮也。

【今案】《四庫全書總目》卷一七九集部三二别集類存目六，第一六一七頁中。

《解弢集》一卷

明鄧雲霄撰。雲霄作《冷邸小言》，論詩以妙悟爲宗，以自然爲用。故兹集所載多仿王、孟之音，而醖釀深厚則未及古人。昔嚴羽作《滄浪詩話》，標舉盛唐，而所作乃惟存浮響。雲霄所論所作，蓋均似之矣。

【今案】《四庫全書總目》卷一七九集部三二別集類存目六，第一六二〇頁中。

《莊肅公集》八卷[一]

明胡松撰。松字汝茂，滁州人。嘉靖乙丑進士，官至南京吏部尚書。其集凡文六卷，詩二卷。武進薛應旂爲之序。

【校記】

[一]莊肅公集八卷 案《四庫全書總目》卷一七七同條作「《胡莊肅集》六卷」。

【今案】《四庫全書總目》卷一七七集部三〇別集類存目四，第一五八五頁上。

《青箱堂集》三十三卷[一]

國朝王崇簡撰。崇簡字敬哉，宛平人。登明崇禎癸未進士。入國朝，選庶吉士，官至禮部尚書，謚文貞。大學士王熙即其子也。崇簡練習掌故，爲禮官，多所建白，嘗議移祀北嶽於渾源州，今其疏具在集中。然所爲詩文，類皆平近流易，徐乾學稱其文謂卮詞讕語，無非仁義道德，殆不免於微詞矣。

【校記】

[一]青箱堂集三十三卷 案《四庫全書總目》卷一八一同條作「《青箱堂文集》三十三卷、《詩集》三十三卷」。

【今案】《四庫全書總目》卷一八一集部三四別集類存目八，第一六三四頁下。

《端肅公集》十卷

明葛守禮撰。守禮字與立，德平人。嘉靖己丑進士，歷官户部尚書。卒，贈太子太保，謚端肅。其集凡文九卷，詩一卷，前有邢侗序。

【今案】《四庫全書總目》卷一七七集部三〇別集類存目四，第一五八五頁下。

《世經堂集》二十六卷

明徐階撰。階字子升，華亭人。嘉靖癸未進士，歷官禮部尚書、武英殿大學士。贈太師，謚文貞。事迹具《明史》。是集文二十四卷，賦、頌、詩、詞二卷。其中敷陳治體之文，皆能不詭於正，餘則未見所長。

【今案】《四庫全書總目》卷一七七集部三〇別集類存目四，第一五八〇頁中。

《翠屏集》四卷

明張以寧撰。是集爲宣德三年所刊，陳璉爲之序，稱以寧文集爲其子孟晦所編，宋濂序之；詩集爲其門人石光霽所編，劉三吾、陳南賓序之；其孫南雄教官隆復以《安南稿》續板行世。今三序皆冠集首，而詩文集總題『光霽編次，嗣孫德慶州訓導淮續編』，與序不同，未喻其故。其文神鋒雋利，稍乏渾涵深厚之氣。其詩，五言古體意境清逸，七言古體亦遒警，惟《倦繡篇》《洗衣曲》等數章，稍未脱元季綺縟之習。近體皆清新，間有涉於纖仄，如《次李宗烈韻》之『浮生萬古有萬古，濁酒一杯復一杯』者，然偶一見之，不爲全編之累也。以寧於元泰定丁卯以《春秋》登第，所著有《春王正月考》，引據詳賅，一正夏時冠周月之誤，別見經部春秋類中。

【今案】影印文淵閣《四庫全書》第一二二六册第五一六頁書前提要。《文溯閣四庫全書提要》卷一〇一集部二三別集類二二，第三四三一頁。《文津閣四庫全書提要匯編》集部六別集類五，第六二八頁。《四庫全書簡明目録》卷一八集部六別集類五，第七五九頁。《四庫全書總目》卷一六九集部二二別集類二二，第一四六六頁上。

《鳴盛集》四卷

明林鴻撰。鴻字子羽，福清人。洪武初，以人才薦，歷膳部員外郎，年未四十自免歸。時閩中善詩者號『十才子』，鴻爲之冠。論詩專主唐音，所作以格韻勝，明代閩中詩派皆鴻倡之也。此本爲成化初鴻郡人温州知府邵銅所編，末有銅跋，稱覽其舊稿，慨然興思，因詳加校勘，補其闕略。然如張紅橋唱和詩詞，事之有無不可知，即才人放佚，容或有之，決無存諸本集之理，此必銅摭小説妄增之。《夢游仙記》一首，疑亦寓言紅橋之事，觀其名目，乃襲元稹《夢游春詩》，可以意會，銅亦附之簡末，無識甚矣。

【今案】《四庫提要分纂稿》第二六〇頁。影印文淵閣《四庫全書》第一二三一册第一頁書前提要。《文溯閣四庫全書提要》卷一〇一集部二三别集類二二，第三四六〇頁。《文津閣四庫全書提要匯編》集部六别集類五，第六五〇頁。《四庫全書簡明目録》卷一八集部六别集類五，第七六六頁。《四庫全書總目》卷一六九集部二二别集類二二，第一四七二頁下。

《類稿》十卷

明涂幾撰。幾字守約，又字孟規，宜黄人。以隱居著述稱。朱彝尊《詩話》謂：「幾嘗撰時事策十九篇，上書孝陵，大言不怍，蓋非安於遯世者。」今觀其集，亦殊不稱其名也。

【今案】《四庫提要分纂稿》第二八九頁。《四庫全書總目》卷一七六集部二九别集類存目三，第一五七〇頁上。

《鳥鼠山人集》二十九卷

明胡纘宗撰。纘宗字世甫，别號可泉，秦州人。正德三年進士，官至山東、河南巡撫。隴西本用武地，纘宗以文學顯，與湛若水、康海、李夢陽諸人友善。著有《正德集》四卷，《嘉靖集》七卷，《鳥鼠山人小集》十六卷[一]，《後集》二卷，王慎中序，以爲慎中乃周之舊[二]，幸周風之猶有存也。豈以其尚囿於土風歟？

【校記】

[一]小 底本原作「水」，誤，兹據《四庫全書總目》卷一七六同條改。

[二]慎中乃周之舊 案「慎中」似爲「纘宗」之誤。

【今案】《四庫全書總目》卷一七六集部二九别集類存目三，第一五七一頁中。

《椒邱(丘)文集》四十四卷

明何喬新撰。《外集》一卷，婺源余罃編輯。喬新字廷秀，廣昌人。景泰時進士[二]，官終刑部尚書。考《明史》本傳，喬新歷仕中外，多著偉節，有古大臣風範。是集前三卷爲策略，蓋科舉之學也，次五卷爲史論，次十二卷爲雜文，次十四卷爲詩集，次六卷爲碑、誄，次三卷爲奏議，末一卷則往來贈答之文，題曰《外集》，誤也。喬新不以文章爲重，而學問經濟亦頗見於是焉。世蓋以人重其文也。

【校記】

［一］景泰 底本原作『泰』，脱一『景』字，兹據《明史》卷一八三《何喬新傳》及《四庫全書總目》卷二三經部禮類存目一『《周禮集注》七卷』條補。

【今案】影印文淵閣《四庫全書》第一二四九册第一頁書前提要。《文溯閣四庫全書提要》卷一〇二集部二四別集類二三，第三五三二頁。《文津閣四庫全書提要匯編》集部六別集類五，第七〇八頁。《四庫全書簡明目録》卷一八集部六別集類五，第七八四頁。《四庫全書總目》卷一七〇集部二三別集類二三，第一四八九頁中。

《未齋集》二十六卷［一］

明顧鼎臣撰。鼎臣字九和，號未齋，崑山人。弘治乙丑進士第一，官至武英殿大學士，謚文康。集凡疏草、文草十卷，詩草六卷，續稿六卷，三集四卷。鼎臣在世宗時入閣，頗著聲望，而詩文失之率易，非其所長。

【校記】

［一］二十六卷 案《四庫全書總目》卷一七六同條作『二十二卷』。

【今案】《四庫提要分纂稿》第二八八頁。《四庫全書總目》卷一七六集部二九別集類存目三，第一五六八頁中。

《何燕泉詩》四卷

明何孟春撰。孟春字子元，郴州人。弘治進士，累官吏部左侍郎，以議禮削籍歸。晚居燕山泉，因以自號。後追贈禮部尚書，謚文簡。孟春少游李東陽之門，傳其詩派，而才力不及其富贍，故往往失之平衍。是編乃嘉靖間署郴州事蔣文化選録刊行，非其全集也。

【今案】《四庫提要分纂稿》第三三二頁。《四庫全書總目》卷一七六集部二九別集類存目三，第一五六五頁中。

《祝氏集略》三十卷［一］

明祝允明撰。允明字希哲，長州人。弘治五年舉人，官終應天府通判。以善書名，故詩文不爲世所稱，然大致雅潔，非俗筆也。

《明史》謂允明初授廣東興寧縣，捕戮盜魁三十餘人，邑以無警。今集中《上俞都憲論捕賊事宜狀》具見經濟才，然則允明又非僅文士矣。

【校記】

［一］祝氏集略三十卷　案此書在《四庫全書總目》卷一七一祝允明『《懷星堂集》三十卷』提要中僅僅論及，而未專門爲之撰寫一條提要。

【今案】影印文淵閣《四庫全書》第一二六〇册第三六五頁書前提要。《文溯閣四庫全書提要》卷一〇三集部二五別集類二四，第三五六三頁。《文津閣四庫全書提要匯編》集部六別集類五，第七三二頁。《四庫全書簡明目録》卷一八集部六別集類五，第七九一頁。《四庫全書總目》卷一七一集部二四別集類二四，第一四九六頁下。

《王氏家藏集》六十八卷

一曰《浚川集》，明王廷相撰。廷相字子衡，儀封人。弘治十五年進士，選庶吉士，授兵科給事中。歷官至兵部尚書兼左都御史、提督團營，以郭勛事斥免。卒，復故官，贈少保，謚肅敏。廷相列名『七子』之中，其詩文亦不出北地、信陽門户。

【今案】《四庫全書總目》卷一七六集部二九別集類存目三，第一五六七頁下。

《矯亭存稿》十八卷、《續稿》八卷

明方鵬撰。鵬字時舉，號矯亭，崑山人。正德間進士，官終太僕寺卿。是集詩文多應酬之作，又以筆記介乎其中，編録亦殊叢脞。

【今案】《四庫全書總目》卷一七六集部二九別集類存目三，第一五七一頁中。

《海釣遺風集》四卷［一］

明蕭鳴鳳所輯。鳴鳳父顯，字文明，別號海釣，與李東陽諸人善，於其卒也，爲詩以哀之，題曰《海釣遺風》。鳴鳳遂取其平生詩及東陽等所爲作詩序傳諸篇，都爲一集。顯，山海衛人，舉進士，官給事中，時有直聲。

【校記】

［一］海鈞 底本原作『海鈞』，誤，兹據《千頃堂書目》卷二〇別集類『蕭顯《海鈞遺風》四卷』條及《四庫全書總目》卷一九二集部總集類存目二『《海鈞遺風集》四卷』條改。案正文又兩見『海鈞』者，亦據以改之。

【今案】《四庫全書總目》卷一九一集部四四總集類存目一，第一七四二頁上。

《呆齋集》四十五卷

明劉定之撰。定之字主静，正德丙辰進士第三人。成化初，以太常寺少卿兼侍讀學士、直内閣，尋進侍郎。卒，謚文安。是集《前稿》十六卷、《存稿》二十四卷，皆分類編録，如《代祀録》《永新人物録》《經筵講章》《策略》皆在其中。而鄉、會三場試藝，亦附列焉。《續稿》五卷則自成化乙酉以後所作，不復分類，以一歲爲一卷，前有正德癸酉李東陽序。

【今案】《四庫全書總目》卷一七五集部二八別集類存目二，第一五五七頁上。

《桃谷遺稿》一卷

明陸俸撰。俸字天爵，吴縣人，正德辛未進士。爲刑部郎，以諫南巡受杖。官終寶慶知府。詩多應酬牽率之作，而時露風格。岳岱《今雨瑶華》謂其晚就操觚，靈心夙搆，穎悟居多。蓋天姿高而學力未至者也。

【今案】《四庫全書總目》卷一七六集部二九別集類存目三，第一五七三頁下。

《文起堂集》十卷

明張獻翼撰。獻翼字幼于，長洲人。與兄鳳翼、弟燕翼皆有時名，號曰『三張』。李攀龍、王世貞等皆與之游。老而狂甚，爲怨家所戕。所著詩文集，皇甫汸、徐縢爲之序。

【今案】《四庫全書總目》卷一七八集部三一別集類存目五，第一六〇三頁上。

《少石集》十三卷

明陸釴撰。釴字舉之，鄞人。正德辛巳進士第二，仕至山東提學副使。是集詩五卷、文七卷、雜著一卷，嘉靖癸亥孫繼元付雕。前有張時徹序，稱其華不近浮，質不近俚，而惜其志之未艾。蓋具體而未成家者，故序有微詞云。

【今案】《四庫全書總目》卷一七六集部二九別集類存目三，第一五七七頁下。

《楚辭集解》八卷、《蒙引》二卷、《考異》一卷

明汪瑗撰。瑗字玉卿，歙縣人。其《集解》八卷，惟注屈原諸賦，而宋玉、景差以下諸篇弗與；《蒙引》二卷，皆辨証文義；《考異》一卷，則以王逸、洪興祖、朱子三本互校其字句也。《楚詞》一書，文重義隱，寄托遥深，自漢以來訓詁或有異同，而大旨不相違舛。瑗乃以臆測之見，務爲新説，排詆諸家，穿鑿支離，不可殫數。其尤舛者以『何必懷故都』一語爲《離騷》之綱領[一]，謂實有去楚之志，而深闢洪興祖等謂原惓惓宗國之非。又謂原爲聖人之徒，必不肯自沉於水，而痛斥司馬遷以下諸家言死於汨羅之誣。亦可謂好自用矣。

【校記】

[一]綱 底本原作『剛』，誤，兹據《四庫全書總目》卷一四八同條改。

【今案】《四庫全書總目》卷一四八集部一楚辭類存目，第一二六九頁中。

《搶榆館集》六卷

明段爲衮撰。爲衮字補之，順天人。由貢生官至考城縣知縣。詩一卷，雜文五卷，前有劉文琦序。

【今案】《四庫全書總目》無此條。

《海桑集》十卷

明陳謨撰。謨字一德，號心吾，别號海桑，泰和人。元末不仕。洪武初，徵詣京師，宋濂、王禕等請留爲國學師，辭歸。屢應聘爲廣

東、江西考試官。謨猶及宋元遺老之門，學有本原，文亦有前代風格。今集乃其門人楊士奇所編也。

【今案】影印文淵閣《四庫全書》第一二三二册第五二四頁書前提要。《文淵閣四庫全書提要》卷一〇一集部二三别集類二二，第三四七四頁。《文津閣四庫全書提要匯編》集部六别集類五，第六六二頁。《四庫全書簡明目録》卷一八集部六别集類五，第七七〇頁。《四庫全書總目》卷一六九集部二二别集類二二，第一四七六頁上。

《練中丞集》二卷

明練子寧撰。子寧名安，以字行，號松月居士，新淦人。洪武乙丑進士。建文時，官左副都御史，燕兵入，殉節死。事迹具《明史》。方孝孺稱其多學善文，今觀集中對策諸篇及《謁余闕祠》詩，已定終身大節，非臨時激烈比也。當日詩文之禁甚於元豐，逮弘治中王佐始輯其遺文，名曰《金川玉屑》。此本乃泰和郭子章重編，附以遺事一卷，其裔孫綺復增輯之。黄溥《簡籍遺聞》嘗記集中可疑者三事。一曰《送花狀元歸娶》詩，謂洪武辛亥至建文庚辰，狀元但有吴伯宗、丁顯、任亨泰、許觀、張信、陳䢿、胡靖七人，無所謂狀元花綸，綸乃洪武十七年浙江鄉試第二人，不應有奉詔歸娶事。一曰《故耆老理庭黄公墓誌》，謂子寧及第在洪武十八年，此誌後題『洪武丙辰三月之吉』，乃洪武九年，不應結銜稱『賜進士及第授翰林院修撰』。一曰集後《雜考》引葉盛《水東日記》載長樂鄭氏有手卷，練子寧賦，張顯宗跋，稱顯宗狀元及第，洪武時亦無此狀元。其言頗核。蓋子寧一代偉人，人争依托，因而影撰者有之，然終不以僞廢其真也。

【今案】《四庫提要分纂稿》第二六二頁。影印文淵閣《四庫全書》第一二三五册第一頁書前提要。《文淵閣四庫全書提要》卷一〇二集部二四别集類二三，第三四九二頁。《文津閣四庫全書提要匯編》集部六别集類五，第六七三頁。《四庫全書簡明目録》卷一八集部六别集類五，第七七四頁。《四庫全書總目》卷一七〇集部二三别集類二三，第一四八〇頁中。

《杜詩分類》五卷

明傅振商編。杜詩編年始於黄伯思，而魯訔、黄鶴輩因之；分類始於王洙，而千家注本因之。然編年猶曰『考其功候之淺深，証其時事之同異』，分類則毫無所取，惟爲剽剟計矣。此編又因千家注而小更定之，不足取也。

【今案】《四庫全書總目》卷一七四集部二七别集類存目一，第一五三三頁上。

《老泉文鈔》無卷數[一]

明泰和郭祥鵬於蘇洵集中摘取《權書》十篇、《衡論》十篇、《箋策》二篇[二]，别爲一集。按洵全集具存，其文章之妙，豈僅止此，此選無謂甚矣。

【校記】

[一]老泉文鈔　底本原作『老泉文妙』。案《四庫全書總目》卷一七四同條作『老泉文鈔』。正文有『於蘇洵集中摘取』云云之語，則此書似應稱名『文鈔』；然又有『其文章之妙，豈僅止此』之語，則此書又似應稱名『文妙』。終未審其孰是孰非。

[二]箋　底本原作『幾』，誤，兹據《四庫全書總目》卷一七四同條改。

【今案】《四庫全書總目》卷一七四集部二七别集類存目一，第一五三六頁下。

《楊忠愍集》三卷、《附録》一卷

明楊繼盛撰。繼盛字仲芳，號椒山，容城人。嘉靖丁未進士，官至兵部武選司員外郎。事迹具《明史》。繼盛生平以經濟氣節自許，不屑屑於文字間，後人重其人品，掇拾成編。仰蒙世祖章皇帝御製序文，表其忠藎，一經褒予，曠世猶生，故雖朽蠹陳編，彌深寶惜。此本乃康熙間蕭山章鈺所校，凡奏疏一卷，雜文一卷，詩一卷，而行狀碑記别爲一卷附焉。繼盛頗究心樂律，嘗從韓邦奇學之，所自記夜夢虞舜一事，頗涉怪異。然繼盛非妄語者，蓋覃思之極，緣心搆象。《世説》載衛玠以夢問樂廣，廣云是想。《管子》所謂『思之思之，鬼神通之』者，固亦理所當有耳。

【今案】影印文淵閣《四庫全書》第一二七八册第六一二頁書前提要。《文溯閣四庫全書提要》卷一〇四集部二六别集類二五，第三六一六頁。《文津閣四庫全書提要匯編》集部六别集類五，第七七二頁。《四庫全書簡明目録》卷一八集部六别集類五，第八〇四頁。《四庫全書總目》卷一七二集部二五别集類二五，第一五〇八頁上。

《青城山人集》八卷

明王燧撰。燧字汝玉，長洲人。洪武中，舉浙江鄉試。以薦攝府學教授，改應天訓導，擢翰林五經博士。官至春坊贊善，下詔獄死。洪熙初，贈太子賓客，謚文靖。所著詩稿散佚，正統十二年其孫鏜始哀次爲編，其姻家華靖删定爲八卷，即此本也。朱彝尊《詩話》稱其詩不費冥索，斤斤唐人之調，吴人徐用理集永樂後詩家三百三十人，以燧壓卷。今觀其詩，音節色澤，皆合古格，誠有擬議而不能變化者。然當元季詩格靡麗之餘，能毅然以六代、三唐爲模楷，亦卓然特立之士，又不以王、李流弊預繩明初人矣。

【今案】影印文淵閣《四庫全書》第一二三七册第六八一頁書前提要。《文溯閣四庫全書提要》卷一〇二集部二四别集類二三，第三五〇七頁。《文津閣四庫全書提要匯編》集部六别集類五，第六八七頁。《四庫全書簡明目録》卷一八集部六别集類五，第七七七頁。《四庫全書總目》卷一七〇集部二三别集類二三，第一四八三頁下。

集部 別集類八

《玉茗堂集》二十九卷

明湯顯祖撰。顯祖字若士，臨川人。萬歷(曆)十一年進士，歷官禮部主事，終於遂昌縣知縣。顯祖以詞曲擅名，於王世貞爲後進，世貞與李攀龍持上追秦、漢之説，奔走天下，歸有光獨詆爲庸妄，顯祖亦毅然不附，至塗乙其《四部稿》，使世貞見之。然有光才不逮世貞，而學問過之；顯祖則才與學皆不逮，而議論識見則較世貞爲篤實，故排王、李者亦稱焉。是集凡詩十三卷，文十卷，又尺牘六卷。前有南豐朱廷誨序，稱其解陰符五賊禽制之法，序《春秋輯略》，發仁孝動天下之旨，記小辨明復小乾大之一致，非無根據之學者，然終非有光匹也。

【今案】《四庫提要分纂稿》第三〇九頁。《四庫全書總目》卷一七九集部三二別集類存目六，第一六二一頁上。

《妙遠堂集》四十卷

明馬之駿撰。之駿字仲良，新野人。萬歷(曆)庚戌進士，官户部主事。其集凡詩十四卷，文二十六卷。之駿與鍾惺同舉進士，亦微染其習氣。又年僅三十八而卒，故體格皆未成就云。

【今案】《四庫全書總目》卷一八〇集部三三別集類存目七，第一六二二頁下。

《龍湖集》十四卷[一]

明張治撰。治字文邦，茶陵人。正德辛巳進士，授編修。以左贊善使交南，進學士。歷拜禮部尚書兼文淵閣大學士，加太子太傅。卒，贈少保，謚文隱，改謚文毅，萬歷(曆)初復改謚文肅。是集詩十卷，文四卷。論其詩者，以才思雄贍，稱其古文昌博浩瀚，亦頗有法度。然陸游作《南園記》《閲古泉記》，不肯編之《渭南集》。而治爲嚴嵩作《鈐山堂集》序，又壽嵩七十生辰詩，悉載於集，固不免於後來之訶矣。

【校記】

[一]龍湖集十四卷 案《四庫全書總目》卷一七六同條作『《龍湖文集》十五卷』。

【今案】《四庫全書總目》卷一七六集部二九别集類存目三，第一五七八頁上。

《退庵遺稿》七卷

明鄧林撰。林初名彝，又名觀善，字士齊，後成祖爲改今名，新會人。洪武丙子舉人，任廣西潯貴縣教諭。秩滿入京，預修《永樂大典》，凡五年，出爲南昌教授。後又秩滿試高等，遷吏部主事。宣宗時，以事謫杭州。在杭多湖山之游，倡和甚盛，田汝成作《西湖志》多採之。此本乃太常少卿會稽陳贄爲廣東參議時所編梓，語殊平淺，不稱其名。

【今案】《四庫全書總目》卷一七五集部二八别集類存目二，第一五五一頁中。

《坦齋文集》三卷[一]

明劉三吾撰。三吾字如孫，自號坦坦翁[二]，茶陵人。洪武中，官翰林學士，典司文章，頗被恩遇。鄭曉、雷禮、王世貞並謂三吾於洪武三十年以罪誅死，蔣一葵又謂三吾以作大誥漏言賜死，《明史》稱以考試不實戍邊，建文初召還。今集有《敕下御製大明一統賦》，實建文初撰者，是曉等所載皆不實。後朱睦㮮又謂永樂中命三吾修《春秋大全》，則三吾尚及事成祖，未知睦㮮何所據也。其文支棘淺近，無典重之風，去宋濂等遠甚。集分上、下二卷，成化中桐江俞藎官茶陵始刻之。萬歷（曆）戊寅，知州韓城賈緣重梓以行。

【校記】

［一］三卷　案《四庫全書總目》卷一七五同條作『二卷』。

［二］自號　底本原作『一字』，誤，兹據《四庫全書總目》卷一七五同條改。

【今案】《四庫全書總目》卷一七五集部二八别集類存目二，第一五五〇頁上。

《金蘭集》三卷、《附録》一卷

明徐達左編輯。達左字良夫。家蘇州之光福里，於所居築耕漁軒，名流多爲題詠。入明後，嘗應聘爲建寧訓導。此集乃其所輯一時酬贈之作[一]。《附録》一卷，則達左兄子濟出守邵武及歸田後與友朋倡和之詩[二]，其十一世孫翃校梓以行，前有正統九年徐理所作

《耕漁子傳》。珵即有貞也。

【校記】

［一］乃其所輯　底本原作『乃所輯』，脱一『其』字，兹據《四庫全書總目》卷一九一同條補。

［二］及歸田後與友朋倡和之詩　底本原作『及歸田後友朋倡和詩』，脱『與』字、『之』字，兹據《四庫全書總目》卷一九一同條補。

【今案】《四庫全書總目》卷一九一集部四四總集類存目一，第一七三九頁中。

《光庵集》二卷

明王賓撰。賓字仲光，長洲人。博聞强記，尤精醫學。隱居奉母，以孝行稱，爲吴中高士之首。與姚廣孝同里相善，世傳廣孝既貴，賓不復與通。廣孝還吴中，往見之，大爲賓所詆斥。今觀賓集，有所作《賑灾記》，稱廣孝爲少師，鋪陳功德甚至。賓殁後，廣孝爲之傳，亦極稱譽。是兩人交契如一，蓋流俗欲推尊賓者造爲此言，殊非事實。集爲文一卷，後附名人贊頌及《吴中古迹》詩一卷。詩共一百三十七首，各有小序。賓秉操孤介，故其文務爲奇崛之語，間傷冗贅，未能成家。詩詞亦頗近流易。卷首紀唐鈺、林德暘二事[一]，全録舊文，而無論斷。疑嘗手書此二節，而後人誤編入之者也。

【校記】

［一］暘　案《四庫全書總目》卷一七五同條作『暘』。

【今案】《四庫全書總目》卷一七五集部二八别集類存目二，第一五五二頁中。

《槎翁集》八卷

明劉崧撰。崧字子高，江西泰和人，舊名楚。元至正間，舉於鄉。洪武三年，以人材舉，授職方郎中，官終國子司業。崧七歲能賦詩，清江劉永之稱其日課一詩，多至數千篇，敂嘔轉側二十餘年不爲少折，年愈老而詩愈工。蓋明初江西派實崧倡之，以和雅、舂容爲標的，當時奉爲正宗。是集乃明羅允升校正，而吉安知府徐士元爲之付刊者。所録銘贊、傳説、序記諸體略備，而獨無詩，蓋以其詩已别有專集行世也。然崧文頗傷流易，未能具體，非詩之比。士元等顧録文而遺詩，殆不免搴其艾蕭而遺其蘭蕙矣。

【今案】影印文淵閣《四庫全書》第一二二七册第二〇五頁書前提要。《文溯閣四庫全書提要》卷一〇一集部二三別集類二二，第三四三六頁。《文津閣四庫全書提要匯編》集部六別集類五，第六三二頁。《四庫全書簡明目録》卷一八集部六別集類五，第七六〇頁。《四庫全書總目》卷一七五集部二八別集類存目二，第一五四九頁中。

《雙桂集》六卷

明徐環及其子允所著之詩。環字伯樞，無錫人，元兵部侍郎憲之子。洪武間，以茂才擢上元縣主簿，終臨桂縣丞。所著有《臨桂集》。允字邦孝，所著有《水南集》。允之子堧合梓之，統名曰《雙桂》。朱彝尊《詩綜》蒐羅明詩至三千四百餘家，而環父子之詩不著於録。然其詩皆未成家，疑彝尊删之，未必不見也。

【今案】《四庫全書總目》卷一九一集部四四總集類存目一，第一七四〇頁下。

《節庵集》八卷、《續稿》一卷[一]

明高得暘撰[二]。得暘字孟升，錢塘人。洪武中，以文學薦。永樂初，召爲宗人府經歷，與修《大典》。嘗進講東宫，故集中多應制之作。然詩文頗近淺俗，殊乏傑搆。

【校記】

[一]節庵集八卷續稿一卷　案《四庫全書總目》卷一七五同條作『《節庵集》八卷、《續編》一卷』。

[二]暘　底本此字凡兩見，案《四庫全書總目》卷一七五同條俱作『暘』。

【今案】《四庫全書總目》卷一七五集部二八別集類存目二，第一五五三頁上。

《黄給諫遺稿》一卷

明黄鉞撰。鉞字叔揚，常熟人。建文二年進士，授刑科給事中。《明史》本傳云：永樂初被召，『在道投水死』。今集後楊儀所書事迹則云：『鉞以憂歸，蘇州守姚善起兵勤王，召鉞同行，未赴，而善被執，尋見誅，鉞聞問，登琴川橋投水死。』儀與鉞同里，而所書不同如此。蓋革除中事，當時諱言之，故傳聞異詞也。萬歷（曆）中，曾孫拱斗等蒐輯遺集，爲文一首、近體詩六十八首，前有建文三年敕命一道，後附祠記、墓記及墓竹詩數篇。鉞以大節傳，詩則多淺近不經意之作，固不藉是爲重耳。

【今案】《四庫全書總目》無此條。

《竹居集》一卷

明王珙撰。珙字廷珪，常熟人。《明詩綜》未載其名，蓋向來未行於世也。集爲其曾孫仲申所輯，而六世孫古刻之。其詩出入於月泉吟社一派，亦時有秀句，而才思單窘，格力不高，數首以後，語意略同。卷中絶無古體，知其根柢淺薄矣。中用《洪武正韻》者凡十八首，蓋明太祖鋭意必行是書，賞罰甚峻，故珙亦時時用之，以明遵制耳。

【今案】《四庫全書總目》卷一七五集部二八别集類存目二，第一五五〇頁中。

《野莊集》六卷

明王鈍撰。鈍字士魯，太康人。登至正丙午進士。洪武初，徵授禮部主事，歷官浙江布政使。建文中，召爲户部尚書。永樂元年，遣巡行山東，還，致仕歸。集爲詩二卷、文四卷，皆未入格。前有劉如孫《野莊賦》，黄淮所撰墓碑一通。王崇慶序謂嘉靖中其後裔曰朝獻者，始謀梓之。蓋集中多稱建文爲『今上皇帝』，故『靖難』後，其家恐觸語禁，久而不敢出也。

【今案】《四庫全書總目》卷一七五集部二八别集類存目二，第一五四九頁下。

《逃虚子集》十一卷、《類稿補遺》八卷

明姚廣孝撰。廣孝，長洲人。初爲僧，名道衍，字斯道，後以佐成祖興靖難兵，復姓，賜今名。《明史》有傳。廣孝爲高啓『北郭十友』之一，啓稱其詩能兼採衆家，不事拘狹。所著初名《獨庵集》，殁後，吴人合刻其詩文曰《逃虚子集》。其詩清新婉約，頗存古調。惟附載《道餘録》二卷，尊崇釋氏，排詆程朱。雖原係緇流，自張其教，然亦恣横之甚矣。

【今案】《四庫全書總目》卷一七五集部二八别集類存目二，第一五五二頁中。

《文穆集》六卷

明許國撰。國字維楨，歙人。官至建極殿大學士，贈太保。是集刊於萬歷(曆)辛亥，爲其子立言所輯，其門人焦竑校而序之。此本乃題『門人葉向高、方從哲編』，而卷首復列校閲門人姓氏，朱國楨、李廷機以下數十人，皆明末位望通顯者。蓋其曾孫芳、萱、蓮、苓等重梓之時，增以爲重也。

【今案】《四庫全書總目》無此條。

《高閑雲集》六卷

舊本題『董養性先生《高閑雲集》』。前有洪武中王翊、何淑二序，亦皆稱董君養性。王景彰序則稱『高閑先生』，似養性其字，高閑其號，而其名偶佚不傳也。養性家於江西，至正間仕爲昭化令，攝劍州事，入明不仕。自名其詩集曰《高閑雲集》，作《高閑雲賦》以自見。集凡六卷，王翊序盛譽其文及詩。此本僅詩五卷、賦一卷，文則已佚。其詩頗清遒，而淺於比興，往往意言並盡，少含蓄深婉之致。

【今案】《四庫全書總目》卷一七四集部二七別集類存目一，第一五四七頁下。

《高子遺書》十二卷、《附録》一卷

明高攀龍撰。攀龍字存之，號景逸，無錫人。萬歷(曆)己丑進士，官至左都御史，謚忠憲。事迹具《明史》。攀龍出趙南星之門，與顧憲成爲友。其學以格物爲先，兼取朱、陸兩家之長。初，自輯其語録、文章爲《就正録》。後其門人嘉善陳龍正編爲此集，凡分十二類：一曰語，二曰劄記，三曰經説、辨、贊，四曰備儀，五曰語録，六曰詩，七曰疏、揭、問，八曰書，九曰序，十曰碑、傳、記、譜、訓，十一曰誌、表、狀、祭文，十二曰題跋雜書。附録誌狀年譜一卷。其講學之語類多切實，詩意沖澹，文格清遒，均無明末纖詭之習。

【今案】《四庫提要分纂稿》第二七六頁。影印文淵閣《四庫全書》第一二九二册第三二九頁書前提要。《文淵閣四庫全書提要》卷一〇四集部二六別集類二五，第三六四一頁。《文津閣四庫全書提要匯編》集部六別集類五，第七九二頁。《四庫全書簡明目録》卷一八集部六別集類五，第八一〇頁。《四庫全書總目》卷一七二集部二五別集類二五，第一五一三頁中。

《方麓集》十六卷

明王樵撰。樵字明逸，金壇人。嘉靖丁未進士，仕至南京右都御史。方麓，其別號也。是集凡詩文十四卷，又《戊申筆記》一卷、《紫薇堂劄記》一卷。樵研心著述，於五經皆有解。其文雍容平暢，頗似成、宏（弘）以前舊體。

【今案】《四庫提要分纂稿》第二七四頁。影印文淵閣《四庫全書》第一二八五册第九七頁書前提要。《文溯閣四庫全書提要》卷一〇四集部二六別集類二五，第三六二〇頁。《文津閣四庫全書提要匯編》集部六別集類五，第七七五頁。《四庫全書簡明目録》卷一八集部六別集類五，第八〇五頁。《四庫全書總目》卷一七二集部二五別集類二五，第一五〇九頁上。

《文遠集》二十八卷、《補遺》一卷，《秋旻集》十卷、《秋旻二刻》一卷、《秋旻續刻》一卷

明姚希孟撰。希孟字孟長，吴縣人。萬歷（曆）四十七年進士，官至詹事。少與其舅文震孟同學，名亦相亞。所著有《公槐》《響玉》《棘門》《沆瀣》《秋旻》《文遠》《循滄》《松癭》《伽陵》《風吟》諸集。此本惟《文遠》《秋旻》二集，《文遠集》皆書牘，《秋旻集》皆歌詩也。

【今案】《四庫全書總目》無此條。

《王忠文公集》二十四卷

明王禕撰。禕字子充，義烏人。事迹具《明史》。是集前十二卷題「鄱陽劉傑編輯，廬陵劉同校正」。十三卷以下則編輯者改題「同」，校正者改題「傑」，意二人各刊其半歟？傑即正統六年爲義烏丞，特表禕之忠於朝，得贈官賜謚者也。禕有《華川前集》十卷、《後集》十卷。此本卷端胡翰、胡行簡二序皆爲《前集》作，宋濂、蘇伯衡二序皆爲《後集》作[一]。其楊士奇一序則爲此本作也。禕師黄溍，友宋濂，學有淵源，故其文醇樸宏肆，有宋人軌範。濂序稱其「文凡三變：初年所作，幅程廣而運化宏；壯年出游之後，氣象益以沉雄；暨四十以後，乃渾然天成，條理不爽」。可謂知禕之深矣。集中多代擬古人之作，蓋學文之時，設身處地以殫揣摩之功者，非游戲筆也。

【校記】

［一］宋 底本原作『字』，誤，兹據《四庫全書總目》卷一六九同條改。

【今案】影印文淵閣《四庫全書》第一二二六册第一頁書前提要。《文溯閣四庫全書提要》卷一〇一集部二三別集類二二，第三四三〇頁。《文津閣四庫全書提要匯編》集部六別集類五，第六二七頁。《四庫全書簡明目録》卷一八集部六別集類五，第七五九頁。《四庫全書總目》卷一六九集部二二別集類二二，第一四六五頁下。

《龐眉生集》十六卷

明于慎思撰。慎思字無妄，號航隱，東阿人。是編詩七卷、雜文八卷、樂府一卷，前有其兄慎行序。詩文皆有縱橫排奡之氣，而頗涉粗豪。

【今案】《四庫全書總目》卷一七九集部三二別集類存目六，第一六〇九頁中。

《草閣集》六卷、《拾遺》一卷、附《筠谷詩》一卷［一］

明國子監助教李曄撰。曄字宗表，號草閣，錢塘人。元季避地永康、東陽間，館於胡氏，故集中與胡伯宏（弘）兄弟贈答之什最多。此集乃曄没後，伯宏（弘）及其友徐孟璣、陳公明所輯。《拾遺》一卷，則其門人唐光祖所輯。《拾遺》後附雜文四篇，題曰《文集》，不知何人所輯，疑亦出光祖之手。朱彝尊稱曄長篇聳高奔軼，堪與劉伯温、高季迪鼎足。今觀近體，亦足名家，不獨長篇爲優也。末附《筠谷詩》一帙，未詳姓氏，疑即曄之子名轅者所作詩，内有《冬至前日侍父謁胡伯奇濟生堂》七律一章［二］，是其明証。又集有宋濂序，稱轅字公載，爲詩能繼其家。而彝尊《跋草閣集後》竟未之及，豈當時所見本有異同耶？

【校記】

［一］草閣集六卷拾遺一卷附筠谷詩一卷 案《四庫全書總目》卷一六九同條作『《草閣集》六卷、《拾遺》一卷、《文集》一卷、附《筠谷詩》一卷』。

［二］父 案底本原作『文』，誤，兹據《四庫全書總目》卷一六九同條改。

【今案】影印文淵閣《四庫全書》第一二三二册第一頁書前提要。《文溯閣四庫全書提要》卷一〇一集部二三别集類二二,第三四六八頁。《文津閣四庫全書提要匯編》集部六别集類五,第六五七頁。《四庫全書簡明目録》卷一八集部六别集類五,第七六八頁。《四庫全書總目》卷一六九集部二二别集類二二,第一四七四頁下。

《方洲集》二十六卷、附《讀史録》四卷[一]

明張寧撰。寧字靖之,海鹽人。景泰甲戌進士,官給事中。謇諤自持[二],六科章奏多出其手,每有大議,必問張給事中云何。石亨、曹吉祥惡之,會有邊釁,奏使宣撫,竟諭定而還。卒以建言忤李賢,與岳正同調外,得汀州府知府。乞歸,卒於家。言論丰采,天下重之。集首有弘治四年仁和夏時正序,稱『《方洲集》四十卷』。又有餘姚謝丕《續集序》,稱『夏復拾林下之作爲四卷[三]』。又有錢陞募刻疏,稱『僭作《補遺》』。是又在四十四卷外矣[四]。而今本乃止二十六卷[五],或錢陞重刊改併歟?奏疏偉言正論,通達國體,不愧其名。他文亦磊落有氣,詩則頗雜浮聲,然亦無齷齪萎弱之氣也。

【校記】

[一]讀史録 底本原作『《續史録》』,誤,兹據《明史》卷九七《藝文志》著録『張寧《讀史録》六卷』條及《四庫全書總目》卷一七〇同條改。

[二]謇 底本原作『蹇』,誤,兹據《四庫全書總目》卷一七〇同條改。

[三]夏 案底本原於此下衍一『雲』字,兹據《四庫全書總目》卷一七〇同條删。

[四]四十四卷 案《四庫全書總目》卷一七〇同條作『四卷』。

[五]二十六卷 底本原作『三十二卷』,誤,兹據本書本條題目及《四庫全書總目》卷一七〇同條改。

【今案】影印文淵閣《四庫全書》第一二四七册第一七九頁書前提要。《文溯閣四庫全書提要》卷一〇二集部二四别集類二三,第三五二九頁。《文津閣四庫全書提要匯編》集部六别集類五第七〇六頁。《四庫全書簡明目録》卷一八集部六别集類五第七八三頁。《四庫全書總目》卷一七〇集部二三别集類二三,第一四八八頁下。

《王襄敏集》四卷[一]

明王越撰。越字世昌，濬縣人。景泰辛未進士。天順中，累官兵部尚書，封威寧伯。後奪爵除名。尋起原官，總制甘凉軍務。卒，贈太傅，謚襄敏。越籌邊靖寇諸略，詳見本傳。因依附汪直，遂爲清議所譏。所爲詩平易通暢，不事雕琢，而摇筆輒就，率略之處亦多。

【校記】

［一］王襄敏集四卷 案《四庫全書總目》卷一七五同條作『《王襄敏集》二卷、《續集》一卷』。

【今案】《四庫全書總目》卷一七五集部二八別集類存目二，第一五五八頁下。

《雙溪集》八卷

明杭淮撰。淮字東卿，宜興人。弘治己未進士，累官南京總督糧儲右副都御史。淮與徐禎卿、顧璘齊名。是集乃其弟洵所刻，晋江王慎中序之。其詩刻意學杜甫而未能成就，嘉、隆時詩派如斯也。

【今案】影印文淵閣《四庫全書》第一二六六册第二五一頁書前提要。《文溯閣四庫全書提要》卷一〇三集部二五別集類二四，第三五七四頁。《文津閣四庫全書提要匯編》集部六別集類五，第七四一頁。《四庫全書簡明目録》卷一八集部六別集類五，第七九四頁。《四庫全書總目》卷一七一集部二四別集類二四，第一四九九頁上。

《西山類稿》五卷

明謝復撰。復字一陽，祁門人。少聞吴與弼講學，棄科舉業從之游，心體力行，寒暑弗懈，學者稱『西山先生』。復所著詩文皆留心道學，不以詞章求工，而其義皆平正通達，其孫泂、溉等校刻，別有《附録》一卷。與陳獻章爲同門友，集中有《題獻章詩後》一篇，頗詆獻章晚涉於佛、老，蓋其學較切實云。集初有王柟序，今已佚之。

【今案】《四庫全書總目》卷一七五集部二八別集類存目二，第一五六〇頁中。

《緱山集》二十七卷

明王衡撰。衡字辰玉，號緱山，太倉人，大學士錫爵之子。萬歷（曆）十六年舉順天鄉試第一，越十四年成進士。官編修時，錫爵家居，請假歸養，尋病卒。衡自以宰相子，頗留心世務，與王世貞同里居，然詩文各自名家。其集，陳繼儒等序刻之。

【今案】《四庫全書總目》卷一七九集部三二別集類存目六，第一六二〇頁中。

《誠意伯文集》二十卷

明劉基撰。基字伯温，青田人。元至順間舉進士。以平山寇功，授總管府判，辭歸。佐明太祖，以開國勳封誠意伯，追謚文成。集首《翊運録》一卷，其孫廌等所輯。集凡《郁離子》四卷、《覆瓿集》十卷、《寫情集》二卷、《春秋明經》二卷、《犂眉公集》二卷。楊守陳序謂：『子房之策不見詞章，元（玄）齡之文僅辦符檄，未見樹開國之勳業，而兼傳世之文章，可謂千古人豪矣。』又按《明史》本傳，洪武二十四年三月，襲其孫廌伯爵。今首集《翊運録》載襲封誠意伯券誥，曰：『惟洪武二十三年歲次庚午十月二十七日乙酉』。與本傳所載前後有一年之差，疑本傳誤也。

【今案】《四庫全書薈要總目提要》第四二一頁。影印文淵閣《四庫全書》第一二二五册第一頁書前提要。《文溯閣四庫全書提要》卷一〇一集部二三別集類二二，第三四二六頁。《文津閣四庫全書提要匯編》集部六別集類五，第六二四頁。《四庫全書簡明目録》卷一八集部六別集類五，第七五八頁。《四庫全書總目》卷一六九集部二二別集類二二，第一四六五頁上。

《宋學士全集》三十六卷

明宋濂撰。濂字景濂，浦江人。元至正末，召爲國史院編修官，不就。後應明太祖徵，官終學士承旨。其文根柢醇茂，爲明初儒臣之冠。嘗著《孝經新説》《周禮集注》，今皆不傳。而集中説經之文，若《河洛説》《章服辨》諸篇，均有發明，可以想見其所學。其《孔子生卒年月考》一篇，推襄公二十一年十一月無庚子，正《公羊》『十一月庚子孔子生』之誤，推哀公十一年四月無己丑，正《左氏》『夏四月己丑孔子卒』之誤，考証尤精。惟《孔子廟堂議》一篇，謂七十二子但當祀於太學，不當祀於郡縣，其説似偏，全璧微眚，固可無容置喙矣。

【今案】《四庫全書薈要總目提要》第四二二頁。影印文淵閣《四庫全書》第一二二三册第二三五頁書前提要。《文溯閣四庫全書提要》卷一〇一集部二三別集類二二，第三四二四頁。《文津閣四庫全書提要匯編》集部六別集類五，第六二二頁。《四庫全書簡明目録》卷一八集部六別集類五，第七五七頁。《四庫全書總目》卷一六九集部二二別集類二二，第一四六四頁中。

《覆瓿集》七卷、《附録》一卷

明朱同撰。同字大同，休寧人。翰林學士升之子，承其家學，自號紫陽山樵。范𣚦跋稱『洪武中以人材舉，爲東宫官，尋進禮部侍郎』。而同時范準作《雲漢歸隱圖跋》，則云『由吏部員外郎陞禮部侍郎』。準字平仲，嘗受業於升，與同交至契，所記宜得其實。又《明史》載同坐事死，不詳其由。蔣一葵《堯山堂外紀》乃云『同以詞翰受知，宫人多乞書便面。一日，御溝有浮尸，帝疑之，遂賜死』。其説頗荒唐，未可信也。集凡詩三卷，多元末之作，爽朗有格；文四卷，議論純粹，不愧儒者之言。惟以七言古體之八句者，列爲律詩，則編者之誤耳。

【今案】影印文淵閣《四庫全書》第一二二七册第六四九頁書前提要。《文溯閣四庫全書提要》卷一〇一集部二三別集類二二，第三四三八頁。《文津閣四庫全書提要匯編》集部六別集類五，第六三三頁。《四庫全書簡明目録》卷一八集部六別集類五，第七六〇頁。《四庫全書總目》卷一六九集部二二別集類二二，第一四六七頁下。

《毅齋詩文集》八卷、《附録》一卷

明王洪撰。洪字希範，錢塘人。年十八舉進士，授行人，尋擢吏科給事中。以薦入翰林，由檢討歷官修撰、侍講，爲《永樂大典》副總裁官。預修國史，會大臣欲載其家瑞異入日歷(曆)中，洪持不可，至聞於成祖前，坐謫禮部主事以卒。胡儼爲作墓誌，諱其事，惟劉公潜輓詩序及莫琚跋中詳言之。曾棨輓洪詩所謂『玉堂分職見孤忠』者，亦指是也。此集即琚所編，雜文皆樸雅，駢體亦工，詩尤具有唐格，而不爲林羽、高棅之鉤摹[一]。其序文及序書二篇，立論具見根柢。其序《胡儼詩集》謂：『至元、天歷(曆)之間，趙、虞、范、揭各鳴一時之盛。及其衰也，學者以粗豪爲壯，以尖新爲奇，語言纖薄，音律怡懘。』論元末之弊，至爲切中，則洪之所見，高出當日遠矣。

雖名位不昌，要爲有明初年屹然一作者也。

【校記】

[一]林羽　案《四庫全書總目》卷一七〇同條作『林鴻』。

【今案】影印文淵閣《四庫全書》第一二三七册第四三一頁書前提要。《文溯閣四庫全書提要》卷一〇二集部二四別集類二三，第三五〇五頁。《文津閣四庫全書提要匯編》集部六別集類五，第六八六頁。《四庫全書簡明目録》卷一八集部六別集類五，第七七七頁。《四庫全書總目》卷一七〇集部二三別集類二三，第一四八三頁中。

《子戚集》三十二卷

明劉鳳撰。前有吴縣魏學禮、四明余寅序，爲萬歷（曆）四年刊本。鳳字子戚，長洲人，嘉靖庚戌進士，由御史歷官河南按察使僉事。其文皆僻字奥句，尤澀體之飣餖者。周亮工《書影》記鳳以人訕笑其文，訟官掠治，其人稱願再受笞，不能妄譽劉侍御，則所作可知矣。

【今案】《四庫全書總目》卷一七八集部三一別集類存目五，第一五九七頁上。

《迪功集》六卷、附《談藝録》一卷

明徐禎卿字昌穀，吴縣人[一]。弘治十八年進士，授大理寺左寺副，貶國子博士，卒年三十三。禎卿少與祝允明、唐寅、文徵明並有聲吴中，登第後與李夢陽、何景明等齊名。李夢陽論其詩守而未化，蹊徑尚存。然清音獨遠，其品自不俗也。王士正（禛）嘗選刻其詩，又《論詩絶句》極推所作《談藝録》。蓋禎卿詩格清削，於士正（禛）爲近故也。

【校記】

[一]吴縣人　底本原作『吴縣人弘縣人』，案『弘縣人』爲衍文，兹據《明史》卷二八六《徐禎卿傳》删。又案《四庫全書總目》卷一七一同條謂：『徐禎卿撰。禎卿有《翦勝野聞》，已著録。』未介紹生平，以互見體例，當在先於此書著録的《翦勝野聞》一條提要中加以介紹。卷一四三子部小說家類存目一『《翦勝野聞》一卷』條實亦無所介紹：『不著撰人名氏。……陶

斑《續説郛》、黄虞稷《千頃堂書目》皆載此書，題吴郡徐楨卿著。然《明史》楨卿本傳及《藝文志》俱不載。』僅此而已。顯而易見，《總目》此條之疏失頗甚。

【今案】《四庫提要分纂稿》第二七一頁。《四庫全書薈要總目提要》第四二八頁。影印文淵閣《四庫全書》第一二六八册第七三三頁書前提要。《文溯閣四庫全書提要》卷一〇三集部二五别集類二四，第三五八二頁。《文津閣四庫全書提要匯編》集部六别集類五，第七四七頁。《四庫全書簡明目録》卷一八集部六别集類五，第七九五頁。《四庫全書總目》卷一七一集部二四别集類二四，第一五〇〇頁中。

《宗子相集》十五卷

明宗臣撰。臣字子相，號方城，興化人。嘉靖二十九年進士，官吏部郎。以賻楊繼盛忤嚴嵩，出爲福建參政，尋遷提學副使，卒於官，年三十有六。臣嘗與吴國倫論詩不勝，歸而精思累日夕，卒能卓然成一家，爲『嘉靖七子』之一。在閩中禦倭有方略，作《西門》《西征》諸記，深中時弊，非但才人之筆也。閩諸生校刻其集爲十五卷。

【今案】影印文淵閣《四庫全書》第一二八七册第一頁書前提要。《文溯閣四庫全書提要》卷一〇四集部二六别集類二五，第三六二五頁。《文津閣四庫全書提要匯編》集部六别集類五，第七八〇頁。《四庫全書簡明目録》卷一八集部六别集類五，第八〇六頁。《四庫全書總目》卷一七二集部二五别集類二五，第一五一〇頁上。

《滄溟集》三十卷、《附録》一卷

明李攀龍撰。攀龍，歷城人。嘉靖甲辰進士，官至河南按察使。是集凡詩十四卷、文十六卷、附録誌傳表誄之文一卷。明代文章初以春容典雅爲宗，久之漸流爲庯熟。正德間，李夢陽崛起北地，倡爲復古之學，戒天下無讀唐以後書，風氣爲之一變。攀龍引其緒而暢闡之，殷士儋誌其墓，稱『文自西漢以下，詩自天寶以下，若爲其毫素污者，輒不忍爲。故所作一字一句，摹擬古人。與太倉王世貞遞相倡和，傾動一世，舉以爲班、馬、李、杜復生於明。至萬歷(曆)間，公安袁宏道兄弟始以贋古詆之。天啓中，臨川艾南英排之尤力。』今觀其集，古樂府割剥字句[二]，誠不免剽竊之譏，諸體亦亮節較多，微情差少。雜文亦故詰屈其詞，塗飾其字，誠不免如諸家所譏。然攀

龍資地本高，記誦亦博，其才力富健，淩轢一時，亦有不可磨滅者。汰其膚廓，擷其英華，固亦豪傑[二]

【校記】

[一]古樂府 底本原作『古樂』，脱一『府』字，誤，兹據《四庫全書總目》卷一七二同條補。

[二]底本原案曰：『編按：此提要未完，今補白葉。』《四庫全書總目》卷一七二『《滄溟集》三十卷、《附録》一卷』條：『明李攀龍撰。攀龍有《詩學事類》，已著録。是集凡詩十四卷、文十六卷、附録誌傳表誄之文一卷。明代文章，自前後七子而大變。前七子以李夢陽爲冠，何景明附翼之；後七子以攀龍爲冠，王世貞應和之。後攀龍先逝，而世貞名位日昌，聲氣日廣，著述日富，壇坫遂躋攀龍上。然尊北地，排長沙，續前七子之焰者，攀龍實首倡也。殷士儋作《攀龍墓誌》，稱「文自西漢以來，詩自天寶以下，若爲其毫素污者，輒不忍爲。故所作一字一句，摹擬古人。驟然讀之，斑駁陸離，如見秦、漢間人；高華偉麗，如見開元、天寶間人也。至萬歷（曆）間，公安袁宏道兄弟始以贋古詆之。天啓中，臨川艾南英排之尤力。」今觀其集，古樂府割剥字句，誠不免剽竊之譏，諸體詩亦亮節較多，微情差少。雜文更有意詰屈其詞，塗飾其字，誠不免如諸家所譏。然攀龍資地本高，記誦亦博，其才力富健，淩轢一時，實有不可磨滅者。汰其膚廓，擷其英華，固亦豪傑之士。譽者過情，毁者亦太甚矣。』

【今案】《四庫全書薈要總目提要》第四三二頁。影印文淵閣《四庫全書》第一二七八册第一七三頁書前提要。《文淵閣四庫全書提要》卷一〇四集部二六別集類二五，第三六一四頁。《文津閣四庫全書提要匯編》集部六別集類五，第七七一頁。《四庫全書簡明目録》卷一八集部六別集類五，第八〇三頁。《四庫全書總目》卷一七二集部二五別集類二五，第一五〇七頁下。

《桂洲集》十八卷

明夏言撰。言字公謹，號桂洲。事詳《明史》本傳。此集凡賦詩詞八卷、文十卷。首有《年譜》，言未相時以詞曲擅名，然集内詞亦未甚工，詩文宏整而平易，蓋有明中葉體格如斯也。

【今案】《四庫全書總目》卷一七六集部二九別集類存目三，第一五七七頁上。

《泰泉集》十卷

明黄佐撰。佐字才伯，香山人。正德十六年進士，官終少詹事，贈禮部右侍郎，謚文裕。學以程朱爲宗。嘗因省親，便道謁王守仁，與論難知行合一之旨，守仁亦稱其直諒。平生撰述，至二百六十餘卷。《樂典》一書，自謂洩造化之秘。有賦一首，各體詩若干首，名《泰泉集》。佐官南京時，其門人李時行刻於嘉興。其詩位置嚴整而韻調諧協，論者以爲雅音焉。

【今案】影印文淵閣《四庫全書》第一二七三册第二九九頁書前提要。《文溯閣四庫全書提要》卷一〇四集部二六別集類二五，第三五九六頁。《文津閣四庫全書提要匯編》集部六別集類五，第七五八頁。《四庫全書簡明目録》卷一八集部六別集類五，第七九九頁。《四庫全書總目》卷一七二集部二五別集類二五，第一五〇三頁下。

集部　別集類　九

《陶學士集》二十卷

明陶安撰。安字主敬，當塗人。元至正八年，中江浙鄉試[一]。後佐明太祖，官江西行省參知政事。是集詩與文各十卷。安以儒臣典著作，郊社、宗廟皆有議，若明初分祭南北郊，及四代各一廟之制皆定於安，又刑律亦安所裁。而其議論均不詳著於集，未審其故，意當時祕不欲宣耶。其詩一曰《辭達集》，一曰《知新近稿》，一曰《黄崗寓稿》，一曰《鶴沙小記》，一曰《江行雜詠》，今分體編之，與所作賦詞共爲十卷。文亦十卷，而送人之序引居其半，豈以安當時宿望，求贈言者多耶。世言祝壽之序，自歸有光始入集，然此已有二篇，則不自有光始矣。其詞皆平正典實，有先正之遺風焉。開國之初，氣象固不侔也。

【校記】

[一]江浙　底本倒爲「浙江」，《四庫全書總目》卷一六九同條亦作「浙江」，俱誤，兹據《元史》卷六二《地理志》及萬斯同《明史》卷一七二《陶安傳》、今本《明史》卷一三六《陶安傳》乙正。

【今案】影印文淵閣《四庫全書》第一二二五册第五六七頁書前提要。《文溯閣四庫全書提要》卷一〇一集部二三别集類二二，第三四二八頁。《文津閣四庫全書提要匯編》集部六别集類五，第六二五頁。《四庫全書簡明目録》卷一八集部六别集類五，第七五八頁。《四庫全書總目》卷一六九集部二二别集類二二，第一四六五頁中。

《説學齋稿》無卷數[一]

明危素撰。素字太樸，金谿人。元至正中，官至禮部尚書、參知政事、翰林學士承旨。出爲嶺北行省左丞，後退居房山。淮王監國，起爲承旨如故。明洪武二年，授翰林侍講學士。後因御史王著等論素不宜列侍從，謫居和州以卒。素晚節有虧，爲世僇笑，其人本不足重，然文章爾雅，實獨繼歐、虞之後。此本凡文一百三十三篇，皆在元時所作。嘉靖三十八年，歸有光從吴氏得素手稿傳抄。其文不分卷帙，但於紙尾記所作年歲，以賦、頌、贊、記、序爲次，蓋已佚其半矣。有光跋又稱素尚有集五十卷，有光時已未之見云。

【校記】

[一]無卷數　案《四庫全書總目》卷一六九同條作「四卷」。

【今案】影印文淵閣《四庫全書》第一二二六册第六四七頁書前提要。《文溯閣四庫全書提要》卷一〇一集部二三別集類二二，第三四三二頁。《文津閣四庫全書提要匯編》集部六別集類五，第六二八頁。《四庫全書簡明目録》卷一八集部六別集類五，第七五九頁。《四庫全書總目》卷一六九集部二二別集類二二，第一四六六頁中。

《莊渠遺書》十二卷

明魏校撰。校之學以體仁爲主，集中多味道之言、考據之作，頗爲詳核。但校學術雖醇，議論不無偏執，若所著《郊祀論》，謂見於經者獨有南郊無北郊，而以社當地祇之祭。不知《大司樂》方邱（丘）之文與圜邱（丘）相對，圜邱（丘）爲郊天，方邱（丘）爲祭地可知。未聞祭社於澤中之方邱（丘），且於夏日之至也。又《祭法》「瘞埋於泰折，祭地也」，與「燔柴於泰壇，祭天」之文相對，皆北郊祭地之顯證。而校乃引《周禮》陰祀用黝牲，駁《祭法》祭地用騂犢爲附會。不知《周禮》《禮記》不能强合，先儒辨之甚明。校乃攻詆經文，並欲廢漢以來數千年大祀，其論殊不足存。他若御札問經義諸條，所對皆甚精允。全集文律亦正，不失儒者之言也。

【今案】《四庫提要分纂稿》第二七一頁。影印文淵閣《四庫全書》第一二六七册第六七三頁書前提要。《文溯閣四庫全書提要》卷一〇三集部二五別集類二四，第三五八〇頁。《文津閣四庫全書提要匯編》集部六別集類五，第七四五頁。《四庫全書簡明目録》卷一八集部六別集類五，第七九五頁。《四庫全書總目》卷一七一集部二四別集類二四，第一五〇〇頁上。

《家藏集》七十卷[一]

明吴寬撰。寬字原博，號匏庵，長洲人。成化八年廷試第一人，官至禮部尚書。是集凡詩三十卷、文四十卷，皆以春容恬雅爲宗，與李東陽體格略近，太平和樂之氣，館閣風流之盛，舉見於文字之間。蓋其時信陽、北地之學未興，士大夫習尚樸實，類如是也。前有東陽及王鏊二序。

【校記】

[一]七十卷　案《四庫全書總目》卷一七一同條作「七十七卷」。

【今案】《四庫全書薈要總目提要》第四二四頁。影印文淵閣《四庫全書》第一二五五册第一頁書前提要。《文溯閣四庫全書提要》卷一

○三集部二五別集類二四，第三五四八頁。《文津閣四庫全書提要匯編》集部六別集類五，第七一九頁。《四庫全書簡明目録》卷一八集部六別集類五，第七八七頁。《四庫全書總目》卷一七一集部二四別集類二四，第一四九三頁上。

《滄螺集》六卷

明孫作撰。作字大雅，以字行，一字次知，江陰人。元至正末，避兵於吳。張士誠致廩禄，謝去，居松江。洪武初，以牛諒薦之於宋濂，尋授編修。蓋濂所薦，濂爲作傳，隱其詞，謙不自居也。尋乞外，除太平教授，擢國子司業，以事廢爲民。後復官長樂教諭，學者稱『清尚先生』。作嘗著《東家子》二十篇。此集詩一卷、雜文五卷。其詩力追黄庭堅，見於《與陳檢校》一詩，而材與學皆不逮。濂爲作傳，無一字及其詩，蓋不以爲工也。文則磊落奇偉，足以自傳，濂所許爲不誣云。

【今案】影印文淵閣《四庫全書》第一二二九册第四七五頁書前提要。《文溯閣四庫全書提要》卷一〇一集部二三別集類二二，第三四四七頁。《文津閣四庫全書提要匯編》集部六別集類五，第六四一頁。《四庫全書簡明目録》卷一八集部六別集類五，第七六三頁。《四庫全書總目》卷一六九集部二二別集類二二，第一四七〇頁上。

《馬文莊集選》十五卷

明馬自强撰。自强字體乾，陝西同州人。嘉靖癸丑進士，授翰林院檢討。歷官少保、大學士。《明・藝文志》載其集目爲二十卷，其門生盛訥後序亦稱其遺集二十卷。此本十五卷，蓋其從子協所删汰者。自强詩文類皆平易，惟第十一卷内《沙苑虚賦議》一篇，言頗可採，餘無足觀。

【今案】《四庫全書總目》無此條。

《九芝集選》十二卷

明龍膺撰。膺字君御，武陵人。集中皆所作詩賦，而其伯兄襄爲之選定者，以卷首冠以《九芝賦》，遂名之。

【今案】《四庫全書總目》卷一七九集部三二別集類存目六，第一六一五頁中。

《瞿文懿集》二十卷[一]

明瞿景淳撰。景淳字師道[二]，常熟人。嘉靖甲辰進士及第，歷官禮部侍郎。《明史·藝文志》載其《内制集》一卷，又文集十六卷。此本十六卷，外有《制科集》三卷，《制敕稿》一卷，與《藝文志》卷數少有異同。所謂《制敕稿》者，或即《藝文志》之《内制集》，而《制科》一集，《志》偶失載歟？集中惟讀《易》雜著數則稍可，附參《易》解，餘皆無關體要。蓋景淳本以制藝名也。

【校記】

［一］瞿文懿集二十卷　案《四庫全書總目》卷一七七同條作『《瞿文懿制敕稿》一卷、《制科集》四卷、《詩文集》十六卷』。

［二］景淳　案底本原脱一『景』字，兹據本書本條上下文及《四庫全書總目》卷一七七同條補。

【今案】《四庫提要分纂稿》第二九七頁。《四庫全書總目》卷一七七集部三〇别集類存目四，第一五九三頁中。

《檀雪齋集》四十卷

明胡敬辰撰。敬辰字直卿，餘姚人。天啓壬戌進士，歷官江西驛傳道，終光禄寺録事。是集以所著詩賦、雜文及官縣令時讞牘並編，已爲猥雜。其文艱深險怪，幾不可句讀，詩格鄙淺，更出鍾、譚之下。

【今案】《四庫全書總目》卷一八〇集部三三别集類存目七，第一六二七頁上。

《宗伯文集》十六卷

明曹勳撰。勳字允大，號峩雪，華亭人。崇禎戊辰進士，官至左庶子兼翰林院侍讀。福王時，官禮部侍郎，故其集以『宗伯』稱云。

【今案】《四庫全書總目》無此條。

《益齋存稿》一卷

明翁任春撰。任春初名允瑃，字克生，金華人。明季游江湖間，爲詩頗近復社流派，且多哀厲之音。集中詩凡一百十三首，其子煊、煐録之，附編宋翁卷《西巖集》後，疑爲卷之後裔也。前有王思任序。

【今案】《四庫全書總目》卷一八〇集部三三别集類存目七，第一六二六頁中。

《天啓宫中詞》一卷

明陳悰撰。悰字次杜，常熟人。前有悰自叙其詩仿王建《宫詞》，雜咏天啓軼事，凡一百首，自注亦極詳悉，頗足以廣異聞，朱彝尊嘗録入《明詩綜》。其《静志居詩話》述徐昂發之言，以爲本秦徵蘭撰，悰攘而有之。徵蘭字楚芳，亦常熟人。

【今案】《四庫全書總目》卷一八〇集部三三别集類存目七，第一六二八頁中。

《漉籬集》二十四卷

明卓發之著。發之字左車，又字能儒，號蓮旬居士，仁和人。其詩文皆以才自豪，時出入内典，未諧雅則。

【今案】《四庫全書總目》無此條。

《雲鴻洞續稿》四卷

明官撫辰撰。撫辰字凝之，鄖陽人。由恩貢生，以史可法薦授桃源縣知縣，明亡爲僧。集中前二卷詩賦、雜文；第三卷别名《桃笑迹》，即官桃源時所作；第四卷名《壬機握算》，即談兵之文。

【今案】《四庫全書總目》無此條。

《何長人集》八卷

明何慶元撰。慶元，六安人[一]，長人其字。萬歷（曆）戊戌進士，歷官雲南按察副使。集凡四種，曰《蘧來室存稿》，曰《近稿南游草》[二]，曰《嶢社游草》，詩文皆傷率易。

【校記】

［一］六安人　案《千頃堂書目》卷二五別集類「何慶元《蘧來室存稿》」條作「六安州人」。

［二］曰近稿南游草　案此處似有訛脱文字，應爲「曰某某近稿，曰某某南游草」，方合上文所謂「四種」之目。

【今案】《四庫全書總目》無此條。

《半江集》十五卷

明趙寬撰。寬字栗夫，吴江人。成化辛丑進士，官至廣東按察使。半江，其別號也。集初爲其邑人王思誠所刊，王守仁、費宏皆爲之序。守仁序不載卷數，但惜其遺稿散佚。宏序稱詩六卷，文如之。此本凡詩八卷、文七卷，蓋其仲子綸掇拾補輯也。

【今案】《四庫全書總目》卷一七五集部二八別集類存目二，第一五六二頁下。

《大復集》三十八卷

明何景明撰。景明字仲默，信陽人。弘治壬戌進士，歷官陝西提學副使。事詳《明史》本傳。景明與李夢陽俱倡爲復古之學，世稱爲「何李」。景明之詩雄奇遜於夢陽，而俊逸過之。世或遂謂何勝於李，然較其長短，適相當耳。惟於文則與夢陽並爲不工。此集辭賦三卷、詩二十六卷、文九卷，首有王廷相、唐龍、康海、王世貞四序，後附傳誌、行狀之類共一卷。

【今案】《四庫提要分纂稿》第二七〇頁。《四庫全書薈要總目提要》第四二七頁。影印文淵閣《四庫全書》第一二六七册第一頁書前提要。《文溯閣四庫全書提要》卷一〇三集部二五別集類二四，第三五七八頁。《文津閣四庫全書提要匯編》集部六別集類五，第七四四頁。《四庫全書簡明目録》卷一八集部六別集類五，第七九四頁。《四庫全書總目》卷一七一集部二四別集類二四，第一四九九頁下。

《東田漫稿》六卷

明馬中錫撰。中錫字天禄，別號東田，故城人。成化乙未進士，歷官左都御史。是集爲其子師言所編，同邑孫緒序之，稱其詩卑者亦邁許渾，高者當在劉長卿、陸龜蒙之例。而其末力詆『竊片語，捋數字，規規於聲韻步驟』、『摹仿愈工，背馳愈遠』，蓋爲李夢陽而發。其排斥北地，未爲不當，然中錫詩格，實出入於《劍南集》中，精神魄力，則尚不逮夢陽也。

【今案】《四庫全書總目》卷一七五集部二八别集類存目二，第一五六二頁上。

《考功集》十卷

明薛蕙撰。蕙字君采，亳州人。正德九年進士，官吏部考功司郎中。正、嘉之間，北地、信陽聲華方盛，蕙詩獨以清削婉約介乎其間，上挹晋、宋，下涉錢、郎。核其遺篇，亦不免擬議多而變化少，然當其自得，亦有微情，其《戲成五絶句》有曰：『俊逸終憐何大復，粗豪不解李空同。』其所尚可知矣。

【今案】影印文淵閣《四庫全書》第一二七二册第一頁書前提要。《文溯閣四庫全書提要》卷一〇四集部二六别集類二五，第三五九三頁。《文津閣四庫全書提要匯編》集部六别集類五，第七五五頁。《四庫全書簡明目録》卷一八集部六别集類五，第七九八頁。《四庫全書總目》卷一七二集部二五别集類二五，第一五〇三頁上。

《涇野集》三十六卷

明吕柟撰。柟初字大棟，更字仲木，號曰涇野，高陵人。正德戊辰進士第一人，仕至南京禮部侍郎。柟集初刻於西安，既而佚缺，其門人徐紳、吴遵、陶欽重爲删補編次，刻於真定。此本即真定刻也。柟以講學自任，故其文多與人言學。然亦未嘗不刻意於字句，觀其所作，大抵以詰屈奥澀爲高古，往往離奇不常，掩抑不盡，貌似周、秦間子書，其亦漸於空同之説者歟。

【今案】《四庫全書總目》卷一七六集部二九别集類存目三，第一五七一頁上。

《白沙集》九卷

明陳獻章著。獻章字公甫，新會人。正統丁卯舉人，以薦授翰林院檢討，謚文恭，從祀孔廟。其集爲門人湛若水校定。萬歷（曆）間，何熊祥重刊之，文四卷、詩五卷，行狀、誌表附於後。獻章雖負一代盛名，而其學問文章至今毁譽者各半。大抵譽者過情，毁者亦過情，皆門户相軋之見。惟王世貞謂其「詩不入法，文不入體，而其妙處有超出法與體之外者」。可謂兼盡其短長矣。近人輯《白沙語録》，即於此集中摘其論説之文，排比而成，非别有一書。

【今案】《四庫提要分纂稿》第二六四頁。影印文淵閣《四庫全書》第一二四六册第一頁書前提要。《文溯閣四庫全書提要》卷一〇二集部二四别集類二三，第三五二四頁。《文津閣四庫全書提要匯編》集部六别集類五，第七〇二頁。《四庫全書簡明目録》卷一八集部六别集類五，第七八二頁。《四庫全書總目》卷一七〇集部二三别集類二三，第一四八七頁中。

《梅雪軒詩稿》四卷

明朱敬鑪撰。敬鑪，秦愍王樉八世孫，字進父，爲奉國中尉。詩格淺弱，尚未能自名一家。前有王鶴、黄輝、寇學海、南師仲、馮從吾五序，皆萬歷（曆）中作。

【今案】《四庫全書總目》卷一七九集部三二别集類存目六，第一六一二頁下。

《賜餘堂集》十四卷

明吴中行撰。中行字子道，號復庵，武進人。隆慶五年進士。官編修時，與趙用賢等論張居正，廷杖削籍。後屢起屢廢，卒不大顯，終於侍講學士。是集爲其子大理寺少卿亮所編。中行以鯁直稱，詞章不甚著於世，而集中《植綱常》《正朝廷》二疏，氣節凛然，正不徒以文論也。

【今案】《四庫全書總目》卷一七九集部三二别集類存目六，第一六一一頁下。

《竹齋集》三卷、《續集》一卷、《附録》一卷

明王冕撰。冕字仲章[一]，諸暨人。本農家子，然自幼喜讀書，韓性識之，遂傳其學。冕早年落落有大志，行多詭激，泰哈布哈嘗薦爲館職，知元室將亂，辭不就。明太祖下婺州，物色得之，授諮議參軍，未幾卒。宋濂爲作傳。舊本題爲元人，誤也。詩集三卷，其子周所輯，劉基序之。《續集》詩及雜文一卷，又附録吕升所爲《王周行狀》，則冕女孫之子駱居敬所輯。冕天才縱逸[二]，其詩多排奡遒往之

氣，古體尤勝。尋常爲詩無絶句，惟畫梅成，乃以絶句題之。《續集》所收，皆自題畫梅詩也[三]。

【校記】

[一]字仲章　案《明史》卷二八五《文苑傳・王冕》作『字元章』，而《四庫全書總目》卷一六九同條則謂：『字元章，《續高士傳》作「字元肅」。』

[二]天　底本原脱此字，兹據《四庫全書總目》卷一六九同條補。

[三]自　底本原脱此字，兹據《四庫全書總目》卷一六九同條補。

【今案】《四庫提要分纂稿》第二六〇頁。影印文淵閣《四庫全書》第一二三三册第一頁書前提要。《文溯閣四庫全書提要》卷一〇一集部二三別集類二二，第三四七六頁。《文津閣四庫全書提要匯編》集部六別集類五，第六六三頁。《四庫全書簡明目録》卷一八集部六別集類五，第七七〇頁。《四庫全書總目》卷一六九集部二二別集類二二，第一四七六頁下。

《周恭肅集》十六卷

明周用撰。用字行之，吴江人。弘治壬戌進士，官至吏部尚書，以節概端亮稱。是集爲其子國南所編，凡詩九卷、詩餘一卷、文六卷，朱希周爲之序。其詩古體多嘽緩之音，近體音節頗宏整，文則平實坦易，縱其筆之所如。

【今案】《四庫全書總目》卷一七六集部二九別集類存目三，第一五六八頁上。

《東海文集》五卷

明張弼撰。弼字汝弼，華亭人。弘治丙戌進士，官南安府知府。此本凡五卷，前四卷皆雜文，後一卷乃時人弔輓銘讚之作。而吴鉞序則謂其子輯録詩若文若干卷[一]，蓋其文原與詩合刻以行，而此本偶佚之也。弼爲人樸直有守，在南安多惠政，民至今尸祝之。尤工草書，得之者寶若拱璧。詩文則直抒胸臆，不事鍛鍊。平日嘗自云書不如詩，詩不如文，論者以爲此英雄欺人之語，非篤論也。

【校記】

[一]干　底本原作『千』，誤，兹據《四庫全書總目》卷一七五同條改。

【今案】《四庫全書總目》卷一七五集部二八別集類存目二，第一五六一頁上。

《白陽集》不分卷[一]

明陳淳撰，原本未分卷。淳字道復，後以字行，别字復甫，號白陽山人。長洲諸生援例入北監，卒業歸，不復就選。少時從同里文徵明游，書畫特妙，志行亦高潔。有詩若干首，曰《白陽集》，其五世從孫編修仁錫與沈周集合刻之，以兩人詩皆爲畫掩也。卷末附録一册，則徵明諸人爲淳而作者。

【校記】

[一]不分卷 案《四庫全書總目》卷一七八同條作『無卷數』。

【今案】《四庫全書總目》卷一七八集部三一別集類存目五，第一六〇六頁中。

《陶詩析義》四卷[一]

明黄文焕撰。文焕字維章，永福人。天啓五年進士，官右中允。嘗以論事，與黄道周同下詔獄。憂患之餘，有慕陶潛之閒適，故取其詩箋釋之，寓意而已，不必盡得潛旨也。後附《赭留集》一卷，乃文焕自著，詩文亦不甚工。

【校記】

[一]四卷 案《四庫全書總目》卷一七四同條作『二卷』。

【今案】《四庫全書總目》卷一七四集部二七別集類存目一，第一五三一頁中。

《抑庵集》十三卷、《後集》三十七卷

明王直撰。直字行儉，泰和人，號抑庵。永樂三年進士。官至吏部尚書。是集爲其子檢討稽所編，續集則其子植所編。其文雅正近古，有宋元之遺風。明自中葉以後，北地、信陽之説興，而古文日趨於僞。直當正統、天順之間，去明初不遠，淳實之習未漓，雖似平易，實非後來所及也。

【今案】影印文淵閣《四庫全書》第一二四一册第一頁書前提要。《文溯閣四庫全書提要》卷一〇二集部二四别集類二三，第三五一二頁。《文津閣四庫全書提要匯編》集部六别集類五，第六九二頁。《四庫全書簡明目録》卷一八集部六别集類五，第七七九頁。《四庫全書總目》卷一七〇集部二三别集類二三，第一四八四頁下。

《甘泉集》三十二卷

明湛若水撰。若水字元明，增城人。弘治乙丑進士，歷官南京吏、禮、兵三部尚書。初與王守仁同講學，後各立宗旨。守仁之學主於致良知，若水之學主於格物，嘗以隨處體驗天理誨人。據其門人洪垣記原集本四十八册，其刊以行世者十五册。此本凡《樵語》一卷，《新論》一卷，《雍語》一卷，《二業合一訓》一卷，《大科訓規》一卷，書一卷，《新泉問辨録》一卷，《新泉問辨續録》一卷，《問疑録》一卷，《問疑續録》一卷，《金陵問答》一卷，《金臺問答》一卷，《書問》二卷，《古樂經傳或問》一卷，序記章疏三卷，講章一卷，雜著一卷，《約言》一卷，《語録》一卷，《楊子折衷略》一卷，《非老子略》一卷，詩二卷，《歸來紀行略》一卷，《嶽游紀行略》一卷，祭文、碑銘二卷，外集一卷。蓋語録居十之九，詩文其餘贅耳。

【今案】《四庫全書總目》卷一七六集部二九别集類存目三，第一五六八頁下。

《望雲集》五卷

明郭奎撰。奎字子章，巢縣人。朱文正開大都督府於南昌，嘗參其軍事。奎早從元余闕學，慷慨有志節。干戈擾攘之際，仗劍從軍，備嘗險阻，蒼凉激楚，一發於詩。五言古體源本漢魏，頗得遺意。七言古體時近李白，五言律體純爲唐調，七言律體稍雜宋音，絶句則在唐宋之間。在時流中可謂挺出，趙汸、宋濂皆爲之序，推崇甚至，良不誣矣。五卷之末，附短札三篇。嘉靖辛卯，吴廷翰重刊是集，但稱五言古詩三十七，詞歌曲十三，五、七言律百有九，排律雜詩四十四，不言有文，豈後人得其手稿附入耶。集中《送陳克明歸茶陵》詩，瑚璉字押入平韻，蓋古人三聲之法。古詩《上山採蘼蕪》以『素』、『餘』、『故』同押，劉琨《贈盧諶》詩以『璆』、『叟』同押，蓋即其例，非落韻也。

【今案】影印文淵閣《四庫全書》第一二三一册第六三七頁書前提要。《文溯閣四庫全書提要》卷一〇一集部二三别集類二二，第三四六五頁。《文津閣四庫全書提要匯編》集部六別集類五，第六五五頁。《四庫全書簡明目録》卷一八集部六別集類五，第七六七頁。《四庫全書總目》卷一六九集部二二別集類二二，第一四七四頁中。

《王右丞詩集類箋》十卷、《文集》四卷[一]

明無錫顧起經注。以各體詩折爲五十四類[二]，爲之箋釋，兼互勘諸本，正其訛異，所列評語，則用世傳劉辰翁本。首冠以王縉進表、代宗手敕及本傳世系年譜并諸家詩畫評，復哀輯遺佚爲《外編》。又輯與諸家同時賦咏之作者爲《同咏集》，同時投贈之作爲《贈題集》，與雜文四卷並附於末。而雜文則皆無註，蓋以詩爲主也。搜羅補苴，用力頗勤，然以校近時趙殿成本，則創始者難工矣。

【校記】

[一]王右丞詩集類箋十卷文集四卷　案《四庫全書總目》卷一七四同條作『《類箋王右丞集》十卷、附《文集》四卷』。

[二]折　當爲『析』之形訛。

【今案】《四庫全書薈要總目提要》第三五八頁。《四庫全書總目》卷一七四集部二七別集類存目一，第一五三四頁上。

《鐘台集》十二卷

明田一儁撰。一儁字德萬，大田人。隆慶戊戌進士，仕終禮部侍郎。爲侍講時，以劾張居正救吴中行，負直聲。其人自正，而詩文則未能逮古也。

【今案】《四庫全書總目》卷一七九集部三二別集類存目六，第一六一〇頁下。

集部 別集類十

《汶濱集》十卷、《附録》二卷

明蔡靉撰。靉字天章，號汶濱，寧晉人。嘉靖己丑進士，官至雲南道監察御史。是集爲其門人李登雲等所編，凡文六卷、詩四卷，銘贊之類附詩末。《附録》二卷，則其朋友贈答與門人稱頌之作也。靉早師真定張璿，入仕後師朝邑韓邦奇、增城湛若水。平居務講學，立朝務氣節，文章蓋非所留意云。

【今案】《四庫全書總目》卷一七七集部三〇別集類存目四，第一五八六頁上。

《東里全集》九十七卷、《別集》四卷

明楊士奇撰。士奇名寓，以字行[一]，泰和人。事迹具《明史》。明初，『三楊』並稱，而士奇文筆特優，制誥碑板多出其手。仁宗雅好歐陽修之文，士奇文亦平正紆餘，得其仿佛，在明人集中猶爲不失古格者。文集凡二十四卷，詩三卷，續集六十二卷。詩文皆有別集，曰《代言録》，皆制敕之類；曰《聖諭録》，曰《奏對録》，曰《附録》，則士奇之傳誌諸文皆在焉。李東陽《懷麓堂詩話》曰：『楊文貞《東里集》，手自選擇，刻之廣東，爲人竄入數首。後其子孫又刻爲《續集》，非公意也。』然則《續集》乃士奇所自芟棄者矣。

【校記】

[一]字 底本原作『士』，誤，茲據《四庫全書總目》卷五三『《三朝聖諭録》三卷』條改。

【今案】《四庫提要分纂稿》第二六三頁。影印文淵閣《四庫全書》第一二三八册第一頁書前提要。《文溯閣四庫全書提要》卷一〇二集部二四別集類二三，第三五〇七頁。《文津閣四庫全書提要匯編》集部六別集類五，第六八八頁。《四庫全書簡明目録》卷一八集部六別集類五，第七七八頁。《四庫全書總目》卷一七〇集部二三別集類二三，第一四八四頁上。

《省中稿》二卷、《二臺稿》二卷、《歸田稿》十卷

明許穀撰。穀字仲貽，上元人。嘉靖中，由吏部郎中爲南京太常寺少卿，尚寶司卿，告歸。所作《二臺稿》《歸田稿》皆詩集，惟《省中稿》兼有雜文。詩格頗爽俊，當其合處，時得古人之意。而失於芟擇，多參以應俗之作，遂不免金屑難披之憾。

【今案】《四庫全書總目》卷一七七集部三〇别集類存目四，第一五九〇頁下。

《雲郎文集》十四卷

明許相卿撰。相卿字台仲，海寧人。正德丁丑進士，任兵科給事中。引疾歸，閒居四十年[一]，累徵不起。是集爲相卿所自定，簡擇頗精。詩多近體，然五言有唐調，七言出入於陳師道、陳與義間，亦綽有舊格。章疏切直，雜文體裁雅潔，亦多有道之言，無明季士大夫求名若渴之習，殆篤實君子也。其歸田後與王子揚書稱：「時慮更切，不敢以歸爲幸。乃今傳聞日駭，事勢日危，旦夕念北，如昔之思南。」其惓惓君國之意，視所謂「去國一身輕似葉，高名千古重於山」者，所見相去遠矣。

【校記】

[一]閒 底本原作「間」，誤，兹據《文溯閣四庫全書提要》卷一〇四及《文津閣四庫全書提要匯編》集部六别集類五同條改。

【今案】《四庫提要分纂稿》第二七二頁。影印文淵閣《四庫全書》第一二七二册第一三一頁書前提要。《文淵閣四庫全書提要》卷一〇四集部二六别集類二五，第三五九四頁。《文津閣四庫全書提要匯編》集部六别集類五，第七五五頁。《四庫全書簡明目録》卷一八集部六别集類五，第七九八頁。《四庫全書總目》卷一七二集部二五别集類二五，第一五〇三頁上。

《集古梅花詩》四卷

明童琥撰。琥字廷瑞，蘭谿人。弘治庚戌進士，官至工部郎中。集句爲詩，始於晉之傅咸，其詩今載《藝文類聚》中，文義粗貫而已。自宋齊至唐，罕聞嗣響，宋石延年、王安石、孔平仲等始稍稍爲之。平仲所集不傳，延年、安石所集亦不多見。其哀然成編者，惟元李龏《翦綃》一集。是編專詠梅花，叠至五言律詩、七言律詩、七言絶句，各百首。又旁及紅梅，得七言律詩十首。所採上及六代，下及明初，排比聯貫，爛然成文，亦可謂好奇之士矣。惜非詩家正格，弊精神於無用之地也。

【今案】《四庫全書總目》卷一七六集部二九别集類存目三，第一五六五頁上。

《王校書全集》四十二卷[一]

明王穉登撰。穉登字百穀，先世江陰人，移居長洲。十歲能詩，嘉靖甲子以賦《紫牡丹》詩受知大學士袁煒，薦校秘書，將奏，以布衣領史事，竟不果，遂終身無所遇。然文章氣誼奔走一世，擅盛名者三十年，論者謂可繼文徵明。萬歷(曆)中，江寧葉氏裒其詩文、雜著合刊之，曰《晉陵集》《金昌集》《燕市集》《青雀集》《客越志》《竹箭編》《梅花什》《明月篇》《兩航紀》《青苕集》《越吟》《荆溪疏》《延令纂》《采真篇》《法因集》《丹青志》《虎苑》《吴社編》《生壙志》《苦言》《謀野集》，凡二十一種。

【校記】

［一］案《四庫全書總目》僅著録此集中的兩種，分别見《四庫全書總目》卷一一四子部藝術類存目『《吴郡丹青志》一卷』條、卷一四三子部小説家類存目二『《吴社編》一卷』條。

【今案】《四庫全書總目》無此全集。

《楓山集》四卷[一]

明章懋撰。懋字德懋，蘭陵人。成化丙戌進士，入翰林。與莊昶、黄仲昭以言張燈事杖謫，集中所載第一篇即其原疏也。後歷官南京禮部尚書。學者稱『楓山先生』。懋爲學恪守先儒義訓，有勸以著述者，曰：『先儒之言至矣，删其繁可也。』故生平所作，止於如此。書前有《寔紀》一卷，載誥、敕、諭、祭文以及行狀、祠祀等篇，乃其子接所編次，門人唐龍爲之序。

【校記】

［一］楓山集四卷 案《四庫全書總目》卷一七一同條作『《楓山集》四卷、《附録》一卷』。

【今案】《四庫提要分纂稿》第二六八頁。影印文淵閣《四庫全書》第一二五四册第一頁書前提要。《文溯閣四庫全書提要》卷一〇三集部二五别集類二四，第三五四三頁。《文津閣四庫全書提要匯編》集部六别集類五，第七一六頁。《四庫全書簡明目録》卷一八集部六别集類五，第七八六頁。《四庫全書總目》卷一七一集部二四别集類二四，第一四九二頁上。

《琴溪集》八卷

明陳寰撰。寰字原大，常熟人。正德辛未進士，嘉靖中爲南京國子監祭酒。寰與桂萼爲同年，官翰林時乃力斥萼議大禮之非，坐是，移南京，旋告歸。其人足重，詩文則皆不入格。

【今案】《四庫全書總目》卷一七六集部二九別集類存目三，第一五七四頁上。

《陳文岡集》二十卷

明陳棐撰。棐，鄢陵人。文岡，其字也。嘉靖乙未進士，官至甘肅巡撫。詩文淺易，奏疏亦多迂疏。

【今案】《四庫全書總目》卷一七七集部三〇別集類存目四，第一五九〇頁下。

《宏（弘）藝録》三十二卷[一]

明邵經邦撰。經邦字仲德，號宏（弘）齋，仁和人。正德辛巳進士，官至刑部員外郎，以建言廷杖遣戍。此其所著詩文集也。經邦別有講學之書曰《宏（弘）道録》，論史之書曰《宏（弘）簡録》，與此編統名曰《三宏（弘）集》。

【校記】

[一]宏藝録　底本原作『《宏毅録》』，誤，兹據《明史》卷九九《藝文志》著録『邵經邦《弘藝録》三十二卷』條及《四庫全書總目》卷一七六同條改。

【今案】《四庫提要分纂稿》第二九二頁。《四庫全書總目》卷一七六集部二九別集類存目三，第一五七八頁下。

《雅宜集》十卷

明王寵撰。《明史》[一]：寵，長洲人，字履吉，别號雅宜山人。自正德庚午至嘉靖辛卯，凡八與鄉試，皆見斥，而其名益起。集中詩八卷，分體編列，而各以『正德稿』、『嘉靖稿』字繫標題之下，蓋約略編年之意，以自記所造淺深也。其詩才力富贍，而抑鬱之氣激爲沉厲，亦往往失之過粗。雜文二卷附詩後，蓋非所留意也。

【校記】

[一]明史　案《明史》卷二八七《文苑傳·王寵》：『王寵，字履吉，别號雅宜，少學於蔡羽，居林屋者三年，既而讀書石湖。由諸生貢入國子，僅四十四而卒。』記載與本條正文所述者大異。則本條介紹王寵生平事迹，似非出於《明史》。

【今案】《四庫全書總目》卷一七六集部二九別集類存目三，第一五七九頁下。

《費文通集選要》六卷

明費宏弟寀之文，亦劉同升與許穀所選[一]。寀字子和，正德辛未進士，官至禮部尚書。著有《鍾石集》二十四卷。

【校記】

[一]明費宏弟寀之文亦劉同升與許穀所選　案本書此條同類著録『《費文憲集選要》七卷』條：『明除階、劉同升選費宏之文。』觀本條語意，當承此條而言，即《費文通集選要》六卷原本應在《費文憲集選要》七卷之後，而非底本前後倒置如此。而《四庫全書總目》即置《費文通集選要》六卷於《費文憲集選要》七卷之後。

【今案】《四庫全書總目》卷一七六集部二九別集類存目三，第一五七三頁上。

《赤城集》二十三卷

明夏鍭撰。鍭字德樹，天台人。官南京大理寺左評事。其詩欲爲别調，而轉乖雅則，文亦獷野無古法。

【今案】《四庫全書總目》卷一七五集部二八別集類存目二，第一五六四頁中。

《春雨齋文集》十卷[一]

明解縉撰。縉字大紳，吉水人。洪武戊辰進士。永樂初，官翰林學士。出爲廣西參政，改交阯。爲高煦所譖，下獄死。《明史》有傳。縉才氣放逸，下筆不能自休，當時有才子之目。至今流俗所傳少年夙慧者，率以縉爲口實。然其詩文實多率意遣辭，不事持擇，殊乏研煉之功。集爲後人所編。李東陽稱其詩無全稿，真僞相半，魚目碔砆，雜然並進，其可供採掇者益以尠矣。

【校記】

[一]春雨齋文集十卷　案《四庫全書總目》卷一七〇同條作『《文毅集》十六卷』。

【今案】《四庫提要分纂稿》第四三五頁。影印文淵閣《四庫全書》第一二三六册第五九一頁書前提要。《文淵閣四庫全書提要》卷一〇二集部二四别集類二三，第三五〇一頁。《文津閣四庫全書提要匯編》集部六别集類五，第六八三頁。《四庫全書簡明目録》卷一八集部六别集類五，第七七六頁。《四庫全書總目》卷一七〇集部二三别集類二三，第一四八二頁中。

《獨醉亭集》一卷

明史謹撰。謹字公謹，崑山人。初，以事謫居雲南，故《獨醉亭記》稱爲「滇陽史先生」。後用薦爲應天府推官，降補湘陰縣丞。尋罷歸，僑居金陵，以詩畫自娱。集中多楚蜀詩，蓋其少作，格調頗俊逸。前有陳璉序，題洪武壬午。按壬午爲建文四年，蓋革除後，追改之也。

【今案】影印文淵閣《四庫全書》第一二三三册第一〇七頁書前提要。《文溯閣四庫全書提要》卷一〇一集部二三别集類二二，第三四七七頁。《文津閣四庫全書提要匯編》集部六别集類五，第六六四頁。《四庫全書簡明目録》卷一八集部六别集類五，第七七〇頁。《四庫全書總目》卷一六九集部二二别集類二二，第一四七六頁下。

《小泉集》三十一卷[一]

明王格撰。凡《詩選》八卷，《文選》五卷，《續文選》四卷，皆高岱所定。《詩續選》八卷，李淑所定。又《詩新選》六卷，其子宗寧等所刊也。格字汝化，别字少泉，京山人。少舉進士，官終太僕少卿。顧璘、王世貞等皆推服之，其詩文不失古人短範，而病亦失之於摹擬，嘉靖、隆慶之間，風氣所尚如斯也。

【校記】

[一]小泉集三十一卷　案《四庫全書總目》卷一七七同條作「《少泉集》三十三卷」。

【今案】《四庫全書總目》卷一七七集部三〇别集類存目四，第一五八三頁下。

《一齋集》十六卷

明朱善撰。集首載聶鉉所作墓誌，稱名「善繼」，然集中自稱曰「朱善」，而世所傳《詩經解頤》亦題曰「朱善」[二]，則「繼」字，殆刊本誤也。是編《前集》十卷,《後集》五卷,又《廣游集》一卷,附刊於後。善以文章爲明太祖所知,然其集究不能與宋濂諸人雁行也。

【校記】

［一］詩經解頤　案《四庫全書總目》卷一七五同條或作『《詩解頤》』或作『《詩經解頤》』,而卷一六經部詩類二著録爲『《詩解頤》』。

【今案】《四庫全書總目》卷一七五集部二八別集類存目二,第一五五〇頁中。

《澹軒集》八卷［一］

明馬愉撰。愉字性和,臨朐人。宣德丁未進士,仕至禮部侍郎。其集初有刊本,已散佚,其鄉人都御史遲翔鳳購得殘本,更於愉家掇拾逸作,補葺刻之,故此本題曰『續刻』。目中註『續刻』字者,皆翔鳳所增也。凡講義及應制詩賦一卷,詩二卷,雜文四卷,墓誌、輓詩一卷,皆宦途酬應之作。

【校記】

［一］澹軒集八卷　案《四庫全書總目》卷一七五集部別集類存目二著録『《澹軒集》七卷』、『《別本澹軒集》八卷』二種。而本條自『已散佚』至『皆翔鳳所增也』一段文字,皆與《別本澹軒集》提要相同。

【今案】《四庫全書總目》卷一七五集部二八別集類存目二,第一五五六頁上。

《石語齋集》二十六卷

明鄒迪光撰。迪光字彦吉,無錫人。萬歷(曆)甲戌進士,官至湖廣提學副使。年四十,罷歸,築室惠山,風流自賞,一時勝士徵逐觴詠者垂三十年。當王世貞既没,迪光遂欲爲詞壇執牛耳,然湯顯祖等頗心非之。所著詩文題曰《石語齋集》,用庾信《讀温子昇〈韓陵山寺碑〉》語也,未免過於自詡矣。

【今案】《四庫提要分纂稿》第三〇六頁。《四庫全書總目》卷一七九集部三二別集類存目六,第一六一三頁上。

《楊忠烈集》三卷

明楊漣撰。漣字文孺，號大洪，應山人。萬歷（曆）三十五年進士，事迹具《明史》。是編爲其孫苞所刊，遺記雜文，無多卷帙，而剛直之氣概可以想見。削籍後與人書，頗有學仙之志，蓋亦與時鑿柄[一]，欲託之方外耳，不足以爲漣病也。

【校記】

［一］柄 當爲『枘』之形訛。

【今案】《四庫全書總目》無此條。

《王文肅集》十二卷

明王㒜撰。㒜字廷貴，武進人。景泰辛未進士第三人，歷官南京吏部尚書。此集亦名《思軒稿》。卷首載李東陽所作傳，謂其官吏部尚書時，上疏陳八事，多見採納。今其疏不見集中，而止存《經筵進講》《文華進講》二卷，殆有所避而不載歟？抑東陽溢美也。[一]

【校記】

［一］溢 底本原作『謚』，誤，兹據《四庫全書總目》卷一七五同條改。

【今案】《四庫提要分纂稿》第二八四頁。《四庫全書總目》卷一七五集部二八別集類存目二，第一五五八頁中。

《古廉集》十一卷、《附録》一卷

明李時勉撰。時勉本名懋，以字行，安福人。永樂二年進士，官至國子監祭酒。成化中，追謚忠文，學者稱『古廉先生』。《明史》有傳。時勉學術剛正，而爲文多平易，當時以其人重之，所作每爲好事者求去，所存無幾。成化中，其門人戴難裒輯爲十一卷，復以墓誌、行狀、傳贊一卷附於後。其孫長樂知縣顒刊行之[一]。

【校記】

［一］顒 案《四庫全書總目》卷一七〇同條作『容』，此蓋爲皇太子愛新覺羅・顒琰即後來的嘉慶皇帝避諱而改。

【今案】影印文淵閣《四庫全書》第一二四二册第六五九頁書前提要。《文溯閣四庫全書提要》卷一〇二集部二四别集類二三，第三五一四頁。《文津閣四庫全書提要匯編》集部六别集類五，第六九四頁。《四庫全書簡明目録》卷一八集部六别集類五，第七七九頁。《四庫全書總目》卷一七〇集部二三别集類二三，第一四八五頁中。

《嘯臺集》二十卷、《木天清氣集》十四卷

明高棅撰。棅一名廷禮，字彦恢，號漫士，閩之長樂人。永樂間，自布衣徵入爲翰林待詔，陞典籍。其山居時所作名《嘯臺集》，入仕後作名《木天清氣集》。棅嘗選《唐詩品彙》，專主唐音，而置宋元不道。與三山林鴻齊名，稱爲閩派。當時言詩多宗之，傳習既久，學者惟知剽竊形似，日益卑靡，詩道寖衰，論者亦以是歸咎焉。今觀《嘯臺集》詩八百首，尚稍見風骨。至《木天》集中詩六百六十餘首，大率應酬冗長之作，非惟不及唐人，即宋元亦尚相去懸絶，『清氣』之云，殆名不副實矣。二集首俱有成化間南京户部尚書黄鎬序。

【今案】《四庫全書總目》卷一七五集部二八别集類存目二，第一五五五頁上。

《畏庵集》十卷

明周旋撰。旋字中規，别號畏庵，永嘉人。正統元年進士第一，官至左庶子。集有詩賦五卷、雜文五卷。樂清章綸稱其典雅閑淡，然在當時未爲傑出也。

【今案】《四庫全書總目》卷一七五集部二八别集類存目二，第一五五六頁下。

《耕石齋石田集》九卷

明瞿式耜删定，沈周所作也。凡詩鈔八卷、文鈔一卷。周字啓南，别號石田，長洲人。事具《明史·隱逸傳》。周以畫名世，其詩隨意而作，或時出奇譎如韓愈，或時露真率如白居易，其歌行或時似李白，或似温庭筠，然皆具體而不成就。蓋才有偏長，物不兩大，文章、書畫兼工者，王維以下代不數人，固不必以是爲周諱。楊循言乃謂山林樹石皆其餘事，其亦文人標榜之習歟。

【今案】《四庫全書總目》卷一七五集部二八别集類存目二，第一五五九頁上。

《鳴秋集》二卷

明趙迪撰。迪字景哲，懷安人，自號白湖小隱。朱彝尊《詩話》謂：「余憲《百家詩》以迪爲山人，徐庸《湖海耆英集》載《元夕應制》詩、徐泰《皇明風雅》云『迪宜陽人，官吏部侍郎』。然《鳴秋集》有景泰五年迪仲子壯後序，中云『先人值時多故，投老林泉』。而同時閩人均有輓鳴秋山人詩。則二徐所云，自是別一人矣。」兹集即其仲子壯所編次，凡二卷，前載林誌序，稱其古詩不下魏晉，而諸作則醇乎唐。今考其詩，古體頗爲薄弱，誌説殊誣。律詩諧暢，差有唐音，蓋亦晋安一派也。

【今案】《四庫全書總目》卷一七五集部二八別集類存目二，第一五五八頁中。

《費文憲集選要》七卷

明徐階、劉同升同選費宏之文。宏字子充，鉛山人。成化丁未賜進士第一，累官吏部尚書、華蓋殿大學士，謚文憲。宏所著《鵝湖摘稿》本二十卷，此其後人所刊，取其帙簡易行也。

【今案】《四庫提要分纂稿》第二八六頁。《四庫全書總目》卷一七五集部二八別集類存目二，第一五六三頁下。

《念初堂稿》四卷、《續集》二卷

明陳嘉謨撰。嘉謨，廬陵人。嘉靖二十六年進士，授廬州府推官，陞吏科給事中，出爲四川按察司副使，隆慶庚午移疾歸。召爲湖廣布政司左參政，不起，優游林下以終。其詩起於嘉靖丁未，終於萬歷（曆）癸卯，往來仕宦者二十三年，而閒居者三十三年，故多自適之言。序引邵子《擊壤集》自擬，而詩中屢引陳獻章語，其旨趣可知也。

【今案】《四庫全書總目》卷一七七集部三〇別集類存目四，第一五九五頁上。

《珂雪齋集》二十四卷

明袁中道撰。「珂雪齋」命名意取《觀經》，蓋禪學也。中道字小修，萬歷（曆）四十四年進士，歷官南京吏部郎中[一]。其詩文集自序云：『抒吾意所欲言，第欲以意役法，不以法役意。』其得失具於是矣。

【校記】

［一］京 底本原脱此字，兹據《明史》卷二八八《袁中道傳》補。

【今案】《四庫全書總目》無此條。

《梅巖小稿》三十卷

明張旭撰。旭字廷曙，休寧人。官至伊陽知縣。是集詩二十二卷、文八卷，辭多淺俚，標題尤極鄙陋。

【今案】《四庫全書總目》卷一七五集部二八别集類存目二，第一五六二頁上。

《寓林集》三十八卷

明黄汝亨撰。汝亨字貞父，仁和人。萬歷（曆）戊戌進士，歷官江西提學僉事。退歸西湖，營寓林於南屏之麓。生平著述頗富，中燬於火。此集乃其門人搜輯成編。汝亨以學術負一時重名，干謁其文者極衆，故集中應酬牽率之作，殆什之七，數篇以後，闒茸不足觀矣。

【今案】《四庫全書總目》無此條。

《陽明全集》二十卷、《傳習録》一卷、《語録》一卷

明王守仁撰。守仁事迹具《明史》。初，明錢德洪編守仁所作爲《文録》，刊於蘇州，以講學明道者爲《正録》，詞章酬應者爲《外録》，奏疏及公移爲《别録》。此本爲康熙中餘姚俞嶙所編，更易舊第，首載年譜，次以書、序、記、説諸體，不復以理學、文章、經濟分編，後附《傳習録》《語録》二種，體例較爲近古。

【今案】《四庫全書總目》卷一七六集部二九别集類存目三，第一五六七頁上。

集部 別集類十一

《甘白集》六卷

明張適撰。適字子宣，蘇州人。明初以儒士徵，授水部郎中，旋放歸，見於洪武十八年所作《妻沈壙志》。而其《祭西平侯文》則自署『雲南滇池漁課司大使』，是洪武末又嘗官雲南，故集中每自稱『滇池老漁』者是也。文體修潔，而未造深厚。正統丁卯，其子收輯而刻之，今祇存抄本[一]。

【校記】

[一]祇 當爲『祇』之形訛。

【今案】《四庫全書總目》卷一七五集部二八別集類存目二，第一五五〇頁中。

《二須堂詩集》十二卷、《文集》二卷[一]

國朝丁詠淇撰。詠淇字瞻武，號菉濱[二]，錢塘人。詩文皆無可稱。其自序詩云：『得意處[三]，直欲與古人爭千秋』，未免過自矜詡矣[四]。

【校記】

[一]二須堂詩集十二卷文集二卷 案《四庫全書總目》卷一八五同條作『《二須堂集》二卷』。

[二]菉濱 案《四庫全書總目》卷一八五同條作『菉濱居士』。

[三]其自序詩云得意處 案此句似有倒文，應爲『其自序云，詩得意處』云云。

[四]案《四庫全書總目》卷一八五同條謂：『又有《菉濱詩鈔序》，爲其詩集，今皆未見。』與此條大異。

【今案】《四庫全書總目》卷一八五集部三八別集類存目一二，第一六七九頁下。

《佳山堂集》十卷

國朝馮溥撰。溥字易齋，益都人。順治丁亥進士，歷官大學士。康熙己未，試博學鴻詞。溥與高陽李霨、寶坻杜立德、崑山葉方靄四人同爲閲卷官，得人最盛。故毛奇齡等爲作集序，皆稱門人。其詩則未爲精詣。

【今案】《四庫全書總目》卷一八一集部三四別集類存目八，第一六四一頁下。

《雙溪草堂詩集》十卷、附《游西山詩》一卷

國朝汪晋徵撰。晋徵字涵齋，休寧人。康熙己未進士。官至户部侍郎。

【今案】《四庫全書總目》卷一八三集部三六別集類存目一〇，第一六六一頁下。

《嬾齋別集》十四卷

國朝僧牧雲著。牧雲名通門，姓張氏[一]，常熟人。少祝髮於興福禪林，尋主古南、鶴林、天童等寺。頗與士大夫游，故文士往往稱之。其集爲其同里毛晋所刊，凡雜文三卷、書啓三卷、頌贊偈語二卷、詩六卷，前有嘉興王庭、海寧朱一是序。

【校記】

［一］姓　底本原作『姚』，誤，兹據《四庫全書總目》卷一八一同條改。

【今案】《四庫全書總目》卷一八一集部三四別集類存目八，第一六四〇頁中。

《赤嵌集》四卷

國朝孫元衡撰。元衡字湘南，桐城人。康熙中，官臺灣府同知，遷東昌知府。是集皆其在臺灣時所作，以地有『赤嵌城』，故以名之。紀海外土風物産爲多，頗逞才氣，而未能盡合詩律。王士正（禛）爲點定之，謂其『追踪建安，躡迹長公』，延譽之辭未免失其實矣。

【今案】《四庫全書總目》卷一八四集部三七別集類存目一一，第一六六五頁中。

《笠山詩選》五卷

國朝孫蕙撰。新城王士正（禛）序稱其五、七言雖古作者無以加焉。是編爲汪懋麟所選，詩格清麗，無塵俗之氣，而邊幅微嫌其狹，

蓋才分弱也。

【今案】《四庫全書總目》卷一八二集部三五别集類存目九，第一六五〇頁上。

《貽清堂集》十三卷、《補遺》四卷

國朝張習孔撰。習孔字念難，號黄岳，歙縣人。順治己丑進士，官至山東提學僉事。其集有吴偉業、周亮工、施閏章諸人序，譽之甚力。

【今案】《四庫全書總目》卷一八一集部三四别集類存目八，第一六四三頁下。

《杜詩會粹》二十四卷

國朝蕭山張遠撰。其書採摭諸家之注，取其善者録之，故曰會粹。其分析段落，訓釋文意，頗便初學，其弊究失之膚淺。詩依年譜編次，與諸本互有異同，考核亦未爲詳審。

【今案】《四庫全書總目》卷一七四集部二七别集類存目一，第一五三三頁中。

《杜詩詳注》二十五卷、《附編》二卷

國朝仇兆鰲撰。兆鰲字滄柱，鄞縣人。康熙乙丑進士，官至吏部侍郎。其書，康熙三十二年兆鰲爲編修時嘗奏進之。凡詩注二十三卷，雜文注二卷。後以《逸杜》《詠杜》《補注》《論杜》爲《附編》上、下二卷。其總目自二十八卷以下尚有《倣杜》《集杜》諸卷，皆有録無書，疑欲續爲而未成也。每詩各分段落，先詮釋文義於前，而徵引典故列於詩末，援據亦頗該洽。然亦時有舛誤，如注「忘機對芳草」句引《高士傳》「葉幹忘機」，今《高士傳》無此文。又注「宵旰憂虞軫」句，不知二字本徐陵文，乃引《左傳》注「旰食」，引《儀禮》注「宵衣」，考之《鄭注》，「宵」乃同「綃」，非「宵旦」之「宵」也。至《咏杜》卷中載徐增一詩，本出其《説唐詩》中，所謂「佛讓王維作，才憐李白狂」者，蓋以維詩雜禪趣，白詩多逸氣，以互形甫之謹嚴，兆鰲乃改上句爲「賦似相如逸」，乖其本旨。如此之類，往往有之，皆不可據爲典要也。

【今案】影印文淵閣《四庫全書》第一〇七〇册第九一頁書前提要。《文溯閣四庫全書提要》卷八一集部三别集類二，第二六四七頁。《文津閣四庫全書提要匯編》集部二别集類一，第三六頁。《四庫全書簡明目録》卷一五集部二别集類一，第五八八頁。《四庫全書總目》卷一四九集部二别集類二，第一二八二頁上。

《禹門集》四卷

國朝郭振遐撰。振遐字中洲，汾陽人，寄居揚州。詩皆淺率，至以大禹、顔回自比，尤爲狂易矣。

【今案】《四庫全書總目》卷一八五集部三八别集類存目一二，第一六八四頁中。

《孜堂文集》二卷

國朝張烈撰。烈字武承，大興人。康熙庚戌進士，除恩平縣知縣。己未，舉博學鴻詞，授翰林院編修。其學以程朱爲本，然集中如《朱陸異同論》《王學質疑》，皆過執門户之見，不及其《賈董同異論》也。

【今案】《四庫全書總目》卷一八三集部三六别集類存目一〇，第一六五七頁上。

《時一吟詩》四卷

國朝黎耿然撰。耿然字介庵，晋江人。以諸生累舉不售，棄而從戎，積功至雲南總兵官。詩皆率意而成，殊不入格。

【今案】《四庫全書總目》卷一八二集部三五别集類存目九，第一六五〇頁中。

《魏叔子集》三十三卷

國朝魏禧撰。禧字冰叔，『寧都三魏』之一也。禧兄弟皆傳姚江之學，以經濟爲務。禧文尤縱横奥衍，不名一格，而大致近乎蘇洵、蘇軾，國初稱古文者首推焉。其集，文二十二卷，分十八體，體各冠以題詞；詩八卷，非所擅長；日録三卷，中多精確之論，切於實用，亦非諸家語録空談性命者比。

【今案】《四庫全書總目》無此條。

《西堂全集》五十六卷

國朝尤侗撰。侗字展成，長洲人，由拔貢考選爲永平推官。康熙己未，以博學鴻詞科授檢討，歷官侍講。所著凡《西堂雜組》初集、二集、三集各八卷，《西堂剩稿》二卷，《西堂秋夢録》一卷，《西堂小草》一卷，《論語詩》一卷，《右北平集》《看雲草堂集》八卷，《述祖詩》一卷，《于京集》五卷，《哀絃集》二卷，《擬明史樂府》一卷，《外國竹枝詞》一卷，《百末詞》六卷，《性理吟》二卷，其未刻者尚有《明史志傳》二十卷，《年譜》一卷不在此數。其詩早摹温李，多入綺靡，晚涉元白，頗傷率易。雜文品格亦類其詩，所作《湯傳楹遺像贊》至以『楚』步押入『麻』韻中，蓋亦風流自命，不屑屑於考證者矣。

【今案】《四庫全書總目》無此條。

《敲空遺響》十二卷

國朝僧如乾著。乾字憨休，四川人。嘗主陝西興善、燉煌等寺。其集碑記、雜文共八卷，詩四卷。

【今案】《四庫全書總目》卷一八五集部三八別集類存目一二，第一六八〇頁上。

《柳村詩集》十二卷

國朝董訥撰。其詩皆訥手自删定。訥有别墅在城南二里，名曰『柳村』，因以名集。《平原縣志》稱康熙四十一年聖祖南巡，駐蹕柳村之南樓。詢訥詩集，其子思凝繕寫奏進，殆即此本歟。

【今案】《四庫全書總目》卷一八三集部三六別集類存目一〇，第一六五六頁中。

《百尺梧桐閣集》二十六卷

國朝汪懋麟撰。懋麟字季角，號蛟門，江都人。康熙丁未進士，授秘書院中書舍人，歷官刑部主事。

【今案】《四庫全書總目》卷一八三集部三六别集類存目一〇，第一六五五頁下。

《精華録》十卷

國朝王士正(禛)撰，其門人曹禾、盛符升所編輯也。其子啓汧跋曰：『宋任淵嘗摘黄魯直詩爲《精華録》，盛侍御、曹祭酒題先生詩曰曰《精華録》[一]，蓋以魯直比先生而自附於淵也。』士正(禛)後復自編《帶經堂集》，然其平生佳製，此書已括其大凡，不必以多爲貴也。是集初有金榮箋注，後惠棟復爲之訓纂。

【校記】

[一]詩曰曰　當衍一『曰』字。

【今案】影印文淵閣《四庫全書》第一三一五册第一頁書前提要。《文溯閣四庫全書提要》卷一〇五集部二七别集類二六，第三六七四頁。《文津閣四庫全書提要匯編》集部七别集類六，第八一七頁。《四庫全書簡明目録》卷一八集部七别集類六，第八一九頁。《四庫全書總目》卷一七三集部二六别集類二六，第一五二一頁下。

《寒香閣詩集》四卷

國朝鄧鍾岳撰。詩頗温厚，得風人之致而材地稍弱，尚未能頡頏古人。此集所録亦太隘，似非完本也。

【今案】《四庫全書總目》卷一八四集部三七别集類存目一一，第一六七二頁下。

《耕廡文稿》十卷

國朝魏世傚撰。世傚字昭士，寧都魏禮之子。文亦有家法。其伯父禧爲之序，稱其性稍急，勇於事。文亦肖之，特少展拓。

【今案】《四庫全書總目》無此條。

《據梧詩集》十五卷

國朝管棆撰。棆字青村，武進人。康熙中，歷任餘干、新昌兩縣知縣。凡《吹萬集》二卷，《柏軒草》二卷，《修琴閣集》二卷，《鷗馴集》二卷，《天外集》二卷，《圃華集》二卷，《寓檗稿》三卷，《擄梧》其總名也。邵長蘅序稱其詩先學劍南，後學少陵。今觀所作，大抵先入者爲主也。

【今案】《四庫全書總目》卷一八四集部三七别集類存目一一，第一六七二頁中。

《憺園集》三十八卷

國朝徐乾學撰。乾學字原一，號健庵，或稱玉峰，崑山人。康熙庚戌進士第三人，官至刑部尚書。「憺園」，其别墅也。乾學家富圖籍，聖祖仁皇帝購求遺書，乾學奏進十二部，其疏今在集中。近所藏書雖已散佚，而《傳是樓書目》猶存於世。其學留心經術，所著《讀禮通考》，閎通淹貫，確有可傳。集中考辨、議説之類，亦多與傳注相闡發。論其文章，固不失爲一時之作手也。是集刊於康熙丁丑，前有宋犖序，稱尚有《外集》，今未見。

【今案】《四庫全書總目》卷一八三集部三六别集類存目一〇，第一六五六頁下。

《孝穆集》六卷[一]

陳徐陵撰，國朝吴兆宜箋注。陵字孝穆，東海郯人，梁太子左衛率摛之子。八歲能屬文。既長，博涉史籍，在梁世已以文章名。入陳後，累官侍中、安右將軍、左光禄大夫、南徐州大中正，建昌縣開國侯，謚曰章陵。爲文綺麗，與庾信齊名，世號「徐庾體」。原集三十卷，今已久佚。此乃後人從《藝文類聚》《文苑英華》諸書採掇而成[二]。兆宜字顯令，吴江人，嘗注《玉臺新詠》《庾信集》《才調集》《韓偓集》及此，書中有未及注者，其同里徐文炳補之。

【校記】

[一]孝　底本原作「考」，誤，兹據《直齋書録解題》卷一九詩集類上「《徐孝穆集》一卷」條及《四庫全書總目》卷一四八同條改。又「孝穆集」，案《四庫全書總目》卷一四八同條作「《徐孝穆集箋注》」。

[二]後　底本原作「從」，兹據《四庫全書總目》卷一四八同條改。聚　底本原作「集」，誤，兹據《四庫全書總目》卷一四八同條及卷一三五子部類書類一「《藝文類聚》一百卷」條改。

【今案】《四庫全書薈要總目提要》第三五一頁。影印文淵閣《四庫全書》第一〇六四册第七九一頁書前提要。《文溯閣四庫全書提要》卷八〇集部二别集類一，第二六二七頁。《文津閣四庫全書提要匯編》集部二别集類一，第二〇頁。《四庫全書簡明目録》卷一五集部二别集類一，第五八三頁。《四庫全書總目》卷一四八集部一别集類一，第一二七六頁中。

《薪齋集》八卷

國朝吕陽撰。陽字全五，無錫人。明崇禎庚辰進士，國朝官至浙江布政司參議。詩一卷，文六卷，歌行、賦、詩餘又爲一卷，前有順治戊子黄家舒序。

【今案】《四庫全書總目》卷一八一集部三四别集類存目八，第一六三四頁上。

《問山詩集》十卷、《文集》八卷、《紫雲詞》一卷

國朝丁煒撰。煒字澹汝，號雁水，晋江人。由漳平教授累官湖北按察使。煒以長短句擅長，詩文亦清切平典，不涉王、李、鍾、譚之派，然醖釀未深，微傷於薄。

【今案】《四庫全書總目》無此條。

《鶴侣齋集》三卷

國朝孫勷撰。勷字子未，一字予未，號峨山，又號誠齋，德州人。康熙乙丑進士，改庶吉士。歷官大理寺少卿，終通政司參議。其集凡詩一卷、文二卷。集中《石丈》詩云：『山鬼矜伎倆，此老如不聞。或具袍笏拜，此老亦不尊。坦然自高卧，雨蝕青苔痕。』蓋亦自寓云。

【今案】《四庫全書總目》卷一八三集部三六别集類存目一〇，第一六六二頁下。

《湯子遺書》十卷[一]

國朝湯斌撰。斌字孔伯，號荆峴，一號潛庵，睢州人。順治丙戌進士，授國史院檢討，出爲陜西按察司副使。移疾歸，從容城孫鍾元講學蘇門山中。康熙乙未，舉博學鴻詞，授翰林院侍講。歷官工部尚書。卒，謚文正。是編皆其語録、奏議及詩賦、雜文。斌雖舉詞科而粹然儒者，其學兼持朱、陸之平，期於行己有實修，居官有實政，不規以門户爲名高。故見於文章，詞有根柢，非迂儒高論之比也。

【校記】

［一］湯子遺書十卷 案《四庫全書總目》卷一七三同條作『《湯子遺書》十卷、《附録》一卷』。

【今案】影印文淵閣《四庫全書》第一三一二册第四二一頁書前提要。《文淵閣四庫全書提要》卷一〇五集部二七别集類二六，第三六六九頁。《文津閣四庫全書提要匯編》集部七别集類六，第八一三頁。《四庫全書簡明目録》卷一八集部七别集類六，第八一七頁。《四庫全書總目》卷一七三集部二六别集類二六，第一五二〇頁下。

《擬故宫詞》一卷

國朝徐宇昭撰。凡四十首，序稱順治丁亥春月，寓止燕都，遇長春寺僧，乃明宦者，因從閑話，得故宫遺事四十條。其詞不甚工，注亦止寥寥數條。

【今案】《四庫全書總目》卷一八一集部三四别集類存目八，第一六四二頁下。

《蕭亭詩選》六卷

國朝張實居撰，王士正（禛）所評選也。實居字賓公，號蕭亭，鄒平人。士正（禛）序稱其古今詩盈千首，樂府古選尤有神解，爲擇其最者三百餘篇。

【今案】《四庫全書總目》卷一八二集部三五别集類存目九，第一六五一頁下。

《灌研齋集》四卷

國朝李元鼎撰。元鼎字梅公，吉水人。明天啓壬戌進士。入國朝[一]，官至兵部左侍郎。所著詩文凡三十卷，統名之曰《石園集》。此集雜文四卷，乃其中之一種也。『灌研齋』者，元鼎家有古研，相傳爲灌嬰廟瓦，故以名其齋。

【校記】

[一]入 底本原脱此字，兹據《四庫全書總目》卷一八一同條補。

【今案】《四庫全書總目》卷一八一集部三四别集類存目八，第一六三二頁中。

《卧象山房集》三卷[一]

國朝李澄中撰。澄中字渭清，號漁村，又號雷田，諸城人，原籍成都。康熙己未，舉博學宏詞，官至侍讀。是編賦一卷、文一卷、詩一卷，附《滇南集》一卷，又《艮齋文選》一卷。安若訥爲作墓誌，記其夢爲李攀龍後身。趙執信亦稱其生而父夢攀龍入室，故其詩仍效攀龍體。龐塏《論文絶句》則有『壽光安子非知己，强爲于鱗認後身』句。今觀其集，殊不類『滄溟』體格，塏所論者爲允。若訥、執信，蓋皆好奇之論耳。

【校記】

[一]卧象山房集三卷 案《四庫全書總目》卷一八三同條作『《卧象山房集》三卷、《附録》二卷』。

【今案】《四庫全書總目》卷一八三集部三六别集類存目一〇，第一六六〇頁上。

《芝壇集》二卷

國朝連城張鵬翼撰。其詩文皆以濂、洛爲宗，而體格多近於語録。

【今案】《四庫全書總目》卷一八五集部三八别集類存目一二，第一六七八頁下。

《杏村詩集》七卷

國朝謝重輝撰。重輝字千仞，號方山，德州人。大學士陞子，以蔭授中書舍人，官至刑部郎中。王士正（禛）嘗取其詩與商邱（丘）宋犖、郃陽王又旦、安邱（丘）曹貞吉、曲阜顔光敏、黄岡葉封、德州田雯、晉江丁煒、江陰曹禾、江都汪懋麟爲《十子詩》刻之。今十人之詩或傳或不傳，而所謂《十子集》者，世亦久無行本矣。

【今案】《四庫全書總目》卷一八二集部三五別集類存目九，第一六五一頁下。

《東山草堂文集》二十卷、《詩集》八卷、《續集》一卷

國朝邱（丘）嘉穗撰。嘉穗字實亭，上杭人。康熙庚午舉人，官歸善縣知縣。其文頗條暢，詩則淺弱。集後舊附《陶詩箋注》五卷，《邇言》六卷，又《考定石經大學經傳解》一卷，今各分著於録，俾從其類。

【今案】《四庫全書總目》卷一八四集部三七別集類存目一一，第一六六六頁下。

《庾開府集箋注》十卷

國朝吴江吴兆宜撰。《庾信集》久佚，今本雖冠以周滕王逌舊序，實從諸書中抄撮而成。其唐張庭芳等三家所注《哀江南賦》，今亦不傳。近胡渭始爲作注，兆宜採輯其説，復與崑山徐樹穀等補綴成編，粗得梗概。然六朝人所見之書，《隋志》著録者，今已十不存五。兆宜捃摭殘文，補苴求合，勢不能盡詳所出。如注《哀江南賦》『經邦佐漢』一事，引《史記索隱》誤本，以『園公』爲姓庾，以『四皓』爲漢相，其附會牽合可以概見矣。

【今案】影印文淵閣《四庫全書》第一〇六四册第一頁書前提要。《文淵閣四庫全書提要》卷八〇集部二別集類一，第二六二四頁。《文津閣四庫全書提要匯編》集部二別集類一，第一八頁。《四庫全書簡明目録》卷一五集部二別集類一，第五八三頁。《四庫全書總目》卷一四八集部一別集類一，第一二七五頁下。

《古處齋集》十三卷

國朝陳祖法撰。祖法字湘殷，餘姚人。順治辛卯舉人。官至澤州知州。

【今案】《四庫全書總目》無此條。

《讀史亭詩集》十六卷、《文集》二十二卷

國朝彭而述撰。而述字禹峰，鄧州人。明崇禎庚辰進士，官陽曲縣知縣。入國朝[一]，官至貴州巡撫。後坐免，再起爲雲南布政使。而述久歷邊陲，所爲詩文皆雄奇峭拔，不受前人羈勒，而不免才多之患。朱彝尊序之，謂其『人所應有盡有，人所應無不盡無』者，斯評盡之矣。

【校記】

[一]入　底本原脱此字，兹據《四庫全書總目》卷一八一同條補。

【今案】《四庫全書總目》卷一八一集部三四别集類存目八，第一六三四頁上。

集部 別集類十二

《志壑堂集》二十四卷[一]

國朝唐夢賚撰。夢賚字濟武，號楓亭，又號豹巖，淄川人。順治己丑進士，官檢討。是編文十二卷、詩十二卷，又附詩餘三卷。王士正（禛）《漁洋詩話》稱其詩出於蘇、陸，士正（禛）所作墓誌又稱尚有《後集》八卷，《選集》十四卷，《借鴿樓小集》二卷，今皆未見。

【校記】

[一]志壑堂集二十四卷　案《四庫全書總目》卷一八一同條作『《志壑堂詩》十五卷』，提要云：『是集有詩無文，蓋其集中之一種也。』

【今案】《四庫全書總目》卷一八一集部三四别集類存目八，第一六四三頁上。

《十笏草堂詩選》九卷[一]

國朝王士祿撰。士祿字子底，號西樵，新城人，士正（禛）之兄也。順治乙未進士，官吏部考功司員外郎。士正（禛）嘗取所作，擇十之二三，次爲四卷，曰《考功詩》。其生平所作凡二千餘篇：曰《表餘堂集》，曰《十笏草堂集》，曰《辛甲集》，曰《上浮集》。今惟此集行於世，餘三集未有刊本，其存佚不可考矣。

【校記】

[一]十笏草堂詩選九卷　案此書屬於《四庫全書總目》卷一八二集部别集類存目九『《司勳五種集》二十卷』中的一種。

【今案】《四庫全書總目》卷一八二集部三五别集類存目九，第一六四五頁中。

《止泉文集》八卷

國朝朱澤澐著。澤澐字湘淘，號止泉，寶應人。其集多闡道學之言。

【今案】《四庫全書總目》卷一八二集部三五别集類存目九，第一六五〇頁下。

《笑門詩集》二十五卷

國朝戚玾撰。玾字後升，泗州人[一]。以優貢授知縣。所作好爲新語，而不免纖仄，公安、竟陵之流派也。

【校記】

[一]州 底本原作『洲』，誤，兹據《四庫全書總目》卷一八五同條改。

【今案】《四庫全書總目》卷一八五集部三八別集類存目一二，第一六八四頁下。

《魏興士文集》六卷

國朝魏世傑撰。世傑，寧都人，際瑞子，興士其字也。從叔禧學古文。以父爲山賊韓大任所害，哀痛，自勁[一]，卒。其集，文五卷、詩一卷。大抵與禧文相近，而功力未逮。

【校記】

[一]勁 疑爲『剄』之形訛。

【今案】《四庫全書總目》無此條。

《魏季子文集》十六卷

國朝魏禮撰。禮字和公，禧之弟也，故曰『季子』。凡爲詩六卷、文十卷。禧爲之序，謂其文近柳子厚，然罏鞴未至，未得與禧肩隨。合其子世傚、世儼集，又名《季子三家集》。

【今案】《四庫全書總目》無此條。

《欣然堂集》十卷

國朝陶孚尹撰。孚尹字誕仙，江陰人。官桐城訓導。是編詩六卷，詩餘附焉，文四卷，王士正（禛）、尤侗爲之序。

【今案】《四庫全書總目》卷一八二集部三五別集類存目九，第一六五一頁上。

《過江集》四卷

國朝史申義撰。申義字叔時，號蕉飲，江都人。康熙丙戌進士，由翰林改給事中。時新城王士正（禛）方以詩名海内，嘗稱申義及湯右曾足傳其衣鉢，見集中自注。聖祖仁皇帝嘗以後進詩人詢澤州陳廷敬，廷敬以申義及周起渭對，見廷敬序中。申義官翰林日，有《蕪城集》；典試雲南，有《使滇集》；此《過江集》，則官給事中時前後數年作也。

【今案】《四庫全書總目》卷一八三集部三六別集類存目一〇，第一六六四頁上。

《飴山詩集》二十卷[一]

國朝趙執信撰。執信字伸符，號秋谷，晚號飴山，益都人。康熙己未進士，官右贊善。同時新城王士正（禛）以詩負盛名，學之者惟趋神韻。執信後起，獨持異同之論。其説見於所撰《談龍録》中，大旨主於詩中有人，彼此不可移掇，故其詩刻摯有餘而邊幅少狹。所著有《并門》《閑齋》《還山》《觀海》等集十四種，兹彙爲一帙，通十九卷，末附詩餘一卷。

【校記】

［一］飴山詩集二十卷　案《四庫全書總目》卷一七三同條作『《因園集》十三卷』。

【今案】影印文淵閣《四庫全書》第一三二五册第三〇一頁書前提要。《文溯閣四庫全書提要》卷一〇五集部二七別集類二六，第三六九七頁。《文津閣四庫全書提要匯編》集部七別集類六，第八三五頁。《四庫全書簡明目録》卷一八集部七別集類六，第八二四頁。《四庫全書總目》卷一七三集部二六別集類二六，第一五二七頁中。

《湖海集》十三卷

國朝孔尚任撰。尚任字季重，號東塘，又號岸堂，自稱雲亭山人。官至户部員外郎。康熙二十三年，聖祖東巡至闕里，授國子博士，累官户部員外郎。尚任爲博士時，隨侍郎孫在豐在淮揚疏濬海口，此集詩文皆入淮以後之作。

【今案】《四庫全書總目》卷一八四集部三七别集類存目一一，第一六六五頁中。

《古懽堂集》三十六卷[一]

國朝田雯撰。雯字子綸，一字綸霞，號山薑子[二]，德州人。康熙甲辰進士，官至户部侍郎。是集文二十二卷、詩十四卷。順治、康熙之間，宋派初徵，唐音競作，王士正(禛)之清新，朱彝尊之博雅[三]，均擅價一時。雯欲以奇麗駕其上，故其詩文皆組織繁富，鍛煉刻苦，不肯規規作常語。其《黔書》《長河志籍考》諸書，至摹擬郭子横、王嘉之體。王士正(禛)《池北偶談》嘗記其好奇，而趙執信作《談龍録》，亦議其詩中無人。然才學富贍，排奡縱横，雖不諧於中聲，亦岸然自異之士也。

【校記】

[一]古懽堂集三十六卷　案《四庫全書總目》卷一七三同條作「《古懽堂集》三十六卷、附《黔書》二卷、《長河志籍考》十卷」。

[二]山薑子　案《四庫全書總目》卷一七三同條作「山薑」。

[三]尊　底本原脱此字，兹據《四庫全書總目》卷一七三集部别集類「《曝書亭集》八十卷」條及本書集部别集類「《竹垞文類》二十六卷」條補。

【今案】影印文淵閣《四庫全書》第一三二四册第一頁書前提要。《文溯閣四庫全書提要》卷一〇五集部二七别集類二六，第三六九四頁。《文津閣四庫全書提要匯編》集部七别集類六，第八三三頁。《四庫全書簡明目録》卷一八集部七别集類六，第八二三頁。《四庫全書總目》卷一七三集部二六别集類二六，第一五二六頁下。

《遇集》五卷、《蒞楚學記》一卷、《奏疏》四卷[一]

國朝蔣永修撰。永修字日懷，宜興人。曾官給事中，又嘗官於黔、楚，遷督學山東。集平生所爲文，名曰《遇集》，言即所遇而成文也。中多記貴州、湖南風土。其《蒞楚學記》及《奏疏》則各自爲編，而附於本集之後。

【校記】

[一]遇集五卷蒞楚學記一卷奏疏四卷　案《四庫全書總目》卷一八一同條作「《慎齋遇集》五卷、《蒞楚學記》一卷、《日懷堂奏

疏》四卷』。

【今案】《四庫全書總目》卷一八一集部三四别集類存目八，第一六四二頁上。

《天門詩集》六卷、《文集》六卷

國朝吴盛藻撰。盛藻字觀莊，和州人。由拔貢歷官廣東按察司副使。詩、文俱未能入格。

【今案】《四庫提要分纂稿》第三三〇頁。《四庫全書總目》卷一八五集部三八别集類存目一二，第一六八四頁下。

《彙書》六卷

國朝仙游王鳳九所著詩文集也。自序謂仿《笠澤叢書》之例，故以『彙書』名之。中多講《易》之文，其説皆宗程、朱。詩則膚淺不入格。

【今案】《四庫全書總目》卷一八五集部三八别集類存目一二，第一六八四頁下。

《有懷堂詩文集》一卷

國朝田肇麗撰。肇麗字念始，號蒼厓，户部侍郎雯之子。官户部郎中。肇麗負雋才而屢試不第，其入官也以任子，故《述懷》詩有『慚非科名人』句，蓋吟咏之間，嘗以是耿耿云。

【今案】《四庫全書總目》卷一八四集部三七别集類存目一一，第一六七四頁中。

《馮舍人遺詩》六卷

國朝馮廷櫆撰。廷櫆，字大木，德州人。康熙壬戌進士，官中書舍人。丁卯典試湖廣，作詩一卷，名曰《晴川集》。王士正（禛）序之，稱其天才超逸，多頓挫悲壯之詞。是集爲趙執信所編，凡《京集》三卷、《晴川集》一卷、《雪林集》一卷、《曹村集》一卷[一]。前有執信序，謂士正（禛）知之不盡[二]，則恩怨之詞也[三]。

【校記】

［一］雪林集一卷 底本『一』字已殘損，茲據《四庫全書總目》卷一八三同條補。

［二］謂士正知之不盡 案《四庫全書總目》卷一八三同條作『以士禛序爲知之未盡』。

［三］則 底本此字已殘損，僅餘上半部，比視其他篇中同一筆體之字，尚可辨識爲『則』字。

【今案】《四庫全書總目》卷一八三集部三六別集類存目一〇，第一六六二頁上。

《有懷堂詩文稿》二十八卷

國朝韓菼撰。菼字元少，號慕廬，長洲人。康熙癸丑進士第一，官至禮部尚書。乾隆二十一年，賜謚文懿。是集爲菼所自編，前有自序，詩六卷，分《蹢躅》《歸愚》《病坊》《擊迷》四集，文二十二卷。菼以制藝著名，而詩、文亦雍容冲淡，不失大雅之音。

【今案】《四庫全書總目》卷一八三集部三六別集類存目一〇，第一六五七頁中。

《臨野堂文集》十卷

國朝鈕琇撰。琇字玉樵，吴江人。康熙壬子拔貢，歷任知縣。是集前有潘耒序，盛推其四六之工。今觀所撰，疏雋頗勝近人，而渾雅終不逮古人。其外篇俳諧諸作，如《商陸侯傳》之類，則不作可也。

【今案】《四庫全書總目》卷一八三集部三六別集類存目一〇，第一六五七頁中。

《竹垞文類》二十六卷

國朝朱彝尊撰。彝尊晚年手訂《曝書亭集》八十卷。是集乃其未遇時所刻，中有《曝書亭集》所未録者，皆悔其少作，自爲删汰者也。

【今案】《四庫全書總目》卷一八三集部三六別集類存目一〇，第一六五九頁上。

《樂圃詩集》七卷

國朝顔光敏撰。光敏字遜甫，一字修來，曲阜人。康熙丁未進士，官至吏部考功司郎中。施閏章爲作集序，極推其《太華》《燕子磯》《麥雨》《地震》諸篇，以爲出入於工部、昌黎之間。朱彝尊爲作墓誌，亦稱其詩揜漢魏以來諸家之長。雖友朋推奬之詞，不無少過，然其詩氣韻修潔，亦頗有雅人之致也。

【今案】《四庫全書總目》卷一八一集部三四別集類存目八，第一六四三頁中。

《葛莊詩鈔》十三卷

國朝劉廷璣撰。廷璣字玉衡，號在園，鑲紅旗漢軍。官至温處道[一]。其詩學陸游而未成。

【校記】

[一]官至温處道　案《四庫全書總目》卷一八四集部別集類存目一一『《葛莊編年詩》無卷數』條謂：『《葛莊詩鈔》止於官九江道時，是編乂其官淮徐道時所作。』又案《四庫全書總目》卷一二九子部雜家類存目六『《在園雜志》四卷』條謂：『由廕生官至江西按察使，後降補分巡淮徐道。』

【今案】《四庫全書總目》卷一八四集部三七別集類存目一一，第一六六七頁上。

《寒松堂集》九十二卷

國朝魏象樞撰。象樞字環溪，蔚州人。順治三年進士，歷官都察院左都御史，遷刑部尚書。以病乞休，聖祖御書『寒松堂』額，寵其歸。卒，謚敏果。雍正庚戌，入祀賢良祠。是集乃象樞長子學誠所編次，前有熊賜履序。

【今案】《四庫全書總目》卷一八一集部三四別集類存目八，第一六四一頁上。

《蕉林詩集》[一]

國朝梁清標撰。清標字玉立，清苑人。崇禎十六年進士，順治六年授編修，歷官保和殿大學士。所著詩稿各以古近體爲分，不列卷次。其詩作於明季者，多感慨諷刺之言。及入本朝以後，則渢渢乎春容之音矣。

【校記】

［一］蕉林詩集　案《四庫全書總目》卷一八一同條作『《蕉林詩集》無卷數』。

【今案】《四庫全書總目》卷一八一集部三四别集類存目八，第一六三四頁下。

《香域内外集》十二卷

國朝釋敏膺撰。敏膺，蘇州花山翠岩寺僧，曉青弟子也。是集乃其弟子聖藥等所編。《外集》詩文凡七卷，《内集》五卷皆語録、偈語。蓋釋家以釋爲内學，儒爲外學耳。

【今案】《四庫全書總目》卷一八五集部三八别集類存目一二，第一六八〇頁上。

《栖雲閣詩》十六卷、《拾遺》三卷

國朝高珩撰。珩字葱佩，號念東，晚號紫霞道人。明崇禎癸未進士。入國朝[一]，官至刑部侍郎。王士正(禛)《居易録》稱其生平撰著，不減萬篇。是集爲趙執信所編，又《拾遺》三卷則宋弼所輯也。其詩多率意而成，故往往近長慶元、白之體。

【校記】

［一］入　底本原脱此字，兹據《四庫全書總目》卷一八一同條補。

【今案】《四庫全書總目》卷一八一集部三四别集類存目八，第一六三四頁中。

《叢碧山房集》五十八卷[一]

國朝龐塏撰。塏字霽公，號雪崖，任邱(丘)人。康熙己未舉博學鴻詞，授檢討，降中書舍人，歷官工部、户部，終建寧府知府。集凡文八卷、雜著三卷、《翰苑稿》十四卷、《舍人稿》六卷、《工部稿》十一卷、《户部稿》十卷、《建州稿》五卷，皆其所手自編定也。塏爲詩主於平正冲澹，不求文飾。當王士正(禛)名極盛時，獨塏戛然與之異，議者不以爲非。然早歲所作，頗得深婉清微之致，晚年菁華既竭，流於枯淡。其《舍人稿》不及《翰苑》，《工部稿》不及《舍人》，《户部稿》不及《工部》，至《建州》以後，頹唐益甚。田雯爲作《户部稿序》，以白居易、陸游比之，塏意頗愠，然實箴規之言也。所作《詩義固説》二卷，今附載集中，本嚴羽之説，而歸之於法律，其持論則多可採云。

【校記】

[一]叢碧山房集五十八卷　案《四庫全書總目》卷一八三同條作『《叢碧山房集》五十七卷，附《詩義固説》二卷』。

【今案】《四庫全書總目》卷一八三集部三六别集類存目一〇，第一六五九頁下。

《夢吟集》一卷、《續集》一卷

國朝王天春撰。天春字魯源，濟寧人。順治丙戌進士，官至兵部侍郎。致仕後，以吟詠自娱，詩多率易。

【今案】《四庫全書總目》卷一八一集部三四别集類存目八，第一六四一頁中。

《安雅堂集》十卷[一]

國朝宋琬撰。琬字玉叔，號荔裳，萊陽人。順治丁亥進士，歷官四川按察使。王士正(禛)《池北偶談》云：『康熙以來，詩人無出南施、北宋之右。』蓋謂琬及閏章也。是集凡文二卷、詩五卷、詞三卷。其詩境澹遠，頗有雅人之致。

【校記】

[一]安雅堂集十卷　案《四庫全書總目》卷一八一同條作『《安雅堂詩》《安雅堂拾遺詩》皆無卷數、《安雅堂拾遺文》二卷、附《二

鄉亭詞》四卷」。

【今案】《四庫全書總目》卷一八一集部三四別集類存目八，第一六四二頁上。

《堯峰文鈔》五十卷

國朝汪琬撰。琬字苕文，號鈍翁，晚居堯峰，因以自號，長洲人。順治乙未進士，由户部主事陞刑部郎中，降補北城兵馬司指揮，再陞户部主事。康熙己未，舉博學鴻詞，授翰林院編修。初，裒其文爲《鈍翁類稿》，一名《汪氏傳家集》。晚年手自删汰，定爲此編。國初稱古文者推寧都魏禧、商邱(丘)侯方域及琬三人。禧學近縱横，朝宗體兼華藻，惟琬經術湛深，言有根柢，尤爲當代所重焉。

【今案】影印文淵閣《四庫全書》第一三一五册第二〇三頁書前提要。《文淵閣四庫全書提要》卷一〇五集部二七別集類二六，第三六七六頁。《文津閣四庫全書提要匯編》集部七別集類六，第八一九頁。《四庫全書簡明目録》卷一八集部七別集類六，第八一九頁。《四庫全書總目》卷一七三集部二六別集類二六，第一五二二頁上。

《在陸草堂集》六卷

國朝儲欣撰。欣字同人，宜興人。康熙庚午舉人。少篤學，以制藝名於時。而古文尤謹潔明暢，有唐、宋家法，大致於蘇軾爲近，所作《蜀山東坡書院記》，宗旨可概見也。其中如《周公太公論》《撻伯禽辨》《挾天子辨》皆少近迂，《與齡辨》則先儒久言之，亦不免爲屋下之屋。其《正統辨》不取帝蜀之説，亦不免失之好辨也。

【今案】《四庫全書總目》卷一八四集部三七別集類存目一一，第一六六六頁下。

《萬青閣全集》八卷[一]

國朝趙吉士撰。吉士字恒夫，號漸岸，又號寄園，徽州人。順治辛卯舉人，由交城知縣，累官户科給事中。是集皆所自編，凡雜文二卷，各體詩一卷，《勘河詩紀》等十三種共一卷，制藝一卷，《平交山寇公牘詩文》一卷[二]，《讞牘》一卷。交山在交城境，姜瓖平後，餘孽竄伏山中，出没爲患，吉士以計討平之。材略有足稱者，文章則非所專門也。

【校記】

［一］八卷　案本條正文所記僅爲七卷，而《四庫全書總目》卷一八二同條亦然。

［二］交　底本原脱此字，兹據《四庫全書總目》卷一八二同條補。

【今案】《四庫全書總目》卷一八二集部三五別集類存目九，第一六四四頁中。

《澹餘軒集》八卷

國朝孫光祀撰。光祀字作庭，號泝玉，歷城人。順治乙未進士，官至兵部侍郎。是集凡文七卷、詩一卷，韓菼、陸棻皆爲之序。

【今案】《四庫全書總目》卷一八二集部三五別集類存目九，第一六四六頁中。

《北溪集》五十卷、《外集》一卷［一］

宋陳淳撰。淳字安卿，漳州龍溪人。事迹具《宋史·道學傳》。其詩、其文皆如語録，前有至正元年王環翁序，以其嘗學於朱子，遂推爲載道之文。然其謂：『讀淳之文，當如布帛菽粟，可以濟乎人之饑寒。苟律以古文馳驟，聯篇累牘，風形露狀，能切日用乎否？』則固不以文章論也。末載《外集》一卷，皆陳宓、黄必昌等所作墓誌、祭文，與古人摭拾遺文謂之外集者，體例亦異。

【校記】

［一］北溪集五十卷外集一卷　案《四庫全書總目》卷一六一同條作『《北溪大全集》五十卷、《外集》一卷』。又底本原案曰：『編按：此集原在總集上，今依中縫改入別集類。』

【今案】《四庫提要分纂稿》第四三一頁。影印文淵閣《四庫全書》第一一六八册第五〇一頁書前提要。《文淵閣四庫全書提要》卷九三集部一五別集類一四，第三〇九一頁。《文津閣四庫全書提要匯編》集部四別集類三，第三六四頁。《四庫全書簡明目録》卷一六集部四別集類三，第六八一頁。《四庫全書總目》卷一六一集部一四別集類一四，第一三八六頁下。

《居竹軒集》四卷［一］

元處士成廷珪撰。廷珪字原常，一字元章，又字禮執，揚州人。好學工詩，居市廛，植竹庭院間，因扁其軒曰『居竹』。殁後，其故人部肅、劉欽蒐輯遺稿刻之。肅稱其『五言自然不事雕劌，七言律合唐人之體』。然其七言古詩亦遒麗，惟五言古詩竟無一篇，疑其佚遺，或知不擅長而不作也。

【校記】

［一］底本原案曰：『編按：此篇原置於詞曲類，今據中縫移別集。』

【今案】影印文淵閣《四庫全書》第一二一六册第二七七頁書前提要。《文溯閣四庫全書提要》卷一〇〇集部二二別集類二一，第三三七三頁。《文津閣四庫全書提要匯編》集部五別集類四，第五八二頁。《四庫全書簡明目録》卷一七集部五別集類四，第七四四頁。《四庫全書總目》卷一六八集部二一別集類二一，第一四五二頁下。

集部 奏議類總集類上

《六臣注文選》六十卷

唐李善《文選注》六十卷，吕延祚集吕延濟、劉良、張銑、吕向、李周翰《五臣文選注》三十卷[一]，本各自爲書，不知何人彙爲一編。列《五臣注》於前，而退善《注》於後，其卷數則仍依李善《注》分析之，題曰《六臣注文選》。今世通行多用此本，實非其舊。然世傳南宋槧本，業已如是，則其來亦久矣。

【校記】

［一］銑　底本原作『説』，誤，兹據影印宋刊明州本《六臣注文選》卷首《進集注文選表》及《四庫全書總目》卷一八六同條改。

【今案】《四庫全書薈要總目提要》第四四〇頁。影印文淵閣《四庫全書》第一三三〇册第一頁書前提要。《文溯閣四庫全書提要》卷一〇六集部二八總集類一，第三七一〇頁。《文津閣四庫全書提要匯編》集部八總集類，第八四八頁。《四庫全書簡明目録》卷一九集部八總集類，第八二七頁。《四庫全書總目》卷一八六集部三九總集類一，第一六八六頁上。

《歷代名臣奏議》三百五十卷

舊本不題撰人名氏。卷前無序例，并無進表年月。據王圻《續文獻通考》載，此書爲『永樂十四年成祖命楊士奇等輯』。而《明史·藝文志》云：『永樂中，黄淮等奉敕纂輯。』蓋淮與士奇同預編纂者。每條之下，間有按語，蓋即淮、士奇等所爲耳。其書分門別類，採摭浩博，不免冗雜。而宋元以前大綱大法，崇論閎議，多見於斯，亦記纂之藪，得失之林也。後崇禎間太倉張溥删削其文，雖卷帙稍省，而去取未善，不如原本之賅備矣。

【今案】影印文淵閣《四庫全書》第四四二册第一頁書前提要。《文溯閣四庫全書提要》卷三三史部七詔令奏議類，第一〇九一頁。《文津閣四庫全書提要匯編》史部六詔令奏議類，第一七九頁。《四庫全書簡明目録》卷六史部六詔令奏議類，第二三一頁。《四庫全書總目》卷五五史部一一詔令奏議類，第五〇二頁上。

《李忠定奏議》六十九卷、《附録》九卷

宋李綱撰。綱事迹具《宋史》。其危言碩畫，史所不及詳者，則皆見於奏議中。綱之生平與靖康、建炎之時勢，至今皆一一可按。集後附録九卷，前三卷曰《靖康傳言録》、曰《建炎進退志》、曰《建炎時政記》，第四卷以下皆綱所爲表制等，即《宋史》所云《建炎制詔表劄集》是也。其所記述皆與奏議相發明。惟所著《靖康奉迎録》《宣撫荆廣記》《制置江右録》，此本不載，《梁谿集》亦未收入，則其失傳久矣。是編目録之末，又附有《祭田記》一篇，而書中無之，當亦刊本遺闕也。

【今案】《四庫全書總目》卷五六史部一二詔令奏議類存目，第五〇四頁中。

《左史諫草》一卷

宋理宗時史院官起居郎吕午撰。凡奏議六首，後附其子沆奏議一首，後又附載家傳、詩文之類，最後載吕氏節女事，皆因家傳附編者也。諫草雖不多，而宋末時事頗可考見。其論宋宰相臺諫之弊，尤極詳切。六奏皆戊戌年所進，理宗嘉熙二年也。子沆一疏，并方回所爲午及沆傳，皆與《宋史》本傳可以相證。回稱午文集未刊行，藏於家，是午固有集矣。兹六疏蓋存於散軼之餘者也。其他遺文，則散見於《新安文獻志》諸書中。

【今案】影印文淵閣《四庫全書》第四二七册第三八九頁書前提要。《文溯閣四庫全書提要》卷三三史部七詔令奏議類，第一〇七〇頁。《文津閣四庫全書提要匯編》史部六詔令奏議類，第一六一頁。《四庫全書簡明目録》卷六史部六詔令奏議類，第二二五頁。《四庫全書總目》卷五五史部一一詔令奏議類，第四九七頁上。

《包孝肅奏議》十卷

宋包拯撰。拯字希仁，廬州合肥人。天聖五年進士，歷官御史中丞[二]，知開封府，終禮部侍郎、樞密副使，贈禮部尚書，謚孝肅。《宋史》載拯《奏議》十五卷。今此本爲拯門人張田所編，自『應詔』至『求退』分三十門，止有十卷，詳見田序。或原本十五卷，而田併省之。其間次序多不可曉，如《議河北兵馬》第二章在第八卷，第一章轉在九卷。馬氏《經籍考》嘗言之，疑亦後人亂其篇第耳。史稱拯

爲人不苟合，平居無移書，故人親黨亦皆絶之，故《奏議》以外絶無他作。其攻去張方平、宋祁，仁宗遂命拯代祁爲三司使，歐陽修有『蹊田奪牛』之奏，拯家居避命者久之。今集中並未載劾張、宋二疏，蓋編次時脱佚，而馬氏遂謂其子孫不欲示人，恐亦臆度之詞也。張田字公載，澶淵人，嘉祐中嘗知廬州，甚著清譽。拯《奏議》中有《進張田邊説七篇》[二]，得旨優獎者即此人。

【校記】

[一] 丞 底本原作『拯』，誤，兹據《宋史》卷三一六《包拯傳》及《四庫全書總目》卷五五同條改。

[二] 進張田邊説七篇 案《四庫全書總目》卷五五同條作『《進張田邊説七篇狀》』。

【今案】影印文淵閣《四庫全書》第四二七册第七三頁書前提要。《文溯閣四庫全書提要》卷三三史部七詔令奏議類，第一〇六六頁。《文津閣四庫全書提要匯編》史部六詔令奏議類，第一五八頁。《四庫全書簡明目録》卷六史部六詔令奏議類，第二二四頁。《四庫全書總目》卷五五史部一一詔令奏議類，第四九六頁上。

《文選纂註》十二卷

明張鳳翼撰。其書雜採諸説，故曰《纂注》。所引多不著所出，然詮釋義理，可以融會群言，至於考證舊文，豈可不明依據，言各有當，不得以朱子《集傳》《集注》例也。其論《神女賦》『王』字訛『玉』，『玉』字訛『王』，蓋採姚寬《西溪叢語》之説，極爲精審。其注無名氏古詩，以『東城高且長』與『燕趙多佳人』分爲兩篇，十九首遂成二十。不知陸機擬作，文義可尋，未免太自用矣。

【今案】《四庫全書總目》卷一九一集部四四總集類存目一，第一七三三頁下。

《文選章句》二十八卷

明陳與郊編。與郊字嵎陽[二]，海寧人。萬歷（曆）甲戌進士。以坊刻《文選》顛倒棼亂，每以李善所注竄入五臣注中[三]，因重爲釐正，汰其重復，斥五臣而獨存善注。凡善所録舊注，如《楚辭》之王逸、《兩都賦》之薛綜、《詠懷》詩之顔延之、沈約，皆仍存之，亦時時正其舛誤，較閱齊華、張鳳翼諸本差爲勝之。然點竄古人，增附己説，究不出明人積習，不如存其原本之愈也。

【校記】

［一］與　底本原脱此字，兹據本書本條上文及《四庫全書總目》卷一九一同條補。

［二］五　底本原作『伍』，誤，兹據本書本條下文及《四庫全書總目》卷一九一同條改。

【今案】《四庫全書總目》卷一九一集部四四總集類存目一，第一七三三頁下。

《文選瀹注》三十卷

明烏程閔齊華纂。以六臣注本删削舊文，分繫於各段之下，復採孫鑛評注語，列於上格。蓋以批點制藝之法，施之於古人著作也。

【今案】《四庫全書總目》卷一九一集部四四總集類存目一，第一七三四頁上。

《選詩約註》十二卷

明林兆珂撰。取《昭明文選》所録諸詩，重爲編次，以時代先後爲序。其訓釋文義，較舊注稍爲簡約，亦無考證發明。

【今案】《四庫全書總目》卷一九一集部四四總集類存目一，第一七三三頁下。

《文襄公奏疏》十五卷［一］

國朝李之芳撰。之芳字鄴園，武定人。順治丁亥進士，官至文華殿大學士。是編前十一卷，爲總督浙江時所上。又《臺諫集》二卷，係爲御史時所上。康熙甲申耿精忠之變，經理征勦疏稿，亦具載集中。《年譜》一卷，爲淄川唐夢賚所編。

【校記】

［一］文襄公奏疏十五卷　案《四庫全書總目》卷五六同條作『《文襄公奏疏》十五卷、附《年譜》一卷』。

【今案】《四庫全書總目》卷五六史部一二詔令奏議類存目，第五一〇頁下。

《河防疏略》二十卷

國朝朱之錫總督河道時奏稿也。之錫字孟九，號梅麓，浙江義烏人。康熙壬辰進士，累官兵部尚書，都察院右副都御史，總督河道，加太子少保。

【今案】《四庫全書總目》卷五六史部一二詔令奏議類存目，第五一二頁上。

《督漕疏草》二十二卷

國朝董訥撰。訥字兹重，號默庵，平原人。康熙丁未進士第三，歷官江南總督。是編乃其督理漕河時所上疏草，皆吏牘之文，不以詞采論也。

【今案】《四庫全書總目》卷五六史部一二詔令奏議類存目，第五一一頁下。

《華野疏稿》五卷

國朝郭琇撰。琇字瑞甫，號華野，即墨人。康熙庚戌進士，官至湖廣總督。琇在聖祖朝以敢言受知，其彈事諸疏，今具載集中。前有孫□彝所撰《年譜》一卷[一]。

【校記】

[一]□　案底本此字漫漶不清。

【今案】影印文淵閣《四庫全書》第四三〇册第七二九頁書前提要。《文溯閣四庫全書提要》卷三三史部七詔令奏議類，第一〇八九頁。《文津閣四庫全書提要匯編》史部六詔令奏議類，第一七七頁。《四庫全書簡明目録》卷六史部詔令奏議類，第二三〇頁。《四庫全書總目》卷五五史部一一詔令奏議類，第五〇一頁中。

《古文苑》二十一卷

不著編次人姓氏。相傳唐人所輯，宋孫巨源得之佛寺經龕中。所録詩賦雜文自東周迄於南齊，凡二百六十餘首，皆史傳、《文選》所不載。然所録漢、魏詩文，多從《藝文類聚》《初學記》删節之本，《石鼓文》亦與近本相同，故學者疑之。淳熙間，韓无咎次爲九卷。至紹定間，章樵爲之注釋。明成化壬寅，福建巡按御史張世用得本刊之。樵序稱『有首尾殘闕者姑存舊編，復取史册所遺，以補其數，釐爲二十卷』。又有雜賦十四首，頌三首，以其文多不全[一]，别爲一卷，附於書末，共爲二十一卷，已非原目之舊矣。中間王融二詩，題爲謝朓，舛誤顯然。又《文木賦》出《西京雜記》，乃吴均所爲，見張鷟《朝野僉載》，亦不能辨擇。至於《柏梁》一詩，顧炎武疑爲依託，錢曾謂舊本但稱官位，自樵增注，妄以其人實之。因啓後人之疑。又如宋玉《釣賦》『元淵』誤作『元洲』，《曹夫人書》『官錦』誤作『官錦』，皆鐫刻之訛，而注復强爲之解，王應麟曾辨之，此皆樵注之失。至楊彪《六言詩》曲譽曹操，即樵亦知其妄矣。然唐以前散佚之文，間賴是書以傳，故前人多著於録，亦過而存之之意也。章樵字升道，臨安人，以朝奉郎知吴縣事。

【校記】

[一]多　底本原作『移』，誤，兹據《四庫全書總目》卷一八六同條改。

【今案】影印文淵閣《四庫全書》第一三三二册第五七三頁書前提要。《文溯閣四庫全書提要》卷一〇六集部二八總集類一，第三七三一頁。《文津閣四庫全書提要匯編》集部八總集類，第八六五頁。《四庫全書簡明目録》卷一九集部八總集類，第八三二頁。《四庫全書總目》卷一八六集部三九總集類一，第一六九一頁中。

《國秀集》三卷

唐國子進士芮挺章選。前有舊序，謂是集編於天寶三載，凡九十人詩，二百二十首。宋元祐間，曾彦和跋云：『名欠一士，詩增一篇。』洎毛晋校刊，復謂虚列三人。今按編内，實八十五人，詩二百十一首，晋未及詳檢也。唐以前編輯衆作，以己詩入選者，始於徐陵《玉臺新咏》。挺章亦録己作，蓋倣其例。舊序無作者姓氏，陳振孫謂爲樓穎作。穎，天寶進士，其詩亦選入集中。

【今案】影印文淵閣《四庫全書》第一三三二册第六三頁書前提要。《文溯閣四庫全書提要》卷一〇六集部二八總集類一，第三七二〇頁。《文津閣四庫全書提要匯編》集部八總集類，第八五六頁。《四庫全書簡明目録》卷一九集部八總集類，第八二九頁。《四庫全書總目》卷一八六集部三九總集類一，第一六八八頁中。

《篋中集》一卷

唐元結選。所録沈千運、王季友、于逖、孟雲卿、張彪、趙微明、元季川七人之詩，凡二十四首。七人名位不顯，制行矯異，所爲詩皆絶去時蹊，與結同調。因出其篋中所儲，編次成帙，并爲之序。其中沈千運《寄秘書十四兄》一首，較《河嶽英靈集》所載少數句而遒健勝之，疑爲結所删定。或謂二十四首皆結所托名，則不然也。季川即結弟元融，獨書其字，未詳其故。或融之子孫所録，如《玉臺新咏》之稱徐孝穆歟。

【今案】影印文淵閣《四庫全書》第一三三二册第一一頁書前提要。《文溯閣四庫全書提要》卷一〇六集部二八總集類一，第三七一八頁。《文津閣四庫全書提要匯編》集部八總集類，第八五四頁。《四庫全書簡明目録》卷一九集部八總集類，第八二九頁。《四庫全書總目》卷一八六集部三九總集類一，第一六八八頁上。

《唐御覽詩》一卷

唐令狐楚輯。楚事迹具《唐書》。此集乃其元和間官翰林學士時，奉敕採新詩備覽，因纂劉方平而下迄於梁鍠，凡三十人，詩二百八十九首上之。其時風氣屢更，日趨妍艷。故編中澹遠之作，寥寥無幾。考陸游跋，據《盧綸墓碑》謂詩本三百一十篇[一]，此多散佚。則在宋時已佚去二十餘首，今亦不可復考。是書『一名《唐新詩》，一名《選進集》，又名《元和御覽》』，並見陸游跋及陳振孫《書録解題》。

【校記】

[一]三百一十篇　案《四庫全書總目》卷一八六同條作『三百十一篇』。

【今案】影印文淵閣《四庫全書》第一三三二册第九五頁書前提要。《文溯閣四庫全書提要》卷一〇六集部二八總集類一，第三七二一頁。《文津閣四庫全書提要匯編》集部八總集類，第八五六頁。《四庫全書簡明目録》卷一九集部八總集類，第八二九頁。《四庫全書總目》卷一八六集部三九總集類一，第一六八八頁下。

《河嶽英靈集》三卷

唐丹陽進士殷璠選。自常建至閻防二十四人，詩二百三十四首，仿鍾嶸《詩品》之體，姓氏之下各著品題。雖不顯言次第，然篇數無多，而分上、中、下卷，其人又不甚叙時代，毋亦隱寓鍾嶸三品之意乎？《通考》作二卷，蓋字誤也。其序謂『爰因退迹，得遂宿心』。

蓋不得志而著書者，故所録多淹蹇之士，所論多感慨之言。而序稱『名不副實，才不合道，雖權壓梁、竇，終無取焉』，其宗旨可知也。凡所品題，類多精愜。張謂條下，稱其《代北州老翁答湖上對酒行》，而集中但有《湖上對酒行》，疑爲脱佚。至儲光羲但以詩傳，而璠稱其有《正論》十五卷，《九經外義疏》二十卷，亦足以補史所佚矣。

【今案】影印文淵閣《四庫全書》第一三三二册第一九頁書前提要。《文溯閣四庫全書提要》卷一〇六集部二八總集類一，第三七一九頁。《文津閣四庫全書提要匯編》集部八總集類，第八五五頁。《四庫全書簡明目録》卷一九集部八總集類，第八二九頁。《四庫全書總目》卷一八六集部三九總集類一，第一六八八頁上。

《中興間氣集》二卷

唐渤海高仲武選。其自序云：『起至德初，迄大歷（曆）末，凡二十六人，詩一百四十首。』末有元祐戊辰曾子泓跋，稱獨『遺鄭當一人，逸詩八首』，蓋在宋時已缺，故陳氏《書録解題》云所選『詩一百三十二首』也。姓氏下各有品題，拈其警句，而張衆甫、章八元、戴叔倫、孟雲卿、劉灣五人俱闕。考毛晋跋，謂得舊抄本，所缺張、章、戴、孟諸評俱在，獨劉灣無考，故編中於四家姓氏之下，俱注云『評載卷首』。今檢卷首無之，當是久而復佚耳。又按錢曾《敏求記》謂得宋鋟本，『如朱灣《咏玉》一首，「玉」字作「三」，蓋每句皆藏「三」字義也。後人不解詩義，翻謂「三」爲訛字，妄改爲《咏玉》。自元至明，刻本皆然。』此本仍襲舊訛，知毛晋所云舊抄本，猶未足據也。仲武持論頗矜慎，其謂劉長卿十首以後，語意略同，落句尤甚，未爲無見。而王士正（禛）《論詩絶句》獨非之，殆亦自護之論耶。

【今案】影印文淵閣《四庫全書》第一三三二册第一二五頁書前提要。《文溯閣四庫全書提要》卷一〇六集部二八總集類一，第三七二二頁。《文津閣四庫全書提要匯編》集部八總集類，第八五七頁。《四庫全書簡明目録》卷一九集部八總集類，第八三〇頁。《四庫全書總目》卷一八六集部三九總集類一，第一六八九頁上。

《極元（玄）集》二卷

唐武功令姚合選。合爲詩，刻意苦吟，工於點綴小景，搜求新意，如所謂『縣古槐根出，官清馬骨高』者，摹寫頗工。而刻畫太甚，流於纖仄，如所謂『驴爲騎來瘦，僮因借得頑』者，亦復不少。宋末盛行，稱爲『武功派』，又曰『晚唐派』者是也。而所選乃特有鑒裁。是集録王維至戴叔倫二十一人之詩，凡一百首，今存者凡九十九。合自稱爲『詩家射雕手』，亦非虚語。計敏夫《唐詩紀事》凡載集中所録之詩，皆注曰：『右姚合取爲《極元(玄)集》』。蓋宋人甚重其書矣。後韋莊復撰《又元(玄)集》以續合之書。其本久佚，惟《唐詩紀事》中尚略記所取，亦不完備。明人刻有僞本，然當時即知其依托，衆相排斥，書竟不行。

【今案】影印文淵閣《四庫全書》第一三三二册第一四九頁書前提要。《文溯閣四庫全書提要》卷一〇六集部二八總集類一，第三七二三頁。《文津閣四庫全書提要匯編》集部八總集類，第八五九頁。《四庫全書簡明目録》卷一九集部八總集類，第八三〇頁。《四庫全書總目》卷一八六集部三九總集類一，第一六八九頁中。

《詩準》三卷、《附録》一卷、《詩翼》四卷

宋何無適、倪希程同撰。金華王柏合而序之。其書雜撮古謡歌詞一卷，又《附録》一卷。復掇漢、魏、晋、宋詩二卷，而以齊江淹一首終焉，命曰《詩準》；雜撮唐杜甫、李白、陳子昂、韋應物、韓愈、柳宗元、權德輿、劉禹錫、孟郊，宋蘇軾、黄庭堅、歐陽修、王安石、陳師道、陳與義、秦觀、張耒、郭祥正、張孝祥爲四卷，而以陸游一首終焉，命曰《詩翼》。蓋影附朱子古詩分爲三等，別爲二端之説[一]，而剽竊真德秀《文章正宗》緒論以爲之。龐雜無章，是非參差，又出劉履《選詩補注》下，疑爲明人所僞托。觀其《岣嶁山碑》全用楊慎釋文，而《大戴禮·几銘》並用鍾惺《詩歸》之誤本，其作僞之迹顯然也。

【校記】

[一]二端 案《四庫全書總目》卷一九一同條作『一編』。

【今案】《四庫全書總目》卷一九一集部四四總集類存目一，第一七三六頁上。

《歷代吟譜》五卷

宋莆田蔡傳撰。傳，襄之孫也。此編始前漢以迄唐、宋，凡能詩之人皆紀其姓字。末載厲鶚跋，云『此書嘗有麻沙刻本，節略不全』。其叙次當以漢迄唐爲第一卷，宋爲第二卷，名僧爲第三卷[二]，閨秀爲第四卷，武人爲第五卷。今本叙次，悉依此編次，蓋近人因鶚跋更定也。

【校記】

［一］第　底本原作『弟』，誤，兹據本書本條上下文及《四庫全書總目》卷一九七同條改。

【今案】《四庫全書總目》卷一九七集部五〇詩文評類存目，第一七九七頁中。

《文苑英華辨証》十卷

宋鄉貢進士廬陵彭叔夏撰。太宗命蘇易簡、宋白等纂次《英華》一千卷，多舛訛，不可讀。孝宗時，重付校勘，復率意增損，疵謬轉甚。至嘉泰初，周必大致仕退居，因博稽群籍，悉爲訂正，詳註逐篇之下。時叔夏預與校讎，以其散在本文，恐閲者難遍，乃薈萃其説，勒成十卷。分十九門：曰用字，曰用韻，曰事證，曰事誤，曰事疑，曰人名，曰官爵，曰郡縣，曰年月，曰名氏，曰題目，曰門類，曰脱文，曰同異，曰離合，曰避諱，曰鳥獸，曰草木［一］，曰雜録［二］。其辨别字義，博考故實，最爲精核。近代所行《文苑英華》皆明人刻本，校讎疏略，訛舛相仍，又非宋本之舊，得是書以互訂之，猶可考見其八九。叔夏是編誠有裨於學古者，非淺鮮也。抄本有叔夏自序一首，明綏城熊祺刊本佚之。

【校記】

［一］曰　底本原脱此字，兹據本書本條上下文及《四庫全書總目》卷一八六同條補。

［二］分十九門曰用字曰用韻曰事證曰事誤曰事疑曰人名曰官爵曰郡縣曰年月曰名氏曰題目曰門類曰脱文曰同異曰離合曰避諱曰鳥獸曰草木曰雜録　案《四庫全書總目》卷一八六同條作『所分諸類，一曰用字爲目凡三，二曰用韻爲目凡二，三曰事證無子目，四曰事誤爲目凡二，五曰事疑無子目，七曰人名爲目凡五，八曰官爵爲目凡三，九曰郡縣爲目凡三，十曰年月爲目凡四，十一曰名氏爲目凡三，十二曰題目爲目凡二，十三曰門類無子目，十四曰脱文爲目凡四，十五曰同異、十六曰離合、十七曰避諱、十八曰異域、十九曰鳥獸、二十曰草木，均無子目，二十一曰雜録爲目凡五』。兹復檢今本《文苑英華》所附《文苑英華辨證》，知《存目》本條遺漏『異域』一門，而《總目》由『五曰事疑』徑接『七曰人名』，致使虚增類目數爲『二十一』，實則分作二十門類。

【今案】影印文淵閣《四庫全書》第一三四二册第七三五頁書前提要。《文淵閣四庫全書提要》卷一〇六集部二八總集類一，第三七三四頁。《文津閣四庫全書提要匯編》集部八總集類，第八六八頁。《四庫全書簡明目録》卷一九集部八總集類，第八三二頁。《四庫全書總目》卷一八六集部三九總集類一，第一六九二頁上。

《續文章正宗》二十卷[一]

宋真德秀撰。所録皆北宋之文，以續所編《文章正宗》者也。《文章正宗》有「叙事」、「議論」、「辭命」三體，是書僅有「叙事」、「議論」，無「辭命」。末一卷議論之文又缺，僅存其例目，蓋未成之本。然義例之謹嚴，亦未嘗不具見焉。

【校記】

［一］續文章正宗二十卷　案《四庫全書總目》卷一八七同條作「《文章正宗》二十卷、《續集》二十卷」。

【今案】《四庫提要分纂稿》第三五七頁。影印文淵閣《四庫全書》第一三五五册第一頁書前提要。《文溯閣四庫全書提要》卷一〇七集部二九總集類二，第三七六五頁。《文津閣四庫全書提要匯編》集部八總集類，第八九〇頁。《四庫全書簡明目録》卷一九集部八總集類，第八三八頁。《四庫全書總目》卷一八七集部四〇總集類二，第一六九九頁中。

《崇古文訣》三十五卷

宋樓昉撰。昉字暘叔[一]，號迂齋，鄞縣人。紹熙四年進士，歷官守興化軍。卒，追贈直龍圖閣。昉少從吕祖謙學，爲文浩博而有宗要。是編録秦漢以來至南宋之文，凡二百餘篇，各於題下標明大旨，旁加注釋。《宋史·藝文志》、馬端臨《經籍考》皆不載，蓋當時用課初學，不在著書之列。然宋人古文選本其傳於今者，惟吕祖謙《古文關鍵》、謝枋得《文章軌範》及此書，皆顯標古人矩矱以爲法程，未可以文皆習見而輕之也。

【校記】

［一］暘　案《四庫全書總目》卷一八七同條作「暘」。

【今案】影印文淵閣《四庫全書》第一三五四册第一頁書前提要。《文溯閣四庫全書提要》卷一〇七集部二九總集類二，第三七六三頁。《文津閣四庫全書提要匯編》集部八總集類，第八八八頁。《四庫全書簡明目録》卷一九集部八總集類，第八三七頁。《四庫全書總目》卷一八七集部四〇總集類二，第一六九八頁下。

《吴都文粹》九卷

宋平江鄭虎臣撰。《蘇州府志》：『虎臣字景兆，爲會稽尉』。是書綜緝頗富，洵東南典章之所繫。其中若李壽朋之《剳補新軍》、汪應辰之《申奏許浦水軍》、趙肅之《三十六浦利害》、郟亶之《至和塘六得六失篇》，均關兵農大計。他若龔頤正《企賢堂記》，曰長洲爲縣肇唐萬歲通天中，而《吴地記》則云建自貞觀七年，考之《唐·地理志》，與頤正之《記》合。又《吴地記》云常熟縣改自唐貞觀九年，而此書中范成大《常熟縣題名記》曰縣舊爲毗陵，至梁而改。皆可以證《吴地記》之非，尤爲有資考證。

【今案】影印文淵閣《四庫全書》第一三五八册第五八九頁書前提要。《文溯閣四庫全書提要》卷一〇七集部二九總集類二，第三七七七頁。《文津閣四庫全書提要匯編》集部八總集類，第八九八頁。《四庫全書簡明目録》卷一九集部八總集類，第八四〇頁。《四庫全書總目》卷一八七集部四〇總集類二，第一七〇二頁下。

《古文關鍵》二卷

宋吕祖謙撰。所取韓、柳、歐陽、三蘇、南豐、宛邱(丘)之文，凡六十餘篇。篇中起伏照應，開合虚實之處，詳悉標示。卷首總論看文、作文之法，語簡而明，深中肯綮。考《宋史·藝文志》，列是書作二十卷，今祇二卷。又按卷首所載看諸家文法，王安石、蘇轍、李廌、秦觀、晁補之諸人俱在論列中，而其文無一篇録入者，則非全書可知。然即此六十餘篇之評點，已足爲後學準則矣。此本爲明嘉靖時所刊，前有鄭鳳翔序。又别一本所刻，旁有鉤抹之處，而評論則同。考陳振孫謂其標抹注釋，以教初學，則原本有之，蓋此本脱漏也。

【今案】影印文淵閣《四庫全書》第一三五一册第七一五頁書前提要。《文溯閣四庫全書提要》卷一〇七集部二九總集類二，第三七五九頁。《文津閣四庫全書提要匯編》集部八總集類，第八八六頁。《四庫全書簡明目録》卷一九集部八總集類，第八三七頁。《四庫全書總目》卷一八七集部四〇總集類二，第一六九八頁上。

《衆妙集》一卷

宋趙師秀編。師秀字紫芝，號靈秀，「永嘉四靈」之一也。其詩皆追仿姚合，號「四靈體」。是集録唐人五、七言律詩，起沈佺期，訖王貞白，共七十六人。馮武譏其惟取名句，其説信然，然亦其一家之學也。馬氏《經籍考》不載其名。此本明季出自嘉興屠用明家，毛晉刊之。其去取確有法度，非明人所能依托，當爲舊本。

【今案】影印文淵閣《四庫全書》第一三五六册第九二五頁書前提要。《文溯閣四庫全書提要》卷一〇七集部二九總集類二，第三七七一頁。《文津閣四庫全書提要匯編》集部八總集類，第八九四頁。《四庫全書簡明目録》卷一九集部八總集類，第八三九頁。《四庫全書總目》卷一八七集部四〇總集類二，第一七〇〇頁下。

《樂府詩集》一百卷

宋郭茂倩撰。《建炎以來繫年要録》載茂倩爲侍讀學士郭褒之孫，郭源中之子，其爵位未詳。本鄆州須城人，此本題曰「太原」，蓋署郡望也。是集總括歷代樂府，上起陶唐，下迄五代，凡《郊廟歌詞》十二卷、《燕射歌詞》三卷、《鼓吹曲詞》五卷、《横吹曲詞》五卷、《相和歌詞》十八卷、《清商曲詞》八卷、《舞曲歌詞》五卷、《琴曲歌詞》四卷、《雜曲歌詞》十八卷、《近代曲詞》四卷、《雜謡歌詞》七卷、《新樂府詞》十一卷。其解題徵引浩博，援據精審，宋以來考「樂府」者，無能出其範圍。每題以古詞居前，擬作居後，使同一曲調，而諸格畢備，不相沿襲，可以樂剽竊形似之失。其古詞多前列本詞，後列入樂所改，得以考知孰爲側[一]，孰爲趨，孰爲豔，孰爲增字、減字。其聲詞合寫不可訓詁者，亦皆題下注明，尤可以藥摹擬聱牙之弊，誠樂府中第一善本。明梅鼎祚因是書作《古樂苑》，詆茂倩「意務[二]

【校記】

[一]側　底本原作「則」，誤，兹據《四庫全書總目》卷一八七同條改。

[二]底本原案曰：「編按：此提要未完，今補白葉。」《四庫全書總目》卷一八七「《樂府詩集》一百卷」條：「宋郭茂倩撰。《建炎以來繫年要録》載茂倩爲侍讀學士郭裒之孫，源中之子，其仕履未詳。本渾州須城人，此本題曰「太原」，蓋署郡望也。是集總括歷代樂府，上起陶唐，下迄五代，凡《郊廟歌詞》十二卷、《燕射歌詞》三卷、《鼓吹曲詞》五卷、《横吹曲詞》五

卷、《相和歌詞》十八卷、《清商曲詞》八卷、《舞曲歌詞》五卷、《琴曲歌詞》四卷、《雜曲歌詞》十八卷、《近代曲詞》四卷、《雜謠歌詞》七卷、《新樂府詞》十一卷。其解題徵引浩博，援據精審，宋以來考「樂府」者，無能出其範圍。每題以古詞居前，擬作居後，使同一曲調，而諸格畢備，不相沿襲，可以藥剽竊形似之失。其古詞多前列本詞，後列入樂所改，得以考知孰爲側，孰爲趨，孰爲豔，孰爲增字、減字。其聲詞合寫不可訓詁者，亦皆題下註明，尤可以藥摹擬聱牙之弊，誠樂府中第一善本。明梅鼎祚《古樂苑》曰「郭氏意務博攬，間有詩題，悤列樂府。如《採桑》則劉邈《萬山見採桑人》、《從軍行》則王粲《從軍詩》、梁元帝《同王僧辨從軍》、江淹《擬李都尉從軍》、張正見《星名從軍詩》、庾信《同盧記室從軍》之類。有取詩首一二語竄入前題，如『自君之出矣』，則鮑令暉《題詩後寄行人》；『長安少年行』則何遜學古詩《長安美少年》之類。有辭類前題原未名爲歌曲，如《苦熱行》任昉、何遜但云『苦熱』，『鬭雞』篇梁簡文但云『鬭雞』之類。有賦詩爲題，而其本辭實非樂府，若張正見『晨雞高樹鳴』，本阮籍《詠懷詩》『晨雞鳴高樹，命駕起旋歸』，張率『雀乳空井中』，本傅元《雜詩》『鵲巢邱城側，雀乳空井中』之類。亦有全不相蒙，如《善哉行》則江淹《擬魏文遊晏》、《秋風》則吴邁遠《古意贈今人》之類。有一題數篇半爲牽合，如楊方《合歡詩》後三首爲雜詩，《採蓮曲》則梁簡文後一首本《蓮花賦》中歌之類。並當删正」云云。其説亦頗中理。然卷帙既繁，牴牾難保，司馬光《通鑑》猶病之。何況茂倩斯集。要之大廈之材，終不以寸朽棄也。」

【今案】《四庫提要分纂稿》第三五四頁。《四庫全書薈要總目提要》第四四三頁。影印文淵閣《四庫全書》第一三四七册第一頁書前提要。《文溯閣四庫全書提要》卷一〇七集部二九總集類二，第三七五〇頁。《文津閣四庫全書提要匯編》集部八總集類，第八七九頁。《四庫全書簡明目録》卷一九集部八總集類，第八三五頁。《四庫全書總目》卷一八七集部四〇總集類二，第一六九六頁上。

《宋文鑑》一百五十卷

宋吕祖謙編。案李心傳《建炎以來朝野雜記》稱：『臨安書坊有所謂《聖宋文海》者，近歲江鈿所編，孝宗得之，命本府校正刻板。周必大言其去取差謬，遂命祖謙校正。於是盡取秘府及士大夫所藏諸家文集，旁採傳記他書，悉行編類，凡六十一門。』又稱：『有近臣密啓，所載臣僚奏議有詆及祖宗政事者，不可示後世。乃命直院崔敦詩更定，增損去留凡數十篇。然迄不果刻也。』此本未知爲祖謙原本，爲敦詩改本？《朱子語録》稱《文鑑》收蜀人吕陶《論制師服》一篇，爲敦詩所删。此本六十一卷中有此文，則非敦詩改本確矣。商輅序稱當時臨安府及書肆皆有板，與心傳所記亦不合。蓋官未刻，而其後私刻之，故仍從原本耳。同時張栻遺朱子書，議祖謙此書無補於治道，無補於後學，並責其承當編此等文字，非所以承君之德。其論似高而實過，朱子譏之[二]，殆未可謂之已甚焉。

【校記】

[一]朱子譏之　案底本自『譏之』以下爲一頁，原案曰：『編按：此葉原在樂府詩集後，今校改。』

【今案】《四庫全書薈要總目提要》第四四四頁。影印文淵閣《四庫全書》第一三五〇册第一頁書前提要。《文溯閣四庫全書提要》卷一〇七集部二九總集類二，第三七五八頁。《文津閣四庫全書提要匯編》集部八總集類，第八八五頁。《四庫全書簡明目録》卷一九集部八總集類，第八三七頁。《四庫全書總目》卷一八七集部四〇總集類二，第一六九七頁下。

《江湖小集》九十五卷

相傳宋陳起編。所録凡六十二家：洪邁二卷、僧紹嵩七卷、葉紹翁一卷、嚴粲一卷、毛珝一卷、鄧林一卷、胡仲参一卷、陳鑒之一卷、徐集孫一卷、陳允平一卷、張至龍一卷、杜旃一卷、李龏三卷、施樞二卷、何應龍一卷、沈説一卷、王同祖一卷、陳起一卷、吴仲孚一卷、劉翼一卷、朱繼芳二卷、林尚仁一卷、陳必復一卷、斯植二卷、劉過一卷、葉茵五卷、高似孫一卷、敖陶孫二卷附詩評、朱南杰一卷、余觀復一卷、王琮一卷、劉仙倫一卷、黄文雷一卷、姚鏞一卷、余桂三卷、薛嵎一卷、姜夔一卷、周文璞三卷、危稹一卷、羅與之二卷、趙希櫆一卷、黄大受一卷、吴汝弌一卷、趙崇鉘一卷、葛天民一卷、張弋一卷、鄒登龍一卷、吴淵二卷、宋伯仁一卷、薛師石一卷附諸跋及墓誌、高九萬二卷、許棐四卷、戴復古四卷、利登一卷、李濤一卷、樂雷發四卷、張藴斗一卷、劉翰一卷、張良臣一卷、葛起耕一卷、武衍二卷、林同一卷[一]。内惟姚鏞、周文璞、吴淵、許棐有賦及雜文，餘皆詩也。宋自光、寧以後，游士每以詩干謁，如高九萬之類，見於方回所記者甚衆。臨安書賈陳起，字宗之，亦頗能詩，多與諸人游，遂收其詩並己詩，刻爲《江湖集》。寶慶初，史彌遠廢立之際，起有詩云：『秋雨梧桐皇子府，春風楊柳相公橋。』彌遠聞之，怒捕起，黥配，遂下詔禁作詩，毁《江湖集》板。彌遠死，詩禁乃解。今世傳此本，以爲即起所集，然彌遠死於紹定六年，而集中多載端平、淳祐、寶祐紀年，反在其後。考《永樂大典》所引，尚有《江湖續集》《江湖後集》，豈後人合併爲一，删其舊目耶。又如洪邁、姜夔，皆孝宗時人，而邁及吴淵、樂雷發等位皆通顯，不應列之江湖，則或原書濫收，或後人附益耳。宋末詩格卑靡，所録不必盡工，然南渡後詩家姓氏不顯者多賴是書以傳，其捃摭之功亦不可没矣。

【校記】

［一］劉翰一卷　案底本自『卷』以下爲一頁，原案曰：『編按：此葉原誤裝於才調集後，今校改。』

【今案】《四庫提要分纂稿》第四三六頁。影印文淵閣《四庫全書》第一三五七册第一頁書前提要。《文溯閣四庫全書提要》卷一〇七集部二九總集類二，第三七七二頁。《文津閣四庫全書提要匯編》集部八總集類，第八九五頁。《四庫全書簡明目録》卷一九集部八總集類，第八三九頁。《四庫全書總目》卷一八七集部四〇總集類二，第一七〇一頁上。

《論學繩尺》十卷

宋鄉貢進士魏天應輯。所載皆南渡以後科舉之文，以十干分集，集各一卷。卷首詳述作論之法，每集分標格式，又各撮題中要旨，謂之類意。京學教諭林子長復箋釋之。舊本散佚，明初，提學僉事游明裒輯補綴，復爲完書。

【今案】影印文淵閣《四庫全書》第一三五八册第七一頁書前提要。《文溯閣四庫全書提要》卷一〇七集部二九總集類二，第三七七五頁。《文津閣四庫全書提要匯編》集部八總集類，第八九七頁。《四庫全書簡明目録》卷一九集部八總集類，第八四〇頁。《四庫全書總目》卷一八七集部四〇總集類二，第一七〇二頁中。

《赤城集》十八卷

宋林表民撰。表民字逢吉，其先曲阜人，徙臨海，故集中載吴子良《赤城續志序》稱爲『東魯林逢吉』。其父師點善藏書，工篆籀，表民能世其學。師點嘗撰《天台集》，而表民續之，又續陳耆卿《赤城志》，而取記、志、書、傳、銘、誄、讚、頌之文爲《志》所不載者，畬而輯之，以成此集。前有淳祐八年吴子良序，稱分門會稡，并詩爲一。今此集僅有文一百八十二首，而無詩；又明謝鐸《赤城新志》載《赤城集》二十八卷，有刻本在内閣，而此本亦祗十八卷[二]，疑原本尚有詩十卷在其後，爲傳抄者所脱佚，已非完本矣。

【校記】

［一］祇 案《四庫全書總目》卷一八七同條亦作『祇』，俱爲『衹』之形訛。

【今案】影印文淵閣《四庫全書》第一三五六册第六一五頁書前提要。《文溯閣四庫全書提要》卷一〇七集部二九總集類二，第三七六八頁。《文津閣四庫全書提要匯編》集部八總集類，第八九二頁。《四庫全書簡明目録》卷一九集部八總集類，第八三八頁。《四庫全書總目》卷一八七集部四〇總集類二，第一七〇〇頁上。

《萬首唐人絶句詩》九十一卷[一]

宋洪邁編。邁於淳熙間，録唐五、七言絶句五千四百首進御。後復補輯得滿萬首爲百卷，紹熙三年上之。是時降敕褒嘉，有『選擇甚精，備見博洽』之諭。陳振孫謂其中多採宋人詩，如李九齡、郭震、滕白、王嵒、王初之屬[二]。其尤不深考者，爲梁何遜。劉克莊亦謂其但取唐人文集雜説，抄類成書，非必有所去取。蓋當時瑣屑摭拾，以足萬首之數，其不能精審，勢所必然，無怪後人之排詆。至程珌《洺水集》責邁不應以此書進御，則論雖正而實迂矣。是書原本一百卷，每卷以百首爲率，而卷十九至卷二十二，皆不滿百首；又五言止十六卷，合之七言七十五卷，亦不滿百卷。目録後載嘉定間紹興守吴格跋，謂原書歲久蠹闕，因修補以永其傳。此本當是修補之後，復又散佚也。

【校記】

［一］萬首唐人絶句詩 案《文溯閣四庫全書提要》卷一〇七及《文津閣四庫全書提要匯編》集部總集類同條俱作『《萬首唐人絶句》』。

［二］王嵒 底本『王』原作『玉』，誤，兹據《四庫全書總目》卷一八七同條改。

【今案】影印文淵閣《四庫全書》第一三四九册第一頁書前提要。《文溯閣四庫全書提要》卷一〇七集部二九總集類二，第三七五六頁。《文津閣四庫全書提要匯編》集部八總集類，第八八三頁。《四庫全書簡明目録》卷一九集部八總集類，第八三六頁。《四庫全書總目》卷一八七集部四〇總集類二，第一六九七頁上。

《唐百家詩選》二十卷

舊本題宋王安石編。其去取絶不可解，自宋以來，疑之者不一，曲爲解者亦不一，然大抵指爲安石。惟晁公武《讀書志》云：「《唐百家詩選》二十卷，皇朝宋敏求次道編。次道爲三司判官，嘗取其家所藏唐人一百八家詩，選擇其佳者，凡一千二百四十六首爲一編。王介甫觀之，因再有所去取，且題云：『欲觀唐詩者，觀此足矣。』世遂以爲介甫所纂。」其説與諸家特異。案《讀書志》作於南宋之初，去安石未遠，又晁氏自元祐以來，舊家文獻，緒論相承，其言當必有自。今本《臨川集》中不載此序，是亦不出安石之一証也。此本爲宋乾道中倪仲傳所刊，前有仲傳序。其書世久不傳，國朝康熙中商邱（丘）宋犖始購得重刻之，卷數與晁氏所記同，而詩多十六首，疑傳寫《讀書志》者誤以「六十二」爲「四十六」云。

【今案】影印文淵閣《四庫全書》第一三四四册第五六三頁書前提要。《文溯閣四庫全書提要》卷一〇六集部二八總集類一，第三七四〇頁。《文津閣四庫全書提要匯編》集部八總集類，第八七二頁。《四庫全書簡明目録》卷一九集部八總集類，第八三三頁。《四庫全書總目》卷一八六集部三九總集類一，第一六九三頁下。

集部　總集類中

《唐文粹》一百卷

宋姚鉉編。陳善《捫虱新話》以爲徐鉉者，誤也。姚鉉字寶臣，廬州人，自署郡望，故曰吴興。太平興國中第進士。官至兩浙轉運使。詩文儷偶，皆莫盛於唐，盛極而衰，流爲弊格，故亦莫雜於唐。鉉是編文賦惟取古體，而四六之文不録；詩歌亦惟取古體，而五、七言近體不録。蓋於歐、梅未出以前，毅然矯五代之弊，與穆修、柳開相應者，實自鉉始。其中如杜審言『卧病人事絶』一首，較集本少後四句，則鉉亦有所删削。又如岑文本《請勤政改過疏》之類，皆《文苑英華》所不載，其蒐羅亦云廣博。王得臣《麈史》乃譏其未見《張登集》，殊失之奇。惟文中芟韓愈《平淮西碑》，而仍録段文昌作，未免有心立異。詩中如陸龜蒙《江湖散人歌》類皆收之，亦未免過求樸野，稍失别裁耳。

【今案】《四庫全書薈要總目提要》第四四四頁。影印文淵閣《四庫全書》第一三四三册第八頁書前提要。《文溯閣四庫全書提要》卷一〇六集部二八總集類一，第三七三六頁。《文津閣四庫全書提要匯編》集部八總集類，第八六九頁。《四庫全書簡明目録》卷一九集部八總集類，第八三三頁。《四庫全書總目》卷一八六集部三九總集類一，第一六九二頁下。

《五百家播芳大全文粹》一百十卷

宋鉅鹿魏齊賢仲賢、南陽葉棻子寔同輯。所採皆宋代之文，駢體居十之七八[一]，凡表牋、制誥、簡疏、賦頌、記序、銘跋無不畢備。題曰『五百家』，而卷首具列姓氏，實五百二十家，網羅可云極富。然去取無識，每以尋常酬應之作選録充數，不能精醇。又仿《文選》例，於撰人止書其字，而標題亦時有舛復。考今世所傳宋槧之書，多題建安魏仲舉刊行者，仲賢疑即其弟兄，蓋亦書賈之流。故所選特坊間噉名之本，意主貪多，不免冗濫也。朱彝尊嘗跋此書，而惜無人爲之删其繁而舉其要，則亦嫌其蕪穢矣。又彝尊所見徐炯家宋刻本稱二百卷，今抄本止一百十卷，尋檢似無闕佚，或彝尊筆誤。首載紹熙庚戌南徐許開序。開字仲啓，以中奉大夫提舉武夷冲祐觀[二]，著有《志隱類稿》，見趙希弁《讀書附志》。

【校記】

[一]十　底本原作『士』，誤，兹據《郡齋讀書志·讀書附志》卷下别集類四『《志隱類稿》二十卷』條及《四庫全書總目》卷一八七

同條改。

［二］大夫　底本倒爲『夫大』，兹據《四庫全書總目》卷一八七同條乙正。

【今案】影印文淵閣《四庫全書》第一三五二册第一頁書前提要。《文溯閣四庫全書提要》卷一〇七集部二九總集類二，第三七六一頁。《文津閣四庫全書提要匯編》集部八總集類，第八八七頁。《四庫全書簡明目録》卷一九集部八總集類，第八三七頁。《四庫全書總目》卷一八七集部四〇總集類二，第一六九八頁下。

《政府奏議》二卷

宋范仲淹撰。分治體、邊事、薦舉、雜奏四類，凡八十五篇。皇祐五年，韓琦爲河東經略安撫使，始序而行之。稱輯之者爲寺丞君，蓋即仲淹子純仁也。序又稱《奏議》十七卷、《政府論事》二卷，當爲十九卷。晁公武《讀書志》作十七卷［一］，又云今依原本編二卷。此本亦止二卷，意者即公武所改編歟。

【校記】

［一］晁公武讀書志作十七卷　案今本《郡齋讀書志》不著録此書，而趙希弁《讀書附志》卷下别集類二著録『《范文正公奏議》十五卷』。

【今案】影印文淵閣《四庫全書》第四二七册第一頁書前提要。《文溯閣四庫全書提要》卷三三史部七詔令奏議類，第一〇六四頁。《文津閣四庫全書提要匯編》史部六詔令奏議類，第一五七頁。《四庫全書簡明目録》卷六史部六詔令奏議類，第二二四頁。《四庫全書總目》卷五五史部一一詔令奏議類，第四九五頁下。

《宋文選》三十二卷

不知撰人姓氏。所選皆北宋人文，自歐陽修以下十四人，取其文有關於經術、政治者，詩賦、碑銘之類不載焉。是本，宋刻傳抄出於崑山徐元文家。蓋必南渡前人所輯。中無三蘇文字，而黄庭堅、張耒之文則録之。意當時蘇文之禁最嚴，而黄、張之類又稍寬也。又其中無二程文者，蓋不以文士稱之。何焯嘗謂曾鞏佚文如《書魏鄭公傳後》諸篇，皆《元豐類稿》所無，惟見此選。按《宋文鑑》亦載

《書魏鄭公傳後》，固非獨此本也。然安知《宋文鑑》非採取出於是編耶？宋人選其本朝人文，在今存者已少，是書宏備雖不及《文鑑》，然用意嚴慎，非出於無識者也。

【今案】《四庫提要分纂稿》第三五四頁。影印文淵閣《四庫全書》第一三四六册第三頁書前提要。《文溯閣四庫全書提要》卷一〇六集部二八總集類一，第三七四七頁。《文津閣四庫全書提要匯編》集部八總集類，第八七七頁。《四庫全書簡明目録》卷一九集部八總集類，第八三五頁。《四庫全書總目》卷一八七集部四〇總集類二，第一六九五頁中。

《唐三體詩》六卷、《續集》八卷[一]

宋汶陽周弼選。弼字伯弜。嘉定間進士。著有《端平集》。是書於唐人諸體之中惟録七言絶句及五、七言律詩，故謂之『三體』。三體之中，又分實接、虚接、四實、四虚、前實、前虚、後實、後虚諸格，其説頗拘。國朝錢塘高士奇增損其舊注，續選五言古、七言古、五言排律以補所未及，又非伯弜之原書。然均非善本。

【校記】

[一]唐三體詩六卷續集八卷　案《四庫全書總目》卷一八七同條作『《三體唐詩》六卷』。

【今案】《四庫提要分纂稿》第三五八頁。影印文淵閣《四庫全書》第一三五八册第一頁書前提要。《文溯閣四庫全書提要》卷一〇七集部二九總集類二，第三七七五頁。《四庫全書簡明目録》卷一九集部八總集類，第八四〇頁。《四庫全書總目》卷一八七集部四〇總集類二，第一七〇二頁上。

《兩宋名賢小集》無卷數[一]

舊本題宋陳思原編，元陳世隆補輯。思，臨安人，鬻書於市，好刊書，今所傳《寶刻叢編》即其所梓。是書有紹定三年魏了翁序及本朝朱彝尊二跋。考所載了翁序與《寶刻叢編》之序[二]，字句不易，惟更書名數字，其爲僞托無疑。彝尊跋中謂是書『又稱爲《江湖集》，刻於寶慶、紹定間。史彌遠疑有謗己之言，牽連逮捕，思亦不免，詩板遂毁』。按方回《瀛奎律髓》謂：『寶慶初，史彌遠廢立之際，錢塘書肆陳起宗之刊《江湖集》行世，後爲言者論列，劈集板，宗之坐流配。』則刊《江湖集》者陳起，非陳思也。且《江湖》所載皆南渡以後之人，而是書起自楊億、宋白，二書迥異，乃牽合爲一，以陳起之被累係之陳思，紕繆甚矣。再按彝尊文集，有《高菊坡遺稿序》，中述陳起罹禍之事甚悉，未嘗混及陳思，而此跋集中亦未載，當亦近人依托爲之。又跋内稱陳世隆爲思從孫[三]，於思所編六十餘家外，增輯百四十家，稿本散逸，曹溶復補綴之。今檢編中所録，率多漏略，如王應麟詩僅五首，其見於《四明文獻集》者甚多，而曾不採録，溶不應疏略若此，則謂曹溶補綴，亦不足信也。

【校記】

[一]無卷數 案《四庫全書總目》卷一八七同條作『三百八十卷』。

[二]考所載 底本原作『考所其載』，衍一『其』字，兹據《四庫全書總目》卷一八七同條刪。

[三]世 底本原脱此字，兹據本書本條上文及《四庫全書總目》卷一八七同條補。

【今案】影印文淵閣《四庫全書》第一三六二册第三二七頁書前提要。《文溯閣四庫全書提要》卷一〇七集部二九總集類二，第三七八七頁。《文津閣四庫全書提要匯編》集部八總集類，第九〇六頁。《四庫全書簡明目録》卷一九集部八總集類，第八四三頁。《四庫全書總目》卷一八七集部四〇總集類二，第一七〇五頁上。

《聲畫集》八卷

宋孫紹遠編。紹遠字稽仲，紹興間人。所録皆唐、宋人題畫之作，分二十六門。錢曾《讀書敏求記》謂其書不著編者姓氏，後人以卷首有劉莘老《題老子畫像》詩，因誤爲莘老所輯。此本卷首有紹遠自序，謂『入廣之明年，以所携前賢詩及借之同官，擇其爲畫而作者編爲一集』。則爲紹遠編輯無疑，意曾所藏本偶佚此序耶。

【今案】影印文淵閣《四庫全書》第一三四九册第八〇五頁書前提要。《文溯閣四庫全書提要》卷一〇七集部二九總集類二，第三七五七頁。《文津閣四庫全書提要匯編》集部八總集類，第八八四頁。《四庫全書簡明目録》卷一九集部八總集類，第八三六頁。《四庫全書總目》卷一八七集部四〇總集類二，第一六九七頁中。

《古賦辨體》十卷[一]

宋祝堯編。堯字君澤，信州人。其書自《楚詞》以下，凡兩漢、三國、六朝、唐、宋諸賦，每朝録取數篇，以辨其體格，凡八卷。其《外集》二卷，則擬《騷》及操歌等篇，爲賦家流别者也。採摭頗備，於源流、正變之間，亦言之頗詳。

【校記】

［一］古賦辨體十卷　案《四庫全書總目》卷一八八同條作『《古賦辨體》八卷、《外集》二卷』。

【今案】影印文淵閣《四庫全書》第一三六六册第七一一頁書前提要。《文溯閣四庫全書提要》卷一〇八集部三〇總集類三，第三八〇〇頁。《文津閣四庫全書提要匯編》集部八總集類，第九一六頁。《四庫全書簡明目録》卷一九集部八總集類，第八四六頁。《四庫全書總目》卷一八八集部四一總集類三，第一七〇八頁中。

《文選補遺》四十卷

元陳仁子撰。前有廬陵趙文序，述仁子之言，謂《文選》存《封禪書》，何如存《天人三策》，存《劇秦美新》，何如存《更生封事》，存《魏公九錫文》，何如存《畨固諸賢論列》；《出師表》不當删去《後表》，《九歌》不當止存《少司命》《山鬼》，《九章》不當止存《涉江》；漢詔令取武帝不取高、文，史論贊取班、范，不取司馬遷；淵明，詩家冠冕，十不存一二；又不當以詩賦先詔令、奏疏，使君臣失位，質文先後失宜。其排斥蕭統甚至，蓋與劉履《選詩補注》，皆私淑《文章正宗》之説者。然《正宗》主於明理，《文選》原止於論文，言豈一端，要各有當。仁子以彼概此，非通方之論也。且所補司馬談《六家要論》則齊黄老於六經，魯仲連《遺燕將書》則教人以叛主，高帝《鴻鵠歌》情鍾嬖愛［一］，楊雄《反離騷》事異忠貞［二］，蔡琰《胡笳十八拍》非節烈之言，《越人歌》《李延年歌》直淫褻之語，班固《燕然山銘》實爲頁諛權臣，董仲舒《火災對》亦不免附會經義。律以《正宗》之法，皆爲自亂其例，亦非能恪守真氏者。至於宋王《微咏賦》訛爲宋玉《微咏賦》，則姓名、時代並誤；引佛經横陳之説以注《諷賦》，則龐雜已甚；荆軻《易水歌》與《文選》重出，亦爲不檢。如斯之類，又可置而不論矣。

【校記】

［一］高　底本原作『稿』，誤，兹據《四庫全書總目》卷一八七同條改。

［二］楊　案《四庫全書總目》卷一八七同條作『揚』。

【今案】影印文淵閣《四庫全書》第一三六〇册第一頁書前提要。《文溯閣四庫全書提要》卷一〇七集部二九總集類二，第三七八一頁。

《文津閣四庫全書提要匯編》集部八總集類，第九〇一頁。《四庫全書簡明目録》卷一九集部八總集類，第八四一頁。《四庫全書總目》卷一八七集部四〇總集類二，第一七〇三頁下。

《忠義集》七卷

元趙秉善因劉壎父子所録而增葺之。壎字起潛，號水村，南豐人。生於宋季，元成宗時以薦授延平教授。追紀宋末死節之士，作《補史十忠詩》。其子麟瑞，字如村，搜討遺事，賦七言律四十首，名《昭忠逸咏》。秉善合爲一編，附同時遺老諸作，以『忠義』名其集。編中詳注事迹，皆史傳所遺。明弘治間，趙璽得於老農家，浙江僉事王廷光刊之，何喬新爲之序，謂是編『有汪水雲、方虚谷諸人傷時悼事之什』。水雲，名元量，宋末以琴供奉，隨德祐北狩者，别有《水雲集》行世。此編實未録其詩，喬新誤也。

【今案】影印文淵閣《四庫全書》第一三六六册第九一三頁書前提要。《文淵閣四庫全書提要》卷一〇八集部三〇總集類三，第三八〇二頁。《文津閣四庫全書提要匯編》集部八總集類，第九一七頁。《四庫全書簡明目録》卷一九集部八總集類，第八四六頁。《四庫全書總目》卷一八八集部四一總集類三，第一七〇八頁下。

《唐音》十五卷[一]

元楊士宏（弘）編。士宏（弘）字伯謙，襄陽人。論唐詩者分時代，自嚴羽諸人已然，其以初、盛、中、晚排比畛域，如譜牒、昭穆之不可亂，則實士宏（弘）首倡之。是書以王、楊、盧、駱爲《始音》，餘爲《正音》，爲《遺響》。《正音》，五言古體取盛唐，七言古體、五言近體兼取中唐，七言近體兼取晚唐。《遺響》，則不復區别。厥後，高棅《品彙》承其餘波，門徑彌嚴，拘礙彌甚。馮、班諸人力排之，亦非[二]

【校記】

[一]十五卷　案《四庫全書總目》卷一八八同條作『十四卷』。

[二]案底本本條提要明顯殘缺，且已補白葉，『編按』者却未出校記説明，不合底本的整理體例。《四庫全書總目》卷一八八『《唐音》十四卷』條：『元楊士宏（弘）編。士宏（弘）字伯謙，襄城人。是書成於至正四年，虞集爲之序。凡《始音》一卷，《正音》六卷，《遺響》七卷，而士宏（弘）自記稱十五卷，蓋《遺響》有一子卷也。其《始音》惟録王、楊、盧、駱四家。《正

音》則詩以體分，而以初唐、盛唐爲一類，中唐爲一類，晚唐爲一類。《遺響》則諸家之作咸在，而附以僧詩、女子詩。李白、杜甫、韓愈三家，皆不入選。其《凡例》謂三家，世多有全集，故弗録焉。其書積十年之力而成，去取頗爲不苟。明蘇衡作《劉敬伯古詩選序》，頗以是書所分《始音》《正音》《遺響》爲非。李東陽《懷麓堂詩話》則曰「選詩誠難，必識足以兼諸家者，乃能選諸家。識足以兼一代者，乃能選一代。一代不數人，一人不數篇，而欲以一人選之，不亦難乎？選唐詩者，惟楊士宏(弘)《唐音》爲庶幾」云云。其推之可謂至矣。高棅《唐詩品彙》即因其例而稍變之。馮舒兄弟評韋縠《才調集》，深斥棅杜撰排律之非。實則排律之名，亦因此書，非棅創始也。曹安《讕言長語》稱「舊有丹陽顔潤卿註」，今未見其本。此本題張震輯註。震字文亮，新淦人。其仕履始末及朝代先後皆未詳。註極弇陋。明唐覲《延州筆記》嘗摘其注李商隱《咸陽》詩「自是當時天帝醉」一條，李頎《贈從弟》詩「第五之名齊驃騎」一條，盧照鄰《送趙司倉入蜀》詩「潘年三十外」一條。他如楊炯《劉生》一首，乃樂府古題，而震曰：「劉生不知何許人，後篇亦有劉生，要皆從軍之士也。」又炯《夜送趙縱》一首，其詩作於初唐，而震曰：「趙縱，郭子儀之婿也，仕至侍郎。」如斯之類，不可毛舉，殆必明人也。以原本所有，且間有一二可採者，姑附存之，備一解焉。」

【今案】影印文淵閣《四庫全書》第一三六八册第一七三頁書前提要。《文溯閣四庫全書提要》卷一〇八集部三〇總集類三，第三八〇七頁。《文津閣四庫全書提要匯編》集部八總集類，第九二一頁。《四庫全書簡明目録》卷一九集部八總集類，第八四七頁。《四庫全書總目》卷一八八集部四一總集類三，第一七〇九頁下。

《庚辛唱和詩》一卷

元繆思恭等於至正庚子、辛丑間分韻唱和之作。庚子爲張士信亂後，辛丑則游景德寺作也。先後共詩二十八首，重見者二人，共二十六人。明郁嘉慶因考其爵里爲《考世編》附於後，其名公手翰二十二條，則嘉慶以意附編，非其原書也。後朱彝尊亦嘗編訂是書，於每詩之前，人各爲傳，所述與《考世編》相出入。其跋云：『舊本，姓名之下概無爵里事迹，特一一考而補之。』蓋未見嘉慶本也。中有王綸字昌言，槜李人，爲嘉興教授，見《劉基集》及邵復孺《懷友》詩注，而嘉慶與彝尊皆未之及，信乎考証之難矣。又鮑恂字仲孚，彝尊作字仲子，以其名推之，蓋彝尊筆誤云。

【今案】《四庫全書總目》卷一九一集部四四總集類存目一，第一七三七頁下。

《古樂府》十卷

元左克明撰。其書録古樂府詞，分爲八類，曰古歌謡，曰鼓吹曲，曰横吹曲，曰相和曲，曰清商曲，曰舞曲，曰琴曲，曰雜曲。自序謂『獨詳於古』，故謂之《古樂府》。推本三代而上，下止陳、隋[一]，截然獨以爲宗，欲世之作者溯流窮原，不失本旨，其命意如此。然郭茂倩《樂府詩集》自宋時已成書，雖兼及唐以後之作，而採録較富。克明後出，蓋未之見，故復爲此編。其體例亦略相仿，而解題之詳核，則遠不及矣。克明，江西隆興人[二]，書成於至正丙戌。舊有刻本，明嘉靖中華容蕭一中重刊於浙。

【校記】

［一］隋　底本原作『隨』，案『隨』與『隋』作爲朝代名稱，均不誤，然今世習稱爲『隋』，故以此并又據《四庫全書總目》卷一八八同條改。

［二］隆興　案《四庫全書總目》卷一八八同條作『豫章』。

【今案】影印文淵閣《四庫全書》第一三六八册第四二七頁書前提要。《文溯閣四庫全書提要》卷一〇八集部三〇總集類三，第三八〇九頁。《文津閣四庫全書提要匯編》集部八總集類，第九二二頁。《四庫全書簡明目録》卷一九集部八總集類，第八四八頁。《四庫全書總目》卷一八八集部四一總集類三，第一七一〇頁上。

《唐詩説》二十一卷

元釋圓至撰。圓至字天隱，號牧潛，高安姚氏子。少習舉業，去爲浮屠，以詩名。此書蓋取宋周弼所選《三體唐詩》而爲之注，前有大德九年方回序。解釋句義，甚爲弇陋。如唐人咏元（玄）宗事，每稱武帝，蓋借漢武以托意，非元（玄）宗之謚，乃圓至直謂稱元（玄）宗爲『武皇帝』[一]，誤亦甚矣。

【校記】

［一］乃圓至直謂稱元宗爲武皇帝　案此句似有倒文衍文。

【今案】《四庫全書總目》卷一九一集部四四總集類存目一，第一七三七頁中。

《瀛奎律髓》四十九卷

元方回撰。其書兼選唐、宋二代之詩，分四十九類，所録皆五、七言近體，故名『律髓』。自序謂取十八學士登瀛洲、五星聚奎之義，故曰『瀛奎』。大旨排『西崑』而主『江西』，倡爲『一祖三宗』之説。一祖者，杜甫；三宗者，黄庭堅、陳師道、陳與義也。其説以生硬爲健筆，以粗豪爲老境，以煉字爲句眼，頗不諧於中聲。其去取之間，如杜甫《秋興》惟選第四首之類，亦多不可解。然宋代諸集不盡流傳於今者，頗賴以存。而當時遺聞舊事，亦往往多見其注，故厲鶚作《宋詩紀事》，所採最多。其議論可取者亦尚頗有，故亦未能竟廢之。此書世有二本，一爲石門吴之振所刊，注作夾行，而旁有圈點，前載龍遵叙，述傳授源流至詳；一爲蘇州陳士泰所刊，删其圈點，遂併注中所圈是句中眼等句删去。又以龍遵原序屢言圈點，亦併删之以滅迹，校讎舛駁，尤不勝乙。之振切[一]

【校記】

[一]底本原案曰：『編按：此提要未完，今補白葉。』《四庫全書總目》卷一八八『《瀛奎律髓》四十九卷』條：『元方回撰。回有《續古今考》，已著録。是書兼選唐、宋二代之詩，分四十九類，所録皆五、七言近體，故名「律髓」。自序謂取十八學士登瀛洲、五星聚奎之義，故曰「瀛奎」。大旨排「西崑」而主「江西」，倡爲「一祖三宗」之説。一祖者，杜甫；三宗者，黄庭堅、陳師道、陳與義也。其説以生硬爲健筆，以粗豪爲老境，以煉字爲句眼，頗不諧於中聲。其去取之間，如杜甫《秋興》惟選第四首之類，亦多不可解。然宋代諸集不盡傳於今者，頗賴以存。而當時遺聞舊事，亦往往多見於其註，故厲鶚作《宋詩紀事》，所採最多。其議論可取者亦不一而足，故亦未能竟廢之。此書世有二本，一爲石門吴之振所刊，註作夾行，而旁有圈點，前載龍遵叙，述傳授源流至詳；一爲蘇州陳士泰所刊，删其圈點，遂併註中所圈是句中眼等句删去。又以龍遵原序屢言圈點，亦併删之以滅蹟，校讎舛駁，尤不勝乙。之振切譏之，殆未可謂之已甚焉。』

【今案】影印文淵閣《四庫全書》第一三六六册第一頁書前提要。《文溯閣四庫全書提要》卷一〇八集部三〇總集類三，第三七九七頁。《文津閣四庫全書提要匯編》集部八總集類，第九一三頁。《四庫全書簡明目録》卷一九集部八總集類，第八四五頁。《四庫全書總目》卷一八八集部四一總集類三，第一七〇七頁上。

《谷音》二卷

元杜本所編宋末遺民之詩。凡三十人，錢曾《讀書敏求記》作『二十九人』，誤也。人各繫以小傳，皆慷慨志節之士，多史傳所不載者。本詩不甚工，而所録詩乃古直悲凉，無江湖諸人之習。王士正（禛）《論詩絶句》曰：『誰嗣《篋中》冰雪句，《谷音》一卷獨錚錚。』其品題當矣。

【今案】影印文淵閣《四庫全書》第一三六五册第五九三頁書前提要。《文溯閣四庫全書提要》卷一〇八集部三〇總集類三，第三七九五頁。《文津閣四庫全書提要匯編》集部八總集類，第九一一頁。《四庫全書簡明目録》卷一九集部八總集類，第八四四頁。《四庫全書總目》卷一八八集部四一總集類三，第一七〇七頁中。

《天下同文集》五十卷[一]

元周南瑞撰。南瑞，不知何許人。觀其目録末標『隨有所傳録，陸續刊行』九字[二]，則此書殆當時市賈所刊，故體例頗俗。其劉將孫一序，亦潦倒淺陋，似乎依托。然其所載，頗有蘇天爵《文類》所未收，而足資當日典故者。如《元史》崔彧上寶璽事，見於《成宗本紀》及彧本傳，未詳得璽月日，是集所載崔彧獻璽書文，知爲至元三十一年正月三十日。又《成宗本紀》元貞元年三月乙巳朔，安南世子陳日燇遣使上表，並獻方物，而《安南國傳》則紀其事於至元三十一年五月之下，與《本紀》互異。今考是集所載安南國王賀成宗登極表，末云『元貞元年三月初一日』，知列傳爲誤書。皆可以旁資考證，其他文亦多有可觀者。其中十七卷、十八卷、三十一卷、三十三卷、三十四卷、三十五卷、四十一卷並闕，蓋麻沙舊式，分卷破碎，傳抄易於佚脱也。

【校記】

［一］五十卷　案《四庫全書總目》卷一八八同條作『四十四卷』。

［二］有　底本原脱此字，兹據《四庫全書總目》卷一八八同條補。

【今案】影印文淵閣《四庫全書》第一三六六册第五九一頁書前提要。《文溯閣四庫全書提要》卷一〇八集部三〇總集類三，第三七九九頁。《文津閣四庫全書提要匯編》集部八總集類，第九一五頁。《四庫全書簡明目録》卷一九集部八總集類，第八四五頁。

《四庫全書總目》卷一八八集部四一總集類三，第一七〇八頁上。

《元風雅》二十四卷[一]

前集十二卷，元傅習採集時人之詩，而儒學正孫存吾爲之編類。後集十二卷，則存吾所獨輯也。前集首劉因，凡一百十四家；後集首鄧文原，凡一百六十六家。有一人而兩見者，間載作者爵里，俱不甚詳。其中收江西人所作最多，蓋一時隨所見輯録，故首尾殊無倫序。然世不習見之人與不經見之詩，賴此以得存者亦不少矣。虞集、謝升俱爲之序。習字説卿，清江人。存吾字如山，廬陵人。

【校記】

［一］元風雅二十四卷　案《四庫全書總目》卷一八八同條作『《元風雅前集》十二卷、《後集》十二卷』。

【今案】影印文淵閣《四庫全書》第一三六八册第一頁書前提要。《文溯閣四庫全書提要》卷一〇八集部三〇總集類三，第三八〇六頁。《文津閣四庫全書提要匯編》集部八總集類，第九二〇頁。《四庫全書簡明目録》卷一九集部八總集類，第八四七頁。《四庫全書總目》卷一八八集部四一總集類三，第一七〇九頁下。

《草堂雅集》十二卷[一]

元顧瑛編。瑛卜築玉山草堂，四方名士嘗主其家，因彙輯所作，編爲此集，自陳基至釋自恢，共七十人。仿元好問《中州集》例，各爲小傳，亦有僅載字號里居，不及文章行誼者。蓋各據其實，不虚標榜，猶前輩篤實之遺也。其與瑛唱酬者，即附録己作於後；其與他人唱酬，而其人非與瑛游者，所作可取，亦附其録焉，皆低書四格以别之。蓋雖以《草堂雅集》爲名，實簡録其人平生之作，元季菁華略備於是，勝『月泉吟社』多矣。

【校記】

［一］十二卷　案《四庫全書總目》卷一八八同條作『十三卷』。

【今案】影印文淵閣《四庫全書》第一三六九册第一七五頁書前提要。《文溯閣四庫全書提要》卷一〇八集部三〇總集類三，第三八一一頁。《文津閣四庫全書提要匯編》集部八總集類，第九二四頁。《四庫全書簡明目録》卷一九集部八總集類，第八四八頁。

《四庫全書總目》卷一八八集部四一總集類三，第一七一〇頁下。

《元文類》七十卷[一]

元蘇天爵編。天爵字伯修，真定人。由國子生公試第一，累官至吏部尚書、參議中書省事，出爲江浙行省參知政事[二]。至正十二年，總兵饒、信，卒於軍。天爵三居史職，預修《武宗》《文宗實録》。著有《名臣事略》《松廳章疏》《春風亭筆記》諸書，嫻於掌故。而所著《滋溪文集》，亦足追迹前修。故是集去取精嚴，具有體要，自元初以迄延祐，英華採擷，略備於斯。論者以媲姚鉉《文粹》、吕祖謙《文鑑》。有明一代撰述如林，皆擬追配三書，而論定之餘，終無能比肩而四也。

【校記】

[一]元文類七十卷　案《四庫全書總目》卷一八八同條作『《元文類》七十卷、《目録》三卷』。

[二]江浙　底本倒爲『浙江』，誤，兹據《元史》卷六二《地理志》、卷一八三《蘇天爵傳》及本書史部傳記類『《元朝名臣事略》十五卷』條乙正。

【今案】《四庫提要分纂稿》第三五九頁。《四庫全書總目提要》第四四六頁。影印文淵閣《四庫全書》第一三六七册第一頁書前提要。《文溯閣四庫全書提要》卷一〇八集部三〇總集類三，第三八〇五頁。《文津閣四庫全書提要匯編》集部八總集類，第九一九頁。《四庫全書簡明目録》卷一九集部八總集類，第八四七頁。《四庫全書總目》卷一八八集部四一總集類三，第一七〇九頁中。

《文壇列組》十卷[一]

明汪廷訥編。廷訥字昌期，號無我，新都人。其書分十類：一曰經翼，二曰治資，三曰鑿林，四曰史摘，五曰清尚，六曰摋藻，七曰博趣，八曰别教，九曰賦則，十曰詩概。所録上及周、秦，下迄明代。如無名氏之《雕傳》、佛家之《心經》，俱載入之，特爲冗雜。其詩概部序曰：『六朝以上去四言，無四言也。於唐去五言古，無五言古也。』知爲依附太倉、歷下者矣。

【校記】

［一］底本原案曰：『編按：原書此篇置别集十一之首，今據中縫移入總集。』

【今案】《四庫全書總目》卷一九三集部四六總集類存目三，第一七六一頁中。

《秦漢文尤》十二卷［一］

明倪元璐編。元璐氣節文章，震耀一世。而是書龐雜特甚，殊不類其所爲。其以屈原、宋玉列之秦人，非惟乖斷限之例，且名實乖迕亦甚矣。

【校記】

［一］底本原案曰：『此篇原置别集，今據中縫改入總集。』

【今案】《四庫全書總目》卷一九三集部四六總集類存目三，第一七六三頁上。

《春秋詞命》三卷

舊本題明王鏊撰，松江王徹注。其書雜採《左氏》所載應對之詞，釋以通俗之語，似非鏊之所作，疑書肆托名也。所録雖源出《春秋》，而於《經》義無關，於《傳》義亦不相涉。今以其輯録舊文爲童蒙誦讀之用，姑附之總集類。

【今案】《四庫全書總目》卷一九二集部四五總集類存目二，第一七四二頁中。

《翰苑瓊琚》八卷

舊本題明楊慎選。是書餖飣補綴，類鄉塾《兔園》册子。其割裂《尚書》，尤爲庸妄。疑非慎之所爲，或書肆依托也。

【今案】《四庫全書總目》卷一九二集部四五總集類存目二，第一七四五頁下。

《三蘇文範》十八卷

舊本題明楊慎編。然所取皆近於科舉之文，不類慎之所爲，疑出依托。

【今案】《四庫全書總目》卷一九二集部四五總集類存目二，第一七四五頁下。

《尺牘清裁》六十卷、《補遺》一卷

明王世貞輯。初，楊慎撰是書，自《左》《史》迄於六朝，共爲八卷。世貞益爲二十八卷，復採唐代至明之作，通爲六十卷。又旁搜稗史，得梁、隋以前佚作四十餘條，爲《補遺》一卷。然真贋錯雜，簡擇未爲盡善也。

【今案】《四庫全書總目》卷一九二集部四五總集類存目二，第一七四九頁下。

《文章正論》十五卷、《緒論》五卷

明劉祐選。祐，萊州人。嘉靖三十二年進士，官至大同巡撫。是書録歷代古文，自《左》《國》，訖於元季，以足垂法戒者爲《正論》，以詞勝而理未足者爲《緒論》。自序擬諸真德秀《文章正宗》、崔銑《文苑春秋》，其持論未嘗不正。然以李密《陳情表》列諸《緒論》，義頗未安。又以宋人五經之序，升諸《左》《國》之前，亦涉標榜之習。德秀姑無論，恐尚未能逮銑也。

【今案】《四庫全書總目》卷一九二集部四五總集類存目二，第一七五〇頁中。

《金華文統》十三卷

明金華府知府趙鶴編。鶴字叔鳴，江都人。其書皆録金華耆舊之文：宋宗澤、梅執禮、潘良貴、鄭剛中、賈廷佐、范浚、陳亮、吕祖儉、徐僑、何恪、時少章、喬行簡等十二人，元柳貫、張樞、吴師道、黄溍、吴萊等六人，明宋濂、王褘、蘇伯衡、胡翰、戴良、吴沈、王紳、章懋等八人[二]，而宋濂所録獨多。前列吕祖謙修文鑑法、朱子取文字法及王柏、吴師道論文之語，大旨欲取關於理學涉於世者，故劉孝綽、駱賓王、舒元輿之文皆所不取。然所録諸文皆習見之篇，又皆盛名之士，亦無待鶴之表章也。

【校記】

[一]沈 底本原作「沉」，誤，兹據《四庫全書總目》卷一九二同條改。

【今案】《四庫全書總目》卷一九二集部四五總集類存目二，第一七四四頁上。

《文苑春秋》四卷

明崔銑編。起漢高帝《入關告諭》，迄明太祖《諭中原檄》，凡一百篇。各仿《毛詩》小序之體，篇首綴以數言，而别無詮釋。大旨謂非關世教人心者不録，故名曰《春秋》，亦《文章正宗》之屋下屋也。

【今案】《四庫全書總目》卷一九二集部四五總集類存目二，第一七四四頁下。

《六藝流别》二十卷

明黄佐撰。其書大旨以六藝之源皆出於經，因採摭漢、魏以下詩文，悉以六經統之。凡《詩》之流五，其别二十有一；《書》之流八，其别四十有九；《禮》之流二，其别十有六；《樂》之流二，其别十有二；《易》之流十二。分類編叙，去取甚嚴。其自序言欲補摯虞《文章流别》而作。然文本於經之論，千古不易，特爲明理致用而言。至劉勰作《文心雕龍》，始以各體分配諸經，指爲源流所自，其説已涉於臆創。佐更推而衍之，剖析名目，殊無所據，固難免於附會之譏也。其本爲嘉靖壬戌佐子在素所刻，康熙丁卯其元（玄）孫逵卿重刊行之。

【今案】《四庫全書總目》卷一九二集部四五總集類存目二，第一七四六頁上。

《漢魏詩乘》二十卷

明宣城梅鼎祚編。鼎祚輯漢、魏六朝之詩，名《八代詩乘》，六朝詩多所删削，而漢、魏詩則全載。又其書先出，故刊本或亦别行。孫皓、韋昭諸作，别題曰《吴詩》，亦以時代類附焉。此書作於馮惟訥《詩紀》之後，頗亦補其軼缺[一]。然真僞雜糅，不能考正，如蘇武妻詩之類，至今爲藝林口實也。

【校記】

[一]亦　案《四庫全書總目》卷一九三同條作『欲』。

【今案】《四庫全書總目》卷一九三集部四六總集類存目三，第一七六四頁上。

《唐詩選》七卷

明李攀龍編。攀龍選歷代之詩，本名《詩刪》，後人摘其所選唐詩，別名之曰《唐詩選》，唐汝詢爲之注，蔣一葵又爲之直解[一]。由是盛行鄉塾間，即此本也。所録五、七言古體、律詩，以開、寶以前爲主，絶句始兼收大歷（曆）以後，仍其摹擬形似之宗旨。其謂「唐無五言古詩，而有其古詩」，尤似高而實謬者也。

【校記】

[一]葵　底本原作「蔡」，誤，兹據《四庫全書總目》卷一九二同條改。

【今案】《四庫全書總目》卷一九二集部四五總集類存目二，第一七四九頁下。

《唐詩類苑》二百卷

明張之象編。之象，字元超，華亭人。官浙江布政司經歷。初，宋趙孟奎有《唐古詩類》[一]，佚闕不完，世無刊本。之象蓋未見其書，因有此作。凡分三十六部，以類隸詩，意取博收，不復簡擇，故不免失之冗濫，蓋類書流也。然《文選》及《文苑英華》本有分類之例，故與所作《古詩類苑》仍并入總集。是書未刊之先，其稿爲浙江卓明卿所得，割取初、盛唐詩刊之，遂掩爲己有。華亭王徹重爲辨正釐定，乃復之象之舊。故世有二本，然今皆知爲之象書也。

【校記】

[一]趙孟奎有唐古詩類　案《四庫全書總目》卷一九二同條作「趙孟堅有《分類唐詩》」。又案《總目》附録《四庫未收書目提要》著録「《分類唐歌詩》殘本十一卷提要」條曰：「宋趙孟奎編。孟奎字文耀，宋太祖十一世孫。」又《總目》卷一六四集部別集類一七「《彝齋文編》四卷」條曰：「宋趙孟堅撰。孟堅字子固，自號彝齋，太祖十一世孫。」則趙孟奎與趙孟堅爲二人，《總目》似張冠李戴。

【今案】《四庫全書總目》卷一九二集部四五總集類存目二，第一七五二頁下。

《唐雅》二十六卷

明華亭張之象編。取唐君臣唱酬之作，擇其尤雅，其二千餘篇[一]，分部五十有三，以類編次，自武德訖於開元，以天寶而後，風格漸卑，故不與焉。其論似高而無當。且賦雖古詩之流，而自漢以來體裁久别，雜入《喜雨》諸賦，亦爲例不純。

【校記】

［一］其 似爲『共』之形訛。

【今案】《四庫全書總目》卷一九二集部四五總集類存目二，第一七五二頁中。

《唐詩紀》一百七十卷

明吴琯輯。琯嘗校刊馮惟訥《古詩紀》，因準其例輯此書。甫成初唐、盛唐詩，即先刊行，故止一百七十卷，非完書也。其始事者爲黄清甫，同時纂輯者爲陸弼、謝陛、俞體初、俞策諸人，具見于序例。而卷首題滁陽方一元彙編[一]，未喻其故。大抵雜出衆手，非一家之書矣。

【校記】

［一］卷 底本原作『眷』，誤，兹據《四庫全書總目》卷一九二同條改。

【今案】《四庫全書總目》卷一九二集部四五總集類存目二，第一七五三頁中。

《雅音會編》十二卷

明康麟輯。麟字文端，番禺人。官福建按察使僉事。是書以平聲三十韻爲綱，以諸詩按韻分隸。蓋因元人《十二先生詩宗》之體，稍變通之。所列『始音』、『正音』、『遺響』亦沿楊士宏(弘)《唐音》之例，無所發明。

【今案】《四庫全書總目》卷一九一集部四四總集類存目一，第一七四一頁下。

《詩學正宗》十六卷

明國子助教浦南金編。起唐、虞古辭，至唐人近體。自四言至七言絶句，分體有九，每體中又分正始、正音、正變、附録四門。然分繫殊多未當，如《孔子去魯》等歌，雖不免或有依托，然如以爲僞，則當删汰，如以爲真，則固聖人之作也，降而列之「正變」，於義未協。至既分古樂府一體，而《安世房中歌》則列之四言古詩，《長歌行》《怨歌行》《苦寒行》《箜篌引》之類則列之五言古詩，體例亦殊叢脞。又「三謝」之作雖多偶句，究與唐律不同，而竟入之排律中，尤踵楊慎律祖之説而失之者矣。

【今案】《四庫全書總目》卷一九二集部四五總集類存目二，第一七四七頁中。

《詩歸》五十一卷

明鍾惺、譚元春同輯。凡古詩十五卷，曰《古詩歸》；唐詩三十六卷，曰《唐詩歸》。其書以纖詭幽渺爲宗，點逗一二新雋字句，矜爲元（玄）妙。又力排選詩惜群之説，於連篇之詩隨意割裂，古來詩法於是盡亡。至其考證疏謬，如以魏文帝詩「聖考」爲「聖老」，《黄臺瓜詞》「四摘」爲「摘絶」，及武王銘「□戕□語」，不知爲缺文方空，爲顧炎武所譏者，又其小疵矣。朱彝尊謂是書乃其鄉人托名。今觀二人所作，其門徑不過如是，殆彝尊曲爲之詞也。

【今案】《四庫全書總目》卷一九三集部四六總集類存目三，第一七五九頁上。

《南華合璧集》五卷

明黄魯曾選王寵之詩，而附以己作，合爲一集。寵所著《雅宜集》，同時顧璘等交口譽之。朱彝尊《静志居詩話》則謂寵亦中材，譽過其實。魯曾詩更不逮寵，殆欲借寵以行，故有是刻。自序謂執是編請正於友生，適諷蒙莊之詞，遂命曰《南華合璧集》。其立名尤無所取義，即詩可知矣。

【今案】《四庫全書總目》卷一九二集部四五總集類存目二，第一七四六頁上。

集部 總集類下

《百子金丹》十卷

明郭偉編。偉字士俊，泉州人。其書分文編、武編、内編、外編、奇編、正編，所採上自周、秦[一]，下迄明代，詭立名號，不可究詰。如曹植《七啓》設爲鏡機子問答，即割其一段，題曰《鏡機子》，其庸陋可知矣。

【校記】

［一］秦 底本原作「泰」，誤，兹據《四庫全書總目》卷一三二同條改。

【今案】《四庫全書總目》卷一三二子部四二雜家類存目九，第一一二九頁中。

《詩女史》十四卷、《拾遺》二卷

明田藝蘅輯。藝蘅字子藝，錢塘人。以歲貢官休寧教諭。其書採録閨閣之詩，上起古初，下迄明代。《拾遺》二卷，則皆宋以前人也。採摭頗富，而考證太疏。如《皇娥歌》出《拾遺記》，本王嘉僞托，乃不能辨別，復妄增「嫘祖」字。蘇伯玉妻本晋人，故《玉臺新詠》列傅元（玄）之後，乃承《詩紀》之誤，以爲漢詩。王宋詩，本魏文帝擬作，詳載《藝文類聚》，而承《玉臺新詠》誤本，竟署「宋」名。《吴興妖神贈謝覽》詩，見《太平御覽》，亦承《詩紀》之誤，作《吴興伎童》。甚至《拾遺》之首冠以南齊蘇小小詞，其詞乃《減字木蘭花》，尤爲駭怪。藝蘅，田汝成之子，未必謬誤至此，毋乃書肆所托名耶？

【今案】《四庫全書總目》卷一九二集部四五總集類存目二，第一七五三頁下。

《皇華集》十三卷

明朝鮮國所刻使臣唱酬之作。所録惟天順元年、二年、三年、四年、八年，成化十二年，弘治元年、五年，正德十六年，嘉靖十六年之詩。考明代遣使往朝鮮者，不僅此十年，似有闕佚。然世所傳本並同，或使臣不盡能詩，其成集者止此耶？

【今案】《四庫全書總目》卷一九二集部四五總集類存目二，第一七四七頁上。

《書記洞詮》一百十六卷

明宣城梅鼎祚輯。先是，楊慎編《尺牘清裁》一書，自《左氏》至六朝，僅八卷。王世貞益之，訖於明代，爲六十卷。是書仍楊慎之舊，起周、秦，訖陳、隋，凡長篇短幅，採録靡遺，卷帙幾十倍於楊，而真贋並收，殊少甄別。至《左傳》所載問對之辭，並非形諸筆札，非類强附，尤爲不倫。總目載有《補遺》四卷，此本無之。然今世傳本並同，蓋當日本有録無書，非缺佚也。

【今案】《四庫全書總目》卷一九三集部四六總集類存目三，第一七六四頁上。

《菊坡叢話》二十六卷

明單宇撰。宇字時泰，菊坡其號，臨川人。正德己未進士，官嵊縣知縣。其書採古今論文之語，編次成帙，分二十六門。凡論詩者二十四卷，論四六者一卷[一]，論樂府者一卷。所採自樂府古詞以下，宋人居多，元人如薩天錫等亦間引及，然寥寥無幾。每條各注所出，亦有但注『菊坡』二字者，則宇自記其語也。大旨欲配胡仔之書，故仍以《叢話》爲名，然採摭不及其博。又仔書多論文，此書多記事，仔書多所考證，此書但抄撮舊文，例亦小殊。

【今案】《四庫全書總目》卷一九七集部五〇詩文評類存目，第一八〇〇頁上。

【校記】

［一］論四六者　底本原作『論四十六者』，衍一『十』字，兹據《四庫全書總目》卷一九七同條删。

《周氏遺芳集》五卷

明周沈珂及其子之翰編。沈珂本周子後裔，移居吴縣。先是，周子十七世孫與爵輯其先世著述事迹，自周子四世孫興裔以下爲《遺芳集》。凡歷代褒崇詔諭及傳誌、記序諸作，以次附焉。沈珂父子重爲編次，而與爵以下則仍無所增益。

【今案】《四庫全書總目》卷六〇史部一六傳記類存目二，第五四四頁中。

《古文彙編》二百三十六卷

明陳仁錫編。以經、史、子、集分部，然所配多不當理。如《水經》屬地理，當列之史，《太元(玄)》當列之子，乃因其以經爲名，遂列於經，而《左氏春秋傳》反列諸史。又芟削《周禮》，而顛倒其六官。體例龐雜，無足觀者。

【今案】《四庫全書總目》卷一九三集部四六總集類存目三，第一七六三頁上。

《新安文獻志》一百卷

明程敏政撰。敏政字克勤，休寧人。弘治間，官禮部侍郎。是書採摭浩博，條理淹貫，文章典故，咸備於中，自明以來推爲鉅製。其中小小缺遺，若《凡例》曰『朱子詩文録其涉於新安』者，而《通判恭州江君墓銘》竟爾見遺，又朱子所作其父《松行狀》，松所作其父《森行狀》，是志并登，而《松韋齋集》中有録曾祖父詩後序一篇，又復不録，皆不免於脱略。然司馬光《資治通鑑》已稱牴牾不能自保，是書卷帙繁重，不能以其少有掛漏，遂掩蒐輯之功也。

【今案】影印文淵閣《四庫全書》第一三七五册第一頁書前提要。《文淵閣四庫全書提要》卷一〇九集部三一總集類四，第三八三一頁。《文津閣四庫全書提要匯編》集部八總集類，第九三八頁。《四庫全書簡明目録》卷一九集部八總集類，第八五三頁。《四庫全書總目》卷一八九集部四二總集類四，第一七一五頁中。

《吴都文粹續集》五十六卷、《補遺》一卷

明錢穀撰。穀字叔寶，長洲人。朱彝尊《詩話》稱穀貧無典籍，游文徵明之門，日取插架書讀之，手抄異書最多，至老不倦。倣鄭虎臣《吴都文粹》，輯成續編，聞有三百卷。其子功父繼之，吴中文獻藉以不墜。所稱卷數與此不符，豈合功父續編言之耶？此本第五十三卷、五十四卷俱佚，第五十卷亦殘缺，已非完本。其中所標二十一門，分類亦多未確，蓋能博而未能精者也。

【今案】影印文淵閣《四庫全書》第一三八五册第一頁書前提要。《文淵閣四庫全書提要》卷一〇九集部三一總集類四，第三八四七頁。《文津閣四庫全書提要匯編》集部八總集類，第九五一頁。《四庫全書簡明目録》卷一九集部八總集類，第八五六頁。《四庫全

書總目》卷一八九集部四二總集類四，第一七一九頁上。

《詩紀》一百五十六卷[一]

明臨朐馮惟訥撰。惟訥字汝言，仕至光禄寺卿。其書《前集》十卷，皆古逸詩；《正集》一百三十卷，則漢、魏以下，陳、隋以前作者之詩咸在焉；《外集》四卷，旁採仙鬼之著作；《别集》十二卷，則前人論詩之語也。時代綿長，採摭繁富，其中牴牾，所不能無。故馮舒作《詩紀匡謬》，以糾其失。而臧懋循作《古詩所》，又網羅隱僻，以補所遺。然並採兼收，彙爲一集，其力至勤，小小闕失，不足爲之累也。是書初甄敬爲刻於陜西[二]，剞劂頗拙，然未改原目。後吴琯等重爲校刊，去其前集、正集、外集、别集之名，通編爲一百五十六卷，即此本也。然删其名目而未亂其卷第，猶勝乎憑臆妄作者。其所校亦比甄本差詳云。

【校記】

［一］詩紀　案《四庫全書總目》卷一八九同條作『《古詩紀》』。

［二］陜　底本原作『陝』，誤，兹據《四庫全書總目》卷一八九同條改。

【今案】影印文淵閣《四庫全書》第一三七九册第一頁書前提要。《文溯閣四庫全書提要》卷一〇九集部三一總集類四，第三八二六頁。《文津閣四庫全書提要匯編》集部八總集類，第九四二頁。《四庫全書簡明目録》卷一九集部八總集類，第八五四頁。《四庫全書總目》卷一八九集部四二總集類四，第一七一六頁中。

《漢魏六朝一百三家集》[一]

明張溥輯。始於漢賈誼，終於隋薛道衡。漢、魏以來，全集傳者無幾，此書多採自史傳以及諸家類書，抄撮叢殘，功亦勤矣。然有本係經説而入之集者，如《董仲舒集》録《春秋陰陽》，《劉向劉歆集》録《洪範傳》之類是也。有本係史類而入之集者，如《褚少孫集》全録《補史記》，《荀悦集》全録《漢紀論》之類是也。有本係子書而入之集者，如《諸葛亮集》録《心書》，《蕭子雲集》録《浄住子》是也。有牴牾顯然而不辨者，如《張衡集》録《周天大象賦》，稱魏武黄星之類是也。有是非疑似而臆斷者，如《陳琳傳》中有袁紹使掌書記一語，遂以《三國志》注『紹册烏桓單于文』，録之琳集是也。有僞妄無稽而濫收者，如《東方朔集》録《真仙通鑑》所載《與友人書》及《十洲記序》之類也。有移甲入乙而不覺者，如《庾信集》録楊炯文二篇之類是也。有採摭未盡者，如《束皙集》所録《餅賦》，寥寥數語，不知祝穆《事文類聚》所載尚多之類是也。有割裂失次者，如《鍾會集·成侯命婦傳》，《三國志》注截載兩處，遂分其首尾各爲一篇之類是也。特以網羅薈萃易於循覽，故至今傳之。溥字天如，太倉人，崇禎四年進士，改庶吉士，乞假歸。與張采倡『復社』於東南，聲氣交通，傾動天下，門户轇轕，以迄於明之亡云。

【校記】

[一]漢魏六朝一百三家集 案《四庫全書總目》卷一八九同條作『《漢魏六朝一百三家集》一百十八卷』。

【今案】《四庫全書薈要總目提要》第四四二頁。影印文淵閣《四庫全書》第一四一二册第一頁書前提要。《文溯閣四庫全書提要》卷一〇九集部三一總集類四，第三八六六頁。《文津閣四庫全書提要匯編》集部八總集類，第九六五頁。《四庫全書簡明目録》卷一九集部八總集類，第八六〇頁。《四庫全書總目》卷一八九集部四二總集類四，第一七二三頁中。

《文璟清娱》四十八卷

明華國才編。國才白號鶴叟，長州人。萬歷(曆)庚子舉人。是書於諸選本、諸類書採摘其短章小品，故曰《清娱》。上起宋玉、荀卿，下迄於元。詩賦、雜文，不分體編録，惟以時代爲後先，間附小傳及評語。觀其見解，蓋陳繼儒一流也。

【今案】《四庫全書總目》卷一九三集部四六總集類存目三，第一七五八頁上。

《漢魏名文乘》不分卷[一]

明張運泰、余元熹同編。二人皆閩中書賈也。所録凡六十家，皆雜採何鏜《漢魏叢書》、張溥《百三家集》二書合併而成。惟增公孫宏(弘)文，僞題曰《公孫子》。趙充國文，僞題曰《趙營平集》，又改東方朔文爲《吉雲子》而已。

【校記】

[一]不分卷 案《四庫全書總目》卷一九三同條作『無卷數』。

【今案】《四庫全書總目》卷一九三集部四六總集類存目三，第一七六五頁上。

《文致》不分卷[一]

明劉士鏻輯。自漢、魏、六朝以至明代人所著賦、詞、騷、序等作，録爲一書。凡十有七門，不分卷數，詮次蕪雜，無所取裁。

【校記】

[一]不分卷 案《四庫全書總目》卷一九三同條作「無卷數」。

【今案】《四庫全書總目》卷一九三集部四六總集類存目三，第一七六四頁中。

《元詩體要》十四卷

明姚江宋公傳撰[一]。分三十八體，各體略記數語以載其源流，入選者共二百九十一人。然所分諸體頗爲猥陋，甚至以選體與五言古體分爲二，又以五言平韻四句爲絶句，而以五言仄韻四句爲側體，蓋茫乎不知詩格者也。

【校記】

[一]姚江 案《四庫全書總目》卷一八九同條作「餘姚」。

【今案】影印文淵閣《四庫全書》第一三七二册第四九一頁書前提要。《文溯閣四庫全書提要》卷一〇九集部三一總集類四，第三八二六頁。《文津閣四庫全書提要匯編》集部八總集類，第九三六頁。《四庫全書簡明目録》卷一九集部八總集類，第八五二頁。《四庫全書總目》卷一八九集部四二總集類四，第一七一四頁中。

《宋十五家詩》十六卷[一]

國朝陳訏選。訏字言揚，海寧人。十五家者：梅堯臣、歐陽修、曾鞏、王安石、蘇軾、蘇轍、黄庭堅、范成大、陸游、楊萬里、王十朋、朱子、高翥、方岳、文天祥也。每集各繫小傳及前人詩話，而以己所評論附焉。

【校記】

[一]宋十五家詩 案《四庫全書總目》卷一九四同條作「《宋十五家詩選》」。

【今案】《四庫全書總目》卷一九四集部四七總集類存目四，第一七七六頁上。

《唐詩叩彈集》十二卷、《續集》三卷

國朝無錫杜詔、秀水杜庭珠同選。以明高棅《唐詩品彙》所録皆貞元以前之詩，故選録元和迄唐末諸作，凡一千八百七十餘篇，以補所遺。名曰《叩彈》，取陸機《文賦》語也。諸人俱系小傳，卷末間有品評。其訓釋考證，亦頗多可採。然如元稹《鶯鶯詩》、李群玉《杜丞相筵中作》及韓偓《香奩集》詩，皆所謂靡靡之音，一概濫登，於精審猶有愧焉。

【今案】《四庫全書總目》卷一九四集部四七總集類存目四，第一七七四頁中。

《唐宫閨詩》二卷

國朝費密選。密字此度，成都人，後流寓終於吴江。王士正（禛）詩所謂『成都跛道士，萬里下峨岷』者也。是編録唐代女子之作，頗有别裁，然皆習見。

【今案】《四庫全書總目》卷一九四集部四七總集類存目四，第一七六七頁下。

《漢詩説》十卷

國朝沈用濟、費錫璜同撰。取馮惟訥《詩紀》所載漢詩，略爲品評，沿訛踵誤，無所考正，既病潦草，又多舛誤。如魏晋樂府所歌《白頭吟》，其所增『郭東亦有樵』諸句，乃添入以諧聲律，非其本詞，收爲漢詩已謬，又徒而曲爲之解，是全不知樂府法矣。用濟字方舟，錢塘人。錫璜字滋衡，成都人。

【今案】《四庫全書總目》卷一九四集部四七總集類存目四，第一七七五頁中。

《説唐詩》二十二卷

國朝徐增撰。增字子能，長洲人。所録唐詩三百餘首，一一推闡其作意。其説悠謬支離，皆不可訓。至於分解之説，始於樂府，如

《陌上桑》等篇，所注一解、二解、三解字，尚不拘句數。晉、魏所歌古詞，如《白頭吟》《塘上行》等篇，乃注四句爲一解。王僧虔《技録》所謂古歌以四句爲一解，傖歌以一句爲一解是也。然所説乃歌之節奏，非詩之格律。增與金若采游，取其《唐才子書》之説，以分解推之於律詩。穿鑿附會，尤失古人之意。

【今案】《四庫全書總目》卷一九四集部四七總集類存目四，第一七七一頁上。

《古詩選》三十二卷

國朝王士正（禛）撰。凡五言詩十七卷，七言詩十五卷。五言自漢、魏、六朝以下，唐代惟載陳子昂、張九齡、李白、韋應物、柳宗元五人。七言古逸一卷，漢、魏、六朝一卷，唐則李嶠、宋之問、張説、王翰四人爲一卷，王維、李頎、高適、岑參、李白爲一卷。而王昌齡、崔顥二人則稱附録。五卷以下則唐杜甫、韓愈，宋歐陽修、王安石、蘇軾、黄庭堅，晁説之、晁補之、陸游，金元好問，元虞集、吴萊十二人之詩[一]。而李商隱、蘇轍、劉迎、劉因四人稱附録。夫五言肇於漢氏，歷代沿流，晉、宋、齊、梁業已遞變其體格，何以武德之後，不容其音響稍殊，使生於隋者如侯夫人《怨詞》之類，以正調而得存，生於唐者如杜甫之流，則以變聲而見廢，且王粲《七哀》，何異杜甫之《三别》？乃以生有先後，使詩有去留，揆以公心，亦何異北地、信陽之説？至七言歌行，惟鮑照先爲别調，其餘六朝諸作，大抵[二]

【校記】

[一]十二人 案《四庫全書總目》卷一九四同條作『十三人』，誤，以本書本條正文及《總目》同條正文所列舉詩人之數目計之，實有十二人。

[二]底本原案曰：『編按：此提要未完，今補白葉。』《四庫全書總目》卷一九四『《古詩選》三十二卷』條：『國朝王士禎（禛）編。士禎（禛）有《古懽録》，已著録。此編凡五言詩十七卷，七言詩十五卷。五言自漢、魏、六朝以下，唐代惟載陳子昂、張九齡、李白、韋應物、柳宗元五人。七言古逸一卷，漢、魏、六朝一卷，唐則李嶠、宋之問、張説、王翰四人爲一卷，王維、李頎、高適、岑參、李白爲一卷。而王昌齡、崔顥二人則稱附録。五卷以下則唐杜甫、韓愈，宋歐陽修、王安石、蘇軾、黄庭堅、晁説之、晁補之、陸游，金元好問，元虞集、吴萊十三人之詩。而李商隱、蘇轍、劉迎、劉因四人稱附録。夫五言肇於漢氏，歷代沿流，晉、宋、齊、梁業已遞變其體格，何以武德之後，不容其音響少殊，使生於隋者如侯夫人《怨詞》之類，以正

調而得存，生於唐者如杜甫之流，亦以變聲而見廢，且王粲《七哀》，何異杜甫之《三别》？乃以生有先後，使詩有去留，揆以公心，亦何異李攀龍「唐無五言古詩而有其古詩」之説乎？至七言歌行，惟鮑照先爲别調，其餘六朝諸作，大抵皆轉韻抑揚。故初唐諸人多轉韻，而李白以下始遥追鮑照之體。終唐之世，兩派並行。今初唐所録寥寥數章，亦未免拘於一格。蓋一家之書，不足以盡古今之變也。至於《越人歌》惟存二句之類，則校刊者之疏，或以是而議士禎（禛），則過矣。」

【今案】《四庫全書總目》卷一九四集部四七總集類存目四，第一七六九頁中。

#《宋詩鈔》原本不分卷[一]

國朝吴之振編。之振，字孟舉，石門人。以宋詩選本叢雜，因蒐羅遺集，共得百家。其本無專集及有集而所選不滿五百首者，皆不録。每集之首繫以小傳，略如元好問《中州集》例，而其文加詳。然品題雖善，而簡擇乃不甚精。又刊刻未終，即摹印行世，其有録無書者，凡劉弇、鄧肅、黄幹、魏了翁、方逢辰、宋伯仁、馮時行、岳珂、嚴羽、裘萬頃、謝枋得、吕定、鄭思肖、王柏、葛長庚、朱淑真十六家。

【校記】

[一]原本不分卷 案《四庫全書總目》卷一九〇同條作『一百六卷』。

【今案】《四庫全書薈要總目提要》第四四八頁。影印文淵閣《四庫全書》第一四六一册第一頁書前提要。《文溯閣四庫全書提要》卷一一〇集部三二總集類五，第三八九一頁。《文津閣四庫全書提要匯編》集部八總集類，第九八四頁。《四庫全書簡明目録》卷一九集部八總集類，第八六七頁。《四庫全書總目》卷一九〇集部四三總集類五，第一七三一頁上。

#《宋文鈔》無卷數

國朝查志隆選。志隆字鳴治，海寧人。其書不分卷次，僅從《文鑑》諸書摘録，别裁亦未能精擇。

【今案】《四庫全書總目》卷一九二集部四五總集類存目二，第一七五一頁上。

#《皇清詩選》三十卷

國朝孫鋐輯。鋐字思九，江南華亭人。其書採國初諸詩，分體編録。凡四言詩及古樂府一卷，五言古詩四卷，七言古詩五卷，五言律詩六卷，七言律詩八卷，長律二卷，絶句三卷，離合迴文雜體一卷。大都沿前明詩社餘習，苟騖一時之名而不爲千載之計者，故所録蕪雜特甚。然其《凡例》有曰：『論詩者必規摹初、盛，誠類優孟衣冠。然使挾其佻巧之姿，曼音促節，以爲得中、晚之秘，則風斯下矣。』又曰：『數年以來，又家眉山而户劍南矣。在彼天真爛漫，畦徑都絶，此誠詩家上乘。倘不衫不履，面目頽唐，或大袖方袍，迂闊可厭，輒欲奪宋人之席，幾何不見絶於七子耶？』其持論則未爲不當也。

【今案】《四庫全書總目》卷一九四集部四七總集類存目四，第一七七一頁上。

《玉臺新咏箋註》十卷

國朝吴江吴兆宜撰。其書引証頗博，然繁而無當。又多以後代之書註前代之事，尤爲剌謬。惟每卷以明人濫增之作退之卷末，註曰『以下宋本所無』，較諸本爲善。

【今案】《四庫全書總目》卷一九一集部四四總集類存目一，第一七三五頁中。

《宋詩删》二十五卷

國朝顧貞觀輯。貞觀字華封，無錫人。康熙丙午舉人，官内閣典籍。嘗構積書巖，儲書萬卷，著述頗富。是編蒐採宋代之詩，分體纂集。自謂寬於正變，而嚴於雅俗，删繁就簡，得詩二千五百有奇。然採摭既富，頗不能自守其例，而世所傳名作往往失收，亦難免於挂漏也。

【今案】《四庫全書總目》卷一九四集部四七總集類存目四，第一七七一頁中。

《臨川文獻》八卷

國朝臨川縣知縣胡亦堂撰。亦堂字二齊，慈谿人。是編選臨川一縣之文：宋晏殊、晏幾道、王安石三人，明章衮、陳九川、帥机、湯顯祖、邱(丘)兆麟、章世純、艾南英、羅萬藻、陳際泰、揭熙十人，國朝游東昇、傅占衡二人，皆有集行世者。每集各爲小序，書中仍各標本集之名，略如張溥《百三家集》例。但溥書全録其集，此則多所删削耳。

【今案】《四庫全書總目》卷一九四集部四七總集類存目四，第一七六八頁下。

《唐詩掞藻》八卷

國朝高士奇編。仿《文選》《文苑英華》之例，分類選録，凡三十二門，皆館閣之體，故名曰《掞藻》。

【今案】《四庫全書總目》卷一九四集部四七總集類存目四，第一七七三頁上。

《詩觀》十四卷、《别集》二卷

國朝鄧漢儀所編國初諸人之作，《别集》則閨閣詩也。漢儀字孝威，江南泰州人。康熙己未，以博學鴻詞徵，因年老不與試，授司經局正字，歸里。

【今案】《四庫全書總目》卷一九四集部四七總集類存目四，第一七七二頁下。

《才調集》十卷

蜀監察御史韋縠撰。每卷録詩一百首，共一千首。自序稱『觀李、杜集，元、白詩』，而《集》中無杜詩，馮舒謂崇重老杜，不欲芟擇。然實以杜詩高古，與其書體例不同，故不採録，舒所説非也。其中頗有舛誤。如李白録《愁陽春賦》，是賦非詩；王建録《宫中調笑詞》，是詞非詩：皆乖體例。賀知章録《柳枝詞》，其曲起於中唐，知章時未有，其詞乃劉采春女所歌，亦非知章作；劉禹錫録《别宕子怨》[一]，乃隋薛道衡《昔昔鹽》；王之渙録《惆悵詞》，所咏乃崔鶯鶯、霍小玉事，之渙不及見，實王涣作：皆姓名訛異。然頗有諸家逸篇，如白居易《江南贈蕭十九》詩、賈島《贈杜駙馬》詩，皆本集所無。又沈佺期《古意》，高棅竄改成律詩；王維《渭城曲》『客舍青青楊柳春』句，俗本改爲『柳色新』；賈島《贈劍客》詩『誰爲不平事』，俗本改爲『誰有』。如斯之類，此書皆獨存其舊，亦足資考證也。縠生於五代文[二]

【校記】

[一]宕　案《四庫全書總目》卷一八六同條作『蕩』。

［二］底本原案曰：『編按：此提要未完，今補白葉。』《四庫全書總目》卷一八六『《才調集》十卷』條：『蜀韋縠編。縠仕王建爲監察御史，其里貫事蹟皆未詳。是集每卷録詩一百首，共一千首。自序稱「觀李、杜集，元、白詩」，而《集》中無杜詩，馮舒評此集，謂崇重老杜，不欲芟擇。然實以杜詩高古，與其書體例不同，故不採録，舒所説非也。其中頗有舛誤。如李白録《愁陽春賦》，是賦非詩；王建録《宫中調笑詞》，是詞非詩：皆乖體例。賀知章録《柳枝詞》，乃劉采春女所歌，非知章作，其曲起於中唐，知章時亦未有；劉禹錫録《别蕩子怨》，乃隋薛道衡《昔昔鹽》；王之涣録《惆悵詞》，所咏乃崔鶯鶯、霍小玉事，之涣不及見，實王涣作：皆姓名譌異。然頗有諸家遺篇，如白居易《江南贈蕭十九》詩，賈島《贈杜駙馬》詩，皆本集所無。又沈佺期《古意》，高棅竄改成律詩；王維《渭城曲》「客舍青青楊柳春」句，俗本改爲「柳色新」；賈島《贈劍客》詩「誰爲不平事」句，俗本改爲「誰有」。如斯之類，此書皆獨存其舊，亦足資考證也。縠生於五代文敝之際，故所選取法晚唐，以穠麗宏敞爲宗，救粗疏淺弱之習，未爲無見。至馮舒、馮班意欲排斥宋詩，遂引其書於崑體，推爲正宗。不知李商隱等，《唐書》但有「三十六體」之目，所謂「西崑體」者，實始於宋之楊億等，唐人無此名也。』

【今案】影印文淵閣《四庫全書》第一三三二册第三八一頁書前提要。《文溯閣四庫全書提要》卷一〇六集部二八總集類一，第三七二九頁。《文津閣四庫全書提要匯編》集部八總集類，第八六四頁。《四庫全書簡明目録》卷一九集部八總集類，第八三一頁。《四庫全書總目》卷一八六集部三九總集類一，第一六九一頁上。

《元音》十二卷

不題撰人名氏。前有洪武十七年烏斯道序，稱寧波孫原理彙輯，則明初本也。目列劉因至龍從雲，凡一百七十六人。而十二卷末，龍從雲後有無名氏七首、陳益稷一首、程文海四首、滕賓一首、虞集一首，益稷、賓、集又皆復見，蓋校刊者訛也。顧嗣立謂是書與宋公傳《元詩體要》、蔣易《皇元風雅》等集所收不廣。然其中多有今無專集者，元代總集傳世無多，自當存備一家也。

【今案】影印文淵閣《四庫全書》第一三七〇册第四〇三頁書前提要。《文溯閣四庫全書提要》卷一〇九集部三一總集類四，第三八二〇頁。《文津閣四庫全書提要匯編》集部八總集類，第九三〇頁。《四庫全書簡明目録》卷一九集部八總集類，第八五一頁。《四庫全書總目》卷一八九集部四二總集類四，第一七一三頁上。

《元音遺響》十卷

前八卷爲胡布詩，又名《崆峒樵音》，後二卷則張達、劉紹詩也。三人蓋元之遺老，而他書未有叙述及之者，故其出處莫詳。今即詩中考之，則紹爲布姻家，曾入汝南王幕。布與紹詩序稱俱客閫帥，不遂所志，蓋元末皆嘗參謀軍事者。布又有詩云：『我時瘴厲使，分迹南荒最。』又云：『自我使島夷，銜命出蠻障。』是布復嘗奉使海外矣。又布有八理問所作及承檄日暮登舟似到家[一]。丙辰爲洪武九年，是必明初徵之，不屈被囚，既而得釋者也。至其《近聞》《自從》諸詩中，有『想見霓旌擁行在』之句，當在順帝北狩後所作。故國故君之思，拳拳不置，志有可憫。其他格調亦皆高古，不失漢、魏遺音。乃自來選元、明詩者，多不能舉其姓氏。此本不知誰何輯録，亦可謂僅而獲存者矣。布字子申，達字秀充，皆盱江人。紹字子憲，黎川人。

【校記】

［一］又布有八理問所作及承檄日暮登舟似到家　案此處有脱文訛字，不可句讀。《四庫全書總目》卷一八八同條作：『又布有《入理問所作》及《丙辰歲獄中元夕》詩，注云：　先生以高蹈有忤時政，被讁。又《丙辰十月初五發龍江》詩云：「羈人得遣如承檄，日暮登舟似到家。」』

【今案】《四庫提要分纂稿》第三六〇頁。影印文淵閣《四庫全書》第一三六九册第五七九頁書前提要。《文溯閣四庫全書提要》卷一〇八集部三〇總集類三，第三八一三頁。《文津閣四庫全書提要匯編》集部八總集類，第九二六頁。《四庫全書簡明目録》卷一九集部八總集類，第八三一頁。《四庫全書總目》卷一八八集部四一總集類三，第一七一一頁中。

《諸儒文要》八卷

不著撰人姓氏。所録周、程、張、朱及陸九淵、張栻、楊簡、陳獻章、王守仁十家之文，凡八十篇。而朱子與守仁居其半，皆闡發理道之言。然朱、陸二家指歸迥别，比而合之，猶未免乎調停之見也。

【今案】《四庫全書總目》卷一九三集部四六總集類存目三，第一七六七頁上。

《滄海遺珠》卷[一]

舊本不載撰人之名。前有正統元年楊士奇序，稱「都督沐公所選」，又稱其「字曰景顒[二]，黔寧王之仲子，佐兄黔國公爲朝廷鎮撫西南一方」。考《明史》，黔寧王沐英子三人：長春字景春，次晟字景茂，次昂字景高。其正統元年爲黔國公鎮雲南者晟爲右都督，領雲南都司者昂也。序云「黔寧王仲子」，則當爲晟，又云「佐兄黔國公」，則當爲昂，又皆不字景顒，豈史誤耶？未之詳也。所録凡朱經、方行、朱緋、曾烜、周昉、韓宜可、王景彰、樓璉、王汝玉、逯昶、平顯、胡粹中、楊宗彝、劉叔讓、楊子善、張洪、范宗暉、施敬、僧天祥、機先、大用二十人之作[三]，共三百餘首，皆明初流寓遷謫于雲南者。每人姓名之下，各注其字號里居。以其爲劉仔肩、王偁諸家詩選所不及，故曰《遺珠》。其去取頗爲精審。

【校記】

[一] 滄海遺珠卷　當有脱文，案《四庫全書總目》卷一八九同條作「《滄海遺珠》四卷」。

[二] 顒　案《四庫全書總目》卷一八九同條作「容」，此蓋爲皇太子愛新覺羅·顒琰即後來的嘉慶皇帝避諱而改。本條下文「顒」字同此。

[三] 二十人　案《四庫全書總目》卷一八九同條亦作「二十人」，俱誤，據底本提要正文及《總目》提要正文所列人名統計，均爲二十一人。

【今案】影印文淵閣《四庫全書》第一三七二册第四五〇頁書前提要。《文溯閣四庫全書提要》卷一〇九集部三一總集類四，第三八二七頁。《文津閣四庫全書提要匯編》集部八總集類，第九三五頁。《四庫全書簡明目録》卷一九集部八總集類，第八五二頁。《四庫全書總目》卷一八九集部四二總集類四，第一七一四頁下。

《諸儒性理文錦》八卷

題兵部尚書常挺編[一]，不詳里居朝代。其書全録宋儒性理之文，間有上及韓愈、柳宗元者。分六十四類，文以類附，似專爲科舉之用。前有吴登甲、翁以孫序。據序所言，蓋登甲又有所補輯也。按《姓譜》，常挺字方叔，連江人，宋嘉祐進士，累官吏部尚書，參知政事。似乎即此常挺，惟『吏部』字不同，疑二書當有一誤。或編此書時適官兵部，亦未可知也。

【校記】

[一]常挺　案《四庫全書總目》卷一九一同條作『常珽』，又下文凡兩見，亦均如此。

【今案】《四庫全書總目》卷一九一集部四四總集類存目一，第一七三六頁上。

《宋遺民録》一卷

此卷皆宋遺民詩詞雜文，未知誰所編録。宋之故老入元後，多懷故國之思，作詩者衆矣。此所録僅謝翺、方鳳、廼賢、李吟山、王學文、梁棟、林德暘、王炎午、黄溍、吴師道十人[一]，未免闕略。而廼賢本色目人，黄溍、吴師道又仕元以終，亦免不倫。末附明初唐肅題詩，或即肅所輯耶？

【校記】

[一]暘　案《四庫全書總目》卷一九一同條作『暘』。

【今案】《四庫全書總目》卷一九一集部四四總集類存目一，第一七三六頁下。

《搜玉小集》一卷

不著撰人名氏。鄭樵《通志》已載之，則其來舊矣。舊目題凡三十七人，詩六十三首，此本但三十四人，詩六十二首，蓋毛晉重刊所釐定。所注考証頗詳。然胡鵠等三人，有録無詩[一]，晉併删其姓名，已非闕疑存舊之意。又人缺其三[二]，而詩僅缺其一，不足分配三人，必有一人之詩溷於他人名下矣，則所訂亦未確也。其次第爲晉所亂，不可復考，既不以人叙，又不以體分，編次參差，重出疊見，莫能得其體例。徒以源出唐人，聊存舊本耳。

【校記】

[一]録　底本原作『禄』，誤，兹據《四庫全書總目》卷一八六同條改。

[二]又　底本原作『人』，誤，兹據《四庫全書總目》卷一八六同條改。

【今案】影印文淵閣《四庫全書》第一三三二册第五六一頁書前提要。《文溯閣四庫全書提要》卷一〇六集部二八總集類一，第三七三〇頁。《文津閣四庫全書提要匯編》集部八總集類，第八六五頁。《四庫全書簡明目録》卷一九集部八總集類，第八三二頁。《四庫全書總目》卷一八六集部三九總集類一第一六九一頁中。

《宋名臣獻壽集》十二卷

不著撰人名氏。前有目録，所載皆朝士相與獻壽之文詞。編次既無義例，稱名亦無體式，蓋其時書肆所爲也。

【今案】《四庫提要分纂稿》第三六二頁。《四庫全書總目》卷一九一集部四四總集類存目一，第一七三六頁中。

集部　詩文評類詞曲類

《詩品》三卷

梁鍾嶸撰。嶸字仲偉，潁川長社人。與兄岏、弟嶼，並好學有名。齊永明中，爲國子生。王儉舉本州秀才，起家王國侍郎。入梁，仕至晉安王記室。卒於官。嶸學通《周易》，詞藻兼長。所品古今五言詩，自漢、魏以來一百有三人，論其優劣，分爲上、中、下三品。每品之首，各冠以序，皆妙達文理，可與《文心雕龍》并稱。近王士正（禛）極論其品第之間，多所違失。然梁代迄今，邈逾千祀，遺篇舊製，什九不存，未可以掇拾殘文，定當日全集之優劣。惟其論某人源出某人，若一一親見其師承者，則不免附會耳。

【今案】影印文淵閣《四庫全書》第一四七八册第一八九頁書前提要。《文溯閣四庫全書提要》卷一一一集部三三詩文評類一，第三九一〇頁。《文津閣四庫全書提要匯編》集部九詩文評類，第九九七頁。《四庫全書簡明目録》卷二〇集部九詩文評類，第八七一頁。《四庫全書總目》卷一九五集部四八詩文評類一，第一七八〇頁上。

《文心雕龍》十卷

梁劉勰撰。其書，《原道》以下二十五篇，論文章體製，《神思》以下二十四篇，論文章工拙，合《序志》一篇[一]，爲五十篇。據《序志篇》稱，上篇以下，下篇以上，本止二卷，然《隋志》已作十卷，蓋後人所分。又據《程材篇》所言，此書實成於齊代。此本署梁通事舍人劉勰撰，亦後人追題也。是書自至正乙未刻於嘉禾，至明弘治、嘉靖、萬歷（曆）間，凡經五刻。其《隱秀》一篇，皆有缺文。明末常熟錢功甫稱得阮華山宋槧本，鈔補四百餘字。然其書晚出，别無顯證，其詞亦頗不類。如『嘔心吐膽』，似摭《李賀小傳》語；『鍛歲煉年』，似摭《六一詩話》論周朴語；稱班姬爲匹婦，亦似摭鍾嶸《詩品》語，皆有可疑。況至正去宋未遠，不應宋本已無一存，三百年後乃爲明人所得。又考《永樂大典》所載舊本，闕文亦同。其時宋本如林，更不應内府所藏無一完刻。阮氏所稱，殆亦影撰，何焯等誤信之也。

【校記】

[一]合 底本此字下部已殘，兹據《四庫全書總目》卷一九五同條補。

【今案】《四庫全書薈要總目提要》第四五二頁。影印文淵閣《四庫全書》第一四七八册第三頁書前提要。《文溯閣四庫全書提要》卷一一一集部三三詩文評類一，第三九〇五頁。《文津閣四庫全書提要匯編》集部九詩文評類，第九九五頁。《四庫全書簡明目録》

卷二〇集部九詩文評類，第八七一頁。《四庫全書總目》卷一九五集部四八詩文評類一，第一七七九頁上。

《本事詩》一卷

唐孟棨撰。採歷代詞人緣情之作，叙其本事，分情感、事感、高逸、怨憤、徵異、徵咎、嘲戲，凡七類。前有光啓二年自序，云『大駕在褒中』，蓋僖宗幸興元時也。棨字初中，爵里未詳。『韓翃』條内稱：『開成中，余罷梧州。』亦不知梧州何官。《新唐書·藝文志》載此書，題曰『孟啓』，毛晋《津逮秘書》因之。然諸家稱引，並作『棨』字，疑《唐志》有訛。所記惟『樂昌公主』、『宋武帝』二條爲六朝事，餘皆唐人。其中『士人代妻答』詩一首，韋縠《才調集》作『葛鴉兒』。二人相去不遠，蓋傳聞異詞。『薔薇花落』一詩乃賈島刺裴度作，棨所記不載緣起，則傳寫脱誤也。

【今案】影印文淵閣《四庫全書》第一四七八册第二三一頁書前提要。《文溯閣四庫全書提要》卷一一一集部三三詩文評類一，第三九〇九頁。《文津閣四庫全書提要匯編》集部九詩文評類，第九九八頁。《四庫全書簡明目録》卷二〇集部九詩文評類，第八七二頁。《四庫全書總目》卷一九五集部四八詩文評類一，第一七八〇頁下。

《詩品》一卷

唐司空圖撰。圖字表聖，河中人。咸通末進士，官至知制誥，中書舍人。以世亂歸隱中條山王官谷。嘗與李秀才論詩，謂詩貫六義，諷喻、抑揚、渟蓄、淵雅皆在其中，惟近而不浮，遠而不盡，然後可言意外之致。其持論非晚唐所及。是書分列諸品，曰雄渾，曰沖淡，曰穠纖，曰沉著，曰高古，曰典雅，曰洗煉，曰勁健，曰綺麗，曰自然，曰含蓄，曰豪放，曰精神，曰縝密，曰疏野，曰清奇，曰委曲，曰實境，曰悲慨，曰形容，曰超詣，曰飄逸，曰曠達，曰流動。凡二十有四，各以韻語十二句體貌之。諸體畢備，不主一格。後人但採其『采采流水，蓬蓬遠春』二語，又採其『不著一字，盡得風流』二語，以爲詩家之極則，其實非圖意也。

【今案】《四庫全書簡明目録》卷二〇集部九詩文評類，第八七三頁。《四庫全書總目》卷一九五集部四八詩文評類一，第一七八〇頁下。

《詩人玉屑》二十卷

宋魏慶之編。慶之字醇甫，號菊莊，建安人。是編前有淳祐甲辰黄易序，稱其『有才而不屑科第，惟種菊千叢，日與騷人逸士觴詠於其間』，蓋亦宋末江湖一派也。宋人喜爲詩話，裒集成編者至多，傳於今者，惟阮閲《詩話總龜》、無名氏《詩林廣記》、胡仔《苕溪漁隱叢話》及慶之是編，卷帙爲富。然《總龜》蕪雜，《廣記》挂漏，均不及胡、魏兩家之書。仔書作於高宗時，所録北宋人語爲多；慶之書作於度宗時，所録南宋時語較備。二書相輔，宋人論詩之概，亦略具矣。慶之書以格法分類，與仔書體例稍殊。其兼採齊己《風騷旨格》僞本，詭立句律之名，頗失簡擇。又如禁體之中載蒲鞋詩之類，亦殊猥陋。論韓愈《精衛銜石填海》詩『人皆譏造次，我獨賞專精』二句爲勝，錢起『曲終人不見，江上數峰青』二句之類，是非亦未平允。然採摭既繁，菁華斯寓。鍾嶸所謂『披沙簡金[一]，往往見寶』者[二]，亦庶幾焉！固論詩者所必資也。

【校記】

[一] 鍾嶸所謂披沙簡金　底本自『簡金』以下爲一頁，原案曰：『編按：此葉原在聲調譜後，今校改。』

[二] 見　底本此字上部已殘，兹據《四庫全書總目》卷一九五同條補。

【今案】影印文淵閣《四庫全書》第一四八一册第三四頁書前提要。《文溯閣四庫全書提要》卷一一一集部三三詩文評類一，第三九四〇頁。《文津閣四庫全書提要匯編》集部九詩文評類，第一〇二三頁。《四庫全書簡明目録》卷二〇集部九詩文評類，第八八〇頁。《四庫全書總目》卷一九五集部四八詩文評類一，第一七八八頁上。

《懷麓堂詩話》一卷

明李東陽著。東陽崛起弘、正之間，主持一代文柄[一]。其論詩主於音調節奏，而極指剽竊摹擬之非，當時奉以爲宗，至七子出而始變其體。然泥古之病，適中其所詆訶，故後人多抑彼而伸此。其《詠古樂府》，王世貞晚年亦心折之，蓋其真不可掩也。此編皆所心得之語，雖詩家三昧不盡於是，然亦可謂知言者矣。後有遼陽王鐸跋語，蓋即其所刊行也。

【校記】

［一］柄 底本原作『炳』，誤，兹據《四庫全書總目》卷一九六同條改。

【今案】影印文淵閣《四庫全書》第一四八二册第四三五頁書前提要。《文溯閣四庫全書提要》卷一一二集部三四詩文評類二，第三九五六頁。《文津閣四庫全書提要匯編》集部九詩文評類，第一〇三六頁。《四庫全書簡明目録》卷二〇集部九詩文評類，第八八三頁。《四庫全書總目》卷一九六集部四九詩文評類二，第一七九二頁上。

《談龍録》一卷

國朝趙執信撰。執信爲王士正（禛）甥婿，初甚相得，後以求作《觀海集》序不得，遂致相失。因士正（禛）與門人論詩，謂當如雲中之龍，時露一鱗一爪，遂著此書以排之，大旨謂詩之中當有人在。其謂士正（禛）《祭告南海都門留别》詩『盧溝河上望，落日風塵昏，萬里自兹始，孤懷誰與論』四句，爲類羈臣遷客之詞。又述吴修齡語，謂士正（禛）爲清秀李于鱗。雖忿悁著書，持論不無過激。然神韻之説，不善學者易流于浮響，施閏章『華嚴樓閣』之喻，汪琬『西川錦匠』之戒，士正（禛）亦嘗自記之，則執信此書亦未始非預防流弊之切論也。

【今案】影印文淵閣《四庫全書》第一四八三册第九二三頁書前提要。《文溯閣四庫全書提要》卷一一二集部三四詩文評類二，第三九六五頁。《文津閣四庫全書提要匯編》集部九詩文評類，第一〇四三頁。《四庫全書簡明目録》卷二〇集部九詩文評類，第八八五頁。《四庫全書總目》卷一九六集部四九詩文評類二，第一七九四頁下。

《聲調譜》一卷

國朝趙執信撰。執信字仲符，號秋谷，晚號飴山老人，益都人。康熙己未進士，官右贊善。執信嘗問聲調於王士正（禛），士正（禛）靳不肯言。執信乃發唐人諸集，排比鉤稽，竟得其法，因著爲此書。其例古體詩，五言重第三字，七言重第五字，而以上下二字消息之，大抵以三平爲正格。其四平切脚如李商隱之『咏神聖功書之碑』；兩平切脚如蘇軾之『白魚紫蟹不論錢』者，謂之落調。柏梁體及四句轉韻之體，則不在此限焉。律詩以本句平仄相救爲單拗，出句如杜甫之『清新庾開府』，對句如王維之『暮禽相與還』是也。

兩句平仄相救爲雙拗，如許渾之『溪雲初起日沉閣，山雨欲來風滿樓』是也。其他變例數條皆本此而推之，而起句結句不相對偶者，則不在此限焉。其説頗爲精密。惟所列李賀『十二月樂府』所標平仄不可解。卷末附以《古韻通轉》，其説尤謬。或曰《古韻》一篇[一]，乃其門人所妄增也。

【校記】

[一]或曰古韻一篇　底本自『曰古韻』以下爲一頁，原案曰：『編按：此葉原在文心雕龍後，今校改。』

【今案】影印文淵閣《四庫全書》第一四八三册第九〇三頁書前提要。《文溯閣四庫全書提要》卷一一二集部三四詩文評類二，第三九六五頁。《文津閣四庫全書提要匯編》集部九詩文評類，第一〇四三頁。《四庫全書簡明目録》卷二〇集部九詩文評類，第八八五頁。《四庫全書總目》卷一九六集部四九詩文評類二，第一七九四頁中。

《碧溪詩話》十卷

宋黄徹撰。徹字常明，陳振孫《書録解題》作莆田人，《八閩通志》作邵武人。意振孫時去徹未遠，當得其真也。徹，宣和中登進士，仕至嘉魚令，頗著軍功。後忤貴臣，罷歸，乃著此書。其論詩以風教爲主。其族人永存跋之，謂其議論去取一出於正，蓋抒其實也。此書刻本多無序跋，朱彝尊《曝書亭集》、厲鶚《宋詩紀事》但知其曾官辰州，而不知其爲何職。惟鮑士恭家所藏舊本，首尾完具，備載徹始末云。

【今案】影印文淵閣《四庫全書》第一四七九册第二一六頁書前提要。《文溯閣四庫全書提要》卷一一一集部三三詩文評類一，第三九二七頁。《文津閣四庫全書提要匯編》集部九詩文評類，第一〇一三頁。《四庫全書簡明目録》卷二〇集部九詩文評類，第八七七頁。《四庫全書總目》卷一九五集部四八詩文評類一，第一七八五頁上。

《優古堂詩話》一卷

宋吴幵撰。幵字正仲，滁州人。紹聖丁丑，中宏詞科。靖康中，官翰林承旨。與耿南仲力主割地之議，卒誤國事。又爲金人往來傳道意旨，立張邦昌而事之。建炎後，竄謫以死。其人本不足道，而所作詩話乃頗有可採。其書凡一百五十四則，皆記北宋人事，多論詩家句律相承變化之由，間有旁及他義者。惟卷末載楊萬里一條，時代殊不相及，疑傳寫有訛，或後人有所竄亂歟。

【今案】影印文淵閣《四庫全書》第一四七八册第二九九頁書前提要。《文溯閣四庫全書提要》卷一一一集部三三詩文評類一，第三九一六頁。《文津閣四庫全書提要匯編》集部九詩文評類，第一〇〇三頁。《四庫全書簡明目録》卷二〇集部九詩文評類，第八七四頁。《四庫全書總目》卷一九五集部四八詩文評類一，第一七八二頁上。

《六一詩話》一卷

宋歐陽修撰。前有自題一行，稱退居汝陰時集之，以資閑談。陳師道《後山詩話》謂修不喜杜甫詩，葉夢得《石林詩話》謂修力矯西崑體，而此編載論蔡都尉詩一條、劉子儀詩一條，殊不盡然。毛晉後跋所辨，亦公論也。其中如『風暖鳥聲碎，日高花影重』一聯，今見杜荀鶴《唐風集》，而修誤作周朴詩。又九僧之名，頓遺其八，司馬光《續詩話》乃爲補之，是則記憶偶疏耳。

【今案】影印文淵閣《四庫全書》第一四七八册第二四七頁書前提要。《文溯閣四庫全書提要》卷一一一集部三三詩文評類一，第三九一一頁。《文津閣四庫全書提要匯編》集部九詩文評類，第九九九頁。《四庫全書簡明目録》卷二〇集部九詩文評類，第八七二頁。《四庫全書總目》卷一九五集部四八詩文評類一，第一七八一頁上。

《續詩話》一卷

宋司馬光續《六一詩話》而作，《傳家集》未載，惟見《百川學海》，毛鳳苞《津逮秘書》亦録之。前有光自作小引。光德行功業，冠絶一時，非斤斤於詞章之末者。而品第諸詩，乃極精密。如林逋之『疏影横斜水清淺，暗香浮動月黄昏』[一]，魏野之『數聲離岸櫓，幾點别州山』，韓琦之『花去曉叢蜂蝶亂，雨餘春圃桔槔閑』，耿仙芝之『草色引開盤馬地，簫聲吹暖賣餳天』，寇準之《江南春》詩，陳堯佐之《吴江》詩，暢當、王之涣之《鸛雀樓》詩[二]，及其父《行色》詩，相沿傳誦，皆自光始表出之。其論魏野詩誤改『藥』字，及説杜甫『國破山河在』一首，尤妙中理解，非他詩話所及。惟『梅堯臣病死』一條，與詩無涉，乃載之此書，則不可解耳。

【校記】

[一]之 底本原脱此字，兹據《四庫全書總目》卷一九五同條補。

［二］樓 底本原作『楼』，誤，兹據《四庫全書總目》卷一九五同條改。

【今案】影印文淵閣《四庫全書》第一四七八册第二五七頁書前提要。《文淵閣四庫全書提要》卷一一一集部三三詩文評類一，第三九一一頁。《文津閣四庫全書提要匯編》集部九詩文評類，第一〇〇〇頁。《四庫全書簡明目録》卷二〇集部九詩文評類，第八七三頁。《四庫全書總目》卷一九五集部四八詩文評類一，第一七八一頁上。

《中山詩話》一卷

宋劉攽撰。攽素稱博洽，而於花蕊夫人《宫詞》百首，僅見存者三十餘篇，豈全稿出最後耶？其論李商隱《錦瑟》詩，以爲令狐楚青衣之名，頗爲影撰。其論『赫連勃勃蒸土』一條亦不確，論『陸機黄犬』一條亦迂闊，不但晁公武所摘『蕭何功曹』一條也。然其他議論考正［一］，率多可取，中間所載嘲謔之詞，頗爲冗雜。蓋攽好詼諧，嘗坐是改官，性之所近，不覺濫收，存而不論可矣。

【校記】

［一］正 案《四庫全書總目》卷一九五同條作『證』。

【今案】影印文淵閣《四庫全書》第一四七八册第二六五頁書前提要。《文淵閣四庫全書提要》卷一一一集部三三詩文評類一，第三九一二頁。《文津閣四庫全書提要匯編》集部九詩文評類，第一〇〇一頁。《四庫全書簡明目録》卷二〇集部九詩文評類，第八七三頁。《四庫全書總目》卷一九五集部四八詩文評類一，第一七八一頁中。

《後山詩話》一卷

宋陳師道撰。今載《後山集》中，《文獻通考》作二卷，疑後人合併也。魏衍作師道集記，稱《詩話》《叢談》各自爲集，則此書爲衍所親受於師道，不應有僞。然陸游《老學庵筆記》則以爲必非師道作。其中如論杜甫《九日》詩非力學所致，論王安石暮年爲詩益苦，且獨稱之爲公，論《元和聖德》詩於韓文最下，論鮑照之詩華而不弱，陶潛之詩切於事情而不文，誠皆不類師道語。然其中亦往往多微論，未必全出依托。豈原書已佚，好事者掇拾緒論以補之，而又有所竄入耶？

【今案】影印文淵閣《四庫全書》第一四七八册第二七九頁書前提要。《文淵閣四庫全書提要》卷一一一集部三三詩文評類一，第三九一三頁。《文津閣四庫全書提要匯編》集部九詩文評類，第一〇〇一頁。《四庫全書簡明目録》卷二〇集部九詩文評類，第八七三頁。《四庫全書總目》卷一九五集部四八詩文評類一，第一七八一頁下。

《庚溪詩話》二卷

宋陳巖肖撰。巖肖字子象，金華人。紹興八年，以任子中詞科，仕至兵部侍郎。此編成於南度之始，多稱引元祐諸人。而論江西詩派一條，尤爲後來之藥石。其他綴述見聞，間有宋人詩集所未及者。舊刻《百川學海》中，然佚其名氏，明胡元瑞始考正爲巖肖作云。

【今案】影印文淵閣《四庫全書》第一四七九册第五三頁書前提要。《文溯閣四庫全書提要》卷一一一集部三三詩文評類一，第三九二五頁。《文津閣四庫全書提要匯編》集部九詩文評類，第一〇〇二頁。《四庫全書簡明目録》卷二〇集部九詩文評類，第八七六頁。《四庫全書總目》卷一九五集部四八詩文評類一，第一七八四頁下。

《彦周詩話》一卷

宋許顗撰。顗，襄邑人，彦周，其字也，始末無可考。觀其與惠洪面論《冷齋夜話》評李商隱之誤，蓋宣和間人。猶及見元祐諸老宿，故議論多有根柢，所盛稱者蘇軾、黄庭堅、陳師道數人，其宗旨可想見也。其引司馬光告程子語，謂『辨正古人説處，當兩存之，勿加詆訾』。又謂『韓愈「齊梁及陳隋，衆作等蟬噪」語，不敢議，亦不敢從』。又謂『論道當嚴，取人當恕』。其言皆可取。惟譏杜牧《赤壁》詩爲不説社稷存亡，惟説二喬，不知大喬，孫策婦，小喬，周瑜婦，二人入魏，即是吴亡。又以適怨清和解李商隱《錦瑟》詩，亦未爲確。中雜以神怪夢幻，尤近小説。取其大旨之正可也。

【今案】影印文淵閣《四庫全書》第一四七八册第九〇七頁書前提要。《文溯閣四庫全書提要》卷一一一集部三三詩文評類一，第三九一八頁。《文津閣四庫全書提要匯編》集部九詩文評類，第一〇〇五頁。《四庫全書簡明目録》卷二〇集部九詩文評類，第八七四頁。《四庫全書總目》卷一九五集部四八詩文評類一，第一七八二頁下。

《竹坡詩話》一卷

宋周紫芝撰。周必大《二老堂詩話》辨『金鎖甲』一條，稱《紫芝詩話》百篇，今本惟存八十條，又『山海經詩』一條，稱《竹坡詩話》第一卷，則必有第二卷矣，蓋殘缺也。必大嘗譏其解『緑沉金鎖』之疏失，又譏其論陶潛『刑天舞干戚』句剿襲曾纮之説〔一〕，又譏其『論《譙國集》』一條，皆中其失。他如論王維襲李嘉祐詩，亦沿李肇《國史補》之誤。其論柳宗元身在刀山之類，亦近於惡謔。然如辨《嘲鼾睡》非韓愈作，辨『留春不住』詞非王安石作，辨韓愈《調張籍》詩非爲元稹作，皆有特見。其餘亦頗多可採。中有李白、柳公權與文宗論詩一條，時代殊不相及，則傳寫之誤也。

【校記】

〔一〕刑　案《四庫全書總目》卷一九五同條作『形』。

【今案】影印文淵閣《四庫全書》第一四八〇册第六六五頁書前提要。《文溯閣四庫全書提要》卷一一一集部三三詩文評類一，第三九三三頁。《文津閣四庫全書提要匯編》集部九詩文評類，第一〇一八頁。《四庫全書簡明目録》卷二〇集部九詩文評類，第八七八頁。《四庫全書總目》卷一九五集部四八詩文評類一，第一七八六頁下。

《冷齋夜話》十卷

宋僧惠洪撰。惠洪字覺範，俗姓彭，筠州人。以醫識張商英。大觀中，入京乞得祠部牒。爲僧時，有郭天信曉方術，嘗識徽宗於潛邸，及即位，遂獲幸，商英頗與交結，而洪往來於其間。未幾，張、郭得罪，洪決配朱崖。所著《冷齋夜話》亦詩話之類，間有及於典故者。晁公武謂其多妄誕偽托。陳善指山谷《西江月》詞『日側金盤墜影』一首謂是所贋作，載於《冷齋夜話》。又《宋百家詩選》云《冷齋夜話》中偽作山谷贈洪詩：『韻勝不減秦少觀，氣爽絶類徐師川』。今本無此兩篇，豈後人刪削之耶？

【今案】影印文淵閣《四庫全書》第八六三册第二三七頁書前提要。《文溯閣四庫全書提要》卷六八子部二〇雜家類四，第二二二一頁。《文津閣四庫全書提要匯編》子部一〇雜家類三，第五一五頁。《四庫全書簡明目録》卷一三子部一〇雜家類，第四八九頁。《四庫全書總目》卷一二〇子部三〇雜家類四，第一〇三八頁下。

《紫薇詩話》一卷

宋吕本中撰。多記交游間所作及其家世舊聞。本中作《江西宗派圖》，力主黄、陳之學，而此所載詩乃兼採李商隱，不拘一格。馮舒、馮班一以生硬杈枒詬之，亦不盡然。中亦間及文字，不盡説詩，蓋論詩而泛濫及之。惟吴儔諧謔一賦，可以不載耳。

【今案】影印文淵閣《四庫全書》第一四七八册第九二七頁書前提要。《文溯閣四庫全書提要》卷一一一集部三三詩文評類一，第三九一九頁。《文津閣四庫全書提要匯編》集部九詩文評類，第一〇〇六頁。《四庫全書簡明目録》卷二〇集部九詩文評類，第八七四頁。《四庫全書總目》卷一九五集部四八詩文評類一，第一七八三頁上。

《二老堂詩話》一卷

宋周必大撰。後人於《平園集》中摘出别行，凡四十六條。必大學問博洽，又熟於掌故，故所論多主於考證。如『王禹偁不知貢舉』一條，『劉禹錫淮陰行』一條，『歐陽修詩報班齊』一條，又『陸游説蘇軾詩』一條，『周紫芝論金鎖甲』一條，『司空山李白詩』一條，『杜甫詩閑殷闌韻』一條，皆極精審。至於『奚斯作頌』一條，偏生楊雄之説[一]。『梅萼墜素』一條，牽合韓愈之語，皆未免偏執。又辨『縹緲』字一條，知引蘇軾詩，而不知出王延壽《靈光殿賦》。辨『一麾江海』一條，知不本顔延之詩[二]，而不知出於崔豹《古今注》。是皆援據偶疏者，然究之，非學有本原者不能作也。

【校記】

[一]楊　案《四庫全書總目》卷一九五同條作『揚』。

[二]延　底本原作『壽』，誤，兹據《四庫全書總目》卷一九五同條改。

【今案】影印文淵閣《四庫全書》第一四八〇册第七〇九頁書前提要。《文溯閣四庫全書提要》卷一一一集部三三詩文評類一，第三九三六頁。《文津閣四庫全書提要匯編》集部九詩文評類，第一〇二〇頁。《四庫全書簡明目録》卷二〇集部九詩文評類，第八七九頁。《四庫全書總目》卷一九五集部四八詩文評類一，第一七八七頁中。

《石林詩話》一卷

宋葉夢得撰。夢得，蔡京客，故一卷之中，推重王安石者不一而足。而於歐陽修詩，一則摘其評《河豚》詩之誤，一則摘其語有不倫，亦不復改，一則摭其疑『夜半鐘聲』之誤。於蘇軾，一則譏其『繫懣割愁』之句爲險諢，一則譏其『捐三尺字』及『亂蛙兩部』句爲歇後，一則譏其失李廌，一則譏其不能聽文同，一則譏其『石建牏廁』之誤。皆有所抑揚於其間。蓋夢得出蔡京之門，而其婿章沖則章惇之孫，故於公論大明之後，尚陰抑元祐諸人。然夢得詩文，實南、北宋間之巨擘，其所評論往往深中窾會，終非他家聽聲之見，隨人爲是非者也。

【今案】影印文淵閣《四庫全書》第一四七八册第九八五頁書前提要。《文淵閣四庫全書提要》卷一一一集部三三詩文評類一，第三九二二頁。《文津閣四庫全書提要匯編》集部九詩文評類，第一〇〇八頁。《四庫全書簡明目録》卷二〇集部九詩文評類，第八七五頁。《四庫全書總目》卷一九五集部四八詩文評類一，第一七八三頁下。

《滄浪詩話》一卷

宋嚴羽撰。首詩辯，次詩體，次詩法，次詩評，次考証，凡五則，末附《與吴景仙論詩書》。大指以盛唐爲宗[一]，主於妙悟，故以如空中音，如象中色，如鏡中花，如水中月，如『羚羊挂角，無迹可尋』爲詩家之極則。明胡元瑞比之達摩西來，獨闢禪宗。而馮班作《嚴氏糾繆》，至詆爲囈語。要其時以宋代之詩競涉論宗，故爲一家言，以救一時之弊。後人輾轉承流，漸至於浮光掠影，初非羽之所及知，譽者太過，毁者亦太過也。

【校記】

[一]指　案《四庫全書總目》卷一九五同條作『旨』。

【今案】影印文淵閣《四庫全書》第一四八〇册第八〇九頁書前提要。《文淵閣四庫全書提要》卷一一一集部三三詩文評類一，第三九三九頁。《文津閣四庫全書提要匯編》集部九詩文評類，第一〇二二頁。《四庫全書簡明目録》卷二〇集部九詩文評類，第八七九頁。《四庫全書總目》卷一九五集部四八詩文評類一，第一七八八頁上。

《唐詩紀事》八十一卷

宋計有功撰。有功字敏夫，其始末未詳。李心傳《繫年要録》載[一]：『紹興五年秋七月戊子，右承議郎新知簡州計有功，提舉兩浙西路常平茶鹽公事。有功，安仁人，張浚從舅也。』又考郭印《雲溪集》有《和計敏夫留題雲溪》詩，曰：『知君絶學謝雲編，語默行藏不礙禪。親到雲溪重説偈，天開地闢見純全。』則敏夫爲南渡時人。詳印詩意，蓋耽味禪悦之士。而是集乃留心風雅，採摭繁富，於唐一代詩人，或録名篇，或紀本事，兼詳其世系爵里，凡一千一百五十家。唐人詩集不傳世者，多賴是書以存。其某篇爲某集所取者，如《極元(玄)集》《主客圖》之類，亦一一詳注。今姚合之書猶存，張爲之書獨藉此編以見梗概，猶可考其孰爲主，孰爲客，孰爲及門，孰爲升堂，孰爲入室。則其輯録之功，亦不可没也。惟其中多委巷之談，如謂李白微時曾爲縣吏，并載其牽牛之謔、溺女之篇，俳諧猥瑣，依托顯然，是則榛楛之勿剪耳。

【校記】

[一]繫年要録　底本原作『《繫年要》』，脱一『録』字，兹據《四庫全書總目》卷一九五同條及卷四七史部編年類『《建炎以來繫年要録》二百卷』條補。

【今案】影印文淵閣《四庫全書》第一四七九册第二七三頁書前提要。《文溯閣四庫全書提要》卷一一一集部三三詩文評類一，第三九二八頁。《文津閣四庫全書提要匯編》集部九詩文評類，第一〇一四頁。《四庫全書簡明目録》卷二〇集部九詩文評類，第八七七頁。《四庫全書總目》卷一九五集部四八詩文評類一，第一七八五頁中。

《娱書堂詩話》一卷

宋趙與虤撰。『虤』字，《集韻》音『牛閑切』，《説文》訓爲虎怒，故其字爲威伯。以《宋史・宗室表》連名次第考之，蓋太祖十世孫也。書中多稱陸游、楊萬里、樓鑰晚年之作，又引《雲谷雜記》，是寧宗以後人矣。觀其所論大抵以神韻脱灑爲宗。其引楊萬里《千岩摘稿序》及姜堯章《白石詩稿》自序，頗以江西宗派爲未善，其宗旨可知。殆當宋元之交，詩派將變之時乎。

【今案】影印文淵閣《四庫全書》第一四八一册第四六一頁書前提要。《文溯閣四庫全書提要》卷一一一集部三三詩文評類一，第三九四一頁。《文津閣四庫全書提要匯編》集部九詩文評類，第一〇二四頁。《四庫全書簡明目録》卷二〇集部九詩文評類，第八八〇頁。《四庫全書總目》卷一九五集部四八詩文評類一，第一七八八頁中。

《鳴鶴餘音》八卷

舊本題仙游山道士彭致中編，不詳時代。採輯唐以來羽流所著詩餘，至元而止，疑爲明人也。所録多方外之言，不以文字工拙論，而寄托幽曠，亦時有可觀。

【今案】《四庫全書總目》卷二〇〇集部五三詞曲類存目，第一八三二頁下。

《尊前集》二卷

不著撰人名氏。前有萬歷（曆）間嘉興顧梧芳序，云：『余愛《花間集》，欲播傳之，而余斯編，第有類焉。』似即梧芳所輯。故毛晋亦謂梧芳採録名篇，釐爲二卷。而朱彝尊跋則謂於吴下得吴寬手抄本，取顧本勘之，詞人之先後，樂章之次第，靡有不同，因定爲宋初人編輯。今觀所録，與《花間集》不甚相遠，迥非明季之門徑，彝尊説當可信云。

【今案】影印文淵閣《四庫全書》第一四八九册第六七頁書前提要。《文溯閣四庫全書提要》卷一一四集部三六詞曲類二，第四〇四一頁。《文津閣四庫全書提要匯編》集部一〇詞曲類，第一一〇〇頁。《四庫全書簡明目録》卷二〇集部一〇詞曲類，第九〇〇頁。《四庫全書總目》卷一九九集部五二詞曲類二，第一八二三頁中。

《花庵詞選》十卷[一]

宋黄昇編[二]。昇字叔暘，號花庵，又號玉林，嘗爲魏慶之作《詩人玉屑序》。自書其名，乃作『昇』，未詳孰是也。所選詞自唐迄南宋，凡四千三百餘首，視《花間》《草堂》諸選，搜羅較廣，於作者姓氏下各綴數語，略具始末。《草堂詩餘》刻本多訛字及失名者，此猶舊本，可以互相考証云。

【校記】

[一]十卷　案《四庫全書總目》卷一九九同條作『二十卷』。

[二]黄昃　案《四庫全書總目》卷一九九同條作『黄昇』。

【今案】影印文淵閣《四庫全書》第一四八九册第三〇五頁書前提要。《文溯閣四庫全書提要》卷一一四集部三六詞曲類二，第四〇四頁。《文津閣四庫全書提要匯編》集部一〇詞曲類，第一一〇二頁。《四庫全書簡明目録》卷二〇集部一〇詞曲類，第九〇一頁。《四庫全書總目》卷一九九集部五二詞曲類二，第一八二四頁上。

《群賢梅苑》十卷

是書録後唐至宋末詠梅之詞，按調類編，不以世代爲次。卷首題爲國朝吴江朱鶴齡輯，前有鶴齡自序。考錢曾《讀書敏求記》，載《梅苑》十卷，引宋王炎語，謂爲其友黄載方所輯，又謂《聲聲慢》一調，編中俱作《勝勝慢》。今是編卷數、篇數悉與符合，其第六卷首列無名氏一闋，亦作《勝勝慢》，殆即載方之書，傳寫者誤題爲鶴齡耶？獨所載鶴齡自序一篇，又似非誤。然鶴齡與曾同時，所學雖彼此柢牾，而亦互相考証，未廢往還。使果鶴齡所作，曾不容不知，曾作是記，鶴齡亦不容不見，斷無一以其友新著之書指爲古人，一以其友著録之書攘爲己有者。疑爲鶴齡以博洽名，人重其書，好事者僞造是序，托名以售也。

【今案】《四庫全書總目》卷二〇〇集部五三詞曲類存目，第一八三三頁中。

《蜕巖詞》二卷

元張翥撰，廬陵釋大杼所編。大杼號北山，與翥友善，即編翥《蜕庵詩集》者也。史稱翥尤工長短句，其詞皆聲情婉麗，有柳、周遺韻，集中惟《止酒・行香子》五首近辛棄疾格[一]。

【校記】

[一]止酒行香子　案『止酒』爲詞題，『行香子』爲詞調，故似爲『行香子止酒』之倒文。

【今案】影印文淵閣《四庫全書》第一四八八册第六五七頁書前提要。《文溯閣四庫全書提要》卷一一四集部三六詞曲類二，第四〇三九頁。《文津閣四庫全書提要匯編》集部一〇詞曲類，第一〇九七頁。《四庫全書簡明目録》卷二〇集部一〇詞曲類，第九〇〇頁。《四庫全書總目》卷一九九集部五二詞曲類二，第一八二二頁下。

《花間集》十卷

後蜀趙崇祚編。崇祚字宏（弘）基，蜀人。官至衛尉少卿。詩餘體變自唐，而盛行於五代，選本之中以此集爲最古。陳振孫謂所録「自温庭筠而下十八人，凡五百首」。今逸其二，坊刻妄有增加，殊失其舊。此爲毛晉以家藏宋鋟本重刊，前有歐陽炯序，後有陸游跋。

【今案】影印文淵閣《四庫全書》第一四八九册第六頁書前提要。《文溯閣四庫全書提要》卷一一四集部三六詞曲類二，第四〇四一頁。《文津閣四庫全書提要匯編》集部一〇詞曲類，第一〇九九頁。《四庫全書簡明目録》卷二〇集部一〇詞曲類，第九〇〇頁。《四庫全書總目》卷一九九集部五二詞曲類二，第一八二三頁上。

《蕉窗葸隱詞》一卷

元吴瑄撰。瑄爵里無考。詞中有和舒穆爾元帥壽、舒穆爾公及處州題咏諸作，蓋至正末舒穆爾宜孫提兵守處州時，嘗在其幕府者，與明代編《古今逸史》之吴瑄同姓名，非一人也。其詞頗工而世少流傳。朱彝尊選《詞綜》并未著録。又集句爲詞，惟王明清《揮麈録》載王安石一首[一]，瑄所集《生查子》《菩薩蠻》詞數十首，組織無迹，似更勝之。彝尊《藩錦集》即承是體而作也。

【校記】

[一]揮麈 底本原作「暉麈」，誤，兹據本書史部雜史類「《揮麈前録》四卷」等四種條、《直齋書録解題》卷一一小説家類「《揮麈録》三卷」等四種條及《四庫全書總目》卷一四一子部小説家類「《揮麈前録》四卷」等四種條改。

【今案】《四庫全書總目》卷二〇〇集部五三詞曲類存目，第一八三一頁中。

《詩餘圖譜》三卷、《附録》二卷

明張綖撰。綖字世文，高郵人。官至光州知州。是編取宋人歌詞，擇聲調合節者一百十首，彙而譜之。列圖其平仄於前，而綴詞於後。有當平當仄，可平可仄二例。而往往不據古詞，意爲填註。於古人故爲拗句以取亢墜之節者，多改諧詩句之律。又校讎不精，所謂黑圈爲仄，白圈爲平，半黑半白圈爲平仄通者，亦多混淆，殊非善本，宜爲萬樹《詞律》所譏。末附秦觀詞及綖所作詞各一卷，尤爲不倫。

【今案】《四庫全書總目》卷二〇〇集部五三詞曲類存目，第一八三五頁上。

《詞林萬選》四卷

明楊慎輯。所録自唐迄宋凡百餘家，任良幹序，云『皆《草堂詩餘》所未收者』。今觀集中與《草堂》本互見者不一而足，良幹殆未詳檢。然搜羅簡汰，頗較《草堂》本爲善，蓋慎原工於詞章也。

【今案】《四庫全書總目》卷二〇〇集部五三詞曲類存目，第一八三二頁下。

《詞學全書》十四卷

國朝海寧查培繼編[一]。以毛先舒《填詞名解》四卷、王又華《古今詞論》一卷、賴以邠《填詞圖譜》六卷《續集》一卷、仲恒《詞韻》二卷彙爲一編，無所發明考正。其中賴氏《圖譜》以私意填註平仄，動乖古法。宜興萬樹作《詞律》，摘其紕繆至多，尤不足據爲典要。

【校記】

［一］查培繼　案《四庫全書總目》卷二〇〇同條作『查繼超』。

【今案】《四庫全書總目》卷二〇〇集部五三詞曲類存目，第一八三五頁下。

《粵風續九》四卷

國朝吴淇編。淇爲潯州推官時，採其土人歌謡，又附猺、狼、獞歌數種，彙爲一編。其云《續九》者，屈原有《九章》《九歌》，擬以此續之也。前有淇自序，卷首有孫芳桂撰《劉三妹傳》，云是始造歌者，其説荒怪，不足信也。

【今案】《四庫全書總目》卷二〇〇集部五三詞曲類存目，第一八三三頁下。

《南曲入聲客問》一卷

國朝毛先舒撰。初，先舒撰《南曲正韻》一書，凡入聲俱單押，不雜平、上、去三聲。復著此卷，謂南曲入聲俱可作平、上、去押，設爲客問，以達其説。

【今案】《四庫全書總目》卷二〇〇集部五三詞曲類存目，第一八三六頁下。

《選聲集》三卷、附《詞韻簡》一卷

國朝吴綺撰。綺字薗次，江都人。官至湖州府知府。是編小令、中調、長調各一卷，皆五代、宋人之詞，標舉平仄以爲式。其字旁加方匡者，皆可平可仄之字，餘則平仄不可易者也。其法仍自《填詞圖譜》而來。其第一體、第二體之類，亦從其舊。後附《詞韻簡》一卷，皆祖沈謙、毛先舒之説。蓋取便携閲而已，無大創作也。

【今案】《四庫全書總目》卷二〇〇集部五三詞曲類存目，第一八三三頁下。

附録

《四庫全書》版本調换問題的新例證
——基於《四庫全書初次進呈存目》的探究

摘要：《四庫全書》是中國封建社會最後一部卷帙浩繁的官修叢書，它的編纂對於保存我國重要的文化典籍起到了至關重要的作用。在《四庫全書》的編纂過程中，有些先被抄入《四庫全書》并由四庫館臣撰寫提要而著録於《四庫全書總目》的圖書，後來發現了更好的版本，于是館臣對這些書的版本進行了調换，并對這些書的提要的版本論述部分進行了相應的修改。這種情况，在『四庫學』研究領域早已達成了共識，而沉埋在故紙堆裏兩百多年的鮮爲人知的《四庫全書初次進呈存目》於2012年12月由臺灣商務印書館和臺灣『國家圖書館』聯合影印出版，它所包含的資料信息正可爲此共識再提供大量更真實、更直接的佐證。

關鍵詞：四庫全書；四庫全書總目；四庫全書初次進呈存目；版本調换

一

今藏於臺北『國家圖書館』的《四庫全書初次進呈存目》（以下簡稱《初次進呈存目》），是一部沉埋兩百餘年、鮮爲人知的書稿。它與《四庫全書總目》（以下簡稱《總目》）密切相關：雖非完秩，卻四部俱全；雖尚無統一體例，卻初具《總目》提要的雛形。夏長樸先生認爲此書『是《四庫全書》開館編書以來，爲進呈清高宗御覽核示，各書提要的首次合編成册，可以説是提要的原始面貌，雖無《總目》之名，卻有《總目》之實』。[一]由於《初次進呈存目》編訂時間較早，處於《四庫全書》提要分纂稿向《總目》提要的過渡階段，因此《初次進呈存目》的問世彌補了《四庫全書》提要分纂稿存世數量有限的不足，爲研究《總目》提要的編纂提供了較爲原始的材料，可在一定程度上推動『四庫學』的進一步發展。

由於《四庫全書》及《總目》的編纂工程浩大，工期漫長，因而涉及的圖書數量非常龐雜繁多。所以，要把天下圖書搜羅徵集起來，不是短期内就能一次性完成的，瀏覽當時各地初次進上、二次進上、三次進上等等分批送呈的書目，便可窺見一斑。即使這樣，仍有遺漏的圖書，如後來阮元所進呈的《四庫未收書》一百七十四種，就是明證之一。而且，在浩繁的古籍中，一種圖書存在多種版本是普遍的現象，這就引出了版本的優劣問題。因此，四庫館臣在整理編纂過程中，發現有些先被整理録入《四庫全書》并撰寫了提要的圖書，在後來採集到了更好的版本，從而對這些書的版本進行了調換，并對這些書的提要的版本論述部分進行了相應的修改。這種情況，在「四庫學」研究領域早已達成了共識，而被掩埋兩百多年的《初次進呈存目》的問世，正可爲此共識再提供更真實、更直接的佐證。

在將《初次進呈存目》與《總目》的相應條目進行對讀的過程中，我們發現，一些著録於《總目》中的同一作者的同一書，其《初次進呈存目》所載卷數與《總目》所載卷數存在較大的差異，而在這些同書同名而卷數不同的書目中，又有小部分圖書的《初次進呈存目》提要和《總目》提要都對其版本源流及撰寫其提要時所使用的版本情況進行了詳細的論述。倘若將這些圖書的《初次進呈存目》提要與《總目》提要進行對讀，不難發現一個事實，即四庫館臣在爲這些書目撰寫《初次進呈存目》提要時所依據的底本與爲《總目》撰寫提要時所依據的底本不盡相同，這恰恰説明了著録於《總目》中的某些圖書所依據的底本在編纂過程中進行過調换。

二

在這部分提要中，要數歸入集部別集類的《竹友集》提要最具有典型性和代表性，現將其《初次進呈存目》提要與《總目》提要羅列如下，以便於比較説明。

《初次進呈存目》集部別集類六「《竹友集》四卷」提要：

宋謝薖撰。薖字幼槃，臨川人。逸之從弟，江西詩派二十五人之一也，與逸齊名，號曰「二謝」。逸所撰《溪堂集》，世久不傳，僅散見《永樂大典》中。惟薖集猶存。然王士禎（禛）《居易録》載《竹友集》十卷：詩七卷、雜文三卷。此本乃止詩四卷，則又佚其六卷矣。士禎（禛）評其詩曰：「在江西派中，亦清逸可喜。然涪翁沉雄豪健之氣，則去之遠矣。」又稱《顔魯公祠堂》《十八學士圖》諸長歌，及「尋山紅葉半旬雨，過我黄花三徑秋」句、「靡靡江蘺只唤愁」一詩，持論皆允。至所稱「挼挲蕉葉展新緑，從臾榴花開晚紅」、「瘦藤拄下萬峰頂，老鶴歸來千歲巢」，則殊不盡薖所長。蓋一時興到之言，非篤論也。[三]523

《總目》卷一五五集部八别集類八『《竹友集》十卷(編修汪如藻家藏本)』提要：

宋謝薖撰。薖字幼槃，臨川人。《宋史·藝文志》、陳振孫《書録解題》載薖《竹友集》俱作十卷。而世所行本止四卷，又有詩無文。蓋流傳僅存，已多闕佚。此本乃明謝肇淛從内府鈔出，凡古詩四卷、律詩三卷、雜文三卷。與宋時卷數相合，蓋猶舊本。卷末有紹興壬申撫州州學教授建康苗昌言題識，稱『二謝文集合三卷，邦之學士欲刊之而未能。朝議大夫趙士鵬來守是邦，始命勒其書於學官，以稱邦人之美意』。詳其詞氣，蓋與謝逸《溪堂集》同時授梓，故吕本中原跋亦總二集而言之也。本中稱薖詩似謝元暉，不免譽之太過。劉克莊《詩話》則謂薖視逸差苦思，而合元暉者亦少。王士禎(禛)《居易録》又謂薖在江西派中，亦清逸可喜。然涪翁沈雄剛健之氣，去之尚遠。所評騭俱爲不誣。士禎(禛)又極稱其《顔魯公祠堂》《十八學士圖》諸長歌，及『尋山紅葉半旬雨，過我黄花三徑秋』二句、『靡靡江蘺只唤愁』一詩。持論亦屬允當。至所稱『挼挲蕉葉展新緑，從臾榴花開晚紅』、『瘦藤拄下萬峯頂，老鶴來歸千歲巢』，則殊不盡薖所長。蓋一時興到之言，非篤論也。[三]1339

《初次進呈存目》提要在述及《竹友集》一書的版本源流及撰寫提要所據的版本情况時，這樣寫道：『王士禎(禛)《居易録》載《竹友集》十卷：詩七卷、雜文三卷。此本乃止詩四卷，則又佚其六卷矣。』而《總目》提要則説：『《宋史·藝文志》、陳振孫《書録解題》載薖《竹友集》俱作十卷。而世所行本止四卷，又有詩無文。蓋流傳僅存，已多闕佚。此本乃明謝肇淛從内府鈔出，凡古詩四卷、律詩三卷、雜文三卷。與宋時卷數相合，蓋猶舊本。』可見在撰寫《竹友集》提要之初，所依據的底本是『有詩無文』、『佚其六卷』的殘本，也就是《總目》提要中所説的『世所行本』，而隨着《四庫全書》及《總目》編纂工作的繼續推進，四庫館採集到了更稱精善的《竹友集》足本，即《總目》提要中所説的明人謝肇淛從内府鈔出而『與宋時卷數相合』之十卷本，於是館臣便對《竹友集》的底本進行了調换，將謝肇淛從内府鈔出的十卷本作爲收入《四庫全書》的底本，并對《總目》提要進行了改寫。

翻檢影印文淵閣《四庫全書》第一一二二册中的《竹友集》，確實爲十卷，也如《總目》提要所説：『凡古詩四卷、律詩三卷、雜文三卷。』但當閲讀書前提要時，卻發現了一個令人啼笑皆非的嚴重問題：館臣雖已調换了《竹友集》的底本，卻並未將此集的文淵閣本書前提要另行改寫，在提要中另稱『此本乃止詩四卷，則佚者又過半矣』。現將書前提要全録出如下：

臣等謹按：《竹友集》十卷。宋謝薖撰。薖字幼槃，臨川人。江西詩派二十五人之一也。與從兄逸齊名，號曰『二謝』。逸所撰《溪堂集》，久佚不傳，僅散見《永樂大典》中。惟薖集猶存於世。然王士禎(禛)《居易録》載《竹友集》十卷：詩七卷、雜文三卷。此本乃止詩四卷，則佚者又過半矣。士禎（禛）評其詩曰：「在江西派中，亦清逸可喜。然涪翁沉雄豪健之氣，則去之遠矣。」又稱其《顔魯公祠堂》《十八學士圖》諸長歌，及「尋山紅葉半旬雨，過我黄花三徑秋」二句、「靡靡江蘺只唤愁」一詩，持論皆允。至所稱「挼挲蕉葉展新緑，從臾榴花開晚紅」、「瘦藤拄下萬峰頂，老鶴來歸千歲巢」，則殊不盡邁所長。蓋一時興到之言，非篤論也。乾隆四十一年十月恭校上。[四]559

將文淵閣本書前提要與《初次進呈存目》提要兩相比對，不難看出，文淵閣本書前提要僅僅將所題卷數由「四卷」改爲「十卷」，并在《初次進呈存目》提要的基礎上，對個別字詞稍加潤色。除此之外，文淵閣本書前提要與《初次進呈存目》提要在内容上完全一致，也稱「此本乃止詩四卷，則佚者又過半矣」。這個嚴重的錯誤在文溯閣《四庫全書》中仍然存在，館臣依舊沿用此集的文淵閣本書前提要。請看文溯閣本書前提要：

臣等謹案：《竹友集》十卷。宋謝邁撰。邁字幼槃，臨川人。逸之從弟，江西詩派二十五人之一也，與逸齊名，號曰「二謝」。逸所撰《溪堂集》，久佚不傳，僅散見《永樂大典》中。惟邁集猶存於世。然王士禎（禛）《居易録》載《竹友集》十卷：詩七卷、雜文三卷。此本乃止詩四卷，則又佚其六卷矣。士禎（禛）評其詩曰：「在江西派中，亦清逸可喜。然涪翁沉雄豪健之氣，則去之遠矣。」又稱其《顔魯公祠堂》《十八學士圖》諸長歌，及「尋山紅葉半旬雨，過我黄花三徑秋」二句、「靡靡江蘺只唤愁」一詩，持論皆允。至所稱「挼挲蕉葉展新緑，從臾榴花開晚紅」、「瘦藤拄下萬峰頂，老鶴來歸千歲巢」，則殊不盡邁所長。蓋一時興到之言，非篤論也。乾隆四十七年四月恭校上。[五]731

可見文溯閣本書前提要雖稱「臣等謹案：《竹友集》十卷」，但犯了和文淵閣書前提要一樣的錯誤，仍説「此本乃止詩四卷」。文源閣《四庫全書》早已和圓明園一起化爲了灰燼，這實在是中國古代優秀文化典籍的巨大損失。無法觀覽文源閣《四庫全書》，注定成爲學界永遠無法彌補的遺憾，而對於這個問題，自然也無法從中尋找線索。直到文津閣《四庫全書》成書時，此問題才被館臣發現。文津閣《四庫全書》中的《竹友集》提要這樣寫道：

臣等謹案：《竹友集》十卷。宋謝邁撰。邁字幼槃，臨川人。逸之從弟，江西詩派二十五人之一也，與逸齊名，號曰「二謝」。逸所撰《溪堂集》久佚不傳，僅散見《永樂大典》中。惟邁集猶存於世。王士禎（禛）評其詩曰：「在江西派中，亦清逸可喜。然涪翁沉雄豪健之氣，則去之遠矣。」又稱其《顔魯公祠堂》《十八學士圖》諸長歌，及「尋山紅葉半旬雨，過我黄花三徑秋」二句、「靡靡江蘺只唤愁」一詩，持論皆允。至所稱『授箏蕉葉展新緑，從臾榴花開晚紅』、『瘦藤拄下萬峰頂，老鶴來歸千歲巢』，則殊不盡邁所長。蓋一時興到之言，非篤論也。乾隆四十九年閏三月恭校上。[六]210

從上引提要可知，館臣雖然發現了問題，但採取的補救辦法卻是乾脆把《竹友集》的版本源流及使用版本的情況略去不叙，僅在提要開頭稱『臣等謹案：《竹友集》十卷』。

《竹友集》的文淵閣本書前提要之所以出現如此嚴重的紕漏，當是館臣一時疏忽，未依據已調换了的底本重新撰寫提要，而僅將所題卷數進行了改正，仍沿襲《初次進呈存目》提要即依據舊版本所撰提要所致。這個問題在此書的文溯閣本書前提要中依舊存在，直到文津閣本書前提要才得以改正。由此，足可證明《四庫全書》中《竹友集》一書的底本確實在編纂過程中做了調换。

除了《竹友集》外，北宋著名政治家、史學家司馬光所撰《涑水記聞》（也作《涑水紀聞》）一書，也存在着底本調换的情況。《初次進呈存目》史部雜史類『《涑水紀聞》十卷』條提要云：

宋司馬光撰。光嘗與劉恕議取實録、正史，旁採異聞，作《資治通鑒後紀》，此編蓋以備《後紀》之用也。其中，間載流俗傳聞之説，朝士詼諧之語，不必盡關史事者。疑當日隨筆劄記，尚未及一一刊削也。後其曾孫侍郎伋以所書吕夷簡事，欲燬其板，而陳振孫《書録解題》又深以伋之燬板爲非，聚訟紛紜，迄無定論。要其可據者多，未可以一二小節廢也。此書世有二本，一本不分卷，一本作十卷，與《通考》合。[二]129

提要認爲《涑水記聞》世傳兩種版本，一種不分卷，而另一種則是十卷本，此十卷本與馬端臨《文獻通考》所載相吻合。可見《初次進呈存目》所依據的版本應爲十卷本。而《總目》卷一四〇子部小説家類同條提要則稱此書爲十六卷，并有一段對此書版本源流及所採用底本情況的詳細介紹，兹録於下：

其書，《宋史·藝文志》作三十卷，《書録解題》作十卷。今所傳者凡三本，其文無大同異，而分卷則多寡不齊。一本十卷，與陳氏目録合。一本二卷，不知何人所併。一本十六卷，又《補遺》一卷，而自九卷至十三卷所載往往重出，失於刊削。蓋本光未成之稟，傳寫者隨意編録，故自宋以來，即無一定之卷數也。今參稽釐訂，凡一事而詳略不同，可以互證者，仍存備考。凡兩條複見，徒滋冗贅者，則竟從删定。著爲一十五卷。其《補遺》一卷，或疑即李燾所謂《日記》。……今仍併入此書，共爲一十六卷。以較舊本卷數雖殊，要於光之原書無所闕佚也。[三]1190

此書的《總目》提要相較於《初次進呈存目》提要，對版本源流的考訂叙述更爲翔實。《總目》提要認爲《涑水記聞》有三種不同的版本：一種是與馬端臨《文獻通考》和陳振孫《直齋書録解題》所載卷數相同的十卷本，也是此書在《初次進呈存目》提要撰寫時所依據之底本，即最初收入《四庫全書》之本；一種是不知被何人所合併的二卷本；還有一種即是《總目》提要撰寫時所依據的十六卷本。根據館臣在提要中的叙述，此十六卷本應當爲「光未成之稿」，也是最接近於該書原始面貌的稿本，遂稱此本「較舊本卷數雖殊，要於光之原書無所闕佚也」，認爲十六卷本是《涑水記聞》的足本。正是由於館臣認爲十六卷本是一部「於光之原書無所闕佚」的足本，價值較他本尤高，因而將《涑水記聞》一書的底本由十卷本調換爲十六卷本，並爲之重新撰寫了提要。

翻檢影印文淵閣《四庫全書》第一〇三六册中的《涑水記聞》書前提要，發現書前提要的内容與《總目》提要差異甚小，因而可知此書的底本及其提要均已調换一致，而未出現如《竹友集》一樣的紕漏。

此外，經部中所著録的《淙山讀周易記》也是在《四庫全書》纂修過程中調换了底本。《初次進呈存目》經部易類「《淙山讀周易記》八卷」條提要這樣寫道：「《經義考》又引曹溶之言曰：《宋志》八卷，《澹生堂目》作十卷，《聚樂堂目》作十六卷。今本不分卷，不知孰合之。此本仍作八卷，則猶從宋刻録出也。」[二]73 而此書的《總目》提要則説：「《經義考》又引曹溶之言曰：《宋志》八卷，《澹生堂目》作十卷，《聚樂堂目》作十六卷。今世所行凡二本，一本不分卷，不知孰合之。此本凡《上經》八卷，《下經》八卷，《系辭》二卷，《序卦》《説卦》《雜卦》各一卷，又不知誰所分也。」[三]19 兩相比較，可見此書最初著録時採用的版本是與《宋史·藝文志》所載相合的八卷本，《初次進呈存目》提要稱其「猶從宋刻録出」。而此書在《四庫全書》中所採用的最終版本是「不知誰所分」的二十一卷本，而此書的文淵閣《四庫全書》書前提要與《總目》提要别無二致，都稱其書二十一卷。可見《淙山讀周易記》和《涑水記聞》一樣，所用版本在《四庫全書》編纂過程中經過調换，而且在調换後又對提要所叙版本情況進行了相應的修改。

綜上所述，我們可以認爲，部分收入《四庫全書》中的圖書之底本曾在《四庫全書》編纂的過程中進行過調换。之所以會對版本進行調换，是因爲館臣對於《四庫全書》編纂之初著録的版本有所不滿，而隨着編纂工作的深入，採集到了同書更好的版本，因此，對原收録之書的版本進行調换，這在一定程度上體現出館臣對於選擇古籍版本的認識與態度。

三

收録之書的底本精善與否，對《四庫全書》的編纂質量有着十分重要的影響，若底本使用的是殘缺不全、訛誤較多的版本，將難以起到沾溉後世、嘉惠學林之功。因此，在圖書的版本選擇上，館臣還是十分重視的。由上文三例觀之，不難發現，最終收録於《四庫全書》的《竹友集》《涑水記聞》和《淙山讀周易記》三部圖書的版本，具有一個共同特徵，即都是卷帙完足的版本。《竹友集》從四卷本更换爲十卷本，《涑水記聞》由十卷本更换爲十六卷本，而《淙山讀周易記》則由八卷本更换爲了二十一卷本。由此不難發現其中的規律，館臣從某書的多種存世版本中選擇出最爲精善的作爲《四庫全書》之底本時，往往選擇卷數多的版本。由此觀之，館臣似乎認爲同一本書的不同版本中，卷數越多的越爲足本，也即是善本。但事實上，并不是卷數最多的便是最爲完整的版本，也不一定是校勘謹嚴的善本。

在《竹友集》的版本選擇上，館臣的判斷是正確的，最初著録的四卷本《竹友集》是『佚其六卷』的殘本，當採集到十卷足本之後，便對《四庫全書》原收録版本進行了調换。但《涑水記聞》的情況便不那麼簡單了。綜合《初次進呈存目》提要和《總目》提要的叙述，可知《涑水記聞》共有四個版本：一種與馬端臨《文獻通考》和陳振孫《直齋書録解題》所載卷數相同的十卷本，一種不分卷本，一種不知爲何人所合併的二卷本，以及十六卷本。在《四庫全書》編纂之初，所用爲十卷本，而最終選擇了其中卷數最爲繁多的十六卷本。館臣之所以最終選擇十六卷本，其實理由很簡單，即認爲此本最接近於此書的原始面貌，而且很明確地提出了此本乃《涑水記聞》的足本，『以較舊本卷數雖殊，要於光之原書無所闕佚也』。但事實上并非如此。鄧廣銘和張希清兩位先生在進行此書的整理、點校工作時，『把《記聞》的各種鈔本和刻本都進行了一番對比，所得的結論是，確實以兩卷本的條目編次爲最好，其中字句的脱漏和錯訛也最少』。[七]21 所以《涑水記聞》當以二卷本最爲精善，今中華書局點校本《涑水記聞》便是以二卷本爲底本。由此可見，館臣將卷數最多的版本視爲最精、最善的足本，有些時候也是存在問題的。

《四庫全書》的編纂是中國文化史上的一大盛事，它是『康乾盛世』的産物，更是中國傳統文化典籍的精粹所在，對於保存我國優秀的文化典籍起到了重要的作用。黄愛平先生在《四庫全書纂修研究》中稱贊《四庫全書》『對清乾隆以前的歷代典籍進行了全面總結和系統整理，在中國文化發展史上寫下了重要的一章』。[八]398《四庫全書總目》則是在《四庫全書》編纂過程中産生的一部目録書，它凝結着清代乾隆時期諸如紀昀、翁方綱、戴震、邵晉涵等衆多著名學者的心血，反映了當時的學術風貌，是我國目録學史上一部影響深遠、意義重大的目録學著作。而《四庫全書初次進呈存目》的現身，對於學界研究《四庫全書》及《四庫全書總目》的編纂成書過程，無疑是一部不可忽視的重要文獻，必將爲『四庫學』繼續深入的研究提供堅實的材料依據。

參考文獻

[一]夏長樸.《四庫全書初次進呈存目》初探——編纂時間與文獻價值[J].漢學研究,2012(2): 165-198.
[二]四庫館臣.四庫全書初次進呈存目[M].臺北: 臺灣商務印書館,2012.
[三]永瑢,等.四庫全書總目[M].北京: 中華書局,1965.
[四]永瑢,等.文淵閣四庫全書[O].清乾隆抄本.
[五]中國公共圖書館古籍文獻編委會.金毓黻手定本文溯閣四庫全書提要[M].北京: 中華全國圖書館文獻縮微複製中心,1999.
[六]四庫全書出版工作委員會.文津閣四庫全書提要匯編[M].北京: 商務印書館,2006.
[七]司馬光.涑水記聞[M].北京: 中華書局,1989.
[八]黃愛平.四庫全書纂修研究[M].北京: 中國人民大學出版社,1989.

(案: 本文原載《學術探索》2015年第3期,在收作本書附錄時,僅對文字略有修訂。)

ISBN 978-7-5613-9107-5
9 787561 391075 >
定價：388.00圓

書名與作者名索引

書名筆畫索引

一畫

一山文集　794
一齋集　852
乙巳泗州録　265

二畫

二老堂詩話　956
二妙集　790
二梅公年譜　261
二程外書　417
二程遺書　424
二須堂詩集　文集　861
二臺稿　847
十一經問答　143
十三經解詁　142
十六國春秋　221
十笏草堂詩選　875
十國春秋　231
七人聯句詩記　278
七克　564
七國考　398
七經小傳　137
人代紀要　220
人物志　527
人瑞録　403
几上語　543
八音摘要　161
九芝集選　835
九華山志　322
九華山志　339
九經字樣　169
九經誤字　144
九圜史圖　462
了翁易説　6

三畫

三才藻異　586
三元參贊延壽書　633
三事忠告　364
三易洞璣　39
三易備遺　16
三洞群仙録　633
三原縣志　333
三國志辨誤　210
三朝北盟會編　214
三朝要典　255
三楚新録　223
三禮考註　83
三禮編繹　85
三禮纂注　89
三蘇文範　921
于忠肅集　734
干禄字書　168
土官底簿　369
才調集　939
下學堂劄紀　422
大易衍説　45

大易輯説　20
大呼集　423
大金集禮　396
大政記　218
大政管窺　585
大唐開元禮　389
大唐創業起居注　405
大唐新語　235
大復集　838
大滌洞天記　319
大樂律吕元聲　161
大駕北還録　250
大學千慮　153
大學本旨　145
大學衍義通略　154
大學發微　145
大藏一覽　639
上天竺山誌　335
上蔡語録　416
小史摘抄　254
小字録　補録　488
小泉集　852
小畜集　682
小爾雅　163
小學紺珠　487
山谷刀筆　788
山谷禪喜集　639
山林清氣集　續集　729
山東通志　329
山海經　307
山海經釋義　圖　348
山窗餘稿　749
山樵暇語　557
千古功名鏡　拾遺　546
千金要方　440
千金要方　458
丸經　497
己酉航海記　240
己酉避亂録　265
子威集　827
女孝經　415

四畫

王子安集　654
王氏家藏集　806
王文肅集　854
王右丞詩集類箋　文集　844
王忠文公集　821
王荆公詩注　698
王校書全集　848
王襄敏集　824
天下同文集　918
天下金石志　374
天文大成管窺輯要　465
天台山志　359
天台縣志　336
天門詩集　文集　879
天府廣記　349
天啓宫中詞　837
天童寺集　338
天經或問前集　464
天鑒録　257
元(玄)女經　468
元(玄)品録　634
元(玄)珠密語　465
元文類　920
元史節要　296
元史闡幽　382

元包　461
元包數總義　461
元羽外編　381
元典章前集　新集　396
元和郡縣志　309
元風雅　919
元音　940
元音遺響　941
元朝名臣事略　267
元詩體要　934
元經　212
元豐類稿　689
元韻譜　190
木天清氣集　855
五木經　493
五代名畫補遺　495
五百家播芳大全文粹　909
五色線　600
五音集韻　183
五倫懿範　424
五國故事　223
五經文字　171
五經說　139
五經稽疑　141
五經繹　140
五經蠡測　141
五雜組　557
支離子集　772
不繫舟漁集　793
太公兵法　429
太平治迹統類　390
太平清話　555
太平惠民和劑局方　442
太平經國之書　79
太平廣記　601
太平寰宇記　317
太白樓集　338
太岳太和山志　336
太素脉法　467
太倉稊米集　698
太常總覽　399
止泉文集　875
止齋文集　679
止齋論祖　716
少石集　808
少陽集　附録　666
少微通鑑節要　215
日本考　339
中山傳信録　356
中山詩話　953
中吴紀聞　314
中庸分章　145
中庸指歸　145
中庸衍義　153
中庸輯略　147
中論　413
中興間氣集　896
内外服制通釋　81
水天閣集　799
水村易鏡　12
水鏡集　750
毛朱詩說　77
毛詩多識編　71
毛詩草木鳥獸蟲魚疏廣要　73
毛詩鳥獸草木　74
毛詩集解　65
毛詩集解　68
毛詩微言　75

仁山集　752
仁齋直指　442
仇池筆記　538
分類補注李太白集　712
公是集　691
月令通考　302
月令廣義　301
月令廣義　302
月覽　570
丹淵集　689
丹溪心法附餘　456
丹霞洞天志　357
勾股引蒙　465
六一詩話　952
六臣注文選　889
六帖補　571
六匌曼　462
六書本義　199
六書故　187
六書故　189
六書索隱　200
六書準　203
六書精蘊　音釋　196
六書賦音義　200
六朝通鑑博議　378
六經正誤　137
六經奧論　141
六經圖　138
六經圖　143
六藝流別　923
文山集　710
文心雕龍　947
文正集　別集　補編　685
文苑英華辨証　898
文苑春秋　923
文府滑稽　614
文定集　704
文房四譜　485
文起堂集　807
文致　934
文章正論　緒論　922
文章善戲　609
文遠集　補遺　821
文溪存稿　673
文肅集　800
文選章句　891
文選補遺　913
文選雙字類要　569
文選纂註　891
文選瀹注　892
文壇列俎　920
文穆集　820
文襄公奏疏　892
文璙清娛　933
文韻考衷六聲會編　195
方氏事迹　252
方是閒居士小稿　716
方洲集　823
方輿勝覽　315
方麓集　821
心易　46
心經附注　418
尺牘清裁　補遺　922
引經釋　153
孔子編年　267
孔孟事迹圖譜　273
孔廟禮樂考　397
孔叢子　425

巴西文集　754

五畫

玉山璞稿　744
玉井樵唱　745
玉茗堂集　815
玉海　574
玉堂漫筆　555
玉堂雜紀　391
玉楮集　711
玉臺新咏箋註　938
玉機微義　457
玉瀾集　790
刊正九經三傳沿革例　138
未齋集　805
示兒編　513
正字通　206
正易心法　468
正楊　519
正楊集　521
正韻彙編　198
甘水仙源録　633
甘白集　861
甘泉集　843
甘澤謡　599
世經堂集　803
艾軒集　附録　782
古今名賢説海　578
古今宗藩懿行考　299
古今貞烈維風什　277
古今通韻　201
古今疏　586
古今藝苑談概上集　下集　619
古今韻會舉要　190
古今鹺略　399
古文孝經指解　135
古文苑　893
古文尚書疏證　59
古文彙編　931
古文關鍵　900
古叶讀　198
古史談苑　293
古林金石表　375
古易世學　40
古易考原　28
古易彙編　29
古周禮　85
古音臘要　197
古書世學　58
古處齋集　872
古雋考略　584
古畫品録　473
古詩選　936
古廉集　附録　854
古賦辨體　912
古樂府　916
古樂書　162
古樂經傳　159
古韻通　205
古懽堂集　878
本事詩　948
本堂集　714
可齋雜稿　續稿　續稿後　673
丙子學易編　10
左氏君子例　103
左氏詩如例　110
左史諫草　890
左略　124

左傳事緯　130
左傳紀事本末　234
左傳補註　130
左觿　126
石田集　755
石林詩話　957
石門文字禪　704
石柱記箋釋　351
石屏集　785
石渠意見　拾遺　補闕　139
石鼓文正誤　374
石鼓書院志　347
石經考　144
石語齋集　853
平巢事迹考　297
平番始末　254
平齋文集　771
北户録　308
北河續紀　358
北郭集　723
北堂書鈔　483
北窗炙輠録　531
北夢瑣言　600
北新鈔關志　400
北溪集　外集　885
占星堂集　732
甲申雜記　237
申鑒　411
史記鈔　293
史記疑問　384
史通　385
史通通釋　383
史通會要　378
史異編　295
史評　380
史詮　383
史説萱蘇　296
史緯　300
史懷　381
史臠　299
四六標準　678
四如集　770
四易通義　37
四時氣候集解　301
四書通　150
四書通義　154
四書通證　151
四書集義精要　152
四書集編　149
四書辨疑　152
四書纂疏　149
四朝聞見録　235
四聖一心録　44
四聲篇海　185
四禮輯宜　86
乍浦九山補志　353
仕學規範　542
仙苑編珠　626
仙都志　319
白沙集　839
白陽集　842
白雲集　752
白蓮集　648
白醉璅言　618
白蘇齋類集　799
瓜廬詩　789
印人傳　501
包孝肅奏議　890

半江集　838
半軒集　797
半農禮説　91
司牧馬經痊驥通元(玄)論　500
司空表聖文集　654
皮子文藪　658

六畫

耒耜經　439
考功集　839
考古詞宗　578
老泉文鈔　810
老學庵筆記　續筆記　533
耳新　617
芝園定集　738
芝壇集　870
臣鑒　299
吏部職掌　369
西山文集　784
西山群仙會真記　637
西山類稿　824
西田語略　續集　420
西村集　734
西事珥　325
西使記　248
西京雜記　591
西峰淡話　564
西堂全集　865
西湖覽勝志　352
西塘集　697
西溪韝語　511
西樵野記　616
西巖集　703
在陸草堂集　884
有懷堂詩文集　879
有懷堂詩文稿　880
百子金丹　929
百尺梧桐閣集　865
百官箴　364
百將傳　431
百寶總珍集　561
存復齋集　727
列子　626
列卿年表　367
成化杭州府志　329
夷白齋稿　外集　761
夷齊考疑　281
夷齊志　281
夷齊録　281
邪氛集　254
至元嘉禾志　319
至正直記　609
光庵集　817
曲江集　647
曲洧舊聞　541
同人傳　586
同文算指前編　通編　463
同異録　418
吕温集　655
回回歷(曆)　467
回鑾事實　394
朱文公易説　13
朱邦憲集　733
竹友集　782
竹坡詩話　955
竹居集　819
竹垞文類　880
竹洲集　662

竹齋集　續集　附録　840
竹齋詩集　671
竹譜　438
延平答問　附録　414
延壽寺紀略　334
仲志　272
伊川粹言　417
伊洛淵源續録　270
伊雒淵源録　264
全蜀藝文志　342
合訂南唐書　231
名山注　333
名臣碑傳琬琰之集　262
名義考　520
多能鄙事　498
次山集　657
米芾志林　268
江月松風集　729
江邨銷夏録　501
江南星野辨　354
江南野史　246
江湖小集　903
江湖長翁文集　677
江漢叢談　344
汝南圃史　437
汝南遺事　337
宅經　469
字通　182
字韻合璧　198
字鑑　188
字孿　201
安南志略　320
安南使事紀要　402
安雅堂集　760
安雅堂集　883

七畫

攻媿集　776
赤城集　851
赤城集　904
赤雅　344
赤嵌集　862
折肱漫録　453
孝經大義　136
孝經刊誤　135
孝穆集　867
均藻　580
抑庵集　後集　842
志雅堂雜鈔　544
志壑堂集　875
志齋醫論　452
却掃編　236
花史　437
花史左編　437
花庵詞選　959
花間集　961
芥隱筆記　512
芳谷集　753
杜天師了證歌　440
杜陽雜編　595
杜解補正　129
杜詩分類　809
杜詩會粹　863
杜詩詳注　附編　863
杏村詩集　871
李忠定奏議　附録　890
求古録　376
甫田集　附録　732

吾汶稿　吾汶稿摘抄　681
酉陽雜俎　續集　596
盱江集　年譜　附録　788
吴中水利書　331
吴都文粹　900
吴都文粹續集　補遺　931
吴越備史　245
吴越順存集　外集　403
吴興備志　343
呆齋集　807
困學紀聞　516
困學齋雜録　545
吹劍録　543
何長人集　837
何氏語林　611
何燕泉詩　805
佛祖通載　638
佛國記　310
近思録　414
卮林　521
希姓補　404
希賢録　287
希澹園詩　738
谷音　918
言行拾遺事録　288
冷齋夜話　955
汾上續談　558
汴京遺迹志　341
宋十五家詩　934
宋九朝編年備要　214
宋元通鑑　219
宋文鈔　937
宋文選　910
宋文鑑　902
宋史全文續資治通鑑長編　215
宋史紀事本末　228
宋四家外紀　277
宋先賢讀書法　418
宋名臣言行録　263
宋名臣獻壽集　944
宋季三朝政要　217
宋紀受終考　382
宋紹興十八年同年小録　403
宋詩删　938
宋詩鈔　937
宋遺民録　278
宋遺民録　943
宋學士全集　825
宏(弘)藝録　850
君鑒　294
阿育王山志　347
孜堂文集　864
附釋文互註禮部韻略　180
妙遠堂集　815

八畫

玩易意見　42
玩齋集　拾遺　749
武夷山詩集　359
武林西湖高僧事略　637
武備志略　433
武溪集　683
武經總要　430
青村遺稿　749
青郊雜著　195
青油史漫　383
青城山人集　811
青原志略　355

青陽集　744
青蓮舫琴雅　577
青溪暇筆　553
青瑣高議前集　後集　602
青箱堂集　802
青羅歷(曆)　467
長安志　314
長安志圖　321
長河志籍考　356
長溪瑣語　337
長興集　675
坦齋文集　816
抱朴子内外篇　623
茆亭客話　603
范文正公尺牘　675
范文正年譜　補遺　266
范文正遺迹　288
范文忠公集　731
林子分内集　638
林屋山人集　751
來齋金石刻考略　377
松垣集　717
松鄉文集　728
松漠紀聞　242
松韻堂集　732
述異記　594
枕上語　543
杼山集　658
東山草堂文集　詩集　續集　871
東田漫稿　838
東里文集　735
東里全集　別集　847
東祀録　271
東林列傳　285
東林同志録　257
東林朋黨録　257
東林點將録　249
東林籍貫　257
東京夢華録　241
東南防守利便　312
東海文集　841
東萊集　783
東萊詩集　661
東野農歌集　676
東越文苑　280
東溪日談録　421
東觀餘論　511
臥象山房集　870
事文類聚前集　後集　續集　別集　新集　外集　遺集　573
事物紀原　486
事編内篇　297
兩宋名賢小集　911
兩晉南北奇談　301
兩漢刊誤補遺　209
兩漢博聞　584
雨航雜録　558
奇字韻　196
奇器圖説　481
肯綮録　510
尚友録　569
尚書説　52
尚書通考　54
尚書揆一　59
尚書疏衍　57
尚書詳解　51
尚書纂傳　57
昌平山水記　349

明一統志　330
明堂灸經　439
明遺事　220
明儒林録　287
明璫彰癉録　282
易十三傳　28
易小傳　7
易互體例　50
易本義附録纂疏　21
易占經緯　463
易林　459
易林疑説　41
易修墨守　26
易説　46
易通　18
易象大旨　40
易象鉤解　32
易象與知編　50
易雅　12
易筌　附論　31
易就　44
易測　43
易發　45
易筮通變　24
易傳　48
易義古象通　40
易裨傳　10
易經勺解　32
易經頌　45
易經濬窩因指　30
易圖通變　24
易璇璣　6
易學古經正義　42
易學啓蒙小傳　15
易學啓蒙訂疑　46
易學啓蒙翼傳　22
易學飲河　31
易學濫觴　25
易窺　39
易纂言　23
迪功集　827
迪吉録　554
忠宣文集　奏議　遺文　附録　補編　661
忠節録　230
忠義集　914
忠義録　270
忠肅集　719
忠經　415
知非堂稿　756
知非録　422
和靖集　770
和靖詩集　684
季漢五志　288
季漢書　231
佳山堂集　861
使交録　332
佩玉齋類稿　727
佩韋齋集　680
佩韋齋輯聞　539
佩觿　181
欣然堂集　876
徂徠集　684
金石文字記　375
金石録　373
金華文統　922
金華府志　332
金陵古金石考　374

金壺記　497
金臺紀聞　555
金蘭集　附録　816
念初堂稿　續集　856
周元公集　778
周氏遺芳集　930
周易大全　28
周易口義　5
周易文詮　24
周易正解　30
周易古文鈔　43
周易古本　29
周易本義原本　46
周易本義通釋　23
周易本義集成　19
周易全書　27
周易玩辭　8
周易訂疑　序例　46
周易説略　47
周易旁注前圖　38
周易冥冥篇　27
周易象義　42
周易習解　3
周易參同契考異　628
周易參同契發揮　釋疑　632
周易參義　23
周易集説　17
周易集傳　26
周易傳義附録　15
周易義海撮要　8
周易輯聞　12
周易舉正　3
周易獨坐談　42
周易塵談　50
周易贇義　41
周恭肅集　841
周禮因論　88
周禮述注　91
周禮注疏合解　88
周禮訂義　79
周禮説　85
周禮集説　82
周禮註疏删翼　87
周禮傳　86
周禮圖説　90
周禮翼傳　84
京氏易傳　460
夜行燭　419
庚子銷夏記　482
庚申外史　228
庚辛唱和詩　915
庚溪詩話　954
法言　412
法帖釋文考異　500
法書要録　474
河上楮談　558
河防疏略　892
河東集　688
河東集　別集　外集　648
河南集　663
河紀　354
河嶽英靈集　895
注山谷詩集　778
治河通考　340
宗子相集　828
宗伯文集　836
宗忠簡集　703
定宇集　別集　752

定遠縣志　323
空山易解　47
空山堂春秋傳　128
空同集　800
宛邱(丘)集　777
宛陵集　692
宛陵集　附録　780
建文朝野彙編　229
建炎以來朝野雜記　395
建炎復辟記　247
建康實録　223
建陽縣志　雜誌　續志　332
居士集　686
居竹軒集　885
居家必用事類全集　565
居業録　419
孟子集疏　150
孟東野集　644
陋巷志　271
姑蘇名賢小記　277
始豐稿　732

九畫

奏疏　878
春王正月考　120
春雨齋文集　851
春秋三傳同異考　129
春秋三傳纂凡表　128
春秋凡例　123
春秋王霸列國世紀編　98
春秋五傳平文　123
春秋五論　106
春秋五禮例宗　107
春秋分記　108
春秋孔義　121
春秋以俟録　119
春秋本例　100
春秋本義　110
春秋左氏傳説　97
春秋左氏傳補注　115
春秋左傳句解　116
春秋左翼　125
春秋四傳私考　120
春秋地名考略　127
春秋地理考實　131
春秋列國諸臣傳　102
春秋列傳　124
春秋名臣傳　116
春秋別典　293
春秋私考　123
春秋直解　125
春秋或問　106
春秋或問　111
春秋事義全考　121
春秋明志録　121
春秋指掌　前事　後事　129
春秋後傳　104
春秋説志　119
春秋紀傳　300
春秋師説　114
春秋通説　97
春秋國華　122
春秋貫玉　116
春秋提綱　132
春秋程傳補　127
春秋集註　綱領　98
春秋集傳　114
春秋集傳釋義大成　111

春秋集解　100
春秋集解　103
春秋集解　緒餘　提要補遺　128
春秋詞命　921
春秋尊王發微　107
春秋傳　99
春秋傳註　131
春秋傳議　132
春秋詳説　106
春秋意林　101
春秋經筌　105
春秋輯傳　123
春秋衡庫　126
春秋録疑　125
春秋辨義　122
春秋闕疑　112
春秋闡義　126
春秋纂言　110
春秋權衡　101
春秋屬辭　115
春秋續義發微　119
春秋讀意　122
春秋麟寶　125
春秋讞義　113
春渚記聞　598
春寒閒記　549
珂雪齋集　856
珊瑚木難　481
封長白山記　356
政和五禮新儀　389
政府奏議　910
政監　255
挺擊始末　250
括異志　616
荆川集　797
荆川稗編　580
革朝志　229
草莽私乘　289
草堂雅集　919
草閣集　拾遺　822
荀子楊倞註　409
故宫遺録　331
胡子易演　39
胡仲子集　797
胡宗憲行實　273
荔支通譜　438
南中志　358
南北史合註　210
南夷書　331
南曲入聲客問　963
南宋元明僧寶傳　639
南京工部志　368
南華合璧集　926
南華真經新傳　631
南華真經義海纂微　631
南軒集　785
南軒論語解　148
南部新書　602
南康府志　324
南陽集　附録　768
南詔事略　324
南湖集　730
南渡録　240
南塘四六　717
南園漫録　520
南遷日記　283
柳村詩集　865
咸平集　682

咸淳臨安志　315
貞觀政要　222
虐政集　254
省中稿　847
省括編　295
星經　468
昭陵六駿贊辨　376
畏庵集　855
毘陵人品記　280
毘陵志　329
幽怪録　續幽怪録　615
矩山存稿　674
香域内外集　882
香雪林集　438
秋仙遺譜　505
秋旻集　秋旻二刻　秋旻續刻　821
秋堂集　672
秋澗集　763
科場條貫　304
重修玉篇　165
重修廣韻　176
修真捷徑　635
修辭指南　582
保越録　250
俗書刊誤　197
皇王大紀　216
皇元聖武親征録　232
皇祐新樂圖記　157
皇華集　929
皇清詩選　937
皇綱論　102
泉志　571
禹門集　864
禹貢山川郡邑考　59
待制集　763
待軒詩記　71
待清遺稿　750
律吕正聲　157
律吕正聲　159
律吕古義　159
律吕考注　161
律吕纂要　161
後山詩話　953
後村集　676
後梁春秋　219
後畫録　493
後漢紀　213
後觀石録　564
逃虚子集　類稿補遺　819
脉訣刊誤　附録　446
胎息經　636
負暄野録　496
風后握奇經　429
風俗通義　611
急救良方　452
急就篇　162
弈史　499
音韻日月燈　200
彦周詩話　954
帝皇龜鑑　384
帝學　417
帝鑑圖説　294
洞天清録　479
洞天福地嶽瀆名山記　627
洞仙傳　628
洞庭君山集　333
洗心齋讀易述　45
洛陽名園記　312

洛陽伽藍記　307
洺水集　787
洨濱集　附録　847
洲課條例　398
恒岳志　337
宣和書譜　477
宣和集古印史　375
宣和畫譜　475
客途偶記　554
祐山雜説　612
神仙通鑑　635
神仙感遇傳　627
神異經　562
神隱志　561
祝氏集略　805
退庵遺稿　816
屏山集　780
眉山集　709
盈川集　645
癸辛雜識前集　後集　續集　別集　537
紀古滇説　311

十畫

耕石齋石田集　855
耕廡文稿　866
泰泉集　830
秦漢文尤　921
珩璜新論　518
素問病機氣宜保命集　445
素問鈔補正　455
素問運氣圖括定局立成　447
素園石譜　569
素履子　414
貢舉條式　180
馬文莊集選　835
袁中郎集　739
哲匠金桴　576
耆舊續聞　534
華野疏稿　893
華陽宫記事　312
華陽集　710
華嶽全集　321
真靈位業圖　636
莊渠遺書　834
莊靖集　791
莊肅公集　802
桂林風土記　308
桂洲集　829
桂隱文集　761
栲栳山人集　748
栖雲閣詩　拾遺　882
桃谷遺稿　807
格齋四六　717
連文釋義　206
破山興福寺志　334
原始秘書　583
逌旃瑣語　560
時一吟詩　864
時令彙紀　303
晏子春秋　527
峴山志　334
秘笈新書　別集　585
秘書志　366
秘閣元龜政要　221
笑門詩集　876
倚松老人集　677
倒戈集　254

倭患考原　251
倭情考略　252
烏衣佳話　619
師子林紀勝　335
師友談記　530
師宗州志　353
徑山集　338
針灸問對　456
針灸大成　456
針灸節要　455
針灸聚英　452
針灸資生經　445
留溪外傳　285
留臺雜記　368
記纂淵海　575
高子遺書　附録　820
高峰文集　680
高閑雲集　820
唐三體詩　續集　911
唐大詔令集　261
唐六典　365
唐文粹　909
唐史論斷　379
唐百家詩選　906
唐昌玉蕊　512
唐音　914
唐宮閨詩　935
唐國史補　594
唐雅　925
唐御覽詩　895
唐會要　394
唐詩叩彈集　續集　935
唐詩紀　925
唐詩紀事　958
唐詩掞藻　939
唐詩説　916
唐詩選　924
唐詩類苑　924
唐闕史　598
唐類函　579
唐鑑　213
益部方物略記　317
益部談資　343
益智録　287
益齋存稿　836
兼明書　509
剡源集　686
浙西水利書　358
涑水紀聞　237
涇野集　839
涉史隨筆　380
涉覽屬比　382
海外紀事　351
海防纂要　432
海岳名言　477
海珠小志　283
海桑集　808
海釣遺風集　806
海運新考　400
海語　340
海録碎事　573
浪語集　776
悟真篇　630
家藏集　834
宫省賢聲録　273
容春堂前集　後集　續集　别集　737
容臺文集　詩集　别集　801
容齋隨筆　續筆　三筆　四筆　五筆

517
袖珍小兒方　455
被褐先生稿　801
冥通記　625
書苑菁華　479
書林外集　725
書法鉤元(玄)　498
書叙指南　488
書記洞詮　930
書帷别記　59
書畫記　502
書畫彙考　483
書畫題跋記　503
書傳纂疏　55
書經直解　58
書蔡傳旁通　56
書説　51
書説　53
書輯　499
書學正韻　188
書録　475
書齋夜話　545
書纂言　54
陸士龍集　644
陵陽集　707
陵陽集　711
陳文岡集　850
陳拾遺集　652
陰符經考異　432
陰符經注　431
陶淵明集　659
陶詩析義　842
陶學士集　833
娱書堂詩話　958
通元(玄)觀志　356
通州志　348
通祀輯略　394
通鑑地理通釋　316
通鑑問疑　379
能改齋漫録　510
純白齋類稿　附録　794

十一畫

理學宗傳傳心纂要　422
理學類編　420
琅琊漫抄　560
捫蝨新話　543
埤雅　178
埤雅廣要　610
授經圖　140
砮溪詩話　951
培壘居雜録　559
著作集　697
菊坡叢話　930
乾道臨安志　318
菰中隨筆　522
梧溪集　761
桯史　239
梅山續稿　678
梅雪軒詩稿　840
梅巖小稿　857
副墨　739
雪航膚見　380
雪窗集　附録　674
雪溪集　706
雪樓集　751
雪履齋筆記　547
雪磯叢稿　703

野谷詩稿　694
野客藂書　516
野莊集　819
野航雜著　498
野記　252
問山詩集　文集　868
晞髮集　晞髮遺集　遺集補　681
異苑　593
鄂州小集　783
國秀集　894
國朝謚法考　402
國寶新編　270
崇古文訣　899
過江集　877
符司紀　368
笠山詩選　862
偶得紺珠　557
停驂録　續録　556
僞豫傳　263
鳥鼠山人集　804
脚氣集　536
象山文集　774
逸史搜尋　618
逸民史　279
逸周書　232
猗覺寮雜記　509
庾開府集箋注　871
庸齋日記　420
翊聖保德傳　628
商子　434
望雲集　843
剪桐載筆　614
敝帚軒剩語　補遺　613
清江碧嶂集　726
清江縣志　348
清波雜志　别志　536
清獻集　690
清獻集　784
淮封日記　283
淮南子　624
淮郡文獻志　補遺　268
淮海易譚　27
淮海集　後集　長短句　768
淮陽集　附録詩餘　728
淮關志　401
涪陵紀善録　262
淙山讀周易記　18
梁谿集　附録　679
梁谿漫志　540
梁谿遺稿　715
啓雋類函　579
將苑　429
將將紀　433
將鑑論斷　430
陽明全集　傳習録　語録　857
隆平集　227
參同契集解　635
終南山祖庭仙真内傳　633
終南山説經臺歷代仙真碑記　633
紹陶録　715
紹熙州縣釋奠儀圖　392
紹興内府古器評　371
紹興正人論　255

十二畫

琴溪集　849
琬琰録　續録　269
瑯嬛記　604

堯山堂外紀　615
堯峰文鈔　884
越嶠書　330
博物要覽　547
博學彙書　578
搜玉小集　943
搜神後記　593
搜神記　592
揮麈前録　後録　第三録　餘話　239
揮麈新談　618
壺山四六　773
壺天玉露　284
壺史　503
壺譜　504
黄山志　352
黄氏日抄　409
黄氏書弈　553
黄文獻集　757
黄谷瑣談　559
黄忠宣集　738
黄帝素問　441
黄給諫遺稿　818
黄楊集　補遺　725
黄粱遺迹志　280
葬經　469
萬世太平書　562
萬青閣全集　884
萬首唐人絕句詩　905
萬歷(曆)四川總志　311
萬歷(曆)開封府志　347
萬歷(曆)廣東通志　333
萬歷(曆)嚴州府志　322
葛莊詩鈔　881
朝野類要　395
焚椒録　247
椒邱(丘)文集　804
極元(玄)集　896
殘本唐語林　597
雲邨文集　848
雲林集　755
雲笈七籤　629
雲峰集　759
雲陽集　724
雲巢集　775
雲溪友議　595
雲鴻洞續稿　837
雲麓漫鈔　513
雅宜集　850
雅音會編　925
雅樂考　160
雅樂發微　158
紫岩易傳　7
紫雲詞　868
紫薇詩話　956
貽清堂日抄　251
貽清堂集　補遺　863
閒者軒帖考　501
遇集　878
景迂生集　663
景定建康志　313
景定嚴州續志　309
貴耳集　二集　三集　603
蛟峰集　718
喻林　577
喚醻集　730
無事編　617
無爲集　705
程氏經説　142

程朱闕里志　273
程書　421
筍梅譜　438
筆史　614
筆記　613
傲軒吟稿　724
備忘集　798
備忘録　560
傅與礪詩文集　723
順天府志　324
集千家注杜詩　656
集古梅花詩　848
集古隸韻　199
集韻　179
焦山古鼎考　378
衆妙集　901
復齋易説　11
爲臣不易編　298
爲善陰騭　561
貂瑺史鑑　253
飲膳正要　397
註釋啓蒙對偶續編　582
詞林萬選　962
詞學全書　962
詞韻簡　963
馮舍人遺詩　879
就正録禮記會要　89
童蒙習句　196
童溪易解　9
遊城南記　313
善行録　294
普陀山志　336
普陀山志　350
普濟方　451
尊前集　959
尊聖集　271
道教靈驗記　627
道鄉集　696
道德指歸論　624
道德經解　629
遂初堂書目　369
湛然居士集　760
湛淵静語　546
湖州府志　323
湖海搜奇　618
湖海集　877
湘山志　352
湯子遺書　869
渭南文集　665
淵穎集　758
游西山詩　862
滋溪文稿　758
寒松堂集　881
寒夜録　554
寒香閣詩集　866
寓林集　857
寓圃雜記　253
寓意編　503
寓簡　532
補後漢書年表　209
補疑獄集　303
補漢兵志　392
畫史　475
畫禪室隨筆　556
畫繼　478
費文通集選要　851
費文憲集選要　856
巽齋四六　713

賀監紀略　282
絲綸捷要便覽　399
幾何論約　464

十三畫

搗堅録　548
搶榆館集　808
聖賢群輔録　586
聖駕南巡日録　250
聖學宗傳　284
聖學嫡派　284
夢占類考　461
夢吟集　續集　883
夢溪筆談　續筆談　補筆談　612
夢粱録　245
菘楚學記　878
楚辭集注　後語　辨証　643
楚辭集解　蒙引　考異　808
楊大年全集　774
楊公筆録　542
楊氏塾訓　553
楊文敏集　735
楊仲宏(弘)集　757
楊忠烈集　854
楊忠愍集　附録　810
楊誠齋集　671
楓山集　849
槎翁集　817
督漕疏草　893
歲華紀麗　485
蜕巖詞　960
豊坊春秋世學　119
蜀中廣記　342
蜀漢本末　227
筠谷詩　822
筠軒清秘録　562
筠溪集　706
筮宗　12
節孝集　707
節宣輯　302
節庵集　續稿　818
傳信適用方　443
像抄　44
像象管見　37
粵風續九　962
會昌一品集　别集　外集　645
會稽志　會稽續志　316
飴山詩集　877
解弢集　801
解莊　637
詩人玉屑　949
詩女史　拾遺　929
詩考　64
詩地理考　64
詩宗集韵　576
詩品　947
詩品　948
詩律武庫前後集　570
詩紀　932
詩集傳　66
詩集傳名物鈔　70
詩補傳　76
詩傳　75
詩傳通釋　68
詩解頤　73
詩意　76
詩準　附録　897
詩經世本古義　72

詩經叶音辨訛　77
詩經通義　78
詩經疏義　69
詩經傳説取裁　78
詩經圖史合考　71
詩疑問　69
詩説　76
詩説解頤　72
詩餘圖譜　附録　961
詩緝　67
詩學正宗　926
詩翼　897
詩總聞　65
詩歸　926
詩觀　別集　939
誠意伯文集　825
誠齋易傳　4
誠齋雜記　604
詮叙管子成書　434
詳注史略補遺大成　296
廉吏傳　261
靖炎兩朝見聞録　248
新安文獻志　931
新序　411
新書　412
韵學淵海　569
義門讀書記　523
義莊規矩　540
義豐集　688
慈湖遺書　續集　786
煙霞小説　618
滇行日記　353
滇程記　341
滇載記　342
源流至論前集　後集　續集　別集　486
滏水集　792
溪山琴況　504
滄海遺珠　942
滄浪詩話　957
滄溟集　附録　828
滄螺集　835
塞程別紀　355
群書集事淵海　583
群書纂類　583
群賢梅苑　960
遜國君記抄　臣事抄　230
彙書　879
彙雅　191
經世環應編　297
經序録　370
經典釋文　136
經驗良方　455

十四畫

静春堂集　762
静修集　753
碧雞漫志　479
趙氏連城　554
趙仲穆遺稿　743
嘉禾徵獻録　286
嘉定赤城志　313
嘉靖倭亂備鈔　251
嘉興府志　325
墉城集仙録　627
壽親養老新書　442
蔡中郎集　643
蔡忠惠集　693

蔣説　563
榕陰新檢　279
爾雅注　177
爾雅翼　178
對山集　731
夥壞封疆録　249
聞見近録　237
聞見後録　534
聞見前録　391
閤皁山志　321
鳴秋集　856
鳴盛集　803
鳴鶴餘音　959
圖書合解　50
圖書紀愚　38
圖書辨惑　47
圖註脉訣　附方　454
圖註難經　457
圖畫見聞志　476
圖繪寶鑑　480
圖繪寶鑑續編　480
種植部　436
箋卉　439
算法統宗　462
僑吴集　747
銅人針灸經　444
銀海精微　440
鄱陽集　691
鄱陽遺事録　266
鳳洲綱鑑　218
疑獄集　303
説文解字　175
説文解字篆韻譜　171
説苑　413
説圃識餘　618
説唐詩　935
説頤　559
説學齋稿　833
敲空遺響　865
廣川書跋　476
廣川書跋　495
廣仁品二集　638
廣祀典議　90
廣卓異記　572
廣胎息經　634
廣陵集　767
廣博物志　577
廣雅　164
廣韻　184
端肅公集　802
齊民要術　435
齊東野語　538
養生雜纂　570
養生類要　453
養蒙集　762
養餘月令　301
頖宫禮樂全書　401
精華録　866
漢上易集傳　卦圖　叢説　14
漢甘泉宫瓦記　377
漢武洞冥記　591
漢制考　393
漢泉集　726
漢紀　211
漢唐宋名臣録　298
漢唐秘史　253
漢詩説　935
漢隸分韻　189

漢隸字源　183
漢魏六朝一百三家集　932
漢魏名文乘　933
漢魏詩乘　923
漢雜事秘辛　279
漕書　398
漱石閒談　618
滹南遺老集　791
漫塘文集　713
漉籬集　837
演山集　699
賓退録　535
隨手雜録　237
翠屏集　803
綱鑑正史約　221
綱山集　713
維揚巡幸記　247

十五畫

慧山記　341
增訂廣輿記　354
增補武林舊事　322
增節音註資治通鑑　215
蕉林詩集　882
蕉窗悳隱詞　961
蕉窗雜録　544
蕊閣集　767
樊川文集　653
輟耕録　610
遼載前集　354
震澤集　736
劇談録　596
賜餘堂集　840
閱史約書　295
遺山集　792
墨林快事　504
墨客揮犀　529
墨經　482
稽神録　600
篋中集　894
篁墩集　799
篆字彙　203
儀禮集説　82
儀禮鄭注句讀　監本正誤　石經正誤　92
樂府詩集　901
樂律纂要　158
樂軒集　714
樂圃詩集　881
樂圃餘稿　771
樂書　160
樂經元義　158
樂經内編　161
衛生集　454
劍南詩　逸稿　665
餘日事文　303
餘庵雜録　563
滕王閣續集　348
魯府秘方　453
魯望集　801
魯詩世學　74
劉子　529
劉氏類山　579
劉彦昺集　736
劉給事集　708
劉賓客文集　外集　646
劉豫事迹　286
劉凝韻原表　204

諸史品節　293
諸葛書　268
諸器圖説　481
諸儒文要　941
諸儒性理文錦　942
諸儒要語　420
論孟或問　147
論孟精義　146
論語全解　146
論語孟子考異　150
論語集説　148
論語意原　145
論範　730
論學繩尺　904
談龍録　950
談藝録　827
談纂　610
褒賢集　288
瘞鶴銘辨　377
慶湖遺老集　705
毅齋詩文集　附録　826
潛夫論　410
澄懷録　605
選詩約註　892
選聲集　963
練中丞集　809
緱山集　825

十六畫

隸辨　206
駱丞集　650
駢雅　581
據梧詩集　866
操縵録　504
燕石集　746
燕雲録　237
燕閒部　436
薪齋集　868
翰苑群書　363
翰苑瓊琚　921
翰墨大全　570
蕭亭詩選　869
頤庵心言　555
樹畜部　436
横谿録　323
樵雲獨唱　756
橘山四六　716
整庵存稿　733
歷代山陵考　348
歷代不知姓名録　489
歷代内侍考　298
歷代名臣奏議　889
歷代名畫記　474
歷代守令傳　284
歷代吟譜　897
歷代制度詳説　487
歷代制度詳説　572
歷代循良録　300
歷代畫家姓氏韻編　504
膚齋續集　779
曉庵新法　463
閹黨逆案　249
戰國策談椒　433
嘯堂集古録　371
嘯臺集　855
圜容較義　463
默記　241
默堂集　664

默庵集　745
穆天子傳　404
學古編　497
學史　382
學林　518
學易記　25
學易舉隅　38
學庸啓蒙　151
學蔀通辨　419
儒志編　416
儒林公議　238
儒宗理要　422
錢塘遺事　256
録異記　616
歙硯志　502
獨醉亭集　852
獨醒雜志　533
龍川文集　779
龍門子凝道記　636
龍洲集　694
龍筋鳳髓判　485
龍湖集　815
龍谿全集　739
龍龕手鑑　186
糖霜譜　436
營造法式　493
潞公集　692
澹軒集　853
澹庵文集　695
澹餘軒集　885
澹齋内言　外言　548
濂溪志　272
濂溪志　272
憺園集　867
憲章録　220
寰有詮　548
禪月集　補遺　651
避暑漫筆　555
避暑録話　531

十七畫

戴記緒言　92
擬故宫詞　869
聲律發蒙　582
聲畫集　912
聲調譜　950
聲韻叢説　203
藏一話腴　514
藏春集　729
韓子迂評　434
韓氏事迹　252
韓忠獻遺事　266
韓詩外傳　63
韓魏公别録　266
韓魏公家傳　265
隸續　372
檢蠹隨筆　558
檜亭集　757
檀弓疑問　93
檀雪齋集　836
擊壤集　694
臨川文獻　938
臨野堂文集　880
邇訓　254
嶺海見聞　355
矯亭存稿　續稿　806
魏叔子集　864
魏季子文集　876

魏鄭公諫録　263
魏興士文集　876
輿地名勝志　338
輿識隨筆　585
優古堂詩話　951
儲光羲詩　773
龜巢集　747
龜溪集　709
徽州府志　329
謝皋羽年譜　286
襄陽遺集　727
鴻慶居士集　659
禮記集説　80
禮記輯覽　87
禮記纂言　83
禮部集　759
禮書　81
禮經會元　80
禮樂合編　86

十八畫

瓊花譜　437
騎省集　772
職方外紀　350
藝文類聚　484
覆瓿集　附録　826
醫方選要　451
醫史　457
醫津筏　458
醫開　453
醫説　444
醫學正傳　454
豐川春秋原經　126
豐潤縣志　347
叢碧山房集　883
瞿文懿集　836
闕里書　272
蟲天志　580
簡齋集　777
雙桂集　818
雙溪草堂詩集　862
雙溪集　786
雙溪集　824
歸田稿　847
歸愚集　719
雜俎　582
雜學辨　記疑　415
離騷草木疏　515
顔山雜記　350
顔氏家訓　528

十九畫

難經本義　446
蘧説　557
蘆浦筆記　514
蘇米志林　279
蘇門集　737
蘇詩摘律　656
麗澤論説　425
關中陵墓志　335
關氏易傳　49
羅江東外紀　282
羅浮山志　352
羅浮山志會編　357
羅經頂門針　462
鶏肋編　535
辭學指南　574
蟹略　571

譚概　616
識遺　541
譎觚　357
廬山通志　353
廬陵集　743
龐眉生集　822
韻府群玉　575
韻問　203
韻略易通　195
韻雅　205
韻補　166
韻補正　203
韻學事類　580
類音　204
類經　458
類稿　804
類篇　181
類編古今事林群書一覽　575
類證普濟本方　443
瀛奎律髓　917
懷麓堂詩話　949
嬾真子　530
嬾齋别集　862
繪事備考　483

二十畫

蘭亭考　478
蘭亭續考　494
蘭雪集　725
蘭畹居清言　617
鹺略補　399
籌海重編　432
鐔台集　844
釋名　163
灌研齋集　870
寶刻叢編　372
寶峰集　750

二十一畫

攝生眾妙方　451
權文公文集　650
露書　556
疊庵雜述　421
鐵庵集　714
鐵網珊瑚　480
鐵網珊瑚　561
饘堂考故　401
爛柯山志　339
顧氏譜系考　404
鶴年集　745
鶴侶齋集　868
續文章正宗　899
續夷堅志　609
續宋編年資治通鑑　216
續畫品　473
續畫品録　499
續詩話　952

二十二畫

巖下放言　539
臞軒四六　718
讀史快編　298
讀史亭詩集　文集　872
讀史蒙拾　300
讀史漫録　381
讀史録　823
讀朱隨筆　423
讀易考原　20

讀春秋編　112
讀書一得　522
讀書日記　423
讀書偶然録　563
讀書管見　56
讀書樂趣　565
讀書叢説　53
讀詩質疑　78
讀禮問　91
讀禮疑圖　88
竊憤録　240

二十三畫

麟角集　647
麟原文集　793

二十四畫

蠹齋鉛刀編　788
鹽梅志　299
靈衛廟志　281
讕言長語　520

書名拼音索引

A

a
阿育王山志　347
ai
艾軒集　附録　782
an
安南使事紀要　402
安南志略　320
安雅堂集　760
安雅堂集　883
喑嚶集　730
ao
傲軒吟稿　724

B

ba
八音摘要　161
巴西文集　754
bai
白蓮集　648
白沙集　839
白蘇齋類集　799
白陽集　842
白雲集　752
白醉璅言　618
百寶總珍集　561
百尺梧桐閣集　865
百官箴　364
百將傳　431
百子金丹　929
ban
半江集　838
半農禮説　91
半軒集　797
bao
包孝肅奏議　890
褒賢集　288
保越録　250
寶峰集　750
寶刻叢編　372
抱朴子内外篇　623

bei
北窗炙輠録　531
北郭集　723
北河續紀　358
北户録　308
北夢瑣言　600
北堂書鈔　483
北溪集　外集　885
北新鈔關志　400
備忘集　798
備忘録　560
ben
本事詩　948
本堂集　714
bi
筆記　613
筆史　614
敝帚軒剩語　補遺　613
碧雞漫志　479
避暑録話　531
避暑漫筆　555
bian
汴京遺迹志　341
bin
賓退録　535
bing
丙子學易編　10
bo
博物要覽　547
博學彙書　578
bu
補漢兵志　392
補後漢書年表　209
補疑獄集　303
不繫舟漁集　793

C

cai
才調集　939
蔡中郎集　643
蔡忠惠集　693
can
參同契集解　635
殘本唐語林　597
cang
滄海遺珠　942
滄浪詩話　957
滄螺集　835
滄溟集　附録　828
藏春集　729
藏一話腴　514
cao
操縵録　504
漕書　398
草閣集　拾遺　822
草莽私乘　289
草堂雅集　919
cha
槎翁集　817
chan
禪月集　補遺　651
chang
昌平山水記　349
長安志　314
長安志圖　321
長河志籍考　356
長溪瑣語　337
長興集　675

chao
朝野類要　395
chen
臣鑒　299
陳拾遺集　652
陳文岡集　850
cheng
成化杭州府志　329
程氏經説　142
程書　421
程朱闕里志　273
誠意伯文集　825
誠齋易傳　4
誠齋雜記　604
澄懷録　605
chi
尺牘清裁　補遺　922
赤城集　851
赤城集　904
赤嵌集　862
赤雅　344
chong
重修廣韻　176
重修玉篇　165
崇古文訣　899
蟲天志　580
chou
仇池筆記　538
籌海重編　432
chu
楚辭集解　蒙引　考異　808
楚辭集注　後語　辨証　643
儲光羲詩　773
chuan
傳信適用方　443
chui
吹劍録　543
chun
春寒閒記　549
春秋本例　100
春秋本義　110
春秋辨義　122
春秋別典　293
春秋闡義　126
春秋程傳補　127
春秋傳　99
春秋傳議　132
春秋傳註　131
春秋詞命　921
春秋地理考實　131
春秋地名考略　127
春秋讀意　122
春秋凡例　123
春秋分記　108
春秋貫玉　116
春秋國華　122
春秋衡庫　126
春秋後傳　104
春秋或問　106
春秋或問　111
春秋集傳　114
春秋集傳釋義大成　111
春秋集解　100
春秋集解　103
春秋集解　緒餘　提要補遺　128
春秋集註　綱領　98
春秋輯傳　123
春秋紀傳　300

春秋經筌　105
春秋孔義　121
春秋列傳　124
春秋列國諸臣傳　102
春秋麟寶　125
春秋録疑　125
春秋名臣傳　116
春秋明志録　121
春秋權衡　101
春秋闕疑　112
春秋三傳同異考　129
春秋三傳纂凡表　128
春秋師説　114
春秋事義全考　121
春秋屬辭　115
春秋説志　119
春秋私考　123
春秋四傳私考　120
春秋提綱　132
春秋通説　97
春秋王霸列國世紀編　98
春秋五傳平文　123
春秋五禮例宗　107
春秋五論　106
春秋詳説　106
春秋續義發微　119
春秋讞義　113
春秋以俟録　119
春秋意林　101
春秋直解　125
春秋指掌　前事　後事　129
春秋纂言　110
春秋尊王發微　107
春秋左傳句解　116
春秋左氏傳補注　115
春秋左氏傳説　97
春秋左翼　125
春王正月考　120
春雨齋文集　851
春渚記聞　598
純白齋類稿　附録　794
chuo
輟耕録　610
ci
詞林萬選　962
詞學全書　962
詞韻簡　963
辭學指南　574
慈湖遺書　續集　786
次山集　657
賜餘堂集　840
cong
淙山讀周易記　18
叢碧山房集　883
cu
徂徠集　684
cui
翠屏集　803
cun
存復齋集　727
cuo
鹺略補　399

D

da
大滌洞天記　319
大復集　838
大呼集　423

大駕北還録　250
大金集禮　396
大唐創業起居注　405
大唐開元禮　389
大唐新語　235
大學本旨　145
大學發微　145
大學千慮　153
大學衍義通略　154
大易輯説　20
大易衍説　45
大樂律吕元聲　161
大藏一覽　639
大政管窺　585
大政記　218
dai
呆齋集　807
待清遺稿　750
待軒詩記　71
待制集　763
戴記緒言　92
dan
丹溪心法附餘　456
丹霞洞天志　357
丹淵集　689
澹庵文集　695
澹軒集　853
澹餘軒集　885
澹齋内言　外言　548
憺園集　867
dao
倒戈集　254
擣堅録　548
道德經解　629
道德指歸論　624
道教靈驗記　627
道鄉集　696
di
迪功集　827
迪吉録　554
帝皐龜鑑　384
帝鑑圖説　294
帝學　417
dian
滇程記　341
滇行日記　353
滇載記　342
diao
貂璫史鑑　253
ding
定宇集　别集　752
定遠縣志　323
dong
東觀餘論　511
東海文集　841
東京夢華録　241
東萊集　783
東萊詩集　661
東里全集　别集　847
東里文集　735
東林點將録　249
東林籍貫　257
東林列傳　285
東林朋黨録　257
東林同志録　257
東南防守利便　312
東山草堂文集　詩集　續集　871
東祀録　271

東田漫稿　838
東溪日談録　421
東野農歌集　676
東越文苑　280
洞天福地嶽瀆名山記　627
洞天清録　479
洞庭君山集　333
洞仙傳　628
du
督漕疏草　893
獨醒雜志　533
獨醉亭集　852
讀春秋編　112
讀禮問　91
讀禮疑圖　88
讀詩質疑　78
讀史快編　298
讀史録　823
讀史漫録　381
讀史蒙拾　300
讀史亭詩集　文集　872
讀書叢説　53
讀書管見　56
讀書偶然録　563
讀書日記　423
讀書一得　522
讀書樂趣　565
讀易考原　20
讀朱隨筆　423
杜解補正　129
杜詩分類　809
杜詩會粹　863
杜詩詳注　附編　863
杜天師了證歌　440
杜陽雜編　595
蠹齋鉛刀編　788
duan
端肅公集　802
dui
對山集　731
duo
多能鄙事　498

E

e
鄂州小集　783
er
耳新　617
爾雅翼　178
爾雅注　177
邇訓　254
二程外書　417
二程遺書　424
二老堂詩話　956
二梅公年譜　261
二妙集　790
二臺稿　847
二須堂詩集　文集　861

F

fa
法書要録　474
法帖釋文考異　500
法言　412
fan
樊川文集　653
范文正公尺牘　675
范文正年譜　補遺　266

范文正遺迹　288
范文忠公集　731
fang
方麓集　821
方氏事迹　252
方是閒居士小稿　716
方輿勝覽　315
方洲集　823
芳谷集　753
fei
費文通集選要　851
費文憲集選要　856
fen
分類補注李太白集　712
汾上續談　558
焚椒録　247
feng
封長白山記　356
風后握奇經　429
風俗通義　611
楓山集　849
豊坊春秋世學　119
豐川春秋原經　126
豐潤縣志　347
馮舍人遺詩　879
鳳洲綱鑑　218
fo
佛國記　310
佛祖通載　638
fu
符司紀　368
涪陵紀善録　262
甫田集　附録　732
滏水集　792
附釋文互註禮部韻略　180
負暄野録　496
副墨　739
傅與礪詩文集　723
復齋易説　11
覆瓿集　附録　826

G

gan
甘白集　861
甘泉集　843
甘水仙源録　633
甘澤謡　599
干禄字書　168
gang
綱鑑正史約　221
gao
高峰文集　680
高閑雲集　820
高子遺書　附録　820
ge
革朝志　229
格齋四六　717
閣皁山志　321
葛莊詩鈔　881
geng
庚申外史　228
庚溪詩話　954
庚辛唱和詩　915
庚子銷夏記　482
耕石齋石田集　855
耕廡文稿　866
gong
公是集　691

攻媿集　776
宫省賢聲録　273
砻溪詩話　951
貢舉條式　180
gou
勾股引蒙　465
緱山集　825
gu
姑蘇名賢小記　277
菰中隨筆　522
古處齋集　872
古賦辨體　912
古畫品録　473
古懽堂集　878
古今鹺略　399
古今名賢説海　578
古今疏　586
古今通韻　201
古今藝苑談概上集　下集　619
古今韻會舉要　190
古今貞烈維風什　277
古今宗藩懿行考　299
古雋考略　584
古廉集　附録　854
古林金石表　375
古詩選　936
古史談苑　293
古書世學　58
古文關鍵　900
古文彙編　931
古文尚書疏證　59
古文孝經指解　135
古文苑　893
古叶讀　198
古易彙編　29
古易考原　28
古易世學　40
古音臘要　197
古樂府　916
古樂經傳　159
古樂書　162
古韻通　205
古周禮　85
谷音　918
故宫遺録　331
顧氏譜系考　404
gua
瓜廬詩　789
guan
關氏易傳　49
關中陵墓志　335
灌研齋集　870
guang
光庵集　817
廣博物志　577
廣川畫跋　495
廣川書跋　476
廣陵集　767
廣仁品二集　638
廣祀典議　90
廣胎息經　634
廣雅　164
廣韻　184
廣卓異記　572
gui
龜巢集　747
龜溪集　709
歸田稿　847

歸愚集　719
癸辛雜識前集　後集　續集　別集　537
桂林風土記　308
桂隱文集　761
桂洲集　829
檜亭集　757
貴耳集　二集　三集　603
guo
國寳新編　270
國朝謚法考　402
國秀集　894
過江集　877

H

hai
海釣遺風集　806
海防纂要　432
海録碎事　573
海桑集　808
海外紀事　351
海語　340
海岳名言　477
海運新考　400
海珠小志　283
han
寒松堂集　881
寒香閣詩集　866
寒夜録　554
韓詩外傳　63
韓氏事迹　252
韓魏公別録　266
韓魏公家傳　265
韓忠獻遺事　266
韓子迂評　434
漢甘泉宮瓦記　377
漢紀　211
漢隸分韻　189
漢隸字源　183
漢泉集　726
漢上易集傳　卦圖　叢説　14
漢詩説　935
漢唐秘史　253
漢唐宋名臣録　298
漢魏六朝一百三家集　932
漢魏名文乘　933
漢魏詩乘　923
漢武洞冥記　591
漢雜事秘辛　279
漢制考　393
翰墨大全　570
翰苑瓊琚　921
翰苑群書　363
he
合訂南唐書　231
何氏語林　611
何燕泉詩　805
何長人集　837
和靖集　770
和靖詩集　684
河東集　688
河東集　別集　外集　648
河防疏略　892
河紀　354
河南集　663
河上楮談　558
河嶽英靈集　895
賀監紀略　282

鶴侶齋集　868
鶴年集　745
heng
恒岳志　337
珩璜新論　518
横谿録　323
hong
宏(弘)藝録　850
鴻慶居士集　659
hou
後村集　676
後觀石録　564
後漢紀　213
後畫録　493
後梁春秋　219
後山詩話　953
hu
滹南遺老集　791
胡仲子集　797
胡子易演　39
胡宗憲行實　273
壺譜　504
壺山四六　773
壺史　503
壺天玉露　284
湖海集　877
湖海搜奇　618
湖州府志　323
hua
花庵詞選　959
花間集　961
花史　437
花史左編　437
華陽宮記事　312
華陽集　710
華野疏稿　893
華嶽全集　321
畫禪室隨筆　556
畫繼　478
畫史　475
huai
淮封日記　283
淮關志　401
淮海集　後集　長短句　768
淮海易譚　27
淮郡文獻志　補遺　268
淮南子　624
淮陽集　附録詩餘　728
懷麓堂詩話　949
huan
寰有詮　548
huang
皇綱論　102
皇華集　929
皇清詩選　937
皇王大紀　216
皇祐新樂圖記　157
皇元聖武親征録　232
黄山志　352
黄帝素問　441
黄給諫遺稿　818
黄谷瑣談　559
黄粱遺迹志　280
黄氏日抄　409
黄氏書弈　553
黄文獻集　757
黄楊集　補遺　725
黄忠宣集　738

篁墩集　799
hui
揮麈前録　後録　第三録　餘話　239
揮麈新談　618
徽州府志　329
回回歷(曆)　467
回鑾事實　394
會昌一品集　别集　外集　645
彙書　879
彙雅　191
慧山記　341
繪事備考　483
huo
夥壞封疆録　249

J

ji
稽神録　600
擊壤集　694
鷄肋編　535
急救良方　452
急就篇　162
極元(玄)集　896
集古隸韻　199
集古梅花詩　848
集千家注杜詩　656
集韻　179
几上語　543
己酉避亂録　265
己酉航海記　240
幾何論約　464
季漢書　231
季漢五志　288
紀古滇説　311
記纂淵海　575
jia
佳山堂集　861
家藏集　834
嘉定赤城志　313
嘉禾徵獻録　286
嘉靖倭亂備鈔　251
嘉興府志　325
甲申雜記　237
jian
兼明書　509
箋卉　439
剪桐載筆　614
檢蠹隨筆　558
簡齋集　777
建康實録　223
建文朝野彙編　229
建炎復辟記　247
建炎以來朝野雜記　395
建陽縣志　雜誌　續志　332
劍南詩　逸稿　665
jiang
江邨銷夏録　501
江漢叢談　344
江湖長翁文集　677
江湖小集　903
江南星野辨　354
江南野史　246
江月松風集　729
將鑑論斷　430
將將紀　433
將苑　429
蔣説　563
jiao

椒邱(丘)文集　804
蛟峰集　718
焦山古鼎考　378
蕉窗蒠隱詞　961
蕉窗雜録　544
蕉林詩集　882
脚氣集　536
矯亭存稿　續稿　806
jie
節庵集　續稿　818
節孝集　707
節宣輯　302
解弢集　801
解莊　637
芥隱筆記　512
jin
金壺記　497
金華府志　332
金華文統　922
金蘭集　附録　816
金陵古金石考　374
金石録　373
金石文字記　375
金臺紀聞　555
近思録　414
jing
京氏易傳　460
荆川稗編　580
荆川集　797
涇野集　839
經典釋文　136
經世環應編　297
經序録　370
經驗良方　455
精華録　866
景定建康志　313
景定嚴州續志　309
景迂生集　663
徑山集　338
靖炎兩朝見聞録　248
静春堂集　762
静修集　753
jiu
九華山志　322
九華山志　339
九圜史圖　462
九經誤字　144
九經字樣　169
九芝集選　835
就正録禮記會要　89
ju
居家必用事類全集　565
居士集　686
居業録　419
居竹軒集　885
菊坡叢話　930
橘山四六　716
矩山存稿　674
劇談録　596
據梧詩集　866
jue
譎觚　357
jun
均藻　580
君鑒　294

K

kan

刊正九經三傳沿革例　138
kao
考功集　839
考古詞宗　578
栲栳山人集　748
ke
珂雪齋集　856
科場條貫　304
可齋雜稿　續稿　續稿後　673
客途偶記　554
ken
肯綮録　510
kong
空山堂春秋傳　128
空山易解　47
空同集　800
孔叢子　425
孔孟事迹圖譜　273
孔廟禮樂考　397
孔子編年　267
kuai
會稽志　會稽續志　316
kun
困學紀聞　516
困學齋雜録　545
kuo
括異志　616

L

lai
來齋金石刻考略　377
lan
蘭亭考　478
蘭亭續考　494
蘭畹居清言　617
蘭雪集　725
讕言長語　520
嬾齋别集　862
嬾真子　530
爛柯山志　339
lang
琅琊漫抄　560
瑯嬛記　604
浪語集　776
lao
老泉文鈔　810
老學庵筆記　續筆記　533
lei
纍庵雜述　421
耒耜經　439
類編古今事林群書一覽　575
類稿　804
類經　458
類篇　181
類音　204
類證普濟本方　443
leng
冷齋夜話　955
li
離騷草木疏　515
李忠定奏議　附録　890
理學類編　420
理學宗傳傳心纂要　422
禮部集　759
禮記集説　80
禮記輯覽　87
禮記纂言　83
禮經會元　80

禮書　81
禮樂合編　86
吏部職掌　369
荔支通譜　438
笠山詩選　862
菘楚學記　878
隸辨　206
隸續　372
歷代不知姓名録　489
歷代畫家姓氏韻編　504
歷代名臣奏議　889
歷代名畫記　474
歷代内侍考　298
歷代山陵考　348
歷代守令傳　284
歷代循良録　300
歷代吟譜　897
歷代制度詳説　487
歷代制度詳説　572
麗澤論説　425
lian
連文釋義　206
廉吏傳　261
濂溪志　272
濂溪志　272
練中丞集　809
liang
梁谿集　附録　679
梁谿漫志　540
梁谿遺稿　715
兩漢博聞　584
兩漢刊誤補遺　209
兩晋南北奇談　301
兩宋名賢小集　911
liao
了翁易説　6
遼載前集　354
lie
列卿年表　367
列子　626
lin
林屋山人集　751
林子分内集　638
臨川文獻　938
臨野堂文集　880
麟角集　647
麟原文集　793
ling
陵陽集　707
陵陽集　711
靈衛廟志　281
嶺海見聞　355
liu
留臺雜記　368
留溪外傳　285
劉賓客文集　外集　646
劉給事集　708
劉凝韻原表　204
劉氏類山　579
劉彦昺集　736
劉豫事迹　286
劉子　529
柳村詩集　865
六朝通鑑博議　378
六臣注文選　889
六訇曼　462
六經奥論　141
六經圖　138

六經圖　143
六經正誤　137
六書本義　199
六書賦音義　200
六書故　187
六書故　189
六書精蘊　音釋　196
六書索隱　200
六書準　203
六帖補　571
六一詩話　952
六藝流别　923
long
隆平集　227
龍川文集　779
龍湖集　815
龍筋鳳髓判　485
龍龕手鑑　186
龍門子凝道記　636
龍谿全集　739
龍洲集　694
lou
陋巷志　271
lu
蘆浦筆記　514
廬陵集　743
廬山通志　353
魯府秘方　453
魯詩世學　74
魯望集　801
陸士龍集　644
漉籬集　837
録異記　616
潞公集　692
露書　556
lun
論範　730
論孟或問　147
論孟精義　146
論學繩尺　904
論語集説　148
論語孟子考異　150
論語全解　146
論語意原　145
luo
羅浮山志　352
羅浮山志會編　357
羅江東外紀　282
羅經頂門針　462
洛陽伽藍記　307
洛陽名園記　312
駱丞集　650
lü
吕温集　655
律吕古義　159
律吕考注　161
律吕正聲　157
律吕正聲　159
律吕纂要　161

M

ma
馬文莊集選　835
mai
脉訣刊誤　附録　446
man
漫塘文集　713
mao

毛詩草木鳥獸蟲魚疏廣要　73
毛詩多識編　71
毛詩集解　65
毛詩集解　68
毛詩鳥獸草木　74
毛詩微言　75
毛朱詩説　77
茆亭客話　603
mei
眉山集　709
梅山續稿　678
梅雪軒詩稿　840
梅巖小稿　857
men
捫蝨新話　543
meng
孟東野集　644
孟子集疏　150
夢粱録　245
夢溪筆談　續筆談　補筆談　612
夢吟集　續集　883
夢占類考　461
mi
米芾志林　268
秘閣元龜政要　221
秘笈新書　別集　585
秘書志　366
miao
妙遠堂集　815
ming
名臣碑傳琬琰之集　262
名山注　333
名義考　520
明瑠彰瘴録　282
明儒林録　287
明堂灸經　439
明一統志　330
明遺事　220
洺水集　787
冥通記　625
鳴鶴餘音　959
鳴秋集　856
鳴盛集　803
mo
墨經　482
墨客揮犀　529
墨林快事　504
默庵集　745
默記　241
默堂集　664
mu
木天清氣集　855
穆天子傳　404

N

nan
南北史合註　210
南部新書　602
南渡録　240
南湖集　730
南華合璧集　926
南華真經新傳　631
南華真經義海纂微　631
南京工部志　368
南康府志　324
南遷日記　283
南曲入聲客問　963
南宋元明僧寶傳　639

南塘四六　717
南軒集　785
南軒論語解　148
南陽集　附録　768
南夷書　331
南園漫録　520
南詔事略　324
南中志　358
難經本義　446
nei
内外服制通釋　81
neng
能改齋漫録　510
ni
擬故宫詞　869
nian
念初堂稿　續集　856
niao
鳥鼠山人集　804
nüe
虐政集　254
nü
女孝經　415

O

ou
偶得紺珠　557

P

pan
頖宫禮樂全書　401
pang
龐眉生集　822
pei
培壘居雜録　559
佩韋齋集　680
佩韋齋輯聞　539
佩觿　181
佩玉齋類稿　727
pi
被褐先生稿　801
皮子文藪　658
毘陵人品記　280
毘陵志　329
埤雅　178
埤雅廣要　610
pian
駢雅　581
ping
平巢事迹考　297
平番始末　254
平齋文集　771
屏山集　780
po
鄱陽集　691
鄱陽遺事録　266
破山興福寺志　334
pu
普濟方　451
普陀山志　336
普陀山志　350

Q

qi
七國考　398
七經小傳　137
七克　564
七人聯句詩記　278

栖雲閣詩　拾遺　882
奇器圖説　481
奇字韻　196
耆舊續聞　534
齊東野語　538
齊民要術　435
騎省集　772
啓雋類函　579
qian
千古功名鏡　拾遺　546
千金要方　440
千金要方　458
乾道臨安志　318
潛夫論　410
錢塘遺事　256
qiang
搶榆館集　808
qiao
敲空遺響　865
僑吴集　747
樵雲獨唱　756
qie
篋中集　894
竊憤録　240
qin
秦漢文尤　921
琴溪集　849
qing
青城山人集　811
青村遺稿　749
青郊雜著　195
青蓮舫琴雅　577
青羅歷(曆)　467
青瑣高議前集　後集　602
青溪暇筆　553
青箱堂集　802
青陽集　744
青油史漫　383
青原志略　355
清波雜志　別志　536
清江碧嶂集　726
清江縣志　348
清獻集　690
清獻集　784
慶湖遺老集　705
qiong
瓊花譜　437
qiu
秋澗集　763
秋旻集　秋旻二刻　秋旻續刻　821
秋堂集　672
秋仙遺譜　505
求古録　376
qu
瞿文懿集　836
蘧説　557
臞軒四六　718
曲江集　647
曲洧舊聞　541
quan
全蜀藝文志　342
泉志　571
詮叙管子成書　434
權文公文集　650
que
闕里書　272
却掃編　236
qun

群書集事淵海　583
群書纂類　583
群賢梅苑　960

R

ren
人代紀要　220
人瑞録　403
人物志　527
仁山集　752
仁齋直指　442
ri
日本考　339
rong
容春堂前集　後集　續集　別集　737
容臺文集　詩集　別集　801
容齋隨筆　續筆　三筆　四筆　五筆　517
榕陰新檢　279
ru
儒林公議　238
儒志編　416
儒宗理要　422
汝南圃史　437
汝南遺事　337
rui
蕊閣集　767

S

sai
塞程別紀　355
san
三才藻異　586
三朝北盟會編　214
三朝要典　255
三楚新録　223
三洞群仙録　633
三國志辨誤　210
三禮編繹　85
三禮考註　83
三禮纂注　89
三事忠告　364
三蘇文範　921
三易備遺　16
三易洞璣　39
三元參贊延壽書　633
三原縣志　333
shan
山窗餘稿　749
山東通志　329
山谷禪喜集　639
山谷刀筆　788
山海經　307
山海經釋義　圖　348
山林清氣集　續集　729
山樵暇語　557
珊瑚木難　481
善行録　294
剡源集　686
shang
商子　434
上蔡語録　416
上天竺山誌　335
尚書揆一　59
尚書疏衍　57
尚書説　52
尚書通考　54
尚書詳解　51

尚書纂傳　57
尚友録　569
shao
少石集　808
少微通鑑節要　215
少陽集　附録　666
紹陶録　715
紹熙州縣釋奠儀圖　392
紹興内府古器評　371
紹興正人論　255
she
涉覽屬比　382
涉史隨筆　380
攝生眾妙方　451
歙硯志　502
shen
申鑒　411
神仙感遇傳　627
神仙通鑑　635
神異經　562
神隱志　561
sheng
聲調譜　950
聲畫集　912
聲律發蒙　582
聲韻叢説　203
省括編　295
省中稿　847
聖駕南巡日録　250
聖賢群輔録　586
聖學嫡派　284
聖學宗傳　284
shi
師友談記　530
師子林紀勝　335
師宗州志　353
詩補傳　76
詩傳　75
詩傳通釋　68
詩地理考　64
詩觀　別集　939
詩歸　926
詩緝　67
詩集傳　66
詩集傳名物鈔　70
詩紀　932
詩解頤　73
詩經傳説取裁　78
詩經世本古義　72
詩經疏義　69
詩經通義　78
詩經圖史合考　71
詩經叶音辨訛　77
詩考　64
詩律武庫前後集　570
詩女史　拾遺　929
詩品　947
詩品　948
詩人玉屑　949
詩説　76
詩説解頤　72
詩學正宗　926
詩疑問　69
詩意　76
詩翼　897
詩餘圖譜　附録　961
詩準　附録　897
詩宗集韵　576

詩總聞　65
十國春秋　231
十笏草堂詩選　875
十六國春秋　221
十三經解詁　142
十一經問答　143
石鼓書院志　347
石鼓文正誤　374
石經考　144
石林詩話　957
石門文字禪　704
石屏集　785
石渠意見　拾遺　補闕　139
石田集　755
石語齋集　853
石柱記箋釋　351
時令彙紀　303
時一吟詩　864
識遺　541
史懷　381
史記鈔　293
史記疑問　384
史糰　299
史評　380
史詮　383
史説萱蘇　296
史通　385
史通會要　378
史通通釋　383
史緯　300
史異編　295
使交録　332
始豐稿　732
示兒編　513
世經堂集　803
仕學規範　542
事編内篇　297
事文類聚前集　後集　續集　別集　新集　外集　遺集　573
事物紀原　486
筮宗　12
釋名　163
shou
授經圖　140
壽親養老新書　442
shu
書蔡傳旁通　56
書傳纂疏　55
書法鉤元(玄)　498
書畫彙考　483
書畫記　502
書畫題跋記　503
書輯　499
書記洞詮　930
書經直解　58
書林外集　725
書録　475
書説　51
書説　53
書帷別記　59
書叙指南　488
書學正韻　188
書苑菁華　479
書齋夜話　545
書纂言　54
蜀漢本末　227
蜀中廣記　342
述異記　594

漱石閒談　618
樹畜部　436
shuang
雙桂集　818
雙溪草堂詩集　862
雙溪集　786
雙溪集　824
shui
水村易鏡　12
水鏡集　750
水天閣集　799
shun
順天府志　324
shuo
說圃識餘　618
說唐詩　935
說文解字　175
說文解字篆韻譜　171
說學齋稿　833
說頤　559
說苑　413
si
司空表聖文集　654
司牧馬經痊驥通元(玄)論　500
絲綸捷要便覽　399
四朝聞見録　235
四禮輯宜　86
四六標準　678
四如集　770
四聲篇海　185
四聖一心録　44
四時氣候集解　301
四書辨疑　152
四書集編　149
四書集義精要　152
四書通　150
四書通義　154
四書通證　151
四書纂疏　149
四易通義　37
song
松漠紀聞　242
松鄉文集　728
松垣集　717
松韻堂集　732
宋季三朝政要　217
宋紀受終考　382
宋九朝編年備要　214
宋名臣獻壽集　944
宋名臣言行録　263
宋紹興十八年同年小録　403
宋詩鈔　937
宋詩删　938
宋十五家詩　934
宋史紀事本末　228
宋史全文續資治通鑑長編　215
宋四家外紀　277
宋文鈔　937
宋文鑑　902
宋文選　910
宋先賢讀書法　418
宋學士全集　825
宋遺民録　278
宋遺民録　943
宋元通鑑　219
sou
搜神後記　593
搜神記　592

搜玉小集　943
su
蘇門集　737
蘇米志林　279
蘇詩摘律　656
俗書刊誤　197
素履子　414
素問病機氣宜保命集　445
素問鈔補正　455
素問運氣圖括定局立成　447
素園石譜　569
涑水紀聞　237
suan
算法統宗　462
sui
隨手雜録　237
遂初堂書目　369
歲華紀麗　485
sun
筍梅譜　438

T

tai
胎息經　636
太白樓集　338
太倉稊米集　698
太常總覽　399
太公兵法　429
太平廣記　601
太平寰宇記　317
太平惠民和劑局方　442
太平經國之書　79
太平清話　555
太平治迹統類　390
太素脉法　467
太岳太和山志　336
泰泉集　830
tan
談龍録　950
談藝録　827
談纂　610
檀弓疑問　93
檀雪齋集　836
譚概　616
坦齋文集　816
tang
湯子遺書　869
唐百家詩選　906
唐昌玉蕊　512
唐大詔令集　261
唐宫閨詩　935
唐國史補　594
唐會要　394
唐鑑　213
唐類函　579
唐六典　365
唐闕史　598
唐三體詩　續集　911
唐詩紀　925
唐詩紀事　958
唐詩叩彈集　續集　935
唐詩類苑　924
唐詩説　916
唐詩選　924
唐詩掞藻　939
唐史論斷　379
唐文粹　909
唐雅　925

唐音　914
唐御覽詩　895
糖霜譜　436
tao
逃虚子集　類稿補遺　819
桃谷遺稿　807
陶詩析義　842
陶學士集　833
陶淵明集　659
teng
滕王閣續集　348
tian
天府廣記　349
天鑒録　257
天經或問前集　464
天門詩集　文集　879
天啓宫中詞　837
天台山志　359
天台縣志　336
天童寺集　338
天文大成管窺輯要　465
天下金石志　374
天下同文集　918
tie
鐵庵集　714
鐵網珊瑚　480
鐵網珊瑚　561
ting
桯史　239
停驂録　續録　556
挺擊始末　250
tong
通鑑地理通釋　316
通鑑問疑　379
通祀輯略　394
通元(玄)觀志　356
通州志　348
同人傳　586
同文筭指前編　通編　463
同異録　418
童蒙習句　196
童溪易解　9
銅人針灸經　444
tu
圖畫見聞志　476
圖繪寶鑑　480
圖繪寶鑑續編　480
圖書辨惑　47
圖書合解　50
圖書紀愚　38
圖註脉訣　附方　454
圖註難經　457
土官底簿　369
tui
退庵遺稿　816
蜕巖詞　960

W

wan
丸經　497
玩易意見　42
玩齋集　拾遺　749
宛陵集　692
宛陵集　附録　780
宛邱(丘)集　777
琬琰録　續録　269
萬歷(曆)廣東通志　333
萬歷(曆)開封府志　347

吴興備志　343
吴越備史　245
吴越順存集　外集　403
吴中水利書　331
梧溪集　761
無事編　617
無爲集　705
五百家播芳大全文粹　909
五代名畫補遺　495
五國故事　223
五經稽疑　141
五經蠡測　141
五經説　139
五經文字　171
五經繹　140
五倫懿範　424
五木經　493
五色線　600
五音集韻　183
五雜組　557
武備志略　433
武經總要　430
武林西湖高僧事略　637
武溪集　683
武夷山詩集　359
悟真篇　630

X

xi
西村集　734
西峰淡話　564
西湖覽勝志　352
西京雜記　591
西樵野記　616
西山類稿　824
西山群仙會真記　637
西山文集　784
西使記　248
西事珥　325
西堂全集　865
西塘集　697
西田語略　續集　420
西溪䕺語　511
西巖集　703
希澹園詩　738
希賢録　287
希姓補　404
晞髪集　晞髪遺集　遺集補　681
溪山琴況　504
洗心齋讀易述　45
xia
下學堂劄紀　422
xian
仙都志　319
仙苑編珠　626
咸淳臨安志　315
咸平集　682
閒者軒帖考　501
峴山志　334
憲章録　220
xiang
香雪林集　438
香域内外集　882
湘山志　352
襄陽遺集　727
詳注史略補遺大成　296
象山文集　774
像抄　44

像象管見　37
xiao
蕭亭詩選　869
洨濱集　附録　847
小畜集　682
小爾雅　163
小泉集　852
小史摘抄　254
小學紺珠　487
小字録　補録　488
曉庵新法　463
孝經大義　136
孝經刊誤　135
孝穆集　867
笑門詩集　876
嘯臺集　855
嘯堂集古録　371
xie
邪氛集　254
謝皋羽年譜　286
蟹略　571
xin
心經附注　418
心易　46
欣然堂集　876
新安文獻志　931
新書　412
新序　411
薪齋集　868
xing
星經　468
杏村詩集　871
xiu
修辭指南　582
修真捷徑　635
袖珍小兒方　455
xu
盱江集　年譜　附録　788
續畫品　473
續畫品録　499
續詩話　952
續宋編年資治通鑑　216
續文章正宗　899
續夷堅志　609
xuan
宣和畫譜　475
宣和集古印史　375
宣和書譜　477
選聲集　963
選詩約註　892
xue
學蔀通辨　419
學古編　497
學林　518
學史　382
學易記　25
學易舉隅　38
學庸啓蒙　151
雪窗集　附録　674
雪航膚見　380
雪磯叢稿　703
雪樓集　751
雪履齋筆記　547
雪溪集　706
xun
荀子楊倞註　409
巽齋四六　713
遜國君記抄　臣事抄　230

Y

ya
雅宜集　850
雅音會編　925
雅樂發微　158
雅樂考　160
yan
煙霞小説　618
閹黨逆案　249
延平答問　附録　414
延壽寺紀略　334
言行拾遺事録　288
顔山雜記　350
顔氏家訓　528
巖下放言　539
鹽梅志　299
演山集　699
彦周詩話　954
晏子春秋　527
燕石集　746
燕閒部　436
燕雲録　237
鷹齋續集　779
yang
陽明全集　傳習録　語録　857
楊誠齋集　671
楊大年全集　774
楊公筆録　542
楊氏塾訓　553
楊文敏集　735
楊忠烈集　854
楊忠愍集　附録　810
楊仲宏(弘)集　757
養蒙集　762
養生類要　453
養生雜纂　570
養餘月令　301
yao
堯峰文鈔　884
堯山堂外紀　615
ye
野谷詩稿　694
野航雜著　498
野記　252
野客叢書　516
野莊集　819
夜行燭　419
yi
一山文集　794
一齋集　852
伊川粹言　417
伊洛淵源續録　270
伊雒淵源録　264
猗覺寮雜記　509
醫方選要　451
醫津筏　458
醫開　453
醫史　457
醫説　444
醫學正傳　454
夷白齋稿　外集　761
夷齊考疑　281
夷齊録　281
夷齊志　281
貽清堂集　補遺　863
貽清堂日抄　251
飴山詩集　877

疑獄集　303
遺山集　792
儀禮集説　82
儀禮鄭注句讀　監本正誤　石經正誤　92
頤庵心言　555
乙巳泗州録　265
倚松老人集　677
抑庵集　後集　842
易本義附録纂疏　21
易裨傳　10
易測　43
易傳　48
易發　45
易互體例　50
易經滄窩因指　30
易經勺解　32
易經頌　45
易就　44
易窺　39
易林　459
易林疑説　41
易筌　附論　31
易十三傳　28
易筮通變　24
易説　46
易通　18
易圖通變　24
易象大旨　40
易象鈎解　32
易象與知編　50
易小傳　7
易修墨守　26
易璇璣　6
易學古經正義　42
易學濫觴　25
易學啓蒙訂疑　46
易學啓蒙小傳　15
易學啓蒙翼傳　22
易學飲河　31
易雅　12
易義古象通　40
易占經緯　463
易纂言　23
弈史　499
益部方物略記　317
益部談資　343
益齋存稿　836
益智録　287
異苑　593
逸民史　279
逸史搜尋　618
逸周書　232
翊聖保德傳　628
義豐集　688
義門讀書記　523
義莊規矩　540
瘞鶴銘辨　377
毅齋詩文集　附録　826
藝文類聚　484
yin
音韻日月燈　200
陰符經考異　432
陰符經注　431
銀海精微　440
引經釋　153
飲膳正要　397
印人傳　501

ying
盈川集　645
營造法式　493
瀛奎律髓　917
yong
庸齋日記　420
墉城集仙録　627
you
幽怪録　續幽怪録　615
優古堂詩話　951
逌旃瑣語　560
遊城南記　313
游西山詩　862
有懷堂詩文稿　880
有懷堂詩文集　879
酉陽雜俎　續集　596
祐山雜説　612
yu
于忠肅集　734
娱書堂詩話　958
餘庵雜録　563
餘日事文　303
輿地名勝志　338
輿識隨筆　585
雨航雜録　558
禹貢山川郡邑考　59
禹門集　864
庾開府集箋注　871
玉楮集　711
玉海　574
玉機微義　457
玉井樵唱　745
玉瀾集　790
玉茗堂集　815
玉山璞稿　744
玉臺新咏箋註　938
玉堂漫筆　555
玉堂雜紀　391
遇集　878
喻林　577
寓簡　532
寓林集　857
寓圃雜記　253
寓意編　503
yuan
淵穎集　758
元(玄)女經　468
元(玄)品録　634
元(玄)珠密語　465
元包　461
元包數總義　461
元朝名臣事略　267
元典章前集　新集　396
元風雅　919
元豐類稿　689
元和郡縣志　309
元經　212
元詩體要　934
元史闡幽　382
元史節要　296
元文類　920
元音　940
元音遺響　941
元羽外編　381
元韻譜　190
袁中郎集　739
原始秘書　583
源流至論前集　後集　續集　别集

486
圜容較義　463
yue
月覽　570
月令廣義　301
月令廣義　302
月令通考　302
越嶠書　330
粵風續九　962
閱史約書　295
樂府詩集　901
樂經内編　161
樂經元義　158
樂律纂要　158
樂圃詩集　881
樂圃餘稿　771
樂書　160
樂軒集　714
yun
筠谷詩　822
筠溪集　706
筠軒清秘録　562
雲巢集　775
雲邨文集　848
雲峰集　759
雲鴻洞續稿　837
雲笈七籤　629
雲林集　755
雲麓漫鈔　513
雲溪友議　595
雲陽集　724
韵學淵海　569
韻補　166
韻補正　203
韻府群玉　575
韻略易通　195
韻問　203
韻學事類　580
韻雅　205

Z

za
雜學辨　記疑　415
雜俎　582
zai
在陸草堂集　884
zang
葬經　469
zeng
增補武林舊事　322
增訂廣輿記　354
增節音註資治通鑑　215
zha
乍浦九山補志　353
zhai
宅經　469
zhan
饘堂考故　401
占星堂集　732
湛然居士集　760
湛淵静語　546
戰國策談棷　433
zhao
昭陵六駿贊辨　376
趙氏連城　554
趙仲穆遺稿　743
zhe
折肱漫録　453

哲匠金桴　576
浙西水利書　358
zhen
貞觀政要　222
真靈位業圖　636
針灸問對　456
針灸大成　456
針灸節要　455
針灸聚英　452
針灸資生經　445
枕上語　543
震澤集　736
zheng
整庵存稿　733
正楊　519
正楊集　521
正易心法　468
正韻彙編　198
正字通　206
政府奏議　910
政和五禮新儀　389
政監　255
zhi
支離子集　772
芝壇集　870
芝園定集　738
巵林　521
知非録　422
知非堂稿　756
職方外紀　350
止泉文集　875
止齋論祖　716
止齋文集　679
至元嘉禾志　319
至正直記　609
志壑堂集　875
志雅堂雜鈔　544
志齋醫論　452
治河通考　340
zhong
中論　413
中山傳信録　356
中山詩話　953
中吳紀聞　314
中興間氣集　896
中庸分章　145
中庸輯略　147
中庸衍義　153
中庸指歸　145
忠節録　230
忠經　415
忠肅集　719
忠宣文集　奏議　遺文　附録　補編　661
忠義集　914
忠義録　270
終南山祖庭仙真内傳　633
終南山説經臺歷代仙真碑記　633
鐘台集　844
種植部　436
仲志　272
衆妙集　901
zhou
周恭肅集　841
周禮傳　86
周禮訂義　79
周禮集説　82
周禮述注　91

周禮説　85
周禮圖説　90
周禮翼傳　84
周禮因論　88
周禮注疏合解　88
周禮註疏刪翼　87
周氏遺芳集　930
周易本義集成　19
周易本義通釋　23
周易本義原本　46
周易參同契發揮　釋疑　632
周易參同契考異　628
周易參義　23
周易傳義附録　15
周易大全　28
周易訂疑　序例　46
周易獨坐談　42
周易古本　29
周易古文鈔　43
周易集傳　26
周易集説　17
周易輯聞　12
周易舉正　3
周易口義　5
周易冥冥篇　27
周易旁注前圖　38
周易全書　27
周易説略　47
周易玩辭　8
周易文詮　24
周易習解　3
周易象義　42
周易義海撮要　8
周易贊義　41
周易正解　30
周易麈談　50
周元公集　778
洲課條例　398
zhu
朱邦憲集　733
朱文公易説　13
諸葛書　268
諸器圖説　481
諸儒文要　941
諸儒性理文錦　942
諸儒要語　420
諸史品節　293
竹垞文類　880
竹居集　819
竹坡詩話　955
竹譜　438
竹友集　782
竹齋集　續集　附録　840
竹齋詩集　671
竹洲集　662
杼山集　658
注山谷詩集　778
祝氏集略　805
著作集　697
註釋啓蒙對偶續編　582
zhuan
篆字彙　203
zhuang
莊靖集　791
莊渠遺書　834
莊肅公集　802
zi
孜堂文集　864

滋溪文稿　758
子威集　827
紫薇詩話　956
紫岩易傳　7
紫雲詞　868
字鑑　188
字孿　201
字通　182
字韻合璧　198
zong
宗伯文集　836
宗忠簡集　703
宗子相集　828
zou
奏疏　878
zun
尊前集　959
尊聖集　271
zuo
左傳補註　130
左傳紀事本末　234
左傳事緯　130
左略　124
左史諫草　890
左氏君子例　103
左氏詩如例　110
左觿　126

作者名筆畫索引

二畫

丁度　【宋】　179　180
丁復　【元】　757
丁詠淇　【清】　861
丁煒　【清】　868
丁鶴年　【元】　745
丁瓚　【明】　455

三畫

于奕正　【明】　374
于慎行　【明】　381
于慎思　【明】　822
于謙　【明】　734
干寶　【晉】　592
大汕(釋)　【清】　351
大杼(釋)　【元】　960
大然(釋)　【清】　355
兀欽仄　【金】　469
万俟卨　【宋】　394

四畫

王士正(禛)【清】　402　866　869　936
王士禄　【清】　300　378　875
王士點　【元】　366
王子俊　【宋】　717
王天春　【清】　883
王天與　【元】　57
王元杰　【元】　113
王化振　【明】　420
王方慶　【唐】　263
王心敬　【清】　126
王世相　【明】　453
王世貞　【明】　218　277　922
王申子　【元】　20
王令　【宋】　767

王邦直　【明】　157　159
王在晋　【明】　348　432
王光魯　【明】　295
王廷相　【明】　806
王行　【明】　797
王兆雲　【明】　618　619
王冰　【唐】　441　465
王充耘　【元】　56
王守仁　【明】　857
王安石　【宋】　906
王阮　【宋】　688
王志長　【明】　87
王克貞　【宋】　601
王言　【清】　206
王灼　【宋】　436　479
王若虚　【金】　791
王直　【明】　842
王松年　【唐】　626
王明清　【宋】　239
王侹　【明】　398
王炎　【宋】　786
王炎午　【宋】　681
王宗傳　【宋】　9
王勃　【唐】　654
王思義　【明】　438
王俅　【宋】　371
王禹偁　【宋】　682
王度　【宋】　316
王洪　【明】　826
王珙　【明】　819
王格　【明】　852
王逢　【元】　761
王涣　【明】　301
王恕　【明】　42　139
王通　【隋】　212
王執中　【宋】　445
王冕　【明】　840
王崇慶　【明】　348
王崇簡　【清】　802
王符　【漢】　410
王象晋　【明】　614
王紹徽　【明】　249
王越　【明】　824
王雱　【宋】　631
王鼎　【遼】　247
王開祖　【宋】　416
王復禮　【清】　288
王循　【明】　416
王鈍　【明】　819
王欽若　【宋】　384　628
王惲　【元】　763
王粲　【唐】　647
王蓂　【明】　270
王晳　【宋】　102
王楙　【宋】　516
王當　【宋】　102
王路　【明】　437
王與之　【宋】　79
王諍　【明】　154
王溥　【宋】　394
王禕　【明】　821
王毓賢　【清】　483
王銍　【宋】　241　706
王鳳九　【清】　879
王賓　【明】　817
王維　【唐】　844
王鞏　【宋】　237
王邁　【宋】　718

王震　【明】 125
王篆　【明】 369
王與　【明】 329　854
王質　【宋】 65　715
王徵　【明】 481
王畿　【明】 739
王樵　【明】 59　123　821
王學曾　【明】 333
王衡　【明】 825
王錡　【明】 253
王錫闡　【清】 463
王燧　【明】 811
王穉登　【明】 499　848
王應電　【明】 84　86　90
王應麟　【宋】 64　64　150　316　393　487　516　574
王禮　【元】 793
王鏊　【明】 736　921
王蘋　【宋】 697
王寵　【明】 850　926
王巖叟　【宋】 266
王鑑　【明】 59
王觀國　【宋】 518
王讜　【明】 597
天山道人　【無】 50
元好問　【元】 609　792
元淮　【元】 750
元敬(釋)　【宋】 637
元復(釋)　【宋】 637
元結　【唐】 657　894
尤侗　【清】 865
尤袤　【宋】 369　715
牛衷　【明】 610
牛運震　【清】 47　128
牛僧孺　【明】 615
毛一公　【明】 298
毛先舒　【清】 203　963
毛奇齡　【清】 201　564
毛居正　【宋】 137
毛晋　【明】 73　279
仇兆鰲　【清】 863
公孫宏(弘)　【漢】 429
卞永譽　【清】 483
卞管勾　【明】 500
文天祥　【宋】 710
文同　【宋】 689
文林　【明】 560
文彦博　【宋】 692
文震孟　【明】 277
文徵明　【明】 732
方九功　【明】 369
方大琮　【宋】 714
方仁榮　【宋】 309
方仕　【明】 199
方回　【元】 917
方逢辰　【宋】 718
方象瑛　【清】 356
方廣　【明】 456
方實孫　【宋】 18
方學漸　【明】 254
方鵬　【明】 806
尹廷高　【元】 745
尹洙　【宋】 663
尹焞　【宋】 770
孔平仲　【宋】 518
孔尚任　【清】 403　877
孔齊　【元】 609
孔鮒　【漢】 425

幻真先生【唐】636

五畫

甘復【元】749
艾儒略【清】350
左克明【元】916
石介【宋】684
石邦政【明】347
田一儁【明】844
田玉【明】336
田況【宋】238
田琯【明】324
田雯【清】356 878
田肇麗【清】879
田錫【宋】682
田藝蘅【明】929
史申義【清】877
史容【宋】778
史游【漢】162
史謹【明】852
史鑑【明】734
白珽【元】546
白瑜【明】281
令狐楚【唐】895
包拯【宋】890
司空圖【唐】654 948
司馬光【宋】135 181 237 952
皮日休【唐】658

六畫

西方子【唐】439
列禦寇【周】626
成廷珪【元】885
吕大圭【宋】106
吕午【宋】890
吕文仲【宋】601
吕本中【宋】100 661 956
吕兆祥【明】271
吕延祚【唐】889
吕延濟【唐】889
吕向【唐】889
吕柟【明】119 839
吕祖儉【宋】425
吕祖謙【宋】51 97 425 487 570 572 783 900 902
吕陽【清】868
吕喬年【宋】425
吕温【唐】655
吕維祺【明】200
吕調陽【明】294
吕懷【明】159
朱之錫【清】892
朱元昇【宋】16
朱公遷【元】69
朱文【明】382
朱允升【明】38
朱申【元】116
朱弁【宋】541
朱存理【明】480 481 498
朱同【明】826
朱廷旦【明】548
朱廷煥【明】322
朱祁鈺【明】294
朱奉【唐】467
朱長文【宋】771
朱長芳【明】368
朱孟震【明】558

朱昱 【明】 333
朱倬 【元】 69
朱虛 【清】 586
朱常澇 【明】 299
朱國禎 【明】 218
朱象先 【元】 633
朱翌 【宋】 509
朱敬鑣 【明】 840
朱朝瑛 【清】 421
朱朝瞌 【明】 302
朱善 【明】 73 852
朱睦㮮 【明】 140 141 370
朱察卿 【明】 733
朱肅 【宋】 316
朱震 【宋】 14
朱德潤 【元】 727
朱熹 【宋】 135 146 147 147 263 264 392 414 414 415 416 417 424 432 628 643
朱槔 【宋】 790
朱謀㙔 【明】 581
朱澤澐 【清】 875
朱濂 【清】 303
朱橚 【明】 451
朱瞻基 【明】 299
朱謹 【清】 350
朱彝尊 【清】 880
朱權 【明】 253 561 583
朱鶴齡 【清】 78 960
朱鑑 【宋】 13
朱顯祖 【清】 287
伍涵芬 【清】 565
任士林 【元】 728
任昉 【梁】 594
任淵 【宋】 778
任廣 【宋】 488
自融(釋) 【清】 639
伊世珍 【元】 604
行均(釋) 【遼】 186
危昭德 【宋】 713
危素 【明】 833
米芾 【宋】 475 477
江之蘭 【清】 458
江永 【清】 131
江貞 【明】 502
江爲龍 【清】 143
江贇 【宋】 215
安世鳳 【明】 504
安熙 【元】 745
祁光宗 【明】 335
阮逸 【宋】 157 212
阮琳 【明】 38
如乾(釋) 【清】 865
牟巘 【宋】 711

七畫

芮挺章 【唐】 894
杜大珪 【宋】 262
杜本 【元】 726 918
杜光庭 【唐】 440 465 616 627 627 627 627
杜知耕 【清】 464
杜牧 【唐】 653
杜庭珠 【清】 935
杜詔 【清】 935
杜範 【宋】 784
李之芳 【清】 892

李之藻 【明】 463
李元鼎 【清】 870
李文仲 【元】 188
李文利 【明】 161
李文鳳 【明】 330
李文察 【明】 160
李心傳 【宋】 10 247 395
李正民 【宋】 240
李本固 【明】 29 337
李石 【宋】 50 103 110
李仙根 【清】 402
李吉甫 【唐】 309
李光坡 【清】 91
李江 【唐】 461
李廷忠 【宋】 716
李廷機 【明】 298
李延興 【元】 794
李安仁 【明】 347
李祁 【元】 724
李好文 【元】 321
李孝元 【明】 504
李材 【明】 433
李言恭 【明】 339
李長科 【明】 638
李茂春 【明】 299
李林甫 【唐】 365
李東陽 【明】 271 949
李昉 【宋】 601
李周翰 【唐】 889
李昴英 【宋】 673
李俊民 【金】 791
李紀 【明】 296
李泰 【明】 301
李格非 【宋】 312
李時勉 【明】 854
李從周 【宋】 182
李清 【明】 210 231 489
李隆基 【唐】 365
李琪 【宋】 98
李鼎祚 【唐】 3
李筌 【唐】 431
李復言 【唐】 615
李善 【唐】 889
李道謙 【元】 633 633
李曾伯 【宋】 673
李夢陽 【明】 800
李蓘 【明】 559
李楨 【明】 272
李嗣京 【明】 348
李嗣真 【唐】 499
李嵊慈 【明】 272
李廌 【宋】 530
李曄 【明】 822
李鳳雛 【清】 300
李誠 【宋】 493
李肇 【唐】 594
李綱 【宋】 679 890
李樗 【宋】 68
李賢 【明】 330
李確 【清】 353
李德裕 【唐】 645
李劉 【宋】 678
李澄中 【清】 353 870
李翺 【唐】 493
李衡 【宋】 8
李濂 【明】 341 457
李穆 【宋】 601
李壁 【宋】 698

李覯【宋】788
李輗【明】822
李彌遜【宋】706
李燾【宋】215 378
李簡【元】25
李攀龍【明】569 580 828 924
李鵬飛【元】633
李韡【明】283
車若水【宋】536
車垓【宋】81
吾邱(丘)衍【元】497
吴大有【元】546
吴山【明】340
吴之振【清】937
吴中行【明】840
吴仁傑【宋】209 515
吴允嘉【清】403
吴正倫【明】453
吴幵【宋】951
吴任臣【清】231
吴自牧【宋】245
吴兆宜【清】867 871 938
吴汝惺【清】46
吴沆【宋】6
吴其真(貞)【清】502
吴若【宋】312
吴雨【明】74
吴亮【明】280
吴陸【三國】460
吴彦匡【明】437
吴彦夔【宋】443
吴師道【元】759
吴陳琰【清】129 356
吴萊【元】758
吴菘【清】439
吴盛藻【清】879
吴淑【宋】601
吴淇【清】962
吴琯【明】925 961
吴棫【宋】166
吴道南【明】585
吴曾【宋】510
吴肅公【清】90 91
吴兢【唐】222
吴儆【宋】662
吴寬【明】834
吴綺【清】963
吴鋭【宋】165
吴澄【元】23 54 83 83
110
岑安卿【元】748
邱(丘)光庭【唐】509
邱(丘)雍【宋】165 176
邱(丘)嘉穗【清】871
何中【元】756
何宇度【明】343
何良俊【明】611
何孟春【明】805
何異孫【明】143
何景明【明】838
何無適【宋】897
何喬新【明】804
何焯【清】523
何楷【明】72
何熊祥【明】368
何慶元【明】837
何薳【宋】598
佟世男【清】203

余元熹【明】933
余文龍【明】299
余寀【清】355
余靖【宋】683
余敷中【明】125
余懋學【明】559
余闕【元】744
余覺華【元】635
谷泰【明】547
辛棄疾【宋】240 544 767
汪廷訥【明】920
汪珂玉【明】399
汪晋徵【清】862
汪浩然【明】161
汪琬【清】884
汪雲程【明】618
汪舜民【明】329
汪道昆【明】739
汪瑗【明】808
汪機【明】456
汪懋麟【清】865
汪應辰【宋】704
沐昂【明】942
沈用濟【清】935
沈作喆【宋】532
沈宏(弘)正【明】580
沈長卿【明】557
沈明臣【明】348
沈周【明】855
沈括【宋】612 675
沈朝陽【明】272
沈與求【宋】709
沈該【宋】7
沈遼【宋】775
沈德符【明】613
沈應文【明】324
宋无【元】730
宋公望【明】436
宋公傳【明】934
宋白【宋】601
宋祁【宋】317
宋敏求【宋】261 314 644 906
宋琬【清】883
宋詡【明】436
宋廣業【清】357
宋褧【元】746
宋濂【明】636 825
邵伯温【宋】391
邵泰衢【清】93 384
邵博【宋】534
邵雍【宋】694
邵經邦【明】850
邵寶【明】126 341 382 737

八畫

青烏先生【金】469
幸元龍【宋】717
耶律楚材【元】760
范之柔【宋】540
范光宙【明】380
范仲淹【宋】540 675 685 910
范坰【宋】245
范明泰【元】268 277 727
范祖禹【宋】135 213 417
范純仁【宋】540 661
范處義【宋】76
范景文【明】731
范攄【唐】595

茅元儀 【明】 297 383 564
茅坤 【明】 293
林本裕 【清】 354
林有麟 【明】 569 577
林至 【宋】 10
林光世 【宋】 12
林光朝 【宋】 782
林兆珂 【明】 71 892
林兆恩 【明】 638
林亦之 【宋】 713
林希逸 【宋】 779
林表民 【宋】 904
林坤 【元】 604
林佶 【清】 377 378
林侗 【清】 377 377
林禹 【宋】 245
林逋 【宋】 684
林欲楫 【明】 32
林駉 【宋】 486
林鴻 【明】 803
來行學 【明】 375
來集之 【明】 578
杭淮 【明】 824
東方朔 【漢】 562
郁逢慶 【明】 503
卓發之 【明】 837
卓爾康 【明】 122
門無子 【明】 434
牧雲(釋) 【清】 862
和嶹 【五代】 303
和凝 【五代】 303
季本 【明】 72 88 123 158 273
岳珂 【宋】 138 239 711
金涓 【元】 749
金履祥 【元】 752
金贇仁 【明】 399
念常(釋) 【元】 638
周之翰 【明】 930
周子良 【梁】 625
周文采 【明】 451
周文華 【明】 437
周用 【明】 841
周必大 【宋】 391 512 956
周汝登 【明】 284
周守忠 【宋】 570
周羽翀 【宋】 223
周孚 【宋】 788
周沈珂 【明】 930
周宏(弘) 【明】 454
周宗智 【明】 332
周祈 【明】 520
周南瑞 【元】 918
周亮工 【清】 501
周旋 【明】 855
周淙 【宋】 318
周密 【宋】 537 538 544 605
周琦 【明】 421
周紫芝 【宋】 698 955
周復俊 【明】 342
周敦頤 【宋】 778
周弼 【宋】 911
周煇 【宋】 536
周嘉棟 【明】 198
周嬰 【明】 521
周應合 【宋】 313
周應賓 【明】 336
京房 【漢】 460

法顯(釋)【宋】310
況叔祺【明】578
宗臣【明】828
宗周【明】89
宗淨(釋)【明】338
宗澤【宋】703
定暠(釋)【清】353
官撫辰【明】837
郎兆玉【明】85
孟元老【宋】241
孟郊【唐】644
孟紱【明】582
孟棨【唐】948

九畫

飛來山人【明】578
郝敬【明】30 125
荆之琦【明】400
荀況【戰國】409
荀悦【漢】211 411
胡一桂【元】21 22
胡天游【元】724
胡世安【清】504
胡布【明】941
胡仔【宋】267
胡亦堂【清】938
胡安國【宋】416
胡助【元】794
胡宏【宋】215 216
胡其久【明】281
胡來聘【明】336
胡松【明】802
胡居仁【明】419
胡炳文【元】23 150 759
胡桂奇【明】273
胡敬辰【明】836
胡舜申【宋】265 265
胡瑗【宋】5 157
胡經【明】39
胡銓【宋】695
胡廣【明】28
胡翰【明】797
胡纘宗【明】804
查志隆【清】937
查培繼【清】962
柳宗元【唐】648
柳貫【元】763
柳琰【明】325
柳開【宋】688
哈斯罕【元】397
段公路【唐】308
段成己【金】790
段成式【唐】596
段克己【金】790
段昌武【宋】65
段爲衮【明】808
侯甸言【明】616
俞文豹【宋】543 619
俞文龍【明】295
俞弁【明】557
俞安期【明】579 579
俞松【宋】494
俞皋【元】111
俞琰【宋】17 545 632 751
俞策【明】321
俞德鄰【宋】539 680
計有功【宋】958
彦悰(釋)【唐】493

施何牧 【清】 205
施肩吾 【唐】 637
施清臣 【宋】 543
施宿 【宋】 316
施德操 【宋】 531
姜特立 【宋】 678
姜寶 【明】 121
洪化昭 【明】 42
洪适 【宋】 372
洪咨夔 【宋】 771
洪皓 【宋】 242
洪邁 【宋】 517 905
洪遵 【宋】 363 571
祖秀(釋) 【宋】 312
祝允明 【明】 252 805
祝淵 【宋】 573
祝堯 【宋】 912
祝穆 【宋】 315 573 575
韋煥 【明】 160
韋縠 【蜀】 939
胥文相 【明】 333
姚士粦 【明】 219
姚文蔚 【明】 295
姚合 【唐】 896
姚希孟 【明】 821
姚咨 【明】 116
姚旅 【明】 556
姚最 【陳】 473
姚鉉 【宋】 909
姚福 【明】 553
姚廣孝 【明】 819
姚寬 【宋】 511

十畫

秦鏞 【明】 348
秦觀 【宋】 768
敖繼公 【元】 82
馬之駿 【明】 815
馬中錫 【明】 838
馬永卿 【宋】 530
馬自强 【明】 835
馬明卿 【明】 321
馬祖常 【元】 755
馬理 【明】 41
馬從聘 【明】 86
馬愉 【明】 853
馬融 【後漢】 415
馬驌 【清】 130
馬麟 【明】 401
貢汝成 【明】 89
貢性之 【元】 730
貢奎 【元】 755
貢師泰 【元】 749
袁士元 【元】 725
袁中道 【明】 856
袁孝政 【唐】 529
袁均哲 【明】 583
袁宏 【晋】 213
袁宏道 【明】 739
袁昌祚 【明】 333
袁易 【元】 762
袁郊 【唐】 599
袁宗道 【明】 799
袁尊尼 【明】 801
袁銛 【明】 332
都穆 【明】 503 561 610
華幼武 【元】 725
華兆登 【明】 29
華國才 【明】 933

華善述 【明】 801
莫休符 【唐】 308
真一(釋) 【明】 438
真德秀 【宋】 149 724 784 899
莊季裕 【宋】 535
連鑛 【明】 613
夏文彦 【元】 480
夏言 【明】 829
夏良勝 【明】 153
夏基 【清】 352
夏寅 【明】 255
夏賓 【明】 281
夏鍭 【明】 851
柴望 【宋】 672
柴紹炳 【清】 205
時瀾 【宋】 51
晁季一 【明】 482
晁説之 【宋】 663
晏嬰 【齊】 527
倪天隱 【宋】 5
倪元璐 【明】 921
倪希程 【宋】 897
徐一夔 【明】 732
徐三重 【明】 420
徐之鏌 【明】 462
徐元太 【明】 577
徐日炅 【明】 339
徐允 【明】 818
徐世淳 【明】 44
徐用宣 【明】 455
徐用誠 【明】 457
徐宇昭 【清】 869
徐沁 【清】 286
徐即登 【明】 85
徐明善 【元】 753
徐泌 【清】 352
徐度 【宋】 236
徐時鳴 【明】 323
徐浦 【明】 120
徐陵 【陳】 473 867
徐乾學 【清】 867
徐階 【明】 803 856
徐達左 【明】 816
徐葆光 【清】 356
徐朝文 【明】 269
徐夢莘 【宋】 214
徐幹 【魏】 413
徐鉉 【宋】 600 601 772
徐祺 【清】 504
徐養相 【明】 87
徐燉 【明】 277 279
徐禎卿 【明】 827
徐經孫 【宋】 674
徐碩 【元】 319
徐增 【清】 935
徐積 【宋】 707
徐環 【明】 818
徐鍇 【南唐】 171
殷璠 【唐】 895
翁任春 【明】 836
翁卷 【宋】 703
高士 【明】 452
高士奇 【清】 127 234 501 939
高氏 【宋】 440
高曰化 【明】 273
高仲武 【唐】 896
高似孫 【宋】 571
高武 【明】 452 455

高叔嗣【明】737
高承【宋】486
高彦休【唐】598
高珩【清】882
高得晹【明】818
高棅【明】855
高誘【漢】624
高攀龍【明】121 820
高鶴【明】323
郭子章【明】347
郭元鴻【明】503
郭光復【明】252
郭若虚【宋】476
郭茂倩【宋】901
郭忠恕【宋】181
郭京【唐】3
郭奎【明】843
郭振遐【清】864
郭祥鵬【明】810
郭琇【清】893
郭偉【明】929
郭棐【明】311 333
郭璞【晉】307 404
郭憲【後漢】591
郭翼【元】547
唐元(玄)度【唐】169
唐文獻【明】732
唐庚【宋】709
唐順之【明】569 580 797
唐夢賚【清】875
唐樞【明】26 88 122 323
浦南金【明】582 926
浦起龍【清】383
海瑞【明】798
涂幾【明】804
家鉉翁【宋】106
陸九淵【宋】774
陸子虛【宋】316
陸佃【宋】178
陸奎勳【清】92
陸俸【明】807
陸唐老【宋】215
陸釴【明】329 808
陸深【明】250 283 283 304 378 418 499 555 555 556
陸雲【晉】644
陸貽孫【明】618
陸游【宋】533 665
陸夢龍【明】250
陸德明【唐】136
陸龜蒙【唐】439
陸隴其【清】423
陳士元【明】32 344
陳之伸【明】272 277
陳子昂【唐】652
陳天祥【元】152
陳天麟【宋】261
陳仁子【元】913
陳仁錫【明】45 218 931
陳允錫【清】300
陳世隆【元】911
陳仕賢【明】455
陳邦瞻【明】228
陳吕忠【明】218
陳均【宋】214
陳克【宋】312
陳宏(弘)緒【明】554

陳直【宋】442
陳東【宋】248 666
陳郁【宋】514
陳定性【元】319
陳建【明】419
陳則通【元】132
陳思【宋】372 479 488 911
陳禹謨【明】153
陳亮【宋】779
陳恂【清】563
陳祖法【清】872
陳起【宋】903
陳耆卿【宋】313
陳造【宋】677
陳師文【宋】442
陳師凱【元】56
陳師道【宋】953
陳訏【清】465 934
陳高【元】793
陳旅【元】760
陳祥道【宋】81 146
陳祥裔【清】586
陳鄂【宋】601
陳基【元】761
陳著【宋】714
陳第【元】57
陳淳【宋】885
陳淳【明】842
陳深【明】112 142 293
陳悰【明】837
陳堯道【明】271
陳彭年【宋】165 176
陳葆光【宋】633
陳棐【明】850
陳貽範【宋】266
陳鼎【清】285 285 438
陳傅良【宋】104 679 716
陳善【宋】543
陳淵【宋】664
陳寔原【明】639
陳與郊【明】891
陳與義【宋】777
陳經【宋】51
陳嘉謨【明】856
陳鳴鶴【明】280
陳櫄【宋】496
陳寰【明】849
陳謨【明】808
陳璿【清】350
陳鵠【宋】534
陳鎬【明】271
陳藻【宋】714
陳櫟【元】55 752
陳獻章【明】839
陳耀文【明】519 521
陳繼儒【明】279 555
陳瓘【宋】6
陳巖肖【宋】954
孫七政【明】732
孫元衡【清】862
孫存吾【元】919
孫光祀【清】885
孫光憲【宋】600
孫廷銓【清】350
孫甫【宋】379
孫作【明】835
孫奇逢【清】422
孫承澤【清】127 287 349 354

482　501
孫思邈　【唐】　440　440　458
孫奕　【宋】　513
孫原理　【明】　940
孫紹遠　【宋】　912
孫雲翼　【明】　678
孫復　【宋】　101
孫强　【唐】　165
孫夢觀　【宋】　674
孫慎行　【明】　297
孫蕙　【清】　300　862
孫鋐　【清】　937
孫應鰲　【明】　27
孫應龍　【清】　50
孫勷　【清】　868
孫覿　【宋】　659
陰時夫　【元】　575
陶元柱　【明】　639
陶安　【明】　833
陶孚尹　【清】　876
陶宏(弘)景【梁】　636
陶宗儀　【明】　289　610
陶望齡　【明】　637　799
陶敬益　【清】　352
陶滋　【明】　374
陶潛　【晉】　593　659
桑世昌　【宋】　478
桑紹良　【明】　195

十一畫

梅士享　【明】　434
梅純　【明】　560
梅堯臣　【宋】　692　780
梅鼎祚　【明】　923　930
梅鶖　【明】　28
曹安　【明】　520
曹伯啓　【元】　726
曹金　【明】　347
曹溶　【清】　286　375
曹端　【明】　419
曹勳　【明】　836
曹學佺　【明】　126　338　342
戚玾　【清】　876
盛楓　【清】　286
常挺　【清】　942
常璩　【晉】　358
婁機　【宋】　183
崔子方　【宋】　100
崔銑　【明】　923
崔鴻　【魏】　221
過庭訓　【明】　284
符驗　【明】　368
敏膺(釋)　【清】　882
皎然(釋)　【唐】　658
許月卿　【宋】　364
許有穀　【明】　277
許叔微　【宋】　443
許相卿　【明】　229　848
許浩　【明】　382
許恕　【元】　723
許國　【明】　820
許進　【明】　254
許嵩　【宋】　223
許慎　【漢】　175
許穀　【明】　847　851
許謙　【元】　53　70　752
許顗　【宋】　954
麻衣道者　【宋】　468

康海 【明】 731
康駢 【唐】 596
康麟 【明】 925
鹿門子 【清】 424
章潢 【明】 42
章樵 【宋】 893
章懋 【明】 849
商企翁 【元】 366
商鞅 【秦】 434
梁清標 【清】 882
梁寅 【元】 23
梁夢龍 【明】 400
梁顯祖 【清】 423
屠叔方 【明】 229
屠喬孫 【明】 221
屠粹忠 【清】 586
張九韶 【明】 296 420
張九齡 【唐】 647
張士佩 【明】 200
張大亨 【宋】 107
張大齡 【明】 381
張之象 【明】 924 925
張介賓 【明】 458
張文爟 【明】 433
張以誠 【明】 75
張以寧 【明】 120 803
張玉孃 【元】 725
張世則 【明】 253
張世賢 【明】 454 457
張耒 【宋】 777
張存中 【元】 151
張自烈 【明】 206
張旭 【明】 857
張次仲 【明】 71
張汝霖 【明】 30
張安茂 【清】 401
張志淳 【明】 520
張岐然 【明】 123
張伯淳 【元】 762
張伯端 【宋】 630
張宏(弘)範【元】 728
張君房 【宋】 629
張玭 【明】 281
張雨 【元】 634
張杲 【宋】 444
張采 【明】 88
張治 【明】 815
張居正 【明】 58 294
張弨 【清】 376 377
張弧 【唐】 414
張洎 【宋】 601
張昱 【元】 743
張彦遠 【唐】 474 474
張洪 【明】 331
張洽 【宋】 98
張恒 【清】 287
張宣猷 【清】 161
張華 【晋】 562
張栻 【宋】 148 417 785
張烈 【清】 864
張時徹 【明】 294 451 452 738
張師正 【宋】 616
張師曾 【元】 261
張浚 【宋】 7
張能鱗 【清】 78 422
張納陛 【明】 31
張掄 【宋】 371
張達 【元】 941

張敔 【明】 158
張國維 【明】 331
張淏 【宋】 316
張習孔 【清】 863
張參 【唐】 171
張揖 【魏】 164
張萱 【明】 191
張朝瑞 【明】 230
張景 【明】 303
張道宗 【宋】 311
張運泰 【明】 933
張弼 【明】 841
張綖 【明】 961
張遠 【清】 863
張詵 【唐】 889
張溥 【明】 932
張預 【宋】 431
張翥 【元】 960
張爾岐 【清】 47 92 132
張睿卿 【明】 334
張鳴鳳 【明】 398
張鳳翼 【明】 461 891
張端義 【宋】 603
張適 【明】 861
張養浩 【元】 364
張寧 【明】 823
張實居 【清】 869
張鼐 【明】 401
張綱 【宋】 710
張潮 【清】 378
張鎡 【宋】 542
張濬卿 【明】 218
張禮 【宋】 313
張鵬翼 【清】 870
張獻翼 【明】 807
張鷟 【唐】 485
貫休(釋) 【唐】 651
扈蒙 【宋】 601

十二畫

項安世 【宋】 8
項真 【明】 617
項琳 【明】 221
彭百川 【宋】 390
彭而述 【清】 872
彭汝礪 【宋】 691
彭叔夏 【宋】 898
彭致中 【明】 959
彭乘 【宋】 529
黄士毅 【宋】 773
黄文焕 【明】 842
黄以陞 【明】 296
黄廷鵠 【明】 298
黄休復 【宋】 603
黄仲元 【宋】 770
黄仲炎 【宋】 97
黄汝亨 【明】 857
黄佐 【明】 830 923
黄伯思 【宋】 511
黄希旦 【宋】 772
黄昃 【宋】 959
黄秉石 【明】 553 557
黄宗炎 【清】 47
黄承昊 【明】 453
黄俣卿 【明】 251
黄度 【宋】 52
黄庭堅 【宋】 788
黄訓 【明】 522

黃衷【明】340
黃淮【明】889
黃鼎【清】465
黃道周【明】39
黃鉞【明】818
黃溍【元】757
黃載方【清】960
黃福【明】738
黃裳【宋】699
黃廣【明】86
黃養蒙【明】369
黃震【宋】409
黃徹【宋】951
黃魯曾【明】926
黃履翁【宋】486
黃澤【元】25
黃瓚【明】332
黃櫄【宋】68
黃鎮成【元】54
葉廷珪【宋】573
葉秉敬【明】701
葉時【宋】80
葉紹翁【宋】235
葉夢得【宋】99 531 539 957
葉寘【宋】909
葉燮【清】354
葉顒【元】756
葛立方【宋】719
葛守禮【明】802
葛洪【晉】591 623
葛洪【宋】380
董更【宋】475
董其昌【明】556 562 801
董淳【宋】601
董逌【宋】476 495
董訥【清】865 893
董斯張【明】343 577
董鼎【元】136
董楷【宋】15
董説【明】45 398
董養性【清】46
董養性【明】820
惠士奇【清】91
惠洪(釋)【宋】955
惠棟【清】130
閔元衢【明】282
閔齊華【明】892
閔麟嗣【清】352
景星【元】151
單宇【明】930
單隆周【清】404
程一枝【明】383
程大位【明】462
程公説【宋】108
程玉潤【明】39
程正揆【清】563
程珌【宋】787
程敏政【明】278 382 799 931
程鉅夫【元】751
程湛【清】421
程嘉燧【明】334
程端學【元】110 111
程頤【宋】48 142 417 424
程顥【宋】417 424
程觀生【明】37
税與權【宋】15
喬大凱【清】555
喬中和【明】190

傅子雲【明】774
傅汎際【明】548
傅若金【元】723
傅禹【清】433
傅振商【明】809
傅習【元】919
傅察【宋】719
焦竑【明】31 197
焦贛【漢】459
鈕琇【清】880
鄒元芝【明】42
鄒迪光【明】614 853
鄒浩【宋】696
鄒期楨【明】59
鄒鉉【元】442
馮廷櫆【清】879
馮汝弼【明】612
馮忠恕【宋】262
馮時可【明】558
馮惟訥【明】932
馮景中【宋】316
馮夢龍【明】126 616
馮溥【清】861
馮調鼎【清】203
馮應京【明】301 302
童良【明】311
童琥【明】848
道忄+匋(釋)【明】335
曾三聘【宋】533
曾公亮【宋】430
曾益【明】124
曾敏行【宋】533
曾朝節【明】43
曾鞏【宋】227 689
勞大與【清】562
湛若水【明】159 843
湘山樵夫【宋】255
湯悦【宋】601
湯斌【清】869
湯顯祖【明】815
温大雅【唐】405
滑壽【元】446
游樸【明】311
游藝【清】464
富大用【宋】573
强至【宋】266
費宏【明】856
費衮【宋】540
費寀【明】851
費密【清】935
費樞【宋】261
費錫璜【清】935
賀鑄【宋】705

十三畫

楊士宏(弘)【元】914
楊士奇【明】735 847 889
楊士瀛【宋】442
楊甲【宋】138
楊四知【明】280
楊光訓【明】271
楊休之【北齊】586
楊延齡【宋】542
楊兆坊【明】553
楊克弼【宋】263
楊伯岩【宋】571
楊忍本【明】614
楊明【明】338

楊侃 【宋】 584
楊宗吾 【明】 558
楊炯 【唐】 645
楊桓 【元】 188
楊時 【宋】 417
楊時偉 【明】 268
楊時喬 【明】 27
楊倞 【唐】 409
楊衒之 【後魏】 307
楊萬里 【宋】 4 671
楊雄 【漢】 412
楊傑 【宋】 705
楊循吉 【明】 278
楊載 【元】 757
楊漣 【明】 854
楊慎 【明】 196 197 200 279 341 342 576 580 604 921 921 962
楊端 【明】 437
楊齊賢 【宋】 712
楊榮 【明】 735
楊億 【宋】 774
楊德周 【明】 585
楊翮 【元】 727
楊瞿崍 【明】 41
楊簡 【宋】 786
楊繼洲 【明】 456
楊繼益 【明】 548
楊繼盛 【明】 810
裘萬頃 【宋】 671
賈思勰 【後魏】 435
賈誼 【漢】 412
雷思齊 【元】 24
雷禮 【明】 367
虞世南 【唐】 483
虞堪 【明】 738
虞搏 【明】 454
豊坊 【明】 40 58 74 75 76 119
圓至（釋） 【元】 916
圓復（釋） 【明】 334
解縉 【明】 851
褚伯秀 【宋】 631

十四畫

漆士昌 【清】 422
趙之韓 【明】 337
趙子砥 【宋】 237
趙以夫 【宋】 18
趙世顯 【明】 554
趙吉士 【清】 884
趙汝楳 【宋】 12
趙汝談 【宋】 717
趙汝鐩 【宋】 694
趙抃 【宋】 690
趙希鵠 【宋】 479
趙汸 【元】 24 114 114 115 115
趙叔問 【宋】 510
趙昇 【宋】 395
趙明誠 【宋】 373
趙迪 【明】 856
趙秉文 【金】 792
趙秉善 【元】 914
趙居信 【元】 227
趙貞吉 【明】 800
趙彥肅 【宋】 11
趙彥衛 【宋】 513

趙恒 【明】 125
趙師秀 【宋】 901
趙宧光 【明】 462
趙執信 【清】 877 950 950
趙崇祚 【後蜀】 961
趙偕 【元】 750
趙順孫 【宋】 149
趙弼 【明】 380
趙琦美 【明】 480
趙與旹 【宋】 535
趙與虤 【宋】 958
趙雍 【元】 743
趙滂 【明】 273
趙寬 【明】 838
趙隣幾 【明】 601
趙維寰 【明】 298
趙撝謙 【明】 196 199
趙蕤 【唐】 49
趙鵬飛 【宋】 105
趙鶴 【明】 922
蔡方炳 【清】 354
蔡邕 【後漢】 643
蔡節 【宋】 148
蔡傳 【宋】 897
蔡模 【宋】 150
蔡鍊 【明】 338
蔡襄 【宋】 693
蔡爨 【明】 847
蔣一彪 【明】 635
蔣一葵 【明】 615
蔣永修 【清】 878
蔣悌生 【明】 141
蔣超 【清】 563
蔣景祁 【清】 129
蔣維鈞 【清】 523
裴良甫 【宋】 576
聞性善 【明】 282
聞性道 【明】 282
管棆 【清】 353 866
廣賓(釋) 【明】 335
廖文英 【清】 206
廖用賢 【明】 569
廖剛 【宋】 680
適之(釋) 【宋】 497
齊己(釋) 【唐】 648
鄭元(玄) 【漢】 415
鄭元祐 【元】 747
鄭元慶 【清】 351
鄭氏 【唐】 415
鄭以誠 【明】 582
鄭玉 【元】 112
鄭仲夔 【明】 617 617
鄭汝諧 【宋】 145
鄭伯熊 【宋】 53
鄭伯謙 【宋】 79
鄭良弼 【明】 119
鄭虎臣 【宋】 900
鄭居中 【宋】 389
鄭持正 【元】 609
鄭俠 【宋】 697
鄭珤 【宋】 309
鄭曉 【明】 230
鄭與喬 【明】 554
鄭端允 【明】 559
鄭樵 【宋】 141 177
熊方 【宋】 209
熊良輔 【元】 19
熊忠 【元】 190

熊朋來　【元】　139
熊宗立　【元】　447
熊過　【明】　121
熊賜履　【清】　422
鄧元錫　【明】　85　140
鄧文原　【元】　754
鄧玉函　【明】　481
鄧林　【明】　816
鄧牧　【元】　319
鄧雲霄　【明】　801
鄧椿　【宋】　478
鄧漢儀　【清】　939
鄧慶寀　【明】　438
鄧鍾　【明】　432
鄧鍾岳　【清】　422　866
翟安道　【宋】　431

十五畫

樓昉　【宋】　899
樓鑰　【宋】　266　776
樊深　【明】　420
歐陽修　【宋】　686　952
歐陽起鳴　【元】　730
歐陽詢　【唐】　484
黎立武　【宋】　145
黎耿然　【清】　864
黎崱　【元】　320
樂史　【宋】　317　572
樂雷發　【宋】　703
德洪(釋)　【宋】　704
德淨(釋)　【元】　729
衛元嵩　【北周】　461
衛湜　【宋】　80
劉一清　【元】　256
劉三吾　【明】　816
劉士鏻　【明】　934
劉子翬　【宋】　780
劉天和　【明】　272
劉日升　【明】　368
劉文進　【明】　252
劉同升　【明】　851　856
劉因　【元】　152　753
劉廷璣　【清】　881
劉向　【漢】　411　413
劉安　【漢】　624
劉安上　【宋】　708
劉克莊　【宋】　676
劉伯熊　【清】　50
劉完素　【金】　445
劉宏(弘)　【唐】　656
劉良　【唐】　889
劉邵　【魏】　527
劉郁　【元】　248
劉昌詩　【宋】　514
劉知幾　【唐】　385
劉秉忠　【元】　729
劉斧　【宋】　602
劉攽　【宋】　953
劉宗周　【明】　43
劉定之　【明】　807
劉禹錫　【唐】　646
劉炳　【明】　736
劉祐　【明】　922
劉時舉　【宋】　216
劉剡　【明】　154
劉宰　【宋】　713
劉純　【明】　457
劉基　【明】　498　825

劉崧 【明】 817
劉過 【宋】 694
劉惟謙 【清】 77
劉書 【北齊】 529
劉紹 【明】 941
劉敬叔 【宋】 593
劉敬純 【明】 76
劉敞 【宋】 101 101 137 691
劉道醇 【宋】 495
劉嗣昌 【明】 579
劉節 【明】 124 582
劉詵 【元】 761
劉源淥 【清】 423
劉肅 【唐】 235
劉熙 【漢】 163
劉鳳 【明】 582 827
劉瑾 【元】 68
劉勰 【梁】 947
劉學箕 【宋】 716
劉凝 【清】 204
劉羲仲 【宋】 379
劉濂 【明】 158
劉壎 【元】 914
劉應李 【宋】 570
劉應泰 【明】 453
劉麟瑞 【元】 914
諸葛亮 【漢】 429
談修 【明】 555
潛庵子 【明】 230
潛説友 【宋】 315
潘士藻 【明】 45
潘之恒 【明】 333
潘耒 【清】 204
潘自牧 【宋】 575
潘音 【元】 750
潘塤 【明】 268
練子寧 【明】 809

十六畫

駱賓王 【唐】 650
薛大訓 【明】 635
薛甲 【明】 40
薛收 【唐】 212
薛季宣 【宋】 776
薛師石 【宋】 789
薛虞畿 【明】 293
薛蕙 【明】 839
薛應旂 【明】 219 220
蕭士贇 【元】 712
蕭洵 【明】 331
蕭嵩 【唐】 389
蕭鳴鳳 【明】 806
蕭漢中 【元】 20
蕭韻 【清】 357
盧世潅 【清】 549
盧軒 【清】 128
盧翰 【明】 302
閻廷謨 【清】 358
閻若璩 【清】 59 77
穆孔暉 【明】 153
錢一本 【明】 37 44 44
錢文子 【宋】 392
錢以塏 【清】 355
錢世揚 【明】 293
錢易 【宋】 602
錢陞 【明】 284
錢惟善 【元】 729
錢溥 【明】 332

錢穀 【明】 931
錢養廉 【明】 251
錢繼登 【明】 297
鄺露 【明】 344
龍仁夫 【元】 26
龍衮 【宋】 246
龍膺 【明】 835

十七畫

環中迂叟 【明】 344
戴天恩 【清】 46
戴少望 【宋】 430
戴廷槐 【明】 38
戴表元 【元】 686
戴侗 【元】 187 189
戴昺 【宋】 676
戴啓宗 【元】 446
戴復古 【宋】 785
戴羲 【明】 301
韓无咎 【宋】 893
韓邦奇 【明】 463
韓孝彦 【金】 185
韓昂 【明】 480
韓菼 【清】 880
韓鄂 【唐】 485
韓道昭 【金】 183
韓維 【宋】 768
韓駒 【宋】 707
韓嬰 【漢】 63
韓爌 【明】 249
魏天應 【宋】 904
魏世傑 【清】 876
魏世傚 【清】 866
魏校 【明】 196 834
魏象樞 【清】 881
魏裔介 【清】 422
魏齊賢 【宋】 909
魏慶之 【宋】 949
魏樸如 【明】 311
魏禧 【清】 864
魏應嘉 【明】 249
魏濬 【明】 40 325
魏禮 【清】 876
魏顯國 【明】 284
儲光羲 【唐】 773
儲欣 【清】 129 884
鍾惺 【明】 71 381 926
鍾嶸 【梁】 947
鮮于樞 【元】 545
謝杰 【明】 324
謝重輝 【清】 871
謝陛 【明】 231
謝復 【明】 824
謝赫 【南齊】 473
謝薖 【宋】 782
謝肇淛 【明】 337 557
謝翱 【宋】 681
謝應芳 【元】 747
謝鐸 【明】 270
應劭 【漢】 611
應撝謙 【清】 128 162
繆思恭 【元】 915

十八畫

瞿九思 【明】 119 397
瞿式耜 【明】 855
瞿景淳 【明】 836
顔之推 【北齊】 528

顏元孫 【唐】 168
顏光敏 【清】 881
顏茂猷 【明】 554
顏鯨 【明】 116

十九畫

蘇天爵 【元】 267 758 920
蘇易簡 【宋】 485 569
蘇祐 【明】 560
蘇源明 【唐】 461
蘇軾 【宋】 538
蘇霖 【元】 498
蘇濬 【明】 27
蘇轍 【宋】 66 103 629
蘇鶚 【唐】 595
關朗 【北魏】 49
嚴羽 【宋】 957
嚴訥 【明】 122
嚴啓隆 【清】 131
嚴粲 【宋】 67
嚴虞惇 【清】 78
嚴遵 【漢】 624
羅欽順 【明】 733
羅璧 【宋】 541
羅願 【宋】 178 686 783
譚元春 【明】 926
龐迪我 【清】 564
龐塏 【清】 883

二十畫

蘭廷秀 【明】 195

二十一畫

饒節 【宋】 677
權德輿 【唐】 650
權衡 【明】 228
顧元鏡 【明】 322 339
顧仲清 【清】 504
顧充 【明】 584
顧炎武 【清】 129 144 144 203 349 357 375 376 404 522
顧貞觀 【清】 938
顧起元 【明】 374
顧起經 【明】 844
顧野王 【梁】 165
顧從義 【明】 500
顧梧芳 【明】 959
顧瑛 【元】 744 919
顧鼎臣 【明】 805
顧爾邁 【明】 282
顧璘 【明】 270
顧錫疇 【明】 221
顧應祥 【明】 220 324
顧藹吉 【清】 206

二十三畫

龔明之 【宋】 314
龔黄 【明】 198
龔頤正 【宋】 512

作者名拼音索引

A

ai

艾儒略 【清】 350

an

安世鳳 【明】 504

安熙 【元】 745

ao

敖繼公 【元】 82

B

bai

白珽 【元】 546

白瑜 【明】 281

bao

包拯 【宋】 890

bian

卞管勾 【明】 500

卞永譽 【清】 483

C

cai

蔡方炳 【清】 354

蔡節 【宋】 148

蔡鍊 【明】 338

蔡模 【宋】 150

蔡襄 【宋】 693

蔡靉 【明】 847

蔡邕 【後漢】 643

蔡傳 【宋】 897

cao

曹安 【明】 520

曹伯啓 【元】 726

曹端 【明】 419

曹金 【明】 347

曹溶 【清】 286 375

曹學佺 【明】 126 338 342

曹勳 【明】 836

cen

岑安卿 【元】 748

chai

柴紹炳 【清】 205

柴望 【宋】 672

chang

常璩 【晋】 358

常挺 【清】 942

chao

晁季一 【明】 482

晁説之 【宋】 663

che

車垓 【宋】 81

車若水 【宋】 536

chen

陳邦瞻 【明】 228

陳葆光 【宋】 633

陳淳 【宋】 885

陳淳 【明】 842

陳悰 【明】 837

陳第 【元】 57

陳鼎 【清】 285 285 438

陳定性【元】319
陳東【宋】248 666
陳鄂【宋】601
陳棐【明】850
陳傅良【宋】104 679 716
陳高【元】793
陳鎬【明】271
陳瓘【宋】6
陳宏(弘)緒【明】554
陳鵠【宋】534
陳寰【明】849
陳基【元】761
陳繼儒【明】279 555
陳嘉謨【明】856
陳建【明】419
陳經【宋】51
陳均【宋】214
陳克【宋】312
陳櫟【元】55 752
陳亮【宋】779
陳旅【元】760
陳吕忠【明】218
陳鳴鶴【明】280
陳謨【明】808
陳彭年【宋】165 176
陳耆卿【宋】313
陳起【宋】903
陳仁錫【明】45 218 931
陳仁子【元】913
陳善【宋】543
陳深【明】112 142 293
陳師道【宋】953
陳師凱【元】56
陳師文【宋】442
陳寔原【明】639
陳士元【明】32 344
陳世隆【元】911
陳仕賢【明】455
陳思【宋】372 479 488 911
陳天麟【宋】261
陳天祥【元】152
陳獻章【明】839
陳祥道【宋】81 146
陳祥裔【清】586
陳訏【清】465 934
陳璿【清】350
陳恂【清】563
陳巖肖【宋】954
陳堯道【明】271
陳耀文【明】519 521
陳貽範【宋】266
陳櫄【宋】496
陳禹謨【明】153
陳與郊【明】891
陳與義【宋】777
陳郁【宋】514
陳淵【宋】664
陳允錫【清】300
陳藻【宋】714
陳造【宋】677
陳則通【元】132
陳之伸【明】272 277
陳直【宋】442
陳著【宋】714

陳子昂 【唐】 652
陳祖法 【清】 872
cheng
成廷珪 【元】 885
程珌 【宋】 787
程大位 【明】 462
程端學 【元】 110 111
程公説 【宋】 108
程觀生 【明】 37
程顥 【宋】 417 424
程嘉燧 【明】 334
程鉅夫 【元】 751
程敏政 【明】 278 382 799 931
程頤 【宋】 48 142 417 424
程一枝 【明】 383
程玉潤 【明】 39
程湛 【清】 421
程正揆 【清】 563
chu
褚伯秀 【宋】 631
儲光羲 【唐】 773
儲欣 【清】 129 884
cui
崔鴻 【魏】 221
崔銑 【明】 923
崔子方 【宋】 100

D

da
大然(釋) 【清】 355
大汕(釋) 【清】 351
大杍(釋) 【元】 960
dai
戴表元 【元】 686
戴昺 【宋】 676
戴侗 【元】 187 189
戴復古 【宋】 785
戴啓宗 【元】 446
戴少望 【宋】 430
戴天恩 【清】 46
戴廷槐 【明】 38
戴羲 【明】 301
dao
道恂(釋) 【明】 335
de
德洪(釋) 【宋】 704
德淨(釋) 【元】 729
deng
鄧椿 【宋】 478
鄧漢儀 【清】 939
鄧林 【明】 816
鄧牧 【元】 319
鄧慶宷 【明】 438
鄧文原 【元】 754
鄧玉函 【明】 481
鄧元錫 【明】 85 140
鄧雲霄 【明】 801
鄧鍾 【明】 432
鄧鍾岳 【清】 422 866
ding
丁度 【宋】 179 180
丁復 【元】 757
丁鶴年 【元】 745
丁煒 【清】 868

丁詠淇 【清】 861
丁瓚 【明】 455
定畾(釋) 【清】 353
dong
東方朔 【漢】 562
董淳 【宋】 601
董鼎 【元】 136
董更 【宋】 475
董楷 【宋】 15
董訥 【清】 865 893
董其昌 【明】 556 562 801
董説 【明】 45 398
董斯張 【明】 343 577
董養性 【清】 46
董養性 【明】 820
董逌 【宋】 476 495
du
都穆 【明】 503 561 610
杜本 【元】 726 918
杜大珪 【宋】 262
杜範 【宋】 784
杜光庭 【唐】 440 465 616 627 627 627 627
杜牧 【唐】 653
杜庭珠 【清】 935
杜詔 【清】 935
杜知耕 【清】 464
duan
段昌武 【宋】 65
段成己 【金】 790
段成式 【唐】 596
段公路 【唐】 308
段克己 【金】 790
段爲衮 【明】 808

F

fa
法顯(釋) 【宋】 310
fan
樊深 【明】 420
范處義 【宋】 76
范純仁 【宋】 540 661
范光宙 【明】 380
范景文 【明】 731
范坰 【宋】 245
范明泰 【元】 268 277 727
范攄 【唐】 595
范之柔 【宋】 540
范仲淹 【宋】 540 675 685 910
范祖禹 【宋】 135 213 417
fang
方大琮 【宋】 714
方逢辰 【宋】 718
方廣 【明】 456
方回 【元】 917
方九功 【明】 369
方鵬 【明】 806
方仁榮 【宋】 309
方實孫 【宋】 18
方仕 【明】 199
方象瑛 【清】 356
方學漸 【明】 254

fei
飛來山人【明】578
費寀【明】851
費衮【宋】540
費宏【明】856
費密【清】935
費樞【宋】261
費錫璜【清】935
feng
豊坊【明】40 58 74 75 76 119
馮調鼎【清】203
馮景中【宋】316
馮夢龍【明】126 616
馮溥【清】861
馮汝弼【明】612
馮時可【明】558
馮廷櫆【清】879
馮惟訥【明】932
馮應京【明】301 302
馮忠恕【宋】262
fu
符驗【明】368
傅察【宋】719
傅汎際【明】548
傅若金【元】723
傅習【元】919
傅禹【清】433
傅振商【明】809
傅子雲【宋】774
富大用【宋】573

G

gan
甘復【元】749
干寶【晋】592
gao
高棅【明】855
高承【宋】486
高得晹【明】818
高鶴【明】323
高珩【清】882
高攀龍【明】121 820
高氏【宋】440
高士【明】452
高士奇【清】127 234 501 939
高似孫【宋】571
高叔嗣【明】737
高武【明】452 455
高彦休【唐】598
高誘【漢】624
高曰化【明】273
高仲武【唐】896
ge
葛洪【晋】591 623
葛洪【宋】380
葛立方【宋】719
葛守禮【明】802
gong
公孫宏(弘)【漢】429
龔黄【明】198
龔明之【宋】314
龔頤正【宋】512

貢奎 【元】 755
貢汝成 【明】 89
貢師泰 【元】 749
貢性之 【元】 730
gu
谷泰 【明】 547
顧藹吉 【清】 206
顧充 【明】 584
顧從義 【明】 500
顧鼎臣 【明】 805
顧爾邁 【明】 282
顧璘 【明】 270
顧起經 【明】 844
顧起元 【明】 374
顧梧芳 【明】 959
顧錫疇 【明】 221
顧炎武 【清】 129 144 144 203 349 357 375 376 404 522
顧野王 【梁】 165
顧瑛 【元】 744 919
顧應祥 【明】 220 324
顧元鏡 【明】 322 339
顧貞觀 【清】 938
顧仲清 【清】 504
guan
官撫辰 【明】 837
關朗 【北魏】 49
管棆 【清】 353 866
貫休(釋) 【唐】 651
guang
廣賓(釋) 【明】 335
guo
郭棐 【明】 311 333
郭光復 【明】 252
郭京 【唐】 3
郭奎 【明】 843
郭茂倩 【宋】 901
郭璞 【晋】 307 404
郭若虛 【宋】 476
郭偉 【明】 929
郭憲 【後漢】 591
郭祥鵬 【明】 810
郭琇 【清】 893
郭翼 【元】 547
郭元鴻 【明】 503
郭振遐 【清】 864
郭忠恕 【宋】 181
郭子章 【明】 347
過庭訓 【明】 284

H

ha
哈斯罕 【元】 397
hai
海瑞 【明】 798
han
韓昂 【明】 480
韓邦奇 【明】 463
韓道昭 【金】 183
韓鄂 【唐】 485
韓駒 【宋】 707
韓爌 【明】 249
韓菼 【清】 880

韓維　【宋】　768
韓无咎　【宋】　893
韓孝彦　【金】　185
韓嬰　【漢】　63
hang
杭淮　【明】　824
hao
郝敬　【明】　30　125
he
何焯　【清】　523
何景明　【明】　838
何楷　【明】　72
何良俊　【明】　611
何孟春　【明】　805
何喬新　【明】　804
何慶元　【明】　837
何薳　【宋】　598
何無適　【宋】　897
何熊祥　【明】　368
何異孫　【明】　143
何宇度　【明】　343
何中　【元】　756
和巙　【五代】　303
和凝　【五代】　303
賀鑄　【宋】　705
hong
洪皓　【宋】　242
洪化昭　【明】　42
洪邁　【宋】　517　905
洪适　【宋】　372
洪咨夔　【宋】　771
洪遵　【宋】　363　571
hou
侯甸言　【明】　616
hu
胡安國　【宋】　416
胡炳文　【元】　23　150　759
胡布　【明】　941
胡廣　【明】　28
胡桂奇　【明】　273
胡翰　【明】　797
胡宏　【宋】　215　216
胡經　【明】　39
胡敬辰　【明】　836
胡居仁　【明】　419
胡來聘　【明】　336
胡其久　【明】　281
胡銓　【宋】　695
胡世安　【清】　504
胡舜申　【宋】　265　265
胡松　【明】　802
胡天游　【元】　724
胡一桂　【元】　21　22
胡亦堂　【清】　938
胡瑗　【宋】　5　157
胡仔　【宋】　267
胡助　【元】　794
胡纘宗　【明】　804
扈蒙　【宋】　601
hua
華國才　【明】　933
華善述　【明】　801
華幼武　【元】　725
華兆登　【明】　29

滑壽 【元】 446

huan

環中迂叟 【明】 344

幻真先生 【唐】 636

huang

黄秉石 【明】 553 557

黄伯思 【宋】 511

黄徹 【宋】 951

黄承昊 【明】 453

黄櫄 【宋】 68

黄道周 【明】 39

黄鼎 【清】 465

黄度 【宋】 52

黄福 【明】 738

黄廣 【明】 86

黄淮 【明】 889

黄溍 【元】 757

黄魯曾 【明】 926

黄履翁 【宋】 486

黄汝亨 【明】 857

黄裳 【宋】 699

黄士毅 【宋】 773

黄廷鵠 【明】 298

黄庭堅 【宋】 788

黄文焕 【明】 842

黄希旦 【宋】 772

黄休復 【宋】 603

黄瓚 【明】 332

黄訓 【明】 522

黄養蒙 【明】 369

黄以陞 【明】 296

黄俣卿 【明】 251

黄鉞 【明】 818

黄載方 【清】 960

黄澤 【元】 25

黄昃 【宋】 959

黄震 【宋】 409

黄鎮成 【元】 54

黄衷 【明】 340

黄仲炎 【宋】 97

黄仲元 【宋】 770

黄宗炎 【清】 47

黄佐 【明】 830 923

hui

惠棟 【清】 130

惠洪(釋) 【宋】 955

惠士奇 【清】 91

J

ji

季本 【明】 72 88 123 158 273

計有功 【宋】 958

jia

家鉉翁 【宋】 106

賈思勰 【後魏】 435

賈誼 【漢】 412

jiang

江爲龍 【清】 143

江永 【清】 131

江貞 【明】 502

江之蘭 【清】 458

江贇 【宋】 215

姜寶 【明】 121

姜特立 【宋】 678
蔣超 【清】 563
蔣景祁 【清】 129
蔣悌生 【明】 141
蔣維鈞 【清】 523
蔣一彪 【明】 635
蔣一葵 【明】 615
蔣永修 【清】 878
jiao
焦贑 【漢】 459
焦竑 【明】 31 197
皎然(釋) 【唐】 658
jin
金涓 【元】 749
金履祥 【元】 752
金賁仁 【明】 399
jing
京房 【漢】 460
荆之琦 【明】 400
景星 【元】 151

K

kang
康海 【明】 731
康麟 【明】 925
康駢 【唐】 596
kong
孔鮒 【漢】 425
孔平仲 【宋】 518
孔齊 【元】 609
孔尚任 【清】 403 877
kuang
況叔祺 【明】 578
鄺露 【明】 344

L

lai
來行學 【明】 375
來集之 【明】 578
lan
藺廷秀 【明】 195
lang
郎兆玉 【明】 85
lao
勞大與 【清】 562
lei
雷禮 【明】 367
雷思齊 【元】 24
li
黎耿然 【清】 864
黎立武 【宋】 145
黎崱 【元】 320
李安仁 【明】 347
李翱 【唐】 493
李本固 【明】 29 337
李壁 【宋】 698
李材 【明】 433
李長科 【明】 638
李澄中 【清】 353 870
李槫 【宋】 68
李從周 【宋】 182
李道謙 【元】 633 633
李德裕 【唐】 645

李鼎祚【唐】3
李東陽【明】271 949
李昉【宋】601
李鳳雛【清】300
李復言【唐】615
李綱【宋】679 890
李格非【宋】312
李覯【宋】788
李光坡【清】91
李袞【明】559
李好文【元】321
李衡【宋】8
李吉甫【唐】309
李紀【明】296
李簡【元】25
李江【唐】461
李誠【宋】493
李俊民【金】791
李濂【明】341 457
李林甫【唐】365
李劉【宋】678
李隆基【唐】365
李昴英【宋】673
李茂春【明】299
李夢陽【明】800
李彌遜【宋】706
李穆【宋】601
李攀龍【明】569 580 828 924
李鵬飛【元】633
李祁【元】724
李琪【宋】98
李清【明】210 231 489
李筌【唐】431
李確【清】353
李善【唐】889
李嵊慈【明】272
李石【宋】50 103 110
李時勉【明】854
李嗣京【明】348
李嗣真【唐】499
李泰【明】301
李燾【宋】215 378
李廷機【明】298
李廷忠【宋】716
李韡【明】283
李文察【明】160
李文鳳【明】330
李文利【明】161
李文仲【元】188
李仙根【清】402
李賢【明】330
李孝元【明】504
李心傳【宋】10 247 395
李延興【元】794
李言恭【明】339
李曄【明】822
李元鼎【清】870
李韡【明】822
李曾伯【宋】673
李肇【唐】594
李楨【明】272
李正民【宋】240
李之芳【清】892
李之藻【明】463

李鷹　【宋】　530
李周翰　【唐】　889
lian
連鑛　【明】　613
練子寧　【明】　809
liang
梁夢龍　【明】　400
梁清標　【清】　882
梁顯祖　【清】　423
梁寅　【元】　23
liao
廖剛　【宋】　680
廖文英　【清】　206
廖用賢　【明】　569
lie
列禦寇　【周】　626
lin
林本裕　【清】　354
林表民　【宋】　904
林逋　【宋】　684
林侗　【清】　377　377
林光朝　【宋】　782
林光世　【宋】　12
林鴻　【明】　803
林佶　【清】　377　378
林駉　【宋】　486
林坤　【元】　604
林希逸　【宋】　779
林亦之　【宋】　713
林有麟　【明】　569　577
林禹　【宋】　245
林欲楫　【明】　32
林兆恩　【明】　638
林兆珂　【明】　71　892
林至　【宋】　10
ling
令狐楚　【唐】　895
liu
劉安　【漢】　624
劉安上　【宋】　708
劉攽　【宋】　953
劉秉忠　【元】　729
劉炳　【明】　736
劉伯熊　【清】　50
劉昌詩　【宋】　514
劉敞　【宋】　101　101　137　691
劉純　【明】　457
劉道醇　【宋】　495
劉定之　【明】　807
劉鳳　【明】　582　827
劉斧　【宋】　602
劉過　【宋】　694
劉宏(弘)　【唐】　656
劉基　【明】　498　825
劉節　【明】　124　582
劉瑾　【元】　68
劉敬純　【明】　76
劉敬叔　【宋】　593
劉克莊　【宋】　676
劉濂　【明】　158
劉良　【唐】　889
劉麟瑞　【元】　914
劉凝　【清】　204
劉日升　【明】　368

劉三吾 【明】 816
劉邵 【魏】 527
劉紹 【明】 941
劉詵 【元】 761
劉時舉 【宋】 216
劉士鏻 【明】 934
劉嗣昌 【明】 579
劉崧 【明】 817
劉肅 【唐】 235
劉天和 【明】 272
劉廷璣 【清】 881
劉同升 【明】 851 856
劉完素 【金】 445
劉惟謙 【清】 77
劉文進 【明】 252
劉熙 【漢】 163
劉羲仲 【宋】 379
劉向 【漢】 411 413
劉勰 【梁】 947
劉學箕 【宋】 716
劉壎 【元】 914
劉剡 【明】 154
劉一清 【元】 256
劉因 【元】 152 753
劉應李 【宋】 570
劉應泰 【明】 453
劉祐 【明】 922
劉禹錫 【唐】 646
劉郁 【元】 248
劉源淥 【清】 423
劉宰 【宋】 713
劉知幾 【唐】 385
劉晝 【北齊】 529
劉子翬 【宋】 780
劉宗周 【明】 43
柳貫 【元】 763
柳開 【宋】 688
柳琰 【明】 325
柳宗元 【唐】 648
long
龍袞 【宋】 246
龍仁夫 【元】 26
龍膺 【明】 835
lou
婁機 【宋】 183
樓昉 【宋】 899
樓鑰 【宋】 266 776
lu
盧翰 【明】 302
盧世漼 【清】 549
盧軒 【清】 128
陸德明 【唐】 136
陸佃 【宋】 178
陸俸 【明】 807
陸龜蒙 【唐】 439
陸九淵 【宋】 774
陸奎勳 【清】 92
陸隴其 【清】 423
陸夢龍 【明】 250
陸深 【明】 250 283 283 304 378 418 499 555 555 556
陸唐老 【宋】 215
陸貽孫 【明】 618

陸釴 【明】 329 808
陸游 【宋】 533 665
陸雲 【晋】 644
陸子虛 【宋】 316
鹿門子 【清】 424
luo
羅壁 【宋】 541
羅欽順 【明】 733
羅願 【宋】 178 686 783
駱賓王 【唐】 650
lü
呂本中 【宋】 100 661 956
呂大圭 【宋】 106
呂調陽 【明】 294
呂懷 【明】 159
呂喬年 【宋】 425
呂柟 【明】 119 839
呂維祺 【明】 200
呂温 【唐】 655
呂文仲 【宋】 601
呂午 【宋】 890
呂向 【唐】 889
呂延濟 【唐】 889
呂延祚 【唐】 889
呂陽 【清】 868
呂兆祥 【明】 271
呂祖儉 【宋】 425
呂祖謙 【宋】 51 97 425 487 570 572 783 900 902

M

ma
麻衣道者 【宋】 468
馬從聘 【明】 86
馬理 【明】 41
馬麟 【明】 401
馬明卿 【明】 321
馬融 【後漢】 415
馬驌 【清】 130
馬永卿 【宋】 530
馬愉 【明】 853
馬之駿 【明】 815
馬中錫 【明】 838
馬自强 【明】 835
馬祖常 【元】 755
mao
毛晋 【明】 73 279
毛居正 【宋】 137
毛奇齡 【清】 201 564
毛先舒 【清】 203 963
毛一公 【明】 298
茅坤 【明】 293
茅元儀 【明】 297 383 564
mei
梅純 【明】 560
梅鼎祚 【明】 923 930
梅士享 【明】 434
梅堯臣 【宋】 692 780
梅鷟 【明】 28
men
門無子 【明】 434
meng
孟紱 【明】 582
孟郊 【唐】 644
孟棨 【唐】 948

孟元老 【宋】 241
mi
米芾 【宋】 475 477
miu
繆思恭 【元】 915
min
敏膺(釋) 【清】 882
閔麟嗣 【清】 352
閔齊華 【明】 892
閔元衢 【明】 282
mo
万俟卨 【宋】 394
莫休符 【唐】 308
mou
牟巘 【宋】 711
mu
沐昂 【明】 942
牧雲(釋) 【清】 862
穆孔暉 【明】 153

N

ni
倪天隱 【宋】 5
倪希程 【宋】 897
倪元璐 【明】 921
nian
念常(釋) 【元】 638
niu
牛僧孺 【明】 615
牛運震 【清】 47 128
牛衷 【明】 610
鈕琇 【清】 880

O

ou
歐陽起鳴 【元】 730
歐陽修 【宋】 686 952
歐陽詢 【唐】 484

P

pan
潘耒 【清】 204
潘士藻 【明】 45
潘塤 【明】 268
潘音 【元】 750
潘之恒 【明】 333
潘自牧 【宋】 575
pang
龐迪我 【清】 564
龐塏 【清】 883
pei
裴良甫 【宋】 576
peng
彭百川 【宋】 390
彭乘 【宋】 529
彭而述 【清】 872
彭汝礪 【宋】 691
彭叔夏 【宋】 898
彭致中 【明】 959
pi
皮日休 【唐】 658
pu
浦南金 【明】 582 926
浦起龍 【清】 383

Q

qi
戚玾 【清】 876
漆士昌 【清】 422
祁光宗 【明】 335
齊己(釋) 【唐】 648
qian
潜庵子 【明】 230
潜説友 【宋】 315
錢穀 【明】 931
錢繼登 【明】 297
錢溥 【明】 332
錢陞 【明】 284
錢世揚 【明】 293
錢惟善 【元】 729
錢文子 【宋】 392
錢養廉 【明】 251
錢一本 【明】 37 44 44
錢以塏 【清】 355
錢易 【宋】 602
qiang
强至 【宋】 266
qiao
喬大凱 【清】 555
喬中和 【明】 190
qin
秦觀 【宋】 768
秦鏞 【明】 348
qing
青烏先生 【金】 469
qiu
邱(丘)光庭【唐】 509
邱(丘)嘉穗【清】 871
邱(丘)雍 【宋】 165 176
裘萬頃 【宋】 671
仇兆鰲 【清】 863
qu
瞿景淳 【明】 836
瞿九思 【明】 119 397
瞿式耜 【明】 855
quan
權德輿 【唐】 650
權衡 【明】 228

R

rao
饒節 【宋】 677
ren
任昉 【梁】 594
任廣 【宋】 488
任士林 【元】 728
任淵 【宋】 778
ru
如乾(釋) 【清】 865
ruan
阮琳 【明】 38
阮逸 【宋】 157 212
rui
芮挺章 【唐】 894

S

sang
桑紹良 【明】 195
桑世昌 【宋】 478

shan
單隆周 【清】 404
單宇 【明】 930
shang
商企翁 【元】 366
商鞅 【秦】 434
shao
邵寶 【明】 126 341 382 737
邵伯温 【宋】 391
邵博 【宋】 534
邵經邦 【明】 850
邵泰衢 【清】 93 384
邵雍 【宋】 694
shen
沈長卿 【明】 557
沈朝陽 【明】 272
沈德符 【明】 613
沈該 【宋】 7
沈宏(弘)正【明】 580
沈括 【宋】 612 675
沈遼 【宋】 775
沈明臣 【明】 348
沈應文 【明】 324
沈用濟 【清】 935
沈與求 【宋】 709
沈周 【明】 855
沈作喆 【宋】 532
sheng
盛楓 【清】 286
shi
施德操 【宋】 531
施何牧 【清】 205
施肩吾 【唐】 637
施清臣 【宋】 543
施宿 【宋】 316
石邦政 【明】 347
石介 【宋】 684
時瀾 【宋】 51
史鑑 【明】 734
史謹 【明】 852
史容 【宋】 778
史申義 【清】 877
史游 【漢】 162
適之(釋) 【宋】 497
shui
税與權 【宋】 15
si
司空圖 【唐】 654 948
司馬光 【宋】 135 181 237 952
song
宋白 【宋】 601
宋公傳 【明】 934
宋公望 【明】 436
宋廣業 【清】 357
宋褧 【元】 746
宋濂 【明】 636 825
宋敏求 【宋】 261 314 644 906
宋祁 【宋】 317
宋琬 【清】 883
宋无 【元】 730
宋詡 【明】 436
su
蘇鶚 【唐】 595
蘇霖 【元】 498

蘇軾 【宋】 538
蘇天爵 【元】 267 758 920
蘇濬 【明】 27
蘇易簡 【宋】 485 569
蘇祐 【明】 560
蘇源明 【唐】 461
蘇轍 【宋】 66 103 629
sun
孫承澤 【清】 127 287 349 354 482 501
孫存吾 【元】 919
孫甫 【宋】 379
孫復 【宋】 107
孫光祀 【清】 885
孫光憲 【宋】 600
孫鋐 【清】 937
孫蕙 【清】 300 862
孫覿 【宋】 659
孫夢觀 【宋】 674
孫七政 【明】 732
孫奇逢 【清】 422
孫强 【唐】 165
孫紹遠 【宋】 912
孫慎行 【明】 297
孫思邈 【唐】 440 440 458
孫廷銓 【清】 350
孫勷 【清】 868
孫奕 【宋】 513
孫應鰲 【明】 27
孫應龍 【清】 50
孫元衡 【清】 862
孫原理 【明】 940
孫雲翼 【明】 678
孫作 【明】 835

T

tan
談修 【明】 555
譚元春 【明】 926
tang
湯斌 【清】 869
湯顯祖 【明】 815
湯悦 【宋】 601
唐庚 【宋】 709
唐夢賚 【清】 875
唐樞 【明】 26 88 122 323
唐順之 【明】 569 580 797
唐文獻 【明】 732
唐元(玄)度【唐】 169
tao
陶安 【明】 833
陶孚尹 【清】 876
陶宏(弘)景【梁】 636
陶敬益 【清】 352
陶潛 【晋】 593 659
陶望齡 【明】 637 799
陶元柱 【明】 639
陶滋 【明】 374
陶宗儀 【明】 289 610
tian
天山道人 【無】 50
田瑄 【明】 324
田況 【宋】 238
田雯 【清】 356 878

田錫 【宋】 682
田一儁 【明】 844
田藝蘅 【明】 929
田玉 【明】 336
田肇麗 【清】 879
tong
佟世男 【清】 203
童琥 【明】 848
童良 【明】 311
tu
涂幾 【明】 804
屠粹忠 【清】 586
屠喬孫 【明】 221
屠叔方 【明】 229

W

wang
汪道昆 【明】 739
汪浩然 【明】 161
汪機 【明】 456
汪晋徵 【清】 862
汪珂玉 【明】 399
汪懋麟 【清】 865
汪舜民 【明】 329
汪廷訥 【明】 920
汪琬 【清】 884
汪應辰 【宋】 704
汪瑗 【明】 808
汪雲程 【明】 618
王安石 【宋】 906
王鏊 【明】 736 921
王邦直 【明】 157 159
王賓 【明】 817
王冰 【唐】 441 465
王勃 【唐】 654
王充耘 【元】 56
王崇簡 【清】 802
王崇慶 【明】 348
王寵 【明】 850 926
王當 【宋】 102
王讜 【明】 597
王鼎 【遼】 247
王度 【宋】 316
王鈍 【明】 819
王方慶 【唐】 263
王逢 【元】 761
王鳳九 【清】 879
王符 【漢】 410
王復禮 【清】 288
王格 【明】 852
王珙 【明】 819
王鞏 【宋】 237
王觀國 【宋】 518
王光魯 【明】 295
王行 【明】 797
王衡 【明】 825
王洪 【明】 826
王化振 【明】 420
王渙 【明】 301
王畿 【明】 739
王鑑 【明】 59
王開祖 【宋】 416
王克貞 【宋】 601
王禮 【元】 793

王令 【宋】 767
王路 【明】 437
王邁 【宋】 718
王楙 【宋】 516
王冕 【明】 840
王明清 【宋】 239
王冀 【明】 270
王雱 【宋】 631
王蘋 【宋】 697
王溥 【宋】 394
王棨 【唐】 647
王樵 【明】 59 123 821
王俅 【宋】 371
王阮 【宋】 688
王若虛 【金】 791
王紹徽 【明】 249
王申子 【元】 20
王士點 【元】 366
王士禄 【清】 300 378 875
王士正(禛)【清】 402 866 869 936
王世相 【明】 453
王世貞 【明】 218 277 922
王守仁 【明】 857
王恕 【明】 42 139
王思義 【明】 438
王松年 【唐】 626
王燧 【明】 811
王天春 【清】 883
王天與 【元】 57
王廷相 【明】 806
王侹 【明】 398
王通 【隋】 212
王維 【唐】 844
王晳 【宋】 102
王錫闡 【清】 463
王象晋 【明】 614
王心敬 【清】 126
王學曾 【明】 333
土循 【明】 416
王言 【清】 206
王炎 【宋】 786
王炎午 【宋】 681
王巖叟 【宋】 266
王褘 【明】 821
王錡 【明】 253
王欽若 【宋】 384 628
王應電 【明】 84 86 90
王應麟 【宋】 64 64 150 316 393 487 516 574
王禹偁 【宋】 682
王與之 【宋】 79
王輿 【明】 329 854
王毓賢 【清】 483
王元杰 【元】 113
王越 【明】 824
王惲 【元】 763
王在晋 【明】 348 432
王兆雲 【明】 618 619
王震 【明】 125
王諍 【明】 154
王直 【明】 842
王執中 【宋】 445
王徵 【明】 481
王志長 【明】 87

王銍【宋】241 706
王質【宋】65 715
王穉登【明】499 848
王篆【明】369
王灼【宋】436 479
王子俊【宋】717
王宗傳【宋】9
wei
危素【明】833
危昭德【宋】713
韋穀【蜀】939
韋焕【明】160
衛湜【宋】80
衛元嵩【北周】461
魏禮【清】876
魏樸如【明】311
魏齊賢【宋】909
魏慶之【宋】949
魏世傑【清】876
魏世儼【清】866
魏天應【宋】904
魏禧【清】864
魏顯國【明】284
魏象樞【清】881
魏校【明】196 834
魏濬【明】40 325
魏裔介【清】422
魏應嘉【明】249
wen
温大雅【唐】405
文林【明】560
文天祥【宋】710
文同【宋】689
文彦博【宋】692
文震孟【明】277
文徵明【明】732
聞性道【明】282
聞性善【明】282
weng
翁卷【宋】703
翁任春【明】836
wu
吾邱(丘)衍【元】497
吴曾【宋】510
吴陳琰【清】129 356
吴澄【元】23 54 83 83 110
吴大有【元】546
吴道南【明】585
吴瑄【明】925 961
吴沆【宋】6
吴玕【宋】951
吴兢【唐】222
吴儆【宋】662
吴寬【明】834
吴萊【元】758
吴亮【明】280
吴陸【三國】460
吴其真(貞)【清】502
吴淇【清】962
吴綺【清】963
吴仁傑【宋】209 515
吴任臣【清】231
吴汝惺【清】46

吴鋭 【宋】 165
吴若 【宋】 312
吴山 【明】 340
吴盛藻 【清】 879
吴師道 【元】 759
吴淑 【宋】 601
吴菘 【清】 439
吴肅公 【清】 90 91
吴彦匡 【明】 437
吴彦夔 【宋】 443
吴雨 【明】 74
吴棫 【宋】 166
吴允嘉 【清】 403
吴兆宜 【清】 867 871 938
吴正倫 【明】 453
吴之振 【清】 937
吴中行 【明】 840
吴自牧 【宋】 245
伍涵芬 【清】 565
兀欽仄 【金】 469

X

xi
西方子 【唐】 439
xia
夏賓 【明】 281
夏鍭 【明】 851
夏基 【清】 352
夏良勝 【明】 153
夏文彦 【元】 480
夏言 【明】 829
夏寅 【明】 255
xian
鮮于樞 【元】 545
xiang
湘山樵夫 【宋】 255
項安世 【宋】 8
項琳 【明】 221
項真 【明】 617
xiao
蕭漢中 【元】 20
蕭鳴鳳 【明】 806
蕭士贇 【元】 712
蕭嵩 【唐】 389
蕭洵 【明】 331
蕭韻 【清】 357
xie
謝翱 【宋】 681
謝陛 【明】 231
謝鐸 【明】 270
謝復 【明】 824
謝赫 【南齊】 473
謝杰 【明】 324
謝邁 【宋】 782
謝應芳 【元】 747
謝肇淛 【明】 337 557
謝重輝 【清】 871
解縉 【明】 851
xin
辛棄疾 【宋】 240 544 767
xing
行均(釋) 【遼】 186
幸元龍 【宋】 717

xiong
熊賜履 【清】 422
熊方 【宋】 209
熊過 【明】 121
熊良輔 【元】 19
熊朋來 【元】 139
熊忠 【元】 190
熊宗立 【元】 447
xu
許穀 【明】 847 851
許國 【明】 820
許浩 【明】 382
許進 【明】 254
許謙 【元】 53 70 752
許慎 【漢】 175
許叔微 【宋】 443
許恕 【元】 723
許嵩 【宋】 223
許相卿 【明】 229 848
許顗 【宋】 954
許有穀 【明】 277
許月卿 【宋】 364
胥文相 【明】 333
徐㶿 【明】 277 279
徐葆光 【清】 356
徐朝文 【明】 269
徐達左 【明】 816
徐度 【宋】 236
徐幹 【魏】 413
徐褀 【清】 504
徐環 【明】 818
徐積 【宋】 707
徐即登 【明】 85
徐階 【明】 803 856
徐經孫 【宋】 674
徐養相 【明】 87
徐鍇 【南唐】 171
徐陵 【陳】 473 867
徐夢莘 【宋】 214
徐泌 【清】 352
徐明善 【元】 753
徐浦 【明】 120
徐乾學 【清】 867
徐沁 【清】 286
徐日炅 【明】 339
徐三重 【明】 420
徐時鳴 【明】 323
徐世淳 【明】 44
徐碩 【元】 319
徐鉉 【宋】 600 601 772
徐一夔 【明】 732
徐用誠 【明】 457
徐用宣 【明】 455
徐宇昭 【清】 869
徐元太 【明】 577
徐允 【明】 818
徐增 【清】 935
徐禎卿 【明】 827
徐之鏌 【明】 462
xue
薛大訓 【明】 635
薛蕙 【明】 839
薛季宣 【宋】 776
薛甲 【明】 40

薛師石 【宋】 789
薛收 【唐】 212
薛應旂 【明】 219 220
薛虞畿 【明】 293
xun
荀況 【戰國】 409
荀悦 【漢】 211 411

Y

yan
閻若璩 【清】 59 77
閻廷謨 【清】 358
顔光敏 【清】 881
顔鯨 【明】 116
顔茂猷 【明】 554
顔元孫 【唐】 168
顔之推 【北齊】 528
嚴粲 【宋】 67
嚴訥 【明】 122
嚴啓隆 【清】 131
嚴虞惇 【清】 78
嚴羽 【宋】 957
嚴遵 【漢】 624
彦悰(釋) 【唐】 493
晏嬰 【齊】 527
yang
陽休之 【北齊】 586
楊伯岩 【宋】 571
楊德周 【明】 585
楊端 【明】 437
楊光訓 【明】 271
楊翮 【元】 727
楊桓 【元】 188
楊繼盛 【明】 810
楊繼益 【明】 548
楊繼洲 【明】 456
楊甲 【宋】 138
楊簡 【宋】 786
楊傑 【宋】 705
楊倞 【唐】 409
楊炯 【唐】 645
楊侃 【宋】 584
楊克弼 【宋】 263
楊漣 【明】 854
楊明 【明】 338
楊齊賢 【宋】 712
楊瞿崍 【明】 41
楊忍本 【明】 614
楊榮 【明】 735
楊慎 【明】 196 197 200 279 341 342 576 580 604 921 921 962
楊時 【宋】 417
楊時喬 【明】 27
楊時偉 【明】 268
楊士宏(弘) 【元】 914
楊士奇 【明】 735 847 889
楊士瀛 【宋】 442
楊四知 【明】 280
楊萬里 【宋】 4 671
楊雄 【漢】 412
楊衒之 【後魏】 307
楊循吉 【明】 278
楊延齡 【宋】 542

楊億 【宋】 774
楊載 【元】 757
楊兆坊 【明】 553
楊宗吾 【明】 558
yao
姚福 【明】 553
姚廣孝 【明】 819
姚合 【唐】 896
姚寬 【宋】 511
姚旅 【明】 556
姚士粦 【明】 219
姚文蔚 【明】 295
姚希孟 【明】 821
姚鉉 【宋】 909
姚咨 【明】 116
姚最 【陳】 473
ye
耶律楚材 【元】 760
葉秉敬 【明】 201
葉夢得 【宋】 99 531 539 957
葉紹翁 【宋】 235
葉時 【宋】 80
葉寘 【宋】 909
葉廷珪 【宋】 573
葉燮 【清】 354
葉顒 【元】 756
yi
伊世珍 【元】 604
yin
殷璠 【唐】 895
陰時夫 【元】 575
尹廷高 【元】 745
尹焞 【宋】 770
尹洙 【宋】 663
ying
應劭 【漢】 611
應撝謙 【清】 128 162
you
尤侗 【清】 865
尤袤 【宋】 369 715
游樸 【明】 311
游藝 【清】 464
yu
于謙 【明】 734
于慎行 【明】 381
于慎思 【明】 822
于奕正 【明】 374
余敷中 【明】 125
余靖 【宋】 683
余覺華 【元】 635
余懋學 【明】 559
余闕 【元】 744
余寀 【清】 355
余文龍 【明】 299
余元熹 【明】 933
俞安期 【明】 579 579
俞弁 【明】 557
俞策 【明】 321
俞德鄰 【宋】 539 680
俞皋 【元】 111
俞松 【宋】 494
俞文豹 【宋】 543 619
俞文龍 【明】 295
俞琰 【宋】 17 545 632 751

虞搏【明】454
虞堪【明】738
虞世南【唐】483
郁逢慶【明】503
yuan
元復(釋)【宋】637
元好問【元】609 792
元淮【元】750
元結【唐】657 894
元敬(釋)【宋】637
袁昌祚【明】333
袁宏【晋】213
袁宏道【明】739
袁郊【唐】599
袁均哲【明】583
袁士元【元】725
袁銛【明】332
袁孝政【唐】529
袁易【元】762
袁中道【明】856
袁宗道【明】799
袁尊尼【明】801
圓復(釋)【明】334
圓至(釋)【元】916
yue
岳珂【宋】138 239 711
樂雷發【宋】703
樂史【宋】317 572

Z

zha
查培繼【清】962
查志隆【清】937
翟安道【宋】431
zhan
湛若水【明】159 843
zhang
章潢【明】42
章懋【明】849
章樵【宋】893
張安茂【清】401
張弼【明】841
張伯淳【元】762
張伯端【宋】630
張采【明】88
張參【唐】171
張弨【清】376 377
張朝瑞【明】230
張潮【清】378
張次仲【明】71
張存中【元】151
張達【元】941
張大亨【宋】107
張大齡【明】381
張道宗【宋】311
張端義【宋】603
張爾岐【清】47 92 132
張鳳翼【明】461 891
張綱【宋】710
張杲【宋】444
張弧【唐】414
張國維【明】331
張淏【宋】316
張恒【清】287

張宏(弘)範【元】 728
張洪【明】 331
張華【晋】 562
張洎【宋】 601
張介賓【明】 458
張景【明】 303
張九齡【唐】 647
張九韶【明】 296 420
張居正【明】 58 294
張君房【宋】 629
張浚【宋】 7
張濬卿【明】 218
張耒【宋】 777
張禮【宋】 313
張烈【清】 864
張掄【宋】 371
張鳴鳳【明】 398
張納陛【明】 31
張鼐【明】 401
張能鱗【清】 78 422
張寧【明】 823
張鵬翼【清】 870
張玭【明】 281
張溥【明】 932
張岐然【明】 123
張洽【宋】 98
張汝霖【明】 30
張睿卿【明】 334
張詵【唐】 889
張師曾【元】 261
張師正【宋】 616
張時徹【明】 294 451 452 738
張實居【清】 869
張士佩【明】 200
張世賢【明】 454 457
張世則【明】 253
張栻【宋】 148 417 785
張適【明】 861
張文爟【明】 433
張習孔【清】 863
張獻翼【明】 807
張旭【明】 857
張宣猷【清】 161
張萱【明】 191
張綖【明】 961
張彦遠【唐】 474 474
張養浩【元】 364
張揖【魏】 164
張以誠【明】 75
張以寧【明】 120 803
張雨【元】 634
張敔【明】 158
張玉孃【元】 725
張昱【元】 743
張預【宋】 431
張遠【清】 863
張運泰【明】 933
張之象【明】 924 925
張志淳【明】 520
張治【明】 815
張翥【元】 960
張鷟【唐】 485
張鎡【宋】 542
張自烈【明】 206

zhao
趙弼 【明】 380
趙抃 【宋】 690
趙秉善 【元】 914
趙秉文 【金】 792
趙崇祚 【後蜀】 961
趙迪 【明】 856
趙汸 【元】 24 114 114 115 115
趙鶴 【明】 922
趙恒 【明】 125
趙吉士 【清】 884
趙居信 【元】 227
趙寬 【明】 838
趙隣幾 【宋】 601
趙明誠 【宋】 373
趙滂 【明】 273
趙鵬飛 【宋】 105
趙琦美 【明】 480
趙汝楳 【宋】 12
趙汝鐩 【宋】 694
趙汝談 【宋】 717
趙蕤 【唐】 49
趙昇 【宋】 395
趙師秀 【宋】 901
趙世顯 【明】 554
趙叔問 【宋】 510
趙順孫 【宋】 149
趙維寰 【明】 298
趙撝謙 【明】 196 199
趙希鵠 【宋】 479
趙偕 【元】 750
趙彦肅 【宋】 11
趙彦衛 【宋】 513
趙宧光 【明】 462
趙以夫 【宋】 18
趙雍 【元】 743
趙與旹 【宋】 535
趙與虤 【宋】 958
趙貞吉 【明】 800
趙之韓 【明】 337
趙執信 【清】 877 950 950
趙子砥 【宋】 237
zhen
真德秀 【宋】 149 418 784 899
真一(釋) 【明】 438
zheng
鄭珤 【宋】 309
鄭伯謙 【宋】 79
鄭伯熊 【宋】 53
鄭持正 【元】 609
鄭端允 【明】 559
鄭虎臣 【宋】 900
鄭居中 【宋】 389
鄭良弼 【明】 119
鄭樵 【宋】 141 177
鄭汝諧 【宋】 145
鄭氏 【唐】 415
鄭俠 【宋】 697
鄭曉 【明】 230
鄭以誠 【明】 582
鄭與喬 【明】 554
鄭玉 【元】 112
鄭元(玄) 【漢】 415

鄭元慶 【清】 351
鄭元祐 【元】 747
鄭仲夔 【明】 617 617
zhong
鍾嶸 【梁】 947
鍾惺 【明】 71 381 926
zhou
周必大 【宋】 391 512 956
周弼 【宋】 911
周淙 【宋】 318
周敦頤 【宋】 778
周孚 【宋】 788
周復俊 【明】 342
周宏(弘) 【明】 454
周煇 【宋】 536
周嘉棟 【明】 198
周亮工 【清】 501
周密 【宋】 537 538 544 605
周南瑞 【元】 918
周祈 【明】 520
周琦 【明】 421
周汝登 【明】 284
周沈珂 【明】 930
周守忠 【宋】 570
周文采 【明】 451
周文華 【明】 437
周旋 【明】 855
周嬰 【明】 521
周應賓 【明】 336
周應合 【宋】 313
周用 【明】 841
周羽翀 【宋】 223
周之翰 【明】 930
周子良 【梁】 625
周紫芝 【宋】 698 955
周宗智 【明】 332
zhu
朱弁 【宋】 541
朱察卿 【明】 733
朱長芳 【明】 368
朱長文 【宋】 771
朱常涝 【明】 299
朱朝嗑 【明】 302
朱朝瑛 【清】 421
朱存理 【明】 480 481 498
朱德潤 【元】 727
朱奉 【唐】 467
朱槔 【宋】 790
朱公遷 【元】 69
朱國禎 【明】 218
朱鶴齡 【清】 78 960
朱鑑 【宋】 13
朱謹 【清】 350
朱敬鑨 【明】 840
朱濂 【清】 303
朱孟震 【明】 558
朱謀墇 【明】 581
朱睦㮮 【明】 140 141 370
朱肅 【宋】 316
朱祁鈺 【明】 294
朱權 【明】 253 561 583
朱善 【明】 73 852
朱申 【元】 116
朱橚 【明】 451

朱廷旦 【明】 548
朱廷焕 【明】 322
朱同 【明】 826
朱文 【明】 382
朱熹 【宋】 135 146 147 147 263 264 392 414 414 415 416 417 424 432 628 643
朱顯祖 【清】 287
朱象先 【元】 633
朱虚 【清】 586
朱彝尊 【清】 880
朱翌 【宋】 509
朱昱 【明】 333
朱元昇 【宋】 16
朱允升 【明】 38
朱澤澐 【清】 875
朱瞻基 【明】 299
朱震 【宋】 14
朱之錫 【清】 892
朱倬 【元】 69
諸葛亮 【漢】 429
祝穆 【宋】 315 573 575
祝堯 【宋】 912
祝淵 【宋】 573
祝允明 【明】 252 805
zhuang
莊季裕 【宋】 535
zhuo
卓爾康 【明】 122
卓發之 【明】 837
zeng
曾朝節 【明】 43
曾公亮 【宋】 430
曾鞏 【宋】 227
曾敏行 【宋】 533
曾三聘 【宋】 533
曾益 【明】 124
zi
自融(釋) 【清】 639
zong
宗臣 【明】 828
宗净(釋) 【明】 338
宗澤 【宋】 703
宗周 【明】 89
zou
鄒迪光 【明】 614 853
鄒浩 【宋】 696
鄒期楨 【明】 59
鄒鉉 【元】 442
鄒元芝 【明】 42
zu
祖秀(釋) 【宋】 312
zuo
左克明 【元】 916